Max Otte

WELTSYSTEM CRASH

Krisen, Unruhen und die Geburt einer neuen Weltordnung

FBV

Bibliografische Information der Deutschen Nationalbibliothek:
Die Deutsche Nationalbibliothek verzeichnet diese Publikation in der Deutschen Nationalbibliografie. Detaillierte bibliografische Daten sind im Internet über http://dnb.d-nb.de abrufbar.

Für Fragen und Anregungen:
info@finanzbuchverlag.de

7. Auflage 2020

© 2019 by FinanzBuch Verlag, ein Imprint der Münchner Verlagsgruppe GmbH,
Nymphenburger Straße 86
D-80636 München
Tel.: 089 651285-0
Fax: 089 652096

Alle Rechte, insbesondere das Recht der Vervielfältigung und Verbreitung sowie der Übersetzung, vorbehalten. Kein Teil des Werkes darf in irgendeiner Form (durch Fotokopie, Mikrofilm oder ein anderes Verfahren) ohne schriftliche Genehmigung des Verlages reproduziert oder unter Verwendung elektronischer Systeme gespeichert, verarbeitet, vervielfältigt oder verbreitet werden.

Die im Buch veröffentlichten Ratschläge wurden von Verfasser und Verlag sorgfältig erarbeitet und geprüft. Eine Garantie kann dennoch nicht übernommen werden. Ebenso ist die Haftung des Verfassers beziehungsweise des Verlages und seiner Beauftragten für Personen-, Sach- und Vermögensschäden ausgeschlossen.

Projektleitung: Georg Hodolitsch
Korrektorat: Manuela Kahle, Anne Horsten, Silvia Kinkel
Lektorat: Matthias Michel
Umschlaggestaltung: Marc-Torben Fischer
Umschlagabbildung: Shutterstock.com/zentilia
Grafiken: Achim Schmidt, Müjde Puzziferri
Satz: Daniel Förster, Belgern
Druck: GGP Media GmbH, Pößneck
Printed in Germany

ISBN Print 978-3-95972-282-7
ISBN E-Book (PDF) 978-3-96092-520-0
ISBN E-Book (EPUB, Mobi) 978-3-96092-521-7

Weitere Informationen zum Verlag finden Sie unter:

www.finanzbuchverlag.de

Beachten Sie auch unsere weiteren Verlage unter www.m-vg.de.

*Gewidmet allen, die auch in verrückten Zeiten
den Dialog mit Andersdenkenden suchen.*

INHALT

Vorwort 11
Einleitung 13

Teil I
Der Weg in die Krise 21

Kapitel 1
Die Welt vor dem Systemcrash 23
Von der »Neuen Weltordnung« zum Chaos 29
Ein neuer Kalter Krieg in Europa und wachsende Spannungen in Asien .. 34
Auch im Westen brodelt es 38
Eine labile Weltwirtschaft 43

Kapitel 2
Die Vereinigten Staaten von Amerika und das langsame Ende der Nachkriegsordnung 45
Die amerikanische Weltordnung von 1945 bis 1990 53
Der Aufstieg der Neokonservativen 61
Die USA: ein Imperium? 70

Kapitel 3
Der Aufstieg Chinas 75
Die Neue Seidenstraße 80
Die Schweiz und Italien treten der Initiative bei 83
Die chinesische Expansionsstrategie erreicht Lateinamerika und Afrika .. 85
Der Internationale Währungsfonds unter Druck 88
Vom Billigproduzenten zum Technologieführer 91
Mit voller Fahrt in den Handelskrieg 94
Aufrüstung zur See: Wiederholt sich die Geschichte? 95

Kapitel 4
Der lange Abschied von Bretton Woods 103
Das Ende der Globalisierung? 106
Der Nixon-Schock und die Folgen 109
Ronald Reagan, die neoliberalen Reformen und der amerikanische
    Unilateralismus 114
Währungspolitik von Reagan bis Obama 116
Handel und Wirtschaft – die amerikanischen Regeln 121
US-Handelspolitik von Clinton bis Obama 123
Sanktionen und Wirtschaftskrieg 129
Strukturelle Macht und Erpressung 132

Teil II
Im Crashmodus 137

Kapitel 5
Die unbewältigte Finanzkrise 139
Geldpolitik im Hyperdrive: von Greenspan zu Bernanke 140
Das Kartenhaus der globalen Schulden 149
Europa: etwas niedrigere Staatsschulden, dafür ein maroder Bankensektor 155
Japan, China und die Emerging Markets 157
Die Folgen von falscher Regulierung und Niedrigzinsen 164
Der nächste Crash 169

Kapitel 6
Der Abstieg der Mittelschicht 175
Lohnzurückhaltung und Globalisierungsfalle 180
Die Explosion der Vermögenspreise 186
Volatile Finanzmärkte 191
Auf dem Weg zum Rentenkollaps 194
Öffentliche Güter 195
Der Populismus: Folge, nicht Ursache des Systemversagens 199

Kapitel 7
**Beuteswirtschaft, Finanzkapitalismus und die Herrschaft
der Superreichen** 203
Die Herrschaft der Superreichen 209

Eine Reform des Finanzsystems wäre möglich 214
Solidarische und unsolidarische Eliten 221
Die Kosten der Ungleichheit 226

Kapitel 8
Donald Trump, der Populismus und das System 235
Wahlkampf und Sieg 238
Auf dem Boden der außenpolitischen Realität: Das Imperium schlägt zurück 246
Migrations-, Innen- und Wirtschaftspolitik 253
»Verschwörungen«, Enthüllungen und die Mainstream-Medien:
    Moskau mischt mit – oder doch nicht? 256
Im Vorwahlkampf 262

Kapitel 9
Die Europäische Union: auf dem Weg in die EUdSSR 265
Das institutionelle Europa: ein komplexer Flickenteppich 268
Europa als Akteur: zerstritten, wehrlos und fremdbestimmt 283

Kapitel 10
Der Euro-Crash 293
Mit Vollgas vor die Wand: Europäisches Währungssystem, Euro und EZB 294
Das Euro-Desaster: auf dem Weg in die Planwirtschaft 300
Der »Krieg gegen das Bargeld« 309
Mehr Planwirtschaft und Umverteilung: Bankenunion, Sicherungssysteme,
    Arbeitslosenversicherung und Haushalt der Eurozone 312
Europa vor der Zerreißprobe 314

Kapitel 11
Deutschlands Abstieg 323
Modell Deutschland 328
Deutschland steigt ab 332
Das »dumme deutsche Geld« und seine Profiteure 335
Der EZB-Schock: Die Deutschen bilden das Schlusslicht bei der
    privaten Vermögensbildung in der Eurozone 340
Die Deutschland AG wird abgewickelt, Deutschland abgezockt 345
Folgenschwere Fehler Helmut Kohls, rot-grüne Fehlentscheidungen
    und die katastrophale Kanzlerschaft Angela Merkels 349
Fallstudie: der Niedergang des deutschen Bildungssystems 354

Kapitel 12
Deutschland im Weltkrieg um Wohlstand 357
Nationalstaaten als Wirtschaftsakteure 358
Produktivkräfte, materielle und immaterielle Wettbewerbsvorteile 364
Deutschland – ewiger Loser bei grenzüberschreitenden Fusionen
    und Übernahmen 370
Der Zermürbungskrieg gegen das deutsche Bank- und Finanzsystem ... 377
Der Feldzug gegen die Automobilbranche 384

Kapitel 13
**Fake News, Überwachungsstaat, Repression und die Geburt
einer neuen Weltordnung** 389
Drei Zukunftsszenarien 393
Das Ende der Aufklärung 399
Lügen in Zeiten des Krieges 403
Der Weg zur Knechtschaft 411

Teil III
Auswege 423

Kapitel 14
Einen klaren Kopf bewahren 425

Kapitel 15
Wie Sie sich auf die Krise vorbereiten 437
Rückblick: Welche Vermögen wurden seit der Finanzkrise angegriffen? .. 441
1. Treffen Sie Vorkehrungen für den Fall des Systemcrashs 446
2. Ihre Geldanlagen sind »Chefsache« – und zwar Ihre ganz persönliche .. 451
3. Verschaffen Sie sich eine finanzielle Schwimmweste –
    oder besser noch ein Rettungsboot 454
4. Machen Sie sich ein Bild über die verschiedenen Vermögensklassen .. 456
5. Suchen Sie sich sichere Länder und Banken 466
6. Erstellen Sie Ihre persönliche Vermögensbilanz 472
7. Erarbeiten Sie sich einen Einnahmen- und Ausgabenplan 474
8. Stellen Sie Ihre Einnahmen auf eine sichere und breitere Basis 476

Kapitel 16
Kapitalanlagen für die Krise 479
Strategische Vermögensaufteilung für die Krise 480
Vermögensaufteilung in der Krise 483
Gold und Edelmetalle 484
Unsicherheitsfaktor Notenbanken 488
Gold in verschiedenen Formen 489
Aktien von Goldminenbetreibern 492
Bargeld, Anleihen und Devisen 494
Immobilien 496
Aktien 499
Königsaktien finden 503
Gier, Furcht und der Unternehmenswert 508
Wir können Krise 510
Don't lose! 511

Anhänge 515
I – Wirtschaftszyklen, Wirtschafts- und Finanzkrisen:
Warum sie immer wieder kommen 517
II – Angelsächsischer Finanzkapitalismus und das deutsch-
mitteleuropäische Gegenmodell 525
III – Arthur Ponsonby: Die Prinzipien der Kriegspropaganda 527
IV – Finanzwebseiten und alternative Nachrichtenseiten 528

Danksagung 531

Literaturverzeichnis 533

Anmerkungen 571

Stichwortverzeichnis 621

VORWORT

Ich habe nicht für Zustimmung und Applaus in der Gegenwart geschrieben, sondern für die Nachwelt; und ich werde zufrieden sein, wenn in der Zukunft Menschen, die sich mit diesen Vorkommnissen befassen oder mit Vorkommnissen, die mit großer Wahrscheinlichkeit in ähnlicher Form erfolgen werden, meine Erzählung nützlich finden werden.

Thukydides, Der Peloponnesische Krieg

Lange habe ich mich gesträubt, einen Nachfolger zu *Der Crash kommt* zu schreiben. Das hat mindestens fünf Gründe. Erstens ist es natürlich schwer, einen Megaerfolg wie *Der Crash kommt* zu toppen. Das Buch ging allein in Deutschland fast 500.000-mal über den Ladentisch und wurde in ein halbes Dutzend Sprachen, darunter Bulgarisch, Polnisch und Chinesisch, übersetzt. »Max Otte legte mit *Der Crash kommt* im Jahr 2006 eine saubere Analyse vor, erklärte komplizierte Sachverhalte breitenwirksam und hatte zudem etwas Glück. Er dürfte deshalb zu Recht der erfolgreichste deutsche Crash-Guru aller Zeiten sein.«[1] Jeder Versuch einer Wiederholung verbot sich daher von selbst.

Zweitens habe ich in dem Zeitraum von mehr als einem Jahrzehnt, der seitdem vergangen ist, mehrere erfolgreiche Unternehmen aufgebaut. Wer selbst Unternehmer ist oder wirtschaftlich auf eigenen Beinen steht, vermag vielleicht nachzuvollziehen, wie viel Energie dafür nötig ist.

Drittens verspüre ich nicht das Bedürfnis, zu allem und jedem ein Buch auf den Markt zu werfen, sondern warte lieber in Ruhe ab, bis die Zeit reif ist.

Viertens kopiere ich mich nicht gern selbst. Immer wieder wurde mir von wohlmeinenden Menschen nach der Finanzkrise und dem Megaerfolg von *Der Crash kommt* geraten, doch ein weiteres Buch zu schreiben, um an den Erfolg anzuknüpfen. Jemand riet mir, ein Buch mit dem Titel *Der Aufschwung kommt* zu verfassen. Da würde ich dann gleich den nächsten Hit landen, meinte er. Das habe ich nicht getan. Aber andere kopierten fleißig. Es erschienen nacheinander die Titel *Die Inflation kommt*[2] und *Der Staatsbankrott kommt*[3]. Schließlich schrieb ein Vermögensverwalter tatsächlich ein Buch mit dem Titel *Der Aufschwung kommt*.[4] Das Titelformat hat weiter Konjunktur: In jüngster Zeit erschienen *Der Terror kommt* sowie *Megacrash – Die große Enteignung kommt*.[5]

Und fünftens – das war meine größte Sorge – würde dieses neue Buch noch mehr als *Der Crash kommt* außerhalb der Komfortzone vieler Menschen liegen, weil es noch ungemütlicher würde. Die Welt hat eine Richtung genommen, wie ich sie in *Der Crash kommt* zwar leise als Gefahr angedeutet, mir sie aber ansonsten für meine Albträume reserviert habe. Der Schuldenstand der Welt ist durch diverse Banken- und Eurorettungsaktionen auf den höchsten Stand aller Zeiten gestiegen, Krieg und Krisen brechen aus, eine Migrations- und Terrorwelle überschwemmt Europa und die Gesellschaften sind zunehmend zerrissen und polarisiert. Es droht nicht nur ein Finanzcrash, sondern ein Crash des Weltsystems. Wenn wir diesen abwenden oder uns wenigstens darauf vorbereiten wollen, müssen wir die Ursachen und Gründe analysieren.

Deshalb lege ich mehr als dreizehn Jahre nach *Der Crash kommt* dieses Buch nun doch vor.

EINLEITUNG

Prüft jedoch alles und behaltet das Gute!

1. Thessalonicher 5:21

In dem Science-Fiction-Spektakel *Matrix* muss der von Keanu Reeves verkörperte Protagonist Neo erleben, wie seine gesamte bisherige Welt zusammenbricht und er in einer Welt erwacht, wie er sie sich in seinen düstersten Albträumen nicht vorgestellt hatte. In einer postapokalyptischen Landschaft herrschen die Maschinen. Für ihren eigenen Energiebedarf bauen sie Menschen an, die sie in Millionen Flüssigkeitsbehältern halten. Die unbeweglichen Körper sind über Kabel mit einem System, der »Matrix«, verbunden, das ihnen eine virtuelle Realität vorspielt. Der Moment, in dem die Hauptperson Neo erwacht und zum ersten Mal diese Welt erblickt, ist einer der beeindruckendsten Momente der jüngeren Filmgeschichte.

Eine geschickt aufgebaute Handlung führt zu diesem Moment. Immer wieder erlebt Neo in seiner Welt – seiner Traumwelt, wie sich herausstellt – Inkonsistenzen. Manche Begebenheiten passen einfach nicht. Schließlich wird er von Morpheus, dem Anführer des Widerstandes gegen die Maschinen, vor die Wahl gestellt:

> Dies ist deine letzte Chance. Danach gibt es kein Zurück. Wenn du die blaue Pille nimmst, endet diese Geschichte. Du wachst in deinem Bett auf und glaubst, was du glauben willst. Wenn du die rote Pille nimmst, bleibst du im Wunderland und ich zeige dir, wie tief das Kaninchenloch wirklich ist. Denk daran: Ich biete nur die Wahrheit an. Nicht mehr.

Ich bin nicht der Erste, der die Szene von der blauen und der roten Pille zitiert. Im vorliegenden Buch werde ich sehr unangenehme Themen ansprechen und sehr unbequeme Erklärungen anbieten. Einige von Ihnen werden vielleicht denken: »Das kann doch nicht wahr sein!« Vielleicht sogar: »Das kann nicht wahr sein, weil es nicht wahr sein darf.« Manche von Ihnen werden das Buch vielleicht aus der Hand legen, weil es ihnen zu unangenehm ist.

Machen wir uns nichts vor: Die meisten Menschen ziehen es vor, in ihrer Matrix zu leben, und zwar egal, ob die »echte« Welt ein Albtraum oder ob sie eigentlich ganz nett ist. Seit Platon wissen wir, dass die Welt, die wir wahrnehmen, eine Projektion unseres Gehirns ist. Neurowissenschaftler, Anthropologen und Soziobiologen wissen mittlerweile recht gut, wie sich unser Denken entwickelt hat und wie es funktioniert: lückenhaft und selektiv, oft vorschnell und emotional sowie am Gruppenkonsens orientiert.[1] Echtes Denken ist selten. Und anstrengend. Deswegen gibt es zum Beispiel in der Finanzwelt so wenige gute Investoren und so viele Schwätzer. Und deswegen machen wir es uns so gern in unserer selbstgemachten oder für uns von anderen vorbereiteten Matrix bequem.

Aber ich schreibe nicht für alle. Ich schreibe für diejenigen, die wirklich nach Erklärungen suchen für das Chaos, das derzeit auf der Welt herrscht, die Bedrohung der Freiheit, den Populismus, den Abstieg der Mittelschicht, die Kriege. Die bereit sind, ihre eigene Matrix infrage zu stellen. Es wird in diesem Buch auch um Krieg und Leiden gehen, Tatsachen, die im neuen Jahrtausend genauso präsent sind wie im vergangenen.

Dabei greife ich auf einen reichen Fundus von Klassikern und aktuellen politischen Denkern zurück, von Thukydides über Halford Mackinder und Carl Schmitt bis zu Robert Gilpin und Henry Kissinger. Alle diese Denker gehören der »realistischen Schule der Politikwissenschaft« an. Ich bin zwar als Ökonom bekannt, habe aber auf dem Gebiet der internationalen Beziehungen viel geforscht.[2] In diesem Buch stütze ich mich bei meiner Analyse der Ursachen und Folgen der aktuellen Weltkrise auf die gerade erwähnte realistische Schule der Politikwissenschaft, die meiner Ansicht nach die Welt besser erklären kann als Sozialismus und (Neo-)Liberalismus. Zudem sind in den letzten Jahren große Fortschritte auf dem Gebiet der Gehirnforschung, der evolutionären Erkenntnistheorie, der Anthropologie und der Soziobiologie gemacht worden. Sie stützen meinen Erklärungsansatz. Shit happens. Heute wissen wir viel besser, warum.

***

Einleitung

Es sind verschiedene Mechanismen unseres Gehirns, die uns immer wieder Fehler machen lassen: das (vor)schnelle, instinktgetriebene und intuitive Denken, die selektive Wahrnehmung, das Phänomen der kognitiven Dissonanz und das Gruppendenken. Diese Mechanismen waren im Verlauf unserer Evolution überlebenswichtig – und sie sind es oft immer noch –, aber verleiten uns in der modernen, komplexen und technisierten Welt auch dazu, Fehler zu machen. Sie lassen uns simpler Propaganda folgen, in der Matrix der Medien gefangen bleiben, Gruppendenken und Ausgrenzung betreiben und kolossale Fehler begehen. Im schlimmsten Fall lassen wir uns in unnötige Kriege hineinziehen.[3]

Denn Kriege beginnen fast immer mit Lügen. Das war beim Deutsch-Französischen Krieg von 1870/71 der Fall, als Otto von Bismarck mit der »Emser Depesche« einen Kriegsgrund inszenierte, beim Krieg, den die USA 1903 gegen Kolumbien führten, um Panama abzuspalten und sich die Kontrolle über den Kanal zwischen Atlantik und Pazifik zu sichern[4], und beim Vietnamkrieg, der mit dem Zwischenfall im Golf von Tonkin Fahrt aufnahm. Auch dieser Zwischenfall, wie sich im Nachhinein herausstellte, war inszeniert.

In jüngerer Zeit begannen beide Kriege der USA gegen den Irak mit Lügen. Im Ersten Irakkrieg 1990 war es die professionell inszenierte »Brutkastenlüge«, die die amerikanische Öffentlichkeit mobilisierte, im Zweiten Irakkrieg die Lüge von irakischen Massenvernichtungswaffen, die der sichtlich gestresste Außenminister Colin Powell der UNO auftischen musste. Zwar brachte Powell einen Disclaimer an – er sagte: »nach dem, was mir meine Quellen berichten« –, aber es war ihm wohl klar, dass er die Unwahrheit verbreiten musste, damit die USA einen Kriegsgrund hatten. In ihren Büchern und Vorträgen zeigen der Politik- und Islamwissenschaftler Michael Lüders und der Friedensforscher Daniele Ganser auf, wie westliche Politik, gestützt auf Lügen und Legenden, den Nahen Osten ins Chaos gestürzt hat, mit Folgen, die wir ab 2015 auch in Deutschland unmittelbar zu spüren bekamen.[5]

Im Bücherschrank meines Vaters stand *Psychologie der Massen* von Gustave Le Bon, ein Klassiker aus dem Jahr 1895. In diesem Buch legt der Arzt und Psychologe eine Theorie des Herdentriebs vor und zeigt systematisch auf, wie in vielen Massenphänomenen das Unbewusste die Entscheidungen der Menschen beeinflusst: »Die bewusste Persönlichkeit schwindet, die Gefühle und Gedanken aller Einzelnen sind nach derselben Richtung orientiert.«[6] Das »Gehirnleben« tritt zurück, das »Rückenmarkleben« herrscht vor. »In der Gemeinschaftsseele versinkt das Ungleichartige im Gleichartigen, und die unbewussten Eigenschaften überwiegen.«[7]

Heute ist das, was Le Bon so treffend beschrieb, durch viele wissenschaftliche Experimente erhärtet. Der israelisch-amerikanische Psychologe Daniel Kahneman nennt es »schnelles Denken«. Es läuft intuitiv, reflexartig und automatisch ab, während bewusstes, rationales Denken langsam ist. Kahneman erhielt 2002 den Nobelpreis für Ökonomie, und zwar für seine Forschungen im Bereich »Behavioral Finance« (verhaltenstheoretische Erklärungsansätze bei ökonomischen Entscheidungen), in denen er das Herdenverhalten bei Investmententscheidungen auf spezielle Gehirnaktivitäten zurückführen konnte. Probanden wurden in einen Kernspintomografen geschoben und mit Fragen zu Geldanlagen konfrontiert. Diese sollten sie per Knopfdruck beantworten. So wurden sie gefragt: »Hätten Sie lieber 100 Dollar jetzt oder 110 Dollar in vier Monaten?« Die Fragen waren zum Teil sehr einfach, zum Teil aber recht knifflig. Der Kernspintomograf machte sichtbar, welche Bereiche des Gehirns bei der Beantwortung der Fragen besonders aktiv waren.

Die Erkenntnisse waren verblüffend: Immer wenn sich der Proband für die sofortige Geldauszahlung entschied, war besonders der Hirnstamm aktiv, Le Bons »Rückenmark«. Dieser evolutionsgeschichtlich sehr alte Gehirnteil ist auch bei Reptilien vorhanden und wird deswegen auch »Reptiliengehirn« genannt. Das bewusste Denken, für das das Großhirn verantwortlich ist, wurde nur dann »eingeschaltet«, wenn der Teilnehmer der Studie sich für eine spätere Geldauszahlung entschied.

Kahnemans Schlussfolgerung: Ein Großteil unseres Investmentverhaltens wird von Mechanismen gesteuert, die aus einer Zeit stammen, als es nur um eines ging: ums Fressen oder Gefressenwerden. Kampf, Angriff oder Flucht sind Verhaltensmuster, die uns bis heute beeinflussen. Bei der Geldanlage oder bei vielen anderen Entscheidungen sollten jedoch nicht Emotionen den Ausschlag geben, sondern ein kühl kalkulierender Kopf, der zukünftige Renditen und Risiken möglichst sachlich und nüchtern analysiert. Spontane Reaktionen sind absolut kontraproduktiv. Wir steuern unsere Investmententscheidungen mit Mechanismen, auf die sich auch Reptilien verlassen. Erfahrene Anleger haben damit den Beleg für das, was sie schon immer wussten: 90 Prozent des Anlageerfolgs bestehen darin, die eigenen Emotionen unter Kontrolle zu halten. Das Kahneman-Experiment hat gezeigt, warum Anleger sich gelegentlich extrem idiotisch verhalten. Und was für Anlageentscheidungen gilt, gilt auch für viele andere Bereiche des Lebens.

Der kognitive Archäologe Steven Mithen, langjähriger Leiter der School of Human and Environmental Sciences an der University of Reading hat mit *Prehistory of the Mind* eine Entstehungsgeschichte menschlichen Denkens geschrieben.[8] Nach Mithen hat sich das Denken in verschiedenen relativ unabhängigen Modulen entwickelt, die in uns angelegt sind, so der allgemeinen Intelligenz, der Sprachfähigkeit, der Umwelterkennung und der sozialen Intelligenz. Erst relativ spät in unserer Entwicklung vernetzten sich die verschiedenen Module zum Denken des modernen Menschen.

Der Mensch ist als Gruppenwesen stark geworden, als wir durch die Savannen Afrikas streiften.[9] Nur in der Gruppe konnten wir überleben. Mithen – wie viele Evolutionsbiologen – geht davon aus, dass mehr als die Hälfte unseres Denkens von der sozialen Intelligenz in Anspruch genommen wird. Wir vergleichen uns ständig mit anderen und versuchen, unsere Position in der Gruppe zu bestimmen. Wir registrieren, wenn wir auf- oder absteigen oder wenn sich das Gefüge in der Gruppe verändert.[10] Auch das permanente Vergleichen in der Statusgruppe ist »Problemlösung« – soziale Problemlösung. Wenn sich jemand zu sehr vom Gruppenkonsens entfernt, läuft er oder sie Gefahr, ausgestoßen zu werden. So wird bei einer nüchternen Betrachtung klar, warum sich so wenige Menschen trauen, das Gruppendenken zu verlassen, und warum wirklich unabhängiges Denken selten ist.

Unsere menschliche Wahrnehmung ist zudem fokussiert und zielorientiert. Die menschlichen Augen gleichen Raubtieraugen, der Blick ist nach vorn gerichtet, um Objekte und Beute zu fixieren. Die Augen von Pflanzenfressern hingegen sind seitlich am Kopf platziert, um ein möglichst breites Umfeld zu überblicken. Das Grundmuster des Verhaltens von Menschen und Raubtieren ist ein »hin zu«, während bei Pflanzenfressern zuerst die Fluchtinstinkte angesprochen werden: »weg von«. Erstmalig hat diese Muster der Universalphilosoph Oswald Spengler in seiner Schrift *Der Mensch und die Technik* beschrieben.[11]

Diese ererbte Zielorientierung hilft uns auch in Zeiten, in denen wir nicht mehr durch die Steppen und Savannen streifen und nach dem nächsten Beutetier Ausschau halten. Wir können uns ganz auf ein Ziel fokussieren und viele Widerstände überwinden oder einfach ausblenden, um es zu erreichen. Arnold Schwarzenegger, der ehemalige Bodybuilder, Filmschauspieler und Gouverneur von Kalifornien, schuf sich seinen eigenen Mythos. Immer wieder erzählt er seine Lebensgeschichte und schreibt seine Erfolge maßgeblich seiner Fähigkeit zu, sich ganz auf ein Ziel zu konzentrieren und alles um sich herum auszublenden.

Wie selektiv unsere Wahrnehmung sein kann, zeigt das Experiment des unsichtbaren Gorillas, das Daniel Simons von der University of Illinois und Christopher Chabris von der Harvard University durchführten.[12] Testpersonen wurde ein Film gezeigt, in dem Spieler mit schwarzen und weißen T-Shirts einander einen Basketball zuwerfen. Die Probanden sollten zählen, wie oft der Ball von schwarz nach weiß und umgekehrt wechselt. Die meisten lösten ihre Aufgabe gut und nannten die korrekte oder eine nahezu korrekte Zahl. Was aber mehr als die Hälfte der Testpersonen nicht bemerkte: mitten im Spiel taucht ein Mann in einem Gorillakostüm auf, wandert in die Bildmitte, trommelt sich auf die Brust und geht wieder aus dem Bild. So fokussiert – und damit irregeleitet – kann unsere Wahrnehmung sein.[13]

Wenn unser Gehirn aber schon durch ein einfaches Experiment mit Spielern in schwarzen und weißen T-Shirts und einem Basketball zu ernsthaften Fehlleistungen verführt werden kann, wie viel schwieriger ist es dann, sich bei komplexen politischen Problemen, zum Beispiel beim Klimawandel oder bei der Ukraine-Krise, ein umfassendes und fundiertes Bild zu machen? Je komplexer die Themen, desto eher kann unser Unter- und Unbewusstes manipuliert werden.

Dass die Mainstream-Medien lückenhaft und tendenziös berichten, dürfte vielen Lesern dieses Buchs bewusst sein. Hier ist nicht die Stelle, das zu vertiefen. In diesem Buch analysiere ich die Realität hinter der Matrix. Wenn Sie sich zur Lückenhaftigkeit der Matrix der Medien informieren wollen, sind dazu mittlerweile viele Bücher von respektablen Autoren erschienen. Eines der ersten war *Mainstream* von Uwe Krüger, in dem sich der Medienwissenschaftler von der Universität Leipzig vor allem die Berichterstattung zur Ukraine-Krise vornahm.[14] Markus Gärtner, Chefredakteur unseres Informationsdienstes *Privatinvestor Politik*, schrieb ebenfalls darüber.[15] Für die Medienblasen des Mainstreams ist für Alexander Unzicker das Phänomen der kognitiven Dissonanz mitverantwortlich. In seinem aktuellen Buch mit dem Untertitel *Anleitung zum Selberdenken in verrückten Zeiten* liefert Unzicker eine umfassende Erklärung, warum die Medien arbeiten, wie sie arbeiten.

Die meisten Menschen haben ein mehr oder weniger fertiges, geschlossenes Weltbild. Das müssen sie auch haben, um die Masse der Informationen, die auf sie eindringen, verarbeiten zu können. Wenn sie aber mit Informationen konfrontiert werden, die dieses Weltbild infrage stellen, entsteht bei vielen Menschen ein Unbehagen, genau, wie es Neo in *Matrix* verspürte. Dieses Unbehagen halten wenige aus. Deswegen werden Nachrichten, die das eigene Weltbild infrage stellen, gern heruntergespielt oder verdrängt. Die verhaltenswissenschaftliche Forschung nennt das »Bestätigungsfehler« oder »Confirmation Bias«.[16] Das geht bis zur Sprachlenkung und gewollten Verdrängung. Im Jahr 2014 setzte die Aktion »Unwort des Jahres« zum Beispiel den Begriff »Lügenpresse« auf den Index der verpönten Wörter.[17]

Ja, es ist schwer, das eigene Weltbild zu hinterfragen. Deswegen machen es auch so wenige. Erfolgreiche Menschen stellen sich hingegen häufig selbst infrage.[18] Als Investor frage ich mich ständig: »Wo könnte ich falschliegen?« Das ist viel wichtiger (und schwieriger), als weitere Bestätigungen dafür zu suchen, dass ich richtigliege.

Diese »Selbstbestätigung« kann groteske Züge annehmen. In seinem Buch *The Broken Ladder* (»Die zerbrochene Leiter«) beschreibt der Psychologe und Neurowissenschaftler Keith Payne, wie wir als politisches Wesen funktionieren, warum die gegenwärtige Gesellschaftsordnung im Westen nicht mehr richtig funktioniert und welche Tricks uns das Gehirn dabei spielt. Er führt dazu viele aktuelle wissenschaftliche Experimente an. In einer in Schweden durchgeführten Umfrage wurden »linke« und »rechte« Probanden zu zwölf wichtigen politischen Fragen befragt. Sie sollten dazu einen Fragebogen ausfüllen. Während die Teilnehmer mit dem Fragebogen beschäftigt waren, beobachtete sie der Interviewer und füllte seinerseits ein zweites Blatt aus. Das Perfide daran: Er kreuzte bei der Hälfte der Antworten genau das Gegenteil von dem an, was der Teilnehmer angekreuzt hatte. Der manipulierte Fragenbogen wurde dann den Probanden in einer kontrollierten Situation zurückgegeben. Zudem wurden sie aufgefordert, ihre Meinung zu erklären, und gefragt, ob sie irgendetwas korrigieren wollten. Das schockierende Ergebnis: 47 Prozent der Probanden bemerkten gar nicht, dass die Antworten manipuliert worden waren. Und von den restlichen 53 entdeckten die meisten nur ein oder zwei Manipulationen, nicht alle sechs.[19]

Ja, Denken ist schwer!

Einleitung

Sind Sie bereit, Ihre Anschauungen und Denkmuster infrage zu stellen? Wollen Sie Ihre Wahrnehmung politischer Phänomene schärfen? Dann gehen Sie mit mir auf die Reise! Alles, was ich Ihnen anbieten kann, ist meine ungeschminkte Sicht der Dinge.

TEIL I

DER WEG IN DIE KRISE

KAPITEL 1

DIE WELT VOR DEM SYSTEMCRASH

Die Welt ist im Wandel, ich spüre es im Wasser, ich spüre es in der Erde, ich rieche es in der Luft.

Die Elbin Galadriel in Der Herr der Ringe

Die Welt bricht zusammen, und sie machen sich Sorgen um Nicaragua!

Der Politikwissenschaftler Robert Gilpin
anlässlich einer Nicaragua-Konferenz in Frühjahr 1990

Wie oft schon wurden ewiger Wohlstand, Wohlstand für alle oder auch der Weltfrieden ausgerufen! Und genauso oft enttäuschten diese hehren Visionen, nicht, weil sie es nicht wert waren, dass man für sie kämpfte, sondern weil sich die Natur der menschlichen Zivilisation nicht einfach grundlegend verändern lässt. Auf Aufschwungphasen folgen Abschwünge, auf lange Jahre der Ruhe stürmische Veränderungen, auf Frieden Krieg.

Max Otte, Der Crash kommt

Life is, in fact, a battle. Evil is insolent and strong; beauty enchanting, but rare; goodness very apt to be weak; folly very apt to be defiant; wickedness to carry the day; imbeciles to be in great places, people of sense in small, and mankind generally unhappy. But the world as it stands is no narrow illusion, no phantasm, no evil dream of the night; we wake up to it, forever and ever; and we can neither forget it nor deny it nor dispense with it.

Henry James, Theory of Fiction[1]

Robert Gilpin, Professor für internationale Beziehungen an der Princeton University, war von unauffälliger Erscheinung. Der kleine, leicht untersetzte Mann sprach leise, lebte zurückgezogen und drängte sich in Diskussionen nie auf. Vielleicht war gerade das der Grund, dass er mit seinen Büchern unser Verständnis für das derzeitige »Weltbeben« so tief bereichern konnte und kann. Als Gilpin 2018 starb, urteilte sein Kollege Aaron Friedberg, mein Doktorvater: »Bob war eine überragende Figur in der Theorie der internationalen Beziehungen, sicherlich einer der originellsten und wichtigsten Denker nach dem Zweiten Weltkrieg.«[2]

Ich erinnere mich an eine kurze Unterhaltung, die ich im Frühjahr 1990 mit ihm führte. Wir begegneten uns im imposanten Foyer der Woodrow Wilson School of Public and International Affairs an der Princeton University, wo gerade eine Konferenz über Nicaragua stattfand. Das kleine sozialistische Land genoss in den 1980er-Jahren einen gewissen Kultstatus, vor allem bei linken Intellektuellen. In Europa brach gerade der Kommunismus zusammen. Die Sowjetunion und andere Länder des real existierenden Sozialismus befanden sich in einem tiefgreifenden Wandel, an dessen Ende oft die Auflösung der entsprechenden Staatsgebilde stand. Wir wechselten ein paar Worte. Und dann sagte Gilpin einen Satz, der sich mir unauslöschlich ins Gedächtnis einbrannte: »*Die Welt bricht zusammen, und sie machen sich Sorgen über Nicaragua.*«[3]

Während sich alle Welt über den Zusammenbruch des Kommunismus freute, der amerikanische Politikwissenschaftler Francis Fukuyama gar das »Ende der Geschichte« ausrief, war Gilpin alles andere als zuversichtlich, ja tief besorgt. Auch für den »Hauptvertreter der internationalen politischen Ökonomie aus nicht-marxistischer Sicht«[4] war eine Zeitenwende eingetreten – doch für ihn war es der Beginn einer Epoche großer Umwälzungen und Gefahren, an deren Ende durchaus ein großer Krieg stehen konnte. Höchste Gefahrenstufe also.

Fast drei Jahrzehnte später lässt sich nicht leugnen: Gilpin hatte recht! Wir befinden uns mitten in einer tiefen und anhaltenden Weltkrise. Sie umfasst alle Lebensbereiche und umspannt den ganzen Globus. Innerhalb von zwei Jahrzehnten wurden Nordafrika und der Nahe Osten destabilisiert. Ein neuer Kalter Krieg zwischen Russland und den USA droht, Europa in den Abgrund zu reißen. Die Aufrüstung im Osten Europas schreitet seit der Ukraine-Krise in beängstigendem Tempo fort. Die Destabilisierung Nordafrikas, des Nahen und Mittleren Ostens hat dazu geführt, dass Europa von Migrationsströmen überschwemmt wird, was zur Spaltung der dortigen Gesellschaften beiträgt. Handelskriege flammen auf, zwischen den USA und China, aber auch mit Europa. Spannungen im Südchinesischen Meer und auf der koreanischen Halbinsel halten uns immer wieder in Atem.

Nein, die »neue Weltordnung« gleicht keinesfalls dem, was Francis Fukuyama 1992 prognostizierte. Fukuyama schrieb damals, dass der »westliche Liberalismus« gesiegt habe und die größeren Konflikte der Menschheit zu Ende seien. Zwar werde es noch kleinere Diskussionen und Auseinandersetzungen geben, aber die großen Fragen seien gelöst.

Nun, die Geschichte meldet sich mit Wucht zurück. Nichts ist weiter von der Realität im Jahr 2019 entfernt, als Fukuyamas Vision einer friedlichen, fast langweiligen Welt. Stattdessen finden wir uns in einer Welt wieder, auf welche die von Fukuyamas Kollegen Samuel Huntington vertretene Theorie vom »Kampf der Kulturen« viel eher zuzutreffen scheint.[5] Für den neokonservativen Theoretiker Robert Kagan gleicht der aktuelle Zustand eher der unübersichtlichen Welt Marco Polos: Die internationalen Beziehungen stellen sich mehr als Dschungel denn als wohlgeordnetes Staatensystem dar.[6]

In den letzten Jahren sind etliche Bücher erschienen, die sich mit diesen Veränderungen und Umwälzungen befassen. Manche davon, wie *Weltbeben* des ehemaligen *Handelsblatt*-Herausgebers Gabor Steingart[7] und *Machtbeben* von Dirk Müller, wurden zu Bestsellern.[8] *Weltbeben* ist brillant geschrieben und fesselt. Vordergründig. Es finden sich darin drastische Aussagen und Zustandsbeschreibungen, auf die ich später an geeigneter Stelle zurückkommen werde. Wie bei einer schnell geschnittenen Reportage fängt die Kamera deutliche und schockierende Bilder ein. Aber dabei bleibt es auch. *Weltbeben* ist eine Momentaufnahme der Welt, die den Leser etwas benommen und verwirrt ob des Tempos der Schnitte und des Mangels an tieferen Erklärungen zurücklässt.

Nicht nur das internationale System ist im Wandel; auch in den Gesellschaften der reichen Industrienationen, gemeinhin als »der Westen« bekannt, brodelt es. Neue Bewegungen zweifeln die bestehende politische Ordnung beziehungsweise das System an, teils als politische Partei wie in Österreich die FPÖ, in Deutschland die AfD, in Frankreich der Rassemblement National (früher Front National) und in den Niederlanden die Partij voor de Vrijheid von Geert Wilders und das Forum voor Democratie, in Italien das Movimento 5 Stelle (5-Sterne-Bewegung) und die Lega Nord, in Spanien VOX, teils als Bürgerbewegung wie die Gelbwesten in Frankreich oder die Brexit-Bewegung in Großbritannien. Bei der EU-Wahl im Mai 2019 wurden der Rassemblement National und die Brexit Party in ihren Ländern stärkste Kraft. In den USA hat es mit Donald Trump ein bekennender Populist ins Präsidentenamt geschafft, in Österreich befand sich die Freiheitliche Partei bis zur Ibiza-Affäre um Vizekanzler Heinz-Christian Strache in der Regierungsverantwortung.

Aufgrund ihrer starken Kritik am System werden die neuen politischen Bewegungen von den Mainstream-Medien gern als »populistisch« bezeichnet. Bei all ihrer Unterschiedlichkeit teilen die Populisten die Sorge um den Rechtsstaat, betrachten Migration äußerst kritisch, sehen die Mittelschicht als bedroht an und diagnostizieren dysfunktionale Politikeliten. Fast alle wollen den Nationalstaat stärken und die Einwanderung kontrollieren.

Dabei hat der Populismus durchaus ökonomische Gründe. Das Wirtschaftswachstum in den Industrienationen ist schwach; das Produktivitätswachstum, zumindest im Westen, auf dem niedrigsten Niveau seit Ende des Zweiten Weltkriegs. Millionen Angehörige der Mittelschicht sind ökonomisch bedroht oder bereits in die Armut abgerutscht. »Viele Sorgen, die der Gegenbewegung zur Globalisierung zugrunde liegen, sind real«, schreiben die OECD-Ökonomen in ihrem »Beschäftigungsausblick 2017« über die Arbeitsmärkte der 34 Industriestaaten.[9]

Vor beinahe einem Vierteljahrhundert, im Jahr 1996, landeten die damaligen *Spiegel*-Redakteure Hans-Peter Martin und Harald Schumann mit *Die Globalisierungsfalle – Der Angriff auf Demokratie und Wohlstand* einen Megabestseller, der 800.000-mal über den Ladentisch ging und in 27 Sprachen übersetzt wurde.[10] Die Autoren argumentieren, dass durch die Globalisierung Mittelschicht und Demokratie unter Druck geraten, unter anderem weil die Staaten durch den Standortwettbewerb erpressbar werden. Fünf Jahre später legte Harvard-Professor Dani Rodrik in *Das Globalisierungs-Paradox: Die Demokratie und die Zukunft der Weltwirtschaft* nach. Die Globalisierung würde dann am besten funktionieren, wenn sie nicht zu weit getrieben würde.[11] Diese eigentlich kritische Sicht der Dinge hört man heute in den Mainstream-Medien und von linksliberaler Seite immer seltener.

Stattdessen verbreiten der Mainstream und die etablierten Parteien von »konservativ« über liberal, grün und sozialdemokratisch ein unkritisches Hohelied auf die Globalisierung und stellen jede Rückbesinnung als potentielle Katastrophe dar. »Unter den modernen Atheisten gilt Zweifel am Fortschritt gewissermaßen als Blasphemie«, schreibt John Gray, Professor für Ideengeschichte und Literatur an der London School of Economics. »Anzunehmen, dass man den Fortschrittsmythos abschütteln könnte, würde bedeuten, der modernen Menschheit eine Fähigkeit zur Verbesserung zuzubilligen, die noch weit über jene hinausgeht, die sie selbst für sich in Anspruch nimmt.«[12]

Wenn fanatisch darauf beharrt wird, dass die Globalisierung nur eine Richtung haben darf, fühlt man sich an die Worte »vorwärts immer, rückwärts nimmer« erinnert, die der SED-Generalsekretär und DDR-Staatsratsvorsitzende Erich Honecker anlässlich des 40-jährigen Bestehens der DDR am 7. Oktober 1989 sprach. Einen Monat später brach die Revolution aus.

Im Jahr 2006 veröffentlichte ich *Der Crash kommt*. Darin prognostizierte ich eine große Finanzkrise für die Zeit zwischen 2007 und 2010. »Die Globalisierung selbst hat eine große Blase erzeugt, die über kurz oder lang entweder schnell platzen oder langsam in sich zusammensinken muss.« Ich wagte mich weit heraus: »Nach allem, was mir meine Daten sagen, ist eine Weltwirtschaftskrise in den nächsten fünf Jahren sehr wahrscheinlich.« Als wahrscheinliche Ursache identifizierte ich das Platzen der Immobilien- und Subprime-Hypothekenblase in den USA. Außerdem sagte ich in dem Buch voraus: die Insolvenz von General Motors innerhalb von zwei Jahren und den Aufstieg Chinas zur größten Volkswirtschaft der Welt bis zum Jahr 2016.

Und tatsächlich: Die Finanzkrise brach im Herbst 2008 mit voller Wucht über uns herein. Am 15. September 2008 musste die US-Investmentbank Lehman Brothers Insolvenz anmelden. Etwa 25.000 Menschen verloren in kurzer Zeit ihre Arbeit, 400 Milliarden Dollar an Außenständen standen auf dem Spiel, ein bedeutendes Handelszentrum fiel aus. Panik machte sich breit. Die Märkte stürzten ab. Banken mussten gerettet werden. Konjunkturprogramme wurden aufgelegt. Kurze Zeit sah es tatsächlich so aus, als ob die Welt in eine ähnlich tiefe Depression stürzen würde wie zuletzt nach 1929. Es folgte ein kurzer, drastischer Rückgang des Welthandels und eine scharfe Rezession. General Motors meldete innerhalb von zwei Jahren tatsächlich Insolvenz an. China stieg bereits 2014 zur nach Kaufkraft größten Wirtschaftsnation der Welt auf und hatte 2018 bereits ein um 20 Prozent größeres Potenzial als die US-Wirtschaft.[13]

Aber die Globalisierungsblase ist (noch) nicht geplatzt. Eine *Weltwirtschaftskrise* wie die Große Depression nach 1929 ist nicht ausgebrochen. Stattdessen haben wir die Krise verschleppt, in der Hoffnung, sie damit zu besiegen. Dazu fanden beispiellose Eingriffe und Manipulationen der Notenbanken in Form von Gelddruckorgien, noch höherer Staatsverschuldung und Konjunkturprogrammen statt. Die Notenbanken kauften sogar Staats- und Unternehmensanleihen in großem Umfang auf. Solche Maßnahmen waren früher zu Recht verpönt, weil der Staat so direkt in das Wirtschaftsgeschehen eingreift, wie es bestenfalls in Kriegszeiten gerechtfertigt ist.

Als selbst der Aufkauf von Anleihen nicht mehr fruchtete, begann man vor einigen Jahren mit der Einführung von Negativ- und Strafzinsen. Mittlerweile trifft das auch Privatpersonen mit größeren Sparguthaben. Auch das reicht anscheinend nicht. Weiter dreht sich die Kontroll- und Manipulationsspirale. Nun soll uns unter Einsatz einer beispiellosen Propagandaschlacht das Bargeld, eine der letzten Bastionen gegen die schleichende Enteignung, verleidet und, wenn nötig, auch durch Zwangsmaßnahmen weitgehend verdrängt werden.[14] In Schweden könnte schon 2023 das Bargeld komplett abgeschafft sein.[15] Man fühlt sich unangenehm an Friedrich August Hayeks Warnung in *Der Weg zur Knechtschaft* erinnert.[16] Am Ende der von Hayek beschriebenen Spirale stehen totalitäre Systeme, ein Kontrollstaat und, im schlimmsten Fall, Krieg.

Einerseits scheint die Weltwirtschaft – irgendwie – noch zu wachsen, wenn auch langsam. Die Aktienmärkte notieren auf Höchstständen; auch viele Immobilienmärkte haben sich seit der Finanzkrise stark erholt. Andererseits haben wir uns dieses Wachstum durch eine Politik des ultrabilligen Geldes und der direkten Staatsinterventionen erkauft, die auch ich mir in diesem Umfang 2006 schlichtweg nicht vorstellen konnte. Nullzinsen, sogar Negativzinsen, dazu der Versuch, das Bargeld abzuschaffen, tiefgreifende Eingriffe in die Freiheitsrechte der Bürger – das alles wäre mir zu meinen Studienzeiten in den 1980er-Jahren als ökonomischer Wahnsinn erschienen. Und meinen Professoren und Kommilitonen ebenso. Heute ist es Realität. Es führte unter anderem dazu, dass ich am 14. Mai 2016 zusammen mit Joachim Starbatty an der ersten Demonstration meines Lebens teilnahm und in Frankfurt vor der Hauptwache vor der schleichenden Bargeldabschaffung warnte.[17]

Stellen wir uns einen Heißluftballon vor, der zunehmend Löcher und Risse bekommt, weil das Material brüchig geworden ist. Hastig versuchen wir, die Löcher mit Klebestreifen abzudichten, während wir von unten immer schneller heiße Luft in den Ballon hineinströmen lassen. Noch halten wir uns durch diese Behelfslösungen in der Luft. Aber lange geht das nicht mehr gut. In nicht allzu ferner Zukunft sinkt der Ballon oder stürzt rapide ab oder geht in Flammen auf. So ähnlich ist das mit der Weltwirtschaft. Die heiße Luft ist in diesem Fall die Liquidität, die wir in immer größerer Menge in das Wirtschaftssystem strömen lassen.

So treffen eine Weltordnung, die langsam zerfällt, sowie polarisierte und zerrissene Gesellschaften im Westen auf ein labiles ökonomisches System, das sich seit der Finanzkrise kaum erholt hat. Keine guten Aussichten.

Von der »Neuen Weltordnung« zum Chaos

Im Ersten Irakkrieg (August 1990 bis Februar 1991) sah es noch so aus, als ob Fukuyamas Vision vom »Ende der Geschichte« sich bewahrheiten könnte. Eine breite, auch von Russland unterstützte Koalition stellte sich dem Irak entgegen, der den kleinen Nachbarstaat Kuwait überfallen und besetzt hatte. Nach schnellen, entscheidenden Siegen wurde Kuwait befreit; der Krieg war mit Erreichen dieses Ziels beendet. US-Präsident war George H. W. Bush, der im Zweiten Weltkrieg gedient hatte und für ein diplomatisches Umfeld ausgebildet worden war, in dem Staaten begrenzte Ziele verfolgten und den gegenseitigen Interessenausgleich suchten.

Allerdings begann selbst dieser Krieg, für den es durchaus legitime Gründe gab, mit einer Lüge. Die Öffentlichkeit wurde durch die sogenannte Brutkastenlüge mobilisiert. Eine angebliche Krankenschwester namens »Nayirah« berichtete am 10. Oktober 1990 vor dem Menschenrechtskomitee des amerikanischen Kongresses unter Tränen, dass irakische Soldaten Babys aus den Brutkästen ihres Krankenhauses gerissen hätten, um sie sterben zu lassen. Später stellte sich heraus, dass Nayirah die Tochter des kuwaitischen Botschafters in den USA war und die ganze Geschichte von der Werbeagentur Hill & Knowlton erfunden worden war, um die Öffentlichkeit für den Krieg zu mobilisieren.[18]

In seiner Rede vor dem Kongress zum Irakkrieg, ausgerechnet am 11. September (!) 1990, sprach Bush davon, eine »neue Weltordnung« schaffen zu wollen; so ist die Rede überschrieben: »Toward a New World Order«.[19] Bush meinte damit eine »liberale Weltordnung«, in der die Vereinigten Staaten die Rolle des unbestrittenen Führers wie des ultimativen Schiedsrichters einnehmen sollten.

Aber schon kurz danach begann die Erosion der internationalen Ordnung. Bei dem langsamen und unter großen Opfern und Leiden der Zivilbevölkerung erfolgten Untergang des Vielvölkerstaats Jugoslawien, der 1991 einsetzte, war die Situation deutlich unübersichtlicher. Der Zerfall war mit einer ganzen Reihe von Kriegen verknüpft.

Der 10-Tage-Krieg in Slowenien war 1991 schnell beendet, denn in der Teilrepublik lebten kaum Vertreter der serbischen Volksgruppe, welche die jugoslawische Staats- und Parteiführung dominierten. Der Kroatienkrieg (1991–1995) und der Bosnienkrieg (1992–1995) waren hingegen lang und hässlich. Im späteren Kosovokrieg bombardierte die NATO vom 24. März bis zum 10. Juni 1999 die Bundesrepublik Jugoslawien. Ziel war es, eine angeblich humanitäre Katastrophe im Kosovo zu verhindern. Da es keine UN-Resolution dazu gab, war dieser Krieg völkerrechtswidrig, was Ex-Bundeskanzler Gerhard Schröder später auf einem Forum der Wochenzeitung *Die ZEIT* offen aussprach.[20] Es war also der Westen, der – aus welchen Gründen auch immer – als Erster das Völkerrecht brach, um einen Krieg zu beginnen.[21] Im Jahr 2001 fand in der Republik Mazedonien ein albanischer Aufstand statt. Seitdem herrscht relative Ruhe auf dem Balkan. Aber Kriege mit insgesamt 200.000 bis 240.000 Toten mitten in Europa – das hätte sich 1989 niemand vorstellen können.

Eine neue Qualität erreichte die Weltunordnung mit den Anschlägen auf das World Trade Center vom 11. September 2001. In den USA wurde der Angriff zum Anlass genommen, die Bürgerrechte einzuschränken, die Spionagebefugnisse des Staates auszudehnen und die Geheimdienste massiv aufzustocken. Zudem wurde umgehend beschlossen, die Taliban in Afghanistan zu bombardieren, mit der Begründung, den Terrorismus zu bekämpfen und in Afghanistan einen funktionierenden Staat nach westlichem Muster aufzubauen. Allerdings ging es dabei tatsächlich wohl vor allem um geostrategische Ziele. Spätestens seit diesem Zeitpunkt befindet sich die Welt in einem kriegsähnlichen Zustand, wie der mit dem Roman-Herzog-Medienpreis ausgezeichnete Hörfunkautor Ulrich Teusch feststellt: jedoch war »der 11. September 2001 kein epochaler Einschnitt, keine Zeitenwende. Er hat die ohnehin schon dominanten Tendenzen im internationalen Verhalten der USA lediglich verschärft.«[22]

Ein Interview mit Wesley Clark, von 1997 bis 2000 Oberbefehlshaber der NATO-Streitkräfte in Europa und 2004 ein Präsidentschaftskandidat der Demokraten, offenbart, dass es schon sehr früh Kriegspläne für den Nahen Osten gab. Clark sprach 2007 mit der Organisation Democracy Now darüber, wie die USA schon kurz nach den Terroranschlägen vom 11. September 2001 planten, im Nahen Osten sieben Länder, darunter Libyen, zu bekriegen. »Wir wissen nicht, wie wir den Terrorismus bekämpfen, aber wir haben starke Streitkräfte, die Regierungen ausschalten können. Und wenn Sie nur einen Hammer haben, sieht jedes Problem wie ein Nagel aus.«[23]

Im folgenden Afghanistan-Krieg wurden die Taliban zurückgedrängt. An ihm nahmen auch deutsche Truppen teil, denn, so der damalige Verteidigungsminister Peter Struck, Deutschlands Sicherheit werde »auch am Hindukusch verteidigt«. Nach Angaben der Bundeswehr sind in Afghanistan insgesamt 52 Soldaten ums Leben gekommen, davon 34 durch Fremdeinwirkung und 18 durch sonstige Umstände wie beispielsweise Unfälle.[24]

Am 2. Mai 2011 wurde Osama bin Laden, den man als Hauptschuldigen der Anschläge vom 11. September 2001 ausgemacht hatte, dem man aber seine Rolle nicht wirklich nachweisen konnte, von einem US-Spezialkommando in seinem Versteck in Pakistan exekutiert und seine Leiche umgehend im Meer versenkt. Die Regierung Obama inszenierte diese Exekution medial. Zwar gibt es von der eigentlichen Operation keine öffentlichen Videos, wohl aber von Regierungsmitgliedern, wie sie im Lageraum des Weißen Hauses die Operation verfolgen.

All dies scheint nur einen begrenzten Effekt zu haben. In Afghanistan dominieren Stammesstrukturen; die Taliban sind weiter stark. Im Mai 2019 forderte die große Ratsversammlung Afghanistans mit 3200 Delegierten einen Dialog und dauerhaften Frieden mit den Taliban. Im Sommer 2019 war ausgerechnet Kunduz, der größte Stützpunkt der Bundeswehr in Afghanistan, wieder umkämpft.[25] Bilanz: Die westlichen Einsätze in Afghanistan haben nach fast zwei Jahrzehnten und über 3500 Kriegstoten auf Seiten der Koalitionskräfte ihr Ziel nicht erreicht.[26] Bereits bis 2014 beliefen sich die Kosten dieser fehlgeschlagenen Intervention auf mehr als 360.000 Tote und 3,2 bis 4 Billionen Dollar.[27]

Auch der Zweite Irakkrieg 2003 begann mit einer Lüge. Der damalige Außenminister Colin Powell behauptete vor der Vollversammlung der Vereinten Nationen, dass der Irak über Massenvernichtungswaffen verfüge.[28] Nach dem Sieg der Koalitionstruppen wurden keine derartigen Waffen gefunden. Man muss der deutschen Bundesregierung um Gerhard Schröder zugutehalten, dass sie sich damals weitgehend aus dem Krieg heraushielt. Allerdings ließ sie stillschweigend eine umfassende Zusammenarbeit der westlichen Geheimdienste zu.

Anders als 1990 war es diesmal erklärtes Ziel, Saddam Hussein zu stürzen und den Irak zu »befreien«. Die überlegenen Koalitionsstreitkräfte hatten leichtes Spiel mit dem irakischen Militär; der Krieg war schnell beendet. Seinem autoritären säkularen Herrscher Saddam Hussein wurde ein zweifelhafter Prozess vor einem irakischen Gericht gemacht, dann wurde er gehängt.[29] In den Folgejahren zerfiel der Irak, und das Land wurde zu einer Brutstätte des Terrorismus. Von 2003 bis 2011 waren zwischen 390.000 und 940.000 Todesopfer zu beklagen.[30] Die enorme Bandbreite der Schätzungen zeigt, wie schlecht es um das Land stand. Weite Teile des Irak dienten später dem Islamischen Staat als Basis.

Seit Ende 2010 stürzte der »Arabische Frühling« große Teile des Nahen Ostens endgültig ins Chaos.[31] Die USA, Großbritannien und Frankreich begannen im März 2011 einen Luftkrieg gegen Libyen und seinen bizarren Diktator Muammar al-Gaddafi, nachdem sie in den Vereinten Nationen die Resolution 1973 durchgesetzt hatten, die die internationale Gemeinschaft zu militärischen Maßnahmen zum Schutz von Zivilisten in Libyen ermächtigte. Russland und China machten durch ihre Enthaltungen den Beschluss möglich, sodass diese Angriffe nicht völkerrechtswidrig waren. Auch Brasilien, Deutschland und Indien als nicht-ständige Mitglieder des Rats enthielten sich; der damalige deutsche Außenminister Guido Westerwelle äußerte sich gegenüber der Intervention zurückhaltend und skeptisch.

Der Libyenkrieg endete nach einem halben Jahr mit der Ermordung des Machthabers; Videos von einem misshandelten Gaddafi kursierten im Netz.[32] Damit wendete sich die Lage in Libyen aber keinesfalls zum Besseren. Nach dem Sieg über Gaddafi begann im Jahr 2014 ein zweiter Bürgerkrieg. Im Mai 2019 scheint sich der mächtige Warlord Khalifa Haftar durchzusetzen, der fast 20 Jahre in den USA in großer Nähe zum CIA-Hauptquartier lebte. Eigentlich heißt er Khalifa Hifter, aber der Name war für die westlichen Medien nicht wirklich präsentabel; also wurde er kurzerhand in Haftar umbenannt.[33] Am Ende könnte in Libyen also wieder ein autoritäres Regime stehen, nur mit einem anderen Herrscher an der Spitze. Wie im Irak und in Afghanistan führte die Intervention des Westens nicht zu einem Nation Building, sondern zu zerstörten Staatsgebilden, der Herrschaft von Warlords, einem Wiedererstarken feudaler Strukturen, Bürgerkriegen und menschlichem Elend.

Nicht nach Drehbuch verlief die Intervention des Westens in Syrien, wo seit 2011 – mittlerweile länger als der Zweite Weltkrieg – ein blutiger Stellvertreterkrieg tobt. Vor dem Bürgerkrieg war Syrien als zumindest wirtschaftlich und religiös relativ tolerantes Land angesehen, wenngleich ebenfalls von einem autoritären Staatschef beherrscht.

Auf der einen Seite stehen die Truppen der Regierung Assad und ihre russischen Verbündeten sowie Hisbollah-Milizen, auf der anderen von ausländischen Geheimdiensten unterstützte Islamisten, Söldner, amerikanische, französische und türkische Truppen. Im Jahr 2019 sieht es so aus, als ob die Regierung Assad den Bürgerkrieg mit Hilfe Russlands für sich entscheiden konnte. Nur in der Enklave Idlib hielten sich noch Islamisten. Syrien konnte seine staatlichen Strukturen weitgehend aufrechterhalten. Zurück bleibt ein schwer beschädigtes Land und im Norden eine teilweise von der Türkei besetzte, teilweise autonome und teilweise von den USA unterstützte Kurdenregion.

Die Auswirkungen des Stellvertreterkriegs in Syrien bekamen wir nach der Grenzöffnung durch Angela Merkel in Deutschland sehr direkt zu spüren. Seit 2015 hält uns die sogenannte Flüchtlingskrise in Atem, polarisiert die Deutschen und belastet den gesellschaftlichen Diskurs. Millionen syrische Flüchtlinge in der Türkei und Europa sind eine Bürde für die jeweiligen Gesellschaften. Hinzu kommt durch die Zerstörung der staatlichen Strukturen in Libyen zunehmend Migration aus Schwarzafrika über das Mittelmeer.

Und es ist kein Ende der Kriege und Unruhen in Sicht: Im Jemen führen Saudi-Arabien und der Iran einen blutigen Stellvertreterkrieg, der zu einer humanitären Katastrophe geführt hat, über die in Europa und den USA nur sehr spärlich berichtet wird.[34] In Venezuela begann im Januar 2019 ein Staatsstreich mit ungewissem Ausgang. Amerika und viele europäische Länder stellten sich schnell auf die Seite der vom selbst ernannten Übergangspräsidenten Juan Gaidó angeführten Putschisten, China und Russland unterstützen den gewählten Präsidenten Nicolás Maduro, auf den bereits mehrere Mordanschläge verübt worden waren. Der Bevölkerung in Venezuela geht es aufgrund der westlichen Sanktionen schlecht. In der Folge haben mehrere Millionen Menschen als Flüchtlinge das Land verlassen, was umliegende Länder wie zum Beispiel Peru belastet.[35] Hier geht es auch um viel Öl und um die Frage, in wessen Hand die Kontrolle über dieses Öl in Zukunft sein wird.

Ein neuer Kalter Krieg in Europa und wachsende Spannungen in Asien

30 Jahre nach dem Fall der Berliner Mauer befindet sich Europa wieder in einem Kalten Krieg. Das Verhältnis zu Russland ist angespannt. In der Ukraine fand 2013 ein von außen unterstützter und beförderter Regimewechsel statt, in dessen Folge Russland die Halbinsel Krim, die Nikita Chruschtschow 1954 an die Ukraine übergeben hatte, besetzte. Die Annexion wurde kurze Zeit später durch eine Volksabstimmung legitimiert. Dieser Vorgang führte zu einem sofortigen Ausschluss Russlands aus den G8, zu Wirtschaftssanktionen gegen das Land, deren Lasten vor allem die Europäische Union und hier besonders Deutschland und Österreich tragen. Dem damaligen Vizepräsidenten Joe Biden zufolge mussten die Vereinigten Staaten massiven Druck ausüben, um diese Sanktionen zu erzwingen.[36] Bis heute haben sie Europa 400.000 Arbeitsplätze und 30 Milliarden Dollar gekostet.[37] Die USA machen unterdessen weiter Geschäfte mit Russland, da sich die amerikanischen Sanktionen, anders als die der EU, vor allem gegen Einzelpersonen und nicht gegen Unternehmen richten.

Immer wieder flammt in der Ostukraine der Konflikt zwischen den überwiegend von Russen bewohnten Gebieten im Donbass, die sich zu einer unabhängigen Republik erklärt haben, und dem ukrainischen Staat auf. Die Auswirkungen der militärisch ausgetragenen Auseinandersetzungen können zu brandgefährlichen Situationen führen. Denken wir an den bis heute nicht abschließend geklärten Abschuss des malaysischen Passagierflugzeugs MH-17 im Juli 2014 über dem Rebellengebiet, bei dem 298 Menschen starben.[38] Für eine kurze Zeit sah es so aus, als ob dieser Vorfall der Auslöser für einen größeren Krieg sein könnte. Gott sei Dank überwogen Vernunft und Mäßigung.

Seit der Annexion der Krim und den Vorfällen auf dem Maidan (siehe Kapitel 2) rüstet die NATO im Osten auf. Bereits auf dem Gipfel in Wales hatten sich die europäischen NATO-Länder 2014 verpflichtet, ihre Verteidigungshaushalte innerhalb von zehn Jahren auf 2 Prozent ihrer Wirtschaftsleistung zu erhöhen. Damit beginnt sich eine neue Rüstungsspirale in Europa zu drehen.[39] Seit Jahren finden Truppenverschiebungen in den Osten Europas statt. All das folgt einer von langer Hand vorbereiteten Strategie. Schon auf dem NATO-Gipfel in Madrid am

8. und 9. Juli 1997 war Polen, Ungarn und Tschechien der Beitritt zum Bündnis angeboten und mit der Ukraine eine »besondere Partnerschaft« vereinbart worden. Zwei Jahre später traten Polen, Ungarn und Tschechien tatsächlich der NATO bei. Im Jahr 2004 wurden mit Bulgarien, Rumänien, der Slowakei, Slowenien und den drei baltischen Ländern Estland, Lettland und Litauen weitere sieben Staaten NATO-Mitglieder. All dies geschah lange *vor* den Ereignissen in der Ukraine. Im Februar 2019 stimmte das ukrainische Parlament dafür, den NATO- und EU-Beitritt des Landes als Ziele in die Verfassung aufzunehmen.[40]

Dass die Krim- und Ukraine-Krisen nur besonders sichtbare Höhepunkte eines neuen geopolitischen Konflikts sind, wurde mir vielleicht schon 1999, spätestens aber 2008 sehr deutlich vor Augen geführt. 1999 war ich Professor an der Boston University. Im Masterprogramm für internationale Beziehungen wurden auch einige junge Offiziere auf Kosten des Verteidigungsministeriums ausgebildet. Einer von ihnen hielt in meinem Seminar ein Referat, in dem es darum ging, wie »wir« »unser Öl« in den zentralasiatischen Republiken südlich von Russland, also in Georgien, Aserbaidschan, Usbekistan und Turkmenistan sichern könnten. Der junge Offizier nahm wie selbstverständlich an, dass dieses Öl den USA zustünde.

Im Jahr 2008 brach der Konflikt zwischen zwei abtrünnigen georgischen Republiken, Abchasien und Südossetien, und dem Staat Georgien wieder aus, nachdem der von Russland vermittelte Waffenstillstand seit 1992 gehalten hatte. Eine treibende Rolle dabei spielte der neue georgische Präsident Micheil Saakaschwili, der 2004 einen Plan zur Wiedereingliederung der Provinzen vorgelegt hatte und dann wegen verschiedener innenpolitischer Skandale in Bedrängnis gekommen war. Mit russischer Hilfe verteidigten die beiden Provinzen ihre Unabhängigkeit. Für mich bezeichnend und auch erschreckend war die Tatsache, dass man in den deutschen Nachrichtensendern in Endlosschleife russische Panzerkolonnen sah, wie sie in die Provinzen fuhren. Offensichtlich sollte schon damals jenseits jeglicher differenzierter Berichterstattung Stimmung gemacht werden.

Das Kriegsabenteuer setzte Saakaschwili unter starken innenpolitischen Druck. Nach Ende seiner Amtszeit ermittelte die georgische Justiz gegen ihn, woraufhin er sich in die USA absetzte. Hier wurde er von diversen Think Tanks finanziert, bevor er 2015 als Berater von Präsident Petro Poroschenko in die Ukraine ging und später Gouverneur von Odessa wurde. In dieser Position erhielt er vom New International Leadership Institute in Washington ein Jahresgehalt von 200.000 Dollar.[41]

Wenn es Sie interessiert, wie sich eine Marionette der amerikanischen Geheimdienste benimmt, befassen Sie sich mit Saakaschwili. Sein Leben ist eine Serie von Ungereimtheiten und Korruption. Im Jahr 2017 wurde ihm aufgrund von unrichtigen Angaben die ukrainische Staatsbürgerschaft wieder entzogen. Er wurde mehrfach von den Behörden festgenommen und im Februar 2018 nach Polen abgeschoben. Nun lebt er in den Niederlanden.

Unter US-Präsident Donald Trump hat sich die Eskalation konventioneller Konflikte auf der Welt – vielleicht mit Ausnahme des Iran und Jemen – nicht fortgesetzt. Gegen den Willen des Establishments zog er sogar große Truppenkontingente aus Syrien und Afghanistan ab. Dafür beschleunigt sich die nukleare Eskalation. Nach der Aufkündigung des Atomabkommens mit dem Iran kündigte Trump am 1. Februar 2019 auch den Vertrag mit Russland über die Stationierung von Mittelstreckenwaffen in Europa. Gut einen Monat später zog der russische Präsident Putin nach und verkündete per Dekret ebenfalls die Aussetzung des Vertrages.[42]

Gleichzeitig macht sich in Asien, Afrika und Europa der wachsende Einfluss Chinas bemerkbar, das mittlerweile zur Weltraumnation aufgestiegen ist und mit dem Projekt der »Neuen Seidenstraße« (»One Belt One Road«) Eurasien und Afrika auf dem Land- und Seeweg enger verbinden will. Fast fühlt man sich an die Bagdad-Bahn erinnert, mit der das Deutsche Reich und seine Verbündeten vor dem Ersten Weltkrieg eine Landverbindung von Mitteleuropa in den Nahen Osten schaffen wollten. Staatspräsident Xi Jinping rief das ehrgeizige Unternehmen 2013 aus. Es umfasst geplante Infrastrukturinvestitionen im Umfang von 1,1 Billionen Dollar, an denen 60 Länder beteiligt sind, die zusammen 35 Prozent der Weltwirtschaft und 60 Prozent der Weltbevölkerung ausmachen.

Von den etablierten Industrienationen wird das Projekt argwöhnisch beäugt, doch hat der Westen dem Projekt nichts Konstruktives und Ebenbürtiges entgegenzusetzen. Wir können China nicht vorwerfen, eine langfristige geopolitische Konzeption zu verfolgen, nur weil wir selber keine haben, schrieb der ehemalige Außenminister und SPD-Vorsitzende Sigmar Gabriel im September 2018 in einem bemerkenswerten Gastbeitrag im *Handelsblatt*.[43]

Die wachsende Macht und das wachsende Selbstbewusstsein Chinas haben zu zunehmenden Spannungen im Südchinesischen Meer und anderswo geführt. Noch mehr als Großbritannien, das im 19. Jahrhundert mit seiner Flotte die Weltmeere beherrschte, erheben die USA im 21. Jahrhundert eben diesen Anspruch.

Während aber Großbritannien seinerzeit die westliche Hemisphäre bereits weitgehend den USA überlassen hatte, ist der amerikanische Anspruch wirklich global.

Im Jahr 2009 meldete die Volksrepublik China historische Ansprüche auf große Teile des Südchinesischen Meeres bei den Vereinten Nationen an und legte eine Landkarte mit der »Neun-Striche-Linie« vor. Bereits 1999 hatte die Republik China (Taiwan) Ansprüche auf das gesamte Südchinesische Meer angemeldet.[44] Im Jahr 2013 begann die Volksrepublik damit, kleinere unbewohnte Inseln und Riffe im Südchinesischen Meer, vor allem die Spratly-Inseln, auszubauen und weiteres Land dem Meer abzutrotzen.[45] Mindestens seit 2018 werden auch Truppen und Raketen auf den Inseln stationiert. Diese Aktion ist völkerrechtlich umstritten und stößt bei den USA und etlichen Nachbarn auf entschiedenen Widerspruch.

Die subjektiv empfundene zunehmende Enge und das Konkurrenzdenken im Südchinesischen Meer haben bereits zu etlichen Zwischenfällen geführt. Ende 2016 fing China eine amerikanische Unterwasserdrohne ein, gab sie aber kurze Zeit später zurück.[46] Im Oktober 2018 kamen sich amerikanische und chinesische Kriegsschiffe bedenklich nahe.[47] 2019 teilte das Pentagon mit, dass Schiffe der US Navy häufiger in der Straße von Taiwan patrouillieren werden.

Der Inselstreit im Südchinesischen Meer könnte gefährlich eskalieren …

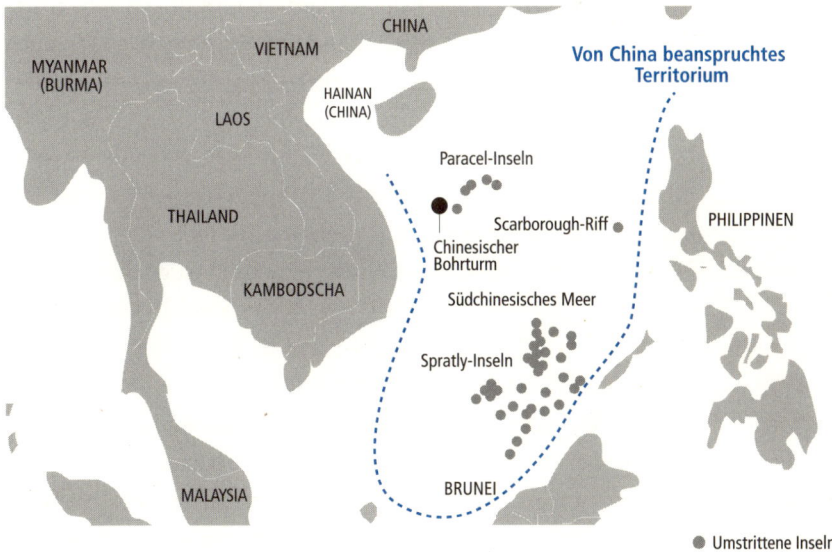

... denn viele Länder haben Inseln in dem Territorium, das von China beansprucht wird.

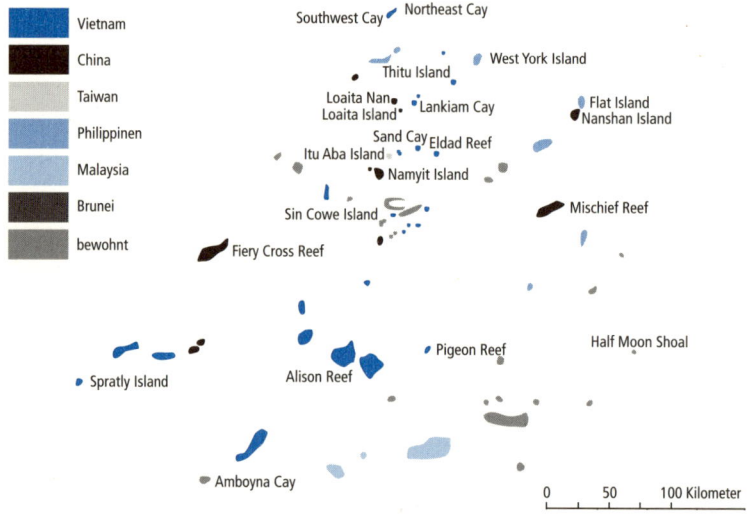

Zudem sind die Konfliktherde auf der koreanischen Halbinsel alles andere als gelöst. Japan hat in seiner Verteidigungsdoktrin den Fokus von Russland auf China umgestellt und kooperiert zunehmend mit den Vereinigten Staaten, Großbritannien, Indien, Südkorea und Australien.[48] Auch hier sind Inseln, diesmal die Diaoyu-/Senkaku-Inseln, der Grund für diplomatische Auseinandersetzungen. Im Jahr 1971 gaben die USA die administrative Kontrolle über die Inseln in japanische Hände, aber sie werden sowohl von Taiwan als auch der Volksrepublik China beansprucht. All dies sind nicht gerade beruhigende Entwicklungen. Sowohl die Schritte Chinas als auch die der USA und ihrer Verbündeten lassen das Risiko ungewollter kriegerischer Auseinandersetzungen steigen.

Auch im Westen brodelt es

Nicht nur geopolitisch ist die Welt in Bewegung. Auch in den alten Industrienationen brodelt es. Von Amerika, in dem der populistische Geschäftsmann und Reality-TV-Star Donald Trump nach einem atemberaubenden Wahlkampf, in dem er

»America first« gefordert hatte, 2016 zum Präsidenten gewählt wurde, über Großbritannien, das im selben Jahr für den Brexit stimmte, bis Deutschland, wo sich die Partei Alternative für Deutschland spätestens seit 2017 fest im politischen System etablierte, und Frankreich, wo der quasi aus dem Nichts auf den Plan getretene Präsident und »Sonnenkönig« Emmanuel Macron innerhalb kürzester Zeit entzaubert wurde, zuletzt durch die lang anhaltenden Proteste der »Gelbwesten«, bis Italien, wo linke und rechte Populisten eine Zeit lang gemeinsam die Regierung stellen, ist nichts mehr, wie es war.

Weitgehend ungebremste Migrationsströme nach Europa sorgen in der Alten Welt für tiefe Risse und Spaltungen in den Gesellschaften. Seitdem im Juni 2016 die Mehrheit der Briten für den Austritt des Vereinigten Königreiches aus der Europäischen Union stimmte, wird ein Verhandlungsdrama um den Brexit inszeniert, von dem sich die europäischen Eliten erhoffen, dass am Ende der »Remain«, der Verbleib in der EU, steht, das aber auch eine Zerreißprobe für die älteste parlamentarische Demokratie der Welt darstellt und die Europäische Union selbst schwer belastet.

Im Herbst desselben Jahres gewann der Immobilientycoon Donald Trump nach einem polarisierenden und hässlichen Wahlkampf die Präsidentenwahl. Seitdem ist auch in den USA nichts mehr, wie es war. Medien, politisches Establishment und Trump befinden sich im Dauerkrieg. Alle Seiten lassen sich auf ein Niveau der Auseinandersetzung ein, das noch wenige Jahre zuvor nicht möglich gewesen wäre.

Im folgenden Jahr zog die Alternative für Deutschland in überraschender Stärke von über 90 Abgeordneten in den Deutschen Bundestag ein und wird seitdem von den etablierten Parteien erbittert bekämpft. Der Populismus feiert ein lautes Comeback, und zwar von rechts wie von links. Debatten werden zunehmend emotionalisiert geführt. Zwischen medialen und politischen Eliten auf der einen und Populisten auf der anderen Seite ist in vielen Ländern ein unerbittlicher Krieg ausgebrochen. Während die eine Seite die ungebremste Migration, »Islamisierung«, »Gender-Wahnsinn« und »Klimareligion« beklagt, will die andere Seite Mietpreisbremsen, Enteignungen, Dieselfahrverbote und die Rettung des Weltklimas.

In den USA, der Führungsnation des Westens, wird der Medienkrieg mit besonderer Härte geführt und nimmt teilweise extreme Formen an. Selbst im Präsidentenamt bezeichnet Trump die Medien oft als Verbreiter von »Fake News«,

Lügenmedien. Diese wiederum inszenieren hartnäckig eine Hexenjagd, die sich auf eine angebliche russische Wahlbeeinflussung der Präsidentschaftswahlen stützt. Als nach zwei Jahren, fast 2800 Vorladungen und 600 Durchsuchungsbeschlüssen kein belastbares Material gefunden wird, ändern die Medien schlagartig ihr Narrativ und berichten nun über »Behinderung der Justiz«.[49]

Trump kontert, indem er seinen Generalstaatsanwalt bevollmächtigt, alle Dokumente zu sichten, die sich mit seiner Überwachung und Diskreditierung im Wahlkampf befassen und bei denen das Steele-Dossier, der Bericht eines ehemaligen britischen Geheimdienstmitarbeiters, eine Schlüsselrolle spielt. Zum Teil wird das Ganze auch zu einer Groteske. Zum Beispiel wollte das Weiße Haus während eines Japanbesuchs des Präsidenten nicht, dass der Zerstörer *USS John S. McCain* vor den Kameras erscheint. Denn der verstorbene Senator McCain, nach dem das Schiff benannt ist, hatte sich in seinen letzten Jahren als Kritiker von Trump und Befürworter der amerikanischen Interventions- und Kriegspolitik hervorgetan.[50]

Auch in Deutschland berichten die öffentlich-rechtlichen Rundfunkmedien, so die Wahrnehmung vieler, nur noch lückenhaft oder sinnentstellt. Nach Ausbruch der Flüchtlingskrise waren in Deutschland zum Beispiel vor allem Familien mit kleinen Kindern in den Nachrichten zu sehen, wogegen tatsächlich über 80 Prozent der Migranten junge Männer sind. Neue Medien, die Inhalte ungefiltert verbreiten, werden eingebremst oder zensiert, etwa mittels des Netzwerkdurchsetzungsgesetzes oder Upload-Filter. Durch das Netzwerkdurchsetzungsgesetz werden die Medienkonzerne und Technologiegiganten selbst in die Verpflichtung genommen und ermächtigt, »Fake News« und »hasserfüllte« und beleidigende Inhalte zu löschen. Sie übernehmen damit eine Funktion, die eigentlich nur Gerichten zukommen dürfte. Und sie urteilen meistens im Sinne des Mainstreams und der herrschenden Elite. Während bei YouTube und Twitter noch gewisse Spielräume der Meinungsäußerung bestehen, sind diese bei Facebook schon radikal eingeschränkt. Mir sind etliche Fälle bekannt, in denen die Accounts angesehener Persönlichkeiten aufgrund von Islam- oder sonstiger Kritik zeitweilig gesperrt wurden, so der meines Mitstreiters auf dem Hambacher Fest, des deutsch-libanesischen Dokumentarfilmers Imad Karim.

Auch die direkte Sprachlenkung und Propaganda seitens der bestehenden Machtstrukturen wird immer aggressiver. Oftmals geschieht dies in Form des Framing, einer bewussten Einordnung und Verkürzung von Fakten, um gewünschte

Wirkungen zu erzielen. Im Februar 2019 wurde bekannt, dass die Anstalten der ARD ein sogenanntes Framing-Manual in Auftrag gegeben hatten.[51] Es beginnt wie folgt:

> Beginnen wir direkt mit dem Wichtigsten: Wenn Sie Ihre Mitbürger dazu bringen wollen, den Mehrwert der ARD zu begreifen und sich hinter die Idee eines gemeinsamen, freien Rundfunks ARD zu stellen [...], dann muss Ihre Kommunikation immer in Form von moralischen Argumenten stattfinden. [...] Das bedeutet, dass die Worte, Slogans und Narrative, die Sie verwenden, ein primäres Ziel haben müssen: das Ziel, bei der Diskussion von Fakten rund um die ARD und Themen wie »Beitragszahlungen« oder »Strukturreform« immer zunächst ihre moralische Perspektive sprachlich offenzulegen. Denken und sprechen Sie nicht primär in Form von Faktenlisten und einzelnen Details.[52]

Der öffentlich-rechtliche Rundfunk, der zu 86 Prozent von unseren Beitragszahlungen lebt – im Jahr 2017 in einer Höhe von 5,6 Milliarden –, gibt also Geld für ein Gutachten aus, mit dem er seine eigene Existenz rechtfertigt.[53] Menschen, die die DDR miterlebt haben, dürften sich stark an die Nachrichtensendung *Aktuelle Kamera* erinnert fühlen. Damit Sie mich nicht falsch verstehen: Ich bin ein großer Befürworter der öffentlich-rechtlichen Medien. In Hunderten von Interviews, die ich den Anstalten der ARD und des ZDF nach der Finanzkrise gegeben habe, habe ich viele engagierte Journalisten kennengelernt. Dass unser jetziges öffentlich-rechtliches GEZ-System aber reformbedürftig ist, steht außer Frage.

Man muss der Verfasserin des »Framing-Manual«, der Kommunikationsforscherin Elisabeth Wehling, lassen, dass sie ihr Fachgebiet gründlich beherrscht. In einem 2008 zusammen mit George Lakoff veröffentlichten Buch mit dem Titel *Auf leisen Sohlen ins Gehirn* erläutert sie, dass 80 Prozent unseres Denkens unbewusst von Metaphern und Deutungsrahmen geprägt seien. Unser Glaube, dass wir frei entscheiden, ist somit ein Irrglaube. Indem Metaphern geprägt und über die Propaganda – zum Beispiel die Medien – permanent wiederholt werden, wird bei den Empfängern eine bestimmte Vorstellung von der Wirklichkeit hergestellt. Durch diese Manipulation des Denkens und Fühlens könne man nicht nur psychologische Veränderungen hervorrufen, sondern unter Umständen auch neurologische, also das Gehirn auf einer tiefen Ebene umprogrammieren.[54]

Häufiger werden Wörter im öffentlichen Dialog auch als unerwünscht gebrandmarkt oder einfach umdefiniert. Manchmal fühlt man sich dabei an George Orwells »Neusprech« aus seinem Roman *1984* erinnert. Eine besonders negative Rolle spielt die sprachkritische Aktion »Unwort des Jahres«. Die Jury ist nach eigenen Angaben »institutionell unabhängig, das heißt sie ist nicht an einzelne Universitäten, Sprachgesellschaften/-vereine oder Verlage gebunden. Die Jurymitglieder beteiligen sich ehrenamtlich und aus Interesse und verstehen sich als Vermittler öffentlichen Unbehagens an bestimmten Sprachgebrauchsweisen, nicht aber – ein häufiges Missverstehen – als ›Sprachschützer‹.«[55]

Jedes Jahr benennt die Jury aus den Vorschlägen, die sie bekommt, ein »Unwort des Jahres«, das dann meistens breit medial aufgegriffen wird. In der Vergangenheit war die sprachkritische Aktion »Unwort des Jahres« eine mehr oder weniger klassisch kapitalismuskritische, man könnte auch sagen »sozialdemokratische« Veranstaltung – es wurden Wörter wie »Entlassungsproduktivität«, »Herdprämie«, »Humankapital« und »Ich-AG« zu Unwörtern des Jahres erklärt. Doch mittlerweile hat sich die Aktion zu einem zuverlässigen Kontroll- und Sprachlenkungsorgan der öffentlichen Meinung gewandelt. In den letzten Jahren wurden Wörter wie »Gutmensch«, »Lügenpresse«, »Anti-Abschiebe-Industrie« und »alternative Fakten« zu Unwörtern abgestempelt.[56] Dabei ist beispielsweise Gutmensch ein gebräuchlicher Ausdruck für jemanden, der eine Gesinnungsethik im Gegensatz zu einer Verantwortungsethik pflegt. Wahrscheinlich traf der Ausdruck so gut auf die Willkommenskultur 2015 zu, dass er uns verleidet werden musste.

Selbst Andreas Voßkuhle, der Vorsitzende des Bundesverfassungsgerichts, griff in die Diskussion ein, was für die traditionell zurückhaltenden Richter aus Karlsruhe höchst ungewöhnlich ist. Voßkuhle bezeichnete Verbalauswüchse wie »Asyltourismus«, »Herrschaft des Unrechts« und »Anti-Abschiebe-Industrie« als »inakzeptabel« und »kontraproduktiv«. Eine solche Rhetorik, erklärte er in einem Interview zu Populismus, politischer Korrektheit und Flüchtlingspolitik in der *Süddeutschen Zeitung*, »möchte Assoziationen zum NS-Unrechtsstaat wecken, die völlig abwegig sind«. Von Horst Seehofer kam Widerspruch: Der Chef des Bundesverfassungsgerichts solle nicht »Sprachpolizei« spielen.[57] Dieser Widerspruch ging allerdings schnell unter. Die von der Aktion »Unwort des Jahres« und den Mainstream-Medien gebrandmarkten Wörter sind für denjenigen, der sie verwendet, gefährlich. Schnell werden Menschen dann stigmatisiert.

Der Krieg zwischen Eliten und Mainstream auf der einen und Populisten auf der anderen Seite wird nicht nur medial, sondern auch auf der Straße ausgetragen. Seit dem Herbst 2018 demonstrieren in Paris die sogenannten Gelbwesten gegen Lebensumstände, die ein bürgerliches Leben zunehmend unmöglich machen. Der französische Staatspräsident Macron lässt mit ungewöhnlicher Härte gegen diese Proteste vorgehen. Bis Februar 2019 wurden mehr als 3000 Demonstranten und Sicherheitskräfte verletzt, davon 80 schwer, auch elf Tote soll es gegeben haben.[58] Gleichzeitig nutzt Macron seine Medienmacht, um sich als verständnisvoller Politiker zu inszenieren, der in Bürgergesprächen den Dialog sucht.[59] Die Doppelstrategie scheint jedoch nicht aufzugehen.

Eine labile Weltwirtschaft

Unter all dem schwelt weiter die ungelöste Finanzkrise, die uns, so Bundeskanzlerin Angela Merkel, »immer noch in den Knochen steckt«.[60] Die globale Verschuldung ist höher als je zuvor. Am 15. Januar 2019 meldete die Finanzagentur Bloomberg, dass die globalen Schulden mit 244 Billionen Dollar ein neues Rekordhoch erreicht hätten.[61] Auch relativ bewegten sich die globalen Schulden mit 318 Prozent des Welt-Sozialprodukts nahe am Allzeithoch von 320 Prozent. Und das am Ende eines langen, wenn auch sehr verhaltenen Aufschwungs.

Der Euro steht, mehr als ein halbes Jahrzehnt, nachdem die Eurokrise als gelöst galt, so wacklig da wie nie zuvor.[62] Die berüchtigten Target-II-Salden – zinslose Überziehungskredite für Staaten im Eurosystem bei der Europäischen Zentralbank – befanden sich Ende März 2019 auf einem neuen Höchststand. Allein bei der Bundesbank waren Forderungen von 940 Milliarden gegenüber den Ländern des europäischen Südens aufgelaufen.[63] Während die Medien steigende Aktienkurse in Griechenland bejubeln, verharrt Südeuropa in einer tiefen Rezession.[64] Die Jugendarbeitslosigkeit in Griechenland verharrt nahe 40 Prozent, in Italien und Spanien liegt sie über 30 Prozent. Eurorettung und Niedrigzinsen führten dazu, dass die Länder im Süden seit mehr als zehn Jahren nichts für ihre Wettbewerbsfähigkeit tun.[65] Die Bankensysteme in Italien und Frankreich sind marode. In Italien zum Beispiel übersteigt das Volumen der Problemkredite das Eigenkapital des Bankensystems bei Weitem. Statt allerdings die Probleme anzugehen, fordert der französische Staatspräsident mehr Vergemeinschaftung und mehr Schuldenunion. Und die amtierende Große Koalition in Deutschland trägt diese Politik mit.

Zur gleichen Zeit explodieren die amerikanischen Staatsschulden. Das Haushaltsdefizit der nach Kaufkraftparität zweitgrößten Volkswirtschaft der Welt wird 2019 voraussichtlich mehr als 7 Prozent der Wirtschaftsleistung des Landes betragen. Höher war es in den letzten Jahrzehnten nur während der Finanzkrise. Die USA zahlen 900 Millionen Dollar Zinsen am Tag. Unter Trump steigen die Defizite weiter. Deshalb macht er sich auch für niedrige Zinsen stark. Damit befindet er sich in der Gesellschaft der Apologeten des exzessiven Gelddruckens, die gern auf die MMT (*Modern Monetary Theory*) verweisen: Nach der »modernen Geldtheorie« sei es für ein Land, das seine Währung selbst druckt, kein Problem, hohe Schulden zu machen und den Staat aus der Notenpresse mitzufinanzieren.[66]

Erfahrungsgemäß werden die Schulden in der nächsten Rezession explodieren. Und dann droht endgültig die Katastrophe in Form einer Weltwirtschaftskrise, die 2008 und 2009 nur aufgeschoben, nicht aber aufgehoben wurde. Und dann wird es richtig hässlich. Nein, es sind keine normalen Zeiten.

KAPITEL 2

DIE VEREINIGTEN STAATEN VON AMERIKA UND DAS LANGSAME ENDE DER NACHKRIEGSORDNUNG

Macht ist ein notwendiger Bestandteil jeder politischen Ordnung. In der Vergangenheit ging noch jeder Versuch zu einer Weltgesellschaft auf den Aufstieg einer einzigen Macht zurück. Im 19. Jahrhundert garantierte die englische Flotte nicht nur die Immunität vor größeren Kriegen, sondern übte auch eine Polizeifunktion auf den Weltmeeren aus und bot allen gleiche Sicherheit; der Londoner Geldmarkt etablierte einen einheitlichen Währungsstandard für die ganze Welt; der britische Außenhandel sicherte – wenn auch in einer nicht perfekten Form – die Akzeptanz des Freihandels, und Englisch wurde Welthandelssprache.

Edward Hallett Carr, englischer Diplomat und Publizist[1]

Die großen Ereignisse der Weltgeschichte werden oft durch säkulare Veränderungen im Bevölkerungswachstum oder andere fundamentale ökonomische Ursachen hervorgerufen und werden, weil sie durch ihren graduellen Charakter der Aufmerksamkeit der zeitgenössischen Beobachter entgehen, der Dummheit von Staatsmännern oder dem Fanatismus von Atheisten zugeschrieben.

John Maynard Keynes, Ökonom

Die Starken tun, was sie wollen, und die Schwachen (er)leiden, was sie müssen.

Thukydides, Der Peloponnesische Krieg

Die alte Weltordnung, die die Vereinigten Staaten nach dem Zweiten Weltkrieg errichteten, bröckelt. Eine neue Ordnung, die wir nur in Umrissen erahnen können, entsteht. Als ich dies so offen am 5. Februar 2017 in einer bekannten Talkshow der ARD aussprach, erntete ich hochgezogene Augenbrauen seitens der Moderatorin. Darüber wollte keiner sprechen.[2]

Die geopolitischen und ökonomischen Verwerfungen, die politischen Umwälzungen im Westen, die ökonomischen Krisenphänomene, die Bedrohung der Freiheit und das Aufkommen des Populismus sind alles Folgen desselben globalen Phänomens. Der Grund lässt sich in einem Satz zusammenfassen: Die Vereinigten Staaten sind nicht mehr die unangefochten dominante Wirtschafts- und Militärmacht, die sie nach 1945 waren. Im Jahr 2014 überholte die Wirtschaftsleistung der Volksrepublik China, gemessen an der Kaufkraftparität, die der Vereinigten Staaten, wenngleich die USA (noch) über die bei Weitem überlegene Militärmacht verfügen. »Das Zentrum der Weltwirtschaft wandert. Langsam ahnen wir, dass wir in Deutschland und Europa nicht mehr dazugehören. Aber auch die ökonomische Vorherrschaft der Vereinigten Staaten von Amerika, die das heutige globale Wirtschaftssystem prägt, ist keinesfalls gesichert«, schrieb ich 2006 in *Der Crash kommt*.[3] Die Auswirkungen dieser Gezeitenwende spüren wir in allen Bereichen, weltweit.

Das soll es gewesen sein? Eine solch einfache Erklärung soll das Chaos erklären, dass derzeit auf der Welt herrscht? Den Aufstieg des Populismus? Die Kriegsgefahr? Wenn es nach Robert Gilpin geht: ja.

Der große John Maynard Keynes (der im Übrigen kein »Keynesianer« war) schrieb dazu 1919 in seiner mutigen Schrift zu den ökonomischen Folgen des Vertrags von Versailles:

> Die großen Ereignisse der Weltgeschichte werden oft durch säkulare Veränderungen im Bevölkerungswachstum oder andere fundamentale ökonomische Ursachen hervorgerufen, und werden, weil sie durch ihren graduellen Charakter der Aufmerksamkeit der zeitgenössischen Beobachter entgehen, der Dummheit von Staatsmännern oder dem Fanatismus von Atheisten zugeschrieben.[4]

Es sind gerade die graduellen Veränderungen, die sich über einen längeren Zeitraum aufbauen, die zunehmend für Spannungen sorgen, welche sich wiederum, wenn sie nicht angemessen gelöst werden, irgendwann explosionsartig entladen.

Gilpin ist ein Vertreter der realistischen Schule der Politikwissenschaft beziehungsweise der internationalen Beziehungen. Diese Schule geht zurück auf Denker wie Thukydides, Niccolò Machiavelli, Thomas Hobbes, Hans Morgenthau und Carl Schmitt, aber auch Geostrategen wir Alfred Thayer Mahan und Halford Mackinder. Für die Realisten sind Staaten immer noch die entscheidenden Akteure in der internationalen Politik, und sie konkurrieren um Macht, Einfluss, Wohlstand und Prestige. Dabei geht es nicht so sehr um absolute, sondern vor allem um relative Macht und Prestige. Staaten und Nationen vergleichen sich also mit ihren Konkurrenten. Im Wettkampf zwischen Macht und Wohlstand, »power and plenty«, dominiert sehr oft das Motiv des Machtgewinns.[5]

Der griechische Heerführer Thukydides (454 – circa 399/396 vor Christus) gilt bis heute als der Begründer der modernen Politikwissenschaft.[6] In seinem klassischen Geschichtswerk *Der Peloponnesische Krieg* fasst Thukydides die Ursachen für den langen und mörderischen Zermürbungskrieg zwischen Sparta und Athen wie folgt zusammen: »Es war der Aufstieg Athens und die Furcht, die dies in Sparta hervorrief, die den Krieg unvermeidlich machten.«[7] Eine ernüchternde Sicht der Dinge.

Graham Allison ist als langjähriger Dekan der John F. Kennedy School of Government an der Harvard University und Regierungsberater der ultimative Insider. Vor Kurzem veröffentlichte er ein Buch mit dem Titel *Auf Kriegskurs – können Amerika und China der Falle des Thukydides entkommen?*, in dem er die Gefahren dieser Machtverschiebung unter die Lupe nahm.[8] Wie Thukydides kam er zu dem Schluss: »Wenn eine aufsteigende Macht sich anschickt, eine regierende Macht zu ersetzen oder zu verdrängen, sollten die Alarmglocken läuten: Gefahr voraus.«[9]

Robert Gilpin und die hegemonialen Zyklen

Gilpin war ein nüchterner politischer Denker in der Tradition der neorealistischen Schule der Außenpolitik. In seinem Buch *War and Change in World Politics* entwickelte Gilpin ein Zyklenmodell, das die fünf Phasen des Weltsystems beschreibt:[10]

1. Eine dominante Macht steigt auf – sei es durch überlegene Technologien oder eine überlegene Staats- oder Gesellschaftsform, ein besseres Arbeitsethos, Glück oder eine Kombination all dieser Faktoren. Diese Macht

entwickelt sich zu einem unbestrittenen Hegemonen, der die Regeln des Weltsystems maßgeblich bestimmt. Nach 1945 waren das vor allem die Vereinigten Staaten von Amerika; in ihrem eigenen Herrschaftsbereich zwischen 1945 und 1989 die Sowjetunion.
2. Die Regeln und Institutionen nützen vor allem der Hegemonialmacht, aber sie bringen auch Stabilität und Berechenbarkeit in ein ansonsten chaotisches und anarchisches internationales System, in dem alle Staaten ihre eigenen Ziele verfolgen und in dem ansonsten Instabilität herrschen würde.
3. Neue Mächte steigen auf, sei es, weil der Hegemon sich an seine Privilegien gewöhnt und Arbeitsethos und Wirtschaftskraft nachlassen, sei es, weil der Hegemon zu viele Mittel in die Rüstung steckt, oder sei es, weil an anderer Stelle überlegene Technologien oder Gesellschaftsmodelle entstehen.[11]
4. Der Hegemon verteidigt nun seine Vormachtstellung immer aggressiver, er führt eine restriktive Wirtschaftspolitik ein, erhöht die Tributforderungen gegenüber seinen Vasallen oder Verbündeten und versucht, potentielle Rivalen mit allen Mitteln zu schwächen. Wenn die Führungsnation ihre eigenen Interessen immer unverhohlener durchsetzt, wird die Legitimität der internationalen Regeln zunehmend infrage gestellt. Das ist leider oftmals gerade dann der Fall, wenn neue Rivalen am Horizont auftauchen.[12]
5. Wenn Herausforderer der Zentralmacht zu nahekommen, ist die Gefahr groß. In der Vergangenheit haben solche Situationen oft, wenn auch nicht immer, zu großen Kriegen geführt. Das letzte Mal war das nach 1900 der Fall, als das britische Empire sich im Niedergang befand und das Deutsche Reich, das japanische Kaiserreich und die Vereinigten Staaten von Amerika als potentielle Konkurrenten auf der Weltbühne erschienen, davor zwischen 1652 und 1784, als England und die Niederlande in vier Kriegen um die Seeherrschaft und Handelsrouten kämpften, davor in verschiedenen Kriegen zwischen England und Spanien und so weiter und so fort.

Gilpin war kein Alarmist. Er legte Wert darauf, dass sein Konzept des internationalen politischen Wandels kein Prognosemodell sei, sondern, wie fast die gesamte Politikwissenschaft, analytisch und deskriptiv, und einen konzeptionellen Rahmen darstelle, um bestimmte Phänomene zu analysieren.[13] Aber er erklärte auch, dass sich seiner Meinung nach die Natur der internationalen Beziehungen im Laufe der Jahrtausende, seit Thukydides seine Geschichte des Peloponnesischen Kriegs verfasste, nicht wirklich geändert habe.[14]

Oft wird das Argument vorgebracht, dass die menschliche Geschichte »offen« sei und Nachdenken über Zyklen zu nichts führe. Der bekannte und erfolgreiche Hedgefondsmanager Ray Dalio analysiert in einem 2018 erschienenen Buch, wie sich große Schuldenzyklen und Schuldenkrisen entwickeln und abspielen und schreibt: »Wann immer ich über Zyklen spreche, speziell große und langfristige Zyklen, gehen die Augenbrauen der Leute hoch. Die Reaktionen, die ich bekomme, sind ungefähr dieselben, als wenn ich über Astrologie sprechen würde. Deswegen möchte ich betonen, dass ich nur über Sequenzen von Ereignissen spreche, denen eine innere Logik zugrunde liegt und die in bestimmten Mustern auftreten.«[15] Gilpins Zyklenmodell sollte also zumindest als Denkansatz ernst genommen werden, gerade, wenn es Unbehagen hervorruft. Mit seiner »Nicaragua«-Warnung vom Frühjahr 1990 lag er auf jeden Fall beängstigend richtig.

Den Realisten zufolge wird die internationale Politik nach wie vor von Staaten dominiert, auch wenn transnationale Konzerne und Akteure durchaus erheblichen Einfluss ausüben. Diese internationale Staatengesellschaft ist anarchisch. Es gibt, anders als in der Innenpolitik, keinen »Gesetzgeber«, sondern mehr oder weniger souveräne Staaten, die, wie schon erwähnt, miteinander um Macht, Prestige und Einfluss in Wettbewerb treten. Dabei bedienen sich Staaten unterschiedlichster Instrumente – vom friedlichen ökonomischen Wettbewerb über kulturelle Einflussnahme und Propaganda bis hin zu Wirtschaftskriegen, Geheimdienstoperationen und militärischen Interventionen.

Krieg ist nach wie vor ein Mittel der Politik, eine »Fortsetzung der Politik mit anderen Mitteln«, wie der preußische Theoretiker des Kriegs, Carl von Clausewitz, zu Beginn des 19. Jahrhunderts schrieb.[16] Realisten betrachten Krieg als die Ultima Ratio der Politik. Nur Staaten, die über ein handlungsfähiges Militär verfügen und sich schützen können, sind letztlich souverän, und nur Atommächte gehören zur obersten Schicht der souveränen Staaten– nur sie sind wirklich souverän. Dass Krieg weiterhin ein Mittel der Politik ist, scheint offensichtlich zu sein, obwohl die Mainstream-Medien diese Tatsache gern herunterspielen: Allein in den knapp zwei Jahrzehnten des noch jungen 21. Jahrhunderts gab es über 30 Kriege und kriegerische Auseinandersetzungen, im Durchschnitt also mehr als einen Krieg pro Jahr.

Die internationale Staatengesellschaft ist außerdem hierarchisch: Es gibt mächtige und weniger mächtige, souveräne und weniger souveräne Staaten. Das volle Spektrum der Instrumente steht nur den größten Staaten, den Supermächten, zur Verfügung. Von diesen wiederum sind die USA – trotz des ökonomischen Aufstiegs Chinas – (noch) absolut dominant, »die einzige Weltmacht«, wie es viele amerikanische Theoretiker und Politiker sehen.[17]

In Europa hängen wir immer noch dem Traum überstaatlicher Gemeinschaften nach, sei es auf europäischer Ebene (EU) oder für die Welt (UNO). Die Vereinigten Staaten scheinen an die Idee der Völkergemeinschaft hingegen nur mit einer – aus ihrer Sicht kleinen – Einschränkung zu glauben, nämlich dass sie selber die Gemeinschaft anführen. Einige amerikanische Politikwissenschaftler forschen schon seit den 1980er-Jahren zu der Frage, wie eine Führungsmacht die Welt zu organisieren hat und was passiert, wenn diese Führungsmacht schwächer wird. Natürlich geht man davon aus, dass es immer eine Führungsmacht geben muss, und ebenso natürlich beansprucht Amerika die Führungsrolle für sich.

Wenn militärische Macht nach wie vor die wichtigste Währung der internationalen Politik ist, dann sind die Vereinigten Staaten nach wie vor das mächtigste Land der Welt – im Jahr 2018 waren ihre Militärausgaben höher als die der nächsten sieben Mächte zusammen.[18] Die USA unterhalten mehr als 800 Militärbasen in über 70 Ländern. Das sind 90 bis 95 Prozent *aller* ausländischen Militärbasen auf der Welt. Eine davon befindet sich seit dem Jahr 1898 (!) auf dem Territorium des sozialistischen Klassenfeindes: die Guantanamo Bay Naval Base mit dem berüchtigten Gefangenenlager Guantanamo Bay auf Kuba. Russland, Großbritannien und Frankreich kamen zusammen nur auf 30 Militärstützpunkte.[19] China hatte im Jahr 2018 erst eine Militärbasis in Übersee, diese allerdings im strategisch wichtigen Dschibuti.[20]

Hierarchien sind aus den Organisationsformen der Menschheit nicht wegzudenken. Wir vergleichen uns ständig miteinander und versuchen, unseren Platz zu identifizieren. Wir denken hierarchisch und sortieren Begriffe hierarchisch. Unternehmen und Organisationen sind hierarchisch aufgebaut. Die meisten von uns versuchen, in einer uns angemessenen Rangordnung einen angemessenen Platz zu erreichen und, wenn wir ihn erreicht haben, zu verteidigen.

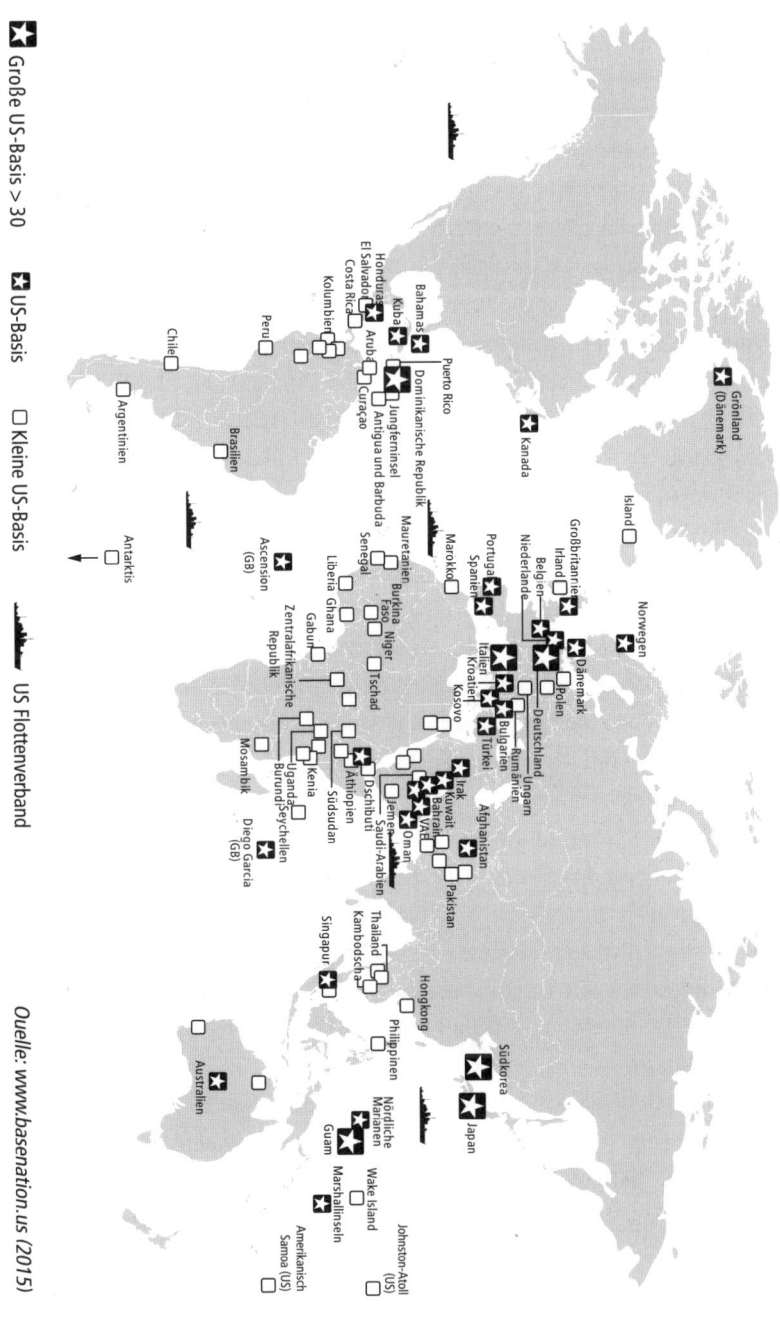

Die Vereinigten Staaten von Amerika unterhalten mit Abstand die meisten Militärbasen im Ausland

★ Große US-Basis > 30   ★ US-Basis   ☐ Kleine US-Basis   ⚓ US Flottenverband

Quelle: www.basenation.us (2015)

Neuere Forschungen in Anthropologie, Psychologie und Kognitionswissenschaften betonen die große Bedeutung dieser Tatsache. Diese uralten Verhaltensmuster sind evolutionsbiologisch in uns verankert. Wir können diese Urinstinkte überwinden, aber nur, wenn wir uns bewusst sind, wie allgegenwärtig und mächtig sie sind. Um mit dem berühmten Verhaltensforscher und Nobelpreisträger Konrad Lorenz zu sprechen: Wir müssen unsere Natur kennen, um sie zu überwinden.[21]

Viele aktuelle Ergebnisse der verhaltenswissenschaftlichen Forschung belegen, wie wichtig Hierarchien, Status und Macht für das menschliche Zusammenleben sind, sowohl auf individueller Ebene als auch für das internationale System. In ihrer Ausgabe 26/2019 widmete die Wochenzeitung *Die ZEIT* dem Thema Macht ein eigenes Dossier und titelt: »Macht. Warum sie so wichtig ist wie die Liebe«.[22] Im Dossier wird beschrieben, wie Shogun, der Patriarch einer Gruppe von Schimpansen an der Elfenbeinküste, stirbt. Auf einmal fehlte das Alphatier. Die Primatenforscher, die diese Gruppe beobachten, erwarten nun, dass eine heftige und kurze Auseinandersetzung um die Nachfolge erfolgt. Drei potenzielle Nachfolger stehen in den Startlöchern: Jacobo, ein aggressiver Tyrann, Ibrahim, ein kleinerer, ruhiger und abwartender Typ, sowie Kuba, ein großer, körperlich starker und gutmütiger Typ.

Zunächst einmal geschieht allerdings drei Monate lang wenig. »Gelassenheit schien die Gruppe zu erfassen.«[23] Aggressionen und Statusbekundungen fanden deutlich seltener statt. »Kein Chef forderte mehr seine Rechte ein. Wer jetzt einen Fruchtbaum entdeckte, durfte die Früchte als Erster essen. Wer jetzt ein Weibchen begatten wollte, kam auch zum Zug.« Jeder der drei Rivalen zeugte ein Kind. »Die Weibchen suchten sich ihre Partner aus und schienen das neue System gut zu finden.« Allerdings störte etwas. Die Mitglieder der Gruppe hatten zwar Handlungsfreiheit gewonnen, aber die benachbarten Gruppen traten geschlossener und damit stärker auf. Das Gebiet der untersuchten Gruppe schrumpfte. Und die Stresswerte im Urin der Männchen waren *höher* als zu den Zeiten, zu denen die Gruppe eine klare Hierarchie aufwies.

Nach mehr als einem halben Jahr sah der ruhige, abwartende Ibrahim seine Chance. Wieder einmal wollte Jacobo den gutmütigen Kuba tyrannisieren. Ibrahim sprang vom Baum und stellte sich Jacobo entgegen. Gemeinsam mit Kuba jagten sie unter dem Beifall der Weibchen Jacobo vor sich her. Kurze Zeit später erklang Jacobos unterwürfiges Hechelgrunzen. Die Gruppe hatte in Ibrahim ihr neues Alphatier. Seine soziale Intelligenz hatte den Wettbewerb entschieden. Und obwohl die

Mitglieder der Gruppe mit Ausnahme von Ibrahim unfreier waren, fühlten sich alle wohler. Natürlich ist die Geschichte aus dem Schimpansenreich nicht eins zu eins auf den Menschen übertragbar. Aber wir teilen 99 Prozent unseres Erbguts mit unseren nächsten Verwandten im Tierreich.[24] Die Autoren des *ZEIT*-Dossiers finden das Beispiel aus dem Dschungel durchaus hilfreich, »weil einige Primatenforscher für das, was sie im Dschungel sehen, den Begriff ›Politik‹ angemessen finden. [...] Die Politik ist der Ort, an dem sich Macht in Reinform zeigt. An dem die Macht ständig infrage gestellt wird, sich immer wieder neu beweisen muss.«[25]

Auch die meisten Menschen benötigen Hierarchien, um als soziale Lebewesen zu funktionieren. Hierarchien erleichtern das Zusammenleben, indem sie viele Transaktionen leichter machen. Wenn sie ge- oder zerstört werden, müssen neue Hierarchien in einem oft aufwendigen Prozess hergestellt werden. Der amerikanische Psychologe, Bestsellerautor und YouTube-Star Jordan Peterson leitet aus dieser Grunderkenntnis »Zwölf Regeln« für das Leben ab.[26] Können wir uns nicht mehr vergleichen oder haben wir wenig Chancen, auf unserer sozialen Leiter nach oben zu steigen, weil zum Beispiel die Sprossen zu weit auseinander sind oder es uns an Chancen mangelt, ist die Gesellschaft empfindlich gestört.[27]

Wir brauchen Ungleichheit, um uns vergleichen zu können, aber zu große Ungleichheit kann eine Gesellschaft zerstören, weil sie bei den Benachteiligten zu Depression oder Aggression führen kann. Ich werde später in diesem Buch noch darauf zurückkommen, wenn es um den inneren Zustand der Gesellschaften in den Industrienationen geht.

Was für Individuen innerhalb einer Gruppe gilt, gilt auch für Gruppen von Menschen, Nationen und Staaten. Sogar in den meisten Industrien setzen ein oder mehrere dominante Unternehmen die Regeln für alle. Wenn die Rangordnung klar ist, lebt es sich leichter. Und wenn sie infrage gestellt wird oder erodiert, beginnt eine Zeit der Instabilität und Unsicherheit, bis sich eine neue Ordnung etabliert hat.

Die amerikanische Weltordnung von 1945 bis 1990

Die Nachkriegsordnung war eine amerikanische Ordnung. Die Vereinigten Staaten von Amerika spielten die entscheidende und dominante Rolle bei ihrer Genese. Spät in den Zweiten Weltkrieg eingetreten – die Hauptlast im Kampf gegen Nazideutschland hatte die Sowjetunion zu tragen –, konnten die USA durch den Krieg ihr gigantisches Produktionspotential entfalten. Nach Ende des Zweiten Weltkriegs trugen die Vereinigten Staaten 40 Prozent der Weltwirtschaftsleistung bei, hatten eine florierende Wirtschaft mit unzerstörten Produktionsanlagen und verfügten als einzige Macht über Atombomben.

Nachdem die USA unter den Präsidenten William McKinley und Theodore Roosevelt um die Wende vom 19. zum 20. Jahrhundert spät, aber wenig zimperlich, zur Imperialmacht wurden, setzte nach dem Ersten Weltkrieg eine Rückbesinnung auf die eigene Hemisphäre ein, die auch als die Phase des »Isolationismus« bezeichnet wird. Im Jahr 1921 wurde der einflussreiche Think Tank Council on Foreign Relations, dem viele Industrielle und Bankiers angehörten, gegründet, um eine neue globale Rolle für die USA zu entwerfen.

Der Einfluss des von Globalisten dominierten Council of Foreign Relations auf die amerikanische Nachkriegspolitik darf nicht unterschätzt werden. Während und nach dem Zweiten Weltkrieg war er der zentrale Dreh- und Angelpunkt der Planung der amerikanischen Außenpolitik. In den von der Rockefeller-Stiftung finanzierten »War and Peace Studies« dieser Institution wurden in Studiengruppen die Rahmenbedingungen für die Gründung der Vereinten Nationen und den Marshallplan erarbeitet. Heute gibt es eine Vielzahl von Organisationen, Think Tanks und Stiftungen, die sich mit der internationalen Politik oder Teilaspekten befassen. Aber der Council on Foreign Relations ist immer noch der Primus inter Pares. In dieser Zeit entstanden:

- die Vereinten Nationen, die auf die Declaration of United Nations am 1. Januar 1942 durch 26 Staaten der Anti-Hitler-Koalition in Washington zurückgehen und deren Charta am 26. Juli 1945 von 50 Nationen in San Francisco unterzeichnet wurde;
- die Unterorganisationen der Vereinten Nationen, wie zum Beispiel der Internationale Gerichtshof und der Sicherheitsrat;
- die Internationale Bank für Wiederaufbau und Entwicklung (IBRD), auch »Weltbank« genannt, und der Internationale Währungsfonds, die auf der Konferenz von Bretton Woods in New Hampshire vom 1. bis 22. Juli 1944 verhandelt wurden, wo die Weichen für die Währungsordnung der Nachkriegszeit gestellt wurden;

- das allgemeine Zoll- und Handelsabkommen (GATT), das 1947 verhandelt wurde und 1948 in Kraft trat;
- die NATO (North Atlantic Treaty Organization), die auf die Brüsseler Verträge vom 17. März 1948 zurückgeht und am 4. April 1949 durch die Unterzeichnung des Nordatlantikvertrags durch Belgien, Dänemark (mit Grönland), Frankreich (mit den französischen Gebieten in Algerien), Großbritannien (mit Malta), Island, Italien, Kanada, Luxemburg, die Niederlande, Norwegen, Portugal und die USA gegründet wurde;
- der Atomwaffensperrvertrag, der 1968 von den USA, Großbritannien und der Sowjetunion unterzeichnet wurde und 1970 in Kraft trat.

Wie sehr all diese Verträge bis auf den letztgenannten auf das gemeinsame Agieren von zwei Mächten zurückgehen, zeigt die Entstehungsgeschichte der Vereinten Nationen. Ursprung ist letztlich die Atlantik-Charta vom 14. August 1941, eine gemeinsame Erklärung der damaligen Regierungschefs der USA, Franklin D. Roosevelt, und Großbritanniens Winston S. Churchill. Unter größter Geheimhaltung wurde sie bei einem Treffen der beiden auf dem britischen Schlachtschiff *HMS Prince of Wales* vor Neufundland verhandelt. In der kurzen und sehr allgemein gehaltenen Charta, deren »Geist« auch in die späteren Gründungsdokumente der Vereinten Nationen einfloss, heißt es zum Beispiel im achten und letzten Punkt:

Sie (der Präsident der Vereinigten Staaten von Amerika Roosevelt und Premierminister Churchill als Vertreter der Regierung Seiner Majestät des Vereinigten Königreichs) sind von der Notwendigkeit überzeugt, dass aus praktischen wie aus sittlichen Gründen alle Völker der Welt auf den Gebrauch der Waffengewalt verzichten müssen.

Doch auch fast 80 Jahre später sind es die USA, die weiterhin weitaus die meisten Kriege führen und zur Durchsetzung ihrer Ziele am häufigsten Waffengewalt einsetzen; ob berechtigt oder unberechtigt, sei dahingestellt.[28]

Die internationalen Institutionen, die heute das Zusammenleben der Völker bestimmen, wurden von den Vereinigten Staaten aus Eigeninteresse konzipiert und tragen alle deren Handschrift. Selbst Großbritannien als Amerikas engster Verbündeter musste bei den Verhandlungen über die künftige Weltwirtschaftsordnung

1944 in Bretton Woods die eigenen Positionen weitgehend aufgeben. Niemals wäre es einem amerikanischen Präsidenten eingefallen, Verträge abzuschließen, die vielleicht im Sinne der Völkergemeinschaft wären, aber handfesten Interessen des eigenen Landes zuwiderliefen.

Dass die Institutionen der Nachkriegsordnung einen Rahmen für eine stabile internationale Ordnung lieferten, die auch anderen Ländern nützte, war quasi ein Nebenprodukt. Dazu musste diese Ordnung anderen Staaten und Völkern ausreichende Vorteile bieten, sie musste »legitim« sein. Lange war das auch so. Die Länder profitierten von dem System.

Militärisch war die Welt in den Jahrzehnten nach dem Zweiten Weltkrieg in zwei Blöcke gespalten: die USA und ihre NATO- und SEATO-Verbündeten auf der einen Seite, die Sowjetunion und die Staaten des Warschauer Pakts auf der anderen. Es herrschte ein Gleichgewicht des Schreckens. Innerhalb der beiden Bündnissysteme gab es jeweils klare Hierarchien: die jeweiligen Supermächte USA und UdSSR standen an der Spitze, die anderen Nationen weiter unten in der Rangordnung. Manchmal gab es eine abgestufte Rangordnung, wie zum Beispiel bei den Kapitalanteilen von Weltbank und Internationalem Währungsfonds, die nach Wirtschaftsstärke vergeben wurden, manchmal gab es eine Zweiklassengesellschaft, wie zum Beispiel im Sicherheitsrat der Vereinten Nationen und beim Atomwaffensperrvertrag.

Im Sicherheitsrat haben zum Beispiel die fünf ständigen Mitglieder, die USA, China, Russland, Frankreich und Großbritannien als Siegermächte des Zweiten Weltkriegs, ein Vetorecht. Es ist also ausgeschlossen, dass jemals eine dieser Mächte für einen Angriffskrieg völkerrechtlich verurteilt wird oder dass jemals die Vereinten Nationen militärisch gegen eines dieser Länder vorgehen. Wenn die Vereinten Nationen die Weltpolizei sein sollen, haben sie einen massiven Konstruktionsfehler. Der Schweizer Friedensforscher Daniele Ganser, der für seine offene Kritik völkerrechtswidriger Kriege schon viele Angriffe erleiden musste, illustriert dies mit dem Beispiel einer Verbrecherbande, die ein Mitglied bei der Polizei sitzen hat, das sinnvolle Maßnahmen zur Kriminalitätsbekämpfung verhindert, wenn es um die eigenen Leute geht.[29] Natürlich garantiert die Konstruktion des Sicherheitsrats den fünf ständigen Mitgliedern einen großen Vorteil.

Ähnlich asymmetrisch geht es im Atomwaffensperrvertrag zu, der die Welt in Besitzer (von Atomwaffen) und Habenichtse aufteilt und diesen Status auf ewig zementieren soll. In diesem Vertrag verpflichten sich diejenigen Mächte, die über keine Atomwaffen verfügen, auch weiterhin, nicht deren Besitz oder Entwicklung anzustreben. USA, Russland, Großbritannien, Frankreich und die Volksrepublik China, ferner Indien und Pakistan, sind schon länger Atommächte. Israels Atomwaffen sind ein offenes Geheimnis, und Nordkorea zeigt seit 2005 ganz unverhüllt, dass es Kernwaffen besitzt.

Auch die NATO ist asymmetrisch angelegt. So wird die Organisation militärisch traditionell immer von einem Amerikaner geführt. Was wir Deutschen weitgehend verlernt haben, nämlich die Wahrung nationaler Souveränität, steht für die USA ganz oben auf der Prioritätenliste. Niemals würden die USA es zulassen, dass amerikanische Soldaten in signifikanter Zahl unter nicht-amerikanischem Oberbefehl dienen.

Der Fortbestand der NATO nach dem Ende des Kalten Krieges und ihre Ausdehnung nach Ost- und Südosteuropa muss in Russland das Gefühl der Einkreisung und Konfrontation hervorrufen. Das machte schon 1996 niemand anderes als Boris Jelzin gegenüber seinem Duzfreund Bill Clinton zum Thema: »Wie denkst du, sieht es für uns aus, wenn ein Block weiter existiert, während der Warschauer Pakt aufgelöst wird?« Jelzin sprach explizit von einer »neuen Form der Einkreisung«.

Versprochen worden war etwas anderes. Am 31. Januar 1990 sagte Außenminister Hans-Dietrich Genscher in einer Rede in Tutzing zu, dass es »eine Ausdehnung des NATO-Territoriums nach Osten, das heißt näher an die Grenze der Sowjetunion heran«, nicht geben werde. Und wenige Tage später, am 9. Februar 1990, versicherte der amerikanische Außenminister James Baker im Katharinensaal des Kreml den Russen, das Bündnis werde seinen Einflussbereich »nicht einen Inch weiter nach Osten ausdehnen«, so Bruno Bandulet. Allerdings wurden diese Versprechen nie in Form eines Vertrages festgehalten.

Zunächst fand sich Russland mit der NATO-Osterweiterung ab, zog aber die rote Linie spätestens, als die NATO im April 2008 gegen deutschen und französischen Widerstand beschloss, auch noch Georgien und die Ukraine aufzunehmen (ohne ein Datum festzulegen).[30]

Da NATO-Kriege zum großen Teil in Europa stattfinden würden, birgt dies auch Gefahren, denn Artikel 5 des NATO-Vertrags verpflichtet die Mitglieder zum gegenseitigen Beistand: »Die Parteien vereinbaren, daß ein bewaffneter Angriff gegen eine oder mehrere von ihnen in Europa oder Nordamerika als ein Angriff gegen sie alle angesehen werden wird; sie vereinbaren daher, daß im Falle eines solchen bewaffneten Angriffs jede von ihnen [...] der Partei oder den Parteien, die angegriffen werden, Beistand leistet.«[31]

Was aber stellt einen solchen Angriff dar? Bereits der Abschuss eines NATO-Flugzeugs in der Nähe der russischen Grenze, ein Vorfall, der im Zuge der massiven NATO-Aufrüstung im Baltikum und der Ostverschiebung des Bündnisses leider nicht mehr ganz auszuschließen ist? Würden in einem solchen Fall ein amerikanischer Oberbefehlshaber oder ein amerikanischer Präsident nicht ein anderes Kalkül verfolgen als ein deutscher Bundeskanzler? Immerhin träumen einige Planer in Washington zwischenzeitlich wieder davon, einen Nuklearkrieg mit Russland gewinnen zu können.[32]

Sehr deutlich zeigt sich die Asymmetrie in den Beziehungen auch am Beispiel des Internationalen Gerichtshofs in Den Haag. Die USA erkennen ihn nur unter erheblichen Vorbehalten an. Im Herbst 2018 drohte der amerikanische Sicherheitsberater dem Gerichtshof, dass die USA es nicht dulden würden, wenn dieser Gerichtshof gegen mutmaßliche Kriegsverbrecher im US-Militär vorgehen würde.[33] Und im April 2019 wurde bekannt, dass sich der Internationale Gerichtshof dem Druck aus Washington fügt und keine Verbrechen von US-Soldaten verfolgen wird.[34] Die Vereinigten Staaten können somit Personen vor den Gerichtshof bringen, wie zum Beispiel den ehemaligen serbischen Präsidenten Slobodan Milošević, sie selbst unterwerfen sich aber nicht seiner Gerichtsbarkeit.

Asymmetrische Institutionen wie der UN-Sicherheitsrat oder der Internationale Gerichtshof eignen sich perfekt zur Ausübung von Herrschaft und Macht. Diese Herrschaft ist effektiv, weil die Beherrschten beziehungsweise Beeinflussten oft gar nicht merken, dass sie beherrscht werden. Es handelt sich hierbei um *strukturelle Macht*.

Die Spielarten der Macht

Die großen Staatstheoretiker und Theoretiker der internationalen Politik waren alle auch Theoretiker der Macht. Vielen Menschen jedoch ist es unangenehm, über »Macht« zu sprechen oder auch nur darüber nachzudenken. Politiker und Wirtschaftslenker spielen besonders in der Öffentlichkeit gern ihre Macht herunter (eine beliebte

Taktik der Mächtigen). Was eigentlich verwundert, denn man braucht Macht, um Dinge zu bewegen – ob in der Politik oder in der Wirtschaft.

»Die Macht [...] ist ein Energiefeld, das alle lebenden Dinge erzeugen. Es umgibt uns; es durchdringt uns; es hält die Galaxis zusammen«, erklärt in George Lucas' *Star Wars* der Alt-Jedi Obi-Wan Kenobi dem jungen Luke Skywalker.[35] Ohne das Wesen der Macht zu verstehen, lassen sich weder die internationale Politik noch Staaten noch Unternehmen und Organisationen wirklich verstehen. Für unsere Zwecke reicht es an dieser Stelle, die Quellen der Macht in drei Bereiche zu unterteilen:

Militärische Macht ist immer noch die ultimative Macht in internationalen Beziehungen. Ohne militärische Macht kann es keine oder nur eingeschränkte Souveränität geben. Militärische Macht muss nicht immer eingesetzt werden, oft reicht schon das ihr innewohnende Drohpotential. Und es muss nicht immer die größte und bestausgerüstete Armee auch die letztlich siegreiche sein – das zeigte zum Beispiel der Ausgang des Vietnamkriegs. Aber militärische Macht bleibt die Ultima Ratio – und Nuklearwaffen sind die ultimativen Waffen. Vor einiger Zeit war ich Gesellschafter einer kleinen schweizerischen Bank, die vom US-Justizministerium einseitige und aus unserer Sicht sehr unfaire Auflagen bekam. Auch ansonsten agiert das US-Justizministerium so selbstherrlich und machtbewusst, als wäre die schweizerische Finanzmarktaufsicht eine angeschlossene Behörde. Als auf der Generalversammlung ein Aktionär der Bank fragte, warum die Amerikaner sich das herausnehmen können, antwortete der COO der Bank, ein schweizerischer Reserveoffizier, kurz und treffend: »Weil die 6. Flotte im Mittelmeer kreuzt.« Das Drohpotential zählt.

Dies bringt uns zur **strukturellen Macht**. Sie lässt sich sehr gut durch das Bonmot von den Schulden und der Bank beschreiben: Schuldest du der Bank 10.000 Euro, hast du ein Problem, wenn du nicht zahlen kannst. Schuldest du der Bank 10 Millionen Euro, hat die Bank ein Problem, wenn du nicht zahlen kannst. Strukturelle Macht ist nicht immer offensichtlich und gerade deswegen sehr effektiv.

Die USA üben strukturelle Macht aus, indem sie den Zugang zum noch größten Binnenmarkt der Welt damit verknüpfen, dass ausländische Konzerne sich an amerikanische Gesetze halten – auch außerhalb des Staatsgebiets der USA. Wenn in amerikanischen Behörden der Verdacht besteht, dass dies nicht der Fall ist, werden auch schon einmal Manager ausländischer Unternehmen ins Gefängnis gesteckt, wie der Volkswagen-Konzern, einige schweizerische Banken und das chinesische Technologieunternehmen Huawei erfahren mussten.

Strukturelle Macht gibt es auch in Arbeitsverhältnissen. Als Großunternehmen oft die einzigen Arbeitgeber am Ort waren, das Durchschnittseinkommen noch niedrig war und die Mobilität gering, konnten die Arbeitgeber die Arbeitsbedingungen diktieren. Als Gegenmacht entstand die Arbeiter- und Gewerkschaftsbewegung.

Ideologische Macht oder »**Soft Power**«. Der Begriff »Soft Power« stammt von dem Harvard-Professor Joseph Nye.[36] Ein attraktives Wirtschafts- und Gesellschaftssystem, eine gute Politik, gute Produkte, spannende kulturelle, intellektuelle und wissenschaftliche Angebote können einem Land auch dann Einfluss verleihen, wenn es klein ist oder über wenige oder keine militärischen Machtmittel verfügt. Nye argumentierte, dass den Vereinigten Staaten, obwohl sie relativ schwächer geworden seien als sie es unmittelbar nach dem Zweiten Weltkrieg waren, ein Potential an »Soft Power« zur Verfügung stünde. Ohne Zwangsmittel anzuwenden, könnten die USA so ihre Führungsposition festigen und »andere dazu bringen, Dinge zu tun, die sie sonst nicht tun würden«.[37]

Es besteht kein Zweifel, dass die USA lange über ein enormes Potential an »Soft Power« verfügten: die amerikanischen Universitäten waren die besten der Welt, Hollywood dominierte die Filmindustrie, amerikanische Musiker und Sportler waren ganz vorne. Talente von überall zog und zieht es in die USA. Dass das »brain drain«– das Abwerben von wissenschaftlichem Talent – die Probleme in den Herkunftsländern verstärkt, wird als Kollateralschaden hingenommen.

Dabei setzten die USA, wie andere Groß- und Supermächte, durchaus ihre Machtposition bewusst ein, um »Soft Power« zu erhalten und zu stärken. Zum Beispiel erhalten ausländische Kamerateams für Unterhaltungssendungen in den USA fast keine Drehgenehmigungen, für Dokumentationen in nur sehr begrenztem Umfang. Wenn die amerikanischen Streitkräfte in einem Film auftauchen, muss es auch dafür Drehgenehmigungen geben. Kein Wunder, dass sie in beinahe allen Filmen, in denen sie vorkommen, glorifiziert werden.

Aber die Theorie passt sich der Praxis an: Im einem Aufsatz 2009 konstatierte Nye einen deutlichen Rückgang der »Soft Power« der Vereinigten Staaten.[38] Er fordert nun eine effektive Kombination von »Hard« und »Soft Power«, die er »Smart Power« nennt.[39]

Der Aufstieg der Neokonservativen

Bereits unter Bill Clinton und dann ganz offen unter George W. Bush gewann eine Denkrichtung an Einfluss, die sich für die Verfolgung amerikanischer Ziele mit allen Mitteln, auch den Mitteln des Krieges, aussprach: die Neokonservativen.[40] Ihr politischer Ziehvater war der ewige Kissinger-Rivale Zbigniew Brzeziński, der bereits Ende der 1970er-Jahre für eine expansive Strategie eintrat. Zu den »Neocons« gehören, um nur einige zu nennen, die Intellektuellen Charles Krauthammer, Robert Kagan, Robert Kaplan und Thomas Barnett sowie die ehemaligen Politiker Richard Perle, Paul Wolfowitz, Donald Rumsfeld.

Die Neokonservativen gewannen vor allem auf Kosten der »klassischen Realisten« an Boden, die lange Zeit die Agenda der US-Außenpolitik bestimmt hatten. »Klassische Realisten«, wie Henry Kissinger, waren zwar immer auch Praktiker der Macht – und durchaus Zyniker –, aber sie orientierten sich an dem Prinzip »Leben und leben lassen«, zumindest in Bezug auf die Beziehungen der Großmächte. Kissinger, ein Flüchtling aus Nazideutschland und von 1973 bis 1977 US-Außenminister, vertrat eine Politik der »Balance of Power«. Das bedeutet, Kissinger, der wohl bekannteste »klassische Realist«, erkennt an, dass alle Staaten notwendigerweise Eigeninteressen verfolgen und die Lösung von Konflikten nicht in der totalen Dominanz einer Seite, sondern in einer intelligenten Politik des Ausgleichs liegt. Zwar hinderte dies Kissinger nicht daran, zynisch und skrupellos zu agieren und Kriege und Umstürze zu befürworten, aber er ging in der Konfrontation zwischen den Vereinigten Staaten und der Sowjetunion nie aufs Ganze. Vielmehr interessierte ihn, wie sich eine »legitime Ordnung« einrichten ließe.[41] Kissinger war es auch, der in den 1970er-Jahren den Interessenausgleich mit China vorantrieb und eine Öffnung des kommunistischen Landes befürwortete, um in einer multipolaren Welt ein Gleichgewicht herzustellen, ganz wie England es über Jahrhunderte in Bezug auf die anderen europäischen Großmächte praktiziert hatte.

George H. W. Bush (der Vater von George W.) war noch für die alte Weltordnung ausgebildet. Er hatte im Zweiten Weltkrieg gedient und war in einer langen Reihe von diplomatischen Posten und Regierungspositionen auf seine Aufgaben vorbereitet worden. Im Ersten Irakkrieg befolgte er das Prinzip »Leben und leben lassen«, nachdem das Kriegsziel – die Befreiung Kuwaits – erreicht war. Aber auch er hatte bereits 1991 von einer »neuen Weltordnung« (*new world order*) gesprochen. Er war nicht der erste US-Präsident, der davon träumte.⁴² Bereits in der Endphase des Ersten Weltkriegs, als die USA in den Krieg eintraten, bediente sich Präsident Woodrow Wilson dieser Formulierung, um mit dem »Krieg, der alle Kriege beenden soll« (*war to end all wars*), »die Welt sicherer für die Demokratie« zu machen.⁴³ Die katastrophale Folgegeschichte des Ersten Weltkriegs lehrt uns eine gewisse Skepsis, wenn eine »neue Weltordnung« gefordert wird.

Nach dem Zusammenbruch des Kommunismus gingen die USA zunehmend zu einer Strategie des »liberalen Interventionismus« über. Andrew Bacevich, ehemaliger Panzeroffizier in Bamberg und langjähriger Leiter des Zentrums für internationale Beziehungen an der Boston University, beschreibt diese Strategie so: »Um Widerstand zu überwinden – zum Beispiel politische Instabilität oder die Weigerung, den Normen eines offenen Weltsystems zu folgen –, wenden amerikanische Politikakteure immer häufiger Gewalt an, auch wenn sie ihre friedlichen Absichten betonen. […] In den 1990er-Jahren erreichte die Bereitschaft Amerikas, militärische Gewalt anzuwenden, um die Dinge in Ordnung zu bringen, neue Höhepunkte.«⁴⁴

Der konservative Kolumnist Charles Krauthammer prägte 1991 kurz nach dem Zerfall des Ostblocks in einem Artikel, der in dem einflussreichen Magazin *Foreign Affairs* erschien, den Begriff des »unipolaren Moments«. Nach dem Zusammenbruch der Sowjetunion seien die Vereinigten Staaten die einzige Supermacht: »das Zentrum der Macht in der Welt ist eine in keinerlei Weise infrage gestellte Supermacht, die Vereinigten Staaten, unterstützt von ihren westlichen Verbündeten«. Allerdings wäre die kommende Zeit auch eine Zeit »erhöhter, nicht verringerter, Kriegsgefahren«.⁴⁵Anderthalb Jahrzehnte später (2005) lobte er in einer Rede die Kriegspolitik George W. Bushs und nannte den Neokonservatismus eine »Regierungsideologie, deren Zeit nun gekommen ist. […] Was Neokonservative lange Zeit befürworteten«, würde nun »in den höchsten Regierungsebenen artikuliert und praktiziert«.⁴⁶

Es dauerte einige Jahre, bis sich die Strategie des liberalen Interventionismus verfestigte. Nach 1989 lagen durchaus auch andere Strategien in der Luft als eine Neuauflage des Kalten Kriegs in Europa und eine globale Interventionsstrategie. Anstelle des US-dominierten Verteidigungsbündnisses NATO hätte ja auch die OSZE, die Organisation für Sicherheit und Zusammenarbeit in Europa, den Kern eines nicht-konfrontativen Systems der kollektiven Sicherheit bilden können.⁴⁷

Nach den Anschlägen vom 11. September 2001 schaltete die neue Strategie der Vereinigten Staaten in den Hyperdrive. In rascher Folge wurde Afghanistan bombardiert und 2003 der Zweite Irakkrieg unter einem erfundenen Vorwand angezettelt. Beginnend mit dem Jahr 2011 erfolgte schließlich die Destabilisierung des gesamten Nahen Ostens. In dem bereits erwähnten Interview mit Democracy Now stellt der pensionierte Vier-Sterne-General Wesley Clark glaubwürdig dar, dass dies vom Pentagon geplant war.[48]

Ziehvater der Neokonservativen war, wie erwähnt, der ehemalige Sicherheitsberater von Präsident Jimmy Carter, Zbigniew Brzeziński. Der in Polen geborene Diplomatensohn, der sowohl die Nazibesatzung wie auch die kommunistische Herrschaft erlebt hatte, war zeitlebens ein flammender Antikommunist. Nach seiner Emigration zunächst nach Kanada, dann in die USA befürwortete er eine Politik der Konfrontation mit der Sowjetunion und war maßgeblich daran beteiligt, den Süden der Sowjetunion, zum Beispiel durch die Unterstützung der Mudschaheddin in Afghanistan zu destabilisieren.

Später propagierte Brzeziński eine Politik der Eindämmung und notfalls der Konfrontation mit Russland. In seinem Buch *Die einzige Weltmacht* sah er bereits 1997 den Ukraine-Konflikt voraus:[49] »Allein schon die Existenz einer unabhängigen Ukraine hilft, Russland zu verändern. Ohne die Ukraine hört Russland auf, ein eurasisches Imperium zu sein. Es kann zwar immer noch imperialen Status beanspruchen, würde dann aber in Konflikte mit den zentralasiatischen Staaten verwickelt. [...] Wenn Russland aber die Kontrolle über die Ukraine zurückgewinnt, wäre es wieder eine Imperialmacht.«[50] Spannend, wie einer der einflussreichsten amerikanischen Denker vor einem »imperialen Auftrumpfen« Russlands warnt, diese Rolle aber wie selbstverständlich für die USA reklamiert.

Mit den Vorfällen auf dem Maidan-Platz in Kiew begann 2014 die bis heute andauernde Ukraine-Krise, die Annexion der Krim durch Russland und der Bürgerkrieg im Osten des Landes. Monatelang hatten Demonstranten, teilweise gewalttätig, den Platz okkupiert und wurden dabei tatkräftig vom Westen unterstützt. Am 20. Februar 2014 schlossen Regierung und Opposition unter deutscher, französischer und polnischer Vermittlung ein Abkommen, mit dem die bürgerkriegsähnlichen Zustände beendet werden sollten.[51] Wenige Stunden nach Abschluss des Abkommens wurde auf dem Maidan mehrfach und andauernd in die Menschenmenge geschossen. Mehr als 60 Menschen starben. Die Proteste flammten wieder auf, Präsident Wiktor Janukowytsch musste das Land fluchtartig verlassen, es wurde mit Unterstützung der Neofaschisten eine neue Regierung gebildet. Das Land verfolgt nun einen antirussischen Kurs, rüstet massiv auf und strebt eine Mitgliedschaft in EU und NATO an.

Der Journalist Christoph von Marschall erging sich 2017 in Lobeshymnen auf Brzeziński, der »alles vorausgesehen habe«.[52] Wenn man allerdings selber Hauptakteur ist, kann man natürlich zumindest die eigenen Handlungen voraussehen. Die amerikanische Staatssekretärin für Außenpolitik, Victoria Nuland, nannte in einem Gespräch mit dem amerikanischen Botschafter in Kiew am 28. Januar 2014 die Summe von 5 Milliarden Dollar, die man in die Ukraine investiert habe, um dort den »demokratischen Wandel« zu befördern. Sicherlich geschah das nicht, um russlandfreundliche Gruppen der Gesellschaft zu unterstützen.[53] Auch die Maidan-Vorfälle sind nach wie vor alles andere als geklärt.[54] Das Ergebnis hat jedenfalls zu tiefen Rissen in Europa und zu einem neuen Kalten Krieg geführt.

Regime Change, »Verdeckte Kriegsführung« und die Vorfälle auf dem Euromaidan

Auch im neuen Jahrtausend sind die Geheimdienste in vielen Ländern der Welt so aktiv wie zu den besten Zeiten des Kalten Kriegs, vielleicht sogar noch aktiver. Und es sind nicht nur russische oder chinesische Geheimdienste, die das Geschäft betreiben. In den USA waren 2010 1271 Regierungsorganisationen und 1931 Privatunternehmen an 10.000 Standorten mit Terrorismusbekämpfung, Sicherung des Landes und Nachrichtenbeschaffung befasst und 854.000 Personen hatten die höchste Sicherheitsstufe »Top Secret«. Nicht alle diese Menschen werten mehr oder weniger brav Daten aus, wie es Edward Snowden tat. Manche betreiben ein viel schmutzigeres Handwerk.

Neben Information und Desinformation sind Beeinflussung und Bestechung von Entscheidungsträgern, politische Morde, Destabilisierung und das Anzetteln von Aufständen wichtige Tätigkeitsbereiche geworden. »Regime Change«, die Destabilisierung von unerwünschten Regierungen mittels Unruhen und Aufständen gehört dazu. Auch »False Flag Operations« gehören zum Instrumentarium: man verübt zum Beispiel ein Attentat auf das eigene Land und schiebt es dem Gegner in die Schuhe.[55]

In vielen Ländern ist der »Permanent War Complex« der USA mit Söldnern privater Sicherheitsunternehmen unterwegs.[56] Das ist teuer, hat aber den Vorteil, dass solche Einsätze am Kongress vorbei oder zumindest sehr verdeckt gestartet werden können und dass eventuelle Tote nicht als Kriegstote gelten. US-Militär und zivile Söldner sind mittlerweile in mehr als 80 Ländern (also 40 Prozent der Länder dieser Erde) aktiv. Als 2017 vier Green Berets bei einem Routineeinsatz in Niger umkamen, waren selbst Kongressabgeordnete überrascht. Sie hatten keine Ahnung, dass das US-Militär in dem Land aktiv war.[57]

Der Mann einer amerikanischen Studienfreundin von mir, ein Marine, war lange in Stuttgart stationiert und hatte viel in Georgien zu tun. Was er denn da mache, fragte ich ihn einmal. »I can't tell you, Max«, war die knappe Antwort.

Mittlerweile ist es kein Geheimnis mehr, dass in Syrien ein verdeckter Stellvertreterkrieg zwischen den USA, Israel und weiteren Verbündeten sowie Syrien, Russland und dem Iran stattfindet und dass die USA die islamistischen »Rebellen« mit Milliarden an Finanzmitteln und direkter Militärhilfe unterstützt haben. Donald Trump sprach sich im Wahlkampf dagegen aus: »Ich spreche mit Generälen. Wir haben keine Ahnung, wem wir diese Gelder geben. Die Leute könnten schlimmer als Assad sein.«[58]

Der Konflikt hätte auch eskalieren und einen Flächenbrand auslösen können, an dessen Ende ein größerer Krieg gestanden hätte. Nach dem völkerrechtskonformen Eingreifen Russlands in den Syrienkonflikt schoss das türkische Militär versehentlich am 24. November 2015 einen russischen Kampfjet im türkisch-syrischen Grenzgebiet ab. Hätte Russland militärisch reagiert, wäre es zu Kampfhandlungen zwischen Russland und einem NATO-Mitglied gekommen, mit unabsehbaren Folgen.

Zum Glück behielten beide Seiten die Nerven. Der türkische Staatspräsident Erdoğan drückte wenig später sein Bedauern aus. Seitdem haben sich beide Seiten einander stark angenähert. Es gibt durchaus ernst zu nehmende Hinweise darauf, dass der russische Geheimdienst Erdoğan kurz vor dem Putschversuch in der Türkei im Sommer 2016 gewarnt hatte.[59] Den missglückten Putsch nannte der Staatspräsident ein »Gottesgeschenk« und nutzte ihn umgehend zu weitgehenden Säuberungen, Verhaftungen und Entlassungen von hochrangingen Militärs, Richtern, Lehrern und weiteren Staatsangestellten.[60]

Ganz auszuschließen ist nicht, dass westliche Geheimdienste bei dem Putschversuch mitmischten; Erdoğan agiert zunehmend autoritärer und verfolgt einen islamistischen Kurs. Bezeichnend ist auf jeden Fall, dass das NATO-Mitglied Türkei russische Flugabwehrsysteme gekauft hat und seit Juli 2019 auch stationiert.[61] Die USA haben die Türkei deswegen aus dem Programm für den Tarnkappen-Kampfjet F-35 ausgeschlossen und prüfen, ob weitere Sanktionen gegen das Land verhängt werden.[62]

Washington war auch eine treibende Kraft hinter dem Putsch in der Ukraine und dem Aufstand auf dem Maidan-Platz (»Euromaidan«). »Wie Washington den Putsch in Kiew organisierte und finanzierte und das Verhältnis zu Moskau zerrüttete, ist in allen Einzelheiten in *Foreign Affairs* nachzulesen in Beiträgen von John J. Mearsheimer im September/Oktober 2014 und von Daniel Treisman im Mai/Juni 2016«, so Bruno Bandulet. *Foreign Affairs* ist nicht irgendein Magazin, sondern wird vom Council on Foreign Relations herausgegeben und ist damit die wohl wichtigste Politikzeitschrift der Welt.[63]

Die Todesschüsse auf den Euromaidan sind alles andere als aufgeklärt. Das Massaker führte wie bereits erwähnt dazu, dass das bereits ausgehandelte Friedensabkommen gekippt wurde, die Regierung Janukowytsch gestürzt und mit Hilfe von Neofaschisten eine neue, EU- und USA-freundliche Oligarchenregierung ins Amt kam.

Die Schuld für die Schüsse wurde Regierungstruppen in die Schuhe geschoben. Mittlerweile gibt es Hinweise darauf, dass auf dem Maidan nicht nur Scharfschützen aus Georgien, von denen sich einige als Zeugen geäußert haben, sondern auch aus Polen und den baltischen Staaten im Einsatz waren. Die Zeugen sprechen darüber, dass an den Einsatzbesprechungen auch ein gewisser Christopher Brian beteiligt gewesen sei, der ihnen als ehemaliger US-Militär vorgestellt wurde. All dies klingt zu fantastisch, um wahr zu sein. Aber die USA und ihre Verbündeten hatten das perfekte Motiv, wenn sie den Ideen Zbigniew Brzezińskis folgten.

Meine Nachrichtenquelle ist ein seriöses deutsches Portal, heise.de. Dort können Sie die bislang vorliegenden Erkenntnisse minutiös nachlesen.[64] Der italienische Fernsehkanal Matrix 5 berichtete darüber und interviewte einige der Scharfschützen vom Maidan, Georgier. Immerhin widmete sich daraufhin auch die *Tagesschau* dem Thema. Das Fazit: »Mangels belastbarer Belege bleibt ungeklärt, ob die drei Georgier während der Maidan-Proteste überhaupt in Kiew waren und ihre Behauptungen damit stimmen können. Viele Medien verbreiteten diese Behauptungen aber, ohne diese selbst noch einmal zu prüfen oder weitere Recherchen anzustellen.«[65] Na, dann ist ja alles gut!

Henry Kissinger, der große alte Mann der amerikanischen Außenpolitik, warnte vor einem solchen unilateralen Vorgehen in der Ukraine. In einem bemerkenswerten Artikel in der *Washington Post* schrieb er bereits 2014, dass der Ukraine-Konflikt viel zu oft als ein »Showdown« dargestellt werde, durch den sich entscheiden solle, ob die Ukraine zukünftig dem westlichen oder dem russischen Lager angehören würde. Stattdessen solle sie, so Kissingers Sicht, eine Brücke bilden. »Die Dämonisierung von Wladimir Putin ist keine politische Strategie des Westens. Sie ist ein Alibi für die Abwesenheit einer überlegten Politik.«[66]

Selbst der eingefleischte Russland-Gegner Zbigniew Brzeziński erkannte 2016, ein Jahr vor seinem Tod, dass es so nicht weitergehen könne und dass man Russland einen angemessenen Platz in Europa zugestehen müsse. Die Ära der amerikanischen Dominanz gehe zu Ende. Eine neue geopolitische Struktur sei dringend nötig.[67]

Mit dieser Auffassung stehen Kissinger und Brzeziński aktuell ziemlich alleine da. Neokonservative und liberale Interventionisten zeigen wenig bis keine Skrupel beim Einsatz amerikanischer Militärmacht und beanspruchen für die Vereinigten Staaten das Recht, überall auf der Welt ultimativer Schiedsrichter zu sein – wenn nötig mit Waffengewalt. Robert Kaplan forderte zum Beispiel schon im Jahr 2001 in einem Buch mit dem programmatischen Titel *Warrior Politics* (»Kriegerpolitik«) ein »heidnisches Ethos«, damit die Führungsrolle Amerikas weiterhin bestehen bleibe.[68]

Thomas Barnett unterteilt die Welt in einen »funktionierenden Kern« (*functioning core*) und einen »nicht integrierten Rand« (*non-integrating gap*). Die Gebiete des Randes, wo sich die Globalisierung noch nicht voll entfaltet habe, seien die Länder mit politischer Repression, Armut, Krankheit, Massenmorden und Konflikten. Barnett spricht sich dafür aus, Sicherheit in diese Länder zu exportieren, auch wenn dies bedeutet, Kriege mit ihnen zu führen. Auf diese notwendigen Kriege sollten längere Zeiten des »nation building« folgen.[69]

Barnett macht auch detaillierte Vorschläge für Interventionstruppen. Da die Vereinigten Staaten sowohl die ultimative Macht, der »Leviathan« (um mit Thomas Hobbes zu sprechen), als auch der Verwalter des Weltsystems seien, sollte das US-Militär sich anhand dieser Funktionen (neu) organisieren. Der Daseinszweck des Leviathan ist die schnelle Beendigung von Gewalt durch die Anwendung seiner extrem überlegenen Macht. Ausführer sollten vor allem junge, aggressive, überwiegend amerikanische Truppen sein. Die zweite Funktion, die des Systemadministrators, beinhaltet Friedenssicherung, »nation building« und die Stärkung schwacher Regierungen. Diese Funktion würde von älteren, erfahrenen Militärs erfüllt werden, die auch von den Verbündeten kommen könnten.[70]

In einer zynischen imperialen Logik kann der neue Kalte Krieg in Europa und die Destabilisierung des Nahen Ostens Sinn machen. Beides wäre dann Teil einer Herrschaftsstrategie, wie sie zuerst von Halford Mackinder 1904 in einem Vortrag vor der Royal Geographical Society für das britische Empire offen skizziert (aber schon vorher praktiziert) wurde. Nach Mackinder beherrscht derjenige die Welt, der die Weltinsel – Eurasien – beherrscht. Der Seemacht Großbritannien fehlten hierzu die notwendigen Ressourcen. Sie könne aber die Länder am Rande der Weltinsel durch Diplomatie und geschickte Interventionen gegeneinander in Stellung bringen und so das Entstehen einer dominanten Macht auf der Weltinsel verhindern.[71] Anklänge an Mackinders Auffassung finden sich in der Rede, die George Friedman, Gründer des amerikanischen Think Tanks Stratfor am 19. März 2016 in Chicago hielt. Nach Friedman sei es seit 100 Jahren amerikanische Strategie, die Kombination von deutscher Technologie und russischen Rohstoffen zu verhindern.[72]

Auch Massenmigration kann eine zynische imperiale Technik sein. Schon die Babylonier siedelten das Volk Israel um, um es besser zu kontrollieren. Ähnliche Umsiedlungen ganzer Völker sind von den Assyrern und den Inka bekannt. Ebenso kann Massenmigration auch eingesetzt werden, um zu destabilisieren. Ein zerrissenes Europa lässt sich leichter beeinflussen als ein geeinigtes, starkes Europa. In ihrer Studie *Massenmigration als Waffe* zeigt die angesehene Politikwissenschaftlerin Kelly Greenhill, dass diese Sichtweise nicht ganz ohne Berechtigung ist.[73]

Aber die Strategie des Interventionismus stößt an ihre Grenzen, ob in der Ukraine oder in Syrien. In der Ukraine hat die Bevölkerung die Nase voll von korrupten, vom Westen unterstützten Eliten und wählte 2019 einen Komiker und Fernsehstar in das Präsidentenamt. Eine klare Ansage. Vielleicht war die Abwahl des Präsidenten Petro Poroschenko auch eine Reaktion der Wähler auf dessen missglückten Versuch, in der Straße von Kertsch eine Auseinandersetzung mit Russland zu provozieren, wohl in der Hoffnung, eine längere Zeit mit dem Kriegsrecht regieren zu können.[74] Wir sehen, Henry Kissingers Mahnung zum Ausgleich anstelle eines Kräftemessens in der Ukraine ist genauso aktuell wie 2014.

Den syrischen Bürgerkrieg hat Staatspräsident Assad mit russischer Unterstützung für sich entschieden. Allerdings wird die arabische Republik Syrien wohl unter dauerhaften Gebietsverlusten zu leiden haben, und von den USA unterstützte syrische Kurden kontrollieren die wichtigsten Ölquellen des Landes. Damit können die USA weiter Druck auf das gebeutelte Land ausüben.[75]

Allgemein befindet sich der Nahe Osten im Chaos, mit allen negativen Auswirkungen, die dies auch für Europa hat. Noch heute ist der Irak instabil und vom Terror zerrissen.[76] In Libyen tobt weiter ein Bürgerkrieg, der sehr gut mit der Selbstinstallierung eines autoritären Herrschers enden könnte.[77] Auch in Algerien brodelt es weiter. Nachdem das Land im Arabischen Frühling recht glimpflich davongekommen ist, drohen weitere Unruhen.[78]

Am Persischen Golf und am Roten Meer wird die Situation zunehmend instabil. Das saudische Regime ist in einen kostspieligen und zermürbenden Krieg im Jemen verwickelt. Durch die Ermordung des kritischen Journalisten Jamal Khashoggi in der saudischen Botschaft in Istanbul und die Folterungen von Generälen und Mitgliedern der Königsfamilie im »Ritz Carlton« bei den Säuberungen im November 2017 hat Saudi-Arabien auch seinen wichtigsten Verbündeten, die USA, verärgert.[79] Im Juni 2017 brach Saudi-Arabien alle Beziehungen zu Katar ab und verhängte einen Wirtschaftsboykott gegen das Nachbarland, angeblich, weil es den Terrorismus unterstütze. Vielleicht war den Saudis auch der Fernsehsender Al Jazeera, der seinen Sitz in Katar hat, ein Dorn im Auge. Als einer der meistgesehenen Sender in der arabischen Welt kritisiert Al Jazeera oft die saudischen Herrscher. Die Türkei und der Iran unterstützen Katar als Blockadebrecher mit Frachtfliegern. Bis heute ist die Krise nicht gelöst.

Der damalige Bundesaußenminister Sigmar Gabriel nannte die Isolation des Emirats Katar durch Saudi-Arabien und seine Verbündeten »gefährlich«, denn es bestehe die Gefahr, dass sich der Konflikt zu einem Krieg entwickeln könne. Die Intensität der Auseinandersetzung zwischen Brudernationen und Nachbarstaaten sei »dramatisch«.[80] Da sowohl Saudi-Arabien als auch Katar enge Verbündete Amerikas sind, sehen sich die USA einer für sie äußerst peinlichen Situation gegenüber. Dass die Macht der US-Diplomatie schwindet, zeigt sich auch daran, dass es den USA nicht gelungen ist, die Situation im Vorfeld zu entschärfen.

Über all dem schwebt das Risiko einer größeren Auseinandersetzung Saudi-Arabiens und der USA mit der anderen Regionalmacht Iran. Das Verhältnis ist äußerst angespannt, und das nicht erst, seit Donald Trump das Nuklearabkommen mit dem Iran einseitig aufgekündigt hat.

Die USA: ein Imperium?

Im Dezember 2001, zehn Jahre nach dem Zusammenbruch der Sowjetunion und drei Monate nach den Anschlägen vom 11. September, gelobte Präsident George W. Bush, dass Amerika die Welt zum Frieden führen werde. Das war eine sehr gewagte Prognose. Bis jetzt ist eher das Gegenteil der Fall. Andrew Bacevich schrieb dazu in seinem im selben Jahr erschienenen Buch *American Empire*: »Durch eine eindrucksvolle Demonstration militärischer Macht hielt George Bush diejenigen, die sich an Amerikas Pein laben, nieder. Aber Zwang gewinnt nicht die Herzen und Köpfe; bestenfalls kann er zu einer Pause führen.«[81]

Bacevich zufolge sind die USA längst ein Imperium. Die vier regionalen Militärbefehlshaber, eigentlich schon Militärgouverneure, verfügten über erheblich größere Machtmittel als die amerikanischen Botschafter. Bacevich beendet sein Buch mit einer Warnung: »Die Frage, die dringend beantwortet werden muss, ist nicht, ob die Vereinigten Staaten eine imperiale Macht geworden sind. Die Frage ist, welche Art von Imperium sie haben wollen.« Wenn die politischen Eliten dies leugnen würden, wären die Antworten, die sie für die Probleme der Welt geben, irreführend. Dies würde nicht nur das Ende des amerikanischen Imperiums bedeuten, sondern auch eine große Gefahr für das sein, was einst als »amerikanische Republik« bekannt war.[82] Der Harvard-Professor Niall Ferguson nannte die USA ein Imperium in Selbstverleugnung (»Empire in Denial«) und der deutsche Politikwissenschaftler Herfried Münkler reihte die Vereinigten Staaten 2005 nahtlos in seine Liste der Imperien ein, als er über »die Logik der Weltherrschaft« schrieb.[83]

Aber was genau macht ein Imperium aus? Vor ein paar Jahren hat eine Reihe hochkarätiger Wissenschaftler auf einer Tagung das Phänomen »Imperium« untersucht. Dokumentiert wurden die Forschungsergebnisse in dem monumentalen zweibändigen Werk *Imperien und Reiche in der Weltgeschichte – epochenübergreifende und globalgeschichtliche Vergleiche*.[84] Die Herausgeber stellen klar, dass Imperien im kommenden, teilweise postnationalen Zeitalter prägende Strukturen bieten werden. Dauerhaftigkeit, Versprechen von Frieden und Wohlstand, eine imperiale Ideologie, fluide Grenzen und auch Multiethnizität sind einige Charakteristika von Imperien. Was die Autoren etwas stiefmütterlich behandeln, ist die Tatsache, dass jedes Imperium notwendigerweise eine Zweiklassengesellschaft sein muss – Bürger des Imperiums (»cives romanus sum«) auf der einen und alle anderen auf der anderen Seite –

und dass Imperien damit notwendigerweise den Vorstellungen der Aufklärung und der westlichen Werte widersprechen.

Eine »imperiale Ideologie« haben die Vereinigten Staaten auf jeden Fall – es ist der »amerikanische Exzeptionalismus«, der Glaube, dass es die Aufgabe Amerikas sei, die Welt zu verbessern. Diese globale interventionistische Ideologie wird von einer erstaunlichen Allianz von Neokonservativen und »liberalen« Eliten, Befürwortern einer »offenen Weltordnung« gestützt. Beide Gruppen sehen sich im Dienst der guten Sache, der »Verbreitung liberaler Werte und einer offenen Weltordnung«, auch wenn dabei Kriege, Chaos und Hunderttausende von Toten wie im Irak in Kauf genommen werden müssen.

Teuer ist dieses Imperium ebenfalls. Fünf Jahre, nachdem US-Präsident George W. Bush den Irakkrieg für beendet erklärte, legten die Ökonomen Joseph Stiglitz und Linda Bilmes eine Schätzung der Kriegskosten vor. Diese beliefen sich alleine für die USA auf 3 Billionen Dollar, und dabei sind die Kosten der Verbündeten sowie die Zerstörung des Irak und die Hunderttausende von Toten noch nicht eingerechnet. Vor dem Krieg hatte der damalige Wirtschaftsberater des Präsidenten die Kosten auf 200 Milliarden Dollar geschätzt. Selbst das tat Verteidigungsminister Donald Rumsfeld als »Quatsch« ab – der Krieg würde höchstens 50 bis 60 Milliarden Dollar kosten.[85] Nicht nur der Irakkrieg war extrem teuer. Das Watson Institute for International and Public Affairs an der Brown University in Providence, Rhode Island (einer der »Ivy League Universities«) schätzt, dass die Kosten des Kriegs gegen den Terror sich von 9/11 bis November 2018 auf 5,9 Billionen Dollar belaufen.[86] Die Kriege und Interventionen sind unter anderem so teuer, weil viele Operationen verdeckt laufen und viele Privatunternehmen involviert sind. Ulrich Teusch stellt dazu fest: »Die Kosten werden nicht, wie etwa im Zweiten Weltkrieg oder im Koreakrieg, durch Steuererhöhungen, Kriegsanleihen und sonstige Maßnahmen aufgebracht. […] Heutzutage führen die USA ihre Kriege auf Pump.«[87]

Direkte und indirekte Imperien

Die *Star-Wars*-Saga ist ein großer moderner Mythos, weil sie viele ewige Weisheiten in hoch verdichteter und archetypischer Form wiedergibt.[88] Die dunkle Seite der Macht tritt in schwarz, grau und purpurrot auf, die gute Seite in weiß. Leider sind die Bestrebungen von Imperien meistens nicht so deutlich erkennbar wie in den *Star-Wars*-Filmen. Viel häufiger ist die Macht eines Imperiums versteckt oder wird ideologisch verbrämt.

Grundsätzlich kann man zwischen indirekter und direkter Herrschaft, indirekten und direkten Imperien unterscheiden. Indirekte Herrschaft *(indirect rule)* bezeichnet Herrschaftsmethoden, bei der die Machtausübung vermittelt über örtliche und traditionelle Herrschaftsstrukturen erfolgt.[89] In ähnlicher Weise unterschied der amerikanische Stratege Edward N. Luttwak 1976 zwischen Territorial- und Hegemonialreichen. Territorialreiche erobern und besetzen Gebiete. »In Hegemonialreichen hingegen bleiben die inneren Angelegenheiten in den Händen der ursprünglichen Herrscher, die zu Vasallen werden.«[90]

Indirekte Herrschaft war die bevorzugte Methode in fast allen britischen Kolonien. In Indien, dem »Kronjuwel des Empire«, befand sich zum Beispiel nur ein Drittel des Landes unter direkter Herrschaft; der Rest wurde durch loyale, aber weitgehend autonome Fürsten regiert.[91] Dabei wurden Völker teilweise gegeneinander in Stellung gebracht, wie es noch bei der Unabhängigkeit Britisch-Indiens und der Teilung des Landes in die heutigen Staaten Indien und Pakistan praktiziert wurde.

Die indirekte Herrschaft ist eine effektive, wenngleich zynische Machttechnik. Sie vertieft regionale Spaltungen und entfremdet und korrumpiert Eliten von ihren Völkern. England hatte schon früh in der eigenen Geschichte die Gelegenheit, diese Herrschaftstechnik einzuüben, zum Beispiel bei der Befriedung Schottlands. Ansätze dieser Herrschaftstechnik finden sich bei der Kooptierung von europäischen Alpha-Journalisten in transatlantische US-hörige Netzwerke, wie sie der Medienwissenschaftler Uwe Krüger in seinem Buch *Mainstream* beschreibt.[92]

Bei der direkten Herrschaft zerschlugen die Kolonialmächte die traditionellen Herrschaftsstrukturen und bauten eigene Verwaltungen auf. Frankreich wandte zum Beispiel das universale und unteilbare Konzept seiner Zivilisation, seines Rechtssystems und seiner Verwaltung auch in den Kolonien an.

Auch das Deutsche Reich praktizierte in seinen wenigen Kolonien überwiegend die direkte Herrschaft. Grundsätzlich zeigt sich hier ein weniger zynisches Geschichtsbild, das in der Praxis allerdings oft nicht weniger grausam umgesetzt wurde. Auch war die kolonisierte Bevölkerung nicht mit den Staatsbürgern des Mutterlandes gleichgestellt.

Die Vereinigten Staaten von Amerika

Imperien werden nicht unbedingt durch Gewalt oder schnell erobert. Im Gegenteil, die subtile Anwendung von Herrschaftstechniken führt oft wesentlich geschmeidiger und nachhaltiger zum Erfolg. Der Wissenschaftsjournalist Charles C. Mann erzählt die Geschichte der Ausdehnung des Inka-Imperiums ins Küstental von Chincha durch Inka Pachakuti. Die Inka verfügten über eine ausgeklügelte Verwaltung, eine straffe, zentrale Organisation und gewaltige Armeen. Gegen 1450 schickte Pachakuti seinen General Qhapac Yupanki mit Tausenden Soldaten in das Tal. Yupanki ließ den verängstigten Adel vor Ort wissen, dass er nicht das Geringste von Chincha wolle, »weder ihr Silber noch ihr Gold noch ihre Töchter«.[93] Im Gegenteil, er überhäufte die Chincha-Führer mit Geschenken. Lediglich ein Haus (einen »Stützpunkt«) würde er sich wünschen, in dem die Inka ihren Tätigkeiten nachgehen könnten, und einige Diener. Als er abzog, forderte er allerdings Chincha auf, seine Dankbarkeit zu beweisen und Handwerker und Güter in die Inka-Hauptstadt Qosqo (Cusco) zu schicken.

Zehn Jahre später entsandte Pachakuti eine weitere Armee ins Tal. Diesmal tagten die Inka lange mit dem einheimischen Adel und unterbreiteten viele Ideen, wie die Bevölkerung besser organisiert werden könne, wie das Tal verbessert und zum Beispiel Straßen gebaut werden könnten. Nach dieser Episode wird das Chincha-Tal straff nach der Inka-Methode organisiert und mit der Infrastruktur des Inka-Reichs verbunden, wenngleich es formal noch völlig selbständig war.

Noch einmal 20 Jahre später traf wieder eine Inka-Armee ein, mittlerweile herrschte Pachakutis Enkel. Nun »schnellten die Forderungen nach Land und Dienstleistungen in die Höhe, und die Tünche der Gegenseitigkeit verblasste«. Die Chincha waren unterworfen, ohne dass eine einzige Schlacht geschlagen worden war.

In seiner Geschichte des Peloponnesischen Kriegs beschreibt Thukydides ähnliche Mechanismen. Die Seemacht Athen zum Beispiel forderte von ihren Bundesgenossen hohe Tribute ein. Einige Bundesgenossen stellten diese Tribute zuerst in Form von Schiffen und leisteten später nur noch Geldzahlungen – was sie immer stärker von der Willkür und der Militärmacht der Athener abhängig machte. Parallelen zur heutigen Situation drängen sich da auf. Europa ist so gut wie nicht in der Lage, militärisch eigenständig zu handeln. Auch die geplanten europäischen Streitkräfte nutzen NATO-Kommandostrukturen und sind damit bestenfalls NATO-Anhängsel.

Kritik am imperialen Selbstbild Amerikas kommt in den USA vor allem von klassischen konservativen Vertretern des Nationalstaats und der Republik, zum Beispiel von Robert Merry, dem langjährigen Herausgeber der Zeitschriften *Congressional Quarterly* und *The National Interest*. Laut Merry seien die USA die »letzte Nation des Westens«, und zwar in dem Sinne, dass ihnen alle Machtmittel des klassischen Nationalstaats zur Verfügung stünden.[94] Merry argumentiert, dass die imperialen Verwicklungen und die imperiale Ideologie die Demokratie und Wirtschaft schwächen. Amerika solle sich wieder auf die Vorzüge des Nationalstaats, eine weniger interventionistische Politik und die Werte der Republik besinnen.[95]

Dass eine im Namen der Freiheit auftretende und global agierende Imperialmacht stark versucht, ebendiese Freiheit zu unterdrücken oder zu zerstören, ist eine der großen Gefahren einer interventionistischen Ideologie. David C. Hendrickson, Professor am Colorado College, schreibt dazu in einem Aufsatz:

> Die eine Seite sagt, dass man ein Imperium benötigt, um die Freiheit zu fördern; die andere warnt, dass eine Akzeptanz des Imperiums in vieler Hinsicht ein Pakt mit dem Teufel ist, der die Freiheit gefährdet. Ich gehöre zur zweiten Seite. Amerikas Eifer für antiimperialistische Projekte in Übersee hat einen neuen, eigenen expansiven Imperialismus geschaffen, der Konflikte provoziert. Amerikas Rolle in den letzten 70 Jahren wird oft dadurch gerechtfertigt, dass man eine ›antiimperiale‹ Welt aufbauen wolle, eine ›liberale‹ Welt, die ›regelbasiert‹ sei und in der die amerikanische Dominanz essentiell sei, um die Ansprüche gegnerischer und despotischer Imperien abzuwehren. Dieses Narrativ, dass sich großer Akzeptanz erfreut, ignorierte das Ausmaß, in dem die Vereinigten Staaten sich daran gewöhnt haben, die Regeln zu verletzen, statt sie zu verteidigen.[96]

Rückblickend lässt sich sagen, dass die Chancen, die nach 1989 für eine friedliche Weltordnung bestanden, nicht genutzt wurden. Die einmalige Situation des unipolaren Moments wurde durch imperiales Großmachtstreben, ideologische Arroganz und Dilettantismus gründlich verpfuscht. Europa befindet sich in einem neuen Kalten Krieg. Eine Vielzahl von Kriegen, Unruhen und Spannungen hat seit dem Ende des ersten Kalten Krieges dazu geführt, dass die Welt ein unsichereres System geworden ist.

KAPITEL 3

DER AUFSTIEG CHINAS

Es ist keinesfalls außergewöhnlich, dass sich das Zentrum der Weltwirtschaft periodisch verschiebt. [...] Heute stehen wir an der Schwelle einer weiteren Verschiebung der Schwerpunkte oder zumindest am Beginn einer Phase unsicherer Koexistenz zwischen den USA und China. [...] Wird die Ordnung dadurch gestört, dass empfindliche Rivalitäten auftreten, sind Krisen wahrscheinlich.

Max Otte, Der Crash kommt[1]

Der Aufstieg Chinas dominiert fast alle derzeitigen politischen Entwicklungen, und zwar weltweit und in fast allen Bereichen. Der Politikwissenschaftler Graham Allison erinnerte in diesem Zusammenhang an einen 200 Jahre alten Ausspruch: »Vor zwei Jahrhunderten warnte Napoleon: ›Lasst China schlafen; aber wenn es erwacht, wird die Welt wanken.‹ Heute ist China erwacht, und die Welt wankt.«[2] Sogar scheinbar in keinem Zusammenhang mit China stehende Ereignisse wie die allgemeine Instabilität im Nahen Osten und die Migrationsströme nach Europa sind eine Folge dieses Aufstiegs. In einem Interview mit *National Geographic* berichtet der ehemalige Oberbefehlshaber der NATO Wesley Clark, dass der damalige Verteidigungsminister Paul Wolfowitz ihm nach den Anschlägen des 11. September erklärt habe: »Wir haben nur fünf oder zehn Jahre, um die alten Regimes, die Hinterlassenschaften der Sowjetunion, zu entfernen, bevor die nächste Supermacht auftritt.«[3] Kurz danach haben die USA und ihre Verbündeten den Irak bombardiert, später Libyen, und dann Syrien destabilisiert.

»China und die Vereinigten Staaten befinden sich derzeit auf einem Kollisionskurs zum Krieg – wenn beide Seiten nicht grundsätzliche und schmerzhafte Maßnahmen vornehmen, um das zu vermeiden«, schreibt Graham Allison.[4] Aktuell geschieht das Gegenteil: Im dritten Jahr seiner Amtszeit macht US-Präsident Donald Trump ernst mit den Handelskriegen und der ökonomischen Konfrontation mit China, zu der ihm sein ehemaliger Chefberater Stephen Bannon bereits im Wahlkampf geraten hatte – mit unüberschaubaren Risiken für die Weltwirtschaft.

Chinas Aufstieg begann in den frühen 1980er-Jahren. Zunächst langsam, beschleunigte er sich wie bei allen exponentiellen Prozessen, bis China der Gigant wurde, der es heute ist. Wie John Maynard Keynes bereits 1919 schrieb, sind es die langsamen, aber kontinuierlichen Prozesse, die die großen Ereignisse der Weltgeschichte dominieren. In meinem Buch *Der Crash kommt* widmete ich 2006 ein ganzes Kapitel den Konsequenzen des unaufhaltsamen Aufstiegs Chinas.[5] Denn schon damals waren die Entwicklungen und Konflikte, die sich jetzt vor unseren Augen abspielen, eigentlich recht gut abzusehen. Die Entwicklung verlief seitdem schneller und rasanter als erwartet. Noch 1990 betrug die US-amerikanische Wirtschaftsleistung, gemessen an der Kaufkraft, ungefähr das Fünffache der chinesischen. 1980 war die amerikanische Wirtschaft sogar siebenmal so groß. Im Jahr 2013 allerdings überholte die chinesische Wirtschaft die amerikanische – drei Jahre früher, als ich es in *Der Crash kommt* prognostiziert hatte.[6]

Chinas Wirtschaft überholte die amerikanische bereits 2013
Bruttoinlandsprodukt bei Kaufkraftparität (PPP)

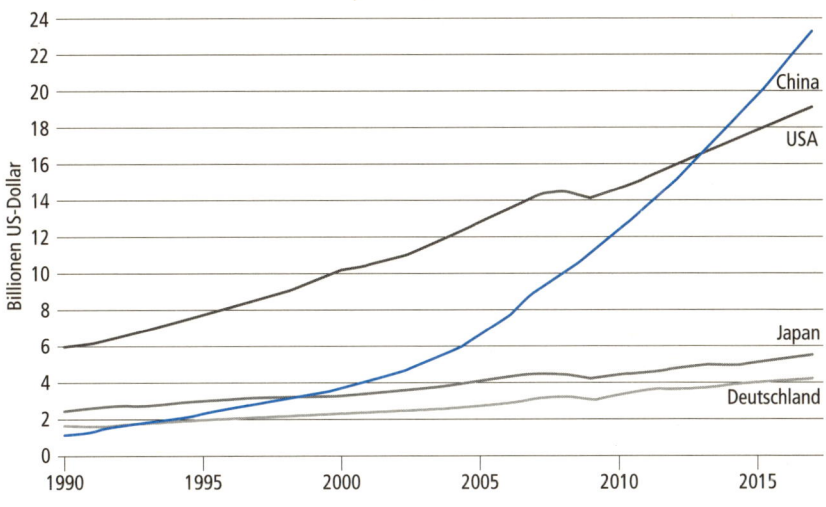

Quelle: https://data.worldbank.org/indicator/

Gleichzeitig fiel der amerikanische Anteil am Welt-BIP von 22 Prozent im Jahr 1980 auf 20 Prozent im Jahr 1990 auf jetzt 15 Prozent.[7] China liegt, gemessen an der Kaufkraftparität, derzeit bei 18 Prozent.[8] Damit sind beide Nationen zwar allen anderen weit voraus – wenn man von der zerrissenen und weitgehend handlungsunfähigen Europäischen Union absieht –, aber keine der beiden dominiert die Weltwirtschaft so, wie es die Vereinigten Staaten mit rund 40 Prozent der Weltwirtschaftsleistung nach 1945 taten. Wie alle exponentiellen Prozesse wird auch Chinas Aufstieg nicht ewig anhalten. Die Frage ist, ob wir den Übergang zu einer neuen Weltordnung friedlich schaffen.

Fakt ist: China hat die USA überholt. Für Europäer mag es befremdlich sein, aber Amerika ist sehr damit beschäftigt, Nummer eins zu sein und zu bleiben. Als ich im Jahr 1989 mein Dissertationsstudium in Princeton begann, war die japanische Aktienblase noch nicht geplatzt und viele sahen in Japan die neue ökonomische Supermacht. Ein Jahrzehnt zuvor hatte Ezra Vogel die Debatte mit seinem Buch *Japan as No. 1* angestoßen.[9] Dann platzte nicht nur die japanische Blase, sondern es zerfiel auch der sowjetisch dominierte Ostblock. Für einige Jahre sahen sich

Der Weg in die Krise

die USA zu Recht als einzige Supermacht. Doch der »unipolare Moment« wurde nicht genutzt, um die Weltordnung der Zukunft zu bauen.[10]

China ist auf vielen Märkten mittlerweile der größte Produzent und der größte Nachfrager. Die Hälfte aller iPhones weltweit werden in einer einzigen Stadt in China, Zhenzhou, gefertigt.[11] Aber China ist nicht nur größter Produzent, sondern bei vielen Märkten auch größter Importeur der Welt, zum Beispiel bei Erzen und Holz. Die Importe der chinesischen Holzindustrie haben sich seit dem vor 20 Jahren eingeführten Schlägerungsverbot für Holz im Land selbst verzehnfacht.[12] Auch der Bauboom in China sprengt alle zuvor bekannten Dimensionen. Sie kennen das Sprichwort »Rom wurde nicht an einem Tag erbaut«. Nun, seit 2005 baut China das Äquivalent der gesamten Bausubstanz der heutigen Stadt Rom – und zwar alle zwei Wochen. Zwischen 2011 und 2013 verbrauchte das Land mehr Zement als die USA im gesamten 20. Jahrhundert. In 15 Jahren wurden so viele Häuser gebaut, wie derzeit in Europa stehen. 2011 wurde ein 30-stöckiger Wolkenkratzer in 15 Tagen hochgezogen – pro Tag zwei Stockwerke.[13] Bis zum Jahr 2035 will China 215 (!) neue Flughäfen gebaut haben.[14] Und wir plagen uns seit Jahren in Deutschland mit dem internationalen Flughafen Berlin Brandenburg herum.

Nicht nur Rohstoffe saugt das Land auf. Das Land ist zudem ein wichtiger Absatzmarkt für westliche Luxusgüter, die als Statussymbole gelten. Luxuskonzerne wie LVMH, Richemont und andere hängen zu einem großen Teil von China ab, und auch für BMW und Porsche ist China der wichtigste Markt auf der Welt.[15] Zum Beispiel machte 2018 Porsche 31 Prozent seines Umsatzes in China – mehr als in den USA.[16] Die Verkäufe in China stiegen um 12 Prozent, weltweit nur um 4 Prozent, unter anderem, weil Europa zurückfällt.[17] In Spanien wird Chinesisch derzeit zur Modesprache, wie die *Neue Zürcher Zeitung* berichtet.[18]

China schickt sich an, die Spielregeln mitzubestimmen. Im Jahr 2017 zum Beispiel zeichnete sich eine regelrechte Bitcoin-Blase ab, nachdem die Kryptowährung schon einige Jahre lang gehypt worden war. Vom Jahresanfang bis zum 17. Dezember stieg der Bitcoin-Kurs von 1.000 auf fast 20.000 Dollar. Ich hatte zum ersten Mal deutlich im Sommer 2016 gewarnt und dann immer wieder.[19] Neben der bekanntesten Kryptowährung wurden noch ungefähr 3000 andere kreiert, bis hin zu der Dogecoin, deren virtuelles Geldstück ein Hund zierte. Das tat dem Hype keinen Abbruch, diese und auch andere unseriöse Angebote fanden reißenden Absatz. Dabei waren und sind die Kryptowährungen weder sicher noch umweltfreundlich.

Der Aufstieg Chinas

Im Jahr 2018 verbrauchten alleine die Rechner, die Bitcoin herstellten (im Jargon heißt das »Mining«), mehr Strom als ganz Dänemark.[20]

Im Dezember 2018 wurden an der Chicagoer Warenterminbörse Futures auf Kryptowährungen eingeführt. Die Finanzbranche schickte sich an, die nächste Stufe des Hypes zu zünden. Und nun passierte etwas, das man in Chicago, an der Wall Street, in London und Tokio nicht vorausgesehen hatte: China grätschte dazwischen. Schon im September 2018 wurde die größte Bitcoin-Börse in China geschlossen.[21] Anfang 2018 wurde der Handel mit Bitcoin dann ganz verboten.[22] Die bekannteste Kryptowährung schmierte ab und verlor ab Dezember 2017 binnen eines Jahres mehr als 80 Prozent ihres Wertes.

Auch der Handel mit Bitcoin-Futures brach ein. Zwar hatten die Insider auf fallende Kurse gesetzt und die breite Masse der Bitcoin-Begeisterten, die auf steigende Kurse gesetzt hatten, einmalig abgezockt, aber sicherlich hatte sich die Finanzbranche mehr erwartet.[23] Im April 2019 gab es Ankündigungen, dass China das Bitcoin-Mining ganz verbieten will.[24] Aus meiner Sicht eine sehr sinnvolle Sache, die aber nur ein handlungsfähiger und nicht von Finanzinteressen gekaperter Staat, wie es mittlerweile mehr oder weniger alle westlichen Staaten sind, durchsetzen kann. Aber in den Finanzmetropolen des Westens macht sich China damit keine Freunde.

Ende 2018 und Anfang 2019 stürzten zwei der neuen Boeing-Flugzeuge 737 MAX 8 aufgrund einer nicht ausgereiften Software in Indonesien und Äthiopien ab; insgesamt 350 Menschen kamen ums Leben. Das Modell ist einer der Hoffnungsträger von Boeing. China reagierte schnell und ordnete das Grounding der chinesischen 737-MAX-8-Flotte an. Die anderen Luftfahrtbehörden folgten.[25] Das Grounding wuchs sich zu einem existenzbedrohenden Problem für Boeing aus; es lagen über 5000 Bestellungen vor. China hatte wieder die Führung übernommen. Die Nachrichtenagentur Bloomberg kommentierte, dass Boeing China dafür danken müsse, die Reputation des Unternehmens gerettet zu haben.[26]

Im Mai forderten 13 chinesische Fluglinien Schadenersatz von Boeing.[27] Ein normaler Fall? Nein. Die Schadenersatzforderungen waren in den letzten Jahren meistens asymmetrisch: die Waagschale neigte sich extrem zugunsten von amerikanischen Firmen und Verbrauchern. Zahlen mussten vor allem Konzerne, die nicht in den USA beheimatet waren.[28] Der Schadenersatz, der von US-Unternehmen zum Beispiel Richtung Europa floss, war dagegen relativ überschaubar. Nun aber steht ein wirtschaftlicher Gigant, der zudem strategisch geschickt agiert, hinter der Klage. Ein kleines Detail am Rande: die Firma Boeing war ein Großspender für Barack Obama, der sich auch immer wieder als Lobbyist für den Flugzeugbauer eingesetzt hatte.[29]

Im Jahr 2015 gründete China seine eigene internationale Entwicklungsbank. Selbst das in politischen Fragen meistens sehr tendenziöse Online-Medium Wikipedia kommt nicht umhin zu kommentieren: »Anlass zur Initiative der Gründung war die Unzufriedenheit Chinas über eine Dominanz der US-Amerikaner im Internationalen Währungsfonds und in der Weltbank, der keine faire Verteilung der globalen Machtverhältnisse aus Sicht Chinas widerspiegelte. Da sich die US-Amerikaner strikt weigerten, eine Änderung der Stimmverhältnisse zu implementieren, begann China 2013 mit der Gründung der Initiative.«[30] Im Juni 2015 unterzeichneten Vertreter aus 75 Staaten die Gründungsurkunde, 2016 nahm die Bank ihre Arbeit auf. Selbst die sonst eher US-hörige Bundesrepublik Deutschland und das Vereinigte Königreich traten trotz erheblichen Drucks seitens der USA bei. Von den US-Verbündeten traten nur Kanada und Japan der Bank nicht bei.

Die Neue Seidenstraße

Das bereits in Kapitel 1 erwähnte ehrgeizige Projekt der »Neuen Seidenstraße« (»One Belt One Road«), das Eurasien und Afrika auf dem Land- und Seeweg enger verbinden will, umfasst geplante Infrastrukturinvestitionen im Umfang von 1,1 Billionen Dollar. Insgesamt 60 Länder sind beteiligt, die 35 Prozent der Weltwirtschaft und 60 Prozent der Weltbevölkerung repräsentieren.[31] Halford Mackinders geostrategischer Albtraum, dass nämlich der eurasische Kontinent, die »Weltinsel«, enger zusammenwächst und die maritime Macht (damals Großbritannien, jetzt die USA) ins Abseits drängt, droht, wahr zu werden. Zum Beispiel durch den Bau von Eisenbahnen in Eurasien, der für Mackinder (neben der Erschließung Russlands) eine große Gefahr für die britische Vormachtstellung darstellte. Jetzt soll zwischen Peking und Moskau eine 7000 Kilometer lange Hochgeschwindigkeitsstrasse entstehen, die die Fahrzeit von sechs Tagen auf 33 Stunden verkürzt. Nicht nur international, auch national investiert China massiv in Infrastruktur. Mit einer Gesamtlänge von 31.000 Kilometern verfügt das Land über knapp zwei Drittel des globalen Streckennetzes für Hochgeschwindigkeitszüge. 2025 sollen es bereits 38.000 Kilometer, 2030 gar 45.000 Kilometer sein.[32]

Chinas gigantisches Infrastrukturprojekt der »Neuen Seidenstraße«
umfasst Investitionen im Wert von 1,1 Billionen Dollar.

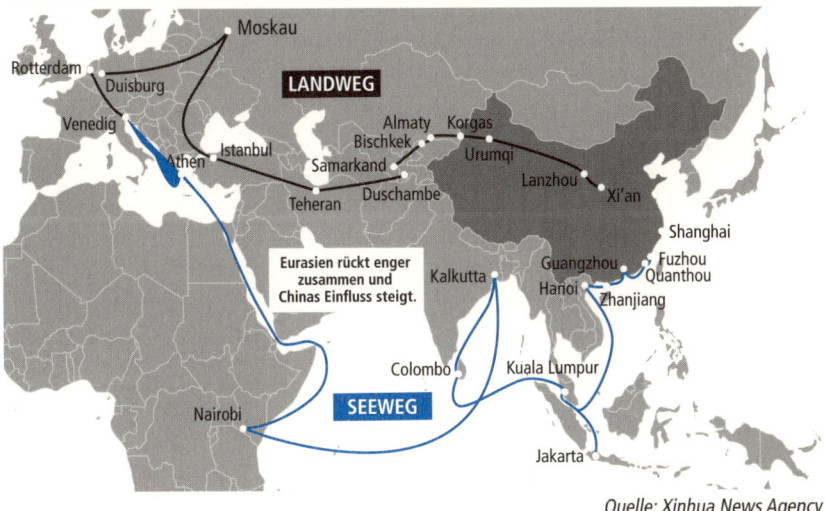

Quelle: Xinhua News Agency

Auch hier gibt es historische Vorbilder. In den Jahren vor dem Ersten Weltkrieg sollte mit der Bagdadbahn eine Landverbindung in den Nahen Osten geschaffen werden, die das Deutsche Reich, Österreich-Ungarn, das Osmanische Reich und den heutigen Irak verbunden hätte. Mit dem letzten Bauabschnitt wurde 1912 unter deutscher Leitung begonnen. Ähnlich wie die Neue Seidenstraße durch die USA, wurde die Bagdadbahn von Großbritannien, Frankreich und Russland argwöhnisch beäugt – sahen diese Mächte doch im Deutschen Reich unliebsame Konkurrenz im Nahen Osten. Das Attentat von Sarajevo auf den österreichischen Thronfolger im Juni 1914 und der folgende Erste Weltkrieg, die Urkatastrophe Europas, machten dem Projekt ein Ende. Bis heute ist nicht wirklich geklärt, ob bei diesem Attentat nicht auch Geheimdienste ihre Finger im Spiel hatten und einen größeren Konflikt provozieren wollten.[33]

Im Zusammenhang mit dem Bau der Neuen Seidenstraße sichert sich China langfristige Pachtverträge für Häfen und weitet seinen Einfluss in vielen der beteiligten Staaten aus. Und natürlich nutzt die Volksrepublik ihre starke Stellung als Finanzier und initiative Macht, um asymmetrische Verträge abzuschließen, genauso, wie dies die USA und andere Großmächte in ihrem jeweils eigenen Einflussbereich machen. Man mag sich ein wenig an die Übernahme des Tals von Chincha durch die Inka erinnert fühlen, die ebenfalls durch das Vorantreiben von Infrastrukturprojekten bewerkstelligt wurde. Aber China muss auch Rückschläge hinnehmen. Im August 2018 trat Malaysia von ins Auge gefassten Infrastrukturprojekten im Wert von 20 Milliarden Dollar zurück, »weil man keinen neuen Kolonialismus« wolle.[34] Andere Länder, wie Italien und Griechenland, machen weiter.[35]

Der wirtschaftliche Nutzen des Projekts steht außer Frage, wenn man die geopolitischen Rivalitäten außer Acht lässt. Zum Beispiel verkürzt sich für Porsche die Transportzeit für die Luxusautos von 50 auf 20 Tage.[36] Die Länder zwischen China und Europa werden erschlossen, Afrika wird besser an die Welt angebunden. Letztlich sind es visionäre Projekte wie die Mondlandung, die Neue Seidenstraße oder andere Großprojekte, die entscheidende Impulse für Wirtschaft und Technik geben. Oder Krieg – dem griechischen Philosophen Heraklit zufolge der »Vater aller Dinge«. Sahra Wagenknecht legt zum Beispiel in *Reichtum ohne Gier* dar, dass Silicon Valley eine gigantische Ausgründung von ehemaligen Forschungseinrichtungen des US-Militärs ist.[37] Dann doch lieber friedliche Infrastrukturprojekte als Flugzeugträger. Allerdings ist auch hier ein »Wettrüsten« im Gang.

Mit der Neuen Seidenstraße kann China Partner in Europa gewinnen und so seine Position auf dem Kontinent stärken, um dem wachsenden Druck aus Washington zu begegnen. Bereits nach der Finanzkrise investierte China massiv zum Beispiel in griechische Häfen. Eine Schlüsselrolle in der chinesischen Planung spielt Deutschland als immer noch größte Wirtschaftsnation Europas. Seit Jahren ist Deutschland nicht nur Chinas größter Handelspartner in Europa, sondern längst auch der wichtigste Hebel der Chinesen auf dem Kontinent, um eine stärkere Verhandlungsposition zu erlangen und – so das Fernziel – die Europäer auf seine Seite zu ziehen.

China baut sein neues Infrastrukturnetz in Richtung Europa nicht nur bevorzugt nach Deutschland aus. Es gesteht großen deutschen Firmen neuerdings auch Privilegien zu, die weltweit für Aufsehen sorgen, darunter ein 10 Milliarden Dollar umfassender integrierter Chemiekomplex, den die BASF in der Provinz Guangdong bauen darf. Die riesige Anlage, die drittgrößte Produktionsstätte des deutschen Konzerns auf der Welt, soll bis 2030 fertiggestellt werden. Es handelt sich um die erste große Produktionsanlage in der Volksrepublik, die zu 100 Prozent im Eigentum des ausländischen Investors bleibt. Demonstrativ wurde ein deutsches

Unternehmen ausgewählt, um für die Neue Seidenstraße zu werben und – wichtiger noch – Vorwürfe und Kritik aus den USA, wo man Pekings Öffnungspolitik für »einen Scherz« (Mike Pompeo) hält, zu entkräften.

Der Chemieriese aus Mannheim ist nicht das einzige deutsche Unternehmen, das in China in den Genuss von Privilegien kommt, natürlich mit der Absicht, im Handels- und Propagandakrieg mit Washington die eigene Position zu stärken und die Position der USA zu schwächen. BMW war der erste große Investor im chinesischen Automobilsektor, dem es erlaubt wurde, in einem ursprünglich verordneten Joint Venture mit einem lokalen Partner die Mehrheit und damit das unternehmerische Ruder zu übernehmen. Im Oktober 2018 kündigte der bayrische Autobauer an, seine Anteile am Joint Venture mit Brilliance China Automotive Holdings von 50 auf 75 Prozent aufzustocken und dafür rund 4,2 Milliarden Dollar zu investieren.

Aus geostrategischen und handelspolitischen Erwägungen heraus ist China dabei, den größten Binnenhafen der Welt in Duisburg rasch zum wichtigsten Ziel seiner beiden Schienenverbindungen durch die eurasische Landmasse im Rahmen der Neuen Seidenstraße auszubauen. Die Londoner Tageszeitung *The Guardian* bezifferte im August 2018 in einer Reportage über »Deutschlands China-Stadt« Duisburg den Anteil aller Frachtzüge, die von Yiwu, Wuhan oder Chongqing aus Europa ansteuern und zuerst in Duisburg halten, auf 80 Prozent. Inzwischen sind es mehr als 30 Züge pro Woche. Bahnfracht zwischen Chongqing und Duisburg wird bei etwa zwölf Tagen Transportzeit dreimal so schnell befördert wie auf dem Seeweg und ist zweimal so teuer.

Die Schweiz und Italien treten der Initiative bei

Im Frühjahr 2019 gelang es China, trotz der wachsenden Spannungen im Welthandel, kurz hintereinander zwei viel beachtete Absichtserklärungen mit der Schweiz und Italien zu unterzeichnen. Ungeachtet möglicher Vergeltungsmaßnahmen seitens der USA reiste der Schweizer Bundespräsident Ueli Maurer zu einem Staatsbesuch nach Peking, wo er mit Staatspräsident Xi Jinping das »Memorandum of Understanding« für die Seidenstraßen-Kooperation am Rande des Belt-and-Road-Forums unterschrieb.

Maurer skizzierte bei seinem Besuch in Peking fünf zentrale Punkte für die Vereinbarung mit China: (1) privates Kapital für private Projekte, (2) eine soziale Verantwortung sowie (3) Umweltschutz, (4) Transparenz und (5) nachhaltige Schuldenaufnahme. In Bern will man sich auf die sogenannte Stimmrechtsgruppe »Helvetistan« konzentrieren, die die Schweiz innerhalb des IWF anführt. Schweizer Firmen sollen in den Drittländern gleiche Chancen erhalten wie chinesische. Für China war es zu einem Zeitpunkt, zu dem US-amerikanische Attacken gegen seine Initiative zunehmen, von Bedeutung, einen gewichtigen europäischen Partner ins Boot zu holen. Die Schweiz ist zwar kein EU-Mitglied, aber gerade das hat die Verhandlungen aus der Sicht von Peking einfacher gemacht. Zudem ist die Schweiz als Bankenplatz und Zentrum für Finanzdienstleistungen ein wertvoller Partner, wenn es um Finanzierungen geht. Chinas Finanzminister hatte als Zeichen des guten Willens kurz vor der Unterzeichnung des Memorandums ein Regelwerk für eine nachhaltige Teilnahme an der chinesischen Initiative bekanntgegeben.

Wie weit sich die Schweiz angesichts von Kritik und Zurückhaltung anderer westeuropäischer Länder gegenüber der Belt-and-Road-Initiative vorwagt, zeigt ein Kommentar in der *Neuen Zürcher Zeitung*, in dem den Beziehungen zwischen Bern und Peking »avantgardistische Züge«[38] attestiert werden, also ein radikales Abweichen von bestehenden politischen Verhältnissen. Aus der Sicht der Kritiker des Memorandums ist die Schweiz in Westeuropa zum »Testgelände und Wellenbrecher« für China geworden.[39]

Italien wurde mit seiner Absichtserklärung zur Neuen Seidenstraße im März das erste G-7-Land und das erste große Industrieland in Westeuropa, das sich dem chinesischen Großprojekt anschließt. Innerhalb der Koalitionsregierung 5 Stelle und Lega hatte es Meinungsverschiedenheiten über diesen Schritt gegeben, und in der italienischen Öffentlichkeit war vom Ausverkauf des Landes die Rede. Die US-Regierung war sichtbar verschnupft. Für die USA hat der Sprecher des Nationalen Sicherheitsrates, Garrett Marquis, die Unterzeichnung der Absichtserklärung zwischen Italien und China mit dem Hinweis quittiert, es handle sich um ein »eitles Infrastrukturprojekt«, das »dem italienischen Volk keinen Nutzen bringt«.

Die Gereiztheit in Washington zeigt, welche große symbolische Bedeutung der Absichtserklärung zukommt, obwohl sie noch keinen verbindlichen Vertrag darstellt. Dennoch sah sich Ministerpräsident Giuseppe Conte bemüht, in einem Gastbeitrag für *Die WELT*[40] zu betonen, dass die geplante Kooperation mit Peking, die auch eine Beteiligung der Chinesen am strategisch wichtigen Hafen von Triest vorsieht, weder die EU-Mitgliedschaft Italiens noch historische Allianzen infrage stelle. Tatsache ist: Insgesamt 13 europäische Länder sind der Initiative der »Neuen Seidenstraße« bislang beigetreten.[41] Mit den bereits unterzeichneten Absichtserklärungen mit Italien und Ländern auf dem Balkan und in Osteuropa hat China zwar wirtschaftlich zumeist schwache Partner ins Boot geholt, aber es hat nun einen Fuß in der Tür. Und zumindest Italien und die Schweiz haben strategisches Gewicht.

Die chinesische Expansionsstrategie erreicht Lateinamerika und Afrika

Während China beginnt, mit seiner Mega-Initiative den eurasischen Doppelkontinent in seinem Sinne zu vernetzen, greift das Land mit wachsender Intensität auch nach Afrika und Lateinamerika aus. Mit 25 Milliarden Dollar waren die Länder Südamerikas und der Karibik 2017 bereits die zweitgrößte Zielregion für chinesische Direktinvestitionen im Ausland. Noch 2004 hatte das Volumen 2 Milliarden Dollar betragen. Das sind 12,5-mal mehr in 13 Jahren oder ein Wachstum von über 20 Prozent pro Jahr. Der Handel der Volksrepublik mit Lateinamerika ist seit Beginn des vergangenen Jahrzehnts auf das 18-Fache gestiegen. Im Rahmen der Neuen Seidenstraße sind schon 19 Länder der Region Vereinbarungen mit China für eine Teilnahme eingegangen.

Xi Jinping wird Lateinamerika im November 2019 anlässlich des BRICS-Gipfels in Brasilia zum fünften Mal besuchen. Zu einem Teil geht Chinas rasch wachsendes Engagement in der Region auf eine schon lange laufende diplomatische Kampagne zurück. Mit Panama, der Dominikanischen Republik und El Salvador haben seit 2017 drei Länder Lateinamerikas Taiwan den Rücken gekehrt und diplomatische Beziehungen mit der Volksrepublik aufgenommen. Im Gegenzug erhielten sie umfangreiche Zusagen für die Finanzierung von Infrastrukturprojekten. Nachdem sich chinesische Staatsunternehmen in den ersten Jahren überwiegend Kontrakte im Rohstoff- und Energiesektor gesichert haben, engagieren sich jetzt zunehmend Privatfirmen aus dem Reich der Mitte. Ein Gesamtmarkt mit 200 Millionen Smartphone-Nutzern, der am schnellsten wachsende Markt nach Subsahara-Afrika, lockt immer mehr chinesische Techfirmen an. Die USA mögen den chinesischen Telekomausrüster und Smartphone-Hersteller Huawei auf die rote Liste setzen – Mexiko baut zusammen mit dem Unternehmen sein Telekomnetzwerk aus.

Während die Regierung Trump Honduras, Guatemala und El Salvador eine Kürzung der Auslandshilfe von bis zu 30 Prozent angedroht und Mexiko Strafzölle in Aussicht gestellt hat, falls diese Länder nicht die illegale Migration in Richtung USA drosseln, schiebt China kräftig die wachsenden Handelsbeziehungen mit immer mehr Kreditvergaben an. Seit 2005 hat das Reich der Mitte mehr als 141 Milliarden Dollar an die Länder Lateinamerikas ausgeliehen, mehr als die Weltbank und die Lateinamerikanische Entwicklungsbank zusammen.

Rund 90 Prozent des Kreditvolumens flossen in vier Länder: Venezuela, Brasilien, Ecuador und Argentinien. Und das zeigt Wirkung. Brasiliens Präsident Jair Bolsonaro hatte im Wahlkampf noch anti-chinesische Töne angeschlagen, vollzog aber nach seinem Amtsantritt Anfang 2018 eine Kehrtwende. China ist Brasiliens größter Handelspartner. Seit der Mitte des vergangenen Jahrzehnts ist Brasilien laut der UN-Wirtschaftskommission für Lateinamerika und die Karibik der Empfänger von 55 Prozent aller Investitionen, die chinesische Unternehmen in Lateinamerika tätigen.[42]

Für Argentinien sind Chinas Investitionen in einer angespannten Finanzsituation eine wichtige Hilfe. Wie sein Nachbar Brasilien ist das Land zudem Kandidat für einen Beitritt zur Entwicklungsbank, die China für die Finanzierung von Projekten der Neuen Seidenstraße ins Leben gerufen hat.

In jüngster Zeit rückt in der Region verstärkt Panama in den Fokus von Peking. Dass dieses Interesse wegen des strategisch wichtigen Kanals den USA ein besonderer Dorn im Auge ist, zeigte sich an der Intervention Washingtons, das Druck auf die Regierung in Panama City ausübte, um den Bau einer neuen chinesischen Botschaft unweit des Kanals zu verhindern.

Ende November 2018 besuchte Chinas Staatspräsident Xi Jinping das Land. Es war der erste offizielle Besuch eines chinesischen Spitzenpolitikers, seit Panama die diplomatischen Beziehungen zu Taiwan abgebrochen und im Juni 2017 formale Beziehungen mit Peking aufgenommen hat. Seitdem rollt eine chinesische Kredit- und Investitionswelle. Die beiden Länder haben bereits 28 diplomatische Verträge sowie Investitions- und Handelsabkommen geschlossen.

Dass diese Entwicklung für Washington ein strategisches Problem darstellt, denn zwei Drittel aller Schiffe von oder in die USA fahren durch den Panamakanal, hält die Chinesen nicht von ihrer Umarmungsstrategie ab. Verhandlungen über ein Freihandelsabkommen zwischen Panama und China befinden sich in einem fortgeschrittenen Stadium. Panamas Handelsminister Augusto Arosemena wurde im *Guardian* mit dem Wunsch zitiert, dass sein Land »das Einfallstor für chinesische Güter nach Lateinamerika« werde.[43] Nicaragua hatte 2014 Pläne für einen 50 Milliarden Dollar teuren zweiten Kanal zwischen Atlantik und Pazifik angekündigt. Doch seitdem ist es still um das Projekt geworden.

In Afrika nimmt Chinas Engagement als Investor, Kreditgeber und Handelspartner ähnlich rasant zu wie in Lateinamerika. Bereits seit 2009 ist China der größte Handelspartner des schwarzen Kontinents. China liefert vor allem Maschinen und Elektronik und importiert dafür Rohstoffe wie Eisenerz, Kupfer, Mineralien, Kohle und Erdöl. Zusätzlich sichert man sich umfassenden Landbesitz.[44] Auf dem Kontinent hat die Seidenstraßen-Initiative eine Welle von Straßen-, Eisenbahn-, Hafen- und Energie-Investitionen angestoßen. Trotz der damit verbundenen Gefahr einer starken Kreditabhängigkeit ist Afrika ein williger und hungriger Empfänger. Kein Wunder: Neuere Schätzungen der afrikanischen Entwicklungsbank veranschlagen das fehlende Kapital für die erforderlichen Infrastruktur-Investitionen des Kontinents auf 65 bis 85 Milliarden Dollar pro Jahr. Laut einem Bericht der Beratungsfirma Deloitte ist China jetzt bereits der größte einzelne Kreditgeber für und Investor in Afrikas Infrastruktur und finanziert nicht nur jedes fünfte Projekt, sondern baut auch jedes dritte.[45] Und die Kollegen von Ernst & Young schätzen, dass die Volksrepublik seit 2005 mehr als 66 Milliarden Dollar in Afrika investiert hat. Das ist mehr als aus der EU oder den USA.[46]

Chinas »neue« Afrikapolitik begann um die Jahrtausendwende. Im Oktober 2000 wurde das multilaterale Forum für die chinesisch-afrikanische Kooperation (FOCAC) ins Leben gerufen. Seitdem werden in Peking in steter Folge Dreijahrespläne für das Engagement auf dem afrikanischen Kontinent erarbeitet. Die Autoren der erwähnten Deloitte-Studie ermittelten, dass China sich bislang an 200 Infrastrukturprojekten beteiligt und dabei 30.000 Kilometer Schnellstraßen erneuert oder neu verlegt hat, außerdem 2000 Kilometer Eisenbahnschienen. Außerdem war die Volksrepublik am Bau von zusätzlich 85 Millionen jährlichen Tonnen Hafenkapazität und 30.000 Kilometer Stromtrassen beteiligt. Bereits 2016 befanden sich über 220.000 chinesische Arbeiter und Manager in Afrika.[47] »Peking ist der größte und wichtigste bilaterale Wirtschaftspartner in einer Reihe von Ländern geworden und fordert die USA wie auch Europa mit Blick auf die wirtschaftliche Vorherrschaft auf dem Kontinent heraus«, heißt es in der Studie »Chinas wirtschaftlicher Einfluss auf Afrika« der Oxford Research Encyclopedia of Politics vom März 2019.[48] Vor allem den Osten Afrikas bezieht China in seine wachsende Interessensphäre ein und bindet ihn an die maritime Seidenstraße an. Zu den laufenden Projekten gehören vor allem Eisenbahnlinien von den Hafenstädten ins Hinterland sowie Beteiligung am Ausbau, Beratung und Finanzierung der Expansion von Häfen, darunter in Lamu (Kenia) und in Bagamoyo (Tansania); Letzterer wird gerade bis zum Jahr 2022 in einer Partnerschaft zwischen Tansania, dem Oman und China zum größten Hafen in Ostafrika ausgebaut.

Die Finanzierung kommt meist von chinesischen Staatsbanken zu niedrigen Zinsen und mit langen Laufzeiten. China hat mit seiner groß angelegten Initiative in Afrika bereits die USA und Europa als führende Handelspartner des Kontinents abgelöst. Laut dem AidData-Projekt[49] hat China über 3000 Infrastrukturprojekte in Afrika finanziert. Es ist dabei, seine Wirtschaftskredite für afrikanische Regierungen von etwa 6 Milliarden Dollar pro Jahr in der Vergangenheit auf jetzt 20 Milliarden Dollar auszubauen. China wird aber auch ein immer wichtigerer Produzent in Afrika. Laut McKinsey operieren schon mehr als 10.000 chinesische Unternehmen auf dem Kontinent.[50]

Der Internationale Währungsfonds unter Druck

Chinas globale Infrastruktur-Initiative führt in den USA zu wachsender Nervosität. Durch das größte Entwicklungsprojekt auf dem Planeten steigt der Einfluss Pekings in Eurasien, Lateinamerika und Afrika. Das ist für Washington Grund genug, den IWF unter Druck zu setzen. Er soll sich laut den Wünschen der US-Regierung nicht in größerem Umfang an dem Projekt beteiligen. Vor allem soll er nicht mit etwaigen Rettungsprogrammen für überschuldete Kreditnehmer in den genannten Kontinenten beim Tilgen chinesischer Kredite einspringen. Eine von den USA dominierte internationale Organisation, die Chinas globale Expansionskampagne auch noch unterstützt – undenkbar in Washington.

Wie alarmiert das politische Establishment in den USA ist, lässt sich nicht nur an Äußerungen von Politikern und Berichten in den Mainstream-Medien ablesen, sondern auch an Studien der einschlägigen Think Tanks. Das einflussreiche Magazin *Foreign Policy*[51] stellte die besorgte Frage, ob die Schwellenländer bald zum chinesischen Einflussbereich gehören, und – in Anspielung auf den englischen Namen der Infrastruktur-Initiative »Belt and Road« – beschrieben, wie man »China am Gürtel packen kann«; die vielsagende Unterzeile des Artikels lautete: »Wie Washington die weltweite Einflusskampagne von Peking aushebeln kann«.

In einem Kommentar des Center for Strategic and International Studies, zu dessen Board of Trustees Ex-Senator Sam Nunn, der frühere Vizeaußenminister Richard Armitage (der Anfang der 1990er-Jahre als Botschafter US-Hilfsmittel an die gerade unabhängig gewordenen ehemaligen Sowjetrepubliken verteilte) sowie Henry Kissinger und Maurice Greenberg gehören, wird die chinesische Initiative als »Schuldenfalle« bezeichnet. »Viele Länder hüten sich vor Chinas Intentionen«, heißt es dort, das sei ganz anders als beim Marshallplan, dessen Hilfe als nicht rückzahlbare Unterstützung gewährt wurde. China hingegen vergebe Kredite zu Marktzinsen. »Während die Neue Seidenstraße wichtige Finanzmittel für die Infrastruktur in Schwellenländern zur Verfügung stellt, hinterlässt sie auch viele Länder mit Schulden, die nicht mehr getilgt werden können.« China werden in diesem Beitrag rücksichtslose Kreditvergabe und eine mangelhafte Transparenz der einzelnen Projekte vorgeworfen. Es solle sich an den IWF wenden, um seine Kreditpraktiken zu verbessern.

Der Council on Foreign Relations warnt[52] vor einer weiteren Gefahr, die aus Sicht der Vereinigten Staaten von dem chinesischen Projekt ausgeht: es werde dazu dienen, die globale Verbreitung von Chinas Renminbi zu beschleunigen. Bei verschiedenen öffentlichen Auftritten machten führende US-Politiker und Regierungsmitglieder keinen Hehl daraus, wie die Neue Seidenstraße in Washington gesehen wird. Beim APEC-Gipfel 2018 konnte sich Vizepräsident Mike Pence nicht den Hinweis verkneifen, die USA würden keine »einschnürenden Gürtel oder Einbahnstraßen verteilen«.[53]

Worum es im Kern geht, außer um die Furcht vor einer Abnahme des amerikanischen Einflusses in der Welt, verdeutlicht ein Brief, den im August 2018 16 US-Senatoren aus beiden großen Parteien an Außenminister Pompeo und Finanzminister Mnuchin verfasst haben. Darin fordern sie, dem IWF Hilfe für jene zahlungsunfähigen Staaten zu untersagen, die zuvor Kredite von China im Rahmen der Seidenstraßen-Initiative in Anspruch genommen haben. China, so der offene Vorwurf, setze die Kredite als Hebel ein, »um die Politik der Schuldnerstaaten zu kontrollieren«. Kein Wunder, dass sich der IWF auffallend zurückhält. Zwar trägt er seit 2018 gemeinsam mit der chinesischen Regierung ein Programm zur Ausbildung von Entwicklungshelfern, doch neben verhaltenem Lob für Chinas Großprojekt äußerte IWF-Chefin Christine Lagarde bei verschiedenen Gelegenheiten vor allem Bedenken und Forderungen, Chinas Initiative solle fiskalisch und umweltpolitisch nachhaltig werden und nur dort aktiv sein, wo die angebotene Hilfe wirklich benötigt werde.

Beim zweiten Seidenstraßen-Gipfel im April 2019 in Peking rief Lagarde dazu auf, in einer verbesserten Neuauflage der Initiative (»Belt and Road 2.0«) die einzelnen Projekte transparenter zu gestalten, sie in offenen Bieterwettbewerben zu vergeben und die potenziellen Risiken gründlicher abzuwägen. Im April 2019 unterzeichnete sie mit Chinas Finanzminister Liu Kun eine Absichtserklärung über eine erweiterte Finanzkooperation. Im Mittelpunkt steht eine bessere Analyse, um die Tragbarkeit von Schulden zu bewerten.

Dem IWF wird es bei dem Gedanken, welche Risiken in einzelnen Nehmerstaaten der Initiative aufgelaufen sind und dass er demnächst einschreiten muss, mulmig zumute. Denn das hätte einen direkten Konflikt mit der US-Regierung, das heißt dem Mitglied mit den meisten Stimmen in der Organisation, zur Folge. Tadschikistan ist ein solcher Kandidat. Das arme zentralasiatische Land hing lange am Tropf der Weltbank, des IWF und der Europäischen Bank für Wiederaufbau und Entwicklung. Doch im jüngsten Jahrzehnt nahm das Land vier Fünftel seiner neuen Schulden in China auf. Kaum jemand rechnet mit einer Tilgung. Die tadschikische Regierung hat China als Sicherheit Land und Rohstoffe zugesagt. Die Situation ist so undurchsichtig und heikel, dass der IWF nur zögerlich hilft.

Schließlich legte die US-Regierung eine eigene Initiative auf, die auf dem Indo-Pazifischen-Forum im Juli 2018 in Washington vorgestellt wurde. Das war eineinhalb Jahre nachdem Donald Trump den Rückzug von der Transpazifischen-Partnerschaft, ein Freihandelsabkommen zwischen zwölf Nationen, unterschrieben hatte. Die 113 Millionen Dollar, die Außenminister Mike Pompeo in Aussicht stellte, verblassen allerdings im Vergleich zu den 62 Milliarden Dollar, die China alleine für den pakistanisch-chinesischen Korridor zur Verfügung stellt.[54] Nur wenn weitaus größere Mittel der Development Finance Corporation mobilisiert werden können, wird das Programm überhaupt wahrnehmbar sein. »Wo Amerika hingeht, da suchen wir Partnerschaft, keine Dominanz«, versuchte Pompeo den bescheidenen Umfang des Programms zu beschönigen.[55] Dennoch vergleicht David Bohigian, der Vizepräsident der Overseas Private Investment Corporation (OPIC), die das Programm mitverwaltet, die US-Initiative vollmundig mit dem Marshallplan nach dem Zweiten Weltkrieg. In Washington vermuten nicht wenige Beobachter, dass die USA auch deswegen so zögerlich gegenüber einer seit Langem diskutierten Aufstockung der IWF-Mittel sind, weil dies China in Form weiterer Stimmrechte in die Hände spielen und den Versuch der US-Regierung erschweren würde, den IWF von einem größeren Engagement bei der Neuen Seidenstraße abzuhalten.

Vom Billigproduzenten zum Technologieführer

China rüstet nicht nur mit hohem Tempo auf und beginnt, sich mit der Seidenstraßen-Initiative neue Märkte im Rest der Welt zu erschließen. Das Land hat auch einen fundamentalen und weithin unterschätzten wirtschaftlichen Wandel eingeleitet: von der reinen »Werkbank der Welt«, die von Spielzeug über Handys bis hin zu PCs, Solarpaneelen, Klimaanlagen und Maschinen globale Märkte dominiert, zu einem neuen Innovationszentrum, das die westliche wie asiatische Konkurrenz in puncto Technologieentwicklung das Fürchten lehrt.

Dieser Aufstieg begann mit der Übernahme westlicher Konkurrenten und Technologieführer durch chinesische Firmen im vergangenen Jahrzehnt. Als verspotteter Emporkömmling übernahm 2005 Lenovo die PC-Sparte von IBM. Nur acht Jahre später jagte das chinesische Unternehmen Hewlett-Packard die Spitzenposition in der Branche ab. Chinas Telekomriese Huawei, vor dem die USA sich so fürchten, dass sie im Wirtschaftskrieg mit China tiefgreifende Sanktionen gegen ihn verhängen, wurde erst 1987 gegründet, belieferte aber schon zu Beginn dieses Jahrzehnts 45 der 50 größten Netzbetreiber der Welt. In kürzester Zeit stieg Huawei zum Topanbieter für die vierte Generation superschneller Mobilfunknetze (4G) auf und setzte sich bei Firmen wie Japans SoftBank und Indiens Bharti Enterprises gegen internationale Konkurrenz durch. Schon zur Mitte des Jahrzehnts machte Huawei mehr als zwei Drittel seines Umsatzes außerhalb Chinas. Mittlerweile arbeiten 80.000 Ingenieure und Softwareentwickler für den Elektronikriesen, der längst auch im Smartphonegeschäft ganz vorne mitmischt.

Chinas neue Technologieunternehmen melden in vielen Industrien Führungsansprüche an. Der deutsche Maschinenbau beklagt die wachsende Konkurrenz chinesischer Anbieter im schnell wachsenden mittleren Technologiesegment. Der Schienenfahrzeughersteller China Railway Rolling Stock Corporation (CRRC) stellte im Frühjahr 2019 einen Magnetschwebezug mit einer Höchstgeschwindigkeit von 600 Stundenkilometern vor. Im Internet kursieren Bilder einer chinesischen S-Bahn auf Rädern, die keine Schiene mehr braucht und den öffentlichen Nahverkehr revolutionieren könnte – mit Elektromotoren versteht sich. In Deutschland denkt man mit Wehmut an den Hoffnungsträger der 1990er-Jahre, den Transrapid-Schwebezug. Ein einziges System wurde 2004 an China verkauft. Nun sind die Chinesen uns weit voraus. Dass dabei ungenierter Patentklau im Spiel war, ist offensichtlich.

Die Autoren Wolf Hartmann, Wolfgang Maennig und Run Wang beschreiben im Vorwort ihres Buches *Chinas Neue Seidenstraße*, worauf der 13. Fünfjahresplan der Kommunistischen Partei bis 2020 abzielt: »dass die Volksrepublik China in definierten Schlüsselbereichen eine globale Führungsposition erreicht. Dazu zählen alle signifikanten Zukunftsbereiche von der Informationstechnik, Robotik, und Hightech-Ausrüstungen über die Luft- und Raumfahrt sowie modernste Schnellbahntechnik bis hin zur E-Mobilität, aber auch Biotechnologie sowie Landwirtschaftstechnik.«

In der Bestandsaufnahme »China als Wettbewerber für deutsche Firmen auf Drittmärkten« des DIHK wird länderweise die neue Konkurrenz beschrieben. Im Inhaltsverzeichnis heißt es bei dem Kapitel zu Frankreich: »China gewinnt an Boden«, für Brasilien: »Chinesische Firmen sichern Marktanteile« und für Polen: »Immer mehr Importe aus China«.[56] Gleichzeitig bettelt die amerikanische Halbleiterindustrie in Washington um Subventionsmilliarden, damit sie bei ihren Forschungs- und Entwicklungsanstrengungen den Vorsprung gegenüber China halten kann.[57] Und asiatische Zeitungen beschreiben, wie die einstigen Technologieführer aus den USA bei 5G von Huawei abgehängt wurden.[58]

Das Drehbuch für diesen gewaltigen – und in seiner Rasanz bisher einmaligen – Aufholprozess stellt der Masterplan »Made in China 2025«. Präsentiert 2015 von Ministerpräsident Li Keqiang, stellt er den Marschbefehl der KP für Chinas Industrie dar, bis zur Mitte des kommenden Jahrzehnts technologisch auf den Westen aufzuschließen. Der subventionsgetriebene Bauplan für Chinas Hightech-Industrie wird von vielen im Westen angezweifelt. Doch selbst wenn er nur zu einem Teil realisiert werden sollte, wird er doch wenigstens ein mächtiger Adrenalinschub – verbunden mit einem immensen Kreditvolumen – für viele neue Tech-Champions im Reich der Mitte sein. In den Gesprächen auf höchster Ebene zwischen den USA und China ist er mittlerweile einer der umstrittensten Punkte. Die *South China Morning Post* als einflussreichste englischsprachige Zeitung in Asien hat ihn als »Blitzableiter« in den Verhandlungen bezeichnet. Der britische *Economist* kam im Mai 2019 in einem Essay zu dem Schluss: »Amerika ist immer noch der Technologieführer, aber China holt schnell auf.«

So energisch wie seinen wirtschaftlichen und technischen Aufholprozess treibt China seine innere Modernisierung voran und stellt sein Wachstumsmodell auf den Kopf. Die Volkswirtschaft, lange von billigen Exporten und massiven Anlageinvestitionen angetrieben, soll künftig vom Inlandskonsum auf Trab gehalten werden. Zu diesem Zweck steigen die Löhne schnell, die Kaufkraft wächst, Hunderte von Millionen Chinesen sehen sich als Teilhaber oder Aktionäre des Fortschritts. Die politische Führung in Peking sieht es mit Wohlwollen. So schweißt man eine Gesellschaft trotz extremer sozialer Spaltung und eklatanter Einkommensunterschiede einigermaßen zusammen und schafft dauerhaftes Wachstum. Bis 2030 soll jeder dritte Chinese ein verfügbares Einkommen von mindestens 10.000 Dollar im Jahr haben. Das wären prozentual dreimal so viele Menschen wie jetzt.

Angetrieben wird das Land auch von seiner konfuzianischen Tradition, die unter anderem Bildung als ein zentrales Gut betrachtet und die Chinesen zu fleißigen Aufsteigern erzieht. Die Kommunistische Partei ist dabei, mit einem rabiaten und höchst umstrittenen Punktesystem die Bevölkerung zur Konformität zu zwingen, indem soziales Verhalten belohnt, der Gesellschaft abträgliches Verhalten dagegen sanktioniert wird, bis hin zu Reise- und Berufsverboten. Diese »soziale Schufa« wurde 2014 angekündigt und soll 2020 umfassend in Kraft treten. Für den massiven Ausbau des Überwachungsstaats bedient sich die KP der neuesten Technologien. In allen Belangen werden Wirtschaft, Militär, Technik und Gesellschaft auf Vordermann gebracht, um im Systemwettbewerb mit den USA aufzuschließen und China seine alte Führungsrolle zurückzugewinnen. Dieses Sozialscoring löst heftige Kritik im Westen aus – wo es die großen Internetkonzerne und Datenkraken mit anderen, nämlich kommerziellen Motiven in anderer Form selber betreiben.

Die Sorgen, dass damit ein anderes »System« das Schicksal der Welt bestimmen wird, sind laut Professor John Gray übertrieben. Für ihn gehören Aufstieg und Niedergang von Wirtschaftssystemen zum normalen Lauf der Geschichte. »Während heute eine bestimmte Art des Kapitalismus im Niedergang begriffen ist, schreiten andere Formen des Kapitalismus [...] weiter voran. Der Kapitalismus gelangt nicht an sein Ende. Er verändert seine Gestalt.«[59]

Mit voller Fahrt in den Handelskrieg

Bereits im Jahr 1987 hatte der damals 41-jährige New Yorker Immobilienmogul Donald Trump in ganzseitigen Anzeigen in der *New York Times* seine Ansichten zur Außenpolitik dargelegt. Viele Beobachter schrieben ihm schon damals Präsidentschaftsambitionen zu. Seine Themen waren teilweise dieselben wie im Wahlkampf 2015/16: unfaire Handelspraktiken, fehlende Solidarität der Verbündeten. Damals wie später zielte Trump auf die Mittelschicht, die sich durch die Globalisierung bedroht fühlte, und versprach Lösungen, zum Beispiel durch eine strengere Handelspolitik und Zölle. Nur der ökonomische Hauptgegner war ein anderer. Während Trump und andere in den USA seinerzeit Japan ins Visier nahmen, war und ist es 30 Jahre später China.

Befeuert wurde das Thema auch von dem früheren Investmentbanker, rechten Aktivisten und Betreiber des Alt-Right-Portals Breitbart News Stephen Bannon, der 2016 Chef von Trumps Wahlkampagne war. Für Bannon ist China Amerikas ökonomischer Hauptfeind Nummer eins mit einem undemokratischen System. Es nutze die Vorteile, die ihm der freie Welthandel bietet, unfair aus und die USA müssten sich laut Bannon darüber im Klaren sein, dass sie sich in einem Wirtschaftskrieg mit der Volksrepublik befinden.[60] Zwei Jahre nach Donald Trumps Amtsantritt war das tatsächlich der Fall, und zudem knirscht es auch zwischen den USA und Europa.

Im Januar 2018 ordnete Trump Zölle auf Solarpaneelen an, eine Aktion, die klar gegen China gerichtet war. Seitdem gibt es keine Ruhe. Im März legten die USA mit Zöllen auf Stahl und Aluminium nach sowie auf weitere Erzeugnisse, von denen chinesische Importe in Höhe von 50 bis 60 Milliarden Dollar betroffen waren. Als Begründung wurden »unfaire chinesische Handelspraktiken« genannt.[61]

Peking antwortete im April mit Zöllen auf 128 Produkte, darunter ebenfalls Aluminium, Flugzeuge, Autos, Sojabohnen, Früchte, Nüsse und Stahlrohre.

Obwohl Washington und Peking im Mai Verhandlungen über den Außenhandel aufnahmen und ein Politbüromitglied in die USA reiste, dreht sich seitdem die Spirale eifrig weiter. Im Juni verhängten die USA Zölle auf Autoteile und elektrische Komponenten. China antwortete mit Zöllen auf US-Importe in Höhe von 50 Milliarden Dollar. Die Volksrepublik klagt, dass die USA einen Handelskrieg begonnen hätten, und legte im August Beschwerde bei der Welthandelsorganisation ein. Das hinderte die Regierung Trump nicht daran, im September Zölle von 10 Prozent auf weitere chinesische Importe in Höhe von 200 Milliarden Dollar zu erheben. Ein Dreivierteljahr später, im Mai 2019, wurden sie sogar weiter auf 25 Prozent erhöht.

Einen vorläufigen Höhepunkt erreichte der Handelskrieg am 15. Mai 2019, als Trump die Exekutivanweisung 13873 unterzeichnete, die den Export von Informations- und Kommunikationstechnologie an »fremde Widersacher« verhindern soll. Gleichzeitig wurde der Telekommunikationskonzern Huawei mit einem nahezu vollständigen Embargo belegt und die USA setzten ihre Verbündeten unter Druck, es ihnen gleichzutun. Schon im Juli musste Trump Teile des Embargos auf Druck der eigenen Industrie zurückziehen.[62] An anderer Stelle dreht sich die Eskalationsspirale allerdings weiter.[63]

Aufrüstung zur See: Wiederholt sich die Geschichte?

Das Rückgrat der amerikanischen Macht seit Ende des Zweiten Weltkriegs ist die Herrschaft zur See, zusammen mit den wichtigen Landstützpunkten in Deutschland, Japan und Korea. Der Think Tank Stratfor erläutert: »Wenige Dinge verschaffen mehr globale Macht als die Kontrolle der See. Seit dem Zweiten Weltkrieg haben die Weltmeere den Vereinigten Staaten gehört, die in der Lage waren, ihre Streitkräfte kurzfristig fast überall zu platzieren und Macht zu projizieren. […] So lange, wie die USA die Seewege der Welt kontrollieren, können sie die Weltordnung nach ihren Plänen gestalten.«[64] Noch mehr als die britische Navy im 19. Jahrhundert mit ihrer Flotte die Weltmeere beherrschte, erheben die USA im

21. Jahrhundert diesen Anspruch. Während jedoch Großbritannien im 19. Jahrhundert die westliche Hemisphäre bereits weitgehend den USA überlassen hatte, ist der amerikanische Anspruch wirklich global. Seitdem die Volksrepublik China im Jahr 2009 historische Ansprüche auf weite Teile des Südchinesischen Meeres bei den Vereinten Nationen anmeldete und die Landkarte mit der »Neun-Striche-Linie« (siehe Kapitel 1) vorlegte, beginnt sich eine gefährliche Spirale zu drehen.[65]

Aktuell verfügen die Vereinigten Staaten über elf Flugzeugträger, die die amerikanische Militärmacht überall auf der Welt projizieren können. Und die Flugzeugträgerflotte wird fleißig modernisiert, denn sie sichert die Vorherrschaft zur See, die, wie gesagt, das Rückgrat der amerikanischen Macht darstellt.[66] China hat derzeit zwar nur einen Flugzeugträger im Einsatz, die *Liaoning*, will aber 2035 bereits über sechs nukleargetriebene Flugzeugträger verfügen.[67]

Markus Gärtner, Chefredakteur des von mir herausgegebenen Politikmagazins *PI Politik Spezial*, arbeitete viele Jahre als Korrespondent von ARD und Bayerischem Rundfunk sowie für *Manager Magazin* und *Handelsblatt* in Asien. 2004 stieß er als China-Korrespondent des *Handelsblatts* durch Zufall auf den Flugzeugträger. Die Volksrepublik hatte das Schiff 1998 der nach Kapital hungernden Ukraine abgekauft und angekündigt, es als schwimmendes Kasino auszubauen. Der damals noch *Varyag* genannte Träger befand sich im Hafen von Dalian – streng abgeschirmt als Staatsgeheimnis – im Rohbau und wartete auf seine Fertigstellung. Navigation, Waffensysteme, Antriebstechnik, so ziemlich alles fehlte der schwimmenden Schale mit einem Design der Sowjetklasse.

Ein kurz zuvor entlassener Fabrikarbeiter erzählte Gärtner damals bis aufs Jahr genau, wann die spätere *Liaoning* vom Stapel laufen würde: 2012. Der Artikel über die Recherche ist mit seiner treffgenauen Prognose noch heute im Genios-Archiv zu finden. Einige Details waren damals selbst dem Militärattaché der US-Botschaft in Peking neu. Der Vorgang zeigt, wie langfristig und akribisch die Chinesen auch ihre Aufrüstung betreiben und wie rigide sie planen. Inzwischen hat China einen zweiten Träger fertiggestellt: auf Basis sowjetischer Bauart, aber aus komplett eigener Produktion.

Seitdem hat sich das Tempo beschleunigt. China baut derzeit seinen ersten selbst entwickelten Flugzeugträger. Er soll deutlich größer werden als die ersten beiden. Bis 2021 soll er fertig sein, zwei Jahre später zum Einsatz kommen. Experten schätzen, dass China bis zum Jahr 2030 mindestens vier bis sechs Träger im Einsatz haben wird.[68] Hinzu kommen die neu entwickelten Zerstörer vom Typ 055, die als die kampfstärksten ihrer Art gelten und den US-Raketenzerstörern der Arleigh-Burke-Klasse sogar überlegen sein sollen.[69] Vier wurden seit 2017 gebaut, vier weitere folgen in Kürze. Arbeiten die Werften in Dalian und Jiangnan mit aktuellem Tempo weiter, dürfte die Volksrepublik bei unveränderten Plänen bis zu Beginn des übernächsten Jahrzehnts über mehr als 50 moderne Raketenzerstörer verfügen. Im Jahr 2030 wäre die chinesische Kriegsmarine der amerikanischen in etlichen Bereichen ebenbürtig oder sogar überlegen, zumindest auf dem asiatischen Schauplatz.

Bei den gegenwärtigen Rüstungsanstrengungen ist Chinas Flotte der US-Navy in zehn Jahren fast ebenbürtig

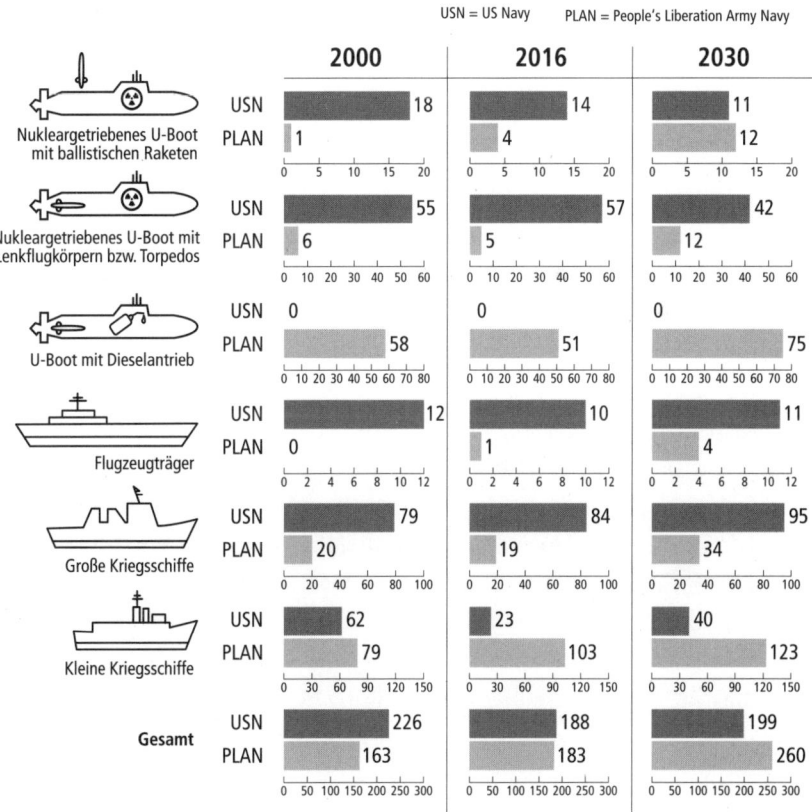

Quelle: www.nextbigfuture.com

Präsident Trump hat zwar angekündigt, die Zahl der Kriegsschiffe von heute rund 290 binnen 15 Jahren auf 355 Einheiten anzuheben, ob der jährliche Investitionsbedarf von knapp 22 Milliarden Dollar angesichts der klammen Kassen in den USA aufgebracht werden kann, ist fraglich. Im Dreißigjahresplan der US Navy wurde die Zahl von 355 Einheiten zwar festgeschrieben, doch das Pentagon hat die Zahl der Flugzeugträger vorübergehend von aktuell elf auf zukünftig zehn reduziert.

Insgesamt ist das Flottenrüsten im Pazifik ein bedrohliches Abziehbild der deutsch-englischen Rivalität vor dem Ersten Weltkrieg. Bis Ende des 19. Jahrhunderts verfügte das Deutsche Reich über keine nennenswerten Seestreitkräfte. Deutschlands Zukunft lag auf dem Wasser – so dachten neben Kaiser Wilhelm II. viele im Reich. Im Jahr 1898 legte der Leiter des Reichsmarineamtes Alfred von Tirpitz den Entwurf für ein langfristiges Flottengesetz vor, das ein Kräfteverhältnis der deutschen zur britischen Flotte von zwei zu drei vorsah. Wilhelm ließ Exemplare des Buchs *Der Einfluss der Seemacht auf die Geschichte* des amerikanischen Marineoffiziers Alfred Thayer Mahan, der eine wichtige Rolle beim amerikanischen Seemachtstreben spielte, an alle Kriegsschiffe verteilen. In Deutschland kam es zu einer regelrechten Marinebegeisterung, Knaben wurden in Matrosenanzüge gekleidet, wie man auf Fotografien aus der Kaiserzeit oft sehen kann.

London fühlte sich allerdings bedroht, denn es beanspruchte die Dominanz über die Weltmeere, wie heute Washington, und folgte daher einem »two-power-standard«: Die Navy sollte immer in der Lage sein, die beiden nächstgrößeren Flotten zu schlagen.

Dem deutschen Flottengesetz vorausgegangen war ein ökonomisches Wunder: Zwischen 1860 und 1913 vervierfachte sich der deutsche Anteil an der Weltwirtschaft, während der Großbritanniens um ein Drittel sank.[70] Deutschland war damals das unbestrittene Forschungs- und Innovationszentrum der Welt. Zwischen 1901 und 1914 gewannen deutsche Wissenschaftler doppelt so viele Nobelpreise wie ihre britischen und viermal so viele wie ihre amerikanischen Kollegen. London war ähnlich nervös in Bezug auf Deutschland wie es heute Washington in Bezug auf China ist. Deutsche Ambitionen und britische Ängste führten zum oft analysierten Flottenwettrüsten, das als eine der Hauptursachen für den Ersten Weltkrieg gilt. Während in den 1960er-Jahren der Historiker und Ex-Nazi Fritz Fischer Deutschlands »Griff nach der Weltmacht« die Hauptverantwortung für den Ausbruch des Ersten Weltkriegs zuschrieb, sieht die Forschung die Frage der Kriegsschuld heute differenzierter. In seinem Buch *Die Schlafwandler* vertritt der australische Historiker und Deutschlandkenner Christopher Clark die Auffassung, dass die Großmächte in den Ersten Weltkrieg quasi hineingeschlittert seien.[71] Neuere Forschungen des Historikers Jim Macgregor und des ehemaligen Bundeswehrhauptmanns Wolfgang Effenberger weisen darauf hin, dass die britische Regierung ab 1905 im sogenannten Committee of Imperial Defense alles tat, um sich auf den Krieg gegen Deutschland vorzubereiten, teilweise am Parlament vorbei.[72] 1905 war auch das verhängnisvolle Jahr, in dem in Deutschland der Schlieffen-Plan entwickelt wurde, um gegebenenfalls einen Zweifrontenkrieg führen zu können.

Graham Allison, der uns zu Beginn dieses Kapitels bereits begegnet ist, legt seine Studie breiter an und untersucht neben der englisch-deutschen Rivalität 16 Fälle, in denen eine aufsteigende Macht die führende Macht vom Zentrum der

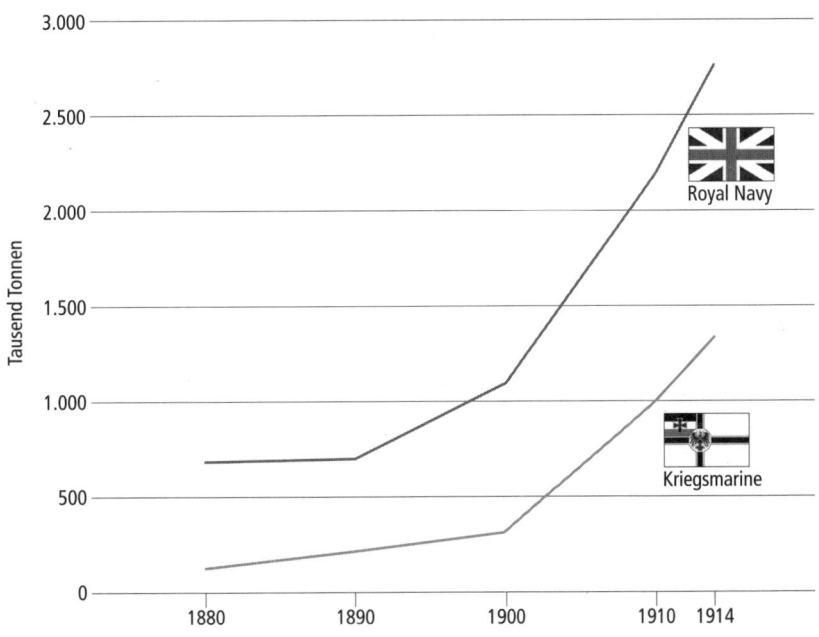

Das Wettrüsten auf See zwischen Großbritannien und Deutschland war einer der Hauptgründe für den Ersten Weltkrieg: Entwicklung der Tonnage der Kriegsflotten

Quelle: Paul Kennedy, The Rise and Fall of the Great Powers

Weltbühne verdrängte oder es versuchte. In zwölf Fällen, also in drei Vierteln, war Krieg die Folge, in vier Fällen verlief der Prozess friedlich. Die Geschichte kann uns lehren, mit der aktuellen Rivalität zwischen den USA und China friedlich umzugehen. Aber es ist keinesfalls sicher, dass die Transformation des Weltsystems friedlich verlaufen wird.

China gibt sich vielleicht nicht mit einem zweiten Platz oder einem Kompromiss, den es als unvorteilhaft ansieht, zufrieden. China (auf Chinesisch »Zhongguo«, das Reich der Mitte, das alles zwischen Himmel und Erde umfasst) war bis in die Mitte des 19. Jahrhunderts eine führende Macht und stand zusammen mit Indien für die Hälfte der Weltwirtschaft, bevor es, ebenso wie Indien, durch europäische Kolonialmächte gedemütigt wurde und verarmte. Das ist nicht vergessen. Erst mit der Reform- und Öffnungspolitik von Deng Xiaoping ab Ende der 1970er-Jahre kehrte China zurück auf die Wachstums- und Erfolgsspur und kam schließlich zu neuem Reichtum.

Graham Allison: Kriegsszenarien

Der Politikwissenschaftler Graham Allison beschäftigt sich eingehend mit Szenarien, die zu einem Krieg zwischen den USA und China führen könnten. In einem Aufsatz kommt er zu dem Schluss: »Bei unveränderter Entwicklung ist ein Krieg zwischen den Vereinigten Staaten und China in den kommenden Jahrzehnten nicht nur möglich, sondern viel wahrscheinlicher, als man das im Augenblick wahrnimmt.« Auf Basis der historischen Beispiele könne man gar behaupten: »Ein Krieg ist wahrscheinlicher als kein Krieg.« [73]

Man sollte diese Aussagen nicht als Gedankenspiele eines Kriegstreibers abtun. Nichts ist Allison weniger als das. Wie den Nuklearplanern während des Kalten Kriegs geht es ihm darum, Unfälle vorherzusehen, um sie zu vermeiden. Denn Kriege können nicht nur durch ein überraschendes außerordentliches Ereignis, sondern auch durch Zufälle oder kleine, für sich eigentlich unbedeutende Vorfälle ausbrechen. Auch *business as usual* kann einen bewaffneten Großkonflikt auslösen; erinnert sei noch einmal an das von Christopher Clark beschriebene »Hineinschlittern« der europäischen Großmächte in den Ersten Weltkrieg. Graham identifiziert fünf Szenarien, die zu einem Krieg führen können:

1. Eine unbeabsichtigte Kollision von Kriegsschiffen.
2. Taiwan bewegt sich in Richtung voller Unabhängigkeit.
3. Eine dritte Partei, zum Beispiel Japan oder Südkorea, provoziert einen Krieg.
4. Nordkorea kollabiert und hinterlässt ein Vakuum.
5. Der Handelskrieg gerät außer Kontrolle.

Auf der anderen Seite, in den USA, machen der sogenannte Tiefe Staat und der wuchernde Militärapparat zusammen mit den Kriegstreibern in beiden großen Parteien nicht den Eindruck, als würden sie sich mit weniger als dem begnügen, was sich zur Not mit militärischen Mitteln durchsetzen lässt. Hinzu kommt, dass über den ganzen Globus verteilt viele regionale Konfliktherde entstanden sind, an denen sich – auch ungewollt – ein größerer Konflikt unter Beteiligung der USA und Chinas jederzeit entzünden kann, darunter Nordkorea, das Südchinesische Meer, der Nahe Osten mit Syrien und dem Iran, aber auch Venezuela.

Eine Episode zum Schluss. Zu Beginn von Kapitel 1 zitiere ich aus *Der Crash kommt:* »Wie oft schon wurden ewiger Wohlstand, Wohlstand für alle oder auch der Weltfrieden ausgerufen! Und genauso oft enttäuschten diese hehren Visionen, nicht, weil sie es nicht wert waren, dass man für sie kämpfte, sondern weil sich die Natur der menschlichen Zivilisation nicht einfach grundlegend verändern lässt. Auf Aufschwungphasen folgen Abschwünge, auf lange Jahre der Ruhe stürmische Veränderungen, auf Frieden Krieg.«[74] Meine gewissenhafte Lektorin sah diesen Satz, fragte an, ob ich den letzten Nebensatz »auf Frieden Krieg« so stehen lassen wolle. Das könne man doch so wohl nicht sagen. Ich bestand darauf. Noch sehe ich keine Anzeichen dafür, dass sich die Natur des Menschen und damit unsere Welt grundsätzlich geändert hat. Im Gegenteil, der Kurs, den unsere Welt seit 9/11 und spätestens seit der Finanzkrise genommen hat, stützt meine unschönen Befürchtungen.

KAPITEL 4

DER LANGE ABSCHIED VON BRETTON WOODS

Es kann nicht mehr lange dauern, bis die Globalisierungsblase platzt. Wir müssen uns auf Diskontinuitäten einstellen, die uns erwarten, und nicht einfach die Entwicklung der letzten Jahre in die Zukunft fortschreiben. Das wirtschaftliche Umfeld, das zwei Generationen lang unser Denken bestimmt hat, wird früher oder später verschwinden. Etwas radikal Neues, das wir bislang nur in seinen Umrissen erahnen können, wird an seine Stelle treten.

Max Otte, Der Crash kommt

Wenn Sie einmal nach Neuengland kommen sollten, empfehle ich Ihnen, Bretton Woods zu besuchen. In diesem kleinen Ort in New Hampshire trafen sich 1944 Vertreter von 44 Staaten in einem imposanten Hotel, um die Wirtschafts- und Währungsordnung der Nachkriegszeit auszuhandeln. Die Szenerie des mehrstöckigen, aus Holz errichteten Hotels erinnert an den Schauplatz von Stanley Kubricks Film *The Shining*. In Bretton Woods beginnen die White Mountains – ein traumhaft schönes Gebirge, in dem auch heute noch Bären leben. Direkt vor dem Hotel erstreckt sich ein Golfplatz, und danach sieht man nichts anderes als Natur. Man kann sich gut vorstellen, dass die Delegationen aus 44 Ländern in dieser Atmosphäre zu einer Übereinkunft kamen.

Doch so einfach war es nicht. Ausgerechnet die prominentesten Vertreter, der englische Delegationsleiter John Maynard Keynes und sein amerikanischer Gegenpart Harry Dexter White, vertraten recht unterschiedliche Standpunkte. Großbritannien war durch die beiden Weltkriege geschwächt, hoch verschuldet und im Begriff, sein Empire zu verlieren. Amerika strotzte vor Kraft und war sich bereits bewusst, die neue Supermacht zu sein. Von den gesamten weltweit vorhandenen Goldreserven im Wert von 33 Milliarden Dollar befanden sich 26 Milliarden Dollar in den USA. Demzufolge war London mehr an einem flexiblen System der Geldschöpfung interessiert, während Washington eine harte Währung bevorzugte.

Dennoch schafften es die verschiedenen Parteien, mit dem sogenannten Bretton-Woods-System die Basis für die Währungsordnung der Nachkriegszeit zu legen. Das Bretton-Woods-System war ein internationales Währungssystem mit festen Wechselkursen, die in schmalen Bandbreiten schwanken konnten. Der US-Dollar war teilweise goldhinterlegt und diente als Ankerwährung. Zu den im Rahmen von Bretton Woods ins Leben gerufenen Institutionen gehören der Internationale Währungsfonds und die Weltbank, im weiteren Sinne zählte auch das Allgemeine Zoll- und Handelsabkommen (GATT) hinzu, das 1995 in der Welthandelsorganisation (WTO) aufging.

- Der Internationale Währungsfonds (IWF; engl.: International Monetary Fund, IMF) soll den Zahlungsverkehr zwischen den Nationen überwachen und bei nachhaltigen Defiziten oder Überschüssen Maßnahmen empfehlen. Der IWF kann Ländern, die aufgrund von Außenhandelsdefiziten Devisenreserven benötigen, vorübergehend Kredite gewähren, sodass diese ihre finanz- und wirt-

schaftspolitischen Reformanstrengungen in Ruhe durchführen und ihr außenwirtschaftliches Gleichgewicht wiederherstellen konnten. Der IWF würde, so war es gedacht, diesen Reformprozess beobachten und unterstützend begleiten.
- Die Weltbank (World Bank) sollte den kriegszerstörten Ländern Kredite für den Wiederaufbau der Infrastruktur geben und soll Entwicklungsländern helfen, ihre Infrastruktur und Verwaltungssysteme zu entwickeln.
- Mit dem Allgemeinen Zoll- und Handelsabkommen (GATT, General Agreement on Tariffs and Trade) von 1947 wurde auch in Handelsfragen eine zumindest für die Industrienationen akzeptable Lösung gefunden.

Das System war nicht perfekt – kein politisches System ist es –, aber es funktionierte im Großen und Ganzen recht gut. Bis heute ist es nicht gelungen, eine vergleichbare neue Währungsordnung zu schaffen, die diesen Namen verdient.

Ohne die Macht der USA wären die Institutionen von Bretton Woods wohl nicht entstanden. Die amerikanische Handschrift war unverkennbar. Die Hauptsitze von Weltbank und Internationalem Währungsfonds befinden sich zudem in Washington, so wie die UNO ihren Hauptsitz in New York hat.

Wirtschaft ist immer politisch. Die internationale Gesellschaft ist trotz all ihrer Institutionen letztlich eine anarchische, in der einzelne Nationen ihre Interessen durchzusetzen versuchen. »Es mag viele in der Bundesrepublik überraschen: Nationalstaaten sind nach wie vor die entscheidenden Spieler in der Welt«, so der Volkswirt und Journalist Henrik Müller.[1] Es geht neben Wachstum und Wohlstand eben auch um die Verteilung dieses Reichtums. »Damit ein globales Weltwirtschaftssystem auf Dauer stabil ist, benötigt es einen Stabilisierer, einen Hegemon«, schrieb der Ökonom Charles Kindleberger in den 1970er-Jahren.[2] Und es bestehen auch in der Wirtschaft mehr hierarchische Strukturen, als es die liberale Gesellschaftstheorie wahrhaben will. Die führende Macht legt die Regeln für die Weltwirtschaft fest und garantiert sie – notfalls mit Gewalt.

Mittlerweile sind alle diese Institutionen einem tiefgreifenden Erosionsprozess ausgesetzt. Das Währungssystem von Bretton Woods ist bereits seit dem »Nixon-Schock« vom 15. August 1971 praktisch außer Kraft gesetzt (siehe unten). Weltbank und Internationaler Währungsfonds werden immer mehr zu politischen Zwecken instrumentalisiert. China kontert mit eigenen Institutionen und Initiativen. Und die internationale Handelsordnung ist durch die Überdehnung der bestehenden Institutionen, Verträge wie TTIP und CETA und eine Vielzahl von unilateralen Handelssanktionen bedroht. Nein, es steht nicht gut um die liberale Weltwirtschaftsordnung, und es sind die Vereinigten Staaten von Amerika, die einen aktiven Anteil an ihrem Verfall haben.

Das Ende der Globalisierung?

Nach dem Zweiten Weltkrieg begann ein Prozess, den wir heute als »Globalisierung« bezeichnen und der uns zunächst langsam, seit etwa 1980 aber mit voller Wucht erfasste. Der Welthandel stieg wesentlich schneller als das Weltsozialprodukt, was zu einer immer engeren Verflechtung der Volkswirtschaften führte. Zeitgleich ermöglichte der Fortschritt, den Informationstechnologie, Finanzmärkte und Logistik machten, eine immer engere Verzahnung von Produktions- und Wirtschaftsprozessen. Momentan versuchen wir immer noch, Antworten auf diesen Jahrhundertprozess zu finden.

Die Globalisierung wurde lange sowohl von ihren Gegnern als auch von ihren Befürwortern gern als Naturgesetz mit einer unerbittlichen Logik gesehen. Dabei ist sie – zumindest in ihrem gegenwärtigen überzogenen Stadium – seit Längerem eine gigantische Blase, die den Kern ihrer eigenen Zerstörung in sich trägt.

Kritiker wie Gegner zeigen vor allem die sozialen und politischen Kosten des Prozesses auf. In ihrem viel beachteten Buch *Die Globalisierungsfalle* beschrieben 1998 die *Spiegel*-Journalisten Hans-Peter Martin und Harald Schumann das Verschwinden der Mittelklasse, den Aufstieg radikaler Verführer und den Niedergang der Politik.[3] Ihre Analyse hat mit den Jahren an Aktualität gewonnen. Den weiteren Fortgang der Globalisierung haben alle kritischen Analysen und Aktionen, beispielsweise von Attac, lange Zeit nicht behindern können. Man hat oft den Eindruck, dass selbst die Gegner den Prozess stillschweigend akzeptiert haben und sich lediglich in einem Akt heroischer Selbstaufgabe dagegen auflehnen.

Die Befürworter der Globalisierung weisen auf die enormen Möglichkeiten hin, die sie dem Einzelnen bietet. König der Globalisierungsbarden und Hofsänger der globalen Elite ist Thomas L. Friedman, Auslandskorrespondent der *New York Times*.[4] Er wartet in seinem Buch *Die Welt ist flach* mit zehn Kräften auf, welche die Globalisierung auf ein neues Niveau, »Globalisierung 3.0«, gehoben hätten. Wo sich früher nur Länder und später Unternehmen global orientierten, ermögliche 3.0 die globale Vernetzung von einzelnen Menschen: »Was Globalisierung 3.0 ihren einzigartigen Charakter gibt, ist die neu gefundene Macht der Individuen, global zusammenzuarbeiten und in Wettbewerb zu treten [...] Individuen von allen Ecken und Enden der flachen Welt werden hierzu in die Lage versetzt.«[5]

Es verwundert, mit welchem Enthusiasmus Friedman diese Aussagen im Jahr 2005 – gerade vier Jahre nach 9/11 – niederschreiben konnte. Jedenfalls findet man in seinem Buch nichts, was auch nur annähernd als ernsthafte Analyse bezeichnet werden könnte. Der Ökonom Paul Krugman, seinerseits Kolumnist der *New York Times*, nannte das, was Friedman und andere Vertreter dieser Denkrichtung betreiben, zutreffend »Pop-Internationalismus«.[6] Selbst nach der Finanzkrise von 2008, so John Gray, »[...] träumen viele Menschen noch davon, den Fortschrittsmythos, der bis vor wenigen Jahren noch unaufhaltsam erschien, wieder aufzunehmen.«[7]

Aber der Glaube an den unaufhaltsamen Fortgang der Globalisierung hat auch erhebliche Risse bekommen, und zwar nicht erst, seit Donald Trump im Präsidentenamt ist. Bereits seit der Finanzkrise von 2007–2009 ist nichts mehr ganz so, wie es war. Es gibt sie noch, die Fortschrittsjünger, aber viele Menschen wollen nicht mehr so recht glauben, dass die globale Ökonomie mit einer geradezu logischen Gesetzmäßigkeit immer leistungsfähiger wird und in der Summe immer mehr Menschen zu materiellem Wohlstand verhilft, insbesondere nicht in den alten Industrienationen. Viele Menschen beschleicht bei der Wirtschaftsentwicklung der letzten Jahre ein ungutes Gefühl. Zu Recht: Der Aufschwung der jüngsten Vergangenheit war zu großen Teilen eine Scheinblüte, getragen durch eine Aufblähung der Geldmenge – und zwar auf Kosten immer ungesunderer Wirtschaftsstrukturen.

Damit ist der Mythos vom Fortschritt bedroht, der für den modernen Menschen ein unabdingbarer Bestandteil seiner Glaubenssätze und seiner Weltanschauung zu sein scheint. Und damit wiederum könnten viele Menschen wohl ihre letzte Orientierung verlieren. Die aktuellen politischen Entwicklungen erzeugen Ängste, bei Globalisierungsbefürwortern und Internationalisten genauso wie bei (Rechts-)Populisten. Die einen sehen in jeder nationalen Rückbesinnung eine Katastrophe, für die anderen ist die Globalisierung viel zu weit gediehen.

Man kann darüber streiten, ob die Globalisierung wirklich ein »Fortschritt« ist. Fast jede technische Entwicklung kann zum Segen oder zum Fluch geraten; wirtschaftliche Veränderungen produzieren Gewinner und Verlierer. Noch nie lebten so viele reiche Menschen auf dem Globus, aber noch nie gab es zugleich so viele bettelarme Menschen ohne jede Hoffnung auf Würde. Ja, im Durchschnitt werden die Menschen reicher, aber das ist kein Trost für die mittlerweile zwei Milliarden Menschen, die in extremster Armut leben. Im Durchschnitt mag der See einen Meter tief sein – vor dem Ertrinken in tiefen Stellen bewahrt das nicht. Aber auch für die Mittelschicht in den Industrienationen ist das Leben in den letzten 30 Jahren erheblich schwerer geworden.

Zwischen 1870 und 1914 existierte ebenfalls ein globales Wirtschaftssystem. Es fand in diesen Jahrzehnten ein weltumfassender Güter- und Kapitalverkehr statt und Menschen bewegten sich mit großer Freiheit zwischen den einzelnen Kontinenten hin und her. Erst um das Jahr 2000 herum haben wir wieder Ähnliches erreicht, und im Falle der freien Niederlassung von Menschen und Unternehmen auf anderen Kontinenten sind wir noch lange nicht so weit wir vor 100 Jahren.

Das erste Überseekabel wurde schon 1858 zwischen Irland und Neufundland verlegt. Zwar funktionierte es nur wenige Wochen, aber immerhin existierten seit 1874 zuverlässige Telegrafenverbindungen zwischen Großbritannien und Amerika. Und bereits 1905 trafen die wichtigsten Meldungen mit Lichtgeschwindigkeit aus Übersee auf den Britischen Inseln ein. Die Börse von London fungierte als Kapitalsammelstelle, über die sehr große Mengen von Kapital – in manchen Jahren bis zu 5 Prozent der Wirtschaftsleistung – in Unternehmen und Unternehmungen in Übersee investiert wurden.

Demgegenüber war die Zeit von 1914 bis weit in die 1970er-Jahre hinein vom Prinzip der nationalen Wirtschaftspolitik geprägt. Der Gedanke des englischen Wirtschaftswissenschaftlers John Maynard Keynes, dass nämlich die Nationalstaaten das Wirtschaftswachstum bis zu einem gewissen Grad steuern können und müssen, setzte sich nach dem Ende des Zweiten Weltkriegs schnell durch. Während der internationale Handel in vielen Bereichen zügig liberalisiert wurde, bestanden noch Ende der 1970er-Jahre umfassende Beschränkungen im internationalen Kapitalverkehr. François Mitterrand versuchte nach seiner Wahl zum französischen Staatspräsidenten im Jahr 1981, weitreichende Kapitalverkehrskontrollen einzuführen. Zu diesem Zeitpunkt hatten die internationalen Kapitalmärkte aber bereits eine Dynamik erreicht, die Mitterrand zwang, sein Vorhaben sehr rasch wieder aufzugeben.

Erst um das Jahr 2000 hat der Kapitalismus wieder die globale Dimension erreicht, die er um 1900 hatte. Unser jetziges weltumfassendes Wirtschaftssystem sieht in vielen Bereichen dem System von 1914 gar nicht so unähnlich. Und wie nach 1914 erleben wir derzeit einen Prozess der De-Globalisierung und Rückbesinnung auf nationale Prioritäten. Hoffentlich schaffen wir es dieses Mal ohne größere Kriege!

Der Nixon-Schock und die Folgen

Das System von Bretton Woods beruhte auf dem Dollar als Leitwährung, der durch eine Goldreserve im Verhältnis von 35 Dollar je Unze gesichert war. Der Wechselkurs aller anderen Währungen zum Dollar wurde festgeschrieben, beispielsweise 4,20 D-Mark pro Dollar.[8] Daraus ergab sich das »Privileg des n-ten Landes«: Wenn an einem System n Länder teilnehmen, reicht es, wenn n-1 Wechselkurse festgelegt werden. Waren die Wechselkurse aller Währungen gegenüber dem Dollar fixiert, kannte man auch die Wechselkurse der Währungen untereinander. Nur für den Dollar musste kein Wechselkurs festgelegt werden. Faktisch führte das dazu, dass die Vereinigten Staaten die Geld- und Konjunkturpolitik bestimmten. Die ande-

Zielkonflikt: In einem System fester Wechselkurse können immer nur zwei der drei Ziele gleichzeitig erreicht werden

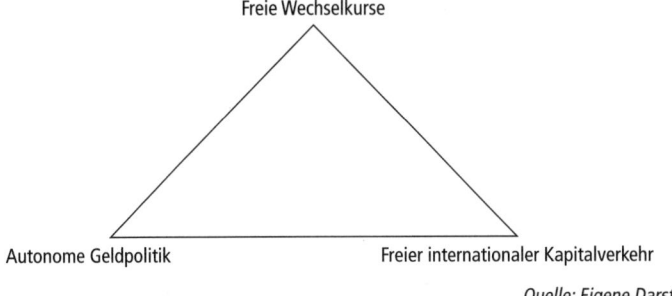

Quelle: Eigene Darstellung

Mit Beginn des Vietnamkriegs erodierte der Wechselkurs des US-Dollar zunächst, um in den 1970er Jahren in einen freien Fall überzugehen

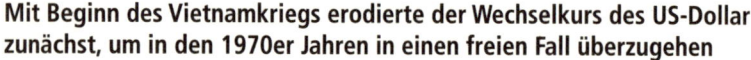

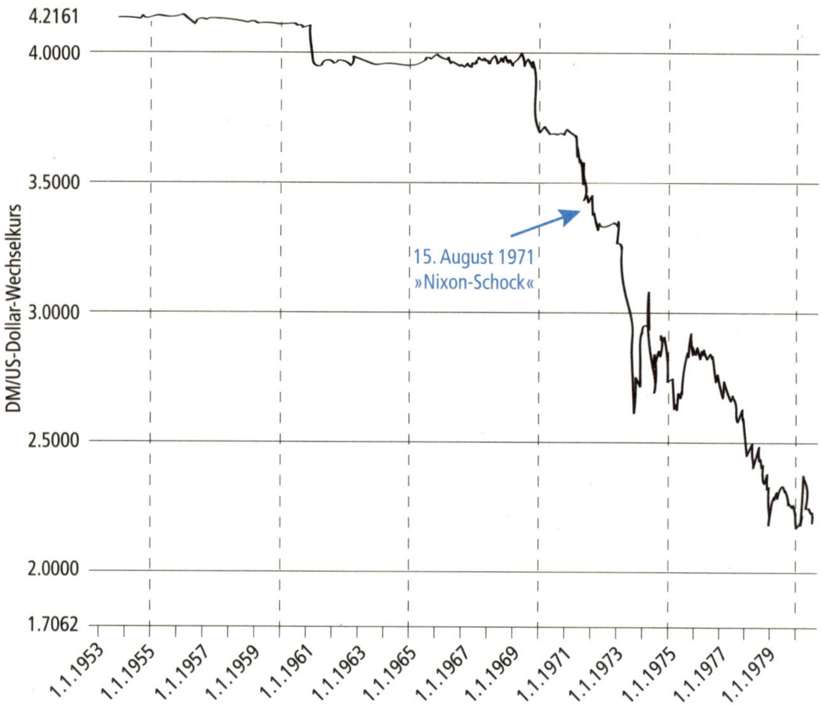

ren Länder mussten sich aufgrund der festen Wechselkurse an die amerikanischen Vorgaben anpassen. Dennoch brachte die Stabilität des internationalen Finanzsystems allen Ländern Vorteile.

Der Dollar-Reservestandard beinhaltete von Anfang an einen gewissen Zielkonflikt: Die Wechselkurse sollten fixiert sein, die nationale Geldpolitik weiterhin autonom und der internationale Kapitalverkehr möglichst frei. Angenommen, ein Land setzt seine Zinsen aus geldpolitischen Gründen massiv herauf. Kapital will in großen Mengen in das Land strömen, die Nachfrage nach der Landeswährung steigt. Dann besteht Aufwertungsdruck auf diese Währung. So gab es schon sehr früh eine starke Nachfrage nach Deutscher Mark. Infolgedessen wurde der Dollar zwischen 1952, als die Bundesrepublik dem Bretton-Woods-System beitrat, und 1971 mehrfach abgewertet, von 4,20 D-Mark/US-Dollar auf 3,48 D-Mark/US-Dollar.[9]

Nach 1945 war die Exportstärke Amerikas hochwillkommen. Die vom Krieg zerstörten Länder benötigten amerikanische Waren, wobei die Vereinigten Staaten diese Lieferungen zum Teil mit Krediten finanzierten. Das heißt, sie liehen anderen Staaten Dollars, damit die dortigen Importeure Waren aus Amerika beziehen konnten. Dadurch wurden immer mehr Dollars in Umlauf gebracht. In einer Welt, die internationale Zahlungsmittel benötigte, stellte das allerdings kein Problem dar.

In den 1960er-Jahren begann sich die Dynamik jedoch umzukehren. Grund war der Vietnamkrieg. Von 1958 bis 1971 häuften die USA ein Außenhandelsdefizit von insgesamt 56 Milliarden Dollar auf. Zum Vergleich: Anfang 2019 betrug das monatliche Handelsdefizit der Vereinigten Staaten 70 Milliarden Dollar! Trotzdem reichten die vergleichsweise niedrigen Zahlen aus, um Zweifel an der Wertbeständigkeit des Dollars aufkommen zu lassen. Heute sind wir da viel toleranter.

Ende der 1960er-Jahre schließlich begann der französische Staatspräsident de Gaulle damit, die Währungsreserven seines Landes von Papierdollar in Gold einzutauschen. Die »Deckung« der US-Währung sank rapide, 1971 betrug sie nur noch 22 Prozent. Von Januar bis August 1971 wurden weitere 20 Milliarden an Devisen und Gold aus dem Land geschafft. Am 15. August 1971 machte Präsident Nixon das, was Regierungen fast immer tun, wenn sie mit scheinbar unlösbaren wirtschaftlichen Problemen konfrontiert werden: Er verhängte Zwangsmaßnahmen. Die Löhne und Gehälter wurden für 90 Tage eingefroren, um die Inflation zu bremsen. Importe wurden mit einem zusätzlichen Zoll von 10 Prozent belegt, um das Außenhandelsdefizit einzudämmen. Ganz nebenbei wurde nicht zuletzt die Konvertibilität des Dollars in Gold aufgehoben. Das System von Bretton Woods war faktisch am Ende. »America first« war schon immer amerikanische Politik. Nur hat es vor Donald Trump niemand so offen ausgesprochen.

Zwar versuchten die Industrienationen, den Schaden, der durch Nixons einseitigen Vertrags- und Vertrauensbruch entstanden war, zu beheben, aber bis heute blieben alle Versuche Makulatur. Im sogenannten Smithsonian Agreement von 1971 wurden kleine Schwankungsbreiten für die Währungen vereinbart und der Dollar auf 38 Dollar pro Feinunze Gold abgewertet. Das ist bis heute der offizielle Wert, aber er ist eine Fiktion. Das Zahlungsversprechen der US-Notenbank, der

Federal Reserve (Fed), kann damit nicht eingelöst werden: Wenn Sie Ihre Dollars beim Federal Reserve System of New York in der Liberty Street präsentieren, werden Sie bestenfalls Unverständnis ernten.

1973 zerbrach auch das Smithsonian Agreement. Seitdem schwanken die Wechselkurse zwischen den großen Währungsblöcken zum Teil erheblich. Theoretisch hätten diese großen Differenzen dem Welthandel schaden müssen – immerhin werden Exporteure dadurch größeren Risiken ausgesetzt. In der Praxis aber wuchs der Welthandel ungebremst weiter.

In diese Zeit fiel auch der erste Ölschock von 1973/1974. Ein Embargo der arabischen erdölproduzierenden Staaten nach dem Jom-Kippur-Krieg führte dazu, dass der Ölpreis pro Barrel in einem Jahr von etwa 3 Dollar auf über 12 Dollar kletterte. Plötzlich wurden sich die Industrienationen ihrer Verwundbarkeit und ihrer Abhängigkeit vom Rohöl bewusst. In der Bundesrepublik wurde kurzzeitig ein Tempolimit eingeführt. Auch autofreie Sonntage gab es; ich erinnere mich noch daran, wie ich als Junge mit dem Fahrrad über leere Straßen fuhr. Noch einmal drosselte das Kartell der erdölproduzierenden Länder (OPEC) im Jahr 1979 die Fördermengen, wodurch der Ölpreis kurzfristig auf 39 Dollar hochschnellte – eine Verdreizehnfachung in sechs Jahren. Inflation, Ölkrisen und abnehmendes Produktivitätswachstum erweckten bei vielen Wirtschaftsexperten den Eindruck, dass das westliche Wirtschaftssystem insgesamt an seine Grenzen stoßen würde.[10]

Ungeahnte Mengen an Devisen – in diesem Fall Dollars – wurden nach 1973 in die Kassen der Erdölländer gespült. Die OPEC-Staaten konnten die Milliarden unmöglich komplett wieder ausgeben, so sehr sie sich auch anstrengten. Viele Dollars landeten auf den Konten europäischer oder amerikanischer Banken in Europa und wurden von diesen gleich wieder verliehen. Die »Eurodollars« waren geboren. Sie unterlagen nicht der Mindestreservepolitik und der Aufsicht des Fed. Da die Investitionstätigkeit in den Industrienationen gebremst war, fanden viele dieser Dollars ihren Weg nach Lateinamerika. Die westlichen Banken hatten »Anlagedruck« und schauten bei ihren Krediten etwas weniger genau hin, als es notwendig gewesen wäre. Das führte später zur lateinamerikanischen Schuldenkrise von 1982.

Die steigenden Ölpreise führten wiederum zu einer globalen Rezession bei gleichzeitiger Inflation. Dieses neue Phänomen nannte man Stagflation. In Keynes'

Wirtschaftstheorie war Stagflation nicht vorgesehen, und die Regierungen taten sich schwer damit. Noch 1972 hatte der damalige Superminister Helmut Schmidt bei einem Wahlkampfauftritt in der Dortmunder Westfalenhalle ausgerufen: »Lieber 5 Prozent Inflation als 5 Prozent Arbeitslosigkeit.«[11] Wenige Jahre später hatten wir beides.

Nachdem das alte Währungssystem von Bretton Woods zerbrochen war, konnten die Industrienationen ihre eigene Wirtschaftspolitik zwar autonomer gestalten, sie mussten aber nun stärker schwankende Wechselkurse in Kauf nehmen. Die Vereinigten Staaten, Großbritannien und Japan betrieben eine inflationäre Politik, die Bundesrepublik Deutschland achtete mehr auf den Wert der D-Mark. US-Präsident Jimmy Carter forderte deshalb, dass Deutschland mit seinen hohen Überschüssen seine Nachfrage ankurbeln solle, um die Weltwirtschaft zu stützen. Deutschland sollte also seine Wirtschaftspolitik mit der der USA »koordinieren«, mit anderen Worten: den Wünschen der USA folgen. Das Ganze ist als Kontroverse über die »Lokomotivtheorie« bekannt geworden. Und es ähnelt frappierend den Vorwürfen, die Donald Trump 40 Jahre später gegenüber Deutschland erhob.

Helmut Schmidt, mittlerweile Bundeskanzler, verbat sich solche Einmischungen und erteilte dem ungeliebten Carter Lektionen über die Weltwirtschaft. Gleichzeitig hob er als Reaktion auf die amerikanische Unzuverlässigkeit mit dem damaligen französischen Staatspräsidenten Valéry Giscard d'Estaing 1978 das europäische Währungssystem aus der Taufe. Europa sollte in der Währungspolitik unabhängiger werden. 2002 wurde dann die »letzte« Stufe der europäischen Währungsunion vollendet und der Euro eingeführt.[12] Was als eine durchaus gute Idee begann, ist mittlerweile zu einem Albtraum für die europäische Wirtschaftspolitik geworden.[13]

Am 15. Juli 1979 hielt Präsident Carter eine landesweit übertragene Rede, die als »Malaise-Rede« in die Annalen einging. Im November desselben Jahres wurden die Mitarbeiter der US-Botschaft in Teheran von Anhängern des Ajatollah Chomeini, unter dem der Iran zu einem Gottesstaat umgewandelt wurde, als Geiseln genommen und 444 Tage festgehalten. Beide Ereignisse markierten einen Tiefpunkt des amerikanischen Selbstvertrauens und des amerikanischen Ansehens in der Welt als auch des Vertrauens in das westliche Finanz- und Wirtschaftssystem insgesamt.

Ronald Reagan, die neoliberalen Reformen und der amerikanische Unilateralismus

Doch bereits zu der Zeit, als Jimmy Carter seine Rede hielt, deutete sich eine Wende an. Im Mai 1979 war in Großbritannien die marktradikale Tory-Politikerin Margaret Thatcher, die bald den Beinamen »eiserne Lady« bekam, zur Premierministerin gewählt worden. Sie führte Krieg gegen die Gewerkschaften und begann mit einer umfangreichen Politik der Privatisierungen.

Im August desselben Jahres trat Paul Volcker sein Amt als Chef der US-Notenbank an. In den Folgejahren bezwang er mehr oder weniger im Alleingang durch eine strikt an der Geldmenge orientierte Politik die Inflation. Zeitweilig stiegen die Zinsen in den USA auf über 20 Prozent.[14] Drei Jahre dauerte es, dann war die Inflation von 13,3 Prozent auf 3,8 Prozent gesunken. Volcker war in dieser Zeit vielen Angriffen und massiver Kritik ausgesetzt, denn infolge der gestiegenen Leitzinsen aufgrund der Geldverknappung stürzte das Land in eine Rezession. Später, als Professor an der Princeton University, berichtete Volcker äußerst ungern über diese Zeit. Wir Studenten mussten ihm die Details förmlich aus der Nase ziehen. Offensichtlich war die Erinnerung an die wirtschaftlichen Probleme, die er vielen Menschen zwangsläufig hatte bereiten müssen, auch knapp zehn Jahre später noch sehr schmerzhaft für ihn.[15]

Mit Ronald Reagan kam schließlich im Januar 1981 ein Präsident ins Amt, der den USA und dem Westen wieder Selbstvertrauen einflößte. Angetrieben durch massive Haushaltsdefizite und hohe Militärausgaben, aber auch von Vertrauen in die Zukunft begann die US-Wirtschaft eine lange Expansion, die nur von den vergleichsweise kurzen Rezessionen von 1990–1991 und von 2001 unterbrochen wurde. Das wirtschaftspolitische Rezept der Republikaner war ein Einfaches: Durch den weitgehenden Abbau von Regulierungen sowie durch massive Steuersenkungen sollten die Marktkräfte entfesselt werden. Man nannte das »Supply-Side-Economics«, Stärkung der Angebotskräfte. Gleichzeitig wurde der Verteidigungshaushalt massiv erhöht, um der Welt amerikanische Stärke und ein neues Selbstbewusstsein zu demonstrieren.

In der Haushaltspolitik machte das Konzept der Laffer-Kurve, benannt nach dem Ökonomen Arthur Laffer, seine Runde. In seiner einfachsten Form besagt es, dass die Steuereinnahmen auch bei sinkenden Steuersätzen steigen können, wenn sich die wirtschaftliche Aktivität belebt. Für die Regierung Reagan war dies natürlich ein willkommenes Argument, die Steuern massiv zu senken. »Reagan war ein heimlicher Keynesianer«, so James Rickards, Finanzanalyst und ehemaliger Berater der CIA. »Reagan hatte eine Jahrhundertchance, das Wirtschaftswachstum durch Verschuldung anzukurbeln, und er nutzte diese Chance erfolgreich, um die Sowjetunion zu Grabe zu tragen und den Kalten Krieg zu gewinnen.«[16]

Neben der Erhöhung der Staatsschulden um 60 Prozent nahm unter Reagan aber noch eine zweite Entwicklung ihren Lauf: der ungebremste Finanzkapitalismus. Die »Herrschaft der Finanzmärkte« wurde zu einem wichtigen politischen Faktor.[17] Das war nicht immer so. Vor den 1980er-Jahren waren die Finanzmärkte, beginnend mit dem Glass-Steagall Act von 1932, stark reguliert. Bis in die Reagan-Zeit hinein war in den USA auch Regulation Q in Kraft, die Höchstzinsen auf Spareinlagen vorschrieb. Der Glass-Steagall Act, der eine Trennung vom normalen Bankwesen und Investmentbanking vorsah, wurde erst 1999 unter Bill Clinton aufgehoben. Auch in Europa versetzten nahezu zeitgleich sozialdemokratisch geführte Regierungen der alten Finanzmarktordnung den Todesstoß: in Deutschland die Regierung Schröder-Fischer, in Großbritannien »New Labour« unter Premier Tony Blair, der sich etwas später bei der Kriegspropaganda zum Zweiten Irakkrieg besonders hervortat.[18]

Bereits in den 1980er-Jahren führte die weitreichende Deregulierung des Finanzsektors in den USA zu einer ersten großen Welle von Spekulation und Selbstbereicherung. Gordon Gekko, der von Michael Douglas gespielte skrupellose Börsenspekulant in Oliver Stones Spielfilm *Wall Street*, war durchaus der Wirklichkeit nachgezeichnet. Sein Credo »Greed is good« (Gier ist gut), wurde zum Vorbild für viele Investmentbanker. Unternehmen wurden übernommen, ausgeschlachtet und umstrukturiert, zum Teil mit Hilfe verbotener Insiderinformation. Manche trieben es zu weit. So wurde der Übernahmekönig Ivan Boesky 1986 zu drei Jahren Gefängnis verurteilt. Im Jahr 1988 kam es zur damals größten Übernahmeschlacht: Der Mischkonzern RJR Nabisco wurde im Zuge eines »Leveraged Buyout« von der Firma KKR übernommen. Da »Leveraged Buyout« nicht so gut klingt, haben die Propagandisten der Wall Street die Methode mittlerweile in »Private Equity« umbenannt. Das hört sich angenehmer und harmloser an.

Im Übrigen war der Reagan-Regierung bei der Umsetzung ihrer Agenda die übrige Welt egal. Man nahm eine Rezession, später ein hohes Außenhandelsbilanzdefizit gepaart mit einem hohen Haushaltsdefizit in Kauf (»twin deficits«). Die US-Wirtschaftspolitik war ausschließlich an nationalen Prioritäten ausgerichtet. Schon damals war viel vom amerikanischen Unilateralismus die Rede.

Währungspolitik von Reagan bis Obama

In den ersten Jahren der Regierung Reagan stieg der Dollarkurs massiv. Angesichts des hohen Außenhandelsdefizits der USA war das eine abnorme Entwicklung. Dennoch strömte viel Kapital nach Amerika. Das Land strotzte nur so vor Selbstbewusstsein. Ausländische Anleger wollten amerikanische Aktien, Anleihen oder Immobilien kaufen. Und so ist es im Grunde bis heute: Die Vereinigten Staaten produzieren zwar Defizite im Außenhandel, werden aber immer noch als besonders attraktives Land für Investitionen wahrgenommen.

US-Politikern galten die hohen Kapitalzuflüsse und der starke Dollar zunächst als Zeichen für die Stärke ihres Landes. Nach einigen Jahren machte sich die Reagan-Regierung aber doch Sorgen über die Auswirkungen auf den amerikanischen Außenhandel. Die Finanzminister der G-7-Nationen vereinbarten daraufhin 1985 im »Plaza«-Hotel in New York, konzertierte Aktionen zur Abwertung des Dollars einzuleiten.[19]

So ist es in den letzten 30 Jahren geblieben. Die Währungs- und Wirtschaftspolitik zwischen den großen Wirtschaftsnationen wird fleißig »koordiniert«, unter anderem auf den G-7- und G-8-Treffen und dem Jahrestreffen von IWF und Weltbank in Washington. Der ganze Koordinationstourismus zeigt vor allem eins: Seit Richard Nixon 1971 unilateral das Wechselkurssystem von Bretton Woods sprengte, fehlen verbindliche und akzeptierte Regeln für ein Weltwährungssystem, das diesen Namen verdient. Gäbe es ein solches System, würden sich sehr viele Fragen gar nicht stellen oder von selbst erledigen.

Seit dem Ende der Reagan-Ära sind die Schwankungen etwas moderater geworden. Zum Ende der Clinton-Ära begann der Dollar wieder zu steigen, um seinen Wert in den Bush-Jahren (2000–2008) zum Beispiel gegenüber dem Euro zu halbieren. Das war die Ära des Euro-Optimismus, der, wie wir später erkennen

Seit Ende der 1980er Jahre hat sich der Wechselkurs von Euro und US-Dollar wieder einigermaßen stabilisiert

*Euro ab 1998 zurückgerechnet aus den Einzelwährungen

Quelle: Bloomberg

mussten, durch eine Scheinblüte in den südeuropäischen Ländern hervorgerufen wurde.

Seit der Finanzkrise ist der Dollar wieder erstarkt, obwohl die US-Wirtschaft so abhängig von Schulden und ausländischem Kapital wie nie zuvor ist. Das Außenhandelsdefizit betrug im Jahr 2019 zwischen 50 und 60 Milliarden *pro Monat*, also annähernd 700 Milliarden Dollar pro Jahr.[20] Aber in einer Welt, die zunehmend unsicherer wird, wandert Kapital in das Land mit dem stärksten Militär und der relativ größten Sicherheit. Die Vereinigten Staaten profitieren so von der Unsicherheit und dem globalen Chaos, für das sie teilweise selbst mitverantwortlich sind.

Wie stark abhängig Amerika von ausländischem Sparkapital ist, zeigt die nachfolgende Grafik.[21]

Das Auslandsvermögen der USA hatte unter Ronald Reagan 1983 mit circa 260 Milliarden Dollar einen Höchststand erreicht. Im Jahr 1989, gegen Ende von Reagans Amtszeit, war es zum ersten Mal negativ. Mit Ausbruch der Finanzkrise ging das Nettoauslandsvermögen der Vereinigten Staaten gegen Ende der Amtszeit von George W. Bush endgültig auf Talfahrt, ein Trend, der sich unter Barack

Süchtig nach ausländischem Kapital: Das US-Nettoauslandsvermögen bricht seit der Clinton-Ära ein und implodiert unter Obama und Trump

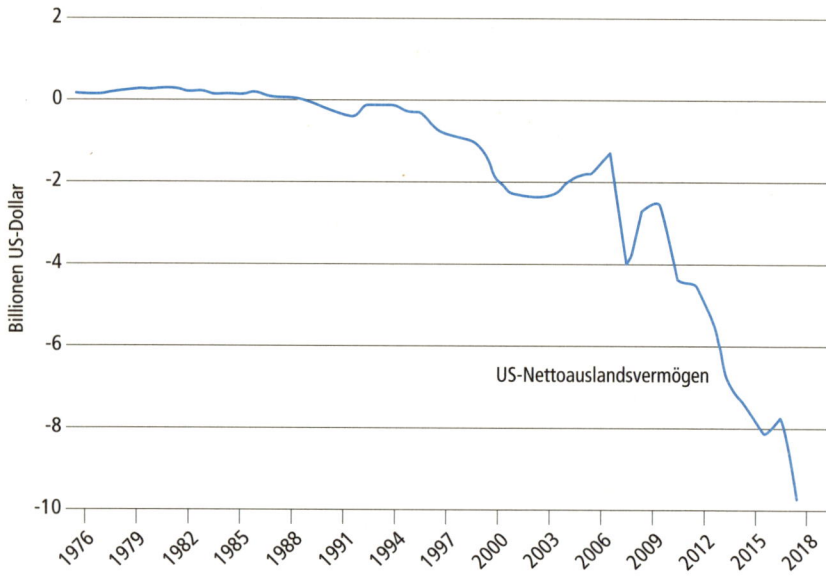

Quelle: US Bureau of Economic Analysis

Obama beschleunigte und unter Donald Trump fortsetzte. Alleine 2018 verschlechterte sich die internationale Vermögensposition von minus 7,7 auf minus 9,5 Billionen Dollar. Es scheint also gar nicht maßgeblich zu sein, ob ein Globalist oder ein »ökonomischer Nationalist« (Stephen Bannon über Donald Trump) die Vereinigten Staaten regiert. Die Abhängigkeit von ausländischem Kapital für die auf Konsum- und Militärausgaben ausgerichtete amerikanische Wirtschaft besteht so oder so.

Ob die hohen korrespondierenden Auslandsvermögen allerdings für die Gläubigerländer – zum Beispiel Deutschland, China oder Japan – von Vorteil sind, sei dahingestellt. Diese Länder halten vor allem amerikanische Staats- und Unternehmensanleihen. In einer Welt der Niedrig- und Negativzinsen ist das nicht attraktiv. Und in einer überschuldeten Welt sind diese Vermögen zusätzlich von Währungsreformen, Schuldenschnitten und Teilenteignungen bedroht. Investieren deutsche Konzerne aber in reale Wirtschaftsgüter, wie zum Beispiel andere Unternehmen, geraten sie gern in den Fokus amerikanischer Anwälte und der US-Justiz, wie es bei der Deutschen Bank, den deutschen Autobauern und zuletzt beim Bayer-Monsanto-Deal der Fall war. Die USA hingegen erwerben ungeachtet ihrer insgesamt negativen Auslandsvermögensposition weiterhin fleißig Unternehmensanteile, als Sachwerte oder Real Assets (siehe Kapitel 6) im Ausland.[22]

Trotz des massiven Kapitalimports der USA ist der Dollar immer noch Reservewährung Nummer eins auf der Welt, und die USA verteidigen diese Position mit allen Mitteln. Im Jahr 2018 wurden immer noch 62 Prozent aller Währungsreserven in Dollar gehalten. Es deuten sich allerdings Veränderungen an: am 30. November 2015 gewährte der Internationale Währungsfonds dem chinesischen Yuan/Renminbi den Status einer Reservewährung und fügte ihn dem Währungskorb hinzu, mit dem die Sonderziehungsrechte berechnet werden.[23] 2018 tauchen auf Renminbi lautende Devisenreserven in Höhe von 1,9 Prozent in der internationalen Statistik auf. Das ist zwar erst ein Anfang, aber immerhin hat der Renminbi ein höheres Gewicht, als es der kanadische und der australische Dollar jeweils hatten. Gewinnen andere Länder Vertrauen in die neue Reservewährung, kann ihr Anteil an den internationalen Währungsreserven schnell ansteigen.

Der Euro machte zur Zeit der Finanzkrise immerhin um die 27 Prozent an den Internationalen Währungsreserven aus. Die Jahre von 1998 bis 2008 waren Jahre der Euro-Euphorie. Heute wissen wir, dass das eine Scheinblüte war.[24] In den Folgejahren verlor der Euro bei den internationalen Währungsreserven mehr als 20 Prozent oder 6 Prozentpunkte; 2018 wurden nur noch 21 Prozent der Reserven in Euro gehalten – ein klarer Indikator für die politische Schwäche Europas, die fortdauernde Eurokrise und die vielen wackeligen Bankbilanzen, vor allem im europäischen Süden. Insgesamt heißt es aber auch, dass der Dollar und der Euro zusammen noch 83 Prozent der Devisenreserven der Welt ausmachen.[25]

Verändert man den Fokus auf die Devisenreserven der Länder selbst, sieht das Bild ganz anders aus. In den USA standen diese im Jahr 2019 bei ungefähr 125 Milliarden Dollar, was gerade einmal reicht, das Außenhandelsdefizit von zwei Monaten zu finanzieren. Chinas Währungsreserven lagen 2019 hingegen bei 3 Billionen Dollar, also dem mehr als 20-Fachen Amerikas.

China hat die USA bei den Devisenreserven seit Langem abgehängt

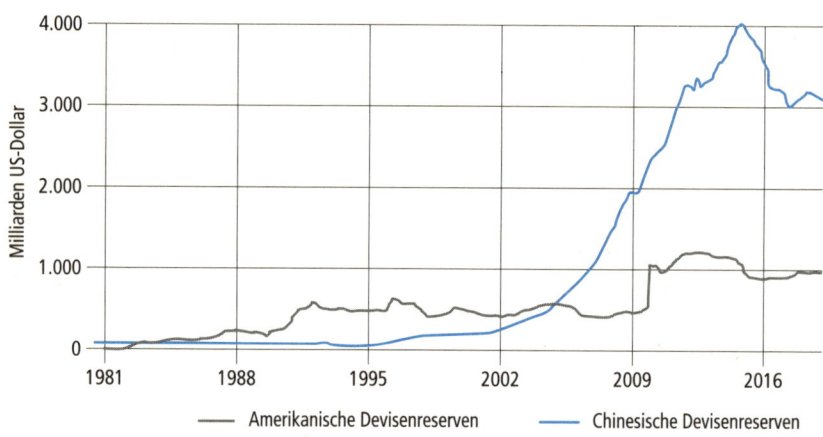

Quelle: Tradingeconomics.com / Peoples' Bank of China

Die sehr unterschiedlich gefüllten Devisenkoffer der ungefähr gleich großen Volkswirtschaften weisen auf große Unterschiede in der chinesischen und der amerikanischen Wirtschaftsstruktur hin. Die Volksrepublik exportiert spiegelbildlich zum Importhunger der Amerikaner. US-Präsident Trump wirft China aufgrund seiner hohen Außenhandelsüberschüsse unfaire Handelspraktiken vor. Dies mag durchaus der Fall sein. Vielfach aber arbeiten die Chinesen einfach härter und länger, sodass das Land zur »Werkbank der Welt« wurde.

Der Währungskorb sowie die Stimmenanteile bei Weltbank und Internationalem Währungsfonds spiegeln längst nicht mehr das Gewicht der einzelnen Regionen in der Weltwirtschaft wieder. Beim Internationalen Währungsfonds halten die USA 16,4 Prozent der Kapitalanteile, was ungefähr dem Gewicht der amerikanischen Volkswirtschaft in der Welt entspricht. Mit 6,4 Prozent ist China hingegen deutlich unterpräsentiert. In der Weltbank sind es 16,6 und 6,6 Prozent. Aufgrund seiner Zahlungsbilanzüberschüsse ist China mittlerweile der Hauptfinanzier in der internationalen Entwicklungszusammenarbeit. Schon länger findet deshalb hinter den Kulissen ein Gerangel um Macht und Einfluss statt. Bislang widersetzen sich die USA hartnäckig einer Anpassung der Stimmrechte. Als eine Folge davon gründete China 2015 eine eigene Entwicklungsbank. Europäische Staaten machen mit, obwohl die USA das verhindern wollten.[26]

In den letzten Jahren wurden IWF und Weltbank noch mehr politisiert, als sie es schon waren. So wurden die Regeln für den Internationalen Währungsfonds geändert, um der Ukraine im Jahr 2015 einen weiteren Kredit zu geben. Eigentlich dürfen Länder, die ihre Schulden bei anderen Staaten nicht zurückgezahlt haben, keine IWF-Kredite erhalten. Das war bei der Ukraine der Fall, denn das Land hatte einen Kredit an Russland noch nicht zurückgezahlt.[27] Der politische Zweck ist offensichtlich: Russland sollte geschwächt, die Ukraine gestärkt werden, was Moskau auch prompt zum Protest veranlasste. Im April 2019 starteten die USA dann eine Kampagne gegen die Neue Seidenstraße. Sie wollten verhindern, dass der IWF Entwicklungsländern hilft, ihre Kredite an China zurückzuzahlen (siehe Kapitel 3).[28]

Handel und Wirtschaft – die amerikanischen Regeln

Nicht nur die Währungsordnung ist im Umbruch, auch die Verträge und Institutionen, die den freien Handel ermöglichten, haben sich gewandelt oder werden für Zwecke missbraucht, für die sie nicht gedacht waren. Der Welthandel entwickelte sich trotz der starken Wechselkursschwankungen seit 1971 weiterhin erstaunlich gut und wuchs konsistent schneller als die Weltwirtschaft. Er galt damit als Motor für die Weltwirtschaft insgesamt. Seit der Finanzkrise 2008 ist dieser Trend gebrochen. Der Handel wächst nun bestenfalls so schnell wie die Weltwirtschaft.[29] Zum einen hängt dies mit dem Dämpfer durch die Finanzkrise zusammen. Zum anderen auch damit, dass die offene Welthandelsordnung unter massivem Beschuss ist, nicht zuletzt durch die USA.

Heute ist das Welthandelssystem durch eine Vielzahl von Sonderregelungen und Wirtschaftssanktionen belastet. Vor allem die USA tun sich damit hervor, echte und vermeintliche Gegner, aber auch Verbündete, durch Ausübung ihrer ökonomischen Macht »auf Linie« zu bringen, und das nicht erst seit Donald Trump. Dabei kommen zwei Mechanismen zum Tragen: zum einen echte, oftmals mit großem Aufwand konzipierte staatliche Wirtschaftssanktionen, die dem vermeintlichen Widersacher maximalen Schaden zufügen und die USA minimal belasten, zum anderen die Ausnutzung der amerikanischen strukturellen Macht, um Konzerne und Wirtschaftsakteure dazu zu zwingen, sich dem Willen Washingtons zu beugen.

Das 1947 in Havanna verabschiedete GATT-Abkommen war ein schlankes Vertragssystem, das die Verhandlungen zwischen den Staaten zu Zollsenkungen und zum Abbau nichttarifärer Handelshemmnisse begleitete. Es wurden Regeln vereinbart, die das explosionsartige Wachstum des Welthandels förderten und die Globalisierung im heutigen Umfang erst ermöglichten. Natürlich wollte das wirtschaftlich überstarke Amerika nach dem Zweiten Weltkrieg neue Märkte für seine Waren finden.[30] Das GATT ging 1994 in der Welthandelsorganisation (World Trade Organization, WTO) auf – einer Organisation mit einem wesentlich breiteren Mandat. Die WTO befasst sich auch mit Dienstleistungen und treibt Privatisierungen und Staatsabbau voran. Damit befördert sie nicht nur die Liberalisierung des Handels, sondern greift auch tief in die Gesellschaften der einzelnen Länder ein.

Das GATT funktionierte im Großen und Ganzen recht gut, auch wenn es durchaus Probleme und Konflikte gab. Aufgrund der Hauptlieferländer-Regelung setzten sich zum Beispiel jeweils nur die Staaten zu Verhandlungen zusammen, die mindestens 10 Prozent des Welthandels in einer bestimmten Warengruppe bestritten. Die von diesen Ländern entschiedenen Vorgaben sollten dann für alle GATT-Mitglieder gelten. Ein derartiges Verfahren beschleunigte die Verhandlungen zwar deutlich, schloss aber auch viele Länder von den Verhandlungen aus.[31] Kleine Entwicklungsländer, die von der Ausfuhr nur eines oder weniger Rohstoffe oder Agrarprodukte abhängig waren, hatten somit oft keine Stimme in Fragen, die ihre Hauptexporte betrafen. Amerika hingegen war aufgrund seiner wirtschaftlichen Stärke bei allen Verhandlungen vertreten.

Die Hauptlieferländer-Regelung trug maßgeblich zum Erfolg des GATT bei. Allerdings wurden die berechtigten Interessen der Entwicklungsländer an einer offenen Agrarpolitik sowie an offenen Märkten für Schuhe und Textilien – Bereiche, in denen viele Entwicklungsländer wettbewerbsfähig sind – weitgehend ignoriert. Schon 1946 wurde deswegen die UNCTAD – die United Nations Conference on Trade and Development – mit Sitz in Genf gegründet, die zunächst 77 Mitglieder hatte und sich primär um die Belange der Entwicklungsländer kümmern sollte.

Regionale Abkommen und Ausnahmeregelungen beziehungsweise Handelsbeschränkungen im Agrar- und Textilbereich wurden allerdings trotzdem zugelassen, weil Großbritannien 1947 seine imperialen Zollbegünstigungen beibehalten wollte. Das hat bis heute zu einer Vielzahl von regionalen Handelsabkommen geführt, unter denen die EG/EU, NAFTA, ASEAN, Mercosur, Lomé und AKP nur einige prominente Beispiele sind. Und die Regierung Roosevelt wollte ihre Sozialprogramme – wie zum Beispiel die Farm Security Administration – nicht aufgeben, die sie während der Großen Depression eingeführt hatte. Ironischerweise sind es gerade die von den Großmächten geforderten Ausnahmen (Agrarpolitik und regionale Abkommen), die die Dauerkonflikte zwischen der EU und den USA in Handelsfragen ermöglichten.

Inzwischen sind es 164 Mitgliedsstaaten, die in der Welthandelsorganisation über die weitere Öffnung der Weltwirtschaft verhandeln.[32] Neue Interessen und Konflikte im Welthandel sind hinzugekommen. Einige sind eher sekundärer Natur, andere sind so gravierend, dass man bezweifeln muss, dass sich die Erfolgsgeschichte der Liberalisierung endlos fortsetzen lässt.

US-Handelspolitik von Clinton bis Obama

Es besteht kein Zweifel daran, dass die Globalisierung amerikanischen Regeln folgt. Die Finanzmärkte sind danach ausgerichtet, globale Unternehmen sind zunehmend nach amerikanischem Muster organisiert und der Konsumkapitalismus amerikanischen Stils hat sich auch in Westeuropa durchgesetzt. Noch 1968 war das anders. Da konnte der französische Politiker und Journalist Jean-Jacques Servan-Schreiber ein Buch mit dem Titel *Die amerikanische Herausforderung* schreiben, das weite Beachtung fand.[33] Heute verstehen wir in Europa oftmals die Frage nach der »amerikanischen Herausforderung« nicht mehr – so sehr haben wir uns der US-Kultur angepasst und sie in vielen Bereichen verinnerlicht. Nur im Bereich der Sozialsysteme leistet Europa noch hartnäckigen Widerstand. Aber auch der hat seine Grundlage eher in der Trägheit und Widerstandsfähigkeit der Interessengruppen als in einer eigenständigen Politik und Identität.

Nach dem Zusammenbruch des Kommunismus waren die Vereinigten Staaten in den 1990er-Jahren die einzige verbliebene Supermacht. Der amerikanischen Wirtschaft ging es – anscheinend – so gut wie schon lange nicht mehr. Die Staatsschulden sanken, neue Technologien schienen das Wirtschaftswachstum zu beschleunigen. In dieser Situation wäre vieles möglich gewesen: der Plan eines neuen Weltwährungssystems, der Entwurf eines Handelssystems, das die Vorstellungen aller Länder zumindest in grundlegenden Zügen berücksichtigt, sowie der Abbau nationaler und internationaler Verschuldung.

Aber Amerika verfolgte seine vermeintlichen Interessen – oder vielmehr die einiger Unternehmen und Branchen – weitgehend ohne Rücksicht auf die Belange der Weltgesellschaft und oftmals auch der eigenen Bevölkerung. Eine solch verhärtete Position ist eher typisch für eine absteigende Führungsmacht, die ihre Position hartnäckig verteidigt, als für die »einzig verbliebene Weltmacht«.[34] In seinem Buch *Die Roaring Nineties* rechnet der US-Ökonom Joseph Stiglitz schonungslos mit dem amerikanischen Unilateralismus ab. Dabei ist der Nobelpreisträger der Wirtschaftswissenschaften nicht irgendwer: Er war Vorsitzender des Sachverständigenrats für Wirtschaftsfragen während der ersten Amtszeit Bill Clintons, bevor er als Chefökonom zur Weltbank wechselte.

Joseph Stiglitz: Amerikanische Außenwirtschaftspolitik in den neunziger Jahren[35]

»In der zweiten Hälfte der Neunzigerjahre ließ eine verfehlte Entwicklungspolitik die Marktideologie, die wir den Entwicklungsländern, vor allem über den IWF, aufoktroyierten, fragwürdig erscheinen. Als eine Krise die nächste jagte, wuchs die Sorge vor der zunehmenden Instabilität der Weltwirtschaft. Hinzu kam, dass sich die USA in den Handelsgesprächen unfair verhielten […].

Die USA propagierten die Marktideologie und machten ihren ganzen Einfluss geltend, um US-Firmen Zugang zu Auslandsmärkten zu verschaffen. Dabei setzten wir uns in der Regierung Clinton allzu leichtfertig über Prinzipien hinweg, die wir eigentlich hätten hochhalten sollen. Uns interessierte lediglich, ob unsere Politik Arbeitsplätze im Inland schuf, nicht aber, wie sie sich auf die Menschen in den Entwicklungsländern auswirkte. Wir drängten auf Liberalisierung der Kapitalmärkte, ohne darüber nachzudenken, ob dies vielleicht die Stabilität der Weltwirtschaft beeinflussen würde. Wir dachten mehr an die kurzfristigen Vorteile einer harten Verhandlungsführung – und daran, dass sie dem Ansehen der Regierung im Inland förderlich sein würde –, als daran, ob der Eindruck von Doppelmoral und Heuchelei langfristig den Interessen der USA schaden könnte.

> In der Außenwirtschaftspolitik machten wir uns zu gefügigen Erfüllungsgehilfen der Wall Street – schließlich hatten ausländische Rentner in den USA kein Stimmrecht und unterstützten den Wahlkampf von US-Politikern auch nicht durch Geldspenden.
> Im internationalen Handel [...] liberalisierten wir die neuen Bereiche im Dienstleistungssektor in einer unausgewogenen Weise. Die USA drängten andere Länder, ihre Märkte für besonders konkurrenzstarke US-Produkte zu öffnen, wie etwa Finanzdienstleistungen, aber sie widersetzten sich erfolgreich der Forderung, gleichwertige Gegenleistungen zu erbringen. Bauwirtschaft und Seegüterverkehr, die Branchen, in denen viele Entwicklungsländer einen Wettbewerbsvorteil besitzen, wurden bei den neuen Abkommen außen vor gelassen. Schlimmer noch, die Liberalisierung der Finanzdienstleistungen dürfte einigen Entwicklungsländern geschadet haben.«

In der Uruguay-Verhandlungsrunde des GATT (1986–1994), die zur Gründung der Welthandelsorganisation und zu weitgehenden Liberalisierungen in der Weltwirtschaft führte, setzten sich die USA nach Stiglitz besonders einseitig und kurzsichtig für ihre eigenen Interessen ein.[36] Zwar drängen die USA auf eine Öffnung der weltweiten Agrarmärkte, aber sie schützen auch eigene Produzenten. Besonders deutlich zeigt dies das Beispiel Baumwolle: Die Produktionskosten sind doppelt so hoch wie in anderen Ländern, dennoch wird der Anbau von Baumwolle immer noch subventioniert. Die daraus folgende Überproduktion drückt weltweit die Preise. Mali hatte alleine dadurch einen Verdienstausfall von 43 Millionen Dollar. Gleichzeitig bekam das Land nur 37 Millionen Dollar Entwicklungshilfe![37]

Amerika drängt auch auf eine weitere Liberalisierung der Dienstleistungen und Direktinvestitionen. Die Weltmacht bemüht sich, ähnlich offene Regelungen durchzusetzen, wie sie im GATT für den Handel bestanden. Damit fallen nach und nach diejenigen Bereiche, die bis 1995 national bestimmt waren und es teilweise immer noch sind, unter das Diktat des Weltmarkts: das Bank- und Finanzwesen, die Energiekonzerne und die Telekommunikation. Zunächst klingt dies nach einer logischen Erweiterung des GATT, in dem Dienstleistungen nicht vorkamen. Bei genauerem Hinsehen sind dies jedoch alles Sektoren, in denen die US-Wirtschaft besonders wettbewerbsfähig ist.

In vielen Entwicklungsländern, gerade in Lateinamerika, machten sich in den 1990er-Jahren internationale Großbanken breit, die in einer Krise das Sparkapital des jeweiligen Landes beliebig abziehen können. Derartige Kapitalströme waren eine der Ursachen der mexikanischen Peso-Krise 1994–1995[38] und der Asienkrise von 1997. China war bei den Beitrittsverhandlungen zur WTO vorsichtiger. Gewarnt durch die Asienkrise, widersetzte sich das Land der vom US-Finanzministerium geforderten Öffnung der chinesischen Märkte für den Vertrieb spekulativer Finanzprodukte und Finanzderivate.[39]

Wie sehr die US-Handelspolitik zum Spielball von rücksichtslosen Unternehmensinteressen werden kann, zeigt der Fall von William R. Timken, von 2005 bis 2008 amerikanischer Botschafter in Berlin, und der Timken Company. Die Gesellschaften der Timken Company, eines Herstellers von Kugellagern, wurden durch wettbewerbswidrige US-Schutzzölle abgeschottet, um gegen die führenden japanischen und deutschen Unternehmen bestehen zu können. Das sogenannte Byrd Amendment (benannt nach dem US-Senator Robert Byrd) schützt diese WTO-widrige Praxis im amerikanischen Senat. Die Zölle, die deutsche und japanische Hersteller aufgrund angeblicher Dumping-Preise zahlen, gingen zu einem Großteil direkt an die Timken Company: 2004 waren es 52,7 Millionen Dollar, 2003 sogar 92,7 Millionen.[40]

Die Schaeffler-Gruppe aus Herzogenaurach beispielsweise zahlte dadurch mehr als 35 Millionen Dollar – vor allem an Timken. Jürgen Geißinger, Chef der Schaeffler-Holding und Präsident des europäischen Wälzlager-Dachverbands sagte dazu dem *Spiegel* im August 2005: »Mit Timken wird einer der größten Profiteure WTO-widriger Handelspolitik ausgerechnet in dem Land zum Botschafter ernannt, wo die Leidtragenden dieser Politik sitzen.« Durch die deutsche Finanzspritze können die Amerikaner ihre Produkte nun sogar zu Kampfpreisen auf dem Weltmarkt anbieten. Das bedeutet Umsatzeinbußen und den Verlust von Arbeitsplätzen.[41]

Nun verhält sich Europa in der Handelspolitik selbst keinesfalls immer fair. Der Fall Timken offenbart aber, wie stark die US-Handelspolitik zum Spielball einzelner Interessengruppen geworden war. Zu beachten ist dabei: Der Außenhandel ist gemäß der amerikanischen Verfassung ein Privileg der Legislative, und Kongressabgeordnete wie auch Senatoren sind auf Spenden angewiesen. Nicht zu vergessen: Botschafterposten und viele Tausende von Verwaltungsstellen werden bei einem Regierungswechsel mit Leuten aus den eigenen Reihen besetzt.[42]

Die US-Handelspolitik war aber nicht immer Spielball des Kongresses gewesen: Nach den desaströsen Smoot-Hawley-Zöllen von 1930, die die Weltwirtschaftskrise erheblich verstärkten und auch andernorts zu Schutzzöllen führten, hatte sich nach dem Zweiten Weltkrieg ein System entwickelt, in dem der Kongress in Form des Special Trade Representative (STR) einen Großteil der Handelsfragen auf den Präsidenten delegierte.[43] Dieses System befindet sich seit einigen Jahren in Auflösung. Washington setzt sich mit ganzer Kraft für die kurzfristigen handelspolitischen Interessen von nationalen Unternehmen ein, ohne an die langfristigen Konsequenzen für die Welthandelsordnung zu denken. Auf diese Weise schadet Amerika letztlich sich selbst, verliert an Autorität und muss eine Schwächung seiner Führungsrolle in Kauf nehmen. Es ist zweifelhaft, ob die WTO ein angemessenes Gegengewicht darstellen kann.

Der Schutz geistigen Eigentums

Die USA treiben den Schutz geistigen Eigentums besonders aktiv voran. Als das GATT ins Leben gerufen wurde, war noch nicht absehbar, wie wichtig dieser Bereich werden sollte. Beim Schutz geistigen Eigentums – seien es Patente, Marken, Literatur, Kinofilme oder Software – müssen zwei divergierende Interessen gegeneinander abgewogen werden: das Interesse des Urhebers oder Rechteinhabers und das Interesse der Allgemeinheit. Patente sichern zum Beispiel denjenigen, die sie besitzen, für einen bestimmten Zeitraum ein Monopoleinkommen. So sollen Unternehmen und Privatpersonen für ihre Forschung belohnt und ein Anreiz geschaffen werden, weiterhin Forschungs- und Entwicklungsarbeit zu betreiben. Gleichzeitig besteht auch ein Interesse an der Verbreitung neuer Technologien, sodass der Patentschutz nicht zu umfassend sein sollte. Die Nutzer sollen nicht zu viel zahlen. Zudem werden viele forschende Unternehmen vom Staat subventioniert, sodass sie bei einem strengen Patentschutz sogar zweimal kassieren können.

In den letzten Jahrzehnten vertraten die USA nahezu durchgängig die Position der Rechteinhaber. In der Uruguay-Runde setzte sich Washington für einen maximalen Rechtsschutz bei Patenten ein. In der Pharmabranche wird ein solches Vorgehen besonders deutlich: Medikamente mit Patentschutz können oft zu sehr hohen Kosten verkauft werden – und sind dadurch in der Dritten Welt unerschwinglich. Damit nutzt der Patentschutz den Pharmafirmen in einem besonderen Maße, während viele Menschen in den Entwicklungsländern, aber auch einkommensschwächere Patienten in den Industrienationen, das Nachsehen haben.

Bereits 1984 gründeten die USA die International Intellectual Property Alliance (IIPA), einen Zusammenschluss von sieben Branchenverbänden zur internationalen Durchsetzung von Urheber- und Inhaberrechten. Der Dachverband arbeitet eng mit dem US-Handelsbeauftragten zusammen, der nachverfolgt, inwieweit andere Staaten (amerikanische) Urheber- und Patentrechte respektieren. Auch die Filmindustrie drängte auf maximalen Schutz. So brachten die USA drakonische Strafen für Raubkopierer von Filmen und umfassende PR-Kampagnen als Rechtfertigung des Vorgehens wie als Warnung auf den Weg.

Die 2019 vom EU-Parlament beschlossene Urheberrechtsreform fällt stark zugunsten der großen Rechteinhaber und gegen einen tolerierten Graubereich der Nutzung geistigen Eigentums durch kleinere Akteure aus. In Zukunft wird theoretisch für fast jedes Bild oder jeden Filmausschnitt eine Lizenz benötigt, was für kleinere Blogger oder Produzenten nicht mehr zu leisten ist, sodass große Konzerne mit ihren Abteilungen für Lizenzen- und Urheberrechte klar im Vorteil sind. Ganz nebenbei kann durch den umstrittenen Upload-Filter nach Artikel 13 auch Zensur ausgeübt werden.

Dass die USA dabei immer im eigenen Interesse handeln, eine »America-first«-Politik betreiben, zeigt die Rechtsprechung bei den Generika, also Arzneimitteln ohne Patentschutz. Bei Arzneimitteln waren traditionell deutsche und europäische Unternehmen stark. Bereits in den 1980er-Jahren änderten die USA die Gesetzgebung dahingehend, dass die Beweislast umgekehrt wurde: (zumeist) ausländische Patentinhaber mussten seitdem innerhalb einer sehr kurzen Frist vor einem amerikanischen Gericht glaubhaft machen, dass durch ein Generikum ein Patent verletzt wird – eine massive Belastung für Bayer, Hoechst, Sanofi, Aventis, Novartis, Roche und Co.

Sanktionen und Wirtschaftskrieg

Wirtschaftssanktionen sind seit jeher ein Mittel der Politik und des Krieges. So belegte Napoleon das britische Empire von 1806 bis 1813 mit der sogenannten Kontinentalsperre, einem Importverbot für britische Waren in ganz Europa. Im Ersten Weltkrieg setzte England eine weitreichende Blockade gegen das Deutsche Reich und seine Verbündeten durch, die schon vor Kriegsbeginn umfassend vorbereitet worden war. Die Alliierten schnitten das Reich von allen Verbindungen ab, brachten Handelsschiffe auf, internierten deren Besatzungen und kappten bereits am Tag des Kriegsbeginns die deutschen Überseekabel in der Nähe von Emden.

Auch nach dem Zweiten Weltkrieg wurden in vielen Fällen Wirtschaftssanktionen verhängt. Besonders die Vereinigten Staaten übten sich früh darin, die Sanktionswaffe zu schärfen. Bereits 1953 wurden während des Koreakrieges Sanktionen gegen Nordkorea verhängt, in der Clinton-Ära etwas gelockert und seit 2019 wieder verschärft. 1958 beschlossen die USA umfassende Wirtschaftssanktionen gegen Kuba, in dem gerade die von Fidel Castro angeführten Rebellen dabei waren, die Macht zu erringen. Im Jahr 1980 verhängten die USA aufgrund der sowjetischen Intervention in Afghanistan ein Getreideembargo gehen die Sowjetunion, das durchaus seine Wirkung erzielte, aber auch die heimische Landwirtschaft massiv schädigte.

Nach der Islamischen Revolution im Iran wurden von den USA und ihren Verbündeten umfassende Sanktionen gegen den Iran erlassen, welche Kernkraft-, Raketen- und Militärtechnik, Investitionen in den Öl- und Gassektor, den Export von Öl- und Raffinerieprodukten, Banken, Versicherungen, Finanzinstitutionen und die Logistik betrafen. Bis 2010 wurden die Sanktionen stetig verschärft. Im Juli 2015 schlossen die fünf permanenten Mitglieder des Sicherheitsrates der Vereinten Nationen und Deutschland ein Abkommen mit dem Iran, das die Kontrolle der Kernkraft einerseits und die Lockerung der Sanktionen andererseits zum Inhalt hatte. Donald Trump hatte dieses Abkommen im Wahlkampf immer wieder kritisiert und kündigte es am 13. Oktober 2018 auf.

Im Herbst 1986 durfte ich als junger Student am Institute for International Economics (heute Peterson Institute) in Washington, D.C., ein Praktikum absolvieren. Zwei Ökonomen des Instituts, Gary Clyde Hufbauer und Jeffrey Schott, hatten gerade eine umfassende, 753 Seiten starke Analyse der Effektivität von 103 Fällen von Wirtschaftssanktionen vorgelegt. Beispielsweise untersuchten sie 19 Fälle, in denen die Destabilisierung einer fremden Regierung ausdrückliches Ziel der Sanktionen war. »In einigen Fällen sollen nur bescheidene Veränderungen in der Politik des Ziellandes erreicht werden [...] in anderen Fällen will man Destabilisierung erreichen, weil das Zielland eine insgesamt feindliche Einstellung hat.«[44]

Insgesamt kamen Hufbauer und Schott zu dem Schluss, dass die Sanktionen in der Vergangenheit in ungefähr einem Drittel aller Fälle erfolgreich waren. Sie legten daher eine Handlungsanweisung von neun Punkten vor, was bei Wirtschaftssanktionen zu beachten ist:

Hufbauer und Schott: Neun Punkte, die bei Wirtschaftssanktionen zu beachten sind[45]

1. Pflegen Sie keine überzogenen Erwartungen.
2. Sanktionen sind gegen die »Schwachen und Hilflosen« am effektivsten.
3. Sanktionen können auch gegen Verbündete und Handelspartner hilfreich sein, aber beachten Sie die politischen Kosten.
4. Belegen Sie das Zielland mit den maximalen Kosten.
5. Wenden Sie die Sanktionen entschlossen an.
6. Je teurer die Sanktionen für einheimische Firmen sind, desto geringer sind ihre Erfolgsaussichten.
7. Begleitende Aktionen, zum Beispiel durch Geheimdienste, können, müssen aber nicht hilfreich sein.
8. Internationale Zusammenarbeit ist keine Garantie des Erfolgs, da sie insbesondere bei besonders komplexen Fällen erfolgen wird.
9. Sorgfältige Planung ist wichtig.

Aktuell sind vor allem die Sanktionen gegen Russland im Zuge der Ukraine-Krise, gegen Syrien, gegen Nordkorea, den Iran und Venezuela im Blickpunkt des öffentlichen Interesses. Dass Washington dazugelernt hat, zeigen die Sanktionen gegen Russland. Die Lasten dieser Maßnahmen tragen vor allem die Europäische Union und hier wiederum Deutschland und Österreich, während die USA weiter umfangreiche Geschäfte mit Russland tätigen.[46] Die Europäische Union verhängte umfassende Handelssanktionen und belegte zusätzlich einzelne Personen mit einem Bann, während sich die amerikanischen Sanktionen vor allem gegen Einzelpersonen richten. Bis heute haben diese Sanktionen nach Schätzungen des österreichischen Instituts für Wirtschaftsforschung Europa 400.000 Arbeitsplätze und 30 Milliarden Dollar gekostet.[47]

Im Zuge der jahrzehntelang aufrechterhaltenen Sanktionen gegen den Iran setzten die Vereinigten Staaten 2012 auch das Internationale Zahlungssystem SWIFT unter Druck, den Iran komplett auszuschließen. Ende 2018 beugte sich SWIFT diesem Druck und nahm fast alle iranischen Banken vom Netz.[48] Dieses System, das im Jahr 2015 mehr als 11.000 Finanzinstitutionen in mehr als 200 Ländern und Territorien umfasste, ist das Nervenzentrum des internationalen Zahlungsverkehrs. Es hat seinen Sitz in Belgien und betreibt drei große Datenzentren, in den Niederlanden, der Schweiz und den USA. Auch ansonsten üben die USA großen Einfluss auf SWIFT aus. So vereinnahmten sie eine aus ihrer Sicht illegale Zahlung von Deutschland nach Dänemark, und die NSA überwacht große Teile des Zahlungsverkehrs. Bemühungen des Europäischen Parlaments, die Datensicherheit und -souveränität für Europa zumindest teilweise wiederherzustellen, hatten bislang nur bedingt Erfolg.

Dass Sanktionen nicht immer die beabsichtigten Ziele erreichen, zeigen die im Juni von Saudi-Arabien, den Vereinigten Arabischen Emiraten, dem Jemen, Ägypten, den Malediven und Bahrain verhängten Sanktionen gegen Katar aufgrund dessen vermeintlicher Unterstützung islamistischer Terroristen. Man darf vermuten, dass es Saudi-Arabien nicht so sehr um die Islamisten ging – 15 der 19 Flugzeugentführer vom 11. September 2001 kamen aus dem Königreich –, sondern um die kritische Berichterstattung des Senders Al Jazeera, der seinen Hauptsitz in Katar hat.[49] Nachdem Donald Trump diese Sanktionen zunächst spontan unterstützt hatte, wurde er wohl darüber aufgeklärt, dass das US-Militär in Katar einen großen Luftwaffenstützpunkt betreibt, und nahm eine differenziertere Position ein. Zudem versorgen nun die Türkei und Iran das kleine Emirat und konnten damit ihren Einfluss in der Region ausbauen.

Die massiven Sanktionen, die die USA und ihre Vasallen derzeit gegen Russland, den Iran, Nordkorea, Syrien und Venezuela verhängt haben, haben allesamt eine massive Schattenseite: Sie vermehren das menschliche Leid in diesen Ländern und treffen – wie fast immer – die Schwächeren. Vom »Wandel durch Handel« bleibt in diesen Fällen nichts übrig.[50] Im Gegenteil: Große Teile der Bevölkerung verharren in Armut oder verarmen, Polarisierung und Konflikte nehmen zu.

Strukturelle Macht und Erpressung

Neben sichtbaren Sanktionen setzen die USA auch ihre große strukturelle Macht zur Durchsetzung ihrer internationalen wirtschaftspolitischen Ziele ein. Auch wenn China die USA gemäß Kaufkraftparität überholt hat, sind die Vereinigten Staaten aufgrund ihres Import- und Konsumhungers für weitaus die meisten Waren und Warengruppen nach wie vor der größte Markt der Welt. Die Kontrolle von Schlüsseltechnologien und die wichtigen Finanzplätze New York und Chicago verstärken die strukturelle Macht außerdem.

Eine nicht unwesentliche Rolle bei der Erpressung ausländischer Konzerne und Privatpersonen spielt das vorsintflutliche amerikanische Justizsystem mit Jurys, Kronzeugenregelungen und den erhöhten Strafzahlungen, »punitive damages« genannt. In Deutschland gilt im Verbraucherschutz das »Vorsorgeprinzip«, in den USA das »Nachsorgeprinzip«. In Deutschland prüfen die Zulassungsbehörden traditionell sehr streng und lassen nur Produkte zu, die eine große Sicherheit aufweisen. In den USA ist die Zulassungspraxis oft wesentlich weniger restriktiv; dafür werden im Schadensfalle gern die Hersteller verklagt. In Deutschland sind Schadenersatzzahlungen traditionell eher niedrig, in den USA können sie sehr hoch sein und das Mehrfache des Schadens umfassen.[51]

Zudem können Schadenersatzklagen oder Strafverfahren in den USA vor vielen verschiedenen Gerichten landen. Vor Provinzgerichten sind dann bei einer komplexen Materie die Risiken hoch und es stehen große Summen auf dem Spiel. Zudem wird sich ein Richter im patriotischen Amerika vielleicht doch leichter tun, ein ausländisches Unternehmen zu verurteilen. Das mussten Audi und Honda in den 1980er-Jahren sowie Toyota in den 2000er-Jahren erfahren, als die Unternehmen beschuldigt wurden, ihre Autos würden plötzlich und unkontrolliert beschleunigen und damit Unfälle verursachen (»sudden acceleration«).[52] Die Verkaufszahlen dieser Marken sackten jeweils massiv ab, im Fall Toyota stellte sich sogar der US-Handelsminister vor die Fernsehkameras und warnte vor den Autos. 2014 musste das japanische Unternehmen Schadenersatz von 1,4 Milliarden Dollar zahlen. Komisch sind diese vielen Fälle von »sudden acceleration« schon, denn weder in Japan noch in Deutschland beklagte sich jemand darüber. Man kann sich des Eindrucks nicht erwehren, dass hier zumindest teilweise ein Geschäftsmodell für Anwälte entstanden ist.

Man sollte meinen, dass der Bayer-Konzern genug negative Erfahrungen mit der US-Justiz gesammelt hat. Anfang der 2000er-Jahre musste der Cholesterinsenker Lipobay vom Markt genommen werden, nachdem eine Klagewelle aus den USA das Unternehmen schwer in Mitleidenschaft gezogen hatte.[53] Und dennoch tappte das Bayer-Management mit der Übernahme des US-Chemie- und Biotechnologiekonzerns Monsanto, der für seine umstrittenen Methoden bekannt war, wieder in die gleiche Falle. Es war, als ob die Kläger nur auf den Abschluss der Übernahme gewartet hätten, um sich wegen der angeblich durch das Herbizid Glyphosat verursachten Schäden auf Bayer zu stürzen. Im Mai 2019 wurde das Unternehmen erstmalig zu 2 Milliarden Dollar Schadenersatz verurteilt. Insgesamt sind 13.000 Klagen abhängig.[54]

In der Diesel-Affäre, in die vor allem der Volkswagen-Konzern, aber auch andere deutsche Autohersteller verwickelt wurden, erreichte das Vorgehen der US-Justiz und in der Folge auch der europäischen Gerichte eine neue Dimension. Der Schaden für VW alleine betrug geschätzt 40 Milliarden Dollar. Nachdem vor den US-Gerichten ausgiebig geklagt worden war, nahmen sich auch deutsche Gerichte der Sache an und nannten weitere Schadensummen von bis zu 79 Milliarden Euro.[55] Um das Desaster noch zu vergrößern, führte die Bundesregierung ab 1. November 2018 die Möglichkeit von Sammelklagen in das deutsche Recht ein. Aber nicht nur die finanziellen Auswirkungen des Abgasskandals sprengten die zuvor bekannten Dimensionen. VW-Manager Oliver Schmidt wurde von einem US-Gericht zu einer ungewöhnlich langen Haftstrafe von sieben Jahren verurteilt. Es drängt sich der Verdacht auf, dass durch das harte Vorgehen auch ein Konkurrent auf dem Weltmarkt geschwächt werden soll. Zum Zeitpunkt des Ausbruchs der Abgasaffäre war VW der größte Autokonzern der Welt.

Ähnlich hart hatten die US-Behörden schon nach der Finanzkrise agiert, als etliche Manager von Schweizer Großbanken in den USA verhaftet und ihnen aufgrund angeblicher Gesetzesverstöße gegen US-Recht der Prozess gemacht wurde.

Während der Finanzkrise verriet ein ehemaliger UBS-Manager peinliche Geheimnisse über die Steuersparmethoden der Schweizer Banken. Danach wollten die US-Behörden die UBS zwingen, Tausende von Kundendaten herauszugeben. »Damit zielt der US-Angriff mitten ins Herz des Schweizer Finanzplatzes: auf das Bankgeheimnis«, schrieb 2008 der *Spiegel*.[56] Die Schweiz konnte sich diesem Angriff nur durch massive Zugeständnisse erwehren. Nun werden die Schweizer Banken in drei Kategorien eingeteilt: ganz, teilweise und nicht US-gesetzeskonform. Die schweizerische Finanzmarktaufsicht übernimmt die Aufgabe des Hilfssheriffs für die USA. Manager einer Bank, die nicht konform ist, riskieren auch heute noch bei einer Einreise in die USA ihre Verhaftung. Auch hier drängt sich der Verdacht auf, dass ein unliebsamer Konkurrent niedergehalten werden soll. Gleichzeitig sind laut der Wochenzeitung *Die ZEIT* die größte Steueroase der Welt die USA selbst.[57] Ein bisschen erinnert das an Mafia-Methoden: Woanders die Spielhöllen dichtmachen, um sie dann selbst zu betreiben.

Dass hier insgesamt massiv US-Interessen bedient werden, ist offensichtlich. Es ist zum Beispiel kein Fall bekannt, in dem wirklich harte Strafen gegen Manager der US-Datenkraken Facebook, Amazon, Apple, Alphabet (Google) und Microsoft verhängt worden wären, obwohl diese Unternehmen in der Vergangenheit massiv deutsches und europäisches Datenschutzrecht umgangen haben. Im Gegenteil, Mark Zuckerberg, Gründer von Facebook, darf sich sogar vor dem Europäischen Parlament erklären.

Wenn die Politik der Justiz nicht mehr ausreicht, wird stattdessen oder zusätzlich der politische Druck erhöht. So wurde das 2009 zwischen Russland und Bulgarien und einigen anderen Ländern vereinbarte Projekt der South-Stream-Pipeline, das die Lieferrouten von russischem Erdgas nach Europa diversifizieren und die Abhängigkeit Russlands von den derzeit dominierenden Transitstaaten Ukraine und Weißrussland reduzieren sollte, durch massiven Druck seitens der USA und der EU torpediert. Im Juni 2014 besuchte der inzwischen verstorbene Senator John McCain Bulgarien und »bearbeitete« führende Politiker.[58] Danach war das Projekt tot.

Inzwischen erhöht Washington massiv den Druck auf die deutsche Bundesregierung, das Projekt Nord Stream II abzusagen. Im Mai 2019 drohte US-Botschafter Richard Grenell mit Sanktionen, sollte das fest vereinbarte und in der Schlussphase befindliche Projekt fertiggestellt werden.[59] Die strategischen Interessen sind offensichtlich: Die USA wollen Russland weiter schwächen und stattdessen amerikanisches und persisches Öl und Gas verkaufen. Geradezu schmerzhaft war es, mit anzusehen, wie deutsche Politiker, allen voran der EVP-Spitzenkandidat für das Amt des EU-Kommissionspräsidenten, Manfred Weber (CSU), auf den Zug aufsprangen.

Im Fall des chinesischen Technologiekonzerns Huawei, der eine führende Rolle bei der mobilen Technologie 5G einnimmt, kommen die Verfolgung durch die Strafjustiz und politischer Druck zusammen. Ende 2018 wurde Meng Wanzhou, Huaweis Finanzchefin und Tochter des Firmengründers, wegen angeblicher Spionage auf amerikanischen Druck hin in Kanada verhaftet und steht seitdem in Vancouver unter Hausarrest. Huawei wurde vorgeworfen, die Sanktionen gegen den Iran zu umgehen und »Privatunternehmen zu nutzen, um Regierungsinteressen zu verfolgen sowie die Sicherheit der Vereinigten Staaten zu unterminieren«.[60] Ende Mai rief Donald Trump den Notstand aus und verbot US-Unternehmen die Zusammenarbeit mit Huawei. Die Folgen dieser Maßnahme sind gravierend: Zwischen US-Technologiekonzernen und Huawei bestehen vielerlei Lieferantenbeziehungen; viele Menschen im Westen nutzen ein Endgerät von Huawei. Das Nachrichtenmagazin *Focus* spricht von einem »Erstschlag im digitalen Machtkampf zweier Systeme«.[61]

Doch die unilaterale Politik von Drohung und Druck kommt an ihre Grenzen. Während Deutschland sich im Fall Huawei erneut den US-Interessen fügt, machen andere Länder den amerikanischen Wirtschaftskrieg nicht mit. In Großbritannien darf Huawei zum Beispiel weiter beim Ausbau der Netze mitmachen.[62] Ende 2018 schlug der deutsche Außenminister Heiko Maas die Gründung einer Zweckgesellschaft vor, mit der die SWIFT-Sanktionen gegen den Iran umgangen werden könnten. Der französische Finanzminister Bruno Le Maire pflichtete bei: »Ich will, dass Europa ein souveräner Kontinent, nicht ein Vasall ist, und das bedeutet: Verfügung über unabhängige Zahlungssysteme, die es aktuell noch nicht gibt.«[63] Auch wenn hier eher der Wunsch Vater des Gedankens sein sollte, drückt sich hierin ein wachsendes Problembewusstsein in Europa aus.

Der größte und vielleicht wichtigste Dämpfer für die amerikanische Dominanz- und Herrschaftsstrategie in Bezug auf Europa ist wahrscheinlich das Scheitern des transatlantischen Freihandelsabkommens TTIP (Transatlantic Trade and Investment Partnership). Der unter höchst intransparenten Bedingungen ab 2011 zustande gekommene Entwurf hätte den mehr oder weniger kompletten Anschluss Kontinentaleuropas an das völlig anders gelagerte US-Rechtssystem und eine völlige Unterordnung des öffentlichen Interesses unter Privatinteressen bedeutet; Staaten hätten zum Beispiel von privaten Akteuren leichter verklagt werden können, wenn sie eine investitionsfeindliche oder -schädliche Politik durchführen. Zudem sollten intransparente Schiedsgerichte eingeführt werden, was eine Entmachtung der staatlichen Justiz darstellt. In einem Gespräch mit dem Fernsehsender 3sat bezeichnete ich TTIP als eine völlige Entmachtung der Politik.[64] Auch der englische *Guardian* kommentierte, dass mit dem Abkommen die britische Souveränität an multinationale Konzerne ausgehändigt werde.[65] Die geschätzten Wachstumsimpulse durch das Abkommen waren hingegen mit gerade einmal 0,5 bis 1 Prozent der Wirtschaftsleistung relativ bescheiden, was darauf hinweist, dass es von Anfang an um etwas anderes ging.

Auch der Druck aus der Gesellschaft, das Abkommen in dieser Form nicht abzuschließen, nahm massiv zu. Unter anderem stellten sich gegen das Abkommen die Nobelpreisträger Paul Krugman und Joseph Stiglitz, 80 deutsche Wissenschaftler und der Deutsche Richterbund. In Berlin demonstrierten laut *Spiegel* im Oktober 2015 mehr als 100.000 Menschen gegen TTIP. Diese Demonstration kam in den öffentlich-rechtlichen Medien kaum vor.[66] Schließlich jedoch führten der Widerstand, aber auch amerikanische Arroganz zum Scheitern des Vorhabens. Im August 2016 kommentierte der damalige Wirtschaftsminister Sigmar Gabriel im ZDF, dass die Verhandlungen letztlich gescheitert sind, weil »wir Europäer uns nicht amerikanischen Forderungen unterwerfen wollten«.[67] Allerdings ist das Thema nicht komplett vom Tisch: im März 2019 erteilten die EU-Staaten der Europäischen Kommission ein Mandat, über ein neues Abkommen zu verhandeln. Glücklicherweise sind diesmal die Ziele wesentlich weniger ambitioniert, sodass der Zenit amerikanischer Machtausübung über Europa erreicht sein könnte.[68]

TEIL II

IM CRASHMODUS

– KAPITEL 5 –

DIE UNBEWÄLTIGTE FINANZKRISE

Der jetzige Aufschwung wird ewig andauern. Wir wollen keine Rezession, wir brauchen keine, und weil wir die Instrumente haben, diesen Aufschwung fortzusetzen, werden wir auch keine bekommen.

Rüdiger »Rudi« Dornbusch, Ökonom 1998[1]

I suppose it is tempting, if the only tool you have is a hammer, to treat everything as if it were a nail.

Abraham H. Maslow, Psychologe

Die Politik der Notenbanken zeigt, dass wir immer noch an dieser Krise knabbern. Wenn man ehrlich ist, steckt uns diese Krise heute noch in den Knochen.

Bundeskanzlerin Angela Merkel auf dem Weltwirtschaftsforum 2019 in Davos

Nach der Finanzkrise reagierten die Staaten und Notenbanken rasch: Mit einer nie dagewesenen Geldflut wurden die Märkte überschwemmt; es wurden Banken und Finanzinstitute gerettet und Konjunkturprogramme aufgelegt. Die Notoperation glückte. Der Patient Weltwirtschaft blieb am Leben. Ausgerechnet Länder wie China und Indien sorgten auch in der heißen Phase nach 2009 dafür, dass die Wachstumsimpulse nicht ganz ausblieben. Seitdem geht es wieder voran. Zwischen 2010 und 2018 wuchs die US-Wirtschaft jedes Jahr um zwischen 1,6 und 3 Prozent, die Weltwirtschaft sogar zwischen 3 und 4 Prozent. Aber um welchen Preis?

Geldpolitik im Hyperdrive: von Greenspan zu Bernanke

Spätestens seit dem Börsencrash von 1987, den ich als junger Praktikant auf dem Parkett der Frankfurter Börse miterlebte, greifen die Regierungen und Notenbanken der westlichen Industrienationen bei jeder Krise oder Schwäche der Wirtschaft zum immergleichen Rezept: mehr Liquidität. Das wird nicht mehr lange gut gehen.

Als Alan Greenspan am 21. Juli 1987 vor den Senat der Vereinigten Staaten trat, um sich als Chef der US-Notenbank (Federal Reserve, kurz Fed) bestätigen zu lassen, war ich dabei. Ich durfte als Austauschstudent für ein Jahr an der American University studieren und nahm alle Möglichkeiten wahr, die Politik in der amerikanischen Hauptstadt besser kennenzulernen. Damals war Washington eine sehr offene Stadt, und derartige Veranstaltungen fanden ohne große Sicherheitsvorkehrungen statt. Für ihren Besuch genügte es, seinen Pass vorzuzeigen.

Greenspan machte einen kühlen, sehr rationalen Eindruck. Das Interesse an dem Hearing war nicht besonders groß. Ich erinnere mich, dass neben den Senatoren und Angestellten des Senats vielleicht 50 Zuschauer im Saal waren.[2] Das änderte sich schlagartig mit dem Börsencrash vom 19. Oktober 1987. Der Dow Jones fiel um 508 Punkte, was damals 22 Prozent waren. Nervosität machte sich auf den Finanzmärkten der Welt breit. War der Reagan-Aufschwung vorbei? Das durfte nicht sein. Ein Präsident will einen guten Abgang haben. Greenspan handelte schnell. In einer Pressemitteilung verkündete er: »Die Federal Reserve Bank, in Übereinstimmung mit ihrer Verantwortung als Zentralbank der Nation, bestätigte heute ihre Bereitschaft, als eine Quelle der Liquidität für das Finanzsystem zu dienen und das Wirtschafts- und Finanzsystem zu unterstützen.«[3]

Alan Greenspan und der Goldstandard

»Ohne Goldstandard haben Privatpersonen keine Möglichkeit, Ersparnisse vor der Konfiszierung durch Inflation zu schützen. Es gibt dann kein sicheres Wertaufbewahrungsmittel. Wenn es eins gäbe, müsste die Regierung den Privatbesitz – wie bei Gold – verbieten. Wenn zum Beispiel jedermann seine Bankeinlagen in Silber […] umtauschen und dann Bankschecks nicht mehr akzeptieren würde, wären Bankeinlagen wertlos. Die Politik des Sozialstaats macht es erforderlich, dass es keinen Weg für die Besitzer von Vermögen gibt, ihr Vermögen zu schützen.«[4]

So blieb es in allen Krisen der Ära Greenspan: Rasant wurde der Geldhahn aufgedreht und die Krise in Liquidität ertränkt. Greenspan, der sich als junger Mann für eine Goldwährung ausgesprochen hatte, weil sie weniger manipuliert werden könnte, war im Sozialstaat angekommen. Und für den Sozialstaat ist es, wie er selbst zwei Jahrzehnte vorher geschrieben hatte, wichtig, dass die Inhaber von Vermögen dieses nicht vor dem Zugriff des Staates schützen können. Vom Gegner der Manipulation wurde er zum Meistermanipulator, zum »Magier der Märkte«.[5] Während seiner mehr als 18-jährigen Amtszeit stieg Greenspan zum unbestrittenen Chefdeuter und Orakel der Weltwirtschaft auf. Sein Wort bewegte die Finanzmärkte wie das keines anderen wirtschaftspolitischen Entscheidungsträgers.

Sowohl Bewunderer als auch Kritiker schreiben der US-Notenbank eine nahezu unbegrenzte Macht zu. Bereits in den späten 1980er-Jahren veröffentlichte der amerikanische Journalist William Greider ein Buch mit dem Titel *Secrets of the Federal Temple. How the Federal Reserve runs the Country*.[6] Und im Jahr 2000 verfasste die Reporterlegende Bob Woodward eine Biographie Greenspans, die in der deutschen Übersetzung den treffenden Untertitel »Dirigent der Wirtschaft« trägt.[7] Der »Magier der Märkte« war selbst nicht ganz unschuldig an seinem eigenen Mythos, ja, er schien sich regelrecht darin zu sonnen. Immer wieder erweckte er den Eindruck, dass alles unter Kontrolle sei.

Die Quittung für die Greenspan-Politik der hemmungslosen Liquiditätsschöpfung folgte im Herbst 2008. Nachdem schon einige Zeit die Spannungen im Finanzsystem gestiegen waren, ging im Herbst 2008 die Investmentbank Lehman Brothers mit nahezu 30.000 Mitarbeitern in die Insolvenz. Das Finanzsystem verfiel in Schockstarre. Ich wartete mehr als zwei Monate auf einen Scheck der Columbia University, einem sicherlich hoch solventen Schuldner. Er war einfach im System stecken geblieben. Was bei mir persönlich ein winziges Randdetail war, war für das Finanzsystem lebensbedrohlich. Die Eigenkapitalquote vieler Banken lag unter 5 Prozent (wo sie heute auch noch ist, wenn man richtig rechnet), keine Bank traute der anderen. Denn wenn eine Bank aufgrund schlechter Kredite Verluste in auch nur wenigen Prozent des Eigenkapitals machte, war sie insolvenzbedroht. Da war es besser, das Geld zu horten.

In einer aufsehenerregenden Aktion traten Angela Merkel und der damalige Bundesfinanzminister Peer Steinbrück am 5. Oktober 2008 vor die Fernsehkameras und verkündeten: »Wir sagen den Sparerinnen und Sparern, dass ihre Einlagen sicher sind.«[8] Das waren sie theoretisch auch, denn solange genug Liquiditätshilfen gegeben werden, können die Banken auch auszahlen. Und genau das taten die Regierungen. Maßgeblich beteiligt war der neue US-Notenbankchef Ben Bernanke, seit Februar 2006 im Amt. Da zeichnete sich schon ab, dass die Party bald zu Ende sein würde.

Bernanke, brillanter Professor, ausgezeichneter Lehrer und fairer Teamplayer, hat sich schon früh mit Fragen von praktischer und politischer Relevanz befasst. Besonders beschäftigte ihn die Große Depression und in dem Zusammenhang die Überlegung, wie man einen solchen GAU verhindern kann. Anders als sein Vorgänger Greenspan war Bernanke nie ein Vollblutpolitiker. Doch er lebte sich sehr schnell in Washington ein, und seine guten Verbindungen zur Republikanischen Partei waren für viele in Princeton – an dieser eher linksliberalen Universität lehrte er – eine Überraschung.

Einen ersten Aufschluss über seine Ansichten bot eine Rede, die Bernanke vor dem National Economists Club in Washington im November 2002 hielt. Darin setzte er sich mit dem Problem der Deflation auseinander und stellte die Fed als ein Bollwerk gegen Inflation und Deflation dar: »Sie wird unternehmen, was immer nötig ist, um in Kooperation mit anderen Regierungseinrichtungen genügend Mittel zu haben, um sicherzustellen, dass eine Deflation kurz und mild sein wird.«

Zudem könne die Regierung im Falle einer Deflation beliebig viel Geld drucken und in den Umlauf bringen. Das würde den Wert des Dollars automatisch verringern und damit eine Deflation verhindern. »Wir ziehen daraus die Schlussfolgerung, dass eine entschlossene Regierung mit einer Papierwährung höhere Ausgaben und damit Inflation produzieren kann, wann immer sie es will.«

Und genau das passierte in den Jahren nach der Finanzkrise. Die Notenbanken verabreichten »eine noch extremere Version von Greenspans Antideflations-Medizin«, so der Finanzanalyst James Rickards in seinem neuen Buch *Nach dem Kollaps*.[9] Sie öffneten die Liquiditätsschleusen sperrangelweit und ertränkten auch diese Krise in Liquidität. So senkte die US-Notenbank die Federal Funds Rate, zu der sich die Geschäftsbanken Geld bei ihr leihen können, schnell auf 0,25 Prozent. Auf diesem Niveau sollte sie mehr als ein halbes Jahrzehnt verharren.

Seit 1981 befinden sich die US-Notenbankzinsen (Effective Federal Funds Rate) **im Rückwärtsgang**

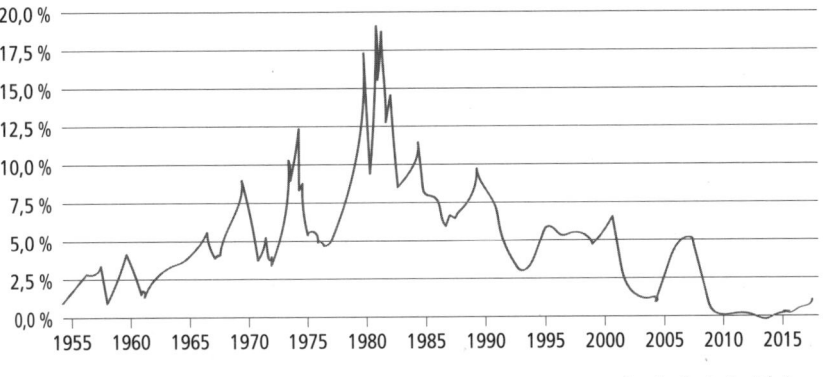

Quelle: fred.stlouisfed.org

Aber das reichte nicht. Viele Banken wurden mit Eigenkapitalhilfen gestützt, einige wurden abgewickelt, zerschlagen oder reorganisiert, und viele Industrienationen stützten ab Herbst 2008 die Konjunktur mit massiven Programmen. Insgesamt beliefen sich die Kosten bis Ende 2009 auf ungefähr 10,5 Billionen Dollar oder 20 Prozent des Weltsozialprodukts. Rund 1,6 Billionen mussten bei Banken abgeschrieben werden, 4,65 Billionen betrug der Wertverlust von Immobilien und ein Minus von 4,2 Billionen ging auf das verringerte Wirtschaftswachstum zurück.[10] Als Folge stiegen auch die Haushaltsdefizite in vielen Ländern massiv an, sodass im Frühjahr 2010 eine Staatsschuldenkrise vor allem in Irland und den südeuropäischen Ländern sowie spekulative Attacken auf den Euro folgten.

Zudem begann unter Bernankes Führung eine regelrechte Orgie des Gelddruckens, des sogenannten *Quantitative Easing* (QE, »quantitative Lockerung«). Dabei kaufte die Notenbank lang laufende Anleihen und Wertpapiere von den großen Geschäftsbanken, die als Primärhändler dieser Papiere agierten. Das Geld dafür kann eine Notenbank einfach »drucken« beziehungsweise auf Knopfdruck elektronisch bereitstellen. Die Geschäftsbank hat nun frische Liquidität in der Bilanz, die Notenbank die – oftmals problematischen – Wertpapiere. In drei Runden zwischen November 2008 und Oktober 2014 wurde die Bilanz der Fed von 800 Milliarden auf 4,5 Billionen Dollar aufgebläht.[11]

Die Notenbankbilanzen haben sich von circa 7 Billionen Dollar zur Zeit der Finanzkrise 2008 auf 22 Billionen im Jahr 2018 mehr als verdreifacht. Weil das

Die Notenbankbilanzen haben sich gefährlich aufgebläht

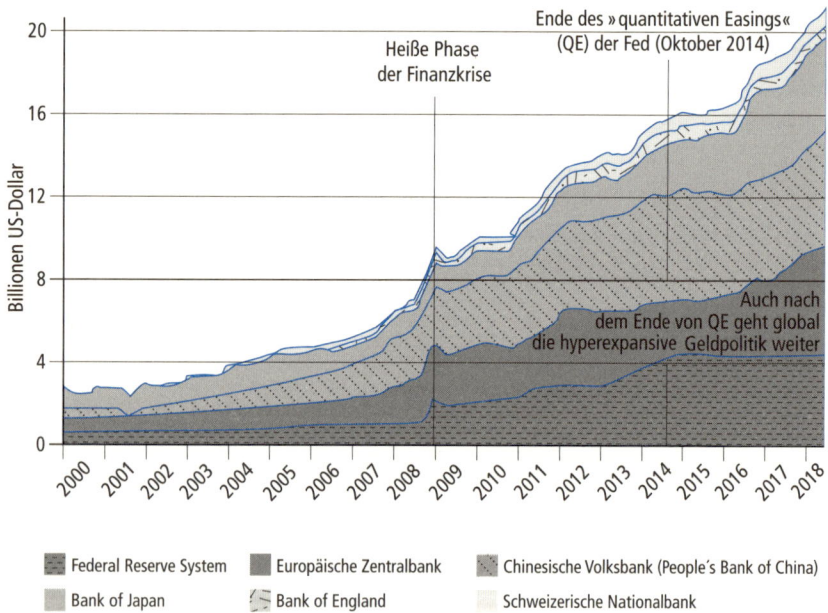

Weltsozialprodukt im selben Zeitraum von 60 auf 85 Billionen Dollar gestiegen ist, ist der Anstieg der Notenbankbilanzen relativ zur Wirtschaftsleistung mit 110 Prozent etwas geringer. Dennoch: Sollte es zu einem ernsthaften Konjunktureinbruch kommen oder gar zu einer Weltwirtschaftskrise, haben die Notenbanken ihr Pulver bereits verschossen.

Geldpolitik ist am besten mit einem Seil vergleichbar. Sie können das Seil lockerlassen und damit ziehen; Sie können mit dem Seil aber nicht schieben. Oder um es mit einem Sprichwort zu sagen: Man kann die Pferde zur Tränke führen, doch trinken müssen sie selber. Als die gewünschten Niedrigzinsen nicht ausreichten, um die Wirtschaft zu stimulieren, begingen die Notenbanken geld- und ordnungspolitische Sündenfälle ungeahnten Ausmaßes, die in den USA unter dem Begriff *Quantitative Easing* und in Europa als *Outright Monetary*-Transaktionen und *Asset Purchase*-Programme bekannt wurden.[12]

Obwohl diese Programme sich leicht voneinander unterscheiden, ist ihr Kern im Grunde der gleiche. Immer geht es darum, dass die Notenbanken auf dem Markt Wertpapiere – zumeist Staats- und Unternehmensanleihen – kaufen und damit den Banken zusätzliche Liquidität zur Verfügung stellen. Sie greifen also direkt in Märkte ein und agieren als Geschäftsbanken. Zudem nehmen sie den Banken und Finanzmarktakteuren das Geschäftsrisiko bei wackligen Wertpapieren ab. Anstelle der Haftung tritt für viele Finanzmarktakteure eine Versicherung. Diejenigen, die uns die Finanzkrise eingebrockt und Milliarden mit unsoliden Geschäftspraktiken verdient haben, werden so zum Weitermachen ermutigt.

In den USA wurde die Bilanz der Federal Reserve im Rahmen des *Quantitative Easing* zwischen 2009 und 2014 um hypothekenbesicherte Anleihen in Höhe von 1,2 Billionen Dollar und Staatsanleihen in Höhe von 2 Billionen Dollar aufgebläht. Seitdem ist die Bilanz der Notenbank auf hohem Nachkrisenniveau einigermaßen stabil.[13] Dafür sprang ab 2012 die Europäische Zentralbank (EZB) in die Bresche, nachdem EZB-Chef Mario Draghi 2012 verkündet hatte, dass man tun würde, was immer notwendig sei, um die Eurozone zu stabilisieren.[14] Bis zum Abschluss des Manuskripts für das vorliegende Buch ist das geglückt, allerdings mit enormen Kosten: Viele Anleihemärkte in Europa sind leergekauft und durch die staatlichen Interventionen verzerrt, und die Target-II-Salden, zinslose Kredite der Überschuss- an die Defizitländer, die über die Europäische Zentralbank automatisch vergeben werden, befinden sich auf einem neuen Höchststand. Zudem konnten aufgrund dieser Maßnahmen die südeuropäischen Länder dringend nötige Strukturreformen hinauszögern.[15] Im Prinzip ist alles noch so wie 2011, als ich meine kleine Streitschrift *Stoppt das Euro-Desaster* verfasste. Nur schlimmer.[16]

Und weil es nicht sein kann, dass eine ordnungspolitisch bedenkliche und theoriewidrige Politik länger praktiziert wird, wird flugs die Theorie umgeschrieben. Nun gibt es Ökonomen, die von einer »modernen Geldtheorie« (*Modern Monetary Theory*, MMT) sprechen. Diese besagt, dass ein Land, das seine eigene Währung hat, einfach Geld drucken kann, um seine Schulden zu bezahlen. Die Zentralbank muss nur dafür sorgen, dass die Zinsen unter der Wachstumsrate des BIP liegen. Die Inflationsrate wird dabei nicht primär durch die Geldpolitik, sondern durch die Fiskalpolitik (Steuern, Staatsausgaben und Staatsschulden) gesteuert.[17]

Das stellt natürlich alle Prämissen der traditionellen Geld- und Schuldenpolitik auf den Kopf. Traditionell hatten Notenbanken primär die Aufgabe, auf die Geldwertstabilität zu achten. Die Deutsche Bundesbank fühlte sich diesem Ziel besonders verpflichtet, während zum Beispiel die Federal Reserve und die Bank of England auch wachstumspolitische Erwägungen einbezogen. Um ihre Ziele zu erreichen, verfügte die Notenbank über Instrumente der Geldpolitik, zum Beispiel die Offenmarktpolitik, die Mindestreservepolitik und die Diskontpolitik; sie griff aber nicht oder nur in sehr begrenztem Umfang in das Marktgeschehen ein.

Mit den Grundprämissen der Modern Monetary Theory stimme ich sogar überein. Der deutsche Ökonom Georg Friedrich Knapp schrieb in seiner staatlichen Theorie des Geldes 1905: »Das Geld ist ein Geschöpf der Rechtsordnung. Es ist im Laufe der Geschichte in den verschiedensten Formen aufgetreten. Eine Theorie des Geldes kann daher nur rechtsgeschichtlich sein.«[18] Geld ist sehr stark von der Qualität eines Staates und einer Rechtsordnung abhängig. Der Staat hat Macht und kann Steuern erheben. Unter anderem die Möglichkeit, diese Steuern mit dem ausgegebenen Geld zu bezahlen, macht Geld »wertvoll«. Insgesamt bezieht Geld seinen Wert daraus, wie gut es drei Funktionen erfüllt: Wird es als Tauschmittel akzeptiert, als Wertmaßstab angewandt und als Wertaufbewahrungsmittel verwendet? Auch Matthias Weik und Marc Friedrich weisen in ihrem Buch *Kapitalfehler* darauf hin, dass das Geld staatlichen Ursprungs ist, weil man es zuerst verwendete, um Tribute zu bezahlen, Opfer zu bringen und das Militär zu unterhalten. Im täglichen Leben herrschte lange der Tauschhandel.[19]

Dies steht in radikalem Widerspruch zu der Geschichte von der Entstehung des Geldes, die uns in allen Ökonomiekursen aufgetischt wird: Geld wurde erfunden, so heißt es in der Märchenstunde der modernen Wirtschaftslehre, um den Tauschhandel und das Wirtschaftsleben zu erleichtern. Weik und Friedrich hierzu: »Diesen ›großen Gründungsmythos der Wirtschaftswissenschaften‹ verbreiten sämtliche Lehrbücher bis heute. Das Dumme an der Sache: Die ökonomisch zumeist unbelesenen Völkerkundler und Althistoriker haben bis heute kein einziges Volk und keine einzige Kultur gefunden, die auf diese Weise tauschten oder Handel trieben.«[20] Zu meiner Beschämung muss ich sagen, dass auch ich noch diese Geschichte in Kapitel 5 von *Der Crash kommt* genauso erzählt habe.[21]

Richtig ist: Geld benötigt eine Rechtsordnung, also den Schutz des Staates, um sicher und allgemein akzeptiert zu sein. Geldpolitisch souveräne Staaten können als Geldmonopolisten nicht bankrottgehen. Voraussetzung ist, dass sich ein Land in seiner eigenen Währung verschulden kann und flexible Wechselkurse akzeptiert. Dies ist der Fall in den USA, Japan, Großbritannien und China, nicht mehr in der Eurozone und den meisten Schwellenländern, die sich primär in Dollar verschulden.

So weit, so gut. Nun aber missbrauchen die Befürworter der »modernen Geldtheorie« diese Prämissen, um einen ausufernden Staat zu rechtfertigen. Da Fiskalpolitik, also Steuer- und Ausgabenpolitik des Staates wirksamer ist als Geldpolitik, soll das Gros der wirtschaftspolitischen Aussagen damit bewältigt werden: Förderung des Wirtschaftswachstums, Vollbeschäftigung und bei Bedarf die Bekämpfung der Inflation. Um Letzteres zu erreichen, soll zu viel ausgegebenes Geld über Steuern wieder abgeschöpft werden.

Budgetdefizite sind laut der modernen Geldtheorie in vielen Fällen kein Problem, solange sie Ausgabenlücken schließen, wenn die Investitionen der Unternehmen geringer sind als die Ersparnisbildung. Staatsdefizite dürfen so hoch sein, dass sie Vollbeschäftigung ermöglichen, sollen aber so niedrig ausfallen, dass sie keine Inflation hervorrufen. Mit Staatsanleihen wird gemäß der MMT nicht der Staatshaushalt finanziert, sondern der Zins gesteuert. Alles in allem eine Aufforderung für den Staat, Schulden zu machen und sich hemmungslos zu bedienen. Joachim Fels, Chefökonom der Allianz-Tochter Pimco, kommentierte, dass es um eine neue Rollenverteilung zwischen Finanz- und Geldpolitik gehe: »Die Notenbank wird zurückgedrängt in die Rolle des Finanziers des Staates.«

Dass der Irrsinn der Modern Monetary Theory offensichtlich nicht so weit weg ist vom Mainstream ökonomischen Denkens, zeigt eine Anekdote aus dem Jahr 2006 mit Professor Michael Burda von der Humboldt-Universität. Burda ist gebürtiger Amerikaner und war später Vorsitzender der deutschen Ökonomenvereinigung *Verein für Socialpolitik*. Da das Ganze fast anderthalb Jahrzehnte zurückliegt, hoffe ich, dass er mittlerweile darüber schmunzeln kann, falls er dies lesen sollte. Also: Mein Verlag hatte eine Buchvorstellung in der ehrwürdigen Berliner Urania organisiert. Michael Burda hatte sich bereit erklärt, meine Thesen mit mir zu diskutieren. Ich fühlte mich durchaus geehrt, denn damals war ich Professor für Betriebswirtschaftslehre an der Fachhochschule Worms und nicht recht in deutschen Ökonomenkreisen vernetzt, da ich mich neben meiner Professur in Worms vor allem auf mein Unternehmen konzentriert hatte. Ich referierte an dem Abend zu den enormen Schulden, die auf der Welt aufgehäuft waren. Kollege Burda hörte zu und warf irgendwann ein: »Das ist ja alles schön und gut, aber bedenken Sie bitte, dass die Schulden des einen das Guthaben des anderen sind. Und zusammen ist das buchhalterisch immer null.«[22]

Was Burda da sagte, stimmt rein rechnerisch. Und so komisch es sich auch für einen normal denkenden Menschen anhört, eigentlich passt es auch in die Denkwelt der meisten Ökonomen. Denn der Markt hat nach ihrer Weltsicht ja fast immer recht. Wenn sich Staaten, Unternehmen oder Privatpersonen also verschulden, dann tun sie es aus freien Stücken und andere leihen ihnen das Geld ebenfalls freiwillig.

Aber natürlich nur in der Theorie. In der Praxis macht es durchaus einen Unterschied, ob meine Schulden null, 50, 100 oder 200 Prozent meines laufenden Einkommens betragen. Ob meine Zinszahlungen null, 10, 20 oder mehr Prozent meines laufenden Einkommens auffressen. Kommen einmal härtere Zeiten oder sinkt das Einkommen aus irgendeinem Grund, bin ich vielleicht nicht in der Lage, meine Zinszahlungen zu bedienen. Und dann fehlt anderen ebenfalls das Einkommen. So kann aus zu laxer und zu großzügiger Kreditvergabe ganz schnell eine große Wirtschaftskrise entstehen.

Die Politik stört das aber nicht, zumal, wenn sie Rückendeckung von etlichen Ökonomen bekommt. Schon werden die Ansprüche lauter. Die demokratische

Kongressabgeordnete Alexandria Ocasio-Cortez warb in den USA intensiv für höhere Staatsausgaben.[23] Und auch in Europa ist die neue, gefällige und gefährliche Theorie auf dem Vormarsch. Der Finne Olli Rehn, lange Währungskommissar der Europäischen Union, brachte sich im April 2019 als einer von mehreren Bewerbern in Stellung, um EZB-Chef Mario Draghi zu beerben.

So befindet sich die Welt seit der Finanzkrise 2008 in einem nie da gewesenen geld- und wirtschaftspolitischen Experiment. Die Regierungen und Notenbanken, angeführt von der Federal Reserve, haben in einem Umfang Liquidität in die Märkte gepumpt und sich direkt in die Märkte eingemischt, wie es noch einige Jahre zuvor kein Ökonom für möglich gehalten hätte. Am Ende könnten die Zwangsverwaltungs- und Kontrollwirtschaft, die weitgehende Abschaffung des Bargelds und der Verlust vieler bürgerlicher Freiheiten stehen.

Das Kartenhaus der globalen Schulden

Die Politik hat nach 2009 vielmals die Bewältigung der Finanzkrise ausgerufen. Einige Jahre später wurde auch die 2010 ausgebrochene Eurokrise für überwunden erklärt. Weder die eine noch die andere ist gelöst. Das musste sogar Angela Merkel auf dem Weltwirtschaftsforum in Davos am 22. Januar 2019 zugeben. Die Finanzkrise stecke uns immer noch in den Knochen, viele Bürger hätten ihr Vertrauen in die Stabilität des Finanzsektors dauerhaft verloren, so die Bundeskanzlerin.[24]

»Als Folge der hemmungslosen Geldpolitik der Notenbanken sitzt die Welt im Jahr 2006 auf dem höchsten Schuldenstand aller Zeiten.« »Gegenüber dem aktuellen Schuldenturm nimmt sich die lateinamerikanische Schuldenkrise der frühen 1980er-Jahre geradezu bescheiden aus – und zwar absolut wie auch relativ.«[25] Diese beiden Sätze schrieb ich fast wörtlich zwei Jahre vor der Finanzkrise.

Mehr als zehn Jahre später dreht sich die Schuldenökonomie weiter, Reparaturen am Finanzsystem sind Fehlanzeige. In einer viel beachteten Studie zeigte die Unternehmensberatung McKinsey 2015 auf, dass die Schulden der Welt sich nicht nur auf einem neuen Höchststand befanden, sondern auch schneller gewachsen waren als die Wirtschaftsleistung. Damit waren nicht nur absolut, sondern auch relativ neue Rekordmarken erreicht. Von 269 Prozent der Wirtschaftsleistung im Jahr 2007 stiegen die Schulden auf 286 Prozent.

Die Schulden der Welt sind weiter gestiegen: absolut UND relativ

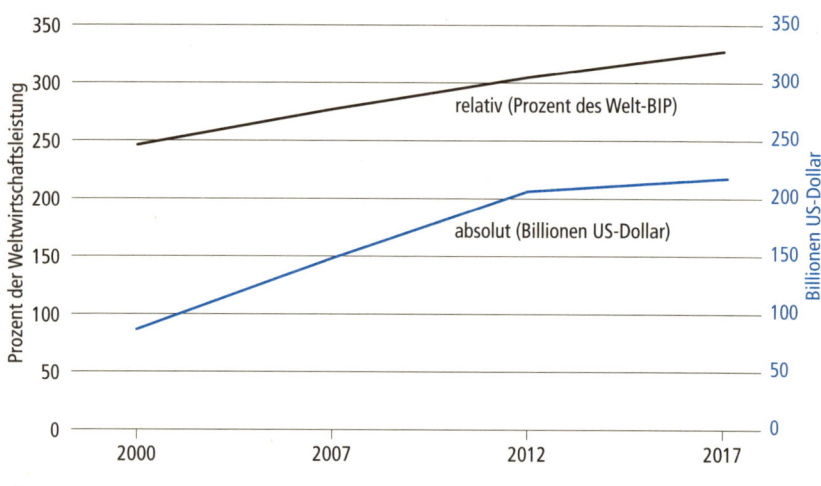

Quelle: Bloomberg; eigene Darstellung

Am 15. Januar 2019 meldete die Finanzagentur Bloomberg, dass die globalen Schulden mit 244 Billionen Dollar ein neues Rekordhoch erreicht hätten.[26] Auch relativ bewegten sich die globalen Schulden mit 318 Prozent des Weltsozialprodukts nahe am Allzeithoch von 320 Prozent. Und das am Ende eines langen, wenngleich sehr verhaltenen Aufschwungs. Wie bereits am Ende von Kapitel 1 bemerkt: Erfahrungsgemäß werden die Schulden in der nächsten Rezession – wie jedes Mal – explodieren. Und dann droht endgültig die Katastrophe, die 2008 und 2009 nur aufgeschoben, nicht aber aufgehoben wurde.

Das globale Finanzsystem ist mittlerweile ein komplexes Kartenhaus von Krediten auf vielen Ebenen, die beim besten Willen nicht zurückgezahlt werden können. Bereits 2005 betrug allein das Volumen der Finanzderivate – die der amerikanische Superinvestor Warren Buffett als »finanzielle Massenvernichtungswaffen« bezeichnet – fast das Fünffache des Weltsozialprodukts. Und auch nach der Finanzkrise, die sie mitverursacht hatten, erfreuen sich Derivate weiter steigender Beliebtheit. Im Jahr 2018 wurden beim Volumen von Exchange-traded Derivates, börsengehandelten Derivaten, neue Rekordvolumina vermeldet. Im Vergleich zum Vorjahr stieg die Anzahl der gehandelten Terminkontrakte (Futures) und Optionen (Options) um 20,2 Prozent auf 30,28 Milliarden.[27] Irgendwann wird die Masse der Schulden unter ihrem eigenen Gewicht zusammenbrechen.[28]

Es könnte bald so weit sein. In einer viel beachteten Studie von Finanzkrisen, die mehr als 44 Länder und mehr als zwei Jahrhunderte berücksichtigt, haben Carmen Reinhart und Kenneth Rogoff, der 2001 bis 2003 Chefökonom des Internationalen Währungsfonds war, herausgefunden, dass Staatsschulden von über 90 Prozent des Bruttoinlandsproduktes sich negativ auf das Wirtschaftswachstum auswirken und die Krisenanfälligkeit deutlich erhöhen.[29]

McKinsey und Bloomberg haben die Schulden von privaten Haushalten, Staaten und Unternehmen außerhalb des Finanzsektors berücksichtigt. In fast allen Ländern sind die Staatsschulden gestiegen. In den USA hat zudem die Verschuldung des Unternehmenssektors massiv zugenommen. Der Finanzsektor hat seit der Finanzkrise in vielen Ländern leichte Fortschritte bei der Entschuldung gemacht, aber diese wurden mehr als kompensiert durch den Anstieg der anderen Schulden.

Die USA haben aktuell mit circa 110 Prozent ihrer Wirtschaftsleistung den höchsten Schuldenstand seit dem Zweiten Weltkrieg. Noch 2005 hatten sie nur 60 Prozent betragen.[30] Bis 1945 hatte die Kriegswirtschaft einen drastischen Anstieg der Staatsschulden auf circa 120 Prozent des BIP mit sich gebracht. In den nächsten

Die amerikanischen Staatsschulden sind auf den höchsten Stand seit dem Zweiten Weltkrieg gestiegen

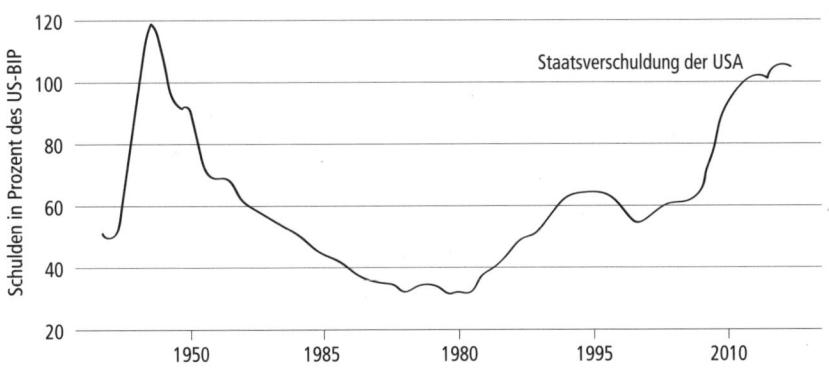

Quelle: Tradingeconomics.com, U.S. Bureau of Public Debt

Jahrzehnten erfolgte ein kontinuierlicher Schuldenabbau. Und zwar mit Hilfe von »financial repression«, zu Deutsch: Finanzrepression – oder noch einfacher: schleichende Enteignung der Geldvermögensbesitzer. Damit die Finanzrepression funktioniert, müssen die auf Staatsanleihen und Geldvermögen gezahlten Zinsen einfach etwas niedriger sein als die Inflation. Schon schmilzt der Schuldenberg langsam wie ein Eisberg in der Sonne. Genau das passierte zwischen 1945 und 1980.

Der aktuelle Schuldenzyklus begann mit den Reagan-Reformen Anfang der 1980er-Jahre und bekam durch die Finanzkrise noch einmal einen Schub. Nur: Als Ronald Reagan seine Politik der massiven Deregulierung, Steuersenkungen und Schuldenaufnahme startete, befanden sich die US-Schulden auf dem tiefsten Stand seit über vier Jahrzehnten. Heute stehen die USA am Ende eines langen »Aufschwungs«, wohl auch am Ende einer langen Phase der Globalisierung, haben eine marode Infrastruktur, ein gigantisches Außenhandelsdefizit *und* einen gigantischen Schuldenberg. Keine gute Ausgangsposition, wenn die nächste Rezession zuschlägt. Mittlerweile sitzen die USA auf über 22 Billionen Dollar Staatsschulden. Durch die Trumpschen Steuersenkungen dürften die Staatseinnahmen im Jahr 2019 nur um 0,7 Prozent, die Ausgaben hingegen um 4,9 Prozent steigen. Das Haushaltsdefizit dürfte 2019 zwischen 1,1 und 1,4 Billionen Dollar betragen, das sind zwischen 5 und 7 Prozent der Wirtschaftsleistung.

Aber nicht nur der Staat, auch die großen Unternehmen machten in den USA von den niedrigen Zinsen Gebrauch und verschuldeten sich massiv. Das so aufgenommene Kapital wurde aber nicht in produktive Investitionen gesteckt, sondern vor allem in Finanztricks, »financial engineering«. Die Unternehmen kauften massiv eigene Aktien zurück.

Die Unternehmen handeln so formelhaft und mechanisch, weil in den Managementetagen der großen Konzerne schon lange keine Unternehmer mehr sitzen, sondern Bürokraten, Angestellte und hoch bezahlte Verwalter des Kapitals, die unhinterfragt den Regeln folgen, die man ihnen vorgibt. Und diese Regeln besagen aktuell, dass die Rendite auf das eingesetzte Kapital auf jeden Fall zu maximieren ist, durch Kostenoptimierungen und auch Finanztricks. Innovationen und Investitionen in neue Produkte und Technologien tätigen sie hingegen ungern, denn damit wäre ja ein Risiko verbunden. Wenn solche Investitionen überhaupt noch stattfinden, dann zunehmend nicht mehr in den Unternehmen, sondern in Start-ups oder Venture-Kapital-Gesellschaften.

Die Magie der Aktienrückkäufe

Aktien sind Eigenkapital, das dem Unternehmen dauerhaft zur Verfügung steht. Als Aktionär haben Sie einen Anteil am Gewinn des Unternehmens und an seinem Wachstum. Wenn das Unternehmen einmal nichts verdient, gehen Sie leer aus.

Indem ein Unternehmen Aktien zurücknimmt und aus dem Verkehr zieht (= eigene Aktien kauft), tauscht es den Gewinnanspruch des Aktionärs gegen dauerhafte Zinszahlungen an seine Kreditgeber ein. In guten Zeiten verteilt sich der Gewinn auf deutlich weniger Aktien; damit steigen die Gewinne je Aktie. Die geringfügig höhere Zinsbelastung fällt kaum ins Gewicht. Im Fall eines Wirtschaftsabschwungs, eines schlechten Geschäftsverlaufs oder einer sehr hohen Verschuldung kann es für das Unternehmen aber schnell existenzbedrohend werden.

Von 1952 bis 2017 stieg die Verschuldung der US-Unternehmen (ohne Banken und Finanzsektor) von 29,8 auf 73,1 Prozent der Bilanzsumme. Das ist ein Allzeithoch. In *Der Crash ist da* weisen Florian Homm und seine Co-Autoren darauf hin, dass über 80 Prozent der Gewinnsteigerungen der 500 größten amerikanischen Unternehmen seit der Finanzkrise auf geringere Zinskosten und Aktienrückkäufe zurückzuführen sind. Mit anderen Worten: Wären die Zinsen nicht massiv gesunken, würden die US-Unternehmen heute nicht viel mehr verdienen als 2007. Wenn nun die Zinsen irgendwann steigen (und sie werden steigen!), trifft das den Unternehmenssektor mehrfach. Die Gewinne werden implodieren, dann die Börsenkurse, dann die Wirtschaft insgesamt.[31]

Warren Buffett und die Bürger von Squanderville

Bereits im November 2003 sprach der Investor Warren Buffett, gern »das Orakel von Omaha« genannt, eine Warnung aus: Amerika sei im Begriff, seine Zukunft zu verpfänden und immer größere Teile seines Vermögens an Ausländer zu übertragen.[32] Der Wert des Dollars werde demzufolge in den nächsten Jahren deutlich fallen müssen.

Um seine Warnung zu illustrieren, benutzte Buffett das Bild von zwei Inseln: Squanderville (Stadt der Verschwender) und Thriftville (Stadt der Sparer). Die Bürger beider Inseln arbeiteten jeweils acht Stunden am Tag, um alles zu haben, was sie zum Leben brauchten. Irgendwann begannen die fleißigen Bürger von Thriftville, 16 Stunden am Tag zu schuften. Von der Hälfte ihres Inlandsprodukts lebten sie, die andere Hälfte exportierten sie nach Squanderville. Die Bürger von Squanderville frohlockten: Sie brauchten nun nicht mehr länger tätig zu sein und konnten dennoch ihren Lebensstandard halten. Alles, was sie hergeben mussten, waren Squander-Anleihen, die noch dazu in ihrer eigenen Währung, den Squander-Dollars, emittiert wurden.

Im Laufe der Zeit sammelten die Bürger von Thriftville eine große Menge von Squander-Anleihen an, die letztlich Forderungen auf das zukünftige Sozialprodukt dieser Insel waren. Einige Ökonomen in Squanderville stellten die unbequeme Frage, wie man denn die Anleihen samt hinzukommenden Zinszahlungen zurückzahlen werde. Aber die Bewohner von Squanderville mochten solchen Pessimismus nicht hören und genossen lieber ihr schönes Leben.

Irgendwann wurden die Bürger von Thriftville berechtigterweise nervös. Sie begannen, ihre Squander-Anleihen zu verkaufen und dafür Land, Häuser und Unternehmen auf der Nachbarinsel zu erwerben. Eines Tages entdeckten die Einwohner von Squanderville, dass sie nicht nur wieder acht Stunden arbeiten mussten, um ausreichend Nahrungsmittel zu haben, sondern noch viele weitere Stunden, um ihre Schulden zu bedienen und den Bürgern von Thriftville Mieten zu zahlen.

Mehr als 15 Jahre sind vergangen, seitdem Buffett seine Warnung ausgesprochen hat. An der Aktualität seiner Analysen hat sich nichts geändert. Im Gegenteil: Die Auslandsverschuldung Amerikas hat sich merklich beschleunigt. Auch die Steuerreform von Präsident Trump beinhaltet eigentlich nur das, was die Republikaner seit Ronald Reagan machen, nämlich Steuern kürzen, Gesetze abschaffen und die Schulden aufblähen. Sie entfachen ein Strohfeuer. Nachhaltig ist das nicht, und die Schuldenblase bläht sich weiter auf.

In den USA ist seit dem Jahr 2015 eine zaghafte Zinswende erfolgt.
Dies führt zu Spannungen zwischen Donald Trump und der Fed.

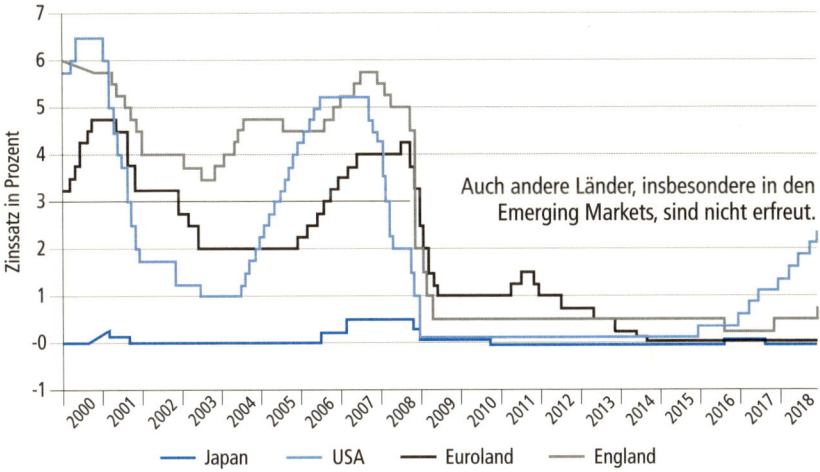

Quelle: https://www.finanzen.net/leitzins/usa

In den USA hat die Federal Reserve von 2015 bis 2019 den Leitzins in kleinen Schritten von 0 auf 2 Prozent erhöht. Absolut gesehen ist das immer noch nicht allzu hoch, aber für marginale Schuldner – diejenigen, die hoch verschuldet sind und sich zu sehr niedrigen Zinsen verschuldet haben – könnte es eng werden. Nach fast zehn Jahren Nullzinsen ist jede Zinserhöhung durch die Zentralbanken ein massives Risiko.

Europa: etwas niedrigere Staatsschulden, dafür ein maroder Bankensektor

In Europa sieht es bei den Staatsschulden etwas besser aus. Die Staatsschulden der Eurozone belaufen sich auf gut 80 Prozent der Wirtschaftsleistung und wachsen nicht ungebremst weiter wie in den USA.

Dafür steht das Banksystem in Kontinentaleuropa auf wackligen Füßen. Die Amerikaner, Briten und Iren haben es nach der Finanzkrise besser gemacht als die

Kontinentaleuropäer und viele Banken mit dem Geld der Steuerzahler rekapitalisiert. Die Schulden wurden auf die Staaten und Notenbanken abgewälzt. Die Mutterländer des modernen Finanzkapitalismus haben damit etwas Staatssozialismus betrieben. Sie waren damit klüger als die Länder in Kontinentaleuropa. Nun stehen die Banken in den USA und Großbritannien im Großen und Ganzen gut da.

**Die Staatsschulden in Euroland stabilisieren sich –
allerdings auf einem ungesund hohen Niveau**

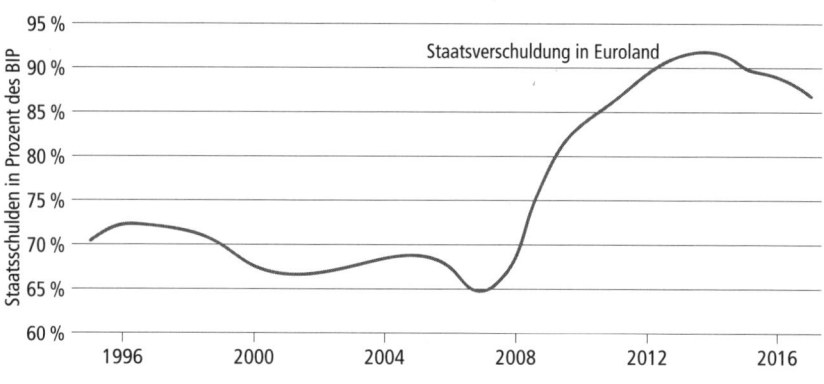

Quelle: Tradingeconomics.com, Eurostat

In Europa ist das anders. In Italien übersteigt zum Beispiel die Summe der faulen Kredite das Eigenkapital der Banken bei Weitem. Dabei wurden bereits für ein Butterbrot viele faule Kredite an amerikanische Finanzinvestoren wie Cerberus Capital Management oder Fortress Investment verschleudert, die so von der Not in Europa ein zweites Mal profitieren. 2016 handelte es sich allein in Italien um 37 Kredite in Höhe von 37 Milliarden Euro, 2017 mehr als 47 Milliarden.[33]

Zwei italienische Banken wurden bislang auf Kosten des (europäischen und damit auch deutschen) Steuerzahlers gerettet: die Banco Popolare und die Banca Monte dei Paschi di Siena, die älteste Bank der Welt. Weitere Rettungsaktionen werden folgen – kein Wunder, dass man in Brüssel, sekundiert von EZB-Chef Mario Draghi, auf eine schnelle Vergemeinschaftung der Bankensicherungssysteme drängt, um an deutsches Kapital zu kommen.

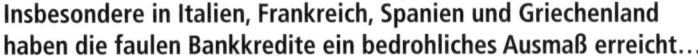

Insbesondere in Italien, Frankreich, Spanien und Griechenland haben die faulen Bankkredite ein bedrohliches Ausmaß erreicht...

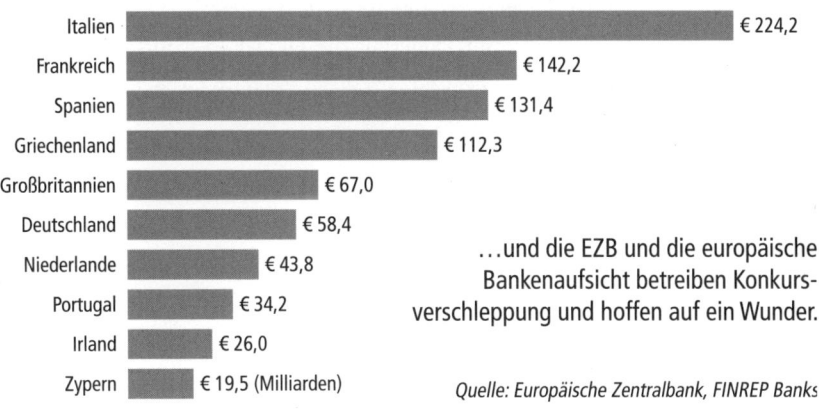

...und die EZB und die europäische Bankenaufsicht betreiben Konkursverschleppung und hoffen auf ein Wunder.

Quelle: Europäische Zentralbank, FINREP Banks

In Griechenland waren im Mai 2018 satte 45 Prozent aller Bankkredite faul. Wie ein Hohn klang es, als zur gleichen Zeit die griechischen Banken und im November desselben Jahres die großen Institute in Europa den Stresstest der EZB bestanden.[34] Was derartige Stresstests in Krisenszenarien wert sind, haben wir in der Vergangenheit mehrfach gesehen: nichts. Denn es kommt meistens anders, als es sich irgendwelche Bürokraten der Zentralbanken ausgedacht haben. Letztlich macht nur eines das Finanzsystem weniger anfällig: echtes Eigenkapital.

Japan, China und die Emerging Markets

Spitzenreiter unter den Industrienationen ist Japan mit Staatsschulden in Höhe von über 250 Prozent der Wirtschaftsleistung. Was passiert, wenn Politik und Notenbanken mit aller Macht versuchen, einen Aufschwung aufrechtzuerhalten, dessen Zeit zu Ende gegangen ist, zeigt uns das Land der aufgehenden Sonne.[35] Am Beispiel Japans können wir vieles studieren, das uns früher oder später in ähnlicher Form treffen wird. Seit 1990 befindet sich Japan in einer »schleichenden Depression«, die aus dem Zusammentreffen einer Kredit-, Aktien- und Immobilienblase entstanden ist. Etwas Ähnliches erleben wir gerade in den USA und Europa. Nur dass sich die Blase nicht wie im Falle Japans auf ein einziges Land beschränkt, sondern fast alle westlichen Industrienationen umfasst.

Die japanischen Staatsschulden betragen mittlerweile mehr als 250 Prozent des BIP – die Bank of Japan betreibt Staatsfinanzierung mit der Notenpresse

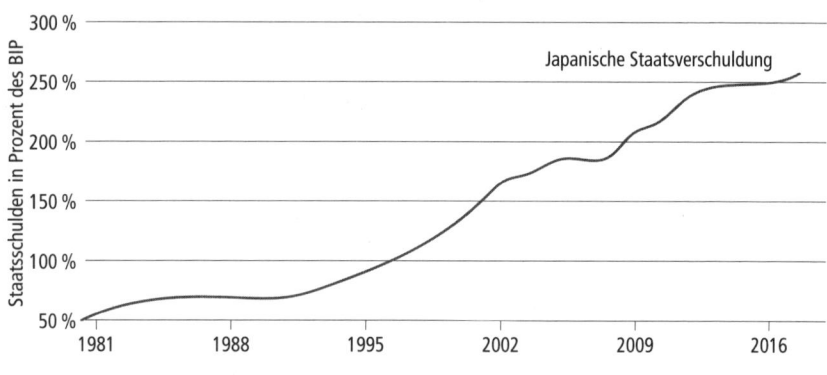

Quelle: Tradingeconomics.com, Ministry of Finance, Japan

Eigentlich könnte Japans Krise ein Lehrstück dafür sein, wie sich die Wirtschaft letztlich doch ihr Recht verschafft, wenn allzu fortschrittsgläubige Politiker und Ökonomen der Auffassung sind, dass man den Konjunkturzyklus abschaffen und einen immerwährenden Aufschwung schaffen könne.

Japan erlebte von 1953 bis 1989 einen wirtschaftlichen Aufschwung sondergleichen. Erst 1964 wurde das Land in den Club der Industrienationen, die OECD (Organisation for Economic Co-operation and Development; zu Deutsch: Organisation für wirtschaftliche Zusammenarbeit und Entwicklung), aufgenommen. Ende der 1980er-Jahre schien es dann nur noch eine Frage der Zeit, wann Japan zur bedeutendsten Wirtschaftsnation der Welt aufsteigen würde. Im Amerika dieser Zeit erlebte ich während meines Studiums an der Princeton University diesbezüglich fast hysterische Diskussionen. Bücher wie Michael Crichtons *Die Wiege der Sonne*, das später mit Sean Connery und Wesley Snipes verfilmt wurde, oder *Trading Places* des Politikberaters Clyde Prestowitz waren symptomatisch für diese Atmosphäre. Japan wurden unfaire Handelspraktiken vorgeworfen – wie heute China. Kongressabgeordnete zertrümmerten auf den Stufen des Kapitols mit Vorschlaghämmern japanische Elektronikprodukte.³⁶ »Japan als Nummer eins«, mit anderen Worten, ein anderes Land als die USA Nummer eins – das ging natürlich in den Augen der Amerikaner gar nicht.³⁷

Es kam alles ganz anders.³⁸ In der zweiten Hälfte der 1980er-Jahre befand sich das Land bereits in einer gigantischen Spekulationsblase. Mehr als 40 Jahre Aufschwung hatten die Japaner glauben lassen, dass es für immer so weitergehen müsse. Immerhin waren das Land und seine Bürger ja etwas Besonderes – der Fortschritt bezeugte dies. Die jahrzehntelange Expansion hatte den Optimismus und das Selbstvertrauen der japanischen Unternehmen und Kapitalmärkte ins Grenzenlose steigen lassen. Der ohnehin schon teure Aktienmarkt stieg Ende des Jahrzehnts weiter, als ob er von allen Gesetzen der Schwerkraft befreit wäre. Das Telekommunikationsunternehmen Nippon Telegraph and Telephone (NTT) war 376 Milliarden US-Dollar wert – damals mehr als alle börsennotierten Konzerne Deutschlands zusammengenommen.

Angefeuert durch billige Kredite erlebte das Land einen Boom bei den Immobilienpreisen, der verblüffende Parallelen zum Boom in den USA nach 2001 aufweist. Ende der 1980er-Jahre sprach man davon, dass das Gelände, auf dem der kaiserliche Palast in Tokio steht, mehr wert sei als ganz Südkalifornien. Acht der zehn größten Banken der Welt hatten ihren Sitz in Japan. Japaner kauften das

Zwischen 1990 und 2011 – also mehr als 20 Jahre lang – befand sich der Nikkei-Aktienindex im Koma, nachdem er vorher nur den Weg nach oben kannte

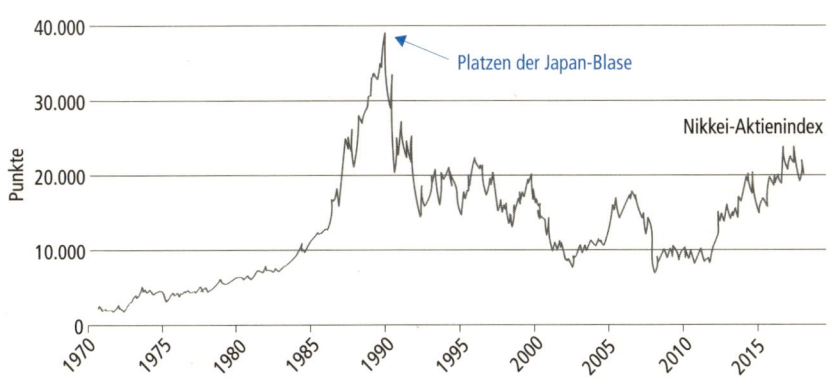

Quelle: Bloomberg

Rockefeller Center, die Columbia Studios in Hollywood und ersteigerten auf den Kunstauktionen von Christie's und Sotheby's mit Rekordsummen Gemälde von Renoir, van Gogh, Chagall und Monet.

Dann platzte die gigantische Blase. Am 29. Dezember 1989 notierte der Nikkei mit 38.957 Punkten auf seinem Allzeithoch, das er seitdem nicht mehr erreicht hat. Stattdessen begab er sich nach einem anfänglichen Kurssturz auf einen langen und quälenden Abstieg bis auf 8300 Punkte im Jahr 2012. Das ist ein Verlust von 79 Prozent in 23 Jahren! Im Jahr 2015 durchbrach der Nikkei erstmals wieder die 20.000-Punkte-Marke und stand im Frühjahr 2019 bei 21.000 Punkten und damit nach fast 30 Jahren immer noch fast 50 Prozent unter seinem Allzeithoch.

Die realwirtschaftlichen Folgen des Börsencrashs folgten mit einigen Jahren Zeitverzögerung. Ab 1993 befand sich Japan, nur unterbrochen von einigen Ausnahmejahren, in der Depression. Immer wieder machte die japanische Volkswirtschaft Anstalten, aus der deflationären Spirale auszubrechen, aber es ist ihr bis heute nicht gelungen. Insgesamt schrumpfte das japanische Volksvermögen zwischen 1990 und 2002 um 23 Prozent.[39] Das Wirtschaftswachstum war auch nach 2009 mehrere Male negativ und steuert im Jahr 2019 wieder auf die Nulllinie zu. Die Inflationsrate bewegt sich ebenfalls um die Nulllinie. Mehrfach seit 1994 herrschte Deflation. Auch jetzt ist die Gefahr noch nicht gebannt.

In seiner zweiten Amtszeit (2012–2014) zündete der angeblich konservative Premierminister Shinzō Abe den Hyperdrive, das Programm der sogenannten Abenomics. Mit einer enormen Geldschwemme, Konjunkturprogrammen und weitreichenden Deregulierungen versucht Abe, die jahrzehntelange Stagnation zu durchbrechen.[40] Die japanische Zentralbank verhält sich dabei ähnlich wie die Deutsche Reichsbank in der Weimarer Republik: Sie kauft Staatsanleihen im großen Stil, der Staat wird also direkt über die Notenpresse finanziert. Um zweistellige Haushaltsdefizite möglich zu machen, wurde eine Art Schuldengrenze im Haushaltsgesetz eigens hierfür »flexibel« erklärt.[41]

Das Ziel der Abenomics war es unter anderem, auf Biegen und Brechen eine Inflation von mindestens 2 Prozent zu erreichen. Selbst dies gelang nicht. Anfang 2019 musste die japanische Zentralbank (Bank of Japan) ihre Inflationsprognose für 2019 und 2020 auf unter jeweils 1 Prozent senken.[42] Dennoch hält Japan auch 2019 an der ultralockeren Geldpolitik fest. Kredite für Wirtschaft und Verbrau-

Seit Anfang der 1990er-Jahre befindet sich die japanische Wirtschaft in der Stagnation

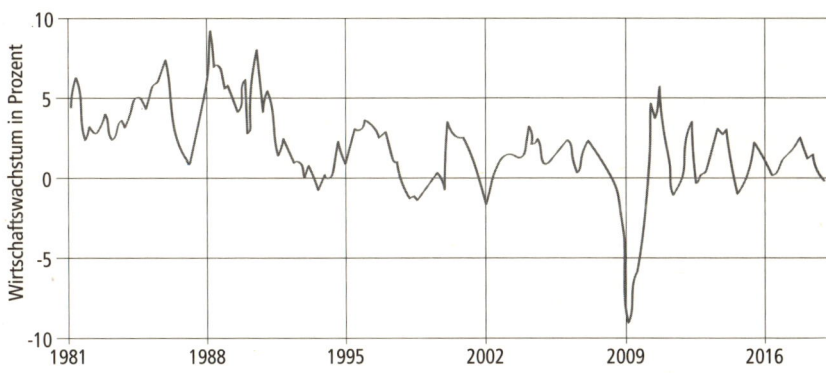

Quelle: https://tradingeconomics.com/japan/gdp-growth-annual

cher sind weiter fast zum Nulltarif zu haben. In der dritten Amtszeit Abes kann man seine Wirtschaftspolitik guten Gewissens als gescheitert bezeichnen. »Ende eines künstlichen Booms: Mit seiner Politik des billigen Yen hoffte Premier Abe, Japans Abstieg zu stoppen. Doch er lieferte den Beweis, dass alternde Industrieländer durch Gelddrucken kein Wachstum herbeizaubern«, resümierte Wieland Wagner bereits 2016 für den *Spiegel* aus Tokio.[43]

Ob China aus dem japanischen Beispiel seine Lehren gezogen hat, wird sich zeigen. Das Reich der Mitte begann ein Vierteljahrhundert nach Japan seinen scheinbar unaufhaltsamen Aufstieg. Mit dem Reformprogramm Deng Xiaopings propagierte China seit Ende der 1970er-Jahre einen marktwirtschaftlichen Kommunismus. Von einem sehr armen Land transformierte sich China zur »Werkbank der Welt« und übertraf 2014 nach Kaufkraftparität die Wirtschaftsleistung der USA. Dabei durchlebte es durchaus alle Phasen eines ungezügelten Kapitalismus.

Dennoch ist Karl Marx bis heute in China ein Heiliger. Die Stadt Trier, sein Geburtsort, bekam dann auch von China zum 200. Geburtstag des Verfassers von *Das Kapital* eine fünfeinhalb Meter hohe Statue geschenkt, was einigen Trierern eher peinlich war. Die Figur fand ihren Platz in der Trierer Innenstadt auf dem Simeonstiftplatz.[44] Auch die Aula, in der der junge Marx sein Abiturzeugnis erhielt, ist erhalten und kann besichtigt werden. Das wissen aber nur Eingeweihte. Marx hin oder her – Trier ist auf jeden Fall eine Reise wert. In der größten römischen Stadt nördlich der Alpen, die zeitweilig auch Kaiserresidenz war, kann man im Landesmuseum den größten jemals gefundenen römischen Goldschatz besichtigen, die Kaiserthermen bestaunen und köstlichen Wein genießen.

In China sieht es bei den Staatsschulden besser aus als in den alten Industrienationen, aber auch hier erfolgte seit 2008 fast eine Verdoppelung in Relation zur Wirtschaftsleistung.

Chinas Staatsschulden sind zwar niedriger als die der westlichen Industrienationen, aber sie haben sich in Relation zur Wirtschaftsleistung ebenfalls verdoppelt

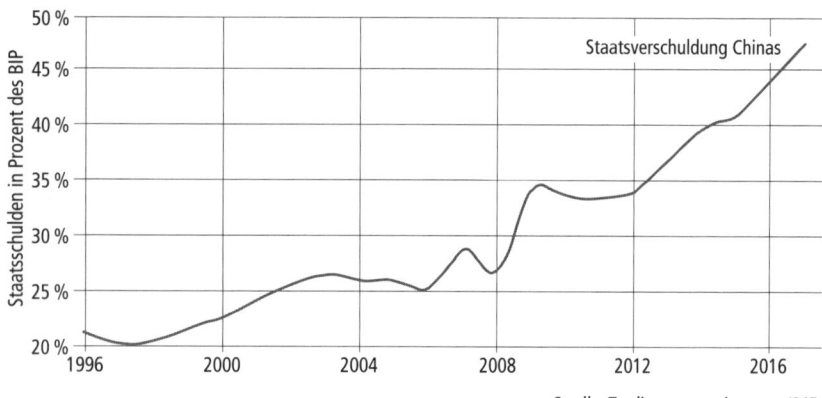

Quelle: Tradingeconomics.com, IMF

Nach Berechnungen der *Financial Times* sind allerdings die Gesamtschulden als Prozent der Wirtschaftsleistung in China fast auf das Niveau der Industrienationen gestiegen. Durch immer neue Kredite halten die staatsnahen Banken viele überschuldete Unternehmen am Leben, so die gängige Interpretation.[45] Trotzdem nimmt die Zahl der Insolvenzen zu. Im Jahr 2018 wurden Anleihen in einem bislang nicht da gewesenen Ausmaß nicht bedient.[46] Laut Euler Hermes ist der weltweite Anstieg der Insolvenzen im Jahr 2018 ausschließlich auf China zurückzuführen.[47] Zudem führte die Liquiditätsschwemme auch in China zu einem Immobilienboom.

Es kann durchaus sein, dass Japan und China die nächste Krise in ordentlicher Verfassung überstehen. Japan ist zwar exorbitant hoch verschuldet, aber es macht seine Schulden bei der eigenen Bevölkerung, während das Land noch ein hohes Auslandsvermögen hat. Zudem kaufen die Bank of Japan und der japanische Pensionsfonds fleißig Aktien inländischer Unternehmen. Wenn nun eine Währungsreform kommt, ist zwar die Bevölkerung mit einem Schlag viel ärmer, ansonsten aber geht alles weiter wie bisher. Deutschland macht es anders: Wir legen unsere Zahlungsbilanzüberschüsse in zinslosen Target-II-Salden und Krediten an das Ausland an, die im Zweifel in einer Währungsreform entwertet werden, während das Ausland immer noch massiv deutsche Aktien kauft. Die hohe Verschuldung von Unternehmen und Banken ist durchaus ein Problem für China. Aufgrund der Liquiditätsschwemme wurden auch schlechte Infrastrukturinvestitionen und Investments getätigt. Die chinesische Führung ist sich dieser Probleme jedoch bewusst und steuert auf eine stärker binnenorientierte Wirtschaft um. Ob das gelingt, muss zu diesem Zeitpunkt offenbleiben, aber abschreiben würde ich China nicht.

Japan und China haben gegenüber Deutschland einen großen Vorteil: Sie verschulden sich in der eigenen Währung, und die Aktien der inländischen Unternehmen sind überwiegend in inländischer Hand. Sie haben also viele Optionen und sind handlungsfähig. Anders sieht es bei Emerging Markets aus. Viele dieser Staaten haben sich in Dollar verschuldet und müssen jetzt mit steigenden Zinsen und gleichzeitig sinkenden Währungen kämpfen. Das macht die Zinszahlungen an das Ausland doppelt teuer und führt zu tiefen Wirtschaftskrisen, unter anderem in Argentinien, Brasilien, Venezuela und der Türkei. Als der Peso in Argentinien im Laufe des Jahres 2018 abstürzte, erhöhte die Zentralbank den Leitzins schrittweise auf 60 Prozent.[48] In Brasilien beließ die Notenbank den Leitzins trotz einer schwachen Wirtschaft und der Talfahrt des Real bei 6,5 Prozent, ein Experiment mit ungewissem Ausgang.[49] Venezuela, in dem schon seit einiger Zeit Hyperinflation grassiert, ist ein ganz besonderer Fall, bei dem Wirtschaftskrise und Staatskrise zusammentreffen. Zudem sind hier geopolitische Interessen im Spiel, da Venezuela über große Ölreserven verfügt.

In der Türkei stürzen Lira, Börse und Wirtschaft ab, und das bei einer Inflation von über 10 Prozent. Von der großen Hoffnung, die man weltweit noch vor einigen Jahren in die türkische Wirtschaft setzte, ist nicht viel übrig geblieben. Im Jahr 2018 appellierte Staatspräsident Erdoğan daher an seine Landsleute, ausländische Währungen in türkische Lira zu tauschen. Wie meistens in solchen Fällen merken die Menschen, wo der Hund begraben liegt, und tun genau das Gegenteil: Sie horten Devisen.[50] Im Oktober desselben Jahres kam eine weitere Maßnahme hinzu, die man nur als Ausdruck einer ziemlich verzweifelten Situation verstehen kann: Die türkische Regierung kündigte an, Preiskontrollen einzuführen und die zwischenzeitlich auf 25 Prozent gestiegene Inflation zu verbieten.[51]

Die Konsequenzen sind nicht nur wirtschaftlicher Natur. Im Januar 2018 marschierte das türkische Militär in Teile der kurdischen Grenzregionen Syriens ein – ein völkerrechtswidriger Angriffskrieg. Mustafa Kemal Atatürk hatte die moderne Türkei 1923 als laizistische Republik gegründet, in der Staat und Religion getrennt sind. Unter Recep Tayyip Erdoğan legt die Türkei zunehmend dieses kemalistische Erbe ab – und wird zusehends zu einem autoritären und vom Islam geprägten Land.

Die Folgen von falscher Regulierung und Niedrigzinsen

Nachdem das Finanzsystem nach 2008 mit Notoperationen vorläufig stabilisiert worden war, wurde fleißig reguliert. Ich habe damals die massiven Kapitalhilfen und die Liquiditätsspritzen verteidigt, weil die Staaten damit Zeit für notwendige Umbaumaßnahmen am Finanzsystem gewannen. Was zu tun gewesen wäre, habe ich unter anderem im *ifo-Schnelldienst* 13/2010 und bei der Ludwig-Erhard-Stiftung dargelegt.[52] Die Staaten hätten sich aus den Fängen der Finanzlobbys befreien müssen und eine umfassende Ordnung der Finanzmärkte vornehmen müssen, wie es in Deutschland seit der Gründerzeitkrise von 1873 und in den USA seit dem Glass-Steagall Act von 1932 und 1933 der Fall ist. Es wäre gar nicht so schwer gewesen, die Situation zu verbessern. Mit vier einfachen Regeln könnten wir das Finanzsystem deutlich gerechter und stabiler machen:

1. Feste Mindesteigenkapitalanforderungen für alle Finanzakteure statt der wachsweichen und manipulierbaren Regeln von Basel II und Basel III würden das System erheblich transparenter und sicherer gestalten. Noch in den 1970er-Jahren konnten sich zum Beispiel britische Banken maximal 13-fach hebeln, was einem Eigenkapitalanteil von circa 7,5 Prozent entsprach. Heute sind etliche Institute 50-fach gehebelt, was nur noch 2 Prozent Eigenkapital entspricht. Und bei richtiger Rechnung würde sich sogar erweisen, dass tatsächlich viele gar kein Eigenkapital mehr haben.[53]

2. Größenbegrenzungen für Finanzdienstleister würden deren Marktmacht einschränken und Erpressungen ganzer Staaten durch Megainstitute unmöglich machen.
3. Die Trennung von Geschäfts- und Investmentbanking und die Regulierung der Geschäftsmodelle, wie 1932 in den USA mit dem Glass-Steagall Act erlassen, würde die Spekulation der Banken mit Einlagen ihrer Privat- und Geschäftskunden verhindern. Dies wäre ein wichtiger Baustein bei der Regulierung von Produkten und Akteuren, die uns nach der Finanzkrise versprochen wurde.
4. Die Einführung einer Finanztransaktionssteuer würde die Spekulation dämpfen und Kleinsparer – entgegen der Propaganda der Finanzlobby – kaum belasten. Ich habe das 2010 bei einer öffentlichen Anhörung im Bundestag dargelegt.[54]

Nichts davon ist geschehen. Die »hemmungslose Herrschaft des Finanzkapitals«, die ich der *Berliner Republik*, dem Debattenmagazin der SPD, im Jahr 2011 und in meiner kleinen Schrift *Stoppt das Euro-Desaster* beschrieb, ist noch hemmungsloser geworden.[55] Die Finanzbranche hat, in den Worten des ehemaligen Chefvolkswirt der Bank für internationalen Zahlungsausgleichs, Simon Johnson, »den Staat gekapert«, und sie lässt nicht mehr los. In *Stoppt das Euro-Desaster* lege ich dar, wie eine regelrechte Finanzoligarchie entstanden ist. Der Begriff stammt übrigens nicht von irgendeinem rechten oder linken Verschwörungstheoretiker, sondern von Louis Brandeis (1865–1941), dem ersten jüdischen und bis heute wohl angesehensten amerikanischen Verfassungsrichter, nach dem die angesehene Brandeis University in Waltham, Massachusetts, benannt wurde.[56]

Im Gegenteil: Seit der Finanzkrise wurden viele Maßnahmen eingeleitet, durch welche die Herrschaft der Finanzoligarchie weiter gestärkt wird und der Filz von Finanzmarktakteuren, Politik und Lobbys sich weiter verdichtet. Am allerwichtigsten wäre ausreichendes Eigenkapital für alle Finanzmarktakteure gewesen. Dann hätten diese für ihre eigenen Fehler geradestehen können und müssen, was angesichts der enormen Gehälter, die in der Branche für weitgehend unproduktive und oftmals sogar schädliche Tätigkeiten bezahlt werden, mehr recht als billig wäre.

Stattdessen haben wir besonders in Europa mit Basel II, aber auch in anderen Ländern, komplexe bürokratische Regeln bekommen, die die Haftung aushebeln, weil die Regeln oftmals sehr weich und dehnbar sind. Zudem ist eine gigantische Regulierungs- und Compliance-Bürokratie entstanden, die sich in Europa bei Europäischer Zentralbank, nationalen Aufsichtsbehörden sowie den Compliance-Abteilungen der Banken und Finanzdienstleister immer weiter aufbläht und seltsame Blüten treibt. Gigantismus, Zentralismus und Bürokratismus sind die Folge – und viele, viele »bullshit jobs«, wie es Ronald Stöferle, Rahim Taghizadegan und Gregor Hochreiter in ihrem Buch *Die Nullzinsfalle* beschreiben.[57]

Dabei baut sich ein fast teuflischer Mechanismus auf, der kleine Anbieter aus dem Markt drängt und nur noch bürokratische Monster überleben lässt. Die komplexen Regeln können eigentlich nur noch von großen Finanzdienstleistern und ihren aufgeblähten Compliance-Abteilungen eingehalten werden, weil der Aufwand so enorm ist. Kleine, eigenverantwortlich handelnde Unternehmen werden zunehmend aus dem Geschäft gedrängt.

Ein Beispiel: planwirtschaftliche Überwachungsbürokratie statt Eigenverantwortung

In der Privatinvestor Kapitalanlage GmbH sind wir einschließlich meiner Person vier Analysten, die die Wertpapieranalyse und -auswahl für unsere Fonds vornehmen. Das ist der ganze Mitarbeiterstamm. Das Unternehmen hat keine Schulden und verwaltet keine Kundengelder. Unsere Fonds sind juristisch bei Fondsgesellschaften aufgelegt, welche die Fonds verwalten, und für die korrekte Abwicklung gegenüber Kunden und Behörden haften. Alle Finanztransaktionen in den Fonds werden durch die Fondspartner abgewickelt, die umfassend von den Aufsichtsbehörden überwacht werden. Wir sprechen lediglich die Empfehlungen gegenüber den Fondsgesellschaften und Vermögensverwaltern aus, welche Wertpapiere zu welchem Preis und in welchem Umfang in die Fonds aufgenommen werden sollen.

Dennoch müssen wir jedes kleinste Detail zweimal an die Aufsichtsbehörden melden, und zwar sowohl an die Bundesanstalt für Finanzdienstleistungsaufsicht als auch die Bundesbank. Wir haben einen Compliance Officer und einen Geldwäschebeauftragten, eine interne Revision (die wir durch einen externen Wirtschaftsprüfer machen lassen), den eigentlichen Wirtschaftsprüfer (eine andere Kanzlei). Insgesamt werden vier Mitarbeiter durch sieben Aufsichtspersonen überwacht. Noch einmal: Wir nehmen keinerlei Kundengelder in die Hand und der ganze Börsenhandel wird von Partnern abgewickelt und ebenfalls penibel von den Behörden überwacht.

Der diabolische Mechanismus setzt sich fort bei den Fragen des Verbraucherschutzes. Statt toxische Produkte zu regulieren und eine Zulassungsbehörde wie den TÜV für Finanzprodukte und -derivate zu etablieren, wird alles auf möglichst umfassende Aufklärung der Verbraucher abgewälzt. Produkte, die ich selber kaum und manchmal gar nicht verstehe, sollen von einem Bankangestellten dem Endkunden erklärt werden, der dann dementsprechend zustimmt oder nicht. Gregor Gysi bezeichnete das einmal in einer Podiumsdiskussion mit mir als Nachsorgestatt Vorsorgeprinzip. In Deutschland hatten wir einen funktionierenden Rechtsstaat und Zulassungsbehörden (Vorsorge), in den angelsächsischen Ländern wurde und wird viel weniger geprüft, und wenn dann etwas schiefgeht, wird auf Schadenersatz geklagt. Das deutsch-kontinentaleuropäische System ist mir wesentlich lieber, wird aber zunehmend vom angelsächsischen verdrängt.[58]

Die »umfassende Aufklärung« verwirrt nicht nur Verbraucher, sodass die Anbieter von komplexen und zum Teil toxischen Produkten weiter leichtes Spiel haben, sondern erschwert auch die Beratung ungemein, da die Berater auch bei »guten« Produkten denselben Aufwand leisten müssen. So haben viele Sparkassen und Volksbanken die Beratung von Aktien- und Wertpapiertransaktionen komplett eingestellt und verkaufen nur noch Fonds, woran sich natürlich ebenfalls prächtig verdienen lässt. Unterdessen kann sich der Verbriefungsmotor der Wall Street, der einer der ganz großen Antriebsmotoren der Schuldenökonomie ist, fast weiterdrehen wie zu besten Subprime-Zeiten. Die schlechten Schulden werden weiter gebündelt, neu verpackt und an ahnungslose oder leichtgläubige Investoren verkauft. Waren es vor 2007 vor allem Immobilienkredite, so hatte sich zehn Jahre später ein lebhafter Markt für Autokredite, Studiendarlehen und andere Arten von Krediten entwickelt.

In einem Paper für das National Bureau of Economic Research kamen Laurence Kotlikoff und andere angesehene Ökonomen schon 2012 zu einer deprimierenden Schlussfolgerung: »Ja, die Wall Street funktioniert noch, die Inflation ist moderat, das Wachstum positiv und die Regierung sagt, dass ihre Rettungsaktionen einen Gewinn erbracht haben. Aber 29 Millionen Amerikaner sind arbeitslos oder haben zu wenig Arbeit, Millionen älterer Amerikaner haben schwere Schäden und Einbußen bei ihren Pensionsfonds hinnehmen müssen, wenn nicht gar deren Zerstörung. Für die normalen Wirtschaftsakteure (*main street*) hat das System versagt und seine Aufrechterhaltung ist die ungünstige Lösung.«[59] Seitdem hat sich die Lage eher verschlimmert.

Zudem ist das Produktivitätswachstum in den westlichen Industrienationen seit der Finanzkrise dramatisch eingebrochen und liegt nun nahe null. Produktivitätswachstum war aber in der Vergangenheit eine wichtige Basis für den sozialen Frieden. Auch das ist eine Folge der Nullzinspolitik. Zwar bringen die Niedrigzinsen einen kurzfristigen Wachstumsschub, mittel- und langfristig behindern sie aber die Kreditvergabe an den Mittelstand und an kleinere Unternehmen, weil es sich für Banken einfach nicht mehr lohnt, kleine Kredite zu vergeben. Großunternehmen haben in einem Niedrigzinsumfeld einen Wettbewerbsvorteil, wie die Ökonomen Ernest Liu, Atif Mian und Amir Sufi in einem im Januar 2019 veröffentlichten Aufsatz nachweisen.[60] Irgendwann hören dann auch die Großunternehmen auf, in Innovation zu investieren, weil sie keinen oder kaum noch Wettbewerb haben. Genau das ist nach 2009 passiert.

Klassische Ökonomen, die nicht dem Irrweg der modernen Geldtheorie anhängen, haben natürlich die Erklärung parat. Damit Angebot und Nachfrage auf dem Kapitalmarkt ins Gleichgewicht kommen, muss sich der Zinssatz auf seinem natürlichen Niveau einpendeln. Wenn der Zins künstlich unter dieses Niveau gedrückt wird, wird zu wenig gespart. Gleichzeitig ist die Nachfrage nach Krediten höher als normal und wird durch die Geldschöpfung der Notenbanken bedient, nicht mehr durch echtes Sparen. Aber diese Nachfrage geht vor allem von den großen Akteuren aus: Konzerne, Staaten, Superreiche. Die Staaten stecken das Geld in den Konsum, die Unternehmen kaufen Aktien zurück oder akquirieren weitere Firmen, und die Superreichen nutzen die Kredite, um echte Vermögenswerte wie Immobilien, Unternehmen oder sonstige Real Assets zu erwerben. »Der größte Teil der heutigen Kreditverwendung ist unproduktiv«, schreiben Stöferle und seine Co-Autoren. Dort, wo tatsächlich die Produktion ausgeweitet wird, folgt sie nicht mehr in allen Bereichen den Präferenzen der Menschen. »Die geschaffenen Guthaben sickern langsam in die reale Wirtschaft und hinterlassen eine Spur selektiver Verteuerung, wachsender Ungleichheit und vorübergehender Verzerrung. Bis die Kreditschöpfung stagniert, weil unerwartete Güterknappheiten zu Inflationsängsten und Zweifeln führen und damit zu Leitzinserhöhungen, Bilanzverkürzungen, Liquidationen, Entlassungen.«[61]

Diese toxischen Wirkungen niedriger Zinsen hindern die Befürworter der Zwangswirtschaft, wie zum Beispiel den schon erwähnten Ökonomen Kenneth Rogoff, aber nicht daran, immer härtere Maßnahmen zu fordern, zum Beispiel

Negativzinsen von bis zu 6 Prozent (was einer Halbierung der Kontoguthaben alle zwölf Jahre entspräche) und eine weitgehende Abschaffung des Bargelds.[62] Das würde nicht nur die wirtschaftlichen Verwerfungen verstärken, auch die Bürger werden immer transparenter und leichter steuerbar. Ich habe 2016 eine Streitschrift mit dem Titel *Rettet unser Bargeld* dagegen veröffentlicht.[63] So bewegt sich das System immer mehr in Richtung Planwirtschaft, Bürokratie und fehlender unternehmerischer Risikobereitschaft und Haftung. Es fühlt sich an wie in der DDR 2.0, ein Begriff, den ich seit einigen Jahren verwende, um die Zustände in etlichen Bereichen unserer Wirtschaft zu beschreiben.[64] Der unabhängige Ökonom und Finanzmarktkritiker Daniel Stelter spricht von einer »Eiszeit in der Weltwirtschaft«, was ungefähr auf dasselbe hinausläuft.

Der nächste Crash

Wahrscheinlich eher früher als später wird dieser ganze Cocktail explodieren und uns in die nächste Finanzkrise stürzen. Nun gibt ständig irgendjemand irgendeine Krisenprognose ab. Immer wieder höre ich, dass man als »Crashprophet« ja einfach nur die nächste Krise ausrufen müsse und irgendwann recht behalte. »Wenn jemand immer sagt ›Es ist zwölf Uhr!‹ hat er zweimal am Tag recht«, so die Argumentation.

Das ist wohl richtig. Für einen Finanzanalysten und Fondsberater jedoch gilt das nicht. Er muss sich am Markt beweisen, in schlechten wie in guten Phasen. Das ist uns gelungen. Im März 2009, als sich die Märkte nach der Finanzkrise auf dem Tiefpunkt befanden und nackte Panik herrschte, gab ich der Finanzzeitschrift *Börse Online* ein Interview, in dem ich sagte, dass ich mich wie ein Junge in einem Süßwarenladen fühlte, wenn Eltern und Verkäuferin nicht da sind: »Ich rate allen Leuten: kauft Aktien!«[65] Nachdem ich die heiße Phase der Finanzkrise beobachtet und gesehen hatte, wie die Notenbanken mit massiven Staatsinterventionen und Rettungsaktionen das Finanzsystem retteten, statt eine Bereinigung zuzulassen, war ich davon überzeugt, dass die große Wirtschaftskrise noch einmal an uns vorbeigezogen war.

In unseren Fonds und Kundenportfolios empfahlen wir vom Frühjahr 2009 an einen sehr hohen bis maximalen Aktienanteil. Wir lagen damit richtig. Wer im März 2009 einen Anteil unseres PI Global Value Fund (WKN: A0NE9G) zu 64,46 Euro kaufte, konnte sich zehn Jahre später über einen Gegenwert von 238,35 Euro freuen – ein Kursanstieg von 270 Prozent in zehn Jahren oder eine Jahresrendite von 14 Prozent netto. Leider werden wenige Investoren die Fondsanteile zum Tiefpunkt gekauft haben. Wir haben allerdings in den Fonds die Chancen wahrgenommen und hoffen, dies in der nächsten Krise auch wieder zu tun. Wenn die Märkte teurer sind, werden sie vorsichtig. Warren Buffett sagte hierzu einmal: »Seien Sie ängstlich, wenn die anderen gierig sind, und gierig, wenn die anderen ängstlich sind.« (»Be fearful when others are greedy, be greedy, when others are fearful.«)

Nun ist es allerdings an der Zeit, vorsichtiger zu werden. Am 25. Januar 2018 äußerte ich mich auf dem Fondskongress in Mannheim sehr kritisch zum Zustand unseres Wirtschaftssystems. In meinem Vortrag »Der nächste Crash kommt – warum ich ab jetzt sehr viel vorsichtiger werde« analysierte ich die Sollbruchstellen im internationalen Finanzsystem:

- massive und weiter steigende Schulden,
- hohe Fremdwährungsschulden vieler Entwicklungsländer,
- Fehlallokationen aufgrund viel zu niedriger Zinsen,
- eine neue Immobilienblase in vielen Regionen,
- eine Explosion in Zahl und Volumen von passiven – und damit »dummen« – Finanzprodukten,

und sah die Risiken steigen, dass eine größere Wirtschaftskrise noch in der (ersten) Amtszeit von Donald Trump, also bis Ende 2020, eintreten würde. Den Vortrag können Sie sich bei YouTube anschauen.[66]

Mit meiner Warnung stand ich nicht allein da. Im Dezember 2017 hatte ich meinen geschätzten Kollegen Russell Napier zu einem Vortrag bei der Deutschen Vereinigung für Finanzanalyse e. V. in Frankfurt mit dem Titel »Warum Bärenmärkte passieren und warum einer jetzt wahrscheinlich ist« eingeladen. Sie können den Vortrag online bei YouTube ansehen.[67] Einen Monat zuvor hatte bereits die Investmentbank Goldman Sachs gewarnt, dass auf die meisten Investoren »Schmerzen« zukommen würden. Die Märkte seien teurer als jemals seit dem Jahr 1900. Das Besondere sei, dass Aktien, Anleihen und Kredite gleichzeitig auf sehr hohem

Niveau stünden. In Kapitel 6 gehe ich auf diese »Alles-Blase« ein.[68] Finanzanalyst Peter Schiff befürchtete, dass wir in das Endspiel eingetreten seien: Die große Krise würde sich wohl noch in der Amtszeit von Donald Trump ereignen. Man würde dann Trump schuldig sprechen, obwohl sich das Unglück bereits unter George W. Bush und Barack Obama zusammengebraut habe und die beiden Präsidenten wenig unternommen hatten, um die Welt auf einen sichereren Kurs zu bringen.[69]

Ray Dalio warnte im *Handelsblatt*-Interview Anfang 2019, dass ihn die Lage der Weltwirtschaft an die 1930er-Jahre erinnere.[70] Selbst der mittlerweile über 90-jährige Alan Greenspan meldete sich wieder einmal zu Wort. »Gehen Sie in Deckung, rennen Sie!«[71]

Einen Vorgeschmack auf kommende Börsenbeben bot das vierte Quartal 2018. An den Tagen vor Weihnachten fand ein regelrechtes Massaker an den US-Börsen statt. Bis zum Weihnachtsabend war es der schlimmste Dezember für den Dow Jones Industrial Average seit der Großen Depression 1929. Noch am Heiligen Abend stürzte der Dow Jones fast um 3 Prozent ab – das ist der größte Kursverlust, den dieser Index jemals an einem Weihnachtstag hinnehmen musste.

Der Einbruch der Weltaktienmärkte im Jahr 2018 ist ein Vorgeschmack auf den kommenden Crash

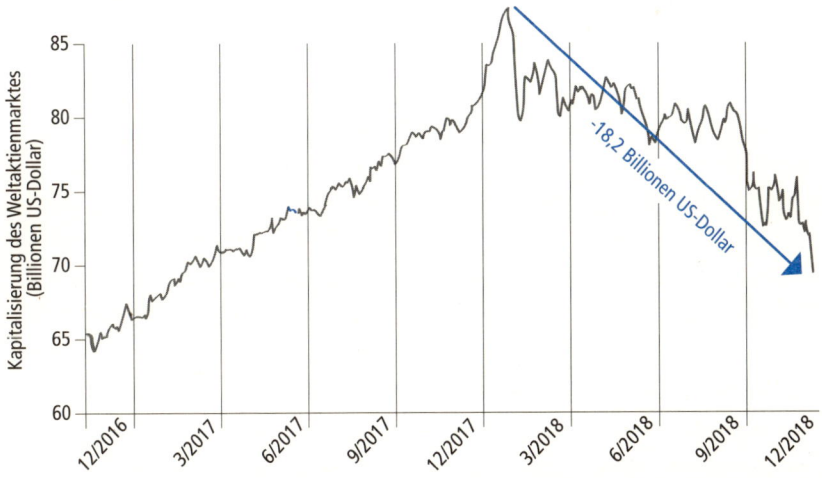

Quelle: Bloomberg; eigene Darstellung

Nachdem er von seinem Hoch am 20. September 2018 über 20 Prozent abgegeben hatte, befand sich der S&P 500 nun in einem Bärenmarkt. Wie meistens konnten sich die meisten Weltbörsen den US-Vorgaben nicht entziehen. Der DAX büßte binnen Jahresfrist 19 Prozent ein, der EuroStoxx 16 Prozent. Auch der Nikkei stand vor Weihnachten 2018 auf einem 20-Monats-Tief, nachdem er in den Monaten zuvor 15 Prozent verloren hatte. Die Weltaktienmärkte büßten seit ihren Höchstständen im Januar 2018 an die 18 Billionen Dollar an Wert ein und fielen auf den Stand vom März 2016 zurück.

Die Verbriefungsaktivität an der Wall Street kam nahezu zum Stillstand. Statt wie in den Monaten zuvor zwischen 9 und 15 Milliarden wurde nun weniger als 1 Milliarde Dollar verbrieft.

Wenn der Verbriefungsmotor der Wall Street ernsthaft stottert, kann die Schuldenökonomie nicht aufrechterhalten werden

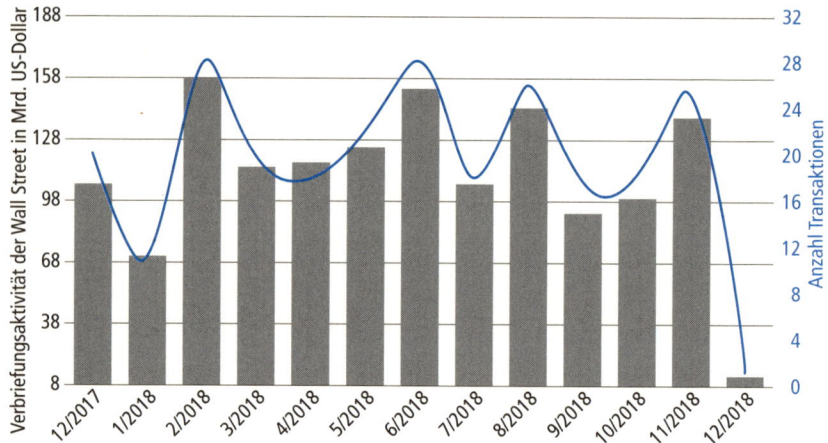

Quelle: LCD, an offering of S&P Global Market Intelligence

Nach Berechnungen von Bloomberg blieben zudem die großen Wall-Street-Banken auf 1,6 Milliarden Dollar Schulden sitzen, die sie nicht an Investoren weiterreichen konnten und nun in der Bilanz führen müssen.[72] Insgesamt taten sich die Banken schwer, Kredite zu verkaufen, die sie bereits für Private-Equity-Deals zugesagt haben. Als Konsequenz wurden im Dezember mindestens vier Unternehmenskäufe abgesagt. Wenn sich das nächste Mal das negative Klima verschärfen sollte, werden die Märkte einfrieren, die Zinsen explodieren und die Preise für Kredite und Anleihen kollabieren.

Auch wenn die Börsen in den Folgemonaten einen guten Teil der Verluste wieder wettmachten, zeigt die empfindliche Korrektur von Ende 2018 doch, wie nervös das Klima geworden ist. Mittlerweile attackiert Donald Trump seinen Notenbankchef Jerome Powell heftig und andauernd. Zwischenzeitlich hatte Powell es gewagt, die Zinsen leicht zu erhöhen, die Zinserhöhungen aber bald wieder gestoppt. »China ist nicht unser Problem, die Fed ist es«, so Trump immer wieder. Powell sei ahnungs- und hilflos, ohne Vision. Die hohen US-Zinsen würden die amerikanischen Produzenten bestrafen, die anderen Länder davon profitieren. Trumps andauernde Attacken auf den Mann, den er selber ernannt hat, zeigen, wie prekär die Lage geworden ist und dass sich der US-Präsident dessen durchaus bewusst ist.

KAPITEL 6

DER ABSTIEG DER MITTELSCHICHT

I believe that all good things taken to an extreme can be self-destructive and that everything must evolve or die. This is now true for capitalism. […] I believe that capitalism is now not working for the majority of Americans, […] it is producing these inadequate results, and I offer some suggestions for what can be done to reform it.

Ray Dalio, Bridgewater Associates[1]

Es kann nicht »business as usual« sein, wenn ständig Proteste stattfinden, die Regierung dichtmacht und die gesellschaftlichen Spannungen eskalieren. Es ist wahrscheinlich, dass die Ursachen der nächsten Krise in den hohen Schulden der Staaten liegen.

Seth Klarman, Baupost Group

Während das internationale System durch die Rivalität zwischen den USA und China auf seine größte Bewährungsprobe seit Jahrzehnten gestellt wird, vielleicht die größte Bewährungsprobe aller Zeiten, und das Finanz- und Wirtschaftssystem vor dem Absturz steht, droht den Gesellschaften der Industrienationen selbst die Zerreißprobe. Der Grund ist nicht, dass auf einmal wie aus dem Nichts das Schreckgespenst des Populismus auftaucht – der sogenannte Populismus ist Folge des Versagens unseres Wirtschaftssystems, nicht dessen Ursache. Der Grund ist, dass viele Menschen merken, dass sie keine gute Zukunft haben werden, wenn es so weitergeht wie bisher. Viele steigen aus der Mittelschicht ab; die Aussicht auf ein würdevolles Leben, in dem man mit einem Arbeitsverhältnis eine Familie angemessen ernähren kann, schwindet. Gleichzeitig etabliert sich die Herrschaft von etwas, das der bereits erwähnte Verfassungsrichter Louis Brandeis schon vor dem Ersten Weltkrieg als »Finanzoligarchie« bezeichnete.[2]

Vor Kurzem erregte Ray Dalio Aufsehen mit seinem Appell, dass der Kapitalismus dringend reformiert werden müsse, weil er sich sonst selbst zerstören würde. »Seit mehr als 50 Jahren habe ich den Kapitalismus sich in einer Art und Weise entwickeln sehen, die für die Mehrheit der Amerikaner nicht funktioniert, weil sie selbstverstärkende Spiralen für die Vermögenden und die Besitzlosen hervorbringt.«[3] Das klingt schon fast nach Karl Marx, und es würde nicht verwundern, wenn Dalio dem linken Flügel der Demokratischen Partei um Bernie Sanders angehören würde. Aber Dalio ist Erzkapitalist. Er managt mit Bridgewater einen der größten Hedgefonds der Welt, ist seit mehr als 45 Jahren im Geschäft und belegt mit einem Vermögen von knapp 19 Milliarden Dollar Platz 58 auf der Liste der reichsten Menschen der Welt.

Der Gründer von Bridgewater Associates ist nach eigener Auskunft in einer Mittelklassefamilie aufgewachsen und konnte in einem Land, in dem die öffentliche Sicherheit gewährleistet war, auf ordentliche Schulen gehen. Seine Familie genoss einen angemessenen Krankenversicherungsschutz. Nach dem Studium stand ihm ein freier und fairer Arbeitsmarkt offen. Alle diese Fundamente einer freiheitlich-bürgerlichen Gesellschaft sind laut Dalio nun gefährdet: »Ich glaube, dass der Kapitalismus für die Mehrheit der Amerikaner nicht funktioniert. Alle guten Dinge, die ins Extrem getrieben werden, können selbstzerstörerisch werden und müssen sich weiterentwickeln oder absterben. Das ist nun der Fall beim Kapitalismus.« Die amerikanische Zeitschrift *Fortune*, sicherlich kein sozialistisches Kampfblatt, pflichtet bei: »Das Resultat: eine Wirtschaftsordnung, in der die Klasse der Kapitalbesitzer große Vorteile hat und die Kosten der Zulassung zu und des Ausschlusses von dieser Klasse immer höher werden.«[4]

Eine der Fahrkarten in ein besseres Leben ist in den USA das Studium auf dem College. Die Kosten dieser vier Jahre betrugen 2018 an öffentlichen Hochschulen durchschnittlich 101.000 Dollar, wenn der Student aus demselben Bundesstaat stammt, 164.000 Dollar, wenn er oder sie aus einem anderen Bundesstaat kommt, und 204.000 Dollar an privaten Colleges.[5] Ja, besonders gute Schüler erhalten Stipendien, aber für die Mehrzahl der Amerikaner wird es bei einem Medianeinkommen von 59.000 Dollar pro Familie knapp. Selbst, wenn eine Familie mit diesem Einkommen jedes Jahr 10.000 Dollar beiseitelegen könnte, was ziemlich unrealistisch ist, würde die billigste Variante pro Kind die Sparleistung von zehn Jahren in Anspruch nehmen. So starten jedes Jahr viele der knapp zwei Millionen frischgebackenen College-Absolventen mit einem erdrückenden Schuldenberg ins Berufsleben. Mittlerweile beträgt das Volumen der College-Kredite 1,5 Billionen Dollar und ist damit die zweithöchste Schuldenposition amerikanischer Haushalte nach den Hypotheken. Und die Abschlüsse sind wahrscheinlich angesichts des starken Anstiegs der Absolventenzahlen nicht so viel wert, wie die Studenten dachten. Einer von vier Studenten meldet mittlerweile Privatinsolvenz auf seine College-Schulden an. Ein Elternhaus, das einen schuldenfreien Start ins Berufsleben ermöglichen kann, ist da Gold wert.

Allerdings bleibt es nicht dabei. Speziell für die Reichen und Superreichen ist eine eigene Industrie entstanden, die gegen Honorar hilft, dem Nachwuchs einen Platz an einem besonders begehrten College zu ergattern – sei es durch Coaching für die Bewerbung oder auch durch Gefälligkeiten wie Spenden bis hin zu Bestechung. Am 21. Juni 2019 erklärte sich mit Toby McFarlane der letzte von 14 Angeklagten im College-Zulassungsskandal für schuldig. McFarlane hatte 450.000 Dollar an Bestechungsgeldern gezahlt, um seinen Sohn mit einer gefälschten Akte ins Footballteam eines Colleges zu schleusen und seine Tochter in die Fußballmannschaft. Beide Aufnahmen wären mit der Zulassung zum Studium verbunden gewesen.[6] Selbst in Fällen, wo kein Betrug vorliegt, hilft natürlich Geld, um die Kinder auf das Studium vorzubereiten, zum Beispiel durch gute Nachhilfelehrer. Wie schlecht muss das Schulsystem in den USA mittlerweile sein, dass so etwas immer häufiger nötig ist?

Unter den heutigen Superkapitalisten steht Dalio nicht alleine. Bereits vor einigen Jahren äußerte sich Warren Buffett, erfolgreichster Investor der Welt und auf der Liste der reichsten Menschen dieser Erde immer ganz vorn dabei, zum Thema: »Ja, es gibt einen Klassenkampf und es ist meine Klasse, die Klasse der Reichen, die den Krieg führt. Und wir gewinnen.« Wer Buffett kennt, weiß, dass er meinte: »Leider!«[7] Zusammen mit seinem Freund Bill Gates, dem Microsoft-Gründer, ist Buffett Initiator des Projekts »The Giving Pledge«, das die Superreichen dazu bewegen will, mindestens 50 Prozent ihres Vermögens bei ihrem Ableben zu spenden.[8] Buffett selbst hat zwischen den Jahren 2000 und 2017 mehr als 46 Milliarden Dollar – über 70 Prozent seines Vermögens – für gemeinnützige Zwecke gespendet, spendet fleißig weiter, und ist immer noch viertreichster Mensch der Welt. Vor ein paar Jahren erregte er Aufsehen mit einer Wette: derjenige seiner superreichen Freunde, der ihm nachweisen könne, dass er einen höheren Steuersatz als seine Sekretärin habe, würde eine Million Dollar von ihm bekommen. Es meldete sich keiner.[9]

Jeremy Grantham verwaltet mit der von ihm gegründeten Investmentfirma GMO 150 Milliarden Dollar. Er bestätigt: »Wir sind mit einer Form des Kapitalismus konfrontiert, der seinen Fokus auf kurzfristige Gewinnmaximierung gelegt hat, mit wenig oder keinem Interesse an öffentlichen Gütern und sozialer Wohlfahrt.« Und Seth Klarman, Chef der Baupost Group mit 30 Milliarden Dollar verwaltetem Vermögen sagte in einer viel beachteten Rede an der Harvard Business School: »Es kann nicht ›business as usual‹ sein, wenn ständig Proteste stattfinden, die Regierung dichtmacht und die gesellschaftlichen Spannungen eskalieren. Es ist wahrscheinlich, dass die Ursachen der nächsten Krise in den hohen Schulden der Staaten liegen.«[10]

Im Sommer 2018 fragte die Bertelsmann Stiftung europaweit 10.885 Bürger, wie sie die Vergangenheit einschätzten. Zwei Drittel der Europäer antworteten in der repräsentativen Befragung, die Welt sei früher ein besserer Ort gewesen. Besonders hoch war die Zustimmung zu dieser These in Italien mit 77 Prozent. Dahinter rangieren Frankreich (65 Prozent), Spanien (64 Prozent), Deutschland (61 Prozent) und Polen (59 Prozent). Der Fall des Eisernen Vorhangs beeinflusste das Ergebnis also nur marginal.[11]

Nun könnte man dieses Ergebnis als Ausdruck der Nostalgie der Ewiggestrigen ansehen. Aber der absolute und relative Abstieg der Mittelschicht in den westlichen Industrienationen ist Fakt. Zum einen wird sie kleiner, zum anderen ärmer.

Vielen Menschen geht es relativ gesehen schlechter als vor 30 oder 40 Jahren. Die unteren 90 Prozent aller Haushalte erhielten in den USA im Jahr 1966 immerhin 64 Prozent des Volkseinkommens, 2014 waren es nur noch 53 Prozent. Wenn das nach einer Lappalie klingt, bedenken Sie, dass damit neun von zehn Haushalte über 20 Prozent weniger Einkommen verfügten als knapp 50 Jahre zuvor. Während in den vergangenen drei Jahrzehnten die Gehälter der Top-Manager explodierten, stiegen die Realeinkommen der Arbeitnehmer auch in Deutschland nur sehr moderat, wie der *Handelsblatt*-Journalist Daniel Goffart in seinem Buch *Das Ende der Mittelschicht* darlegt.[12] Für Durchschnittsverdiener waren oft sogar Stagnation oder Reallohnverluste zu verkraften. Mittlerweile befindet sich fast jeder Vierte in einem prekären Arbeitsverhältnis, das sind in der Bundesrepublik fast acht Millionen Menschen.

Die OECD, nicht gerade ein sozialistischer Club, stellte fest, dass viele Mitglieder der Mittelschicht zu den Verlierern der Globalisierung gehören.[13] Selbst im »sozialen« Europa ist es immer schwerer, oft sogar unmöglich, eine Familie mit einem normalen Job zu ernähren, zumal in attraktiven Ballungsgebieten. In den 1980er-Jahren war das in Deutschland und vielen anderen Ländern noch selbstverständlich. »Prekäre Arbeitsverhältnisse« gab es damals kaum. Wenn Menschen mit einer normalen, sinnstiftenden Arbeit nicht mehr die Sicherheit haben, eine Familie ernähren zu können sowie eine ordentliche Kranken- und Altersversorgung zu haben, sind sie Dauerstress ausgesetzt, werden abgehängt und verlieren unter Umständen das Interesse an unserem Gemeinwesen – mit üblen Folgen. Die Mittelschicht, das »Bürgertum«, ist das Fundament unserer Demokratie. Wenn dieses Fundament bröckelt, bröckelt auch die Demokratie.

»Ab einer gewissen Schwelle ist der Aufstieg von Nationalismus und Populismus nicht mehr als spontane Aktion, sondern als vorhersehbare Reaktion auf die Exzesse und blinden Flecken der globalistischen Eliten zu verstehen«, schreibt der amerikanische Finanzanalyst James Rickards in seinem neuen Buch *Nach dem Kollaps*.[14] »Wenn diese Eliten chinesisches Wachstum auf Kosten westlicher Arbeitsplätze fördern, wieso haben sie nicht damit gerechnet, dass die Arbeiterschicht dieses Programm ablehnt? Wenn die Eliten eine multikulturelle Agenda – die selbst ein soziales Konstrukt ist – verfolgen, wieso haben sie nicht damit gerechnet, dass Menschen mit starken kulturellen, religiösen und regionalen Bindungen diese Agenda ablehnen?«

Lohnzurückhaltung und Globalisierungsfalle

Nach dem Zweiten Weltkrieg träumten auf der ganzen Welt Menschen den Traum vom immer größeren Wohlstand. Mit einem Einkommen in einem normalen Beruf war es möglich, eine Mittelklassefamilie zu ernähren, ein Haus zu bauen und den Kindern eine Ausbildung zu ermöglichen. Die gesellschaftlichen Verhältnisse waren stabil, wenn auch etwas verstaubt. Als in den USA nach dem Zweiten Weltkrieg die GIs heimkehrten, erwarteten sie spezielle Förderprogramme für Universitäten – Henry Kissinger konnte so an der Harvard University studieren und schließlich Außenminister statt Buchhalter werden. In Deutschland begannen nach 1949 Wiederaufbau und Wirtschaftswunder, die das Land in etwas mehr als einem Jahrzehnt wieder an die Spitze der Industrienationen beförderten. Daniel Goffart berichtet, dass seine Eltern mit dem mittleren Angestelltengehalt des Vaters und der Halbtagsstelle der Mutter »ein Haus, viele Urlaube sowie das Studium und die Ausbildung« von vier Kindern finanzierten. Davon können heutige Familien nur träumen.[15] Auch Japan schob sich anscheinend unaufhaltsam an die Spitze der Industrienationen vor.

Seit ungefähr 30 Jahren erodiert das Mittelklasseidyll. Der Berliner Finanzwissenschaftler Timm Bönke kommt zu dem Schluss, dass die Lohnkurve ab dem Jahrgang 1965 nach unten zeigt. Dieser Jahrgang trat um 1990 in das Berufsleben ein. Seitdem ist die Mittelschicht um mehr als drei Millionen Menschen geschrumpft.[16] Zwischen dem Jahr 2000 und 2010 sind die Reallöhne nur um 1,4 Prozent gestiegen und in den unteren 80 (!) Prozent sogar gesunken.[17] Seit der Finanzkrise 2008 hat sich die Entwicklung verschärft. Das *Handelsblatt* spricht von einem »verlorenen Jahrzehnt für die Arbeitnehmer. Trotz guten Wachstums ist der weltweite Gehaltszuwachs schwach wie seit 2008 nicht«. Und das trotz sinkender und sehr niedriger Arbeitslosigkeit.[18]

Das durchschnittliche Bruttogehalt betrug 2019 in Deutschland circa 2.860 Euro je beschäftigtem Arbeitnehmer, das Nettogehalt nach Abzug aller Steuern und Abgaben circa 1.890 Euro.[19] Für diese Zahl wurden sowohl Teil- und Vollzeitbeschäftigungsverhältnisse ausgewertet. Vollzeitbeschäftigte verdienen ungefähr ein Drittel mehr, also ungefähr 3.800 Euro brutto und 2.500 Euro netto. In den meisten Städten lässt sich davon eine Familie nicht mehr wirklich ernähren. In

Köln kostet die durchschnittliche 100-Quadratmeter-Mietwohnung mittlerweile 11,45 Euro je Quadratmeter, also circa 1.150 Euro. Damit ginge fast die Hälfte des Einkommens für die Miete drauf.[20]

In vielen ehrbaren Berufen liegt das Einkommen deutlich unter dem Durchschnittsgehalt. Krankenschwestern und -pfleger verdienen in staatlichen und kirchlichen Einrichtungen zwischen 2.800 und 3.600 Euro, in nicht-tarifgebundenen privaten Einrichtungen oft nur zwischen 1.800 und 2.200 Euro.[21] Das Einstiegsgehalt für Mechatroniker liegt nach drei Lehrjahren zwischen 2.000 und 2.500 Euro; wenige kommen später über 3.000 Euro.[22] Ein Assistenzarzt verdient mit anfangs durchschnittlich 4.600 Euro nur etwas mehr als das Durchschnittsgehalt.

Schon unter einem Einkommen von 35.000 Euro verdient eine Familie mit zwei Kindern weniger als das steuerliche Existenzminimum

Einkommen/Abzüge 2019	Verheiratet, 2 Kinder	Verheiratet, 3 Kinder
Jahresbrutto	35.000 €	50.000 €
Lohnsteuer	– 1.884 €	– 5.064 €
Krankenversicherung (AN 7,85% inkl. 0,55% Zusatzbeitrag)	– 2.748 €	– 3.925 €
Rentenversicherung (AN 9,3%)	– 3.255 €	– 4.650 €
Arbeitslosenversicherung (AN 1,25%)	– 438 €	– 625 €
Pflegeversicherung (AN 1,525% / Kinderlose 1,775%)	– 534 €	– 762 €
Kindergeld (Stand: 01/2019)	+4.656 €	+ 7.056 €
Netto	30.797 €	42.030 €
Existenzminimum Erwachsene Kinder	–18.336 € –15.240 €	–18.336 € –22.860 €
Über-/Unterdeckung	–2.779 €	834 €

Quelle: Welt

Dem vorausgegangen ist eine Studienzeit von durchschnittlich 6,5 Jahren und eine harte Auslese.[23] Der Assistenzarzt kann mit seinem Einstiegsgehalt auch in der Stadt eine Familie ernähren, aber große Sprünge sind nicht drin.

Durch die hohen Einkommen der Spitzenverdiener liegt das Durchschnittseinkommen über dem Median. Während in dem einen Fall der Durchschnitt aller Einkommen, also auch der sehr hohen, einbezogen wird, ist das Medianeinkommen das Einkommen, bei dem die eine Hälfte der Haushalte darüber, die andere Hälfte darunter liegt. Das Medianeinkommen erlaubt somit eine bessere Einschätzung der Einkommenssituation der Mehrzahl der Menschen. Es lag im Jahr 2019 bei 1.615 Euro netto für Singles und bei 3.392 Euro netto für eine Familie mit zwei Kindern, wobei davon ausgegangen werden kann, dass es in vielen Familien zwei Verdiener gibt.[24]

Kürzlich kam eine Untersuchung des Familienbundes der Katholiken und des Deutschen Familienverbandes zu alarmierenden Zahlen. Schon bei einem Bruttoeinkommen von 35.000 Euro (durchschnittliches Bruttoeinkommen in Deutschland: 35.189) rutscht eine Familie in unserem Land unter das gesetzliche Existenzminimum. Es fehlen knapp 3.000 Euro pro Jahr. Noch vor fünf Jahren war die Situation deutlich besser. Auch durch unser Steuersystem und die Sozialabgaben wird die Mittelschicht stark belastet. Im unteren Bereich steigt die Steuerlast aufgrund der Progression der Einkommensteuersätze und der Sozialabgaben steil an. Bereits bei 35.000 Euro Jahreseinkommen je Haushalt – erstaunlicherweise ziemlich genau das Durchschnittseinkommen – wird schon die obere Grenze der Steuerlast erreicht, die bei knapp 45 Prozent liegt. Und ab einem Einkommen von 10.000 Euro liegen die Sozialabgaben bei über 10 Prozent, ab 20.000 Euro bei über 15 Prozent. Die höchste Belastung der Arbeitnehmer wird mit 48 Prozent im Bereich zwischen 40.000 und 80.000 Euro erreicht, also genau dort, wo wir die Mittelschicht und die Leistungsträger der Gesellschaft verorten. Über 35.000 Euro Einkommen steigt die relative Belastung kaum, mit stark wachsendem Haushaltseinkommen sinkt sie sogar etwas. Der Grund: Gutverdiener und Reiche zahlen prozentual viel weniger Sozialversicherungsbeiträge und Mehrwertsteuer, da sie einen geringeren Teil ihres Einkommens konsumieren.[25] Daher ist zum Beispiel die Idee des dm-Gründers Götz Werner, ein bedingungsloses Grundeinkommen aus der Mehrwertsteuer zu finanzieren, grober Unfug. Ich bin von Götz Werners gutem Willen überzeugt, aber er würde damit die ultimative Umverteilung von unten nach oben starten.

Melkkuh Normalverdiener: Schon bei einem Haushaltsbruttoeinkommen von 20.000 Euro ist eine Steuer- und Abgabenquote von über 40 Prozent erreicht.

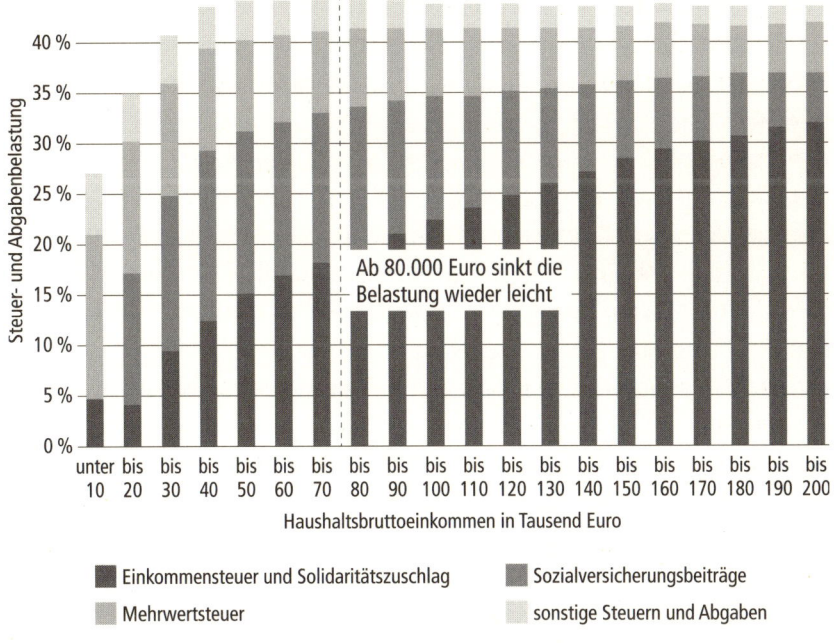

Quelle: Rheinisch-westfälisches Institut für Wirtschaftsforschung

Der immer spätere Start ins Berufsleben und die Inflation der Hochschulabschlüsse erschweren für viele den »Eintritt« in die Mittelschicht zusätzlich. Wo früher Jugendliche mit 14, 15 oder 16 Jahren eine duale Ausbildung beginnen konnten, schon zu ihrem Unterhalt beitrugen und mit 18, 19 oder 20 bereits in einem produktiven und erfüllten Berufsleben standen, sind sie heute oft zehn Jahre später dran. Während die Generation der Babyboomer (Jahrgänge 1942–1964) noch zu 71 Prozent in der Mittelschicht vertreten war, sind es die »Millennials« (1983–2002) nur zu 61 Prozent.[26] Auch das ist es, was im zitierten Artikel der Zeitschrift *Fortune* mit den Kosten der Zulassung zur Mittelschicht gemeint ist.[27] Es vollzieht sich ein Paradigmenwechsel, den Goffart in seinem gleichnamigen Buch über das Ende der Mittelschicht treffend zusammenfasst: »Zu verschwinden drohen die Normalarbeitsverhältnisse, die Normalbürger, die Normalbiografien, der Normalarbeitstag und der als ›Otto Normalbürger‹ bezeichnete Durchschnittskonsument.«[28]

Globalisierung und Abstieg der Mittelschicht hängen ursächlich zusammen. Durch den globalen Standortwettbewerb sind Arbeitnehmer, Regierungen und Gewerkschaften erpressbar geworden. Was zunächst nur in der Industrie stattfand, übertrug sich nach und nach auf andere Wirtschaftssektoren. Das hat einen ganz einfachen Grund: Es gibt international mobile und weniger bis nicht mobile Produktionsfaktoren. Mobil sind Kapital, Großkonzerne und international orientierte Manager. Immobil sind die meisten Arbeitnehmer und die meisten Mittelständler. Wer ein Haus gebaut, eine Familie gegründet und in ein soziales Beziehungsgeflecht investiert hat, hat Sozialkapital aufgebaut. Da ist es schon mit erheblichen materiellen und immateriellen Kosten verbunden, auch nur innerhalb eines Landes umzuziehen. International sind nur die wenigsten Arbeitnehmer mobil, und das ist auch gut und richtig so.

Noch vor 20 Jahren war die Globalisierungskritik eine überwiegend linke Domäne. In ihrem Bestseller *Die Globalisierungsfalle* legten die damaligen *Spiegel*-Redakteure Harald Schumann und Hans-Peter Martin im Jahr 1996 dar, das sich als Folge einer »Entgrenzung« der Ökonomie und eines Verlusts der staatlichen politischen Kontrolle über die zunehmend von Weltkonzernen gesteuerte Wirtschaftsentwicklung die soziale Spaltung verschärfe und eine »20-zu-80-Gesellschaft« mit 20 Prozent Arrivierten und 80 Prozent Zurückgelassenen entstehe.[29] Im US-Präsidentschaftswahlkampf 2016 sollte die demokratische Kandidatin Hillary Clinton diese Zurückgebliebenen als »deplorables« (bemitleidenswerte Personen) bezeichnen und sich damit viele Sympathien verscherzen.[30] Heute kommt die Globalisierungskritik vor allem von den nationalen und »rechspopulistischen« Strömungen, die seit einigen Jahren in den Industrienationen auf dem Vormarsch sind. In einer Rede in Lindheim im September 2018 analysierte der jetzige AfD Co-Sprecher und frühere CDU-Politiker Alexander Gauland die Kluft, die sich zwischen einer urbanen und auch globalen oberen Mittelschicht und den weniger Begüterten sowie den ländlichen Regionen auftut: Während Erstere mobil sind, oft grün oder liberaldemokratisch wählen und ihre Kinder auf Privatschulen schicken können, ist die zweite Gruppe davon abhängig, dass staatliche Leistungen und Infrastruktur funktionieren.[31]

Seit den 1980er-Jahren werden Produktionsstandorte und ganze Wertschöpfungsketten in Niedriglohnländer verlagert. War es zu Beginn nur die Produktion, so sind seit den 1990er-Jahren auch Dienstleistungen und hochwertige Entwicklungsjobs, zum Beispiel für Software, abgewandert. Der börsennotierte IT-Dienstleister Cognizant legte seit seiner Gründung 1994 ein rasantes Wachstum hin und beschäftigt 260.000 Mitarbeiter. Das Unternehmen ist an der US-Technologiebörse Nasdaq notiert, gehört dort zu den 100 größten Unternehmen und hat seinen Hauptsitz in Teaneck, New Jersey. Die Mehrzahl seiner Mitarbeiter arbeitet jedoch in Indien. Auch wenn Sie heute ein Call-Center Ihres Versicherungsunternehmens oder Ihrer Bank anrufen, kann es durchaus sein, dass der entsprechende Servicemitarbeiter in Indien sitzt. Dort lernt man gern Deutsch, wenn man dadurch einen Job in einem solchen Call-Center bekommen kann.[32]

Ein Beispiel dafür ist die Schließung des Nokia-Werks in Bochum und die erregte politische Debatte, die sich daran entzündete. Der damals führende Handyhersteller hatte zwischen 1995 und 1999 knapp 60 Millionen Euro Fördermittel von Bund und Ländern erhalten. Zusätzlich hatte das Bundesforschungsministerium von 1998 bis 2006 9,5 Millionen Euro Forschungsmittel gewährt. Dafür wurde das Unternehmen verpflichtet, bis Mitte September 2006 mindestens 2856 Arbeitsplätze in Bochum zu schaffen oder zu erhalten.[33] 2008 kündigte Nokia allerdings an, seine Produktion nach Rumänien zu verlagern. Aus dem Streit mit der Landesregierung kaufte Nokia sich durch Zahlung von 20 Millionen Euro und dem Erlös aus dem Verkauf des Betriebsgeländes heraus.[34] Für Nokia immer noch ein guter Deal. Das Nachsehen hatten das Land NRW und die Arbeitnehmer.

Erpressung, Ausnutzung von Macht und Steuerarbitrage sind mittlerweile Bestandteile des Geschäftsmodells der meisten Großkonzerne. Irland hatte schon vor der Finanzkrise mit besonders lockeren Regulierungsstandards gelockt, sodass zum Beispiel die Pleitebank IKB hier eine Auslandstochter hatte, die in der Finanzkrise auch prompt in Schwierigkeiten geriet. Die Summe der Kredite, Derivate und Hypothekendarlehen irischer Banken überstieg vor der Finanzkrise das Bruttoinlandsprodukt des Landes beinahe um das Vierfache.[35] Der Finanzsektor musste mit einem Hilfspaket von über 85 Milliarden Euro gerettet werden, ein Großteil davon EU-Gelder. Irlands Haushaltsdefizit schnellte zwischenzeitlich auf über 30 Prozent hoch.[36] All dies widersprach nach meiner Auffassung dem Maastricht-Vertrag, wie ich 2010 dem *Handelsblatt* gegenüber erläuterte.[37]

Wenn Sie aber glauben, dass sich die Situation seit den Rettungshilfen gebessert hat, irren Sie. Irland macht schamlos weiter. Amerikanische Tech-Giganten wie Apple und Alphabet (Google) haben zum Beispiel ihre europäischen Hauptquartiere in Dublin, weil die Steuersätze in Irland besonders niedrig sind. Das Tax Justice Network schätzt, dass Apple auf diese Weise zwischen 2015 und 2017 weniger als 1 (ein!) Prozent Steuern auf seine europäischen Aktivitäten gezahlt hat. Auch andere Länder schneiden sich eine Scheibe ab. Der luxemburgische Cheflobbyist Jean-Claude Juncker, der im Nebenjob Präsident der EU-Kommission war, hat dafür gesorgt, dass sein Land zu einem Steuerbiotop für Konzerne wurde. Mindestens 300 Millionen Euro, so eine Studie der Grünen, sind der Europäischen Union dadurch entgangen.[38] Der Mann, der in der EU immer so gern Solidarität anmahnt, nimmt es selbst damit nicht sehr genau. Aber nicht nur zwischen Nationen, auch innerhalb der einzelnen Länder nutzen die Unternehmen ihre Machtposition dreist aus, wie es zum Beispiel der Internetriese Amazon immer wieder in besonders dreister Form vormacht. So hätte Amazon Steueranreize von 3,5 Milliarden Dollar bekommen, wenn das Unternehmen wie geplant ein zweites Hauptquartier in New York City gebaut hätte. Letztlich entschied sich das Unternehmen dann doch für Virginia, weil »die Politiker in New York deutlich machten, dass sie gegen eine Präsenz von Amazon seien und sie nicht mit uns arbeiten wollten, um die Art von Beziehung aufzubauen, die notwendig ist, um voranzuschreiten«.[39] Hochnäsiger kann man nicht klarstellen, wer Herr im Hause ist.

Die Explosion der Vermögenspreise

Begünstigt durch die Niedrigzinspolitik stiegen die Vermögenspreise massiv, und zwar mit Unterbrechungen schon seit den 1980er-Jahren. Seitdem die Notenbanken im Rahmen der Stützungsaktionen einen weiteren Gang zugelegt haben, hat sich die Entwicklung von niedrigen Zinsen auf quantitative Lockerung, Null- und Negativzinsen noch einmal beschleunigt. Je niedriger die Zinsen sind, desto einfacher wird es, Vermögenswerte wie Immobilien, Aktien oder Private Equity auf (billigen) Kredit zu erwerben.

Nur: Es sind vor allem die Reichen, die Großkonzerne und die Staaten, die sich verschulden. Sie kaufen damit »echte« Vermögenswerte wie Aktien, Immobilien, Land und Private Equity, während die Mittelschicht auf Kontoguthaben sitzt und ihre Alterssicherung oftmals in Pensionskassen stecken hat, die in Anleihen investiert sind. So ermöglichte die Schuldenblase eine gigantische Umverteilung von Realvermögen zu den bereits Vermögenden, während die Mittelschicht auf Geldforderungen sitzt. Keine gute Idee. Im Schlusskapitel »Kapitalanlagen für die Krise« gebe ich Hinweise, wie Sie Ihr Vermögen bewahren können.

So sind es vor allem Sachwerte, die Real Assets, deren Preise seit der Finanzkrise stark angezogen haben. Zwischen 2009 und 2018 stiegen viele Aktienindizes wie der S&P 500 und MSCI World zwischen 150 und 250 Prozent, die Löhne in den USA und Europa hingegen nur um durchschnittlich 20 bis 30 Prozent. Das kommt einer Stagnation oder sogar einem Rückgang der Reallöhne gleich. Und es wird für viele Lohn- und Einkommensbezieher deutlich schwerer, »echte« Vermögenswerte zu erwerben. Ja, auch Aktien gehören für Ökonomen zu den Sachwerten, den Real Assets, denn eine Aktie ist ein Anteilsschein an einem Unternehmen, einem realen Wirtschaftsgut. Dass einige Anleihenindizes wie der European High Yield und der U.S. High Yield Index ebenfalls stark gestiegen sind, scheint das Bild zu stören.

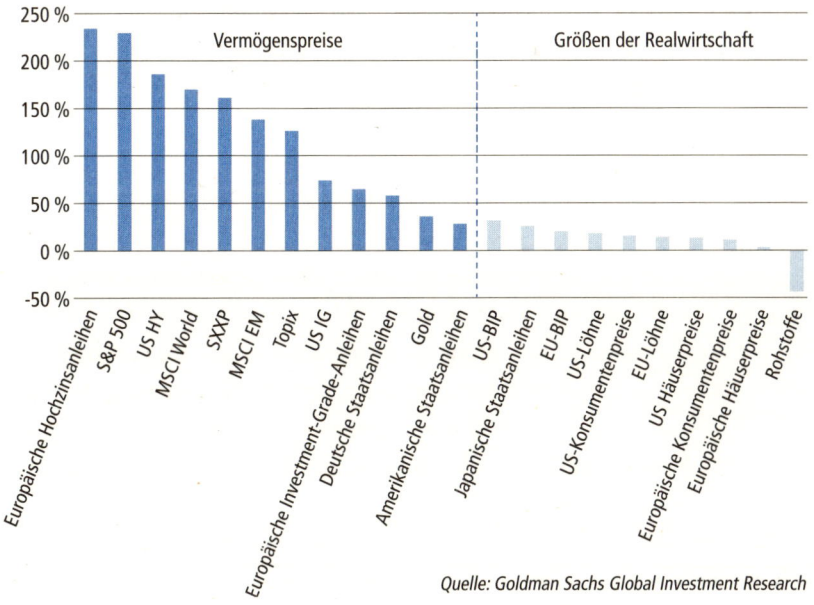

Gesamtrendite bzw. Preisanstieg von 2010 bis 2018

Quelle: Goldman Sachs Global Investment Research

Aber diese Indizes beinhalten hoch riskante Unternehmensanleihen, deren Kurse auf der Jagd nach Rendite stark gestiegen sind. Sie befinden sich oftmals in den Portfolios der Pensionskassen. Wenn in der nächsten Krise viele dieser Schulden ausfallen, dann erleiden vor allem Menschen der Mittelschicht, die Versorgungsansprüche an die Pensionskassen haben, einen Verlust.

Noch nie seit den 1950er-Jahren war das Verhältnis der Vermögenswerte amerikanischer Haushalte im Verhältnis zum verfügbaren Einkommen so hoch wie derzeit. Selbst die Dotcom-Blase um das Jahr 2000 und die Subprime-Blase bis 2007 blieben darunter. Ronald Stöferle und seine Co-Autoren nennen in ihrem bereits erwähnten Buch *Die Nullzinsfalle* den aktuellen Zustand dann auch zutreffend die »Alles-Blase«.[40] Fast alles ist teuer: Aktien, Immobilien, Private Equity, Oldtimer, Anleihen und Risikoanleihen. Einzig Edelmetalle und Rohstoffe hinken hinterher.

Vom Anstieg der Vermögenswerte profitieren natürlich vor allem diejenigen, die bereits Vermögen haben, und zwar umso mehr, je vermögender sie sind. Die Immobilien- und Aktienportfolios der Reichen gewinnen an Wert, die Mittel-

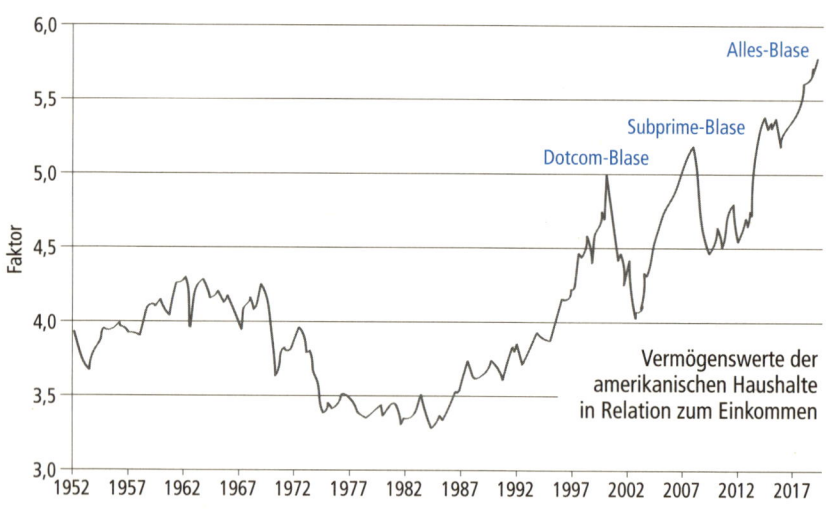

Die »Alles-Blase«: Nach der Dotcom-Blase und der Subprime-Blase haben die Niedrigzinsen die größte Blase seit dem Zweiten Weltkrieg produziert

Quelle: Federal Reserve St. Louis

schicht und normal arbeitende Menschen leiden eher unter dieser Vermögenspreisexplosion. Damit wird die Vermögensverteilung immer schiefer, immer ungleicher. Während die oberen 10 Prozent fast automatisch reicher werden, spüren Normalverdiener erheblichen Gegenwind.

Vermögenspreisinflation: Die Reichen werden reicher, Mittelschicht und ärmere Haushalte haben das Nachsehen

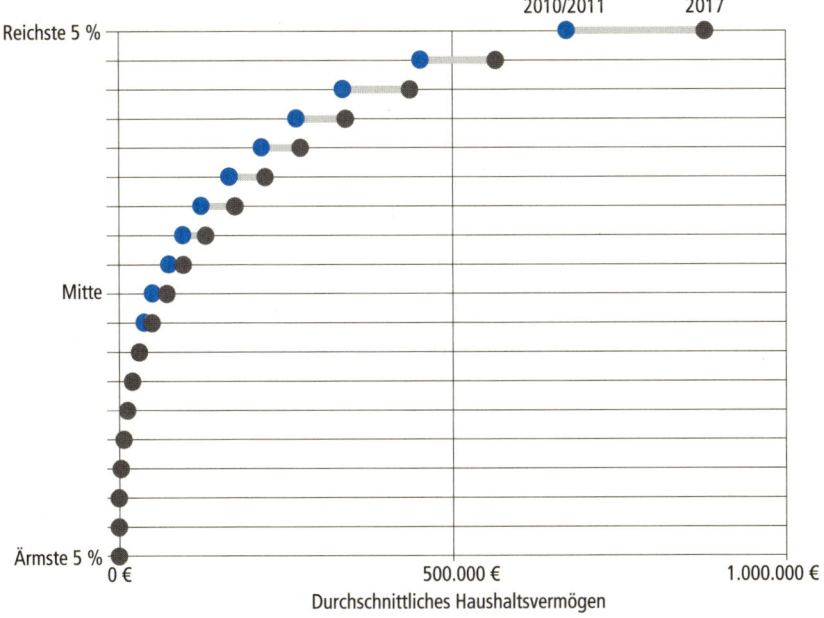

Quelle: Deutsche Bundesbank – Vermögensbilanz der Privathaushalte 2019

Nirgends wird das deutlicher als bei den Häuserpreisen und den Mieten. Seit einigen Jahren steigen sowohl Immobilienpreise als auch Mieten rasant. Davon profitieren wiederum vor allem die Kapitalbesitzer. Bereits im Jahr 2017 zahlte man in attraktiven Lagen das 30-Fache der Miete und mehr als Kaufpreis. Die niedrigen Zinsen machten es möglich.[41] Historisch war eher das 15- bis 20-Fache normal. Fast die Hälfte der Deutschen stehen als große Verlierer des Prozesses da, denn nur 45 Prozent haben Wohneigentum. Der »durchschnittliche« Münchner musste bereits 2017 fast 45 Prozent seines Einkommens für die Miete ausgeben.[42] Zwei Jahre später kosteten in der Stadt an der Isar sowohl ein Reihenendhaus als auch die durchschnittliche Doppelhaushälfte über 1 Million Euro.[43] Zugegeben, München ist Spitzenreiter in Deutschland, aber auch in vielen anderen attraktiven Regionen sind die Preise mittlerweile exorbitant. Zwischen 2015 und 2018 stiegen die Häuserpreise in vielen Mittelstädten rasant, in der Hauptstadt Berlin sogar um fast 50 Prozent.[44] »Die Wohnungsnot treibt die Preise und spaltet die Republik«, schreibt das Magazin *Focus* und fragt: »Hat der Wettbewerb versagt oder doch die Politik?«[45]

Als erste größere Kommune griff Berlin so zu einer radikalen Maßnahme und verordnete eine Deckelung der Mieten. Ab dem 18. Juni 2019 werden die Mieten fünf Jahre lang eingefroren. In vielen Einzelfällen wird diese Verordnung falsch und kontraproduktiv sein. *Dass* etwas passieren musste, ist dennoch nachvollziehbar.

Von 2000 bis 2016 hat sich das pro Kopf verfügbare Einkommen der Berliner nur um 1,6 Prozent erhöht – trotz des Wirtschaftsbooms verdienen die Berliner kaum mehr als vor 20 Jahren.[46] Demgegenüber stehen die Mietkosten, die zwischen 2007 und 2017 um 83 Prozent gestiegen sind. Ausgerechnet im sozial schwachen Stadtteil Neukölln betrug der Mietanstieg sogar 150 Prozent. Nicht verwunderlich, dass parallel dazu in Neukölln der Anteil der armutsgefährdeten Bevölkerung von 17 auf fast 27 Prozent hochschnellte. Mittlerweile müssen die Berliner fast die Hälfte ihres Einkommens für Miete aufwenden. *Die ZEIT* resümiert: »Das kann auf Dauer nicht aufgehen, ohne den sozialen Frieden in Deutschlands Hauptstadt zu gefährden.«[47]

Berlin besteht zu einem großen Teil aus dem früheren Osten, wo die Löhne und Gehälter niedrig, die Mieten noch niedriger und die staatliche Daseinsfürsorge stark ausgeprägt waren. Auch im Westen gab es zu Zeiten des Kalten Kriegs reichlich Subventionen für Immobilien. Man passt eine ganze Stadt nicht so einfach neuen Umständen an, vor allem, wenn gut bezahlte neue Arbeitsplätze – außer in der Politik und im Lobbyismus – Mangelware sind. So sind die Berlinerinnen und Berliner die Ersten in Deutschland, die massiv gegen die steigenden Mieten auf die Straße gehen. Immer wieder demonstrieren Zehntausende gegen die steigenden Mieten. Im Jahr 2018 sammelte ein Volksbegehren zur Enteignung der großen Wohnkonzerne in kurzer Zeit dreimal so viele Unterschriften wie nötig. Nicht nur die teuren Mieten, auch die Eigentümerstrukturen heizen den Zorn an. Beispielsweise stellte sich heraus, dass sich die britische Milliardärsfamilie Pearson über ein intransparentes Firmengeflecht mehr als 3000 Wohnungen zusammengekauft hat, die mehr schlecht als recht instand gehalten werden und anscheinend ausschließlich als Cash-Maschine dienen.[48]

In ihrem Bericht zur Vermögensbilanz der Privathaushalte kommt die Bundesbank zu dem wenig überraschenden Schluss, dass die Reichen immer schneller noch reicher werden. Aktuell verfügen die reichsten 10 Prozent der deutschen Haushalte über 55 Prozent des gesamten Nettovermögens in der Bundesrepublik. Die unteren 50 Prozent der Haushalte besitzen insgesamt hingegen nur 3 Prozent des gesamten Nettovermögens. Dass das Nettovermögen in Deutschland laut Bundesbank sehr stark mit dem Immobilienbesitz zusammenhängt, dürfte nicht verwundern.

Volatile Finanzmärkte

Nicht nur die Tatsache, dass die Vermögenspreise steigen, sondern auch, dass immer mehr Wirtschaftsbereiche von den Finanzmärkten dominiert werden, ist ein Problem für die Mittelschicht. Vor allem die Reichen mit ihren Family Offices und ihren diversifizierten Vermögen profitieren von den volatilen Finanzmärken. Im Prinzip ist die Problematik eine ähnliche wie nach der Freigabe der Wechselkurse nach 1971. Während sich große Akteure auf instabile Finanzmärkte und ein sich ständig änderndes Umfeld einstellen können, wäre für die meisten Privathaushalte und Mittelständler ein stabiles Finanzmarktumfeld besser. Die Achterbahnfahrt des DAX seit der Erstemission der T-Aktie 1996 hat es den Deutschen nicht einfach gemacht.

In der Dotcom-Blase ab 1998 zockten die Deutschen eifrig mit. Der Neue Markt war eine Zeit lang einer der heißesten Märkte der Welt. Unternehmen mit Geschäftsmodellen, die eigentlich nicht funktionieren konnten, wurden an die Börse gebracht und waren auf einmal viele Milliarden Euro wert. Finanzanalysen und Banken beteiligten sich an den Schiebereien wertloser Aktien, auf die am Ende meistens unwissende Privatanleger hereinfielen. Am Ende stürzten die Stars des Neuen Marktes reihenweise ab.[49] Von einem Hoch von 8000 Punkten zum Höhepunkt der Dotcom-Blase im Jahr 2000 fiel der DAX auf 2203 Punkte im März 2003, ein Kursverlust von mehr als 70 Prozent.[50]

In den Jahren 2005 und 2006 begann das Interesse der deutschen Anleger, wieder zaghaft zu erwachen. Gerade, als sich die Märkte erholt hatten, brach 2008 die

Finanzkrise über uns herein, und der DAX ging erneut auf Talfahrt. Dass sich der deutsche Leitindex nachher mehr als verdoppelte, ging an den meisten Privathaushalten vorbei. Entnervt hatten viele ihre Aktien abgestoßen. Insgesamt haben wir nun über fast zwei Jahrzehnte eine Achterbahnfahrt von Euphorie, Panik, Depression, zaghafter Hoffnung, erneuter Panik und schließlich einem klammheimlichen Anstieg der Kurse gesehen. Vom Aktienblues, dem Wiedererwachen des Interesses an Aktien 2005 bis 2008, der Finanzkrise und der atemberaubend schnellen Erholung der Aktienmärkte bis zu der darauf folgenden »Eurokrise« sowie weiteren Krisen und Kurseinbrüchen war alles dabei. Kein Wunder, dass die Deutschen Aktienmuffel sind.[51] Zu Beginn meiner Tätigkeit als Kapitalmarktexperte Ende der 1990er-Jahre hatte ich noch die Hoffnung, zu einem Umdenken in Deutschland beizutragen. Nach Hunderten von Vorträgen und Interviews weiß ich: Erst wenn die Politik grundlegend umsteuert, wird es in Deutschland eine Veränderung geben.

Zu der mittlerweile »normalen« Volatilität der Finanzmärkte treten von der Finanzbranche künstlich inszenierte Blasen hinzu. Diese schüren kurzfristig die Gier und das Spekulationsfieber und hinterlassen einen finanziellen Trümmerhaufen, wenn sie platzen. Auch und gerade viele Normalverdiener lassen sich irgendwann von den anscheinend schnellen Gewinnen verlocken und werden nachher bitter enttäuscht. So war es bei der Dotcom-Blase von 1998 bis 2000 und bei der Subprime-Blase in den USA von 2000 bis 2007.[52] Der Nanotech-Hype, welchen die Finanzbranche nach 2000 starten wollte, hob jedoch nie richtig ab.

In den Jahren 2016 und 2017 erfasste viele das Bitcoin- und Kryptowährungsfieber. Nachdem sich der Preis von Bitcoin 2016 ungefähr verdoppelt hatte, explodierte er im Folgejahr geradezu und kletterte zwischenzeitlich um das 20-Fache nach oben. Andere Kryptowährungen wie Ethereum stiegen zum Teil noch schneller. Die Grundidee von Bitcoin ist so schlecht nicht: mittels eines Computeralgorithmus können Bitcoins erzeugt (»geschürft«) werden, aber das wird zunehmend schwerer, sodass die Menge begrenzt ist – theoretisch (dazu gleich mehr). Das Schürfen oder Mining geschieht dezentral im Netzwerk, durch ein Kontensystem kann der Weg einzelner Bitcoins nachverfolgt werden.

Bitcoins sind schwer zu verstehen. Die Grundidee ist klar, aber viele Details sind nicht einfach – ein idealer Nährboden für irrationale Märkte.[53] Auch Sicherheitslücken waren kein Hindernis für den Boom. Im August 2016 wurden mal eben Bitcoins im Wert von 58 Millionen Dollar von einer Exchange in Hongkong gestohlen. Auch Betrug ist möglich, indem Kriminelle einfach eine Scheinfirma oder Scheinidentität aufsetzen.

Theoretisch ist das Angebot an Bitcoins begrenzt, aber nur theoretisch. Zur Hochzeit des Booms gibt es ungefähr 3000 Kryptowährungen – ein klassischer Hype. Die extremen Preisanstiege und die Blasenbildung trieben merkwürdige Blüten. Anleger wurden betrogen, dubiose Promotoren zockten Anleger ab. Im Jahr 2013 startete Jackson Palmer Dogecoin, eine satirische Kryptowährung mit Hundelogo, um den Bitcoin-Boom durch den Kakao zu ziehen. Nach einiger Zeit war selbst diese Währung 400 Millionen Dollar wert. Auch sogenannte ICOs – (Initial Coin Offerings) fanden statt.[54] Dabei geben diese Start-ups anstelle von Aktien Kryptowährungen an ihre Investoren aus, bekommen also echtes Geld für ihre fiktiven Währungen. Dabei kam es vielfach zu Betrug, wie die amerikanische Börsenaufsicht SEC konstatierte.[55] Stellen Sie sich vor, dass ein Freund ein Casino baut und Sie fragt, darin zu investieren. Für Ihr Investment bekommen Sie Chips, die Sie im Casino benutzen können, wenn es eröffnet ist. Stellen Sie sich weiterhin vor, dass die Chips keinen festen Wert haben und im Preis schwanken werden, je nachdem, wie populär das Casino ist, wie viele Spieler es besuchen und wie die Gesetzeslage ist.

Im September 2017 tat China das einzig Richtige, verbot den privaten Handel mit Kryptowährungen und schloss die Börsen für Kryptowährungen, weil es für Bitcoins keine gesetzliche Grundlage gäbe. So betreibt man Ordnungspolitik und setzt das Primat der Politik durch. Ludwig Erhard wäre stolz gewesen.[56] Leidtragende des Kryptohype waren in Summe wieder die kleineren Investoren. Zeitgleich zum Höhepunkt des Hype hatte die Chicagoer Terminbörse Futures auf Bitcoins eingeführt. Nach dem Zusammenbruch der Kurse kam heraus, dass die Kleinanleger auf weitere Kurssteigerungen gesetzt hatten, die Großinvestoren hingegen auf Kursverluste.[57] Und so folgt Hype auf Hype. Die Deutschen »verzocken« gern Geld, statt es langfristig anzulegen. Oder sie lassen es auf dem Konto oder in Versicherungen, wo das Vermögen aufgrund von Null- und Niedrigzinsen vor sich hinschrumpft. *Der Spiegel* resümiert: »Der deutsche Sparer, so belegen es die Zahlen, ist ein Narr. Er spart sich nicht reich, sondern arm. Er vernichtet sein Vermögen, anstatt es zu vermehren. Er wirft sein Geld praktisch weg. Ja ist er denn völlig verrückt geworden?«[58]

Auf dem Weg zum Rentenkollaps

Nicht nur den aktiv Beschäftigten droht der ökonomische Abstieg; auch viele der gut 20 Millionen Rentner in der Bundesrepublik sind von Altersarmut bedroht. Derzeit beträgt der durchschnittlich ausgezahlte Altersrentenbetrag nach Abzug von Kranken- und Pflegeversicherungsbeitrag zum 31. Dezember 2016 848 Euro im Monat.[59] Das mag sich noch so gerade ausgehen, wenn man einen uralten Mietvertrag in einer nicht besonders attraktiven Region hat, ansonsten reicht es vorne und hinten nicht. International lag Deutschland laut einer Studie der OECD im Jahr 2017 mit 50,5 Prozent des zu erwartenden Durchschnittseinkommens deutlich unter dem OECD-Durchschnitt von 62,9 Prozent und noch einmal ein gutes Stück mehr unter dem EU-28-Durchschnitt von 70,6 Prozent.[60] Dagegen liegt es in anderen Staaten bei um die 90 Prozent, etwa in Portugal (94,9 Prozent), Italien (93,2 Prozent), Österreich (91,8 Prozent), Ungarn (89,6 Prozent), Bulgarien (88,9 Prozent) oder Luxemburg (88,4 Prozent). Kroatien (129,2 Prozent) und die Niederlande (100,6 Prozent) weisen sogar ein höheres Rentenniveau im Vergleich zum Netto-Einkommen auf.

Nach einer Untersuchung des Pestel-Instituts haben in den östlichen Bundesländern und in Nordhessen fast 30 Prozent aller im Jahr 2015 Beschäftigten im Jahr 2030 eine Rentenerwartung von unter 600 Euro/Monat. Über 60 Prozent werden weniger als 1.000 Euro beziehen.[61] Aktuell befinden sich bereits eine halbe Million Rentner in Grundsicherung, das heißt, ihre Rente ist niedriger als die soziale Mindestabsicherung (Hartz IV). Anspruchsberechtigt sind aber dreimal so viele, also 1,5 Millionen Menschen. Dies lässt nur den Schluss zu, dass viele Angehörige dieser Generation entweder ihre Rechte nicht kennen oder zu bescheiden oder schamhaft sind, diese wahrzunehmen. Wenn ich Köln besuche, kann ich nicht umhin wahrzunehmen, dass die Zahl der Pfandflaschensammler in den letzten Jahren massiv gestiegen ist, darunter viele alte Menschen. Laut Eurostat liegt das Risiko der Altersarmut in Deutschland bereits jetzt bei 16,3 Prozent, damit im oberen Drittel und höher als in Ländern wie Griechenland, Portugal, Italien, Irland, Spanien, der Tschechischen Republik, Polen und Ungarn.[62]

Noch 2002 lag das Bruttorentenniveau bei 48,3 Prozent des Durchschnittseinkommens, das Nettoniveau vor Steuern bei 52,9 Prozent. Im Januar 2018 war es auf 45,0 Prozent (Bruttorentenniveau) und bei 48,1 Prozent (vor Steuern) gesun-

Das Rentenniveau kennt in Deutschland nur eine Richtung: nach unten

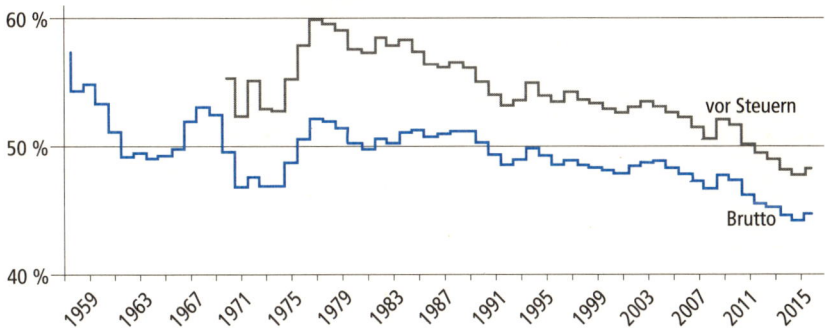

Quelle: https://de.wikipedia.org/wiki/Standardrentenniveau

ken. Insgesamt wurde das Bruttorentenniveau durch verschiedene Reformen, wie zum Beispiel die Rente mit 67, um gut 20 Prozent gesenkt.[63] Mit 50 Prozent gehört Deutschland mit einer Nettolohnersatzquote, also der Relation von Nettorente zu letztem Nettolohn, laut EU-Kommission zu den Schlusslichtern.[64]

Die Probleme werden sich im Laufe der nächsten zehn Jahre deutlich verschlimmern, denn die Überalterung unserer Gesellschaft wird trotz der hohen legalen und illegalen Migration deutlich zunehmen. Derzeit stehen in Deutschland jedem Rentner immerhin fast drei Erwerbstätige gegenüber. 2050 werden es nur noch 1,5 sein. Ähnlich dramatisch ist die Lage in Japan, Spanien, Italien und Griechenland. Es gibt kein historisches Vorbild, wie eine solche Überalterung bewältigt werden kann. Was jedoch sicher ist: Andere Länder gehen dieses Problem intelligenter an als Deutschland. In den Niederlanden etwa erhalten Ruheständler etliche Vergünstigungen, um weiter am kulturellen und sozialen Leben teilnehmen zu können. Das wäre das Mindeste, was in Deutschland geschehen muss und noch dazu relativ schnell und unproblematisch umsetzbar wäre.

Öffentliche Güter

Zur Rentenproblematik liegen einigermaßen verlässliche Zahlen vor. Sie ist symptomatisch für ein viel breiteres Problem, das nicht nur Deutschland hat, sondern in anderer Form auch fast alle Gesellschaften des Westens. Denn was die Einkommensstatistiken nicht zeigen, ist, dass viele öffentliche Güter, die früher selbstverständlich waren, heute nicht mehr oder nur in stark verminderter Qualität verfügbar sind: öffentliche Sicherheit, Krankenversorgung, Bildung und Wissenschaft. Dabei erwähne ich das Thema Meinungsfreiheit und ziviler demokratischer Diskurs – für mich persönlich ein sehr wichtiges öffentliches Gut – nur im Vorübergehen. Denn auch der freie Diskurs ist bedroht.

Öffentliche Güter sind aber gerade für Durchschnitts- und Niedrigverdiener wichtig, die von der Infrastruktur für alle stärker profitieren als die Reichen, die zur Not selbst Vorsorge betreiben können, ohne sich allzu sehr einschränken zu müssen. Nehmen wir nur das Thema öffentliche Sicherheit. Heute gibt es in Deutschland vielfach No-go-Areas, in denen kriminelle Clans ihr Unwesen treiben. Bad Godesberg, südlich von Bonn, war früher ein Ort der Villen, der Botschaften und der Begüterten. Das ist der Ort immer noch – auch. In bestimmte Straßenzüge sollte man sich heute allerdings zumindest nach Anbruch der Dunkelheit nicht ungeschützt trauen. Ich kenne Bad Godesberg seit meiner Kindheit und finde den Ort immer noch sehr schön. Es berührt mich besonders, dass die öffentliche Sicherheit nun selbst hier nicht mehr gewährleistet ist. In Problemstädten würde man das eher erwarten, aber die Gesetzlosigkeit zieht mittlerweile auch in vormals gehobene Wohngegenden ein. Der Ex-Polizist Stefan Schubert hat all das 2016 in einem Buch dokumentiert.[65] Wo früher der Staat für das öffentliche Gut »Sicherheit« sorgte, tun dies heute zunehmend private Sicherheitsdienste. Wo die Reichen früher ihre Villen im Ort in der Nähe ihrer Fabriken errichteten und eine Vorbildfunktion wahrnahmen, ziehen sie sich heute in ihre »Gated Communities« zurück. Für die Vermögenden ist das kein Problem und in den USA und vielen Entwicklungsländern bereits gängige Praxis.

Wo wir früher über ein sehr gutes öffentliches Bildungs- und Universitätssystem verfügten, schicken heute diejenigen, die es sich leisten können, ihre Kinder auf Privatschulen. Mit dabei: linksliberale Spitzenpolitiker wie Manuela Schwesig.[66] Das Bildungssystem erodiert. Früher gab es neben dem Hochschulstudium ein hervorragendes duales Ausbildungssystem. Heute drängelt alles an die Hochschulen. Fast drei Millionen Studenten tummeln sich an unseren Universitäten. Viele von ihnen haben mit Ach und Krach ihr Abitur geschafft, obwohl die Ansprüche von Jahr zu Jahr sinken. In den 1960er-Jahren lag die Abiturientenquote bei 7 bis 11 Prozent, mittlerweile pendelt sie zwischen 50 und 60 Prozent. Auf den ersten Blick sieht dies nach einer Erfolgsgeschichte aus.

Doch viele Studenten werden im Berufsleben nach unten durchgereicht. Bis zum 30. Lebensjahr wird ihnen eingeredet, eine zukünftige Führungskraft werden zu können, aber am Ende bleibt es bei verhältnismäßig anspruchslosen Routinetätigkeiten, für die sie die Universität nicht hätten besuchen müssen. Solche unbefriedigenden Karrieren gehören heute zum Alltag und sind das Ergebnis von Massenuniversitäten, die Frustrationen am laufenden Band produzieren. Hinzu kommen prekäre Beschäftigungen des wissenschaftlichen Nachwuchses, der mit befristeten Verträgen und von bescheidenen Löhnen leben muss.[67]

Deutschland ist in der Vergangenheit mit der dualen Ausbildung gut gefahren. Ihre Wurzeln reichen bis ins mittelalterliche Handwerk zurück. Bereits im Kaiserreich und dann später in der Bundesrepublik konnte so eine breite Mittelschicht entstehen, in die jeder aufsteigen konnte, der fleißig und strebsam war. Facharbeiter, Selbstständige, Handwerker, Beamte, Lehrer und »einfache Akademiker« wurden zu Nachbarn, die sich in einem Kosmos bewegten. Das war dem sozialen Zusammenhalt äußerst zuträglich. Die Mittelschicht konnte ein zufriedenes Leben führen. Das war übrigens ein spezifisch deutsch-mitteleuropäisches Phänomen, in anderen Ländern wie Frankreich oder Großbritannien war diese Mittelschicht deutlich schwächer ausgeprägt. An der überdurchschnittlichen Zufriedenheit der Nicht-Akademiker hat sich übrigens bis heute nichts geändert: Eine aktuelle Studie der Universität Gießen belegt, dass nur 14 Prozent ihre Berufswahl bereuen, während dies bei Akademikern bei mehr als jedem Dritten (36 Prozent) der Fall ist.[68]

Heute spaltet die internationale Standardisierung der Bildungssysteme unsere Gesellschaft in drei Teile. Wer es heutzutage nicht auf das Gymnasium schafft, wird fast automatisch der Unterschicht zugerechnet. Die nächste Gruppe bilden jene Akademiker, die von der Niveauabsenkung zunächst profitieren, deren Hoffnungen später aber nur sehr selten in Erfüllung gehen. Sie starten spät ins Berufsleben, müssen sich mit mageren Löhnen begnügen und leiden unter »Abstiegsangst«, weil ein unerwarteter Jobverlust oder eine Krankheit reicht, um sie aus der Bahn zu werfen. Darüber hinaus gibt es auch jene, die dank exzellenter Leistungen, guter Beziehungen und der nötigen persönlichen Flexibilität den beruflichen Durchbruch schaffen. Umso weiter sie sich jedoch habituell von den unteren Schichten entfernen, desto mehr zerreißt es unsere Gesellschaft. Der Oxford-Ökonom Paul

Collier warnt deshalb sowohl die »Superguten« als auch die »Superreichen«. Sie hätten sich abgekapselt und verfolgten mittlerweile eine globale Agenda, die bodenständigen Menschen nicht mehr vermittelbar sei.⁶⁹

Auch bei der elementaren Infrastruktur – öffentliche Transportmittel, ärztliche Versorgung und anderem – erodieren in weiten Bereichen Deutschlands, und das ist vor allem in einem großen Teil des Ostens der Fall, die Standards massiv. So schreibt das ifo-Institut, dass große Teile des Ostens regelrecht ausgeblutet seien und dort so wenige Menschen lebten wie zuletzt im Jahr 1905.⁷⁰ Symptomatisch zeigt das auch die Entwicklung der Mieten. Während sie in den Wachstumsregionen seit 2010 um die Hälfte gestiegen sind, fällt der Zuwachs in den Schrumpfungsregionen sehr viel geringer aus.

In den ländlichen Regionen fehlt es oftmals an einem ordentlichen öffentlichen Personennahverkehr, in dem ein Bus öfter als zweimal am Tag fährt, ebenso wie an einem schnellen Internet, das zum Beispiel für Gewerbetreibende von Bedeutung

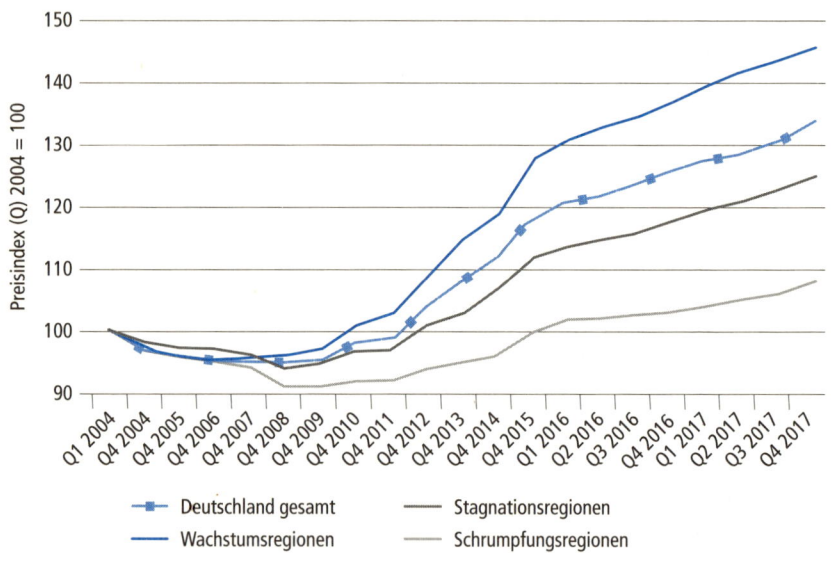

Später Immobilienboom: Die Immobilienpreise in Deutschland entwickeln sich seit 2011 rasant, allerdings ist der Markt in Wachstums- und Schrumpfungsregionen zweigeteilt

Quelle: www.investorenausbildung.de

ist, und die ärztliche Versorgung lässt zu wünschen übrig. Es bräuchte eine kollektive Kraftanstrengung, um hier die Versäumnisse der Vergangenheit wettmachen zu können. Doch viele Ökonomen unseres Landes plädieren für das Gegenteil: Joachim Ragnitz vom ifo-Institut spricht sich ernsthaft dafür aus, manche Dörfer besser zu schließen. »Warum nicht den Menschen in kleinen Siedlungen eine Prämie zahlen, wenn sie in die nächste 10.000-Einwohner-Stadt ziehen, und diese dafür gescheit anschließen«, fragt er. Selbstverständlich dürften die Bürger auch in ihrem Dorf bleiben. Dann müssten sie aber damit leben, dass »die Feuerwehr im Notfall eine halbe Stunde braucht«.[71] Obwohl es Ragnitz so offen nicht sagt, geht es ihm um einen weiteren Rückzug des Staates. Die Hilfsfristen für die Feuerwehr liegen in dicht besiedelten Gegenden bei acht Minuten und in weniger gut zugänglichen Gebieten bei circa einer Viertelstunde. Das ist erforderlich, um eine ausgewogene Raumstruktur zu gewährleisten. Wer dieses Ziel aufgibt, spielt buchstäblich mit dem Feuer.

Deutschland war in den letzten 100 Jahren nie so gespalten wie heute: zwischen Vermögensbesitzern und Beziehern von Arbeitseinkommen, Menschen in regulären und prekären Beschäftigungsverhältnissen, Ballungszentren und dem Land, Nord, West, Ost und Süd. Dem reichen Süden sowie einigen attraktiven Ballungsräumen stehen stagnierende Räume im Osten entgegen. Große Teile des Ruhrgebiets entwickeln sich zu einem Armenhaus. Von der »Einheitlichkeit der Lebensverhältnisse«, wie sie das Grundgesetz fordert, sind wir weiter entfernt als jemals in den letzten 50 Jahren.

Der Populismus: Folge, nicht Ursache des Systemversagens

Es lässt sich feststellen: Die Sorgen vieler Menschen in Deutschland und anderen Ländern des Westens sind berechtigt. Etliche sind bereits aus der Mittelschicht abgerutscht oder halten sich mit Ach und Krach. Es ist etwas dran an der bereits oben zitierten Feststellung der Zeitschrift *Fortune*, dass in unserem System »die Klasse der Kapitalbesitzer große Vorteile hat und die Kosten der Zulassung zu und des Ausschlusses von dieser Klasse immer höher werden«. Das System hat versagt. Insofern darf es nicht verwundern, wenn linke Politiker grundlegende Reformen dieser Wirtschaftsordnung anmahnen oder diese in Frage stellen.

Bereits seit einigen Jahren wird der Ruf nach einem bedingungslosen Grundeinkommen für alle immer lauter.[72] Als der Juso-Vorsitzende Kevin Kühnert die Kollektivierung von Großkonzernen und die Begrenzung von Immobilienbesitz forderte, löste dies Beifall an der SPD-Basis und einen empörten Aufschrei in großen Teilen des Rests der Gesellschaft aus, einschließlich der SPD-Spitze. Kühnert hatte in einem Interview mit *Die ZEIT* gesagt, dass er für eine Kollektivierung großer Unternehmen »auf demokratischem Wege« eintrete: »Mir ist weniger wichtig, ob am Ende auf dem Klingelschild von BMW ›staatlicher Automobilbetrieb‹ steht oder ›genossenschaftlicher Automobilbetrieb‹ oder ob das Kollektiv entscheidet, dass es BMW in dieser Form nicht mehr braucht.« Außerdem schlug er vor, das Privateigentum an Immobilien zu begrenzen. Jeder sollte nur den Wohnraum besitzen dürfen, den er selbst nutze.[73] Kühnert bezeichnete sich dabei als »Sozialisten«. Auch in den USA werden die Stimmen lauter, die einen demokratischen Sozialismus fordern.[74] Donald Trump sprach in seinem Wahlkampf die Sorgen der Mittelschicht offener an als jeder andere, mit Ausnahme des demokratischen Kandidaten Bernie Sanders. Natürlich sieht Trump sich nicht als Sozialist, aber auch er versprach, sich um Infrastruktur, Kriminalität und öffentliche Güter zu kümmern.

Verstaatlichung, Kollektivierung oder strenge Regulierung müssen keine Tabuwörter sein. So wird in jüngerer Zeit die extreme Markt- und Meinungsmacht der Internetriesen Amazon, Apple, Alphabet (Google) oder Facebook zunehmend thematisiert.[75] Die Situation ähnelt derjenigen um 1900, als gigantische Monopolunternehmen wie John D. Rockefellers Standard Oil Company, Andrew Carnegies Steel Company oder Eisenbahnkonglomerate ganze Industriesektoren beherrschten. Als Reaktion auf diese Entwicklung erließ der US-Kongress 1890 den Sherman Antitrust Act, womit der Staat über ein Mittel verfügte, die Monopole zu zerschlagen. Und in ihrem Ahlener Programm von 1947 forderte die CDU einen demokratischen Sozialismus. Auch in der alten Bundesrepublik vor 1989 waren viele Infrastrukturunternehmen wie Versorger, die Deutsche Bundesbahn oder die Deutsche Bundespost lange in öffentlicher Hand und erfüllten ihren Auftrag gut. Das waren die Glanzjahre unserer Wirtschaft, nicht die heutige Ära des Hyperkapitalismus.

Der amerikanische Historiker Paul Gottfried schreibt in der Zeitschrift *The American Conservative*, dass von den Republikanern und auch von Macron in

Frankreich ein Geschwätz über eine »drohende sozialistische Gefahr« ausgehe und dass diese Sorge in keinem Land überzeugend sei. »Ich leugne nicht, dass die Linke viele ›kostenlose‹ Leistungen fordert, einschließlich einer kostenlosen Hochschulausbildung selbst für diejenigen, die weder die Eignung noch die Neigung haben, ernsthaft zu studieren.« Auch der Green New Deal, den die demokratische Abgeordnete Alexandria Ocasio-Cortez vorschlägt, sei sehr teuer. »Was diese ›Sozialisten‹ wollen, ist nicht dasselbe wie in Venezuela, China oder Kuba. Keiner unserer demokratischen Präsidentschaftskandidaten will ähnlich verstaatlichte Volkswirtschaften. [...] Staatliche Gesundheitsfürsorge mag gut oder schlecht sein (ich persönlich habe einen Horror davor), aber wenn man dafür ist, ist man nicht automatisch ein Sozialist. Länder wie Kanada, Deutschland und England, die von unseren republikanischen Think Tanks als ›kapitalistisch‹ angesehen werden, haben staatliche Gesundheitssysteme.«[76]

In den *Principles for Navigating Big Debt Crises* legten Ray Dalio und sein Team die Ergebnisse der Untersuchung von 48 historischen Schuldenkrisen vor, um Anhaltspunkte dafür zu erhalten, wie wir mit der gegenwärtigen Schuldenkrise umgehen können.[77] Spannend ist die Erkenntnis, dass immer dann, wenn in den USA die Vermögensverteilung besonders ungleich war, »Populisten« auf den Plan traten. Das war nach der Finanzkrise 1929 der Fall und ist es seit 2010 wieder. Warum sollte es in anderen Ländern anders sein?

Ray Dalio: Immer wenn in den USA die Vermögensverteilung zu ungleich wurde, traten Populisten auf den Plan

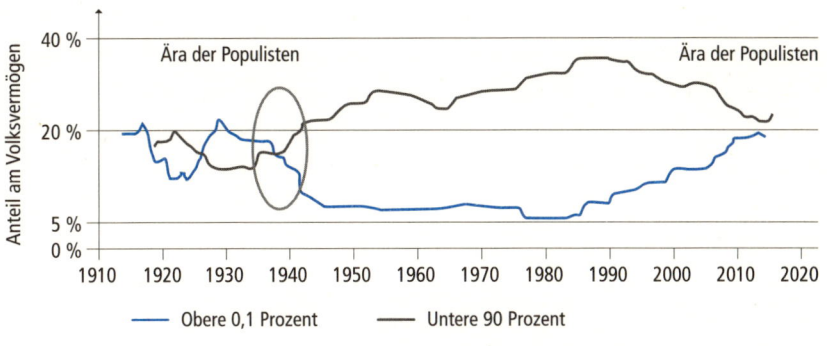

Quelle: Ray Dalio, Principles for Navigating Big Debt Crises

Wie stark dabei die Vermögensverteilung schwanken kann, zeigt das Schaubild: um 1930, aber auch aktuell besitzen die reichsten 0,1 Prozent der Bevölkerung um die 20 Prozent des gesamten Volksvermögens. Um 1980 waren es nur 5 Prozent. Die unteren 90 Prozent der Bevölkerung kamen in den 1980er-Jahren auf immerhin knapp 40 Prozent des Volksvermögens. Heute beträgt ihr Anteil nur noch etwa 20 Prozent.

Nach Dalio gibt es nur vier Möglichkeiten, aus der Schuldenfalle herauszukommen, und alle beinhalten auch eine gewisse Umverteilung. Zum einen ist da radikales Sparen. Dadurch würde die Wirtschaft allerdings angesichts der großen Schuldenlast in den Kollaps getrieben, mit großen Vermögensverlusten für Gläubiger, Arbeitnehmer und Unternehmer. Vieles wäre bei einem etwas intelligenteren Kurs vermeidbar. Die anderen Optionen beinhalten ebenfalls Vermögensumverteilung: Insolvenzverfahren und Schuldenrestrukturierungen, Gelddrucken und Inflation und viertens direkte Umverteilung von den Vermögenden zu den Unvermögenden. Dalio ist erfolgreicher Investmentpraktiker, nicht dogmatischer Ökonom, also weder »Neoliberaler« noch »Sozialist«. Als Pragmatiker plädiert er für eine intelligente Mischung von Restrukturierungen, einer lockereren Geldpolitik sowie selektiven Investitionen, zum Beispiel in die Infrastruktur.

Dass der Abstieg der Mittelschicht keine naturgegebene Tatsache ist, zeigen die Schweiz und Liechtenstein. Beide Länder haben eine geringe Staatsverschuldung, eine intakte öffentliche Infrastruktur und ein Lohnniveau für die Mittelschicht, das sehr deutlich über fast allen anderen Ländern Europas liegt. Trotz einer starken Währung, dem Franken, sind beide Länder Sitz international wettbewerbsfähiger Konzerne und sie weisen ein höheres Wirtschaftswachstum auf als Deutschland mit seiner vergleichsweise schwachen Währung, dem Euro. Es ist also durchaus möglich, eine intelligente Politik für die Menschen zu machen, ein angemessenes Lohnniveau zu halten und dennoch international wettbewerbsfähig zu sein.

KAPITEL 7

BEUTEWIRTSCHAFT, FINANZKAPITALISMUS UND DIE HERRSCHAFT DER SUPERREICHEN

Adeimantos: »Welche Verfassung nennst du Oligarchie?«
Sokrates: »Jene Verfassung, die auf der Vermögensschätzung beruht, in der die Reichen herrschen und die Armen keine Macht haben.«

Platon, Der Staat

Ja, es gibt einen Klassenkampf und es ist meine Klasse, die Klasse der Reichen, die den Krieg führt. Und wir gewinnen. (Leider!)

Warren Buffett

Im Crashmodus

Stellen wir eine scheinbar harmlose Frage: Wann ist man »vermögend« oder sogar »reich«? Im Jahr 2013 schockierte die Europäische Zentralbank die deutsche Öffentlichkeit mit einer Untersuchung, nach welcher die Deutschen mit einem Haushaltsvermögen von durchschnittlich 51.400 Euro das Schlusslicht in Europa bilden, hinter Ländern wie Belgien (206.000), Spanien (182.700), Italien (173.500) und sogar Griechenland (101.900).[1] Vielleicht betrachten sich viele Deutsche schon ab 100.000 Euro selbst als »vermögend«. Oder vielleicht doch eher ab der sprichwörtlichen Million? Und tatsächlich: Ein Vermögen von einer Million Dollar, nicht gerechnet die Wohnimmobilie/n und persönlichen Besitztümer, entspricht der gebräuchlichen Definition von »reich«.[2] Ab einem Finanzvermögen von 30 Millionen Dollar ist man »sehr reich« (»ultra high net worth«), wobei wiederum die eigenen Wohnimmobilien, Kunstwerke, Jachten et cetera nicht mitgezählt werden. Von diesen »ultra high net worth individuals« gibt es mittlerweile rund eine Viertelmillion auf der Welt.[3]

Die andere Seite der Medaille: In den USA verfügen 60 Prozent aller Haushalte über keine Finanzreserven. Bereits für unvorhergesehene Ausgaben in Höhe von 1.000 Dollar müssen sie sich verschulden.[4] Diese Menschen leben von einem Lohnscheck zum nächsten. In Deutschland verfügt ein Drittel aller Haushalte über keinerlei Ersparnisse, die Hälfte hat weniger als 5.000 Euro auf der hohen Kante.[5] Womöglich würden diese Haushalte sich schon mit einem Kontoguthaben von 10.000 oder 25.000 Dollar beziehungsweise Euro als vermögend ansehen.

Einer meiner Mandanten meinte einmal, dass man ungefähr 10 Millionen Dollar Vermögen benötigt, um ein unabhängiges Leben zu führen und einen gehobenen Lebensstil zu haben. Das ist fast zehn Jahre her, aber damals wie heute zutreffend. Manager in gehobenen Positionen verdienen pro Jahr 300.000 Euro, sogar 500.000 Euro und in Top-Positionen erheblich mehr. Setzt man auf die 10 Millionen Vermögen Renditen von 3 oder 5 Prozent an, ergeben sich jährliche Erträge von 300.000 bis 500.000 Euro. Wenn Sie mit jährlich 100.000 Euro einen gehobenen Lebensstil pflegen wollen, benötigen Sie immer noch zwischen 2 und 3 Millionen.

Wie verzerrt viele Politiker in Deutschland an die Frage der Vermögensverteilung herangehen und tatsächlich eine Neiddebatte schüren, zeigt SPD-Politiker Johannes Kahrs, der das Instrument der Bundesschatzbriefe wieder einführen wollte, »aber nicht für Leute, die 100.000 Euro auf dem Konto haben«, das wären für ihn keine Kleinsparer. Was wohl meine Tante Dorothea dazu gesagt hätte, die

2019 verstarb und deutlich mehr auf dem Konto hatte? Als Weltkriegsflüchtlinge aus Schlesien hatten sie und ihr Mann, ein Bahnbeamter, extrem sparsam gelebt, zeitlebens in einer sehr bescheidenen Mietwohnung gewohnt und jeden Pfennig, später jeden Cent, gespart.[6] Dass Kahrs, der als Bundestagsabgeordneter Diäten von über 9.500 Euro pro Monat und zusätzlich 6.000 Euro an Pauschalen und weiteren Vergünstigungen kassiert, anscheinend Schwierigkeiten hat, sich 100.000 Euro Sparvermögen vorzustellen, spricht Bände über sein Ausgabe- und Sparverhalten.[7]

Es geht hier also nicht um diejenigen, die 100.000 oder 200.000 Euro Sparvermögen und vielleicht ein Häuschen oder eine Eigentumswohnung haben. Es geht um die wirklich Reichen. Und diese sind in den letzten Jahrzehnten obszön reich geworden. Mittlerweile ist die Vermögensverteilung in fast allen Ländern der Welt in einer extremen Schieflage. Bereits vor einigen Jahren, 2014, erregte die Hilfsorganisation Oxfam Aufsehen mit der Studie »Working for the Few« (»Für die wenigen arbeiten«). Der Titel impliziert, dass die gesamte Weltbevölkerung für immer weniger Menschen arbeitet.[8]

Laut Oxfam-Studie befand sich zu dem Zeitpunkt fast die Hälfte der Vermögenswerte der Welt im Besitz des reichsten Prozents der Weltbevölkerung, insgesamt 110 Billion Dollar. Die Boston Consulting Group bestätigte: die 22 Millionen Dollarmillionäre, die es 2018 gab – 0,28 Prozent der Weltbevölkerung von gut 7,6 Milliarden Menschen –, nannten die Hälfte aller Vermögenswerte ihr Eigen.[9] Die 85 reichsten Menschen besaßen so viel wie die gesamte ärmere Hälfte der Weltbevölkerung! Sieben von zehn Menschen lebten in Ländern, in denen die Ungleichheit zwischen 1980 und 2012 gewachsen war. Und in den USA strich das vermögendste Prozent der Bevölkerung 95 Prozent der Finanzgewinne nach der Finanzkrise ein, während die 90 Prozent ärmeren Haushalte noch ärmer wurden.

Die meisten Menschen rechnen sich instinktiv der Mittelschicht zu. Das gilt für Wenig- genauso wie für Vielverdiener. In seinem Buch *Class* mit dem Untertitel »ein Führer durch das versteckt amerikanische Statussystem« beschrieb der Literaturprofessor und Kritiker Paul Fussell bereits in den 1980er-Jahren, wie die meisten Amerikaner vehement behaupteten, zur Mittelschicht zu gehören, selbst wenn sie sich im permanenten Existenzkampf befänden.[10] Die *taz*-Journalistin Ulrike Herrmann nennt das den »Selbstbetrug der Mittelschicht«.[11]

Umgekehrt gilt dasselbe: Wer mehr hat, versucht oft ebenfalls krampfhaft, sich der Mittelschicht zuzurechnen. So leistete sich 2018 im Kampf um die

CDU-Parteispitze BlackRock-Cheflobbyist Friedrich Merz den Lapsus, sich trotz eines Jahreseinkommens von wahrscheinlich einer halben Million Euro oder mehr zur »gehobenen Mittelschicht« zu zählen.[12] Das kostete ihn viel Sympathie, aber es ist durchaus symptomatisch. Statistisch gehören Sie mit einem Einkommen, das zwischen 60 und 150 Prozent des Medianeinkommens beträgt, zur Mittelschicht. Bei einem Singlehaushalt sind das zwischen 1.050 und 2.640 Euro netto pro Monat und bei einer Familie mit zwei Kindern unter 14 Jahren zwischen 2.220 und 9.230 Euro netto. So oder so dürfte Merz deutlich darüber liegen.

Wir denken, dass die Einkommensverteilung in Deutschland ungefähr einer Normalverteilung entspricht, aber das ist eine große Selbsttäuschung

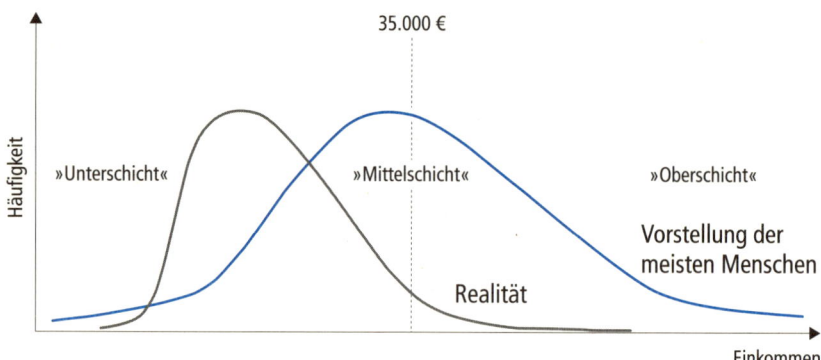

Quelle: eigene Darstellung

Wenn wir uns automatisch der Mittelschicht zurechnen, gibt es dafür gute Gründe. Wir wollen »normal« sein, zum Stamm dazugehören. Viele Menschen haben eine Gauß'sche Normalverteilung im Kopf, wenn sie an soziale Schichten denken. In der Mitte ist der Bauch dick, und links und rechts verdünnt sich die Verteilung. Wenn das so wäre, gäbe es wenig Arme, viele Angehörige der Mittelschicht und wenige Reiche.

Tatsächlich stellt sich die Verteilung von Einkommen und Vermögen völlig anders dar, nämlich als einseitige, extrem steil ansteigende Kurve. Um dies zu verdeutlichen, wählt der Neuropsychologe Keith Payne in seinem Buch zu den psychologischen und gesellschaftlichen Folgen der Ungleichheit die Abbildung eines

183 Zentimeter großen Mannes. Wenn Sie sich nun fragen, warum gerade 183 Zentimeter – nun das sind ziemlich genau sechs Fuß. Der Fuß ist eine Einheit des angelsächsischen Maßsystems, das die Amerikaner übernommen haben.

Die ersten 2,54 Zentimeter – im angelsächsischen Maßsystem ein Inch, auch so eine krumme Einheit – entsprechen den ärmsten 20 Prozent der Bevölkerung. Da sind wir gerade einmal knapp über der Schuhsohle. Knapp über den Zehen sind Sie beim Medianeinkommen angelangt – die Hälfte aller amerikanischen Haushalte liegt darunter, die andere Hälfte darüber. Das Durchschnittseinkommen liegt mit 48.000 Dollar pro Kopf etwas darüber, da es durch die extrem hohen Einkommen nach oben gezogen wird.[13] Knapp unter den Hosenumschlägen sind wir bei 100.000 Dollar angekommen – 80 Prozent aller Amerikaner verdienen weniger.

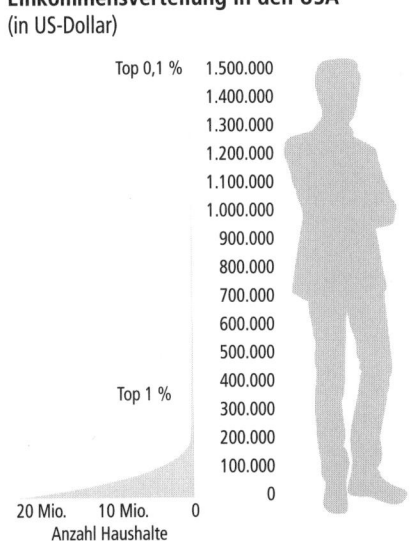

Einkommensverteilung in den USA
(in US-Dollar)

Dann wird die Kurve schnell so schmal, dass man sie ab ca. 200.000 Dollar gar nicht mehr wahrnehmen kann. Mehr als 350.000 Dollar verdient nur noch ein Prozent der Bevölkerung, im Durchschnitt 380.000 Dollar pro Jahr, das sind 1,6 Millionen Haushalte.[14]

Die Messlatte endet bei einem Einkommen von 1.500.000 Dollar; immerhin 0,1 Prozent aller Haushalte, das sind 160.000, verdienen mindestens so viel. Und

Im Crashmodus

0,01 Prozent – immer noch 16.000 Haushalte – verdienen 7 Millionen Dollar oder mehr pro Jahr. Spitzenverdiener wie zum Beispiel Hedgefondsmanager, Top-Promis wie Oprah Winfrey oder einige Vorstandsvorsitzende kommen auf Hunderte von Millionen Dollar. Um sie zu erfassen, hätte man keinen Mann zeichnen müssen, sondern ein sehr hohes Gebäude. Und die 90 oder sogar 99 Prozent der weniger Verdienenden wären mit dem Auge nicht mehr zu erkennen gewesen. Die Verteilung der Vermögen fällt noch wesentlich ungleicher aus als die der Einkommen. Das hat mehrere Gründe; unter anderem diesen: Je weniger jemand verdient, desto mehr seines oder ihres Einkommens muss er oder sie für den Konsum aufwenden.

Die Anzahl der Milliardäre der Welt ist weiter rasant angestiegen und hat sich seit der Finanzkrise noch einmal verdoppelt. Mittlerweile leben auf unserem Globus über 2000 Vertreter dieser Spezies. Mit 719 Milliardären hat Asien den amerikanischen Kontinent überholt, Europa zählt 559 Milliardäre. Mit 589 Milliardären sind die USA immer noch das Land mit den meisten Superreichen. In Deutschland leben immerhin 114 Mitglieder dieses Clubs.[15]

Die Zahl der Dollarmilliardäre ist in den letzten 15 Jahren sprunghaft angestiegen

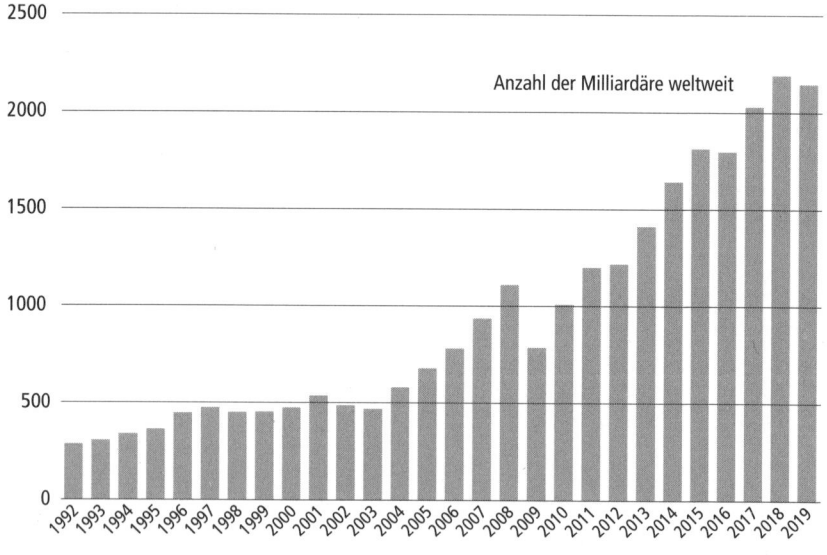

Quelle: Statista.de

Die Vermögen der Superreichen wachsen schnell weiter, 2017 zum Beispiel um 19 Prozent auf 8,9 Billionen Dollar.[16] Der exklusivste Club der Welt besteht aus denjenigen, die mehr als 100 Milliarden besitzen. Er bestand 2019 aus drei Mitgliedern: Jeff Bezos (Amazon), Bill Gates (Microsoft) und Bernard Arnault (LVMH).[17]

Auch Deutschland zählt mittlerweile zu den Ländern mit einer sehr ungleichen Vermögensverteilung. Der Besitz ist deutlich konzentrierter als in den meisten westeuropäischen Ländern und in Japan.[18] Die reichsten 10 Prozent in Deutschland besitzen laut Zahlen der Europäischen Zentralbank und Berechnungen des Instituts der deutschen Wirtschaft 59,8 Prozent des Gesamtvermögens. Auffällig ist die Diskrepanz im Vergleich zum erzielten Einkommen. Hier haben die oberen 10 Prozent »nur« einen Anteil von 36,1 Prozent. Das heißt, die Reichen werden so reich, weil sie ihr Geld für sich arbeiten lassen und nicht etwa allein aufgrund ihres Fleißes oder ihrer Produktivität. Die obere Hälfte unserer Gesellschaft besitzt 97,5 Prozent des Gesamtvermögens. Die untere Hälfte lebt folglich von der Hand in den Mund.[19]

Die Herrschaft der Superreichen

Im Zuge der hemmungslosen Expansion des Finanzkapitalismus ist eine neue Klasse von Superreichen entstanden. Diese Superreichen zahlen keine oder kaum Steuern und bilden eine eigene Gesellschaft, einen neuen transnationalen Adel, der in vielen Fällen jenseits von Recht und Gesetz agiert. Zwar können auch die Mitglieder dieser Klasse nicht einfach einen Menschen umbringen, ohne dafür zur Rechenschaft gezogen zu werden, aber viele Wirtschaftsstraftatbestände treffen sie nicht, da sie alles über Family Offices, Kapitalgesellschaften und angestellte Manager erledigen lassen. Mittlerweile hat sich um das Segment der Superreichen, der »ultra high net worth individuals«, eine eigene Industrie entwickelt. Die schweizerische Großbank UBS und der deutsche Versicherungskonzern und Vermögensverwalter Allianz geben seit einigen Jahren jeweils globale Vermögensberichte heraus, die sich großer Nachfrage erfreuen.[20] Bücher wie die des 2016 verstorbenen Münsteraner Soziologen Hans Jürgen Krysmanski und der früheren Journalistin und seit 2017 kanadischen Außenministerin Chrystia Freeland befassen sich mit »Aufstieg und Herrschaft einer neuen globalen Geldelite«.[21] Vor einigen Jahren fand eine Studie an der ETH Zürich heraus, dass über ein Geflecht von wechselseitigen Beziehungen 147 Finanzkonzerne fast die gesamte (westliche) Wirtschaft beherrschen.[22] Hans-Jürgen Jakobs, früherer *Handelsblatt-*, *SZ-* und *Spiegel-*Redakteur und aktuell Senior Editor des *Handelsblatts*, hat in seinem Buch *Wem gehört die Welt* die »Machtverhältnisse im globalen Kapitalismus« aufgedeckt. Sie sind erschreckend.[23] Nicht Wettbewerb dominiert die Herrschaftsstrukturen im vermeintlich »liberalen« Westen, sondern eine weitgehend wettbewerbsfreie Oligarchie, die sich aus weitgehend wettbewerbsfreien Einkommen speist.[24] Der Soziologe Sighard Neckel spricht von einer »Refeudalisierung der Wirtschaft«.[25]

Ich stamme aus einer typischen Mittelschichtfamilie der Nachkriegszeit. Wie reich die Reichen sind, und dass sie anders sind, wurde mir relativ früh klar. Als Abiturient las ich die Bücher des Journalisten Bernt Engelmann, zum Beispiel *Meine Freunde, die Millionäre*[26] oder *Das ABC des Großen Geldes – Macht und Einfluss in der Bundesrepublik Deutschland*[27]. Darin wurde eine eigene, eine abgeschlossene Gesellschaft beschrieben. Auch als Leistungsträger und Spitzenverdiener gehörte man nicht automatisch dazu. Weder der Zahnarzt in der Nachbarschaft mit gut gehender Praxis und mehreren Mietshäusern noch die vielen mittelständischen Unternehmer, mit deren Söhnen ich teilweise zur Schule ging. Eher schon der Spross einer verzweigten Industriellendynastie, dem ich Nachhilfe gab und der heute ein Finanzunternehmen betreibt.

Was Engelmann in den 1960er-, 1970er- und 1980er-Jahren beschrieb, die Konzentration und Abschottung der Großvermögen, ist bis heute so geblieben und hat sich eher noch verstärkt. Der Soziologe und Elitenforscher Michael Hartmann stellte fest: »Es gibt kaum etwas Stabileres als Großvermögen.« Die Eliten werden homogener, vermögender und entfernen sich immer weiter von der Bevölkerung. Sie gefährden die Demokratie.[28]

Das hat einen einfachen Grund: Gesetzgebung und Staat dienen heute sehr oft und sehr umfassend den Großvermögen, der Finanzlobby und anderen starken Lobbys. Die Finanzlobby hat den Staat weitgehend »gekapert«. Der frühere Chefvolkswirt des Internationalen Währungsfonds, Simon Johnson, sprach diesbezüglich schon 2009 von einem »stillen Coup«. Johnson wies darauf hin, dass ein solcher Zustand im Zusammenhang mit Wirtschaftskrisen in Entwicklungsländern geläufig sei. Wenn die Mitarbeiter des Internationalen Währungsfonds frei sprechen dürften, würden sie der US-Regierung genau das erklären, was sie auch in allen anderen Ländern den Regierungen in dieser Situation erklären würden:

Die Erholung wird nicht funktionieren, wenn wir es nicht schaffen, die Finanzoligarchie, die eine wirkliche Reform verhindert, zu zerschlagen. Allmählich läuft uns die Zeit davon, um eine echte Rezession zu verhindern.[29]

In den Jahren seit der Finanzkrise 2007–2008 ist allerdings das Gegenteil passiert: Die Banken und ihre Aktionäre wurden mit Steuergeldern gerettet. Die Kosten der Bankenrettungsmaßnahmen – insbesondere für die Hypo Real Estate und die WestLB – beliefen sich laut Statistischem Bundesamt (2012) auf bis zu 51,8 Milliarden Euro an Ausfällen sowie 480 Milliarden Euro an Bürgschaften.[30] In einem normalen Insolvenzverfahren würde ein Kapitalgeber neues Eigenkapital in ein insolventes Unternehmen einbringen, das Unternehmen würde dann dem Kapitalgeber gehören, die Gläubiger würden auf einen Teil ihrer Forderungen verzichten, es würden Kosteneinsparungen erfolgen und das Unternehmen könnte weiterarbeiten. In der Finanzkrise brachten die Staaten Eigenkapital und Garantien ein. Wenn der Staat, also die Öffentlichkeit, mit dem Geld der Steuerzahler eine insolvente Bank oder Institution rettet, sollte sie auch der Öffentlichkeit gehören, argumentierte ich Anfang 2009 in Bezug auf die Hypo Real Estate.[31]

Aber nur die Hypo Real Estate wurde verstaatlicht, viele andere Banken nicht oder nur teilweise. Mit dem Geld der Steuerzahler wurden somit die Vermögen der Reichen gestützt, also der Alteigentümer, die ansonsten viel größere Verluste hätten hinnehmen müssen. Auch die Kredite an die Banken wurden abgesichert. Indem der aufgeblähte Finanzsektor bis heute weiterbesteht, konnten viele der extrem gut bezahlten Arbeitsplätze im Finanzsektor erhalten bleiben. Ein Paradebeispiel dafür ist die Deutsche Bank. Seit dem Skandal um den Baulöwen Jürgen Schneider in den 1990er-Jahren kommt das ehemalige Vorzeigeinstitut Deutschlands nicht mehr aus den Problemen heraus. Eine Flut von Prozessen und unbedachten Äußerungen, ein vom langjährigen Vorstandssprecher Josef Ackermann ausgegebenes Renditeziel von 25 Prozent auf das Eigenkapital, das er auch in der Finanzkrise öffentlich verteidigte[32], der LIBOR-Skandal, der Fall Kirch und eine lange Liste weiterer Klagen und Kontroversen umranken die Deutsche Bank. Von der kurzzeitig mächtigsten Bank der Welt ist das Institut ins Mittelfeld abgestiegen. Seit 2010 hat die Bank über drei Kapitalerhöhungen frisches Geld von insgesamt 27 Milliarden Euro am Kapitalmarkt eingesammelt.[33] Genützt hat es wenig. Die Deutsche Bank setzt ihren Abstieg fort.

Und die Bankmanager und Mitarbeiter im Investmentbanking? Verdienen weiter fürstlich. Im Durchschnitt erhielt im Jahr 2018 ein Mitarbeiter im Investmentbanking der Deutschen Bank 156.050 Euro, bei der DWS 119.284 Euro, und im Filialgeschäft, also dort, wo Privatkunden und Mittelständler beraten werden, 71.740 Euro. Im Jahr 2018 verdienten immerhin mehr als 1700 Mitarbeiter, sogenannte »Risikoträger«, 1 Million Euro pro Jahr. Im Jahr zuvor waren es sogar 1,3 Millionen, da die Boni höher ausgefallen waren. Die Vergütung der Vorstandsmitglieder betrug durchschnittlich 3,12 Millionen Euro. Insgesamt flossen zwischen 2011 und 2018 fast 20 Milliarden Euro an Boni an die Führungskräfte der Deutschen Bank und fraßen die Kapitalerhöhungen, die besser in den Ausbau des Geschäfts und die Stärkung der Bilanz gesteckt worden wären, wieder auf.[34]

Die Helfer: Manager, Politiker und Medien

In den letzten 30 Jahren haben sich die meisten Manager zu Funktionären des Finanzkapitalismus entwickelt. Sie machen, was ihnen die Hedgefonds oder andere Großaktionäre vorgeben, ohne Rücksicht auf die Konsequenzen in ihren Unternehmen. Unternehmenslenker, die vorsichtig agieren oder die Kontinuität ihres Unternehmens wahren wollen, sind selten geworden.

Ein Beispiel dafür ist Jack Welch, Vorstandsvorsitzender des Mischkonzerns General Electric (GE) von 1981 bis 2001. In den 1980er-Jahren war er derjenige, der Shareholder Value als Erster konsequent umsetzte. Jeder Geschäftsbereich von GE musste entweder die Nummer eins oder zwei in seinem Bereich sein oder er wurde geschlossen, restrukturiert oder verkauft. Man nannte Welch auch »Neutronen-Jack« (nach der Neutronenbombe), weil nach ihm zwar die Gebäude noch standen, die Menschen aber weg waren.

Mehr als zwei Jahrzehnte lang wurde Welch als Supermanager gefeiert. Nach seinem Abschied offenbarte sich stückweise das Chaos, das er angerichtet hatte. Viele Jahre lang hatte General Electric in der Ära Welch seine Gewinne durch den ständigen Kauf und Verkauf von Unternehmensteilen manipuliert. Die Substanz des Unternehmens blutete aus. Die Quittung: von 2000 bis 2003 fiel der Aktienkurs zunächst um zwei Drittel, seitdem noch einmal um mehr als zwei Drittel – ein quälender Abstieg um fast 90 Prozent in 19 langen Jahren.

Beutewirtschaft, Finanzkapitalismus und die Herrschaft der Superreichen

Wie schlimm es wirklich um das Unternehmen stand, zeigte sich im Herbst 2018, als GE zum zweiten Mal in 14 Monaten den Vorstandsvorsitzenden austauschte. Das Unternehmen stand kurz vor der Insolvenz, viele Geschäftsbereiche waren marode. »Wer nach Gründen für seinen Absturz sucht, findet skandalöse Finanzschiebereien und eine verdorbene Unternehmenskultur«, so das *manager magazin*.[35]

Und wie verdorben die Firmenkultur war, zeigte sich bei Welchs Nachfolger Jeffrey Immelt. Der flog nicht nur standesgemäß mit dem Firmenjet durch die Gegend, sondern ließ oft zur Vorsicht einen zweiten Jet hinterherfliegen, falls sein Flugzeug einen Reparaturstopp einlegen müsste. In meinen Vorlesungen zum Management habe ich gern den Artikel »Schämen sie sich nicht?« der Zeitschrift *Fortune* aus dem Jahr 2003 zitiert, in dem viele der unappetitlichen Verhaltensweisen von Managern aufgeführt sind.[36] Bezeichnend der Vertrag, den Home-Depot-Chef Bob Nardelli für sich aushandelte: zwar kann ihm aus wichtigem Grund gekündigt werden, aber schlechtes Urteilsvermögen oder Fahrlässigkeit wäre kein solch wichtiger Grund. Die Verträge von drei früheren Kmart-CEOs beinhalteten die Klausel, dass man sie zwar entlassen könne, würden sie ein Verbrechen begehen, doch nur, wenn es sich um ein moralisch besonders schändliches Verbrechen handelte. Und im Falle anderer Verbrechen schon gar nicht, wenn der CEO in gutem Glauben und aus seiner Sicht im Interesse des Unternehmens oder zumindest nicht gegen dessen Interessen gehandelt hat. Dass sich solche Menschen nicht besonders um ihre Mitarbeiter scheren, dürfte offensichtlich sein.

Seit Ende der 1970er-Jahre hat sich in den USA und vielen europäischen Ländern das Verhältnis von Vergütung des Vorstandsvorsitzenden zu Arbeiterlohn von 30:1 auf 300:1 und mehr erhöht. Besser sind die Leistungen der Manager dadurch nicht geworden. Ron Sommer, Jürgen Schrempp, Jürgen Dormann, Oliver Baethe, Josef Ackermann und Joe Kaeser – die Funktionäre des Kapitals haben in nahezu allen Großunternehmen die Kontrolle übernommen. Die Vergütung vieler Manager ist an Aktienoptionen gebunden. Theoretisch sollen damit Leistungsanreize gesetzt werden. Praktisch kennen die Bezüge meistens nur eine Richtung: nach oben. Während zum Beispiel 2002 der Aktienindex S&P 500 um 22,1 Prozent fiel, stieg die Vergütung des durchschnittlichen US-CEOs um 14 Prozent auf 13,2 Millionen Dollar. Pro Jahr.[37] Die oftmals abhängigen Aufsichtsräte der Unternehmen tun ihrerseits nichts oder zu wenig, um das Unwesen zu stoppen.

Die bereits oben beschriebene »Kaperung« der Politik durch die Finanz- und andere Lobbys sorgt dafür, dass auch die Politik diesem Treiben nicht wirklich etwas entgegenzusetzen hat. Viele Politiker sind abhängig. Zudem findet ein reger Austausch zwischen politischen und Finanzeliten statt. In den USA kommen zum Beispiel in überproportionalem Maße Finanzminister von der Wall Street, speziell von Goldman Sachs. Auch die drei italienischen Politiker Mario Draghi, Mario Monti und Romano Prodi waren zu verschiedenen Zeitpunkten für Goldman tätig. Ein aktuelles Beispiel: Sajid Javid trug als Manager der Deutschen Bank mit einem Jahresgehalt von über 3 Millionen Pfund eine Mitverantwortung für die spekulativen Finanzderivate, die die Welt im Jahr 2007 in die Finanzkrise stürzten. Daraufhin machte er Karriere in der Politik und ist nun Schatzkanzler (Finanzminister) im Kabinett von Boris Johnson.

Und wenn die Politik einmal Maßnahmen ergreift, sind diese wirkungslos oder haben den gegenteiligen Effekt. Die vom US-Kongress erzwungene Offenlegung der individuellen Managergehälter vor ungefähr 20 Jahren führte nicht etwa dazu, dass sich die Manager beschämt mit weniger zufriedengaben, im Gegenteil – jeder sah nun, was die anderen hatten, und wollte für sich selber ebenfalls mehr.

Auch die meisten Medien sind Teil des Kartells. Entweder sind es Unternehmen, die ebenfalls den Gesetzen des Kapitalismus unterworfen sind oder es sind öffentlich-rechtliche Unternehmen, die von Werbeeinnahmen und damit indirekt von der Wirtschaft abhängen, denn sie richten sich nicht an der Grundfinanzierung, sondern den zusätzlich erzielbaren Werbeeinnahmen aus. Gelegentlich kommt harsche Kritik an den Zuständen, damit Dampf abgelassen werden kann, aber im Großen und Ganzen sind die Medien zuverlässige Stützen des Systems.

Eine Reform des Finanzsystems wäre möglich

Gute Reformen des Finanzsystems wären einfach und effektiv, sie würden allerdings »wehtun«. Ich habe vor allem drei Elemente vorgeschlagen: 1. eine deutliche Erhöhung des harten Eigenkapitals aller Finanzmarktakteure, 2. einen Produkt-TÜV, der toxische und gefährliche Produkte nur in geringem Ausmaß zulässt, und eine europäische Ratingagentur und 3. eine Finanztransaktionssteuer.[38]

Ausreichendes Eigenkapital: Kern einer jeden Reform wäre eine Erhöhung des Eigenkapitals im Finanzsektor. Ist genug Eigenkapital vorhanden, haften zunächst einmal die Eigentümer der Banken und Finanzdienstleister – und das sind vor allem die sehr Vermögenden. Gleichzeitig könnte die Überwachungsbürokratie massiv reduziert werden. Leider ist die Kapitaldecke im Finanzsektor sehr dünn: Banken sind heute oft 30:1, 40:1 oder mehr gehebelt, sodass sehr schnell die Steuerzahler für die Fehler der Bankmanager und die mangelhafte Kontrolle durch die Eigentümer haften müssen. Eine Vorgabe wie in Großbritannien der 1970er-Jahre, wo Banken 8 Prozent Eigenkapital vorhalten mussten und sich demzufolge nur 12,5-fach hebeln könnten, wäre richtig. Natürlich würden dann die Eigenkapitalrenditen im Finanzsektor sinken, da annähernd derselbe Gewinn auf eine größere Kapitalbasis verteilt würde.

Stellen wir uns zwei Banken mit identischem Geschäft vor. Das eine Institut ist 10-fach gehebelt, hat eine Bilanzsumme von 100 und einen Gewinn von 2. Das entspricht einer Gesamtkapitalrendite von 2 Prozent, einer Eigenkapitalrendite von 20 Prozent. Das zweite Institut ist 20-fach gehebelt und hat nur einen Gewinn von 1,5, weil es etwas mehr Zinsen bezahlen muss. Das entspricht einer Gesamtkapitalrendite von 1,5 Prozent, aber einer Eigenkapitalrendite von 30 Prozent.

Bilanz A Hebel: 10 / Gewinn: 10		Bilanz A Hebel: 20 / Gewinn: 9	
Aktiva (Mittelverwendung)	**Passiva** (Mittelherkunft)	**Aktiva** (Mittelverwendung)	**Passiva** (Mittelherkunft)
Kassenbestand 10	Aufgenommene Kredite 90	Kassenbestand 10	Aufgenommene Kredite 95
Forderungen 80 (vergebene Darlehen)	Eigenkapital 10	Forderungen 80 (vergebene Darlehen)	Eigenkapital 5
Wertpapiere 10		Wertpapiere 10	
Summe: 100	**Summe:** 100	**Summe:** 100	**Summe:** 100

Die Zahlen sind nicht ganz unrealistisch. Gesamtkapitalrenditen von wenigen Prozent, die dann durch Hebel in hohe Eigenkapitalrenditen umgewandelt werden, gibt es im Finanzsystem viele. Und das macht das System so unfair, krisenanfällig und unsicher. Eine Umstellung wäre sehr schmerzhaft. Viele Akteure der Finanzbranche wären nicht mehr profitabel und müssten ausscheiden.

Es kam, wie es kommen musste: In Bezug auf das Eigenkapital ist nach der Finanzkrise zwar etwas geschehen, aber im Großen und Ganzen läuft das System zumindest in Europa weiter wie bisher. Statt mehr Eigenkapital haben wir nun in vielen Fällen extrem willkürliche und bürokratische Überwachungsmechanismen seitens der Europäischen Bankenaufsicht und der nationalen Aufsichtsbehörden, mit Stresstests und einem umfangreichen Meldewesen.[39] Sicherer macht das das Finanzsystem nicht, aber es begünstigt die großen Finanzmarktakteure und Megabanken, drängt kleine Finanzdienstleister und Wettbewerber aus dem Geschäft, schafft viele »bullshit jobs« in den Aufsichtsbehörden und schützt die Interessen der Finanzoligarchie.

Ein Beispiel: Ein mittelgroßer Vermögensverwalter in Liechtenstein betreut überwiegend Privatpersonen mit einem Vermögen von 250.000 Euro bis über 100.000 Millionen Euro, die solide und solvente Finanzen haben. Als Vermögensverwalter haftet das Unternehmen nicht für Risiken der Kunden. Das Unternehmen hat komfortable Liquiditätsreserven in der Bilanz und kaum eigene Investmentrisiken. Liechtenstein ist eines der wenigen Länder ohne Staatsschulden, hat also wenige Risiken. Das Land ist nicht Teil der EU, hat aber Zugang zum Europäischen Wirtschaftsraum. Vieles geht hier noch pragmatischer als in Deutschland oder Frankreich.

Dennoch muss auch dieses Unternehmen mit aktuell 20 Mitarbeitern irrwitzige Aufsichtspflichten erfüllen, die teilweise für hoch riskante Großunternehmen gemacht zu sein scheinen, teilweise aber auch keinerlei Sinn zu haben scheinen – außer, mehr Arbeit zu machen und mehr Menschen zu beschäftigen. Zum Beispiel müssen bei Erwerb oder einer Veräußerung eines Finanzinstruments, etwa einer Aktie, nach der MiFIR-Richtlinie (Markets in Financial Instruments-Regulations) bis spätestens am Folgetag an eine Schnittstelle der Finanzmarktaufsichtsbehörde des Landes in 65 Datenfeldern allgemeine Informationen zur Transaktion, Einzelheiten über den Käufer (Land, Name, Geburtsdatum, …), den Kaufentscheidungsträger (LEI-Code einer Vermögensverwaltung, …), den Verkäufer, zur Übermittlung, zum Geschäft (Menge, Preis, Börse), Einzelheiten zum Finanzinstrument, dem Händler, Algorithmen sowie Ausnahmen und Indikatoren übermittelt werden.

Das ist im Prinzip sozialistisch-zentralistische Totalüberwachung. Und sie wird den nächsten Kollaps auch nicht verhindern können.

Produkt-TÜV und europäische Ratingagentur: Statt der überzogenen Meldebürokratie wäre ein Genehmigungsverfahren für Finanzprodukte hilfreich. Viele Derivate sind auch für Experten schwer bis gar nicht zu durchschauen, geschweige denn für Privatanleger. Da wäre es hilfreicher, die Produkte genauer zu prüfen und manche gar nicht zuzulassen.

Im Comic *Calvin und Hobbes* fragt Calvin bei einer Autofahrt seinen Vater, wie Ingenieure Brücken testen. Nach einer kurzen Überlegung antwortet der Vater: »Sie bauen die Brücke, und dann fahren sie immer schwerere Lastwagen darüber. Wenn die Brücke zusammenbricht, wissen sie, was das zulässige Maximalgewicht ist.« Natürlich wird das bei Brücken nicht so gemacht. Aber bei Finanzprodukten. Wieder und immer wieder. Bereits der Wirtschaftshistoriker und Krisenforscher Charles Kindleberger schrieb in *Manien, Paniken, Crashs – die Geschichte der Finanzkrisen der Welt*, dass Finanzinnovationen generell zu billig angeboten werden, damit überkauft werden und so das Risiko steigt.[40] Was bei Produkten der Realwirtschaft absolut normal ist, fehlt in der Finanzbranche.

Zudem gibt es mittlerweile mehr Indizes als Einzelaktien: circa 4000 an US-Börsen gelisteten Unternehmen stehen mehr als 5000 verschiedene Indizes gegenüber. In Europa ist dieser Trend ähnlich. Zu DAX®, ATX, EURO STOXX 50® und Dow Jones Industrial Average haben sich solch komplexe und auf den ersten Blick undurchschaubare Indizes wie »Low Carbon«, »Smart Alpha«, »Strategic Beta« dazugesellt. Das Ziel: Intransparenz schaffen, Anleger verwirren und die Renditen der Finanzbranche sicherstellen.[41]

Eine europäische Ratingagentur wäre hier hilfreich. Sie hätte aber gegen das Oligopol der US-amerikanischen Agenturen kaum eine reale Chance.[42] Auch die Vollgeldinitiative, die ich unterstütze, würde das Finanzsystem wesentlich sicherer machen. Allerdings hat auch diese Initiative, die tief ins Finanzsystem eingreifen würde, wenig Chancen. In der Schweiz scheiterte 2018 eine diesbezügliche Volksabstimmung deutlich.[43]

Überhaupt geht der Trend immer weiter weg von transparenten Börsen und hin zu privaten Club-Deals und Emissionen auf proprietären Handelsplattformen, bei denen die Anbieter weniger gesetzliche Auflagen zu erfüllen haben, intransparenter sind und eine große Macht ausüben. Der Private-Equity-Boom der letzten beiden Jahrzehnte, bei dem vor allem große Vermögen profitierten, wurde auch möglich durch Buchhaltungsvorschriften, die bei Private Equity oft wesentlich laxer sind als bei börsennotierten Unternehmen. Dabei ist der Begriff »Private Equity« ein Propagandabegriff der Finanzbranche. »Equity« soll suggerieren, dass hier mit viel Eigenkapital gearbeitet wird. Das Gegenteil ist meistens der Fall. Der Einstieg eines Private-Equity-Unternehmens führt zumeist dazu, dass die Unternehmen wesentlich verschuldeter und risikobehafteter sind als vorher. Wieder ein Bereich, in dem die Finanzoligarchie auf Kosten aller ihre Interessen schützt.

Zudem haben sich mittlerweile nicht nur im Derivate- und Subprime-Sektor, sondern auch im sogenannten Hochfrequenzhandel toxische und räuberische Geschäftsmodelle etabliert, die nichts anderes zum Ziel haben, als Käufer und Verkäufer bei einem Börsenhandel abzuzocken. Viele Algorithmen sind einfache Arbitrage-Algorithmen, die die Kauf- und Verkaufsbereitschaft zu verschiedenen Preisen im Bruchteil einer Sekunde abklopfen und sich dann dazwischen hängen. Dies geschieht mit Millionenaufwand und ist dennoch oft hoch profitabel. Oft hängt es sogar davon ab, wie nahe an der Börse die Server stehen, um Zeitvorteile von wenigen Nanosekunden bei der Signalübermittlung zu haben. Die eigentlichen Käufer eines Wertpapiers müssen mehr zahlen, die Verkäufer bekommen weniger, der Hochfrequenzhändler hat in eine teure Infrastruktur investiert und macht hohe Gewinne.[44] Der »Nutzen« ist sehr zweifelhaft: Ob der Handel einige Sekundenbruchteile früher oder später abgeschlossen ist, macht keinen Unterschied. Im Gegenteil: Würde man die eigentlichen Käufer und Verkäufer des Wertpapiers fragen, wären ihnen wohl günstige Konditionen anstelle von einigen Nanosekunden Zeitgewinn wesentlich lieber. Dennoch wurden 2016 bereits 10 bis 40 Prozent des Börsenhandels in Aktien durch High Frequency Trading bestimmt. Oft kämpfen mittlerweile auch Maschinen gegen Maschinen.[45] Algorithmen sollen auch wesentlich zum Flash Crash von 2010 und anderen plötzlichen Kurseinbrüchen beigetragen haben. Da hilft keine Aufklärung der Verbraucher. Da würde nur ein Verbot der entsprechenden Geschäftsmodelle helfen. Oder eine Finanztransaktionssteuer.

Finanztransaktionssteuer: Nach der Finanzkrise flammte die Debatte um eine Finanztransaktionssteuer wieder auf, die bereits Anfang der 1970er-Jahre von dem Ökonomen und Nobelpreisträger James Tobin vorgeschlagen wurde. Tobin hielt eine einheitliche Steuer von 0,05 bis 1,0 Prozent auf Devisengeschäfte und Finanztransaktionen für realistisch.[46] Diese Steuer, auch als *Tobin Tax* oder Tobin-Steuer bekannt, würde das international vagabundierende Kapital »einbremsen«. Denn wenn eine Fondsgesellschaft das Fondsvermögen nur alle zwei bis drei Jahre umschichtet, fällt die Steuer kaum ins Gewicht. Auch reale Investitionen, zum Beispiel bei der Kreditaufnahme, würden nur einmalig mit der niedrigen Steuer belastet und damit nicht behindert. Viele Geschäftsmodelle, die sich um das Mikro- und Nanotrading drehen, bei denen also das Vermögen viele Male pro Tag oder sogar pro Stunde gedreht wird, wären allerdings mit einem Schlag obsolet. Das Gleiche würde für etliche Derivate gelten, die US-Superinvestor Warren Buffett einmal »finanzielle Massenvernichtungswaffen« nannte. Bei den Derivaten würde die Steuer auf den Nennwert erhoben, nicht auf das Eigenkapital. Die Hebelung der Spekulation würde also schwieriger.

Ich habe mich deshalb in einer Anhörung vor dem Deutschen Bundestag am 26. Mai 2010 auf Einladung der SPD-Fraktion für die Finanztransaktionssteuer ausgesprochen.[47] Entgegen den Argumenten der Finanzlobby habe ich vorgerechnet, dass der durchschnittliche Kleinsparer bei jährlichen Einzahlungen von 1.200 Euro und einer Laufzeit von 20 Jahren kaum belastet würde. Die durchschnittliche Belastung läge bei gerade einmal 74,22 Euro. Hingegen könnte die Finanztransaktionssteuer die Spekulation eindämmen, Investitionen in die Realwirtschaft fördern und zudem für erhebliche Einnahmen sorgen. Und eine solche Steuer würde progressiv wirken, weil die Vermögenden mehr Finanztransaktionen durchführen als weniger vermögende Haushalte.

Unter dem Eindruck der Finanzkrise nahmen die Initiativen zur Einführung einer Finanztransaktionssteuer Fahrt auf. Unter anderem forderte sie die globalisierungskritische Organisation Attac. Der damalige Präsident der Europäischen Kommission José Manuel Barroso stellte 2011 einen Gesetzentwurf zur Einführung einer Finanztransaktionssteuer in der EU vor. Die Steuer sollte 0,1 Prozent auf Finanztransaktionen und 0,01 Prozent auf Derivate betragen – ein erstes Eingeständnis an die Finanzbranche. Denn da Derivate zumeist gehebelt sind, wären 0,1 auf die Transaktionssumme von Derivaten ein effektiv deutlich höherer Steuersatz auf den Eigenkapitaleinsatz. Und genau das wäre richtig, da Derivate erheblich riskanter sind.

Bisher konnten sich die EU-Finanzminister allerdings nicht auf eine einheitliche Finanztransaktionssteuer einigen. Großbritannien mit seinem großen Finanzsektor war strikt dagegen. Auch der Versuch, die Steuer nur in der Eurozone einzuführen, scheiterte – diesmal am Widerstand von Luxemburg und den Niederlanden. Deswegen haben zwischenzeitlich einige EU-Länder eigene Gesetze zu Börsensteuern oder anderen Steuern auf Finanzgeschäfte beschlossen, zum Beispiel Frankreich, Belgien, Zypern, Irland, Finnland und Griechenland. Nachdem ab 2016 noch einmal Schwung in die Verhandlungen für eine Finanztransaktionssteuer der Eurozone kam, versetzte Frankreichs Präsident Emmanuel Macron in einer Grundsatzrede zur Europäischen Union dem Projekt »den finalen Todesstoß«, wie es das *Handelsblatt* formulierte.[48]

Man muss gar nicht tief in das Steuersystem einsteigen, um zu erkennen, dass allenthalben die Finanzoligarchie profitiert und die Mittelschicht ausgebeutet wird. Die bereits in Kapitel 6 besprochene hohe Belastung kleiner und mittlerer Einkommen und die sinkende Belastung hoher und höherer Einkommen liegt vor allem in vier Faktoren begründet: (1) dem Standort- und Steuerwettbewerb und den internationalen Gestaltungsmöglichkeiten, (2) den mit steigendem Einkommen sinkenden Sozialabgaben, (3) der Gestaltung der Kapitalertragsteuer und (4) der zunehmenden Bedeutung der Umsatzsteuer (Mehrwertsteuer). Selbst wenn Sie als Vermögender die internationalen Gestaltungsmöglichkeiten nicht wahrnehmen, werden sie vom System automatisch bevorzugt.

Das RWI - Leibniz-Institut für Wirtschaftsforschung kommt in einer Studie aus dem Jahr 2017 zu dem Ergebnis, dass jährliche Haushaltsbruttoeinkommen von 40.000 bis 80.000 Euro prozentual betrachtet am stärksten belastet werden. Dies liegt hauptsächlich an den hohen Sozialversicherungsbeiträgen, die diese Gruppe entrichten muss. Die Oberschicht zahlt zwar mehr Einkommensteuer. Es entfallen bei ihr aber kaum mehr als 5 Prozent des Einkommens auf Versicherungsbeiträge, während diese bei der Mittelschicht dreimal so stark ins Gewicht fallen.

Auch die Besteuerung von Kapitalerträgen ist zutiefst ungerecht, was ich als jemand, der davon profitiert, als Erster zugebe und es auch öffentlich immer wieder gesagt habe. Seit 2009 ist in Deutschland die Kapitalertragsteuer, auch Quellensteuer genannt, flächendeckend eingeführt. Der Steuersatz beträgt 25 Prozent zuzüglich Solidaritätszuschlag und gegebenenfalls Kirchensteuer und liegt damit weit unter dem Spitzensteuersatz von derzeit 42 Prozent in Deutschland. Kapitalerträge haben aber vor allem die Vermögenden und Gutverdiener.

Außerdem nimmt die relative Belastung durch die Umsatzsteuer (Mehrwertsteuer) mit steigendem Einkommen ab. Der Grund dafür ist einfach: Wer wenig verdient, gibt einen größeren Teil seines Einkommens und oft alles für seinen Lebensunterhalt aus, während die Gutverdiener zum Teil nur einen Bruchteil ihres Einkommens wieder ausgeben.[49] Der Umsatzsteuersatz in Deutschland beträgt mittlerweile satte 19 Prozent und liegt damit ungefähr im EU-Durchschnitt. Eigentlich ist die zunehmende Verwendung der Mehrwertsteuer ein Armutszeugnis, denn eigentlich sollten in einer hoch entwickelten Wirtschaft vor allem direkte Steuern wie die Einkommensteuer erhoben werden. Bei diesen Steuern kann die Steuerlast nicht auf andere abgewälzt werden.[50]

Solidarische und unsolidarische Eliten

Es ist nicht nur der Fall, dass das Steuersystem und viele andere Teile unserer Wirtschaftsordnung die Vermögenden schützt und die Mittelschicht ausbeutet. Die sogenannten Eliten entfernen sich heutzutage auch immer weiter vom Rest der Bevölkerung und schaffen sich ihre eigene Lebensrealität. Sie wohnen in abgeschlossenen Bereichen, Gated Communities, was früher nur in der Dritten Welt der Fall war. Sie schicken ihre Kinder auf Privatschulen, später auf private Universitäten. Und diese Kinder »dienen« nicht mehr. Bereits vor einigen Jahren stellte der kritische Journalist Michael Moore etliche US-Abgeordnete auf den Stufen des Kongresses bloß, als er sie nach ihrer Unterstützung für das US-Militär fragte. Die Antwort war fast immer ein patriotisch-enthusiastisches »Ja!«. Wenn er die Abgeordneten dann allerdings daran erinnere, dass sie Kinder im wehrpflichtigen Alter hätten und ob diese in der Army dienen würden, war in allen gezeigten Fällen ein »Nein« oder ein betretenes Schweigen die Reaktion.

Keine Gesellschaft kann ohne Eliten funktionieren. In jeder, aber auch ausnahmslos jeder Gesellschaft tragen Machtstrukturen zu ihrer Stabilität bei. Dabei spielen die jeweiligen Eliten eine besondere Rolle. Sie sind erstaunlich stabil und funktionieren als informelle Herrschaftsstrukturen, die das Gemeinwesen stabilisieren. Denn es gibt keine hundertprozentige Demokratie. Nicht alles wird jederzeit per Abstimmung entschieden. Der »herrschaftsfreie Diskurs«, den der Philosoph der 68er-Bewegung Jürgen Habermas forderte, ist ein Ideal, aber niemals Realität. Einer der Ersten, die sich systematisch mit dem Studium der Eliten befassten, war der italienische Ökonom und Soziologe Vilfredo Pareto (1848–1923).

Es folgten viele andere wie Thorstein Veblen (1857–1929), Ferdinand Lundberg (1902–1995), C. Wright Mills (1916–1962) und meine Professorin in Princeton, Suzanne Keller (1927–2010), die mit ihren Eltern aus Wien in die USA flüchtete.

Die Werte und Grundeinstellungen der Eliten haben einen wesentlichen Einfluss auf die Gesellschaften. Auch die Art und Weise, wie man Mitglied der Elite wird, die Elitenselektion, ist sehr wichtig: In einer Meritokratie entscheidet der persönliche Verdienst, wenn die Mitgliedschaft erblich ist, die Geburt. Der Althistoriker Alexander Demandt antwortete einmal auf die Frage, warum es in Deutschland so wenige Revolutionen gegeben habe: »Weil die Deutschen in der Vergangenheit im Großen und Ganzen recht gut regiert worden sind.« Bis zur Gründung des Kaiserreichs 1870/71 war Deutschland ein kleinräumiges Land mit vielen kleinen Fürstentümern und bis zum Ende des Heiligen Römischen Reiches deutscher Nation im Jahr 1806 auch den reichsunmittelbaren Städten. Die jeweiligen Herrscher und Eliten befanden sich in viel engerem Kontakt mit ihrem Volk als in Frankreich oder England, die schon recht früh zentralstaatlich auf die Metropolen – Paris und London – hin ausgerichtet waren. Berlin hingegen wurde erst nach der Reichsgründung zu einer echten Weltstadt.

Zudem hatten weder die Staaten des Deutschen Bundes noch das frühe Kaiserreich Kolonien. Zwar begehrte unter Wilhelm II. (reg. 1888–1918) auch Deutschland einen »Platz an der Sonne«, doch blieb sein Kolonialreich klein und recht unbedeutend. Es bestand also für ambitionierte junge Männer – im Gegensatz zu ihren Altersgenossen in Großbritannien oder Frankreich – erst sehr spät und auch dann nur eingeschränkt die Möglichkeit, in den Kolonien durch Ausbeutung der einheimischen Bevölkerung schnell reich zu werden oder sich in Militär und Verwaltung zu beweisen. Diese Männer mussten also auswandern, zum Beispiel in die Vereinigten Staaten, oder in ihrer Heimat etwas werden. So wurden die jungen Männer Deutschlands Ingenieure, Künstler, Pfarrer, im Zuge der Industrialisierung auch Unternehmer und Verwaltungsbeamte, aber im eigenen, engen Land, in dem man es sich mit den Regierten besser nicht allzu sehr verdarb. Ein Beispiel hierfür ist die württembergische Adelsfamilie der Weizsäcker, deren männliche Mitglieder fast alle Juristen, Verwaltungsbeamte, evangelische Theologen oder Mediziner waren. Bundespräsident Richard von Weizsäcker (1920–2015) war der Erste in der Familie, der nach seinem Jurastudium eine Stelle in der Industrie antrat, nämlich bei Boehringer Ingelheim. Sein Vater Ernst (1882–1951) war Marineoffizier und Staatssekretär im Auswärtigen Amt während des Dritten Reichs, sein Onkel Mediziner und sein Großvater Verwaltungsbeamter und Ministerpräsident des Königreichs Württemberg. Kurz, man bemühte sich, seinem Land und seiner Bevölkerung zu dienen.

Auch eine Fürsorgepflicht der Eliten und des Staates ist auf dem Gebiet des Heiligen Römischen Reichs früh festzustellen. In Württemberg wurde bereits in der Kirchenordnung von 1559 die Schulpflicht für Knaben festgelegt. Das Herzogtum Pfalz-Zweibrücken führte 1592 als erster Staat der Welt die allgemeine Schulpflicht für Knaben *und* Mädchen ein. Die Freie Reichsstadt Straßburg folgte 1598 mit einem entsprechenden Gesetz. Das Deutsche Kaiserreich unter Bismarck war das erste große Land der Welt mit einer umfangreichen Sozialgesetzgebung: Krankenversicherung (1883), Unfallversicherung (1884) und Alters- beziehungsweise Rentenversicherung (1891).

Ganz anders war dies in England/Großbritannien, wo die Eliten schon immer gern unter sich blieben und auch keine Probleme damit hatten, die Bevölkerung auszubeuten. Die Romane von Charles Dickens (1812–1870) gewähren uns einen Einblick in das düstere Leben der städtischen Unterschicht im 19. Jahrhundert. Obwohl England das erste Land war, in dem die Industrialisierung einsetzte, gab es bis 1948 keine allgemeine Krankenversicherung. Eine allgemeine Schulpflicht besteht bis heute nicht.

Das abstoßendste – aber bei Weitem nicht einzige Beispiel – für fehlende Solidarität der Eliten mit dem Volk sind die sogenannten Highland Clearances, die von 1750 bis 1860 fast flächendeckend in Schottland stattfanden. In Schottland hatten sich feudale Clanstrukturen erhalten. Die adeligen Clanchefs, formell die Landeigentümer, teilten ihren Untertanen Parzellen im schottischen Hochland zu, das fruchtbarer war als die Küstenregionen. Von diesen Parzellen lebten die Untertanen, die in vielen Kriegen Großbritannien loyal dienten. Viele Adlige wohnten immer seltener dauerhaft in ihren angestammten Familiensitzen, sondern in Edinburgh oder auch in London. Die Unterhaltung mehrerer Wohnsitze aber war kostspielig. Im Laufe der Industrialisierung wurde Schafwolle zu einem begehrten Rohstoff. In mehreren Wellen vertrieben die meisten schottischen Adligen ihre eigenen Untertanen von ihrem Land, damit zukünftig dort Schafe weiden konnten. Die Häuser der Menschen wurden angezündet, viele in Ketten gelegt, viele zur Auswanderung, zum Beispiel in die USA, gezwungen. Auf den Wegen, die ins Hochland führten, begegneten sich die Menschen, die das Land verließen.

John Prebble, der 1963 eine Geschichte der Highland Clearances geschrieben hat, spricht von einem »gnadenlosen Adel«.[51] Die erste umfassende Geschichte dieser großen Vertreibung veröffentlichte bereits 1883 Alexander MacKenzie. Daraus stammt der folgende Bericht eines von den Säuberungsmaßnahmen Betroffenen.

Donald MacLeod: Trübselige Erinnerungen (1879)[52]

Ich stamme aus Sutherlandshire und ich erinnere mich an die Zeiten, als die Einwohner dieses Landes glücklich und zufrieden lebten, als die Herrensitze der Eigentümer, Magistrate und Pfarrer Sitze der Ehre waren, der Wahrheit und des guten Vorbilds – als Menschen mit gehobener Stellung das waren, was sie sein sollten: die Freunde und Wohltäter von allen, die in ihren Ländereien lebten. All das hat sich geändert. […] Ich lebte, um zu sehen, wie Übel nach Übel über die Menschen von Sutherlandshire hereinbrach. Fünf Jahre lang […] wurden die Einwohner in der grausamsten und gefühllosesten Weise von ihren Ländereien vertrieben und ihre Häuser, die sie und ihre Vorfahren seit undenklichen Zeiten bewohnten, niedergebrannt. Das Land wurde schwarz vom Rauch der Feuer […] und die Kinder und nächsten Verwandten der Helden von Ägypten, Coruña, Toulouse, Salamanca und Waterloo wurden ruiniert, es wurde auf ihnen herumgetrampelt, sie wurden zerstreut und gezwungen, eine Zuflucht auf der anderen Seite des Atlantiks zu finden; während diejenigen, die zurückblieben, weil sie nicht in der Lage waren auszuwandern, Arme und Bettler wurden – eine Schande für die Nation, deren Freiheit und Ehre viele von ihnen durch ihre Tapferkeit verteidigt und durch ihr Blut gefestigt hatten.

Vorausgegangen waren in England die sogenannten »Enclosures«, die Privatisierung und Eingrenzung der öffentlichen Länder (Allmendegüter) mittels Zäunen und Hecken. Diese Praxis setzte im 16. Jahrhundert ein und hatte ihren Höhepunkt im späten 18. und frühen 19. Jahrhundert. Danach gab es in England kaum noch bäuerliche Strukturen, wie sie sich in Deutschland bis in die Mitte des 20. Jahrhunderts gehalten haben. Um ein Auskommen zu finden, zogen die Menschen in die Städte, später in die Industrieregionen, oder in die Kolonien, die Landwirtschaft lag nun in den Händen von Betrieben mit Angestellten, viele Ländereien wurden später in Parks und Herrensitze umgewandelt. Man könnte die Enclosures als erste weitreichende Privatisierung der Neuzeit betrachten. Um 1870 war die öffentliche Kritik an der Konzentration des Landbesitzes in England sehr laut geworden. Um dieser Kritik zu begegnen, ordnete die Londoner Regierung eine Erfassung der Ländereien an. Der Earl (Graf) von Derby erklärte am 19. Februar 1872 im Oberhaus:

»Die Lords wissen, dass es von Zeit zu Zeit eine große Empörung gab über das, was man das Landmonopol genannt hat, und dass zu seiner Unterstützung die wildesten und rücksichtslosesten Übertreibungen und Falschdarstellungen in Bezug auf die Zahl der Landbesitzer gemacht wurden.«[53]

Die Untersuchung mit dem Titel »The Return of Owners of Land« kam zum gegenteiligen Ergebnis: Nur 4,5 Prozent der Bevölkerung besaßen das gesamte Land; der Rest hatte keinerlei Grundbesitz. In Schottland besaßen nur 1380 Privatpersonen 90 Prozent des Landes. Am Ende des 19. Jahrhunderts setzte in England eine politische Bewegung ein, durch Parks, gefördertes Bauland und andere Projekte der Öffentlichkeit mehr Land zur Verfügung zu stellen. Aber seit Beginn der neoliberalen Reformen und Margaret Thatchers Regierungsantritt in den 1970er-Jahren wurden 10 Prozent der gesamten britischen Landmasse wieder still und leise reprivatisiert.

Die unsolidarische Haltung der britischen Eliten hat den modernen Finanzkapitalismus angelsächsischer Prägung entscheidend geprägt. Auch die Doktrin des angelsächsischen Puritanismus (»Prädestinationslehre«), dass Erfolg und Misserfolg im jetzigen Leben ein Hinweis auf das Leben im Jenseits sind und damit Erfolg von Gott gewollt und gegeben ist, spielte hier eine große Rolle. Der libertäre Ökonom Milton Friedman drückte diese Haltung in dem Satz »Die soziale Verantwortung von Unternehmen ist es, Gewinn zu machen« aus.[54] So wurde die Vergötterung des Marktes und einer völlig ungefesselten Marktwirtschaft zum Mantra des modernen Finanzkapitalismus.[55] Auch die oft zitierte Aussage von Adam Smith, dass die »unsichtbare Hand« des Marktes für alles sorge, ist missverständlich und falsch. Smith ging nämlich sehr wohl davon aus, dass es dafür moralische und ethische Voraussetzungen braucht. Dass der moderne Finanzkapitalismus nicht der Weisheit letzter Schluss ist, wussten bereits die Vordenker der sozialen Marktwirtschaft wie Alexander Rüstow, Wilhelm Röpke und Ludwig Erhard.[56]

Die Kosten der Ungleichheit

In den letzten Jahren haben die Psychologie und die Neurowissenschaft große Fortschritte darin erzielt zu verstehen, wie unser Gehirn funktioniert. Daniel Kahneman, der uns bereits kurz in der Einleitung begegnet ist, und viele andere Forscher haben nachgewiesen, wie uns unser Denken in vielen Fällen Fallen stellt und was wir tun können, um diese Fallen zu vermeiden.[57] Nun hat der bereits zu Beginn dieses Kapitels vorgestellte Neuropsychologe Keith Payne in einem ebenso inhaltlich wie sprachlich brillanten, leider noch nicht auf Deutsch erschienenen Buch die wissenschaftlichen Erkenntnisse zusammengetragen, wie Ungleichheit unsere Art zu denken, leben und sterben verändert.[58]

Paynes Kernthese: Ungleichheit ist Teil jeder Gesellschaftsordnung. Wir vergleichen uns ständig mit anderen, können gar nicht anders, und leben in Hierarchien. Payne nennt dies die »Statusleiter«. Wenn die Unterschiede zwischen den Hierarchiestufen zu groß werden, funktionieren wir nicht mehr richtig, weder als soziale Wesen noch als Gesellschaft. Um vorzugreifen: Dabei kommt es nicht so sehr darauf an, ob wir arm oder benachteiligt *sind*, sondern ob wir uns arm und benachteiligt *fühlen*, selbst wenn es uns objektiv vielleicht gar nicht so schlecht geht.

Seine These belegt der Psychologe mit vielen anschaulichen Beispielen und fundierten Erkenntnissen. Wir versuchen, in einer oder mehreren Hierarchien einen uns angemessenen Platz zu erobern und, wenn wir ihn erreicht haben, zu verteidigen. Dieses Streben ist Teil einer jeden menschlichen Gesellschaftsordnung. Wenn aber die Ungleichheit zu groß wird, verfestigen sich die einzelnen sozialen Klassen und Schichten. Das Ergebnis ist eindeutig: für viele Menschen nimmt dann die Motivation, etwas zu leisten, ab. Kriminalität, Drogenkonsum und Krankheiten nehmen dagegen parallel zu.

Als Kind hatte Payne ein Erlebnis, durch das er von einem Tag auf den anderen merkte, dass er »arm« war. Beim Mittagessen in seiner Schule zahlten einige Kinder für ihr Essen, er und andere wurden einfach durchgewinkt. Eines Tages forderte ihn eine neue Kassiererin auf zu zahlen, was den Knaben aus der Fassung brachte. Eine der älteren Kassiererinnen sprach kurz mit der neuen Kollegin, und Payne wurde durchgewinkt. Nun war es ihm klar: Er wurde unterstützt, weil seine Familie wenig Geld hatte. »Schon immer ein schüchterner Junge, zog ich mich nun fast komplett zurück.«[59] Obwohl alle Schuluniformen trugen, erschienen die »reichen« Kinder auf einmal irgendwie besser gekleidet. Objektiv hatte sich nichts für Payne geändert, subjektiv alles.

Psychologen und Soziologen benutzen die Statusleiter als Modell. Probanden können sich auf einer Skala von zehn Sprossen einstufen. Eigentlich sollten wir uns einigermaßen objektiv einschätzen können. Wir wissen, was wir verdienen und was wir erreicht haben.

Mit der »Statusleiter« wird in psychologischen Befragungen die subjektive Einschätzung des eigenen gesellschaftlichen Status gemessen

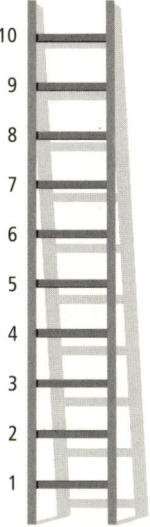

Quelle: Eigene Darstellung

Aber so ist es nicht. Nur 20 Prozent unserer Selbsteinschätzung auf der Statusleiter hängen von Einkommen, Bildung und beruflichem Status ab. Viele reiche Menschen stufen sich ziemlich weit unten ein, viele ärmere Menschen relativ weit oben.

Wie gesagt, wir können gar nicht anders, als ständig unseren sozialen Status einzuschätzen. Unser Gehirn ist darauf programmiert. Sprichwörtlich ist der Vergleich des eigenen Autos mit dem des Nachbarn, lange sicherlich ein Vorgang, der millionenfach ablief. Unter jüngeren Leuten ist das heute nicht mehr so wichtig; und viele Statuszeichen, auf die jüngere Menschen achten, kenne ich gar nicht. Wenn wir ein Café besuchen, schauen wir uns die Leute an. Die alte, gut gekleidete Dame. Ist sie eine Arztwitwe? Das junge lässig-saloppe Pärchen. Was haben sie wohl für Berufe? Der leicht unordentliche junge Mann. Der Vater im Pullover mit seinen beiden etwas lauten Kindern.

Wenn Sie eine Gehaltserhöhung bekommen, gewöhnen Sie sich wahrscheinlich sehr schnell an das Mehr an Einkommen. Dauerhafte Zufriedenheit jedoch hängt nicht von der objektiven Höhe des Gehalts ab, sondern stellt sich eher ein, wenn Sie in Ihrer Berufsgruppe am oberen Ende der Gehaltsskala rangieren.

Wir sind auf hohen Status programmiert, verfolgen mit großem Interesse das Leben der Reichen, Erfolgreichen und Berühmten. Diese Menschen können »abstürzen«, was uns ebenfalls mit – selten offen zugegebenem – Interesse erfüllt. Selbst bei Affen ist das so. In einem Experiment bekamen Makaken jeweils einen Schluck leckeren Fruchtsaft, wenn sie auf Fotos von anderen Mitgliedern ihrer Gruppe schauten. Ein Satz Fotos beinhaltete nur Affen mit niederem Status, ein anderer Satz solche mit hohem. Das Ergebnis überraschte die Forscher: Wenn es für beide Arten von Fotos dieselbe Menge Saft gab, wollten die Affen nur Fotos von Koloniemitgliedern mit hohem Status ansehen. Die Affen waren auch bereit, wesentlich weniger Saft als Belohnung zu bekommen, wenn sie dafür die Fotos der Gruppenmitglieder mit hohem Status anschauen konnten.

Als Paynes Tochter drei Jahre alt war, zeigte sie auf ein Foto und sagte: »Ellie ist reich, wie ich.« Und als Payne auf das Foto eines anderen Kinds zeigte, war die Antwort: »Sie ist arm.« Nun weitete Payne sein zufälliges Experiment aus und zeigte seiner Tochter alle 15 Bilder der Kinder aus der Klasse. Ohne Zögern bezeichnete sie Kinder, deren Eltern Professoren oder Ärzte waren, als »reich«, und als »arm«, wenn die Eltern noch Studenten oder Mitarbeiter waren.

Payne führt viele weitere Belege aus menschlichen Gesellschaften und dem Tierreich an. Offensichtlich ist das Einschätzen von und Streben nach Status etwas, das wir nicht nur erlernen, sondern das genetisch in uns angelegt und programmiert ist, wie zum Beispiel das angeborene beziehungsweise erbte Talent von Menschen, Sprachen zu erlernen.[60]

Status ist Teil jeder sozialen Ordnung. Er macht Gruppen effektiver oder ermöglicht überhaupt erst, dass sie funktionieren. Allerdings kommt es gar nicht so sehr darauf an, ob Sie »objektiv« einen niedrigen oder hohen Status haben, sondern ob Sie sich so fühlen. Bei Menschen, die sich arm fühlen, wenn sie sich auf einer niedrigen Sprosse eingeordnet haben, steigt die Wahrscheinlichkeit für Depressionen, Ängste, Gewichtsprobleme, Diabetes oder Herzprobleme. Je weiter oben

Sie stehen, desto besser geht es Ihnen auch objektiv. Ist es reiner Zufall, dass von den amerikanischen Präsidenten der jüngeren Zeit Gerald Ford, Ronald Reagan und George H. W. Bush über 90 Jahre alt geworden sind und Jimmy Carter 2019 stolze 95 wurde? Die statistische Wahrscheinlichkeit spricht dafür, dass neben der sicherlich guten ärztlichen Versorgung auch der hohe Status und das soziale Wohlbefinden für ihre lange Lebenszeit eine Rolle spiel(t)en. Gute Aussichten für Bill Clinton, George W. Bush, Barack Obama und Donald Trump!

Jordan Peterson: Alpha-Hummer

Der kanadische Psychologe, konservative Denker und YouTube-Star Jordan Peterson erreicht mit seinen Videos, Vorträgen und Büchern ein Millionenpublikum. Er macht, was nur noch wenige Autoren machen: lange nachdenken. Obwohl er bereits Ende 50 ist, veröffentlichte er bislang nur zwei Bücher. Beide Werke bereichern uns ungemein. In *Maps of Meaning* (dt. Ausg.: *Warum wir denken, was wir denken*) untersucht er, wie durch die Mythen der Völker kollektives Wissen gespeichert wird und wie diese Mythen unser Denken beeinflussen.[61]

12 Rules for Life – Ordnung und Struktur in einer chaotischen Welt ist ein nüchterner Blick auf die Realität, namentlich, dass das Leben nicht immer ein Zuckerschlecken ist und dass wir zunächst realistisch denken müssen, bevor wir positiv denken können. Peterson zieht Erkenntnisse aus der klinischen Psychologie, der Biologie und der Philosophie heran.

Peterson beginnt sein Buch mit einem Ausschnitt aus dem Leben der Hummer vor der Küste von Neufundland. Die männlichen Hummer kämpfen miteinander, um die Rangordnung auszumachen. Der Alpha-Hummer in einem Revier bekommt alle Weibchen. Diese Kämpfe sind zum Teil brutal. Frappierend ist, was passiert, wenn der Sieger feststeht: Er entwickelt ein komplett neues Nervensystem, er wird zu einem anderen Hummer. Die Verlierer hingegen fristen ein Nischendasein.

Doch was haben wir mit Hummern zu tun? Peterson zeigt anhand vieler Beispiele auf, dass auch für uns das Denken in Hierarchien, die Eroberung und Behauptung eines für uns angemessenen Platzes einen großen Teil unseres sozialen Lebens ausmachen. Hierarchien bedeuten Ordnung, und wir Menschen brauchen Ordnung und Orientierung.

Um den Status auszumachen, treten auch Menschen in Wettbewerb. Payne schreibt, dass er und sechs Kollegen jeden Mittwoch das Kartenspiel »Oh Hell« spielen. Der Sieger bekommt einen bemalten Kürbis mit Schokolade. Es geht also nicht um Geld, und es ist etwas peinlich für den Sieger, den Kürbis durch die Gänge in sein Büro zu tragen: »Dennoch ist der Wettbewerb immer intensiv: Da gibt es etwas, dass es einem fast unmöglich macht, der Möglichkeit zu widerstehen, zu beweisen, dass man besser ist als jemand anders. [...] Aus der Perspektive des Gehirns macht es keinen Unterschied, ob es um Geld oder relativen Status geht.«[62] In Experimenten, zuerst mit Ratten, haben Wissenschaftler herausgefunden, dass es im Gehirn ein Belohnungszentrum gibt, das mit elektrischen Impulsen stimuliert werden kann. Die Wirkung der Stimulation kann im Kernspintomografen sichtbar gemacht werden. Unser Belohnungszentrum macht keinen Unterschied, ob es sich bei der Belohnung um Geld, Glücksspiel, Aktieninvestments, Essen, Sex oder Drogen geht. Oder relativen Status. In einem Experiment zeigte zum Beispiel der Neurowissenschaftler Klaus Fließbach, dass das Belohnungszentrum der Teilnehmer an einem Spiel unabhängig von der Höhe des Preisgelds dann besonders stark aktiviert wurde, wenn die Spieler mehr als andere Teilnehmer gewannen.[63]

In einer Untersuchung von 5000 Haushalten fanden die britischen Ökonomen Andrew Clark und Andrew Oswald heraus, dass die 20 Prozent mit den höchsten Einkommen etwas weniger zufrieden waren als die 20 Prozent mit den niedrigsten Einkommen; die Arbeitszeit hatte fast keinen Einfluss auf die Zufriedenheit. Der Grund: Wenn Sie aufsteigen, vergleichen Sie sich stärker mit anderen als vorher. Und gerade weiter oben steigt die Gehaltsskala stark an. Das Ergebnis: Das relative Einkommen innerhalb der Vergleichsgruppe ist wichtiger als das absolute Einkommen. Diejenigen, die besser bezahlt wurden als ihre Kollegen, waren zufriedener.

Wenn die Statusleiter zerbricht, Sprossen fehlen oder die Abstände zwischen den Sprossen sehr groß werden und die Referenzgruppen unerreichbar scheinen, hat das sehr direkte negative Auswirkungen. Im Jahr 2009 veröffentlichten die Epidemiologen Richard Wilkinson und Kate Pickett eine Studie, in der sie nachwiesen, dass zumindest in den Industrienationen das Ausmaß der gesundheitlichen und sozialen Probleme nicht vom Einkommen eines Landes abhing. Ganz oben auf der Problemskala standen Portugal, Großbritannien und die USA. Portugal hat ein niedriges Einkommen pro Kopf, Großbritannien ein mittleres, die USA haben ein hohes Durchschnittseinkommen. Wenige Probleme wiesen Japan, Schweden, Norwegen und Finnland auf, obwohl sich auch hier das Durchschnittseinkommen deutlich unterscheidet.

Sortiert man aber die Länder nach der Ungleichheit der Einkommensverteilung, wird der Zusammenhang sofort klar: Die Länder mit einer sehr ungleichen Einkommensverteilung hatten die meisten Probleme, die Länder mit einer gleicheren Einkommensverteilung weniger. Der Zusammenhang zwischen Ungleichheit und sozialen und gesundheitlichen Problemen besteht auch innerhalb der USA, wenn auch weniger stark ausgeprägt. Reiche Bundesstaaten, in denen die Ungleichheit sehr groß ist, haben genauso viele Probleme wie das arme Alabama. Ärmere Staaten, in denen die Ungleichheit weniger groß ist, wie Iowa und Utah, haben so wenig Probleme wie das reiche New Hampshire.

Gesellschaften mit einer hohen Ungleichheit haben auch viele Probleme, umgekehrt stehen moderat egalitäre Gesellschaften besser da

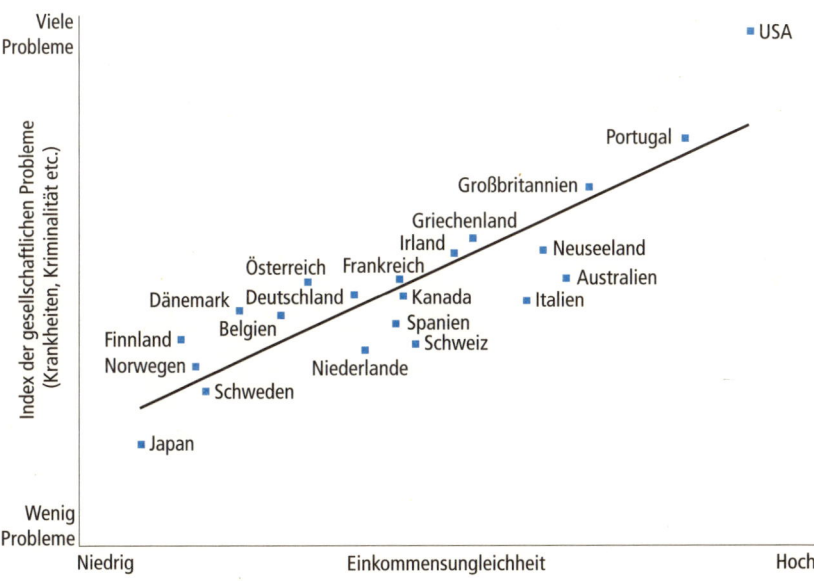

Quelle: Payne (2017)

Die Länder am unteren Ende der Problemskala wie Japan, Schweden, Norwegen und Finnland sind ja nicht »sozialistisch« im engeren Sinne. Auch dort gibt es sehr unterschiedliche Einkommen und Vermögen. Jedes dieser Länder hat auch seine Milliardäre. Aber Länder mit einer etwas gleicheren Einkommensverteilung sind beliebt. Auch Amerikaner würden, wenn sie neutral befragt werden, sodass der in den USA überall zu spürende Patriotismus keine Rolle spielt, lieber in einem Land mit einer etwas gleicheren Einkommensverteilung leben.

Ökonomische Ungleichheit hat auch politische Auswirkungen. Das Pew Research Center hat die politische Polarisierung in den USA seit 1994 untersucht. Das Schaubild zeigt, wie die Mehrheit der Republikaner immer weiter nach rechts wandert, die der Demokraten immer weiter nach links. Es wird damit immer schwieriger, Kompromisse zu finden. In Deutschland sehen wie derzeit dieselbe Polarisierung: nach links wandern CDU, CSU, SPD, Grüne und FDP (die Lin-

Seit 1994 findet in den USA eine ausgeprägte politische Polarisierung statt:
Die Republikaner wandern nach rechts, die Demokraten nach links

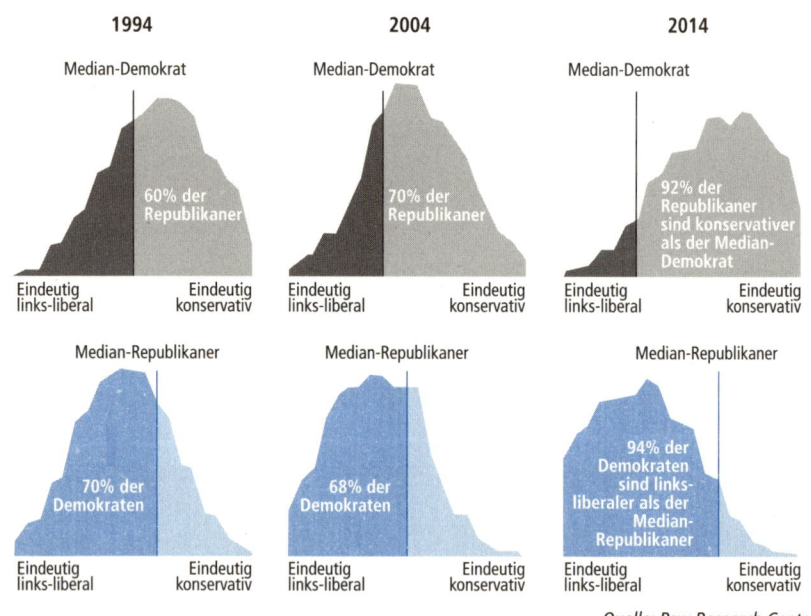

Quelle: Pew Research Center

ken sind schon da), rechts ist die AfD entstanden. Und in vielen Ländern des sogenannten Westens schreitet die Polarisierung ebenfalls voran.

Spannend ist es, die politische Polarisierung mit der Entwicklung der ökonomischen Ungleichheit zu vergleichen. Der Politikwissenschaftler Nolan McCarty und seine Kollegen haben einen Index entwickelt, um den Grad der Polarisierung zu messen, und dann die Polarisierung seit 1947 berechnet. Legt man den Gini-Index darüber, mit dem sich die Ungleichheit der Einkommensverteilung messen lässt, ergibt sich eine fast perfekte Korrelation.

Die Polarisierung des amerikanischen Kongresses korreliert nahezu perfekt mit der immer größeren Ungleichheit der Einkommen

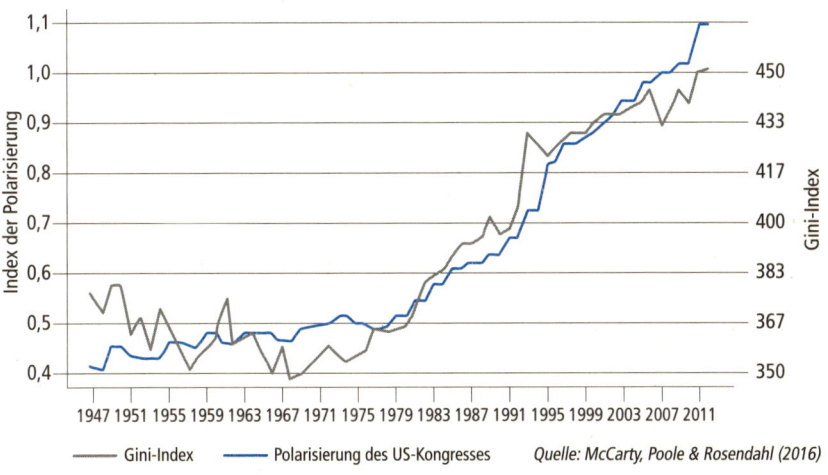

Quelle: McCarty, Poole & Rosendahl (2016)

Das Ergebnis von Studie nach Studie: Nicht nur die Tatsache, dass die Mittelschicht tatsächlich ärmer wird, dass es tatsächlich mehr Abgehängte gibt, sondern auch die Tatsache, dass sich immer mehr Menschen aufgrund der immer ungleicheren Verteilung von Einkommen und Vermögen relativ arm fühlen, führt zu zunehmenden Spannungen und Problemen. »Um den gesellschaftlichen Zusammenhalt wieder wachsen zu lassen, müssten jedenfalls die wirklich Reichen resozialisiert werden und sich integrieren«, so Hans-Peter Martin, langjähriges unabhängiges Mitglied im Europäischen Parlament und Bestsellerautor.[64]

Ray Dalio und seine Investorenkollegen haben recht: Der Westen ist dabei, sich selbst zu zerstören. Wir brauchen wieder »Maß und Mitte«, um Wilhelm Röpke, einen der Väter der Sozialen Marktwirtschaft zu zitieren. Wir müssen uns den Krisenphänomenen des Finanzkapitalismus stellen, wie es mit Alexander Rüstow ein weiterer Gründervater unserer Wirtschaftsordnung gefordert hat. Und wir müssen dringend Antworten darauf finden.

KAPITEL 8

DONALD TRUMP, DER POPULISMUS UND DAS SYSTEM[1]

Ich werde eine große, große Mauer an unserer Südgrenze bauen, und ich werde Mexiko bezahlen lassen. Merkt euch meine Worte.

Ich habe die Politiker beobachtet. Ich habe mein ganzes Leben lang mit ihnen zu tun gehabt. [...] Sie werden Amerika niemals wieder groß machen. Sie haben nicht einmal eine Chance. Sie werden vollständig durch die Lobbyisten, die Geldgeber und die speziellen Interessen kontrolliert.

Traurig, der amerikanische Traum ist tot. Aber wenn ich zum Präsidenten gewählt werde, werde ich ihn größer, besser und stärker zurückbringen, als er je war, und wir werden Amerika wieder groß machen.

Donald Trump, Ankündigung der Präsidentschaftskandidatur, 16.6.2015

Frage: Also, dass wir Saddam Hussein und Gaddafi beseitigt haben, waren beides Fehler?
Antwort: Wenn wir nichts getan hätten, wenn unsere Politiker an den Strand gegangen wären und die Sonne genossen hätten, wären wir in einer viel besseren Position, als wir es jetzt sind.

Donald Trump, CBS This Morning, 10.2.2016[2]

Seit seiner Wahl zum 45. Präsidenten der Führungsmacht des Westens glauben viele zu wissen, wer schuld ist an unserer Misere: Donald Trump. Mit ihm haben viele Menschen und die Medien eine Projektionsfläche für alles Negative gefunden. Wenn Trump weg wäre, dann wäre auch ein Großteil unserer Probleme weg. So die weit verbreitete Meinung.

Donald Trump ist Populist, ein Meister der Selbstvermarktung, Baulöwe und Reality-TV-Star. Und seit ein paar Jahren einer der meistgehassten Menschen im sogenannten Westen. Für die einen ist er ein Hoffnungsträger, für noch mehr ein Alptraum. Ein mediales Trommel- und Dauerfeuer aus allen Rohren ergießt sich über den US-Präsidenten. Trumps Charaktermängel und Fehltritte werden in großem Detail diskutiert. Eine »Russland-Affäre« wird inszeniert, andere Affären, die persönlicher und intimer Natur sind, werden enthüllt. Geradezu beängstigend ist die Anzahl der Bücher, die seit dem Antritt seiner Präsidentschaft auf den Markt geworfen wurden und ihn dämonisieren oder unterstellen, dass er von Russland und dessen Präsident Putin abhängig sei. Trump schießt in einer Art und Weise zurück, die man zuvor für einen amtierenden Präsidenten nicht für möglich gehalten hatte. »Fake Media«, »Lügenpresse«, »unehrliche Berichterstattung«, lauten die Vorwürfe, die Trump regelmäßig gegenüber den etablierten Medien erhebt.

Dabei sollten wir wissen, dass es so einfach nicht ist und dass »die großen Ereignisse der Weltgeschichte oft durch säkulare Veränderungen im Bevölkerungswachstum oder andere fundamentale ökonomische Ursachen hervorgerufen werden«. Sie sollten eben nicht der »Dummheit von einzelnen Staatsmännern oder dem Fanatismus von Atheisten« zugeschrieben werden, so der schon erwähnte John Maynard Keynes.[3] Genau dies machen aber viele. Denn die Sehnsucht nach einfachen Erklärungen ist nicht nur bei Populisten groß. Wer also glaubt, dass eine einzelne Person das Hauptproblem ist, sollte noch einmal darüber nachdenken.

Kaum ein politischer Beobachter ging davon aus, dass Trump die Präsidentschaftswahl 2016 gewinnen könne. Am 2. März 2016, als schon die ersten Vorwahlen stattgefunden hatten, äußerte ich auf einem Podium der Fondsmesse Wien, das unter anderem mit dem stellvertretenden Chefredakteur des österreichischen Rundfunks, Armin Wolf, und dem langjährigen Fondsmanager der DWS, Klaus Kaldemorgen, besetzt war, vor 500 Zuhörern, dass man Trump nicht abschreiben solle.[4] Er könne die Wahl gewinnen. Gelächter im Saal und allgemeine Erheiterung bei den anderen Podiumsteilnehmern und dem Publikum.

»Es galt [...] als sehr wahrscheinlich, dass Hillary Clinton die nächste Präsidentin werden würde. Sie war smart, kampferprobt, allgemein bekannt, verstand sich vortrefflich auf die Geldbeschaffung und wurde weithin respektiert (ihr früherer Ruf als ›notorische Lügnerin‹ war mittlerweile verblasst, sollte später jedoch wieder aufleben). Auf dem Papier erschien sie als nahezu unbesiegbar.«[5]

So der langjährige Washington-Insider Robert Merry. Er schreibt weiter: »Wie die Ereignisse zeigten, war diese gängige Einschätzung nicht nur falsch, sondern völlig wirklichkeitsfern. Das Land wollte die alte Politik nicht mehr. Es wollte etwas Neues und Frisches.« Und das bot Trump. Er geißelte in seinem Wahlkampf das außenpolitische Abenteurertum der USA und des Westens, die Destabilisierung des Nahen Ostens, die Einmischung in Libyen, die Aggressivität gegenüber Russland, das unbedingte Festhalten an der NATO. Er sprach sich gegen den Einsatz von US-Bodentruppen in Syrien aus und deutete an, Russland die Krim lassen zu wollen. Doch an der Außenpolitik arbeitete sich Trump nicht ab. Stattdessen setzte er unter dem Slogan »Make America Great Again« mit seinem »America-First«-Programm auf die Innenpolitik: die Bekämpfung von Kriminalität und illegaler Einwanderung, die Wiederherstellung der Infrastruktur, des Gesundheits- und Bildungssystems.

Die Wahlnacht war ein Schock für die Demokraten. Als sich abzeichnete, dass Trump gewinnen würde, brachen viele in Tränen aus. Leider tat Trump nicht viel, um die Gräben, die sich zwischen ihm und dem Establishment aufgetan hatten, zuzuschütten. Zwar war die Siegesrede kurz, staatsmännisch und versöhnlich, nicht aber seine Antrittsrede am 20. Januar 2017 auf dem Kapitol, bei der traditionsgemäß alle lebenden Ex-Präsidenten, die amtierenden Verfassungsrichter und sonstige Würdenträger anwesend waren. Die Rede, die ich aus der Nähe miterlebte, war ein Schlag ins Gesicht des politischen Establishments. Von dieser Stelle aus, im Zentrum des amerikanischen Politikbetriebs, warf ihm Trump noch einmal Totalversagen vor – und den Fehdehandschuh hin.

Die heutige Zeremonie hat eine besondere Bedeutung. Wir übergeben nicht einfach die Macht von einer Regierung an die nächste, sondern wir geben die Macht von Washington, D.C. wieder an die Menschen in Amerika zurück.

Zu lange hat eine kleine Gruppe in der Hauptstadt unserer Nation die Belohnungen der Regierung eingeheimst, während die Menschen die Kosten getragen haben. Washington blühte auf, aber die Menschen konnten nicht am Reichtum teilhaben.

Die Politiker wurden wohlhabend, aber die Arbeitsplätze verließen unser Land und die Fabriken schlossen. Das Establishment schützte sich selbst, aber nicht die Bürger unseres Landes. Ihre Siege waren nicht eure Siege, und während sie feierten, gab es wenig zu feiern für die Familien in unserem Land, die kämpfen müssen.

Das alles wird sich ändern – und es beginnt genau hier und jetzt, weil dieser Moment euer Moment ist: er gehört euch. Der 20. Januar 2017 wird als der Moment in die Erinnerung eingehen, in der die Menschen wieder die Regierung dieser Nation übernahmen.[6]

Nicht gerade bescheiden, dieser Donald Trump!

Als Trump seine Worte sprach, hatte sich der Widerstand bereits formiert. Als ich am nächsten Tag durch die Hauptstadt schlenderte, sah ich viele Demonstranten, darunter Frauen mit pinkfarbenen Mützen, sogenannten »Pussyhats«. Auf Nachfrage erklärten sie, dass sie an einem »Womens' Rights March against Trump« teilnehmen würden. Die Demonstration war groß – vielleicht größer als die Menge bei der Amtseinführung –, gut vorbereitet, sehr gut organisiert und finanziert. Und das alles in nur zwei Monaten seit der Wahl. Es war klar: Trump hatte von Anfang an mächtige Gegner in Medien, Wirtschaft, Hochfinanz und Politik. Das Establishment rüstete sich zum Gegenschlag.

Wahlkampf und Sieg

Dass Donald Trump einmal Präsident werden würde, hat er wahrscheinlich die längste Zeit selbst nicht geglaubt. Es spricht vieles dafür, dass er immer wieder nur mit einer Kandidatur kokettierte, um Aufmerksamkeit für seine verschiedenen Unternehmungen zu bekommen, ob Immobilien und Golfclubs oder eine

Reality-TV-Show.[7] Der legendäre Talk-Radio-Gastgeber Howard Stern, der Donald Trump gut kennt, weil er New Yorker ist und ihn oft interviewt hat, vermutet: »Eigentlich wollte Donald Trump gar nicht Präsident werden.« Mehrfach wechselte er die politische Partei und entfachte die Spekulationen gelegentlich neu.

Doch am 16. Juni 2015 machte er ernst und verkündete im Trump Tower seine Absicht, für die Republikaner für das Präsidentenamt kandidieren zu wollen, und setzte Ton und Themen für den Wahlkampf.[8] Die These des Journalisten Michael Wolff, dass Trumps Kandidatur vor allem eine Trotzreaktion auf die Demütigung gewesen sei, die er beim National Press Dinner in Washington 2011 durch Barack Obama erfahren hatte, und er keine echte Strategie für den Fall des Sieges gehabt habe, ist angesichts von Trumps chaotisch verlaufender Präsidentschaft nicht ganz von der Hand zu weisen.[9]

Die Medien ließen von vornherein keinen Zweifel, auf wessen Seite sie standen: auf der von Hillary Clinton. Ob CBS, NBC, ABC, CNN oder die *New York Times*, die *Washington Post*, der *Boston Globe* – alle betrieben von Anfang an eine Anti-Trump-Kampagne. Nur der Fernsehsender Fox News sowie das »Alt-Right«-Portal Breitbart News, dessen Chef Stephen Bannon war, bevor er von Trump als Wahlkampfleiter angeheuert wurde, standen auf der Seite des Kandidaten Trump. Auch war die Clinton-Kampagne durchgehend besser finanziert. Während Trump insgesamt 400 Millionen Dollar einnahm, verbuchte die demokratische Kandidatin über 700 Millionen. Interessant auch, woher das Geld kam: »Mehr als eintausend Männer und Frauen der Geldelite haben alleine über 113 Millionen Dollar für die Clinton-Kampagne gespendet, darunter Mandatsträger, Ikonen des Entertainments und Titanen der Wirtschaft.«[10] Keine Frage, Clinton war die Kandidatin der »Elite«, Trump der Outsider.

Und mit dem Outsider-Status wucherte der Marketingprofi Trump. Er legte den Schwerpunkt in seinem Wahlkampf auf die Innenpolitik, und zwar nicht auf die Interessen der Meinungsführer und der oberen Zehntausend. Er sprach das Gefühl vieler Amerikaner an, die spürten, dass es ihnen schlechter ging als der Generation ihrer Mütter und Väter, dass viele Menschen der Mittelschicht vom Abstieg bedroht sind, die oft zwei Jobs notwendig haben, um ein normales Leben zu führen, und es selbst dann nicht reicht. Kurzum der »American Dream«, der seit den 1950er-Jahren als Mythos der amerikanischen Gesellschaft beschworen wurde, bröckelte. Bei Ronald Reagan und später bei Bill Clinton kam jeweils noch einmal kurz die Hoffnung auf, dass der American Dream zu retten sei, aber unter George W. Bush und Barack Obama wurde endgültig klar, dass der Traum große Risse hatte.

Wo die anderen Kandidaten (und die Präsidenten zuvor) sich in vagen Beschreibungen und Floskeln ergingen, sprach Trump den ökonomischen und sozialen Niedergang Amerikas schonungslos an. Er sagte deutlich, dass es vielen Amerikanern schlecht geht. Er thematisierte den wirtschaftlichen Niedergang vieler Regionen, die Kriminalität in den Städten, die Drogenepidemie – die Opioidkrise, die dafür sorgte, dass 2017 die durchschnittliche Lebenserwartung im Land zum ersten Mal seit dem Ersten Weltkrieg das dritte Jahr in Folge sank[11] –, die ungebremste und illegale Migration und den islamistischen Terrorismus. Den Niedergang und den desolaten Zustand Amerikas, seiner Innenstädte und des Bildungs- und Gesundheitssystems beschrieb er in drastischer Weise. Kein anderer der Kandidaten in den Vorwahlen, ob Republikaner oder Demokrat, war so schonungslos mit seiner Bestandsaufnahme und mit seiner Kritik am etablierten Politikbetrieb. Trump traf einen Nerv.

Mit »it's the economy, stupid« (»es ist die Wirtschaft, Dummkopf«), einem Spruch, den sich sein Wahlkampfstratege James Carville ausgedacht hatte, gewann schon Bill Clinton gegen George Bush senior. Und auch Donald Trump konnte mit dem Thema punkten: Er versprach, Jobs nach Amerika zurückzuholen, die von Konzernen aus kurzfristigen Profitinteressen nach Übersee verlagert worden waren. In China hatte er den Hauptschuldigen gefunden. Aber auch die europäischen Staaten und Deutschland bekamen ihr Fett ab: Da sie nicht genug in die Verteidigung investierten, seien sie wirtschaftliche Nutznießer Amerikas und müssten mehr bezahlen. Trump stellte in Aussicht, die Probleme durch eine harte Handelspolitik mit guten Deals schnell lösen zu können, schließlich sei er ein erfolgreicher Geschäftsmann. Mit einer »America-First«-Politik würde unter Trump das Leben für die Durchschnittsamerikaner wieder besser werden.

Diese Aussagen verfingen in den klassischen »Rustbelt«-Staaten wie Wisconsin, Michigan, Pennsylvania und Ohio. Traditionell demokratisch dominiert, gewann er auch hier die Wahl. Es bestehen hier durchaus Parallelen zu Deutschland, wo die Alternative für Deutschland in klassischen SPD-Hochburgen wie dem Ruhrgebiet Erfolge feiern kann. Denn Rustbelt und Ruhrgebiet befinden sich tatsächlich seit Langem in einem Prozess des Niedergangs. Ob die Politik daran etwas hätte ändern können, sei hier offengelassen, aber viele Menschen wollten an einen Neuanfang glauben.

Das Phänomen Donald Trump

Donald Trump (*1946) ist Enkel des aus Kallstadt in der Pfalz ausgewanderten Friedrich Trump (1869–1918) und seiner ebenfalls aus Kallstadt stammenden Frau Elisabeth Christ, die er später in die USA nachholte. Nachdem er sich in Frederick umbenannt hatte, machte Großvater Trump während des Goldrauschs im Yukon-Gebiet ein kleines Vermögen, unter anderem mit einem Hotel, in dem auch stundenweise Zimmer mit Begleitung vermietet wurden. Nach dem frühen Tod des Vaters betätigte sich sein Sohn Fred (1905–1999) schon als Teenager geschäftlich und wurde später ein Immobilienmogul im sozialen Wohnungsbau in Brooklyn mit bis zu 30.000 Einheiten im Bestand.

Fred nahm Donald immer mal wieder mit auf die Baustellen, wo er ein strenges Regiment führte, aber für seine Arbeiter immer ansprechbar war. Für einen deutschen Mittelständler wäre das normal gewesen, in der angelsächsisch geprägten Oberschicht war und ist es nicht üblich. In den 1970er-Jahren vermehrte der junge Mann das Familienvermögen mit waghalsigen Immobiliendeals in Manhattan. In den 1990er-Jahren folgte die Expansion in Spielcasinos, die Gründung einer Fluglinie – und dann die Pleite der Casinos. Trump behielt seine Immobilien, Anteile am Casinogeschäft und schaffte ein Comeback. Seit 1999 baut er Golfplätze, 2003 stieg er nach Versuchen mit dem Miss-Universe-Franchise mit *The Apprentice* in das Reality-TV-Geschäft ein und wurde nicht zuletzt durch seinen Satz »You're fired!« einer jüngeren Generation von Amerikanern bekannt.

Ich lebe mit dem Phänomen Donald Trump seit den späten 1980er-Jahren. Im Jahr 1987 erschien sein erstes Buch *The Art of the Deal*: großspurig, selbstvermarktend, mit einem unglaublich frechen, aber auch frischen Ton. Es wurde ein Megabestseller. Ein Freund schenkte es mir, verbunden mit guten Wünschen für meine zukünftigen geschäftlichen Aktivitäten in den USA. Im selben Jahr äußerte sich Trump erstmalig in ganzseitigen Anzeigen in der *New York Times* zur Außenpolitik der USA. Daraufhin wurden ihm Präsidentschaftsambitionen nachgesagt. Zu der Zeit war er 41 Jahre alt.

Erstaunlich: Trumps Themen waren in den späten 1980er-Jahren teilweise dieselben wie im Wahlkampf von 2015 bis 2017. Nur die Zielscheiben waren andere: Damals war es Japan, das die USA angeblich mit seinem Außenhandel über den Tisch ziehen würde. Heute ist es China.

Ganz Populist, hatte Trump vier Hauptschuldige identifiziert: das »korrupte politische Establishment« in den USA, die unfairen Handelspraktiken Chinas, die illegale Migration und den islamistischen Terrorismus. Weitere außenpolitische Themen spielten neben der Wirtschafts- und Handelspolitik und dem Kampf gegen den Terror eine untergeordnete Rolle.

Was das Establishment anging, versprach er, den Sumpf der Korruption trockenzulegen. Auf diesen wunden Punkt schlug er nicht ganz zu Unrecht hartnäckig ein. Mit *Clinton Cash* war gerade ein Buch erschienen, das die dubiosen Finanzgeschäfte der Clinton Foundation genauer untersuchte. Die Clintons waren Meister des Lobbyismus. Als sie Anfang 2001 das Weiße Haus verließen, waren sie verschuldet. In den nächsten eineinhalb Jahrzehnten verdienten sie mehr als 130 Millionen Dollar.[12] In einer legendären Rede beim Al SmithDinner – einer Wohltätigkeitsveranstaltung zugunsten der katholischen Diözese von New York – bezeichnete Trump die neben ihm sitzende Hillary Clinton als »so korrupt, dass sie sogar aus der Watergate-Kommission hinausgeflogen ist«. Das war eine glatte Falschbehauptung, die aber angesichts des Anlasses, bei dem die Kandidaten sich traditionell mit lockerem und nicht so lockerem Humor gegenseitig auf die Schippe nehmen, legitim war.[13]

Wahlkämpfe in den USA sind teuer. Um die enormen Summen dafür aufzubringen, sind amerikanische Politiker von Lobbygruppen und Spenden abhängig. Diese kommen nicht nur von der heimischen Industrie, sondern zum Teil auch aus dem Ausland. So nahm die Clinton Foundation Geld von ausländischen Autokraten und war in zumindest zweifelhafte politische Geschäfte verwickelt. »Blutgeld«, nannte es Trump.[14] Für amerikanische Politiker sind Israel und Saudi-Arabien wichtige Geldgeber. Nach anfänglicher Distanz identifizierte sich Trump im Wahlkampf voll mit Israel und ließ als Präsident mit der Verlegung der US-Botschaft nach Jerusalem und der Anerkennung der israelischen Annexion der Golanhöhen Taten folgen. Er kritisierte zunächst die engen Verflechtungen der Clintons mit dem menschenrechtlich rückständigen Saudi-Arabien, machte aber schnell eine Kehrtwende: Im Mai 2017, kurz nach seinem Amtseintritt, nahm seine Tochter Ivanka eine saudische 100-Millionen-Dollar-Spende für ihre eigene Stiftung entgegen.[15]

Die Themen illegale Migration und islamistischer Terrorismus verfingen bei vielen Wählern. Die Aussage, dass Mexiko nicht nur seine Besten schicke, sondern oft Menschen mit Problemen – Drogensüchtige, Kriminelle, Vergewaltiger[16] – wurde Trump sofort als Rassismus ausgelegt. Sicherlich überzeichnete er populistisch. Aber illegale Migration ist Teil des Problems und zeugt von Staatsversagen. Unter dem Jubel seiner Anhänger verkündete Trump unter anderem seine Absicht, zwischen den USA und Mexiko eine »große Mauer« zu bauen, die die illegale Einwanderung stoppen sollte. Die Mauer sollte schön werden und aus Beton, nicht bloß ein Zaun – im Baugewerbe kenne er sich nun einmal aus.

Legale und illegale Einwanderung in die Vereinigten Staaten

Die Vereinigten Staaten sind ein Land von Einwanderern. Legale und illegale Einwanderung gab es während ihrer gesamten Geschichte. Das Problem der illegalen Immigration besteht seit Jahrzehnten. Im Jahr 2017 lebten in den USA ungefähr 10,5 Millionen illegale Einwanderer, die damit 3,2 Prozent der Bevölkerung von ca. 330 Millionen Menschen ausmachten. 7,6 Millionen von ihnen arbeiteten oder suchten Arbeit, was 4,6 Prozent der arbeitenden Bevölkerung entspricht, ein stattlicher Prozentsatz.[17] Ein Großteil der illegalen Einwanderer sind Mexikaner, danach folgen die Länder Zentralamerikas und Asiens.

Anders als in Europa und insbesondere Deutschland wandern Migranten in den USA nicht in üppige Sozialsysteme ein, sondern müssen sich von Anfang an größtenteils selber ernähren. Sie finden Jobs in Restaurants, als Haushaltshilfen oder in der Landwirtschaft. Etliche Politiker oder angehende Politiker sind in den USA bereits darüber gestolpert, dass sie illegale Einwanderer beschäftigt haben.

Auch die legale Einwanderung in die USA ist massiv. Mit 47 Millionen Einwanderern oder fast 20 Prozent der Gesamtbevölkerung ist die USA immer noch ein Einwanderungsland. Fast 70 Prozent davon durften kommen, wenn sie Verwandte oder Familie in den USA hatten, 12 Prozent aufgrund ihrer Qualifikation, 13 Prozent bekamen Asyl, und 4 Prozent kamen aus sonstigen Gründen.[18]

Die Migration wird durch verschiedene Aspekte befeuert. Zum einen besteht in vielen Ländern der Dritten Welt ein großer Bevölkerungsdruck, obwohl die Weltbevölkerung rasch altert. Am ausgeprägtesten ist die Überalterung in der nördlichen Hemisphäre: Nordamerika, Europa, Osteuropa und Russland.

**Der Migrationsdruck auf Nordamerika und Europa ist hoch –
2017 befanden sich über 72 Millionen Migranten in beiden Kontinenten**

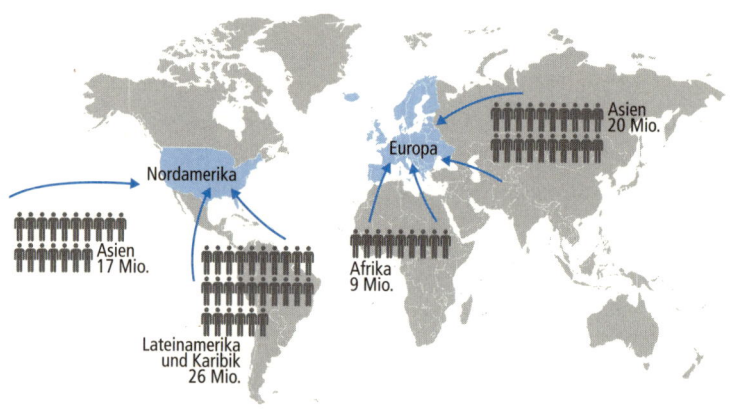

Quelle: Vereinte Nationen

Zielländer der Migration sind Nordamerika und Westeuropa, während Osteuropa und Russland einen anderen Weg gewählt haben und Wert auf ein homogeneres Staatsvolk legen. Es sind mächtige Lobbygruppen, welche die Massenmigration befördern. Bereits im Jahr 2013 veröffentlichte das Weltwirtschaftsforum eine Studie mit dem Titel »The Business Case for Migration«. Migration ist gut fürs Geschäft, vor allem das der Großkonzerne, die so billige Arbeitskräfte für ihre standardisierten Prozesse bekommen.[19] Zudem hat sich in einigen Ländern wie zum Beispiel Deutschland eine regelrechte »Asylindustrie« entwickelt. Vermögende und wohlhabende Menschen profitieren durchaus von der Einwanderung. Leidtragende sind in den Zielländern vor allem die Menschen mit einfacheren Jobs und geringeren Einkommen, die direkt mit den Einwanderern konkurrieren. Auch dies ist ein Beispiel für den zerbröckelnden gesellschaftlichen Konsens zwischen Eliten und Volk.

Wenn auch die Problematik in den USA und in Europa, speziell Deutschland, eine etwas andere ist, gleichen sich doch viele Bilder. Auch in den ersten Jahren der Präsidentschaft von Donald Trump berichteten die Medien ausführlich über Flüchtlingstrecks Richtung Norden. Im April und Oktober 2018 wurden zwei solcher Trecks aus Zentralamerika von »Aktivisten« initiiert und machten sich auf den bis zu 2000 Kilometer langen Weg.

> Allerdings blieb die Regierung Trump standhaft, verlegte Truppen an die Grenze und verhandelte mit der mexikanischen Regierung. Viele Teilnehmer des Trecks blieben in Mexiko oder kehrten zurück in ihre Heimatländer. Ab November versuchten immer wieder kleine Gruppen, die Grenze zu stürmen, was weitgehend verhindert werden konnte. Im Dezember 2018 einigten sich das US-Heimatschutzministerium und das mexikanische Außenministerium darauf, dass Migranten künftig in Mexiko auf die Bearbeitung ihres Asylantrages zu warten haben. Anfang Mai 2019 bestätigte ein Bundesappellationsgericht die Entscheidung der Regierung Trump.[20]

Trumps außenpolitische Agenda versprach Entspannung mit Russland, einen weitgehenden Rückzug der US-Truppen aus dem Nahen Osten bei gleichzeitigem Fokus auf den Iran als Hauptfeind, die Bekämpfung des islamistischen Terrorismus, die Überprüfung der Sinnhaftigkeit der NATO und die Modernisierung des Militärs.

Mit diesem Programm stellte Trump eine radikale Abkehr vom globalistischen, imperialen und interventionistischen Konsens der Eliten in Aussicht, und zwar der »liberalen« genauso wie der »neokonservativen«.[21] Trump war damit eine massive Bedrohung für die mächtige Kriegsindustrie, den militärisch-industriellen Komplex, wie ihn Präsident Dwight D. Eisenhower 1961 genannt und als Bedrohung für die Demokratie bezeichnet hatte. Eisenhower, selbst alliierter Oberbefehlshaber in Westeuropa im Zweiten Weltkrieg, befürchtete, dass die Macht des militärisch-industriellen Komplexes über Arbeitsplätze und Wirtschaftskraft die politische Führung veranlassen könnte, Konflikte eher militärisch als politisch lösen zu wollen und dass damit die Regierung in Gefahr sei, als verlängerter Arm der Lobby der Rüstungsindustrie zu agieren.

Die amerikanischen Interventionen im Irak und in Libyen bezeichnete Trump als schwerwiegende Fehler. So in einem Interview mit dem Fernsehsender CBS im Februar 2016: »Saddam Hussein war kein guter Mensch. Aber er hat Terroristen getötet. Jetzt ist Irak die Brutstätte des Terrorismus.« Und zog den Schluss: »Wenn wir nichts getan hätten, wenn unser Politiker an den Strand gegangen wären und die Sonne genossen hätten, wären wir in einer viel besseren Position, als wir es jetzt sind.«[22]

Auch dem Ruf nach dem Einsatz von Bodentruppen in Syrien wegen mutmaßlicher Giftgasangriffe der Regierung Assads, der gerade zu diesem Zeitpunkt sehr laut war, widersetzte er sich. Und ging sogar noch weiter, indem er verlautbaren ließ, der syrische Machthaber Assad sei gewiss kein guter Mensch, aber er habe keine Probleme damit, mit ihm zusammenzuarbeiten, um den sogenannten Islamischen Staat zu vernichten. »Aber er bombardiert auch die Rebellen, die wir unterstützen!«, warf eine der CBS-Moderatorinnen ein. Trump konterte, dass man gar nicht wisse, wen man da unterstütze, und dass das durchaus radikale islamische Terroristen sein könnten. »Ich spreche mit Generälen, und sie sagen mir, dass wir keine Ahnung haben, wem wir diese Waffen geben. Diese Leute könnten schlimmer als Assad sein.«[23] Eine radikale Kampfansage an die außenpolitischen Eliten.

Es folgten Monate einer teils chaotischen Kandidatur, bevor mit der Ernennung von Stephen Bannon zum Leiter des Wahlkampfteams im August 2016 etwas mehr Ruhe einkehrte. Das Buch *Feuer und Zorn* des Journalisten Michael Wolff gibt einen spannenden und aus meiner Sicht größtenteils durchaus zutreffenden Einblick in den Wahlkampf und die ersten Monate der Präsidentschaft.[24] Doch über die ganze Zeit zog Trump begeisterte Mengen an. Seine oftmals derbe Rhetorik wie seine Positionen fanden Zuspruch in der schrumpfenden Mittelschicht, die sich durch eine wachsende Anzahl von Superreichen und den eigenen Abstieg bedroht und durch die zunehmende Political Correctness in ihrer Freiheit eingeschränkt sah. Seine plakativen, aber nicht ganz falschen Aussagen verfingen trotz einer erdrückenden medialen Übermacht der Presse, die sich von Anfang an gegen den Außenseiter positioniert hatte und ihn entsprechend hart anging. Situationen, die ihm hätten gefährlich werden können, parierte Trump mit unglaublicher Chuzpe oder ging lieber gleich zum Gegenangriff über.

Auf dem Boden der außenpolitischen Realität: Das Imperium schlägt zurück

Donald Trump hat sicherlich Charakterdefizite. Der Egomane und geschickte Selbstpromoter scheint Widerspruch schlecht auszuhalten, nimmt es mit der Wahrheit nicht so genau und hat sich in der Vergangenheit Frauen gegenüber nicht immer unbedingt anständig verhalten. Ein Team führen kann er nicht. Ein

Posten im Weißen Haus oder im Kabinett gleicht einem Schleudersitz mit eingebautem Turbobeschleuniger. Innerhalb von zwei Jahren hat er unzählige, zum Teil hochrangige Mitarbeiter verschlissen, darunter Außenminister Rex Tillerson, zwei Stabschefs, einen Sicherheitsberater, zwei Verteidigungsminister, einen Justizminister, mehrere Pressesprecher und unzählige andere.

Am deutlichsten zeigte sich sein Unwillen, mit erfahrenen und starken Persönlichkeiten zusammenzuarbeiten, wohl beim Rücktritt von Außenminister Tillerson, der als früherer Chef des Ölmultis ExxonMobil über viel internationale Erfahrung verfügte und von Trump zuvor in den höchsten Tönen gelobt worden war. Anscheinend hatte sich Tillerson mehrfach negativ über die Unbeständigkeit und auch den fehlenden strategischen Durchblick des Präsidenten geäußert. Ersetzt wurde er durch den gefügigen Mike Pompeo, der als Hardliner gilt, vor allem aber alle Volten des Präsidenten mitmacht.

Aber nicht alle Personalwechsel sind auf Trumps Charakter zurückzuführen. Betrachtet man all die Turbulenzen etwas genauer, so zeichnet sich hier ein fundamentaler Konflikt zwischen den globalistischen, imperialen und interventionistischen Eliten auf der einen und Trump und seinen populistischen Unterstützern auf der anderen Seite ab.[24] Trump wollte Frieden mit Russland und Ruhe im arabischen Raum, um seine wirtschaftspolitischen Ziele zu verfolgen. Manche Mitglieder seiner Regierungsmannschaft wurden abgeschossen, weil sie Vertreter dieser neuen Politik waren, andere traten zurück, weil sie sich dem außenpolitischen Konsens der Eliten verpflichtet fühlten.

Trumps Sicherheitsberater General Michael Flynn, einer der Hauptbefürworter einer Aussöhnung mit Moskau, wurde bereits nach einem Monat aus dem Amt gedrängt. Er hatte wohl entgegen seiner Aussagen im Dezember 2016 in einem von den Geheimdiensten »versehentlich« abgehörten Telefonat mit dem russischen Botschafter Sergei Kisljak ein Ende der von Barack Obama verhängten Sanktionen in Aussicht gestellt.[25] Flynn gab seine Falschaussage zu und nahm seinen Hut, zumal ihn auch diverse Lobbytätigkeiten für die türkische Regierung angreifbar machten. Auf ihn folgte der geschmeidigere und den Sicherheitseliten gefälligere General Raymond McMaster, der jedoch nach nur einem Jahr im Amt durch den Hardliner John Bolton, einen Berufspolitiker, ersetzt wurde.

Als Präsident warf Trump schnell viele seiner außenpolitischen Wahlkampfversprechen über Bord. Zwar äußerte er Moskau gegenüber weiter Verständnis und traf sich mit seinem Amtskollegen Putin, aber nach einigem Tauziehen kündigte er an, dass die Sanktionen gegenüber Russland bestehen bleiben würden und dass man die »Annexion« der Krim nicht akzeptiere. Bereits auf der Sicherheitskonferenz in München im Februar 2017 rückte Vizepräsident Mike Pence von einer kritischen Beurteilung der NATO ab und betonte stattdessen die amerikanische Treue zu dem Bündnis, das sich in den letzten beiden Jahrzehnten von einem Verteidigungs- zu einem Interventions- und Angriffsbündnis gewandelt hatte.

Trump stimmte der Aufnahme Montenegros in die NATO zu und schickte seinen Vizepräsidenten nach Georgien, um auch hier die Aufnahme in das Bündnis voranzutreiben – Handlungen, die Russland als unfreundliche Akte ansehen muss. Weiter lief der Aufmarsch von NATO-Verbänden an der russischen Grenze sowie die Bestrebungen, die Ukraine in die NATO aufzunehmen. Die imperialen Eliten zeigten ihren Einfluss.

Wie die Position im Staatensystem die Innenpolitik beeinflusst

Der Politikwissenschaftler Kenneth Waltz war einer, wenn nicht der Begründer des Neorealismus in der Theorie der internationalen Beziehungen. »Neorealistisch« darf nicht mit »neokonservativ« verwechselt werden, obwohl es hier sicher viele Überschneidungen gibt. Neorealismus ist zunächst einmal eine nüchterne Theorie der internationalen Beziehungen, nach der die Position im Staatensystem letztlich die Außen- und auch wesentliche Teile der Innenpolitik bestimmt.

Den Grundstein für diese Theorie legte Waltz in seinem 1959 erschienenen Buch *Man, the State, and War*.[26] Ich habe Waltz als Gastdozent im Seminar von Robert Gilpin (siehe Kapitel 1) als würdevollen älteren Professor mit Fliege kennengelernt, der sich – wie Gilpin – leise und sehr gewählt ausdrückte.

In seinem Buch spricht er von drei »Bildern« (*images*) der internationalen Beziehungen, die er sinnvollerweise »das erste«, »das zweite« und »das dritte Bild« nennt. Gemäß der ersten Konzeption entwickeln sich die Beziehungen zwischen den Staaten gut, wenn die Menschen gut sind und sich gut verhalten. Gemäß der zweiten Konzeption wird sich eine harmonische und friedliche Staatenordnung herausbilden, wenn die Staaten und die Gesellschaftsordnungen »gut«, also liberal-demokratisch, sind. Liberale Demokratien verhalten sich diesem Bild nach weitgehend friedlich und konstruktiv, autoritäre Systeme oder Diktaturen sind die Bösewichte. Waltz widerlegt die ersten beiden Konzepte durch seine theoretische Analyse. Nebenbei bemerkt, im 19. und 20./21. Jahrhundert haben zwei liberale Demokratien, Großbritannien und die USA, die weitaus meisten Kriege geführt.

Laut Waltz prägt die Position im Staatensystem die Außen- und Kriegspolitik des jeweiligen Landes viel mehr als das eigene gesellschaftliche System: Großmächte machen Großmachtpolitik, achten sehr auf ihren Status, setzen Militär und Geheimdienste ein und führen Kriege, Mittelmächte wirken ausgleichend, kleine Staaten suchen sich Nischen, in denen sie existieren können.

Aus meiner Sicht erklärt der strukturelle Realismus von Waltz die Politik der USA sehr gut: Nicht die innenpolitischen Themen dominieren auf lange Sicht die amerikanische Politik, sondern die außenpolitischen, imperialen Interessen. Amerika ist immer schnell dabei, sein Militär einzusetzen. Um noch einmal General Wesley Clark (siehe Kapitel 1) zu zitieren: »Wenn Sie nur einen Hammer haben, sieht jedes Problem wie ein Nagel aus.«[27]

Zum ersten Mal wurde mir das während der Lewinsky-Affäre klar. Präsident Bill Clinton hatte sich mit einer Praktikantin eingelassen, die Republikaner hatten deswegen im Dezember 1998 ein Amtsenthebungsverfahren eingeleitet. Ich war gerade zum Professor für internationale Beziehungen an die Boston University berufen worden, als mich am 20. August 1998 ein Kollege in den Faculty Room mitnahm, wo schon etliche ältere Kollegen versammelt waren. Clinton hatte überraschend Cruise Missiles auf Ziele in Afghanistan und im Sudan abfeuern lassen, wohl – wie viele meiner Kollegen vermuteten – um von der Affäre abzulenken.[28] Die nur ein Jahr zuvor erschienene bitterböse Filmsatire *Wag the Dog* mit Dustin Hoffman und Robert De Niro, die eine ähnliche Situation beschreibt, wurde Realität.[29]

George H. W. Bush, Bill Clinton, George W. Bush und Barack Obama ließen sich alle schnell auf kriegerische Abenteuer ein; nicht so Donald Trump. Anders als seine Vorgänger hatte er nach fast drei Jahren im Amt noch keine größeren Kriege angefangen und widersetzt sich standhaft der Kriegslobby. Allerdings prognostizierte Hans-Peter Martin schon 2018: »Donald Trump braucht den Krieg, und er wird Krieg führen, falls er noch länger im Amt bleibt.«[30]

Auch ein anderer Schauplatz entwickelte sich anders als gedacht: Nordkorea. Nachdem die Medien immer wieder mit Hinweis auf die Unberechenbarkeit von Kim Jong Un wie von Donald Trump einen möglichen Konflikt zwischen den USA und Nordkorea heraufbeschworen hatten – und sowohl Kim wie Trump durch Verlautbarungen und Tweets diesen Spekulationen Nahrung gegeben hatten –, trafen sich beide im Juni 2018 überraschend in Singapur.

Im Vorfeld erklärte Nordkorea sein atomares Testprogramm für abgeschlossen, zerstörte als Vorleistung sein Testgelände und wollte sich weiter auf den Weg der Denuklearisierung begeben. Das ist eigentlich ein ganz beachtlicher Erfolg für den Westen – wenn der Westen wirklich ein Ende der Spannungen auf der Halbinsel will.

Der Gipfel war sicher auch ein versuchter Befreiungsschlag des innenpolitisch bedrängten Donald Trump und des außenpolitisch isolierten Kim Jong Un. Gut möglich, dass Marketingprofi Trump dabei Versprechen abgab, die er nie würde halten können, denn die USA brauchen Südkorea als Teil in ihrer globalen Herrschaftsstrategie und werden kaum Zuständen zustimmen, die eine friedliche Koexistenz beider koreanischer Staaten ohne Präsenz der USA im Süden denkbar erscheinen lassen. Und so kam es schon kurze Zeit nach dem »großen Gipfelerfolg« wieder zu Eintrübungen zwischen Pjöngjang und Washington, als die USA ein neues, gegen China gerichtetes Raketenabwehrsystem in Südkorea stationierten.

Doch Trump und Kim blieben im Gespräch: Kurz vor dem Jahrestag des Gipfels in Singapur erhielt Trump nach eigenen Angaben von seinem nordkoreanischen Kollegen einen »wunderschönen« Brief.[31] Anscheinend bereiten sie auch ein drittes Treffen vor – allerdings ist angesichts des Drucks des militärisch-industriellen Komplexes Trumps Spielraum sehr begrenzt.

Dieser Druck zeigt sich nicht nur im Fernen, sondern auch im Nahen Osten. Weil er sich im Wahlkampf gegen US-Bodentruppen in Syrien ausgesprochen hatte, stand Trump massiv politisch und medial unter Beschuss. Präsident Baschar al-Assad, der dabei war, den Bürgerkrieg für sich zu entscheiden, wurde in der gesamten westlichen Presse fast durchgehend als Bösewicht dargestellt. Trump wurde immer wieder gedrängt, etwas gegen ihn zu unternehmen. Im April 2017 befahl er schließlich einen Raketenangriff auf zwei Stützpunkte des syrischen Militärs. Russland, das Assad unterstützt, wurde vorher gewarnt, sodass der Schaden gering ausfiel. Dabei ist keineswegs sicher, ob nicht die hervorragende syrische

Luftabwehr einen Großteil der 57 Tomahawk Cruise Missiles abgefangen hat und damit der Luftschlag auch ohne die Warnung für das US-Militär auf jeden Fall zu einem Desaster geworden wäre. Anders als im Irak, Libyen und Jugoslawien hat der Westen nämlich in Syrien nicht die Lufthoheit für seine Bombenstrategie. Jedenfalls erntete Trump in den folgenden beiden Wochen viel Zustimmung von der »liberalen« Presse. Die Kritiker verstummten kurzzeitig. Durch Trumps Politik des weitgehenden Heraushaltens konnte Assad den Bürgerkrieg weitgehend für sich entscheiden und große Teile Syriens befrieden. Man könnte den Luftschlag – wie das Treffen mit Kim Jong Un – auch als innenpolitischen Befreiungsschlag Trumps interpretieren.

Am 8. September 2018 begann die syrische Offensive gegen Idlib, die letzte Hochburg der vom Westen gerne als »Rebellen« bezeichneten Kämpfer, die in Idlib aber zu einem großen Teil aus radikalen Islamisten der ehemaligen al-Nusra-Front und des sogenannten Islamischen Staates bestanden.

Nachdem die Regierung Assad die Lage in Syrien im Dezember 2018 weitgehend unter Kontrolle gebracht hatte, erklärte Trump, dass die USA ihre Truppen aus Syrien abziehen werden; der Islamische Staat sei besiegt.[32] Damit blieb er bei der Position, die er im Wahlkampf konsistent vertreten hatte: Man sollte Assad im Kampf gegen die radikalen Terroristen gewähren lassen, weil Assad und der Westen dasselbe Ziel verfolgten. Sofort schlug ihm scharfer Gegenwind ins Gesicht. Die *New York Times* nannte die Situation »gefährlich«, die *Chicago Tribune* eine »Narretei«.[33] Seitens des Repräsentantenhauses war der Druck auf den Präsidenten massiv. Verteidigungsminister James Mattis trat zurück, weil er mit dieser Politik nicht einverstanden war. Schließlich wurde im Februar 2019 bekanntgegeben, dass 400 der 2500 amerikanischen Soldaten in Syrien stationiert bleiben sollten. Diese Truppen haben ihre Basis im Kurdengebiet, wo das meiste syrische Öl lagert. Und das US-Militär greift aktiv ein, um die Belieferung von Restsyrien mit diesem Öl zu verhindern, etwa durch die Bombardierung von Öltankern im Juni durch die Air Force.[34] Die Sanktionen gegen Syrien bleiben weiter in Kraft. Die Bevölkerung des vom Bürgerkrieg geschundenen Landes leidet weiter.

Dieselbe Konsistenz, mit der Trump die Positionen aus seinem Wahlkampf in Bezug auf Syrien hochhielt, zeigte sich leider auch im Fall des Iran – für ihn (und seinen Wahlkampfchef Bannon) der eigentliche Gegner im Nahen Osten. Das Land leidet seit der Islamischen Revolution (1979) unter umfassenden Sanktionen, die schon damals überwiegend europäische – und besonders stark deutsche – Unternehmen betrafen. Auch dies ist eine Parallele zu den späteren Russlandsanktionen: Die USA wälzen die Kosten ihrer Sanktionspolitik auf ihre Verbündeten ab.

Dennoch entwickelte sich der Iran zu einer formidablen Regionalmacht. Die USA, Israel und Saudi-Arabien bilden eine recht ungewöhnlich zusammengesetzte Koalition, um dem Iran zu begegnen. Immer wieder wurden Sorgen darüber laut, dass der Iran Nuklearwaffen entwickeln könnte. Im Jahr 2010 legte eine wahrscheinlich von Israel initiierte Cyberattacke die iranischen Anreicherungszentrifugen lahm.

Nach jahrelangen Verhandlungen einigten sich im Jahr 2015 schließlich die fünf permanenten Mitglieder des UN-Sicherheitsrats – die Vereinigten Staaten, Großbritannien, Russland, Frankreich und China – zuzüglich Deutschland und der EU mit dem Land auf einen Kompromiss, der eine Aufhebung der UN-Sanktionen und im Gegenzug eine deutliche Reduzierung des iranischen Atomprogramms vorsah. Im Wahlkampf hatte Trump dieses Abkommen immer wieder den »worst deal in history« genannt.[35]

Am 8. Mai 2018 kündigte Trump das ungeliebte Abkommen einseitig seitens der USA auf. Neue Sanktionen brachten den Iran in Bedrängnis. Die Situation eskalierte. Im Mai 2019 beorderte Trump eine Flugzeugträger-Kampfgruppe, Bomber und weitere 1500 Soldaten in die Region.[36] Im Juni schoss das iranische Militär eine unbemannte amerikanische Drohne ab. Teheran behauptete, dass sich die Drohne über iranischen Gewässern befunden habe, Washington nannte dies eine »falsche Behauptung«, vielmehr sei die Drohne über internationalen Gewässern gewesen.[37]

Die USA und der Iran standen wohl noch nie so nahe vor einem heißen Krieg. Ein Bombenangriff auf Ziele im Iran war schon vorbereitet und befohlen, als Trump das Vorhaben zehn Minuten vor der Ausführung abbrach. Er nannte die Zahl von potenziell 150 Toten »unverhältnismäßig« im Vergleich zum Abschuss einer unbemannten Drohne. Prompt entrüstete sich die Kriegslobby. Nur der Trump zugeneigte Sender *Fox News*, der einzige, der aus der ansonsten geschlossenen Medienfront ausbricht, betitelte eine Sendung damit, dass »Trump dafür kritisiert werde, dass er nicht kriegsversessen sei«.[38]

Noch widersetzt sich Trump der Kriegslobby, ob aus strategischer Einsicht oder aus Instinkt, sei dahingestellt. Am 10. September teilte er der Öffentlichkeit – wie so oft per Twitter – mit, dass er John Bolton entlassen habe und seine Dienste nicht mehr benötigt würden.[39] Außerdem schrieb er, dass es in vielen Punkten große

Meinungsverschiedenheiten mit seinem nunmehr Ex-Sicherheitsberater gegeben habe, was selbst für Trump ein sehr deutliches Statement war.

Bolton ist ein absoluter Hardliner. »Grundsätzlich hält er den harten Einsatz militärischer Macht und die Einmischung in die inneren Angelegenheiten anderer Länder für die besseren Mittel, um die Interessen der USA weltweit durchzusetzen«, so *Der Spiegel*.[40] Er war einer der Protagonisten beim Ausstieg aus dem Nuklearabkommen und dem Abkommen zur Begrenzung von Mittelstreckenwaffen zwischen den USA und Russland. Außerdem hat er sich wohl kritisch zu den Treffen Trumps mit Kim Jong Un geäußert und befürwortete nach dem Abschuss einer amerikanischen Drohne durch den Iran einen Bombenangriff auf das Land. Nachdem der Befehl bereits erteilt war, zog Trump ihn wieder zurück und bezeichnete ihn als »unverhältnismäßig«.

Am Anfang fand Trump es offensichtlich noch amüsant, einen Hardliner in seinem Team zu haben. »Wenn es nach Bolton ginge, hätten die USA in dieser Zeit schon vier Kriege begonnen, soll er gewitzelt haben«, schreibt *Der Spiegel*.[41] Und resümiert: »Der Präsident dürfte nun erst recht darauf setzen, außenpolitische Probleme mit ›Deals‹ zu lösen, auch wenn er so zumindest bislang noch keine wirklichen Lösungen zustande gebracht hat.« Besser als Kriege zu führen, ist es allemal, auch wenn *Der Spiegel* und viele andere Medien nach der Entlassung Boltons die fehlende Kontinuität in den Vordergrund rücken. Wie lange Trump allerdings ohne Krieg auskommen wird, kann nur die Zukunft zeigen.

Migrations-, Innen- und Wirtschaftspolitik

In seiner Innen- und Wirtschaftspolitik fiel Trump in den ersten Jahren im Amt weder durch besonders innovative Lösungen auf, noch konnte er seine vollmundigen Versprechen aus dem Wahlkampf umsetzen. Der Bau der versprochenen Mauer an der mexikanischen Grenze geht langsam voran, da die Demokraten, die seit den Halbzeitwahlen im November 2018 über die Mehrheit im Repräsentantenhaus verfügen, die Finanzierung verhindern.

Im Mai 2019 legte Trump einen Plan vor, das Einwanderungsrecht weitreichend zu reformieren. Das seit der Amtszeit von John F. Kennedy (1961–1963) geltende Recht fokussiert vor allem auf den Familiennachzug und Verwandtschaftsverhältnisse (siehe Kasten »Legale und illegale Einwanderung in die Vereinigten Staaten«). Hinzu kommt eine laxe Anwendung der Gesetze: Wer einmal in den USA ist, hat gute Chancen, dort zu bleiben, auch wenn die Einreise illegal erfolgte.

Trump schlug vor, das Einwanderungsrecht nach kanadischem oder australischem Modell umzugestalten, das heißt statt der verwandtschaftlichen Beziehungen die Qualifikation potenzieller Einwanderer in den Vordergrund zu stellen. Zudem sollen die geltenden Gesetze konsequent durchgesetzt werden, also die Zahl der Abschiebungen drastisch erhöht werden. Diese Vorschläge werden von der demokratischen Mehrheit im Repräsentantenhaus blockiert. Dass die Regierung Trump nicht per se gegen Einwanderung ist, zeigt die Tatsache, dass die Zahl der legal in die USA eingebürgerten Einwanderer im Jahr 2019 ein Fünfjahreshoch erreichte.[42]

Die hastig gestrickte Steuerreform vom Dezember 2017 (Tax Cuts and Jobs Act, TCJA) beinhaltete weitreichende Änderungen der Steuergesetze, die potenziell ein Steuervolumen von 1,5 Billionen Dollar betreffen. Die Körperschaftsteuer wurde auf 21 Prozent gesenkt. Unternehmen, die Steuervorteile im Ausland nutzten, dort effektiv kaum Steuern bezahlten und große Guthaben aufgebaut haben, werden pauschal und sehr niedrig besteuert. Vor der Steuerreform wären diese ausländischen Guthaben – 2015 immerhin 2,5 Billionen Dollar, also mehr als 10 Prozent der jährlichen amerikanischen Wirtschaftsleistung – mit der vollen Körperschaftsteuer von bis zu 35 Prozent besteuert worden. Jetzt werden sie pauschal mit 15,5 Prozent besteuert, wenn es sich um Bankguthaben handelt, und um 8 Prozent, wenn es illiquide Anlagen sind.[43] Investopedia fasst zusammen: »Für die Vermögenden, Banken und Unternehmen kann die Steuerreform angesichts der massiven und dauerhaften Steuersenkungen für Unternehmensgewinne, Investmenteinkommen, Grundsteuern und weiteres als einseitiger Sieg bezeichnet werden.«[44] Als Folge explodieren die amerikanischen Staatsschulden weiter.[45]

Die Öl- und Kohleindustrie, die Finanz- und andere Branchen konnten sich über weitreichende Deregulierungen freuen. So wurden umstrittene Pipelineprojekte genehmigt und der 2010 unter Obama erlassene Dodd-Frank Act zur besseren Kontrolle der Finanzbranche wieder abgeschafft. Dieses Gesetz war tatsächlich ein bürokratisches Monster von Gesetz, an dem die Finanzlobby kräftig mitgewirkt und es geschafft hatte, dass vor allem Verbraucheraufklärung und Verbraucherschutz in den Fokus genommen wurden. Das Resultat: Die Verbraucher werden potenziell überfordert, während die wirklich wichtigen Fragen, zum Beispiel bei der Regulierung und Zulassung von Finanzprodukten, größtenteils nicht angegangen wurden.[46] Auch die Reform der maroden und sehr teuren US-Krankenversicherung, die ein großes Wahlkampfthema gewesen war, kam nicht recht voran.

Trotz der eher mageren innen- und wirtschaftspolitischen Erfolgsbilanz boomten die Börsen zunächst. Im Jahr nach der Wahl von Donald Trump explodierten die amerikanischen Börsenkurse geradezu: die großen Indizes Dow Jones und S&P 500 um jeweils ungefähr 40 Prozent. Nach einem Einbruch Anfang 2018 als Reaktion auf die Steuerreform erholten sich die Börsen rasch wieder, und auch der Einbruch vom Herbst 2018 – der stärkste seit der Finanzkrise von 2008 – war schnell verdaut.

Offensichtlich hatten private und institutionelle Anleger auf eine Fortsetzung der Party unter Donald Trump gesetzt, und sie wurden nicht enttäuscht. Eigentlich wollte die amerikanische Fed einen Ausstieg aus der ultralockeren Geldpolitik orchestrieren und hatte damit schon 2016 begonnen und die Federal Funds Rate bis Anfang 2019 von null auf 2,4 Prozent angehoben.[47] Seitdem stockt der Ausstieg, auch weil Trump mehrfach massiv die Fed für ihren Kurs kritisierte. Trump stellte in den Raum, dass er die Macht habe, den Fed-Chef Jerome Powell zu entlassen, dementierte aber gleichzeitig, dass er damit gedroht habe. Er fügte hinzu, dass die Zinserhöhungen und die Rückführung der Anleihekäufe zu weit gegangen und »wahnsinnig« (*insane*) seien.[48]

Mit seiner Steuerreform und seinen regulatorischen Reformen wählte Trump den einfachen Weg und machte das, was alle republikanischen Präsidenten seit Ronald Reagan machten: Steuern senken, Gesetze abschaffen – und damit die Schulden weiter erhöhen.

Dabei waren die Erwartungen nach der Wahl Trumps wesentlich höher. Viele Beobachter vermuteten, dass der Schwerpunkt seiner Finanzagenda nach fast 20 Jahren lockerer, ja ultralockerer Geldpolitik nun auf der Fiskalpolitik liegen würde. Dass also anstelle von makroökonomischen Maßnahmen wie der Zinspolitik nun die Einnahmen- und Ausgabenpolitik eine wichtigere Rolle spielen und zum Beispiel Infrastrukturprojekte angegangen würden.[49] Diese Erwartungen erfüllten sich nicht.

»Verschwörungen«, Enthüllungen und die Mainstream-Medien: Moskau mischt mit – oder doch nicht?

Bereits zehn Tage nach der Wahl von Donald Trump zum Präsidenten der Vereinigten Staaten und mehr als sechs Wochen vor seiner Amtseinführung wurde eine »geheime« Einschätzung der CIA bekannt, nach der Russland die Wahl zugunsten von Trump manipuliert habe. Das Trump-Übergangsteam twitterte als Antwort: »Das sind dieselben Leute, die euch erzählt haben, dass der Irak Massenvernichtungswaffen besäße.«[50] Die ersten Schüsse im wohl gnadenlosesten Medienkrieg, der jemals gegen einen Präsidenten geführt wurde, waren gefallen.

Dass Ministerien, Organisationen und Geheimdienste eine Eigendynamik entwickeln, die nicht immer dem Willen der gewählten Regierung und des Volkes entspricht, ist spätestens klar, seitdem in der Politikwissenschaft Modelle von »Bureaucratic Politics« angewendet werden. Ein wesentlicher Pionier dieses Ansatzes war der uns bereits bekannte Graham Allison (siehe Kapitel 2), der die bürokratischen Entscheidungsprozesse schon 1969 in seinem Aufsatz »Essence of Decision« am Beispiel der Kubakrise von 1962 analysierte. Auch Samuel Huntington und Charles Lindblom trugen zur Entwicklung des Modells bei.[51] Wenn eine kleine Gruppe von mächtigen Akteuren sich zusammentut, um einen fragwürdigen oder gar illegalen Zweck zu erreichen, ist dies eine Verschwörung. Wenn eine solche Verschwörung die Ursache für bestimmte politische Ergebnisse sein soll, ist das eine »Verschwörungstheorie«.[52]

Wenn jemand vermutet, dass mächtige Akteure sich zusammengetan haben und ihre Macht missbrauchen, wird dies gerne als »Verschwörungstheorie« bezeichnet – in der Regel mit negativem Vorzeichen –, und derjenige, der nachbohrt, ist ein »Verschwörungstheoretiker«. Aber, mächtige Menschen missbrauchen ihre Macht regelmäßig. Nicht alle, aber viele. Der Begriff »Verschwörungstheorie«, der mittlerweile inflationär gebraucht wird, ist also nicht hilfreich. Eigentlich wäre es die Aufgabe der kritischen Sozialwissenschaft, dem Missbrauch der Macht nachzuspüren, und nicht, diese Möglichkeit von vornherein vom Tisch zu wischen.

Verschwörungstheorie: die erstaunliche Karriere eines Begriffs

Eine kleine Anmerkung ist vorauszuschicken: Je häufiger ein Begriff ins Spiel gebracht wird, desto wahrscheinlicher ist es, dass durch den Gebrauch Zusammenhänge eher verschleiert als aufgedeckt werden sollen. Genauso ist es mit der »Verschwörungstheorie.« Ich habe in den 1980er- und frühen 1990er-Jahren Politikwissenschaft in Deutschland und den USA studiert. Den Begriff »Verschwörungstheorie« kannten wir, aber er spielte im Studium keine Rolle. Heute fällt dieser Begriff in jeder zweiten Talkshow. Woher kommt der Begriff mit dieser erstaunlichen Karriere?

Gehen wir 50 Jahre zurück. Am 1. April 1967 wurde das CIA-Dokument 1035-960 verfasst. Darin führte die CIA 1967 den Begriff »Conspiracy Theory«– »Verschwörungstheorie«– ein, womit sie auf die anhaltenden Zweifel an der offiziellen Version des Attentats auf John F. Kennedy reagierte, wie sie im Warren-Report festgehalten war. Das Dokument sollte vernichtet werden, wenn es nicht mehr gebraucht werde. Allerdings überlebten einige Kopien und wurden 1976 auf Betreiben der *New York Times* freigegeben.

Die Überlegung der CIA war nicht unberechtigt: Immerhin 46 Prozent der Amerikaner hegten tatsächlich Zweifel. Man fürchtete, dass der eigene Ruf wie auch der des amtierenden Präsidenten Lyndon B. Johnson, der als Vizepräsident dem ermordeten Kennedy in das höchste Amt nachgerückt war, Schaden nehmen könnte, denn viele der Ungereimtheiten im Zusammenhang mit dem Attentat wiesen in Richtung CIA.

Der Geheimdienst empfahl, das Thema diskret mit den ausländischen Eliten und Medienvertretern zu diskutieren. Der Warren-Report sollte als fundiert gepriesen, Fragen und Zweifel als »Conspiracy Talk« und kommunistische Propaganda hingestellt werden. Die CIA betrieb über 250 eigene Medienkanäle und finanzierte auch etliche ausländische Medien. Journalisten wurden umworben. Kritiker an der offiziellen Version als politisch motiviert, von finanziellem Interesse getrieben, in ihre eigenen Theorien vernarrt und als schlechte Rechercheure diskreditiert.

Donald Trump hatte im Wahlkampf versprochen, alle Akten zum Kennedy-Attentat freizugeben, um die Sache ein für alle Mal zu klären. »[...] ich werde als

Präsident erlauben, dass die lange verschlossenen und klassifizierten JFK-Akten geöffnet werden«, twitterte Trump am 21. Oktober 2017. Trump setzte den Behörden eine Frist bis Ende April 2018. Und tatsächlich wurden am 26. April weitere 19.045 Dokumente veröffentlicht. Sie enthielten immer noch geschwärzte Stellen. Und einige Akten sind entgegen der Ankündigung Trumps immer noch unter Verschluss. Der offizielle Grund: »nationale Sicherheit«.[53]

Eng verbunden mit Verschwörungen sind Enthüllungen. Während des Wahlkampfes hatte sich Trump positiv über die Plattform WikiLeaks geäußert, die unter anderem mehr als 20.000 E-Mails und 8000 Dokumente von Hillary Clinton, ihrem Wahlkampfmanager John Podesta und dem Democratic National Committee veröffentlicht hatte. WikiLeaks war von Julian Assange gegründet worden und brachte seit 2006 brisante Regierungsdokumente an die Öffentlichkeit. Größere Aufmerksamkeit erreichte die Plattform im Jahr 2010, als sie Filmmaterial veröffentlichte, das zeigte, wie amerikanische Soldaten versehentlich Reuters-Korrespondenten töten.

Die Clinton-Podesta-Mails halten einiges an belastenden Aussagen bereit, etwa zu Hillary Clintons exorbitanten Honoraren für Reden bei Banken und Finanzdienstleistern. Durchschnittlich kassierte sie 210.795 Dollar für jeden Vortrag[54], davon alleine 675.000 Dollar für Reden bei Goldman Sachs.[55] Eine E-Mail von Clinton an Podesta von August 2014 bezog sich auf verborgene finanzielle und logistische Unterstützung, die Saudi-Arabien und Katar der Terroristenorganisation ISIS (dem sogenannten Islamischen Staat) gewährten.[56] Zudem wurde bekannt, dass Clinton in ihrer Zeit als Außenministerin einen privaten E-Mail-Server benutzt hatte, um Regierungsgeschäfte zu tätigen. Eine Untersuchung stellte schließlich 23 Sicherheitsverstöße fest.[57]

All dies führte dazu, dass die Menge bei Trumps Wahlkampfveranstaltungen regelmäßig in »Sperrt-sie-weg«- (*lock her up*) Rufe ausbrach. Trump genoss diese Momente offensichtlich. Nach seinem Wahlsieg beerdigte er das Thema allerdings schnell.

Zur Zeit des Wahlkampfs befand sich WikiLeaks-Gründer Julian Assange schon im Exil in der ecuadorianischen Botschaft in London. In die hatte er sich geflüchtet, weil gegen ihn in Schweden Vorwürfe wegen sexueller Belästigung erhoben worden waren und er eine Auslieferung in die USA befürchtete. Dort droht ihm ein Prozess wegen der Veröffentlichung von US-Militärdokumenten wie dem oben erwähnten Filmmaterial. 2012 war Assange politisches Asyl und die ecuadorianische Staatsbürgerschaft gewährt worden.

Doch der Druck durch die USA war massiv. Im März 2019 gewährte der US-dominierte Internationale Währungsfonds der neuen Regierung von Ecuador einen Kredit über 4,2 Milliarden Dollar.[58]

Im April 2019 wurde ihm dann sowohl das Asylrecht als auch die Staatsbürgerschaft entzogen. An 11. April wurde Assange in der ecuadorianischen Botschaft festgenommen und am 1. Mai 2019 von einem britischen Gericht zu einer Haftstrafe von 50 Wochen verurteilt.[59] Das ungepflegte Aussehen Assanges bei seiner Verhaftung hatte einen Grund: Ihm war zuvor das Rasierzeug entzogen worden, sodass er notgedrungen einen langen Bart hatte stehen lassen müssen. Gleichzeitig lief wie koordiniert eine Diffamierungskampagne durch die Medien, nach der sich Assange unhygienisch verhalten habe.[60] Seitdem befindet sich Assange in einer Einzelhaft, die der bekannte australische Journalist John Pilger, der Assange besucht hat, als »psychische Folter« bezeichnet.[61] Dabei hatte das US-Justizministerium unter Obama im November 2013 erklärt, dass Assange nicht wegen der Veröffentlichung geheimer Dokumente angeklagt werden könne. Er sei Journalist und kein Regierungsangestellter.

Die angebliche russische Einmischung in den amerikanischen Präsidentschaftswahlkampf ist ein Themenkomplex, der den Kandidaten und späteren Präsidenten Donald Trump betrifft. Die Zusammenhänge sind kompliziert und zum Teil absurd. Noch absurder ist die Berichterstattung darüber. Der Zuschauer dieses Spektakels weiß oft nicht, ob er sich in einem Kriminalstück oder in einer Komödie befindet. Bis er sich daran erinnert, dass es sich hier nicht um eine Theaterbühne handelt, sondern um politische Prozesse innerhalb der wichtigsten Militärmacht der Welt, die das Potenzial hat, den Globus jederzeit mit einem verheerenden Krieg, vielleicht dem letzten, zu überziehen.

Offensichtlich bestand von Anfang an der Plan, Trump mithilfe von Russland-Verbindungen zu diskreditieren. Ob die Vermutungen berechtigt oder unberechtigt waren, sei dahingestellt. Im Rahmen des Foreign Intelligence Surveillance Act (FISA) können US-Bürger abgehört werden, wenn ein berechtigter Verdacht besteht, dass sie mit fremden Mächten zum Schaden der USA kooperieren. Das

Vorgehen konzentrierte sich auf Carter Paige, einen Öl-Consultant mit vielfältigen Verbindungen nach Russland und Zentralasien, der auch ein außenpolitischer Berater der Trump-Kampagne war. Im Oktober 2016 wurde die Abhörung und Überwachung von Paige autorisiert. Dazu musste ein Bundesrichter feststellen, dass es wahrscheinlich war, dass Paige ein Agent fremder Mächte war, der in diesem Fall in Geheimdienstoperationen in Russland verwickelt war. Auch der republikanische Wahlkampfmanager und Lobbyist Paul Manafort, der zwischen Juni und August 2016 Trumps Wahlkampf leitete, wurde vor und nach der Wahl überwacht.

Das Democratic National Committee und die Clinton-Wahlkampforganisation hatten ab Juni 2016 den ehemaligen britischen MI6-Agenten Christopher Steele, der über beste Verbindungen nach Russland verfügte, damit beauftragt, belastendes Material gegen Donald Trump und sein Team zusammenzutragen. Die private Sicherheitsfirma Fusion GPS war bereits im Oktober 2015 engagiert worden. Perkins Coie, die Anwaltskanzlei der Clinton-Kampagne, zahlte Fusion GPS 1,02 Millionen Dollar für Honorare und als Kostenerstattung; Fusion GPS wiederum zahlte dem Subunternehmer Orbis, für den Steele arbeitete, 168.000 Dollar.[62] Der Steele-Report, der etliche unverifizierte Behauptungen enthielt, war die wesentliche Grundlage für die Überwachung von Mitgliedern von Trumps Team.

Noch bevor Trump im Amt war, stürzten sich die Medien auf den Fall. Das Narrativ, dass Trump mit russischer Hilfe Präsident geworden oder vielleicht sogar Moskau verpflichtet sein könnte, war zu schön, um es sich entgehen zu lassen. Der Beschuldigte war zunächst in der Defensive. Sein Sicherheitsberater Michael Flynn, der für eine Aussöhnung mit Russland eintrat, wurde, wie erwähnt, aus dem Amt gedrängt. Es war relativ schnell klar, dass die USA die Russlandsanktionen aufrechterhalten würden und dass es keine Anerkennung der Krim als russischer Region geben würde.

Es verging kaum eine Woche, in der das Thema nicht wieder aufgekocht wurde. In allen Medien wurde die Russland-Connection intensiv behandelt. Auch ausländische Medien sprangen auf. *Der Spiegel*, der schon mit einem Titel aufgefallen war, auf dem er Trump als ISIS-ähnlichen Schlächter präsentiert hatte[63], brachte für die Ausgabe vom 4. März 2017 ein Titelbild, das die miteinander verschmolzenen Gesichter von Trump und Putin zeigte und fragte: »Der Doppelregent – wie viel Putin steckt in Trump?«

Nachdem Trump FBI-Direktor James Comey im May 2017 entlassen hatte, setzten die Demokraten eine Untersuchung des russischen Einflusses auf die Wahlen im Jahr 2016 durch. Geleitet wurde sie von Robert Mueller, der von 2001 bis 2013 Direktor des FBI war und – nur am Rande bemerkt – in dieser Funktion eine unrühmliche Rolle bei der Vorbereitung und Durchführung des Zweiten Irakkriegs spielte, indem er die Kriegslügen unterstützte.

Das Untersuchungsteam bestand aus 19 Anwälten und 40 FBI-Agenten und Spezialisten. In den 675 Tagen der Untersuchung von Mai 2017 bis März 2019 wurden 2800 Vorladungen ausgesprochen und 500 Hausdurchsuchungen durchgeführt. Die Gesamtkosten liegen noch nicht vor, aber bis zum 30. September 2018 waren laut dreier Ausgabenlisten 25,2 Millionen Dollar angefallen. 34 Anklagen wurden erhoben, acht Beschuldigte haben sich für schuldig erklärt oder wurden verurteilt, allerdings alle wegen Falschaussagen, Meineids, Wirtschafts- und Steuervergehen oder sonstiger Straftaten. Keines der fünf Urteile beinhaltete eine Verschwörung zwischen dem Trump-Wahlkampfteam und Russland. Auch Generalleutnant Michael Flynn musste wegen einer Falschaussage zurücktreten, nicht wegen tatsächlicher Zusammenarbeit mit Russland.[64]

Häufig berichteten die Medien über sogenannte »Trollfabriken«, mit denen insbesondere Russland die Meinung in anderen Ländern manipuliere.[65] Zum Umfang der russischen Einflussnahme auf den amerikanischen Wahlkampf lässt sich im Sommer 2019 sagen: Die »Trollfabrik« Internet Research Agency in St. Petersburg kaufte 3500 Facebook-Anzeigen für ca. 100.000 Dollar und betrieb 3814 Twitter-Konten, über die ungefähr 175.993 Tweets abgesetzt wurden. Davon bezogen sich 84 Prozent auf die Wahlen. Twitter kontaktiert 1,4 Millionen Nutzer, die potenziell Kontakt mit den IRA-Accounts hätten haben können.[66] Es gab also Einmischung, allerdings nur in sehr begrenztem Umfang.

Nachdem Mueller trotz des großen Aufwands keine Belege für eine Zusammenarbeit von Trumps Wahlkampfteam mit Russland finden konnte, legte er im März 2019 seinen Abschlussbericht vor. Die Medien schwenkten sofort in ihrem Narrativ um. Nun fokussierten sie sich auf Behinderung der Justiz (*obstruction of justice*) durch einige der verhörten und untersuchten Personen. Aber das war ein Rückzugsgefecht. Nachdem Justizminister Jeff Sessions auf Aufforderung von Trump im November 2018 sein Amt niedergelegt hatte, folgte ihm im Februar

William P. Barr nach. Der erfahrene Jurist war bereits zwischen 1991 und 1993 unter George H. W. Bush Justizminister gewesen.

Im Mai 2019 autorisierte Trump den Justizminister, alle relevanten Dokumente in Bezug auf die mögliche russische Einmischung in den Wahlkampf und die Mueller-Untersuchung freizugeben. Die Entscheidung verursachte erhebliche Erschütterungen im politischen Washington. Trump würde »Leben gefährden«, hieß es, wenn er alles offenlegte.[67] Der konterte, dass sein Justizminister den vollen Einblick darin habe, wie der Schwindel oder die Hexenjagd in Bezug auf eine mögliche Einmischung Russlands angefangen habe – ein »versuchter Staatsstreich« (*attempted coup*), den Präsidenten zu Fall zu bringen. Die Welt darf gespannt sein, wie es weitergeht.[68]

Im Vorwahlkampf

Seit Frühjahr 2019 befinden sich die USA wieder im Vorwahlkampf. Donald Trump strebt entschlossen eine zweite Amtszeit an. Allerdings geht er mit einem Handicap in den Wahlkampf, denn mit einer durchschnittlichen Zustimmung von 43 Prozent lag er um einiges unter dem Durchschnitt aller Amtsinhaber seit Eisenhower zum vergleichbaren Zeitpunkt (53 Prozent).[69]

Dennoch ist er nicht chancenlos. Als Präsident steht ihm die Kandidatur für die Republikaner mehr oder weniger zu. Trump hat eine sehr loyale und engagierte Basis. So kamen zum offiziellen Kampagnenauftakt 20.000 zahlende Zuhörer. Trump sprach eineinhalb Stunden, kritisierte den sich abzeichnenden »Sozialismus« der Demokraten, stellte die gute Wirtschaftslage in den Vordergrund, griff die Demokraten wegen ihrer Blockade bei der Einwanderungsreform ebenso an wie für die Einrichtung beziehungsweise Duldung von Zufluchtsstädten (*sanctuary cities*), das heißt Städte, die sich weigern, bei der Bekämpfung von illegaler Migration mit der amerikanischen Bundesregierung zusammenzuarbeiten. Vor allem positioniert sich Trump wieder gegen die Medien, die »Fake News« verbreiten. Er bleibt sich in gewisser Weise treu und führt weiterhin Krieg gegen eine mehr oder weniger geschlossene Medienfront, die den Elitenkonsens vertritt.[70]

Während also bei den Republikanern die Marschrichtung klar ist, zeigt sich das Lager der Demokraten schillernd und bewegt sich immer weiter nach links. Im Sommer 2019 hatten sich zehn demokratische Kandidat(inn)en positioniert.

Frontrunner Joe Biden, der sich bereits in den 1980er-Jahren um das Präsidentenamt beworben hatte, war Vizepräsident unter Barack Obama und ist Teil des inneren Machtzirkels der Eliten. Er steht für das Establishment, das viele Menschen durch ihre Stimme für Trump abwählen wollten.

Viele der zehn demokratischen Kandidaten vertreten dezidiert »sozialistische« Positionen, zum Beispiel kostenlose Hochschulausbildung, umfassende Krankenversicherung und die Kontrolle der großen Internetkonzerne. Auch der fast 80-jährige Senator Bernie Sanders aus Vermont, der als erster solche Positionen aufgegriffen hatte und damit im Wahlkampf 2016 eine große Anhängerschaft sammeln konnte, tritt wieder an.

Gegen Ende der Amtszeit Donald Trumps ist festzuhalten: Amerika ist weiter tief gespalten. Außenpolitisch ist das Land längst an seine Grenzen gestoßen, ebenso in der Migrationspolitik. Eine Reform ist nicht in Sicht. Unter Donald Trump belebte sich die Wirtschaft zwar, aber ein Großteil der Gewinne floss an die ohnehin Vermögenden. Die Zeltstädte, die seit der Finanzkrise in der Amtszeit Obamas entstanden sind, dehnen sich weiter aus.

Noch hat Donald Trump einen neuen Krieg vermieden. Die Gefahr, dass es zu einem militärischen Konflikt kommt oder dass Trump im letzten Amtsjahr selbst einen Krieg beginnt, um den Patriotismus-Effekt für sich zu nutzen, ist aber real. Sie wird verstärkt durch die wackelige Basis der Wirtschaft, die von einer fortgesetzten Niedrigzinspolitik und Steuersenkungen profitiert hat, ohne zu einem nachhaltigen Wachstumspfad zurückzufinden.

KAPITEL 9

DIE EUROPÄISCHE UNION: AUF DEM WEG IN DIE EUDSSR

Wir beschließen etwas, stellen das dann in den Raum und warten einige Zeit ab, ob was passiert. Wenn es dann kein großes Geschrei gibt und keine Aufstände, weil die meisten gar nicht begreifen, was da beschlossen wurde, dann machen wir weiter – Schritt für Schritt, bis es kein Zurück mehr gibt.

Jean-Claude Juncker

Nichts sollte in der Öffentlichkeit geschehen. Wir sollten in der Euro-Gruppe im Geheimen diskutieren. [...] Die Dinge müssen geheim und im Dunkeln getan werden. [...] Wenn es ernst wird, müssen wir lügen.

Jean-Claude Juncker[1]

Im Crashmodus

Die Straßen um die Bay State Road und den Silber Way in Boston werden größtenteils von Häusern gesäumt, die im späten 19. und frühen 20. Jahrhundert im historistischen Stil gebaut wurden. Sie sind eine Verlängerung der Back Bay Area, eines der bedeutendsten Bezirke in den USA für die Geschichte des Landes. In 152 Bay State Road befindet sich das Verwaltungsgebäude des ehemaligen Fachbereichs für internationale Beziehungen der Boston University.[2]

Am 26. April 1998 hielt dort ein 33-jähriger ehemaliger Unternehmensberater, der gerade aus seinem Job gefeuert worden war, einen Vortrag mit dem Thema »Der Euro und die Zukunft der Europäischen Union«. Der Referent argumentierte, dass der Euro zu früh käme. Für eine funktionierende Währungsunion müssten vier Voraussetzungen erfüllt sein: Beweglichkeit von Waren und Dienstleistungen, Kapital und Menschen. Während die ersten drei einigermaßen funktionieren würden, wären die Menschen in Europa recht heimatverbunden und nicht besonders mobil. Der Euro sei daher eine Fehlkonstruktion.

Mit dieser Meinung war der Referent keineswegs alleine. Im Februar hatten 155 Professoren darauf hingewiesen, dass der Euro zu früh kommen würde. Sie forderten eine Verschiebung der Währungsunion, für die traditionell eher zurückhaltenden deutschen Akademiker ein ziemlich ungewöhnlicher Vorgang.[3] Auch der bekannte Fondsmanager Jens Ehrhardt wies in einer Sonderausgabe der *Finanzwoche* darauf hin, dass der Euro »unnötig und extrem risikoreich« sei.[4]

Der Referent wagte sich weit heraus. Er prophezeite, dass die Währungsunion »den Keim ihres eigenen Verfalls in sich trage und schließlich den Zusammenbruch des Kartenhauses verursachen werde, den wir als das Europa von Brüssel kennen«. Dieses Europa sei auf einer schlechten Politik gegründet und verfüge über keine ausreichende demokratische Legitimität. »Der Kollaps der Institutionen von Brüssel wird die europäische Idee jedoch intakt lassen und sie vielleicht sogar stärken.«[5] Die harten Realitäten der Globalisierung könnten nur dann bewältigt werden, wenn Europas Regionen genug Flexibilität hätten und nicht in die Zwangsjacke einer Währung eingebunden wären.

Das Publikum bestand aus Professoren der Boston University; das Referat war ein Bewerbungsvortrag für eine auf fünf Jahre befristete Professur in International Economics, die dann zu einer Lebensstellung führen sollte. Die Diskussion verlief angeregt. Der Euro verursachte Sorge. Für die meisten Amerikaner ist es sehr wichtig, dass ihr Land Nummer eins ist.[6] Würde der Euro den Dollar als Leitwährung ablösen? Würde die Europäische Union gar zu einer Supermacht? Der Probevortrag stieß auf Zustimmung. Vielleicht hatten sich auch einige Anwesende über die euroskeptischen Thesen des Unternehmensberaters aus Deutschland gefreut. Der Mann wurde als Professor eingestellt.

Der Mann war ich. Die folgenden zwei Jahre verbrachte ich damit, College- und Masterstudenten der Boston University die Grundzüge der Währungs- und Handelstheorie, der politischen Ökonomie zu vermitteln. Eigentlich sah mein ursprünglicher Plan vor, nach den fünf Jahren eine Professorenstelle auf Lebenszeit zu bekommen. Doch schon nach gut zwei Jahren kündigte ich, kehrte nach Deutschland zurück, sprang ins kalte Wasser der New Economy und gründete mein erstes Unternehmen, das später zum IFVE Institut für Vermögensentwicklung werden sollte. Die nächsten Jahre war ich damit beschäftigt, meine Geschäftsidee über den Zusammenbruch der New Economy hinwegzuretten und Schritt für Schritt gegen erhebliche Widerstände auszubauen. Aber das ist eine andere Geschichte.

Das Geheimnis guter Prognosen ist, mit ihnen umsichtig zu haushalten, sie nämlich nur dann abzugeben, wenn man wirklich glaubt, etwas zu wissen. Deswegen sind die Prognosen der meisten Wirtschaftsforschungsinstitute auch so schlecht – sie müssen regelmäßig ihre Einschätzungen liefern, egal, wie sicher sie sich damit sind.[7] Ich habe nur drei »große« Prognosen in meinem Leben gemacht: die Euro-Prognose von 1998, die Crash-Prognose von 2006, und eine erneute Crash-Prognose auf dem Fondskongress in Mannheim im Januar 2018.

Wie in meinem Vortrag 1998 vorhergesagt, funktioniert der Euro nicht. Er hat großes Leid über Europa gebracht und die Länder und Völker Europas gegeneinander aufgehetzt. Die sogenannte Eurokrise belastet uns bis heute und hat schleichend dazu geführt, dass sich die Europäische Zentralbank Machtbefugnisse und Sonderrechte herausgenommen hat, wie sie sonst nur in autoritären Staaten üblich sind.

Der Süden Europas befindet sind in einer tiefen Depression. Fast zehn Jahre nach Ausbruch der sogenannten Eurokrise (die genau das nicht ist, sondern eine Wettbewerbsfähigkeitskrise der Südländer), liegt das Bruttoinlandsprodukt in Italien und Spanien um 10 Prozent tiefer als zu Ausbruch der Eurokrise, in Griechenland sogar um 40 Prozent. Und das sind nominelle Zahlen, bei denen die Inflation noch nicht eingerechnet ist.[8] Nach neun Jahren hektischer und kostspieliger »Rettungsaktionen« geht es vielen Menschen im Süden Europas schlecht. Gerettet wurden einmal mehr die Finanzoligarchie, die politische Klasse, die Großvermögen und die Gläubiger.[9] Die Jugendarbeitslosigkeit ist enorm und betrug 2018 in Griechenland, Italien und Spanien über 30 Prozent, in Griechenland lag sie sogar knapp an der 40-Prozent-Marke.[10] Eine ganze Generation versinkt in Hoffnungslosigkeit oder macht sich auf den Weg nach Norden. Ein schlechtes Fundament für das gemeinsame Europa![11]

Dennoch ist der Euro nicht zusammengebrochen. Europa wurde nicht reformiert. Stattdessen haben Europas Eliten den umgekehrten Weg gewählt. Sie haben ein intransparentes Monstergebilde geschaffen, das sich zunehmend von den Menschen entfernt und Zwangsmittel anwendet, um die Privilegien seiner Eliten zu retten.

Das institutionelle Europa: ein komplexer Flickenteppich

Europa, das ist eine verwirrende Vielfalt von Ländern und Institutionen. Viele Menschen blicken da nicht mehr durch. Selbst Profis nicht. So verwechselte Ursula von der Leyen am Tag vor ihrer Wahl zur EU-Kommissionspräsidentin den Europarat und den Europäischen Rat. Und das sind zwei sehr unterschiedliche Institutionen.[12] Wenn wir von »Europa« sprechen, haben wir es mit einer Vielzahl von regionalen Arrangements zu tun, und auch die Europäische Union, die oft mit diesem Wort gemeint ist, ist sehr komplex aufgebaut. Europa, die Europäische Union und die Eurozone werden oft in einen Topf geworfen. Genug Grund für einen kurzen Überblick.

In seiner Rede in der Universität Zürich im September 1946 sprach Sir Winston Churchill von den »United States of Europe«[13] Seit den 1920er-Jahren wurde der Begriff gelegentlich benutzt, zum Beispiel von Richard Coudenhove-Kalergi. Und die einstmals ehrwürdige SPD nahm die Forderung nach der Verwirklichung der Vereinigten Staaten von Europa 1925 in ihr Heidelberger Programm auf.[14] Churchill bezog sich in seiner Rede dabei ausdrücklich auf die Vorarbeit von Coudenhove-Kalergi, der Anfang der 1920er-Jahre die Paneuropa-Union gegründet hatte, und Aristide Briand, den mehrfachen französischen Ministerpräsidenten.

Churchill war der Auffassung, dass ein solches Europa einerseits wirtschaftlich auf die Beine kommen und militärisch der Sowjetunion entgegentreten könne, andererseits aber nicht mit den gerade gegründeten Vereinten Nationen in Konkurrenz treten würde. Die Basis des neuen Europa wäre die Aussöhnung von Frankreich und Deutschland. Großbritannien sollte, so der sehr britische Churchill, natürlich kein Teil dieser Vereinigten Staaten von Europa sein, denn es hatte seine eigene Verbindung, das Commonwealth of Nations.

Im Jahr 1951 wurde die Europäische Gemeinschaft für Kohle und Stahl, die Montanunion, gegründet, die ihren Mitgliedern zollfrei Zugang zu diesen Rohstoffen verschaffte und eine hohe Behörde hatte, welche gemeinsame Regelungen für die Mitglieder traf. Das war eine erste wichtige Weichenstellung: Die Behörde funktionierte planwirtschaftlich, nach dem französischen Modell. In Deutschland hatten seit Ende des 19. Jahrhunderts meisterhaft organisierte Kartelle diese Fragen gelöst, in den USA waren die Märkte durch zentralistische Trusts, wie zum Beispiel Rockefellers Standard Oil Company, organisiert worden. Im Gegensatz zu den Auffassungen der heutigen Ökonomen funktionierten die Kartelle in Deutschland hervorragend, und sie beruhten auf freiwilliger Zusammenarbeit.[15]

Der Gemeinschaft gehörten Belgien, die Bundesrepublik Deutschland, Luxemburg, Frankreich, die Niederlande und Italien an. Mit den Römischen Verträgen von 1957 hoben diese Staaten wenige Jahre später die Europäische Wirtschaftsgemeinschaft (EWG) aus der Taufe. Zudem kam eine neue Behörde, die Europäische Atomgemeinschaft für das junge Thema Kernenergie dazu. Schon vorher, nur ein Jahr nach Gründung der Montanunion, hatten die sechs westeuropäischen Länder eine enge Zusammenarbeit im Bereich der Verteidigung ins Auge gefasst: die Europäische Verteidigungsgemeinschaft, die sogar eine gemeinsame Europäische Armee vorsah. Nachdem der Bundestag bereits zugestimmt hatte, scheiterte das Projekt 1954 in der französischen Nationalversammlung. Und so ist es bis heute geblieben: Frankreich will die Vergemeinschaftung von Budgets und Finanzwesen, also den Bereichen, in denen Deutschland stark ist, aber die eigenen Großmachtinsignien, die Nuklearstreitkräfte und den ständigen Sitz im Sicherheitsrat, will man nicht teilen. Und eine der deutschen haushoch überlegene Diplomatie sorgte dafür, dass man in Brüssel meistens, wenn auch nicht immer, die eigenen Vorstellungen durchsetzen kann.

Im Laufe der Jahre entwickelte die Europäische Union eine beträchtliche Sogwirkung. 1960 gründeten Dänemark, Norwegen, Österreich, Portugal, Schweden, die Schweiz und das Vereinigte Königreich die Europäische Freihandelsassoziation (EFTA) als Gegenmodell zur EWG. Die Organisation sollte den Freihandel zwischen ihren Mitgliedern nach dem Muster des Allgemeinen Zoll- und Handelsabkommens (GATT) ohne zentralistische Strukturen ermöglichen. Die EFTA existiert bis heute, verlor aber 1973 massiv an Gewicht, als Großbritannien und Dänemark in die Europäische Wirtschaftsgemeinschaft wechselten. Im Jahr 1981 trat Griechenland der EWG bei, 1986 folgten Spanien und Portugal, nach dem Fall der Berliner Mauer große Teile Nord- und Ostmitteleuropas.

Als Kommissionspräsident Jacques Delors 1988 seinen »Delors-Plan« vorstellte, fand ich das Konzept einleuchtend. Statt durch neue staatliche Verträge hochtrabende Ziele zu verfolgen, wollte Delors durch Harmonisierung von Gesetzen und Regelungen ein Europa von unten bauen. Heute weiß ich, dass wir damals einem folgenschweren Irrtum erlegen sind. In den Kernfragen der Reform der europäischen Institutionen sind wir nicht vorangekommen, dafür stranguliert die Regelungswut der Brüsseler Bürokratie die Länder und Völker Europas immer mehr.

Heute ist die Europäische Union (EU) ein Staatenverbund aus 28 europäischen Ländern. Durch das Europäische Währungssystem (1979), das Schengener Abkommen (1985) und die Einheitliche Europäische Akte wurde die Integration vorangetrieben. Mit dem Schengener Abkommen fielen bei den meisten Staaten die Binnengrenzen, mit der Einheitlichen Europäischen Akte sollte Europa durch die Harmonisierung von Verwaltungsvorschriften erreicht werden, was einen großen Machtzuwachs für die Brüsseler Bürokratie bedeutete. Mit dem Vertrag von Maastricht (1992) wurde die Europäische Wirtschaftsgemeinschaft in die Europäische Gemeinschaft umgewandelt, die eine der Säulen der gleichzeitig ins Leben gerufenen Europäischen Union (EU) war. Mit dem Vertrag von Lissabon (2007) wurden die Strukturen reformiert – etwa die EWG aufgelöst –, der EU weitere Kompetenzen übertragen und weitere Ämter geschaffen. Der Vertrag von Lissabon war auch eine Antwort auf das Scheitern einer europäischen Verfassung bei Referenden in Frankreich und den Niederlanden im Jahr 2005.

Mit über 500 Millionen Einwohnern spielt die Europäische Union rein rechnerisch ganz vorne in der Welt mit. Mit einem nominalen Bruttoinlandsprodukt vom 18,8 Billionen Dollar im Jahr 2018 lag die EU nur hinter den USA, beim kaufkraftbereinigten Inlandsprodukt nur hinter der Volksrepublik China. Das Bruttoinlandsprodukt der Eurozone liegt allerdings um ein Drittel darunter. Ihr gehören nur 18 der 28 Länder an, nicht solch formidable Volkswirtschaften wie zum Beispiel Großbritannien, Polen, Schweden, Norwegen oder Dänemark. Großbritannien sah sich durch Spekulationen gegen das britische Pfund, die maßgeblich von George Soros orchestriert wurden, am 16. September 1992 gezwungen, das Europäische Währungssystem zu verlassen, und hat seitdem keinen Versuch mehr unternommen, dem Währungssystem wieder beizutreten.

Wie bereits erwähnt, im Allgemeinen Sprachgebrauch wird Europa gerne mit der Europäischen Union gleichgesetzt, und auch die Zusammensetzung und je-

Von zunächst sechs Gründungsnationen ausgehend, ist die Europäische Union zu einem Staatenverbund von 28 Ländern geworden

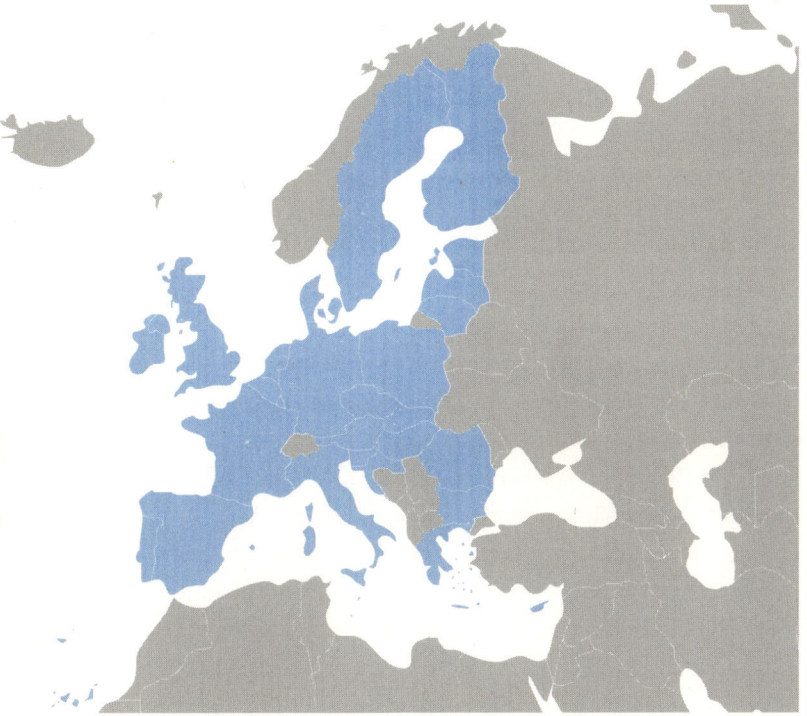

Quelle: https://en.wikipedia.org/wiki/United_States_of_Europe

Die Eurozone umfasst jedoch nur 19 Staaten – Länder wie Großbritannien, Schweden, Dänemark und andere scheinen gut ohne den Euro auszukommen

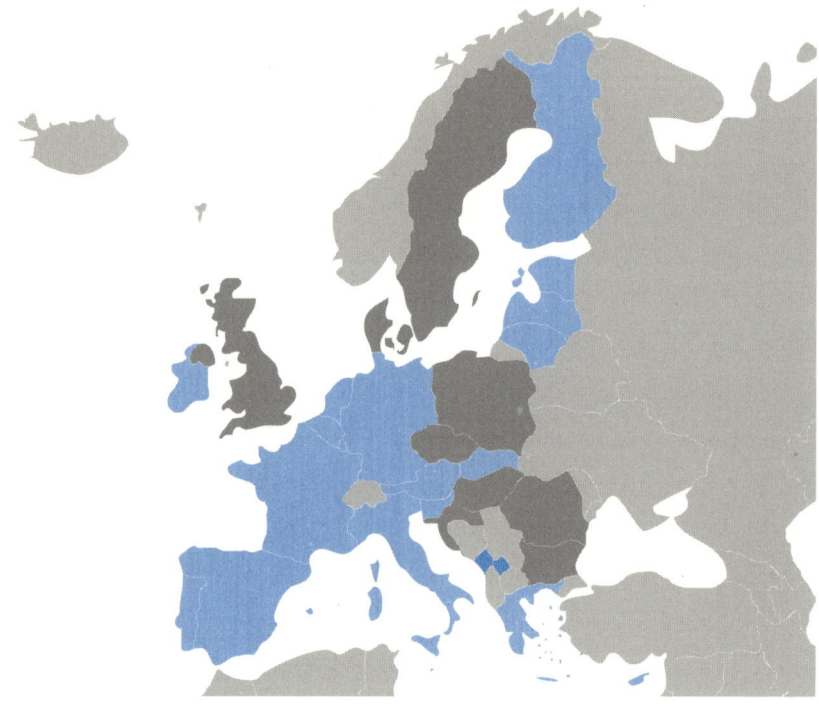

Quelle: https://en.wikipedia.org/wiki/United_States_of_Europe

weilige Zuständigkeit der einzelnen Institutionen, ob sie nun zur EU gehören oder nicht, sind nicht immer geläufig. Die älteste und umfassendste europäische Organisation ist der Europarat, der am 5. Mai 1949 durch den Vertrag von London gegründet wurde und dem 47 Staaten mit 820 Millionen Bürgern angehören, auch Russland und die Türkei. Der Rat mit Sitz in Straßburg verhandelt zwischenstaatliche, völkerrechtlich verbindliche Abkommen (wie zum Beispiel etwa die Europäische Menschenrechtskonvention), um das gemeinsame Erbe zu bewahren, die Demokratie zu sichern und den sozialen Fortschritt zu fördern.

Die Europäische Freihandelsassoziation gibt es immer noch, wenn auch in verkleinerter Form. Seit 1995 gehören ihr nur noch Island, Liechtenstein, Norwegen und die Schweiz an. All diese Länder, mit Ausnahme der Schweiz, bilden gemein-

Der Europarat (nicht zu verwechseln mit dem Europäischen Rat) **ist die umfassendste europäische Organisation**

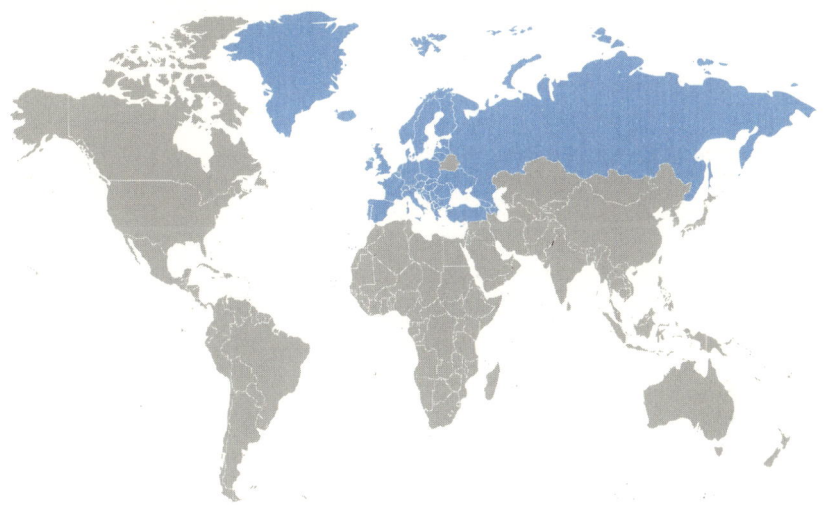

Quelle: https://en.wikipedia.org/wiki/United_States_of_Europe

sam mit den Ländern der Europäischen Union den Europäischen Wirtschaftsraum (EWR). Dieser ist eine vertiefte Freihandelszone zwischen der Europäischen Union und der EFTA. Im Europäischen Wirtschaftsraum gelten die vier Freiheiten des Waren-, Personen-, Dienstleistungs- und Kapitalverkehrs, allerdings ist der Agrarsektor gesondert geregelt. Auch Waren aus Drittländern sind ausgeschlossen.

Ist schon die regionale Gültigkeit der europäischen Institutionen verwirrend und komplex, so wird diese Komplexität noch einmal gesteigert, wenn wir uns in die Maschinerie der Europäischen Union begeben. Der Europäische Rat ist die Zusammenkunft der 28 Staats- und Regierungschefs der Europäischen Union, des Präsidenten des Europäischen Rates (EU-Ratspräsident), des Präsidenten der EU-Kommission und des Hohen Vertreters der Union für Außen- und Sicherheitspolitik. Diese Konferenz der Regierungschefs gibt die allgemeine Richtung vor.

Die EU-Kommission stellt den Hauptteil der Verwaltung, der »Ministerien« der EU. Im Jahr 2015 arbeiteten für sie insgesamt 13.500 Beamte in 33 Generaldirektionen. Die Kommission wird durch weitere Organe und Einrichtungen, wie zum Beispiel die Europäische Zentralbank (EZB), ergänzt. Seit der EU-Erweiterung von 2004 entsendet jeder Mitgliedsstaat einen Kommissar. Seit 2010 ist das für die Bundesrepublik Deutschland der CDU-Politiker und vormalige baden-württembergische Ministerpräsident Günther Oettinger: zunächst als Kommissar für Energie, dann für Digitalwirtschaft und seit 2017 für Finanzplanung und Haushalt. Die Kommission hat das alleinige Initiativrecht im EU-Gesetzgebungsverfahren. Als »Hüterin der Verträge« überwacht sie deren Einhaltung durch die Mitgliedsstaaten. Auch kann sie Klage gegen einen Mitgliedsstaat beim Europäischen Gerichtshof erheben. Die Kommission ist daher das eigentliche Machtzentrum der EU. In der Europäischen Union verdienten bereits im Jahr 2013 insgesamt 4365 Beamte mehr als die deutsche Bundeskanzlerin.[16]

Die Europäische Freihandelsassoziation (EFTA) wurde ursprünglich als Gegengewicht zur EWG gegründet, hat aber an Bedeutung verloren

Quelle: https://en.wikipedia.org/wiki/United_States_of_Europe

Das Europäische Parlament ist auch nach 30 Jahren »Europawahl«, die eigentlich EU-Wahl heißen müsste, kein vollwertiges Parlament. Die Kommissare (Regierungsmitglieder) werden von den Mitgliedsstaaten nominiert. Das Parlament bestätigt die Vorschläge lediglich oder lehnt sie ab. Auch hat es kein Initiativrecht bei Gesetzen. Wie im Bundestag und vielen anderen Parlamenten müssen sich die Parlamentarier mit einer Vielzahl von Gesetzesvorlagen herumschlagen und sind so massiv belastet, dass sie vieles einfach nur durchwinken können. Echte Debatten, wie bei der Urheberrechtsreform und den Upload-Filtern, sind selten.[17]

Ein Sitz im Europäischen Parlament ist schon für Abgeordnete aus reichen EU-Ländern attraktiv, wie viel mehr für solche aus ärmeren Ländern. Zu einem

EU und EFTA bilden zusammen (mit Ausnahme der Schweiz) **den Europäischen Wirtschaftsraum (EWR)**

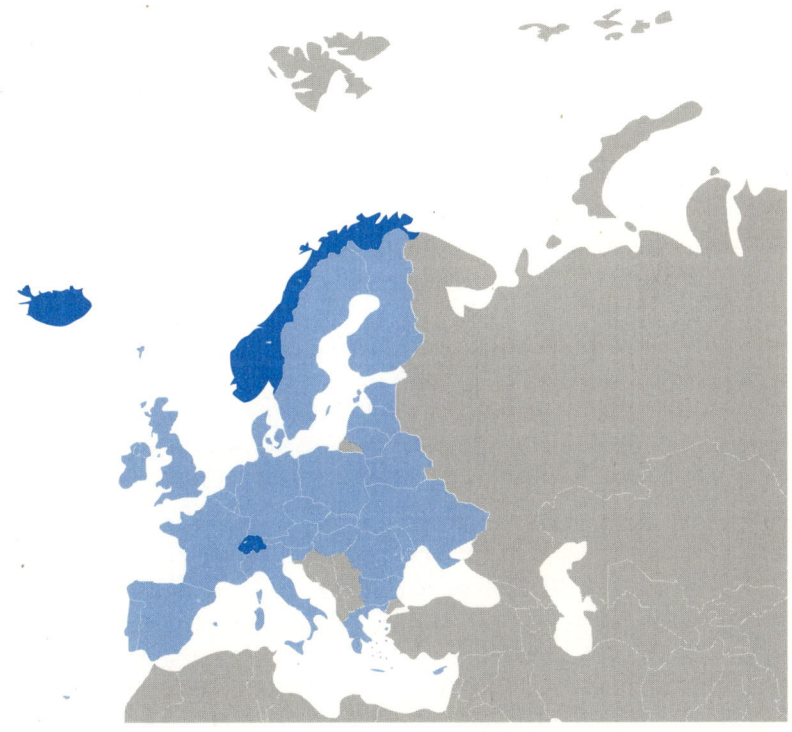

Quelle: https://en.wikipedia.org/wiki/United_States_of_Europe

Die Organe und Strukturen der Europäischen Union sind komplex und undurchsichtig

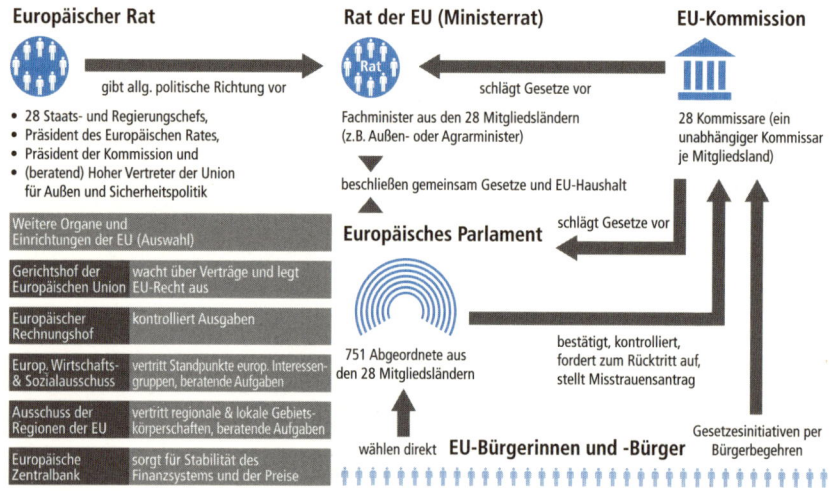

Quelle: Europäische Union

monatlichen Grundgehalt von 8.020 Euro brutto (6.250 Euro netto) kommt eine pauschale monatliche Spesenvergütung von 4.320 Euro sowie ein Tagegeld von 306 Euro für jeden Tag der Teilnahme an offiziellen Sitzungen der Gremien des Europäischen Parlaments. Im Jahr 2014 machte der damalige Parlamentspräsident Martin Schulz Schlagzeilen, als er an 365 Tagen im Jahr Tagegeld kassierte – insgesamt knapp 111.000 Euro. Steuerfrei.[18] Außerdem können EU-Parlamentarier Assistenten auf Kosten der EU bis maximal 21.379 Euro monatlich inklusive Spesen einstellen. Maximal ein Viertel dieses Betrags kann auch für Dienstleistungen wie Gutachten von externen Anbietern verwendet werden.

Im Grunde hat die Europäische Union vier große Konstruktionsfehler. Zum einen ist ihr Wahlrecht unfair und undemokratisch, weil die Bevölkerung der einzelnen Länder sehr ungleich gewichtet wird. Zum zweiten krankt die EU daran, dass sie nach wie vor eine intragouvernementale, also zwischenstaatliche Konstruktion ist. Drittens haben Lobbygruppen, die in der EU meistens nicht öffentlich tagen und direkt bei der Gesetzgebung mitwirken, einen extrem großen Einfluss. Und viertens war der zentrale Deal zwischen Frankreich und Deutschland immer unausgewogen.

Die Bürger der einzelnen EU-Länder werden höchst ungleich im politischen Prozess berücksichtigt: Für Markus Krall ist dies ein »Apartheid-Wahlrecht«.

Einwohner pro Parlamentarier, berechnet auf die jeweiligen Mitgliedsländer. In Deutschland und Frankreich steht ein Abgeordneter für je mehr als 850.000 Stimmen, in Luxemburg für 83.000, in Malta für 67.000.

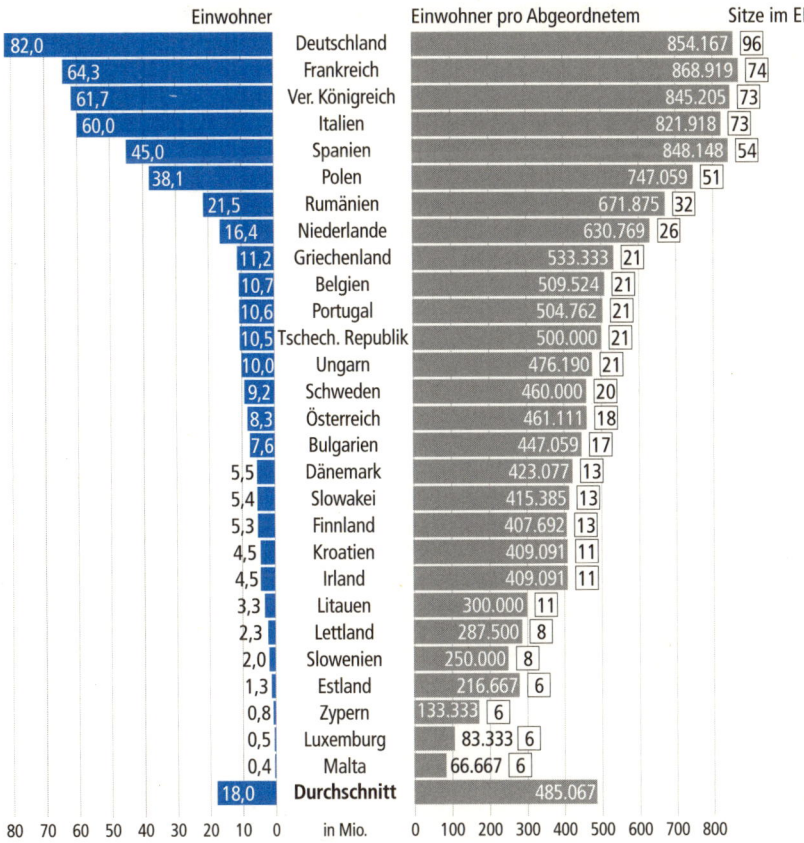

Quelle: Europäisches Parlament

Erstens: Die Vertretung der einzelnen Länder in den EU-Institutionen ist derartig unausgewogen und undemokratisch, dass der Unternehmensberater und Finanzexperte Markus Krall auf dem Neuen Hambacher Fest am 8. Juni 2019 von einem »Apartheid-Wahlrecht« sprach.[19] Die Stimme eines Einwohners von Malta zählt zwölfmal mehr als eine deutsche oder französische Stimme, die eines Luxemburgers zehnmal mehr, die eines Einwohners von Zypern sechsmal. Und nicht nur im Parlament macht sich diese Unausgewogenheit bemerkbar, sondern eben auch in der Kommission, wo Malta genauso mit einem Kommissar vertreten ist wie Frankreich und Deutschland. Malta ist damit 205-fach stärker vertreten, Luxemburg 164-fach, Zypern 102-fach. Seit 2015 gibt es im Rat der Europäischen Zentralbank ein Rotationsprinzip. Zwar werden die Länder mit der stärkeren Wirtschaftskraft höher gewichtet, aber immer muss die Bundesrepublik als Hauptfinanzier des Europäischen Währungssystems eine Zeit lang auf ihr Stimmrecht verzichten.

Zweitens: Die Europäische Union ist eben nicht ein schlanker Koordinationsmechanismus zwischen den Einzelstaaten, wie es früher zum Beispiel das GATT war, sondern greift über Gesetze, Verordnungen und eine aufgeblähte Verwaltung massiv in die Gesellschaften und Wirtschaft ein. Es ist eine nach französischem Muster gestrickte EU, in der *dirigisme* (Zentralsteuerung) und *planification* (Planwirtschaft) einen hohen Stellenwert haben. Die Mitglieder einer über Recht und Gesetz stehenden Elite agieren selbstherrlich und abgehoben. Der frühere luxemburgische Premierminister Jean-Claude »Wenn-es-ernst-wird-müssen-wir-lügen« Juncker verkörpert diese Haltung. Und nutzte seine Position schamlos aus, um als Lobbyist des eigenen Landes zu agieren. Mitarbeiter von EZB und Europäischem Stabilitätsmechanismus (ESM) genießen Immunität vor Strafverfolgung. Obwohl schon andere Autoren darauf hingewiesen haben, kann ich nicht umhin, noch einmal festzuhalten, dass die Regierungsmitglieder der EU »Kommissare« heißen – wie damals in der Sowjetunion.

Wenn die Völker Europas wirklich einen (subsidiären) Zentralstaat wollen, dann sollte dieser demokratisch legitimiert sein. Aber die deutsche Sehnsucht, dass die Länder Europas in einer voll demokratisch legitimierten Union aufgehen, ist nicht verwirklicht worden. Das Europäische Parlament hat immer noch nicht alle Rechte eines Parlaments, die demokratische Gleichberechtigung der Bürger an den Wahlurnen ist nicht gegeben. Der *Tagesspiegel* kommentiert: »Wie Brüssel im Hinterzimmer die Demokratie aushöhlt: In informellen Triloggesprächen sorgen EU-Parlament, Rat und Kommission für schnelle Gesetzgebungsverfahren. Das macht die EU effizienter – und undurchsichtiger. Transparente Demokratie sieht anders aus.«[20]

Drittens haben im Europäischen Parlament Lobbyisten oft einen noch größeren Einfluss, als sie ihn in den nationalen Parlamenten schon haben. Brüssel ist weit weg von vielen Ländern Europas. Hier sind transnationale Funktionseliten aus Konzernen, sonstigen Lobbygruppen und der Politik weitgehend unter sich.

Da mittlerweile die in Brüssel gemachten Gesetze die nationale Gesetzgebung in vielen Fällen dominieren, konzentrieren sich die Lobbygruppen zunehmend auf die EU. 948 Unternehmens- und Branchenverbände sind in Brüssel vertreten, 645 Unternehmen und Unternehmensgruppen sowie 444 Lobbyagenturen und Lobbykanzleien. Dazu kommen noch 244 Berufsverbände und Gewerkschaften sowie 454 Nichtregierungsorganisationen.[21] Eine größere Lobbyistendichte weist nur die US-Hauptstadt Washington auf.

Da die EU-Kommission derzeit noch weniger Beamte beschäftigt als die Stadt Hamburg, greift sie im Gesetzgebungsverfahren auf Experten zurück, die von den Lobbygruppen beschickt werden. Diese tagen nicht öffentlich. Lobbyisten können zu einem sehr frühen Zeitpunkt wesentliche Weichen stellen, was später schwer zu ändern ist.[22] Auch ist die Einflussnahme oft einseitig. Die Termine der polnischen Binnenmarkt-Kommissarin Elżbieta Bieńkowska zwischen 2015 und 2019 mit Lobbyisten und Interessenvertretern hatten zum Beispiel eine deutliche Schlagseite: 87 Prozent waren mit Unternehmensvertretern und -lobbyisten, nur 8,9 Prozent mit Vertretern von NGOs und beschämende 1,5 Prozent mit Gewerkschaftern.[23]

Die Initiative Lobbycontrol fasst zusammen: »Schätzungsweise 25.000 Lobbyisten mit einem Jahresbudget von 1,5 Milliarden Euro nehmen in Brüssel Einfluss auf die EU-Institutionen. Etwa 70 Prozent von ihnen arbeiten für Unternehmen und Wirtschaftsverbände. Sie genießen privilegierte Zugänge zu den Kommissaren. Und sie überhäufen die Abgeordneten mit ihren Änderungsanträgen für Gesetzesvorlagen. Die europäische Demokratie läuft Gefahr, zu einer wirtschaftsdominierten Lobbykratie ausgehöhlt zu werden.«[24]

Jean-Claude Juncker, Mario Draghi, Christine Lagarde und Ursula von der Leyen – wie eine kleine abgehobene Politelite die Geschicke Europas lenkt

Wenn man sich mit einigen der Politiker befasst, die seit vielen Jahren die Geschicke der Europäischen Union bestimmen, kann man nachvollziehen, warum so viele Menschen genug von dieser EU haben. Zum Beispiel Jean-Claude Juncker. Juncker ist ein jovialer Typ. Er kann es kaum lassen, Menschen anzusprechen oder seine Gesprächspartner anzufassen, wie der langjährige Präsident des Bundesverbandes der Deutschen Industrie und Europaparlamentarier Hans-Olaf Henkel in seinem Buch *Die Euro-Lügner* schreibt.[25] Juncker war von 1989 bis 2009 Finanzminister und von 2005 bis 2013 Premierminister Luxemburgs, bevor er Präsident der EU-Kommission wurde.

Auch weil er sehr gut Deutsch spricht, war Juncker häufig in deutschen Medien präsent und appellierte mit Erfolg an die Verantwortung der Deutschen, wenn es ihm passte. Als luxemburgischer Premier nahm er es mit der Verantwortung nicht so genau und baute das Land zu einer Steueroase ersten Ranges aus. Auch musste Juncker die politische Verantwortung für eine Geheimdienstaffäre übernehmen und schied im November 2013 aus seinem Amt aus. Quasi als Belohnung für sein antieuropäisches Verhalten und sein Versagen als Regierungschef wurde er im Folgejahr zum Präsidenten der EU-Kommission ernannt und durfte weiter sein Unwesen treiben.

Mario Draghi stammt aus einer gehobenen Familie. Schon sein Vater war Beamter bei der Notenbank. Als er 15 Jahre alt war, starb sein Vater, kurz danach auch seine Mutter. Draghi übernahm Verantwortung für seine Geschwister und besuchte eine von Jesuiten geführte Privatschule. Später konnte er am renommierten Massachusetts Institute of Technology bei Franco Modigliani promovieren. Nach Stationen in der akademischen Welt und in der EU war Draghi von 2002 bis 2005 Director und Vizepräsident von Goldman Sachs International. Dort verhalf er Goldman durch die Privatisierung italienischen Staatsvermögens zu guten Geschäften. In seiner Amtszeit als Gouverneur der italienischen Notenbank von 2005 bis 2011 drängte er zur Konsolidierung des italienischen Bankensektors und weitreichenden neoliberalen Strukturreformen.

Mit Draghi, den Wirtschaftsprofessoren Mario Monti – Mitglied der Trilateralen Kommission, Goldman-Sachs-Berater, von 1995 bis 2004 EU-Kommissar und von 2011 bis 2013 italienischer Ministerpräsident – und Romano Prodi – von 1996 bis 1998 und 2006 bis 2008 italienischer Ministerpräsident und von 1999 bis 2004 Präsident der EU-Kommission – lenkte ein mächtiges Technokraten-Triumvirat mehr als ein Jahrzehnt lang die Geschicke Italiens. Mit Giuseppe Conte und Matteo Salvini kam 2018 eine von Populisten geführte Regierung ins Amt. Doch Staatspräsident Sergio Mattarella lehnte den zunächst als Finanzminister vorgesehenen Euro-kritischen Paolo Savona ab, aus Angst vor einer negativen Reaktion »der Finanzmärkte«.

Die Europäische Union: auf dem Weg in die EUdSSR

Die designierte Nachfolgerin Mario Draghis, Christine Lagarde, war von 2007 bis 2011 französische Finanzministerin. Die ehemalige Leistungsschwimmerin sammelte Studienabschlüsse in den USA und Frankreich ein, scheiterte aber an der Aufnahmeprüfung für die ENA, die französische Elitehochschule. Nach ihrem Studium arbeitete sie bei der internationalen Anwaltskanzlei Baker & McKenzie. Im Jahr 2008 ließ sie sich vorschnell in einer Wirtschaftsstreitigkeit auf eine Vergleichszahlung des französischen Staates an den Unternehmer Bernard Tapie in Höhe von 403 Millionen Euro ein. Im Dezember 2016 sprach der Gerichtshof der Republik Lagarde des fahrlässigen Umgangs mit öffentlichen Geldern schuldig. Eine Strafe verhängte das Gericht allerdings nicht. Von 2011 bis 2019 war sie geschäftsführende Direktorin des Internationalen Währungsfonds, bevor sie Mario Draghi als Präsidentin der Europäischen Zentralbank beerben durfte.

Eigentlich sollte nach der EU-Wahl 2019 der gemeinsame Spitzenkandidat der stärksten europäischen Parteigruppierung Kommissionspräsident werden, ein Novum im Vergleich zu den Hinterzimmerdeals, mit denen die Präsidenten bislang bestimmt wurden. Das wäre der CSU-Politiker Manfred Weber gewesen. Doch es kam anders. Nach einem Postengeschacher, das eine Niederlage für die Demokratie in Europa war, wurde die frühere deutsche Verteidigungsministerin Ursula von der Leyen neue Präsidentin der EU-Kommission und wechselte damit fast nahtlos von der Hardthöhe nach Brüssel. Die siebenfache Mutter aus der Oberschicht – ihr Vater war der hoch geachtete niedersächsische Minister Ernst Albrecht – gehörte zunächst von 2003 bis 2005 als Ministerin für Soziales, Frauen, Familie und Gesundheit der niedersächsischen Landesregierung unter Christian Wulff an. Von 2005 bis 2009 war sie Bundesministerin für Familie, Senioren, Frauen und Jugend, von 2009 bis 2013 Bundesministerin für Arbeit und Soziales. Als Verteidigungsministerin sollte sie eigentlich die marode Bundeswehr wieder auf Vordermann bringen. Doch nach dem Ende ihrer Amtszeit steht die Bundeswehr so desolat da wie nie zuvor: so gut wie keine einsatzfähigen Kampfflugzeuge, eine demoralisierte Truppe, technisches Versagen. Von der Leyen legte großen Wert auf den demonstrativen »Kampf gegen Rechts« in der Bundeswehr und vernachlässigte ihre eigentlichen Aufgaben. Seit 2014 autorisierte sie für 2219 Beratungsaufträge insgesamt 662,3 Millionen Euro, davon 19,5 Millionen direkt an das Unternehmen, in dem ihr Sohn arbeitete: McKinsey & Co. Auch holte sie die ehemalige McKinsey-Partnerin Katrin Suder als Staatssekretärin ins Haus. Die Vielzahl von Aufträgen half auch, ihr Versagen und ihre Führungsschwäche als Ministerin zu verbergen, allerdings wäre sie fast darüber gestürzt, als bekannt wurde, dass sie schon im Januar 2018 über illegale Aufträge Bescheid wusste, das aber verheimlicht hatte.[26] Die Transatlantikerin ist Washington-hörig und eine klare Befürworterin der gegen Russland gerichteten NATO-Konfrontationsstrategie.

Genauso schlimm: Für die EU-Wahl 2019 waren die Christdemokraten, die Sozialdemokraten und die Grünen erstmalig mit europäischen Spitzenkandidaten in den Wahlkampf gezogen, um die Prozesse in der EU weiter zu demokratisieren. Der Kandidat der stärksten Fraktion im EU-Parlament sollte Kommissionspräsident werden. Die »populistischen« Parteien lehnten dieses Verfahren ab. Als sich abzeichnete, dass der Spitzenkandidat der Christdemokraten, der CSU-Politiker Manfred Weber, keine Mehrheit der Regierungschefs bekommen würde (die den Kommissionspräsidenten dem Parlament vorschlagen), ließ Merkel ihn schnell fallen und schlug den sozialdemokratischen Spitzenkandidaten Frans Timmermans vor. Als auch der nicht mehrheitsfähig war, wurde Ursula von der Leyen aus dem Hut gezaubert. Pikantes Detail: Bei der Abstimmung der Regierungschefs enthielt sich Angela Merkel, weil sie nicht die Zustimmung ihres Koalitionspartners SPD hatte. Besser als durch diese Demontage des Spitzenkandidatenprinzips durch die Regierungschefs im Hinterzimmer konnte die EU ihren undemokratischen Charakter nicht unter Beweis stellen.

Viertens krankt Europa daran, dass der schon von Winston Churchill als Voraussetzung genannte zentrale Deal zwischen Frankreich und Deutschland immer unausgewogen war. Frankreich wollte die deutsche Währung und Wirtschaft vergemeinschaften, nicht aber seine Militär- und Atomstreitmacht und seinen ständigen Sitz im UN-Sicherheitsrat. Europa ist heute nicht weiter als vor über 60 Jahren, als die bereits im Bundestag beschlossene Europäische Verteidigungsgemeinschaft an der französischen Nationalversammlung scheiterte. Alle Pläne für eine europäische Armee laufen derzeit darauf hinaus, dass diese ein NATO-Anhängsel wird, was allerdings zur weiteren Abschaffung von Souveränitätsrechten für die Mitgliedsstaaten führt. Die Truppen der neuen NATO-Armee sollen sich frei bewegen können, ohne dazu die Zustimmung der Staaten, auf deren Territorien sie sich aufhalten, zu benötigen. Die EU-Kommission unterbreitete 2018 Vorschläge, einen »militärischen Schengen-Raum« zu schaffen.[27]

Von Anfang an konnte sich Frankreich durch seine überlegene Diplomatie einen überproportional großen Einfluss sichern. Deutschland wird regelmäßig ins Abseits gedrängt. In seinem *Morning Briefing* vom 1. Juli 2019 zog Gabor Steingart angesichts des offensichtlich verlorenen Pokers um die Präsidentschaft der Europäischen Kommission ein vernichtendes Fazit:[28] »Merkels Bilanz bei der Besetzung internationaler Posten lässt sich für die späteren Geschichtsbücher am besten in der Gleichung zusammenfassen: $14 \times 0 = 0$. Oder in Worten so: Kein Kommissionspräsident. Kein Ratspräsident. Kein EZB-Präsident. Kein geschäftsführender Direktor des Internationalen Währungsfonds. Kein Präsident der Weltbank. Kein Präsident des Europäischen Gerichtshofs. Das zahlenmäßig größte und ökonomisch bedeutendste Land Europas steht nach diesem Wochenende einmal mehr mit leeren Händen da. Deutschland in der Amtszeit von Angela Merkel: die unsichtbare Nation.« Keiner konnte zu der Zeit, als Steingart seine Bilanz zog, damit rechnen, dass im letzten Moment Ursula von der Leyen auf der Bildfläche erscheinen würde. Angesichts der bisherigen Bilanz der Politikerin wäre es besser gewesen, wenn Deutschland auch dieses Mal unsichtbar geblieben wäre.

Europa als Akteur: zerstritten, wehrlos und fremdbestimmt

»Wen rufe ich an, wenn ich Europa sprechen will? Europa hat keine Telefonnummer«, soll der legendäre US-Außenminister Henry Kissinger einmal gescherzt haben. Ob er das tatsächlich so gesagt hat oder nicht, jedenfalls ist die Anekdote so bezeichnend, dass sie immer wieder gerne zitiert wird.[29] Keine europäische Nation ist im globalen Spiel stark genug, sich alleine zu behaupten, geschweige denn, aktiv mitzuspielen. Nur durch eine wie auch immer geartete Zusammenarbeit haben wir eine Chance. Zudem bilden die Länder Europas trotz vieler Unterschiede eine grundsätzliche Wertegemeinschaft.

In Fragen wie der Todesstrafe, der gesellschaftlichen Solidarität, des Datenschutzes und der Anwendung des Vorsorgeprinzips im Verbraucherschutz unterscheiden wir uns trotz einer großen Verbundenheit in vielen Bereichen deutlich von den USA. Europa ist die Wiege der modernen Welt, von hier gingen die maßgeblichen Ideen und Impulse aus, und hier wird sich das Schicksal der globalen Welt entscheiden. Das dürfte nicht die Frage sein. Die Frage ist, ob wir dabei eine passive oder eine aktive Rolle spielen, ob wir (Mit-)Gestalter oder Objekt sind. Bislang ist die Bilanz sehr mager.

Seit 1999 gibt es das Amt des Hohen Vertreters für die Gemeinsame Außen- und Sicherheitspolitik (GASP), das zehn Jahre lang von dem früheren NATO-Generalsekretär Javier Solana bekleidet wurde. Im Vertrag von Lissabon wurden die Aufgaben ausgeweitet, das Amt umbenannt und dem nunmehr Hohen Vertreter der Europäischen Union für Außen- und Sicherheitspolitik eine eigene Behörde zur Seite gestellt, der Europäische Auswärtige Dienst. Von 2009 bis 2014 hatte die Britin Catherine Ashton das Amt inne, seitdem die Italienerin Federica Mogherini.

Kommissionspräsident José Manuel Barroso frohlockte ob dieser Entwicklung: Europa habe nun die Frage Henry Kissingers beantwortet.[30] Aber die Einführung einer mit 130 Prozent der höchsten Gehaltsstufe der EU-Gehaltsskala dotierten Position (23.000 Euro pro Monat) hat wenig geändert. Immer noch sind es die Einzelstaaten, die in der Außenpolitik die entscheidenden Fragen miteinander abstimmen. Für die Hohe Vertreterin bleiben nur die Brosamen, die vom Tisch fallen, oder repräsentative Aufgaben.

Am ehesten hat die Europäische Union internationales Standing in der Währungspolitik, die allerdings mit dem Euro gerade zu scheitern droht, der Handels- und der Wettbewerbspolitik.

Die gemeinsame Handelspolitik gehört mit der Agrar-, Binnenmarkt- und Wettbewerbspolitik zu den Gemeinschaftspolitiken der ersten Stunde. Mit den Römischen Verträgen wurde 1957 die Zollunion beschlossen. Seit 1968 betreibt die EWG offiziell eine gemeinsame Handelspolitik gegenüber der restlichen Welt. Mit dem Vertrag von Lissabon fällt die Handelspolitik in die alleinige Zuständigkeit der Europäischen Union. Die EU hat die alleinige Befugnis, Handelsabkommen mit anderen Ländern und Regionen auszuhandeln, abzuschließen und umzusetzen. Sie alleine setzt handelspolitische Instrumente ein, etwa Zölle, gemeinsame Aus- und Einfuhrregelungen, Schutzmaßnahmen gegen Dumping, subventionierte Importe oder unerlaubte Handelspraktiken sowie mengenmäßige Beschränkungen, aber auch die Gewährung einseitiger Handelspräferenzen.[31]

Auch im Bereich der Handelspolitik besteht ein erhebliches Demokratiedefizit der Europäischen Union: Die Europäische Kommission hat das alleinige Initiativrecht und ist für die Durchführung und Umsetzung der gemeinsamen Handelspolitik zuständig. Zudem hat sie das Verhandlungsmonopol.[32] Wenn es also ein Gebiet gibt, auf dem die Europäische Union als Akteur in der Welt auftreten kann, dann ist es die Handelspolitik.

Dies wurde im Sommer 2018 deutlich, als US-Präsident Donald Trump der Europäischen Union mit Strafzöllen auf Autos drohte, weil die EU höhere Zölle erhebt als die USA. Prompt stellte Jean-Claude Juncker Gegenmaßnahmen in Aussicht und reiste dann zu Gesprächen nach Washington.[33] Er handelte einen Kompromiss aus: Vorerst solle es beiderseitig keine neuen Zölle geben, dafür würden die Länder der Europäischen Union mehr Soja und Flüssiggas aus den USA kaufen. Der Kompromiss stand aber auf wackligen Füßen. Anfang 2019 drohte Juncker erneut mit Gegenmaßnahmen, sollte Trump sein Wort brechen.[34]

So selbstbewusst wie in der Handelspolitik tritt die Europäische Union sonst in keinem Politikbereich nach außen auf. Und auch damit wäre es fast vorbei gewesen, denn die Europäische Union hätte sich durch das Handelsabkommen TTIP (Transatlantic Trade and Investment Partnership) fast selbst entmachtet. Bereits in den 1990er-Jahren wurde die Idee einer privilegierten Handelspartnerschaft zwischen den USA und der Europäischen Union massiv vorangetrieben, wahrscheinlich auch mit dem Hintergrund geostrategischer Überlegungen. Denn eigentlich wäre eine Freihandelszone von Lissabon bis Wladiwostok, wie sie Wladimir Putin, seinerzeit russischer Ministerpräsident, am 25. November 2010 im Berliner Adlon Hotel vorgeschlagen hatte, eine sehr attraktive Alternative.[35] Sie könnte das Zusammenwachsen des europäischen Kontinents fördern und das Risiko durch Spannungen und Kriege im Rahmen von Wandel durch Handel ausschließen.

Auf dem EU-US-Gipfel vom 28. November 2011 verabredeten Präsident Barack Obama und der Präsident des Europäischen Rates, Herman Van Rompuy, die Gründung einer High-Level Working Group. Die Mitglieder der Gruppe blieben lange geheim, bis ihre Namen von einer zivilgesellschaftlichen Organisation veröffentlicht wurden. Der Gruppe gehörten vor allem Lobbyisten und Mitglieder von Thinktanks an, die allesamt kein demokratisches Mandat besaßen. Im Februar 2013 sprachen sich Obama, EU-Kommissionspräsident Barroso und Van Rompuy für eine Freihandelszone ihrer beiden Wirtschaftsblöcke aus.

Als das Abkommen im Jahr 2014 Gestalt annahm, begann sich massiver Widerstand in Europa zu regen, denn TTIP hätte eine Übernahme des amerikanischen Rechts- und Wirtschaftssystems über die Hintertür, die massive Bevorteilung von Konzernen und großen Wirtschaftsakteuren, die Aufweichung von Arbeitnehmerrechten und Verbraucherschutz und eine Entmachtung staatlicher Stellen bedeutet.

Durch Schiedsgerichtsverfahren (Investor-State Dispute Settlement, ISDS) wäre Unternehmen und Einzelpersonen die Möglichkeit an die Hand gegeben worden, Staaten zu verklagen, wenn sie als ausländische Investoren gegenüber Inländern »diskriminiert« oder willkürlich vom Staat behandelt werden (oder sich auch bloß so fühlen). Diese Formulierungen eröffnen weitreichende Möglichkeiten, gegen Staaten vorzugehen. In den USA zum Beispiel klagte ein Milliardär, dem eine marode Brücke, die Ambassador Bridge, die von Detroit ins kanadische Windsor führt, gehört und für deren Benutzung er um die 60 Millionen Dollar Maut pro Jahr kassiert, auf Schadenersatz in Höhe von 3,5 Milliarden Dollar. Warum? Kanada und die USA wollten eine zweite Brücke bauen, um den Verkehr zu entlasten – die nicht mautpflichtig gewesen wäre. Erst nach fünf Jahren erklärte sich das Schiedsgericht für nicht zuständig und wies die Klage ab.[36] In diesem Fall ist alles noch einmal gut gegangen, aber man kann sich vorstellen, was alleine die Möglichkeit solcher Klagen in den Köpfen verantwortlicher Politiker anrichtet.

Arbeitnehmerrechte, Verbraucherschutz und Klimaschutzpolitik würden massiv aufgeweicht und behindert, denn das Land mit den jeweils niedrigeren Standards hätte einen großen Wettbewerbsvorteil. Und wenn das Land mit den höheren Standards etwas unternehmen würde, könnte es vor einem privaten Schiedsgericht verklagt werden. Dem liegt zugrunde, was Gregor Gysi den Konflikt zwischen dem Vorsorge- und Nachsorgeprinzip nannte.[37] In den USA werden Produkte schnell auf den Markt geworfen. Wenn sie versagen oder Schaden anrichten, klagen Verbraucher dagegen und bekommen oft sehr hohe Schadenersatzzahlungen zugesprochen. In Europa, insbesondere in Deutschland und Mitteleuropa, sind die Zulassungsbedingungen hoch, und im Gegenzug die Klagemöglichkeiten eingeschränkter, und die Schadenersatzzahlungen fallen relativ bescheiden aus. Zudem ist die Klagementalität (noch) weniger stark ausgeprägt.

TTIP war und ist in der Tat ein Angriff auf die Souveränität Europas und die Demokratie in Europa.»TTIP ist ein großer Schritt in Richtung einer Wirtschaftsordnung der Reichen und Superreichen. [...] TTIP [beschneidet] die Handlungsfähigkeit der Staaten in Bezug auf Infrastruktur- oder Sozialpolitik.«[38] Der Nutzen des Freihandelsabkommens wurde demgegenüber mit ca. 0,4 bis 0,5 Prozent der Wirtschaftsleistung der jeweiligen Länder angegeben, und das von der Europäischen Kommission, die das Abkommen befürwortete.[39] Die gewerkschaftsnahe Hans-Böckler-Stiftung kam zu ähnlichen Ergebnissen.[40] Bei diesen eigentlich zu vernachlässigenden Zahlen lässt sich vermuten, dass es von Anfang an um etwas anderes ging als Wirtschaftswachstun, nämlich um »das endgültige Aus Europas und den kompletten ökonomischen Anschluss Europas an die USA«.[41]

Das schienen auch die Menschen in Europa zu merken und gingen auf die Straße. Attac sammelte 2014 stolze 715.000 Unterschriften, Campact 470.000. In einer Befragung durch die EU-Kommission lehnten über 97 Prozent der befragten 150.000 Bürgerinnen und Bürger in Europa TTIP ab. Im Oktober 2015 hatten mehr als 3,2 Millionen Bürger, und damit mehr als doppelt so viel, wie erforderlich gewesen wäre, ein EU-Volksbegehren gegen TTIP unterzeichnet. Ende 2016 demonstrierten in Deutschland über 320.000 Menschen in sieben Städten gegen TTIP.[42]

Das starke demokratische Engagement stärkte wohl auch den europäischen Unterhändlern den Rücken, die einmal etwas selbstbewusster gegenüber den USA auftraten. Bundeswirtschaftsminister und Vizekanzler Sigmar Gabriel (SPD) sagte im August 2016: »Die Verhandlungen mit den USA sind de facto gescheitert, weil wir uns den amerikanischen Forderungen natürlich als Europäer nicht unterwerfen dürfen [...] Da bewegt sich nix.« Nicht in einem einzigen von 27 Bereichen hätten die Unterhändler in 14 Verhandlungsrunden Einigung erzielt.[43]

Die Wochenzeitung *Die Zeit* – immer an vorderster Front, wenn US-Propaganda gefragt ist – schreibt: »Beim Thema TTIP sind Politikverdruss und Antiamerikanismus fast zum Selbstzweck geworden. Der Protest ist blind für die Vorteile: Das Handelsabkommen ist Europas Chance.«[44] So unverfroren gegen Europas Interessen anzuschreiben, das geht nur, wenn man fest in Amerikas Hand ist. Sie halten das für übertrieben? Für Verschwörungstheorie gar? Der Medienwissenschaftler Uwe Krüger analysiert in seinem Buch *Mainstream* präzise, wie die amerikanische Einflussnahme auf deutsche Medien erfolgt, nämlich über kooptierte Alpha-Journalisten wie Josef Joffe (*Die Zeit*).[45] Auch die schweizerische Initiative Swiss Propaganda Research zeigt auf, wie sehr die Medien in Deutschland und Europa von Amerika beeinflusst werden.

Das Gegenteil von dem, was Die *ZEIT* (nicht nur) zum Thema TTIP schreibt, stimmt. Denn die TTIP-Kontroverse ist einer der wenigen Fälle, bei denen in Europa die Demokratie und die Interessen der europäischen Bürgerinnen und Bürger siegten. Und das sogar gegen den Willen der EU-Kommission, die die Registrierung der Bürgerinitiative »Stopp TTIP« zunächst ablehnte und erst durch einen Gerichtsentscheid dazu gezwungen werden musste, die Initiative offiziell als Lobbyorganisation zuzulassen.

In der Wettbewerbspolitik kann die Europäische Union zum Beispiel ebenfalls als vollwertiger Akteur auftreten. Sie versucht dies auch immer wieder, erzielt aber bestenfalls kleine Teilerfolge. Im Jahr 2004 verhängte die EU-Kommission eine Rekordbuße von fast 500 Millionen Euro gegen Microsoft, weil das Unternehmen Teile seines Quellcodes nicht offenlegen wollte. 2006 musste das Unternehmen 280 Millionen Dollar Strafe zahlen. Das war ein durchaus wichtiger Schritt, aber die Monopolstellung und Dominanz von Microsoft, auch in den öffentlichen Verwaltungen Europas, war fast nicht mehr zu brechen.[46] 2018 griff die ARD das Thema in einer Dokumentation auf und fragte: »Europa als Softwarekolonie?«[47]

Hätte die Dominanz von Microsoft ein Weckruf für Europa sein können, so versagte der Kontinent völlig bei der nächsten Generation der IT-Konzerne, die in unser aller tägliches Leben eingreifen: Amazon, Alphabet/Google, Facebook, Twitter und das runderneuerte Apple. Während China in diesem Sektor eine eigene blühende Unternehmenslandschaft hat und selbst das im Verhältnis zu seiner Fläche bevölkerungsmäßig kleine Russland teilweise autonom ist, kann man in Europa nur völliges Versagen konstatieren. All diese Unternehmen sind europäische Lebensrealität, ohne dass wir ihnen auch nur ansatzweise etwas entgegenzusetzen hätten. All diese Unternehmen kooperieren natürlich mit den US-Geheimdiensten und sind auch Instrumente der amerikanischen Machtprojektion.

Dabei wäre dies gar nicht so schwer gewesen. Im Amerika spielt der Datenschutz nicht dieselbe Rolle wie in Europa. Hätte die EU die amerikanischen Datenkraken mit strengen Auflagen bezüglich des Datenschutzes belegt, hätten sie nicht so leicht in Europa Fuß fassen können, weil Datensammeln ja ein Teil des Geschäftsmodells dieser Unternehmen ist. Leider hat man sich in vielen Fällen mit bloßen Absichtsbekundungen zufriedengegeben. Hätte man den Datenschutz ernsthaft umgesetzt und wäre dies mit einer vernünftigen Steuerpolitik flankiert worden, welche die monopolistischen Konzerne dort besteuert, wo sie ihre Umsätze erzielen, hätte Europa vielleicht eine Chance gehabt, selber IT-Unternehmen von Weltrang aufzubauen. Im März 2018 schlug die EU-Kommission reichlich spät eine solche Steuer vor.[48] In der fast schon gewohnten habituellen selbstmörderischen Haltung lehnt die deutsche Wirtschaft eine solche Steuer ab.[49] Weil Europa in der Frage gespalten bleibt, brachte Frankreich im März 2019 eine eigene Lösung auf den Weg.[50] Einen ähnlichen Stillstand gab es zuvor bei der Finanztransaktionssteuer, die helfen könnte, die Finanzmärkte zu stabilisieren und Europa als Akteur zu etablieren.

Immer wieder zeigte sich, dass Amerika es mit dem Datenschutz nicht so ernst nimmt. Durch den Whistleblower Edward Snowden kam heraus, wie umfassend die National Security Agency (NSA) den Rest der Welt ausspionierte. Als 2013 herauskam, dass das Handy der Bundeskanzlerin von den amerikanischen Geheimdiensten abgehört worden war, bemerkte Barack Obama lapidar, dass das nun mal der Job von Nachrichtendiensten sei.[51] Bezeichnend auch, dass Angela Merkel sich öffentlich zwar empört gegeben hat, privat aber kaum beunruhigt gewesen sein soll. Wer in einem autoritären Überwachungsstaat aufgewachsen ist und sich perfekt in einem solchen System bewegt hat, hat offensichtlich auch später keine Probleme damit.[52]

Letztlich ist es nicht so abwegig, Europa als eine Art »Datenkolonie« der USA zu bezeichnen. Die Technikchefin der Deutschen Telekom bezeichnete dies 2014 noch als potenzielle Bedrohung.[53] Der damalige Verkehrs- und Digitalminister Alexander Dobrindt (CSU) fürchtete sich 2016 eher davor, dass Europa eine Datenkolonie der Asiaten werde.[54] In der Realität ist die Kolonisierung Europas vor allem durch die USA weit fortgeschritten. Im rasch wachsenden Sektor des Cloud Computing hat Europa den großen Providern Microsoft und Amazon wenig entgegenzusetzen. Auch die Gesetzgebung räumt den US-Behörden viele, den betroffenen Unternehmen und Personen im Ausland fast keine Rechte ein. Mit dem Cloud Act vom März 2018 dürfen US-Behörden von amerikanischen Cloud-Providern, auch solchen im Ausland, die Herausgabe sämtlicher Daten zu Personen und Unternehmen verlangen. Die Provider haben die Pflicht, dem nachzukommen, dürfen allerdings vor einem US-Gericht Einspruch erheben. Das Gesetz beinhaltet keine Pflicht, die betroffenen Personen oder Unternehmen über den Zugriff informieren zu müssen.[55]

Auch die Urheberrechtsreform, der die EU-Staaten im April 2014 zustimmten, ist ein weiterer Schritt in Richtung US-Dominanz und Entstaatlichung sowohl der

Länder Europas als auch der Europäischen Union. Zunächst wurde das Urheberrecht in den letzten Jahren immer wieder systematisch verschärft. Selbst Kopien von geringem Umfang, die früher in Universitätsbibliotheken und für den Hausgebrauch problemlos geduldet wurden, werden mittlerweile mit hohen Bußgeldern geahndet. Das ist klar im Interesse der Rechteinhaber, aber nicht unbedingt der Öffentlichkeit. Auch die Kampagnen gegen Raubkopierer, die seit Langem im Netz und in den Kinos laufen, gehen in diese Richtung. Die Rechteinhaber sitzen aber zunehmend in den USA, wo Hollywood und Silicon Valley immer mehr der Inhalte produzieren, die auch in Europa verwendet werden.

Auch die Einführung der umstrittenen Upload-Filter, welche die Anbieter von Inhalten verpflichten sollen, zu prüfen, ob Urheberrechte verletzt werden, verlagert die Entscheidung von ordentlichen Gerichten hin zu den großen oligopolistischen Anbietern und damit aus der öffentlichen Sphäre in den Bereich von Unternehmen. Zudem würden die Uploadfilter einen großen Teil der Filmcollagen, die kleine Einzelblogger und Firmen produzieren, unmöglich machen und die Zensur erleichtern. Letztlich war Deutschland das Zünglein an der Waage – und stimmte der verbraucherfeindlichen und Europa benachteiligenden Reform zu.[56] Immerhin: Im Juli 2018 verweigerte das Parlament dem vom eigenen Rechtsausschuss bereits abgesegneten Entwurf seine Zustimmung. Die Reform ist damit aufgeschoben, nicht aber aufgehoben.[57]

Völlig hilflos ist die Europäische Union in der hohen Außen- und Sicherheitspolitik, bei Fragen von Krieg und Frieden. Dabei sind äußere und innere Sicherheit die Grundsteine, die gelegt werden müssen, wenn eine Union von Staaten – also auch die Europäische Union – funktionieren soll. Entweder unterwirft sich die EU gleich den amerikanischen Positionen, wie bei den Sanktionen gegen Russland in der Folge der Krim-Annexion, oder die USA bilden Koalitionen mit einzelnen europäischen Mächten, um mit diesen ihre Politik durchzusetzen.

In einer Rede an der Harvard University legte US-Vizepräsident Joe Biden dar, dass man die europäischen Nationen in der Krimkrise habe arg bedrängen müssen, gegen ihren ursprünglichen Willen die Sanktionen gegen Russland zu verhängen und selbst wirtschaftliche Kosten als Folge dieser Sanktionen zu tragen. Man habe die Europäer »beschämen« müssen (*to embarrass*).[58] Dass in der Folge Europa tief gespalten wurde, etliche Länder einen massiven Einbruch ihres Handels mit Russland hinnehmen mussten, war seitens der USA vielleicht nicht nur in Kauf genommen, sogar gewollt. Die USA hingegen treiben weiterhin mehr Handel mit Russland, da sich ihre eigenen Sanktionen vor allem gegen Personen richten.[59]

Den Irakkrieg 2003 begannen die USA mit der Unterstützung Großbritanniens und 47 weiterer Länder in Europa und auf der ganzen Welt. Da half es wenig, dass Frankreich und Deutschland sich offiziell heraushielten und die Bevölkerungsmehrheit in der Europäischen Union den Krieg ablehnte.

Den internationalen Militäreinsatz in Libyen führten 2011 die USA, Frankreich, Großbritannien, Italien mit Unterstützung etlicher weiterer europäischer Länder und einiger Golfstaaten durch. Die Europäische Union unterstützte die Einsätze durch den Erlass von Sanktionen. Letztlich waren es aber Nationalstaaten, die hier ihre nationalen Interessen wahrten. Am 1. September 2011 wurde ein Brief bekannt, nach dem Vertreter des libyschen Übergangsrates der französischen Regierung bei der Londoner Libyen-Konferenz vom 29. März 2011 35 Prozent der Ölreserven des Landes dafür versprochen hatten, dass Frankreich die Rebellen anerkennt und im Kampf gegen Muammar al-Gaddafi unterstützt.[60]

In Bezug auf den komplizierten und lang anhaltenden Stellvertreterkrieg in Syrien beschränkte sich die Rolle der Europäischen Union darauf, 2011 Sanktionen und ein Waffenembargo zu verhängen. Auf Drängen Frankreichs und Großbritanniens wurde das Embargo für die »Rebellen« wieder aufgehoben. Jedes Land sollte selbst entscheiden, wie es mit Waffenlieferungen an Gegner der Regierung Assad umgehen würde. Zwischenzeitlich ist auch Deutschland militärisch mit Sicherungsaufgaben in den Konflikt hineingezogen worden, obwohl sich westliche Militärkräfte ohne UN-Mandat und damit illegal im Land aufhalten. Die drei genannten Konflikte zeigen: Die Europäische Union spielt als politischer und militärischer Faktor in ihren vielleicht wichtigsten Grenzregionen, Nordafrika, der Levante und dem Nahen Osten, bestenfalls eine nachrangige Rolle.

KAPITEL 10

DER EURO-CRASH

Scheitert der Euro, dann scheitert Europa.

Angela Merkel[1]

Vorwärts immer, rückwärts nimmer.

Erich Honecker[2]

Der Euro und die Europäische Währungsunion wären eine faszinierende Fallstudie, um zu demonstrieren, wie ein System in die Sackgasse gerät. Wäre, wenn wir nicht Teil dieses sehr realen Prozesses wären, der uns ärmer macht, die europäischen Völker gegeneinander aufbringt und die Ungleichgewichte zwischen den Ländern der Eurozone so verstärkt, dass die Regierenden ihr Heil in der Flucht in einen zunehmenden Kontroll- und Zwangsstaat suchen.

Mit Vollgas vor die Wand: Europäisches Währungssystem, Euro und EZB

Eigentlich war die währungspolitische Kooperation in Europa eine gute Idee. Nachdem Richard Nixon 1971 die Goldbindung des Dollar aufgegeben und damit das internationale Währungssystem seines Ankers beraubt hatte, ließen die europäischen Länder ihre Währungen gegenüber dem Dollar schwanken, versuchten aber, die Schwankungen zwischen den europäischen Währungen zu begrenzen. Dies wurde die Währungsschlange genannt. Nach diversen Kontroversen zwischen der Regierung Jimmy Carter und der Regierung Helmut Schmidt[3] starteten Schmidt und der französische Staatspräsident Valéry Giscard d'Estaing 1978 eine Initiative zur Schaffung des Europäischen Währungssystems (EWS).

Mithilfe fester, jedoch anpassungsfähiger Wechselkurse sollte in den EWS-Ländern eine Zone der Währungsstabilität geschaffen werden und Europa insgesamt eine wichtigere Rolle im internationalen Währungssystem spielen. Als Bezugsmittel diente die rein rechnerische Europäische Währungseinheit (ECU), ein Währungskorb, in dem die Einzelwährungen mit einem bestimmten Gewicht vertreten waren. Die festen Wechselkurse, die innerhalb einer engen Bandbreite schwanken durften, sollten den Waren-, Dienstleistungs- und Kapitalverkehr zwischen den EG-Ländern erleichtern und fördern. Wenn sich ein Land dauerhaft anders entwickelte, durfte es auf- oder abwerten, und es wurden dann neue Referenzkurse festgelegt. Fernziel war ein einheitlicher europäischer Markt sowie eine europäische Währungsunion.

Mehr als 20 Jahre lang funktionierte das Europäische Währungssystem sehr gut. Die in einer Bandbreite fixierten Wechselkurse schufen eine Zone der Stabilität. Gelegentlich mussten Länder dauerhaft abwerten, zum Beispiel Italien, oder aufwerten, zum Beispiel Deutschland.[4] Außerdem hatte sich rund um Deutschland eine Zone äußerster währungspolitischer Stabilität etabliert. Die Zentralbanken von Österreich, den Niederlanden, von Belgien und Luxemburg folgten bei ihrer Geld- und Zinspolitik einfach der stabilitätsorientierten Deutschen Bundesbank, ganz ohne dass es irgendwelche gesonderten Verträge gegeben hätte. Das war sinnvoll, denn die Volkswirtschaften dieser Länder waren eng mit der deutschen Volkswirtschaft verflochten, sodass hier die Voraussetzungen für eine (informelle) Währungsunion gegeben waren.

All dies änderte sich nach der deutschen Wiedervereinigung. Frankreich nötigte Deutschland den Euro und die Währungsunion ab; laut François Mitterrand war das »der Versailler Vertrag ohne Krieg«.[5] Für diese Währungsunion war Europa in keiner Weise bereit, denn die Grundvoraussetzungen – die Mobilität von Kapital, Waren, Dienstleistungen und Menschen – fehlten. Noch vor Ausgabe der ersten Euromünze war die Eurokrise vorprogrammiert.

Bruno Bandulet: wie eine haushoch überlegene französische Diplomatie den Euro ohne entsprechende Gegenleistungen durchdrückte

In seinem 2018 erschienenen Buch *Dexit* untersucht der unabhängige Finanzanalyst Bruno Bandulet, wie der Euro geschaffen wurde, was die Folgen dieser Kunstwährung sind und wie ein möglicher Ausstieg erfolgen könnte. Frankreich hatte sich schon lange an der Rolle gestört, die die Deutsche Mark als europäische Ankerwährung spielte. Das Ziel der französischen Diplomatie war es, die Bundesbank zu entmachten und damit die D-Mark-Hegemonie loszuwerden. Im Prinzip waren die Würfel schon gefallen, als Präsident François Mitterrand nach dem Fall der Berliner Mauer eine europäische Währungsunion als Gegenleistung für die französische Zustimmung zur deutschen Wiedervereinigung forderte und Helmut Kohl zustimmte, obwohl er das nicht gemusst hätte.

Internationale Stimmen waren von Anfang an vorsichtig: Margaret Thatcher erklärte gegenüber dem *Spiegel* am 25. Oktober 1993: »Wenn ich Deutscher wäre, würde ich die Bundesbank und die D-Mark auf alle Fälle behalten.« Der amerikanische Nobelpreisträger für Wirtschaftswissenschaften James Buchanan sagte dem *Handelsblatt* 1995: »Lasst Euch Eure Bundesbank nicht kaputt machen. Die Zerstörung der Frankfurter Zentralbank wird die Deutschen und Europa noch teuer zu stehen kommen.«

Frankreich war auf den Fall der Mauer in gewisser Weise vorbereitet, denn Pläne zur Übernahme der D-Mark gab es schon früher. Bereits Anfang 1988 war der französische Präsidentenberater Jacques Attali nach Bonn gekommen, um »über die deutsche Atombombe« zu reden. Damit meinte er die D-Mark. »Die Deutsche Mark ist gewissermaßen ihre Atomstreitmacht«, äußerte Mitterrand am 17. August 1988 vor seinem Ministerrat. In einem Gespräch zwischen dem damaligen Außenminister Hans-Dietrich Genscher und Mitterrand im November 1989 wurden die Grundzüge des Tauschgeschäfts »deutsche Wiedervereinigung gegen Aufgabe der D-Mark« beschlossen, nachdem Mitterrand massiv Druck ausgeübt hatte. Er bewies damit ein sehr gutes Timing. Sechs Monate später hätte kein französischer Präsident von einem deutschen Bundeskanzler noch eine Zustimmung erhalten können.

Wahlkampfmaterial der CDU aus dem Jahr 1999

Was kostet uns der **EURO?**
a) Muß Deutschland für die **Schulden anderer Länder** aufkommen?

Ein ganz klares Nein! Der Maastrichter Vertrag verbietet ausdrücklich, daß die Europäische Union oder die anderen EU-Partner für die Schulden eines Mitgliedstaates haften. Mit den Stabilitätskriterien des Vertrags und dem Stabilitätspakt wird von vornherein sichergestellt, daß die Nettoneuverschuldung auf unter 3% des Bruttoinlandsprodukts begrenzt wird. Die Euro-Teilnehmerstaaten werden daher auf Dauer ohne Probleme ihren Schuldendienst leisten können.
Eine Überschuldung eines Euro-Teilnehmerstaats kann daher von vornherein ausgeschlossen werden.

Quelle: Christlich Demokratische Union Deutschlands (CDU)

Helmut Kohl hatte die Bundesbank überfahren, die sich in der Folge zu wehren versuchte. Der damalige Finanzminister Theo Waigel betätigte sich als französischer Propagandist und log ganz ungeniert: »Die starke Deutsche Mark wird auch durch die Währungsunion nicht abgeschafft.« Zehn Jahre später präsentierte die CDU im Wahlkampf 1999 ein Plakat, das versprach, dass es keine Haftung zwischen den Mitgliedsstaaten der Eurozone geben werde.

Wie Hohn klingt da der Titel der 2019 von Theo Waigel veröffentlichten Autobiographie: *Ehrlichkeit ist eine Währung: Erinnerungen.*[6] Sein Chef, Bundeskanzler Helmut Kohl, sagte am 13. September 1991 vor dem Deutschen Bundestag: »Die Kriterien für die Qualifikation zur Währungsunion lauten: strikte Preisstabilität, unbedingte Haushaltsdisziplin.«

Fatal war, dass sich Kohl auf ein festes und unwiderrufliches Datum für die Einführung des Euro festgelegt hatte, den 1. Januar 1999. Obwohl schon jahrelang klar war, dass etliche Länder noch nicht reif für die gemeinsame Währung waren. Bereits 1994 war unter dem früheren bayerischen FDP-Vorsitzenden der Bund Freier Bürger (BFB) als Protestbewegung gegen den Euro gegründet worden. Zwei Jahre zuvor hatten 62 Professoren ein Manifest gegen die Währungsunion verfasst, 1998 noch einmal mehr als 160. Bandulet hierzu: »Dass sie [...] nicht zur Kenntnis genommen wurden, belegt die bekannte These von der Torheit der Regierenden.«

Im Bundestag kam ausgerechnet Gregor Gysi in der entscheidenden Debatte im April 1998 die Rolle der Kassandra zu. Er bezweifelte, dass man einen Kontinent über eine Währung einen könne und dass der Euro Arbeitslosigkeit abbauen helfen würde.[7] Trotz der Warnungen von Politikern und Experten stimmten am Ende nur drei Unionsabgeordnete gegen den Euro. Im Rückblick wirkt das wie die Generalprobe für viele Rechtsbrüche und -beugungen, die im Zuge der diversen Eurorettungsmaßnahmen folgen sollten. Bundesbankpräsident Hans Tietmeyer hatte noch im Juni 1997 in einem letzten Aufbegehren versucht, die Euro-Einführung zu verschieben, fand aber bei Waigel und Kohl kein Gehör. Am 1. Januar 1999 wurde plangemäß der Euro als Buchgeld eingeführt, die Währungsunion also festgeschrieben; am 1. Januar 2002 wurden die nationalen Geldscheine und Münzen durch Euro-Bargeld ersetzt.

Die D-Mark war neben der Fahne der Bundesrepublik Deutschland das letzte große Symbol der Souveränität unseres Landes. Sie wurde uns genommen. Gunter

Gabriel, einem Patrioten mit Höhen und Tiefen, blieb es nur noch, mit »Bye-Bye Deutsche Mark« 2002 ihr Ende zu besingen. Und die Fahne der Bundesrepublik Deutschland steht ausschließlich für die guten Seiten unserer Demokratie: die Freiheitskriege ab 1813, den Vormärz und das Hambacher Fest, die Weimarer Republik und die Bundesrepublik.[8] Aber auch sie soll uns genommen werden. Die *Frankfurter Rundschau* versteigt sich sogar zu der absurden Behauptung, dass die großartige Feier des friedlichen Patriotismus bei der Fußball-WM 2006, das »Sommermärchen«, der AfD den Boden bereitet habe.[9] Auch hierzu hatte der leider 2017 verstorbene Gabriel das passende Lied: »Lasst die Fahnen auf dem Dach. Lasst die Party weitergehn!«[10]

Bruno Bandulet teilt die Geschichte des Euro in drei Phasen ein. In den 1990er-Jahren wurde in der ersten Phase die Währungsunion vorbereitet und »gegen den Willen der Bundesbank und der deutschen Öffentlichkeit mit einer Mischung aus Verrat, Täuschung und Selbsttäuschung durchgesetzt«.[11]

In der zweiten Phase passierte genau das, was ich in meinem Vortrag an der Boston University vorausgesagt hatte. Zunächst allerdings näherte sich das Zinsniveau der unterschiedlichen Länder an.

Viele Ökonomen sahen dies als positives Zeichen: Der Euro funktioniert! Aber die Zinskonvergenz führte zu massiven Kapitalströmen in den Süden, wo die Einheitszinsen zu niedrig waren, und gleichzeitig zu Investitionsstau und stagnierenden Reallöhnen im Norden, wo sie zu hoch waren. Vor allem Deutschland war betroffen.

Unter diesen Bedingungen strömte viel Kapital in die Peripherie, das dort zu erhöhten Konsum- und Investitionsausgaben führte. Länder wie Spanien, Portugal, Griechenland und Italien waren höhere Zinsen gewöhnt und fragten angesichts der gesunkenen Zinsen mehr Kapital nach. Ebenso waren kreditfinanzierte Lohnerhöhungen möglich, welche die Inlandsnachfrage weiter anheizten. Gleichzeit stiegen aber die Güterpreise, sodass die exportorientierten Sektoren unter einem andauernden Verlust der Wettbewerbsfähigkeit litten. Daran hat sich bis heute wenig geändert. Im Gegenteil: Durch die vielen »Rettungsmaßnahmen« haben die EU-Politiker den Anpassungsprozess verhindert, ohne das Problem zu lösen.

Führende Ökonomen wie Hans-Werner Sinn sahen in der Zinskonvergenz der Eurozone nach 1995 einen Beweis dafür, dass der Euro funktioniert …

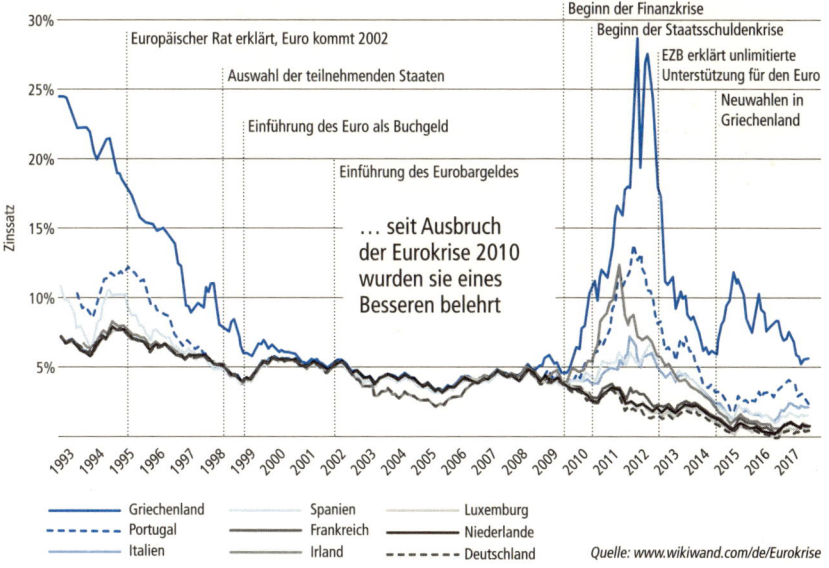

… seit Ausbruch der Eurokrise 2010 wurden sie eines Besseren belehrt

In Spanien und Portugal brach in den 2000er-Jahren ein frenetischer Bauboom aus, in Griechenland wurde das zuströmende Kapital weitgehend konsumiert und in Irland teilweise ebenfalls in Immobilien, teilweise in andere spekulative Projekte gesteckt. Spanien erlebte im Zuge des Booms eine massive Migrationswelle: Die Bevölkerung stieg von 40 Millionen Ende der 1990er-Jahre auf 46 Millionen Mitte der 2000er-Jahre. Dieser Zuwachs von 15 Prozent kam trotz geringer Geburtenzahlen zustande.

Im Norden fehlte dieses Kapital. Die für Deutschland zu hohen Zinsen führten zu Investitionszurückhaltung und Stagnation.[12] Zudem wurden unter der Regierung Schröder 2002 die Hartz-Reformen angestoßen und 2005 mit dem Hartz-IV-Paket abgeschlossen.[13] Viele Lohnempfänger hatten deutlich weniger in der Tasche, als wenn es die D-Mark noch gegeben hätte. Die Inlandsnachfrage blieb gedrückt. Auch seitens der öffentlichen Hand kamen keine großen Investitionsimpulse. So galt Deutschland etliche Jahre als »kranker Mann Europas«.

Die Einführung des Euro und des Einheitszinses ließ die Löhne im Süden stark steigen, während sie im Norden stagnierten

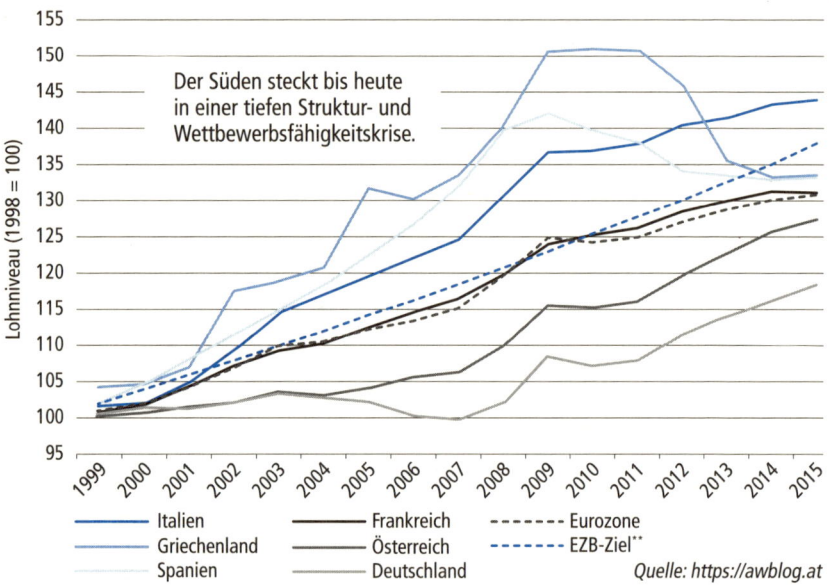

Italien, Griechenland, Spanien, Frankreich, Österreich, Deutschland, Eurozone, EZB-Ziel**

Quelle: https://awblog.at

Die deutsche Wirtschaft, sowieso schon auf Export eingestellt, entwickelte eine bedenkliche Exportlastigkeit, die vor allem den großen, international agierenden Unternehmen nützt (nicht aber ihren Mitarbeitern, denn die stehen im internationalen Lohnwettbewerb). In der nächsten globalen Rezession wird diese einseitige Ausrichtung der Wirtschaft wie ein Bumerang zurückkommen.

Das Euro-Desaster: auf dem Weg in die Planwirtschaft[14]

Der dritte Akt des Dramas begann nach der Finanzkrise 2008. Ab 2009 drehten sich die Kapitalströme wieder um, und das Kapital floss wieder aus dem Süden ab. Eine schwere Depression folgte, die bis heute anhält – mit Jugendarbeitslosigkeit von 30, 40 und mehr Prozent. Jetzt haben wir ansatzweise die Mobilität, die in einer Währungsunion zwingend notwendig ist: Junge Menschen kommen aus Not in den Norden, weil sie in Griechenland, Spanien oder Italien keinerlei Perspektive haben. Aber so zynisch wollten wir Europa nicht bauen!

Kaum schien die Finanzkrise halbwegs überwunden, stand Griechenland 2010 vor der Zahlungsunfähigkeit. Das Land hatte sich unter Angabe falscher Zahlen und mithilfe von Derivaten, die von der Investmentbank Goldman Sachs konstruiert worden waren, um die tatsächliche Höhe der Staatsschulden zu verschleiern, 2001 in die Währungsunion gemogelt. Im Jahr 2004 betrug das griechische Haushaltsdefizit zum Beispiel 5,3 Prozent der Wirtschaftsleistung, statt der nach Brüssel gemeldeten 1,2 Prozent, wie Athen Jahre später zugeben musste.[15]

Nun setzten die Maßnahmen zur »Rettung« des Landes ein. Am 9. Mai 2010 wurde Deutschland im Verhandlungssaal überfahren und der Einstieg in die Transferunion beschlossen. Der »französische Block« – EZB-Präsident Jean-Claude Trichet, IWF-Präsidentin Christine Lagarde und der Luxemburger Jean-Claude Juncker – agierte geschickt und geschlossen. Deutschland stand oft alleine da. Nur die Niederländer, Finnen und Österreicher unterstützten die deutsche Position. Wolfgang Schäuble, der deutsche Finanzminister, war in ein Krankenhaus eingeliefert worden. Gegen ein Uhr morgens einigte man sich auf eine Zweckgesellschaft mit begrenzter Laufzeit, die ein Kreditpaket von 500 Milliarden Euro unter Beteiligung des IWF bereitstellt.[16] Christine Lagarde sagte später dazu: »Wir verletzten alle Rechtsvorschriften, weil wir einig auftreten und wirklich die Euro-Zone retten wollten [...] Der Vertrag von Lissabon war eindeutig. Keine Rettungsaktionen.«[17]

Verkauft wurde die Transferunion vom offiziellen Europa mit einer Legende: »Griechenland, den Euro und Europa zu retten«. Das waren gleich drei politische Lügen auf einmal. Denn von den zunächst 110 Milliarden Euro, die 2010 als »Rettungspaket« durch den Internationalen Währungsfonds als bilaterale Kreditzusagen der Euroländer zur Verfügung gestellt wurden, profitierten weder Europa noch die griechischen Bürger noch die Bürger der Geberländer wie Deutschland. Das Geld floss nicht nach Griechenland, Irland oder Portugal – es floss zunächst als Kredit an die Regierungen dieser Länder und von diesen an die Gläubigerbanken, die sich ein weiteres Mal verzockt hatten, dieses Mal mit Staatsanleihen der Südländer. Fakt ist: Es gab gar keine Krise des Euro, sondern eine neue Bankenkrise, gekoppelt mit einer Wettbewerbsfähigkeitskrise der Südländer.[18] Das

Lohnniveau in Spanien, Portugal und Griechenland müsste laut dem wohl profiliertesten Kritiker des Euro, dem ehemaligen ifo-Präsidenten Hans-Werner Sinn, um 30 Prozent sinken, damit diese Länder wieder wettbewerbsfähig werden.[19]

Die starken Länder der Eurozone retten somit auf Kosten ihrer Bürger die schwachen Staaten, die Gläubigerbanken und die Reichen und Superreichen, denn es sind vor allem die Vermögenden, denen die Aktien der Banken gehören. Im Rahmen der Rettungsaktionen wurden den Südländern etliche Auflagen zur Schuldenreduzierung, zur Senkung der Lohnkosten und zur Privatisierung von Staatsvermögen gemacht – Lohn- und Gehaltsempfänger zahlen also wieder die Zeche. In vielen der Länder des Südens ist dies angesichts der relativ hohen Löhne und Sozialleistungen allerdings auch notwendig.

Die sogenannte Troika aus Europäischer Zentralbank, Europäischer Kommission und Internationalem Währungsfonds macht die Vorschläge für Reformen in den Schuldnerländern und überwacht deren Durchführung. Dass dies in den entsprechenden Ländern als Diktat oder Einmischung empfunden wird, kann nicht verwundern. Für den Frieden in Europa wäre es wesentlich förderlicher, wenn die Schuldnerstaaten mehr Spielraum hätten und das selber regeln könnten, indem sie zum Beispiel ihre eigene Währung abwerten. Hilfskredite könnten durchaus an die Krisenstaaten ausgeschüttet werden, aber bitte erst nach einem geordneten Insolvenzverfahren, bei welchem Banken und Großinvestoren die Kosten für ihre falschen Entscheidungen mittragen. Solche Kredite sollten nicht den Gläubigern zugutekommen, sondern in Infrastrukturprojekte fließen. Unterstützt werden könnten diese Maßnahmen durch Lohnerhöhungen in Deutschland und anderen Überschussländern, wo viele Arbeitnehmer in den letzten Jahrzehnten mit Lohnstagnation oder sogar Kaufkraftverlust zu leben hatten.

Aber die Eurozone hat einen anderen Weg gewählt: Erstens sollen durch von den starken Staaten garantierte Kredite die schwachen Länder und ihre Bankensysteme gestützt werden. Zweitens sollen Niedrigzinsen die Wirtschaft stimulieren. Drittens soll eine engere Integration der Sicherungssysteme und Staatshaushalte die weitreichende Umverteilung innerhalb der Eurozone erreichen. Punkt drei ist eine klare Umgehung des Vertrags von Lissabon, in dem in Art. 125 (1) festgelegt ist, dass kein Staat für die Schulden eines anderen Staates haftet – was Christine Lagarde, wie erwähnt, durchaus geläufig war. Die Eurozone, die vor dem Zerreißen steht, ist auf dem Weg in die Planwirtschaft oder, wie manche sagen, auf dem Weg in die EUdSSR.

Hilfskredite: Als 2010 die Staatsschuldenkrise ausbrach, beschlossen die Länder der Eurozone, dem griechischen Staat mit 80 Milliarden Euro an bilateralen Hilfskrediten unter die Arme zu greifen. Hinzu kamen 30 Milliarden durch den Internationalen Währungsfonds. Im Jahr 2012 wurden diese bilateralen Kredite in einen Hilfsfonds der Eurozone überführt, den Europäischen Stabilitätsmechanismus (ESM) mit Sitz in Luxemburg, der 2013 in die Europäische Finanzstabilisierungsfazilität (EFSF) umgewandelt wurde.

Der europäische Stabilitätsmechanismus: eine problematische Institution

Die ESFS ist eine Aktiengesellschaft mit Sitz in Luxemburg, kann am Kapitalmarkt Kredite und Anleihen aufnehmen, ist mit Garantien der Euro-Mitgliedsstaaten in Höhe von 750 Milliarden ausgestattet und kann bis zu 450 Milliarden Euro verleihen. Diese Institution ist gleich in mehrfacher Hinsicht problematisch:

1. In rechtlicher Hinsicht: Die Verträge wurden nach Meinung vieler Ökonomen und Fachleute in Verletzung von Art. 125 (1) des Vertrags von Lissabon geschlossen, der eine Haftung der Staaten füreinander ausschließt.
Der ESM steht über den europäischen Gesetzen. Gemäß des Vertrags über den ESM vom 25. März 2011 genießen Institution und Personal Immunität vor jeglicher Strafverfolgung. In Einzelfällen kann der Direktor diese Immunität für Angestellte aufheben, muss es aber nicht.

2. In Bezug auf demokratische Mitwirkung: Die Hilfspakete an die Schuldnerstaaten wurden oft in Krisensitzungen entworfen, als »alternativlos« hingestellt und konnten dann nur noch von den Parlamenten abgesegnet werden, ohne dass Gelegenheit zu einer Prüfung von Alternativen vorhanden war. Beamte entscheiden also an den Parlamenten vorbei, ohne Konsequenzen für ihr Handeln fürchten zu müssen. Das entspricht vielleicht der französischen Sicht von staatlichem Handeln, aber sicher nicht der deutschen.

3. In Bezug auf die wirtschaftspolitischen Anreize in der EU: Die bereits verschuldeten Staaten dürfen sich weiter verschulden und haben damit ein höheres Erpressungspotenzial gegenüber ihren Gläubigern, weil sie immer mehr zum Systemrisiko für die gesamte Eurozone werden. Seit 2018 spielt sich diese Dynamik wieder in Italien ab. Italien weiß, dass es mit Staatsschulden von 2,4 Billionen Dollar und Schulden in Höhe von 130 Prozent des BIP nicht einfach vom Markt genommen werden kann, und die neue Regierung von Rechts- und Linkspopulisten schöpft systematisch ihre Möglichkeiten aus.

Überziehungskredite, Rettungsschirme und Hilfskredite können den Staaten nur dann nachhaltig helfen, wenn diese intensive Maßnahmen und Wirtschaftsreformen einleiten. Ansonsten verschlimmert sich die Situation noch. Genau das war in Griechenland und in etlichen anderen Ländern des Südens der Fall. Die den Griechen (nicht aber den Banken und ihren Eigentümern) auferlegten Sparauflagen zwangen das Land ab 2010 in eine tiefe Rezession. Zwischen 2008 und 2013 schnellte die Arbeitslosigkeit von 8 auf 27 Prozent hoch, die Jugendarbeitslosigkeit von 20 auf 60 (sechzig!) Prozent. 2019 lag die Arbeitslosigkeit bei 18 Prozent, die Jugendarbeitslosigkeit immer noch bei 40 Prozent. Das Bruttoinlandsprodukt sank von 350 Milliarden Dollar 2008 auf 220 im Jahr 2018. Das ist ein Rückgang von fast 40 Prozent. So etwas gab es zum letzten Mal in der Weltwirtschaftskrise nach 1929.

Die Griechenland-Rettung funktionierte von Anfang an nicht. In regelmäßigen Abständen kochten die Diskussionen um neue Hilfspakete wieder hoch. Im Sommer 2015 wurde erneut heiß über die »Griechenland-Rettung« diskutiert.[20] Nach zwei Rettungspaketen stand das Land wieder am Rande der Zahlungsunfähigkeit. Insgesamt waren zu diesem Zeitpunkt bereits knapp 240 Milliarden Dollar an Hilfen geflossen, was ungefähr der gesamten jährlichen Wirtschaftsleistung des Landes entsprach. Auch ein halbherziger Schuldenschnitt im Jahr 2012 hatte keine nachhaltigen Wirkungen.[21] Es bestand die reale Möglichkeit, dass Griechenland aus der Eurozone ausscheiden müsste. Wenige Wochen später verabschiedeten die Euro-Länder schnell ein weiteres Hilfspaket in Höhe von 68 Milliarden Euro. Griechenland wurde für geplante vier Jahre komplett vom Kapitalmarkt genommen. Vielleicht waren den Regierenden die fundierten und weitreichenden öffentlichen Diskussionen über Sinn und Unsinn der Hilfspakete dann doch zu viel geworden.

Seit 2016 hat das Land einen ausgeglichenen Haushalt. 2017 testete Griechenland, ob es wieder in der Lage sein würde, Anleihen zu begeben.[22] Der Test verlief positiv und wurde von Politik und Medien groß gefeiert. Allerdings drücken trotz Schuldenschnitt 2019 immer noch Rekordschulden von 180 Prozent die Wirtschaftsleistung. Mit einem Wirtschaftswachstum zwischen 1 und 2 Prozent, einer sehr hohen Arbeitslosigkeit sowie unzureichenden Strukturreformen wird sich das Land nicht vom Diktat der Gläubiger befreien können. Die durch den Euro geschaffene Zwangslage besteht nach wie vor und stiftet weiter Unfrieden: Schon in der heißen Phase der Griechenlandkrise war Angela Merkel gelegentlich mit Hitler-Bärtchen gezeichnet worden. Im Zuge des Wahlkampfs 2019 gab es Stimmen in Griechenland, die mit Hinweis auf die Opfer des Zweiten Weltkriegs von Deutschland sogar Reparationen forderten. Zwar mag diese Forderung vor allem innenpolitisch begründet gewesen sein, aber sie zeigt eins: Die »Hilfen«, die zu einem großen Teil Deutschland gestemmt hat, führen nicht zu Dankbarkeit, sondern zu mehr Forderungen.[23]

Target-II-Salden: Es ist einer der vielen Verdienste von Hans-Werner Sinn, hartnäckig auf die heimliche Finanzierung der Südländer über die Target-II-Salden der europäischen Zentralbank hingewiesen zu haben. Eigentlich sind die Target-II-Salden zinslose Überziehungskredite oder Guthaben der einzelnen Länder der Eurozone, die laut Statuten der EZB nur temporär bestehen sollten. Allerdings hat man bei der Gründung der EZB »vergessen«, in den Statuten festzuhalten, wie der Abbau zu erfolgen hat.

Target-II-Salden können auf dreierlei Weise entstehen. Hat ein Land der Eurozone ein Handelsbilanzdefizit mit einem anderen Land der Eurozone, schreibt es über Target-II an, es finanziert das Defizit über den Kredit. Durch Target-II kann aber auch Kapitalflucht finanziert werden. Will zum Beispiel ein vermögender Italiener ein Haus in Berlin kaufen und ist die Zahlungsbilanz von Italien negativ, muss der Kauf letztlich per Kredit bei der EZB erfolgen. Auch wenn die Notenbanken Anleihen von Banken kaufen, fließen im Schnitt 20 Cent von jedem Euro an Käufen nach Frankfurt, weil die Verkäufer oft internationale Banken sind, die ihre Konten in Frankfurt führen.

Die Target-II-Salden der Notenbanken bei der EZB gingen nach der »whatever-it-takes«-Rede von Mario Draghi zurück – seit 2015 steigen sie wieder und haben einen neuen Höchststand erreicht

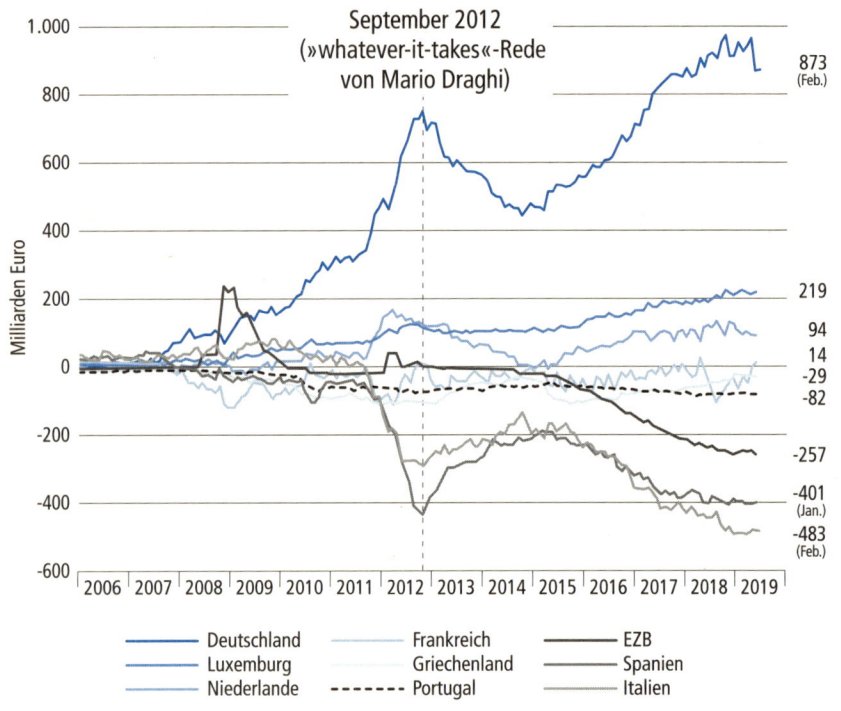

Quelle: Sinn / Wollmershäuser

Es waren nicht nur die unausgeglichenen Handelsbilanzen zwischen den starken und schwachen Euroländern, welche die Target-Salden nach Ausbruch der Eurokrise explodieren ließen. Auch die Kapitalflucht aus den Südländern, deren Bevölkerung oft wesentlich vermögender ist als die Deutschen, spielte eine wesentliche Rolle. So wuchs die Summe, die Italien bei der EZB anschrieb, zwischen 2010 und 2012 von einem ausgeglichenen Saldo auf ungefähr 300 Milliarden, die Spaniens von 50 auf 400 Milliarden Verbindlichkeiten. Deutschlands Forderungen explodierten auf der anderen Seite auf fast 800 Milliarden.

Den nationalen Notenbanken und den europäischen Regierungen war es trotz massiver Interventionen und umfangreicher Hilfsprogramme nach Ausbruch der sogenannten Eurokrise nicht gelungen, die Kapitalflucht zu stoppen und die Finanzmärkte zu stabilisieren. Auch die Zinsdifferenzen für Anleihen der Staaten explodierten – griechische Anleihen notierten eine kurze Zeit lang bei fast 30 Prozent, portugiesische bei fast 15 Prozent.[24]

Im Jahr 2012 hielt EZB-Chef Mario Draghi dann in London seine berühmte »whatever-it-takes-Rede«. Die EZB werde alles, wirklich alles Notwendige tun, um die Eurokrise zu beenden und Vertrauen wiederherzustellen. Nachdem die EZB zwischen 2010 und 2012 im Rahmen des Securities Markets Programme (SMP) bereits Anleihen in Höhe von 200 Milliarden Dollar aufgekauft hatte, beschloss sie im September 2012 die sogenannten Outright Monetary Transactions (OMT). Laut Drahgi unterstützten 21 von 22 Mitgliedern den von vielen Kritikern als rechtswidrig angesehenen Beschluss. Die abweichende Stimme dürfte von Bundesbankpräsident Jens Weidmann gekommen sein, aber da die Verhandlungen der EZB geheim stattfinden, kann man nur mutmaßen.

Im Jahr 2015 kam noch ein erweitertes Programm zum Ankauf von Vermögenswerten (Expanded Asset Purchase Programme, EAPP) hinzu. Noch zu meinen Studienzeiten galt es als ordnungspolitische Sünde, wenn Notenbanken direkt in den Wirtschaftskreislauf eingreifen. Die Folgeprobleme sind vielschichtig: Einerseits werden die Zinsdifferenzen zwischen unterschiedlichen Volkswirtschaften eingeebnet. Länder wie Griechenland und Italien haben weniger Anreize zu Reformen. Die Null- und Niedrigzinsen führen dazu, dass auch schwache Unternehmen überleben und zu Zombie-Unternehmen werden.[25] Schließlich sind auch viele Anleihenmärkte leergekauft, sodass für private Investoren kaum noch etwas übrig bleibt. Zudem begünstigen die Käufe von Unternehmensanleihen die großen international tätigen Konzerne, in denen normalerweise technokratische Manager das Kapital eher verwalten, als wirklich für Innovation zu sorgen. Der Mittelstand, Europas Job- und Innovationsmotor, hat das Nachsehen.

Flankiert werden diese Maßnahmen durch Negativzinsen, welche die EZB seit 2014 auf freiwillige Einlagen der Banken erhebt. Auch dies ist ein Eingriff in das Marktgeschehen, den sich noch vor zehn Jahren kein Ökonom hätte ernsthaft vorstellen wollen. In den fünf folgenden Jahren zahlten die Banken mindestens 21 Milliarden Dollar solcher Negativzinsen an die EZB.[26] Bereits im selben Jahr zog die Skatbank nach und belastete bestimmte Privatkunden ab 500.000 Euro auf dem Tagesgeldkonto und ab 1.000.000 Euro auf dem Girokonto ebenfalls mit Negativzinsen. Mittlerweile sind viele andere Institute gefolgt.[27]

Es half alles nichts: Nachdem die Target-Salden zwischen 2012 und 2015 zurückgingen und die Kapitalflucht weitgehend gestoppt werden konnte, klaffen sie seitdem wieder weit auseinander und erreichten 2018 für Deutschland mit fast 1 Billion Euro Guthaben einen neuen Höchststand, im Februar 2019 stellten Italien und Spanien hingegen neue Negativrekorde auf. Den deutschen Forderungen von 873 Milliarden Euro standen zu diesem Zeitpunkt fast spiegelbildlich die Verbindlichkeiten Italiens von 483 Milliarden Euro und Spaniens von 401 Milliarden Euro gegenüber.

Mittlerweile sind all diese technokratisch-undemokratischen Eingriffe an den Parlamenten vorbei zur neuen Normalität geworden. Im Juni 2019 versuchte Mario Draghi, der im Herbst desselben Jahres aus seinem Amt scheiden wird, die EZB über seine Amtszeit hinaus auf einen ultra-expansiven Kurs festzulegen.[28]

Saurons Turm: das Gebäude der Europäischen Zentralbank in Frankfurt

Quelle: shutterstock/travelview

Der »Krieg gegen das Bargeld«

Flankierend zu den zwangsstaatlichen Eingriffen in Geldkreislauf und Kapitalmärkte hat ab 2014 eine sehr mächtige Anti-Bargeld-Lobby den Krieg gegen das Bargeld eröffnet. Im Mai 2015 beschloss der EZB-Rat zum Beispiel, die 500-Euro-Note auslaufen zu lassen. Bargeld wird als teuer und altmodisch hingestellt. Auch die Kriminalität würde es begünstigen. Die wahren Gründe sind andere, wie ich in meiner Streitschrift *Rettet unser Bargeld*[29] von 2016 aufführe:

1. Die Staaten können die Vermögen der Bürger besser durch Inflation abschmelzen oder direkt mit Sonderabgaben belasten, wenn es kein Bargeld mehr gibt. Der frühere IWF-Chefökonom und Harvard-Professor Kenneth Rogoff forderte als einer der Ersten ganz offen, Bargeld abzuschaffen, um eine höhere Inflation erzeugen zu können, und er hat mittlerweile viele Gleichgesinnte.
2. Die Banken freuen sich, wenn das Bargeld abgeschafft ist, denn nur Bargeld ist juristisch gesehen echtes Zentralnotenbankgeld. Unsere Kontoguthaben und Sichteinlagen bei den Banken sind juristisch gesehen nur Forderungen gegen die Banken. Gibt es kein Bargeld mehr, steigt die Macht der Banken enorm.
3. Die Fintec- und E-Pay-Unternehmen freuen sich, denn bei der Privatisierung des öffentlichen Rechtsgutes Bargeld ist ein Riesengeschäft zu machen. E-Pay ist eben doch viel teurer und oft auch langsamer, wie neue Studien zeigen.
4. Schon heute kennt uns Big Data sehr gut. Wenn aber ausnahmslos alle unsere Transaktionen in elektronischer Form vorliegen, haben Datenkraken wie Google, Microsoft oder Amazon vollständige Kenntnis und Kontrolle über uns. Kein Wunder, dass 2019 Facebook Pläne vorstellte, eine eigene Kryptowährung namens Libra zu lancieren.

Gegen diese Lobby aus mächtigen, ja übermächtigen Interessengruppen haben Bürgerinnen und Bürger kaum eine Chance. Die Abschaffung oder weitgehende Verdrängung des Bargelds hätte weitreichende Folgen, denn nur Bargeld schützt vor den Begehrlichkeiten des Staates, Sonderabgaben, der schleichenden Enteignung durch Negativzinsen und Bankpleiten. Das haben die Bürger von Island mittlerweile gemerkt. Das Land war und ist Spitzenreiter beim bargeldlosen Zahlungsverkehr. Islands große Banken hatten sich in der Finanzkrise schwer verzockt, sodass das Land massiv betroffen war. In jüngerer Zeit steigt der Bargeldumlauf in dem Inselstaat wieder massiv an, obwohl weiterhin fast ausschließlich unbar gezahlt wird. Der Grund: Die Isländer haben erkannt, dass Bargeld als Wertspeicher und Schutz gegen Bankenwillkür dienen kann und legen zu Hause eine Notreserve an.[30]

Und nur mit Bargeld ist ein anonymer Zahlungsverkehr möglich. Sie mögen denken, dass Sie nichts zu verbergen haben. Aber ist es Ihnen recht, dass wirklich *jeder* Ihrer Käufe und Verkäufe, und damit auch Ihrer Aufenthaltsorte elektronisch dokumentiert ist? Ein Rechtsstaat sollte auf der Unschuldsvermutung aufbauen. Nur mit Bargeld können Sie ein Geschäft mit jemanden abschließen, ohne dass sofort ein Dritter darauf schaut. Noch dramatischer: Ohne Bargeld kann man Sie mit einem Kopfdruck vom Wirtschaftskreislauf ausschließen, Sie isolieren und zur Persona non grata erklären. Diktaturen freuen sich über diese Möglichkeit.

Markus Krall: Der Draghi-Crash

Im Jahr 2017 veröffentlichte der Unternehmensberater Dr. Markus Krall, mein geschätzter Mitstreiter beim Neuen Hambacher Fest,[31] sein Buch *Der Draghi-Crash*, das schnell zu einem Bestseller avancierte. Krall ist ultimativer Bankeninsider und hat viele der Risikomanagementsysteme der Banken in Europa selber mit konzipiert. Zudem war er federführend an dem leider erfolglosen Versuch beteiligt, eine europäische Ratingagentur zu gründen. Ich hatte eine solche Agentur bereits 2011 im Deutschlandfunk gefordert.[32]

Bis heute hat das Bankensystem in Europa nicht genug Eigenkapital, um einer ernsthaften Krise wirklich begegnen zu können. Statt massiv Bankensanierungen in großem Umfang zuzulassen und Eigenkapital aufzubauen, hat man versucht, dies durch eine überbordende planwirtschaftliche Bürokratie in den Griff zu bekommen. Seit November 2014 ist die Aufsicht für alle Banken der Eurozone mit über 30 Milliarden Euro Bilanzsumme oder einer Bilanzsumme von mehr als 20 Prozent der Wirtschaftsleistung eines Landes (Bankenaufsicht, EZB-Bankenaufsicht, SSM = Single Supervisory Mechanism) bei der EZB angesiedelt. Daneben gibt es noch die Europäische Bankenaufsichtsbehörde (European Banking Authority, EBA) in Frankfurt, die Europäische Wertpapier- und Marktaufsichtsbehörde (European Securities and Markets Authority, ESMA) in Paris und die nationalen Bankenaufsichten, die für die kleineren Banken zuständig sind. Alle haben ähnliche, aber keine einheitlichen Standards, was den Arbeitsaufwand für die Banken massiv erhöht. Mittlerweile muss jede Banalität gemeldet werden, wie im Sozialismus.

Die marktwirtschaftliche Alternative wäre, die Banken genug Eigenkapital aufbauen zu lassen, sodass sie auch für größere Fehlentscheidungen haften und Krisen überstehen können und ansonsten die Geschäftspolitik den Banken zu überlassen. Laut Krall werden Schätzungen zufolge mittlerweile 15 bis 20 Prozent der Erträge der Banken für die sinnlose Compliance-Bürokratie verbraucht. Europaweit sind das über 100 Milliarden Euro pro Jahr.[33] Um das zu stemmen, müssen gerade die kleinen, kundennahen und risikoarmen Banken fusionieren, was das Risiko im Bankensektor weiter erhöht. Bürokratie schafft Bürokratie.

Um die Illusion der Sicherheit zu erhalten, werden für die Banken sogenannte Stresstests abgehalten, bei denen die europäische Bankenaufsicht in Zusammenarbeit mit der EZB die Auswirkungen verschiedener ökonomischer Szenarien auf Bankbilanzen und Ertragsrechnungen berechnet. Besonderes Augenmerk wird auf schwierige Szenarien, »Stresssituationen«, gelegt. Im Jahr 2015 wurden 139 Banken der Eurozone einem solchen Stresstest unterzogen, 25 wiesen laut EBA eine ungenügende Kapitalausstattung auf. Die Ergebnisse des Stresstests, dem 2016 insgesamt 51 Geldhäuser unterzogen wurden, die 70 Prozent der Bilanzsummen aller europäischen Banken auf sich vereinten, fielen überwiegend positiv aus. Allerdings sah die EZB bei den italienischen Banken sowie auch bei Deutscher Bank und Commerzbank Verbesserungsbedarf.

Markus Krall ist sich sicher, dass dies alles bürokratische Augenwischerei und Selbstbetrug ist. Als Insider weiß er, wie sich Bankportfolios verhalten. Noch haben die Banken höher verzinsliche Anleihen in ihren Portfolios. Diese laufen aber nach und nach aus und müssen durch niedriger verzinsliche Anleihen ersetzt werden. Damit erodieren die Erträge. Gleichzeitig steigen, unter anderem durch den enormen bürokratischen Aufwand, die Kosten. Wenn man die Kosten- und Ertragssituation der jeweiligen Bank kennt, lässt sich ziemlich genau berechnen, wann sie in die Verlustzone rutscht. Nach Krall müsste dies bereits im Jahr 2019 bei der Hälfte aller 1800 deutschen Banken der Fall sein, bis 2021 bei drei Vierteln. Und dann helfen keine Stresstests mehr.

Dann ist das deutsche Bankensystem insolvent. Viele Banken müssen dann Insolvenzverfahren durchlaufen oder der deutsche Bankensektor insgesamt unter Zwangsverwaltung gestellt werden. Was Krall mithilfe eines Webcrawlers für Deutschland berechnet hat, gilt in ähnlicher Form sicher auch für Europa. Lange kann es bis zur Stunde der Wahrheit nicht mehr dauern.[34]

Mehr Planwirtschaft und Umverteilung: Bankenunion, Sicherungssysteme, Arbeitslosenversicherung und Haushalt der Eurozone

Wie mittlerweile gut dokumentiert ist, scheint es von Anfang an der Plan Frankreichs gewesen zu sein, über die Vergemeinschaftung der D-Mark auch die deutschen Haushalte in die Eurozone zu integrieren, gleichzeitig aber seine außenpolitische Souveränität als *Grande Nation* (einschließlich des Sitzes im UN-Sicherheitsrat und der Nuklearwaffen) unangetastet zu lassen.

Dazu musste und muss es allerdings ans Eingemachte gehen: Es reicht nicht mehr, wenn die starken Staaten Nettozahler an den EU-Haushalt sind, und ebenfalls nicht, wenn die starken Staaten Euro-Rettungsfonds finanzieren und garantieren, welche dann den schwachen Staaten mit Krediten unter die Arme greifen. Nach französisch staatswirtschaftlich-dirigistischer Vorstellung muss man tief in den Maschinenraum der jeweiligen Volkswirtschaft, um verborgene Reserven zu heben und Strukturen und Politik auch auf verschiedenen Sektoren, Branchen und einzelnen Bereichen zu harmonisieren.

Ein Versuch, dies politisch umzusetzen, war die »Bankenunion«, ein Begriff, der von dem Brüsseler Thinktank Breughel im Jahr 2011 geprägt und popularisiert wurde.[35] Dahinter steckte aber nichts anderes, als einerseits der EU mehr Macht über die Banken zu geben und die nationalen Aufsichtsbehörden zu entmachten, und andererseits diejenigen Banken, die sich in Schieflage befinden, gegebenenfalls über die Sicherungssysteme der soliden Banken zu stützen und damit direkt Vermögen umzuverteilen. Banken benötigen solche Sicherungssysteme, weil sie im Verhältnis zur Bilanzsumme nur wenig Eigenkapital – meist zwischen 3 und 8 Prozent – haben. Gerät eine Bank in eine Schieflage und muss liquidiert werden, kann dies schnell andere Banken treffen. Über die Sicherungssysteme werden die Einlagen der Kunden – in Deutschland bis 100.000 Euro – abgesichert.

Es verwundert nicht, dass die Wackelkandidaten überwiegend im Süden sitzen, die soliden Banken vor allem im Norden und in Deutschland. Deutschland hat sechs gut funktionierende und gut kapitalisierte Sicherungssysteme: (1) die Entschädigungseinrichtung deutscher Banken GmbH (EdB), (2) die Entschädigungseinrichtung des Bundesverbandes Öffentlicher Banken Deutschlands GmbH (EdÖ), (3) den Einlagensicherungsfonds des Bundesverbandes Deutscher Banken, (4) den Einlagensicherungsfonds des Bundesverbandes Öffentlicher Banken Deutschlands e. V. (ESF), (5) die Sicherungseinrichtung des Bundesverbandes der Volksbanken und Raiffeisenbanken und den (6) Haftungsverbund der Sparkassen-Finanzgruppe.

Zunächst konnten die Begehrlichkeiten des Südens abgewendet werden: Nur die 130 größten europäischen Banken kamen unter die Aufsicht der Europäischen Zentralbank und nur für diese wurde ein gemeinsamer europäischer Einlagensicherungsfonds konzipiert. Nachdem der französische Präsident Emmanuel Macron in seiner Europa-Grundsatzrede an der Sorbonne am 26. September 2017 erneut aufs Tempo drückte, ernannte die Eurogruppe eine Hochrangige Arbeitsgruppe (High-Level Working Group), die bis Juni 2019 einen Plan für Verhandlungen über eine europäische Einlagensicherung ausarbeiten sollte.[36] In ihrem Monatsbericht von Juli 2013[37] und dem Jahresbericht 2018[38] schreibt die Bundesbank, dass eine europäische Einlagensicherung weder notwendig noch hilfreich ist, um die Währungsunion zu stabilisieren. Auch die deutschen Volks- und Raiffeisenbanken sowie die Sparkassen, die einst das Rückgrat der deutschen Wirtschaft bildeten, immer noch eine wichtige Rolle spielen und die gut funktionierende Sicherungssysteme haben, leisten starken Widerstand. Leider schweigt sich der Bundesverband deutscher Banken seit 2014 aus. Der Wirtschaftsprofessor und Euro-Experte Roland Vaubel von der Universität Mannheim stellt fest: Damals wurden die Großbanken unter die Aufsicht der Europäischen Zentralbank gestellt und sind seitdem abhängig vom Wohlwollen der EZB.[39] So geht Zwangswirtschaft.

In seiner Grundsatzrede vom September 2017 betonte Macron, dass die Harmonisierung in Europa vorangetrieben werden müsse und dass die Eurozone das Zentrum der wirtschaftlichen Kraft Europas werden solle. Er schlug deshalb neben dem EU-Haushalt auch noch einen Haushalt für die Eurozone vor, ein »Europa der zwei Geschwindigkeiten«. Als die deutschen CDU-Politiker Karl Lamers und Wolfgang Schäuble dies 1994 forderten, wurden sie vom damaligen Bundeskanzler Helmut Kohl zurückgepfiffen. Angela Merkel hingegen ging, wenngleich zögerlich und nur teilweise, darauf ein.[40]

Im Dezember 2017 veröffentlichte die Europäische Kommission ihre Landkarte (*roadmap*) zur Reform der Eurozone. Unter den Reformvorschlägen waren eine Investmentstabilisierungsfunktion, ein Programm zur Unterstützung von Strukturreformen, eine Konvergenzfazilität, die Nutzung des Europäischen Stabilitätsmechanismus (ESM) als Reserve für den einheitlichen Bankenabwicklungsmechanismus, eine europäische Einlagensicherung, die Umwandlung des ESM in einen Europäischen Währungsfonds, die Umsetzung des Fiskalpakts in ein EU-Gesetz und die Ernennung eines Finanzministers für die Eurozone.

Alle diese Vorschläge laufen darauf hinaus, dass die starken Länder noch mehr für die schwachen Länder haften. Das ist geradezu eine Aufforderung für Politiker der schwächeren Länder, sich falsch zu verhalten. Die Vorschläge greifen aber gleichzeitig tief in die einzelnen Volkswirtschaften ein und behindern damit deren Leistungsfähigkeit. Die Eurozone untergräbt sich selbst. Euro-Experte Vaubel resümiert: »Die institutionellen Änderungen, die die Europäische Kommission und der französische Präsident Macron für die Eurozone vorschlagen, gehen allesamt in die falsche Richtung.«

Europa vor der Zerreißprobe

Das Jahrzehnt seit Ausbruch der Finanzkrise ist für Europa ein verlorenes Jahrzehnt. Die Wirtschaftsleistung in vielen Ländern wie Griechenland, Spanien, Portugal und Italien liegt unter dem Niveau vor der Finanzkrise. Auch Frankreich hat sich nicht erholt, hier ist die Industrieproduktion deutlich eingebrochen. In Deutschland ist die Wirtschaftsleistung leicht gestiegen. Die Arbeitslosigkeit liegt in vielen Ländern deutlich über dem Niveau vor der Finanzkrise, nur in Deutschland ist sie deutlich gesunken. Zwar geht die Arbeitslosigkeit in vielen Ländern seit einigen Jahren zurück, aber die Schuldenstände sind immer noch inakzeptabel hoch. Das wird einer der Gründe sein, dass die französische Diplomatie so hartnäckig versucht, Deutschland zur Kasse zu bitten.

Die Eurozone: ein verlorenes Jahrzehnt

	Arbeitslosigkeit (in Prozent)		Jugendarbeitslosigkeit (in Prozent)		BIP (Billionen US-$)	
	2008	2018	2008	2018	2008	2018
Griechenland	7,8	18,1			0,35	0,22
Spanien	10,8	14,7	24,6	32,7	1,64	1,43
Portugal	7,8	6,8	20,7	17,2	0,26	0,24
Italien	6,8	10,1	22,1	30,5	2,39	2,07
Frankreich	7,4	8,7	19,2	20,1	2,92	2,78
Deutschland	7,2	3,1	10,0	5,1	3,75	3,99
Eurozone	7,4	7,3	15,2	15,9	14,12	13,67

Quelle: www.tradingeconomics.com

Besonders deutlich wird das, wenn man die Eurozone mit den USA und China vergleicht. Während die Eurozone von 2008 bis 2018 um 3,1 Prozent geschrumpft ist, ist die Wirtschaft der USA um knapp 40 Prozent, die Chinas in Dollar gemessen sogar um knapp 200 Prozent gewachsen. Da ist es ein schwacher Trost, dass Japan ebenfalls stagniert.

Die Wirtschaft der Eurozone: im internationalen Vergleich deutlich abgehängt

	2008	2018	Entwicklung
Eurozone	14,12	13,67	−3,1%
USA	14,71	20,49	+39,3%
China	4,59	13,61	+196,5%
Japan	5,04	4,97	−1,4%

Quelle: www.tradingeconomics.com

Bis heute machen die Eliten weiter, als sei nichts gewesen. Im Gegenteil: Anstatt die dysfunktionalen und demokratiefeindlichen Institutionen der EU zu reformieren, satteln wir immer noch einen drauf. Über die Target-II-Salden (siehe oben) lieh alleine Deutschland dem Süden rund 1 Billion Euro. Finanziert werden damit keine Reformen, sondern Kapitalflucht, die Aufrechterhaltung der aktuellen Misere und des Status quo. Ganze Länder wie Griechenland werden vom Markt genommen, damit der menschenfeindliche EU-Zentralismus weiter wuchern kann. Und die Antwort darauf ist immer mehr Zentralismus: Bankenunion, Fiskalunion, Haftungsunion. »Vorwärts immer, rückwärts nimmer« – der Spruch der alten DDR-Kader trifft auch auf die EU-Eliten zu.[41] Fast scheint es, dass die Migrationskrise den Eliten in die Hände spielt, weil sie damit die Einzelstaaten weiter bis zur Unkenntlichkeit schwächen und den Zentralstaat stärken können.

Die offizielle, regierungskonforme Version der europäischen Einigung ist eine Geschichte von immerwährendem Fortschritt, immer größerer Einheit bis hin zur Europäischen Union, dem besten Zustand, in dem sich »Europa« je befand. Wikipedia, ein Medium, das die Sicht der Herrschafts- und Funktionseliten verlässlich widerspiegelt (und kritische Meinungen unterdrückt oder lächerlich macht), tut dies auch beim Themenkomplex »Europäische Union«: In einer Graphik zum Eintrag »Europäische Union« vereinen sich die vielen einzelnen Ansätze mit dem Vertrag von Lissabon zu einer einheitlichen Europäischen Union. Danach ist wieder einmal das »Ende der Geschichte« erreicht. Es wird nicht das letzte Mal gewesen sein.

Tatsächlich sieht es ganz anders aus als in dieser Schönfärberei. Allerorten erweist sich, dass die Bevölkerung in Europa genug hat von dem technokratischen und undemokratischen Spiel kleiner abgehobener Funktionseliten. Überall zeigen sich Risse in dem unausgewogenen Kunstprodukt namens Europäische Union.

Einer der ersten Risse war die britische Pro-Brexit-Entscheidung. Vor dem Referendum wurde ein massiver Propagandaaufwand betrieben, um das Vereinigte Königreich in der EU zu halten. Sogar der damalige US-Präsident Obama reiste nach London, um für einen Verbleib zu werben – eine direkte ausländische Einmischung in innere Angelegenheiten, die ja in anderen Fällen viel kritischer gesehen wird, selbst wenn sie nicht bewiesen sind. Es half nichts: Die Mittelschicht und die einfache Bevölkerung, vor allem in England und Wales, wollten britische Souveränität zurück und insbesondere ihr Land wieder zum Souverän über die Migrationspolitik machen.

Die offizielle Darstellung der Geschichte der EU zeigt ein kontinuierliches Zusammenwachsen – die Ver- und Zerfallstendenzen werden ausgeblendet

Unterz.	In Kraft	Vertrag
1948	1948	Brüsseler Pakt
1951	1952	Paris
1954	1955	Pariser Verträge
1957	1958	Rom
1965	1967	Fusionsvertrag
1986	1987	Einheitliche Europäische Akte
1992	1993	Maastricht
1997	1999	Amsterdam
2001	2003	Nizza
2007	2009	Lissabon

- Westunion (WU) → Westeuropäische Union (WEU) – Aufgelöst zum 1.7.2011
- Europäische Gemeinschaft für Kohle & Stahl (EGKS)
- Europäische Wirtschaftsgemeinschaft (EWG)
- Europäische Atomgemeinschaft (EURATOM)
- Europäische Gemeinschaften
- 3 Säulen der Europäischen Union / Vertr. 2002 ausgelaufen
  - Europäische Gemeinschaft (EG)
  - Justiz & Inneres (JI) → Polizeiliche & justizielle Zusammenarbeit in Strafsachen (PJZS)
  - Europäische Pol. Zusammenarb. (EPZ) → Gemeinsame Außen- und Sicherheitspolitik (GASP)
- Europäische Union (EU)

Quelle: https://de.wikipedia.org/wiki/Europäische_Union

Aber die Eliten, mehrheitlich für einen Verbleib in der EU, sind mit großen Finanzmitteln und massiver Propagandakraft ausgerüstet. In der TV-Sendung *Markus Lanz* gab ich dem Brexit deshalb bereits im Juni 2016 eine Chance von nur 50 Prozent. Seitdem spielt sich vor unseren Augen das Brexit-Drama ab, das mittlerweile die Regierung May verschlissen hat. Die Europäische Union beharrte auf einer weitreichenden Verhandlungsposition, vielleicht auch, weil die Eurokraten Angst haben, dass das britische Beispiel Schule machen könnte. In Parlamentssitzung nach Parlamentssitzung versuchte Premierministerin Theresa May, dem Unterhaus einen von ihr ausgehandelten Kompromiss schmackhaft zu machen. Die *FAZ* resümiert: »May, die zu Beginn ihrer Amtszeit mit Margaret Thatcher verglichen wurde, dürfte als respektierte, aber glücklose Premierministerin in die Geschichte eingehen.«[42]

Das Brexit-Datum wurde im Laufe einiger heißer Verhandlungsrunden und einer umfangreichen Krisendiplomatie mehrfach verschoben. Doch das inszenierte Drama verfehlte seine Wirkung. Wenn sich Befürworter des Verbleibs in der EU etwas davon versprochen hatten, dass Großbritannien an der EU-Wahl im Mai 2019 teilnehmen musste, wurden sie in der Wahlnacht bitter enttäuscht. Nigel Farage, Gründer der United Kingdom Independent Party (UKIP) und politischer Vater des Brexit, hatte nach dem Referendum der Politik den Rücken gekehrt. Als er sein Lebenswerk bedroht sah, gründete er wenige Wochen vor der EU-Wahl die Brexit Party und holte aus dem Stand 32 Prozent der Stimmen. Mays Konservative Partei wurde mit 9 (!) Prozent ins politische Abseits gestellt, Labour erhielt 14 Prozent.[43] Großbritannien kann einer der Dominosteine werden, der das gesamte Gebäude von Brüssel zu Fall bringt, ganz wie ich es bereits im April 1998 an der Boston University skizziert hatte.[44]

Aber Großbritannien ist bei Weitem nicht der einzige Dominostein. Ausgerechnet im EU-Kernland Frankreich gehen seit November 2018 die »Gelbwesten« auf die Straße, um gegen den selbstherrlich agierenden »Sonnenkönig« Emmanuel Macron zu demonstrieren. Macron, der in Deutschland fast so sehr wie Barack Obama als Heilsbringer verehrt wurde, hatte nach dem überwältigenden Wahlsieg seiner Bewegung »En Marche« sehr schnell auf eine Politik der neoliberalen Reformen umgeschwenkt, die vielen in Frankreich überhaupt nicht zusagte.

Am ersten Protesttag, dem 17. November 2018, nahmen fast 300.000 Menschen teil. Es wurden 2000 Straßensperren eingerichtet. Die Gelbwesten – so genannt wegen der gelben Warnwesten, die die Demonstranten tragen – sind eine heterogene Bewegung aus »Rechtspopulisten«, Anarchisten, Linken und zuvor unpolitischen Bürgern in allen Landesteilen, die alle Anzeichen einer spontanen »Graswurzelbewegung« zeigt. Sie organisierte sich über die sozialen Medien. »Viele Teilnehmer bekundeten in der Presse, noch niemals in ihrem Leben öffentlich protestiert zu haben.«[45]

Präsident Macron geht zweigleisig gegen die Proteste vor. Einerseits führte er inszenierte Bürgerdialoge ein, bei denen er mit einem ausgewählten Publikum diskutiert. Die *Frankfurter Allgemeine Zeitung* kommentierte, dass Jupiter vom Olymp herabgestiegen sei, den Bruch zwischen den Bürgern und den Eliten aber immer noch unterschätze.[46] Ausdruck davon ist, dass Macron die Polizei mit ungewöhnlicher Härte gegen die Gelbwesten vorgehen lässt. Die Demonstranten sollen mit Gummigeschossen in Schach gehalten werden. Auch die Antifa, der schwarze Block, mischt aufseiten der Polizei mit.[47] Im Februar 2019, drei Monate nach Ausbruch der Proteste, zog die *Tagesschau* eine Zwischenbilanz der Gewalt: 3000 Verletzte unter Demonstranten und Sicherheitskräften, 82 Schwerverletzte, 20 Menschen verloren ein Auge, vieren wurde eine Hand abgerissen.[48] Zwischen November und März wurden 9000 Demonstranten festgenommen.[49] Die Hohe Kommissarin der Vereinten Nationen für Menschenrechte fordert Frankreich auf, den exzessiven Einsatz von Polizeigewalt zu untersuchen.[50] Im Mai erstatteten 30 Journalisten Anzeige wegen Polizeiwillkür und Eingriffen in die Pressefreiheit.[51]

Präsident Macron ließ als Reaktion auf die »Gelbwesten« eine Bürgerbefragung durchführen und machte Zugeständnisse in Milliardenhöhe – die Regierung beziffert sie auf 17 Milliarden Euro. Er hat eine Senkung der Einkommensteuer in Aussicht gestellt und einen höheren Mindestlohn. Zudem will er Volksbefragungen erleichtern und die Elite-Hochschule ENA »abschaffen«. Viele Gelbwesten bemängeln, von diesen Maßnahmen profitiere die Mittelschicht – also Macrons Wählerschaft. Sie sehen Frankreich weiter als sozial gespalten. Ihr Hauptziel haben sie nicht erreicht: den Rücktritt Macrons, der für sie ein »Präsident der Reichen« ist. Im Juni 2019 kam die notwendige Anzahl von über 250.000 Stimmen zustande, um Macron wegen Verbrechen gegen die Menschlichkeit durch ein Bürgerbegehren anzuklagen.[52]

Nachdem die Proteste zum 1. Mai noch einmal in großer Stärke aufwallten, ist die Zahl der Demonstranten nach einem halben Jahr massiv geschrumpft. Allerdings halten sich die Proteste hartnäckig, Frankreich bleibt sozial und politisch gespalten, ein Ende der Unruhen ist nicht in Sicht.

Exzessive Polizeigewalt ist in den Staaten der Europäischen Union nichts Neues. Auch beim rechtlich umstrittenen Referendum für die Unabhängigkeit Kataloniens, das die Regionalregierung am 1. Oktober 2017 gegen den Willen der Madrider Zentralregierung durchführen ließ, ging die dem Zentralstaat unterstehende Guardia Civil brutal gegen eine friedliche Bevölkerung vor, um die Abstimmung möglichst zu verhindern. Pikant: Die Guardia Civil ist ein Relikt aus der Franco-Ära und hatte schon damals »für Ordnung« gesorgt. Es gab über 900 Verletzte. »Sogar entschiedene Gegner des Referendums und der Unabhängigkeit sind entsetzt angesichts des brutalen Vorgehens«, kommentiert der *Spiegel*.[53]

Im Osten scheren die Visegrád-Staaten Polen, Tschechien, Slowakei und Ungarn aus der gemeinsamen Flüchtlingspolitik aus und sind trotz Repressionen und Drohungen seitens der westlichen Staaten nicht umzustimmen. In den Mainstream-Medien wird vor allem Viktor Orbán in Ungarn als ein Regierungschef hingestellt, der europäische Werte infrage stellt, als eine negative Projektionsfläche.[54] Menschen, die Ungarn kennen und sich dort häufiger aufhalten, berichten hingegen von einem freundlichen, geordneten Land, in dem Orbán große Zustimmung genießt.

In Italien kam 2018 durch ein Querfrontbündnis eine Regierung von linken und rechten »Populisten« ins Amt. Seitdem befinden sich die Europäische Union und Italien in einer Dauerfehde. Die Regierung Giuseppe Conte und Matteo Salvini beendete zwischenzeitlich durch ihr Veto die unsägliche EU-Schleppermission im Mittelmeer. In den deutschen Medien wird die Politik der Regierung sehr kritisch kommentiert. Fakt ist, dass die Zahl der Toten im Mittelmeer von 5100 im Jahr 2016 auf 3100, 2300 und 600 im ersten Halbjahr 2019 gesunken ist.[55] Aber nicht nur in der Flüchtlingspolitik, auch in der Wirtschafts- und Finanzpolitik sind die Reibungen mit Brüssel unübersehbar. Bereits im August 2019 traten Salvini und seine Lega wieder aus der Regierung aus.

Diese EU ist am Ende. Deutschland hat daran eine Mitschuld. Die gegenwärtige Misere ist auch darin begründet, dass das bevölkerungsreichste Land Europas seine eigenen Interessen nicht klar definiert hat und seit Jahrzehnten darunter leidet, dass es eine »gewohnheitsmäßige Vermischung von deutschen und europäischen Interessen« gibt, so der britische Deutschlandexperte Timothy Garton Ash.[56]

Wer aber seine Interessen nicht kennt, ja gar nicht kennen will, und demzufolge auch nicht verteidigt, der wird dafür nicht geliebt, sondern ausgenutzt. Und vielleicht sogar verachtet. Immer, wenn von Deutschland international zum Beispiel mehr »Leadership« gefordert wurde, konnte man sicher sein, dass es um deutsches Geld geht oder darum, dass Deutschland weitere Rechte abtritt.

In Italien, Frankreich, Großbritannien – wo sich das Brexit-Drama hinauszögert und der Kampf immer härter wird –, über Deutschland, wo die Alternative für Deutschland in den Landtagswahlen in Sachsen und Brandenburg zweitstärkste Kraft wurde, und etlichen anderen Ländern rumort es. Der Kontinent steht vor einer Zerreißprobe. Die alten Rezepte helfen nicht weiter. Die Menschen in Italien, Großbritannien, Polen, Ungarn, Katalonien, Frankreich und zunehmend auch in Deutschland sagen Nein zu den menschenverachtenden und völkerfeindlichen Praktiken des EU-Apparats.

KAPITEL 11

DEUTSCHLANDS ABSTIEG

In der Tat: niemand, der die tausendjährige Geschichte der Deutschen von Otto I. bis herab zu Adolf Hitler studiert und nun ihrem physischen, politischen und moralischen Selbstmord beiwohnt, kann das Gefühl unterdrücken, einer Tragödie zu folgen, wie sie in der Weltgeschichte nicht ihresgleichen hat, einer echten Tragödie, in der sich Schuld und Schicksal miteinander verketten.

Es scheint, als hätten sich alle nur denkbarsten Umstände verbündet, um immer wieder, wenn die Deutschen endlich zu gesunden und stabilen Verhältnissen zu kommen schienen, die schon greifbare Aussicht zunichte zu machen. Wieviel Geist und Kraft ist von jenem Zentrallande Europas in jenen tausend Jahren ausgegangen! Wieviel redliches, ja verzweifeltes Streben, das Schicksal zu meistern!

Und immer wieder haben die Deutschen – mit und ohne Schuld – verloren, so sehr, dass man die ganze Geschichte Deutschlands [...] als eine einzige Geschichte der Frustrationen bezeichnen kann.

Wilhelm Röpke,
»Betrachtungen eines Nationalökonomen über das Deutschlandproblem«, 1945[1]

Blüh im Glanze dieses Glückes, blühe deutsches Vaterland!

Hoffmann von Fallersleben, »Lied der Deutschen«, 1841

Vor anderthalb Jahrzehnten schrieb Gabor Steingart, seinerzeit Journalist beim *Spiegel*, später *Handelsblatt*-Herausgeber und derzeitig Herausgeber des viel beachteten *Morning Briefings* das Buch *Deutschland – Abstieg eines Superstars.*[2] Wahrscheinlich hätte sich Steingart damals nicht in seinen schlimmsten Alpträumen ausmalen können, was seitdem passiert ist. Nicht nur ist Deutschland abgestiegen, die deutsche Bevölkerung verarmt international gesehen, sogar im Vergleich zu Ländern wie Italien, die deutschen Großbanken rangieren international unter »ferner liefen«, die Großkonzerne sind demoralisiert oder in internationaler Hand, der Mittelstand, das Rückgrat der Deutschen Wirtschaft, wird durch Gesetze und Regeln Stück für Stück stranguliert.

Noch viel schlimmer – die Deutschen haben unter Kanzlerin Angela Merkel eine erstaunliche Neigung zum wirtschaftlichen Selbstmord entwickelt. Als ob die deutsche Wirtschaft mit dem Kampf gegen das deutsche Banken- und Finanzsystem nicht schon genug belastet wäre, folgten im Abstand von wenigen Jahren die Energiewende, die Öffnung der Grenze für Migranten und die Offensive gegen das Herzstück der deutschen Industrie, die Autobranche – all das, ohne dass es schon entsprechende Zukunftsindustrien gäbe, die unseren Wohlstand auch in Zukunft sichern werden.

Dabei hatte diese Wirtschaft zwei Weltkriege überstanden und sich wieder erholt. Insbesondere die Zerstörungen des Zweiten Weltkriegs, die vielen Toten, die selbst verschuldeten Verluste an Ingenieuren und Wissenschaftlern und der gigantische Abzug von intellektuellem Eigentum hätten Deutschland nach menschlichem Ermessen auf Dauer erledigen müssen. Der Transfer lief massiv in Richtung Siegermächte, wie Bruno Bandulet in seinem lesenswerten Buch *Beuteland – Die systematische Plünderung Deutschlands seit 1945* ausführt. Gemessen an den relativ überschaubaren Summen, die der Marshallplan zur Verfügung stellte, wäre der Verlust an Menschen, Wissen und Schlüsselindustrien eigentlich letal gewesen.[3]

War er aber nicht. Trotz des extremen Aderlasses und der schwierigen Startbedingungen stieg die westdeutsche Wirtschaft phänomenal und schnell wieder in die Weltspitze auf. In den 1960er- und 1970er-Jahren hatte die Bundesrepublik nach den USA und Japan die drittgrößte Volkswirtschaft unter den westlichen Industrienationen, und das trotz einer erheblich kleineren Bevölkerung und Fläche. In den 1980er-Jahren wurde sie zweimal Exportweltmeister, das heißt, das Land mit den absolut höchsten Exporten. Und das, obwohl Deutschland geteilt war und zudem massive Flächen- und Bevölkerungsverluste hatte hinnehmen müssen. Auch 1990 und von 2003 bis 2008 exportierte Deutschland absolut am meisten, bevor es bereits vor zehn Jahren von der Volksrepublik China abgelöst wurde. Schon vor dem Euro und vor dem Vertrag von Maastricht, also in den 1980er-Jahren, wies die Bundesrepublik eine wesentlich offenere Volkswirtschaft auf als die USA oder Japan. Bereits damals lag der Anteil der grenzüberschreitenden Waren und Dienstleistungen dort bei mehr als 50 Prozent, während es in den USA und Japan ein Viertel oder weniger waren. In den 1970er-Jahren war der Höhepunkt der Nachkriegsentwicklung erreicht – trotz Ölpreisschock, Stagflation und RAF-Terrorismus.

Einen maßgeblichen Anteil am Wiederaufstieg Deutschlands hatte sicher der Mittelstand. Der BWL-Professor und Unternehmensberater Hermann Simon machte 1996 in seinem gleichnamigen Buch die heimlichen Gewinner, die »Hidden Champions«, einem internationalen Publikum als Phänomen begreifbar. Diese Familienunternehmen aus der Provinz machten und machen so ziemlich alles anders, als es im Lehrbuch des angelsächsischen Finanzkapitalismus vorgesehen ist. Sie haben ihren Hauptsitz meistens auf dem Land und stellen sich nicht »breit« auf, sondern konzentrieren sich auf winzige Nischen auf dem Weltmarkt, die sie dominieren. Sie werden in wesentlichen Entscheidungen autoritär, in der Umsetzung aber partizipativ geführt. Weitere Säulen der deutschen Stärke waren das Sozialsystem, das den sozialen Frieden sicherte und Leistung ermöglichte, ein vorbildliches Bildungs- und Wissenschaftssystem sowie Konzerne von Weltgeltung, die in der »Deutschland AG« eng miteinander verflochten waren. Ein vorbildliches dezentrales Bankensystem mit Volks- und Raiffeisenbanken und Sparkassen sowie einigen Großbanken versorgte die Wirtschaft mit langfristigen und günstigen Krediten und bot Kleinsparern Anlagemöglichkeiten.

Die Westdeutschen waren zu Recht stolz auf ihren wirtschaftlichen Wiederaufstieg. Helmut Schmidt zog 1976 für die SPD mit dem Slogan »Modell Deutschland« in den Wahlkampf. Die CDU unter Helmut Kohl hatte mit »Freiheit statt Sozialismus« keine Chance. Bildung, Gesundheit und Altersversorgung waren im Großen und Ganzen für alle Deutschen gewährleistet, und zwar unabhängig von ihrer Herkunft und sozialen Schicht. Deutschlands Wirtschaft war in der Welt respektiert, der Export des Landes boomte trotz des Verlustes von Zukunftsindustrien. Auch die Währung blieb in den 1970er-Jahren im Gegensatz zu den USA und Großbritannien einigermaßen stabil. Die starke D-Mark warf eine hohe Sozialdividende ab. Der Wettbewerbsdruck durch Aufwertungen schadete der Exportwirtschaft nicht, sondern spornte die deutschen Unternehmen zu Innovation und größerer Wettbewerbsfähigkeit an. 1989 konnten endlich auch die Deutschen in der Noch-DDR stolz sein – auf ihre friedliche Revolution, auf ihren Bürgersinn. Der Weg für das »Modell Deutschland« – jetzt West und Ost vereint – schien frei.

Und dann begann, zunächst langsam, dann aber immer schneller, der Abstieg der deutschen Wirtschaft. Deutschland fällt in vielen Bereichen zurück. Die Mittelschicht schrumpft.[4] Mittelstand und Handwerk, Rückgrat des deutschen Wohlstands, implodieren. In Deutschland gibt es neue Armut. In den Großkonzernen sitzen verängstigte Manager, die zum Teil ein Vielfaches ihrer Vorgänger verdienen, aber nicht in der Lage sind, ihre Unternehmen in die Zukunft zu führen. Symptomatisch hierfür mag der lange Abstieg der Deutschen Bank sein, der am 4. September 2018 mit dem Rauswurf aus dem europäischen Aktienindex EuroStoxx 50 seinen vorläufigen Tiefpunkt erreichte. Aber auch in der Autoindustrie, *der* Schlüsselindustrie Deutschlands, sieht es nicht gut aus. In Bildung, Wissenschaft und Technik fällt Deutschland zurück.

Wenn die nächste Weltwirtschaftskrise über uns hereinbricht, steht Deutschland ohne Reserven da. Die Deutschen haben deutlich weniger Privatvermögen als die meisten ihrer Nachbarn, Deutschlands Industrie gebeutelt und oftmals in ausländischem Besitz, der Mittelstand ausgeblutet, die Pensionskassen und Bankbilanzen durch die Nullzinspolitik geplündert. Noch schlimmer: Die einseitige Exportorientierung, die wir uns in den letzten Jahren zulasten unserer Bevölkerung und unserer Infrastruktur geleistet haben, wird dazu führen, dass uns die Krise viel stärker treffen wird als andere, weniger exportorientierte Länder. Schon vor vielen Jahren warnte Deutschlands wohl renommiertester Ökonom Hans-Werner Sinn davor, dass das Land zu einer »Basarökonomie« verkomme, die vor allem vom Handel lebt, in der aber die Wertschöpfungstiefe der Fertigung beständig abnehme.[5]

Zwar ging es Deutschland zweimal im 20. Jahrhundert sehr schlecht, aber beide Male waren die gesellschaftlichen Bedingungen andere. Nach dem Ersten Weltkrieg verloren viele Menschen ihr Vermögen in der Hyperinflation von 1923.[6] Auch nach dem Zweiten Weltkrieg, als insbesondere der Westen viele

Flüchtlinge aus dem Osten aufnehmen musste, durchlebte Deutschland Zeiten bitterster Armut. Wieder wurden die Kontoguthaben entwertet. Und die Flüchtlinge wurden keinesfalls mit offenen Armen aufgenommen, sondern eher geduldet.[7] Ich weiß das auch von Augenzeugenberichten, denn mein Vater und seine Familie waren darunter. Aber es bestand trotz allem ein gesellschaftlicher Grundkonsens.

Heute ist das nicht mehr der Fall. Die Verarmung größerer Bevölkerungsgruppen würde auf eine gespaltene Gesellschaft treffen, die an vielen Orten schon zur multiethnischen Gesellschaft geworden ist. In etlichen No-Go-Areas kann schon heute die öffentliche Sicherheit nicht mehr uneingeschränkt aufrechterhalten werden.[8] Die Reichen sondern sich immer weiter vom Rest der Gesellschaft ab.[9] Die Zahl der Bauern, die in Deutschland noch bis in die 1980er-Jahre sehr hoch war, ist innerhalb eines Jahrhunderts drastisch gesunken, und zwar von 83,2 Prozent der Bevölkerung im Jahr 1900 auf 1,6 Prozent 2011.[10] Einen eigenen Garten mit zumindest teilweiser Selbstversorgung haben in unserem hoch industrialisierten Land nur noch wenige. Wohin das führen kann, haben wir vor einigen Jahren in Frankreich gesehen, als in den Vororten von Paris massive gewalttätige Unruhen ausbrachen.

In der nächsten Wirtschaftskrise kann es in diesem Land sehr ungemütlich werden. Bereits 2008 sagte die CIA in einer Studie für das Jahr 2020 die Unregierbarkeit vieler deutscher Stadtviertel voraus. Der am 13. Januar 2017 verstorbene investigative Journalist Udo Ulfkotte schrieb ein Buch darüber.[11] Ich hielt das damals für blanke Panikmache. Wenn Unruhen ausbrechen würden, dann vielleicht in Frankreich oder England, aber doch nicht im gesitteten Deutschland. Der brave Deutsche, so meine Annahme, wäre dazu gar nicht fähig. Mittlerweile bin ich mir nicht mehr so sicher. Durch Merkels Experiment der Grenzöffnung, von einer mächtigen internationalen Koalition gestützt, haben sich die Grundvoraussetzungen massiv verändert. Viele deutsche Innenstädte fühlen sich nicht mehr deutsch an. Man mag dieses »historisch einzigartige Experiment der Umwandlung einer monoethnischen monokulturellen Demokratie in eine multikulturelle« begrüßen, wie der Harvard-Politikwissenschaftler Yasha Mounk in den *Tagesthemen* vom 22. Februar 2018. Egal, wie man zu diesem »einzigartigen Experiment« steht, es lässt sich nicht bestreiten, dass die Risiken erheblich sind.[12] Die Vorfälle von Chemnitz geben einen Vorgeschmack.[13]

Bereits 2010 schrieb das Nachrichtenmagazin *Focus* unter Bezug auf Ulfkotte: »Da ahnte selbst der amerikanische Geheimdienst noch nicht, wie schnell die Entwicklung im Herzen Europas die Studie überholen sollte. [...] Wo sollte man möglichst schnell wegziehen? Wo wird die Polizei die innere Sicherheit nicht mehr dauerhaft gewährleisten können?«[14] In der nächsten Wirtschaftskrise wird es richtig ungemütlich in Deutschland.

Modell Deutschland

Deutschlands Abstieg ist bitter, vor allem, wenn man bedenkt, von wo wir kommen. Bereits um 1900 war die deutsche Wirtschaft die leistungsfähigste der Welt, und sie hielt sich bis in die 1990er-Jahre in der Spitzengruppe. Und das, ohne dass Deutschland Kolonien im nennenswerten Umfang ausbeutete. Ein rohstoffarmes und bevölkerungsreiches Land in einer schwierigen geostrategischen Lage wurde dank Bildung, Wissenschaft und Technik, seines Erfindergeists, seiner Arbeitsethik und seiner hervorragenden sozialen Organisation und Solidarität zu einem Modell für die ganze Welt. »Made in Germany«, von England im Merchandise Marks Act von 1887 als Warenbezeichnung für deutsche Waren zur Pflicht gemacht, erwies sich als Bumerang: Die Bezeichnung, die deutsche Waren stigmatisieren sollte, entwickelte sich schnell zum Qualitätssiegel.

Während die altehrwürdigen Universitäten in Großbritannien den Entwicklungen in Naturwissenschaften und Technik neutral bis ablehnend gegenüberstanden und sich lieber mit den Klassikern beschäftigten, entstanden in Deutschland schon früh Hochschulen, die Technischen Universitäten, an denen man sich genau diesen praktischen Fragestellungen widmete.[15] Deutschland wurde Wissenschaftsnation Nummer eins, Deutsch führende Wissenschaftssprache. Anfang des 20. Jahrhunderts erschien ein Großteil der wissenschaftlichen Publikationen auf Deutsch. Zwischen 1901, als die ersten Nobelpreise vergeben wurden, und dem Ausbruch des Ersten Weltkrieges 1914 sicherten sich deutsche Wissenschaftler 18 Preise, mehr als doppelt so viele wie ihre britischen und viermal so viele wie ihre amerikanischen Kollegen. Die deutsche Chemieindustrie kontrollierte 90 Prozent des Weltmarktes für organische Chemikalien.[16] Im Jahr 1914 hatte Deutschland doppelt so viele Telefone wie Großbritannien installiert und verfügte über fast zweimal so viele Eisenbahnkilometer wie das Geburtsland der Eisenbahnen.[17] Der Erfolg des seit 1871 geeinten Kaiserreichs zog sowohl Anerkennung wie Neid nach sich, und man wollte verstehen, wie er zustande kam. Ein Beispiel für diese Bemühungen ist das Buch *Les méthodes allemandes d'expansion économique* des französischen Ökonomen Henri Hauser, der darin 1915 – mitten im Krieg – das Erfolgsmodell Deutschland analysierte.[18] Die Parallelen zum Aufstieg Chinas in der Gegenwart sind schon auffällig. Und auch beängstigend, wenn man sich vor Augen führt, was 1914 passierte.

Auch die heute oft als rückständig gescholtene deutsche Gesellschaft war in etlichen Bereichen vorbildlich. Es gab – anders als in Großbritannien – die allgemeine Schulpflicht, die Wehrpflicht und die Sozialversicherung. In Prozent der Bevölkerung gemessen, waren vor dem Ersten Weltkrieg mehr Menschen in Deutschland wahlberechtigt als im ach so fortschrittlichen Großbritannien. Das legt der Mitgründer der Weberbank und Philanthrop Ehrhardt Bödecker in *Preußen – eine humane Bilanz* dar.[19] Ein großes Manko gab es allerdings. Durch die Verfassung des Deutschen Reichs wurden die Oppositionsparteien bis zum Ersten Weltkrieg nicht an Regierungsverantwortung gewöhnt und mussten in Daueropposition verharren. Als 1919 die Monarchie implodierte, fehlten andere politische Eliten, die an den verantwortungsvollen Gebrauch der Macht gewöhnt waren. Das trug zu den Problemen der Weimarer Republik nicht unerheblich bei.

Ein Hauptunterschied bestand in der angelsächsischen und der deutsch-mitteleuropäischen Wirtschaftskultur. In Deutschland und Mitteleuropa einerseits sowie in England und den USA andererseits entstanden zwei unterschiedliche Arten des Kapitalismus, und es spricht vieles dafür, dass der deutsche Weg, der sozialere, nachhaltigere, effizientere *und* produktivere war. Tatsächlich ist Kapitalismus nicht gleich Kapitalismus, wie Anfang der 1990er-Jahren der französische Ökonom Michel Albert noch einmal festhielt.[20] Albert sprach vom »rheinischen Kapitalismus«, der insbesondere in seiner deutschen Version der sozialen Marktwirtschaft kooperativer und solidarischer ist als der neoliberale Finanzkapitalismus und dennoch sehr leistungsfähig, wenn nicht leistungsfähiger.[21]

In England, Holland und Portugal hatte sich hingegen relativ früh eine Art »Freibeuterkapitalismus« entwickelt. Das begann mit den Kaperbriefen für englische Piraten, zum ersten Mal ausgestellt von König Heinrich III. im Jahr 1243. Mit diesen Kaperbriefen wurden Kapitäne ausgestattet, die die Feinde Englands auf See aufbringen durften und die Erlöse mit der Krone teilen mussten. Königin Elisabeth I. machte im 16. Jahrhundert in ihrer Auseinandersetzung mit dem spanischen Weltreich reichlich Gebrauch von solchen Freibeuterbriefen. Der bekannteste Pirat in Diensten der Königin war wohl Sir Francis Drake.

Der Freibeuterkapitalismus setzte sich in den großen Kolonialreichen fort, in die England beziehungsweise Großbritannien und die anderen Kolonialmächte ihren ambitionierten Führungsnachwuchs entsandten, junge Männer, die dort schnell auf dem Rücken der indigenen Bevölkerungen, ohne Rücksicht auf Natur, Nachhaltigkeit und Verluste, reich werden wollten. Sehr früh entstanden zunächst in Portugal, dann auch in Holland und England Börsen, die ebenfalls zumindest theoretisch die Möglichkeit schnellen Reichtums boten. Bekannte Denker wie in England David Hume, Adam Smith und Edmund Burke beteiligten sich ohne große Hemmungen an der Börsenspekulation und der Ausbeutung der Kolonien.[22]

Auch zu Hause kannten die englischen Eliten, wie später die amerikanischen und heute die globalen, wenig Solidarität und Sympathie mit dem eigenen Volk. In Schottland vertrieben die Adligen zwischen 1765 und 1820 in den sogenannten Highland Clearances das eigene Volk, weil Platz für Schafherden gemacht werden sollte. Die »Enclosures« – das Einzäunen von öffentlichem Land – waren Vorläufer der heutigen Privatisierungen, bei denen sich die Eliten an öffentlichen Gütern bedienen und damit bereichern.[23]

Im Gegensatz dazu führten die kleineren Einheiten und das Fehlen von Kolonien in Deutschland dazu, dass sich Regierende und Regierte relativ nahe waren.[24] Der direkte Bezug zum und die direkte Verantwortung für das eigene Volk waren größer. Negativbeispiele wie Landesherren, welche die eigenen Söhne als Soldaten an die Kolonialmächte verkauften, gab es zwar, blieben aber die Ausnahme. Die Re-Provinzialisierung Deutschlands nach 1945 mit einer relativen Aufwertung der regionalen Metropolen erhielt die dezentrale Tradition.[25] Wohl oder übel mussten die Menschen auf engem Raum wirtschaften. Die Enge des Landes führte dazu, dass man gut miteinander auskommen musste. Schlechtes Benehmen sprach sich schnell herum, die Reputation war schnell verspielt.

Es mag heute befremdlich klingen, wenn ich von unterschiedlichen »Wirtschaftskulturen« spreche. Renommierte Wissenschaftler wie Alfred D. Chandler vom MIT und Geert Hofstede von der Universität Maastricht – die deutsche historische Schule führt ja zu Unrecht ein Schattendasein – haben dies aber durchaus so gesehen.[26] Zudem boomt in der Managementliteratur das Thema »Unternehmenskultur«, seit Thomas Peters und Robert Waterman in den 1980er-Jahren ihr Buch *Auf der Suche nach Spitzenleistungen* veröffentlichten. Tausende Unternehmen geben viel Geld aus, um eine funktionierende Unternehmenskultur zu schaffen oder ihre Unternehmenskultur zu optimieren. Und es ist gleichfalls bekannt, dass nach Fusionen und Übernahmen nicht alle Kulturen zueinander passen. Warum also soll es besonders erfolgreiche Unternehmenskulturen geben, nicht aber Wirtschaftskulturen ganzer Nationen oder Regionen?

Der bekannte amerikanische Wirtschaftshistoriker Alfred D. Chandler schrieb, dass die Industrialisierung in Mitteleuropa vollkommen anders verlief als in den USA, England oder Russland.[27] Mitteleuropa war schon immer eine Region mit relativ wenig Rohstoffen und Land, dafür aber vielen und oft gut ausgebildeten Menschen. In Russland und in den USA war es genau anders herum: Rohstoffe und Land waren im Überfluss vorhanden, gebildete Menschen Mangelware. So schufen Deutschland und Mitteleuropa ein Wirtschaftsmodell mit langen Ausbildungszeiten und hoher Qualifikation der Mitarbeiter. Diese Mitarbeiter entschieden vieles eigenständig, sodass die Organisationsform europäischer Produktionsprozesse oft deutlich dezentraler als die der entsprechenden amerikanischen Prozesse war, und auch weniger hierarchisch, wie Geert Hofstede in seinen interkulturellen Managementstudien herausgefunden hat. Deutsche Vorstände waren zum Beispiel lange als Kollegialorgan mit einem Sprecher organisiert, während in den USA der CEO unumschränkter Herrscher ist.[28] Weil deutsche Mitarbeiter breit ausgebildet und flexibel einsetzbar waren, die Mobilität im Unternehmen also höher war, war auch die Mobilität zwischen Unternehmen geringer als zum Beispiel in den USA.

In den USA wiederum verlief die Industrialisierung anders herum. Wenig ausgebildete Menschen mussten sofort in den Produktionsprozess integriert werden. Dazu waren die Produktionsprozesse zentralisiert und standardisiert. Spezialisten in den Zentralen ersannen Systeme, bei denen Menschen austauschbar waren – Henry Fords Fließband ist dafür das Paradebeispiel. Bei ökonomischen Veränderungen oder Problemen waren Unternehmen nicht (wie in Europa) Systeme, die Mitarbeiter flexibel einsetzten und auch in wirtschaftlichen Krisen zu beschäftigen suchten. Arbeitskräfte wurden relativ schnell entlassen oder verließen ihren Arbeitsplatz.

Weit mehr als in den angelsächsischen Ländern waren in Mitteleuropa Unternehmen und Staaten seit Ausgang des 19. Jahrhunderts auch Solidargemeinschaften. Dies gilt insbesondere für den Mittelstand, dem Österreich, Deutschland, die Schweiz und einige andere Länder bis heute ihre wirtschaftliche Stärke zu verdanken haben. Bis heute werden dort über 90 Prozent der Arbeitsplätze durch mittelständische Unternehmen bereitgestellt. In den Jahren nach 2000 haben Mittelständler Arbeitsplätze geschaffen, während die Großkonzerne in Summe sie abgebaut haben. Ein erheblich dezentraleres Wissen und dezentralere, zudem stark auf Loyalität und Solidarität beruhende Organisationsformen führten dazu, dass in (Mittel-)Europa relativ kleine Unternehmen auch global mitspielen.

Basierend auf dem Grundgedanken der Solidarität hat Mitteleuropa Sozialsysteme aufgebaut, die weltweit vorbildlich sind. Auch hier ist der Gedanke der ökonomischen Verträglichkeit durch Tarifpartnerschaften sehr wichtig gewesen. Während in den USA und Großbritannien Funktionsgewerkschaften auf Kosten der Unternehmen und der Gesamtheit ihre eigene Klientel bedien(t)en, war zumindest in Österreich und Deutschland durch größere Gewerkschaftsbünde immer eine gewisse Rücksicht auf das Wohl des Unternehmens und der Gesamtgesellschaft gegeben. Sicherlich hat es Europa nach dem Zweiten Weltkrieg teilweise mit den Sozialsystemen übertrieben, aber Österreich, Deutschland, Dänemark, Schweden oder den Niederlanden zeigen, dass eine solidarische Gesellschaft auch ein Wettbewerbsvorteil sein kann.

Deutschland steigt ab

Bereits in den frühen 1970er-Jahren, gerade einmal 25 Jahre nach dem verheerenden Zweiten Weltkrieg, war die deutsche Wirtschaft nach den USA und Japan wieder die drittgrößte der Welt. Seit den 1980er-Jahren steigt die Bundesrepublik, dann das vereinigte Deutschland, unaufhörlich ab. Gemessen am nominalen Bruttoinlandsprodukt überholte uns die Volksrepublik China bereits im Jahr 2007.[29] Aktuell scheint es nur noch eine Frage der Zeit, wann Indiens Volkswirtschaft die deutsche überholt und uns auf Platz 5 verweist. Gemessen an der Kaufkraftparität ist das schon jetzt der Fall. Andere Schwellenländer wie Indonesien, Brasilien und Russland stehen in Warteposition.

Der relative Bedeutungsverlust der deutschen Wirtschaft ist Teil eines normalen Prozesses, wäre also an sich noch kein Anlass zur Sorge. Wenn andere Länder sich entwickeln, werden sie reicher, bauen Industrien auf. Immer noch gibt es einiges aufzuholen, denn das reale Bruttoinlandsprodukt pro Kopf in Deutschland beträgt derzeit immer noch fast das Dreifache des chinesischen.[30] Das schnelle Wachstum in den aufstrebenden Industrieländern bringt dort einen weiteren Effekt mit sich: Es schafft Optimismus und Dynamik. Ich habe es im dritten Kapitel schon erwähnt: Seit 2005 wurden in China alle zwei Wochen Immobilien von einem Umfang gebaut, wie sie insgesamt in Rom stehen. 2014 wurde ein 57 Stockwerke hoher Wolkenkratzer in 19 Tagen hochgezogen.[31]

Anlass zur Sorge ist hingegen, dass wir uns in unserem stagnierenden Land in endlosen Debatten und Diskussionen ergehen. Es ist kein Geheimnis, dass ein Großteil unserer Infrastruktur marode und sanierungsbedürftig ist. Seit Jahren beobachte ich das Drama um die Rheinbrücke Leverkusen, die über die A1 nördlich von Köln führt. Manchmal bin ich nicht nur Beobachter, sondern auch Betroffener, nämlich dann, wenn ich im Stau stehe. Seit 2012 ist diese Brücke für Lkw ab 3,5 Tonnen gesperrt, weil sie nicht mehr sicher ist. Weil es immer wieder zu tödlichen Unfällen durch Lkw kam, die in Staus hineinrasten, gibt es seit 2016 eine Sperranlage. Bis 2020 sollte eine neue Brücke gebaut werden. Der Termin wurde auf 2025 verschoben. Wenn alles gut geht, liegen also 13 Jahre zwischen Auftreten der Probleme und einer neuen Brücke. In China wurde die Sanyuan-Brücke in nur 43 Stunden hochgezogen.[32]

Ende 2017 vermeldete die Deutsche Bahn AG einen Erfolg. Die 623 Kilometer ICE-Trasse von München nach Berlin war nach einem Vierteljahrhundert Bauzeit fertiggestellt und wurde gut angenommen.[33] Immerhin. Demgegenüber plant China, alleine 2019 neue Strecken mit einer Länge von insgesamt 6800 Kilometern in Betrieb zu nehmen.[34] Trotz seines gut ausgebauten Bahnnetzes wird China um das Jahr 2022 der weltgrößte Markt für Flugreisen werden – und der Bedarf wird weiter wachsen. Aktuell verfügt das Land über 235 Flughäfen, und in den nächsten 15 Jahren soll sich diese Zahl fast verdoppeln![35]

Man könnte das mit dem Spruch »Masse statt Klasse« abtun. Aber auch die Wissenschaftsnation Deutschland fällt rapide zurück. 2007 stellten deutsche Unternehmen und Erfinder um die 170.000 Patentanträge, ungefähr so viel wie chinesische. Die USA lagen bei 500.000. In den zehn Jahren danach stagnierte die

Zahl der deutschen Anträge, die der amerikanischen stieg leicht, die Zahl der chinesischen jedoch explodierte förmlich und verachtfachte sich fast. Das heißt auch, dass Unternehmen und Erfinder in China mittlerweile jedes Jahr siebenmal so viele Anträge stellen wie in Deutschland.

Bereits 2007 überholte die Volksrepublik China die Bundesrepublik Deutschland bei den Patentanträgen, 2011 auch die USA.

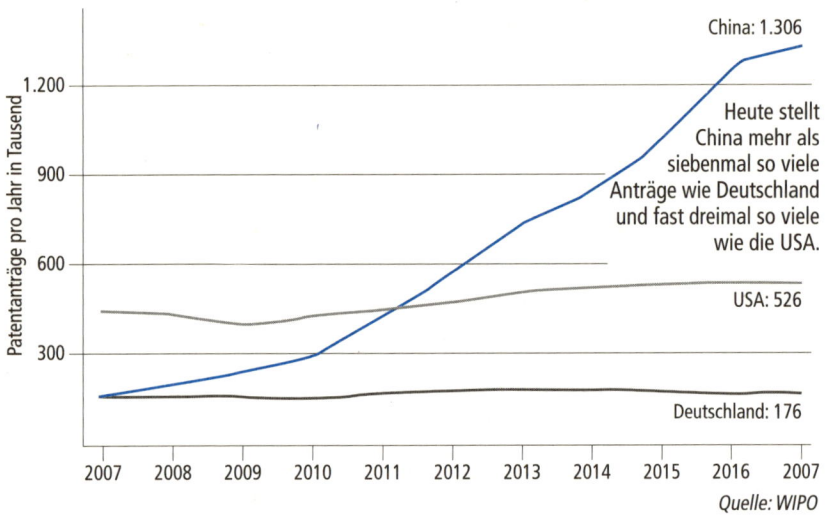

Quelle: WIPO

»Deutschland war lange Zeit Chinas Vorbild, ein Symbol für Weitblick und Effizienz. [...] Nun fliegen deutsche Manager nach China, und [...] alle sind entgeistert und besorgt: mit welchem Tempo dort entwickelt wird, neue Unternehmen entstehen, Branchen aufgebaut werden«, resümiert der *Spiegel*.[36]

Auch hinsichtlich der digitalen Infrastruktur und des Netzausbaus besteht massiver Investitionsbedarf. Als die Initiative D21 e.V., nach eigener Darstellung Deutschlands größtes gemeinnütziges Netzwerk für die digitale Gesellschaft, ihren Digital-Index 2017/2018 vorstellte, wurde wieder einmal bestätigt, was viele vermuteten. Deutschland ist digitales Entwicklungsland.[37]

Unter den zehn Technologieunternehmen mit der weltweit größten Marktkapitalisierung befinden sich derzeit sieben amerikanische Unternehmen, angeführt von Microsoft, dann folgen Amazon, Apple, Alphabet/Google und Facebook, zwei chinesische, Tencent und Alibaba, und ein koreanisches, Samsung. Dann kommen noch einmal zwei amerikanische Firmen. Das wertvollste deutsche Technologieunternehmen ist an Stelle 18 die SAP. Deutschland, ja eigentlich ganz Europa, hat eigentlich keine Internetunternehmen von Weltgeltung. Während Tencent und Alibaba durchaus mit Google und Amazon mithalten können, und Samsung teilweise mit Apple, haben wir: nichts. Siemens gab vor langer Zeit seine Handysparte auf. Und wenn einmal hoffnungsvolle Start-ups entstehen, wie zum Beispiel das Göppinger Unternehmen Team Viewer, werden sie schnell von ausländischen Beteiligungsgesellschaften aufgekauft. Die Fernwartungssoftware Team Viewer nutzen 90 Prozent aller Fortune-500-Unternehmen. Eigentümer ist seit 2014 die britische Beteiligungsgesellschaft Permira. [38]

Auch deutsche Konzerne aus traditionellen Branchen verlieren rapide den internationalen Anschluss. Im Sommer 2019 befanden sich nur noch zwei deutsche Konzerne – SAP und die Allianz – unter den 100 wertvollsten Unternehmen der Welt. Noch zwei Jahre zuvor war Deutschland mit sechs Unternehmen vertreten, schon das ein deutlicher Abstieg im Vergleich zu den 1980er- und 1990er-Jahren. Deutschland hat praktisch keine Konzerne von Weltgeltung mehr, wenn man den Börsenwert als Vergleichsmaßstab nimmt.[39] Wachstum und Dynamik der deutschen Wirtschaft schwächeln. Die 44 deutschen Unternehmen, die es in die Liste der 1000 umsatzstärksten Unternehmen der Welt schafften, waren Schlusslicht beim Wachstum.[40] Seit 2019 gibt es in Deutschland wieder Entlassungen in größerem Umfang, und das trotz angeblichen Arbeitskräftemangels.[41] Hoffnung auf eine Trendwende besteht kaum.

Das »dumme deutsche Geld« und seine Profiteure

Als reife, reiche Industrienation hat Deutschland große Exportüberschüsse, die zu erheblichen Forderungen an das Ausland, also Auslandsvermögen, führen. Ebenso sind die Deutschen recht sparsam und legen privat im internationalen Vergleich viel auf die Seite. In allen Bereichen jedoch werden die deutschen Überschüsse dumm investiert. Wenn Deutschland oder die Deutschen einmal auf ihre Reserven zugreifen wollen, werden sie feststellen, dass ein Großteil nicht mehr da ist.

Daniel Stelter: »Zehn Gründe, warum wir die Verlierer des Euro sind«[42]

Wann immer die Eurokrise neu entflammt, übertreffen sich die Kommentatoren im In- und Ausland mit dem mahnenden Hinweis, dass wir Deutschen die eigentlichen Profiteure des Euro seien. Wirklich? Man kann das auch ganz anders sehen: Der sprichwörtliche Mann auf der Straße dürfte nämlich nicht zu den Gewinnern der Gemeinschaftswährung gehören. Wo immer man genauer hinblickt, muss man erkennen, dass der Euro zu einer Verringerung des deutschen Wohlstandes und der langfristigen Wettbewerbsfähigkeit geführt hat, nicht zu einer Verbesserung. Dafür gibt es zahlreiche Gründe:

1. Zu Zeiten der D-Mark stand die deutsche Wirtschaft unter konstantem Aufwertungsdruck. Die Währung der Haupthandelspartner, der französische Franc, die italienische Lira oder auch der US-Dollar werteten in schöner Regelmäßigkeit gegenüber der Mark ab. In der Folge war die deutsche Wirtschaft zu anhaltenden Produktivitätszuwächsen gezwungen. So wuchs die Produktivität in den Jahren vor der Euroeinführung deutlich schneller als in der Zeit danach. Seit dem Jahr 2000 liegt die Entwicklung der Produktivität hinter den Fortschritten in den meisten Industrieländern inklusive der heutigen europäischen Krisenländer wie Spanien.

2. In der Folge wuchs das BIP pro Kopf – der entscheidende Indikator für die Entwicklung des Wohlstands – ebenfalls langsamer als vor der Einführung des Euro. Lief die Entwicklung bis 2000 noch halbwegs parallel zur Schweiz – wenn auch auf tieferem Niveau – so ist Deutschland in den vergangenen Jahren deutlich zurückgefallen. Wir haben uns darauf konzentriert, billiger zu produzieren – statt besser. Dies wird nachhaltig die Entwicklung der deutschen Wirtschaft belasten.

3. Die deutschen Konsumenten haben bis zur Einführung des Euro von den Abwertungen der anderen Länder profitiert. Importierte Waren und Urlaube wurden billiger. Seit dem Jahr 2000 hat sich dies geändert. Um weiterhin bil-

lig Urlaub machen zu können, musste man außerhalb des Euroraums reisen. Die Importe wurden teurer, und Gleiches gilt für den Urlaub. Damit sank die Kaufkraft des Durchschnittsdeutschen.

4. In den ersten Jahren nach der Einführung des Euro profitierten die anderen Länder von dem deutlich tieferen Zinsniveau, welches sie der von der Bundesbank auf die EZB übergegangenen Glaubwürdigkeit verdankten. Dabei waren die Zinsen für die heutigen Krisenländer zu tief, was einen einmaligen, schuldenfinanzierten Boom in diesen Ländern auslöste. Die Zinsen für Deutschland, welches unter anderem an einem überhöhten Wechselkurs zur Euroeinführung litt, waren dagegen zu hoch. Die Rezession in Deutschland war deshalb tiefer und länger, als sie ohne den Euro gewesen wäre. Die Regierung war gezwungen, Ausgaben zu kürzen und die Arbeitsmarktreformen durchzuführen, die zu geringeren Löhnen in Deutschland führten. In Summe stagnierten die Einkommen der Durchschnittsbürger mehr als zehn Jahre lang. Deutschland war der kranke Mann Europas, während Spanien als Musterbeispiel für eine gute wirtschaftliche Entwicklung galt.

5. Um die Wirtschaft wieder auf Trab zu bringen, setzte Deutschland auf die Wiedergewinnung der internationalen Wettbewerbsfähigkeit über Kostensenkung statt über Produktivitätsverbesserung. Die stagnierenden Löhne führten zu geringeren Steuereinnahmen, während die Exporte zulegten. Somit hat der Euro es Deutschland nicht »erlaubt«, Handelsüberschüsse zu erzielen – der Euro hat diese erzwungen. Die geringe Binnennachfrage ist der Hauptgrund dafür, dass die Wirtschaft sich auf den Export konzentrierte.

6. Die deutschen Unternehmen haben von der Lohnzurückhaltung und dem schuldenfinanzierten Boom in den anderen europäischen Ländern profitiert. Die Exporte boomten. So ist festzuhalten, dass die Eigentümer der exportorientierten Unternehmen am meisten von der Euroeinführung profitierten. Bei den börsennotierten Unternehmen sind dies zu einem überwiegenden Teil ausländische Investoren. Die weitere Gruppe der Profiteure sind die Beschäftigten der Exportunternehmen, die zwar stagnierende Löhne hatten, dafür aber einen Arbeitsplatz. Dabei muss man im Hinterkopf haben, dass zugleich

auf den Binnenmarkt ausgerichtete Arbeitsplätze verloren gingen und das Lohnniveau insgesamt stagnierte.

7. Aufgrund der schwachen wirtschaftlichen Entwicklung nach Einführung des Euro, den gedämpften Steuereinnahmen und anhaltend hohen Kosten für Sozialleistungen und den Aufbau Ost ging die Politik dazu über, die Ausgaben für Investitionen zu kürzen. Dies führte zu einer weiteren Senkung der Binnennachfrage in Deutschland.

8. Ein Handelsüberschuss geht immer mit Ersparnisüberschuss einher. Dies führte zu einem enormen Kapitalexport in das Ausland. Teilweise als Direktinvestitionen, überwiegend jedoch als Kredit zur Finanzierung des Schuldenbooms in anderen Ländern. Wenig verwunderlich, dass deutsche Banken viel Geld im US-Immobilienmarkt verloren haben. Schon vor Jahren bezifferte das DIW die Verluste auf Auslandsinvestitionen auf mindestens 400 Milliarden Euro.

9. Als die Krise in Europa offensichtlich wurde, haben deutsche Banken ihr Geld aus den Krisenländern abgezogen. Dabei wurden sie entweder von öffentlichen Geldgebern abgelöst – Modell Griechenland – oder aber die Bundesbank musste den Geldabfluss durch die Gewährung von Target-II-Krediten ausgleichen. In Summe wurden so die von privaten Banken gegebenen Kredite – unsere Ersparnisse – durch direkte und indirekte Kredite des deutschen Staates ersetzt. Angesichts von mindestens drei Billionen fauler Schulden in Europa ist sicher, dass Deutschland als Hauptgläubiger einen großen Teil der Verluste tragen wird. Die Hauptlast wird den deutschen Bürger treffen.

10. Alle Bemühungen, den Euro durch noch tiefere Zinsen über die Runden zu bringen, führen bereits für jeden offensichtlich zu einer Enteignung der Sparer. Ein schwacher Euro mag zwar der Exportindustrie erneut helfen, für den Mann auf der Straße bedeutet er jedoch höhere Kosten durch steigende Importpreise.

Für den Durchschnittsdeutschen stellt sich die Situation so dar: Die Einführung des Euro führte zu einer langen Phase geringen Wachstums, hoher Arbeitslosigkeit und Lohnstagnation. Die Tage der billigen Urlaube in Italien und Griechenland waren vorbei. Der Staat hat Ausgaben für Sozialleistungen und Infrastruktur und Investitionen gekürzt. Die Wirtschaft musste sich ihrerseits auf den Export konzentrieren, weil die Binnennachfrage gedrückt war und die Ersparnisse dazu genutzt wurden, Lieferantenkredite zu gewähren.

Jetzt, wo diese Kredite nicht bezahlt werden können, müssen wiederum die deutschen Sparer und Steuerzahler für den Schaden aufkommen. Zu allem Überfluss werden wir auch noch von den anderen Ländern kritisiert. Vor diesem Hintergrund ist die Aussage, dass wir Deutschen die Hauptnutznießer des Euro wären, schwer haltbar. Ohne den Euro hätte es die Schuldenparty im Süden nicht gegeben, aber auch nicht die großen Exportüberschüsse. Dafür einen höheren Lebensstandard und bessere Infrastruktur in Deutschland.

Eine Nation mit Exportüberschüssen muss zwangsläufig auch Kapital exportieren. Das heißt, sie muss dem Ausland Geld leihen, damit die Waren auch gekauft werden können. Entscheidend ist nun, ob diese Exportüberschüsse klug angelegt werden. Und das ist in Deutschland seit mehreren Jahrzehnten nicht der Fall. Was, so scheint es, zuerst und für lange Zeit vor allem im Ausland bemerkt und ausgenutzt wurde. Um das Jahr 2000 kam in US-Finanzkreisen das rasch geflügelte Wort vom »Stupid German Money«, dem dummen deutschen Geld, auf, und zwar im Zusammenhang mit den massiven deutschen Mittelflüssen in amerikanische Filmfonds. Im Deutschland war lange der durch Steuersparmodelle getriebene »graue Kapitalmarkt« – ob Bauherrenmodelle, Schiffsfonds oder eben auch Filmfonds – ein erheblicher Wirtschaftsfaktor. »Mehr als 9 Milliarden Euro Eigenkapital haben deutsche Anleger seit 1999 in sogenannte Medienfonds investiert. Diese Art der Geldanlage macht dank steuerlicher Vorteile inzwischen 17 Prozent des Marktes von geschlossenen Investmentfonds in Deutschland aus. Trotz strengerer Gesetze flossen im vergangenen Jahr [2003] erneut 1,7 Milliarden Euro aus Deutschland in Filmproduktionen. Etwa 80 Prozent dieser Gelder wandern in die USA, in Deutschland bleibt nur wenig. Der Finanzminister hat das Nachsehen, die deutsche Filmbranche auch ...«[43] Und die Anleger ebenfalls, denn viele der Filmfonds erwiesen sich – außer für die Initiatoren – als Flops, ebenso wie viele andere geschlossene Fonds.

Man könnte nun hämisch sagen: Selbst schuld, wer in »graue Fonds« investiert, von deren Struktur er oder sie nicht den blassesten Schimmer hat. Doch so einfach ist die Sache nicht. Dazu gleich mehr. Stellen wir zunächst fest, dass die Bilanz der »reichen« Exportnation Deutschland bei der privaten Vermögensbildung erschütternd ist. Bereits im Jahr 2013 schockierte uns eine Studie der Europäischen Zentralbank: Die Deutschen belegen beim durchschnittlichen Haushaltsvermögen der Eurozone (Medianvermögen) mit mageren 51.400 Euro tatsächlich den letzten Platz. Das Medianvermögen je Haushalt für die Eurozone lag doppelt so hoch. In Zypern war es fünfmal so hoch wie in Deutschland, in Malta mehr als viermal, in Italien und Spanien mehr als dreimal. Selbst Griechenland und Frankreich hatten ein doppelt so hohes Haushaltsvermögen wie Deutschland.

Der EZB-Schock: Die Deutschen bilden das Schlusslicht bei der privaten Vermögensbildung in der Eurozone

Es ist richtig, dass die Bundesrepublik nach 1989 Aufholbedarf hatte, denn die Bürger der neuen Bundesländer verfügten aus DDR-Zeiten zumeist über kein nennenswertes Vermögen. Auch die Rentenversicherung in den neuen Bundesländern musste zunächst über bestehende Töpfe abgedeckt werden. Durch die wirtschaftlich gedrückte Lage waren viele Menschen in den neuen Bundesländern nach der Wende nicht in der Lage, Vermögen aufzubauen. Die Lohndrückerei nach Einführung der Hartz-IV-Reformen trug ebenfalls dazu bei, dass viele Menschen keine Reserven bilden konnten, weder im Osten noch im Westen. Zudem wohnen wesentlich weniger Deutsche in den eigenen vier Wänden als die Menschen in anderen europäischen Ländern. Während in Deutschland 51 Prozent der Bevölkerung Wohneigentum haben, sind es in Frankreich 64 Prozent der Haushalte, in Großbritannien 65 Prozent und im EU-Durchschnitt sogar 69 Prozent.[44] Gerade in Zeiten explodierender Mieten und steigender Wohnungspreise ist die niedrige Wohneigentumsquote ein erhebliches Manko bei der Vermögensbildung.

Nicht nur was Film-, Schiff- und geschlossene Immobilienfonds angeht, sind die Deutschen schlechte Investoren, sie sind es leider generell. Das hat einen gu-

Deutschland ist Schlusslicht in der Eurozone bezüglich des Durchschnittsvermögens der Haushalte: selbst griechische Haushalte sind im Durchschnitt doppelt, italienische viermal so reich

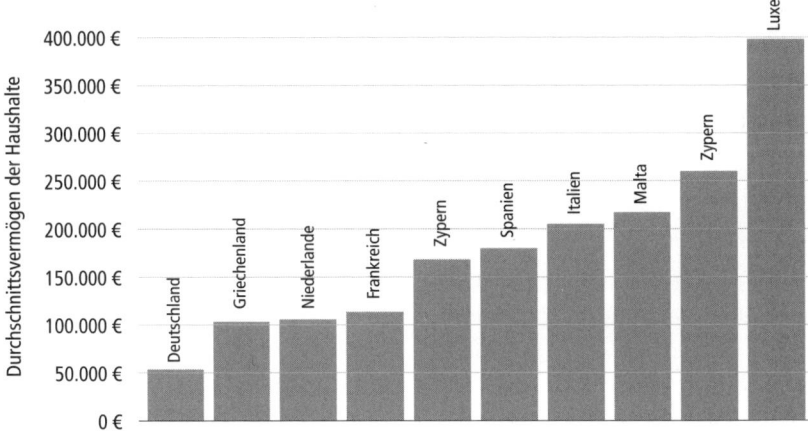

Quelle: Europäische Zentralbank

ten Grund: Anders als in den angelsächsischen Ländern spielte der Aktienmarkt in Deutschland nur eine ergänzende Rolle. Die Versorgung von Mittelstand und Hausbanken erfolgte durch kostengünstige Kredite.[45] Ein weltweit vorbildliches System von regionalen Banken, den Sparkassen, Volks- und Raiffeisenbanken recycelte die Ersparnisse regional und stellte sie dem Mittelstand vor Ort zur Verfügung. Einige Großbanken begleiteten die Großkonzerne international. Das Hausbankenprinzip sorgte dafür, dass die Geschäftsbeziehungen vertrauensvoll, eng und rechtssicher, die Bürokratie minimal und Betrug weitgehend ausgeschlossen war. Die Unternehmen hatten so eine langfristige und kostengünstige Finanzierungsquelle. Die privaten Sparer erhielten einen Guthabenzins, der leicht über der Inflation lag, und mussten sich nicht mit einer Unzahl von Finanzprodukten, Kleingedrucktem und gegebenenfalls betrügerischen Finanzunternehmen auseinandersetzen. Für die Alterssicherung, Unfall- und Krankenversicherung sorgte ein seit der Einführung durch Reichskanzler Otto von Bismarck weltweit vorbildliches Sozialsystem. Die Menschen konnten sich ihrer eigentlichen Arbeit als Lehrer, Ingenieur, Arzt, Maschinenarbeiter und Kindergärtnerin widmen. Auch das war eine Form von Kapital: Sozialkapital, das zur Leistungsfähigkeit der deutschen Wirtschaft beitrug.

Zwei Währungsreformen (1923 und 1948, im Osten kam 1990 noch eine dritte dazu) brannten sich tief im kollektiven Gedächtnis ein. Die Deutschen waren und sind bei ihrer Geldanlage extrem vorsichtig und lassen ihr Geld am liebsten auf dem Bank- oder Termingeldkonto liegen oder schließen Versicherungen ab. Bis heute liegen 80 Prozent auf dem Konto oder sind in Versicherungsprodukten angelegt. Dank der Niedrig- und Nullzinspolitik bringt das so angelegte Vermögen kaum Rendite und führt inklusive der offenen und versteckten Inflation eher zu Vermögenseinbußen. Die Politik nennt diese schleichende Enteignung der Bürger beschönigend »finanzielle Repression«.

Mindestens 80 Prozent des Geldvermögens der Deutschen sind durch Finanzrepression bedroht

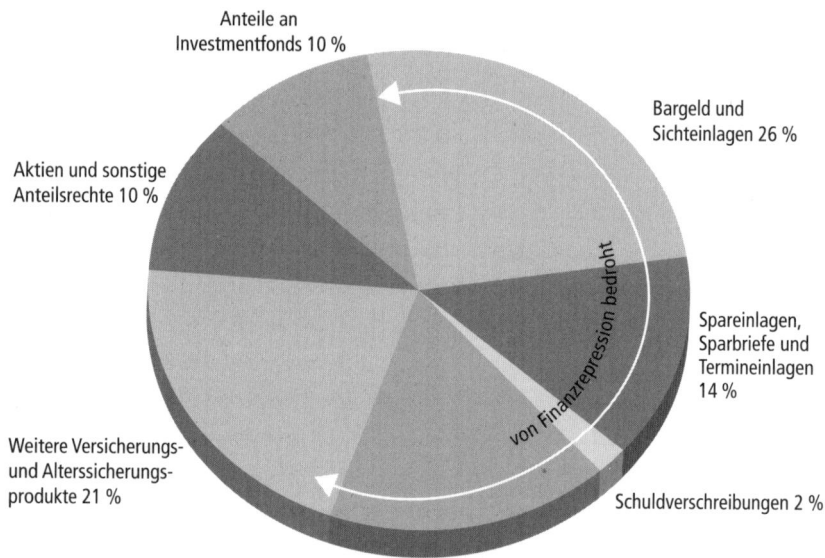

Quelle: Deutsche Bundesbank

Viele Deutsche stehen den Praktiken der Finanzbranche zu Recht misstrauisch gegenüber und belassen große Teile ihres Vermögens auf dem Giro-, Tages- oder Festgeldkonto – »da verliere ich wenigstens nichts«. Das ist allerdings ein Trugschluss, wenn die Inflation bei Niedrig-, Null- oder sogar Negativzinsen das Vermögen anknabbert. Nach 15 Jahren sind 10.000 Euro bei einer Geldentwertung von 1,5 Prozent real nur noch 7.970 und bei 3 Prozent sogar nur noch 6.330 Euro wert.

Auch anscheinend geringe negative Realzinsen haben langfristig eine große Wirkung: so schrumpfen 10.000 Euro bei negativer Realverzinsung

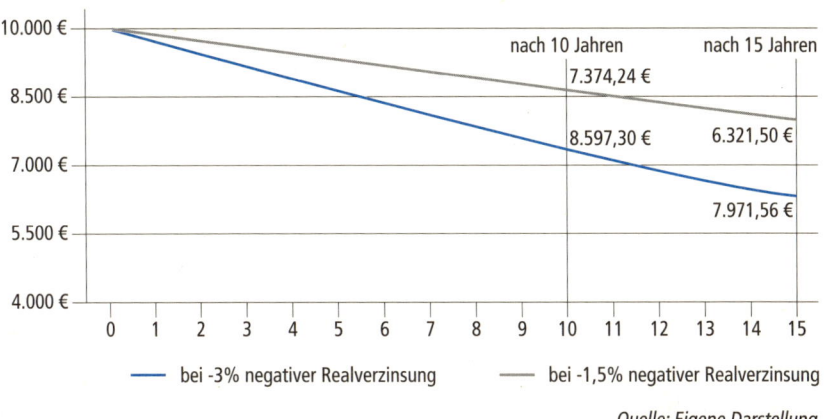

Quelle: Eigene Darstellung

Da werden die 6,2 Billionen Euro, die die Deutschen im Jahr 2019 auf der hohen Kante hatten, eher zum Problem als zum Aktivposten.[46] In meinem Buch *Investieren statt sparen* rechne ich vor, dass die Deutschen so durchschnittlich pro Jahr zwischen 80 und 120 Milliarden Euro verlieren.[47] »Sparen ohne anzukommen«, nennt der unabhängige Finanzanalyst Daniel Stelter das.[48] Wenn sie doch in Aktien und Sachwerte investieren, stellen sich die Deutschen ebenfalls dumm an. Einerseits gehen sie mit ihren Bankguthaben und Versicherungsprodukten ganz auf Nummer sicher. Andererseits »zocken« sie mit dem Rest auch einmal gerne. Bei der Aktienanlage zeigen die Deutschen ein untrügliches Gespür für das falsche Timing: Erst, wenn die Märkte schon lange gestiegen sind, steigen sie ein. Der eigentlich richtige Zeitpunkt, um einzusteigen, wäre nach massiven Kurskorrekturen, also wenn ein Kurs abgestürzt ist. Da halten sich die Deutschen dann aber zurück.

Im Crashmodus

Die Deutschen und die Aktien: seit dem Jahr 2000 immer perfekt falsch investiert

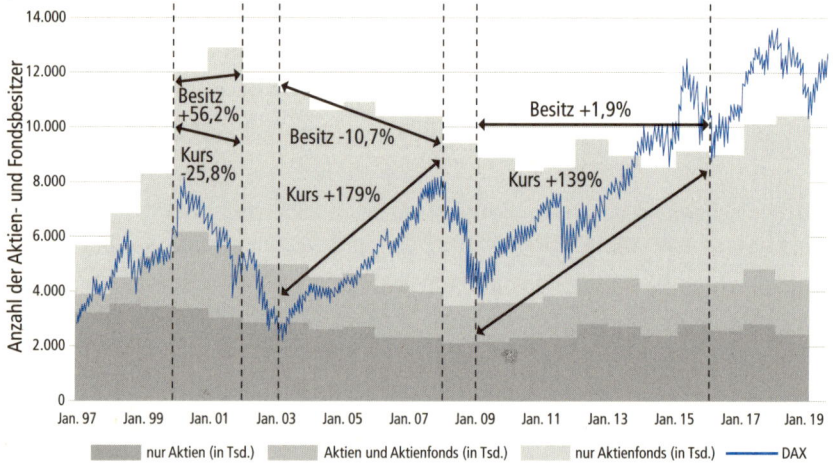

Quelle: Deutsches Aktieninstitut; Bloomberg; eigene Darstellung

Für lange Zeit wird wohl die T-Aktie als Symbol für das falsche Verhalten der Deutschen am Aktienmarkt herhalten müssen. Zum Börsengang am 18. November 1996 wurden 713 Millionen Aktien zu einem Emissionskurs von 14,57 Euro im Rahmen einer Kapitalerhöhung platziert. Die Telekom nahm rund 10 Milliarden Euro ein. Eine weitere Aktienemission spülte am 28. Juni 1999 zu einem Kurs von 39,50 Euro weitere 10,8 Milliarden Euro in die Kassen. Im Jahr 2000 verkaufte der Bund 200 Millionen T-Aktien zum Preis von 66,50 Euro aus seinem Bestand, wodurch rund 13 Milliarden Euro in die Staatskasse flossen. Gerade noch rechtzeitig, um auf Kosten des Kleinanlegers Kasse zu machen. Im März 2000 notierte die T-Aktie kurzzeitig über 103 Euro, um dann ihren langen Sinkflug anzutreten. Knapp 23 Jahre später war die Aktie mit 15 Euro etwa so viel wert wie bei ihrer Erstemission, nachdem sie zwischenzeitlich sogar auf unter 9 Euro gefallen war. Zwar wurden satte Dividenden gezahlt, aber das dürfte für die vielen Kleinanleger, die erst bei der zweiten und dritten Tranche eingestiegen sind, keinen Trost darstellen.

Noch schlimmer erging es den vielen Hobbybörsianern, die auf dem Höhepunkt der Technologieblase Aktien am Neuen Markt gekauft haben. Viele davon sind mittlerweile wertlos. Nach dem Platzen der Blase ließen sich viele Kleinanleger weiteres Geld durch perfide Produkte der Finanzbranche aus der Tasche ziehen, zum Beispiel Garantiezertifikate und Aktienanleihen. Bei diesen komplexen Produkten ist nur eines garantiert: die Rendite der Bank. Und gerade, als die Deutschen ein paar Jahre später wieder Lust auf Aktien bekamen, verleidete ihnen die Finanzkrise endgültig den Aktienmarkt. Ein Fehler, denn in den zehn Jahren nach der Finanzkrise stieg der DAX um mehr als 100 Prozent. Jüngste Entwicklung: Die Deutschen kaufen wieder mehr Aktien, wahrscheinlich wieder am Ende einer langen Hausse und kurz vor dem nächsten Absturz. So befürchtet die *FAZ* nicht ganz zu Unrecht: »Die Lust auf Aktien könnte den Deutschen bald vergehen.«[49]

Die Deutschland AG wird abgewickelt, Deutschland abgezockt

Seit dem Kaiserreich hatte die sogenannte Deutschland AG wunderbar funktioniert. Deutsche Unternehmen konkurrierten *und* kooperierten miteinander. Die Wirtschaft des Landes befand sich im internationalen Vergleich vielleicht auf dem Höhepunkt ihrer Leistungsfähigkeit. Und noch um 1990 gab es in Deutschland viele Kartelle – ein Begriff, der heute weitgehend negativ besetzt ist. Florian Hoffmann, der bekannteste Kritiker der Praktiken des Bundeskartellamts, argumentiert, dass die Kartelle keinesfalls den Wettbewerb ausschalteten, sondern die Wirtschaft stabilisierten. Die »Kartellkultur« unterschied sich deutlich von der »Cutthroat Competition«, dem Verdrängungswettbewerb auf Leben und Tod der amerikanischen Trusts.[50] Während im ersten Fall eine diverse und robuste Unternehmenslandschaft florierte, schalteten die amerikanischen Trusts den Wettbewerb aus, monopolisierten ganze Bereiche und machten ihre Eigentümer obszön reich.

Wenn man in der ökonomischen Fachliteratur der Zeit liest, zum Beispiel die 1883 erstmals erschienene Abhandlung *Die Kartelle* von Friedrich von Kleinwächter, gewinnt man, ebenso wie Hoffmann, den Eindruck, dass die Kartelle eher eine positive Rolle spielten.[51] Auch der später ermordete Außenminister Walther Rathenau organisierte als AEG-Chef im Ersten Weltkrieg meisterhaft

Kartelle und trug dazu bei, dass die deutsche Kriegswirtschaft einen sehr hohen Grad an Effizienz hatte. Nach dem Ersten Weltkrieg gingen die Unternehmen und Industriellen in Folge der Hyperinflation und der Weltwirtschaftskrise viele Beteiligungen und Überkreuzbeteiligungen ein.

Beginnend mit der Kanzlerschaft Gerhard Schröders wurde die Deutschland AG entflochten. Die Bedeutung der Kartelle ging zurück. Verbliebene Kartelle werden seit einigen Jahrzehnten erbittert vom Kartellamt und der Politik bekämpft. Heute ist Deutschland das Beuteland internationaler Großkonzerne und Private-Equity-Gesellschaften. Nur noch ein Drittel der Aktien der deutschen Großunternehmen ist in deutscher Hand.[52] So arbeiten mittlerweile viele Deutsche für ausländische Kapitaleigner, sei es in internationalen Konzernen oder bei Unternehmen, die im Rahmen von Private-Equity-Deals von ausländischen Finanzinvestoren gehalten werden. Die Gewinne und Erträge des Exportbooms fließen den Kapitaleignern zu, nicht den deutschen Anlegern, die nach der kurzen Euphorie um New Economy und Technologieblase wieder zu Aktienmuffeln wurden.

Exemplarisch dafür steht die gigantische US-Investmentgesellschaft BlackRock, »die mächtigste Firma auf dem Planeten«, wie sie in einer ARD-Dokumentation genannt wird.[53] Das geheimnisvolle Unternehmen mit besten Verbindungen zum US-Politestablishment wurde erst 1988 gegründet, verwaltet aber schon nach nur knapp drei Jahrzehnten (Stand März 2019) insgesamt ein Vermögen von 6,96 Billionen Dollar, das ist fast das Doppelte des deutschen Bruttoinlandsproduktes.

Bei elf von 30 DAX-Unternehmen ist es größter Einzelaktionär. In ihrem 2015 erschienenen Buch *BlackRock – Eine heimliche Weltmacht greift nach unserem Geld* hat die *Zeit*-Journalistin Heike Buchter den Aufstieg dieses Unternehmens dokumentiert und seine Praktiken analysiert.[54] Seit etlichen Jahren ist dort der CDU-Politiker Friedrich Merz Aufsichtsratsvorsitzender und hilft dabei, den Ausverkauf Deutschlands weiter voranzutreiben. Aus meiner Sicht nicht die ideale Qualifikation für den CDU-Vorsitz, für den er sich beworben hatte, oder ein Regierungsamt, für das er immer mal wieder ins Gespräch gebracht wird.

Auch viele Mittelständler befinden sich mittlerweile in den Händen ausländischer Finanzinvestoren. Damit erodiert der Job- und Innovationsmotor der deutschen

Wirtschaft, der, wie schon erwähnt, ganz anders organisiert ist, als es das Modell der modernen Management-Lehrbücher vorsieht.⁵⁵

Seit Basel II (die Gesamtheit der Eigenkapitalvorschriften, die vom Basler Ausschuss für Bankenaufsicht vorgeschlagen wurden) ist der Mittelstand verstärkt unter Beschuss: Banken können Kredite nicht mehr aus ihrer langjährigen Kenntnis des Unternehmens vergeben, sondern müssen ein standardisiertes Rating anwenden. Das schafft zwar auf der einen Seite Transparenz, verhindert auf der anderen Seite aber auch den Aufbau jahrzehntelanger Geschäftsbeziehungen, in denen die Bank flexibel reagieren kann. Nützlich ist das Modell vor allem für Firmenkäufer und -verkäufer, Private-Equity-Gesellschaften und Großkonzerne. Von den neuen Regeln profitieren vor allem Finanzinstitutionen, die sich dem Modell des angelsächsischen Kapitalismus angepasst haben.

Die größten Anteilseigner vieler DAX-Unternehmen sitzen mittlerweile nicht mehr in Deutschland

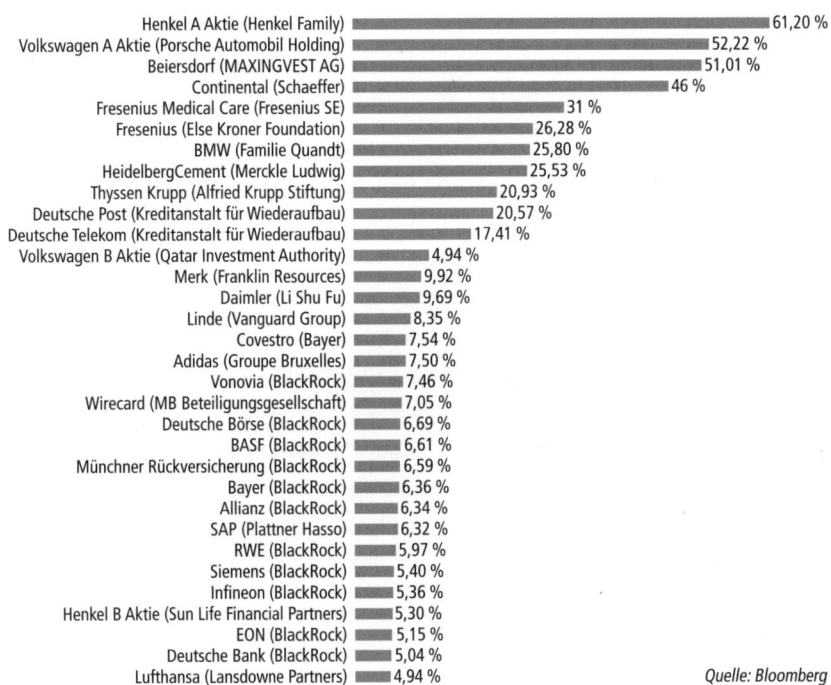

Quelle: Bloomberg

Die US-Investmentgesellschaft BlackRock ist in 11 von 30 DAX-Unternehmen größter Anteilseigner…

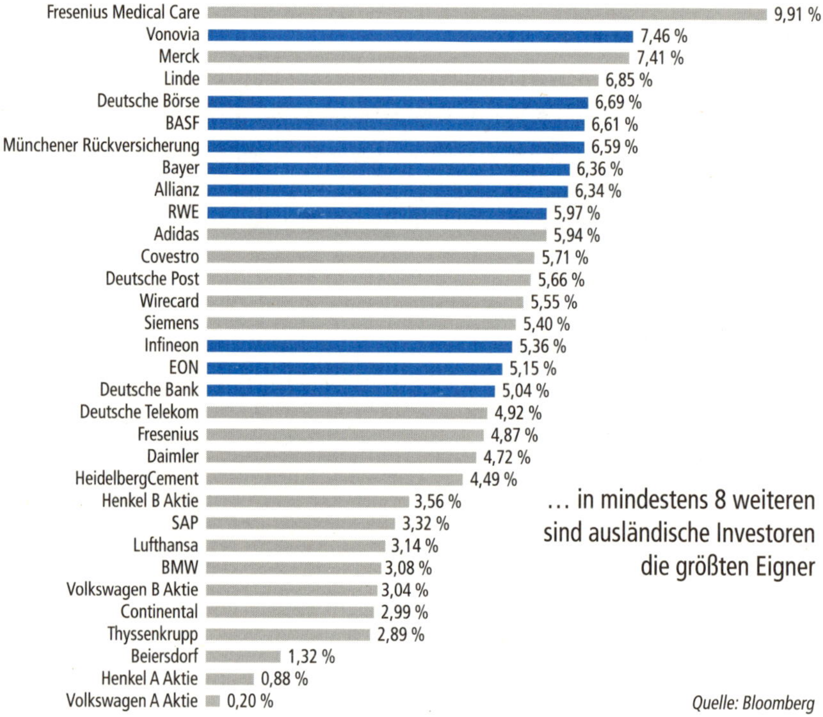

Unternehmen	Anteil
Fresenius Medical Care	9,91 %
Vonovia	7,46 %
Merck	7,41 %
Linde	6,85 %
Deutsche Börse	6,69 %
BASF	6,61 %
Münchener Rückversicherung	6,59 %
Bayer	6,36 %
Allianz	6,34 %
RWE	5,97 %
Adidas	5,94 %
Covestro	5,71 %
Deutsche Post	5,66 %
Wirecard	5,55 %
Siemens	5,40 %
Infineon	5,36 %
EON	5,15 %
Deutsche Bank	5,04 %
Deutsche Telekom	4,92 %
Fresenius	4,87 %
Daimler	4,72 %
HeidelbergCement	4,49 %
Henkel B Aktie	3,56 %
SAP	3,32 %
Lufthansa	3,14 %
BMW	3,08 %
Volkswagen B Aktie	3,04 %
Continental	2,99 %
Thyssenkrupp	2,89 %
Beiersdorf	1,32 %
Henkel A Aktie	0,88 %
Volkswagen A Aktie	0,20 %

… in mindestens 8 weiteren sind ausländische Investoren die größten Eigner

Quelle: Bloomberg

Diese verschulden sich selber massiv für die Übernahmen, bürden aber die Risiken dem gekauften Unternehmen auf und spielen so ein riskantes Spiel. Überlebt das Unternehmen, haben die Investoren viel gewonnen. Geht es zugrunde, war der eigene Kapitaleinsatz relativ gering. Früher hieß dieses perfide Spiel »Leveraged Buyout«. Weil das nicht so gut klang, benannte man es in das harmlosere »Private Equity« um. Als Folge arbeiten die Deutschen heutzutage mehrheitlich für ausländische Kapitalgeber.

Folgenschwere Fehler Helmut Kohls, rot-grüne Fehlentscheidungen und die katastrophale Kanzlerschaft Angela Merkels

Die Bilanz von Angela Merkels Kanzlerschaft fällt für Deutschland verheerend aus. Aber der Abstieg des Landes begann bereits zuzeiten der Kanzlerschaft von Helmut Kohl mit drei gravierenden Fehlentwicklungen: 1. der Einführung des Euro, deren Konsequenzen ich bereits beschrieben habe,[56] 2. der Zulassung von privaten Rundfunk- und Fernsehanstalten ohne gleichzeitige Reform der öffentlich-rechtlichen und 3. der missglückten Wirtschaftspolitik für die ehemalige DDR. Kohl interessierte sich bekannterweise nicht besonders für die Wirtschaftspolitik. Die Fehler aus seiner Ära wirken bis heute nach.

Die Zulassung des Privatfernsehens, von der Kohl auch selbst aufgrund seines engen Verhältnisses mit Leo Kirch profitierte, nämlich indem er sich ein Gegengewicht zum öffentlich-rechtlichen »Rotfunk« versprach, änderte die Medienlandschaft grundlegend. Privatfernsehen ist nicht grundsätzlich abzulehnen – private Sendeanstalten können durchaus Teil der Medienlandschaft sein. Aber dann hätte der öffentlich-rechtliche Rundfunk nach dem BBC-Modell beziehungsweise wie der Deutschlandfunk zu mehr oder weniger vollständigen Informations- und Kulturangeboten umgebaut werden müssen. So konkurrieren aufgeblähte öffentliche Apparate mit Spaß- und Unterhaltungsangeboten und Unterschichtenfernsehen mit den Privaten um Werbeeinnahmen und widmen sich immer weniger ihrer eigentlichen Aufgabe: Information, Vermittlung von Wissenschaft und Kultur.

Eine missglückte Wirtschaftspolitik für die neuen Bundesländer führte dazu, dass fast das gesamte östliche Deutschland den Anschluss verlor und zurückfiel. Volksvermögen wurde durch die Treuhandanstalt verscherbelt. Oftmals kauften Unternehmen aus dem Westen oder dem Ausland die ehemaligen DDR-Betriebe allein zu dem Zweck auf, sie stillzulegen und einen Konkurrenten auszuschalten. Statt zu »blühenden Landschaften« zu werden, wie von Kohl versprochen, bluteten die Regionen weitgehend aus. Als Folge war der Wanderungssaldo aus dem Osten fast zwei Jahrzehnte lang negativ. Bis heute gibt es dort, mit Ausnahme von Berlin und Dresden, kaum Unternehmen von Weltgeltung. Eine verfehlte Sozial- und Wirtschaftspolitik ließ Experimente und Innovation nicht zu.

Jahrelang exportierte der Westen unter dem Vorwand, »Hilfe« zu leisten, Manager und Verwaltungsfachleute, die im Westen nicht mehr gebraucht wurden, eine Versorgungsposition benötigten oder keine besonderen Laufbahnaussichten hatten, in den Osten. Das trifft beileibe nicht auf alle von ihnen zu, es gingen auch gute und engagierte Kräfte. Aber eben auch viele andere.

Unter dem damaligen Chef der Stasi-Unterlagen-Behörde Joachim Gauck gab es ziemlich weitreichende »Säuberungen« in der ehemaligen DDR. Das führte dazu, dass viele qualifizierte Menschen frühzeitig aus dem Arbeitsprozess ausscheiden mussten. In einem diktatorischen System müssen Menschen sich arrangieren. Nur ganz wenige haben den Mut zum offenen Widerstand. Viele dieser Mitläufer, die ansonsten ordentliche Arbeit geleistet haben, fanden später keine angemessene Stelle, obwohl sie weiter gut gearbeitet hätten.

Zur Zeit der rot-grünen Regierung von Gerhard Schröder und Vizekanzler Joschka Fischer galt Deutschland als der »kranke Mann Europas«. Das war auch das Erbe Helmut Kohls. Durch die Hartz-IV-Reformen wurden viele Branchen zunächst wieder wettbewerbsfähig, wenn auch zum Teil nicht nachhaltig. In der Vergangenheit hatten die regelmäßigen Aufwertungen der D-Mark dazu geführt, dass die deutsche Wirtschaft immer wettbewerbsfähiger werden musste, um bestehen zu können. Dass dies funktioniert, zeigt heute noch die Schweiz. Trotz hoher Lohnkosten – eine Sekretärin verdient locker 70.000 Franken und mehr pro Jahr – weist das Land regelmäßig ein höheres Wirtschaftswachstum auf als Deutschland.

Selbst wenn man die Hartz-IV-Reformen als Erfolg wertet, leistete sich die Regierung Schröder-Fischer zwei Kardinalfehler. Das eine war die Deregulierung und Entfesselung der Finanzmärkte, die ausgerechnet unter der rot-grünen Regierung so richtig an Fahrt aufnahmen (zeitgleich in den USA unter dem demokratischen Präsidenten Bill Clinton und in Großbritannien unter Tony Blairs New-Labour-Regierung). Nur durch die Handlungen der Sozialdemokraten konnten Finanzinstitutionen die Macht über die Politik erhalten, die sie heute haben. Der Finanzminister im Kabinett Schröder und heutige Linken-Politiker Oskar Lafontaine trat aus Protest gegen die fehlende Re-Regulierung und die weitere Deregulierung der Finanzbranche nach nur gut sechsmonatiger Amtszeit zurück. Allerdings hatte er zuvor selbst einen Kardinalfehler begangen: die Abschaffung des Steuerprivilegs für Schachtelbeteiligungen bei Konzernen. Deutsche Großkonzerne konnten nun ihre Beteiligung mit einer geringen Steuerlast versilbern, wovon sie ausgiebig Gebrauch machten, mit den oben beschriebenen Folgen.

Der Euro, der noch auf die Ära Kohl zurückgeht, ist nicht das einzige Megaproblem. Hinzu kommen die massiven und existenzbedrohenden Fehlentscheidungen, die Kanzlerin Angela Merkel oft am Parlament vorbei durchsetzte oder zuließ: erstens die Eurorettung, zweitens die sogenannte Energiewende und drittens die unkontrollierte Öffnung der Grenzen. All diese Entscheidungen wurden entweder im Eiltempo durch den Bundestag gepeitscht, ohne dass eine der Schwere der Konsequenzen angemessene Debatte möglich gewesen wäre. Oft wurden auch vorher Fakten geschaffen. Man denkt hier an den Satz des Staatsrechtlers Carl Schmitt: »Souverän ist, wer über den Ausnahmezustand entscheidet.«[57] Souverän spielte Angela Merkel auf der Klaviatur des Ausnahmezustandes, um Entscheidungen zu treffen, die sie sonst nie hätte treffen können.

Diese wesentlichen Entscheidungen Angela Merkels waren von politischen Opportunitäten getrieben und fielen nicht aus Sorge für die Zukunft unseres Landes. Die Energiewende wurde nach dem Unglück von Fukushima unter anderem deswegen Hals über Kopf eingeleitet, weil Landtagswahlen in Baden-Württemberg anstanden, die Merkel mithilfe einer emotionalen Politik gewinnen wollte. Bis heute sind die Auswirkungen von Windkraft und Solar auf die deutsche Energiesicherheit und die Umwelt bestenfalls umstritten.

Auch die Migrationspolitik wurde nebenbei durch die Öffnung der Grenzen entschieden. Der Journalist Robin Alexander zeigt in seinem Buch *Die Getriebenen* auf, wie eine folgenschwere Politik durch den Druck der Ereignisse ohne Plan und Konzept in Gang gesetzt wurde.[58] Sogenannte humanitäre Gründe, dass man allen helfen müsse, mussten herhalten, wo Recht und Gesetz gebrochen wurden und ein strategischer Plan fehlte. Und dass die Migrationswelle aus größtenteils ungebildeten jungen Männern nicht die erhofften Fachkräfte ins Land spülte, wurde recht schnell klar. Mit einer auf die Zukunft des Landes ausgerichteten Migrationspolitik nach dem Modell Australiens oder Kanadas, die vor allem qualifizierte Zuwanderer zulässt, kann die Bundesrepublik Deutschland jedenfalls nicht punkten.

Der oben ausgiebig zitierte Finanzanalyst Daniel Stelter hat die Kosten von 13 Jahren verfehlter Politik unter Angela Merkel vorgerechnet.[59] Alleine die drei teuersten Fehler werden Deutschland zwischen 2,4 und 4,5 Billionen Euro kosten. Das sind zwischen 70 und 130 Prozent des deutschen Bruttoinlandsprodukts des Jahres 2018 in Höhe von 3,4 Billionen Euro.

Die teuersten Fehler in der Ära Merkels

Verfehlte Eurorettung	1.000	2.000
Energiewende	500	1.000
Falsche Migrationspolitik	900	1.500
	2.400	4.500

Quelle: Stelter, Das Märchen vom reichen Land, S. 183 ff.; Kosten von bis in Milliarden Euro

In vielen weiteren Bereichen, bei denen die potenziellen Probleme schon vor der Amtszeit Angela Merkels bekannt waren, besteht massiver Aufholbedarf. Die Probleme sind insbesondere:

- ein Rentensystem, das massiv unterfinanziert ist und aufgrund des demographischen Wandels in wenigen Jahren vor dem Kollaps steht
- eine rückständige und zum Teil marode Infrastruktur bei Straßen und Telekommunikationsnetzen
- eine technisch veraltete und teilweise nicht einsatzfähige Bundeswehr
- massiver Investitionsbedarf in Bildung und Wissenschaft
- die Ausdünnung von öffentlichen Dienstleistungen wie zum Beispiel medizinische Versorgung oder Personennahverkehr

Stelter stellt fest, dass die deutschen Staatsausgaben derzeit fast alle in den konsumptiven Bereich fallen und nichts oder wenig dazu beitragen, uns zukunftsfähig zu machen. Dort, wo es sinnvoll wäre, die laufenden Ausgaben zu halten oder zu erhöhen, sparen wir uns kaputt. Ein Beispiel dafür ist die Polizei. In Berlin führten die Behörden 2008 den Digitalfunk ein; bis heute funktioniert er nicht wirklich. Die Polizeiwachen werden seit Jahrzehnten nicht saniert und renoviert. Heizungen

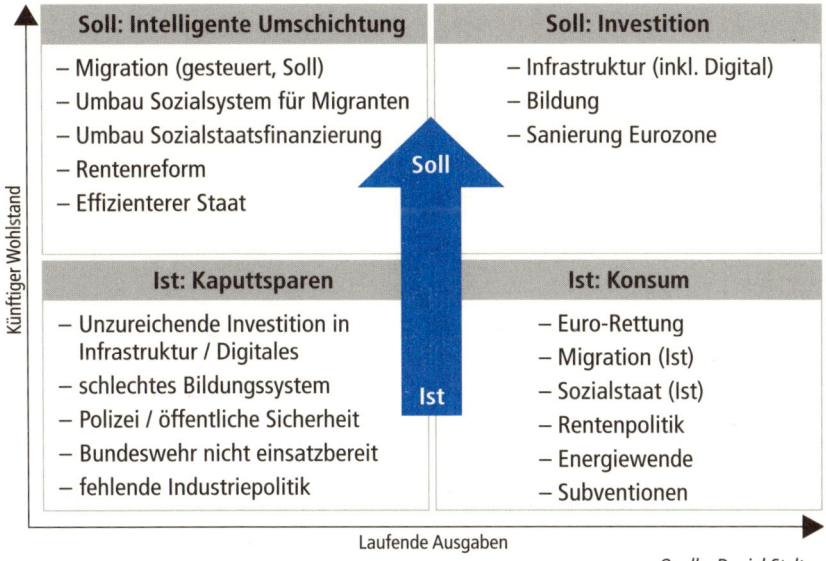

funktionieren nicht mehr richtig, Fenster sind undicht. In Berlin-Hohenschönhausen wurde eine Polizistin von einem vom Dienstgebäude herabfallenden Mauerteil verletzt.[60] 2016 gab es 16.701 Planstellen für Polizisten – rund 1300 weniger als noch im Jahr 2001. Und die Sicherheitslage hat sich seit 2001 dramatisch verschärft. Da wundert es nicht, dass die Aufklärungsquote bei Taschen- und Fahrraddiebstählen bei gerade einmal 4 Prozent lag, bei Wohnungseinbrüchen bei 9, bei Autodiebstählen bei 14 Prozent. Berlin mag ein Extrembeispiel sein, aber in vielen anderen Bundesländern sieht es zumindest in weiten Bereichen nicht viel besser aus. Der Vorsitzende der Deutschen Polizeigewerkschaft, Rainer Wendt, zur Situation in Nordrhein-Westfalen: »Nicht erst seit den Vorfällen der Kölner Silvesternacht war klar, dass die Polizei NRW chronisch unterbesetzt und unterfinanziert war.«[61]

Und bei den öffentlichen Investitionen herrscht Flaute. Stelters Fazit: »Die Politik vernichtet unseren Wohlstand gleich mehrfach.«[62] Der unabhängige Kapitalmarktexperte Dirk Müller legt in seinem Cashkurs-Video vom 9. April 2019 nach: »Keiner zerstört die eigene Wirtschaft so wie Deutschland!«[63]

Fallstudie: der Niedergang des deutschen Bildungssystems

Aber auch bei den Zukunftsauf- und ausgaben sparen wir uns kaputt. Ein Land wie Deutschland, das im internationalen Maßstab klein, dicht bevölkert und exportorientiert ist, kann seinen Wohlstand nur als Bildungs- und Wissenschaftsnation erhalten. Denn wer keine Kohle fördern kann, muss eben Talente und Fachkräfte fördern, wie es der Historiker Michael Stürmer sinngemäß auf den Punkt brachte. Und hier fällt Deutschland gewaltig zurück. Zwar sieht die OECD Deutschland im internationalen Bildungsvergleich neuerdings wieder gut aufgestellt, aber die Statistiken trügen.[64]

Deutschland investiert weniger als viele andere Länder in sein Bildungssystem. Die Ausgaben liegen mit 4,1 Prozent des BIP mittlerweile unter dem OECD-Durchschnitt. Der eklatante und gut dokumentierte Lehrermangel, der sich im Zuge der Massenmigration noch verschärfte, hat dazu geführt, dass in einigen Bundesländern immer mehr Quereinsteiger an den Tafeln der Klassenzimmer stehen. In Berlin springen bei vakanten Lehrerstellen neuerdings Logopäden, Ergo- und Musiktherapeuten ein.[65] In der Bundeshauptstadt haben zudem »60 Prozent der neu eingestellten Lehrer keinen pädagogischen Abschluss«.[66]

Die fehlenden Investitionen in unser Bildungswesen machen sich bemerkbar. Die Konrad-Adenauer-Stiftung kommt in ihrem Bericht »Ausbildungsreife & Studierfähigkeit« (2016)[67] zu dem Schluss, dass trotz gestiegener guter Schulabschlüsse die Zahl der jungen Menschen zunehme, »die gleich zu Beginn einer Berufsqualifikation in Unternehmen oder Hörsälen mit fehlenden Grundlagenkompetenzen hinsichtlich Sprache und Mathematik zu kämpfen haben«. Eine Untersuchung des Leibniz-Instituts für die Pädagogik der Naturwissenschaften und Mathematik an der Universität Kiel zum Thema »Mathematische Kompetenzen in Profiloberstufen« kam 2015 zu dem Ergebnis, dass fast 70 Prozent der Gymnasiasten am Ende der 13. Jahrgangsstufe die Ziele »voruniversitärer mathematischer Bildung« verfehlten.[68]

So erteilen mehr als jeder dritte IHK-Betrieb und viele – auch renommierte – Hochschulen nachholenden Schulunterricht wie Schreibberatung, Texterfassung und -verständnis oder Brückenkurse in Mathematik. Die Universität Stuttgart hat ein MINT-Kolleg eingerichtet, um Abiturienten in den Fächern Mathematik und Naturwissenschaften auf ein Niveau zu bringen, das für das Studium als Voraussetzung gilt. Manche Universitäten müssen in den ersten Semestern zusätzlich Lehrinhalte vermitteln, die eigentlich als Stoff für spätestens die zehnte Klasse des Gymnasiums gelten, darunter Brüche, Wurzeln und Potenzen. In einer Auswertung der »Eingangstests Mathematik an Fachhochschulen in Nordrhein-Westfalen« kam der Autor Heiko Knospe zu dem Ergebnis[69], dass die Daten »alarmierend schwache Grundlagenkenntnisse der Studienanfänger« offenbaren. Grund für dieses deprimierende Fazit ist, dass nicht einmal ein Fünftel der Teilnehmer die Anforderungen des Arbeitskreises Ingenieurmathematik, die dieser für technische Fächer definiert hat, erfüllen konnten.

Kein Wunder, dass die Abbrecherquoten in technischen Fächern der hiesigen Universitäten bis zu 60 Prozent erreichen. Zu diesem Befund passt der Protest von 70.000 Schülern in mehreren deutschen Bundesländern im Mai 2019[70], die sich in den sozialen Medien darüber beklagten, dass ihr Abitur in Mathematik zu schwer gewesen sei. In den Medien wurden in den Wochen nach dem Skandal zahlreiche Lehrer zitiert, die keine der gestellten Aufgaben für »unlösbar« hielten und lediglich einräumten, dass es sich diesmal mehr um Knobel- als um Standardaufgaben gehandelt habe.

Auch andernorts machen Ausbilder deprimierende Erfahrungen mit den Schulabgängern. In Industrie- und Handwerksbetrieben nehmen die Klagen über schlecht vorbereitete Schüler zu. Die *Wirtschaftswoche* konstatierte im Mai 2019[71] nach einer Befragung mittelständischer Unternehmen – darunter Fischer, Miele und Trigema – »einen deutlichen Rückgang des Bildungsniveaus bei Bewerbern«. Grundlegende mathematische Fähigkeiten, so klagen immer mehr Lehrlingsausbilder, seien nicht mehr auf Abruf verfügbar und schon bei den Grundrechenarten würde oft der Taschenrechner gezückt. »Zwei Drittel der Polizeischüler, die in Berlin die Aufnahmeprüfung bestanden haben, bekommen im Diktat eine Sechs«, berichtete im August 2018 in einem Interview mit dem Magazin *Cicero*[72] der Leiter der Bergius-Schule in Berlin-Friedenau, Michael Rudolph.

Seit den 1970er-Jahren wird das deutsche Bildungssystem ununterbrochen reformiert. Es werden allerlei Experimente durchgeführt, die laut Professor Dr. Reinhard Franzke vom Institut für neuzeitliche Pädagogik[73] »die Unterrichtsqualität drastisch abgesenkt« haben. Viele der neuen Konzepte haben sich im Nachhinein als enttäuschend oder gar als Irrweg erwiesen: das Abgehen vom Frontalunterricht, mehr Fokus auf soziale Kompetenzen zulasten wichtiger Inhalte, die Expansion der Universitäten zu Massenbetrieben sowie das Schreiben nach Gehör und die Beseitigung von Schulnoten. Durch verringerte Leistungsanforderungen wurde eine Noteninflation in Gang gesetzt. Die gewünschte Folge: Die Noten sind dank der entwerteten Zensuren über die Jahre immer besser geworden, die Durchschnittsnoten im Abitur stiegen von 2,9 zu Beginn der 1970er-Jahre auf heute 2,1 bis 2,2. Gleichzeitig nahm die Studienanfängerquote von rund 6 bis 10 Prozent in den 1960er-Jahren auf aktuell über 55 Prozent zu, Mitte des laufenden Jahrzehnts kurzfristig sogar über 58 Prozent.[74]

Parallel dazu verlief die Entwicklung an den Hochschulen. Der Wissenschaftsrat der Bundesregierung veröffentlichte 2012 eine Studie über die inflationären Verbesserungen der Abschlussnoten an den Hochschulen. Das Ergebnis: Im Jahr zuvor hatten fast 80 Prozent aller Absolventen ihr Studium mit »gut« oder »sehr gut« abgeschlossen. Elf Jahre zuvor waren es noch 70 Prozent gewesen. In den elf Jahren vor Publikation der Studie sank zudem das Risiko, die schlechteste Abschlussnote »ausreichend« zu erhalten, von 4 Prozent der Absolventen auf nur noch 1,1 Prozent. Der Vorsitzende des damaligen Wissenschaftsrates, Wolfgang Marquard, warnte, der »Trend zu besseren Noten darf so nicht weitergehen«[75]. Professor Dr. Werner Müller, der an der Hochschule Mainz Rechnungswesen und Controlling lehrt, hat zum Thema »Noteninflation« eine gleichnamige Webseite eingerichtet, auf der er die ganze Misere mit Grafiken anschaulich illustriert.[76]

Dem stehen der sprichwörtliche Fleiß und der Lerneifer der Asiaten gegenüber. In amerikanischen Universitäten sind aus China und anderen ost- und südostasiatischen Ländern stammende Studenten oder die Kinder asiatischer Einwanderer weit überproportional in den naturwissenschaftlichen Fächern vertreten. In Deutschland herrscht derweilen oft Gleichgültigkeit: Lea Deuber, China-Korrespondentin der *Süddeutschen Zeitung*, fasst zusammen: »Junge Deutsche fühlen sich weltgewandt. Und nehmen gar nicht wahr, dass sie gerade von ehrgeizigen Altersgenossen in Asien abgehängt werden. Viele haben noch nicht mal begriffen, dass sie sich überhaupt im Wettlauf um die Zukunft befinden. Wenn ich sehe, wie groß der Wille in anderen Ländern ist, das eigene Leben zu verbessern, frage ich mich, woher wir in Deutschland die Zuversicht nehmen, dass unser Leben so bleibt, wie es ist.«[77]

KAPITEL 12

DEUTSCHLAND IM WELTKRIEG UM WOHLSTAND

Zwischen Weltkrieg Zwei und Drei drängten sich die Deutschen an die Spitze der Humanität und Allgüte. Der Gebrauch des Wortes »Humanitätsduselei« kostete 48 Stunden Arrest oder eine entsprechend hohe Geldsumme. Die meisten der Deutschen nahmen auch, was sie unter Humanität und Güte verstanden, äußerst ernst. Sie hatten doch seit Jahrhunderten danach gelechzt, beliebt zu sein. Humanität und Güte erschien ihnen jetzt der beste Weg zu diesem Ziel. Sie fanden ihn sogar weit bequemer als Heroismus und Rassenlehre. […] Sie waren die Erfinder der undankbaren Ethik der »selbstlosen Zudringlichkeit«.

Zur Erholung hielten die Gebildeten unter den Heinzelmännchen philosophische Vorträge an Volkshochschulen, in protestantischen Kirchen und sogar in Reformsynagogen, wobei ihr eintöniges Thema stets der brüderlichen Pflicht des Menschen gewidmet war. Ohne Pflicht ging's nicht, wie ja die deutsche Grundauffassung vom Leben in der »Anbetung des Unangenehmen« bestand. Sie waren, mit einem Wort, echte Schafe im Schafspelz. Da sie aber selbst dies krampfhaft waren, glaubte es ihnen niemand, und man hielt sie für Wölfe.«

Franz Werfel, Stern der Ungeborenen, 1946

Wenn du Poker spielst, dich am Tisch umschaust und nicht sagen kannst, wer gerade von den anderen ausgenommen wird, dann bist du es.

Lee Robert Schreiber, Poker: Lessons from the World's Greatest Game[1]

Zwei Jahre nach *Abstieg eines Superstars*[2] legte Steingart nach und veröffentlichte *Weltkrieg um Wohlstand – wie Macht und Reichtum neu verteilt werden.*[3] Das Buch, bei dem der Titel dieses Kapitels Anleihen nimmt, hielt sich lange in den Bestsellerlisten. Steingart stellt zunächst fest: »Heute wird der Nationalstaat von denen, die ihn gestern fürchteten, als Schwächling bezeichnet. Er sei zu klein geraten, um in der globalen Welt als Problemlöser bestehen zu können, sagen sie.« So weit, so gut.

Dann aber überrascht der Autor: »Wer so redet, vergisst, dass der Nationalstaat noch immer und womöglich für lange Zeit die einzige legitimierte Macht verkörpert. Wer ihn beiseiteschiebt, hat nichts zu gewinnen. Er schafft genau das, was er vorgibt, beseitigen zu wollen: Unsicherheit und Instabilität.«[4] Und weiter: »Der Staat spielt bei der Neuverteilung von Reichtum und Macht eine wichtige, vielleicht sogar die entscheidende Rolle.«[5] Henrik Müller, lange Zeit beim *Manager Magazin*, heute Professor für Wirtschaftsjournalismus, bestätigt: »Es mag viele in der Bundesrepublik überraschen: Nationalstaaten sind nach wie vor die entscheidenden Spieler in der Welt.«[6]

Nationalstaaten als Wirtschaftsakteure

Lange Zeit gehörte es zur außenpolitischen Doktrin der Bundesrepublik, ja nicht über »deutsche Interessen« zu sprechen, sondern deutsche und europäische, ja internationale Interessen in einem Atemzug zu nennen, ungefähr so: »Deutschland ist so stark international verflochten, dass wir immer multilateral handeln müssen.« Der britische Deutschlandkenner Timothy Garton Ash nannte das einmal die »gewohnheitsmäßige Verschmelzung von deutschen und internationalen Interessen«.[7] Sicher ist richtig, dass Deutschland wie kaum ein anderes großes Land international verflochten ist. Dennoch kann man nur multilateral handeln, nachdem man die deutschen Interessen bestimmt hat. Erst dann nämlich gibt es ein Koordinatensystem für die Außen- und Wirtschaftspolitik. Erst dann können die Verantwortlichen einschätzen, welche Kompromisse und Lösungen möglich sind. Wenn es keinen klaren Kompass gibt, welche Interessen Deutschland hat, dann passieren Fehler, gravierende Fehler, wie zum Beispiel bei der Einführung des Euro oder der späteren Eurorettung.

In anderen Ländern mag es Diskussionen darüber geben, was den nationalen Interessen dient. In den USA stehen sich zum Beispiel Befürworter einer multilateralen Handelspolitik und Protektionisten gegenüber. *Dass* es aber nationale Interessen gibt, denen die Politik zu dienen hat, steht nicht zur Diskussion. »America First« wurde auch von Bill Clinton, George W. Bush und Barack Obama praktiziert, wenn auch nicht so plakativ, wie es Donald Trump tut. »Indem sie ihren Einfluss über die globalen Finanzmärkte ausbeuteten, konnten die Vereinigten Staaten die Kosten ihrer hegemonialen Position tragen, einen falschen heimischen Wohlstand bewahren und die Konsequenzen ihres relativen politischen und ökonomischen Niedergangs verschleiern«, kommentiert das der Politikwissenschaftler Robert Gilpin.[8] Auch in China, Japan und Frankreich übernimmt der Staat eine aktive Rolle im Wirtschaftsleben.

Mariana Mazzucato: der Staat als Unternehmer

Der Staat ist als aktiver Unternehmer nicht zu vernachlässigen und spielt eine oftmals entscheidende Rolle bei der Durchsetzung neuer Technologien. Vor einigen Jahren erregte die Wirtschaftswissenschaftlerin Mariana Mazzucato mit ihrem Buch *The Entrepreneurial State* (dt. Ausg.: *Das Kapital des Staates*) Aufsehen.[9] Von der *Financial Times* wurde es als eines der besten Bücher des Jahres 2013 bezeichnet, der *Economist* lobte es in den höchsten Tönen. Mazzucato argumentiert, dass der amerikanische Staat bei Spitzentechnologien und Basisinnovationen in vielen Fällen eine wichtige oder sogar die entscheidende Rolle gespielt hat. Dies erfolgt vor allem dadurch, dass der Staat bei Forschungsausgaben und fundamentalen Innovationen ins Risiko geht.

Mazzucato stellt am Beispiel von Apple, derzeit einem der wertvollsten Unternehmen der Welt, dar, wie der Smartphone-Hersteller die vom Staat finanzierten Technologien GPS, Touchscreen und Spracherkennungen verbreitete und kommerzialisierte. Ein weiteres Beispiel: Google benutzte Algorithmen, die von der US National Science Foundation entwickelt worden waren, um seine Suchmaschine zu bauen.

Auch die Luft- und Raumfahrtindustrie geht zu einem großen Teil auf staatliche Investitionen zurück, wobei es hier vor allem deutsche Investitionen im Dritten Reich waren, die nach 1945 als Beutetechnologien den USA und Russland zu einem massiven Investitionsschub verhalfen. 540 deutsche Wissenschaftler und Techniker, die meisten aus dem Raketenprogramm der Nationalsozialisten, waren als »Kriegsbeute« in die USA geholt worden. Der bekannteste von ihnen, Wernher von Braun, in den USA Direktor des Marshall Space Flight Center und Vater der Mondrakete, soll einmal gesagt haben, dass er und viele seiner Kollegen zu verschiedenen Zeitpunkten Angebote aus der Privatwirtschaft erhalten hätten, dass aber fast alle bei der Weltraumbehörde NASA geblieben wären. »Wir hätten die Mondlandung nie rechtzeitig hinbekommen, wenn wir zu Privatunternehmen gewechselt wären.«

Auch das angeblich so marktliberale Großbritannien betreibt eine sehr deutlich an eigenen Interessen ausgerichtete Politik, die wiederum maßgeblich durch die Interessen der City of London, dem Finanzzentrum des Landes, bestimmt wird. So duldet und unterstützt der britische Staat seine Steueroasen auf den Kanalinseln, den Cayman-Inseln und den Bahamas. Und das Übernahmeangebot, das Werner Seifert, Chef der Deutschen Börse AG, im Jahr 2004 der London Stock Exchange machte, konnte man nur als das Hirngespinst eines naiven Deutschen interpretieren, der glaubte, dass sich die ökonomische Logik durchsetzen würde. Niemals würde die City of London akzeptieren, dass ihr Herzstück in deutsche Hände geriete (dazu unten mehr). Zwischenzeitlich sollten dann sogar die Londoner die Deutsche Börse übernehmen. Erst die Brexit-Entscheidung der Briten machte dem ein (vorläufiges) Ende.

Die Internationale Wirtschaft ist immer auch politisch. Noch einmal Gilpin: »Die Träume, es ›dem Markt zu überlassen‹ oder zu einem politisch neutralen Goldstandard zurückzukehren, können nicht erfolgreich sein, weil die Natur des Weltwährungssystems einen profunden Einfluss auf die Interessen mächtiger Interessengruppen und Staaten hat. Interessengruppen und Staaten, die betroffen sind, werden immer versuchen, in den Ablauf des Systems einzugreifen, um es ihren Interessen dienlich zu machen.«[10] Märkte sind eben nicht politisch neutral. Ihre Existenz schafft ökonomische Macht, die ein Akteur gegen den anderen ausspielen kann.[11]

Die Europäische Union ist trotz einer gemeinsamen Zollpolitik noch nicht wirklich zu einem wirtschaftspolitischen Akteur geworden, der im Spiel der Wirtschaftssupermächte USA und China mithalten könnte. Im Zollkonflikt mit der Trump-Regierung ließ die EU-Kommission die Muskeln spielen. Anfang 2019 führte die Kommission Schutzzölle auf Stahlprodukte ein, die aufgrund der vorhergegangenen US-Zölle zusätzlich auf den europäischen Markt geschwemmt wurden. Von 2013 bis 2018 hatte die EU Schutzzölle auf chinesische Solarmodule erlassen, nur war da die in Deutschland zuvor so hoch gehypte Solarbranche schon ziemlich tot.[12] Solche Maßnahmen sind eher die Ausnahme als die Regel und werden zumeist reaktiv und nicht strategisch eingesetzt. Bei weitergehenden Maßnahmen wie zum Beispiel der konsequenten Besteuerung der amerikanischen Internetgiganten, die dringend notwendig wäre, um Chancengleichheit herzustellen, und bei der Finanztransaktionssteuer (Tobin-Steuer) ist die Europäische Union uneins.[13] Da sind es dann doch wieder einzelne Nationalstaaten, in diesem Fall Frankreich, die vorangehen.[14]

Friedrich List und das nationale System der politischen Ökonomie

Man kann darüber diskutieren, ob Friedrich List der größte Ökonom ist, den Deutschland je hatte. Vieles spricht dafür. Auf jeden Fall war er wohl derjenige, dessen Leben am tragischsten verlief. Der Unternehmer, Diplomat und Eisenbahnpionier wurde 1789, im Jahr der Französischen Revolution, als Sohn eines Gerbermeisters im schwäbischen Reutlingen geboren. Mit 28 Jahren wurde er aufgrund seiner Sachkenntnis als Professor an die neugegründete Fakultät für Staatswissenschaften an die Universität Tübingen berufen, obwohl er weder Abitur noch ein abgeschlossenes Studium vorweisen konnte, dafür einen scharfen Geist und Erfahrung als Verwaltungsbeamter. Die Fakultät, die erste ihrer Art in Deutschland, ging auf seine Initiative zurück.

Deutschland war in Dutzende Einzelstaaten mit jeweils eigener Zollhoheit aufgeteilt. Es war das Zeitalter der Restauration und Zensur, die aber auch die Widerstandsbewegung des Vormärz und das Hambacher Fest hervorbrachte. List setzte sich in seiner kurzen Zeit als Professor leidenschaftlich für einen deutschen Zollverein ein: »Achtunddreißig Zoll- und Mautlinien in Deutschland lähmen den Verkehr im Innern und bringen ungefähr dieselbe Wirkung hervor, wie wenn jedes Glied des menschlichen Körpers unterbunden wird, damit das Blut ja nicht in ein anderes überfließe. Um von Hamburg nach Österreich, von Berlin in die Schweiz zu handeln, hat man zehn Staaten zu durchschneiden, zehn Zoll- und Mautordnungen zu studieren, zehnmal Durchgangszoll zu bezahlen.«[15]

Das brachte List in Konflikt mit seinem Landesherren, der seine Souveränität verteidigen wollte. Um einer Entlassung zuvorzukommen, schied er schon nach zwei Jahren als Professor aus. Er wurde 1819 in den württembergischen Landtag gewählt, konnte das Mandat jedoch nicht annehmen, da er noch nicht das Mindestalter von 30 Jahren erreicht hatte. Ein Jahr später wurde er wieder gewählt und zog in den Landtag ein. In seiner »Reutlinger Petition« kritisierte er Missstände in Verwaltung und Gesetzgebung sehr deutlich, wurde schließlich aus dem Landtag ausgeschlossen und zu zehn Monaten Festungshaft verurteilt. Er floh nach Frankreich, konnte dort aber keine wirtschaftliche Existenz aufbauen. 1824 trat er die Haft in der Festung Hohenasperg an, die heute noch zu besichtigen ist. Unter der Bedingung, in die USA zu emigrieren, wurde er nach fünf Monaten begnadigt.

In Reading in Pennsylvania, wo es einen hohen Anteil Deutschstämmiger gab, baute er eine deutschsprachige Zeitung auf, die er von 1826 bis 1830 leitete. In dieser Zeit gründete er zusammen mit anderen Gesellschaftern auch ein Kohlebergwerk und eine Eisenbahnlinie und kam zu einigem Vermögen. List setzte sich mit den Ideen von Alexander Hamilton, einem der Gründerväter der USA, auseinander, der ein System nationaler Schutzzölle forderte, damit die industriell unterentwickelten USA ihren Rückstand aufholen konnten. List griff diese Ideen auf und arbeitete sie weiter aus.

Im Präsidentschaftswahlkampf 1828 unterstützte er Andrew Jackson, der ihm 1830 die amerikanische Staatsbürgerschaft zuerkannte und ihn 1833 zum Konsul im Großherzogtum Baden machte. Mit diplomatischer Immunität versehen, konnte der glühende Patriot List in sein Heimatland zurückkehren. Dort warb er unermüdlich für den Aufbau der deutschen Infrastruktur und für ein deutsches Eisenbahnnetz. Nirgends jedoch bekam List eine angemessene Position, um diese Ideen in die Tat umzusetzen. Im Jahr 1837 implodierte sein Vermögen in den USA; ob er betrogen wurde oder ob es eine Folge der Wirtschaftskrise war, ist bis heute ungeklärt.

Zunächst ging List wieder nach Frankreich und war journalistisch als Korrespondent tätig. Dort begann er mit der Abfassung seines Hauptwerks *Das nationale System der Politischen Ökonomie*, das 1841 erschien. List ging davon aus, dass es für eine Wirtschaft auf die konkrete Situation ankommt, in der sie

Friedrich Lists Entwurf eines gesamtdeutschen Eisenbahnnetzes

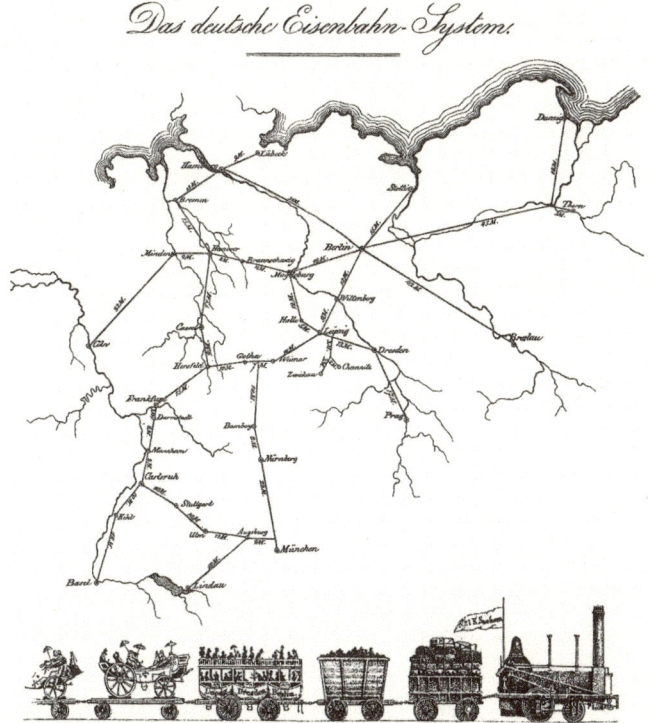

Aus: List, Friedrich: Über ein sächsisches Eisenbahn-System als Grundlage eines allgemeinen deutschen Eisenbahn-Systems und insbesondere über die Anlegung einer Eisenbahn von Leipzig nach Dresden, Leipzig 1833.

sich befindet, dass also historische, kulturelle, geographische und sonstige Faktoren eine wesentliche Rolle spielen. Damit war er ein Vorläufer der historischen Schule der Nationalökonomie. Adam Smith hat vor allem die Arbeitsteilung in der Industrie untersucht. List betonte, dass es auf das »System der Produktivkräfte« – Infrastruktur, Bildung und vieles andere – ankomme. Für den Flickenteppich Deutschland forderte er einen einheitlichen Schutzzoll, sodass sich die einheimische Industrie in einem sich selbst verstärkenden Prozess entwickeln könne. Im Jahr 1844 setzte der zehn Jahre zuvor gegründete Deutsche Zollverein die ersten Schutzzölle fest; die Gedanken Lists begannen, Wirklichkeit zu werden.

List selber hatte davon wenig. Er musste sich als Publizist und Vortragsredner durchschlagen. 1846 beging er in Kufstein Selbstmord. Lange war sein Name nur Insidern bekannt, obwohl gerade die Eisenbahninfrastruktur und die einheitlichen Zölle zum Wirtschaftswunder in Preußen und später im 1871 gegründeten Kaiserreich wesentlich beigetragen haben. »Wenn der Name Friedrich List genannt wird, bekommen die Deutschen ein schlechtes Gewissen«, sagte Bundespräsident Theodor Heuss einmal.[16] Heute tragen immerhin einige Schulen seinen Namen, und es gibt zwei List-Gesellschaften. Auch international wird Friedrich List gelesen und rezipiert, wenn auch nicht im gleichen Umfang wie Adam Smith.

Produktivkräfte, materielle und immaterielle Wettbewerbsvorteile

In den 1980er- und 1990er-Jahren war Michael Porter der wohl bekannteste Experte für Unternehmens- und Wettbewerbsstrategie. Bis heute müssen (fast) alle Studenten in Business Schools und BWL-Fakultäten auf der ganzen Welt die fünf Wettbewerbskräfte und die drei generischen Strategien nach Michael Porter lernen. Auch als Unternehmensberater war der Harvard-Professor sehr gefragt.

Im Jahr 1990 analysierten Porter und sein 30-köpfiges Team mehr als 100 Branchen in zehn Ländern und veröffentlichten die Ergebnisse in einer Studie zu den Wettbewerbsvorteilen von Nationen und Ländern. Porter schlug einen »Diamanten« der Wettbewerbskräfte vor: Faktor-, also Angebotsbedingungen, Nachfrage, verbundene Branchen und Unternehmensstrategie, Struktur und Wettbewerb in der Branche.[17] Unter die Faktorbedingungen fallen unter anderem Arbeit, Kapital, Rohstoffe und Infrastruktur, also das, was Friedrich List »System der Produktivkräfte« nannte.

Eine wesentliche Erkenntnis der Studie: Durch sich gegenseitig verstärkende positive Effekte entstehen in den Ländern oder Regionen Cluster von Branchen und Kompetenz. Auch hier lässt Friedrich List grüßen. So siedeln sich zum Beispiel viele Antiquitätenhändler in Brüssel in unmittelbarer Nähe zueinander an, Diamantenhändler in Antwerpen. Offensichtlich überwiegen die Vorteile der räumlichen Nähe die Nachteile des erhöhten Wettbewerbs. In diesen beiden Fällen ist zum Beispiel von Vorteil, dass beide Orte als Zentrum des Handels für die jeweiligen Waren und Güter bekannt sind. Das zieht viele Kunden an. Innerhalb der Branche verbreiten sich vielleicht Informationen schneller; man kann sich informell austauschen und abstimmen. Und es gibt einen Pool von spezialisierten Mitarbeitern vor Ort.

International wettbewerbsfähige, bedrohte und abgestiegene Branchen aus Michael Porters Studie von 1990 (Beispiele)

Land	weiter wettbewerbsfähig	bedroht	abgestiegen bzw. Branche im Niedergang
Deutschland	chemische Erzeugnisse, optische Instrumente, Verpackungsmaschinen, Spezialmaschinen	Automobilindustrie, Messerwaren	Druckerpressen
Italien	Fliesen, Schuhe, Wollstoffe, Mode, Haushaltsgeräte		
Japan	Industrieroboter, Reifen für Lkw und Busse, Synthetikgewebe, Gabelstapler, optische Bauteile und Instrumente, Schiffsbau	Lkw, Halbleiter, Musikinstrumente	Telefax, Rundfunkgeräte, Videorecorder, Schreibmaschinen, Armbanduhren
Schweiz	Schokolade, Farbstoffe, Feuerschutzgeräte, Schiffsmotoren, Arzneimittel	Banken, Armbanduhren	
Vereinigte Staaten	Banken und Finanzdienstleistungen, Werbung, Computersoftware, Waffen und Militärtechnik, Spielfilme und Entertainment, Geräte zur Patientenüberwachung		

Quelle, Porter S. 46–47, eigene Einordnung

Was in diesen einfachen Fällen gilt, gilt auch für wesentlich komplexere Branchen. Die Software- und Computerindustrie sitzt heute zum Beispiel im Silicon Valley und in Bangalore, die Filmindustrie in Los Angeles, die Finanzbranche in New York und London. Auch Deutschland hat solche Cluster: allen voran die Automobilindustrie mit ihren Zulieferern, die Chemieindustrie am Rhein, die fast verschwundene Stahlindustrie im Ruhrgebiet und Saarland, Start-ups in Berlin, Medien in Hamburg und München.

Viele Branchen, in denen einzelne Länder große Wettbewerbsvorteile hatten, gibt es auch heute noch, andere sind zwischenzeitlich verschwunden. Zwischen Porters Untersuchung und heute liegen immerhin drei Jahrzehnte rasanter Globalisierung und Digitalisierung.

In der obigen Tabelle habe ich nur Branchen aufgeführt, die zur Zeit von Michael Porters Studie global noch besonders wettbewerbsfähig waren. Natürlich waren 1990 in verschiedenen Ländern schon etliche Branchen dem Wettbewerb gewichen: Deutschland verlor zum Beispiel die Kameraproduktion in den 1960er-Jahren an Japan. Die USA waren um 1990 fleißig dabei, ihre Industrieproduktion ins Ausland zu verlagern, sodass viele reguläre Industrieprodukte zu diesem Zeitpunkt nicht mehr wettbewerbsfähig waren und in Porters Studie gar nicht mehr auftauchen.

Auch Porter, der an der Hochburg des Kapitalismus lehrt, räumt dem Staat übrigens eine erhebliche Rolle bei der Gestaltung von Wettbewerbsvorteilen ein: zum Beispiel auf Faktorbedingungen, Nachfragebedingungen und verwandte und unterstützende Branchen. Es leuchtet zum Beispiel ein, dass Bildungs- und Wissenschaftspolitik direkt fördernd oder hemmend auf den Faktor Arbeit wirkt, ebenso die Arbeitsmarktpolitik.[18] Aber Staaten betreiben auch eine sehr direkte Einmischung in die Nachfragebedingungen: Wenn die USA etliche strategisch wichtige Produkte und Dienstleistungen nicht in ausländische Hand geben, dann fördert das natürlich die nationalen Produzenten. Auch in Krisen wie dem Diesel-Skandal hat die Politik einen erheblichen Einfluss auf die Nachfrage.

Es dürfte außer Frage stehen, dass Silicon Valley und Hollywood zwei Cluster sind, die einen erheblichen Einfluss auf die Weltwirtschaft haben und in denen sich viel Wirtschaftsmacht konzentriert. Im Silicon Valley haben ihren Sitz Alphabet (Google), Apple, Facebook, Twitter, HP, PayPal, YouTube, Videospiel-Entwickler und unzählige kleinere Softwareschmieden. Im zwar nicht gerade benachbarten, aber ebenfalls an der Westküste liegenden Seattle finden sich Microsoft und Amazon. Da fast alle Unternehmen in ihrer Gründungs- und Wachstumsphase von Venture-Capital-Unternehmen mitfinanziert werden, entstehen enge Netzwerke. Bei Gründer-Events stellen potenzielle und tatsächliche Unternehmensgründer ihre Ideen den VC-Gesellschaften vor. Die bekannteste, Sequoia Capital, finanzierte unter anderem Atari, FireEye, Yahoo, PayPal, Electronic Arts, YouTube, Meebo, Apple, WhatsApp, Instagram und Google. Man kennt sich, man tritt in Wettbewerb zueinander, man macht Deals miteinander. Das lesenswerte Buch *Chaos Monkeys* des ehemaligen Goldman-Sachs- und Facebook-Managers Antonio García Martínez gibt einen faszinierenden Einblick in diese Welt.[19]

Dass das Silicon Valley extrem einflussreich ist, sieht man auch an der Behandlung, die den Tech-Größen widerfährt. Mark Zuckerberg wird zum Beispiel von Angela Merkel empfangen und verspricht ihr prompt Unterstützung im »Kampf gegen Hassparolen«.[20] Als Facebook vielfacher Verstöße gegen europäische Datenschutzrechte überführt wird, darf sich Zuckerberg in einem Hearing vor dem europäischen Parlament rechtfertigen. »Mark Zuckerberg diktierte der EU das Format auf und beantwortete die Fragen widerwillig in 15 Minuten«, so der Internetblog Meedia.[21] Amerika ist da umgekehrt weniger zimperlich: Schweizerische Bankmanager oder deutsche Automanager wandern schon einmal ohne Vorwarnung ins Gefängnis.

Ebenfalls an der Westküste, aber weiter im Süden, liegt Hollywood, spätestens seit den 1930er-Jahren unbestreitbar das Zentrum der globalen Filmindustrie. In Nazideutschland gab es noch eine deutsche Filmindustrie, die aber schon massiv ausgeblutet war, weil viele jüdische und nichtjüdische Regisseure, Schauspieler und Filmmusiker vor Diktatur und Verfolgung fliehen mussten. Die Filmbranche der Bundesrepublik hat es bis auf gelegentliche internationale Erfolge wie *Das Boot* nicht wirklich über Filme von nationaler Bedeutung hinausgebracht. Und auch der Regisseur von *Das Boot*, Wolfgang Petersen, folgte schnell dem Lockruf aus Hollywood und kehrte Deutschland den Rücken.

Eine solche Konzentration der Filmbranche in Hollywood stellt auch eine enorme Macht dar. Schinken wie *Der Soldat James Ryan* oder *Dunkirk* gehen doch sehr frei mit der Geschichte um und glorifizieren die amerikanische Armee. Beim 2017 erschienenen Film *Dunkirk* verzichteten die deutschen Verleiher sogar darauf, den deutschen Namen der Stadt, Dünkirchen, als Titel zu verwenden. Zudem gehen die USA mit Drehgenehmigungen fast so streng um wie die ehemalige Sowjetunion. Sollen amerikanische Waffen in einem Film gezeigt werden, liest das Pentagon zuvor das Drehbuch. Wenn Sie Produzent oder Regisseur sind, dürfen Sie für einen amerikakritischen Film sicher keinen Flugzeugträger filmen. Die Produktionsfirma von Brunn Media schreibt hierzu, dass es in den meisten Ländern und Städten eher einfach oder gar nicht notwendig sei, eine Dreherlaubnis zu beantragen: »Dies ist in den Vereinigten Staaten nicht der Fall. Viele deutsche Produktionen haben den Aufwand, die Bearbeitungszeiten und die involvierte Bürokratie schon unterschätzt und dies bitter bereut. Seien Sie nicht eine dieser Produktionen.«[22] Amerika weiß seine »Soft Power« zu schützen.

Bei Deutschlands Clustern sieht es eher bescheiden aus. Michael Porter stellte schon vor fast 30 Jahren fest, dass Deutschlands Stärken allesamt auf Industrien beruhen, die bereits im 19. Jahrhundert entstanden, vor allem Maschinenbau, Chemie und Pharmazie und die Automobilbranche samt Zulieferern. Erhebliche Stärken in der pharmazeutischen Industrie sind schon verloren gegangen. Es fehlt an Zukunftsindustrien. Es ist Deutschland nicht gelungen, in jüngeren Branchen nennenswert Fuß zu fassen: keine nennenswerte Chipproduktion, kaum Internetindustrie, wenig Software, wenig global erfolgreiches Entertainment.

Die Luft- und Raumfahrtbranche, in der Deutschland Weltmaßstäbe gesetzt hatte, war durch den riesigen Verlust an Wissenschaftlern und Know-how nach dem Zweiten Weltkrieg ausgeblutet. Die Hoffnung auf eine eigene Computerindustrie zerschlug sich spätestens mit der Übernahme der hoch defizitären Nixdorf AG durch Siemens im Jahr 1990. Wo Deutschland noch Stärken hat, liegen diese vor allem im Bereich »Mid-Tech«. Nur bei Bio- und Medtech und einigen wenigen anderen Bereichen gibt es Lichtblicke. »Weil technische Innovationen in Zeit und Raum geclustert sind, wachsen Nationen ungleich schnell, und Hegemonialmächte steigen auf und sinken ab«,[23] schreibt Robert Gilpin. Was für Hegemonialmächte gilt, gilt auch für Mittelmächte wie Deutschland, die von ihrer industriellen Basis abhängen. Wenn die Innovationsdynamik nachlässt, kann der Wohlstand sehr schnell erodieren.

Wirtschaftsfaktor Patriotismus[24]

Vor mehr als zehn Jahren veröffentlichte Henrik Müller ein Buch mit dem Titel *Wirtschaftsfaktor Patriotismus.* Darin argumentierte er, dass Nationalstaaten auch heute noch einen wesentlichen Einfluss auf den wirtschaftlichen Zustand eines Landes haben und dass Patriotismus durchaus ein Wettbewerbsvorteil sein kann. Nach dem verheerenden Zweiten Weltkrieg waren in Deutschland noch vier Arten von Patriotismus gesellschaftsfähig: der Stolz auf die deutsche Kultur, das Grundgesetz, die Fußballnationalmannschaft und die wirtschaftliche Leistungsfähigkeit mit dem Sozialstaat.

Insbesondere die Kriegsgeneration war weiterhin stolz auf die deutsche Wissenschaft, Kunst und Kultur: Schiller, Goethe, Beethoven und viele andere. Der Politikwissenschaftler Dolf Sternberger prägte 1979 den Begriff »Verfassungspatriotismus«, um der besonderen Verbundenheit zum Grundgesetz Ausdruck zu verleihen.

Breitenwirksamer als beim Begriff »Verfassungspatriotismus«, der über Insiderkreise nicht hinauskam, äußerte sich der Patriotismus in Deutschland beim Fußball und der Wirtschaft. Nach dem »Wunder von Bern«, als die deutsche Nationalmannschaft 1954 den Weltmeistertitel holte, war Fußball Angelegenheit aller Deutschen, wie sich am deutlichsten im »Sommermärchen« von 2006 zeigte.

Zu Recht waren die Deutschen stolz auf ihren wirtschaftlichen Aufschwung nach 1945, der sie in etwas mehr als zwei Jahrzehnten an die Spitze der Industrienationen zurückgeführt hatte, sowie den vorbildlichen Rechts- und Sozialstaat.

Nach dem sogenannten Diesel-Skandal, den Skandalen um die Deutsche Bank und Siemens sowie andere Unternehmen, einer schier unendlichen Kette von missglückten Übernahmen von internationalen Unternehmen durch deutsche Konzerne, dem Ausverkauf des Mittelstandes, den Transrapid-, Stuttgart-21- und BER-Fiaskos und dem Fehlen nennenswerter Zukunftsbranchen gibt es auch in der deutschen Wirtschaft immer weniger, auf das man stolz sein kann. Es sieht schlecht aus in Deutschland mit dem Wirtschaftsfaktor Patriotismus.

Deutschland – ewiger Loser bei grenzüberschreitenden Fusionen und Übernahmen

Die Mär vom Stupid German Money[25] geht weiter. Nicht nur befinden sich mittlerweile zwei Drittel der Aktien der DAX-Konzerne in der Hand ausländischer Hedgefonds, Investmentgesellschaften und Pensionskassen, nicht nur übt die geheimnisvolle, gigantische Firma BlackRock (Cheflobbyist: Friedrich Merz) einen ungesunden Einfluss auf die DAX-Unternehmen aus, zu allem Überfluss stellen sich deutsche Unternehmen häufig auch noch selten dumm im Übernahmepoker an. Während mittelgroße deutsche Unternehmen reihenweise aufgekauft wurden, leisteten sich deutsche Konzerne international einen Fehltritt nach dem anderen.[26] Das hat sicherlich auch damit zu tun, dass wir Deutschen die Musterschüler der Marktwirtschaft und eines offenen Welthandelssystems sein wollten, während andere Länder – zum Beispiel USA, Frankreich, Großbritannien, Japan und China – eine nicht immer auf den ersten Blick erkennbare, aber letztlich oft effektive Industriepolitik verfolgen.

Einer der folgenreichsten Fehlschläge war der lange Ausflug der Deutschen Bank ins Investmentbanking. In den 1980er-Jahren war die Bank eine der mächtigsten der Welt. Das »Modell Deutschland« brummte. Margaret Thatcher hatte zuvor mit dem »Big Bang« die City of London für internationale Investoren geöffnet. Alfred Herrhausen, der ehrgeizige und charismatische Vorstandssprecher der Deutschen Bank, begnügte sich nicht damit, dass das Bankhaus primär deutsche Unternehmen bediente und Finanztransaktionen deutscher Firmen begleitete. Er wollte das Institut auch als Player in anderen Märkten, insbesondere im lukrativen angelsächsischen Investmentbanking, etablieren und übernahm 1989 die britische Investmentbank Morgan Grenfell.

Die Strategieabteilung des Hauses warnte ihn damals vor den Risiken der Übernahme: das Gebaren der Investmentbanker passe nicht zur Kultur einer Geschäftsbank. Doch Herrhausen ließ sich nicht beirren. Nur wenige Jahre später musste der Vermögensverwalter von Morgan Grenfell drei Fonds vom Handel aussetzen, weil der Investment-Star Peter Young mit riskanten Tech-Investitionen gegen Auflagen verstoßen hatte. Hunderte Millionen Pfund Verlust waren die Folge. Drei Jahrzehnte nach dem großspurigen Aufbruch in die Liga von Goldman Sachs ist der Versuch, eine global führende Investmentbank zu werden, kläglich gescheitert, er endete im Desaster. Die Deutsche Bank lebte vor dem Kauf von Morgan Grenfell überwiegend von der Kreditvergabe an Unternehmen. Jetzt kehrt sie in diese »Niederungen« zurück – deutlich schwächer als vor 30 Jahren.

Auch andere Finanzkonzerne verkalkulierten sich oder wurden Opfer von Übernahmen. Werner Seifert war von 1993 bis 2005 der selbstbewusste Chef der Deutschen Börse AG. Und er hatte große Pläne: Jahrelang hatte er sich vorgenommen, die Londoner Börse zu übernehmen. Aber das Übernahmeangebot scheiterte am abgestimmten Widerstand vieler Minderheitsaktionäre. Eine wesentliche Rolle spielte dabei der Londoner Hedgefonds The Children's Investment Fund (TCI) unter seinem öffentlichkeitsscheuen Manager Christopher Hohn, der 8 Prozent der Anteile an der Deutschen Börse hielt.

Offiziell begehrten die Aktionäre dagegen auf, dass sie im Vorfeld nicht ausreichend konsultiert worden waren und Angst vor einer Verwässerung ihrer Aktienpakete hatten. Doch es ging um handfeste britische Interessen. Man wollte keine deutsche Kontrolle über das Herzstück der »City« akzeptieren. Seifert musste im Mai 2005 seinen Hut nehmen. Dass er mit seinem Angebot, das auf das Zentrum der britischen Wirtschaft zielte, Erfolg hätte haben können, kann man nur als naiv bezeichnen. Seiferts Scheitern wurde in nationalen und internationalen Finanzkreisen genau beobachtet. Erstmals übte eine große Anzahl von Minderheitsaktionären unmittelbaren Einfluss auf die Unternehmensstrategie und die Top-Personalpolitik eines DAX-Unternehmens aus. Die Top-Manager der anderen DAX-Konzerne werden das genau registriert haben.[27] Im Nachgang sprach der damalige SPD-Bundestagsfraktionsvorsitzende Franz Müntefering in Bezug auf Hedgefonds und internationale Großinvestoren von »Heuschreckenschwärmen«. Die Bundesanstalt für Finanzdienstleistungsaufsicht (BaFin) startete eine Untersuchung der Vorgänge wegen des Verdachts eines untereinander abgestimmten Verhaltens zahlreicher Investmentfonds (»Acting in Concert«). Das Verfahren wurde nach wenigen Monaten eingestellt. Und der Ausverkauf der deutschen Industrie ging weiter.

Ebenfalls 2005 kaufte der italienische Bankenriese Unicredit die Bayerische Hypo- und Vereinsbank (HVB) für 15 Milliarden Euro. Alessandro Profumo, der Chef der Unicredit, wurde CEO der neuen Gruppe. Es war die bis dahin größte grenzüberschreitende Bankenfusion in Europa. Unicredit zahlte mit eigenen Aktien und sicherte sich knapp 94 Prozent der HVB-Anteile. Nach Ansicht vieler Minderheitsaktionäre von HVB und Bank Austria, die in der HVB aufgegangen war, wurde das traditionsreiche bayerische Bankhaus dabei über den Tisch gezogen. Bis heute sind Klagen anhängig und werden neue Klagen eingereicht. 2019 wurde in einem Gutachten zum Beispiel festgestellt, dass bei der Berechnung der damaligen Abfindung offenbar ein Posten von 3,6 Milliarden Euro unterschlagen wurde.[28] Operativ ist die Sache aber gelaufen. Die HVB gab schrittweise ihre Eigenständigkeit ab. Die Unicredit schlachtete das Institut aus und zog Milliarden Euro in Form von Sonderdividenden und Gewinnabführungen ab. Die einst stolze bayerische Bank wurde zu einer Landesgesellschaft der Unicredit degradiert.

Nachdem Deutschland Mitte der 1990er-Jahre durch eine Rezession gegangen war, als der Wiedervereinigungsboom an sein Ende kam, begann eine Ära des Optimismus. Die Börsen und der Export boomten. Der »Neue Markt« setzte zu seinem Höhenflug an. In dieser Atmosphäre kündigte Jürgen Schrempp, der Chef des größten deutschen Industriekonzerns Daimler-Benz, eine Fusion mit dem US-Autohersteller Chrysler an. Es sollte laut Schrempp eine Hochzeit sein, »die im Himmel geschlossen wurde«. »Die erste Welt AG unter deutscher Führung«, schallte der Jubel aus dem deutschen Blätterwald.[29]

Mitverantwortlich für das Desaster war Goldman Sachs unter seinem damaligen Deutschlandchef Alexander Dibelius, der Jürgen Schrempp den Deal schmackhaft machte. Dabei war der Nutzen von Anfang an zweifelhaft. Die in Aussicht gestellten Synergien von mehreren Milliarden Dollar klangen zwar gut, aber bezogen auf den Umsatz waren es weniger als 2 Prozent. Nur für einige rechnete sich die Fusion von Anfang an: Jürgen Schrempp und das obere Daimler-Benz-Management. Man hatte zwar vereinbart, dass nach wie vor nationale Vergütungsrichtlinien gelten sollen, allerdings mit Ausnahme der 400 obersten Führungskräfte. Die sollten nach amerikanischen Maßstäben bezahlt werden. Schrempp verzehnfachte dadurch mal eben so seine Vergütung.

Was folgte, war ein großes kulturelles Missverständnis und eine schlecht umgesetzte Übernahme. Der Kaufpreis von 36 Milliarden Dollar für Chrysler war sportlich. Bereits im Jahr 2000 halbierte sich der Aktienkurs von DaimlerChrysler, wie der Konzern nun hieß. Es folgten taumelnde Verkaufszahlen und Milliardenverluste. Neun Jahre nach der Hochzeit folgte die Scheidung. Der Finanzkonzern

Cerberus übernahm für 5,5 Milliarden Euro 80,1 Prozent an Chrysler. Das Abenteuer soll Daimler schätzungsweise 40 Milliarden Euro gekostet haben.[30]

Lange dominierten drei große Chemie- und Pharmaunternehmen, allesamt Nachfolger der 1925 gegründeten und 1945 entflochtenen IG Farben, den deutschen Chemie- und Pharmamarkt: Bayer, Hoechst und die BASF. Wer heute das Frankfurter Traditionsunternehmen Hoechst sucht, muss die Geschichtsbücher bemühen. Wie Jürgen Schrempp hatte sich der damalige Hoechst-Chef Jürgen Dormann den Ruf erworben, ganz im Dienst des Shareholder Value zu stehen. Zunächst betrieb er eine aggressive Fusionspolitik und kaufte 1995 den US-Arzneimittelhersteller Marion Merrell Dow für mehr als 10 Milliarden Dollar. Die Übernahme war eine Enttäuschung. Danach begann eine aktive Umstrukturierung von Hoechst. Dormann fing an, Geschäftsbereiche auszugliedern, Tochtergesellschaften in selbstständige Gesellschaften zu überführen und verkaufte viele Unternehmensbereiche, um den Konzern auf seine »Life-Science«-Kerngeschäfte (Pharma und Agrochemie) zu fokussieren. Bis 1998 verschlechterten sich die Konzerngewinne stetig.

Den verbliebenen Pharmabereich der Hoechst AG fusionierte Dormann mit seinem früheren Wettbewerber Rhône-Poulenc S.A. zur Aventis S.A.; 2003 wechselte Dormann vom Vorstand in den Aufsichtsrat der Aventis. In dem fusionierten Unternehmen brachen Kulturkämpfe und ein Ringen um die Führungspositionen aus. Und natürlich setzten sich die Franzosen durch. Die Zentrale wurde nach Straßburg verlegt, der Pflanzenschutz verkauft. Dennoch gelang es nicht, den Anschluss an die Weltspitze der Pharmakonzerne zu erreichen. 2004 schnappte sich, nach massiver Intervention der französischen Regierung, der französische Rivale Sanofi-Synthélabo Aventis und formte die neue Nummer drei auf dem globalen Arzneimittelmarkt. Einer der größten europäischen Pharmakonzerne ist seitdem unter französischer Regie, obwohl Chemie und Pharma zu den Stärken der deutschen Wirtschaft gehört haben. Hoechst wurde »ein Opfer der eigenen Strategie«.[31] Branchenexperte Jörg Schierholz hierzu: »Mit der Zerstörung der Welt AG (Hoechst) wurde die Apotheke der Welt abgewickelt.«[32] Im Jahr 1999 gab BMW seine Mehrheit am deutschen Triebwerkhersteller BMW Rolls-Royce AeroEngines GmbH ab. Das Unternehmen war gegründet worden, um Motoren für Firmen- und Kurzstreckenflugzeuge zu entwickeln. Damit verließ ein weiteres Kronjuwel das deutsche Industrie-Universum. Man gebe die Mehrheit an einem Nischenanbieter im Triebwerkgeschäft auf, hieß es zur Begründung für die Überlassung von 50,5 Prozent der Anteile an Rolls-Royce. Der damalige Joint-Venture-Partner stockte damit seine 49,5 Prozent zu einer 100-prozentigen Tochter auf. Ende der 1990er-Jahre war der Industriekonzern Mannesmann im Aufwind. Neben dem traditionellen Geschäft verfügte Mannesmann über eine boomende Mobilfunksparte, die das Potenzial besaß, Marktführer in Europa zu werden. Das britische Mobilfunkunternehmen Vodafone bot Ende 1999 180 Milliarden Euro für Mannesmann und startete die bis heute teuerste feindliche Übernahme aller Zeiten. Mannesmann-Chef Klaus Esser willigte nach monatelanger spektakulärer Übernahmeschlacht ein – »für die Aktionäre«, wie er sagte. Er selbst wurde mit 30 Millionen Euro »Anerkennungs-Prämie« gefügig gemacht. »Wurde Mannesmann-Chef Esser bestochen?«, fragte der *Spiegel* am 6. Mai 2001.[33] Weitere 27 Millionen flossen an zahlreiche Manager und Pensionäre. Die IG Metall sprach von »unanständig hohen« Zahlungen. Esser wurde vom Düsseldorfer Landgericht in einem Verfahren wegen des Verdachts der Beihilfe zur Untreue freigesprochen. Das Revisionsverfahren wurde eingestellt.

Mannesmann wurde von Vodafone-Chef Chris Gent zerschlagen, bis nichts mehr von dem einst stolzen Konzern übrig blieb. Bis heute verbucht Vodafone hohe Abschreibungen auf die Fusion, aber die Geschäftsstrategie und der operative Cashflow stimmen. Still und leise hat sich das Unternehmen in der Folgezeit eine beherrschende Stellung bei Kabelnetzen zusammengekauft. Während die EU-Kommission dies der Deutschen Telekom noch untersagte, lässt man es bei Vodafone zu. Im Juli 2019 kündigte man an, dass man als erster Anbieter in Deutschland mit 5G starten werde. »Die Telekom hat ihren Vorteil beim Thema 5G verspielt. Der Marktführer aus Bonn muss sich anstrengen, um nicht weiter zurückzufallen«, kommentierte das *Handelsblatt*.[34]

Bei der Übernahme von VoiceStream durch die Deutsche Telekom steht das Urteil noch aus. Ende 2001 übernahm die Telekom unter Führung von Ron Sommer den US-Mobilfunkanbieter für 50,7 Milliarden Dollar. Der Deal galt als riskant, der Kauf als deutlich übertauert. Die Telekom-Aktie ging auf Talfahrt. Sommer verwies auf die strategischen Chancen, den US-Markt zu erschließen. Unter seinem CEO John Legere erzielt VoiceStream, inzwischen in T-Mobile USA umbenannt, kräftige Zuwachsraten und ist vom sechstgrößten zum drittgrößten Mobilfunkbetreiber der USA aufgestiegen. Zunächst sollte das Unternehmen an

AT&T, dann an Sprint verkauft werden; beide Vorhaben scheiterten. 2017 unternahm T-Mobile einen weiteren Anlauf zur Fusion mit dem US-Rivalen Sprint, an dem auch die japanische Softbank als Großaktionär beteiligt ist. Ende Juli 2019 wurde die Fusion genehmigt.[35] Das Telekom-Investment könnte eine Ausnahme in der ansonsten ziemlich lückenlosen Serie von Pleiten und Pannen werden und sich nach mehr als zwei Jahrzehnten rentieren.

Im April 2011 machte der spanische Rivale und Großaktionär ACS ein Übernahmeangebot für den damals größten deutschen Baukonzern Hochtief. Nach einer kurzen Abwehrschlacht warf Hochtief-Chef Herbert Lütkestratkötter auf der Hauptversammlung das Handtuch. Die Interventionen von Angela Merkel und SPD-Chef Gabriel waren wohl eher symbolischer Natur gewesen. ACS setzte auf der Hauptversammlung vier Aufsichtsräte in dem achtköpfigen Kontrollgremium, einschließlich des Vorsitzenden, durch. Der feindlichen Übernahme folgte ein Umbau des Konzerns, der 2016 weitgehend abgeschlossen war und aus einer deutschen Bau-Ikone eine spanische Dependance machte.

In das deutsche Traditionsunternehmen ThyssenKrupp stieg 2013 der schwedische Hedgefonds Cevian ein. Später folgte der »Geierfonds« – diese Fonds heißen so, weil sie bewusst die Schieflage eines Unternehmens ausnutzen – Elliott Management des Investors Paul Singer. Seitdem treiben die Investoren das Unternehmen vor sich her. Sie wollen den Mischkonzern, der von Aufzügen über Autoteile bis hin zu U-Booten in vielen Geschäftsbereichen tätig ist, zerschlagen. Mitte 2018 wurde ein Plan zur Zweiteilung des Unternehmens vorgelegt. Der scheiterte daran, dass Tata von einem Joint Venture mit der Stahlsparte von ThyssenKrupp, das Teil des Plans war, Abstand nahm. Gewerkschaften, Vorstand und die Krupp-Stiftung sperren sich gegen eine Zerschlagung. Der Abwehrkampf zwischen dem rheinischen Kapitalismus mit sozialem Gewissen und dem enthemmten angelsächsischen Turbokapitalismus tobt. 2018 nahm der Vorstandsvorsitzende Heinrich Hiesinger, Sohn eines Landwirts aus dem Schwäbischen, seinen Hut. Wahrscheinlich ist dies eines der letzten Male, dass ein deutscher Großkonzern Widerstand leistet. Siemens zum Beispiel hat die neue Doktrin schon längst verinnerlicht.

Die Bayer AG aus Leverkusen war bis vor einigen Jahren eine der Erfolgsgeschichten aus dem DAX. Durch eine geschickte Geschäfts- und Akquisitionspolitik entwickelte sich das Geschäft glänzend. Von 2011 bis 2015 stieg der Aktienkurs um das 3,5-Fache. Dann jedoch übernahm die Bayer AG im Herbst 2018 für 63 Milliarden Dollar den US-Saatgutkonzern Monsanto, der durch seine zweifelhaften Praktiken schon immer der »Bad Guy« der Branche war.[36] Viele Klagen gegen Monsanto waren bereits anhängig, neue Klagen erheblichen Ausmaßes kamen dazu. Mittlerweile sind 13.000 Klagen in den USA anhängig. Die Rechtsstreitigkeiten in den USA könnten noch Jahre dauern. Zu allem Überfluss schwenkt auch die EU-Kommission um. Während man Monsanto recht großzügig behandelte, verfolgt die Kommission gegenüber der deutschen Bayer AG nun einen härteren Kurs.

Die Folge: Beide Unternehmen waren nun zusammen weniger wert als Monsanto zum Zeitpunkt der Übernahme. Die Deutsche Schutzvereinigung für Wertpapierbesitz veranschlagte den Schaden aus der Übernahme für die Aktionäre im April 2019 auf 40 Milliarden Euro.[37] Die Aktionäre entzogen ein halbes Jahr nach der Übernahme im April 2019 auf der Hauptversammlung dem Vorstand das Vertrauen, weil er das Unternehmen in existenzielle Risiken gestürzt hat. Inzwischen hat sich der erwähnte Hedgefonds-Milliardär Paul Singer mit 1,1 Milliarden Euro bei Bayer engagiert und droht verdeckt mit dem Versuch, den Konzern in die Sparten Pharmazie und Agrochemie aufzuspalten. Für Branchenkenner wie Jörg Schierholz ist das Risiko, dass sich der Fall Hoechst wiederholt, sehr real.[38]

Was hat das Bayer-Management zu dem selbstmörderischen Plan einer Übernahme von Monsanto geritten? Vielleicht war es nur Hybris, Dummheit und fehlendes Verständnis für die politischen Verhältnisse. Das kommt bei Top-Managern viel häufiger vor, als man vielleicht denkt – Werner Seifert bei der Deutschen Börse wäre zum Beispiel ein Kandidat oder Jürgen Schrempp bei Daimler. Vielleicht aber haben große US-Hedgefonds wie BlackRock vor der Fusion Druck auf die Vorstände beider Unternehmen ausgeübt. Immerhin konnte sich so ein US-Unternehmen seiner Klagen entziehen beziehungsweise die Finanzkraft eines deutschen Unternehmens anzapfen, diese Klagen mitzufinanzieren. Ganz im Sinne des Shareholder Value. Für amerikanische Aktionäre.

Im Jahr 2018 verschwand ein weiteres deutsches Traditionsunternehmen, eine Perle der deutschen Industrie, vom Kurszettel: Linde, lange Zeit weltweit einer der führenden Anbieter von Industriegasen. Linde, das bessere und stärkere Unternehmen, fusionierte mit der amerikanischen Praxair. Verkauft wird der Deal der Öffentlichkeit als »Fusion unter Gleichen«, doch die Amerikaner haben jetzt das Sagen. Wolfgang Reitzle ist einer der großen Gewinner der neuen Linde plc, er macht weiter als Chef des Aufsichtsrates im nunmehr weltweit größten Unternehmen, das Gase für industrielle Prozesse anbietet. »Linde war schon lange kein wirklich deutsches Unternehmen mehr«, beteuerte Reitzle im März 2019 dem *Handelsblatt*.[39] Ein Insider aus der Konzernplanung sagte mir dazu vertraulich, dass Wolfgang Reitzle, der einen Hang zum Luxus pflegt, mit einem Bombenangebot an Bord geholt worden sei.

Wenn man sich bei den DAX-30-Unternehmen umblickt, ist von der einstigen Größe nicht mehr viel übrig. Die Versorger: durch die Politik an die Wand gedrängt und in einer Nebenrolle verabschiedet. Die Banken: durch den Krieg gegen das einstmalig vorbildliche deutsche Bankwesen (siehe nächster Abschnitt) ebenfalls wegfusioniert oder zu Nebenrollen verdammt. Die (noch) führende deutsche Autobranche läuft Gefahr, einen ähnlichen Weg zu gehen. Siemens, ThyssenKrupp und Adidas: fest in der Hand internationaler Investoren, wie auch viele weitere DAX-Unternehmen. Als Standbeine bleiben vielleicht die BASF, die Deutsche Lufthansa, Fresenius, Merck und einige wenige andere Konzerne. Als echtes Zukunftsunternehmen sehe ich derzeit nur eins: die Wirecard AG. Und die steht immer wieder negativ in der angelsächsischen Presse und wird von Shortsellern angegriffen. Ein Schelm, wer Böses dabei denkt.

Der Zermürbungskrieg gegen das deutsche Bank- und Finanzsystem

Deutschland hatte ein vorbildliches Finanzsystem, das regional und dezentral Ersparnisse zur Verfügung stellte. Der Wirtschaftshistoriker Alexander Gerschenkron versuchte Anfang der 1960er-Jahre, Deutschlands Erfolg damit zu erklären, dass Deutschland und Japan sogenannte »late industrializers« gewesen seien, Länder, die spät in der Industrialisierung durch eine relativ starke Zentralisierung schnell die notwendige Kapitalakkumulation und die notwendigen Modernisierungsschübe schaffen konnten.[40] Diese These greift deutlich zu kurz, wurde aber international vielfach aufgegriffen. Gerade Deutschland hatte neben seinen wenigen Großbanken und der Schwerindustrie, die nach der Gründung des Deutschen Reichs entstanden war, eine sehr dezentrale Wirtschaft mit einem starken Handwerk, einem industriellen Mittelstand sowie Volks- und Raiffeisenbanken und Sparkassen, die die Ersparnisse in die regionale Wirtschaft leiteten und nicht an die »Kapitalmärkte« abgaben. Die Börsenspekulation spielte in Deutschland nur eine ergänzende, nicht aber eine zentrale Rolle. Das Land erfuhr seinen ersten Börsenboom erst relativ spät in der Gründerzeit der 1870er-Jahre. Zehntausende Aktiengesellschaften wurden gegründet. Nach dem unweigerlichen Crash wurde das Börsenwesen gesetzlich geregelt und stark eingeschränkt. Die kreditbasierte Finanzierung blieb die Basis der deutschen Wirtschaft.[41]

Das Bankensystem aus Raiffeisen- und Volksbanken sowie Sparkassen war dezentral, ist es teilweise heute noch und bildete ein wichtiges Komplement zum Mittelstand. Vertrauen und langfristige Kreditbeziehungen zwischen Hausbanken und Unternehmen stellten wichtiges Sozialkapital dar, während in den angelsächsischen Ländern Betrug häufiger vorkam. Unternehmer und Manager benahmen sich im Großen und Ganzen so, dass dieses Vertrauen gerechtfertigt war. Damit waren zwei Ziele erreicht: Für Sparerinnen und Sparer gab es – zumindest in normalen Zeiten – einen Ort der relativ sicheren Geldanlage, und Mittelstand wie Industrie wurden mit relativ günstigen Krediten versorgt.[42]

Das Finanzsystem der USA und Großbritanniens war demgegenüber wesentlich börsenorientierter, spekulativer und in weiten Bereichen zumindest in den USA auch vorsintflutlich. Von 1837 bis 1862 war die Ära des »Free Banking«, in der jede Bank ihre eigenen Banknoten ausgeben durfte. Eine Zentralnotenbank, die Fed, wurde erst 1913, und zwar auf private Initiative von Oligarchen gegründet. In den oftmals sehr kleinen regionalen Instituten war wenig Kompetenz vorhanden, Ersparnisse wurden an die regionalen und von diesen an die nationalen Money Center Banks weitergeleitet. Bis weit in die 2000er-Jahre hinein wurden Gas- und Elektrizitätsrechnungen sowie viele andere Zahlungen per Scheck beglichen. Girozentralen, wie in Deutschland seit dem 19. Jahrhundert üblich, waren unbekannt. Das änderte sich erst mit der weitgehenden Verbreitung von Kreditkartenunternehmen und E-Pay-Lösungen.

Seit den 1980er-Jahren setzt sich das amerikanische Wirtschaftssystem mit einem erhöhten Tempo durch. Das erforderte einen weitgehenden Umbau der europäischen Volkswirtschaften. Wenn an deutschen Hochschulen heute die Abschaffung des Diploms und die Einführung von gestuften Abschlüssen – Bachelor und Master – betrieben wird, so ist das eine Umstellung auf das angelsächsische System mit seinen kürzeren Zeithorizonten. Wenn in Deutschland ein Rating für Kredite an Mittelständler eingeführt wird, so stehen dahinter ebenfalls angelsächsische Vorstellungen. Wenn die konservative deutsche Rechnungslegung, die vor allem am Gläubigerschutz orientiert war, auf die International Accounting Standards (IAS) umgestaltet wird, die mithin wesentlich flexibler und damit manipulierbarer sind, folgen wir ebenfalls amerikanischen Regeln. Wenn in deutschen Unternehmen das »Compliance«-Unwesen um sich greift, dann ist das auch ein systemfremder Import. Und schließlich wurden auch amerikanische Vorstellungen vom Bankwesen und eine starke Börsenorientierung exportiert. Wenn aber eine Fußballmannschaft gezwungen wird, American Football zu spielen und gegen eine Mannschaft anzutreten, die in diesem Sport zu Hause ist, dann ist klar, wie das Spiel ausgeht.

Die geheime Macht der Ratingagenturen

Neben Hollywood und dem Silicon Valley ist die Wall Street ein mächtiger »Industriecluster« im Sinne Michael Porters, der auch erheblichen politischen Einfluss nimmt. Im Zentrum dieses Kartells sitzt Goldman Sachs, die schon vor der Weltwirtschaftskrise 1929 mit Sondervermögen und gewagten Spekulationen Geld verdienten. Der US-Finanzminister zuzeiten der Finanzkrise Hank Paulson war bei Goldman Sachs, ebenso der aktuelle Finanzminister Steve Mnuchin und wie EZB-Chef Mario Draghi. Der angesehene Ökonom und Mitglied des EZB-Rats Otmar Issing war Berater bei der Investmentbank. Der CDU-Politiker Friedrich Merz ist, wie schon öfter erwähnt, Cheflobbyist von BlackRock in Deutschland, der ehemalige Schweizer Notenbankchef Philipp Hildebrand steht ebenfalls in Diensten des Giganten. Hildebrand erregte Aufsehen, als er die EZB zur Übernahme des Risikomanagementsystems von BlackRock überreden wollte. Die Server stünden zwar in den USA, aber das sei doch viel sicherer.

Der Finanzmarktkritiker Helge Peukert widmet in der ersten Auflage seines Buches *Die große Finanzmarkt- und Staatsschuldenkrise* ein ganzes Kapitel der detaillierten Darstellung, wie die Finanzbranche sich die Politik gefügig macht.[43] Ich spreche gelegentlich davon, dass die Finanzoligarchie sehr mächtig ist, und in meiner Streitschrift *Stoppt das Euro-Desaster* widme ich dem Thema einen Abschnitt.[44] Auch der Finanzjournalist Norbert Häring schreibt in seinem Buch zu den Hintergründen um die Abschaffung des Bargelds über das Finanzkartell der amerikanischen Ostküste.[45] Prompt wurden ihm antisemitische Tendenzen unterstellt, wogegen er sich mit feiner Ironie wehrte.[46] Denn die Kritik an der amerikanischen Hochfinanz mit unterschwellig antisemitischen Tendenzen gleichzusetzen, ist grober Unfug. Bis in die 1970er-Jahre hinein war die Wall Street eine Veranstaltung, bei der größtenteils die alten angelsächsischen Eliten untereinander blieben. Juden waren die Ausnahme. Und den Begriff »Finanzoligarchie« prägte 1912 der amerikanische Verfassungsrichter Louis Brandeis (1856–1941). Der Gegensatz waren für ihn die deutschen Volks- und Raiffeisenbanken, die er als Banken »von Menschen für Menschen« lobte. Brandeis war Jude.

Nach den primär von der Wall Street, internationalen Großbanken und einer betrügerischen US-Kreditvergabe im Hypothekensektor verursachten Finanzkrise investierte die Branche Milliarden in das Lobbying, um den ökonomischen Konsequenzen zu entgehen. Und es half. Die Kosten der Finanzkrise wurden in Form von Bank- und Eurorettungsaktionen der Allgemeinheit aufgebrummt, während die meisten Großvermögen und Aktionäre gerettet wurden und in dem Jahrzehnt seit der Finanzkrise massive Vermögenszuwächse verzeichnen konnten.

Der irische Wirtschaftsprofessor Russell Napier (*Anatomie der Bärenmärkte*) weist zu Recht darauf hin, dass die Vereinigten Staaten im 19. Jahrhundert ein Entwicklungsland waren, in dem Betrug regelmäßig vorkam.[47] Die ersten Ratingagenturen wurden Mitte des 19. Jahrhunderts als Wirtschafts- und Spitzeldetekteien gegründet, damit Insolvenzen und Wirtschaftsbetrug schneller entdeckt werden konnten.[48] Bankangestellte und Mitarbeiter von Anwaltskanzleien konnten sich etwas dazuverdienen, wenn sie verdächtige Vorfälle meldeten. So etwas war in den Ländern des Deutschen Bundes und Österreichs, wo die Rechtsstandards wesentlich höher waren, nicht notwendig.

Heute sind die Ratingagenturen extrem mächtig. Sie können den Daumen über ganze Länder oder Großkonzerne senken oder anders herum diese schützen. So ist es schon erstaunlich, dass die USA trotz ihres gigantischen Defizits von Moody's ein Aaa und von S&P ein AA+ bekommen und damit nur knapp unter der Bestnote liegen. Eigentlich hätte keines der größeren Industrieländer ein AAA-Rating verdient. Manche Ratings sind auch recht unstimmig, wenn man sich die zugrunde liegenden Daten anschaut, zum Beispiel die von den USA und Russland. Oder auch nicht, wenn man bedenkt, wo die Agenturen sitzen und welche Interessen dahinterstehen.

Länderratings USA und Russland durch (amerikanische) Ratingagenturen

	S&P	Moody's	Staats-schulden in % BIP	Laufendes Defizit (-) oder Überschuss in % des BIP	Zahlungsbilanz-defizit (-) oder Überschuss in % des BIP
USA	AA+	Aaa	106,0%	-3,8%	-2,4%
Russland	BBB-	Baa3	13,5%	2,7%	7,0%

Quellen: https://www.tagesschau.de/wirtschaft/ratings102.html; www.tradingeconomics.com

Immer wieder liegen die Agenturen daneben – vor der Finanzkrise, vor der Eurokrise und in vielen anderen Einzelfällen. Als typische Bürokratien verhalten sie sich prozyklisch.[49] Das scheint ihre Macht aber nicht zu beeinträchtigen.

In seinem Buch *Die geheime Macht der Ratingagenturen* untersucht der Ökonom Ulrich Horstmann die Struktur dieses Kartells. In den beiden dominanten Agenturen S&P und Moody's finden sich dieselben Investmentgesellschaften als Anteilseigner.

Anteilseigner	Moody's	Standard & Poor's
Berkshire Hathaway Inc.	13,01%	
Vanguard Group Inc.	9,12%	11,21%
BlackRock Inc.	6,48%	8,25%
State Street Corporation	3,81%	4,96%
T. Rowe Associates		3,61%
Capital Research and Management	3,56%	
Fiera Capital Corporation	3,38%	
TCI Fund Management Ltd.	3,18%	
Baillie Gifford & Co. Ltd.	3,17%	
Edgewood Management LLC		2,61%
Fidelity Management & Research		1,79%
FMR Inc.		1,71%
Jennison Associates LLC		
Acht größte Eigner zusammen	45,71%	34,14%

https://www.tagesschau.de/wirtschaft/ratings102.html

Horstmann zieht Bilanz: »Die Ratingagenturen sind nicht unabhängig, sondern Bestandteil des Netzwerks von großen, international tätigen US-Finanzanlegern, zum Teil Hedgefonds.«[50] Er kommt zu dem Schluss, dass die Überlappung bei den Hauptinvestoren und die Vorschrift, zwei »unabhängige« Agenturen zu beauftragen, ein stabiles Duopol geschaffen hat, das kaum Wettbewerb und Kontrolle ausgesetzt ist. Und das im Zweifelsfalle amerikanischen Interessen dient.

Der Kapitalmarktexperte Markus Krall war einer der treibenden Köpfe hinter dem Projekt, eine europäische Ratingagentur aus dem Boden zu stampfen. Nichts wäre notwendiger gewesen, auch ich habe sehr früh für eine europäische Ratingagentur geworben. Der Ausgang war leider absehbar: Nach anfänglicher Unterstützung durch die Großbanken zog eine nach der anderen ihre Zusage zurück. Man kann sich vorstellen, welch politischer Druck im Hintergrund ausgeübt wurde.

Nichts zeigt den Niedergang des deutschen Finanzwesens deutlicher als die Transformation der Deutschen Bank, die seit den 1870er-Jahren im Zentrum des deutschen Kapitalismus stand. Die deutschen Großbanken, neben der Deutschen Bank vor allem die Dresdner Bank und die Commerzbank, waren Universalbanken, die normales Kreditgeschäft, Handelsfinanzierung, Privatkundengeschäft und Investmentbanking betrieben. Im Zusammenspiel mit den Landesbanken, den Sparkassen und den Volks- und Raiffeisenbanken funktionierte das System sehr gut und wurde schon vor dem Ersten Weltkrieg vom Ausland neidisch beobachtet.[51]

In den 1980er-Jahren war die Deutsche Bank unter Alfred Herrhausen kurzzeitig die größte und angesehenste Bank der Welt. Herrhausen brachte sogar einen Schuldenschnitt für die Länder der Dritten Welt ins Spiel.[52] Seit Mitte des Jahrzehnts wandelte sie sich komplett zu einer angelsächsischen Investmentbank mit angegliederter Privatkundenabteilung (siehe oben).[53] Der Ausflug ins Investmentbanking erwies sich als teuer und strategisch falsch. Wenige Jahre später wurde der Ruf des Instituts in der Bevölkerung schwer beschädigt: Die Aussage von Hilmar Kopper, Vorstandssprecher von 1989 bis 1997, dass es sich bei den Forderungsausfällen infolge der Insolvenz des Baulöwen Jürgen Schneider um »Peanuts« handele, brachte die Öffentlichkeit gegen das Institut auf. Auch die Forderung von Josef

Ackermann, Vorstandsvorsitzender von 2002 bis 2012, nach 25 Prozent Eigenkapitalrendite kam nicht gut an.

So schrumpft das Institut seit Jahren, geschwächt durch eine Reihe von Skandalen, aber auch aufgrund des Drucks aus den USA, vor sich hin. Massive Kapitalerhöhungen erfolgten und verpufften wieder. Umstrukturierungen brachten nichts. Seit Ende September 2018 ist die Deutsche Bank nicht mehr Bestandteil des EuroStoxx 50. Am 5. September 2018 flog mit der Commerzbank die zweite verbliebende deutsche Großbank aus dem DAX.[54] Wenn es so weitergeht, scheint es eine Frage der Zeit, wann das auch der Deutschen Bank passiert. Im Sommer 2019 verkündete die Deutsche Bank eine radikale Schrumpfkur, den weitgehenden Rückzug aus dem Investmentbanking und vielen internationalen Märkten und den Abbau von bis zu 20 Prozent der Belegschaft. Ein 30-jähriger Irrweg geht zu Ende. Zurück bleibt ein Institut, das nur der Schatten seiner selbst ist.

Aber auch die Sparkassen und die Volks- und Raiffeisenbanken stehen mit dem Rücken zur Wand. Auf der einen Seite steigen die Compliance- und Regulierungskosten massiv. Und das eigentlich ohne Grund – das Geschäft der regionalen Banken ist relativ risikoarm, und sie haben gut funktionierende Sicherungssysteme. Zudem haben diese Institute die Finanzkrise nicht verursacht, warum also sollten sie denselben strengen Regeln unterworfen werden wie Großbanken?[55]

In der Vergangenheit stammte ein Großteil der Erträge der regionalen Banken aus dem Zinsgeschäft. Die Sparkassen, Volks- und Raiffeisenbanken nahmen Spareinlagen an, zahlten einen moderaten Guthabenzins und gaben zu etwas höheren Zinsen Kredite aus. Die Nullzinspolitik der Zentralnotenbanken bedroht auch dieses Geschäft. So wies der konsolidierte Abschluss der Volks- und Raiffeisenbanken für das Jahr 2017 einen Überschuss von 6 Milliarden Euro auf eine Bilanzsumme von 104 Milliarden Euro aus. Die Eigenkapitalrendite von knapp 6 Prozent hilft nicht gerade, Reserven für die kommenden schweren Zeiten aufzubauen.[56] Und gemessen auf die Bilanzsumme von über 1,4 Billionen Euro beträgt die Rendite gerade einmal 0,5 Prozent. Wenn also mehr als 0,5 Prozent der Kredite ausfallen, macht der Sektor der Volks- und Raiffeisenbanken Verluste.

Der ehemalige Chef der NordLB und des späteren Bankenrettungsfonds SoFFin, Hannes Rehm, widmete dem deutschen Bankensystem während der Finanzkrise einen längeren Artikel in einer Fachzeitschrift.[57] Sein Fazit: Das deutsche Bankensystem war und ist krisensicher. Es produziert niedrige Eigenkapitalrenditen, weist aber gute operative Kennzahlen auf. Und laut Rehm sind die niedrigen Eigenkapitalrenditen ein Indiz dafür, dass der Wettbewerb unter den Banken in Deutschland funktioniert. Wo immer in Europa die Eigenkapitalrenditen hoch seien, Italien, Spanien und Großbritannien zum Beispiel, gäbe es ausgedünnte Filialnetze und weniger Banken, die auf ihrem jeweiligen Markt eine starke Stellung haben – zulasten des Kunden.

Leider macht das Filial- und Bankensterben aber nicht vor Deutschland halt. Neben der überbordenden Regulierungsbürokratie und den Niedrigzinsen setzt auch die Digitalisierung den Banken zu. Die Beratungsfirma Oliver Wyman schätzt, dass von den 1600 Banken, die es aktuell noch in Deutschland gibt, in zehn bis 15 Jahren nur noch 150 bis 300 übrig sein werden.[58] Bereits der jetzige Stand beinhaltet eine dramatische Schrumpfung. Die Zahl der Filialen zum Beispiel sank von 2003 bis 2016 von 47.000 auf 32.000.[59] Das Nachsehen haben Mittelstand und Verbraucher.

Der Feldzug gegen die Automobilbranche

Die USA haben eine sehr wirkungsvolle Waffe gefunden, unliebsame Unternehmen und Branchen in anderen Ländern unter Druck zu setzen: Sie wenden US-Recht international an, oft auch dann, wenn Unternehmen in Drittländern (vermeintlich) US-Recht brechen. Bei dem unübersichtlichen und oft vorsintflutlichen amerikanischen Rechtssystem, das oft auf Jury-Entscheidungen beruht und in dem auch große Fälle vor Provinzjurys verhandelt werden, sowie den oftmals hohen Schadenersatzforderungen sind Klagen ein großer Risikofaktor. Die Wucht dieser Waffe bekommt die deutsche Automobilindustrie heute voll zu spüren.

Einen ersten Vorgeschmack dieses Vorgehens boten die Klagen gegen die Bayer AG aufgrund von möglichen Gesundheitsschäden durch den Cholesterinsenker Lipobay. Auch Siemens geriet ins Visier der US-Justiz, wegen schwarzer Kassen und Bestechung von Entscheidungsträgern in Entwicklungsländern. Pikantes Detail: Ausgerechnet eine amerikanische Anwaltskanzlei, Debevoise & Plimpton, wurde nach dem Skandal beauftragt, die Akten von Siemens zu durchsuchen und Unregelmäßigkeiten zu entdecken.[60] Und nach den Untersuchungen wurde ausgerechnet Theo Waigel als amerikanischer Chefaufseher über Siemens eingesetzt. Auch hier spielt eine Footballmannschaft mit einer Fußballmannschaft. Es ist richtig, dass in den USA die Unternehmen weniger bestechen. Bei Großaufträgen schaltet sich aber gerne die Entwicklungshilfebehörde USAID mit großzügigen Zusagen an Entscheidungsträger ein und »schmiert« die Geschäfte auf diese Weise. Oder IWF und Weltbank, die amerikanisch dominiert sind, geben Kredite.

Nach diesen Testläufen ging es ab 2015 an das Herzstück der deutschen Industrie: die Autobranche. Mit 833.000 Beschäftigten – und Hunderttausenden indirekten Arbeitsplätzen in den Unternehmen ihrer Lieferketten – ist die Branche ganz klar die Schlüsselindustrie der deutschen Wirtschaft. In einem Interview mit den *Stuttgarter Nachrichten* im Juni 2017[61] bestätigte der Geschäftsführer des Maschinenbauverbands VDMA in Baden-Württemberg, Dietrich Birk, dass die Autoindustrie für den Maschinenbau der wichtigste Abnehmer ist.

2017 lieferten deutsche Autohersteller fast eine halbe Million Pkw in die USA; das waren über 11 Prozent aller deutschen Pkw-Ausfuhren. Die Pkw-Verkäufe in die USA beliefen sich 2018 auf über 27 Milliarden Euro, was die USA zur wichtigsten Zielregion der Industrie machte. Kein Wunder also, dass diese Erfolgsgeschichte die Autoschmieden in Wolfsburg, München, Stuttgart und Ingolstadt ins Fadenkreuz US-amerikanischer Wirtschaftspolitiker und des Weißen Hauses rückte. Und zwar, bevor »America First« als Parole ausgegeben wurde.

Der Kampf gegen den Diesel und die weltweit führenden deutschen Premiumproduzenten kommt ausgerechnet zu einer Zeit, in der sowieso schon technische Umbrüche, disruptive Geschäftsmodelle und E-Autos, die wachsende internationale Konkurrenz und die politisch motivierten Angriffe auf die Mobilität der Autofahrer für schwere Turbulenzen sorgen. Baden-Württembergs Wirtschaftsministerin Nicole Hoffmeister-Kraut sagte der *Wirtschaftswoche* im Juni 2019 unter Bezugnahme auf eine nicht genannte Studie, dass »jeder zweite Arbeitsplatz im produzierenden Bereich gefährdet« ist, wenn bis 2030 jeder zweite verkaufte Pkw ein E-Auto sein sollte.[62]

Der Hintergrund ist nicht so kompliziert, wie es gelegentlich scheint. Die USA können mit ihren global starken Sektoren wie der Rüstungsindustrie, Technologie- und Internetgiganten bis hin zur Filmindustrie und der Gentechnik nicht mehr genug im Export verdienen, um den Importhunger ihrer überwiegend auf Pump lebenden Konsumenten zu finanzieren. Das Ergebnis ist ein klaffendes Handelsdefizit, das zuletzt auf 50 Milliarden Dollar angewachsen ist.[63] Der massive Fehlbetrag in der Handelsbilanz wird in Washington als Bedrohung für den Wohlstand der Nation gesehen. Und nicht nur für den Wohlstand: Trumps Chefberater für Handelsfragen, Peter Navarro, bezeichnete im März 2017 das US-Handelsdefizit sogar als eine »Bedrohung für die nationale Sicherheit« des Landes und erwähnte in dem Zusammenhang explizit China und Deutschland, und zwar alles andere als wohlwollend.[64]

Wer die deutsche Wirtschaft davon abhalten will, zu stark zu werden, der muss vor allem ihre exportstarke Autobranche angreifen. Zölle auf Autoeinfuhren sind nur eine Maßnahme. Als im Februar 2019 in den USA Sonderzölle von 25 Prozent auf europäische Importautos im Raum standen, rechnete das Münchner ifo-Institut als mögliche langfristige Folge eine annähernde Halbierung deutscher Autoexporte in die USA aus.[65]

Der Diesel-Skandal ist ein weiterer Schauplatz in diesem Wirtschaftskrieg. Dabei ging es den USA weniger um einen bestimmten deutschen Hersteller als um die gesamte Technologie, denn ein moderner Dieselmotor verbraucht weniger Kraftstoff als ein vergleichbarer Benziner. Für finanziell ausgemergelte US-Verbraucher ist das ein starkes Argument, um beim Kauf gegen die Pkw-Modelle heimischer Anbieter zu votieren. Dass es hier letztlich um die Vormachtstellung der USA geht, zeigt auch die Tatsache, dass deutsche Autobauer trotz ihres massiven Engagements als Hersteller und Arbeitgeber in den USA ins Visier des Weißen Hauses geraten sind. Das größte BMW-Werk der Welt steht in Spartanburg, South Carolina. Das zweitgrößte Daimler-Werk außerhalb Deutschlands befindet sich in Tuscaloosa, Alabama. Die deutschen Fabriken sind die größten Autoexporteure der USA und bedeutende Arbeitgeber in der jeweiligen Region.

Was also lag näher, als den führenden deutschen Hersteller mit Vorwürfen, Belegen, Massenklagen, Gerichtsdrohungen, Verhaftungen und schlechter PR in die Mangel zu nehmen? Im Januar 2017[66] zitierte die *Welt* ein namentlich nicht genanntes Mitglied der Bundesregierung mit den Worten: »Was hier läuft, ist ein Wirtschaftskrieg.« Der hauptsächlich um VW kreisende Skandal mit der betrügerischen Software kam – darauf machte schon im September 2015 Dirk Müller aufmerksam[67] – just an jenem Tag in den USA hoch, an dem VW dort seinen lang erwarteten neuen Passat vorstellte. Dieser sollte »in den nächsten Jahren den Heimatmarkt von GM und Ford aufwirbeln«. Die US-Umweltbehörden zeigten den

Verstoß des deutschen Herstellers zudem unmittelbar vor den beiden führenden Automessen IAA und dem Autosalon in Detroit an.

Ja, der Diesel-Skandal war selbst verschuldet. Einerseits. Und wurde doch andererseits auch gezielt und geschickt provoziert. In den Vereinigten Staaten ist der Anteil der Dieselfahrzeuge mit rund 3 Prozent der Pkw-Verkäufe praktisch vernachlässigbar. Er macht prozentual weniger als ein Zehntel des Anteils der Diesel in Deutschland aus, wo er etwa bei 35 Prozent der Neuwagenverkäufe liegt. Trotzdem wurden in den USA die Stickstoffgrenzwerte deutlich niedriger angesetzt als bei uns, eine Regelung, die bewusst gegen die deutsche Konkurrenz, die den Diesel in den USA populär machen wollte, gerichtet ist. Die *FAZ*[68] kam bei einem Vergleich zwischen den amerikanischen und deutschen Diesel-Abgasnormen im Mai 2018 zu folgendem Ergebnis: »In der Tat betrugen die Grenzwerte für den Stickstoffausstoß der Euro-5-Norm 180 Milligramm Stickoxid je Kilometer, in Amerika dagegen nur 31 Milligramm.« Hier geht es nicht um einen kleinen Unterschied, sondern um den Faktor 6! Die *FAZ* zitierte in ihrem Bericht einen VW-Experten zu den strengen US-Grenzwerten mit den Worten: »Eine technische Lösung stand in den Vereinigten Staaten nicht zur Verfügung.« Die USA haben also bewusst die Grenzwerte so niedrig gesetzt, um Diesel-Pkw vom Markt fernzuhalten. Natürlich gelobt VW zerknirscht Besserung. Was bleibt dem Unternehmen anderes übrig? Und wieder soll eine amerikanische Anwaltskanzlei, Finch McCranie LLP, mit einem 60-köpfigen Team unter dem früheren stellvertretenden Staatsanwalt Larry Thompson überwachen.[69] Auch nach zwei Jahren hält er den Druck aufrecht.[70]

Dass die amerikanische Handelspolitik ein doppeltes Spiel treibt, kann man an den Regelungen für (amerikanische) Lkw sehen. In den USA befördern dieselgetriebene Lkw 70 Prozent der gesamten Fracht-Tonnage. Die amerikanische Umweltschutzbehörde EPA hat sich viel Zeit gelassen und Milde walten lassen. Die Grenzwerte für Emissionen für Trucks wurden zuletzt im Januar 2001 verschärft. Das ist zwei Jahrzehnte her. Vorschläge für neue Regeln sollen erst 2020 präsentiert werden.[71]

Der Finanzanalyst Daniel Stelter hat auf einen weiteren Aspekt des wogenden Handelskrieges aufmerksam gemacht. »Bis jetzt«, schreibt er[72], »haben die einzelnen Regionen versucht, durch die Schwächung der eigenen Währung einen Vorteil zu erzielen. Den Anfang machten die USA im Zuge der Finanzkrise, nun sind mit

Japan, Europa und demnächst wohl auch China andere Regionen in diesen Währungskrieg eingestiegen. Per Definition kann diesen keiner gewinnen, es ist ein gemeinsamer Wettlauf nach unten.« Mit dem dramatischen Eigentor von Volkswagen, sagt Stelter, gebe es nun andere Möglichkeiten, den Wettbewerb zu schwächen: »Erstmals lässt sich die deutsche Vorzeigebranche ausbremsen, indem man den Nimbus der technischen Überlegenheit zerstört.«

Diese technische Überlegenheit ist auch von anderer Seite bedroht. Zwar konnte sich ein Konsortium aus Audi, BMW und Daimler 2016 den Kartendienst Here sichern und somit der totalen Abhängigkeit von Google entgehen.[73] Aber Google Maps ist hier oftmals überlegen. Zudem liegen die deutschen Konzerne weit zurück bei der Entwicklung von Elektro- und Hybridautos.[74] Wenn sie beherzt einsteigen, ist es bei den Elektroautos noch nicht zu spät, aber die Uhr tickt schnell. Ungemach naht auch von einer anderen Seite, denn die deutschen Hersteller haben es versäumt, in die Batterieproduktion zu investieren, obwohl die Technologie in Deutschland maßgeblich entwickelt wurde. Nun droht eine massive Abhängigkeit von asiatischen Lieferanten.

Es sieht schlecht aus für Deutschland, wenn die Krise hereinbricht. Die Privatvermögen der Bürger: reduziert und geplündert, sodass wir Schlusslicht in Europa sind. Die großen Überschüsse im Außenhandel: falsch angelegt als (erzwungene) Target-II-Überschüsse bei der Europäischen Zentralbank oder in Geldforderungen und Anleihen. Bildungssystem und Polizei: kaputtgespart. Die Gesellschaft: polarisiert. Deutsche Großkonzerne: oft in der Hand internationaler Investoren, verängstigt und getrieben. Die Schlüsselbranche Auto: vor einem existenzbedrohenden Umbruch. Zukunftsindustrien: wenige. Wissenschaft und Technik: zurückfallend. Angesichts dieser insgesamt sehr bescheidenen Zukunftsperspektiven unseres Landes stellt der *Spiegel* lapidar fest: »Auslaufmodell Deutschland«.[75]

KAPITEL 13

FAKE NEWS, ÜBERWACHUNGSSTAAT, REPRESSION UND DIE GEBURT EINER NEUEN WELTORDNUNG

Diese (lange) Friedenszeit von 1870 bis 1914 und die Erinnerung an sie hat die Menschen satt, begehrlich, urteilslos und unfähig gemacht, Unglück zu ertragen: die Folge sehen wir in den utopischen Vorstellungen und Forderungen, mit denen heute jeder Demagoge auftritt, Forderungen an die Zeit, die Staaten, die Parteien, vor allem »die anderen«, ohne an die Grenzen des Möglichen, an Pflichten, Leistungen und Entsagungen auch nur zu erinnern.

Oswald Spengler, Jahre der Entscheidung, 1933[1]

Wenn in den totalitären Staaten die Unterdrückung im Allgemeinen als viel schwächer empfunden wird, als sich das die meisten Menschen in liberalen Ländern vorstellen, so deshalb, weil es den totalitären Regierungen in hohem Maße gelingt, das Denken der Menschen in ihrem Sinne zu beeinflussen.

Friedrich August von Hayek, Der Weg zur Knechtschaft, 1944[2]

Es mag pathetisch klingen, wenn ich in diesem Buch vom möglichen Ende der alten und der Geburt einer neuen Weltordnung spreche. Und doch kommt es von Zeit zu Zeit zu fundamentalen Umbrüchen im globalen System. Manche von ihnen erschüttern die Welt mit der Wucht von Revolutionen, manche nähern sich auf leisen Sohlen. Mindestens drei solcher Umbrüche hat die Welt in den letzten 500 Jahren erlebt: die Entstehung des neuen Europa und der Kolonialreiche einschließlich des Dreißigjährigen Krieges, die Entstehung der Nationalstaaten und die Verbreitung der Demokratie nach der Französischen Revolution von 1789 sowie den Übergang der Weltherrschaft von Großbritannien auf die USA zwischen 1914 und 1945. All dies waren schreckliche Zeiten, Zeiten mit unendlichem Leid und Elend, bevor sich eine neue Ordnung herausgebildet hatte. Das heißt nicht, dass es so kommen muss. Aber ausschließen können wir es auch nicht.

Die meisten, ja fast alle Menschen, halten sich an dem fest, was sie kennen. Das Neue schreckt eher ab, verunsichert.[3] Menschen legen sich gerne ihr Weltbild zurecht und verdrängen gerne die Fakten, die nicht dazu passen. Das Phänomen ist auch als »kognitive Dissonanz« bekannt (vgl. Einleitung). Und die meisten Menschen wollen gerne glauben, dass die Welt immer besser, immer friedlicher und immer lebenswerter wird. Dieses Weltbild lassen wir uns ungern nehmen.

»Dieser feige und unehrliche Optimismus kündigt jeden Monat einmal die ›wiederkehrende‹ Konjunktur und *prosperity* an, sobald ein paar Haussespekulanten die Kurse flüchtig steigen lassen; das Ende der Arbeitslosigkeit, sobald irgendwo 100 Mann eingestellt werden, und vor allem die erreichte ›Verständigung‹ der Völker, sobald der Völkerbund [...] irgend einen Entschluß faßt.«[4] Das schrieb der Universalphilosoph Oswald Spengler im Juli 1933 und warnte, dass nun nicht das goldene Zeitalter anbreche, sondern dass Zeitalter der Gefahren. Und überall »hallt das Wort Krise wider als der Ausdruck für eine vorübergehende Störung des Behagens, mit dem man sich über die Tatsache belügt, dass es sich um eine Katastrophe von unabsehbaren Ausmaßen handelt, die normale Form, in der sich die großen Wendungen der Geschichte vollziehen«.[5] Man muss Spenglers Pessimismus genauso wenig teilen wie Graham Allison den Pessimismus des Thukydides teilt. Aber nachdenken sollte man über diese Worte. Immerhin schrieb er dies im Jahr 1933, als viele sich am Beginn eines neuen, besseren Zeitalters sahen.

Ich habe in diesem Buch zwei Entwicklungen beleuchtet, die nicht nachhaltig sein können und die eine neue Weltordnung geradezu herbeizwingen werden.

Die erste ist geopolitischer Natur: der relative Abstieg der USA und der Aufstieg Chinas. Die zweite ist gesellschaftspolitischer und sozialer Natur: der Abstieg der Mittelschicht und der Aufstieg einer neuen Klasse der Superreichen. Wenn Sie wollen, können Sie noch eine dritte Entwicklung hinzufügen: den (menschengemachten) Klimawandel. Ich persönlich habe mit den ersten beiden genug Stoff zum Nachdenken.

Zwei Dinge sind offensichtlich: 1. Die internationale Ordnung wird sich verändern müssen, und 2. unsere Gesellschaften werden sich verändern müssen. Wie, das ist offen. Offen ist auch, ob uns das weitgehend friedlich gelingen wird. Die USA werden akzeptieren müssen, dass ein Teil ihrer Macht und ihres Einflusses an China übergeht, genauso, wie Großbritannien seit dem 19. Jahrhundert den USA zunehmend Einfluss und Macht überließ und im Lauf des 20. Jahrhunderts mehr oder weniger komplett auf eine globale Rolle verzichtete. Was im Zuge dieser Transformation aus Europa wird, lässt sich aktuell beim besten Willen noch nicht sagen. Eine völlige Eingliederung in das US-System (wie mit dem gescheiterten TTIP bereits versucht), ein Absinken in die Bedeutungslosigkeit, verstärkt durch Migrationsströme, oder eine Renaissance der Alten Welt – alles ist möglich.

Fest steht, dass auch unsere Gesellschaften vor fundamentalen Änderungen stehen. Ein »Weiter so« kann es nicht mehr lange geben. Einerseits ist da die massive Zunahme der Migration. Es ist offen, ob sich monoethnische Gesellschaften in einem »einzigartigen Experiment« innerhalb kurzer Zeit in multiethnische umformen lassen, wie sich der Kapitalismus verändert, ob wir eine teilweise Restauration des Rechts- und Nationalstaates bekommen.

Andererseits ist da der Abstieg der Mittelschicht und die immer größere Ungleichheit bei der Vermögensverteilung. Laut Ray Dalio hat die extrem ungleiche Vermögensverteilung heute wie in den 1920er- und 1930er-Jahren zum Aufkommen eines neuen Populismus geführt. Mittelfristig wird sich daraus eine andere, vermutlich sozialere Gesetzgebung ergeben.[6] Das kann aber dauern. Auch im späten 19. und beginnenden 20. Jahrhundert herrschten in den USA und Großbritannien zum Teil unerträgliche gesellschaftliche Zustände. Es sollte einige Jahrzehnte dauern, bevor ernsthaft mit Reformen begonnen wurde. In den USA geschah dies vor allem durch Franklin D. Roosevelts »New Deal«.

Dass sich politische Ordnungen gelegentlich ändern, ist seit der Antike bekannt. Auch, dass die Geschichte der Menschheit keine Geschichte ständigen

Fortschritts ist, sondern dass es immer wieder auch Rückschläge, ja Katastrophen gibt. Das wird heute allerdings gerne verdrängt, weil Rückschritte nicht in die Wohlfühlwelt des modernen Menschen passen. Schon in der antiken Staatstheorie seit Platon (428/27–348/47 v. Chr.) gab es die Vorstellung, dass jede »gute«, am Gemeinwohl orientierte Herrschaftsform ein »entartetes«, nur an den Interessen der Herrschenden orientiertes Gegenstück habe. Der Geschichtsschreiber Polybios (200–118 v. Chr.) beobachtete, dass Verfassungen instabil sind, weil sich die Kräfte ändern. Daraus entwickelte er die Idee des Verfassungskreislaufs.

Am Anfang steht nach Polybios die Monarchie. Ein starker König wird gewählt. Weil sich der Monarch und seine Nachfolger an ihre Privilegien gewöhnen, werden sie mit der Zeit gierig, überheblich, ungerecht und herrschsüchtig und beginnen, ihre Macht zu missbrauchen. Das geht so lange, bis sie von einer Gruppe von Unzufriedenen gestürzt werden. Das ist zunächst der Adel, dessen Regierung irgendwann zur Oligarchie korrumpiert. Nun kommt es zum Volksaufstand und zur Demokratie, der Herrschaft des Volkes, die aber in der Folge zur Ochlokratie, der Herrschaft des Pöbels, degeneriert. »Hier schließt sich der Kreislauf, wenn sich eine starke Einzelperson aufschwingt und wieder eine Monarchie installiert.«[7]

Herrschaftsformen nach Polybios

Zahl der Herrschenden	Orientierung: Gemeinwohl	Orientierung: Eigennutz
einer	Monarchie	Tyrannis
einige	Aristokratie	Oligarchie
alle	Demokratie	Ochlokratie

Man sollte die Gedanken, die Polybios formuliert hat, nicht als Naturgesetze verstehen. Menschliches Handeln ist offen. Und doch darf uns diese grundsätzliche Offenheit nicht daran hindern, wiederkehrende Muster zu erkennen, wie es der Althistoriker und Philosoph David Engels gefordert hat.[8] Unsere politischen und wirtschaftlichen Eliten sind so abgehoben wie seit Langem nicht mehr. Der Westen leidet unter einer zunehmenden »Oligarchisierung«. Keinesfalls aber kann der jetzige Zustand unserer Gesellschaften das Endstadium sein.

Drei Zukunftsszenarien

Einer, der verstanden hat, dass es ein »Weiter so« nicht geben wird, ist Henrik Müller, Chefökonom des *Manager Magazins* und Professor für Wirtschaftsjournalismus an der TU Dortmund. »Die westlich dominierte Weltwirtschaftsordnung geht zu Ende – und es dürfte noch schlimmer kommen«, schreibt er im Sommer 2019. Müller sieht drei mögliche Szenarien. Einerseits könnte ein neuer US-Präsident, der 2020 gewählt wird, es schaffen, den Westen noch einmal zu einen. Eine westliche Großfreihandelszone nach dem Modell des gescheiterten TTIP würde entstehen. Deren Regeln müssten China, Russland und andere akzeptieren – oder draußen bleiben. Oder es bilden sich große Handelsblöcke – die EU, USMCA (früher NAFTA) und eine von China dominierte pazifische Wirtschaftszone –, die im Innern offen, nach außen aber relativ geschlossen sind. Schließlich ist auch ein kompletter Zerfall der Weltwirtschaftsordnung nicht auszuschließen. Das Resultat wäre ein Handels- und Währungskrieg aller gegen alle.[9] Henrik Müller sieht Szenario zwei als das wahrscheinlichste an. Krisenökonom Daniel Stelter hingegen stellt vermehrte Anzeichen für einen Währungskrieg fest.[10]

Auch für die Weltpolitik insgesamt sehe ich unter Einbeziehung militärischer Aspekte drei Hauptszenarien: 1. ein neuer »Kalter Krieg« zwischen einem amerikanisch dominierten und einem chinesisch geführten Block, 2. ein heißer globaler Krieg und 3. eine halbwegs stabile Großraumordnung mit mehr als zwei Blöcken.

Ein neuer »Kalter Krieg«: Der sogenannte Westen rückt wieder enger zusammen, eine transatlantische Freihandelszone entsteht. China wird sich allerdings nicht kleinkriegen oder eingliedern lassen, sodass eine neue Blockbildung wie zwischen 1947 und 1989 die Welt dominieren wird. Letztlich wird ein neuer Konflikt der Systeme ausbrechen – zwischen dem amerikanischen Finanzkapitalismus und dem Kapitalismus chinesischer Prägung. Europa spielt in diesem Szenario als Akteur keine Rolle mehr und ist fest in das US-amerikanische Herrschaftssystem integriert oder »angeschlossen«. Russland ist eine Unbekannte. Vielleicht kann es sich als halbwegs souveräner Staat halten, vielleicht findet nach dem Abtreten Wladimir Putins irgendwann ein Wechsel statt, sodass der »Westen« Russland in seine Einflusssphäre eingliedern kann. Vielleicht wird Russland durch chinesisches Kapital immer mehr in die chinesische Einflusssphäre gezogen. Statt einer Allianz von deutschem Kapital und deutscher Technologie mit russischen Rohstoffen, die Amerika laut George Friedman vom Thinktank Stratfor seit über 100 Jahren verhindern will, gäbe es dann eine ganz ähnliche Allianz zwischen China und Russland. Russland ist also, wie heute die Ukraine, ein zentraler Schauplatz der globalen Auseinandersetzung, offen oder versteckt.

In dieser Welt wird es beiden Blöcken zunächst ökonomisch einigermaßen gut gehen, wenn auch breite Bevölkerungsschichten nicht davon profitieren werden. Die jeweiligen Wirtschaftsblöcke sind groß genug, um alle Wirtschaftsgüter kosteneffizient zu produzieren. Auch eine (zwangsweise) Reorganisation und Bereinigung der Schulden im »Westen« könnte vielleicht mit Hinblick auf die »Bedrohung« durch das andere System durchgesetzt werden. Allerdings wären es wahrscheinlich Europa und hier wiederum Deutschland, die die Hauptlast tragen, während sich die USA auf Kosten der Verbündeten entschulden und ihre Dominanz festigen. Für Europa ist das keine besonders erstrebenswerte Zukunft – die Oligarchisierung und Militarisierung der Politik, weiterer Sozialabbau und die Verarmung breiter Bevölkerungsschichten nach US-amerikanischem Muster sowie eine weitgehende Fremdbestimmung in der Außenpolitik wären die Folgen. Das Europäische Währungssystem würde zerbrechen; wahrscheinlich würde im westlichen Block eine einheitliche Welt- oder Kryptowährung durchgesetzt.

In den Randbereichen werden die beiden Blöcke mit nahezu allen Mitteln um die Vorherrschaft kämpfen: mit Krediten und Wirtschaftshilfe, Geheimdienstoperationen und Umsturzversuchen, auch über Stellvertreterkriege und vielleicht sogar direkte Interventionen. Hinzu kommen die weiteren Konfliktfelder Cyber- und Weltraumkrieg. Im Kalten Krieg waren der Iran, die Tschechoslowakei, Chile, Kuba, Nicaragua, Panama, Angola, Vietnam und etliche andere Länder betroffen. Brennpunkte zukünftiger Konflikte sind Afrika, Pakistan, Indien und Afghanistan sowie vielleicht sogar Südamerika, in dem China bereits heute Fuß fasst. Die Situation in Venezuela könnte ein Vorbote für weitere Unruhen in Süd- und Mittelamerika sein: Die Regierung Maduro hält sich hartnäckig trotz massiver Wirtschaftssanktionen und Geheimdienstoperationen der USA, weil sie von China und Russland unterstützt wird.

Großer Krieg: Kaum jemand wird gerne darüber nachdenken; die meisten werden es sogar verdrängen wollen. Auch ein großer, heißer Krieg ist denkbar. Planer und Kriegsstrategen *müssen* dieses Szenario in Betracht ziehen, um ungeplante Kriege möglichst zu verhindern. Laut Graham Allison werden die wenigsten Waldbrände von Brandstiftern verursacht. Rahmenbedingungen wie das Klima, achtlos weggeworfene Zigaretten, nicht richtig gelöschte Lagerfeuer, Unfälle in Unternehmen und Blitzeinschläge sind viel wahrscheinlichere Ursachen. Ähnlich ist es mit der Kriegsgefahr. Es ist daher nicht verwunderlich, dass die Modelle der Strategen denen der Waldhüter ähneln.[11] Und die dominierende Rahmenbedingung ist die Tatsache, dass China und die Vereinigten Staaten beide alle Aspekte des Thukydides-Syndroms zeigen: China die einer aufsteigenden, die USA die einer absteigenden Macht.

Bereits 2017 hat Allison skizziert, wie der seitdem entbrannte Handelskrieg zwischen den USA und China zu einem heißen Krieg eskalieren könnte:

- Ab einem bestimmten Punkt werden von beiden Seiten nicht nur Zölle erhoben, sondern bestimmte Waren aus »Sicherheits-« oder »Hygienegründen« gar nicht mehr ins Land gelassen.

- Das Weiße Haus veröffentlicht einen Report des sonst eher im Verborgenen arbeitenden Committee on Foreign Investment in the United States und des Handelsministeriums, der besagt, dass China sich unentdeckt in Unternehmen mit nationaler Bedeutung eingekauft und zudem geistiges Eigentum im Wert von 1,2 Billionen Dollar gestohlen hat.

- China beginnt, seine mehr als 1 Billion Dollar an amerikanischen Staatsanleihen zu liquidieren. Zudem spielt plötzlich die Software einiger Börsensysteme und Banken in den USA verrückt. Die Indizien weisen auf China als den Urheber hin, aber es gibt keine letzte Sicherheit. Gegenmaßnahmen sind nur teilweise effektiv. Die Stabilität des Finanzsystems insgesamt ist infrage gestellt.

- Nun setzt der Präsident eine Geheimwaffe ein: einen neuen Drohnentyp, der nur schwer geortet werden kann. Das Hauptquartier der chinesischen Cyberkrieger in Shanghai wird vernichtet. Allerdings war die Drohne nicht so geheim wie gedacht. China erwidert den »Luftschlag« mit einem Raketenangriff auf die Kadena-Luftwaffenbasis in Japan, bei dem Hunderte von Amerikanern und Japanern getötet werden. Die japanische Öffentlichkeit ist aufgebracht und fordert Vergeltung. Ohne es zu wollen, befinden sich die USA und China auf der Schwelle zu einem heißen Krieg.

Soweit eines der Gedankenspiele von Allison. Seine anderen Kriegsszenarien, wie zum Beispiel eine Kollision von zwei Kriegsschiffen im Südchinesischen Meer, habe ich im dritten Kapitel dieses Buches kurz skizziert; ich will hier nicht weiter ins Detail gehen und verweise auf Allison. Man könnte diesen Szenarien beliebige weitere hinzufügen: ein Zwischenfall an der Grenze zu Russland, der die NATO und Russland in einen Konflikt zwingt. Eine Eskalation im Persischen Golf. Spannungen auf der koreanischen Halbinsel. Nie seit der Kubakrise im Jahr 1962 war die Gefahr so hoch. Damals gab es einen einzigen Krisenherd. Heute sind es viele. »Krieg zwischen den Vereinigten Staaten und China in den kommenden Jahrzehnten ist nicht nur möglich, sondern viel wahrscheinlicher, als die meisten von uns zugeben wollen.«[12]

Was ein Krieg zwischen China und den USA, der wahrscheinlich zu einem Dritten Weltkrieg eskalieren würde, für Folgen hätte, brauche ich nicht weiter auszumalen. Die Welt, wie wir sie kennen, würde danach nicht mehr existieren. Europa würde weitgehend zerstört. Der Zweite Weltkrieg mit seinem unendlichen Leid würde gegen diesen Krieg aller Kriege verblassen. Wenn die Menschheit überhaupt überleben sollte, würde sie sehr lange brauchen, um sich von diesem Krieg zu erholen.

Leider ist das Studium der Menschheitsgeschichte auch in einer anderen Hinsicht nicht ermutigend. Bislang ist es unserer Spezies immer nur dann gelungen, extreme Ungleichheit wieder zu beseitigen, wenn wir Krieg geführt haben. Zu diesem Ergebnis kommt nach umfangreichen Studien der Altertumswissenschaftler Walter Scheidel, der an der Stanford University lehrt. In seinem Buch *Nach dem Krieg sind alle gleich – Eine Geschichte der Ungleichheit* präsentiert er seine wenig erfreulichen Ergebnisse.[13] Der Titel der englischen Originalausgabe lautet übrigens *The Great Leveler* (Der große Gleichmacher), womit der Krieg gemeint ist.[14] Es ist völlig klar, dass wir alles tun müssen, um den nächsten großen Krieg zu verhindern. Das heißt auch, dass wir über mögliche Ursachen und Gefahren nüchtern nachdenken müssen, anstatt sie zu verdrängen und kleinzureden.

Stabile Großraumordnung: Das aus meiner Sicht beste Szenario wäre eine Großraumordnung mit mehreren größeren Blöcken, die koexistieren und einen gewissen Austausch untereinander zulassen. Zumindest drei solcher Blöcke zeichnen sich deutlich ab: die USA und ein Teil der westlichen Hemisphäre, China und ein Teil Asiens, Europa. Vielleicht treten noch weitere Blöcke hinzu. Bereits der Staatsrechtler Carl Schmitt hatte 1950 in *Der Nomos der Erde* eine solche Großraumordnung entworfen.[15] Auch der amerikanische Politikwissenschaftler Samuel Huntington und sein russischer Kollege Alexander Dugin vertreten Großraumkonzepte. Bei beiden Denkern werden die Blöcke eher durch die Kulturen als durch ökonomische Verflechtungen definiert. Huntington unterscheidet zwischen dem Westen, Lateinamerika, der orthodoxen Welt, den chinesischen, hinduistischen und japanischen Kulturen, der islamischen Welt und Afrika südlich der Sahara. Dugins Aufteilung folgt im Großen und Ganzen diesem Muster.[16]

Die »liberal«-interventionistischen Eliten des Westens lehnen eine Großraumordnung ab, da diese ihre »offene Weltordnung« bedrohen würde. Der Regionalismus ist geradezu ein Alptraum. Doch darf die Frage schon gestellt werden, was an relativ homogenen Großräumen, die für Stabilität im Inneren sorgen und nach außen locker kooperieren, so verkehrt sein muss. Ähnliches hat Europa 1648 mit dem Westfälischen Frieden eine Ebene darunter, auf der Ebene der Staaten, erreicht: Man mischte sich in Religions- und Glaubensfragen nicht mehr beim Nachbarn ein und koexistierte. Zwar sicherte das nicht immer den Frieden, aber ein großer Vernichtungskrieg wie der Dreißigjährige Krieg konnte für die nächsten über 250 Jahre verhindert werden. Man sollte also die Möglichkeit einer Großraumordnung für die Welt nicht ungeprüft vom Tisch wischen, zumal unsere aktuelle Weltordnung an allen Ecken und Enden aus den Fugen gerät.

Die Ökonomien solcher Großräume wären leistungsfähig genug, eine gewisse Deglobalisierung zu verkraften. Die »Governance«, die politische Koordination in den einzelnen Blöcken wäre einfacher, als in der aktuellen globalen Welt mit ihren multiplen Konfliktfeldern.[17] Und eine solche Großraumordnung wäre auch die letzte Chance für Europa und das europäische Wirtschafts- und Gesellschaftsmodell.

Ich darf hier kurz träumen: Deutschland vertritt seine Interessen aktiver als Führungsmacht in Europa, indem es eine solide Geldpolitik und eine grundlegende Reform des Euro-Systems durchsetzt. Frankreich bringt seinen ständigen Sitz im Sicherheitsrat und seine Atomstreitmacht zugunsten europäischer, nicht nationalstaatlicher Interessen ein. Das europäische Wahlrecht wird reformiert: ein Bürger, eine Stimme. Das Parlament wird zu einem echten Parlament, schlägt die Mitglieder der Kommission vor und wählt diese. Ein verteidigungspolitisch unabhängiges Europa betreibt eine Entspannungspolitik nach allen Seiten.

Drei Zukunftsszenarien

	Beschreibung	Wahrscheinlichkeit	Chancen	Risiken
I Neuer »Kalter Krieg«	Bildung eines US-dominierten westlichen Blocks und eines von China dominierten Blocks. Status von Russland und Indien offen. »Wettbewerb« der Systeme einschließlich Propaganda- und Stellvertreterkriegen.	Hoch	Blöcke entwickeln sich weitgehend unabhängig voneinander. Stabilität.	Gesellschaften werden im Wettbewerb zunehmend totalitärer. Wettbewerb eskaliert zum Krieg.
II Großer Krieg	Große militärische Auseinandersetzung.	Mittel	—	—
III Stabile Großraumordnung		Geringer	Europa bekommt eine zweite Chance. Einzelne Großräume entwickeln sich weitgehend unabhängig voneinander. »Dynamische« Stabilität.	Entwicklungsdynamik gebremst, da Globalisierung deutlich eingeschränkt.

Das Ende der Aufklärung

Zurück zur Realität. Das Endspiel um die neue Weltordnung läuft. In *Die Rückkehr des Königs*, dem dritten Teil der *Herr der Ringe*-Saga, sagt Gandalf zu Aragorn: »Verstehe: Dinge sind nun in Bewegung, die nicht mehr rückgängig gemacht werden können.« Zeiten großer Veränderungen sind auch immer Zeiten großer Verwirrung und Unsicherheit. Der »Krieg vor dem Krieg« (Ulrich Teusch) in Form von Presse- und Desinformationskampagnen, Handelskriegen und verdeckten Operationen ist in vollem Gange.[18]

Zu allem Überfluss tritt dazu noch die technologische Revolution, die unser Denken und die Art und Weise, wie wir politisch miteinander kommunizieren, zum ersten Mal seit Erfindung des Buchdrucks fundamental verändert. Flugblätter gab es schon im Dreißigjährigen Krieg, es gab sie noch im Zweiten Weltkrieg, ja sogar noch im »Krieg gegen den Terror« warfen die USA Flugblätter in Afghanistan ab – in einem Land, in dem knapp 70 Prozent der Menschen Analphabeten sind.[19] Später kamen die Massenmedien hinzu, zunächst als direkte Nachfolger der Flugblätter die Zeitungen, dann Radio und Fernsehen, aber immer noch produzierten wenige Menschen die Inhalte, die dann an viele verbreitet wurden. Heute sind alle, die in den sozialen Medien unterwegs sind, Produzenten von Inhalten. Algorithmen steuern oder beeinflussen, wen welche Inhalte wie erreichen.

Henry A. Kissinger, der große alte Mann der amerikanischen Außenpolitik, meldete sich 2018 mit einem längeren Essay »Wie die Aufklärung endet« im Magazin *The Atlantic* zu Wort.[20] Im Jahr 1923 in Fürth als Heinz Alfred Kissinger geboren, flüchtete er mit seinen Eltern aus Nazideutschland, wurde Professor in Harvard, Mitglied im einflussreichen Council on Foreign Relations, Sicherheitsberater von Präsident Nixon, dann Außenminister unter Nixon und seinem Nachfolger Ford. Kissinger war ein Machtpolitiker, der über die Diplomatie auf dem Wiener Kongress 1815 und die Restauration in Europa promoviert hatte. Anders als die derzeit einflussreichen globalistischen Eliten, seien es Neokonservative oder Demokraten, befürwortet er eine Politik des nüchternen Machtausgleichs. Noch in seinem 2014 erschienenen Werk *Weltordnung* sah er den Westfälischen Frieden als bis heute wirksames Modell für das internationale System. Dieser Friede habe

1648 einer pragmatischen Anpassung an die Realität entsprochen und nicht auf einer überlegenen Moral beruht.[21]

Mit dem Essay »Wie die Aufklärung endet« kehrte der damals 95-jährige Kissinger in gewisser Weise zu seinen Ursprüngen, den großen philosophischen Themen, zurück. Ihn interessierte, wie künstliche Intelligenz unser Leben und unsere Gesellschaften verändert. »Was würden die Auswirkungen selbstlernender Maschinen auf die Geschichte sein – Maschinen, die Wissen mit Prozessen erwerben, für die es keine menschliche Erkenntniskategorie gibt? Würden sie miteinander kommunizieren können? Wie würden sie entscheiden? Würde die menschliche Kultur vielleicht sogar den Weg der Inkakultur nehmen? Beginnt eine neue Phase der Geschichte?«

Kissinger tauschte sich in informellen Gesprächen mit verschiedenen Top-Experten zum Thema aus. »Dies ließ meine Sorgen wachsen«, bemerkt er. Die Aufklärung begann in gewisser Weise mit dem Buchdruck. Die Gedanken von Vor-Denkern konnten verbreitet werden, andere konnten darüber nach-denken. Der Gebrauch des eigenen Verstandes wurde immer wichtiger: Man wollte die Gedanken und Ideen der anderen nachvollziehen, nachprüfen, annehmen, gegebenenfalls verwerfen oder verbessern. Empirisches Wissen ließ sich besser und weiter verbreiten und ersetzte nach und nach die theologische Doktrin.

Im Zeitalter der Algorithmen tritt dieses Nachdenken und Nachprüfen zunehmend in den Hintergrund. Wir wissen nicht, wie die Algorithmen arbeiten, und wir können es oft nicht nachprüfen, wenn wir nicht gerade selbst vom Metier sind. Kissingers Sprache ist auch mit 95 Jahren so brillant, dass ich ihn hier noch einmal selbst zu Wort kommen lasse: »Die Aufklärung suchte, traditionelle Gewissheiten einem befreiten, analytischen menschlichen Verstand zu unterwerfen. Der Zweck des Internets ist es, Wissen durch die Ansammlung und Manipulation von immer mehr Daten zu bestätigen. Die menschliche Erkenntnis verliert ihren persönlichen Charakter. Individuen werden zu Daten, und Daten herrschen.«

Individuen stellen im Internet eher selten die Frage nach dem Sinn des Lebens. Sie haben praktische Anliegen, und die Datenkraken werden sehr gut darin, unsere Präferenzen und Bedürfnisse zu kennen und vorauszusagen. Unsere Suchergebnisse werden personalisiert. Immer mehr bewegen wir uns in unserer eigenen Filterblase, wie es der Internetpionier Eli Pariser nannte.[22] Kissinger: »Die Wahrheit wird relativ. Information verdrängt Weisheit.« Auch die sozialen Medien tragen durch ihre Algorithmen eher dazu bei, dass man sich nur in seinem eigenen Milieu bewegt und seine Ansichten bestätigt bekommt. Die Echokammer wird zum Normalzustand, echter Dialog immer seltener. Einsames Denken – die Voraussetzung für Kreativität – ebenfalls. In der Politik wird die Rückkoppelung noch schneller, als sie es schon war. Kleine Gruppen können gezielt angesprochen werden – und erwarten dies auch zunehmend. Politiker werden noch mehr zu Getriebenen.

Zudem wird es für uns immer weniger möglich sein, die Entscheidungen von Computern nachzuvollziehen. Künstliche Intelligenz setzt sich zunehmend ihre eigenen Ziele, zum Beispiel beim autonomen Fahren. Wie wird sich ein autonom fahrendes Auto verhalten, wenn es in einer kritischen Situation entscheiden muss, entweder in einen Rentner oder in ein Kind zu lenken? Würde ein menschlicher Fahrer eine dritte Option erkennen, die niemanden schädigt? Wir werden es nicht wissen. Kissinger: »Wir müssen damit rechnen, dass künstliche Intelligenz schneller Fehler macht – und solche von größerer Tragweite –, als es Menschen tun würden.« Durch die steigende Rechenleistung kann künstliche Intelligenz Lösungen finden, auf die Menschen nicht gekommen wären – und ist vielleicht nicht in der Lage, Menschen zu erklären, wie sie zu diesen Lösungen kam. »Die Aufklärung begann mit philosophischen Einsichten, die durch eine neue Technologie verbreitet wurden. Unsere Zeit bewegt sich in die andere Richtung. Wir haben eine möglicherweise dominante Technologie entwickelt, für die die zugrundeliegende Philosophie noch gesucht wird.« Kissinger schließt mit der Ermahnung, dass es schnell zu spät sein könnte, wenn wir nicht damit anfangen.

Neben den Herausforderungen und Bedrohungen durch die neuen Technologien erleben wir seit mehr als drei Jahrzehnten eine Re-Ideologisierung, Verflachung und Eventisierung der Politik. Ich erinnere mich an ein Proseminar am Institut für politische Wissenschaft der Universität zu Köln Mitte der 1980er-Jahre, in dem der Seminarleiter über die Re-Ideologisierung sprach, die seiner Meinung nach in der Politik stattfand. Ich, ein junger Student, hielt dagegen. Ideologie sei doch ein alter Hut, Schnee von gestern. Heute ginge es um pragmatische Lösungen. Der Seminarleiter widersprach und legte am Beispiel Amerikas unter Ronald Reagan dar, wie die Ideologie in die Politik zurückgekehrt war. Ich musste widerstrebend die Qualität seiner Beispiele und Argumente anerkennen.

Heute ist die Re-Ideologisierung der Politik allenthalben sichtbar, bei der Gender-Thematik, den Fridays for Future, der Migrationsdebatte. Es ist wichtig, festzustellen, dass dieser Trend bereits vor 40 Jahren einsetzte. Zusammen mit dem Aufkommen von Social Media entsteht eine gefährliche Mischung. Politiker wenden sich mittlerweile per Twitter oder anderen sozialen Medien direkt an ihre Klientel – prominentestes Beispiel ist Donald Trump. Auch dies verschärft die Polarisierung, denn in den sozialen Medien baut man eine Fanbasis, »Follower« oder Abonnenten auf.

Die Massenmedien klassischer Prägung kannten Zielgruppen, aber zumindest die großen Zeitungen und Sender versuchten mithilfe von Meinungs- und Marktforschung, möglichst viele Menschen zu erreichen. Heute entfällt diese (ver-)mittelnde Rolle. (Fast) jede noch so kleine Zielgruppe kann bedient werden. Innerhalb ihrer Filterblase finden Menschen für die absurdesten Theorien und Ansichten Bestätigung und sehen keine Notwendigkeit mehr, ihre Positionen auch Andersdenkenden zu erklären. Dialog findet immer öfter nicht statt, und die Dialogfähigkeit nimmt immer mehr ab. Auch das ist ein langsames Sterben des aufgeklärten Diskurses in der Gesellschaft. Stattdessen werden neue Feindbilder geschaffen, der öffentliche »Diskurs« immer mehr hysterisiert und polarisiert. Diese Spaltung und Polarisierung der Gesellschaften wird just in dem Moment durch eine neue Technologie befördert, in der die echten Herausforderungen, wie ich sie in diesem Buch beschrieben habe, explodieren.

Al Gore, Vizepräsident der Vereinigten Staaten unter Bill Clinton, legte 2007 mit *Angriff auf die Vernunft* ein Buch vor, das viele Entwicklungen voraussagte und vor ihnen warnte: das Aufkommen einer Politik der Angst (die nicht nur »Populisten« beherrschen), die Verbreitung von Unwahrheiten, der Angriff auf die Souveränität des Individuums. Außerdem stellte er ein erschreckend mangelhaftes Wissen über die Grundzusammenhänge der Demokratie in der Bevölkerung fest.

Gore deckte viele wichtige Punkte auf. Den »Machthabern« (Gore meint mit diesem Begriff Politiker in den westlichen Demokratien!) sei es mittlerweile völlig gleichgültig, was die Menschen denken. »Und leider haben sie nicht ganz Unrecht. Inzwischen werden Wähler von Kandidaten, die sich ihre Stimme sichern wollen, vor allem als leicht zu manipulierende Zielgruppen betrachtet.«[23] Gore mahnt eine ernsthafte Kommunikation zwischen Regierenden und Regierten an: »Wenn die Bürger [...] Reaktionen bekommen, die nur scheinbar Substanz enthalten, entwickeln sie rasch das Gefühl, dass sie manipuliert werden sollen.«[24] Und wenn sie »längere Zeit Ansichten und Meinungen äußern, ohne sinnvolle Reaktionen wahrzunehmen, werden sie von Wut gepackt«. Es entbehrt nicht einer gewissen Ironie, dass ausgerechnet Gore diese Gedanken äußerte. Mit dem 2006 erschienenen Dokumentarfilm *Eine unbequeme Wahrheit*[25], in dem er die Rolle des Kommentators einnimmt, ist Gore einer der wichtigsten Gründerväter der globalen Klimaschutzbewegung. Auch in unzähligen professionell organisierten Vorträgen brachte der Sprössling einer sehr reichen Familie das Thema voran. Das heute auch die Klimaschutzbewegung zumindest in Teilen ein Angriff auf die Vernunft ist, der von quasi-religiösen Zügen begleitet wird, kann man deswegen nur als einen Treppenwitz der Geschichte betrachten. Gore ist derweil dick im Geschäft: Er ist Gründer und Vorstand der Alliance for Climate Protection, von Generation Investment Management, Current TV sowie Mitglied des Aufsichtsrats von Apple, ein hochrangiger Berater von Google, Partner des mächtigen Investmentfonds Kleiner Perkins Caufield & Byers (KPCB), wo er die Abteilung leitet, die sich mit dem Klimawandel befasst.

Die vor mehr als zehn Jahren von Gore angesprochene Wut ist seitdem weiter angeschwollen. Dafür gibt es, wie in diesem Buch dargelegt, viele gute Gründe. Im Jahr 2018 waren in Deutschland laut einer Umfrage 43 Prozent unzufrieden mit dem Funktionieren der Demokratie, ein Anstieg um 17 Prozentpunkte zum Vorjahr.[26] Mit dem »Populismus« haben Medien und Establishment ein Etikett gefunden, um diese Entwicklungen in eine Schublade ablegen und abqualifizieren zu können, genauso wie sie unliebsame Fragen nach internationalen Verstrickungen schnell mit »Verschwörungstheorie« abtun. In dem Beitrag zu der Umfrage wurde sofort darauf hingewiesen, dass die Kritik besonders groß bei den Anhängern populistischer Parteien, in diesem Fall der AfD, sei. Schublade auf, Ergebnis der Umfrage rein, Schublade zu. So muss man sich weniger mit den Ursachen befassen.[27] Dabei sollten wir festhalten: Vor mehr als zehn Jahren hat Al Gore diese Entwicklung kommen sehen, und er hat die Schuld vor allem bei den politischen und medialen Eliten gesucht, nicht bei den Menschen.

Lügen in Zeiten des Krieges[28]

Ich habe das Buch mit einigen Sequenzen aus dem Film *Die Matrix* begonnen. In der Einleitung äußere ich die Befürchtung, dass dieses Buch noch weiter außerhalb der Komfortzone vieler Menschen sein wird, als es *Der Crash kommt* war. Heute scheinen sich die Menschen wieder in zwei Lager zu teilen: diejenigen, die die blaue Pille genommen haben, und die mit der roten. Erstere befassen sich entweder gar nicht mit Politik, oder sie interessieren sich dafür, hinterfragen aber wenig und folgen dem von den Medien vorgegebenen Narrativ. Und dann gibt es eine gar nicht so kleine Gruppe, die die rote Pille geschluckt hat und die Zustände fundamental kritisch hinterfragt.

Dem progressiven republikanischen Senator Hiram Johnson (1866–1945), von 1911 bis 1917 Gouverneur von Kalifornien, wird der Satz »Im Krieg ist die Wahrheit das erste Opfer« zugeschrieben.[29] Heute haben kritische Menschen wieder den Eindruck, dass die Wahrheit oft auf der Strecke bleibt. Das gilt auch für den »Krieg vor dem Krieg«, in dem wir uns bereits befinden. Die Unruhen und Bürgerkriege, die an vielen Orten der Welt aufgeflammt sind, können durchaus als Teil eines großen Ganzen, als Begleiterscheinung der Transformation der Weltordnung, gedeutet werden. In vielen Fällen werden wir gar nicht, unzureichend oder irreführend informiert. Auch zensurähnliche Zustände gibt es wieder.

Presse und Medien werden von vielen Menschen mittlerweile als »Lügenpresse« wahrgenommen – oder zumindest als »Lückenpresse«. Im Jahr 2014 schrieb der Leipziger Medienwissenschaftler Uwe Krüger das Buch *Mainstream*[30], das im angesehenen Münchner Beck-Verlag erschienen ist. Er thematisierte darin die von vornherein parteiische Haltung der westlichen Medien im Ukraine-Konflikt, die sich weit von einer objektiven Berichterstattung entfernt hatte. In den Internetforen vieler Zeitungen und Sender regte sich massiver Widerspruch gegen die einseitige Berichterstattung. Doch statt darauf einzugehen, schalteten etliche Medien daraufhin lieber ihre Kommentarfunktionen ab.

Krüger zeigt in seinem Buch detailliert auf, wie viele »Alpha-Journalisten«[31] intensiv in transatlantische Netzwerke eingebunden sind und so helfen, die Ansichten der amerikanischen Eliten auch bei uns zu verbreiten und salonfähig zu machen. In diesen Netzwerken wird nicht im direkten Sinn bestochen, aber man kann interessante Kontakte zu Politikern, Managern und Industriellen knüpfen, interessante Fördermöglichkeiten erhalten und an hochrangigen Konferenzen teilnehmen. Auf dem Höhepunkt der Krim-Krise hatten die Satiriker Claus von Wagner und Max Uthoff in der ZDF-Sendung *Die Anstalt* 2014 politischen Journalisten wie Josef Joffe und Jochen Bittner (beide *Die Zeit*) massive Interessenkonflikte vorgeworfen und sich dabei auf die Recherchen von Krüger bezogen. »Viele Zeitungen seien ›so etwas wie die Lokalausgaben der NATO-Pressestelle‹.«

Joffe und Bittner entblödeten sich nicht, dagegen zu klagen. Sie scheiterten zwar 2017 in letzter Instanz vor dem Bundesgerichtshof, aber das Ganze zeigt, wie sensibel die herrschende politisch-mediale Elite auf Bedrohungen ihrer Macht reagiert.[32] Und es ist auch ein Signal der Einschüchterung: »Seht her, wir sind bereit, gegen unabhängige Berichterstattung vor Gericht zu ziehen!« Wie eng die Verflechtungen der europäischen Medien mit dem amerikanischen militärisch-industriell-medialen Komplex sind, zeigt auch das Projekt *Swiss Propaganda Research* auf seinen Internetseiten auf.[33]

Noch einmal besonders deutlich wurde die Einseitigkeit der Mainstream-Medien im Zuge der Flüchtlingskrise im Herbst 2015. Vorzugsweise wurden junge Kinder und Familien gezeigt, obwohl die Flüchtlinge überwiegend junge Männer waren. Da uns zu diesem Zeitpunkt nahegelegt wurde, das Wort »Lügenpresse« nicht zu verwenden (es sei auch im Nationalsozialismus verwendet worden!), kam das Wort »Lückenpresse« auf. Durch ein geschicktes Weglassen von Fakten und die Manipulation von Bildern wurde der gewünschte Eindruck erzielt. Auch in vielen anderen Fällen fühlten sich viele Menschen von den Mainstream-Medien im Stich gelassen: in Bezug auf den Syrien-Konflikt, auf Saudi-Arabien, auf Donald Trump und den Zustand der USA.

Wenn man sich zum Beispiel die Mühe macht, die Berichterstattung über Syrien mit den Entwicklungen im Land zu vergleichen, so fällt auf, dass die Berichte über mutmaßliche Giftgasangriffe sich immer dann häuften, wenn Assads Regierungstruppen Erfolge verbuchten oder zu einer neuen Offensive ansetzten. Auch die deutschen Medien spielten fleißig mit. Wir haben bis heute keine abschließende Erkenntnis, was in Syrien jeweils wirklich passierte. Fest steht, dass Russia Today am 12. September 2018 berichtete, dass die Filmaufnahmen für den nächsten Giftgasangriff in Idlib sich gerade in Vorbereitung durch die sogenannten Weißhelme befänden. Zumindest diese Angriffe seien also »Fake«, um die Meinung der Öffentlichkeit in eine bestimmte Richtung zu lenken.[34] Der Bericht klingt für mich glaubwürdig. Was auf jeden Fall aufmerken lässt, ist die Tatsache, dass nach diesem Bericht keine oder kaum weitere »Giftgasangriffe« gemeldet wurden. Im Februar 2019 legte Riam Dalati, ein bekannter Produzent für die BBC in Syrien, noch einen drauf: Nach einer sechsmonatigen Untersuchung könne er ohne jeden Zweifel beweisen, dass der Giftgasangriff in Douma, der durch die westlichen Medien ging, inszeniert worden sei.[35]

Dass auch große Mainstream-Medien längst nicht mehr gefeit gegen Falschnachrichten in großem Stil sind, zeigt der Fall des gestürzten *Spiegel*-Starjournalisten Claas Relotius, der jahrelang für seine Reportagen Geschichten frei erfand, um die von seinen Chefs gewollten Aussagen mit »Fakten« zu unterfüttern. Dummerweise baute er einige reale Personen in seine Geschichten ein, die irgendwann das Lügengebäude zum Einsturz brachten.

Die Berichterstattung über die angeblichen Hetzjagden in Chemnitz im Jahr 2018 hat mich so aufgebracht, dass ich mich veranlasst sah, sie in einem YouTube-Video zu kommentieren, das mittlerweile fast 130.000-mal angeschaut wurde. Was war passiert? Migranten hatten Daniel H., einen deutschen Staatsbürger mit Migrationshintergrund, erstochen. Daniel H. hatte eine Tischlerlehre mit Auszeichnung abgeschlossen und hinterlässt Frau und Kind. Am Tag der Tat versammelten sich 800 Menschen zu einer unangemeldeten Trauerdemonstration, die sich nach einer Stunde friedlich auflöste. Am Sonntag nach der Tat demonstrierten 8000 Menschen gegen die Migrationspolitik der Regierung Merkel. Viele Bürger der Stadt fühlten sich nach Einbruch der Dunkelheit in der Innenstadt nicht mehr sicher. Aufgerufen zu der Demonstration hatten AfD, Pegida und Pro Chemnitz. 3000 Menschen kamen zu einer Gegenveranstaltung. Nach Angaben der Polizeipräsidentin verliefen beide Veranstaltungen »weitgehend friedlich«.[36]

Am 26. August wurde von einer Organisation namens »Antifa Zeckenbiss« ein Video ins Netz gestellt. Zu sehen ist, wie ein Mann wenige Schritte hinter zwei Menschen mit dunkler Hautfarbe herläuft. Regierungssprecher Steffen Seibert zufolge zeigt das Video »Hetzjagden« auf Migranten. Die Medien, auch die öffentlich-rechtlichen, übernehmen das Video ungeprüft und verurteilen rechte Ausschreitungen. Das Ziel des medialen und politischen Trommelfeuers scheint klar: Die Regierenden wollen keinen breiten Protest gegen die Migrationspolitik von Bundeskanzlerin Merkel zulassen. Als der Präsident des Bundesverfassungsschutzes, Hans-Georg Maaßen, feststellt, dass es keine gesicherten Erkenntnisse über Hetzjagden in Chemnitz gebe, folgt ein Sturm der medialen und politischen Entrüstung. Schließlich muss Maaßen seinen Hut nehmen.[37]

Mittlerweile ist die Herkunft des »Hetzjagden«-Videos geklärt: Es wurde von einem Ehepaar aus dem Trauerzug heraus aufgenommen. Die Ehefrau Kathrin B.

hierzu: »Sie waren aggressiv auf uns zugekommen und hatten uns angepöbelt und wohl auch […] verpisst euch gerufen. […] Dann kam es zu einem körperlichen Kontakt mit den beiden, wobei einem unserer Freunde der Inhalt eines Bierbechers über seine Kleidung und wohl auch ins Gesicht geschüttet wurde.« Weil Kathrin B. erschrocken »jetzt kracht's aber« gedacht hatte, sei die Handy-Kamera angeschaltet worden. Kathrin B. befürchtete, dass auch ihr Mann in Richtung der aggressiv auftretenden Migranten losstarten würde, und rief ihm auf dem Video deutlich vernehmbar zu: »Hase, du bleibst hier!« Kathrin B.: »Es war möglicherweise nicht der einzige Angriff von Migranten auf unseren Trauerzug […], denn aus der Ferne war schon Drohgeschrei in wohl arabischer Sprache zu hören. Allerdings: ›Stinkefinger‹ […] haben wir am Ort des provokativen Geschehens nicht erkennen können. Aber auch keine ›Hetzjagden‹ oder gar ›Menschenjagden‹! Wir sind auch bereit, unsere Aussage eidesstattlich zu versichern.«[38]

In ihrer Antwort auf eine Anfrage der AfD-Bundestagsfraktion muss die Bundesregierung im Juni 2019 eingestehen: Die »Hetzjagden-Aussage« zu Chemnitz und die »politischen Einordnungen der Bundesregierung« beruhen lediglich auf Berichterstattungen von Medien. Deren Qualität darf hinterfragt werden. Die Chemnitzer Polizei, die zuständigen Staatsanwaltschaften sowie Lokalmedien wie die *Freie Presse*, die an diesem Tag in Chemnitz die Geschehnisse beobachtet und darüber berichtet hatten, konnten keine Hetzjagden auf Migranten beobachten. Der Chefredakteur der *Freien Presse* schrieb nach dem Aufruhr: »Eine ›Hetzjagd‹, in dem Sinne, dass Menschen andere Menschen über längere Zeit und Distanz vor sich hertreiben, haben wir aber nicht beobachtet. Wir kennen auch kein Video, das solch eine Szene dokumentiert.«[39]

Eigentlich ist das ein Skandal. Die Einwohner einer ganzen Stadt wurden diffamiert. Ein legitimer Bürgerprotest wurde niedergebrüllt – alles aufgrund von »Fake News«. Normalerweise hätte eine Regierung in diesem Fall zurücktreten müssen. Aber Angela Merkel klebt weiter an ihrem Stuhl, so wie sie viele andere Vorkommnisse ausgesessen hat, die eigentlich zu ihrem Rücktritt hätten führen müssen, zum Beispiel die verlorene Bundestagswahl 2017, bei der die CDU dramatische Stimmverluste von 8 Prozent hinnehmen musste.[40]

Seit seiner vorzeitigen Versetzung in den Ruhestand mischt sich Hans-Georg Maaßen als Mitglied der konservativen CDU-Werteunion in die Politik ein. Der ehemalige Stipendiat der Studienstiftung des Deutschen Volkes, Jurist mit Prädikatsexamen und zuständige Referent im Bundesinnenministerium für den Asylkompromiss von 1994, und laut dem damaligen Innenminister Otto Schily »einer der besten Beamten, die ich je kennengelernt habe«, spart auch nicht mit Kritik an den Medien.[41] Als er twittert, dass die *Neue Zürcher Zeitung* für ihn so etwas wie »Westfernsehen« sei,[42] fühlt sich diese bemüßigt, das deutlich zurückzuweisen und die deutschen Medien zu verteidigen.[43] Dabei war es die *NZZ*, die Claas Relotius abgelehnt hat.

Haben Sie gemerkt, was ich oben in Bezug auf die Person Maaßen gemacht habe? Ich habe Maaßen als Stipendiat der Studienstiftung des Deutschen Volkes, Jurist mit Prädikatsexamen und als einen der besten Beamten, die Otto Schily je kennengelernt hat, vorgestellt. Damit stecke ich den Rahmen ab. Ich betreibe »Framing«. So, wie ich Maaßen vorgestellt habe, klingt es ganz anders als derzeit in den meisten Medien: »Das Gespenst« (*Der Spiegel*)[44], »Maaßen übernimmt rechte Thesen und entwickelt sich zum Sarrazin der CDU« (*Focus*)[45], »Der enthemmte Maaßen zeigt, wie gefährlich der Verfassungsschutz wirklich ist« (netzpolitik.org).[46]

Die Realität ist eine andere: Unter Maaßens Nachfolger Thomas Haldenwang wird der Verfassungsschutz zu einem Instrument der Herrschenden. Im Januar twitterte SPD-Vize Ralf Stegner, dass Maaßen weggemusst hätte, damit der Verfassungsschutz endlich gegen die AfD vorgehen könne.[47] Der erste Anlauf wurde allerdings zu einem Rohrkrepierer: Haldenwang präsentierte die AfD in einer Pressekonferenz mit großem Getöse als »Prüffall«. Einerseits ist das eine Selbstverständlichkeit, da der Verfassungsschutz alle Parteien prüft. Andererseits wurde dadurch die AfD medial an den Pranger gestellt und stigmatisiert. Das Verwaltungsgericht Köln entschied daher in einer Eilentscheidung, dass der Verfassungsschutz die AfD nicht mehr »Prüffall« nennen dürfe. Die Behörde akzeptierte die Entscheidung.[48]

In seinem 2019 erschienenen Buch *Wenn schwarze Schwäne Jungen kriegen* widmet der unabhängige Finanzanalyst und Unternehmensberater Markus Krall ein ganzes Kapitel der Gleichschaltung und Manipulation der Medien.[49] Krall beschreibt die Verwendung und permanente Wiederholung von Attributen, meistens abwertender Natur, als ein beliebtes Mittel des Framings. So wird der 2018 demokratisch gewählte brasilianische Präsident Bolsonaro laut Krall in den deutschen Medien, egal ob Zeitung, Fernsehen oder Radio, fast immer mit dem einordnenden Zusatz »rechtspopulistisch« oder gar »rechtsradikal« erwähnt. Donald Trump ist grundsätzlich ein Rassist oder Frauenverächter. Dass er – anders als alle seine unmittelbaren Vorgänger – noch keine blutigen Kriege angefangen hat, fällt nicht ins Gewicht. Der Brexit-Prozess verläuft für die deutschen Mainstream-Medien grundsätzlich »ungeordnet«, »chaotisch«, oder »katastrophal«, sofern sich das Vereinigte Königreich nicht dem Diktat aus Brüssel unterwirft, sprich: einen Vertrag mit der EU abschließt. Krall: »Es ist offensichtlich, welche Absicht hinter solch einer Vorgehensweise steckt: Die Intention der öffentlichen Verleumdung, des Rufmords, der Schmierenkampagne.« Umgekehrt geht es laut Krall natürlich auch: Die deutsche Kanzlerin ist »beliebt«, »international geachtet«, »weltweit respektiert«, die EU ist ein »Friedensprojekt«.

Manchmal dauert es eine gewisse Zeit, bis die Medien ihre Linie gefunden haben. Als Donald Trump im November 2016 gewählt wurde, war eine große Verwirrung in den deutschen Medien zu beobachten. Niemand hatte damit gerechnet. Es dauerte zwei bis drei Wochen, bis sich die Linie der Mainstream-Medien zu Trump etabliert hatte. Der Mann war ein Sexist, Rassist und Selbstdarsteller und schlichtweg gefährlich. Und als solcher wurde er nun fast überall dargestellt.

Nach dem für viele Medien enttäuschenden Ende der Untersuchungen zu einer russischen Einmischung in den US-Präsidentschaftswahlkampf schalteten diese hingegen sofort um. Als der Sonderermittler Robert Mueller nach 675 Tagen, 2800 Vorladungen und 100 Hausdurchsuchungen verkünden musste, dass es keine Beweise für eine russische Einmischung gebe, wurden nicht etwa Zerknirschung über Vorverurteilung und Irreführung der Öffentlichkeit durch die Medien, sondern die Behinderung der Ermittlungen durch einige Einzelpersonen in den Vordergrund gerückt.

Der mit Zwangsgebühren von über 9 Milliarden Euro finanzierte öffentlich-rechtliche Rundfunk ist immer noch die erste Medienmacht im Staat. Doch durch die Verzerrung der Berichterstattung – wie die auf den vorangehenden Seiten genannten Beispiele zeigen – geraten ARD und ZDF sowie die Regionalsender bei immer mehr Bürgern in die Kritik. In einem Tweet der zur parteipolitischen Neutralität verpflichteten ARD hieß es: »Die Redaktionen der Talksendungen bemühen sich insbesondere, AfD-VertreterInnen kein Forum für ihre Zwecke zu bieten. Je nach Thema ist es aber von Fall zu Fall nötig, AfD-PolitikerInnen selbst zu Wort kommen zu lassen.«

Markus Krall: Leitlinien für die vierte Gewalt

Wenn die Medien als »vierte Gewalt« fungieren wollen, müssen sie bestimmten Standards genügen. Markus Krall hat diese Standards klar formuliert.

1. Trennung von Nachricht und Meinung: Es muss für den Leser erkennbar sein, ob es sich bei dem, was er liest, hört oder sieht, um eine Nachricht, also um Fakten, handelt oder um die Meinung des Schreibers. Das heißt nicht, dass der Journalist neutral, also ein politischer Kastrat sein muss. Es muss nur für den Leser klar und transparent sein, wo die Nachricht aufhört und wo die Meinungsäußerung anfängt.
2. Klarheit der Begrifflichkeiten: Es muss für den Leser erkennbar sein, was mit einem Begriff eigentlich gemeint ist.
3. Vollständigkeit: Nachrichten und Fakten dürfen nicht unterdrückt werden. Eine Weglassung an entscheidender Stelle kann aus einer Wahrheit eine Halbwahrheit oder sogar eine Lüge machen.
4. Unabhängigkeit: Das Medium darf nicht fremden, schon gar nicht versteckten Interessen dienen. Wenn doch, muss dies für den Leser klar erkennbar sein. Dazu gehört auch und vor allem, dass die Presse sich nicht als Büttel der Macht verdingt. Die vornehmste Aufgabe der Presse ist die Kontrolle der Mächtigen, was Regierungen, Konzerne, mächtige NGOs und Parteien einschließt.
5. Wahrheit: Eine Presse, die sich ihr nicht klar verpflichtet fühlt, wird zu Recht als Lügenpresse gescholten. Die Pflicht zur Wahrheit steht nicht im Widerspruch zum Recht auf Irrtum. Auch der Journalist kann, darf und wird sich irren. Er darf aber nicht im erkannten Irrtum verharren, sonst gilt der Satz von Bertolt Brecht: »Wer die Wahrheit nicht kennt, ist dumm. Aber wer die Wahrheit kennt und sie eine Lüge nennt, der ist ein Verbrecher.«

Der Weg zur Knechtschaft

Es bleibt nicht bei der Manipulation von Meinungen und Fakten. Wo die Propaganda nicht wirkt, nehmen mittlerweile Repression, Zensur, Überwachung, Eingriffe in die Privatsphäre und die Freiheit der Bürger zu. In gewisser Weise ist das eine logische Fortsetzung der Zwangsverwaltungswirtschaft, die mit dem Aufkauf von Staatsanleihen durch die Notenbanken, die massive Kampagne gegen das Bargeld und die überbordende Compliance- und Überwachungsbürokratie in den Unternehmen längst begonnen hat.[50]

All dies sind verzweifelte Maßnahmen, die einem Zweck dienen: die Wirtschaft, die eigentlich längst kollabiert sein müsste, doch noch zu »retten«. In seiner klassischen Abhandlung *Der Weg zur Knechtschaft* hat Friedrich August von Hayek ausgezeichnet beschrieben, wie planwirtschaftliche Eingriffe in den Wirtschaftskreislauf immer weitere planwirtschaftliche Eingriffe nach sich ziehen, bis am Ende ein totalitärer Staat sich der Menschen bemächtigt. Nie war die Gefahr so groß wie heute, wo die technischen Möglichkeiten ungleich größer sind als noch vor wenigen Jahren. Hayek warnte davor, die Eingriffe in die wirtschaftliche Freiheit leicht nehmen, weil man glaube, die wirtschaftliche von der politischen Freiheit trennen zu können. Sein Argument: Ist der Kontroll- und Überwachungsstaat einmal in der wirtschaftlichen Sphäre etabliert, greift er auch auf die politische über.[51]

Dass zumindest die Vereinigten Staaten und China weitreichend und umfassend die Bürger ihrer eigenen Länder überwachen, ist bekannt. Seit den Enthüllungen von Edward Snowden wissen wir, dass die Geheimdienste der USA auch die Bürger vieler anderer Länder überwachen. In China liegen die Ansätze zum totalitären Staat offen auf der Hand. Durch das Social Scoring- oder Sozialpunkte-System werden die Bürger transparent und somit steuerbar. Das System befindet sich momentan noch in der Testphase, die bis 2020 abgeschlossen sein soll.[52]

Jeder Bürger fängt mit 1000 Punkten an. Ob man bei Rot über die Ampel fährt, als Angestellter einer Behörde im Kundenverkehr Defizite zeigt, sich in der Öffentlichkeit danebenbenimmt – alles wird auf dem Sozialkonto mit Punktabzug verbucht. Für vorbildliches Verhalten dagegen werden Punkte gutgeschrieben. 1050, der maximale Punktestand, wird mit AAA belohnt, unter 599 Punkten gibt es ein D. Die Konsequenzen: In der niedrigsten Klasse D werden bestimmte Sozialleistungen gekürzt, Flug- und Eisenbahntickets können nur noch unter erschwerten Bedingungen erstanden werden, die Kreditwürdigkeit ist weg. Ist man bis zur Note C abgestiegen, wird man regelmäßig kontrolliert und muss ebenfalls gewisse Einschränkungen hinnehmen. Menschen mit A-Noten hingegen werden bevorzugt behandelt. Der perfekte Kontroll- und Nanny-Staat: Die Methoden sind zwar recht weich, aber hoch effektiv.

In den westlichen Industriegesellschaften ist die Überwachungsgesellschaft versteckter, aber ebenfalls unaufhaltsam auf dem Vormarsch. Der Soziologe Harald Welzer hat diese radikale, aber fast unsichtbare Veränderung in seinem Buch *Die smarte Diktatur*[53] analysiert. Auch im Westen steuern wir auf einen neuen Totalitarismus zu. Das Private verschwindet, die Ökonomisierung durchdringt alle Lebensbereiche. Vielleicht wird uns nicht wie in China die Beförderung versagt, weil wir uns nicht hundertprozentig regelkonform verhalten, dafür aber bestimmte Versicherungstarife oder bestimmte Produktangebote. Welzer zufolge werden wir mehr und mehr zu Konsumzombies, statt die Chance der Freiheit zu nutzen, die historisch hart und bitter erkämpft wurde. Eine machtbesessene Industrie profitiert von unserer schleichenden Entpolitisierung, von unserem abnehmenden Freiheitsdrang und hat uns mehr und mehr im Griff. Big Data, Digitalisierung, Personalisierung, Internet der Dinge bis hin zu Drohnen, die uns fotografieren und in Zukunft wohl auch Pakete ausliefern – unsere Handlungsoptionen werden immer stärker eingeschränkt und wir selbst – auch in unserer Freizeit – immer mehr Teile eines großen Systems.

Dabei bot das Internet zu Beginn durchaus eine hoffnungsvolle Vision: eine schöne neue Welt, in der die Menschen frei miteinander kommunizieren könnten. Das war auch eine Zeit lang so. Aber kein Paradies ohne Schlange. Natürlich versuchen die organisierten Interessen nicht erst seit gestern, auf diese Kommunikationsströme Einfluss zu gewinnen. Mit *Das Ende der Demokratie – wie die künstliche Intelligenz die Politik übernimmt und uns entmündigt* hat die IT-Expertin Yvonne Hofstetter ein ebenso beeindruckendes wie besorgniserregendes Buch dazu vorgelegt.[54] Sie stellt drei Eigenschaften der Digitalisierung heraus, die zur Entmündigung beitragen: die zunehmend lückenlose Überwachung der Menschen, das mühelose Kopieren und Vervielfältigen von Inhalten und die digitalen Rückkopplungs- und Regelkreise.

Eines der wichtigsten Merkmale der Digitalisierung ist die »elektronische Überwachung auf Schritt und Tritt«. Nach Hofstetter ist diese Überwachung der Digitalisierung immanent, sie ist systemisch. »Zur Überwachung gehören das Tracking des Online-Verhaltens, Kontodurchsuchungen durch Finanzämter, die inzwischen die Regel werden, die Speicherung unserer Telefon- und E-Mail-Kommunikation, unseres Einkaufsverhaltens oder des Wohnprofils mit Heiz- und Lüftungsverhalten, inklusive Fernsehkonsum.« Mit der Überwachung haben wir die Büchse der Pandora geöffnet. Und weil sich die Überwachung langsam und leise ausbreitet – »wie ein schleichender Nebel« –, gewöhnen sich die Menschen daran. Für die junge Generation wird Überwachung zunehmend zur gesellschaftlichen Normalität, und sie nimmt sie gar nicht mehr als solche wahr. Zudem werden den Bürgern immer mehr Aufgaben übertragen, die früher in den Bereich des Rechtsstaats fielen. Beispielsweise sind mittlerweile bei Online-Überweisungen aufwendige Authentifizierungsmaßnahmen erforderlich. Die Technologie nimmt uns gefangen.[55]

Das Fatale daran: Die Menschen willigen freiwillig in ihre Überwachung ein, ja sie bitten geradezu darum, wenn sie soziale Medien nutzen oder Dienstleistungen bestellen, die mit der Preisgabe ihrer Daten bezahlt werden. »Überwach mich doch!«[56] Hofstetter weist darauf hin, dass die Überwachung niemals dem Volk, dem politischen Souverän zugute kam, sondern immer der Aufrechterhaltung von Machtstrukturen und der Unterdrückung Andersdenkender diente. »Ich habe nichts zu verbergen!«, lautet die Standardreaktion unbescholtener, aber naiver Bürger. Doch es geht gar nicht so sehr darum, dass man nichts zu verbergen hat, dass also die Vergangenheit transparent ist. Es geht den Überwachern um die Zukunft. Wer ist regierungskritisch? Um Sie zu identifizieren, reicht es schon, dass Sie Ihr Smartphone mit auf eine Demonstration nehmen.

Die Digitalisierung vergrößert und beschleunigt auch die sozialen Regelkreise. Was sich früher über den Dorfklatsch und das Stammtischgespräch langsam und in einer sehr begrenzten Runde ausbreitete, ergießt sich heute per Teilen, Liken und Kommentarfunktion in die ganze Welt. Die Klickzahlen bei Online-Artikeln sind für Online-Publizisten eine wichtige Größe. Wird etwas nicht angeklickt, werden unter Umständen Kopfzeile und Inhalt so verändert, dass es häufiger aufgerufen wird. Unternehmen wie Facebook setzen Algorithmen ein, um die Seiteninhalte so zu optimieren, dass sie mehr positive Reaktionen hervorrufen. Faktentreue und Realität? Interessieren nicht. Auch sind reale und virtuelle Welt zunehmend entgrenzt, das Online-Feedback beeinflusst die reale Welt. Mit unguten Folgen für die Gesellschaft und das Zusammenleben: In der Internetwelt herrscht oft ein rauer Ton, die (scheinbare) Anonymität trägt das ihre dazu bei. Das hat auch Auswirkungen auf den Ton im realen Leben: Er wird ebenfalls rauer.

In seinem 2013 erschienenen Buch *Die Vernetzung der Welt* stellt der damalige CEO von Google, Eric Schmidt, fest: »Das Internet ist das größte Anarchismusexperiment aller Zeiten. Die Onlinewelt [...] wird kaum durch Gesetze beschränkt.«[57] Das geht natürlich weit an der Realität vorbei – jedenfalls mittlerweile. Aber es ist immer noch richtig, dass die Staaten mit ihren Gesetzen kaum Einfluss auf die Internetgiganten wie Google und Co. haben. Auch nach dem Facebook-Skandal hat sich diesbezüglich nur sehr wenig geändert. Die Unternehmen hingegen haben eine fast unumschränkte Macht.

Zweiter (kurzer) Exkurs zu Verschwörungstheorien[58]

»Verschwörungstheorie« hat sich zu einem Diffamierungsbegriff entwickelt, der sehr schnell verwendet wird, wenn Kritik an den Herrschenden geäußert oder bestimmte Vorgänge hinterfragt werden. Natürlich gibt es völlig abgedrehte Verschwörungstheorien wie zum Beispiel die Ansicht, dass die Mondlandung ein Fake gewesen sei (sie war es natürlich nicht!), oder die Behauptung, dass wir durch chemische, von Düsenflugzeugen verteilte Substanzen manipuliert werden sollen (»Chemtrails«). Auch das Zweite ist natürlich völliger Quatsch.

Aber wenn man die Tätigkeiten der Geheimdienste und die Geschichte der Kriegsvorbereitungen studiert, dann stößt man schnell auf sehr unschöne Zusammenhänge. Auch solche Nachforschungen werden gerne als »Verschwörungstheorien« diffamiert. Dabei entsprechen Kriegslügen, Korruption und gewalttätige Eingriffe in andere souveräne Staaten leider gängiger Praxis und wurden vielfach belegt. Ich selbst halte mich für einen außenpolitischen Realisten, weil ich weiß, dass die Geheimdienste aktiv auch schlimme Dinge tun, dass Kriege immer mit einer Lüge beginnen, dass Regierende oft lügen, um ihre Ziele zu erreichen. Und dass diese Ziele keinesfalls immer friedlich und gut sind. Manche würden mich schon deswegen als Verschwörungstheoretiker bezeichnen. Sei's drum.

Fake News, Überwachungsstaat, Repression

Dave Collum, Professor für organische Chemie an der Cornell University in Ithaca, New York, twittert hierzu: »Ich bin ein ›Verschwörungstheoretiker‹. Ich glaube, dass mächtige und reiche Menschen sich gelegentlich verschwören. Wenn Sie das nicht glauben, sind Sie, was man einen ›Idioten‹ nennt. Wenn Sie es glauben, aber Angst vor dem Etikett haben, sind Sie, was man einen ›Feigling‹ nennt.«[59] Der aus dem europäischen Hochadel stammende Historiker Lord Acton (1834–1902) hat dazu den immer noch ultimativen Satz gesagt: »Macht korrumpiert, absolute Macht korrumpiert absolut.«[60]

Die Freiheit der politischen Debatte ist massiv bedroht. Heute sind wir nicht nur in den Mainstream-Medien, sondern auch in den sozialen Medien weit weg von einem wirklich freien Austausch. Ein Hauptgrund dafür ist sicherlich die »politische Korrektheit«, die detaillierte Festlegung dessen, was man tun und sagen darf. George Orwell hat in seiner zwischen 1946 und 1948 verfassten Dystopie *1984* beschrieben, wie totalitäre Regime durch Steuerung und Umdeutung der Sprache die Menschen kontrollieren.[61] In den sozialen Netzwerken kann eine solche Sprachsteuerung besonders gut durchgesetzt werden.

Ein Jahrhundert vor Orwell warnte der französische Adlige Alexis de Tocqueville in seinem Bericht *Über die Demokratie in Amerika* davor, dass auch Demokratien Züge eines totalitären Systems annehmen können.[62] Während seines knapp einjährigen Aufenthalts in den USA 1831/32 stellte er einen oftmals erstaunlichen Gleichklang der Meinungen und eine Tyrannei der Mehrheit fest. Jean-Christophe Rufin, einer der Mitbegründer von Ärzte ohne Grenzen, merkt an, dass Tocqueville die Demokratie äußerst kritisch betrachtet. Er beschreibe in visionärer, außerordentlich moderner Weise, wie demokratische Gesellschaften aus dem Ruder laufen können. Für Rufin ist Tocqueville der Erste, der wirklich gesagt hat, dass die Demokratie zu einem totalitären System werden kann. »Die Art der Unterdrückung, die den demokratischen Völkern droht«, habe Tocqueville prophezeit, »wird mit nichts, was ihr in der Welt voranging, zu vergleichen sein.«[63]

Unterdrückung und Tyrannei durch die Mehrheit sind bereits weit fortgeschritten. Das Instrument heißt »politische Korrektheit«. Immer mehr Themen werden zu Tabuthemen, immer mehr Wörter zu Tabuwörtern. Im Mai 2019 präsentierte das Institut für Demoskopie Allensbach Ergebnisse einer Umfrage, die besorgniserregend sind. Personen ab 16 Jahren wurden gefragt: »Würden Sie sagen, man kann seine Meinung in der Öffentlichkeit frei äußern, oder muss man bei einigen oder vielen Themen vorsichtig sein?« Nur 18 Prozent der Befragten gaben an, dass sie das Gefühl haben, sich in der Öffentlichkeit frei äußern zu können. Im Freundeskreis würden es immerhin 59 Prozent tun. Auch das ist eine erschreckend niedrige Zahl. Zudem kritisieren 41 Prozent, dass die »politische Korrektheit« (oder *political correctness*) übertrieben werde.[64] Bereits im Februar hatte Hans-Georg Maaßen vor der Einschränkung der Meinungsfreiheit gewarnt: Viele hätten Angst, ihre Meinung frei zu äußern.[65] Als Tabuthemen gelten vielen die Flüchtlinge und der Islam. Wenn aber wichtige, vielleicht die wichtigsten Fragen der Zeit in den Augen der Bürger tabuisiert sind, wie soll dann überhaupt noch demokratische Meinungsbildung stattfinden?

Wie manipulierbar Nachrichten und Meinungen im Internet sind, wurde mir 2011 richtig klar. Über ein Jahr lang stand eine besonders negative Aussage über mich ganz oben in der Google-Suche. Jemand hatte sich in einem Internetforum über mich geärgert und so richtig Dampf abgelassen. Auf den Seiten zwei und drei normalisierte und objektivierte sich die Diskussion. Aber die las keiner. Immer wieder wurde ich auf die Negativaussagen zu meiner Person ganz oben in der Trefferliste angesprochen, und immer wieder wies ich darauf hin, dass es sich hier um einen Nutzer in irgendeinem Internetforum handelte. Es half alles nichts: Dieser Eintrag war das Erste, das viele Menschen zu Gesicht bekamen, wenn sie Informationen zu mir aufrufen wollten.

Irgendwann rief ich bei dem Unternehmen an, das das Forum betrieb. Nachdem ich einem Mitarbeiter mein Problem erklärt hatte, sagte er: »Einen kleinen Moment bitte, ich spreche mal mit meinem Vorgesetzten.« Nach ein oder zwei Minuten war er wieder in der Leitung. »Alles klar, wir haben das rausgenommen.« Und mit diesem einen Klick war der erste Eindruck, den viele tausend Menschen haben, wenn sie nach mir im Netz suchen, ein ganz anderer.

Die politische Korrektheit (hinter der politische Interessen der Herrschenden stehen) befördert das schnelle Vordringen der Meinungskontrolle ins Internet. Insbesondere durch die immer weiter ausufernde und meist willkürliche Festlegung, was als Hassrede oder Diskriminierung zu gelten habe, kann Meinung sehr gut gesteuert werden. So darf nach den neuesten Benutzerrichtlinien von YouTube nicht mehr nach Einwanderungsstatus von Personen unterschieden werden. Das heißt im Klartext, man dürfte nicht mehr schreiben, dass zum Beispiel das Bildungsniveau bei Personen, die sich illegal im Land aufhalten, niedriger ist (oder höher, wenn es denn so wäre).

Facebook war Vorreiter darin, Beiträge zu löschen und Nutzer zu sperren. Der deutsch-libanesische Regisseur und Islamkritiker Imad Karim zum Beispiel wurde schon mehrfach von dem Netzwerk gesperrt. Aber auch YouTube zieht nach. Dem wohl bekanntesten Islamkritiker Hamed Abdel Samad, unter anderem Verfasser des Bestsellers *Mohamed – eine Abrechnung* wurde kurzfristig sein YouTube-Kanal mit nahezu 130.000 Abonnenten gesperrt.[66]

Am 11. Juli 2019 wurde *NuoViso*, ein alternativer YouTube-Kanal mit fast 170.000 Abonnenten, mit der lapidaren Begründung vom Netz genommen, dass man gegen die Nutzungsbedingungen verstoßen habe. Der Kanal wurde von Frank Höfer, einem ehemaligen Cutter für die *Tagesschau* gegründet, weil er die verzerrte Berichterstattung, die er täglich produzieren musste, nicht mehr mittragen wollte. Nun ist *NuoViso* niemals gewaltverherrlichend oder »rechts« unterwegs, wohl aber regierungskritisch und manchmal tatsächlich stark »verschwörungstheoretisch«.

Bei den freien YouTubern erhob sich ein Sturm der Entrüstung. Auch wir zeigten uns mit unserem Kanal *Privatinvestor Politik Spezial* solidarisch. Wenn wir auch einige der Inhalte von *NuoViso* für völlig abgedreht halten, so sind sie doch alle von der Meinungsfreiheit gedeckt. Nach einigen Tagen wurde *NuoViso* wieder freigeschaltet. Nochmal gut gegangen. Aber wie lange noch? Kurz nach der Wahl von Donald Trump wurde ein Video bekannt, in dem Sergei Brin, einer der Google-Gründer, vor den eigenen Mitarbeitern sinniert, wie es dazu kommen konnte und wie man so etwas beim nächsten Mal verhindern kann …

Twitter gilt vielen noch als Bastion der Meinungsfreiheit. Ich nutze die Plattform regelmäßig unter @maxotte_says. Aber auch hier werden politische Inhalte mittlerweile erheblich zensiert und manipuliert. Der unabhängige und seriöse Journalist Paul Schreyer hat das auf heise.de umfassend dokumentiert.[67] Bei einer Anhörung vor dem Geheimdienstausschuss des Senats am 5. September 2018 wurde massiv politischer Druck auf Twitter ausgeübt, kritische Inhalte einzudämmen und nicht zuzulassen. Aufgrund dessen fielen die Aktienkurse des Unternehmens, das Management gehorchte. Schon am Tag nach der Anhörung sperrte Twitter den regierungskritischen Journalisten und Blogger Alex Jones mit knapp 900.000 Followern, nachdem dieser einen Monat zuvor bereits von Apple, dann von Facebook und YouTube abgeschaltet worden war. Als Argument mussten Hassrede und Gewaltverherrlichung herhalten. Jones pflegt unzweifelhaft einige abstruse und fragwürdige Ansichten, aber Hassrede und Gewaltverherrlichung sind als Begründung ziemlich weit hergeholt. Man wollte einen Kritiker des aktuellen Systems zum Schweigen bringen. Und man hat ein Warnsignal an alle anderen ausgesendet: Seht her, wenn ihr zu kritisch werdet, sperren wir euch einfach.

Es trifft aber nicht nur Blogger wie Alex Jones, sondern auch Menschen, die in anderen Berufen etwas erreicht haben. James Woods ist ein Schauspieler, den ich besonders für seine Rolle des Max in *Es war einmal in Amerika* von Sergio Leone, für mich eines der besten Filmepen aller Zeiten, bewundere. (Wenn Sie den Film ansehen wollen, bitte unbedingt die europäische Kinofassung oder den Director's Cut schauen – für das amerikanische Publikum wurde der Film um 90 Minuten gekürzt!) Woods engagiert sich neben seinem Schauspielberuf als konservativer Aktivist und hatte auf Twitter unter *@RealJamesWoods* über 2,1 Millionen Follower. Im April wurde er gesperrt. Der Account ist zwar noch sichtbar, aber es erscheinen keine neuen Tweets.[68] Bitte prüfen Sie selber nach, ob Woods ein Hassredner ist oder seine legitime politische Meinung äußert – die nicht jedem schmecken muss. Für die Mainstream-Medien ist der Fall klar: Als der eifrige Twitterer Donald Trump sich für die Meinungsfreiheit einsetzte, kommentierte zum Beispiel der *Tagesspiegel*, dass Trump Partei für ultrarechte Aktivisten ergreife.[69] Nein, Trump setzte sich für die Meinungsfreiheit ein. Dass ihm dies in diesem Fall auch politisch nützen würde, ist eine andere Sache.

Bei alledem hilft eine weit verbreitete Kultur der Denunziation, die aus den USA stammt und die sich seit einigen Jahrzehnten auch in Deutschland ausbreitet. In Deutschland galt zunächst einmal der Wert der Unschuldsvermutung und der Solidarität, also ein positiver gesellschaftlicher Grundkonsens. Das war auch richtig, denn Betrug war selten und der Rechtsstaat funktionierte. Anders in den USA, wo die ersten Auskunfteien und Spitzelbüros schon Mitte des 19. Jahrhunderts entstanden, weil der Rechtsstaat eben nur sehr mangelhaft funktionierte.[70]

Heute wird Denunziation – *whistleblowing* – als große Tugend verkauft, obwohl es den gesellschaftlichen Zusammenhalt weiter schwächt. Ja, es kann richtig sein, zu »petzen«. Aber es erfordert hohe moralische Qualitäten. Auf jeden Edward Snowden und auf jede Chelsea Manning (siehe unten) kommen Dutzende, wenn nicht Hunderte von Menschen, die glauben, etwas melden zu müssen, und damit nur ihr Ego oder niedere Instinkte befriedigen wollen. Besser wäre es, wenn der Rechtsstaat funktionieren würde.

Die Reform des Urheberrechts der Europäischen Union bietet zahlreiche Möglichkeiten der Kontrolle und Zensur. Dienstanbieter wie YouTube sollen für Urheberrechtsverstöße ihrer Nutzer vollständig haften, außer sie (a) unternehmen alle Anstrengungen, mit den betroffenen Rechteinhabern Lizenzen auszuhandeln, (b) setzen verhältnismäßige (technische) Maßnahmen zur Verhinderung dieser Verstöße (zum Beispiel sogenannte »Upload-Filter«) ein und (c) entfernen bei Kenntnis eines Verstoßes das betroffene Werk und verhindern dessen erneutes Hochladen.[71] Einerseits werden damit legitime Interessen der Rechteinhaber verfolgt. Andererseits können durch die sogenannten Upload-Filter viele Inhalte rein vorsorglich oder auch willkürlich geblockt oder entfernt werden. Die Nutzer, viele davon Einzelpersonen, könnten zwar nun gegen YouTube, Facebook und Co. klagen, aber wenige werden das angesichts der extrem ungleichen Machtverhältnisse und Finanzkraft auch tun.

Der IT-Verband Bitkom bemerkte hierzu, dass die EU mit dieser Reform »die Grenze zwischen Kontrolle und Zensur überschreiten« würde. Bekannte Internetpioniere – darunter Tim Berners-Lee, Vinton Cerf und Jimmy Wales – sprachen sich gegen die Upload-Filter als »Werkzeug der Überwachung und Nutzerkontrolle« aus und forderten die Streichung aus dem Gesetzesentwurf.

Allerdings reichen die weichen Methoden der Meinungskontrolle den Herrschenden anscheinend nicht mehr aus. In seinem Klassiker *Der Weg zur Knechtschaft* schreibt Hayek: »Es ist nicht schwer, der großen Masse das selbstständige Denken abzugewöhnen. Aber auch die Minderheit, die sich eine Neigung für Kritik bewahrt, muss zum Schweigen gebracht werden.«[72] Dazu muss es offene Repression geben.

Und die gibt es zunehmend. An den Universitäten regiert die »politische Korrektheit« schon länger und wird mit Steuergeldern massiv subventioniert. Unliebsame Meinungen werden immer brutaler unterdrückt. Bereits in den 1980er-Jahren, als ich in Köln studiert habe, war ich Zeuge, wie die Gastvorlesung des konservativen Politikwissenschaftlers Bernard Willms[73] durch »Aktivisten« gesprengt wurde. Mehr als 30 Jahre später traf es mich selber: Meine Vorlesung »Deutschland im Spannungsfeld von Globalisierung und Geopolitik« wurde von über 200, teilweise gewaltbereiten »Aktivisten« blockiert, sodass wir kurzfristig in einen Raum außerhalb der Universität ausweichen mussten. Ein Zuschauer wurde mit Pfefferspray verletzt. Die Hochschulleitung in Köln hatte schon vorher signalisiert, dass man die Proteste dulden und die anwesende Polizei nicht eingreifen lassen werde.

Dabei wollte ich eigentlich darüber reden, wie der Frieden in Deutschland und Europa gesichert werden kann, eigentlich ein klassisches linkes Thema. Meine Vorlesung ist in ähnlicher Form auch im Netz zu sehen.[74] Ein junger *Focus*-Redakteur, der sicher nicht meine politische Meinung teilt, hat diesen Fall von undemokratischem Verhalten für sein Magazin dokumentiert.[75] Wir haben uns nachher zu einem Meinungsaustausch getroffen.

Nationale Aufmerksamkeit erlangte der Fall von Professor Dieter Schönecker an der Universität Siegen. Schönecker ist Professor für Philosophie und ein klassischer Liberaler und Humanist im Sinne von Immanuel Kant, John Locke und David Hume. Er wollte eine Ringvorlesung über die Meinungsfreiheit veranstalten und hatte neben vielen Linken – etliche davon sagten ab – auch zwei bekannte Rechte eingeladen. SPD-Mitglied Thilo Sarrazin und Marc Jongen, ebenfalls Philosoph und ehemaliger Assistent von Peter Sloterdijk und heute für die Alternative für Deutschland im Bundestag.

Was folgte, war massiver Druck. Das Rektorat der Universität distanzierte sich von den Vorlesungen, Schönecker erhielt Morddrohungen. Es wurde ihm untersagt, Universitätsmittel für die Ringvorlesung zu verwenden. Sieben Siegener Professoren solidarisierten sich öffentlich mit Schönecker. Da liegen Parallelen zu den Göttinger Sieben auf der Hand. Die Göttinger Sieben, darunter die Gebrüder Grimm, waren Professoren, die 1837 für die Beibehaltung der liberalen Verfassung im Königreich Hannover eintraten. Sie wurden allesamt entlassen, manche auch des Landes verwiesen.[76] Schönecker hielt durch. Die Veranstaltungen fanden statt. Gab es bei der ersten Vorlesung mit Marc Jongen noch Protest, so war es bei Sarrazin schon recht ruhig.[77] Jetzt wurde Schönecker für das Bundesverdienstkreuz vorgeschlagen. Diese Verleihung würde Zeichen setzen – hoffentlich erhält er es.

An der Goethe-Universität in Frankfurt sah sich die Professorin Susanne Schröter aufgrund einer offenen und ausgewogenen Konferenz zum Thema »Kopftuch im Islam« massiven Anfeindungen und Diffamierungen ausgesetzt. Ich könnte viele weitere Fälle nennen. Die *FAZ* fasst zusammen: »Gesinnungsterror – wie an Universitäten Meinungen unterdrückt werden«.[78]

Ich kenne außerdem viele Fälle, in denen es nicht bei der Unterdrückung von Meinungen blieb, Fälle, in denen Menschen wirtschaftlich boykottiert wurden, ihnen willkürlich Konten gesperrt wurden, ihre Existenzen bedroht und vernichtet wurden. Immer wird das mit demselben Argument begründet: dass nämlich Vertragsfreiheit herrsche. Wenn aber die Verträge aufgrund politischer Meinungen nicht zustande kommen und Menschen zum Beispiel keine Versammlungsräume mehr finden, dann ist das Repression. Punkt. Frei ist auch der sogenannte Westen schon lange nicht mehr.

Am härtesten trifft es, auch im Westen, solche Kritiker, die als vermeintliche »Landesverräter« gebrandmarkt werden. Edward Snowden, der die massive Überwachung der Bürgerinnen und Bürger nicht nur der USA bekannt machte, musste sich auf abenteuerlichen Umwegen nach Russland ins Exil flüchten. In seinem Heimatland drohen ihm hohe Strafen. Whistleblowerin Chelsea Manning, die diesen Ehrentitel wirklich verdient, sitzt seit mehreren Monaten im Gefängnis und ist zu einer Strafe von 1.000 Dollar pro Tag verurteilt, weil sie die Aussage als Zeugin verweigert. Eine Straftat wird ihr nicht vorgeworfen.[79]

Und WikiLeaks-Gründer Julian Assange sitzt zu Unrecht in Haft: Im November 2013 erklärte das US-Justizministerium, dass Assange nicht wegen der Veröffentlichung geheimer Dokumente angeklagt werden könne. Man müsse sonst gleichzeitig auch Journalisten und Medien wie *The Guardian* oder die *New York Times* anklagen, weil diese ebenfalls vielfach im Rahmen ihrer journalistischen Arbeit geheime Dokumente veröffentlicht hatten.

In *Der Weg zur Knechtschaft* hat Friedrich August von Hayek die finalen Stadien bis zum totalitären Staat anschaulich beschrieben. In einem totalitären Staat soll alles einer »einheitlichen Gesamtauffassung« unterworfen werden.[80] Heute wäre das der finanzkapitalistisch-multikulturelle Globalismus. Hayek: »Die Wahrheit wird jetzt zu etwas autoritativ Vorgeschriebenem, zu etwas, was man im Interesse der Einheit der organisierten Gesamtaktion glauben und möglicherweise ändern muß, wenn diese Aktion es erfordert.«[81]

Mit diesem Absolutheitsanspruch tritt der Globalismus (»offene Weltordnung«) derzeit auf. Die Methoden, derer er sich bedient, werden immer rabiater. Ob er sich durchsetzen wird oder ob andere, regionale Modelle der Weltorganisation an seine Stelle treten werden, ist derzeit offen. Denn zunächst einmal steuern wir unweigerlich auf den Systemcrash zu.

TEIL III

AUSWEGE

KAPITEL 14

EINEN KLAREN KOPF BEWAHREN

Und denn, man muß das Wahre immer wiederholen, weil auch der Irrtum um uns her immer wieder geprediget wird, und zwar nicht von Einzelnen, sondern von der Masse. In Zeitungen und Enzyklopädien, auf Schulen und Universitäten, überall ist der Irrtum oben auf, und es ist ihm wohl und behaglich, im Gefühl der Majorität, die auf seiner Seite ist. – Oft lehrt man auch Wahrheit und Irrtum zugleich und hält sich an letzteren.

Johann Wolfgang von Goethe, Gespräche mit Eckermann, 16. Dezember 1828

Zeiten des Umbruchs sind Zeiten der Unsicherheit. Unsicherheit macht Angst. Manipulation, Repression und Verwirrung nehmen zu. Da ist es gut, einen klaren Kopf zu behalten. In diesem Teil des Buches werde ich Ihnen Strategien vorstellen, wie Sie Ihr Vermögen sichern können.

Beginnen möchte ich jedoch mit ein paar persönlichen Hinweisen.

Es ist wichtig, dass Sie mit Aufmerksamkeit und Gelassenheit in die Phase des Umbruchs eintreten. Vieles kann passieren, auch sehr unschöne Dinge. Manche kündigen sich bereits an. Wir wissen nicht, was kommen wird.

Wie nahe Vernunft und Unvernunft beieinander liegen, wie dünn die Schicht der Zivilisation ist, zeigt immer noch meisterhaft der Roman *Herr der Fliegen* von William Golding.[1] Eine Gruppe englischer Schuljungen soll während eines Krieges evakuiert werden, doch ihr Flugzeug stürzt über einer unbewohnten Pazifikinsel ab. Kein Erwachsener überlebt, und die Kinder nehmen an, dass nach dem Abwurf einer Atombombe ihre Heimat und ihre Verwandten nicht mehr existieren. »Zunächst scheint der Verlust der Zivilisation leicht zu überwinden, aber bald greifen Aggression und Gewalt um sich. Die Jungs verlieren alle Hemmungen, und es beginnt ein Kampf um Leben und Tod.«[2] Rasend schnell nehmen die Jungen das Verhalten eines Urwaldstammes an, gehen auf die Jagd, entwickeln Opferrituale. Gerade als die wilden Jäger den letzten Jungen, der noch an die Vernunft glaubt, umbringen wollen, landen Erwachsene auf der Insel und machen dem Spuk ein Ende. Was den Roman so beklemmend macht, ist, dass er so realistisch wirkt – es könnte tatsächlich so passieren.

Der Ideenhistoriker John N. Gray hat einige brillante, zugleich verstörende Bücher geschrieben, in denen er zeigt, wie dünn das Fundament unserer Zivilisation ist. *Von Menschen und anderen Tieren* ist eine fundamentale Kritik des Humanismus.[3] Das Folgewerk *The Silence of the Animals* über die Illusion des Fortschritts ist 2015 unter dem Titel *Raubtier Mensch* auf Deutsch erschienen.[4] Gray betrachtet den Humanismus als eine Ideologie, die religiösen Ideologien verwandt sei, als einen Aberglauben. Der Mensch ist nach Gray nicht immer »edel, hilfreich und gut«, sondern trägt ebenso das Böse in sich, die Aggression. Für Gray ist die Menschheit eine gierige Spezies, die andere Lebensformen ausrottet. »Menschen können die Erde nicht zerstören, aber sie können mit Leichtigkeit die Umwelt ruinieren, von der sie abhängig sind.«[5] Wenn wir uns die bisherige Geschichte unserer Spezies anschauen, dann hat Gray nicht so unrecht. Die Megafauna haben wir vernichtet, wo immer wir hinkamen – in den Wäldern Amerikas, in Australien, in Europa. Nur in Afrika haben die großen Tiere überlebt. Die Wälder rund um das Mittelmeer wurden abgeholzt. Das 20. Jahrhundert hat zwei verheerende Weltkriege gesehen. Und gerade mal drei Jahre nach dem Beginn der von George Bush senior propagierten »neuen Weltordnung« fand in Ruanda ein verheerender Genozid mit schätzungsweise 800.000 bis 1.000.000 Toten statt, der quasi über Nacht ausgebrochen war.

Die praktische Vernunft pflegen: Der spanische Künstler Francisco de Goya schuf 1799 eine Graphik mit dem Titel *Der Schlaf der Vernunft gebiert Ungeheuer*, eines der bekanntesten, wirkungsmächtigsten und am häufigsten interpretierten Werke der europäischen Kunstgeschichte. Das Bild ist möglicherweise von der Französischen Revolution inspiriert, die durch eine Herrschaft des nackten Terrors und der Guillotine ging, bevor das Konsulat eingerichtet wurde, das von

Francisco de Goya: Der Schlaf der Vernunft gebiert Ungeheuer

Quelle: picture-alliance/akg-images

Napoleon Bonaparte dominiert wurde, der sich wenige Jahre später zum Alleinherrscher aufschwang. Wahrscheinlich wollte Goya zeigen, dass die reine Vernunft in Schrecken und Chaos endet, wenn sie keine Grenzen anerkennt und sich selbst absolut setzt.

Gegen Ende seines viel zu kurzen Lebens habe ich das Thema häufiger mit meinem Vater (1928–1983) diskutiert, einem »preußischen« Humanisten. Ich war Teenager, er war Anfang 50. Mein Vater war aufgeklärt, mutig und Selbstdenker – und gläubiger und engagierter Christ. Er musste als 17- und 18-Jähriger die Schrecken des Krieges und von Flucht und Vertreibung kennenlernen und hat dennoch nie seine Achtung für die Menschen verloren oder sein Engagement für das Gemeinwesen verringert oder gar aufgegeben. Reine Vernunft ohne Tradition und Glauben kann sehr schnell pervertieren, zu einem totalitären System und in den Abgrund führen, das war seine feste Überzeugung. Wir sind in dieses Leben gestellt. Menschen müssen ihre Grenzen akzeptieren. Einer seiner handschriftlichen Essays ist mit »Grenzen« überschrieben. Eine ähnliche Auffassung vertrat der ordoliberale Ökonom Wilhelm Röpke, der eines seiner Werke mit *Maß und Mitte* betitelte.[6]

Diese Forderung gilt natürlich besonders für die Mächtigen: Gerade sie müssen sich kluge Selbstbeschränkungen auferlegen. Eine solche Selbstbeschränkung war das politische System in Europa nach 1648: Die Staaten erkannten ihr jeweiliges Existenzrecht an und versuchten nicht mehr, sich gegenseitig ihren Glauben, ob katholisch oder protestantisch, aufzuzwingen. Auch nach dem Westfälischen Frieden gab es Kriege. Viele Kriege. Aber keiner hatte mehr die verheerende und totalitäre Wucht des Dreißigjährigen Krieges. Der Krieg war »eingehegt«. Er wurde als ultima ratio geführt, um Interessen durchzusetzen, aber nicht, um den anderen zu vernichten. Erst mit dem Bürgerkrieg in den USA und dem Ersten Weltkrieg sollten wieder Kriege ausbrechen, bei denen auch die Vernichtung des Gegners zu den Kriegszielen gehörte.

Edmund Burke (1729–1797) war ein irisch-britischer Intellektueller und Politiker und einer der geistigen Väter des Konservatismus. In seinem wichtigsten Werk *Über die Französische Revolution* (engl. *Reflections on the Revolution in France*) argumentiert er, dass der Rationalismus die Wurzel seines eigenen Verderbens in sich trägt.[7] Jedes Prinzip, auf die Spitze getrieben, verursacht Chaos. Absolute Freiheit, zum Beispiel, kann es nicht geben. Entweder endet sie im Chaos oder in der totalen Unfreiheit, wie es George Orwells Parabel von der *Farm der Tiere* so anschaulich ausmalt.[8] Ein anderes Beispiel ist das Marktprinzip. Auf die Spitze getrieben, würde es unsere Gesellschaften schnell zerstören – wir sehen den Prozess teilweise vor unseren Augen ablaufen.

Burke kritisiert den Rationalismus scharf und stellt stattdessen die praktische Vernunft in den Mittelpunkt. Ein Satz aus seinen Betrachtungen über die Französische Revolution hat sich mir ins Gedächtnis eingebrannt: »Die angeblichen Rechte dieser Theoretiker sind alles Extreme, und so sehr sie metaphysisch wahr sein mögen, sind sie moralisch und politisch falsch. Die Rechte der Menschen befinden sich irgendwo dazwischen. Man kann sie nicht exakt definieren, wohl aber erkennen.«[9] Die praktische Vernunft erkennt Traditionen, Strukturen und Grenzen an und arbeitet damit.

Bücher lesen – gerade in Zeiten der Digitalisierung: Ich will es nicht verbergen – ich bin ein Bücherfan. Bei jedem Buch hat sich ein Mensch Gedanken gemacht und diese unter den Umständen seiner Zeit niedergeschrieben. Bücher erlauben uns 100- oder 1000-jährige Zeitreisen. Auf noch etwas wurde ich vor etwa zehn Jahren von einem Bekannten, einem Arzt mit fünf Kindern, hingewiesen: Bücher sind nicht manipulierbar. Wenn sie einmal gedruckt und verbreitet sind, stehen sie in der Bibliothek oder im Regal als unveränderliche Zeitdokumente. Das haben die Machthaber noch nie wirklich gemocht. Qin Shihuangdi, der erste chinesische Gottkaiser (259–210. v. Chr.), einte das Reich mit brutalen Kriegen und führte umfassende Verwaltungsreformen durch. Aber er ließ auch alle Bücher vernichten, damit er neu anfangen konnte. Die Nationalsozialisten führten 1933 Bücherverbrennungen »wider den undeutschen Geist« durch. Heute wiederum verschwinden Bücher aus dem Verkehr, indem unliebsame, aber wichtige Werke nicht mehr verlegt werden oder weil der wirtschaftliche Druck auf die Verlage einfach zu groß geworden ist. Immer häufiger werden auch Bücher oder ihre Verfasser diffamiert und die Werke einfach umgeschrieben. Als Vater sehe ich mit großer Sorge, dass viele Kinderbücher mittlerweile im Sinn der »politischen Korrektheit« einfach geändert werden. In meinen Augen ist das eine Todsünde, denn der Autor hat sich seine Gedanken gemacht, als er sein Buch schrieb. Gedanken seiner Zeit. Das Original erlaubt es auch, die Gedanken des Verfassers in seiner Zeit einzuordnen. Und nicht immer ist das Neuere das Bessere.

Im digitalen Zeitalter wird die virtuelle Bücherverbrennung noch viel einfacher: Mit wenigen Knopfdrücken sind Inhalte gelöscht oder verändert. Ich sehe daher die massiv von der Technologielobby unterstützten Bestrebungen, die Schulen zu digitalisieren, sehr skeptisch. Aus meiner Sicht bleibt es richtig, zunächst Schreiben, Lesen, Rechnen, Geschichte und Denken zu lernen und dann die Informationstechnologie einzusetzen. Das St. John's College in Annapolis, Maryland, pflegt seit zweieinhalb Jahrhunderten einen interessanten Ansatz. Das College hat ein Curriculum der »Großen Bücher« der westlichen Denktradition – Philosophie, Religion, Geschichte, Mathematik, Wissenschaft und Literatur. Die Studenten lernen Philosophie durch die Lektüre von Kant, Physik mit Newton. Der moderne Hochschulbetrieb betont Aktualität und gleicht sich damit (Online-)Medien wie Wikipedia an. Ein Kollege von mir sagte mir einmal allen Ernstes, er lese keine Papers, die älter als zwei Jahre sind. Ich hätte genauso ernsthaft entgegnen sollen, dass ich *nur* Papers lese, die älter als zehn Jahre sind, weil ich so weiß, dass die Gedanken des Verfassers eine gewisse Qualität haben. Ich habe das nicht erwidert, weil es nicht ganz gestimmt hätte, aber die Aussage ist klar: Was sich von den Fesseln der Zeitgebundenheit gelöst hat, was zeitlos ist, hat einen besonderen Wert.

Der Wert der Klassiker und das Studium der Geschichte: Unter den Büchern ragen manche besonders heraus – die »Klassiker«. Ein paar davon habe ich in diesem Buch zitiert, unter anderem und mehrfach *Der Peloponnesische Krieg* von Thukydides. Klassiker helfen uns, die uralten Fragen der Menschheit, die jede Generation neu für sich beantworten muss, zu reflektieren. Die *Selbstbetrachtungen* des römischen Kaisers Mark Aurel, vor mehr als 1800 Jahren geschrieben, sind auch heute noch ein erstaunlich aktuelles Werk, das zur Reflexion führt und auch persönlich helfen kann.[10] In Friedrich Schillers Dramen geht es oft um die Freiheit und den Kampf dafür. Wie gut ist es, zu wissen, dass vor über 200 Jahren Menschen vor ganz ähnlichen Fragen standen wie wir heute. Gustave Le Bons *Psychologie der Massen*, vor mehr als 125 Jahren geschrieben, zeigt uns, warum Massen sich oftmals unreflektiert verhalten und Menschen in Masse manipulierbar sind.

Nicht nur ich bin davon überzeugt, dass es einen Kanon besonders wertvoller Bücher gibt, Bücher, welche die Zeitläufte überdauern. An vielen US-Universitäten wurde lange Zeit ein Kurs namens »westliche Zivilisation und Kultur« angeboten, in dem Klassiker des westlichen Denkens gelesen und diskutiert wurden. Bereits in den

1990er-Jahren gab es starke Bestrebungen, diesen Kurs abzuschaffen. Bekanntheit erlangt hat der Marsch des radikalen ehemaligen demokratischen Präsidentschaftskandidaten und Predigers Jesse Jackson, der mit einer Gruppe Studenten über den Campus der Stanford University zog und »Ho, ho, ho – Western Culture has to go« skandierte.[11] Mittlerweile sind derartige Kurse oder Vorlesungen vielerorts abgeschafft, aber nichts hindert Sie daran, selber die Klassiker zur Hand zu nehmen.

Sich selber hinterfragen: Hinterfragen Sie die Themen des Tages und die vermeintlichen Gewissheiten des Tages. Alexander Unzicker gibt mit *Anleitung zum Selberdenken* viele Anregungen dazu.[12] Werden Sie ein skeptischer Realist, also das, was einige Zeitgenossen schon als »milder Verschwörungstheoretiker« diffamieren würden. Fragen Sie bei tagespolitischen Ereignissen wie dem Ukraine-Konflikt oder dem Stellvertreterkrieg in Syrien, welche Interessen dahinterstecken könnten. Cui bono – wem nützt es: Der lateinische Spruch birgt auch heute noch den Schlüssel zum Selberdenken. Zwar regiert kurzfristig der Zufall. Wenn aber bestimmte Entwicklungen sich immer weiter fortsetzen, dann stecken dahinter organisierte Interessen. Als die Visegrád-Staaten die Balkanroute für die Migration nach Europa schlossen, nahm die Migration über das Mittelmeer, unterstützt von vielen NGOs und Schlepperorganisationen, sprunghaft zu. Da lohnt es sich schon zu fragen, wer das warum organisiert.

Derzeit wütet ein geistiger und politischer Sturm in Deutschland und in fast allen Ländern des Westens. Es ist kaum möglich, Themen wie Umwelt- und Klimapolitik, Migration, Kriegsverhinderung und viele andere vernünftig und abgewogen zu diskutieren. Dieser Sturm ist Folge der großen geopolitischen Veränderungen. Wenn die Kontinentalplatten aufeinanderstoßen, knirscht es im Inneren. Auch im übertragenen Sinn: Erdbeben in unseren Gesellschaften werden ausgelöst und können diese in Mitleidenschaft ziehen oder sogar zerstören. Auch bei solchen Erdbeben kann es Inseln der Stabilität geben. Je fester Ihr geistiges, moralisches und soziales Fundament gebaut ist, desto eher überstehen Sie die kommenden Stürme.

Die Dinge sind, wie sie sind – manchmal wunderschön, manchmal schrecklich. Sich nicht selber zu belügen und in falschem Zweckoptimismus zu machen, ist ein Merkmal des souveränen Menschen. Der zu Anfang des Buches erwähnte kanadische Psychologe Jordan Peterson gibt in seinem Bestseller *12 Rules for Life* und in seinen Videobotschaften hierzu gute Ratschläge.[13]

Glaube: Das Christentum ist die Wurzel unserer moralischen Vorstellungen. Die Denker der Aufklärung suchten es zu überwinden, trugen diese Wurzel aber unbewusst in sich. Grünen-Chef Robert Habeck bezeichnet sich als »säkularen Christen«. Das Christentum habe ihn »tief geprägt«.[14] Wie tief Habecks »säkulares Christentum« wurzelt oder ob es ihm vor allem um die Wählerstimmen geht, muss an dieser Stelle offenbleiben. Bereits vor einigen Jahren bezeichnete sich Altbundeskanzler Gerhard Schröder als Suchenden. Helmut Schmidt war Christ. Heute steht vor allem die katholische Kirche wegen diverser Missbrauchsskandale am Pranger. In einem Gespräch äußerte der verstorbene Soziologe Jost Bauch mir gegenüber die Vermutung, dass das Ziel der medialen Aufmerksamkeit nicht etwa sei, die Kirche zu reformieren und zu stärken, sondern diese als Hüterin der Moral unglaubwürdig zu machen und zu schwächen.[15]

Die zehn Gebote haben auch heute noch ihre Relevanz. Markus Krall: »Das Fremdgehen beschädigt und unterminiert Ehe und Familie. Die biblischen Gebote gegen den Ehebruch und das Verbot des Nächsten Frau zu begehren sind die logische Antwort, um eine Gesellschaft stabil und erfolgreich zu machen, indem sie ihren Grundbaustein, die Familie, schützt. Das gleiche gilt für die private Eigentumsordnung. Das materielle Begehren des Einzelnen, wenn es sich auf das Eigentum eines anderen richtet, untergräbt dieses. Die logische Antwort der Bibel: Du sollst nicht begehren Deines nächsten Hab und Gut.«[16]

Menschen, die glauben (können), sind glücklicher. In einer Umfrage, die in zwei Dutzend Ländern durchgeführt wurde, fand das Pew Research Center heraus, dass glaubensstarke Menschen im Durchschnitt nicht nur glücklicher sind, sondern auch die besseren Bürger, die häufiger wählen gehen und sich freiwillig sozial engagieren. Zudem leben sie gesünder.[17] Allerdings hat alles seine Kosten. Es reicht nicht, sich einer Religion zugehörig zu fühlen. Man muss auch regelmäßig in die Kirche gehen und in der Gemeinde mitarbeiten.

Ein starker Glaube hilft auch, schwierige Zeiten besser zu überstehen. Das haben die Anthropologen Richard Sosis und E. R. Bressler herausgefunden. Sie werteten die Überlebensdauer von Siedlungen im amerikanischen Westen der Pionierzeit aus. Fazit: Die stark religiösen Siedlungen überlebten deutlich länger und besser, obwohl ihre Mitglieder neben dem harten Kampf ums Dasein auch noch umfangreiche religiöse Pflichten hatten. Diejenigen Siedlergemeinschaften, die von ihren Mitgliedern die größten Opfer verlangten, waren am erfolgreichsten, weil dort die Binnenmoral am stärksten war und die wenigsten Menschen sich auf Kosten der Gemeinschaft durchschlugen.[18]

Soziales Kapital anhäufen: Die Bedeutung von Sozialkapital wird gerne unterschätzt: Welche Beziehungen haben Sie? Wie belastbar sind diese? Ist Ihre Familie intakt? Sind Sie in Ihrem Ort vernetzt? Angesehen? Sind Sie Mitglied einer Kirchengemeinde? Haben Sie einen Garten? Freunde auf dem Land? Freunde im Ausland?

Investieren Sie in Ihr Sozialkapital! Es wird die wichtigste Investition Ihres Lebens sein. Was nützt Ihnen in einer großen Krise ein Bankkonto oder ein Aktiendepot, wenn diese vielleicht eingefroren sind? Gute Beziehungen und Sozialkapital sind hoffentlich auch dann belastbar.

Traditionen pflegen und daraus Neues entwickeln: Auch das Pflegen sinnbehafteter Traditionen kann Identität und Standhaftigkeit vermitteln. Das können Familientraditionen sein. Wenn ich als Kind mit meinem Großvater über seinen Bauernhof ging, dann wusste ich: Hier war ein Mann, der genau da hingehörte, wo er war. Kein intellektueller Mann, aber ein weiser Mann, der das Leben kannte und seinen Platz gefunden hatte. Nach Jahren in den Steinwüsten der Großstädte hat es mich auch wieder auf das Land gezogen. Landwirt bin ich nicht geworden, aber einen durchaus passablen Obst- und Gemüsegarten haben wir. Wenn ich im Garten stehe oder arbeite und den Jahresrhythmus, Wind und Wetter so aus erster Hand miterlebe, merke ich, dass wir Teil eines großen Ganzen sind, das seine eigenen Gesetzlichkeiten und Rhythmen hat, die wir (zum Glück) nicht bestimmen.

Wir haben in Deutschland, Österreich und der Schweiz viele großartige Traditionen, an die sich anzuknüpfen lohnt. Eine davon ist das Hambacher Fest von 1832. Und es gibt viele kleine und große Erinnerungsorte, an denen sich das Andenken und Innehalten lohnt. Und das sind eben nicht nur Erinnerungsorte der Jahre 1933 bis 1945. Die gehören auch dazu, aber unsere über 1000-jährige Geschichte kann nicht darauf reduziert werden.

Ein anderes großartiges Ereignis war die friedliche Revolution in Ostdeutschland im November 1989. Die Bürger der DDR zeigten im Alleingang, dass wir Deutschen Demokratie können. Damals begann etwas Großartiges, das nun droht, von den Mühlen der Geopolitik zermahlen zu werden. Auch der Zeitgeist fängt an, an 1989 herumzudeuteln und zu -mäkeln. Lassen wir es nicht so weit kommen.

Positive Traditionen stärken: das Neue Hambacher Fest[19]

Es gibt vieles auf der Welt, das uns Sorgen bereiten kann. Umso wichtiger ist es, sich daran zu erinnern, dass es ebenso viele positive Traditionen und Beispiele gibt, die Mut machen können. Im Jahr 2018 veranstaltete ich auf dem Hambacher Schloss bei Neustadt in der Pfalz zum ersten Mal das Neue Hambacher Fest (www.neues-hambacher-fest.de). 2019 gab es eine Wiederholung, diesmal im historischen Saalbau in Neustadt, in dem 1949 die erste deutsche Weinkönigin gekrönt wurde. Das Hambacher Fest ist wohl das bedeutendste Fest des Vormärz, der deutschen Demokratiebewegung vor der Revolution von 1848/49. Um im Zeitalter der Restauration der Fürstenherrschaft nach dem Wiener Kongress 1815 überhaupt stattfinden zu können, wurde in Hambach keine politische Veranstaltung, sondern ein Volksfest ausgerichtet.

Es ist aus vielen Gründen wichtig, dass wir Deutschen unsere bürgerlich-demokratischen Traditionen pflegen. Zunächst einmal wird vielen Menschen erst dann bewusst, dass Deutschland solche Traditionen besitzt. Zudem regen Veranstaltungen wie das Neue Hambacher Fest dazu an, sich mit den damals und heute wichtigen Inhalten zu befassen. Deutschlands Demokraten waren Patrioten, die ein starkes, selbstbewusstes Deutschland in einer europäischen Völkerfamilie wünschten. Bei den Neuauflagen 2018 und 2019 untersuchten Thilo Sarrazin, Vera Lengsfeld, Imad Karim, Jörg Meuthen und Markus Krall in Reden die Bedrohung der Freiheit heute und die aktuelle Bedeutung des Hambacher Festes. Und drittens tut es einfach gut, unter vielen demokratischen und ehrlichen Bürgern zu sein, zu netzwerken und zu erfahren, dass man nicht alleine ist.

Weltreiche kommen und gehen, politische Ordnungen zerfallen und entstehen neu. Die Menschheit steht vor fundamentalen Herausforderungen: der Überbevölkerung und damit zusammenhängend der Beeinträchtigung des Lebensraums Erde – einschließlich des Klimas (!) –, dem Massensterben von Tierarten, das die Biologin Elizabeth Kolbert in *Das sechste Sterben* beschreibt,[20] der Transformation der Weltordnung, die ich in diesem Buch eingehender analysiert habe, und damit zusammenhängend der Migrationsströme, die sich über die Welt ergießen.

In meinem Eifelort beginnt ganz in der Nähe die römische Wasserleitung von der Eifel nach Köln, das größte Bodendenkmal der Römer nördlich der Alpen. Man sieht nicht allzu viel davon, da die Leitung naturgemäß die meiste Zeit unter der Erde verläuft und die wenigen Aquädukte fast alle abgerissen und verschwunden sind, aber hier und da lässt sich das Bauwerk noch erkennen. Die Leitung endet ganz in der Nähe meiner Wohnung in Köln. Auch die römische Straße von Köln nach Trier führt ganz in der Nähe vorbei, sodass ich bei jeder Autofahrt daran erinnert werde, dass hier bereits vor 2000 Jahren Menschen Handel getrieben haben, gelebt und geliebt haben, gestorben sind.

Wenn ich weiter zurück in die Vergangenheit reisen will, besuche ich die Kartsteinhöhle (Kakushöle), die vor ungefähr 300.000 Jahren das Wasser aus dem Kalkfelsen gewaschen hat. Hier wurden Knochen vom Riesenhirsch, Wollnashorn, Steppenbison, Rentier, Wolf, Moschusochse, Höhlenlöwe, Pferd, Braunbär, Höhlenbär, Biber, Stachelschwein, Murmeltier, Mammut und von der Hyäne gefunden; sowie Schaber und Spitzen, die von Menschen gefertigt wurden. Die Neandertaler lebten hier und später die Ahrensburger Rentierjäger. Und wenn ich einige Kilometer weiterfahre, bin ich im Hürtgenwald, wo noch kurz vor Ende des Zweiten Weltkrieges Zehntausende von Amerikanern und Deutschen sinnlos starben. Dann wird klar, dass wir kleine Teile eines großen Weltgeschehens sind. Wir können uns unserem Schicksal mutig stellen, vielleicht auch etliches verändern, aber die Grenzen unseres Tuns und unserer Macht sind ebenso deutlich festgelegt.

Gelassenheit, aber nicht Gleichgültigkeit, das ist die Geisteshaltung, welche die antiken Stoiker wie zum Beispiel Mark Aurel oder Seneca vertraten. Im Gelassenheitsgebet findet sich diese Geisteshaltung wieder:

> Gott, gib mir die Gelassenheit, Dinge hinzunehmen, die ich nicht ändern kann, den Mut, Dinge zu ändern, die ich ändern kann, und die Weisheit, das eine vom anderen zu unterscheiden.

Das Gebet stammt wahrscheinlich von dem amerikanischen Theologen Reinhold Niebuhr, der viele kluge Dinge gesagt und geschrieben hat. Unter anderem stammt von ihm das Buch *Moral Man and Immoral Society* (»Moralischer Mensch und unmoralische Gesellschaft«).[21] Moral fängt immer bei einem selbst an, niemals bei den anderen. In seinem Gebet weist Niebuhr darauf hin, dass wir Gelassenheit, Mut und Weisheit nicht aus eigener Kraft empfangen, sondern vom Herrn.

Zum Abschluss nur noch eines: Vergessen Sie nicht zu leben! Tun Sie Dinge um ihrer selbst willen. Engagieren Sie sich in einem Chor, wandern Sie, lesen Sie, gehen Sie Ihren musischen und geistigen Interessen nach. Friedrich August von Hayek: »Es entspricht vollkommen dem Geiste des Totalitarismus, dass er jede menschliche Tätigkeit verdammt, die um ihrer selbst willen und ohne einen weiteren Zweck betrieben wird. Die Wissenschaft um der Wissenschaft und die Kunst um der Kunst willen sind bei den Nationalsozialisten in gleichem Maße verrufen wie bei den Kommunisten und bei unseren sozialistischen Intellektuellen.«

Menschen, die Dinge um ihrer selbst willen tun, sind besser gegen die geistigen und moralischen Stürme gefeit, die durch unsere Länder toben. Sie werden aus der Menge derjenigen, die sich von den Stürmen mal hierhin, mal dorthin treiben lassen, herausragen. Sie haben einen festen Stand. Das wünsche ich Ihnen für die kommende Zeit des Weltsystemcrashs!

KAPITEL 15

WIE SIE SICH AUF DIE KRISE VORBEREITEN

Es ist nicht das Genie, das mir plötzlich und heimlich enthüllt, was ich in Situationen tun sollte, die von anderen nicht vorhergesehen wurden; es ist Nachdenken und gute Vorbereitung.

Napoleon Bonaparte

Erfolg hängt von guter Vorbereitung ab, und ohne diese ist das Scheitern sicher.

Konfuzius

In den vorangegangenen Kapiteln habe ich versucht, Sie zu warnen und Ihnen die Fakten auf den Tisch zu legen, die nach meinem besten Wissen und Gewissen zu einer globalen Wirtschaftskrise führen werden. Ich habe die Rolle der Kassandra eingenommen, und das ist fast immer ein sehr undankbarer Job. […] Wenn Ihnen meinen Warnungen halbwegs plausibel erschienen sind, bleibt Ihnen vielleicht noch genug Zeit, sich auf die Krise vorzubereiten und Ihre persönlichen Finanzen wetterfest zu machen.

Max Otte, Der Crash kommt

Auswege

Ich habe in diesem Buch Gefahren aufgezeigt, die schnell in eine größere Katastrophe münden können. Bereiten Sie sich auf den Weltsystemcrash vor! Auch Noah glaubte man nicht, bis es zu spät war. Er traf dennoch unbeirrt seine Vorkehrungen. Vielleicht reicht es bei Ihnen nicht für eine vergleichbare »finanzielle Arche«, aber vielleicht bekommen wir ja auch keine Sintflut. Schon eine ernsthafte globale Depression dürfte jedoch die Planungen der allermeisten Menschen in den Industrienationen über den Haufen werfen und für viele existenzbedrohend werden. Da hilft dann schon ein »finanzielles Rettungsboot« oder zumindest eine »finanzielle Schwimmweste«.

Ich beendete *Der Crash kommt* im Frühjahr 2006 mit einem 7-Punkte-Programm, wie Sie sich auf die Krise vorbereiten können. Auch dieses Buch beende ich mit konkreten Hinweisen. Allerdings sind mittlerweile über 13 Jahre vergangen. Der Systemcrash wurde in dieser Zeit durch verschiedene politische Maßnahmen und Eingriffe verschleppt, eine Gesundung fand nicht statt. Das System steht wesentlich näher am Abgrund. Die Zeit wird knapp. Aber besser spät als nie.

Wir sehen überall Zeichen für die große Krise. Ausgebrochen ist sie bislang noch nicht. Wenn die Zeit reif ist, kann schon ein kleiner Anlass die Eruption auslösen. Vielleicht eskaliert der Handelskrieg zwischen den USA und China. Oder die Börsenkurse brechen ein. Oder die Wirtschaft versinkt in einer Rezession. Im Sommer 2019 mehrten sich die Anzeichen, dass der lange künstliche Aufschwung auf Pump seinem Ende entgegengeht. Die Industrieproduktion in Deutschland sank im ersten Halbjahr 2019 so stark wie seit der Finanzkrise 2008 nicht mehr.[1] Die Zahl der Privatinsolvenzen in den USA stieg drastisch an. Einem Viertel der Amerikaner geht es objektiv schlechter als vor der Finanzkrise.[2] Für eine Wirtschaft, die laut Donald Trump »großartig« dasteht, kein gutes Signal. Zudem kletterte 2019 der Goldpreis binnen weniger Monate um knapp 20 Prozent, nachdem er sechs Jahre lang stagniert hatte. Die Investoren sind offensichtlich der Meinung, dass die Zentralbanken die Sache nicht mehr unter Kontrolle haben. Denn Gold ist nicht so sehr eine Versicherung gegen die Inflation, wie vielmehr eine Versicherung gegen die ganz große Krise.[3] Das Nachrichtenmagazin *Focus* schreibt angesichts der schlechten Konjunkturzahlen vom Sommer 2019: »Weil sonst alles zusammenbricht – es droht die staatlich organisierte Geldentwertung.«[4]

Denken Sie voraus und handeln Sie jetzt. Auch 2008 war die Finanzkrise aus scheinbar heiterem Himmel hereingebrochen. Viele wurden von Existenzangst gepackt, weil sie eben nicht vorausgedacht hatten. Ich erinnere mich noch gut daran, wie ich in vollen Sälen und Hörsälen meine Analysen vortrug. In meiner Wirkungsstätte an der Hochschule Worms waren im großen Hörsaal nicht nur die Ränge, sondern auch die Gänge belegt, als ich einen kurzfristig anberaumten Vortrag zur Krise hielt. Oftmals musste ich auch beruhigen: Nein, das Wirtschaftssystem bricht noch nicht zusammen. Wahrscheinlich wird die Mittelschicht schleichend enteignet; eine Währungsreform halte ich für unwahrscheinlich. So erklärte ich mantraartig. Im Nachhinein muss ich feststellen: Es war richtig, die Emotionen zu dämpfen und zu versuchen, diese in rationalere Bahnen zu lenken.

Kurz nach der Finanzkrise erschien eine Flut von Büchern, die auf der Welle der Angst surften. Die Autoren boten Rat an, wie man sich vor der Krise retten oder sie sicher überstehen könne. Darunter auch Ratschläge, welche Waffen Sie ohne Waffenschein erwerben können und welche Notvorräte Sie anlegen sollten.[5] Das war nicht falsch, aber etwas einseitig und teilweise verfrüht. Auch der 2010 bereits an früherer Stelle erwähnte CIA-Bericht über die Unregierbarkeit von Städten und Unruhen auf den Straßen war verfrüht.

Jetzt allerdings hat sich die Lage verschärft. Unruhen sind denkbar, die ersten sind bereits in Frankreich ausgebrochen (»Gelbwesten«). Vor einigen Jahren bereits brannten in den Vorstädten von Paris und London Autos. Und in Deutschland verschärft sich die Lage in den Brennpunkten, die Gewalt nimmt zu. In meinem 7-Punkte-Programm in *Der Crash kommt* hatte ich das Thema elementare Krisenvorsorge ausgeklammert. Über zehn Jahre später ist es an der Zeit, zumindest ein paar Worte darüber zu verlieren. Damals war es ein Randthema, heute ist es salonfähig geworden. Deswegen habe ich mein Programm um das Thema Katastrophenschutz erweitert zum *8-Punkte-Programm zur Vorbereitung auf den Weltsystemcrash.*

Das 8-Punkte-Programm zur Vorbereitung auf den Weltsystemcrash

Katastrophenschutz
- Treffen Sie Vorkehrungen für den Fall des Systemcrashs.

Vermögensschutz
- Ihre Geldanlagen sind »Chefsache« – und zwar Ihre ganz persönliche.
- Verschaffen Sie sich eine finanzielle Schwimmweste – oder besser noch ein Rettungsboot. Arbeiten Sie zumindest mit ganzer Kraft daran.
- Machen Sie sich ein Bild über die verschiedenen Vermögensklassen und analysieren Sie Ihre Kapitalanlagen.
- Suchen Sie sich sichere Banken und Länder.

Finanzielle Gesundheit
- Erstellen Sie Ihre persönliche Vermögensbilanz. Reduzieren Sie Ihre Schulden und schichten Sie von »schlechtem« in »gutes« Vermögen um.
- Erarbeiten Sie sich einen Einnahmen- und Ausgabenplan. Sparen Sie unnötige Ausgaben.
- Stellen Sie Ihre Einnahmen auf eine sichere und breitere Basis.

Ich habe das Programm in drei Abschnitte unterteilt, Katastrophenschutz, Vermögensschutz und Finanzielle Gesundheit. Der erste Abschnitt ist neu. Die Hinweise zum Thema Vermögensschutz habe ich aktualisiert. Spannend ist, nachzuprüfen, was sich verändert hat, seitdem ich 2006 den Abschnitt geschrieben habe. Den Abschnitt »Finanzielle Gesundheit« fasse ich kürzer als 2006. Während Vermögensschutz dem Schutz des bestehenden Vermögens dient, kann finanzielle Gesundheit helfen, Vermögen aufzubauen und zu erhalten. Finanziell gesund leben ist eine gute Angewohnheit, genauso wie körperliche und mentale Gesundheit. Sie werden erstaunt sein, wie viele, auch gutverdienende Menschen finanziell nicht gesund sind.

Rückblick: Welche Vermögen wurden seit der Finanzkrise angegriffen?

Die massiven Rettungsaktionen seit der Finanzkrise haben vor allem die Mittelschicht belastet, während die Reichen reicher wurden. Wenn Sie nach 2008 meinem Rat gefolgt sind und nach seriösen Prinzipien in Aktien, Fonds oder Immobilien investiert haben, gehören Sie zu den Gewinnern. Sie sind Bezieher von Kapitaleinkommen gewesen und haben von den Niedrigzinsen und der Vermögenspreisinflation profitiert. Wenn Sie sich mit Gold und Edelmetallen abgesichert haben, war das auch nicht verkehrt. Wenn Sie aber den Kopf in den Sand gesteckt haben und das Geld auf dem Bankkonto oder bar liegen ließen, dann gehören Sie zu den Verlierern.

Es wird wohl eher schlimmer werden, bevor es besser wird. Die Rettungsaktionen haben das System nicht repariert oder reformiert, sie haben die vorhandenen Fehler potenziert. Die Gesellschaft ist zunehmend gespalten, Menschen werden gegeneinander aufgehetzt. Und damit alles noch irgendwie zusammenhält, erheben Kontrollstaat und smarte Diktatur ihre hässlichen Häupter.

1. **Die Reichen wurden reicher.** Die Bankenrettungsaktionen haben vor allem die Aktionäre der Banken und dort viele extrem gut bezahlte Jobs gerettet. Die Bereinigung des aufgeblähten Finanzsektors blieb hingegen aus. Die Vermögenspreisinflation sorgte dafür, dass die Reichen nach der Finanzkrise fast alle Gewinne einstrichen. In den USA flossen 95 Prozent der Finanzgewinne nach der Finanzkrise an die reichsten 1 Prozent, während die 90 Prozent ärmeren Haushalte noch ärmer wurden.[6] In Deutschland ist es ähnlich.

2. **Die Mittelschicht musste die Zeche zahlen.** Es ist nicht zu einer Währungsreform gekommen. Auch ansonsten sind allzu offensichtliche Schröpfungen der Mittelschicht, zum Beispiel durch Sondersteuern und Umlagen, bislang ausgeblieben. Dafür hat die »smarte Diktatur« (Harald Welzer) die Bürger umso smarter zur Kasse gebeten.

Kein Wunder, dass die deutschen Haushalte zu den ärmsten in Europa gehören! Die schleichende Enteignung ist längst da. Viele schlafen und merken es

Offene und versteckte Belastungen der Mittelschicht

Belastung	Wirkung	Kosten p.a. (in Mrd. €)
Niedrigzinsen	Die Niedrigzinsen sorgen dafür, dass den deutschen Sparern jährlich 80 bis 120 Milliarden Euro entgehen.[7] Und die Sparer, das sind bekanntlich vor allem Menschen aus der Mittelschicht. Die Reichen haben Aktien, Private Equity, Immobilien, Land und Edelmetalle. Und sie verschulden sich zu absolut günstigen Konditionen, um noch mehr davon zu kaufen.	80–120
Schlechte Investition der Außenhandelsbilanzüberschüsse	Die äußerst dumme Anlage der deutschen Außenhandelsbilanzüberschüsse in Target-II-Salden (staatlicherseits) und Auslandskrediten und dubiosen Investmentfonds (privatseits) sorgt dafür, dass Deutschlands Auslandsvermögen nicht wächst, obwohl ständig neue Mittel hinzukommen.[8]	50–100
Explosion der Mieten und Immobilienpreise	Die Explosion der Mieten und Wohnungspreise nützt den Reichen und belastet viele Familien in den Ballungsgebieten bis über die Schmerzgrenze, gerade auch viele junge Familien, die etwas leisten.	40–80
Versteckte Inflation	Zwar schwankt die offizielle Inflation seit Jahren zwischen moderaten –0,5 und 2 Prozent, aber dies gibt die Lebensrealität vieler Menschen nicht wieder. Gerade die Ausgaben für Gesundheit, Krankenversicherung, Transport, Energie, Mieten, Umlagen und Entertainment steigen. Auch die Kommunen machen mit und drehen kräftig an der Gebührenschraube; so stiegen in Hamburg 2015 mal eben die Friedhofsgebühren um 216 Prozent. Von den Toten (oder ihren Hinterbliebenen) kann man es ja nehmen.[9] Auch Wasser- und Abwasser sowie Müll- und Entsorgungsgebühren steigen oft kräftig. Bundesweit sind sie zwischen 2005 und 2016 um mehr als 25 Prozent gestiegen. In manchen Regionen könnten noch einmal bis zu 62 Prozent dazukommen.[10] Im Spree-Neiße-Kreis stiegen 2018 die Entsorgungsgebühren für einzelne Leistungen um bis zu 1000 Prozent.[11]	2% des BIP von 3,4 Bio. = 70

Versteckte Inflation	Auch Banken und andere »Dienstleister« drehen kräftig an der Gebührenschraube. Vor einiger Zeit wollte ich in Gegenwart meiner Kinder jedem bei einer Sparkasse auf dem Land 1.000 Euro einzahlen, ohne dort ein Konto zu besitzen. Der Mann am Schalter wies mich freundlicherweise darauf hin, dass ich doch besser nur 990 Euro überweise – dann würden je Überweisung nur 30 Euro Gebühren fällig. Ab 1.000 Euro wären es 50 Euro. Früher kostete eine Bareinzahlung auf ein Konto bei einer anderen Bank 50 Pfennige.	In der vorigen Berechnung enthalten
Erosion der öffentlichen Güter	Schließlich – und das ist den wenigsten bewusst – werden wir Bürger auch durch die Erosion der öffentlichen Güter zunehmend ärmer. Der Staat hat sich kaputtgespart, Steuergeschenke gemacht und die vorhandenen Gelder in eine aufgeblähte Bürokratie gesteckt, statt dahin, wohin sie fließen sollten: Straßen, Mobilfunknetz, Gesundheit, Wissenschaft, neue und besser besoldete Stellen für Lehrer und die Polizei. Wenn heute unsere Renten nicht mehr sicher sind, wenn die Mobilfunknetze zu den schlechtesten in Europa gehören und wenn wir uns um unsere Sicherheit in den Städten ernsthaft Sorgen machen müssen, dann sind wir viel, viel ärmer als vor 20 Jahren.	Unbezahlbar, unschätzbar (10% des BIP = 340 Mrd.)
Summe der jährlichen Belastungen		470–710 Mrd. 14–21% des BIP

nicht, etliche haben eine dumpfe Ahnung, und nur wenige erkennen die gesamten Zusammenhänge. Das ist von der politisch-medialen Elite genau so gewollt, denn sonst würden ja viel mehr Menschen »aufstehen«. So ist auch verständlich, dass die gleichnamige Sammlungsbewegung von Sahra Wagenknecht von Anfang an mit massivem Widerstand zu kämpfen hatte.

3. **Die Polarisierung der Vermögensverhältnisse führt zu einer Polarisierung in den Gesellschaften.** Viele Menschen der Mittelschicht haben gemerkt, dass sie systematisch übervorteilt werden. Und zunächst ließen sie ihrer Wut auch

offen Lauf. Erinnern Sie sich an die »Wutbürger« 2010 und 2011 im Zusammenhang mit dem Megaprojekt Stuttgart 21? Der Begriff wurde im *Spiegel* 41/2010 im gleichnamigen Essay von Dirk Kurbjuweit geprägt.[12] Durften damals die Wutbürger ihre Frustration noch offen zeigen, so wurde diese Vokabel vom politisch-medialen Komplex schnell wieder aus dem Verkehr gezogen. Sie beinhaltete ja, dass es legitim wäre, seine Frustration offen zu zeigen und der Meinung zu sein, dass dieses System fundamentale Fehler hat.

Heute ist die Möglichkeit, seiner Frustration Ausdruck zu verleihen, auf die Größe eines Nadelöhrs geschrumpft. Blitzschnell wird Kritik an den gesellschaftlichen Verhältnissen als »populistisch«, »rechts« oder sogar »rechtsradikal« bezeichnet und erbittert bekämpft und unterdrückt.

Die so beschimpften Bürger, die oft treue Leistungsträger der Bundesrepublik Deutschland waren, verstehen die Welt nicht mehr. Sie wollten sich engagieren und werden in eine Ecke gestellt, haben sogar mit Repression und Ächtung zu kämpfen. So ist auch zu verstehen, dass die Frustration wächst. Und diejenigen auf der anderen Seite, die im »Mainstream«, haben ein einfaches Feindbild, auf das sie die Verschlechterung der Verhältnisse projizieren können: ihren Nachbarn, den Populisten. Ganz im Sinne der Herrschenden.

4. **Repression und Kontrollstaat.** Zusätzlich zur Spaltung der Gesellschaften wird auch der Einzelne in ein immer engeres Netz der Kontrolle eingesponnen. In vielen Bereichen gerät die Bürokratie außer Rand und Band, zum Beispiel bei der sogenannten Datenschutzgrundverordnung oder bei den immer massiveren Auflagen für kleine und mittelständische Betriebe. Versicherungen führen bei ihren Kunden immer aufwendigere Datenerhebungen durch. All dies dient dazu, Bürger und kleine Unternehmen immer genauer zu erfassen und die Angst vor Fehlern zu schüren. Umso steuerbarer werden sie. Große Unternehmen hingegen können sich die aufwendige Überwachungsbürokratie leisten. Die Verhältnismäßigkeit ist längst nicht mehr gewahrt.

Die von einer Lobby von überschuldeten Staaten, Banken, E-Pay-Unternehmen und E-Commerce Unternehmen massiv betriebene Abschaffung des Bargeldes macht uns massiv verwundbar gegenüber Eingriffen des Staates und Zwangsenteignung.

Kleine und mittelständische Unternehmen werden immer häufiger von Betriebsprüfungen heimgesucht, und der Ton der Betriebsprüfer wird immer rauer. Es werden einfach Forderungen in den Raum gestellt, die Beweislast liegt beim Geprüften. Derweil lässt man die Großkonzerne, die sich spezialisierte Anwaltskanzleien leisten, links liegen.

Viele unserer Daten sind mittlerweile freiwillig oder unfreiwillig gespeichert. Wer ein Smartphone hat, kann auch bewegungsmäßig erfasst werden. Menschen geben ihre Daten im Internet preis, bei Facebook, Amazon, YouTube, Instagram und vielen anderen »sozialen Medien«. Schon 2012 zeigte der Psychometrie-Forscher Michael Kosinski, dass sich mit wenigen Facebook-Likes viele Merkmale der Persönlichkeit bestimmen lassen. In einem Versuch ließen sich mit nur 68 Facebook-Likes die Hautfarbe des Nutzers ermitteln, ob er homosexuell ist und welche politischen Ansichten er hat. Auch familiäre Informationen konnten herausgefunden werden, zum Beispiel ob die Eltern einer Versuchsperson bis zu deren 21. Lebensjahr zusammengeblieben waren, und zwar, laut Kosinski, »ohne Probleme«.[13] In den USA arbeiten alle großen Social-Media-Unternehmen eng mit staatlichen Stellen wie den Geheimdiensten zusammen. Die Möglichkeiten des repressiven Kontrollstaats nehmen zu. Das Beängstigende: Dieser Staat kann gegebenenfalls unmerklich eingreifen, bevor wir überhaupt bestimmte Entschlüsse fassen.

Selbstschutz in Zeiten von Big Data: Datensparsamkeit

Daten sind das neue Gold des Internetzeitalters. Sie helfen Geschäftsprozesse zu optimieren, ganz neue Geschäftsmodelle zu entwickeln, unser Verhalten vorauszusagen und uns zu kontrollieren. Umso wichtiger wird die Datensparsamkeit, um es den Kontrolleuren nicht allzu leicht zu machen. Angesehene Technologieexperten wie Yvonne Hofstetter[14] vertreten das Konzept.

Natürlich ist es kaum möglich, völlig auf das Internet zu verzichten, wir leben nun mal im Internetzeitalter. Superreiche können das noch am ehesten, da sie ihre Transaktionen hinter Firmen verstecken und alles von Dritten abwickeln lassen, selber in der Welt der Daten aber kaum auftauchen. Aber auch Normalsterbliche können zu einigen Vorsichtsmaßnahmen greifen. Auch ich praktiziere Datensparsamkeit, soweit möglich:

- Ich zahle, soweit möglich, gerne mit Bargeld.
- Ich verzichte auf Bonusprogramme wie z. B. Payback (mit Ausnahme meines Vielfliegerprogramms).
- Ich nutze keinerlei »Smart-Home«-Produkte wie z. B. Alexa.
- Ich habe keinen Fernseher. (In viele Flachbildschirme ist auch eine Kamera eingebaut.)
- Von Facebook habe ich mich nach einem einjährigen Experiment wieder verabschiedet. Auf Twitter kann jeder allerdings meine politischen Ansichten verfolgen.
- Wenn neue, »intelligente« Autos kommen, werde ich Gebrauchtwagen kaufen, solange es möglich ist. Dazu einen Oldtimer, der außer dem Radio garantiert keine Elektronik an Bord hat.

Mein größter Sündenfall war 2015 das Apple iPhone, das mir förmlich aufgezwungen wurde. Bis dahin hatte ich ein Nokia. Und da will ich wieder hin. Es ist verdammt schwer, vom iPhone wieder loszukommen, aber es wird mir gelingen.

1. Treffen Sie Vorkehrungen für den Fall des Systemcrashs

Die Reichen und Superreichen sorgen bereits für den Katastrophenfall vor. Hans-Peter Martin spricht in seinem 2018 erschienenen Buch *Game Over* vom »absehbaren Systemcrash«.[15] Der ehemalige *Spiegel*-Redakteur und unabhängige Abgeordnete im EU-Parlament hatte Zugang zu vielen Entscheidungsträgern und bekam auf diesem Weg viele Dinge mit. Laut Martin gehört es zum Selbstverständnis der neuen globalen Geldelite, die Dinge zu Ende zu denken. Und dazu gehört auch der Systemcrash. Die Mitglieder dieser Elite wissen, dass uns sehr schwierige und chaotische Zeiten bevorstehen könnten. Die Errichtung privater Fluchtburgen ist ein weiteres Indiz dafür, dass sie sich aus dem Gesellschaftsvertrag verabschieden.

Neuseeland gilt als ein Fluchtort der Reichen. In den letzten Jahren haben sich mindestens 1000 Vermögende ein Refugium am anderen Ende der Welt geschaffen und dort Landhäuser, bevorzugt mit Hubschrauberlandeplatz, gekauft. Um die Erlaubnis dafür zu erhalten, müssen Sie mindestens 1 Million Dollar investieren und sich in fünf Jahren mehr als 1350 Tage im Land aufgehalten haben. Es sei denn, sie sind nicht nur reich, sondern superreich. Dann geht es schneller. Der deutschstämmige US-Investor Peter Thiel, der bei Facebook und PayPal dabei war, musste gar nicht persönlich in Neuseeland vorstellig werden, sondern ließ sich 2011 die neuseeländische Staatsbürgerschaft in einer privaten Zeremonie in San Francisco verleihen. Der damalige Innenminister des Landes nannte Thiel »einen großartigen Botschafter Neuseelands und einen großartigen Verkäufer«. Trump-Unterstützer Thiel verschwieg seine neuseeländische Staatsbürgerschaft, bis Medien sie 2017 aufdeckten.[16]

Thiel ist nicht der Einzige. Reid Hoffmann, der das Netzwerk LinkedIn mitbegründete, schätzt, dass mehr als die Hälfte der Silicon-Valley-Milliardäre eine »Apokalypseversicherung« in Form eines abgelegenen Rückzugsortes in Nordamerika oder Europa abgeschlossen haben.[17]

Der österreichische Kaufhauskönig René Benko, Duzfreund und Amigo von Ex-Kanzler Sebastian Kurz, hat sich in Lech am Arlberg für knapp 10 Millionen Euro ein ehemaliges Hotel gekauft und es aufwendig zum katastrophensicheren »Chalet N« umbauen lassen. Die Kosten betrugen 43 Millionen Euro. Die kleine Nobelherberge mit 22 Betten ist mit Panzerglasfenstern ausgestattet und offiziell ständig ausgebucht.[18] Ein mir bekannter Unternehmer erzählte mir, dass er eine »dreistufige Oasen/Flucht-Infrastruktur« aufgebaut habe: Süddeutschland, Schweiz, Kanada.[19] Ein weiterer Unternehmer hat sich ebenfalls eine, in diesem Fall zweistufige Struktur geschaffen: Refugien in der Schweiz und Uruguay. Die Gerüchte, dass Angela Merkel Land in Paraguay erworben habe, lassen sich hingegen nicht bestätigen.

Ich hatte in *Der Crash kommt* bewusst auf allzu plakative Hinweise zum Katastrophenschutz verzichtet und mich auf die Sicherheit von Kapital und Kapitalanlagen konzentriert. Die Zeit war noch nicht reif für mehr, und ich wäre Gefahr gelaufen, als völlig abgedreht zu gelten, und wäre mit meinen anderen Analysen wahrscheinlich nicht mehr durchgedrungen. Mittlerweile stehen diese Hinweise ganz offiziell auf der Website des Bundesamtes für Bevölkerungsschutz und Katastrophenhilfe.[20]

Vorsorge für den Katastrophenfall

Das Thema Vorsorge für den Katastrophenfall, das 2006 in meinem 7-Punkte-Programm noch nicht enthalten war, ist vor einigen Jahren ganz offiziell in Deutschland angekommen. Auf der Website des Bundesamtes für Bevölkerungsschutz und Katastrophenhilfe (www.bbk.bund.de) können zwei PDF-Dokumente heruntergeladen werden, u. a. der 70-seitige *Ratgeber für Notfallvorsorge und richtiges Handeln in Notsituationen* und *Meine persönliche Checkliste*. Unter anderem finden sich darin Ratschläge zu den folgenden Themen:

- Essen und Trinken bevorraten
- Wasservorrat für die Hygiene
- Das gehört in die Hausapotheke
- Stromausfall
- Wichtige Dokumente griffbereit halten
- Gepäck für den Notfall
- Im Notfall auf dem Laufenden bleiben

Im Februar 2011 brachte Die *ZEIT* unter der Überschrift »Rette sich, wer kann!« einen Artikel über die »Endzeitstimmung«. Im Zuge ihrer Recherchen befragte mich die Autorin Heike Falle zu dem Thema. In einer früheren Online-Version stand dort, dass ich »kein raunender Apokalyptiker« sei.[21] Immerhin sah ich schon damals die Wahrscheinlichkeit, dass es zu Versorgungsengpässen und einem größeren Krieg kommt, bei 20 Prozent. Als Begründung nannte ich die »Falle des Thukydides«: die Rivalität zwischen den Vereinigten Staaten und China. Und sagte der *Zeit*: »Es muss schon sehr knüppeldick kommen, dass wir nichts mehr zu essen haben. Aber ich habe auch nichts gegen Schrebergärtnern oder gegen gewisse Lebensmittelgeschichten im Keller.« Denkbar sei alles, führte ich aus. Deshalb würde ich selbst außer in Aktien seit Jahren in Wald, Ackerland, Gold investieren. Und sei es nur, weil sich Katastrophenszenarien so leichter vergessen ließen.[22]

Die *Wirtschaftswoche* meinte vier Jahre später festzustellen, dass mein Szenario nach Tauschwirtschaft, Hyperinflation und Währungsreform klingen würde. Auf die Frage: »Haben Sie einen Bunker und Regale voller Konserven?« antwortete ich:

»Einen Bunker habe ich nicht. Aber einige Vorräte lagern schon im Keller. Und etwas Edelmetall ist auch nicht schlecht. [...] Die Risiken sind gestiegen. Es wäre sträflich, das komplett zu ignorieren. Wenn es wirklich kracht, kommt man nicht so ohne Weiteres an sein Geld, vielleicht ist sogar eine Währungsreform nötig.«[23]

Auch ich habe einige Maßnahmen zur Krisenvorsorge für mich und meine Familie getroffen. Ja, ich habe Edelmetalle. Mein Vermögen ist zumindest etwas international gestreut, obwohl mein Lebensmittelpunkt Deutschland ist und bleibt. Und ich besitze seit dem Jahr 2005 die US-amerikanische Staatsbürgerschaft. Damals dachte ich allerdings nicht an Krisenvorsorge, sondern wollte beruflich mobil sein. Ich habe einen Gemüsegarten auf dem Land. Das ist alles Teil meines Lebensstils. Mein Vater, der Landwirtschaftslehrer war, und meine Großeltern, die Bauern waren, haben mir den Respekt vor und das Interesse für die Natur mitgegeben. Es ist einfach großartig, den Wechsel der Jahreszeiten mitzuerleben und zu sehen, wie es im Garten wächst und gedeiht.

Ich übertreibe es aber nicht. Was ich mache, fügt sich natürlich in mein Leben ein und bereichert es. Mein Garten verschafft mir große Freude. Mein Landhaus ist mir zur zweiten Heimat geworden. Ja, mein amerikanischer Pass erlaubt mir oder meiner Familie die Ausreise in die USA. Soweit es aber irgendmöglich ist, bleibe ich in diesem meinem Deutschland, versuche irgendwie klarzukommen und meinen Beitrag zu leisten. Da bin ich ganz bei Dieter Bohlen. Der schrieb in seiner legendären Autobiographie *Nichts als die Wahrheit*, dass er schon über 10 Millionen Euro Steuern an die Bundesrepublik gezahlt habe, aber nicht daran denke, auszuwandern. »Da hängt Phil Collins an seinem Schweizer See rum und weiß nicht, was er tun soll.«[24] Ich verdanke Deutschland viel.

Ich möchte es hier bei einigen Hinweisen und Verweisen zum Thema Katastrophenschutz belassen. Die Themen »sichere Vermögensanlage« und »Edelmetalle« behandele ich dann in den folgenden Abschnitten.

1. Eine gewisse Vorratshaltung sollte sein, einschließlich der notwendigen Medikamente und anderer Gegenstände des Notbedarfs. Das gilt auch für Stadtbewohner. Unsere Großeltern, oft auch noch unsere Eltern, hatten ihre Speisekammer und ihr Lager im Keller, ganz selbstverständlich, ganz ohne Panikmache. In Bezug auf das, was Sie vorhalten sollten, informiert das Bundesamt für Katastrophenschutz; es gibt außerdem viele Bücher zum Thema.

2. Übertreiben Sie es aber nicht! Finden Sie selbst heraus, was für Sie angemessen ist – in Bezug auf Sicherheitsgefühl, Umfang der Vorratshaltung und Arbeitsaufwand. Auch rate ich Ihnen von kostenpflichtigen Newsletter-Services zum Thema Katastrophenschutz ab. Damit nimmt das Thema einen Raum in Ihrem Leben ein, den es nicht einnehmen sollte. Beschäftigen Sie sich einmalig gründlich damit, treffen Sie Ihre Entscheidungen und Vorbereitungen, fangen Sie vielleicht im Extremfall sogar ein neues Leben an, und dann leben Sie weiter Ihr Leben. Vorsorge soll sie beruhigen, nicht belasten.

3. Wenn Sie über das notwendige Vermögen verfügen, ist ein Zweitwohnsitz in einem anderen Land sicher hilfreich. (Ich habe keinen, aber meine zweite Staatsbürgerschaft bietet mir zumindest eine Ausreisemöglichkeit.) Ein Häuschen auf dem Lande kann nicht schaden. In vielen ländlichen, »leeren« Regionen Deutschlands bekommen Sie Häuser geradezu nachgeworfen. Allerdings müssen Sie dann investieren, und die Hoffnung auf Wertsteigerung ist minimal. Das müssen Sie also unter »Kosten der Krisenvorsorge« verbuchen, und nicht als »Investment«. Auch ein einfaches Grundstück ist besser als nichts.

4. Wenn es zu Ihrem Lebensstil und -entwurf passt, können Sie auch ganz auf das Land ziehen. Als letzte Option bleibt die Auswanderung. Aber gerade beim Auswandern rate ich zur Vorsicht. Viele Deutsche haben sehr romantische Vorstellungen davon und erleben dann eine böse Überraschung.

5. Wenn Sie sich das nicht leisten können, dann machen Sie wenigstens in einer ländlichen Region regelmäßig Urlaub, knüpfen Kontakte, finden Freunde. Wie viele Städter waren nach 1919 oder 1945 froh darüber, Verwandte oder Bekannte auf dem Land zu haben. Es muss nicht immer der Urlaub in Thailand oder der Türkei sein.

6. Überhaupt können Sie das Thema Sozialkapital nicht überschätzen: Engagieren Sie sich in Ihrer Kirchengemeinde, in einem Verein, in der Feuerwehr oder anderweitig. Pflegen Sie Beziehungen und bauen Sie Sozialkapital auf. Es hebt Ihre Lebensqualität und schafft hoffentlich ein Netz von Beziehungen, die auch in der Krise halten.

2. Ihre Geldanlagen sind »Chefsache« – und zwar Ihre ganz persönliche

Wir Deutschen haben uns lange nicht sehr intensiv mit Geldanlagen auseinandergesetzt und brav den Banken vertraut. Dabei ist es letztlich völlig natürlich, dass die Geldinstitute ihre eigenen Interessen verfolgen und nicht die des Anlegers. Wenn Sie sich nicht selber um Ihre Finanzen kümmern, wird jemand anderes es tun und auf Ihre Kosten verdienen.

Die Kosten einer kompletten Finanzberatung für einen normalen deutschen Haushalt summieren sich im Laufe der Jahre leicht auf 20.000 bis 30.000 Euro, von denen Sie oft gar nichts merken. Diese Kosten sind in den Ausgabeaufschlägen von Fonds (oft 5 Prozent), den laufenden Gebühren und den Minderrenditen vieler Bankprodukte versteckt. Das nagt an Ihrem Vermögen. Allerdings sind die Deutschen zum Teil auch selber schuld an dieser Situation: Weil sie das Geld für eine *wirklich unabhängige* Beratung, die natürlich etwas kostet, »sparen« wollen, werden Sie unmerklich doppelt und dreifach ausgenommen und bekommen noch die falschen Produkte empfohlen.

Mittlerweile haben zumindest einige Anleger ihre Lektion gelernt und nehmen ihre Geldanlagen selber in die Hand. Noch immer gelingt es der Finanzbranche aber, ihr Geschäft mit Gier und Furcht zu betreiben und haufenweise neue Opfer zu finden. Dabei ist das Einmaleins der Kapitalanlage nicht besonders schwer. Letztlich gibt es nur wenige Bausteine für die seriöse Vermögensanlage:

1. Bargeld, Termingeld, Devisen, Anleihen, seriöse Anleihenfonds
2. Qualitätsaktien und seriöse Aktienfonds
3. seriöse vermögensverwaltende Mischfonds
4. Gold und andere Edelmetalle sowie dementsprechende seriöse Fonds
5. hochwertige Immobilien

Von allen anderen Produkten, die die Finanzbranche Ihnen zur Verfügung stellt – zum Beispiel Kapitallebensversicherungen, Discount-Zertifikate, Bonus-Zertifikate, Garantie-Zertifikate, geschlossene Immobilienfonds, Schiffsfonds, Private Equity und Hedgefonds –, lassen Sie am besten die Finger. Lassen Sie auch die

Finger von Produkten, die mit Hochglanzbroschüren oder viel Werbung angeboten werden! Die Wahrscheinlichkeit ist hoch, dass Sie mit hohen Renditezusicherungen oder dem Versprechen von Sicherheit geködert werden. Fast immer treffen diese Renditeversprechungen später nicht zu – und die Sicherheit ist oft eine Scheinsicherheit.

Es ist nicht einfach, seriöse Fonds und Vermögensverwalter zu identifizieren. Für den Kauf eines neuen Autos wenden viele Menschen viel Zeit auf – die Auswahl Ihrer Kapitalanlagen oder Ihres Vermögensverwalters sollte Ihnen mindestens das Zehnfache an Zeit wert sein. Hinweise auf gute Fonds:

- Sie verwenden keine Finanzderivate.
- Der Fondsmanager ist sehr mehr als fünf Jahren in seiner Position.
- Die Fonds gehören zu einer kleineren, inhabergeführten Fondsboutique.
- Die Werbung und das Marketing sind eher verhalten, das Team konzentriert sich auf das Kapitalmanagement. Die Produkt- und Gebührenstrukturen sind transparent.

Horrorgeschichten aus der Finanzbranche[25]

Die Geschichten aus der Zeit der New Economy sind schon fast Legende.[26] Der ehemalige Fondsmanager Kurt Ochner lag damals mit der Wertentwicklung seines Fonds 20 Prozent schlechter als der NEMAX (der Aktienindex des einstigen Neuen Marktes). Banken brachten Unternehmen an die Börse (und verdienten königlich daran), von denen sie eigentlich wissen mussten, dass diese Firmen niemals überleben würden. Der US-Börsenguru Henry Blodget, der sich einen Namen mit dem ambitionierten 400-Dollar-Kursziel für die Amazon-Aktie gemacht hatte, bezeichnete in einer internen E-Mail ein Unternehmen, dessen Börsengang sein Finanzinstitut betreute, als »piece of shit«. Goldman Sachs, vielleicht die angesehenste Investmentbank weltweit, lobte die Firma World Online über den grünen Klee. Die Anleger verloren viel Geld mit diesem Unternehmen, das später von der Bildfläche verschwand. Goldman jedoch verdiente prächtig – man war ja am Börsengang beteiligt gewesen.

Die scheinbar seriösesten Unternehmen stellten sich im Nachhinein oftmals als die größten Anlegerfallen heraus. Mit der »Volksaktie« Telekom verloren Anleger zwischenzeitlich bis zu 90 Prozent. Das heißt, die Aktie musste wieder um 900 Prozent (!) steigen, wollte sie ihre alten Höchststände erreichen. Der Wunderindex NEMAX wurde vom Initiator, das war die Deutsche Börse AG, kurzfristig begraben, als die Anlegerverluste die 90 Prozent überschritten. Auf diese Weise sollten, so wohl die Hoffnung, diese blamablen (aber für die Deutsche Börse hochprofitablen) Zeiten schnell vergessen werden.

Doch auch nach dem Ende der New Economy geht die Abzocke eifrig weiter. Nun machen die Banken mit dem Wunsch der Anleger nach Sicherheit und Vermögensberatung Kasse. Einem ehemaligen Manager eines Großkonzerns im Vorruhestand mit rund 700.000 Euro Vermögen drehte seine Bank – eine der »angesehensten« Großbanken in Deutschland – noch kurz vor dem Ausbruch der Argentinien-Krise 2001 Staatsanleihen dieses Landes an, die dann nahezu wertlos wurden. Später erfuhr ich, dass diese Bank mit anderen Anlegern ähnlich verfahren war. Es drängt sich der Verdacht auf, dass man sich der schlechten Papiere noch schnell auf Kosten der Kunden entledigen wollte.

Ein Steuerberater im Ruhestand, der von seinem Vermögen leben muss, da er keine Rente bezieht (Depotvolumen 1,3 Millionen Euro), hatte einen Vertrag bei der Vermögensverwaltung dieser »angesehenen« Großbank. Das Geldinstitut packte ihm anscheinend wahllos über 100 Titel in sein Depot und führte später häufig Transaktionen durch. Bei jedem Kauf und Verkauf werden natürlich Gebühren für die Bank fällig. Das Depot bewegte sich überhaupt nicht, während der DAX 30 Prozent, 40 Prozent oder 50 Prozent zulegte. Nach einigen sehr unbefriedigenden Zeiten kam er zu mir. In zwei Jahren konnten wir das Depotvermögen mit konservativen Geldanlagen auf 1,6 Millionen Euro erhöhen.

Ein mittelständischer Unternehmer war Kunde bei der Vermögensverwaltung einer Sparkasse. In den letzten Jahren hatte er immer darauf gedrängt, dass das Geldinstitut mehr Aktien in sein Depot legen sollte. Zwei Jahre lang passierte nichts, während der DAX immer neue Höhen erklomm.

Einer der letzten Hypes, die von der Finanzbranche gestartet wurden, waren die Kryptowährungen. Die bekannteste davon ist Bitcoin. Ich habe hier die undankbare Rolle des Warners gespielt. Bitcoins sind sehr intransparent, umweltfeindlich (allein im Jahr 2017 verbrauchte die Produktion von Bitcoins so viel Strom wie ganz Dänemark) und anfällig für Betrug. Ende 2017 platzte die Blase zunächst.[27]

Blasen kollabieren zumeist schnell: Beispiel Bitcoin

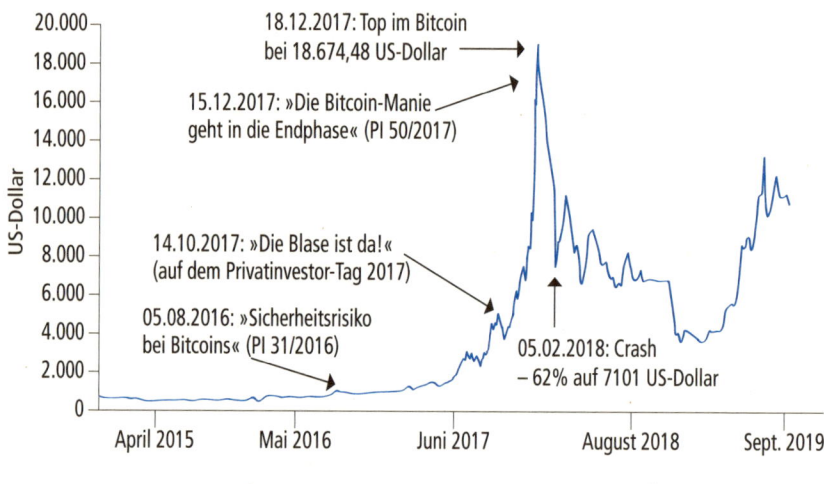

Quelle: www.coinbase.com

Aktuell sieht es so aus, als ob der Bitcoin-Hype seine zweite Chance erlebt. Nachdem die wichtigste Kryptowährung zur Jahreswende 2018/19 auf unter 4.000 Dollar abgestürzt war, steht sie im Spätsommer 2019 wieder bei über 10.000 Dollar. Weiterhin gilt: Finger weg! Das ist kein Investment, sondern ein Zock. Doch wenn Sie gerne ins Casino gehen, dann können Sie natürlich Bitcoins kaufen.

3. Verschaffen Sie sich eine finanzielle Schwimmweste – oder besser noch ein Rettungsboot

Legen Sie so viel Vermögen auf die Seite, dass Sie im besten Falle eine finanzielle Arche haben, zumindest aber eine Schwimmweste. Ihre sicheren Kapitalanlagen sollten Ihnen helfen,

drei Jahre

zu überstehen, wenn Ihr Einkommen, mit dem Sie gerechnet haben, auf einmal nicht mehr fließt. Das ist die *Schwimmweste*. Überlegen Sie, wie viel Geld Sie und

Ihre Familie benötigen, um drei Jahre zu überstehen, wenn Sie sich einschränken. Hierzu gehören die Ausgaben für Kleidung, Energie, Nahrung, Gesundheit und natürlich gegebenenfalls die Hypothekenzinsen auf Ihr Haus.

Ich halte eine Reserve von drei Jahren für das absolute Minimum. Für einen durchschnittlichen Vier-Personen-Haushalt dürften es mindestens 40.000 Euro pro Jahr, also insgesamt 120.000 Euro (besser: 150.000 Euro) sein, die Sie sicher angelegt haben sollten. Natürlich hängt Ihr persönliches Minimum von Ihren Bedürfnissen und finanziellen Möglichkeiten ab. Nur ein geringer Teil der deutschen Haushalte hat das aus meiner Sicht minimal notwendige Vermögen sicher angelegt. Die anderen Haushalte wird es in der Krise existenzbedrohlich treffen – denn auch der Staat wird keine halbwegs komfortablen Einkommen mehr garantieren können. Oftmals wird nur das blanke Minimum bleiben.

Wenn Sie sich ein *Rettungsboot* bauen wollen, sollten Sie in der Lage sein, sich und Ihre Familie für

zehn Jahre

über Wasser zu halten. Das wären für einen durchschnittlichen Haushalt schon 400.000 (besser: 500.000) Euro in sicheren Kapitalanlagen (hierzu zählt das eigene Haus nicht). Ihre *persönliche Arche* haben Sie dann gebaut, wenn Ihr Vermögen, das Sie auf bestimmte sichere Länder verteilt haben, so viel Einkommen produziert, dass Sie ohne Sorgen in die Zukunft schauen können. Sie wissen selbst am besten, wann Sie diesen Punkt erreicht haben.

Auch in einer Krise können Sie mit soliden Aktien, Immobilien und Anleihen weiter Renditen erzielen. Um die notwendige Größe Ihrer Arche zu bestimmen, sollten Sie insgesamt mit nicht mehr als

2 Prozent laufende Rendite p. a.

rechnen. Wenn Sie also 40.000 Euro pro Jahr für Ihre Lebenshaltung benötigen und Ihr Vermögen nicht antasten wollen, wäre ein Aktien- und Geldvermögen von 2.000.000 Millionen Euro notwendig.

Mit den Mindesterfordernissen für Schwimmweste und Rettungsboot will ich Ihnen zeigen, wie die notwendigen Maßnahmen für eine angemessene Krisenvorsorge aussehen sollten. Vielleicht schaffen Sie es nicht mehr, ein Rettungsboot zu realisieren, aber auch eine Schwimmweste ist besser als nichts.

4. Machen Sie sich ein Bild über die verschiedenen Vermögensklassen

Übersicht über die verschiedenen Vermögensklassen

	Geldvermögen	»Zwitter« (Aspekte von Geld- und Sachwert)	Realvermögen, Sachwert (real asset)
Liquide	• Bargeld • Termingeld Geldmarktfonds • Devisen Fremdwährungskonten	• Gold und Silber	
Bedingt liquide	• Anleihen und Rentenfonds • Finanzderivate (Optionsscheine, Terminkontrakte) • Garantie-, Bonus- und Discount-Zertifikate • Fremdwährungsanleihen	• andere Edelmetalle	• Aktien- und Aktienfonds
Illiquide	• Renten und Rentenansprüche gegenüber dem Staat und Unternehmen • Kapitallebensversicherungen		• Immobilien, eigengenutzt bzw. fremdvermietet (auch Landbesitz) • Unternehmensbeteiligungen* • Geschlossene Fonds* • Schmuck und Sammlerobjekte

Die mit einem * versehenen Vermögensarten werden von der Statistik der Deutschen Bundesbank als Geldvermögen gezählt, da sie in der Regel liquide sind. Ich sehe sie aber als Sachvermögen an. Sie verbriefen einen Besitz an Sachen, der sich in der Krise anders entwickeln wird als das reine Geldvermögen (Bargeld, Anleihen, Lebensversicherungen, Termingelder etc.).

Sehr oft werde ich gefragt, ob man in Auslandswährungen investieren sollte, zum Beispiel Schweizer Franken, US-Dollar oder norwegische Kronen. Das ist eine völlig legitime Frage, aber sie ist von nachrangiger Bedeutung. Die wichtigste Frage ist, in welche Vermögensklassen Sie investieren, sowie, ob und wie Sie Ihre Anlagen international streuen.

Realvermögen wird durch ein reales Wirtschaftsgut gedeckt. Aktien verbriefen zum Beispiel ein Eigentumsrecht an einem Unternehmen und sind damit – genau wie Immobilien oder Schmuck – Realvermögen. Gutes Realvermögen schafft laufendes Einkommen, schlechtes Realvermögen kostet Geld. Ich komme später darauf zurück.

Demgegenüber sind Bargeld, Anleihen oder Rentenansprüche Geldvermögen, da sie nur durch Zahlungsversprechen gedeckt sind. Eine Sonderstellung nehmen Gold- und Edelmetalle ein, die zwar Realvermögen sind, aber in vielen Fällen auch Geldfunktionen haben.

Ein zweites wichtiges Unterscheidungsmerkmal ist die Frage, ob Vermögensgegenstände liquide oder nicht liquide sind. Bargeld und Gold können Sie normalerweise jederzeit nutzen oder veräußern, daher sind diese Vermögensgegenstände liquide. Auch für Aktien und Anleihen werden Sie selbst in einer großen Krise auf den Kapitalmärkten Käufer finden. Sie werden vielleicht nur einen Bruchteil des Preises bekommen, den Sie sich vorgestellt haben. Daher stufe ich sie als »bedingt liquide« ein.

	Geldwerte	Sachwerte
Vorteile	• Nominalwert = Wert (was draufsteht ist drin, z. B. bei einem Kontoguthaben) • Oft einfach zu verstehen • Meistens liquide	• Können höhere Renditen bringen
Nachteile	• Derzeit meistens geringe Renditen	• Sachwerte brauchen Sachverstand: • Der Investor muss selber den Wert ermitteln (was draufsteht, muss nicht drin sein – ein Haus, für 500.000 € gekauft, kann nur 300.000 € oder auch 600.000 € wert sein). • Können im Wert schwanken • Oft illiquide

Lassen Sie uns schauen, wie sich die verschiedenen Vermögensklassen in der Krise wahrscheinlich verhalten werden:

Bargeld: Bargeld ist eine Versicherung für den Fall der Krise und gegen Zwangsmaßnahmen der Banken. Zudem sind Sie mit Bargeld ungemein liquide. In Island steigt seit der Finanzkrise die Bargeldhaltung der Bürger wieder, obwohl das Land einer der Vorreiter beim bargeldlosen Zahlungsverkehr ist. Die Menschen wollen sich für den Fall der Fälle versichern. Auch in anderen Ländern steigt der Bargeldumlauf wieder.[28]

Allerdings ist Bargeld einer mächtigen Lobby von Staaten, Banken, E-Pay- und E-Commerce-Unternehmen ein Dorn im Auge. Die Staaten können unser Vermögen nicht durch Negativzinsen entwerten, wenn wir viel Bargeld halten. Die Banken freuen sich, wenn wir unser Geld nicht mehr abheben können und ihnen ausgeliefert sind. Und die E-Pay- und E-Commerce-Unternehmen wollen Gebühren schneiden und unsere Daten. Deswegen versucht diese Lobby mit Propaganda und sogar mit Zwang, uns das Bargeld zu verleiden. Die Bank of America verbot im Sommer 2015 ihren Kunden per Allgemeinen Geschäftsbedingungen, in den Safes der Bank Bargeld aufzubewahren. Begründung: Auf dem Konto sei das Geld doch sicherer, weil es durch die Einlagensicherung abgedeckt sei. In meinem Buch *Rettet unser Bargeld* schreibe ich darüber.[29]

Faustregel für Bargeld

Halten Sie so viel Bargeld, dass Sie Ihren Bedarf für zwei bis drei Monate abdecken können.

Kontogutgaben und Termingelder: Kontoguthaben und kurzfristig angelegte Termingelder sind eine Krisenversicherung, ähnlich dem Bargeld. Allerdings bestehen in der kommenden Krise große Risiken für diese Vermögensklasse.

Sie sollten zwar einen gewissen Kassenbestand halten, um beweglich zu bleiben, aber keinesfalls einen Großteil Ihres Vermögens in diese Anlageklasse stecken. Zu sehr sind die Industrienationen verschuldet, als dass man aus meiner Sicht der

Versuchung widerstehen könnte, das umlaufende Bargeld zu entwerten. Denken Sie daran, dass sie in einem Krisenfall Ihre Sparguthaben vielleicht nur schwer abheben können oder dass Ihre Guthaben entwertet werden, außerdem ist die Rendite absolut miserabel.

Zudem kommt im Falle des Systemcrashs das Risiko der Bankeninsolvenz hinzu. Kontoguthaben und Termingelder sind juristisch gesehen kein Geld, sondern Forderungen gegen die Bank. Falls die Bank zahlungsunfähig oder insolvent ist, müssen die Sparer und Bankkunden damit rechnen, nur einen Teil ihres Geldes zurückzubekommen. In Deutschland und vielen anderen Ländern gibt es daher Einlagensicherungssysteme, bei denen der Staat oder ein gemeinsamer Bankenfonds dafür sorgt, dass die Einlagen der Sparer bis zu einem gewissen Grad geschützt sind. In Deutschland sind Einlagen von bis zu 100.000 Euro pro Bank abgesichert. Sollten Sie über größere Kontoguthaben verfügen, wäre es ratsam, diese zu streuen.

Mit der Abwicklungsrichtline der Europäischen Union aus dem Jahr 2014 können nun ganz offiziell auch Bankguthaben zur Sanierung von maroden Banken herangezogen werden. Zwar haften zunächst die Eigenkapitalgeber, dann die Kreditgeber und Anleihegläubiger, aber wenn das nicht reicht, würden auch Kontoguthaben herangezogen, also gekürzt werden.[30]

Damit die Staaten möglichst wenig in die Verlegenheit kommen, zu dieser Option greifen zu müssen, versuchen sie schrittweise, über Bargeldverdrängung und Negativzinsen die Geldvermögen abzuschmelzen. Auch so können sich Banken und Staaten sanieren.

Mein Fazit: Insgesamt 40 Prozent am Geldvermögen sind für Bargeld, Termingeld und Spareinlagen definitiv viel zu viel![31] Und wenn, dann lieber einen gehörigen Batzen Bargeld und gegebenenfalls Devisen.

Anleihen (Renten, Obligationen) und Rentenfonds: Eine Anleihe ist ein verbrieftes Schuldinstrument, das an der Börse handelbar ist und laufende Zinszahlungen abwirft. Sie können die Anleihe also jederzeit verkaufen (fragt sich nur, zu welchem Preis). Zudem ist die Anleihe Sondervermögen. Sie liegt in Ihrem eigenen Wertpapierdepot (genau wie ein Anleihefonds) und ist nicht Teil der Bankbilanz.

Im Normalfall verpflichtet sich der Anleihegläubiger (ein Staat oder ein Unternehmen), Ihnen für den Nominalbetrag der Anleihe (sagen wir: 1.000 Euro) jedes

Auswege

Jahr einen bestimmten Coupon (sagen wir: 50 Euro) zu zahlen und Ihnen den Nominalbetrag am Ende der Laufzeit (z. B. zehn Jahre) zurückzuzahlen. Es wird oft argumentiert, dass gute Anleihen »sichere« Anlagen sind, Aktien dagegen nicht. Das ist falsch. Es gibt keine wirklich sicheren Anlagen. Es gibt nur solche, die relativ sicher und die unterschiedlich gut für unterschiedliche Situationen sind. In einer »normalen« Wirtschaftslage mag die Rendite von Anleihen stetig und berechenbar sein, in einer Deflation ist sie es nicht. In der Großen Depression brachen die Kurse der Anleihen teilweise um 30 Prozent und mehr ein, viele Anleiheschuldner wurden sogar zahlungsunfähig.[32] Dennoch können gut ausgewählte und diversifizierte Anleihen und Anleihefonds ein interessanter Bestandteil Ihres Gesamtportfolios sein.

Finanzderivate (Optionen, Optionsscheine, Terminkontrakte), Garantie-, Bonus- und Discount-Zertifikate: Diese Instrumente werden oft als »Versicherung« gegen Börsenschwankungen angeboten. Dabei sind sie eher Teufelszeug.[33] Sicher ist an ihnen einzig der Gewinn für die Bank. Meiden Sie diese Produkte. Sie spielen dabei immer – im wörtlichen wie auch im übertragenen Sinne – gegen die Bank.

In jüngerer Zeit erfreuen sich bei den deutschen Anlegern sogenannte Garantie-, Bonus- oder Discount-Zertifikate großer Beliebtheit. Ignorieren Sie auch diese Produkte. Sie sind ein weiterer Trick der Bank, Ihnen das Geld aus der Tasche zu ziehen. Zudem handelt es sich hierbei meist um Schuldverschreibungen des entsprechenden Geldinstituts, die durch eine eventuelle Zahlungsunfähigkeit der Bank zusätzlich gefährdet wären. Seien Sie also besonders misstrauisch, wenn es um Discount-Zertifikate, Optionsscheine, Hedgefonds, Private Equity oder Lebensversicherungen geht. Finger weg!

Auch von Fonds mit »Absicherung« rate ich ab. Absicherungen sind sehr teuer und fressen oft die gesamte Rendite auf. Die Fondsmanager können also nur zeitweilig absichern. Dann kommt wieder das Element der Spekulation hinzu, und es wird sehr unruhig. Die »Absicherung« mit Futures oder Derivaten ist eine Scheinsicherheit. Eine gewisse Sicherheit gibt es nur durch die Auswahl qualitativ hochwertiger Anlagen und eine angemessene Streuung.

Devisen, Fremdwährungskonten und Fremdwährungsanleihen: Es ist eine gute Idee, einen Teil des liquiden Vermögens in Devisen außerhalb des Euro anzulegen, zum Beispiel Schweizer Franken, norwegischen Kronen und auch US-Dollar. All diese Anlagen gehören letztlich zum Geldvermögen und sind als Notfallversicherung gedacht. Wobei auch hier Devisen in Form von Bargeld die höhere Sicherheit darstellen.

Aktien und Aktienfonds: Aktien sind Unternehmensbeteiligungen und somit Realvermögen. Mit Aktien beteiligen Sie sich direkt am Wachstum der Wirtschaft. Trotz des Aktienbooms bis 2000 und des jetzt wieder steigenden Interesses macht der direkte Aktienbesitz nur 10 Prozent unseres Geldvermögens aus. Hinzu kommen 10 Prozent Fonds und Investment-Zertifikate (die allerdings auch Anleihefonds, geschlossene Fonds, zum Beispiel Immobilien- und Schiffsfonds beinhalten). Insgesamt dürften direkt oder indirekt kaum mehr als 10 oder 12 Prozent unseres Vermögens in Aktien stecken.

Das war einmal anders: Noch 1960 machten Aktien einen wesentlich höheren Bestandteil des Vermögens der Deutschen außerhalb von Immobilien aus, nämlich bis zu 40 Prozent. Von 1960 bis 1980 wurde dann das »Modell Deutschland« gebaut, die Politiker redeten den Wählern ein, dass sie sich nicht um die Altersversorgung zu kümmern bräuchten. Kein Wunder, dass die Bedeutung der Aktie sank.

Trotz aller Schwankungen steht die Aktie vor einer langfristigen Renaissance. Aktien guter Unternehmen sind relativ sicher, sie sind – anders als Immobilien – pflegeleicht, und sie werfen eine laufende Rendite in Form von Dividenden ab. Zudem werden deutsche Unternehmen auch immer mehr so geführt, dass die Interessen der Eigentümer, also der Aktionäre, angemessen berücksichtigt werden. Aktien solider Unternehmen sind also in normalen Zeiten der beste Weg für den langfristigen Vermögensaufbau. Sicherlich, Aktienkurse können schwanken, langfristig kennen sie aber nur einen Weg – und zwar nach oben.

Das Renditedreieck des Deutschen Aktieninstituts (www.dai.de) zeigt Ihnen auf, welche Rendite Sie mit Aktien seit 1969 jeweils erzielt hätten, wenn Sie in einem bestimmten Jahr gekauft und in einem anderen Jahr verkauft hätten.[34] Wenn Sie von 1968 bis 2018 deutsche Aktien besessen hätten, also über einen Zeitraum von 50 Jahren, hätte Ihre durchschnittliche **Rendite pro Jahr 7,0 Prozent** betragen. Aus umgerechnet 10.000 Euro im Jahr 1968 wäre so der Gegenwert von **294.570 Euro** im Jahr 2018 geworden! Dahinter steckt das Wunder des Zinseszinses. Nach einem Jahr hätten Sie 10.700 Euro gehabt, nach zwei Jahren 11.449

Euro, nach fünf Jahren schon 14.025 Euro und nach zehn Jahren bereits 19.671 Euro, also fast doppelt so viel.

Der Besitz von US-Aktien am Beispiel des S&P 500 – das 20. Jahrhundert war das amerikanische Jahrhundert – hätte in den letzten 75 Jahren sogar durchschnittlich 11,3 Prozent gebracht (inklusive reinvestierter Dividenden). Der MSCI World ist seit 1970 bis zum 2. August 2019 um insgesamt 2049,99 Prozent gestiegen und das, ohne die Dividenden einzuberechnen. Inklusive der Dividenden waren es 3702 Prozent oder 7,6 Prozent pro Jahr.

Der nach meiner Strategie geführte **PI Global Value Fund (WKN A0NE9G)** hat, obwohl er die Finanzkrise 2008 in vollem Umfang mitmachte, seit Auflegung im März 2008 bis zum August 2019 eine Gesamtrendite von 141,7 Prozent oder 8,1 Prozent p. a. für unsere Investoren erwirtschaften können. Nach Kosten, netto für die Anleger.

Gold und Edelmetalle sind die Krisenwährung par excellence. Man kann Edelmetalle im Garten vergraben, über die Grenze schmuggeln, zudem werden sie überall auf der Welt akzeptiert. Jeder sollte einen bestimmten Anteil davon im Depot haben. Neben Gold sind auch Platin und Silber hervorragende Kapitalanlagen, da hier eine große industrielle Nachfrage besteht. Damit sind sie nicht nur Geld oder Geldersatz, sondern auch industrieller Rohstoff.

Immobilien: Immobilien werden immer noch als der klassische Sachwert angesehen. Fast die Hälfte des Privatvermögens der Deutschen steckt in Immobilien. Schuldenfreie oder gering belastete Immobilien sind in Krisenzeiten durchaus eine akzeptable Vermögensanlage.

Aber Vorsicht: Für viele Menschen ist die eigene Immobilie das erste große Investment. Und sehr oft genau das falsche Investment. Ein Haus auf dem Land wird schnell zum Geld- und Vermögensfresser. Für meinen geschätzten Kollegen, den »Investmentpunk« Gerald Hörhan, ist das »Eigenheim auf Pump in der Pampa« sogar der größte Investmentfehler, den viele Menschen der Mittelschicht begehen.[35]

Immobilienprodukte der Finanzbranche, obwohl Sondervermögen und Sachwert, sind keinesfalls immer sicher. Ein erstes Warnsignal war die zeitweilige Schließung des Immobilienfonds Grundbesitz-Invest der Deutschen Bank und etlicher anderer sogenannter offener Immobilienfonds in der Finanzkrise 2008.

Jahrzehntelang wurden diese Immobilienfondsanteile im tiefsten Brustton der Überzeugung als »mündelsicher« verkauft. Jetzt saßen Anleger auf einmal auf ihren Fondsanteilen, die sie erst wieder verkaufen konnten, nachdem die Bank eine »Neubewertung« – und das heißt eine deutliche Abwertung – durchgeführt hatte.

In großen Wirtschaftskrisen gingen Aktienkurse, Anleihekurse und Immobilienpreise immer gleichzeitig herunter. Das hängt damit zusammen, dass alle drei Anlageklassen letztlich nach den Erträgen bewertet werden, die sie produzieren. Und in einer Wirtschaftskrise sinken die Mieten. Deswegen muss die Immobilie weitgehend schuldenfrei sein.[36] In meinem Buch *Investieren statt sparen* gehe ich detailliert auf Immobilieninvestments ein.[37]

Nach den massiven Preisanstiegen durch die Nullzinspolitik seit der Finanzkrise sind attraktive Immobilien mittlerweile sehr teuer. Auch die Baupreise haben massiv angezogen. Von Immobilieninvestments in großem Umfang rate ich derzeit ab. Der Zug ist abgefahren. Immobilien eignen sich nur noch in Sonderfällen oder wenn Sie ein sehr großes Vermögen streuen müssen. Es sein denn, Sie sind Experte und wissen, was Sie tun.

Unternehmensbeteiligungen: Viele mittelständische Unternehmer haben einen großen Teil ihres Vermögens in der eigenen Firma stecken. Oftmals musste dieser Anteil aufgrund der durch Basel II verschärften Kreditbedingungen noch deutlich erhöht werden – und sei es nur in Form von Sicherheiten und Bürgschaften. Versuchen Sie, Vermögen aus Ihrem Unternehmen zu befreien, selbst wenn es sehr schwer sein sollte. Wenn die Bank zusätzliche Sicherheiten fordert, ist dies sicherlich auch ein Warnsignal. Sie müssen sich weiteres Vermögen außerhalb des Unternehmens aufbauen, das nicht durch eine Firmeninsolvenz gefährdet ist.

Geschlossene Fonds (Immobilien, Schiffsbeteiligungen, Filmfonds, Windkraft etc.): Geschlossene Fonds sind ein deutscher Sonderfall, begünstigt durch das deutsche Steuerrecht und die deutsche Anlegermentalität. Hier wird mit dem Geld derjenigen, die den Fonds zeichnen, ein Immobilienprojekt, Schiffe, Filme oder Projekte im Bereich alternative Energien finanziert. Der Initiator platziert das Projekt bei einem »geschlossenen« Anlegerkreis. In den ersten Jahren machen die meisten Fonds steuerlich absetzbare Verluste, danach sollen Erträge erwirtschaftet werden. Eine Rückzahlung des Kapitals erfolgt erst nach 15, 20 oder noch mehr

Jahren. Ihr Vermögen ist also nicht liquide, es sei denn, es findet sich jemand aus dem Kreis der anderen Investoren, der Ihren Anteil übernehmen würde. Eine Zeit lang wurden Hollywoodfilme vor allem durch deutsche Medienfonds finanziert. Die amerikanische Traumfabrik hat sich gefreut, für die deutschen Investoren ist dabei selten viel herausgekommen. Oftmals bestand auch der Verdacht der Manipulation. So ermittelte die hiesige Staatsanwaltschaft zum Beispiel gegen die VIP-Medienfonds des früheren Polizisten und AOL-Deutschland-Chefs Andreas Schmidt.[38] Mit Glamour lassen sich zwar Anleger ködern, ob man Geld damit verdienen kann, steht auf einem ganz anderen Blatt.

Zum Thema Schiffsfonds schrieb ich 2006: »In den letzten Jahren sind Schiffsfonds aufgrund des Booms bei Containerschiffen im Rahmen der Globalisierung sehr gut gelaufen. Wenn Sie aber jetzt dort investieren, kommen Sie zu spät – die Schiffsfonds wären eines der ersten Opfer, wenn die Globalisierungsblase platzt.« Genauso ist es gekommen: Schiffsfonds *waren* nach 2008 eines der ersten Opfer. Die ganze Branche befindet sich seit Jahren in einem tiefen Blues.

An geschlossenen Fonds verdient mit Sicherheit nur einer: der Initiator (und das zumeist prächtig). Ganze Finanzimperien sind in Deutschland auf solchen Fonds aufgebaut worden. Sie wurden – und werden – von gut verdienenden Anlegern wie zum Beispiel Ärzten, Rechtsanwälten und Unternehmensberatern zuhauf gezeichnet. Der Bauboom in den neuen Bundesländern wurde dank der Sonderabschreibungen von westdeutschen Ärzten und Rechtsanwälten finanziert. Viele dieser Fondsanteile sind aufgrund der nachhaltig schlechten Lage im Osten aber nur noch einen Bruchteil ihres Ausgabekurses wert.

Fazit: Geschlossene Fonds sind äußerst schwer zu bewerten und eignen sich nur in Spezialfällen. Zum Glück hat der Gesetzgeber in den letzten Jahren die Branche, in der sich viele schwarze Schafe tummelten, strenger reguliert.

Schmuck und Sammlerobjekte: Diese Gegenstände sind als Kapitalanlage nur etwas für die Superreichen oder die echten Experten. Von einem vermögenden Arzt wurde ich einmal nach meiner Meinung zu Diamanten als Krisenwährung gefragt. Ich riet ihm davon ab. Im Notfall finden Sie vielleicht keinen Käufer und müssen dann deutlich unter Wert veräußern. Jeder Diamant ist zudem anders und muss begutachtet werden. Ähnlich ist es mit Bildern, Briefmarken oder alten Waffen. Da sind Gold, Platin und Silber unproblematischer. Natürlich spricht nichts dagegen, sich Familienschmuck anzuschaffen, nur sollte es nicht die einzige Grundlage Ihrer Vermögenssicherungsstrategie sein. Wenn Sie sehr vermögend sind, können Kunst oder Oldtimer Ihr Portfolio bereichern. Gerade Oldtimer haben in den letzten Jahren absurde Wertsteigerungen erlebt. Sogar einen eigenen Index gibt es dafür, genauso wie für Kunst.[39] Für einen Anleger mit normalem Geldbeutel ist diese Kapitalanlage nicht zu empfehlen.

Marc Friedrich und Matthias Weik empfehlen alte Whiskys und Streuobstwiesen als Krisenanlage.[40] Die Streuobstwiese ordne ich unter Krisenvorsorge ein, die Whiskys unter Sammlerobjekte. Natürlich können Sie in begrenztem Rahmen Whiskys oder Weine sammeln. Im England gibt es ein Zollfreilager in einem ehemaligen Bergwerk, in dem die Superreichen ihre Weine lagern und gleich untereinander handeln können. Auch hier gilt: Für den »normalen« Anleger sollten Whiskys und Weine keinesfalls mehr als 5 Prozent des Vermögens ausmachen.

Renten und Rentenansprüche gegenüber dem Staat und Unternehmen: Neben den Immobilien sind Rentenansprüche – und diese vor allem gegenüber dem Staat – der Hauptbestandteil des Vermögens vieler deutscher Haushalte. Leider. Denn die Renten sind eben »nicht sicher«. Das weiß mittlerweile selbst Norbert Blüm. Heute sagt er, er sei »missverstanden« worden. Rechnen Sie damit, dass Sie hier im schlimmsten Falle nur noch das Existenzminimum erhalten. Auch Firmenrenten sind nicht sicher vor Manipulation und Totalausfällen, wie es in den USA schon mehrfach zu beobachten war, gefeit. Das Unternehmen geht in die Insolvenz, die Rentenansprüche verfallen, und irgendwie wird der Geschäftsbetrieb von einem neuen Investor fortgeführt. Leider geht es mit dieser Masche auch schon in Deutschland los. Alles, was auf Zahlungs*versprechungen* und nicht auf konkreten Eigentumsanteilen beruht, muss als krisengefährdet angesehen werden.

Kapitallebensversicherungen: Mit Lebensversicherungen, in denen nach den staatlichen Renten und den Immobilien das meiste Geld der Deutschen steckt, sieht es genauso schlimm aus. Im Krisenfall ist Ihr Geld keinesfalls sicher, zudem verzinst es sich mit einer miserablen Rendite.

Bereits vor mehr als 100 Jahren kam man auf die Idee, an die (Risiko-)Lebensversicherung noch einen Sparvertrag dranzuhängen und so das Sicherheitsbedürfnis der Deutschen auszunutzen. Die Kapitallebensversicherung war geboren. Mit dieser Konstruktion wurde und wird bis heute viel Schindluder getrieben. Zum Vermögensaufbau ist sie nicht geeignet, als echte Lebensversicherung auch nur bedingt. Nach dem Bund der Versicherten ist Folgendes zu bedenken: [41]

- Der Abschluss einer Kapitallebensversicherung ist in der Regel nicht sinnvoll.
- Sie haben keinen lukrativen Sparvorgang (die Renditen liegen oft bei unter 1 Prozent – das kriegen Sie selber besser hin!).
- Sie haben keine ausreichende Todesfallabsicherung.
- Trennen Sie Versicherung und Geldanlage!
- Im Falle einer Wirtschaftskrise sind Ihre Versicherungssummen keinesfalls sicher. Auch der Versicherer kann in die Zahlungsunfähigkeit rutschen.

Wohin das viele Geld fließt, das die Deutschen den Lebensversicherern zahlen, können Sie selber sehen, wenn Sie sich deren Verwaltungspaläste anschauen. Immer wieder werden britische Lebensversicherungen sehr intensiv beworben. Zwar haben die Briten eine viel längere Erfahrung mit der Geld- und Kapitalanlage, aber letztlich geht es auch hier darum, Kunden mit dem Versprechen von Sicherheit massive Gebühren aus der Tasche zu ziehen.

5. Suchen Sie sich sichere Länder und Banken

Länder: Bei keinem anderen Punkt meines Programms hat sich seit 2006 so viel verändert wie hier. Der Überwachungsstaat ist nun so perfektioniert, dass normale Anleger gläsern und transparent sind. Steuerbehörden schauen regelmäßig Kontodaten ein, denn das dürfen sie mittlerweile. Die Beschränkung des Bargeldverkehrs sorgt zusätzlich dafür, dass wir gläsern werden.

Ja, es ist richtig, dass Sie Ihr Vermögen teilweise im Nicht-EU-Ausland anlegen. Wenn Sie sehr vermögend sind, werden Sie zu diesem Thema Ihre Berater haben. Meine Hinweise sind also an Menschen der Mittelschicht gerichtet, die über etwas Vermögen verfügen. Vermögen in Nicht-EU-Ländern zu parken, ist sehr sinnvoll. Dabei sollten Sie unbedingt steuerehrlich sein.

In der folgenden Tabelle habe ich verschiedene Länder nach den Kriterien 1) Sicherheit vor geopolitischen Risiken, 2) Staatsverschuldung und Wirtschaftssystem und 3) Zustand der Gesellschaft/Rechtsstaat/sozialer Friede ausgewertet. In jeder Kategorie können maximal bis zu zehn Punkte vergeben werden. Da ich nur Länder aufgenommen habe, die sich prinzipiell eignen, darf es nicht verwundern, dass Deutschland in dieser Auswertung das Schlusslicht ist. In unserem globalen Zeitalter gibt es zudem keine absolute Sicherheit vor geopolitischen Risiken. Die besten Punktzahlen haben hier Kanada und Neuseeland. Bezüglich Wirtschaftssystem und sozialer Friede ist Liechtenstein vorne, gefolgt von der Schweiz. Gehen Sie bei Ihren Überlegungen nicht stur nach Punkten vor, sondern überlegen Sie, was für Sie in Ihrer persönlichen Situation Sinn macht.

Bewertung verschiedener Länder in Bezug auf die Kapitalanlage (max. zehn Punkte je Kategorie)

Land	Sicherheit vor geopolitischen Risiken	Staatsverschuldung und Wirtschaftssystem	Zustand der Gesellschaft / Rechtsstaat / sozialer Friede	Summe
USA	7	6	6	19
Kanada	8	6	7	21
Großbritannien	6	6	6	18
Neuseeland	9	6	6	21
Deutschland	5	6	6	17
Österreich	6	6	7	19
Schweiz	7	8	8	23
Liechtenstein	7	9	9	25
Norwegen	6	5	7	18
Russland	7	6	6	19
Ungarn	6	6	7	19

Meine Empfehlung für die Schweiz aus dem Jahr 2006 muss ich relativieren. Die USA nutzten die Finanzkrise 2008 zu einem Feldzug gegen die Steueroasen Schweiz und Liechtenstein. Bankmanager der UBS wurden in den USA verhaftet. Die Schweiz, Hort bürgerlicher Freiheit, knickte ein. Innerhalb kürzester Zeit unterwarfen sich die Schweiz und Liechtenstein förmlich der US-Aufsicht.[42] Heute existiert das Bankgeheimnis nicht mehr in bekannter Form. Nur Banken, die keine Geschäfte mit den USA tätigen, können noch das Bankgeheimnis wahren. Aber selbst dann müssen Sie sich Sorgen machen.

Anzeichen, dass ein Krieg gegen die Schweiz und Liechtenstein in der Luft lag, gab es schon länger. Bereits im Juni 2003 plante der damalige Finanzminister Hans Eichel ein Werbeverbot für Schweizer Banken in Deutschland. Mittlerweile ist es umgesetzt: Schweizer Banken, die keine Filiale in Deutschland unterhalten, dürfen nicht mehr in Deutschland werben. In der Finanzkrise wollte Eichels Nachfolger Peer Steinbrück die Kavallerie gegen Liechtenstein und die Schweiz ausrücken lassen. Der illegale Kauf von CDs mit Daten von Liechtensteiner Bankkunden, zum Beispiel durch das Land Nordrhein-Westfalen, lässt weitere Zweifel am Rechtsstaat aufkommen. Es gibt viele andere Anzeichen, dass die Zwangsbewirtschaftung schon weit fortgeschritten ist. In vielen Ländern der EU gibt es Obergrenzen für Barzahlungen. In Deutschland sind dies 10.000 Euro, in Italien 2.999 Euro und in Frankreich für Steuerinländer sogar nur 1.000 Euro.[43] Das heißt, dass Sie eine Straftat begehen, wenn Sie für einen höheren Betrag kaufen – auch wenn es Ihr eigenes sauer verdientes Geld ist.

Mit Marktwirtschaft und freiem Kapitalverkehr hat das nichts mehr zu tun. Für Nobelpreisträger Friedrich August von Hayek sind Devisenkontrollen der erste Schritt zum totalitären Staat.[44] Generell gilt: Misstrauen gegen Devisen- und Zwangsbewirtschaftungsmaßnahmen ist immer und überall angesagt. In den 1930er-Jahren erließen die Nazis ein »Gesetz gegen den Verrat der Deutschen Volkswirtschaft«. Devisen durften nur mit Genehmigung gehalten werden, der unerlaubte Besitz wurde mit drakonischen Strafen belegt.

Es ist immer noch sinnvoll, einen Teil Ihres Vermögens in Nicht-EU-Ausland zu investieren oder zu parken. So kann der Staat nicht direkt darauf zugreifen. Aber ich rate Ihnen unbedingt zur Steuerehrlichkeit. Die Bürger sind mittlerweile gläsern, und der Fiskus hat ein großes Arsenal an Waffen. Steueroasen nutzen heute überwiegend nur noch Superreiche und Reiche, vor allem die britischen Kanalinseln, die Bahamas, die Cayman-Inseln und vor allem die USA selber. In New Jersey, aber auch in vielen anderen Bundesstaaten gibt es regelrechte Steuerparadiese. In Wyoming können zum Beispiel unter bestimmten Bedingungen GmbHs eröffnet werden, die keiner Buchhaltungspflicht unterliegen. Und im Zusammenhang mit den sogenannten Panama-Papers floss noch einmal sehr viel Kapital in die USA. Mittlerweile sind die USA die »größte Steueroase der Welt«.[45] Das erinnert mehr als nur etwas an die Methoden der Mafia: anderen die Restaurants und Spielhöllen mit brutalen Methoden schließen und sie dann selbst wiedereröffnen.

Die Schweiz und Liechtenstein werden für viele Anleger aus dem Mittelstand immer noch die praktikabelste Option sein. Ich habe eine leichte Präferenz für Liechtenstein, da das Land Teil des Europäischen Wirtschaftsraums ist, was den Kapitalverkehr mit der EU erleichtert. Andere Möglichkeiten sind Norwegen und vielleicht auch Großbritannien. Letzteres ist zwar (noch) Teil der EU, hat aber interessante Gestaltungsmöglichkeiten. Auch Norwegen ist eine Möglichkeit. Wenn Sie eine Affinität zu Russland haben, können Sie auch darüber nachdenken. Die USA als mächtigstes Land des Westens ist ebenfalls sehr attraktiv. Viele reiche Familien haben Vermögen dorthin verlagert. Allerdings ist es für Normalbürger sehr schwierig, dort ein Wertpapierdepot und Konto zu eröffnen. Bei einem US-Konto müssen Sie zudem aufpassen, dass Sie keine böse Überraschung erleben. Nach drei Jahren ohne Kontobewegungen zieht der amerikanische Staat Ihr Kontoguthaben als »unclaimed asset« ein. Mir ist das einmal passiert! Zum Glück konnte ich mein Geld in der Nachfrist zurückholen.

Vermögen im Nicht-EU-Ausland

Für die Anlage von Vermögen im Ausland haben Sie als »Normalbürger« primär folgende Möglichkeiten:

- Kontoeröffnung
- Wertpapierdepot
- Immobilienerwerb
- Schließfach mit Edelmetallen

Sichere Banken: Bevor ich diesen Punkt weiter ausführe, muss ich noch einmal auf einen Punkt zurückkommen. Sichere Banken benötigen Sie vor allem für Ihre Kontoguthaben. Ihr Aktien- und Anleihendepot sowie Ihre Fonds sind Sondervermögen, das nicht in der Bilanz der Bank enthalten ist. Die Bank verwahrt dieses Vermögen für Sie.

Sichere Banken – das ist mittlerweile in den meisten Fällen ein Widerspruch in sich selbst. Durch die großen Mengen an Finanzderivaten, die durch das Finanzsystem geistern – US-Superinvestor Warren Buffett nannte sie einmal »finanzielle Massenvernichtungswaffen« – und den extrem geringen Eigenkapitalanteil vieler Banken kann es jederzeit eine Kettenreaktion im Finanzsystem geben. Ich bin ein großer Fan der Volks- und Raiffeisenbanken und auch der Sparkassen.[46] Diese Banken betreiben vor allem traditionelles Kreditgeschäft und gelten daher als sicher. Obwohl sie aber die Finanzkrise nicht verursacht haben, ja sogar ein Stabilitätsfaktor waren, werden sie nun zur Sanierung des Systems zur Kasse gebeten, denn die Null- und Niedrigzinspolitik bedroht ihr Geschäftsmodell. Wenn sie kein Geld mehr verdienen können, sind auch sie gefährdet. Zwischenzeitlich behelfen sich viele Banken damit, dass sie satte Gebühren für Dienstleistungen erheben, die früher selbstverständlich waren. Dennoch sind sie sicher eine bessere Wahl als viele andere Banken.

Interessant sind auch Banken, die sich vor allem auf die Vermögensanlage für Kunden konzentrieren und kein Investmentbanking betreiben. Diese Banken leben von den Gebühren, die sie für die Vermögensverwaltung erhalten. In einer Finanzkrise können zwar die Einnahmen deutlich einbrechen, nicht aber die Bilanz kollabieren. Wenn eine solche Bank genug Eigenkapital hat, dann kann sie auch eine Krise gut überstehen. Dabei sind Banken, bei denen eine Eigentümerfamilie das Sagen hat, grundsätzlich am interessantesten, da diese Eigentümer langfristig planen. In Liechtenstein bietet sich die LGT Bank an, die im Eigentum einer Stiftung der fürstlichen Familie steht, in Deutschland wird das Bankhaus Metzler von der Familie in der elften Generation geführt. Allerdings sollten Sie bei diesen Banken schon einige Millionen mitbringen.

Die 25 sichersten Banken der Welt

No.	Name	Land	Fitch	Moody's	S&P	Score	Bilanzsumme (Mrd. USD)
1	TD Bank	CA	AA–	Aa1	AA–	23	1.012,760
2	Royal Bank of Canada	CA	AA	Aa2	AA–	23	940,707
3	DZ Bank	DE	AA–	Aa1	AA–	23	606,359
4	DBS Bank	SG	AA–	Aa1	AA–	23	387,337
5	Overseas Chinese Banking Corp.	SG	AA–	Aa1	AA–	23	340,370
6	Svenska Handelsbanken	SE	AA	Aa2	AA–	23	226,116
7	United Overseas Bank	SG	AA–	Aa1	AA–	23	268,287
8	Deutsche Apotheker- und Ärztebank	DE	AA–	Aa1	AA–	23	49,586
9	Swedbank	SE	AA–	Aa2	AA–	22	268,778
10	Banque Pictet & Co.	CH	AA–	Aa2	—	21,5	29,711
11	Commonwealth Bank of Australia	AU	AA–	Aa3	AA–	21	734,723
12	The Bank of Nova Scotia	CA	AA–	Aa2	A+	21	709,899
13	ANZ Group	AU	AA–	Aa3	AA–	21	703,415
14	Nordea Bank	SE	AA–	Aa3	AA–	21	697,527
15	Westpac	AU	AA–	Aa3	AA–	21	667,786
16	National Australia Bank	AU	AA–	Aa3	AA–	21	617,969
17	Bank of Montreal	CA	AA–	Aa2	A+	21	550,261
18	Canadian Imperial Bank of Commerce	CA	AA–	Aa2	A+	21	438,427
19	SEB	SE	AA–	Aa2	A+	21	319,925
20	HSBC France	FR	AA–	Aa3	AA–	21	200,935
21	First Abu Dhabi Bank	AE	AA–	Aa3	AA–	21	182,156
22	Fédération des Caisses Desjardins	CA	AA–	Aa2	A+	21	115,943
23	Agri Bank	US	AA–	Aa3	AA–	21	104,500
24	UBS	CH	AA–	Aa3	A+	20	939,089
25	Rabobank	NL	AA–	Aa3	A+	20	723,167

Quelle: *Global Finance*, Ausgabe November 2018, abgedruckt in Florian Homm et. al. 2019[47]

Die Tabelle basiert auf den Ratings der großen Agenturen. Moody's, Standard & Poor's (S&P) und Fitch sind führend beim Rating der Bonität von Ländern, Unternehmen sowie einzelnen Anleihen und Wertpapieren. Die höchste Bonitätsstufe ist Aaa beziehungsweise AAA (»Triple A«). Anleihen oder Papiere hoher Bonität werden auch als »Investment Grade« bezeichnet, da sie relativ sicher sind. Ab Ba1 (Moody's) oder BB+ (Standard & Poor's) fangen die sogenannten Non-Investment-Grades an, umgangssprachlich auch Junk Bonds genannt.[48]

Die Ratings sind mit einer gehörigen Portion Vorsicht zu genießen, denn sie werden von einem Zwangsoligopol vergeben. Zudem sind sie fest in der Hand angelsächsischer Eigentümer.[49] So hat es der Macht der Ratingagenturen nicht geschadet, dass diese kaum eine Krise oder Unternehmensinsolvenz korrekt prognostiziert haben. Dennoch können die Ratings bei Banken zumindest einen gewissen Anhaltspunkt bieten.

6. Erstellen Sie Ihre persönliche Vermögensbilanz

Die Entwicklung ist weit vorangeschritten. Sollten Sie Ihr Vermögen noch nie systematisch analysiert haben, rate ich Ihnen dringend dazu. So können Sie Ihre Chancen deutlich erhöhen. In Boomzeiten gerät Sparsamkeit etwas außer Mode, da die Menschen glauben, Geld durch clevere Investments machen zu können.[50] In der Phase der Null- und Negativzinsen werden viele Menschen geradezu zum Schuldenmachen ermuntert. Dennoch sind gerade Sparsamkeit und sorgfältige Planung der eigenen Finanzen essenziell. Gerade hier können Sie auch bei einem kleinen Einkommen schnell einen positiven Effekt erzielen.

Glauben Sie bloß nicht, dass die Besserverdienenden das alles im Griff hätten. Gerade wenn Menschen in höhere Einkommenskategorien vorstoßen, steigen die Ansprüche exponentiell. Anfang der 2000er-Jahre kam ein Mann von Mitte 50 in meine Geldpraxis. Als früherer Geschäftsführer eines Konsumgüterunternehmens fuhr er mit einem Porsche vor und erhielt eine laufende halbe Rente von 80.000 Euro im Jahr! Man sollte meinen, dieser Mann hätte vorgesorgt, aber nichts dergleichen. Sein liquides Vermögen betrug gerade mal gut 100.000 Euro. Hinzu kamen ein Haus sowie ein paar wertlose Bauherrenmodelle in Ostdeutschland. Solche Fälle sind keinesfalls die Ausnahme, sondern eher die Regel. Am besten rechnen können nach meiner Erfahrung Handwerker und Selbstständige, denn die müssen für sich selber sorgen.

Der erste Schritt in Ihrer Vermögensanalyse ist Ihre persönliche Vermögensbilanz. Auf der linken Seite stehen, genau wie bei einem Unternehmen, Ihre Vermögensgegenstände, auf der rechten Seite Ihre Verbindlichkeiten. Wenn Sie die Zwischensumme aller Verbindlichkeiten von der Summe Ihrer Vermögensgegenstände abziehen, erhalten Sie Ihr rechnerisches Eigenkapital.

Ihre persönliche Vermögensbilanz

Aktiva		Passiva	
Position	Betrag	Position	Betrag
• Bargeld		• Konsumentenkredite und Kreditkarten	
• Gold/Schmuck		• Autokredit	
• Aktien		• Hypothek	
• Anleihen		• Steuerschulden	
• Lebensversicherungen		• Sonstige Verbindlichkeiten	
• Pensions- und Rentenansprüche (multiplizieren Sie als Faustregel einfach Ihre jährlichen Ansprüche mit dem Faktor 10)			
• Auto, Hausrat		Zwischensumme	
• Sonstiges		Eigenkapital	
Summe		Summe	

Aber Vorsicht: So gut wie alle Ihre Vermögensgegenstände können an Wert verlieren. Es kann leicht passieren, dass Ihrem geschrumpften Vermögen dieselben Schulden gegenüberstehen und Sie ein negatives Eigenkapital haben. Robert Kiyosaki unterscheidet zwischen »gutem« und »schlechtem« Vermögen. Gutes Vermögen schafft laufendes Einkommen, schlechtes Vermögen produziert Kosten. Insofern müssen Sie sich überlegen, ob die Ferienwohnung oder das Zweitauto als Vermögen oder eher als Verbindlichkeit anzusehen sind.

Ihr Ziel sollte es sein, möglichst viele Einkommen produzierende Vermögensgegenstände zu haben und als Nebenbedingung Ihre Liquidität zu sichern. Einkommen schaffen fremdvermietete Immobilien, Unternehmensbeteiligungen, Aktien (in Form von Dividenden) und Anleihen. Liquidität sichern Sie durch Bargeld, Kontoguthaben auf sicheren Banken oder in sicheren Ländern und Edelmetalle. Gleichzeitig sollten die Objekte, die Bargeld fressen, reduziert werden. Hierzu gehören Lebensversicherungen, in die Sie einzahlen, sowie andere Arten von Vermögensgegenständen, die in einer Krise eher zur Verbindlichkeit werden, da sie laufendes Einkommen aufbrauchen.

Zahlen Sie Ihre Konsumentenkredite ab, also alle Hausrats- und Autokredite. Das Auto ist für viele Deutsche Vermögensfresser Nummer eins! Für die meisten Haushalte in Deutschland schätze ich das Einsparpotenzial auf 1.500 bis 3.500 Euro pro Jahr. Und wenn Sie den Betrag von 3.500 Euro jedes Jahr für 8 Prozent anlegen, haben Sie nach 15 Jahren 95.032 Euro auf dem Konto. Fahren Sie ein billigeres Auto! Oder ziehen Sie einen Gebrauchtwagen in Erwägung. Ich habe in meinem Leben noch keinen Neuwagen gekauft.

Zahlen Sie die Hypothek auf Ihr Haus mindestens so weit ab, dass der Eigenkapitalanteil an Ihrem Haus 50 Prozent beträgt. Wenn Sie dies nicht ohne größere Anstrengungen schaffen, veräußern Sie Ihr Eigenheim und erwerben ein kleineres oder eine Wohnung. Sie können auch darüber nachdenken, Ihre Immobilie zu verkaufen und zur Miete zu wohnen. Als Hausbesitzer mag es nicht ganz einfach sein, sich an diesen Gedanken zu gewöhnen, finanziell lukrativ ist er allemal.

7. Erarbeiten Sie sich einen Einnahmen- und Ausgabenplan

Neben der Vermögensbilanz gehört die Einnahmen- und Ausgabenplanung zu einer soliden Finanzplanung. Listen Sie sämtliche Einnahmen und Ausgaben eines Jahres auf, wie dies auch ein Unternehmen machen würde.

Einnahmen
Gehalt
Mieteinnahmen
Rente/Lebensversicherung
Kapitaleinkünfte
Unternehmen
Nebentätigkeit
Sonstige
Summe
Ausgaben
Laufende Ausgaben
Haus/Hypothek
Telefon und Fernsehen
Energie/Wasser
Auto (Versicherung/Treibstoff/Reparatur)
Krankenversicherung
Andere Versicherungen
Mitgliedschaften und Abonnements
Lebensmittel
Rückzahlung von Hypotheken/Schulden
Gelegentliche Ausgaben
Bekleidung/Schuhe
Ferien
Restaurantbesuche
Kino-/Theaterbesuche etc.
Sonstiges
Summe

Die größten laufenden Ausgabenblöcke sind oftmals Haus, Auto und Krankenversicherung. Zu Ihrem Eigenheim und dem Auto habe ich schon etwas gesagt. Auch andere Ausgaben gehören auf den Prüfstand. Müssen es schon wieder neue Kleidungsstücke sein? Was ist mit der Mitgliedschaft im Fitnessclub? Was ist mit Vereinsmitgliedschaften oder Zeitschriftenabonnements? Gibt es kein günstigeres Ferienangebot? Die Möglichkeiten, etwas zu sparen, sind vielfältig, und sie verringern nicht unbedingt die Lebensqualität. Im Gegenteil!

8. Stellen Sie Ihre Einnahmen auf eine sichere und breitere Basis

Schaffen Sie sich möglichst mehrere Einkommensquellen. Das können Kapitaleinkünfte aus Immobilien oder Aktien oder auch Nebentätigkeiten sein. Derzeit sieht es in Deutschland leider so aus, dass die überwiegende Anzahl der Haushalte ihr Einkommen aus unselbstständiger Arbeit bezieht. Das ist keine ideale Basis. Schon 1937 plädierte Wilhelm Röpke, später einer der Mitbegründer der Sozialen Marktwirtschaft und zu dem Zeitpunkt im türkischen bzw. schweizerischen Exil, dafür, dass sich Arbeiter möglichst noch ein zweites Standbein, zum Beispiel in der Landwirtschaft, aufbauen sollten.[51] Heute wäre der Vorschlag eines zweiten, selbstständigen Einkommens nicht nur für die aussterbende Spezies der Industriearbeiter wichtig, sondern auch für alle anderen unselbstständig Beschäftigten.

Besonders gefährdet ist Ihr Einkommen, wenn es vom Staat oder einem Unternehmen abhängt, das wirtschaftlich um seine Existenz kämpfen muss. Sicher, auch in der Krise wird der Staat weiter Pensionen, Renten, Sozialleistungen, Löhne, Gehälter und Beamtensold zahlen. Allerdings wird er Mittel und Wege finden, diese Zahlungen drastisch zu kürzen. Eine umfassende Armut wird die Folge sein. In der Sowjetunion erhielten fast alle Menschen ihr Gehalt oder ihre Renten vom Staat. Nach dem Zusammenbruch des Kommunismus und dem Zerfall der Sowjetunion mussten selbst hoch dotierte Pensionäre, etwa Weltkriegshelden im Generalsrang, zum Teil ein Leben am Rande des Existenzminimums führen.

Die Anhebung des Rentenalters in Deutschland ist nur der erste Schritt zur Abwertung der Renten. Weitere werden folgen. Noch wagt sich kein Politiker ernsthaft auf dieses Terrain vor, denn die Rentner oder baldigen Rentner sind eine der mächtigsten Lobbys in diesem Land. Irgendwann wird aber die junge Generation keine Lust mehr haben, mehr für diese Bevölkerungsgruppe als für die eigene Zukunft zu arbeiten. Und spätestens dann wird sich das Blatt wenden.

Suchen Sie sich einen sicheren Arbeitgeber. Denken Sie daran: Auch auf dem Höhepunkt der Weltwirtschaftskrise hatten in den USA 75 Prozent der arbeitswilligen Bevölkerung weiterhin einen Job – es waren eben jene anderen 25 Prozent, die es besonders hart traf. Selbst in einer Krise wird es relativ sichere Firmen geben. Das sind beispielsweise solche Unternehmen, die eine breite Eigenkapitalbasis und eine hohe Ertragskraft vorweisen können, aber vor allem Leistungen und Produkte anbieten, die auch in der Krise benötigt werden. Hierzu gehören Unternehmen, die mit Gütern und Dienstleistungen des täglichen Bedarfs umgehen. Im Grunde gelten für die Auswahl sicherer Unternehmen dieselben Kriterien wie für die Auswahl sicherer Aktien (siehe im nächsten Kapitel).

Bei Ihren Nebentätigkeiten können Sie kreativ sein. Ich habe einen Kunden, der Instrumente im Stil alter Barockinstrumente baut und damit ein durchaus interessantes Zusatzeinkommen hat. Ein anderer Kunde, ein Buchhalter, gibt sein Fachwissen an private Mandanten weiter. Selbst wenn es am Anfang nur kleine Beträge sind, die zusammenkommen: Versagen Sie sich nicht die Freude, die dadurch entsteht, selber einmal mit eigenen Dienstleistungen und Produkten Geld »am Markt« verdient zu haben.

Obwohl in Deutschland der Mittelstand und das Handwerk noch eine größere Rolle spielen als in vielen anderen Staaten, ist unser Land nicht als eines der Selbstständigen zu betrachten. Vielen wird es nach Jahrzehnten in festen Arbeits- und Dienstverhältnissen schwerfallen, beim Aufbau von Nebeneinkommen Einfallsreichtum an den Tag zu legen. Versuchen Sie es dennoch – und zwar jetzt. Wenn Sie erst einmal dazu gezwungen sind, wird es doppelt schwer werden. Fangen Sie jetzt an, sich Gedanken über krisensichere Jobs und Zusatzeinkommen zu machen!

KAPITEL 16

KAPITALANLAGEN FÜR DIE KRISE

Die optimale Vermögensanlage: ein Drittel in Aktien, ein Drittel in Anleihen, ein Drittel in Immobilien und ein Drittel im Ausland.

André Kostolany

Wenn Sie mit einer Zeitmaschine hundert Jahre in die Zukunft reisen könnten, was würden Sie mitnehmen: Aktien, Anleihen oder Gold?

Unbekannt

In der Krise kommt es noch mehr als sonst darauf an, dass Sie die Struktur Ihrer Kapitalanlagen optimieren, Ihr Vermögen (wenn möglich) international streuen und (relativ) sichere Banken auswählen. Auf die Gefahr, mich zu wiederholen: in Aktien, Anleihen und Fonds investiertes Vermögen befindet sich nicht in der Bilanz der Bank, sondern steht als Sondervermögen Ihnen zu, genau wie Gold im Schließfach. Wenn die Bank saniert werden muss, können die Gläubiger nicht darauf zurückgreifen, auf Kontoguthaben gemäß der Bankenabwicklungsrichtlinie schon. Das schützt Sie natürlich auch bei Wertpapieren nicht vor Sondersteuern, Konfiskation und Enteignung, wenn der Staat sich dazu entschließen sollte. Auf den folgenden Seiten gebe ich Ihnen die aus meiner Sicht wichtigsten Hinweise für die Kapitalanlage. Eine persönliche Beratung bei einem guten und wirklich unabhängigen Vermögensberater oder Vermögensverwalter kann das allerdings nicht ersetzen.

Strategische Vermögensaufteilung für die Krise

In der Krise ist Sicherheit und Kapitalerhalt oberste Pflicht des Investors. Leider ist nicht überall, wo »Sicherheit« draufsteht, auch »Sicherheit« drin – schon gar nicht bei den Lebens-»Versicherungen« oder Garantieprodukten, die Ihnen von der Finanzbranche angeboten werden. Es bleibt leider dabei: Ihre Finanzen sind Chefsache. Nur Sie selber können letztlich die Verantwortung dafür übernehmen.

Bargeld (auch Devisen), Termingelder (auch im Ausland) und sichere Anleihen (Fremdwährungen eingeschlossen) sollten etwa 15 bis 20 Prozent Ihres Krisendepots bestimmen. Ja, Bargeld ist durch Währungsreformen bedroht. Durch eine Streuung auf verschiedene Devisen kann dieses Risiko verringert werden.

Gold und Edelmetalle sind ultimative »Krisenwährung« und Wertaufbewahrungsmittel. Sie werfen allerdings keine laufende Rendite ab. Wenn Sie eine normale Krisenvorsorge betreiben wollen, sollte Ihr Vermögen zu 10 bis 15 Prozent aus Gold und Goldminenaktien bestehen.

Kapitalanlagen für die Krise

Vermögens-klasse	Empfehlung 2006	Was seitdem passierte
Liquidität	Notwendige Absicherung, um liquide zu sein, aber bitte auch investieren!	Wer zu viel Liquidität hielt, wurde durch Niedrigzinsen und schleichende Enteignung bestraft. Und das betrifft die meisten Deutschen.
Gold und Edelmetalle	Aufstocken. Der Goldpreis steigt auf mindestens 2.000 Dollar je Unze.	Die Empfehlung wurde im Sommer 2006 bei circa 400 Euro je Unze ausgesprochen, zwischenzeitlich stieg der Goldpreis im Oktober 2012 auf 1.400 Euro – ein Kursgewinn von 250 Prozent. (Im September 2011 stand Gold immerhin bei fast 1.900 Dollar je Unze.) Nach einem Kursrückgang um 400 Euro war eine Zeit lang Ruhe, bis Gold Ende 2018 wieder zu steigen begann. Derzeit (Sommer 2019) steht Gold bei 1.350 Euro. Das ist eine Kurssteigerung von 9 Prozent pro Jahr. Nicht schlecht, wenn die Krisenversicherung auch noch Rendite bringt. Die Deutschen haben es verstanden: Sie halten die höchsten Goldvorräte pro Kopf auf der Welt: durchschnittlich circa 58 g Goldschmuck und 71 g Barren und Münzen.[1] Allerdings macht das immer noch nur circa 1,6 Prozent des Gesamtvermögens aus. Über 6 Billionen Euro schrumpfen noch in Form von Kontoguthaben und Termingeldern vor sich hin.
Immobilien	Qualitätsimmobilien sind ein Bestandteil der Krisenvorsorge. Aber nicht mehr als ein Drittel des Vermögens in Immobilien investieren.	Die Immobilienpreise sind seit 2006 explodiert, was einerseits der Krisenangst, andererseits sicher auch den Niedrigzinsen zu verdanken ist. Allerdings ist der Immobilienmarkt sehr zweigeteilt: Während in Ballungsgebieten und attraktiven Mittelstädten sowie im Süden (und Österreich und der Schweiz) die Preise stark anstiegen, stagnieren sie in den strukturschwachen Gebieten in der Mitte, im Norden und im Osten. Attraktive Immobilien sind aktuell mit dem 30-Fachen der Miete und mehr oft deutlich zu teuer.

Auswege

Forst, Acker- und Weideland	Auch Forst-, Acker- und Weideland wäre eine gute Krisenanlage. Die Preise für land- und forstwirtschaftlich genutzte Flächen sind schon seit Jahrzehnten im Fallen begriffen. Heutzutage muss man nur noch Spottpreise bezahlen. Wenn die Globalisierungsblase platzt, wird die Nachfrage nach nachwachsenden Rohstoffen und landwirtschaftlichen Produkten aus der Heimat stark ansteigen. Die Preise für land- und forstwirtschaftlich genutzte Flächen werden durch die Decke gehen. Ich habe im Frühjahr 2006 zehn Hektar Ackerland und eine Obstwiese in der Pfalz ersteigert.	Das war einmal. Der Zug ist zwar nicht abgefahren, aber Agrarflächen sind im Zuge des Biospritbooms und der allgemeinen Nachfrage im Preis explodiert. Wurden zum Beispiel in Bayern 2005 noch um die 22.000 Euro je Hektar bezahlt, waren es 2017 schon 61.000 Euro, im Landkreis Regensburg sogar 97.000 Euro.[2] Heute werden Sie kaum noch Agrarflächen zu angemessenen Preisen bekommen, es sei denn, Sie gehen nach Paraguay und Bolivien.
Aktien	Auch 2006 empfahl ich 30 Prozent sichere Aktien beziehungsweise Aktienfonds, obwohl ich einen Crash erwartete. Den echten Investor zeichnet Demut aus – es könnte auch alles ganz anders kommen. Und Aktien sind nun einmal die beste und pflegeleichteste Langfristanlage.[3]	Von 4800 Punkten im Sommer 2006 ist der DAX auf 11.600 im Sommer 2019 gestiegen – immerhin ein Wertanstieg von 7,0 Prozent per annum. Und das trotz Finanzkrise, Eurokrise und Co. Der S&P 500 – der den US-Markt besser abbildet als der Dow Jones – brachte es auf 6,6 Prozent per annum. Anders als beim Gold sind die Deutschen bei den Aktien allerdings nicht aufgewacht. Während DAX, Dow und Co. eine lange Rallye hinlegten, sinkt der Aktienbesitz der Deutschen an DAX-Unternehmen kontinuierlich. Im Jahr 2019 befand sich nur noch ein Drittel der DAX-Aktien in deutscher Hand.[4] Wenn man hier die Konzerne, die überwiegend in Familienhand sind, wie Henkel und BMW, ausklammert, ist es sogar noch dramatischer. Der Dividendensegen, der in Deutschland von deutschen Mitarbeitern erarbeitet wird, fließt also überwiegend an ausländische Investoren.

Immobilien sollten nur ein Drittel Prozent Ihres Gesamtvermögens ausmachen. Bei vielen Haushalten, bei denen die eigene Immobilie das größte Investitionsobjekt ist, wird das nicht möglich sein. Vielleicht ist es in diesem Fall richtig, sich zu verkleinern, denn Immobilien sind oftmals »schlechtes« Vermögen, das vor allem Geld auffrisst (siehe Kapitel 15).

Und selbst in Crash-Zeiten empfehle ich 30 Prozent sichere Aktien und gute Aktienfonds. Letztlich investieren Sie in Realvermögen und können sich über laufende Dividenden freuen. Vielleicht ereilt ein oder zwei Unternehmen aus Ihrem Depot das Schicksal der Insolvenz. Damit müssen Sie leben. Aber ein normales Anlegerdepot sollte zwischen zehn und 20 Titeln umfassen und ist damit relativ krisensicher – wenn Sie die richtigen Titel haben. Wenn Sie davon ausgehen, dass die Krise besonders heftig werden sollte, würde ich den Gold- und den Bargeldanteil weiter vergrößern und dementsprechend den Aktien- und Immobilienanteil verringern.

Vermögensaufteilung in der Krise

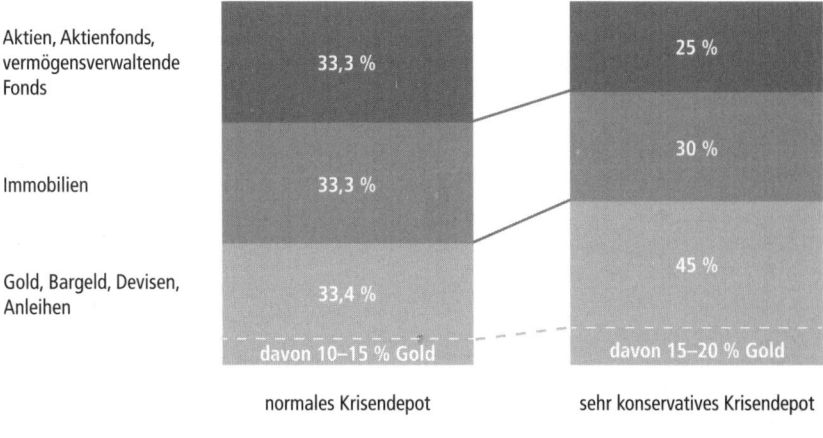

Quelle: eigene Darstellung

Nun ist es für den normal vermögenden Privatanleger nicht so einfach, mal eben die Vermögensbestandteile zu verschieben. In vielen Haushalten ist das Vermögen zum großen Teil im eigenen Heim gebunden. Dennoch: Wenn Sie zu viel Vermögen im Haus stecken haben (und mehr als 50 Prozent des Gesamtvermögens ist definitiv viel zu viel!), sollten Sie sich überlegen, die Immobilie zu verkaufen, solange es noch geht. Eine weitere Variante: Sie wählen eine Hypothek mit möglichst geringer Tilgung und erwerben anstelle des gesparten Tilgungsanteils Gold als Krisenwährung. Das können Sie aber nur machen, wenn Sie sich absolut sicher sind, dass Sie Ihre Hypotheken auch in der Krise weiter bedienen können.

Eine Liquidation der Lebensversicherung lassen sich die Versicherer teuer bezahlen. Ich gehe dennoch davon aus, dass es in den meisten Fällen der richtige Schritt ist. Letztlich kann ich Ihnen hier nur Hinweise für Ihre optimale Vermögensstruktur geben. Eine genaue Analyse des Einzelfalls kann dieses Buch nicht ersetzen.

Gold und Edelmetalle

Gold ist die ultimative Krisenversicherung. Die amerikanische Website Zero Hedge.com schreibt, dass Gold nicht unbedingt ein Inflationsschutz ist, solange die Anleger darauf vertrauen, dass die Notenbanken die Lage im Griff haben.[5] Ab dem Jahr 2005 empfahl ich, als Krisenabsicherung Gold (sowie Platin, Silber et cetera) zu kaufen. Der Goldpreis ist seitdem deutlich gestiegen. Von Anfang 2001, als der Goldpreis bei gut 250 Dollar je Unze stand, bis Anfang 2007 hatte sich der Goldpreis fast verdreifacht. Ich war zwar etwas »spät« mit meiner Empfehlung, aber in der Geldan-

Von 1999 bis 2011 stieg der Goldpreis um mehr als das Siebenfache – und fiel dann um mehr als 40 Prozent

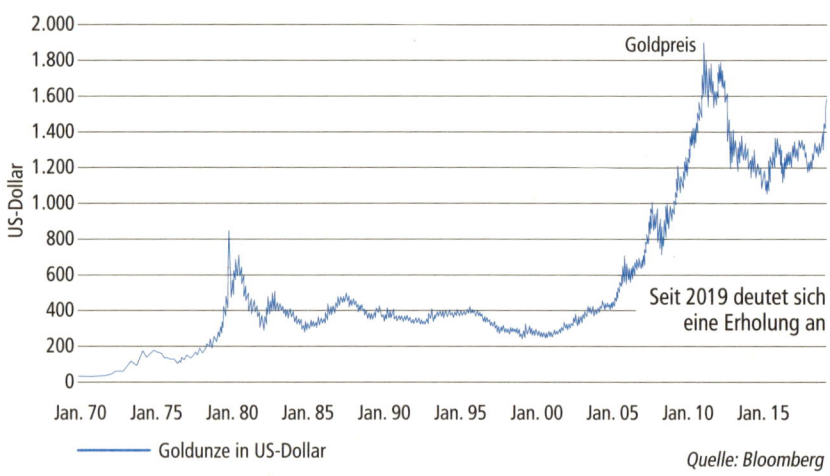

lage kommt es nicht darauf an, dass Sie genau den Hoch- und Tiefpunkt erwischen. Viel wichtiger ist es, dass Sie die richtigen Trends erkennen und diese Erkenntnis konsequent umsetzen. Nach 2007 folgte eine weitere Verdoppelung.

Eigentlich bin ich wie Warren Buffett ein Aktienfan. Aktien sind die absolut beste Geld- und Kapitalanlage. Allerdings: Die Aktienkurse können langfristig nur in demselben Umfang steigen wie die Unternehmensgewinne. Bei einer insgesamt krisengefährdeten Weltwirtschaft gehört meiner Meinung nach Gold in jedes Depot. In *Der Crash kommt* schrieb ich, dass ich in den nächsten Jahren einen Goldpreis von mindestens 2.000 Dollar je Unze erwarte. Diesen Preis erreichten wir 2011 fast. Danach legte der Goldpreis einen Rückwärtsgang ein, um 2015 kurzfristig auf unter 1.000 Dollar zurückzufallen. Seit Ende 2018 zieht Gold wieder spürbar an. Vielleicht bietet sich gerade die letzte Chance, sich in diesem Zyklus noch mit Gold einzudecken.

Gelegentlich höre ich den Einwand, dass »Gold schon wieder recht teuer sei«. Aber der Schein trügt. Um 1980 befand sich Gold tatsächlich in einer Blase, nachdem es in den inflationären 1970er-Jahren immer mehr zum Krisenasset geworden war. Zu seinem Top am 31. Januar 1980 lag der Goldpreis bei 850 Dollar. Berücksichtigt man die Inflation, wäre das im August 2019 ein Gegenwert von[6]

Berücksichtigt man die Inflation, ist Gold noch weit weg von seinem Höchststand aus dem Jahr 1980

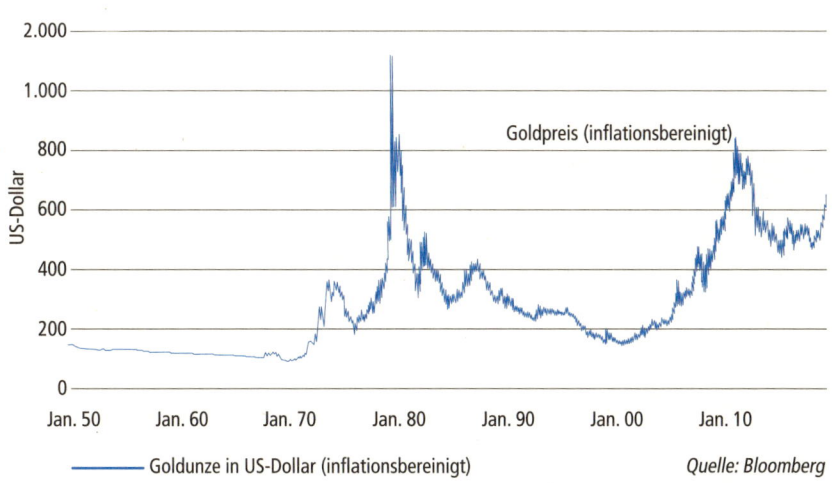

2.850 Dollar. Bis dahin kann sich der Goldpreis noch verdoppeln. Dann befänden wir uns allerdings wieder in einer Blase. Gold ist aktuell weder besonders billig noch besonders teuer. Als Werterhaltungsmittel für die Krise ist es auf jeden Fall geeignet. Wahrscheinlich geht der Goldpreis in der Krise auch wieder durch die Decke. Ab 2.500 Dollar (nach heutigen Zahlen) wäre es dann Zeit, wieder über einen Verkauf oder die Reduzierung der Goldbestände nachzudenken.

Während Gold aktuell vielleicht fair bewertet ist, ist Silber ausgesprochen billig. Die Unze kostete im Sommer 2019 gerade einmal 17 Dollar oder 15,50 Euro. Allerdings ist das auch ein Problem: Das Kilo ist gerade einmal 500 Euro wert. Wenn Sie also 50.000 Euro in Silber auf die Seite legen wollen, sind das schon 100 Kilogramm. Bei der langfristigen Preisentwicklung von Silber erkennen Sie ebenfalls um 1980 eine Blase. Das war die Zeit, in der die texanischen Brüder Hunt versuchten, einen Großteil der Silberbestände der Welt unter ihre Kontrolle zu bekommen und so den Preis durch Spekulationen auf über 50 Dollar trieben. Das Experiment misslang. Die Hunt-Brüder ruinierten sich.

Wenn Sie den Preis von Gold in Silber ausdrücken, sehen Sie deutlich, wie billig der kleine Bruder von Gold ist. So schwankt zum Beispiel die Anzahl der Unzen Silber, die Sie für eine Unze Gold kaufen können, zwischen 40 und 100.

Bei Silber sind die Ausschläge noch extremer, und die Silberunze ist 2019 nur ein Drittel so viel wert wie 2010

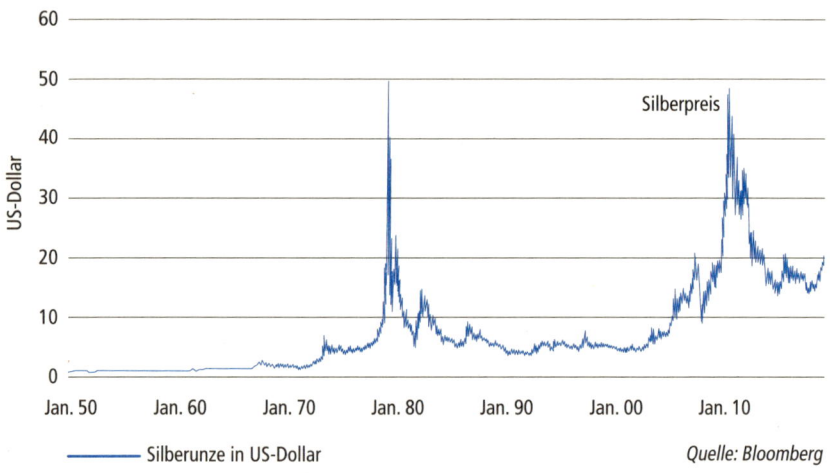

1950 bekamen Sie für eine Unze Gold 40 Unzen Silber, Anfang 1980 nur 20. Im August 2019 erhielten Sie stattliche 88 Unzen Silber für eine Unze Gold. Das ist der zweithöchste Wert seit 1970.

Silber kann also eine interessante Beimischung sein. Dennoch ist es nur eine Beimischung, denn die Silbernachfrage ist auch stark industriell getrieben. Ultimatives Krisenasset ist Gold.

Platin ist das seltenste Edelmetall. Die geförderte Platinmenge entspricht nur 6 Prozent der Gold- und 1 Prozent der Silbermenge. Neben der wachsenden Nachfrage nach Platinschmuck (insgesamt 40 Prozent), ist Platin auch ein wichtiges Metall für die Herstellung von Autokatalysatoren (35 Prozent). Zudem gibt es viele weitere Anwendungen in Elektro- und Medizintechnik. Allerdings liegt in der Abhängigkeit von der industriellen Nachfrage auch ein Manko, denn zwischen 2011 und 2019 kannte der Platinpreis nur einen Weg: den nach unten. Das mag auch mit der rückläufigen Nachfrage der Automobilindustrie zusammenhängen.

Gerade aufgrund des gesunkenen Kreises ist Platin 2019 als ergänzendes Investment wieder interessant. Hier können sich Münzen wie der australische Platin-Koala oder der kanadische Maple Leaf lohnen – die 1-Unzen-Münze liegt schon jenseits der 1.000 Euro. Sie können Platin auch in Barren erstehen. Der einzige

Derzeit muss man fast 90 Unzen Silber für eine Unze Gold bezahlen – Silber ist in Relation zu Gold so billig wie lange nicht mehr

Nachteil: Der Verkauf dürfte etwas aufwändiger als bei Gold und Silber sein, da die Platinmünzen und -barren erst geprüft werden müssen. Gold und Silber hingegen werden von Händlern oft auch so entgegengenommen.

Seit 1966 gibt es auch Palladiummünzen. Wie Platin ist Palladium ein begehrter Rohstoff und damit ein Investment wert.

Insgesamt rate ich zu einem soliden »Grundstock« aus Gold, da Gold immer noch das bekannteste Edelmetall ist und in seiner Verwendung dem Geld am nächsten kommt. Je nach Neigung könnten Sie ein bis zwei andere Edelmetalle und auch Goldminenaktien hinzufügen.

Unsicherheitsfaktor Notenbanken

Ich habe in diesem Buch ausführlich beschrieben, warum die Weltwirtschaft extrem krisengefährdet ist. Die Welt schwimmt auf einer Welle leichten Geldes der Zentralbanken. Dieses leichte Geld war mitverantwortlich für verschiedene Blasen, unter anderen die Technologieblase (1998–2000), die Immobilienblase (2003–2007) in den USA und die jetzige Alles-Blase (2017–???). Wenn diese letzte und größte Blase platzt, bleibt eigentlich nur noch das Gold.

Gold ist der natürliche Feind der Notenbanken und der »modernen« Ökonomen. Sie können die Menge nicht wesentlich verändern und manipulieren. Dieses Edelmetall ist wertbeständig, was bedeutet, dass andere Vermögensgegenstände an ihm gemessen werden können. Alan Greenspan lag in den 1960er-Jahren richtig, als er sagte, nur Gold schütze vor einer schleichenden Enteignung durch die Geldentwertung.[7] Gold verhindert die Manipulation von Geld und Kredit. Zentralbanken und Politiker haben also ein natürliches Interesse daran, die Rolle des Golds in der Welt zu verringern, denn eine starke Position würde ihre Handlungsfreiheit einschränken. Dabei werden sie von Heerscharen von Ökonomen unterstützt, die der Ansicht sind, man könnte mit Hilfe der Geldmenge die Wirtschaft wie eine Maschine steuern. Alle vergessen, dass Geld nur so lange manipuliert werden kann, wie das Grundvertrauen in dieses Zahlungsmittel vorhanden ist.[8] Und da das Vertrauen weltweit sinkt, bemühen sich die Regierungen und Notenbanken mittlerweile auch, das Bargeld möglichst weit zurückzudrängen.

Ein Weltwährungssystem ohne Gold und Bargeld wäre das Paradies für Notenbanken und Regierungen. Natürlich kann als letzte Maßnahme der Besitz von Gold und Bargeld verboten werden. Die Strafen, die die Regierung Roosevelt 1933 für den Privatbesitz von Gold verhängte, haben jedoch wenig genützt: Nachdem die Konfiszierung bekannt gegeben wurde, wurden nur Goldmünzen im Gewicht von 3,9 Millionen Unzen abgeliefert. Das waren lediglich 21,9 Prozent aller Goldmünzen, die im Umlauf waren. Bereits vor der offiziellen Bekanntgabe der Enteignung war die Menge der umlaufenden Goldmünzen um 35,3 Prozent gesunken. Die Bürger leisteten zu Recht passiven Widerstand gegen diesen Enteignungsversuch des Staates.

Nach Ablauf der Abgabefrist wurde der Dollar gegenüber Gold um 69,3 Prozent abgewertet. Generell gilt: Misstrauen Sie allem, was Regierungen und Notenbanken zum Thema Gold sagen. Legen Sie eine angemessene Menge davon »auf die Seite«. Sie werden sich später darüber freuen. In Island horten die Bürger seit der Finanzkrise auch wieder deutlich mehr Bargeld an einem sicheren Ort. Während das Land beim bargeldlosen Bezahlen ganz vorn dabei ist, sehen die Bürger in einem angemessen Bargeldvorrat zu Recht eine Versicherung gegen allzu leichte Enteignung.

Gold in verschiedenen Formen

Häufig bekomme ich die Frage gestellt, ob man denn nun Gold oder Aktien von Goldminenbetreibern kaufen solle. Meine Faustregel ist: zwei Drittel physisches Gold, ein Drittel Aktien von Goldminenbetreibern. Die beste Krisenwährung ist das Metall selbst. Man kann es mitnehmen, verstecken, tauschen und so weiter. Wenn Sie nur an der Preisentwicklung teilhaben wollen, können Sie auch Goldminenaktien kaufen. Allerdings können solche Papiere in einer Wirtschaftskrise auch einmal eingefroren werden (wie es zum Beispiel mit den malaysischen Bankguthaben nach der Asienkrise 1997 der Fall war). Sie wären dann nicht liquide. Solange wir also »nur« eine Krise wie in den 1970er-Jahren bekommen, sind Aktien von Goldminenbetreibern eine Alternative. Bei einer wirklichen Krise ist »echtes« Gold vorzuziehen.

Auswege

Goldmünzen oder Barren	Aktien von Goldminenbetreibern
Können versteckt werden	Guthaben können enteignet oder eingefroren werden
Können schlecht enteignet werden	Laufende Rendite in Form von Dividenden
Sind eine absolut sichere Krisenwährung	Auswahl und Bewertung schwierig; teilweise hoch spekulativ
Lagerung etwas aufwändiger	Lagerung einfach

In *Der Crash kommt* schrieb ich 2006 an dieser Stelle: »Zum Glück ist der Goldkauf in Österreich, Deutschland oder der Schweiz sehr einfach. Sie können zu jeder größeren Bank gehen und Goldbarren oder Goldmünzen bestellen.« Das stimmt leider in dieser einfachen Form nicht mehr. Als ich vor einigen Jahren beim Edelmetallschalter der Hauptniederlassung einer großen deutschen Bank auf der Düsseldorfer Königsallee vorbeischaute, wollte man mir Edelmetalle nur noch verkaufen, wenn ich ein Konto bei eben dieser Bank eröffnete.

Auch bei Goldhändlern können Sie das Edelmetall noch ohne Konto erwerben. Aber die Bundesregierung will ab Januar 2020 die Grenzen für den anonymen Goldkauf extrem eng setzen. Nur noch bis 2.000 Euro statt bislang 10.000 Euro soll das dann möglich sein. Bei einem Kauf über 2.000 Euro müssen die Händler die Personalien des Käufers aufnehmen und eine Risikoanalyse durchführen.[9] Schon ein einfacher 50-Gramm-Barren ist derzeit mehr als 2.000 Euro wert.

Goldmünzen, bei denen der Wert des Metalls dem Wert der Münze entspricht, sind zum Beispiel:

- südafrikanischer Krügerrand,
- amerikanischer Gold Eagle (auch Silber),
- kanadischer Maple Leaf (auch Platin),
- australischer Nugget,
- Wiener Philharmoniker,
- englische Britannia,
- chinesischer Panda.

Diese Münzen gibt es zumeist in Stückelungen von einer Unze, ½ Unze, ¼ Unze und 1/10 Unze. Eine Unze entspricht 31,10 Gramm. Die gängigen Größenordnungen für Goldbarren sind 1 g, 5 g, 10 g, 20 g, 31,1 g, 50 g, 100 g, 250 g, 500 g und 1 kg.

Goldmünzen oder Goldbarren?

Münzen	Barren
Hohe Handelsspanne beziehungsweise Kosten beim Kauf und Verkauf ☒	Niedrige Handelsspanne, geringe Kosten ☑
Können besser getauscht werden ☑	Verkauf etwas schwieriger ☒
Können oft ohne größere Prüfung entgegengenommen werden ☑	

Ich rate, den Notbedarf für sechs Monate in Form von 1-Unzen-Goldmünzen zu halten. Hier ist die Handelsspanne noch am verträglichsten – und diese Münzen sind allgemein akzeptiert. Für das »Wechselgeld« ist auch das Schweizer Vreneli (die wohl bekannteste Schweizer Goldmünze) sehr beliebt, die in der 20-Franken-Version einen Goldgehalt von 6,45 900/1000 Feingold – also etwa 6 g – Gold enthält. Goldbarren lohnen sich eigentlich erst ab 250 g, besser 500 g. Hier bezahlen Sie wesentlich geringere Handelsspannen, sodass Barren besser zur Aufbewahrung größerer Vermögen geeignet sind als Münzen. Auch haben die Banken und Händler in den letzten 15 Jahren kräftig die Handelsspannen und Gebühren erhöht.

Wie Finanzlobby und Regierungen Ihnen das Gold vermiesen wollen

Es gibt gute Gründe gegen Gold. Zum Beispiel produziert Gold keine laufende Rendite. Als Krisenasset ist es jedoch unschlagbar. Allerdings hat die Finanzlobby kein großes Interesse daran, dass Sie Gold in größeren Mengen erwerben. Physisches Gold behält man in der Regel und traded es nicht, sodass die Finanzbranche daran nicht viel verdient. Außerdem haben Sie sich damit ein Stück weit von Ihrem Finanzdienstleister emanzipiert. Denn das Gold befindet sich dann in Ihrer Verfügungsgewalt. Sie können also nicht so leicht manipuliert werden. Und die Staaten haben sowieso kein Interesse, dass Sie physisches Gold halten, denn man kann wesentlich schlechter auf Ihr Vermögen zugreifen oder es konfiszieren.

Mit meinen Publikumsfonds PI Global Value Fund (WKN: A0NE9G) und Max Otte Vermögensbildungsfonds (WKN: A1J3AM) darf ich nicht in physisches Gold investieren. Die Regeln und Gesetze lassen dies für Publikumsfonds nicht zu. Nur in Goldzertifikate, also Bankprodukte, dürfte ich investieren. (Was ich aufgrund unseres Reinheitsgebots der Kapitalanlage nicht mache.) Man sieht, dass diese Gesetze von Lobbyisten verfasst wurden. Nur im Max Otte Multiple Opportunities Fund (WKN: A2ASSR), einem AIF (Alternativen Investmentfonds) für professionelle Investoren, darf ich physisches Gold halten.

Auch die lobbyhörigen Medien tun ihr Bestes, uns Gold madig zu machen. So schreibt *Spiegel Online* am 16. April 2019: »Deutsche horten so viel Gold wie nie. Niedrige Zinsen und unsichere Märkte: Wo soll man da noch investieren? Viele Sparer kaufen Gold – obwohl diese Anlageform viele Nachteile hat.«[10] Das ist eine Überschrift wie von der Finanzlobby bestellt. Wenn man dann in den Artikel schaut, beschränken sich die »vielen« Nachteile darauf, dass Gold weder Zinsen noch Dividenden abwirft und auf lange Sicht bisher nur halb so viel Rendite wie Aktien gebracht hat. Damit betreibt der *Spiegel* wieder einmal Framing. Natürlich ist Gold nicht der langfristige Renditebringer – das sind Aktien, Immobilien und in einem geringeren Umfang Anleihen. Aber Gold ist als Ver- und Absicherung in Ihrem Portfolio unabdingbar. Gerade in unruhigen Zeiten.

Aktien von Goldminenbetreibern

Aktien von Goldminenbetreibern sind eine Ergänzung zum Gold. Sie bilden gleichsam einen Hebel auf den Goldpreis ab. Nehmen Sie an, die durchschnittlichen Förderkosten eines Unternehmens betragen 1.000 Dollar je Unze und der Goldpreis liegt bei 1.200 Dollar. Dann beträgt der Rohgewinn 200 Dollar. Wenn nun der Goldpreis auf 1.400 Dollar steigt – ein Anstieg von 16 Prozent –, hat sich der Rohgewinn schon verdoppelt.

Leider lassen steigende Edelmetallpreise auch viele Finanzjongleure auf den Plan treten. Als die Goldpreise zwischen 2000 und 2010 stiegen, haben dies viele Inititatoren genutzt, um Gelder einzusammeln und Aktien von Minenbetreibern an die Börse zu bringen. Fast täglich liest man von extremen Kurssteigerungen bei diesen Anlageformen. Schon 2006 warnte ich:»Wenn man dann hinter die Kulissen schaut, sind es oft Pennystocks (hochspekulative Aktien mit ausgesprochen niedriger Kursbewertung von zumeist weniger als 1 Dollar oder Euro) oder Unternehmen, die noch gar kein eigenes Geschäft haben. Das ist fast schon so wie mit den Technologieklitschen zur Zeit der New Economy.«[11]

Die Gelder werden dann in die Exploration investiert, womit die Produktionskapazitäten der Branche steigen. Gleichzeitig werden zunehmend teurere und unprofitablere Vorkommen erschlossen, weil der Goldpreis ja steigt. Zudem hatten sich etliche Unternehmen im Zuge des Goldpreisbooms heftig verschuldet. Ein klassischer Schweinezyklus. Als der Goldpreis nach 2011 einbrach, machten viele dieser spekulativen Unternehmen Verluste. Bei großen Unternehmen machten oft einzelne Minen Verluste und mussten geschlossen werden.

Die Kursentwicklung von Barrick Gold (WKN: 870450), dem größten Goldförderer der Welt, spiegelt diesen Zyklus wider. Nach einem massiven Kursanstieg bis 2010/11 stürzte die Aktie im Laufe der nächsten fünf (!) Jahre um fast 90 Prozent ab. Das ist eine quälend lange Zeit – und wir waren einen großen Teil dieser Zeitspanne als Investoren dabei. Dann schoss die Aktie in kürzester Zeit um fast 300 Prozent nach oben, fiel noch einmal zurück, um seit Mitte 2019 deutlich anzuziehen.

In der folgenden Grafik habe ich die Entwicklung des Aktienkurses vom Barrick Gold und den Goldpreis übereinandergelegt (1. Januar 1999 = 100). In den 2000er-Jahren zogen Goldpreis und Kurs der Minenaktie zunächst parallel an. Nach der Finanzkrise lief der Goldpreis aber davon: es war viel Kapital in den Sektor geflossen, mit dem neue, auch teure Vorkommen erschlossen wurden.

Als dann ab 2011 auch der Goldpreis massiv korrigierte, brachen die Minenaktien regelrecht ein. Während der Goldpreis in der Spitze um bis zu 40 Prozent zurückging, gingen einige Minenbetreiber in die Insolvenz. Die Kurse, auch der großen Betreiber, brachen um 80, 90 oder mehr Prozent ein. Die Branche leitete harte Sparmaßnahmen ein, legte Minen still, zahlte Schulden zurück, reduzierte Kapazitäten. Jetzt, zu Beginn eines neuen Zyklus, könnten Minenaktien eine attraktive Chance darstellen.

Die Entwicklung der Kurse von Minenaktien bleibt seit 2008 hinter dem Goldpreis zurück

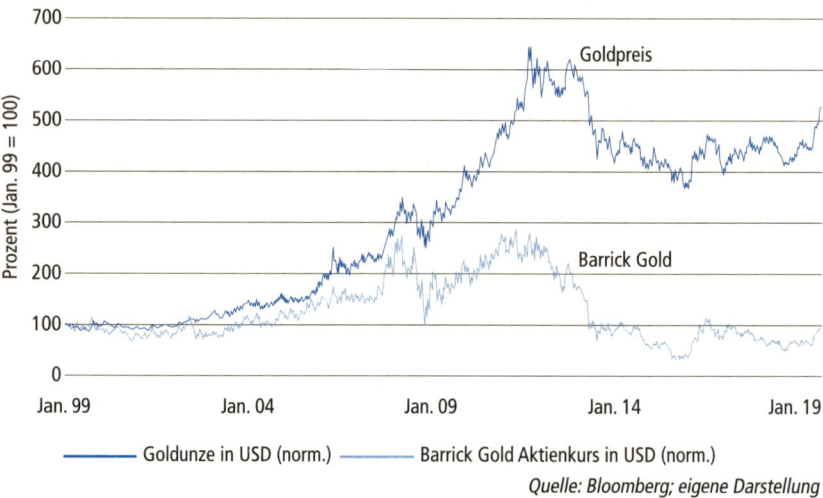

Quelle: Bloomberg; eigene Darstellung

Bargeld, Anleihen und Devisen

Der Ausspruch »Cash is King« gilt natürlich auch für die Krise. Allerdings halte ich trotz der im Grunde deflationären Natur der kommenden Rezession Bargeld für stark abwertungsgefährdet. Hinzu kommen Negativ- und Strafzinsen sowie die immer stärkeren Manipulationen der Notenbanken. Deswegen habe ich dieses Kapitel bewusst mit einer Gold-Diskussion begonnen. Gold (nicht Aktien) ist für mich in der Krise das eigentliche Wertaufbewahrungsmittel. Bargeld sollte mithin die Liquidität für einige Monate sicherstellen, bis Sie Ihr Gold schrittweise umtauschen können. Daher gilt:

- Das eigentliche Wertaufbewahrungsmittel ist Gold.
- Bargeld und Devisen sollten lediglich die Liquidität für einen gewissen Zeitraum sicherstellen.
- Anleihen höchster Sicherheit sorgen (neben Aktien und Immobilien) für das laufende Einkommen.

Es sollte deutlich geworden sein, dass Sie Ihr Bargeld und Ihre Anleihen in verschiedenen Ländern und Währungen streuen sollten.

In der Krise bedienen Anleihengläubiger allerhöchster Bonität weiter ihre Verpflichtungen. Selbst wenn der nominelle Zinssatz nur 1 oder 2 Prozent betragen sollte, können Sie so ein relativ sicheres laufendes Einkommen erzielen. Zudem steigt der Wert Ihrer Anleihen in einer Deflation. Nehmen wir an, Sie haben eine Verzinsung von 1,5 Prozent auf den Nominalwert der Anleihe, zudem beträgt die Rate der Deflation 4 Prozent. Dann kämen Sie schon auf respektable 5,5 Prozent reale Rendite.

Dabei sollten Sie vor allem in kurz laufende Anleihen von Emittenten allerhöchster Bonität investieren. So können Sie flexibel bleiben. Außerdem würden Sie bei steigenden Zinsen erhebliche Kursverluste erleiden, wenn Sie in lang laufende Anleihen investiert hätten. In unseren vermögensverwaltenden Mischfonds Max Otte Vermögensbildungsfonds (WKN: A1J3AM) und PI Global Value Fund (WKN: A0NE9G) haben wir 2019 zum ersten Mal seit langer Zeit auch wieder einige Anleihen ins Portfolio genommen.

Merksätze zur Investition in Anleihen

1. Investieren Sie nur in Anleihen höchster Bonität, es sei denn, Sie sind Experte.
2. Steigen die Zinsen, fallen die Anleihenkurse, und zwar umso stärker, je länger die Laufzeit Ihrer Anleihe ist.

Lassen Sie sich nicht von geringen Renditedifferenzen verleiten, die besser verzinste lang laufende Anleihe zu kaufen.

Immobilien

Immobilien werden als der klassische Sachwert angesehen. Und das durchaus zu Recht, aber mit wichtigen Einschränkungen. Immer noch steckt knapp die Hälfte des Vermögens der Deutschen in Immobilien.[12] Das ist zu viel, denn eigentlich sollte der Anteil eher bei einem Drittel liegen. Es ist aber nicht leicht, den Anteil zu reduzieren. Für viele Menschen ist die eigene Immobilie der wichtigste Vermögensbestandteil. Sie bietet Komfort und ein Gefühl von Sicherheit.

Die Immobilie ist ein Bündel von Rechten und Ansprüchen

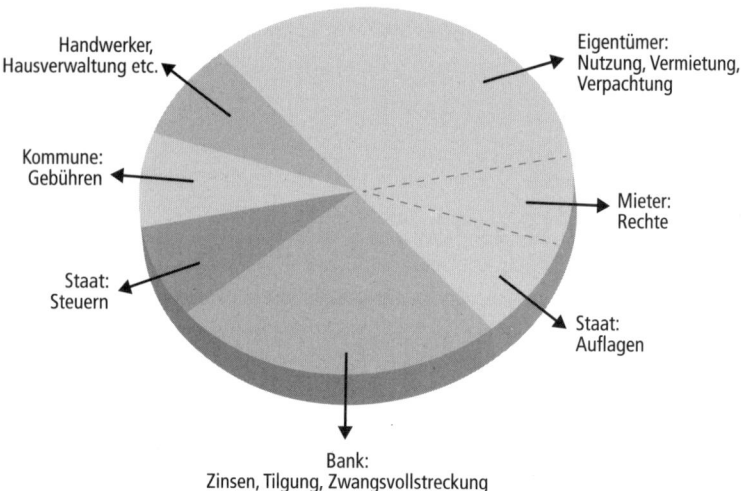

Quelle: eigene Darstellung

Sie kann aber auch zum größten Fehlinvestment Ihres Lebens werden, denn die Immobilie ist streng genommen kein Grundstück, auf dem Beton oder Fertigbauteile und andere Materialien verbaut wurden, sondern ein Bündel von Rechten und Ansprüchen. Sie haben das Recht, die Immobilie zu bewohnen und zu verpachten, wenn sie Ihnen gehört.

Aber viele andere Parteien haben ebenfalls Rechte. In Deutschland gibt es einen umfassenden Mieterschutz. Die Bank will Zinsen und darf nach einem angemessenen Verfahren auch zwangsvollstrecken, wenn Sie Ihre Hypothek nicht bedienen. Der Staat erhebt Steuern und ist im Zuge der Grundsteuerreform kräftig dabei, an der Steuerschraube zu drehen. Deswegen kommt es langfristig darauf an, wie sich die einzelnen Ertrags- und Kostenblöcke entwickeln.

Der Immobilienmarkt in Deutschland ist heiß. Das erste Jahrzehnt der 2000er-Jahre war in Deutschland recht langweilig. In den USA, in Großbritannien, besonders im Großraum London, und auch in anderen Ländern ging derweil die Post ab. In den USA entstand die Subprime-Blase. Seit Anfang der 2010er-Jahre holt Deutschland allerdings schnell auf.

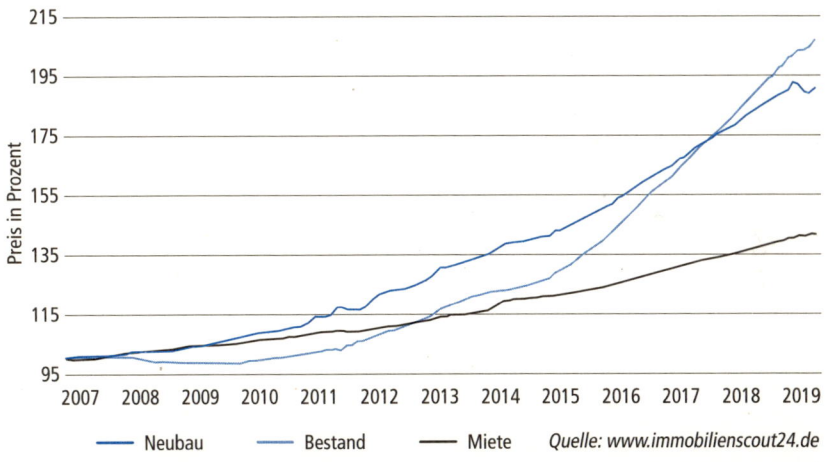

Entwicklung IMX Wohnungen Deutschland
März 2007 bis März 2019 (März 2007 entspricht 100)

Bereits 2016 mussten die Münchner 44,1 Prozent des Durchschnittseinkommens für die Miete aufbringen. Für Immobilien in attraktiven Lagen wurde zum Teil mehr als das 30-Fache der Jahresnettokaltmiete bezahlt. Das ist sehr viel. Früher galten für attraktive Lagen Multiplikatoren bis zu 20 als attraktiv, für einfache Lagen sogar maximal bis zu 15. Seitdem hat sich der Markt weiter aufgeheizt. Aktuell (August 2019) hörte ich von einem alten Häuschen in einer mittleren Lage auf Sylt (also nicht Kampen), das auf 750 Quadratmeter Grundstück steht und für 1,5 Millionen Euro angeboten wird. Nach dem Verkauf soll es abgerissen werden, auf dem Grundstück sollen Doppelhaushälften entstehen. Wer soll das auf Dauer bezahlen? Viele Menschen werden durch die extrem niedrigen Zinsen dazu verleitet, Immobilien zu kaufen. Zum einen ist die Finanzierung sehr günstig, zum anderen ist das Kontoguthaben von schleichender Enteignung bedroht. Zudem steigen die Mieten immer schneller, sodass Wohnen in Ballungsgebieten für viele unerschwinglich wird. Wenn die Preise allerdings einmal auf breiter Front zurückgehen, dann geht der Schuss nach hinten los. Nehmen Sie an, Sie haben eine Wohnung für 500.000 Euro gekauft (in Ballungsgebieten bekommen Sie aktuell dafür eine gute 2-Zimmer-Wohnung). Das Objekt haben Sie mit 20 Prozent Eigenkapital und 80 Prozent Darlehen erworben.

Aktiva	Passiva und Eigenkapital
Kaufpreis des Hauses 500.000	Eigenkapital 100.000
	Fremdkapital 400.000
500.000	500.000

Wenn der Preis um 20 Prozent einbricht, ist Ihr Eigenkapital aufgezehrt. Und wenn er um mehr als 20 Prozent einbricht, haben Sie negatives Eigenkapital. Genau das passierte vielen amerikanischen Häuslebauern und Hobbyspekulanten nach dem Ausbruch der Subprime-Krise. Ihr Vermögen reduzierte sich um fast 10 Billionen Dollar. 4,4 Millionen Haushalte hatten höhere Hypothekenschulden, als ihr Haus noch wert war. Sie waren »underwater«.[13] Je weiter die derzeitige Immobilienblase am deutschen Häusermarkt sich noch ausdehnt, desto wahrscheinlicher erwartet uns ähnliches. Zudem ist der deutsche Immobilienmarkt sehr stark zweigeteilt. Den attraktiven Ballungsgebieten, dem Süden und den Mittelstädten stehen ein oft strukturschwacher Osten, Teile des Ruhrgebiets und des Nordens gegenüber, wo sich so gut wie gar nichts getan hat – und absehbar auch wenig tun wird.

Fazit: Immobilien sind eine wichtige Basis für Ihre Vermögenssicherung; sie sollten aber nicht mehr als 30 Prozent Ihres Vermögens ausmachen. Vor allem sollten Sie sich nicht durch die aktuelle Torschlusspanik verleiten lassen, in eine überteuerte Immobilie zu investieren. Dann lieber mieten. In *Investieren statt sparen* widme ich mich der Problematik der Investition in Immobilien ausführlicher.[14]

Aktien

Aktien sind die renditestärkste Anlageklasse der Welt und auch in einem Bärenmarkt wichtiger Bestandteil ihrer Gesamtstrategie. Sie partizipieren damit am Wachstum der Weltwirtschaft. Zudem schütten die meisten Unternehmen auch in einem Bärenmarkt Dividenden aus, die gerade in Krisen ein wichtiger Einkommensbestandteil sein können. Aktien sind *Sachwerte*, obwohl die Aktienkurse an der Börse zum Teil heftig schwanken. Sie verbriefen das Miteigentum an einem Unternehmen, wenn auch oft nur ein winziges. Von der Daimler AG gibt es zum Beispiel gut eine Milliarde Aktien.[15] Das Unternehmen existiert seit über 100 Jahren und hat mehrere Börsencrashs und zwei Weltkriege überlebt.

Zwischen 1982 und 2005 hat die Welt einen Bullenmarkt in einem nie da gewesenen Ausmaß erlebt.[16] Der Dow Jones Industrial Average (DJIA; kurz: Dow Jones Index) ist in diesem Zeitraum ungefähr um 1250 Prozent gestiegen – und das schließt die zusätzlichen Renditen aus Dividendenzahlungen noch nicht ein. Zwischen 1998 und 2012 – also immerhin 14 Jahre – entwickelten sich die amerikanischen Leitbörsen seitwärts. In den folgenden sieben Jahren haben sie sich dann erneut verdoppelt.

Entwicklung von DAX und Dow-Jones-Index seit 1982:
Langfristig trotz Phasen der Stagnation ein starker Anstieg

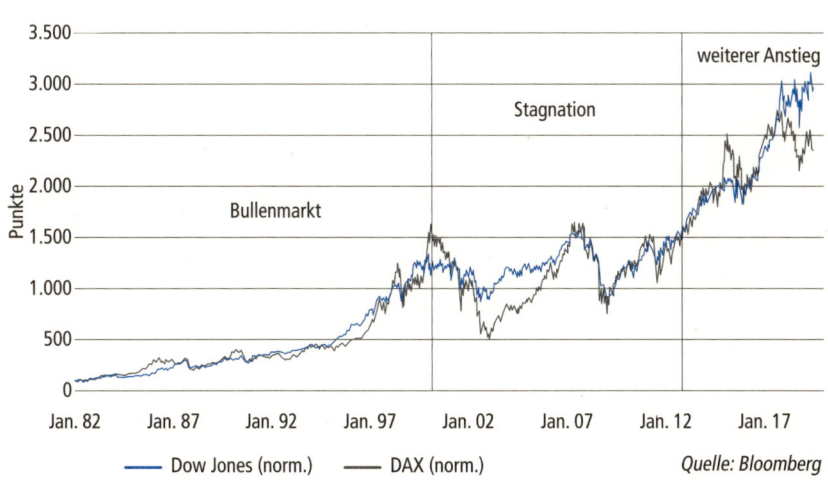

Die Zeit für eine erneute Korrektur – vielleicht langsam und schleichend wie zwischen 1998 und 2012, vielleicht aber auch in Form eines Aktiencrashs – rückt näher. Angst und Vorsicht sind in Zeiten von Bärenmärkten vorherrschend. Bei Investitionen können Sie vielleicht nur zwischen zwei verschiedenen Übeln wählen: Wenn Sie sich für Investment A entscheiden, haben Sie vielleicht einen Verlust von 2 Prozent zu erwarten, bei Investment B einen von 5 Prozent. Wenn Sie Ihr Geld unter die Matratze stopfen, kann es passieren, dass der Staat alles durch eine Inflation enteignet. Keine sehr angenehme Vorstellung.

Glücklicherweise gibt es Investments, die auch in Bärenmärkten relativ gut funktionieren. Superinvestor Warren Buffett hat selbst in den ölkrisengeplagten Siebzigern kontinuierlich bessere Renditen als der Aktienindex S&P 500 erzielt. Im Durchschnitt erzielte Buffett in diesen Jahren eine Rendite von traumhaften 23,1 Prozent für seine Aktionäre, während der S&P 500 nominell nur 7,2 Prozent abwarf. Weil die durchschnittliche Inflationsrate in dieser Zeitspanne 7,7 Prozent betrug, verloren die Anleger in Summe Geld. Das sollte Ihnen nicht passieren.

In *Der Crash kommt* listete ich über 50 Aktien für die Krise auf. Natürlich würde sich nicht jede Idee gut entwickeln. Auch ist ein einmaliger Hinweis in einem Buch keinesfalls als Anlageberatung zu verstehen. Es hat mich interessiert, wie sich die gut 50 Aktien vom 1. Januar 2008 bis zum 31. Dezember 2018 entwickelt haben. Die Ergebnisse können sich bis auf eine Ausnahme sehen lassen.

**Performance der Aktienideen aus *Der Crash kommt*
1. Januar 2008 bis 31. Dezember 2018**

Krisensichere Titel	4,25 % p. a. (+ 58 % gesamt)
Darunter: Konsumgüter	11,35 % p. a. (+226 % gesamt)
Energie und Rohstoffe	– 2,66 % p. a.
Hidden Champions	8,66 % p. a.
Dividendenstars	3,23 % p. a.

Besonders gut haben sich Aktien von Konsumgütern, also Coca Cola, McDonald's und Co. entwickelt, die als besonders krisenstabil gelten. Auch in der Krise wird gegessen und getrunken.

Auch die »Hidden Champions« haben sich gut entwickelt.[17] Oft handelt es sich dabei um familiengeführte Unternehmen aus dem deutschen Mittelstand, die Weltmarktführer in ihren Branchen sind. Weil sich diese Firmen ganz auf ihr Geschäft konzentrieren und bewusst die Risiken der Spezialisierung auf sich nehmen, gelingt es ihnen immer wieder, der Konkurrenz voraus zu sein: eine gute Bedingung für die Aktienanlage. Aber auch hier gilt: So solide das Geschäft dieser Unternehmen ist, die Kurse können stark schwanken.

Im Jahr 2001 wies ich zusammen mit Stefan Kotkamp, damals wissenschaftlicher Assistent an der Universität Karlsruhe, nach, dass sogenannte Dividendenstrategien, bei denen man als Investor auf besonders dividendenstarke Konzerne setzt, auch in Deutschland funktionieren.[18] Die dividendenstarken Aktien warfen ebenfalls eine Gesamtrendite ab, die über Sparbuch und Lebensversicherungen lag.

Ausgerechnet die Energie- und Rohstoffaktien legten den Rückwärtsgang ein – und genau dieser »Megatrend« war damals in aller Munde. Ich kannte sogar einen Anleger, der damals *alles* in Aktien von Mineralölkonzernen steckte, weil er diese als besonders krisensicher ansah. Das zeigt Ihnen, wie wichtig es ist, bei der Aktienanlage nicht alles auf eine Karte oder einen Trend zu setzen, sondern zu streuen. Oftmals werden sich gerade solche Aktien gut entwickeln, die gerade nicht als besonders »sexy« gelten.

Wenn ein Aktiendepot aktiv betreut wird, sind auch bessere Renditen drin. Das 2005 aufgelegte und aktiv betreute Langfristdepot unseres Kapitalanlagebriefs *Der Privatinvestor* hat zwischen 2005 und 2019 um 366,59 Prozent oder 11,69 Prozent pro Jahr zugelegt.

Das Langfristdepot von *Der Privatinvestor*

Startsumme	Aktueller Stand	davon investiert	davon Cash
50.000,00 €	233.295,69 €	189.648,25 €	43.647,44 €
16.09.05	21.08.2019	81,29 %	18,71%
durch. Perf. p. a.	Performance Depot	Performance DAX	Outperformance
11,69 %	366,59 %	133,65	232,94

Quelle: www.privatinvestor.de

Aber Vorsicht! Viele Anleger agieren an der Börse unglücklich: Sie kaufen und verkaufen oft zum jeweils ungünstigsten Zeitpunkt. Für viele ist daher eine passive Anlagestrategie (*buy and hold*, kaufen und liegenlassen) die beste.

In unseren Aktienfonds Max Otte Vermögensbildungsfonds (WKN: A1J3AM) und PI Global Value Fund (WKN: A0NE9G) verfolgen wir eine aktive Aktienstrategie, das heißt, wir tauschen gelegentlich auch einmal Investments aus. Aktuell halten wir auch Anleihen. Das heißt aber nicht, dass wir ständig handeln und auf die Kurse schauen. Der Kapitalumschlag ist eher gering. Wenn wir unterbewertete Aktien von guten Unternehmen gefunden haben, freuen wir uns, diese über einen langen Zeitraum zu begleiten. Warren Buffett sagte einmal, dass sein liebster Anlagezeitraum »für immer« sei.

Die Aktien des mittelständisch geführten Unternehmens Atoss Software (WKN: 510440) halten wir zum Beispiel seit dem 16.02.2010 und haben damit eine Gesamtrendite von 1270 Prozent (31,6 Prozent per annum) erwirtschaftet. Wir verkaufen auch nicht, wenn uns diese Aktie besonders hoch scheint, denn wir haben langfristig Vertrauen in das Management. Die Aktie ist markteng, das heißt, wir könnten unsere Position vielleicht gar nicht zu einem für uns interessanten Kurs verkaufen. Oder wir können später keine ausreichende Position aufbauen, wenn der Kurs gefallen ist.

Wer zur Auflegung im März 2008 die Summe von 1.000 Euro in den PI Global Value Fonds investiert hätte, würde im September 2019 über 2.460 Euro verfügen

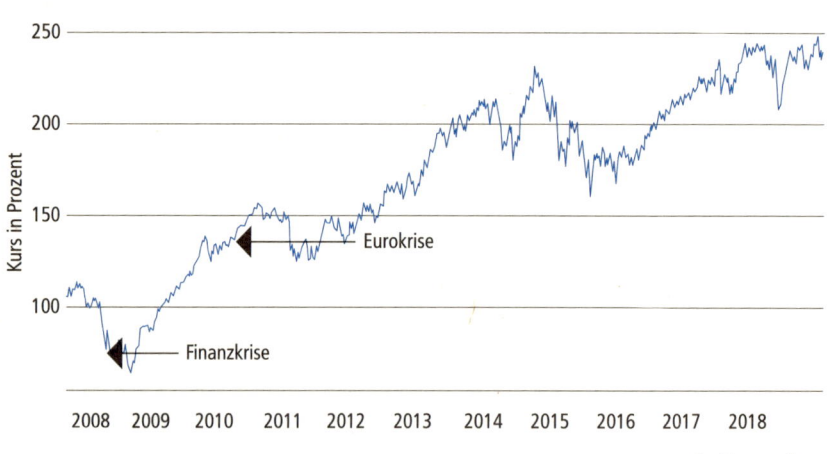

Quelle: comdirect

Beide Fonds werden nach den gleichen Prinzipien gemanagt und entwickeln sich ähnlich. Der Max Otte Vermögensbildungsfonds wurde in Deutschland aufgelegt und hat eine deutsche Wertpapierkennnummer, der PI Global Value Fund in Liechtenstein. Beide sind für den deutschen Markt zugelassen und täglich handelbar.

Seit seinem Start am 15. März 2008 kurz vor der heißen Phase der Finanzkrise bis zum 15. März 2019 weist der PI Global Value eine **Gesamtperformance von 136,8 Prozent oder 8,15 Prozent per annum netto** auf. Wenn Sie zu Beginn 1.000 Euro investiert hätten, hätten Sie am 15. März 2019 2.368 Euro in der Tasche gehabt. Die Finanzkrise 2008–2009 ist zwar als Delle noch zu erkennen, aber sie wurde, zumindest was die Fondsperformance anging, schnell überwunden.

Wenn Sie nach einem für Sie geeigneten Fonds Ausschau halten, rate ich Ihnen, Fonds in den Fokus zu nehmen, die von den Inhabern der entsprechenden Unternehmen geführt werden und die mindestens fünf, besser zehn Jahre am Markt sind. Diese Unternehmer stehen mit ihrem Namen für ihren jeweiligen Fonds. Neben dem Max Otte Vermögensbildungsfonds und dem PI Global Value Fund sind das zum Beispiel der Acatis Value Gané Fonds oder die Fonds von Frankfurt Performance Management.

Die Verweildauer von Fondsmanagern bei den großen Fondsgesellschaften beträgt nur durchschnittlich 4,1 Jahre; laut anderen Umfragen sogar nur zwischen 2,5 und 3,5 Jahren.[19] Die Finanzbranche ist immer noch verwöhnt, und bei guten Leistungen werden »Stars« gern mit Lockangeboten abgeworben. Oder man tauscht im Falle schlechter Leistungen den Fondsmanager aus und kann so eine neue »Story« präsentieren. In großen und bekannten Häusern gibt es noch einen anderen Marketingtrick: Genau wie Fondsmanager ausgetauscht werden, kann jeweils das Produkt in den Vordergrund gestellt werden, das gerade besonders gut läuft.

Königsaktien finden

Das Beispiel von Warren Buffett zeigt: Es gibt krisensichere Aktien, man muss sie nur finden. Das ist eigentlich völlig logisch. Selbst in einer Krise bricht ja nicht die gesamte Wirtschaft zusammen, sondern nur ein Teil. Viele Unternehmen werden überleben oder sogar gestärkt aus der Krise hervorgehen.

Dazu ist es wichtig, auf die Unternehmensqualität zu achten. Diese gibt letztlich wieder, wie sicher die Firma ist und wie berechenbar sie ihren Weg gehen wird. Die Unternehmensqualität hat nichts mit dem Kurs der Aktie zu tun, denn dieser wird durch irrationales Verhalten bestimmt. Hüten Sie sich vor allem vor Börsenprognostikern, die glauben, man könnte ein solches vorherbestimmen. Der gröbste Unfug ist die sogenannte Chartanalyse, bei der man aus Preismustern der Vergangenheit etwas für die Zukunft entdecken will. Da können Sie auch gleich aus dem Kaffeesatz lesen. Ich glaube, dass die Chartanalyse nur so beliebt ist, weil dann jeder sofort mitreden kann, ohne sich über die elementarsten wirtschaftlichen Zusammenhänge Gedanken machen zu müssen.

In meinem im Jahr 2000 erstmalig aufgelegten und seitdem permanent überarbeiteten Buch *Investieren statt sparen* habe ich hierzu den Königsanalyse® entwickelt. Mit Hilfe von zehn Kriterien können Sie die Qualität eines Unternehmens auf Herz und Nieren prüfen. 2017 haben wir den Test gründlich überarbeitet und der Tatsache Rechnung getragen, dass die Zeiten schnelllebiger geworden sind. Wir legen jetzt besonderes Augenmerk auf die Qualität des Managements.

Das erste Kriterium bezieht sich zum Beispiel auf die Verständlichkeit des Geschäftsmodells: *Investieren Sie nur in Unternehmen, wenn Sie die Produkte und Dienstleistungen verstehen!* Beim Investieren lassen wir uns leicht durch die Gier nach Gewinnen dazu verleiten, Aktien von Firmen zu kaufen, deren Geschäft wir nicht begreifen. Das kann nicht gut gehen! Beschränken Sie sich ausschließlich auf Unternehmen, die Sie wirklich verstehen. Beim Management sind es oftmals nicht die glamourösen Starmanager, die langfristig die besten Ergebnisse erzielen, sondern diejenigen, die still und leise ohne viel Aufhebens ihrem Geschäft nachgehen. Sie kennen CTS Eventim vielleicht als Europas größten Ticketvermarkter und Veranstalter von Liveveranstaltungen. Aber hören Sie viel vom Management? Nein! Das Management geht seinem Geschäft nach und das Unternehmen wächst still und leise vor sich hin. Seit der Finanzkrise hat sich der Kurs fast verachtfacht. Seit dem Börsengang im Jahr 2000 mehr als verfünfzehnfacht. Und das, obwohl CTS Eventim zu einem damals sehr hohen Preis an die Börse kam und wie viele andere junge Unternehmen den Zusammenbruch der Technologieblase, der »New Economy«, überstehen musste. Aber ein echter Unternehmer kommt eben auch mit Krisen zurecht. Das Unternehmen ist seitdem massiv gewachsen. Die Aktie war in der Liste meiner »Hidden Champions« in *Der Crash kommt* enthalten.

Königsanalyse® nach Prof. Dr. Max Otte©: So finden Sie die sichersten und besten Aktien der Welt

Kriterium	max. Punkte
Geschäftsmodell	**40**
1. **Verständlichkeit / Qualität:** Ist das Geschäft leicht verständlich? Handelt es sich um Güter oder Dienstleistungen des täglichen Bedarfs? Handelt es sich um ein Langfristinvestment, Zykliker oder Turnaround?	10
2. **Wettbewerbsvorteile:** Gibt es starke Marken, Netzwerkeffekte oder sonstige Eintrittsbarrieren? Sind die Wettbewerbsvorteile langfristig verteidigbar (Burggraben)? Ist das Unternehmen Marktführer seiner Branche?	10
3. **Profitabilität / Cashflow:** Werden hohe Margen/Cashflows generiert? Wie haben sich die Margen entwickelt? Gibt es hohe wiederkehrende Cashflows?	10
4. **Historie / Beständigkeit:** Wie lange existiert das Unternehmen schon? Ist die Geschäftsentwicklung insgesamt konstant oder gab es Verlustjahre? Wurde der Buchwert gesteigert?	10
Management	**40**
5. **Unternehmensführung / Transparenz:** Wie lange ist das jetzige Management schon im Unternehmen aktiv? Welche Branchenkenntnisse bringt das Management mit (vorherige Karrierestationen et cetera)? Kommuniziert das jetzige Management offen und transparent?	10
6. **Eigentümerperspektive:** Ist das Management am langfristigen Unternehmenserfolg beteiligt? Wird das Unternehmen vom Gründer oder einem Mitglied der Gründerfamilie geführt? Kauft das Management bei gefallenem Kurs nach?	10
7. **Operatives Management:** Wie sind die Margen des Unternehmens im Vergleich zum Wettbewerb? Konnte der Return on Investment (ROI) gesteigert werden? Wie geht das Management mit Krisen um?	10
8. **Kapitalmanagement:** Trugen vergangene Akquisitionen zur Erhöhung des Unternehmenswertes bei? Verwendet das Management den einbehaltenen Gewinn sinnvoll? Wie hoch ist die Rendite auf das eingesetzte Kapital?	10
Bilanz	**20**
9. **Verschuldung / Kapitalstruktur:** Ist die Verschuldung angemessen? Wie haben sich die Nettoschulden entwickelt? Gibt es hohe Pensionsverpflichtungen?	10
10. **Stabilität Bilanz insgesamt:** Ist die Eigenkapitalquote hoch? Wie hat sich das Eigenkapital entwickelt? Sind die kurzfristigen Verbindlichkeiten durch das Umlaufvermögen gedeckt?	10
Gesamt	*100*

Die Aktie des Ticketvermarkters und Konzertveranstalters CTS Eventim stieg seit der Finanzkrise um 600 Prozent

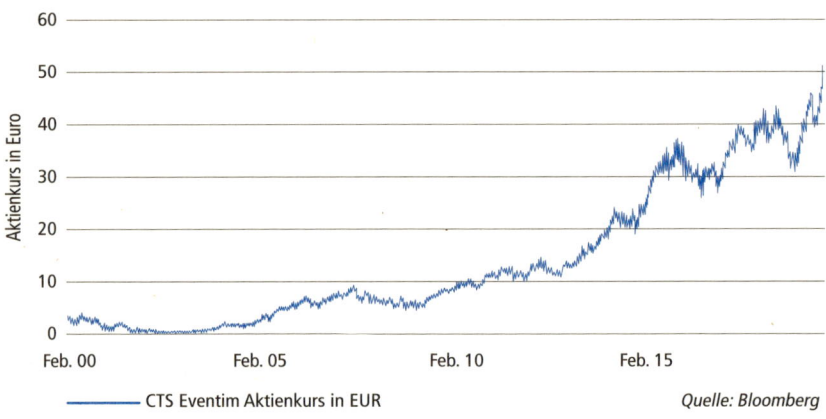

Die bereits erwähnte Atoss AG ist inhabergeführt und hat für ihre Aktionäre im Laufe der Jahre hervorragende Renditen erwirtschaftet. Auch Andreas Obereder, der Gründer und CEO, musste mit dem Zusammenbruch der Technologieblase und einem massiven Einbruch des Aktienkurses fertig werden. Was den echten Unternehmer auszeichnet: Er gibt nicht auf. Nach einer Durststrecke von mehr

Auch die inhabergeführte Atoss AG überstand das Platzen der New Economy und ist eine Erfolgsgeschichte

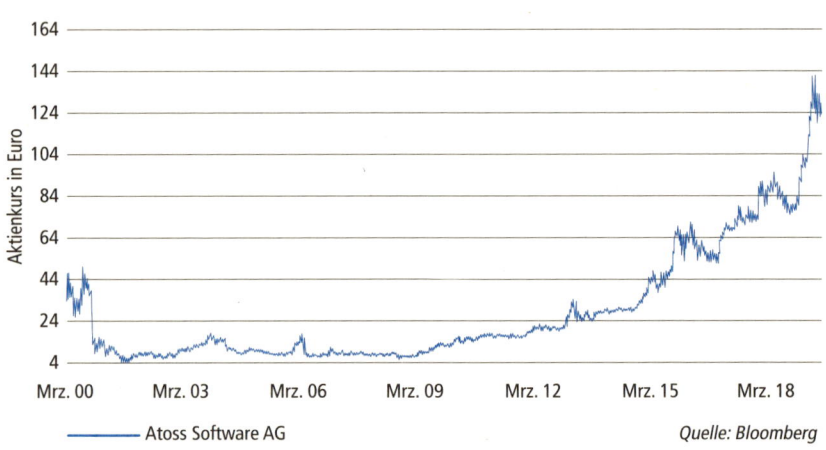

Mit den Aktien der Daimler AG oder der Deutschen Telekom hatten die Aktionäre nicht viel Freude: Immerhin bezogen sie satte Dividenden

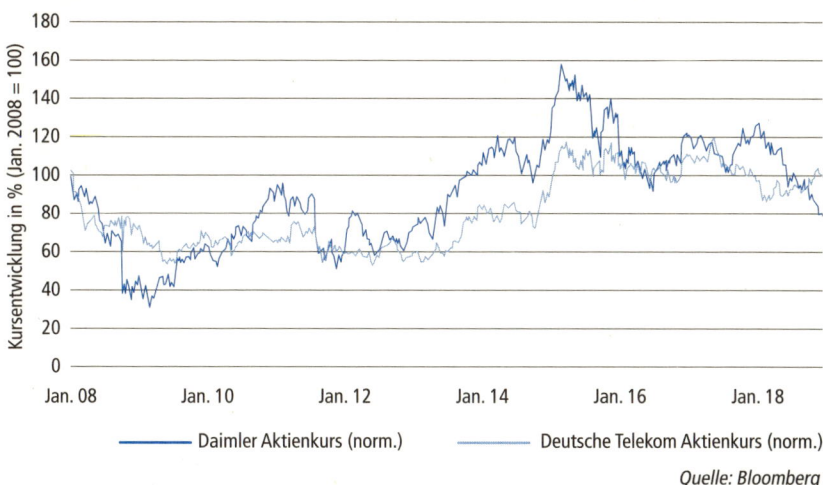

Quelle: Bloomberg

als neun Jahren begann der Aktienkurs wieder zu steigen und hat seitdem neue Höhen erklommen.

Weitere inhabergeführte Unternehmen, die wir seit Langem in unseren Portfolios haben, sind die United Internet AG (WKN: 508903) und die Sixt SE (WKN: 723132) zudem einige der großen US-Technologieunternehmen wie Alphabet (früher Google, WKN: A14Y6F), in dem die Gründer immer noch eine wichtige Rolle spielen. Zwei der bekanntesten deutschen Unternehmen, die Daimler AG und die Deutsche Telekom AG, sind weder inhabergeführt noch Hidden Champions. Das Management dieser Unternehmen war oft mit positiven, vor allem aber negativen Schlagzeilen in den Nachrichten. Die Kursentwicklung beider Unternehmen war eher verhalten.

Während der Kurs der Telekom-Aktie in diesem langen Zeitraum eine Nullrunde hinlegte, ging der von Daimler sogar um über 20 Prozent zurück. Inklusive Dividenden hat die Aktie der Telekom in diesem Zeitraum 46,9 Prozent (3,5 Prozent per annum) abgeworfen, die von Daimler 4,7 Prozent (0,42 Prozent per annum). Wir halten beide Aktien nicht in unseren Portfolios.

Es lohnt sich also, nach guten Aktien zu suchen. Mit der Königsanalyse® können Sie gut und langfristig sichere Aktien finden. Im Kapitalanlagebrief *Der Privat-*

investor (www.der-privatinvestor.de) wenden wir die Königsanalyse® seit beinahe 20 Jahren an und führen eine Datenbank mit circa 70 von uns bewerteten und beobachteten Unternehmen. Wöchentlich berichten wir, wenn es zu den Unternehmen wichtige Neuigkeiten gibt.

Gier, Furcht und der Unternehmenswert

Es ist wichtig, bei der seriösen Aktienanlage langfristig zu denken. Der Aktienmarkt schwankt. Darauf haben Sie keinen Einfluss. Aber mit soliden Unternehmen ist Ihr Geld auch in der Zukunft recht sicher.

Gier und Furcht sind die beständigen Gefährten der Kapitalmärkte, denn diese sind kurz- und mittelfristig oft höchst irrational (siehe Anhang »Wirtschafts- und Finanzkrisen«). Manchmal treibt die Euphorie ihre Blüten wie zum Höhepunkt der Technologieblase im Jahr 2000 oder in der manischen Phase des Bitcoin-Booms Ende 2017. Manchmal grassiert die Angst, wie nach dem Platzen der Technologieblase oder in der Finanzkrise. Manchmal wirft »Herr Markt« Ihnen also Aktien zu einem Schnäppchenpreis hinterher, manchmal will er sich auch zu

Der DAX seit 1999 – eine Achterbahnfahrt, die an den Emotionen zerrt

Quelle: Bloomberg; eigene Darstellung

sehr stolzen Kursen nicht davon trennen. Der Aktienkurs ist der Preiszettel der Aktie. Den tatsächlichen Wert erkennen Sie so einfach nicht. Hierzu müssen Sie etwas elementare Betriebswirtschaftslehre anwenden. Darüber sind viele Bücher geschrieben worden. Es lohnt sich, die grundlegenden Zusammenhänge zu verstehen, auch wenn sie später Ihre Kapitalanlagen einem Profi überlassen sollten.

Der Wert eines Unternehmens wird letztlich durch sein Vermögen und – noch wichtiger – seine Ertragskraft bestimmt. Er hat ebenfalls nicht direkt etwas mit dem Börsenwert und dem Aktienkurs zu tun (der Aktienkurs ist nur den Preis, der für diese Firma derzeit am Markt bezahlt wird). So kann es zum Beispiel gerechtfertigt sein, dass ein junges Unternehmen wie Wirecard (WKN: 747206) mehr wert ist als ein etabliertes Unternehmen wie die Deutsche Bank (WKN: 514000). Allerdings wird die Hoffnung auf die Zukunft oft überbewertet, es entstehen »Hypes«. Value-Investoren bewerten die Zukunft nicht über und wissen, dass die aktuelle Ertragskraft zunächst einmal ein sehr brauchbarer Anhaltspunkt ist.

Wo stehen wir im Sommer 2019? Ich komme immer wieder auf den fast 90-jährigen Warren Buffett zurück, der nicht nur der beste Value-Investor aller Zeiten ist, sondern auch viele kluge Dinge zum Thema gesagt hat. Er hat außerdem den sogenannten Buffett-Indikator entwickelt. Dabei setzt er den Kurswert

Im Jahr 2019 lag der Wert aller Aktien der Welt noch leicht unter dem Welt-BIP: die Anlageklasse Aktien war noch nicht überteuert

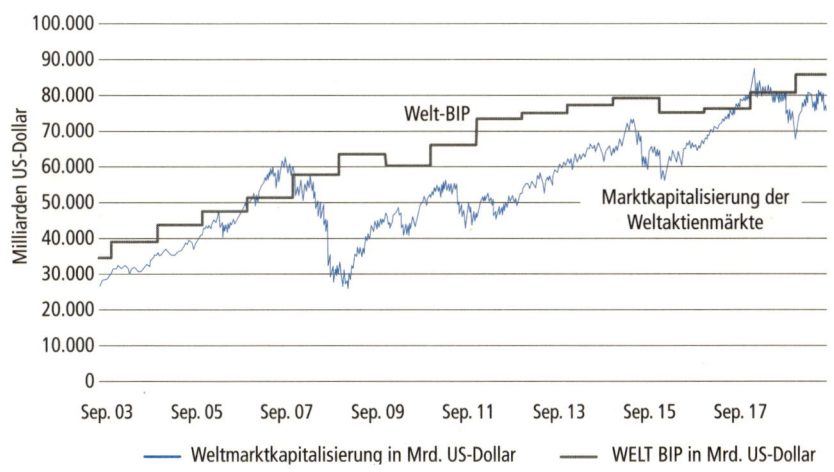

aller Aktien der Welt (Weltmarktkapitalisierung) in Relation zur Wirtschaftsleistung der Welt (Welt-Bruttoinlandsprodukt). Geht dieser Wert deutlich über 1, werden Aktien teuer. Sinkt er deutlich unter 1, sind Aktien billig.

In der Grafik lässt sich ablesen, dass die Weltwirtschaft seit 2003 mit gewissen Ausnahmen permanent gewachsen ist. Die Aktienkurse hingegen haben stärker geschwankt. Sehr klar sieht man den Kurseinbruch von 2008 bis 2009. Die Finanzkrise war ganz klar eine Kaufchance. Dahingehend hat sich Buffett auch im Herbst 2008 geäußert. Im Jahr 2017 überschritt der Buffett-Indikator zum ersten Mal den Wert 1. Prompt folgte eine Korrektur. Aktuell liegt der Wert wieder unter 1– Aktien sind also keinesfalls überteuert. Selbst wenn der Wert bei leicht über 1 liegt, gehören Aktien immer noch in Ihr Depot.

Wir können Krise

Aktienanlage ist ein Dauerlauf, kein Sprint. Wenn Sie gute Aktien halten, können Sie diese ruhig für sich arbeiten lassen. Auch der PI Global Value Fund hat die Krise mitgemacht. Der Fonds wurde im März 2008 aufgelegt und brach bis März 2009 um 36 Prozent ein. Das war die heiße Phase der Finanzkrise. Danach schoss er aber sofort um fast 150 Prozent nach oben und entwickelte sich weitaus besser als die Indizes.

Was war passiert? Bereits im Sommer 2008 war der Fonds zu nahezu 100 Prozent in Aktien investiert. Der Buffett-Indikator zeigte keine Überbewertung an. Und dann brach die Krise über uns herein. Nun zeigte sich die Stärke eines aktiven Fondsmanagements.

Etliche Aktien wurden in der Finanzkrise überproportional abgestraft, weil Panik im Markt war. So fiel American Express (WKN: 850226) von 60 bis auf 10 Dollar, weil jeder das Unternehmen mit Banken in Verbindung brachte. American Express ist aber vor allem ein sicherer Zahlungsdienstleister. Auch die sichere Aktie von Anheuser-Busch InBev (WKN: A0N916) stürzte ins Bodenlose, obwohl das Unternehmen fast jedes dritte Bier produziert, das auf der Welt getrunken wird. Nach der Übernahme von Anheuser-Busch durch Inbev im Jahr 2008 war AB InBev auf einmal ein belgisches Unternehmen und die Aktie fiel aus den US-Aktien- und Indexfonds heraus. In den Folgejahren stieg der Kurs wieder um mehr als 1000 Prozent.

Der PI Global Value Fonds hat die Krise mitgemacht, erholte sich dann aber schnell

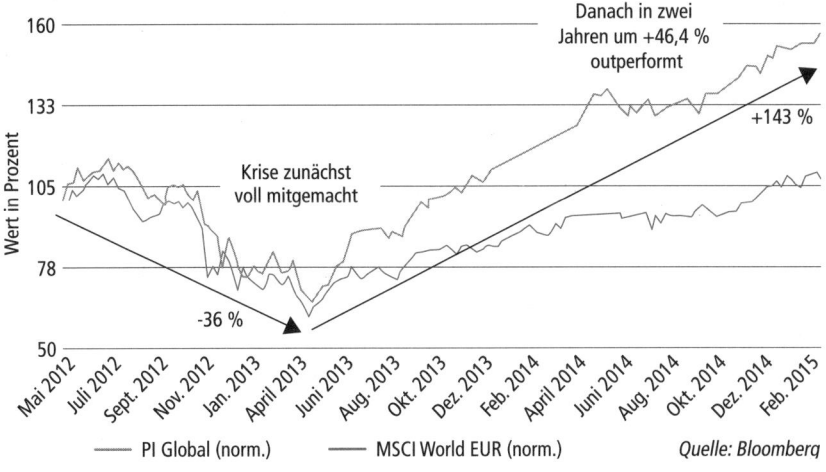

Quelle: Bloomberg

Ich verkaufte Titel aus dem PI Global Value Fund und investierte in diese beiden Aktien, was nicht unerheblich zur schnellen Kurserholung beitrug. Solche Gelegenheiten bieten sich allerdings nur selten. Gerade in der Krise gibt es aber oft viele davon. Die meisten Privatanleger werden gerade dann von Furcht und Panik getrieben sein, wenn sie zuschlagen sollten. Doch in der Krise liegt die Chance!

Don't lose!

Im Sommer 2005 führte die Bayerische Landesbank ein für den deutschen Raum Maßstäbe setzendes Investmentseminar durch. An zwei Tagen referierten führende amerikanische und deutsche Experten über Geldanlagen, über Fundamental- und Value-Analyse von Aktien sowie über die Entwicklung einzelner Branchen. Der erste Referent war Charles Ellis, Gründer von Greenwich Associates und seit über 30 Jahren ein angesehener Investmentberater für Banken und Finanzinstitutionen. Nebenbei war er Professor an der Harvard Business School, Yale und anderen angesehenen Universitäten gewesen. Ein Ausspruch von ihm ist mir besonders in Erinnerung geblieben: »Don't lose!« (»Auf keinen Fall Geld verlieren!«)

Charles Ellis erzählte vom Beginn seiner Karriere, als er, gerade von der Harvard Business School kommend, für ein Unternehmen zu arbeiten begann, das die Gelder der Rockefeller-Familie verwaltete. Nach seinem ersten Aktienreport rief sein Chef ihn zu sich und schickte ihn mit den Worten »Charlie, die Rockefellers sind eine reiche Familie, aber sie sind nicht so reich, dass sie sich dich leisten könnten« zu einer Fortbildung an der Wall Street.

Unter den dortigen Referenten war auch der Eigentümer eines Unternehmens, ein stattlicher, eleganter und sehr reicher Mann. Am Ende stellte ein Freund von Ellis eine Frage: »Ich möchte so reich sein wie Sie! Sagen Sie mir doch, wie ich das anstellen soll.«

Der Firmenchef stand lange schweigend da. Ellis dachte zuerst, dass er sich vielleicht über die respektlose Frage ärgern würde, dann merkte er, dass der Referent intensiv nachdachte. Schließlich fixierte er den Fragesteller lange und eindringlich und sagte nur zwei Worte: »Don't lose!« Im Laufe eines mehr als 40-jährigen Berufslebens erschloss sich die Tiefe dieser einfachen Wahrheit für Ellis immer mehr. Auch ich habe sie in den letzten Jahren mehr und mehr schätzen gelernt.

Verluste sind aus einem einfachen Grund schmerzhaft: Wenn eine Kapitalanlage um einen bestimmten Prozentsatz fällt, muss sie nachher um einen *höheren* Prozentsatz steigen, um wieder ihr Ausgangsniveau zu erreichen. Fällt Ihre Aktie zum Beispiel um 50 Prozent, muss sie später um 100 Prozent steigen.

Anstieg, der nach einem Verlust von x Prozent notwendig ist, um das Ausgangsniveau wieder zu erreichen

Verlust	Von 100 € bleiben	Notwendiger Anstieg
10 %	90	11 %
25 %	75	33 %
50 %	50	100 %
75 %	25	300 %
90 %	10	900 %
95 %	5	1900 %

Hierzu gehört auch die Tatsache, dass Menschen immer wieder auf einen Betrug hereinfallen. Und je verzweifelter sie zum Beispiel in einer Krise werden, desto empfänglicher sind sie für Bauernfängerei. Wenn eine Kapitalanlage zu gut aussieht, um wahr zu sein, dann ist sie nicht wahr. Renditen über 10 Prozent schaffen nur die besten Aktienfonds – und das auch nur in normalen Zeiten. Alles andere ist Augenwischerei.[20] Lassen Sie sich nicht beschwindeln, investieren Sie in einfache und klare Kapitalanlagen, die Sie jederzeit kontrollieren können, vermeiden Sie alle komplexen Produkte der Finanzbranche.

»Don't lose!« ist eine Weisheit von fundamentaler Bedeutung. Sie besagt nichts anderes, als dass Sie zuallererst immer darauf bedacht sein müssen, Verluste zu vermeiden! Denken Sie an die Zeit des Neuen Marktes zurück und versuchen Sie, sich an Ihr eigenes Portfolio zu erinnern. Waren es letztlich die Gewinne, die Sie gemacht haben, oder die Verluste, die die Gesamtperformance Ihres Portfolios bestimmt haben? Vielleicht geht es Ihnen so wie einem Nachbarn von mir, der Porsche-Aktien hatte (plus 100 Prozent seit 2000) und diese im Jahr des Porsche-Anstiegs in NEMAX-Aktien tauschte, weil Freunde und Bekannte ihm von ihren sagenhaften Gewinnen erzählten. Wie diese Investmentstory ausging, brauche ich nicht weiter zu erzählen.

Gier frisst Hirn – in Bullenmärkten stimmt das immer wieder.[21] Leider fallen aus diesem Grund viele Anleger auf Scheinsicherheiten herein, die ihnen Banken und Finanzdienstleister vorgaukeln. Ich hoffe, Ihnen gezeigt zu haben, dass dies der falsche Weg ist.

Es hilft alles nichts. Sie müssen Ihre Geldanlagen selber in die Hand nehmen. Keine Investmentstrategie ist perfekt. Die Zukunft ist immer unsicher. Es ist eine Illusion, RE-agieren zu wollen, wenn die Krise da ist. VOR-Sorge ist notwendig. Noch können wir nur die großen Entwicklungslinien der Krise sehen, nicht ihre Details. Diese reichen aber aus, um bereits jetzt wichtige und wesentliche strategische Entscheidungen zu treffen. Wenn Sie Ihr Vermögen krisenfest gemacht haben, können Sie relativ gelassen zusehen, wie die wirtschaftliche Ära der letzten drei Jahrzehnte endet und einer völlig anderen und neuen Platz machen wird.

Treffen Sie die notwendigen Vorbereitungen, seien Sie gelassen, und vermeiden Sie Verluste!

ANHÄNGE

I – Wirtschaftszyklen, Wirtschafts- und Finanzkrisen: Warum sie immer wieder kommen

Finanz-, Wirtschafts- und Währungskrisen sind ein Dauerphänomen der Geschichte. Staatspleiten ebenfalls. Aber sie werden gern verdrängt, da sie nicht in das Glaubenssystem der modernen Ökonomie passen. In *Der Crash kommt* nenne ich neun Krisen, die allein zwischen 1987 und 2001 ausbrachen, darunter der Crash vom Oktober 1987, den ich als junger Praktikant auf dem Frankfurter Börsenparkett miterlebte, die mexikanische Schuldenkrise, den Zusammenbruch des LTCM-Hedgefonds und den Kollaps der Technologieblase.[1] Außerdem präsentiere ich dort eine Zusammenstellung der größten spekulativen Exzesse seit dem legendären Tulpenwahn von 1639.[2] Die amerikanischen Ökonomen Kenneth Rogoff und Carmen Reinhart veröffentlichten 2009 eine umfassende Studie über Finanzkrisen aus acht Jahrhunderten und 66 Ländern. Ihr Buch trägt den Titel *Dieses Mal ist alles anders*, eine Anspielung darauf, dass Ökonomen und Praktiker immer wieder glauben, dass man diesmal die Wirtschaft im Griff habe und es diesmal *keine* Krise geben wird.[3] Der Hedgefondsmanager Ray Dalio legt in seinem 2018 erschienenen Buch *Principles for Navigating Big Debt Crises* die Ergebnisse einer systematischen Studie von 48 Schuldenkrisen vor, einige inflationär, andere deflationär.[4] Die erste und banale Erkenntnis: Krisen kommen immer wieder vor. Der Konjunkturzyklus ist niemals dauerhaft besiegt.

Die zweite Erkenntnis: Man spricht nicht gern über Zyklen. Das folgende Zitat von Ray Dalio kennen Sie bereits aus Kapitel 2, doch Dalio bringt die Sache so auf den Punkt, dass es hier noch einmal wiedergegeben werden soll: »Wann immer ich über Zyklen spreche, insbesondere über lange Zyklen, heben sich die Augenbrauen der Leute; die Reaktionen, die ich hervorrufe, sind denen ähnlich, die ich erwarten würde, wenn ich über Astrologie sprechen würde. Deswegen möchte ich betonen, dass ich über nichts anderes spreche als über Serien von Vorfällen, die alle logisch begründbar sind und in bestimmten Mustern erfolgen.«[5] In einer Marktwirtschaft treiben nach Dalio die Expansionen und Kontraktionen des Kreditvolumens den Zyklus, und sie passieren aus absolut logischen Gründen. Man sollte Dalio ernst nehmen. Er verdient sein Geld damit, Zyklen zu verstehen. Und er ist einer der 100 reichsten Menschen der Welt.

Der Börsencrash von 1929 und die folgende Große Depression, die Weltwirtschaftskrise, ist sicherlich die Krise, die zumindest den US-Amerikanern noch am tiefsten in den Knochen steckt. Sie hat die folgende Generation von Politikern und Entscheidungsträgern geprägt. In Deutschland wurden die Folgen der Krise schnell durch den Nationalsozialismus überlagert. Deswegen haben sich hier die beiden Enteignungen im Zuge der Hyperinflation 1921–1923 und der Währungsreform 1948 tief in das kollektive Gedächtnis eingebrannt. Langsam tritt die Generation, die Letztere noch miterlebt hat, ab, und die Erinnerungen verblassen. Eine kürzere Halbwertszeit scheinen die Exzesse der Technologieblase zwischen 1998 und 2000 sowie der Finanzkrise von 2007 bis 2009 zu haben. Schon jetzt haben wir beide Ereignisse ganz gut verdrängt. Es scheint, als ob die Verantwortlichen nichts gelernt haben. Im Gegenteil, sie versuchen, uns immer wieder zu versichern, dass sie »alles unter Kontrolle« haben. Dabei werden ihre Eingriffe in die Wirtschaft immer verzweifelter.

Ökonomen tun sich schwer mit Krisen, denn Krisen sind im Gedankengebäude der Ökonomie nicht vorgesehen. Ganz grob vereinfacht, aber nicht falsch, läuft die Argumentation wie folgt: wenn von bestimmten Teilnehmern im Wirtschaftsleben Ersparnisse gebildet werden, finden diese Ersparnisse ihren Weg auf den Kapitalmarkt. Dort gibt es Unternehmer und Konsumenten, die sich verschulden wollen und Ersparnisse nachfragen. Der Kapitalmarktzins regelt nun, wie viel Ersparnisse angeboten und nachgefragt werden. Ist der Zins höher, werden mehr Teilnehmer am Wirtschaftsleben sparen, weil das Warten gut bezahlt wird. Entsprechend weniger wird nachgefragt. Beim Marktzins gleichen sich Angebot und Nachfrage aus.

Die Ersparnisbildung ist allerdings nicht die Obergrenze der Kreditvergabe. Das Banksystem kann Kredite aus dem Nichts erschaffen, die das Volumen der Ersparnisbildung bei Weitem übersteigen. Auch darin sehen die meisten Ökonomen kein Problem, denn sie gehen von rationalen Individuen aus, die die Zukunft im Großen und Ganzen rational einschätzen. Das ist der viel beschworene »Homo oeconomicus«.

Menschen sind aber nicht nur rationale, sondern auch emotionale Wesen. Wenn man viele von ihnen zusammenbringt, heißt das keinesfalls, dass sich dann aus den vielen Einschätzungen und Emotionen ein rationaler Durchschnitt bildet. Im Gegenteil: Gerade in der Masse können sich starke Emotionen wie Furcht und Gier aufschaukeln, denn die Masse sucht den kleinsten gemeinsamen Nenner, wie der französische Mediziner Gustave Le Bon schon 1895 in seinem Werk *Psychologie der Massen* schrieb. »Die bewusste Persönlichkeit schwindet, die Gefühle und Gedanken aller sind nach derselben Richtung orientiert. [...] In der Gemeinschaftsseele versinkt das Ungleichartige im Gleichartigen, und die unbewussten Eigenschaften überwiegen.«[6]

Denken Sie an ein Rockkonzert, wenn die Masse sich zur Musik bewegt. Oder an religiöse Zeremonien von Naturvölkern. Auf Finanzmärkten und Börsen können sich die Emotionen besonders austoben, weil diese Märkte sehr schnell sind, sodass sich Bewegungen schnell verstärken können, wenn die richtigen Bedingungen vorliegen. Daran hat auch der verstärkte Einsatz von Algorithmen und Computerprogrammen nichts geändert, im Gegenteil.[7]

In den letzten 20 Jahren hat die Disziplin der verhaltenswissenschaftlichen Finanzforschung in vielen Experimenten nachgewiesen, wie unvollkommen und oftmals geradewegs falsch und irrational unsere Finanzentscheidungen sind.[8] Unser Gehirn bedient sich dabei einerseits einfacher Entscheidungsverfahren, um die Komplexität der Umwelt zu reduzieren. Oftmals wird das rationale Denken sogar ganz ausgeschaltet.

Die sogenannte Repräsentativitätsheuristik zum Beispiel verleitet uns dazu, Urteile und Entscheidungen aufgrund von Merkmalen zu treffen, die unser Gehirn als relevant ansieht, während sie mit der eigentlichen Frage nichts zu tun haben. Oftmals beeinflussen dabei die letzten Fakten, die wir aufgenommen haben, das Ergebnis. In einer der ersten Untersuchungen dieser Art beschrieben die israelischen Psychologen Daniel Kahneman und Amos Tversky im Jahr 1973 ihren Versuchspersonen eine Frau namens Linda. Linda, so die Vorstellung, arbeitete in einer Bank und war sehr für Frauenrechte und Emanzipation engagiert. In der folgenden Befragung, ob Linda »eine Bankangestellte« oder »eine Bankangestellte und Feministin« sei, schätzte die Mehrzahl der Versuchspersonen die Wahrscheinlichkeit höher ein, dass Linda »Bankangestellte und Feministin« sei. Das kann jedoch nicht stimmen, denn »Bankangestellte und Feministin« ist eine Schnittmenge aus »Bankangestellte« und »Feministin«, also maximal gleich wahrscheinlich wie »Bankangestellte«.[9]

Derartige krasse Fehleinschätzungen unseres Hirns sind leider die Regel, nicht die Ausnahme. Ein Großteil meiner Arbeit als Finanzmarktanalyst und Fondsmanager besteht darin zu hinterfragen, ob der Markt gerade emotional oder rational agiert. Denn der Markt hat nicht immer recht. Er hat sogar eigentlich fast nie recht, sondern schwankt zwischen überbordendem Optimismus und zu großem Pessimismus. In einem langen Artikel (»Ich denke, also irre ich«) stellte der *Spiegel* Forschungsergebnisse vor, die arg am Menschenbild der Aufklärung kratzen, also infrage stellen, dass wir uns größtenteils rational verhalten.[10]

Wie Kahneman durch seine Forschungen zeigen konnte, wird ein Großteil unseres Investmentverhaltens von Mechanismen gesteuert, die aus einer Zeit stammen, als es nur um eines ging: ums Fressen oder Gefressenwerden.[11] Die Frage »Kampf oder Flucht« ist ein Verhaltensmuster, das uns bis heute beeinflusst. Unser Gehirn stellt uns also häufig Fallen, denn wir steuern unsere Investmententscheidungen oft mit uralten Mechanismen (siehe Einleitung). Bei Geld- und Finanzentscheidungen sollten jedoch nicht Emotionen den Ausschlag geben, sondern ein kühl kalkulierender Kopf, der zukünftige Renditen und Risiken möglichst sachlich analysiert. Spontane Reaktionen sind absolut kontraproduktiv.

Wenn Sie selber in der Finanzkrise Geld verloren haben oder Opfer Ihrer eigenen Emotionen wurden, wird Sie vielleicht das Beispiel von Isaac Newton, neben seinem Zeitgenossen Gottfried Wilhelm Leibniz wohl der klügste Mann seiner Zeit, etwas trösten. 1720 wurden an der Londoner Börse Anteilsscheine der South Sea Company zu immer höheren Kursen ausgegeben. Die Hoffnung auf die Ausbeutung der Neuen Welt und der Kolonien trieb den Kurs dieses und anderer Unternehmen in ungeahnte Höhen. Viele der Vorgänge aus diesem Jahr können Sie problemlos auf die New Economy übertragen, etwa wenn ein Emissionsprospekt »ein Unternehmen von großem Gewinnpotential, aber noch unbekannter Natur« ankündigte.[12]

Newton hatte zu einem relativ frühen Zeitpunkt in Aktien der South Sea Company investiert. Am 20. April 1720 verkaufte er seine Aktien (Anteile) mit einem Gewinn von 100 Prozent. Er hatte 7000 Pfund verdient, zu seiner Zeit ein stattliches Vermögen. Wenige Wochen später aber überfiel ihn der Impuls, sein Geld wieder in eben dieselben Aktien zu reinvestieren, gerade als die Spekulationsblase ihren Höhepunkt erreichte. Einer der rationalsten Geister des Jahrhunderts, ein großer Physiker und Astronom, verfiel dem Herdentrieb. Das Resultat: Newton verlor über 20.000 Pfund. Entnervt gab er mit dem Kommentar auf: »Ich kann die Bewegungen der Himmelskörper berechnen, aber nicht den Wahnsinn der Menschen.«[13]

I – Wirtschaftszyklen, Wirtschafts- und Finanzkrisen

Und so kommt es eben auch zu Zyklen im Kreditsystem und in der Wirtschaft. Aufschwungphasen wechseln sich mit Abschwungphasen ab. Wenn der Aufschwung sehr stark war oder sehr lang oder wenn er künstlich verlängert wurde, folgen regelmäßig größere Krisen. Das passt weder Politikern noch Ökonomen, denn es scheint dem Machbarkeitsdogma der heutigen Politik zu widersprechen und die Rationalität der Akteure infrage zu stellen.

Die Krisenökonomen Charles Kindleberger[14] und Hyman Minsky[15] haben zuerst über den Schuldenzyklus geschrieben, Ray Dalio erklärt ihn wie folgt:[16] In der Aufschwungphase wird großzügig Kredit vergeben, obwohl die Wirtschaftssubjekte sich immer höher verschulden. Vielleicht hat eine neue Technologie, die Erschließung neuer Länder oder eine andere Entwicklung zu einem besonderen Optimismus geführt. Der Prozess ist selbstverstärkend, weil mehr Schulden zu mehr Ausgaben führen, diese generieren höhere Einkommen und treiben die Vermögenspreise an, und die Schuldner können noch mehr Kredit aufnehmen. Oftmals spielen dabei auch Finanzinnovationen eine Rolle, die begierig vom Markt aufgesogen werden, ohne dass die Risiken entsprechend eingepreist sind. In der letzten Krise waren dies die Subprime-Papiere; aktuell könnten es passive Investmentvehikel, Indizes und Indexprodukte sein.[17] Bereits im Jahr 1986 wies ein Bericht der Bank für Internationalen Zahlungsausgleich darauf hin, dass Finanzinvestitionen oftmals unter Preis angeboten würden, das heißt, dass das Risiko nicht angemessen bezahlt würde.[18] Da Kredit frei verfügbar ist, geben die Kreditnehmer oft mehr, als gut für sie wäre, was den Aufschwung stützt.

Nach Dalio können Schulden nicht ewig schneller steigen als die Einkommen, aus denen sie bedient werden. Wenn der Anstieg der Schulden an seine Grenzen kommt, kehrt sich der gesamte Prozess um. Die Vermögenspreise fallen. Schuldner können ihren Verpflichtungen vielleicht nicht mehr nachkommen. Kreditgeber werden vorsichtiger und erneuern die ersten Kredite nicht. Die Liquidität im System wird knapp. Die Menschen fangen an, weniger auszugeben. Die Vermögenspreise stagnieren und fallen, was weitere Investoren und Banken in Probleme bringt. Gleichzeitig werden immer mehr Kredite nicht verlängert. Der Aktienmarkt crasht, Arbeitslosigkeit und soziale Spannungen steigen, weil Unternehmen Entlassungen vornehmen, um Kosten einzusparen. Dalio schließt seine kurze und konzise Beschreibung des Schuldenzyklus mit einem Vergleich: »Anders als bei Rezessionen, in denen die Geldpolitik gelockert werden kann, indem man die Zinsen senkt und damit die Liquidität erhöht, geht das in Depressionen nicht. Die Zinsen sind bereits am Nullpunkt und die Geldversorgung kann durch normale Maßnahmen nicht erhöht werden.«[19] Eine schöne Beschreibung der Weltwirtschaft im Jahr 2019.

Krisenvorhersagen: Warum sich Ökonomen so schwer damit tun

Ökonomen und Wirtschaftspolitiker tun sich schwer mit Krisenvorhersagen oder damit, Spekulationsblasen zu erkennen. Im Jahr 2003 erklärte Nobelpreisträger Robert Lucas in einer Rede, dass die »Makroökonomie ihr Ziel erreicht hat: Ihr zentrales Problem der Verhinderung von Depressionen ist gelöst.«[20] Der damalige Fed-Chef Alan Greenspan sagte 2005 vor dem Financial Services Committee des US-Repräsentantenhauses aus, dass man zwar »Charakteristika einer Häuserpreisblase in gewissen Gegenden, nicht aber in der gesamten Nation« beobachten könne.[21] Zu diesem Zeitpunkt war Amerika längst im Spekulationsfieber, und bereits im September 2004 hatte die angesehene Wirtschaftszeitschrift *Fortune* im Titel einer langen Reportage gefragt, ob der Häuserboom vorbei sei, weil eine gigantische Spekulationswelle das Land erfasst habe.[22]

Selbst als die Krise hereinbrach, wollten es die Wirtschaftsforschungsinstitute zuerst nicht wahrhaben. Der Internationale Währungsfonds ging noch 2007 davon aus, dass die potenziellen Verluste im Subprime-Sektor begrenzt seien, weil fast 90 Prozent aller Subprime-Papiere mit A oder höher bewertet seien.[23] Der Wochenbericht des DIW vom 16. Oktober 2007 – da waren die ersten Sub-prime-Probleme und die erste größere Klemme am Kreditmarkt bereits eingetreten – ist überschrieben mit »Weltwirtschaftliche Expansion nur leicht gedämpft – Rezession nicht wahrscheinlich«.[24] In einem Interview vom 24. Oktober 2007 äußerte der von mir sehr geschätzte damalige ifo-Präsident Hans-Werner Sinn in Bezug auf die Aussichten für 2008 kurz und bündig: »Eine Rezession steht nicht an.«[25]

»Wie ein Tsunami« sei die Krise plötzlich und unvorhersehbar hereingebrochen, sagte die damalige Chefin der Kreditanstalt für Wiederaufbau Ingrid Matthäus-Maier. Das war natürlich pure Selbstrechtfertigung – und falsch war es auch. Es gab natürlich viele Anzeichen, dass die Weltwirtschaft bereits 2006 auf einem äußerst schwachen und brüchigen Fundament stand. Zunächst einmal all das, was ich in *Der Crash kommt* beschrieben hatte. Dann aber auch viele sehr deutliche Warnsignale zwischen Anfang 2007 und der heißen Phase der Finanzkrise im Herbst 2008. Am 7. Februar 2007 warnte die Megabank HSBC vor massiven Abschreibungen in ihrem Subprime-Portfolio, am 21. Juli wurden zwei Hedgefonds von Bear Stearns geschlossen, am 27. Juli die IKB gerettet. Am 17. August 2007 kam es zur ersten großen Panikwelle an den Kreditmärkten. All dies passierte vor den Augen der paralysierten Regierungen und Notenbanken.

Warum Ökonomen und Praktiker immer wieder blind in Bezug auf Finanzblasen und Wirtschaftskrisen sind, ja diese selbst dann noch regelrecht leugnen, wenn sie sich schon mittendrin befinden, habe ich in meinen Vortrag »Die Finanzkrise, der Crashprophet und die Wissenschaft von der modernen Ökonomie« auf Einladung der Universität zu Köln dargelegt.[26] Es hat drei ganz einfache und banale Gründe:

Zum ersten hat die moderne Ökonomie oftmals einen nahezu religiösen Charakter und die Ökonomen sind weitgehend zur Priesterkaste des Finanzkapitalismus mutiert. Die wirtschaftswissenschaftlichen Fakultäten sind zu Priesterseminaren geworden, die Business Schools sind die Offiziersschulen des Finanzkapitalismus. Der blinde Glaube an Märkte ist einer der letzten Reste religiösen Denkens in einer weitgehend säkularen Welt.[27]

Für Ökonomen agieren Wirtschaftssubjekte rational. Manien und Crashs sind in diesem Weltbild nicht vorgesehen. Die verhaltenswissenschaftliche Finanzforschung, die vielfach nachgewiesen hat, dass Menschen gerade in Finanzdingen höchst emotional reagieren, wird weitgehend ignoriert. Das Gleiche gilt für die Wirtschaftsgeschichte, die zunehmend aus den Lehrplänen verdrängt wird, die Anthropologie und die Soziologie. Die moderne Ökonomie ist daher mit ihrem Glauben an den Homo oeconomicus, an Zahlen und Modelle eine esoterische Wissenschaft, die sich den Menschen eher so denkt, wie er nach ihrem Weltbild sein sollte, nicht, wie er wirklich ist. Bei den Praktikern sieht es anders aus: Warren Buffett, Jeremy Grantham, Howard Marks und auch ich verdienen ihr Geld damit, dass Finanzmärkte irrational sind, und wir wissen es auch.

Zum zweiten, und das mag viele überraschen, kommen Finanzsektor und Banken als eigenständige Institutionen in der ökonomischen Theorie so gut wie gar nicht vor. Tatsächlich kommen Institutionen insgesamt eigentlich kaum vor, da die neoklassische und liberale Ökonomie von den Entscheidungen von Individuen ausgeht und Institutionen, Staaten und Gruppen kein Eigenleben zugestanden wird (»methodologischer Individualismus«).

Drittens lohnt es sich für die meisten Wirtschaftsforscher nicht, Krisen vorherzusagen. Die wenigsten wollen gern Miesmacher sein. Daniel Stelter, ein analytisch klarer und finanziell unabhängiger Analyst und Kommentator der Finanz- und Eurokrise, berichtete mir, dass er selbst in seiner Zeit als Seniorpartner bei der Boston Consulting Group nicht besonders gut gelitten war, wenn er über mögliche Krisen sprach. Fast alle Ökonomen und Wirtschaftsforschungsinstitute sind abhängig von Staats- oder Industrieaufträgen. Drei Viertel aller angesehenen amerikanischen Makroökonomen haben schon einmal für die Federal Reserve gearbeitet. In Deutschland dürfte es in Bezug auf Bundesbank und Europäische Zentralbank nicht anders sein. Auch die Wirtschaftsverbände mögen nicht unbedingt negative Stimmung.

Die »Nutzenfunktion« eines Ökonomen – um diesen klassischen Begriff aus der Mikroökonomie zu verwenden – ist leider ziemlich pervers: Geht ein Ökonom mit der Masse und irrt sich die Masse, so hat der Einzelne nichts zu befürchten. Stellt sich ein Ökonom mit einer sehr optimistischen Prognose gegen die Masse und hat er unrecht, so ist das vielleicht nicht sehr förderlich, aber keine Katastrophe. Stellt er sich mit einer sehr pessimistischen Prognose gegen seine Kollegen und hat er recht, so wird es ihm kaum gedankt werden. Hat er aber unrecht, dann ist er schnell als Nörgler abgestempelt.

So kommt es, dass die Prognosen der Wirtschaftsforscher regelmäßig prognostizieren, was gerade passiert ist, im Klartext: der Realität einfach hinterherlaufen. Und keiner merkt es oder stört sich daran. Hierzu gibt es viele Beispiele.[28] Auch mehr als zehn Jahre nach der Finanzkrise bleibt die moderne Ökonomie in Bezug auf Wirtschaftskrisen und Crashs weitgehend blind. Warnungen kommen, wenn überhaupt, von unabhängigen Praktikern.

II – Angelsächsischer Finanzkapitalismus und das deutsch-mitteleuropäische Gegenmodell

Das Wirtschaftsmodell des angelsächsischen Finanzkapitalismus wird aktuell trotz vielfacher Mängel und häufigen Versagens, zum Beispiel in der Finanzkrise, als das einzig erstrebenswerte Modell dargestellt. Die »moderne« Ökonomie angelsächsischer Prägung besitzt die Deutungshoheit. Die in den Business Schools ausgebildeten Kader setzen die an den ökonomischen Fakultäten entwickelte reine Lehre gnadenlos und mechanisch um. Zaghafte und widersprüchliche Kritik kommt von Links, aber letztlich sind Politik, Lobbys, Großkonzerne und »Finanzmärkte« eine Allianz eingegangen, in die sich auch politische Strömungen wie die Sozialdemokratie und die Grünen weitestgehend eingliedern.

Dabei wird gern vergessen, dass in der Neuzeit in Deutschland und Mitteleuropa eine andere Art des Kapitalismus entstand. Vieles spricht dafür, dass dieser Weg der sozialere, nachhaltigere, effizientere *und* produktivere war.[29] Ich bin darauf und auf die unterschiedlichen »Wirtschaftskulturen« ausführlich in Kapitel 11 eingegangen und habe mich dafür auf die Forschungen von Wissenschaftlern wie Alfred D. Chandler und Geert Hofstede bezogen.[30] Die folgende Tabelle fasst die Unterschiede zwischen den beiden Modellen zusammen.

Unterschiede der deutsch-mitteleuropäischen und der angelsächsischen Wirtschaftskultur

	deutsch-mitteleuropäisch	angelsächsisch
Staat	Staat schafft durch Gesetzgebung Voraussetzung für funktionierende und faire Märkte. Gesetzgebung als höchster Ausdruck eines Gemeinwesens. »Ordnungspolitik«.	Was »der Markt« macht, ist fast immer richtig, es muss nur manchmal nachgebessert werden. Gesetzgebung nur dort, wo absolut nötig, um den Frieden zu bewahren. »Regulierung«.
Eigentum	Sozialbindung des Eigentums.	Absolute Verfügung über das Eigentum.
Ethisches Grundprinzip[31]	Ethik der Arbeit: Stolz auf die Produkte und die geleistete Arbeit. Reputation.	Erfolgsethik: (Fast) alles geht, wenn man damit durchkommt.

Anhänge

Vorsorge oder Nachsorge	Vorsorgeprinzip: Produkte und Regelungen werden intensiv geprüft, bevor sie an den Markt gehen (TÜV, Frequenzvergabe).	Nachsorgeprinzip: Produkte werden schnell auf den Markt geworfen. Geht etwas schief, können die Geschädigten klagen.
Vertrauen oder Misstrauen	Vertrauen und der »ehrbare Kaufmann« spielten in Deutschland eine wichtige Rolle. Kultur der Solidarität.	Misstrauensprinzip, Verrechtlichung. »Kultur der Denunziation«.
Fokus	Individuelle Freiheit und Gemeinwohl müssen in Balance gebracht werden.	Individuelle Freiheit.
Orientierung des Einzelnen	Individueller Nutzen, Gemeinwohl und Solidarität.	Individueller Nutzen.
Öffentliche Güter	Monopole (zum Beispiel Versorger), Infrastruktur, Gesundheit, Bildung, soziale Grundsicherung, teilweise Wissenschaft, gehören in die öffentliche Hand oder gesetzlich im öffentlichen Interesse streng geregelt. Sicherheit nach innen und nach außen ist ein öffentliches Gut.	Sicherheit nach innen und außen (»Nachtwächterstaat«). Aber selbst die innere Sicherheit wird durch *Gated Communities* und private Sicherheitsdienste privatisiert.
Bank- und Finanzsystem	Kreditorientiert, langfristig, regional, langweilig, nachhaltig. Börse- und Kapitalmarkt nur als Ergänzung.	Kapitalmarktorientiert, kurzfristig, Risikogeschäfte. Börse dominant, Kreditmarkt nur als Ergänzung. Zentralistisch.
Währung	Stabile Währung als öffentliches Gut, Bundesbank war nur diesem Ziel verpflichtet.	Private Notenbanken.
Nachhaltigkeit nach Alfred Chandler	Hans Carl von Carlowitz, Oberberghauptmann im kursächsischen Freiberg (Sachsen), prägte 1713 in seinem Werk *Sylvicultura oeconomica* den Begriff der Nachhaltigkeit. Viele deutsche Betriebe wirtschafteten aufgrund der Begrenztheit der Ressourcen nachhaltig.	Nachhaltigkeit weniger im Fokus, da Ressourcen (Kolonien, amerikanischer Westen) im Überfluss vorhanden waren. Kurzfristige Erfolgsorientierung.
Unternehmenskultur nach Hofstede	Dezentraler, kollegial-kooperativer, risikoscheuer, zukunftsorientiert.	Zentraler (»Befehl und Gehorsam«), individualistisch-wettbewerbsorientierter, risikobereiter, gegenwartsorientierter.

III – Arthur Ponsonby: Die Prinzipien der Kriegspropaganda

In seinem 1928 erschienenen Buch *Falsehood in Wartime – Propaganda Lies of the First World War* (»Falschheit in Kriegszeiten – Propagandalügen im Ersten Weltkrieg«) untersuchte der englische Politiker Arthur Ponsonby die Prinzipien der Kriegspropaganda. Ponsonby zeigt, dass Kriegspropaganda einfache und elementare Mechanismen in unseren Gehirnen anspricht.[32] Im Jahr 2004 hat die Historikerin Anne Morelli eine aktuelle und systematische Darstellung der Kriegspropaganda veröffentlicht und in zehn Prinzipien zusammengefasst:[33]

1. Wir wollen den Krieg nicht.
2. Das gegnerische Lager trägt die alleinige Verantwortung für den Krieg.
3. Der Führer des Gegners hat dämonische Züge (»der Bösewicht vom Dienst«).
4. Wir kämpfen für eine gute Sache.
5. Der Gegner kämpft mit verbotenen Waffen.
6. Der Gegner begeht mit Absicht Grausamkeiten, bei uns handelt es sich um Irrtümer aus Versehen.
7. Unsere Verluste sind gering, die des Gegners enorm.
8. Angesehene Persönlichkeiten, Wissenschaftler, Künstler und Intellektuelle unterstützen unsere Sache.
9. Unsere Mission ist heilig.
10. Wer unsere Berichterstattung in Zweifel zieht, steht auf der Seite des Gegners und ist ein Verräter.

Diese Punkte lesen sich auch heute noch wie ein Drehbuch für die aktuellen Kriege und Konflikte. Sie können aber auch als Frühwarnsystem dienen: Wenn Punkte aus der oben genannten Liste immer häufiger in den Medien und der öffentlichen Debatte auftauchen, steigt die Kriegsgefahr.

IV – Finanzwebseiten und alternative Nachrichtenseiten

Finanzwebseiten

Eigene
- **www.privatinvestor.de** Unser wöchentlicher Kapitalanlagebrief mit Datenbank von über 70 Unternehmen, Musterportfolios, Frage-Antwort-Ecke und anderen Features.
- **www.youtube.com/user/OtteTV** Unser YouTube-Kanal bietet Informationen zur aktuellen Weltlage und klassischen Vermögens- und Anlageformen, börsennotierten Unternehmen und Investmentbasiswissen.
- **www.max-otte-fonds.de** Zeigt die wesentlichen Informationen zum Max Otte Vermögensbildungsfonds und PI Global Value Fund. Bei Registrierung (kostenlos) erhalten Sie monatlich die aktuellen Fondsberichte per E-Mail.
- **www.privatinvestor.li** Zeigt die wesentlichen Informationen zum Max Otte Multiple Opportunities Fund für professionelle Investoren ab 100.000 Euro. Bei Registrierung (kostenlos) erhalten Sie quartalsweise die aktuellen Fondsberichte per E-Mail.

Weitere
- **www.comdirect.de** Gute, übersichtliche Finanzinformationen und gutes Musterportfoliotool.
- **www.finanztreff.de** Finanzinformationen und Musterportfoliotool. Zeigt Kursdaten unter anderem für Aktien, Fonds, Anleihen und vieles mehr.
- **www.onvista.de** Umfassende Finanzinformationen und Musterportfoliotool. Etwas unübersichtlich.
- **www.finanzen.net** Bietet unter anderem aktuelle Finanzinformationen zu deutschen Unternehmen und zeigt auch die Top und Flop der bekannten Indizes wie DAX und SDAX über unterschiedliche Zeiträume wie drei Monate bis fünf Jahre.
- **www.finanznachrichten.de** Seite mit Unternehmens- und Finanznachrichten. Beinhaltet News, Ad-hoc-Mitteilungen und Publikationstermine von

Unternehmen. Diese Informationen helfen beim Monitoring börsennotierter Unternehmen.
- **www.goldseiten.de** Zeigt aktuelle Kursdaten von Gold und Silber und bietet Marktberichte von Experten.

Englischsprachig
- **www.reuters.com** Die Seite des ältesten Wirtschaftsnachrichtendienstes mit anderen Bewertungs- und Renditekennziffern von Unternehmen im Vergleich zum Industriedurchschnitt und einem kostenlosen Stock Screener.
- **www.morningstar.com** Die Seite des Fondsanalysehauses bietet unter anderem einen Einblick in die fundamentale Entwicklung von börsennotierten Unternehmen der letzten fünf Jahre, in die Aktionärsstruktur sowie die Vergütungsstruktur der Vorstände.
- **www.bloomberg.com** Bloomberg bietet in der kostenlosen Version Kennziffern wie das KGV, KBV und KUV und einen Blick in die Finanzinformationen der Unternehmen über drei Jahre.
- **www.finviz.com** Eine gute Übersicht über Insidertransaktionen von Aktiengesellschaften, den aktuellen Bewertungen von Bankanalysten sowie etliche Kennziffern.
- **www.seekingalpha.com** Zeigt unter anderem das Veröffentlichungsdatum von Quartalsberichten von Unternehmen, eine Zusammenfassung von aktuellen Geschäfts- und Quartalsberichten der börsennotierten Unternehmen und weitere Analysen.
- Bei **www.dataroma.com** können Sie die Portfoliounternehmen und Transaktionen von bekannten Investoren wie Warren Buffett, Howard Marks, Mohnish Pabrai und Bill Ackman einsehen.
- **www.teletrader.com** Bietet eine Übersicht über die üblichen Bewertungsmetriken und die Zugehörigkeit von Unternehmen zu bestimmten Indizes.
- **www.macrotrends.net** Die Seite zeigt unter anderem einen historischen Chart von Edelmetallen wie Gold und Indizes. Das Verhältnis von Gold zu Silber wird täglich aktualisiert.
- **www.yieldchart.com** Stellt den Verlauf der Dividendenrendite über einen längeren Zeitraum dar und vergleicht die aktuelle Dividendenrendite mit dem historischen Mittelwert.

- Auf **www.buffettsbooks.com/how-to-invest-in-stocks/advanced-course/lesson-35/** können Sie Schritt für Schritt eine DCF-Bewertung für ein Unternehmen durchführen.
- **www.stockcharts.com** bietet unterschiedliche Charts auf Tages- oder Wochenbasis mit gleitenden Durchschnitten.

Alternative Nachrichtenquellen

Disclaimer: Ich habe die folgenden Seiten geprüft und halte sie für eine gute Ergänzung der Medienkost. Sie werden von Menschen gemacht, die ich als seriös ansehe. Das heißt nicht, dass, wie in den Mainstream-Medien auch, alles immer stimmen muss. Und natürlich haben diese Seiten auch oft eine dezidierte Perspektive, aus der heraus sie die Welt betrachten. Wie die Mainstream-Medien auch. Es lohnt sich daher, sich aus verschiedenen Quellen zu informieren. Wer aber nur *Tagesschau* oder *Heute Journal* sieht beziehungsweise seine Tageszeitung liest oder diese als Hauptinformationsquellen nutzt, bekommt nicht mit, was wirklich läuft.

- **Privatinvestor Politik Spezial, www.youtube.com/channel/UCi5RJM_p1NajcGdBQfjyU4A/about** Unser eigener systemkritischer Politikkanal, geleitet von Markus Gärtner, Journalistenveteran mit 18 Jahren Auslandserfahrung (1999–2005 Peking-Korrespondent für das *Handelsblatt*, 1993–1996 Finanzreporter für die ARD in Frankfurt). Und der roten Pille.
- **https://politik.der-privatinvestor.de/piabo** Unser Autorenblog mit Beiträgen von Markus Gärtner, Willy Wimmer, Ramin Peymani, Max Otte und vielen anderen sowie unser monatlich erscheinendes Politikmagazin.
- **www.achgut.com** Einer der bekanntesten deutschen Blogs mit Autoren wie Henryk Broder, Matthias Matussek und Joachim Steinhöfel.
- **www.tichyseinblick.de** Migrations- und gesellschaftskritische, neoliberale Seite des ehemaligen Chefredakteurs der *Wirtschaftswoche* Roland Tichy. Mit vielen interessanten Fremdautoren.
- **www.nachdenkseiten.de** Linke kritische Seite mit seriösen Autoren.
- **www.zerohedge.com** Systemkritische, leicht »verschwörungstheoretische« amerikanische Seite mit viele interessanten Informationen.

DANKSAGUNG

Ich habe mich lange gesträubt, dieses Buch zu schreiben. Warum, das steht im Vorwort.

Wenn es nun doch zustande gekommen ist, dann geht das auf die unermüdliche Ermutigung von Georg Hodolitsch, Programmleiter des FinanzBuch Verlags, zurück. Immer wieder hat er sich positiv zu einem möglichen Projekt geäußert und nachgefragt. Nun ist es Realität. Vielen Dank dafür. Auch an Christian Jund, den Verleger, der das Projekt von Anfang an unterstützte und den ich seit mehr als 20 Jahren kenne und schätze.

Aus meinem Team unterstützten mich Florian König, Prokurist der Privatinvestor Kapitalanlage GmbH, Henning Lindhoff vom IFVE Institut für Vermögensentwicklung GmbH sowie Pascal Andres, Philipp Behn und Roman Matschuk. Henning Lindhoff, Markus Gärtner und Kerstin Schwald lasen Teile des Manuskripts Korrektur. Vielen Dank hierfür. Sämtliche Fehler, die noch enthalten sind, habe ich selbstverständlich alleine zu verantworten.

Matthias Michel lektorierte das Manuskript, bügelte einige Unebenheiten aus und gab viele wertvolle Hinweise. Achim Schmidt zeichnete die Grafiken. Danke.

Vielen Dank allen Mitarbeitern meines Teams und unseren loyalen Geschäftspartnern. Im Jahr 1998 hatte ich eine Vision: Privatanlegern die Finanzwelt anschaulich zu erklären und sie in die Lage zu versetzen, eigenverantwortlich mit ihren Kapitalanlagen zu wirtschaften. Mehr als 20 Jahre später sind daraus ein Finanzverlag, mehrere Anlagefonds und eine Vermögensverwaltung geworden. Danke auch an unsere Kunden, die oftmals seit zehn, fünfzehn oder mehr Jahren dabei sind.

Ich danke meiner Frau, meinen Kindern, meiner Mutter und meiner erweiterten Familie.

Danke an meine Kirchengemeinde, meine Freunde und an alle, die auch in schweren und verrückten Zeiten Menschlichkeit zeigen und die Verständigung auch mit Andersdenkenden suchen.

Und danke dem HERRN für all das, was er geschenkt hat!

LITERATURVERZEICHNIS

Bücher

Acton, Lord (John Emerich Edward Dalberg-Acton), *Historical Essays and Studies*, London, Macmillan 1907.

Albert, Michel, *Capitalism vs. Capitalism. How America's Obsession with Individual Achievement and Short-Term Profit has Led It to the Brink of Collapse*, 1. Auflage, New York, Basis Books, 1993.

Alexander, Robin, *Die Getriebenen. Merkel und die Flüchtlingspolitik. Report aus dem Innern der Macht*, 2. Auflage, München, Penguin Verlag, 2017.

Allison, Graham, *Destined for War. Can America and China Escape Thucydides's Trap?*, 1. Auflage, London, Scribe UK, 2018.

Bacevich, Andrew J., *American Empire. The Realities and Consequences of U.S. Diplomacy*, 1. Auflage, Cambridge (Mass.), Harvard University Press, 2002.

Bandulet, Bruno, *Beuteland. Die systematische Plünderung Deutschlands seit 1945*, 1. Auflage, Rottenburg, Kopp Verlag, 2016.

Bandulet, Bruno, *Dexit. Warum der Ausstieg Deutschlands aus dem Euro zwar schwierig, aber dennoch machbar und notwendig ist*, 1. Auflage, Rottenburg, Kopp Verlag, 2018.

Barnett, Thomas P. M., *Blueprint for Action*, 1. Auflage, New York, Putnam Publishing Group, 2005.

Barnett, Thomas P. M., *The Pentagon's New Map*, 1. Auflage, New York, Putnam Publishing Group, 2004.

Beck, Hanno, *Behavioral Economics*, 1. Auflage, Wiesbaden, Springer Gabler Verlag, 2014.

Begley, Louis, *Lügen in Zeiten des Krieges*, 12. Auflage, Berlin, Suhrkamp Verlag, 1996.

Behrend, Ivan, *An Economic History of Nineteenth-Century Europe. Diversity and Industrialization*, 1. Auflage, New York, Oxford University Press, 2013.

Bödecker, Ehrhardt, *Preußen. Eine humane Bilanz*, 1. Auflage, München, OLZOG Verlag, 2010.

Bohlen, Dieter, *Nichts als die Wahrheit*, 6. Auflage, München, Heyne, 2002.

Bonner, Bill/Wiggin, Addison, *Das Schuldenimperium. Vom Niedergang des amerikanischen Weltreichs und der Entstehung einer globalen Finanzkrise*, 1. Auflage, München, Riemann Verlag, 2006.

Bookstaber, Richard, *A Demon of our own Design*, 1. Auflage, New Jersey, John Wiley & Sons, 2007.

Bork, Robert H., *Slouching towards Gomorrah. Modern Liberalism and American Decline*, New York, Harper Perennial Verlag, 1996.

Böse, Christian, *Kartellpolitik im Kaiserreich. Das Kohlensyndikat und die Absatzorganisation im Ruhrbergbau*, 1. Auflage, Berlin und Boston, De Gruyter Oldenbourg Verlag, 2018.

Brandeis, Louis, *Das Geld der anderen* (1912), neu herausgegeben von Max Otte, 1. Auflage, München, FinanzBuch Verlag, 2012.

Brzeziński, Zbigniew, *Die einzige Weltmacht. Amerikas Strategie der Vorherrschaft*, 3. Auflage, Rottenburg, Kopp Verlag, 2015.

Buchter, Heike, *BlackRock. Eine heimliche Weltmacht greift nach unserem Geld*, 1. Auflage, Frankfurt/M., Campus Verlag, 2015.

Burke, Edmund, *Über die Französische Revolution. Betrachtungen und Abhandlungen*, Norderstedt, Hansebooks Verlag, 2017 (engl. *Reflections on the Revolution in France*, 1790).

Carr, Edward Hallett, *The Twenty Years' Crisis 1919–1939*, 2. Auflage, London, Harper Torchbooks, 1939.

Chagnon, Napoleon A., *Yanomamö*, 1. Auflage, Belmont, Wadsworth Cengage Learning, 2009.

Literaturverzeichnis

Chandler, Alfred D., *Scale and Scope. The Dynamics of Industrial Capitalism*, 1. Auflage, Cambridge (Mass.), Harvard University Press, 1994.

Christophers, Brett, *The New Enclosure. The Appropriation of Public Land in Neoliberal Britain*, 1. Auflage, London, Verso Books, 2018.

Clark, Christopher, *The Sleepwalkers*, 2. Auflage, London, Penguin Books, 2013.

Clausewitz, Carl von, *Vom Kriege* (1832–34), 11. Auflage, Hamburg, Nikol Verlag, 2008.

Collier, Paul, *Sozialer Kapitalismus! Mein Manifest gegen den Zerfall unserer Gesellschaft*, 1. Auflage, München, Random House, 2019.

Dalio, Ray, *Principles for Navigating Big Debt Crises*, 1. Auflage, Westport, Greenleaf Book Group, 2018.

Destler, I. M., *American Trade Politics. System Under Stress*, 1. Auflage, New York, Institute for International Economics, 1986.

Dugin, Alexander, *Konflikte der Zukunft. Die Rückkehr der Geopolitik*, 1. Auflage, Kiel, Bonus Verlag, 2014.

Effenberger, Wolfgang/Macgregor, Jim, *Sie wollten den Krieg. Wie eine kleine britische Elite den ersten Weltkrieg vorbereitete*, 1. Auflage, Rottenburg, Kopp Verlag, 2016.

Effenberger, Wolfgang, *Europas Verhängnis. Die Herren des Geldes greifen zur Weltmacht*, 2. Auflage, Höhr-Grenzhausen, Zeitgeist Print & Online, 2018.

Eilers, Wilhelm, *Codex Hammurabi. Die Gesetzgebung Hammurabis*, 5. Auflage, Wiesbaden, Marix Verlag, 2009.

Engelmann, Bernt, *Das ABC des großen Geldes. Macht und Reichtum in der Bundesrepublik – und was man in Bonn dafür kaufen kann*, 1. Auflage, Berlin, Verlag der Nation, 1986.

Engelmann, Bernt, *Meine Freunde die Millionäre. Ein Beitrag zur Soziologie der Wohlstandsgesellschaft nach eigenen Erlebnissen*, 9. Auflage, Darmstadt, Schneekluth, 1963.

Engels, David/Otte, Max/Thöndl, Michael, *Der lange Schatten Oswald Spenglers. Einhundert Jahre Untergang des Abendlandes*, 1. Auflage, Lüdinghausen, Berlin, Manuskriptum Verlagsbuchhandlung, 2018.

Ferguson, Adam, *Das Ende des Geldes*, 2. Auflage, München, FinanzBuch Verlag, 2011.

Freeland, Chrystia, *Die Superreichen. Aufstieg und Herrschaft einer neuen globalen Geldelite*, 1. Auflage, Frankfurt/M., Westend Verlag, 2013.

Friedman, Thomas, *The World is Flat*, 1. Auflage, New York, Farrar, Straus and Giruoux, 2005.

Friedrich, Marc/Weik, Matthias, *Der Crash ist die Lösung. Warum der finale Kollaps kommt und wie Sie Ihr Vermögen retten*, 1. Auflage, Köln, Bastei Lübbe, 2015.

Funabashi, Yoichi, *Managing the Dollar: From the Plaza to the Louvre*, 1. Auflage, Washington, D.C., Institute for International Economics, 1988.

Fussell, Paul, *Class. A Guide to the Hidden American Status System*, 1. Auflage, New York, Touchstone, 1992.

Ganser, Daniele, *Illegale Kriege. Wie die NATO-Länder die UNO sabotieren. Eine Chronik von Kuba bis Syrien*, 2. Auflage, Zürich, Orell Füssli Verlag, 2016.

Gärtner, Markus, *Lügenpresse*, 1. Auflage, Rottenburg, Kopp Verlag, 2015.

Gehler, Michael/Rollinger, Robert, *Imperien und Reiche in der Weltgeschichte. Epochenübergreifende und globalgeschichtliche Vergleiche*, Band I und II, 1. Auflage, Wiesbaden, Harrassowitz Verlag, 2014.

Gerschenkron, Alexander, *Economic Backwardness in Historical Perspective. A Book of Essays*, Cambridge, Harvard University Press, 1964.

Gilpin, Robert, *The Political Economy of International Relations*, 1. Auflage, Princeton, Princeton University Press, 1987.

Gilpin, Robert, *War and Change in World Politics*, 8. Auflage, Cambridge, Cambridge University Press, 1981.

Gloger, Axel, *Betriebswirtschaftslehre*, 2. Auflage Frankfurt/M., Frankfurter Allgemeine Buchverlag, 2019.

Goffart, Daniel, *Das Ende der Mittelschicht. Abschied von einem deutschen Erfolgsmodell*, 1. Auflage, München, Berlin Verlag, 2019.

Golding, William, *Herr der Fliegen*, 3. Auflage, Frankfurt/M., Fischer Taschenbuch Verlag, 2017.

Gore, Al, *Der Angriff auf die Vernunft*, 1. Auflage, München, Goldmann Verlag, 2009.

Graeber, David, *Schulden: Die ersten 5000 Jahre*, 1. Auflage, Stuttgart, Klett-Cotta, 2012.

Grandt, Michael, *Der Staatsbankrott kommt*, 4. Auflage, Rottenburg, Kopp Verlag, 2010.
Gray, John, *Raubtier Mensch*, 1. Auflage, Stuttgart, Klett-Cotta Verlag, 2015.
Gray, John, *Von Menschen und anderen Tieren. Abschied vom Humanismus*, 1. Auflage, Stuttgart, Klett-Cotta Verlag, 2010.
Greenhill, Kelly M., *Massenmigration als Waffe. Vertreibung, Erpressung und Außenpolitik*, 1. Auflage, Rottenburg, Kopp Verlag, 2018.
Greider, William, *Secrets of the Federal Temple. How the Federal Reserve runs the Country*, 1. Auflage, New York, Touchstone, 1989.
Hampden-Turner, Charles/Trompenaars, Alfons, *The Seven Cultures of Capitalism*, 1. Auflage, New York, Piatkus Books, 1993.
Hannich, Günter, *Megacrash*, 1. Auflage, Rottenburg, Kopp Verlag, 2018.
Häring, Norbert, *Die Abschaffung des Bargeldes und die Folgen: Der Weg in die totale Kontrolle*, 1. Auflage, Köln, Bastei Lübbe Verlag, 2018.
Hartmann, Michael, *Die Abgehobenen: Wie die Eliten die Demokratie gefährden*, 1. Auflage, Frankfurt/M., Campus Verlag, 2018.
Hartwig, Stefan, *Konflikt und Kommunikation. Berichterstattung, Medienarbeit und Propaganda in internationalen Konflikten vom Krimkrieg bis zum Kosovo*, 1. Auflage, Münster, Hamburg, London, LitVerlag, 1999.
Hauser, Henri, *Les méthodes allemandes d'expansion économique*, 1. Auflage, Paris, Armand Colin, 1915 (engl. Ausg.: *Germany's Commercial Grip on the World – Her Business Methods Explained*, 1. Auflage, New York, C. Schribner's Sons, 1918).
Hayek, Friedrich August von, *Der Weg zur Knechtschaft* (1944), 1. Neuauflage, Reinbek/München, Lau Verlag, 2014.
Henkel, Hans-Olaf, *Die Euro-Lügner. Unsinnige Rettungspakete, vertuschte Risiken, so werden wir getäuscht*, 1. Auflage, München, Heyne Verlag 2013.
Hermann, Ulrike, *Hurra, wir dürfen zahlen. Der Selbstbetrug der Mittelschicht*, 1. Auflage, Frankfurt/M., Westend Verlag, 2010.
Hofstede, Geert/Hofstede, Gert Jan/Minkov, Michael, *Cultures and Organizations – Software of the Mind*, 3. Auflage, New York, McGraw-Hill Education, 2010.
Hofstetter, Yvonne, *Das Ende der Demokratie. Wie die künstliche Intelligenz die Politik übernimmt und uns entmündigt*, 1. Auflage München, C. Bertelsmann Verlag, 2016.
Homm, Florian/Krall, Markus/Hessel, Florian, *Der Crash ist da*, 3. Auflage, München, FinanzBuch Verlag, 2019.
Horstmann, Ulrich, *Die geheime Macht der Ratingagenturen*, 1. Auflage, München, FinanzBuch Verlag, 2013.
Horstmann, Ulrich, *Zurück zur sozialen Marktwirtschaft! Warum sich Ludwig Erhard im Grabe umdrehen würde*, 1. Auflage, München, FinanzBuch Verlag, 2014.
Hufbauer, Gary Clyde/Schott, Jeffrey, *Economic Sanctions Reconsidered. History and Current Policy*, 1. Auflage, Washington, D.C., Institute for International Economics, 1985.
Huntington, Samuel, *Kampf der Kulturen: Die Neugestaltung der Weltpolitik im 21. Jahrhundert*, 1. Auflage, München, Europa-Verlag, 1996.
Jakobs, Hans-Jürgen, *Wem gehört die Welt? Die Machtverhältnisse im globalen Kapitalismus*, 2. Auflage, München, Random House, 2016.
James, Henry, *Theory of Fiction*, Lincoln, Nebraska 1971.
Kagan, Robert D., *The Jungle Grows Back – America and Our Imperiled World*, 1. Auflage, New York, Knopf, 2018.
Kahneman, Daniel, *Schnelles Denken, langsames Denken*, 13. Auflage, München, Penguin Verlag, 2012.
Kaplan, Robert D., *The Return of Marco Polo's World – War, Strategy, and American Interests in the Twenty-First Century*, 1. Auflage, New York, Random House, 2018.
Kaplan, Robert D., *Warrior Politics: Why Leadership needs a Pagan Ethos*, New York, Random House, 2001.

Katzenstein, Peter J., *Between Power and Plenty, Foreign Economic Policies of Advanced Industrial States*, Madison (Wi.), The University of Wisconsin Press, 1977.

Keynes, John Maynard, *Die wirtschaftlichen Folgen des Friedensvertrages*, München, Duncker & Humblot, 1920.

Kindleberger, Charles P., *The World in Depression 1929–1939*, durchgesehene und erweiterte Auflage, London, University of California Press, 1973.

Kindleberger, Charles, *Manias, Panics, and Crashes*, 3. Auflage, New York, Palgrave Macmillan,1996 (dt. Ausg.: *Manien, Paniken, Crashs – die Geschichte der Finanzkrisen der Welt*, 1. Auflage, Kulmbach, Börsenmedien AG, 2001).

Kissinger, Henry A., *Großmacht Diplomatie. Von der Staatskunst Castlereaghs und Metternichs*, 1. Auflage, Düsseldorf, Econ, 1962.

Kissinger, Henry A., *Weltordnung*, 1. Auflage, München, C. Bertelsmann Verlag, 2014.

Kleinwächter, Friedrich von, *Die Kartelle – Ein Beitrag zur Frage der Organisation der Volkswirtschaft* (1883), 1. Auflage, Paderborn, Salzwasser Verlag, 2013.

Knapp, Georg Friedrich, *Staatliche Theorie des Geldes*, 1. Auflage, Leipzig, Dogma Verlag, 1905.

Kolbert, Elizabeth, *Das sechste Sterben. Wie der Mensch Naturgeschichte schreibt*, 2. Auflage, Frankfurt/M., Suhrkamp Verlag, 2016.

Kosserth, Andreas, *Kalte Heimat*, 3. Auflage, München, Siedler Verlag, 2008.

Krall, Markus, *Der Draghi-Crash*, 5. Auflage, München, FinanzBuch Verlag, 2017.

Krall, Markus, *Der Weg aus der Knechtschaft*, unveröffentlichtes Manuskript, München, 2019.

Kriemann, Hans-Peter, *Der Kosovokrieg 1999*, 1. Auflage, Ditzingen, Reclam Verlag, 2019.

Krüger, Uwe, *Mainstream*, 2. Auflage, München, C. H. Beck Verlag, 2016.

Krugman, Paul, *Pop Internationalism*, 7. Auflage, Cambridge, Massachusetts Institute of Technology, 1996.

Krysmanski, Hans Jürgen, *0,1% – Das Imperium der Milliardäre*, komplett überarbeitete Neuausgabe, Frankfurt/M., Westend Verlag, 2015.

Laum Bernhard, *Heiliges Geld. Eine historische Untersuchung über den heiligen Ursprung des Geldes*, 1. Auflage, Tübingen, Mohr, 1924.

Le Bon, Gustave, *Psychologie der Massen*, Stuttgart, Alfred Kröner Verlag, 1973.

Lewis, Michael, *Flash Boys. Revolte an der Wall Street*, 1. Auflage, Frankfurt/M., Campus Verlag, 2014.

List, Friedrich, *Schriften. Reden. Briefe*, herausgegeben von Erwin v. Beckerath u. a., Berlin, Verlag von Reimar Hobbing, 1930.

Lorenz, Konrad, *Die acht Todsünden der zivilisierten Menschheit*, 34. Auflage, München, Piper Taschenbuch, 1973.

Lüders, Michael, *Die den Sturm ernten. Wie der Westen Syrien ins Chaos stürzte*, 1. Auflage, München, C. H. Beck, 2017.

Lüders, Michael, *Wer den Wind sät. Was westliche Politik im Orient anrichtet*, 9. Auflage, München, C. H. Beck 2015.

Mackay, Charles, *Gier und Wahnsinn – Warum der Crash immer wieder kommt*, herausgegeben von Max Otte, 1. Auflage, München, FinanzBuch Verlag, 2010.

MacKenzie, Alexander, *History of the Highland Clearances*, 1. Auflage, Inverness, 1883, Melven Press, Perth, 1979.

Maier, Michael, *Das Ende der Behaglichkeit. Wie die modernen Kriege Deutschland und Europa verändern*, München, FinanzBuch Verlag, 2015.

Mann, Charles C., *Amerika vor Kolumbus. Die Geschichte eines unentdeckten Kontinents*, 1. Auflage, Hamburg, Rowohlt Verlag, 2016.

Marc Aurel, *Selbstbetrachtungen*, 5. Auflage, Wiesbaden, Matrix Verlag, 2012.

Martin, Hans-Peter, *Game Over*, 1. Auflage, München, Penguin Books, 2018.

Martin, Hans-Peter/Schumann, Harald, *Die Globalisierungsfalle. Der Angriff auf Demokratie und Wohlstand*, 16. Auflage, Reinbek, Rowohlt Taschenbuch Verlag, 1998.

Literaturverzeichnis

Martínez, Antonio García, *Chaos Monkeys. Obscene Fortune and Random Failure in Silicon Valley*, 1. Auflage, New York, HarperCollins Publishers, 2016.
Mazzucato, Mariana, *Das Kapital des Staates. Eine andere Geschichte von Innovation und Wachstum*, 1. Auflage, München, Antje Kunstmann, 2014.
Meadows, Dennis L., *Die Grenzen des Wachstums sind erreicht*, 1. Auflage, Reinbek, Rowohlt Verlag, 1973.
Minsky, Hyman P., *Stabilizing an Unstable Economy*, 1. Auflage, New York, McGraw Hill Education, 1986.
Mises, Ludwig von, *Theorie des Geldes und der Umlaufsmittel*, 1. Auflage, München, Duncker & Humblot Verlag, 1912.
Mises, Ludwig von, *Human Action*, 4. Auflage, Auburn, Liberty Fund, 2007.
Mithen, Steven, *The Prehistory of the Mind. A Search for the Origins or Art Religion and Science*, 1. Auflage, London, Thames and Husdon, 1996.
Morelli, Anne, *Die Prinzipien der Kriegspropaganda*, 2. Auflage, Springe, Klampen Verlag, 2004.
Müller, Dirk, *Machtbeben. Die Welt vor der größten Wirtschaftskrise aller Zeiten – Hintergründe, Risiken, Chancen*, 1. Auflage, München, Heyne Verlag, 2018.
Müller, Henrik, *Wirtschaftsfaktor Patriotismus*, 1. Auflage, Frankfurt/M., Eichborn, 2006.
Münkler, Herfried, *Imperien. Die Logik der Weltherrschaft – vom Alten Rom bis zu den Vereinigten Staaten*, 3. Auflage, Berlin, Berlin Verlag, 2005.
Napier, Russell, *Anatomie der Bärenmärkte*, 1. Auflage, München, FinanzBuch Verlag, 2008.
Niebuhr, Reinhold, *Moral Man and Immoral Society. A Study of Ethics and Politics*, 1. Auflage, New York, Wipf & Stock Publishers, 1932.
Nye, Joseph S., *Bound to Lead: The Changing Nature of American Power*, New York, Basic Books, 1990.
OECD, *Pensions at a Glance 2017: OECD and G20 Indicators*, Paris, OECD Publishing, 2017.
Ogger, Günter, *Der Börsenschwindel. Wie Aktionäre und Anleger abkassiert werden*, 1. Auflage, München, Random House, 2001.
Orwell, George, *1984*, 40. Auflage, Berlin, Ullstein Verlag, 2004.
Orwell, George, *Farm der Tiere*, 43. Auflage, Zürich, Diogenes Verlag, 2011.
Otte, Max, *A Rising Middle Power. German Foreign Policy in Transformation, 1989–1999*, New York, 2000.
Otte, Max, *Der Crash kommt*, 7. Auflage, Berlin, Ullstein Buchverlage, 2006.
Otte, Max, *Investieren statt Sparen. Anlegen in Zeiten von Niedrigzinsen, Bargeldverbot und Brexit*, 2. Auflage, Berlin, Econ, 2017.
Otte, Max, *Rettet unser Bargeld*, 3. Auflage, Berlin, Ullstein Verlag, 2016.
Otte, Max, *Stoppt das Euro-Desaster*, 4. Auflage, Berlin, Ullstein Verlag, 2011.
Otte, Max, *The United States, Japan, West Germany and Europe in the International Economy, 1977–1987. Between Conflict and Coordination*, Idstein, 1989.
Pariser, Eli, *Filter Bubble: Wie wir im Internet entmündigt werden*, 1. Auflage, München, Carl Hanser Verlag, 2017.
Payne, Keith, *The Broken Ladder*, 1. Auflage, London, Weidenfeld & Nicolson, 2017.
Peterson, Jordan B., *12 Rules for Life. Ordnung und Struktur in einer chaotischen Welt*, 1. Auflage, München, Goldmann Verlag, 2018.
Peterson, Jordan B., *Maps of Meaning. The Architecture of Belief*, London, Routledge, 1999.
Peukert, Helge, *Die große Finanzmarkt- und Staatsschuldenkrise. Eine kritisch-heterodoxe Untersuchung*, 5. Auflage, Marburg, Metropolis, 2013.
Ponsonby, Arthur, *Falsehood in Wartime. Propaganda Lies of the First World War*, London, George Allen und Unwin, 1928 (http://www.vlib.us/wwi/resources/archives/texts/t050824i/ponsonby.html).
Porter, Michael E., *Nationale Wettbewerbsvorteile: Erfolgreich konkurrieren auf dem Weltmarkt*, 1. Auflage, München, Droemer Knaur, 1991.
Prebble, John, *The Highland Clearances*, Neuauflage, London, Penguin Books, 1963.
Prechter, Robert R., *Conquer the Crash. You Can survice and prosper in a Deflation Depression*, erweiterte und aktualisierte Auflage, Chichester, John Wiley & Sons, 2003.

Literaturverzeichnis

Prestowitz, Clyde, *Trading Places. How we Allowed Japan to Take the Lead*, 8. Auflage, New York, Basic Books, 1989.

Rand, Ayn, *Capitalism. The Unknown Ideal*, New York, Signet, 1986.

Reichholf, Josef H., *Warum die Menschen sesshaft wurden. Das große Rätsel unserer Geschichte*, 2. Auflage, Frankfurt/M., Fischer Verlag, 2008.

Reinhart, Carmen/Rogoff, Kenneth S., *Dieses Mal ist alles anders. Acht Jahrhunderte Finanzkrisen*, 1. Auflage, FinanzBuch Verlag, München, 2010.

Rickards, James, *Nach dem Kollaps. Die sieben Geheimnisse des Vermögenserhalts im kommenden Chaos*, 1. Auflage, München, FinanzBuch Verlag, 2019.

Riße, Stefan, *Die Inflation kommt*, 5. Auflage, München, FinanzBuch Verlag, 2010.

Rodrik, Dani, *Das Globalisierungs-Paradox. Die Demokratie und die Zukunft der Weltwirtschaft*,1. Auflage, München, C. H. Beck, 2011.

Röpke, Wilhelm, *Marktwirtschaft ist nicht genug. Gesammelte Aufsätze*, Waltrop, Leipzig, Manuscriptum, 2009.

Röpke, Wilhelm, *Civitas Humana. Grundfragen der Gesellschafts- und Wirtschaftsreform*, Zürich, Eugen Rentsch, 1944.

Röpke, Wilhelm, *Die Lehre von der Wirtschaft*, Bern, Eugen Rentsch, 1937.

Röpke, Wilhelm, *Die Gesellschaftskrisis der Gegenwart*, Zürich, Eugen Rentsch, 1942.

Röpke, Wilhelm, *Maß und Mitte*, 2. Auflage, Bern, Haupt Verlag, 1950.

RWI – Leibniz-Institut für Wirtschaftsforschung, *Steuer- und Abgabenlast in Deutschland. Eine Analyse auf Makro- und Mikroebene*, Essen 2017.

Samad, Hamed Abdel, *Mohammed. Eine Abrechnung*, 1. Auflage, München, Droemer Verlag, 2017.

Sandage, Scott, *Born Losers. A History of Failure in America*, 1. Auflage, Cambridge, First Harvard Press, 2006.

Scheidel, Walter, *Nach dem Krieg sind alle gleich: Eine Geschichte der Ungleichheit*, 1. Auflage, Darmstadt, wbg Theiss, 2018.

Schmidt, Eric/Cohen, Jared, *Die Vernetzung der Welt. Ein Blick in unsere Zukunft*, 1. Auflage, Hamburg, Rowohlt Verlag, 2013.

Schmitt, Carl, *Der Nomos der Erde*, 4. Auflage, Berlin, Duncker & Humblot, 1950.

Schmitt, Carl, *Politische Theologie. Vier Kapitel zur Lehre von der Souveränität*, 10. Auflage, Berlin, Duncker & Humblot, 1922.

Schreiber, Lee Robert, *Poker as Life: 101 Lessons from the World's Greatest Game*, Reprint, New York, Hearst Books, 2005.

Schubert, Stefan, *No-Go-Areas. Wie der Staat vor der Ausländerkriminalität kapituliert*, 1. Auflage, Rottenburg, Kopp Verlag, 2016.

Schurz, Carl, *Unter dem Sternenbanner. Lebenserinnerungen 1852–1869*, 1. Auflage, Berlin, Verlag der Nationen, 1973.

Schweizer, Peter, *Clinton Cash. The Untold Story of How and Why Foreign Governments and Businesses Helped Make Bill and Hillary Rich*, 1. Auflage, New York, HarperCollins Publishers, 2015.

Servan-Schreiber, Jean-Jacques, *Die amerikanische Herausforderung*, 4. Auflage, Hamburg, Hoffmann u. Campe, 1968.

Simon, Hermann, *Die heimlichen Gewinner (Hidden Champions). Die Erfolgsstrategien unbekannter Weltmarktführer*, 5. Auflage, Frankfurt/M., Campus Verlag, 1996.

Sinn, Hans-Werner, *Die Basarökonomie*, 1. Auflage, Berlin, Econ, 2005.

Spengler, Oswald, *Der Mensch und die Technik. Beitrag zu einer Philosophie des Lebens*, 1. Auflage, München, C. H. Beck, 1931.

Spengler, Oswald, *Jahre der Entscheidung*, 1. Auflage, München, C. H. Beck, 1933.

Spengler, Oswald, *Preußentum und Sozialismus*, 1. Auflage, München, C. H. Beck, 1919.

Spero, Joan/Hart, Jeffrey, *The Politics of International Economic Relations*, 5. Auflage, New York, St. Martin's Press, 1997.

Steingart, Gabor, *Deutschland. Abstieg eines Superstars*, 4. Auflage, München, Piper Taschenbuch Verlag, 2004.

Steingart, Gabor, *Weltbeben. Leben im Zeitalter der Überforderung*, 1. Auflage, München, Penguin Verlag, 2017.
Steingart, Gabor, *Weltkrieg um Wohlstand. Wie Macht und Reichtum neu verteilt werden*, 5. Auflage, München, Piper, 2006.
Stelter, Daniel, *Das Märchen vom reichen Deutschland. Wie die Politik uns ruiniert*, 7. Auflage, München, FinanzBuch Verlag, 2018.
Stelter, Daniel, *Die Finanzmärkte und die ökonomische Selbstbehauptung Europas*, 1. Auflage, Wiesbaden, Springer Gabler, 2019.
Stieglitz, Olaf, *Undercover. Die Kultur der Denunziation in den USA*, 1. Auflage, Frankfurt/M., Campus Verlag, 2013.
Stiglitz, Joseph, *The Roaring Nineties*, New York, W. W. Norton & Company, 2005.
Stöferle, Ronald/Taghizadegan, Rahim/Hochreiter, Gregor, *Die Nullzinsfalle. Wie die Wirtschaft zombifiziert und die Gesellschaft gespalten wird*, 1. Auflage, München, FinanzBuch Verlag, 2019.
Teusch, Ulrich, *Der Krieg vor dem Krieg*, 1. Auflage, Frankfurt/M., Westend Verlag, 2018.
Thukydides, *Der Peloponnesische Krieg*, übersetzt von Georg Peter Landmann, 1. Auflage, München, Artemis & Winkler, 1993.
Tocqueville, Alexis de, *Über die Demokratie in Amerika*, 1. Auflage, Frankfurt/M., Fischer Bücherei, 1956.
Ulfkotte, Udo, *Vorsicht Bürgerkrieg! Was lange gärt, wird endlich Wut*, 9. Auflage, Rottenburg, Kopp Verlag, 2015.
van der Pijl, Knees, *Der Abschuss. Flug MH17, die Ukraine und der neue Kalte Krieg*, 1. Auflage, Köln, Papy Rossa Verlag, 2018.
Vogel, Ezra F., *Japan as No. 1. Lessons for America*, 1. Auflage, Cambridge, Harvard University Press, 1979.
Voland, Eckart, *Soziobiologie*, 4. Auflage, Heidelberg, Springer Spektrum Verlag, 2013.
Wagenknecht, Sahra, *Reichtum ohne Gier*, 1. Auflage, Frankfurt/M., Campus Verlag, 2016.
Waigel, Theo, *Ehrlichkeit ist eine Währung. Erinnerungen*, 1. Auflage, Berlin, Econ, 2019.
Waltz, Kenneth N., *Man, the State, and War. A theoretical Analysis*, 1. Auflage, New York, Columbia University Press, 1959.
Wasserstein, Bernard, *Barbarism and Civilization. A History of Europe in our Time*, Oxford, New York, Cambridge University Press, 2007.
Weik, Matthias/Friedrich, Marc, *Kapitalfehler. Wie unser Wohlstand vernichtet wurde und warum wir ein neues Wirtschaftsdenken brauchen*, 1. Auflage, Köln, Eichborn Verlag, 2016.
Welzer, Harald, *Die smarte Diktatur. Der Angriff auf unsere Freiheit*, 2. Auflage, Frankfurt/M., Fischer Taschenbuch Verlag, 2016.
Wiener, Martin J., *English Culture and the Decline of the Industrial Spirit, 1850–1980*, 2. Auflage, Cambridge, New York, Cambridge University Press, 1981.
Wolff, Michael, *Feuer und Zorn. Im Weißen Haus von Donald Trump*, 5. Auflage, Hamburg, Rowohlt Buchverlag, 2014.
Woodward, Bob, *Greenspan. Dirigent der Weltwirtschaft*, 1. Auflage, Hamburg, Europa Verlag, 2001.
Zschaber, Markus, *Der Aufschwung kommt*, 1. Auflage, Frankfurt/M., Campus Verlag, 2010.

Artikel

Anonym, »Die Brüsseler Republik«, Der Spiegel 52/1999, S. 136.
Anonym, »Donald Trump – eine Zwischenbilanz«, Die Gazette 50, 4/2018, S. 26–34.
Anonym, »Miet-Monopoly Deutschland – Der große Streit über Enteignung und Preisbremse«, Focus 17/2019, 20.04.2019.
Anonym, »Ohne Zins und Verstand«, Der Spiegel 8/2016, S. 15.

Beyer, Susanne, »Ich denke, also irre ich. Hirnforscher, Psychologen und Historiker stellen das Menschenbild der Aufklärung in Frage«, Der Spiegel 14/2012, S. 122–126.

Buffett, Warren, Jahresbrief an die Investoren seines Fonds »Berkshire Hathaway«, Berkshirehathaway.com, 2003.

De Vries, Catherine E./Hoffmann, Isabell, »The Power of the Past. How Nostalgia Shapes European Public Opinion«, elektronische Ausgabe, Gütersloh, Bertelsmann Stiftung, 2018.

Deckstein, Dinah/Hage, Simon/Jung, Alexander/Sauga, Michael/Schul, Thomas/Traufetter, Gerald/Zand, Bernhard, »Die fetten Jahre sind vorbei – warum dem deutschen Wirtschaftswunder ein jähes Ende droht«, Der Spiegel 20/2019, 11.5.2019.

Dornbusch, Rüdiger, »This expansion will run forever«, New York Times, 30.07.1998.

Haas, Christine, »Unter 30-Jährigen gelingt immer seltener ein Aufstieg in die Mittelschicht«, Welt.de, 10.04.2019.

Henk, Malte/Stuff, Britta, »Die helle Seite der Macht«, Die Zeit 26/2019, S. 1 sowie S. 13–15.

Jürgen Dahlkampf und Georg Mascolo, »Millionen aus dem Jackpot«, Der Spiegel, 01.08.2005.

Kotkamp, Stefan/Otte, Max, »Die lange Performance von DAX-Dividendenstrategien«, Kredit und Kapital, 34. Jahrgang 2001/Heft 3.

Lamparter, Dietmar H., »Das Fünf-Prozent-Mißverständnis«, Die Zeit 06/1996.

Mackinder, Halford, »The Geographical Pivot of History«, The Geographical Journal, No. 4, April 1904, Vol. XXIII.

Maull, Hanns W., »Germany and Japan: The New Civilian Powers«, Foreign Affairs 69, No. 5 (Winter, 1990), S. 91–106.

Merry, Robert W., »The United States as the Last Nation of the West«, in: Sebastian Fink und Robert Rollinger, *Oswald Spenglers Kulturmorphologie. Eine multiperspektivische Annäherung*, 1. Auflage, Wiesbaden, Springer VS, 2018.

Most, S. B./Simpsons, D. J./Scholl,B. J./Jimenez, R./Cliffpord, E./Chabris, C. F., »How not to be seen: the contribution of similarity and selective ignoring to sustained inattentional blindness«, Psychological Science 12(1), 2001, S. 9–17.

Nye, Joseph S.: »Soft Power«, Foreign Policy 80(3) (1990), S. 153–171.

Otte, Max, »Die Unternehmenskultur entscheidet über den Erfolg von Fusionen«, Frankfurter Allgemeine Zeitung, 11.01.1999, S. 23.

Otte, Max, »Die Finanzkrise, der Crashprophet und die Wissenschaft von der modernen Ökonomie«, in: Max Otte, *Die Finanzmärkte und die ökonomische Selbstbehauptung Europas. Gedanken zu Finanzkrisen, Marktwirtschaft und Unternehmertum*, Wiesbaden, Springer Gabler Verlag, 2019.

Rehm, Hannes, »Das deutsche Bankensystem – Befund – Probleme – Perspektiven«, 1. und 2. Teil, Kredit und Kapital, 41 Jg. (2008), Teil 1: S. 135–159, Teil 2: S. 305–331.

Reinhart, Carmen/Rogoff, Kenneth, »Growth in a Time of Debt«, American Economic Review, Papers and Proceedings (100), S. 537f.

Schierholz, Jörg, »Stupid German Money – Nach der Monsanto-Übernahme droht dem Traditionskonzern Bayer die Aufspaltung / Wiederholt sich der Fall Hoechst?«, Junge Freiheit 2/19, 4.01.2019, S. 11.

Vaubel, Roland, »Proposals for Reforming the Eurozone: A Critique, in Roland Vaubel«, in: Juan Castaneda, Alessandro Roselli und Geoffrey Wood (Hg.), *The Economics of Monetary Unions. Past Experiences and the Eurozone*, 1. Auflage, London, 2019.

Online-Artikel

Ahr, Nadine/Aisslinger, Moritz/Baurmann, Jana Gioia/Lau, Mariam/Müller, Daniel/Wefing, Heinrich/Willeke, Stefan, »Innere Unsicherheit«, Zeit Online, 02.02.2017, unter: https://www.zeit.de/2017/06/berliner-polizei-sparprogramme-personalmangel-ueberforderung/seite-3.

Literaturverzeichnis

Albrecht, Harro, »Desaster ohne Nebenwirkungen«, Zeit Online, 01.08.2002, unter: https://www.zeit.de/2002/32/200232_kasten_lipobay_xml.

Allison, Graham, »The Thucydides Trap: Are the U.S. and China Headed for War?«, The Atlantic, 24.09.2015, unter: https://www.theatlantic.com/international/archive/2015/09/united-states-china-war-thucydides-trap/406756/.

Amadeo, Kimberly, »US Inflation Rate by Year from 1929 to 2020«, The Balance, 31.07.2019, unter: https://www.thebalance.com/u-s-inflation-rate-history-by-year-and-forecast-3306093.

Amos, Maximilian, »Deutschland hat eine lange Tradition, Europarecht falsch umzusetzen«, lto.de, unter: https://www.lto.de/recht/hintergruende/h/eu-parlament-abstimmung-urheberrecht-richtlinie-upload-filter-youtube-nationale-umsetzung/.

Anonym, »Chinas Holzhunger löst Streit mit Moskau aus«, orf.at, 08.06.2019, unter: https://orf.at/stories/3119860/?utm_source=pocket-newtab.

Anonym, »Das ist der Hammer«, Spiegel Online, 11.05.1998, unter: https://www.spiegel.de/spiegel/print/d-7891698.html.

Anonym, »Half of iPhones manufactured in central China's Zhengzhou city«, chinadaily.com, 19.09.2017, unter: http://www.chinadaily.com.cn/business/tech/2017-09/19/content_32191283.htm.

Anonym, »Porsche erzielt neuen Verkaufsrekord in China«, handelsblatt.com, 10.01.2019, unter: https://www.handelsblatt.com/unternehmen/industrie/sportwagenbauer-porsche-erzielt-neuen-verkaufsrekord-in-china/23849214.html?ticket=ST-1579854-ah53alzw6JspfUcPdDiD-ap4.

Anonym, »Studium wird überbewertet: Warum viele Nicht-Akademiker im Job zufriedener sind«, stern.de, 07.08.2018, unter: https://www.stern.de/wirtschaft/job/berufswahl--warum-viele-nicht-akademiker-im-job-zufriedener-sind-8201786.html.

Anonym, »›Hetzjagd‹-Video aus Chemnitz«, zdf.de, 11.09.2018, unter: https://www.zdf.de/politik/frontal-21/pressemitteilung-hetzjagdvideo-chemnitz-100.html.

Anonym, »Regelrecht ausgeblutet. Im Osten leben so wenige Menschen wie zuletzt 1905«, fokus.de, 12.06.2019, unter: https://www.focus.de/immobilien/wohnen/auf-stand-von-1905-einwohnerzahlen-im-osten-laut-ifo-studie-stark-gesunken_id_10819686.html.

Anonym, »Unser Geld könnte sich in Luft auflösen«, wiwo.de, 29.12.2015, unter: https://www.wiwo.de/finanzen/geldanlage/max-otte-konserven-fuer-den-ernstfall/12771448-2.html.

Anonym, »13 chinesische Fluggesellschaften fordern Schadensersatz von Boeing nach Grounding der 737-Max-Modelle«, china.org, 27.05.2019, unter: http://german.china.org.cn/txt/2019-05/27/content_74827675.htm.

Anonym, »147 Finanzkonzerne regieren die Welt«, schweizamwochenende.ch, 22.10.2011, unter: https://www.schweizamwochenende.ch/aktuell/147-finanzkonzerne-regieren-die-welt-131039903.

Anonym, »Ackermann will wieder 25 Prozent Rendite«, managermagazin.de, 15.03.2009, unter: https://www.manager-magazin.de/finanzen/artikel/a-613412.html.

Anonym, »AFD scheitert vor Menschenrechtsgerichtshof«, tagesschau.de, 04.07.2019, unter: https://www.tagesschau.de/inland/afd-prueffall-gerichtshof-101.html.

Anonym, »Alle reden über MMT. Worüber? Ein Überblick zur Modern Monetary Theorie«, oxiblog.de, 21.03.2019, unter: https://oxiblog.de/alle-reden-ueber-mmt-worueber-ein-ueberblick-zur-modern-monetary-theory/.

Anonym, »Als Mario Draghi der Euro-Krise den Schrecken nahm«, managermagazin.de, 24.07.2013, unter: https://www.manager-magazin.de/finanzen/artikel/als-mario-draghi-der-euro-krise-in-london-den-schrecken-nahm-a-912785.html.

Anonym, »American Economic Review: Papers & Proceedings«, aeaweb.org, 2012, 102(3): 1–10, unter: https://www.aeaweb.org/issues/247.

Anonym, »An Interactive Look On the U.S.-China Military Scorecard«, rand.org, unter: https://www.rand.org/paf/projects/us-china-scorecard.html.

Anonym, »›Andauernd psychischer Folter ausgesetzt‹ – John Pilger über Assanges Haftbedingungen«, Russia Today Deutschland, 30.08.2019, unter: https://deutsch.rt.com/europa/91728-andauernd-psychischer-folter-ausgesetzt-john-pilger-ueber-assanges-haftbedingungen.

Literaturverzeichnis

Anonym, »Angela Merkel soll NSA-Überwachung als PR-Problem gesehen haben«, Zeit Online, 15.02.2019, unter: https://www.zeit.de/politik/deutschland/2019-02/abhoeraffaere-angela-merkel-nsa-us-geheimdienst.

Anonym, »Angreifen. Kaufen. Scheitern?«, Handelsblatt, 16.09.2016, unter: https://www.handelsblatt.com/unternehmen/management/mega-uebernahmen-von-happy-end-bis-debakel-daimler-chrysler-die-grosse-vision-scheitert-klaeglich/14553398-4.html.

Anonym, »Assange in London festgenommen – ihm drohen fünf Jahre Haft«, Welt Online, 11.04.2019, unter: https://www.welt.de/politik/ausland/article191738013/Julian-Assange-festgenommen-Wikileaks-Gruender-drohen-fuenf-Jahre-Haft.html.

Anonym, »Average Cost of College in America: 2019 Report«, valuepenguin.com, unter: https://www.valuepenguin.com/student-loans/average-cost-of-college.

Anonym, »Bad loans remain a concern in Italy and across Southern Europe«, economist.com, 26.05.2018, unter: https://www.economist.com/finance-and-economics/2018/05/26/bad-loans-remain-a-concern-in-italy-and-across-southern-europe.

Anonym, »BBC Producer says Syria Douma Chemical Attack Footage ›Was Staged‹«, mintpressnews.com, 15.02.2019, unter: https://www.mintpressnews.com/bbc-producer-says-syria-douma-chemical-attack-footage-was-staged/255152/.

Anonym, »Biden says US ›embarrassed‹ EU into sanctioning Russia over Ukraine«, rt.com, 03.12.2014, unter: https://www.rt.com/usa/193044-us-embarrass-eu-sanctions/.

Anonym, »Bitcoin: Schürfer verbrauchen mehr Strom als ganz Dänemark«, Spiegel Online, 06.11.2018, unter: https://www.spiegel.de/wirtschaft/unternehmen/bitcoin-schuerfer-verbrauchen-mehr-strom-als-ganz-daenemark-a-1236988.html.

Anonym, »Brasilien starrt auf den Leitzins«, n-tv.de, 20.09.2018, unter: https://www.n-tv.de/wirtschaft/Brasilien-starrt-auf-den-Leitzins-article20632524.html.

Anonym, »China als Wettbewerber für deutsche Firmen auf Drittmärkten«, DIHK, Germany Trade & Invest 2016, unter: https://www.google.com/url?sa=t&rct=j&q=&esrc=s&source=web&cd=1&ved=2ahUKEwiduMuR8MbkAhWhPOwKHf81BXsQFjAAegQIAxAC&url=https%3A%2F%2Fwww.dihk.de%2Fressourcen%2Fdownloads%2Fdihk-gtai-studie-chinawettbewerb-drittmaerkte.pdf&usg=AOvVaw1_Tvaf1HGuqra3rh0aq2nT.

Anonym, »China auf dem Weg in die IT-Diktatur«, deutschlandfunk.de, 09.09.2017, unter: https://www.deutschlandfunk.de/sozialkredit-system-china-auf-dem-weg-in-die-it-diktatur.724.de.html?dram:article_id=395440.

Anonym, »China im Fokus – Neue Seidenstraße«, gtai.de, 26.02.2018, unter: https://www.gtai.de/GTAI/Content/DE/Trade/Fachdaten/PUB/2018/01/pub201801308001_20959_china-im-fokus---neue-seidenstrasse.pdf?v=1.

Anonym, »China Sees Bankruptcies Surge; Bondholders May Get Less Back«, bloomberg.com, 18.12.2018, unter: https://www.bloomberg.com/news/articles/2018-12-16/china-sees-bankruptcies-surge-with-call-to-resolve-zombies.

Anonym, »China verbietet Krypro-Handel. Ist Bitcoin am Ende?«, auxmoney.com, 05.02.2018, unter: https://www.auxmoney.com/de/finanzpilot/china-krypto-bitcoin-am-ende/.

Anonym, »China will again triple dredging and will have over 50 fortified islands by 2030 in South China Sea«, next big future, 22.01.2018 unter: https://www.nextbigfuture.com/2018/01/china-will-again-triple-dredging-and-will-have-over-50-fortified-islands-by-2030-in-south-china-sea.html.

Anonym, »China will Herstellung von Kryptowährungen verbieten«, Spiegel Online, 09.04.2019, unter: https://www.spiegel.de/wirtschaft/soziales/bitcoin-china-will-herstellung-von-kryptowaehrungen-verbieten-a-1261987.html.

Anonym, »Chinese Money pours into Brazil as US trade war bites, with US$ 54 billion across 100 projects«, scmp.com, 24.07.2018, unter: https://www.scmp.com/news/china/economy/article/2156536/china-turns-brazil-amid-trade-battle.

Anonym, »Chronik: EU-Kommission gegen Microsoft«, dw.com, 11.07.2006, unter: https://www.dw.com/de/chronik-eu-kommission-gegen-microsoft/a-2085949.

Literaturverzeichnis

Anonym, »Clinton: Half of Trump supporters ›basket of deplorables‹«, bbc.com, 10.09.2016, unter: https://www.bbc.com/news/av/election-us-2016-37329812/clinton-half-of-trump-supporters-basket-of-deplorables.

Anonym, »Commerzbank fliegt aus Dax«, Spiegel Online, 05.09.2018, unter: https://www.spiegel.de/wirtschaft/unternehmen/commerzbank-fliegt-aus-dem-dax-a-1226728.html.

Anonym, »Das Gespenst«, Spiegel Online, 19.07.2019, unter: https://www.spiegel.de/plus/hans-georg-maassen-und-seine-seltsame-kampagne-das-gespenst-a-00000000-0002-0001-0000-000164983187.

Anonym, »Das Monsanto-Debakel geht weiter: heftige Ohrfeige für Bayer-Boss«, Focus Online, 27.04.2019, unter: https://www.focus.de/finanzen/boerse/55-5-prozent-stimmen-gegen-entlastung-heftige-ohrfeige-fuer-konzernspitze_id_10640372.html.

Anonym, »Das Microsoft-Dilemma – Europa als Softwarekolonie (ARD, 19.02.2018)«, yousubtitles.com, 19.02.2018, unter: https://www.yousubtitles.com/Das-Microsoft-Dilemma-Europa-als-Softwarekolonie-ARD-19-02-2018-id-1635823.

Anonym, »Das verdeckte Imperium«, tagesspiegel.de, unter: https://interaktiv.tagesspiegel.de/lab/das-verdeckte-imperium/.

Anonym, »Dax-Unternehmen nur noch zu einem Drittel in deutscher Hand«, Deutsche Wirtschaftsnachrichten, 30.06.2019, unter: https://deutsche-wirtschafts-nachrichten.de/2019/06/30/dax-unternehmen-nur-noch-zu-einem-drittel-deutscher-hand.

Anonym, »Debatte um Mathe-Prüfung: Diese Aufgaben fanden Abiturienten zu schwer«, Focus Online, 08.05.2019, unter: https://www.focus.de/wissen/mensch/koennen-sie-sie-loesen-debatte-um-mathe-pruefung-diese-aufgaben-fanden-abiturienten-zu-schwer_id_10679410.html.

Anonym, »Der lange Arm der USA – Neues Cloud-Gesetz tritt in Kraft«, cloudcomputing-insider.de,16.04.2018, unter: https://www.cloudcomputing-insider.de/der-lange-arm-der-usa-neues-cloud-gesetz-in-kraft-a-704793/.

Anonym, »Deswegen lehnt die deutsche Wirtschaft die Internetsteuer ab«, faz.net, 16.04.2018, unter: https://www.faz.net/aktuell/wirtschaft/deutsche-wirtschaft-lehnt-internetsteuer-ab-15545186.html.

Anonym, »Deutsche Bank: Kommt jetzt die nächste Kapitalerhöhung?«, deraktionär.de, 10.05.2009, unter: http://www.deraktionaer.de/aktie/deutsche-bank--kommt-jetzt-die-naechste-kapitalerhoehung--478690.htm.

Anonym, »Deutsche horten so viel Gold wie nie«, Spiegel Online, 16.04.2019, unter: https://www.spiegel.de/wirtschaft/unternehmen/gold-deutsche-horten-so-viel-des-edelmetalls-wie-nie-und-der-goldpreis-steigt-a-1262877.html.

Anonym, »Deutsche können von Lohnsteigerungen nur träumen«, focus.de, 09.11.2011, unter: https://www.focus.de/finanzen/news/stagnierende-einkommen-deutsche-koennen-von-lohnsteigerungen-nur-traeumen_aid_682687.html.

Anonym, »Die Daimler-Aktie. Attraktive Perspektiven in der Autobranche«, daimler.com, unter: https://www.daimler.com/investoren/aktie/.

Anonym, »Die Handelspolitik der EU«, europa.eu, unter: https://ec.europa.eu/germany/handelspolitik_der_eu_de.

Anonym, »Die ›Schnapsidee‹ des Alfred Herrhausen«, Spiegel Online, 03.10.1988, unter: https://www.spiegel.de/spiegel/print/d-13529883.html.

Anonym, »Die Lust auf Aktien könnte den Deutschen bald vergehen«, faz.net, 30.08.2018, unter: https://www.faz.net/aktuell/finanzen/finanzmarkt/rendite-verluste-koennten-den-deutschen-die-lust-auf-aktien-nehmen-15763425.html.

Anonym, »Die transatlantische Handels- und Investitionspartnerschaft«, archive.org, September 2013, unter: https://web.archive.org/web/20160212062421/http://trade.ec.europa.eu/doclib/docs/2013/november/tradoc_151904.pdf.

Anonym, »Die Vereinbarung von Kiew«, tagesschau.de, 21.02.2014, unter: https://www.tagesschau.de/ausland/ukraine-vereinbarung100.html.

Anonym, »Die Zeit der iTAN ist vorbei«, Spiegel Online, 16.07.2019, unter: https://www.spiegel.de/netzwelt/netzpolitik/ende-von-itan-listen-das-aendert-sich-beim-online-banking-a-1277429.html.

Literaturverzeichnis

Anonym, »Dramatische Verluste für Union, SPD auf Rekordtief, AfD dritte Kraft«, welt.de, 25.09.2017, unter: https://www.welt.de/politik/deutschland/article168979596/Dramatische-Verluste-fuer-Union-SPD-auf-Rekordtief-AfD-dritte-Kraft.html.

Anonym, »Eine Chronologie der Ereignisse in Chemnitz«, mdr.de, 09.09.2018, unter: https://www.mdr.de/sachsen/chemnitz/chemnitz-stollberg/chemnitz-ausschreitungen-chronologie-demonstrationen-100.html.

Anonym, »Erdoğan will Inflation verbieten«, tagesspiegel.de, 11.10.2018, unter: https://www.tagesspiegel.de/wirtschaft/wirtschaftskrise-in-der-tuerkei-erdogan-will-inflation-verbieten/23176050.html.

Anonym, »Eskalation im Handelskrieg der USA mit China: Strafzölle in Kraft«, t3n.de, 05.09.2019, unter: https://t3n.de/news/eskalation-handelskrieg-usa-kraft-1193688/.

Anonym, »EU hebt Schutzzölle auf chinesische Solarzellen und Solarmodule an«, Handelsblatt, 31.08.2018, unter: https://www.handelsblatt.com/politik/international/wettbewerb-eu-hebt-schutzzoelle-auf-chinesische-solarzellen-und-solarmodule-auf/22983690.html?ticket=ST-3147983-epDUjdvKMk55lYJaffwB-ap2.

Anonym, »Europäische Politiker kritisieren Polizeigewalt«, Spiegel Online, 01.10.2017, unter: https://www.spiegel.de/politik/ausland/referendum-in-katalonien-38-menschen-verletzt-zwei-da-von-schwer-a-1170827.html.

Anonym, »Europas Internet-Steuer bleibt umstritten«, welt.de, 08.09.2018, unter: https://www.welt.de/newsticker/news1/article181468042/Steuern-Europas-Internet-Steuer-bleibt-umstritten.html.

Anonym, »EZB-Negativzinsen kosten Banken viel Geld«, faz.net, 06.06.2019, unter: https://www.faz.net/aktuell/finanzen/ezb-negativzinsen-kostet-banken-viel-geld-16224112.html.

Anonym, »Facebook-Chef verspricht Kampf gegen Hassparolen«, Spiegel Online, 26.09.2015, unter: https://www.spiegel.de/netzwelt/netzpolitik/facebook-mark-zuckerberg-verspricht-angela-merkel-kampf-gegen-hasskommentare-a-1054930.html.

Anonym, »Falsche Versprechungen an Russland?«, faz.net, 11.02.2017, unter: https://www.faz.net/aktuell/politik/trumps-praesidentschaft/trump-berater-flynn-falsche-versprechungen-an-russland-14872671.html.

Anonym, »Finanztransaktionssteuer eine gute Idee?«, Finanztransaktionssteuer.de, 22.08.2019, unter: https://www.finanztransaktionssteuer.de/.

Anonym, »Framing-Manual. Unser gemeinsamer, freier Rundfunk ARD«, cdn.netzpolitik.org, unter: https://cdn.netzpolitik.org/wp-upload/2019/02/framing_gutachten_ard.pdf.

Anonym, »Frankreich bringt Digitalsteuer auf den Markt«, tagesspiegel.de, 06.03.2019, unter: https://www.tagesspiegel.de/wirtschaft/drei-prozent-abgabe-frankreich-bringt-digitalsteuer-auf-den-weg/24072850.html.

Anonym, »Frankreich soll Polizeigewalt gegen Gelbwesten untersuchen«, Welt Online, 06.03.2019, unter: https://www.welt.de/politik/article189856881/Frankreich-muss-uebermaessige-Polizeigewalt-gegen-Gelbwesten-untersuchen.html.

Anonym, »Frankreich zieht eine gemischte Bilanz von Macrons ›großer Debatte‹«, derstandard.de, 09.04.2019, unter: https://apps.derstandard.de/privacywall/story/2000101045691/frankreich-zieht-eine-gemischte-bilanz-zu-macrons-grosser-debatte.

Anonym, »Gabriel erklärt TTIP für ›de facto gescheitert‹«, Spiegel Online, 29.08.2016, unter: https://www.spiegel.de/wirtschaft/soziales/ttip-sigmar-gabriel-erklaert-verhandlungen-fuer-gescheitert-a-1109837.html.

Anonym, »General Electric – Niedergang einer Ikone«, managermagazin.de, 02.10.2018, unter: https://www.manager-magazin.de/premium/general-electric-auf-john-flannery-folgt-lawrence-culp-und-die-ikone-wankt-a-00000000-0002-0001-0000-000157382313.

Anonym, »Gesamterträge der ARD«, ard.de, unter: http://www.ard.de/home/die-ard/fakten/Gesamtertraege_der_ARD/1015672/index.html.

Anonym, »Global Whealth Report 2018: Die USA und China an der Spitze«, credit-swiss.com, 18.10.2018, unter: https://www.credit-suisse.com/corporate/de/articles/news-and-expertise/global-wealth-report-2018-us-and-china-in-the-lead-201810.html.

Literaturverzeichnis

Anonym, »Griechenland erschwindelte Euro-Beitritt«, faz.net, 16.11.2004, unter: https://www.faz.net/aktuell/wirtschaft/konjunktur/griechenland-erschwindelte-euro-beitritt-1189739.html.

Anonym, »Griechenland wagt Rückkehr an den Kapitalmarkt«, Spiegel Online, 24.07.2017, unter: https://www.spiegel.de/wirtschaft/soziales/griechenland-kehrt-an-kapitalmarkt-zurueck-a-1159454.html.

Anonym, »Grüne belasten Juncker wegen Steueroase«, N-TV, 29.05.2017, unter: https://www.n-tv.de/politik/Gruene-belasten-Juncker-wegen-Steueroase-article19865198.html.

Anonym, »Grüne fordern Bürgerfonds für die Altersvorsorge«, faz.net, 23.08.2019, unter: https://www.faz.net/aktuell/finanzen/gruene-fordern-buergerfonds-fuer-die-altersvorsorge-16347439.html.

Anonym, »Handschriftliche Notiz: Geheim-Papier belastet von der Leyen in Berater-Affäre«, focus.de, 07.04.2019, unter: https://www.focus.de/politik/deutschland/medienbericht-handschriftliche-notiz-geheim-papier-belastet-von-der-leyen-in-berater-affaere_id_10558837.html.

Anonym, »How Much Money Do The Top Income Earners Make?«, Financial Samurai, unter: https://www.financialsamurai.com/how-much-money-do-the-top-income-earners-make-percent/.

Anonym, »Huawei row: UK to let Chinese firm help build 5G network«, BBC Online, 24.04.2019, unter: https://www.bbc.com/news/uk-48032286.

Anonym, »Hunderte Migranten stürmen Grenze zwischen Mexiko und den USA«, Der Tagesspiegel, 26.11.2018, unter: https://www.tagesspiegel.de/politik/fluechtlingstreck-aus-zentralamerika-hunderte-migranten-stuermen-grenze-zwischen-mexiko-und-den-usa/23679932.html.

Anonym, »ICE-Neubaustrecke Berlin-München übertrifft Erwartungen«, mdr Thüringen, 01.12.2018, unter: https://www.mdr.de/thueringen/mitte-west-thueringen/erfurt/ice-strecke-berlin-muenchen-uebertrifft-erwartungen-100.html.

Anonym, »IMF approves $4.2bn loan for Ecuador«, eNCA, 12.03.2019, unter: https://www.enca.com/business/imf-approves-42bn-loan-ecuador.

Anonym, »Investor alert: Watch Out For Fraudulent Digital Asset and ›Crypto‹ Trading Websites«, sec.gov, 24.04.2019, unter: https://www.sec.gov/oiea/investor-alerts-and-bulletins/ia_fraudulentdigitalasset.

Anonym, »Japan Central Bank Balance Sheet«, Tradingeconomics.com, unter: https://tradingeconomics.com/japan/central-bank-balance-sheet.

Anonym, »Japans Notenbank hält an ultralockerer Geldpolitik fest – Inflationsziel rückt in weite Ferne«, handelsblatt.com, 23.01.2019, unter: https://www.handelsblatt.com/finanzen/geldpolitik/weltwirtschaft-japans-notenbank-haelt-an-ultralockerer-geldpolitik-fest-inflationsziel-rueckt-in-weite-ferne/23898626.html?ticket=ST-843657-w9ZFZZqehIxvBpVXuND6-ap6.

Anonym, »Juncker droht mit Gegenmaßnahmen im Fall von US-Autozöllen«, tagesspiegel.de, 18.02.2019, unter: https://www.tagesspiegel.de/wirtschaft/eu-kommissionspraesident-juncker-droht-mit-gegenmassnahmen-im-fall-von-us-autozoellen/24008550.html.

Anonym, »Kissinger never wanted to dial Europe«, ft.com, unter: https://www.ft.com/content/c4c1e0cd-f34a-3b49-985f-e708b247eb55.

Anonym, »Kriegskosten 3,2 Billionen Dollar«, www.tagesspiegel.de, unter: https://www.tagesspiegel.de/politik/kriegskosten-3-2-billionen-dollar/4339124.html.

Anonym, »Loja Dschirga fordert Dialog mit Taliban«, tagesschau.de, 03.05.2019, unter: https://www.tagesschau.de/ausland/afghanistan-ratsversammlung-ende-101.html.

Anonym, »Maaßen: ›Viele haben Angst, ihre Meinung frei zu äußern‹«, t-online.de, unter: https://www.t-online.de/nachrichten/deutschland/id_85264436/hans-georg-maassen-viele-haben-angst-ihre-meinung-frei-zu-aeussern-.html.

Anonym, »Malaysia gibt China einen Korb«, faz.net, 21.08.2018, unter: https://www.faz.net/aktuell/wirtschaft/malaysia-sagt-projekte-fuer-chinas-neue-seidenstrasse-ab-15748656.html.

Anonym, »Manuela Schwesig schickt Kind auf Privatschule«, Spiegel Online, 05.09.2017, unter: https://www.spiegel.de/lebenundlernen/schule/manuela-schwesig-schickt-ihr-kind-auf-privatschule-a-1166287.html.

Anonym, »Mega Börse aus China stoppt Handel mit Bitcoin«, Spiegel Online, 14.09.2017, unter: https://www.spiegel.de/netzwelt/web/bitcoin-mega-boerse-btc-china-stoppt-handel-mit-digitalwaehrung-a-1167715.html.

Literaturverzeichnis

Anonym, »Mehrheit der Deutschen äußert sich in der Öffentlichkeit nur vorsichtig«, welt.de, 22.05.2019, unter: https://www.welt.de/politik/article193977845/Deutsche-sehen-Meinungsfreiheit-in-der-Oeffentlichkeit-eingeschraenkt.html.

Anonym, »Merkel warnt vor erneuter Bankenkrise«, tagesschau.de, 23.01.2019, unter: https://www.tagesschau.de/wirtschaft/merkel-davos-115.html.

Anonym, »Mietspiegel Köln 2019«, wohnungsbörse.net, unter: https://www.wohnungsboerse.net/mietspiegel-Koeln/5333.

Anonym, »Mit diesem Einkommen gehört ihr in eurem Bundesland zu den oberen 50 Prozent«, finanzen100.de, 18.09.2017, unter: https://www.finanzen100.de/finanznachrichten/wirtschaft/lohnunterschiede-mit-diesem-einkommen-gehoert-ihr-in-eurem-bundesland-zu-den-oberen-50-prozent_H54665573_476378/.

Anonym, »Nächster Schritt in die Eiszeit: der Währungskrieg«, thinkbeyondtheobvious.com, 15.07.2019, unter: https://think-beyondtheobvious.com/stelters-lektuere/naechster-schritt-in-die-eiszeit-der-waehrungskrieg/.

Anonym, »Neues Urheberrecht endgültig beschlossen«, tagesschau.de, 15.04.2019, unter: https://www.tagesschau.de/ausland/urheberrecht-eu-101.html.

Anonym, »Nomination of Alan Greenspan«, Fraser, 21.07.1987, unter: https://fraser.stlouisfed.org/title/279.

Anonym, »Obama to Merkel: Don't worry about spying«, thelocal.de, 19.01.2014, unter: https://www.thelocal.de/20140119/obama-merkel-doesnt-need-to-worry-about-spying.

Anonym, »Odessa governor Saakashvili receives his salary from the U.S.«, edaily.com, 25.06.2015, unter: https://eadaily.com/en/news/2015/06/25/odessa-governor-saakashvili-receives-his-salary-from-us.

Anonym, »Panama the new flashpoint in China's growing presence in Latin America«, The Guardian, 29.11.2018, unter: https://www.theguardian.com/world/2018/nov/28/panama-china-us-latin-america-canal.

Anonym, »Parlamentspräsident erhielt 365 Tage pro Jahr Tagesgelder des EU-Parlaments«, swr.de, 29.04.2014, unter: https://www.swr.de/report/presse/eu-tagegeld/-/id=1197424/did=13302262/nid=1197424/gc8skf/index.html.

Anonym, »Pentagon says China will return the US underwater drone it seized«, cnbc.com, 17.12.2016, unter: https://www.cnbc.com/2016/12/17/china-captures-us-underwater-drone.html.

Anonym, »Pentagon weist Weißes Haus zurecht«, orf.at, 03.06.2019, unter: https://orf.at/stories/3125450/.

Anonym, »Porsche nutzt ›Seidenstraße‹ für China-Exporte«, autogazette.de, 04.05.2019, unter: https://www.autogazette.de/porsche/china/unternehmen/porsche-nutzt-seidenstrasse-fuer-china-exporte-989394847.html.

Anonym, »Regierungsplan: Deutsche sollen Gold nur noch bis 2000 Euro anonym bekommen«, focus.de, 12.07.2019, unter: https://www.focus.de/finanzen/boerse/gold/reicht-nicht-mal-fuer-50-gramm-schon-ab-januar-deutsche-sollen-gold-nur-noch-bis-2000-euro-anonym-bekommen_id_10916613.html.

Anonym, »Richter erlaubt Klagen gegen Saudi-Arabien«, Frankfurter Allgemeine, 29.03.2018, unter: https://www.faz.net/aktuell/politik/ausland/11-september-schadensersatz-von-saudi-arabien-erlaubt-15518040.html.

Anonym, »Richter lässt Klagen gegen Saudi-Arabien wegen 9/11 zu«, Zeit Online, 29.03.2018, unter: https://www.zeit.de/politik/ausland/2018-03/bundesgericht-klage-zulassung-saudi-arabien-terroranschlaege-11-september.

Anonym, »Robert Habeck bezeichnet sich als säkularer Christ«, evangelisch.de, 18.06.2019, unter: https://www.evangelisch.de/inhalte/156747/18-06-2019/robert-habeck-bezeichnet-sich-als-saekularer-christ.

Anonym, »Russische Raketenabwehr in Türkei eingetroffen«, Spiegel Online, 12.07.2019, unter: https://www.spiegel.de/politik/ausland/russische-luftabwehr-raketen-in-tuerkei-eingetroffen-a-1277016.html.

Anonym, »Russland Sanktionen kosten die EU-Länder 30 Milliarden Euro«, wifo.ac.at, unter: https://www.wifo.ac.at/jart/prj3/wifo/resources/person_dokument/person_dokument.jart?publikationsid=60666&mime_type=application/pdf.

Literaturverzeichnis

Anonym, »Saudi general ›may have been tortured to death‹ during Ritz-Carlton crackdown«, The Telegraph, 12.03.2018, unter: https://www.telegraph.co.uk/news/2018/03/12/saudi-general-may-have-tortured-death-ritz-carlton-crackdown.

Anonym, »Saudis spenden 100 Millionen an Ivanka Trumps Hilfsfonds«, Welt Online, 22.05.2017, unter: https://www.welt.de/politik/ausland/article164790452/Saudis-spenden-100-Millionen-an-Ivanka-Trumps-Hilfsfonds.html.

Anonym, »Schnelleres Aus für Bargeld als erwartet«, orf.at, 30.08.2019, unter: https://orf.at/stories/3135486/?utm_source=pocket-newtab.

Anonym, »So schön kann der Status quo sein«, Zeit Online, 05.07.2018, unter: https://www.zeit.de/digital/2018-07/eu-urheberrechtsreform-eu-parlament-uploadfilter-leistungsschutzrecht/seite-2.

Anonym, »So viel verdient ein Politiker im Bundestag«, handelsblatt.com, 29.092017, unter: https://orange.handelsblatt.com/artikel/34490.

Anonym, »So viele kamen noch nie«, Spiegel Online, 10.10.2015, unter: https://www.spiegel.de/wirtschaft/unternehmen/ttip-demonstration-in-berlin-stellt-teilnehmerrekord-auf-a-1057187.html.

Anonym, »Streit um Asyl Rhetorik. ›Sprachpolizei‹: Seehofer empört über Voßkuhle«, zdf.de, 26.07.2018, unter: https://www.zdf.de/nachrichten/heute/verrohung-sprache-in-asylfragen-seehofer-reagiert-scharf-auf-vosskuhle-100.html.

Anonym, »Streitkräfte und Strategien«, ndr.de, 07.09.2017, unter: https://www.ndr.de/info/sendungen/streitkraefte_und_strategien/Neue-Weltordnung-durch-Seidenstrassen-Projekt,streitkraefte502.html.

Anonym, »Taking Stock of the Eurosystems asset purchase programme after the end of net asset purchases«, European Central Bank, 18.03.2019, unter: https://www.ecb.europa.eu/pub/economic-bulletin/articles/2019/html/ecb.ebart201902_01~3049319b8d.en.html#toc4.

Anonym, »Target 2-Saldo«, bundesbank.de, unter: https://www.bundesbank.de/de/aufgaben/unbarer-zahlungsverkehr/target2/target2-saldo/target2-saldo-603478.

Anonym, Tax Policy Center, unter: https://www.taxpolicycenter.org/briefing-book/what-tcja-repatriation-tax-and-how-does-it-work.

Anonym, »The History of American Currency«, uscurrency.gov, unter: https://www.uscurrency.gov/history.

Anonym, »The Shaving Kit – Manufacturing The Julian Assange Witch-Hunt«, Medialens, 20.06.2019, unter: http://medialens.org/index.php/alerts/alert-archive/2019/908-the-shaving-kit-manufacturing-the-julian-assange-witch-hunt.html.

Anonym, »The shrinking middle class«, fortune.com, 20.12.2018, unter: https://fortune.com/longform/shrinking-middle-class/.

Anonym, »The vindictive campaign against Chelsea Manning, America's Political Prisoner«, wsws.org, 18.07.2019, unter: https://www.wsws.org/en/articles/2019/07/18/pers-j18.html.

Anonym, »Trump ergreift Partei für ultrarechte Aktivisten«, tagesspiegel.de, 05.05.2019, unter: https://www.tagesspiegel.de/politik/nach-bann-bei-facebook-trump-ergreift-partei-fuer-ultrarechte-aktivisten/24305662.html.

Anonym, »Türkei droht im Fall von US-Sanktionen wegen S-400 mit Gegenmaßnahmen«, Der Tagesspiegel, 22.07.2019, unter: https://www.tagesspiegel.de/politik/streit-um-russisches-waffensystem-tuerkei-droht-im-fall-von-us-sanktionen-wegen-s-400-mit-gegenmassnahmen/24687062.html.

Anonym, »Twitter sperrt Account des konservativen Schauspielers James Woods«, rt.com, unter: https://deutsch.rt.com/nordamerika/76690-twitter-sperrt-account-konservativen-schauspielers/.

Anonym, »Ukraine schreibt Beitritt in die EU und Nato als Ziel in die Verfassung«, Handelsblatt, 07.02.2019, unter: https://www.handelsblatt.com/politik/international/russland-konflikt-ukraine-schreibt-beitritt-zur-eu-und-nato-als-ziel-in-die-verfassung/23960650.html.

Anonym, »Umfrage: Unzufriedenheit über Funktionieren der Demokratie gewachsen«, web.de/magazin, 30.04.2019, unter: https://web.de/magazine/politik/umfrage-unzufriedenheit-funktionieren-demokratie-gewachsen-33680172.

Anonym, »Unwort des Jahres 2016«, unwortdesjahres.net, unter: http://www.unwortdesjahres.net/index.php?id=112.

Anonym, »US deploys carrier group in ›message‹ to Iran«, Deutsche Welle, 06.05.2019, unter: https://www.dw.com/en/us-deploys-carrier-group-in-message-to-iran/a-48612127.

Anonym, »USA drohen Richtern in Den Haag mit Sanktionen«, Zeit Online, 10.09.2018, unter: https://www.zeit.de/politik/ausland/2018-09/internationaler-strafgerichtshof-bolton-john-usa-sicherheitsberater-drohung.

Anonym, »USA haben sich zur größten Steuer-Oase der Welt entwickelt«, Deutsche Wirtschafts-nachrichten, 29.12.2017, unter: https://deutsche-wirtschafts-nachrichten.de/2017/12/29/usa-steigen-zur-weltgroessten-steuer-oase-auf.

Anonym, »US-Aufseher hält Druck auf VW aufrecht«, Spiegel Online, 04.09.2019, unter: https://www.spiegel.de/wirtschaft/unternehmen/us-aufseher-larry-thompson-haelt-druck-auf-vw-aufrecht-a-1285231.html.

Anonym, »US-Botschafter Grenell droht deutschen Firmen erneut mit Sanktionen«, Der Tagesspiegel, 03.05.2019, unter: https://www.tagesspiegel.de/politik/beteiligung-an-nord-stream-2-us-botschafter-grenell-droht-deutschen-firmen-erneut-mit-sanktionen/24282890.html.

Anonym, »US-Luftwaffe vereitelt Öl-Geschäft zwischen Kurden und Assad«, Deutsche Wirtschafts-nachrichten, 03.06.2019, unter: https://deutsche-wirtschafts-nachrichten.de/2019/06/03/us-luftwaffe-vereitelt-oel-deal-zwischen-kurden-und-assad/.

Anonym, »U.S. Navy Orders Two More Ford-Class Aircraft Carriers«, maritime-executive.com, 31.01.2019, unter: https://www.maritime-executive.com/article/u-s-navy-orders-two-more-ford-class-aircraft-carriers.

Anonym, »US-Präsident Trump unterschreibt Lockerung der Bankenregulierung«, Handelsblatt, 24.05.2018, unter: https://www.handelsblatt.com/finanzen/banken-versicherungen/dodd-frank-us-praesident-trump-unterschreibt-lockerung-der-bankenregulierung/22602260.html?ticket=ST-656112-RmXEQA3osfn3NJkbfuXm-ap1.

Anonym, »US Producer Prices Unexpectedly Rise«, tradingeconomics.com, unter: www.tradingeconomics.com.

Anonym, »US-Zölle könnten deutsche Autoexporte fast halbieren«, Zeit Online, 16.02.2019, unter: https://www.zeit.de/wirtschaft/2019-02/handelsstreit-autoexporte-deutschland-usa-entscheidung.

Anonym, »Vermögen der Milliardäre weltweit auf Rekordniveau«, Zeit Online, 26.10.2018, unter: https://www.zeit.de/news/2018-10/26/vermoegen-der-milliardaere-weltweit-auf-rekordniveau-181026-99-534601.

Anonym, »Von der Leyen verwechselt EU-Institutionen«, 15.07.2019, unter: https://www.spiegel.de/politik/ausland/von-der-leyen-verwechselt-europaeischer-rat-mit-rat-der-eu-a-1277450.html.

Anonym, »Wandel durch Handel«, Zeit Online, 05.05.1995, unter: https://www.zeit.de/1995/19/Wandel_durch_Handel.

Anonym, »War Chemnitz und die Hetzjagd eine Notlüge?«, tichyseinblick.de, 05.06.2019, unter: https://www.tichyseinblick.de/daili-es-sentials/war-chemnitz-und-die-hetzjagd-eine-notluege/.

Anonym, »Warum die Berliner kaum mehr verdienen als vor 20 Jahren«, tagesspiegel.de 24.04.2019, unter: https://www.tagesspiegel.de/berlin/stagnierende-einkommen-trotz-boom-warum-die-berliner-kaum-mehr-verdienen-als-vor-20-jahren/24250144.html?utm_source=pocket-newtab.

Anonym, »Was China mit der neuen Seidenstraße wirklich will«, iwd.de, 21.10.2016, unter: https://www.iwd.de/artikel/was-china-mit-der-neuen-seidenstrasse-wirklich-will-306326/.

Anonym, »Was ist die Mindestreservepflicht«, europa.eu, 11.09.2016, unter: https://www.ecb.europa.eu/explainers/tell-me/html/minimum_reserve_req.de.html.

Anonym, »Was Sie über das Gold der Deutschen wissen sollten«, managermagazin.de, 16.04.2019, unter: https://www.manager-magazin.de/fotostrecke/zahlen-und-fakten-zum-deutschen-goldbesitz-fotostrecke-168126-4.html.

Anonym, »Washington will Afghanen mit Flugblättern und Rundfunk ködern«, faz.net, 18.10.2001, unter: https://www.faz.net/aktuell/politik/afghanistan-washington-will-afghanen-mit-flugblaettern-und-rundfunk-koedern-138149.html.

Literaturverzeichnis

Anonym, »Weiter Gefechte um Tripolis – Tausende auf der Flucht«, Spiegel Online, 21.04.2019, unter: https://www.spiegel.de/politik/ausland/buergerkrieg-in-libyen-gefechte-um-tripolis-halten-an-explosionen-a-1263817.html.

Anonym, »Wer wusste wann was?«, Spiegel Online, 28.12.2013, unter: https://www.spiegel.de/politik/deutschland/handy-der-kanzlerin-die-wichtigsten-fakten-der-abhoeraffaere-a-30411.html.

Anonym, »White Helmets making films of ›chemical attacks‹ with orpans in Idlib – Russian military«, rt.com, 12.09.2018, unter: https://www.rt.com/news/438282-white-helmets-film-chemical-attacks/.

Anonym, »Wie Brüssel im Hinterzimmer die Demokratie aushöhlt«, tagesspiegel.de, 21.05.2015, unter: https://www.tagesspiegel.de/themen/agenda/eu-trilog-wie-bruessel-im-hinterzimmer-die-demokratie-aushoehlt/11793136.html.

Anonym, »Wie funktioniert die Irland-Rettung?«, tagesschau.de, 22.10.2015, unter: https://www.tagesschau.de/wirtschaft/irland-rettungspaket100.html.

Anonym, »Wird das ›große schwarze Loch‹ verstaatlicht?«, tagesschau.de, 13.02.2009, unter: https://www.tagesschau.de/wirtschaft/hyporealestate198.html.

Anonym, »Wladimir Putin beendet per Dekret offiziell INF-Abrüstungsvertrag«, Spiegel Online, 04.03.2019, unter: http://www.spiegel.de/politik/ausland/wladimir-putin-beendet-per-dekret-offiziell-inf-vertrag-a-1256208.html.

Anonym, »Working for the few political capture and economic inequality«, Oxfam, 20.01.2014, unter: https://www-cdn.oxfam.org/s3fs-public/file_attachments/bp-working-for-few-political-capture-economic-inequality-200114-en_3.pdf.

Anonym, »Zentralbank erhöht den Leitzins auf 60 Prozent«, süddeutsche.de, 31.08.2018, unter: https://www.sueddeutsche.de/wirtschaft/finanzkrise-in-argentinien-zentralbank-erhoeht-leitzins-auf-prozent-1.4111668.

Anstey, Chris, »Goldman Warns That Market Valuations Are at Their Highest since 1900«, bloomberg.com, 29.11.2017, unter: https://www.bloomberg.com/news/articles/2017-11-29/goldman-warns-highest-valuations-since-1900-mean-pain-is-coming.

Armbrüster, Tobias, »Ökonom Otte fordert erneut europäische Ratingagentur«, Interview mit Max Otte, Deutschlandfunk, 16.11.2011, unter: https://www.deutschlandfunk.de/oekonom-otte-fordert-erneut-europaeische-ratingagentur.694.de.html?dram:article_id=70826.

Atwood, Kylie, »Kim Jong Un's ›beautiful‹ letter to Trump contained no details on way forward, source say«, CNN Online, 13.06.2019, unter: https://edition.cnn.com/2019/06/12/politics/kim-trump-letter-lacked-details/index.html.

Avenarius, Tomas, »General Haftar steht kurz vor Tripolis«, Süddeutsche Zeitung, 08.04.2019, unter: https://www.sueddeutsche.de/politik/libyen-buergerkrieg-khalifa-haftar-1.4400895.

Bahl, Martina, »Die verwirrende Inflation der Börsenindizes«, wiwo.de, 27.06.2017, unter: https://www.wiwo.de/finanzen/boerse/verkehrte-finanzwelt-die-verwirrende-inflation-der-boersenindizes/19979908.html.

Beck, Henning, »Wer sein eigenes Unwissen kennt, weiß mehr«, Wirtschaftswoche, 12.05.2019, unter: https://www.wiwo.de/erfolg/beruf/entzauberte-mythen-wer-sein-eigenes-unwissen-kennt-weiss-mehr/24320020.html?utm_source=pocket-newtab.

Beckedahl, Markus, »Drei Internetminister reden über die Digitale Agenda, oder: Die Angst, eine Datenkolonie der Asiaten zu werden«, netzpolitik.org, 06.09.2016, unter: https://netzpolitik.org/2016/digitale-agenda-die-angst-eine-datenkolonie-der-asiaten-zu-werden/.

Beckedahl, Markus/Dobusch, Leonhard, »Wir veröffentlichen das Framing-Gutachten der ARD«, netzpolitik.org, 17.02.2019, unter: https://netzpolitik.org/2019/wir-veroeffentlichen-das-framing-gutachten-der-ard/.

Beckel, Michael, »Elite ›Bundlers‹ raise more than $113 Million for Hillary Clinton«, The Center for Public Integrity, 23.09.2016, unter: https://publicintegrity.org/federal-politics/elite-bundlers-raise-more-than-113-million-for-hillary-clinton/.

Literaturverzeichnis

Becker, Markus, »Panzer sollen schneller durch Europa rollen«, Spiegel Online, 28.03.2018, unter: https://www.spiegel.de/politik/ausland/eu-kommission-panzer-sollen-schneller-durch-europa-rollen-a-1200366.html.

Ben-Meir, Ilan, »That time Trump spent nearly $100,000 on an ad criticizing U.S. foreign policy in 1987«, Buzzfeed News, 10.07.2015, unter: https://www.buzzfeednews.com/article/ilanbenmeir/that-time-trump-spent-nearly-100000-on-an-ad-criticizing-us.

Bernau, Patrick, »Es gibt wieder Entlassungen«, faz.net, 01.07.2019, unter: https://www.faz.net/aktuell/wirtschaft/konjunktur/arbeitslosigkeit-durch-massiven-stellenabbau-deutscher-konzerne-16260651.html?utm_source=pocket-newtab.

Berschens, Ruth/Greive, Martin, »Finaler Todesstoß durch Macron«, handelsblatt.com, 01.11.2017, unter: https://app.handelsblatt.com/politik/international/finanztransaktionssteuer-finaler-todesstoss-durch-macron/20521018.html.

Biallo, Horst/Schick, Sebastian/Schwarzinger, Kevin/Geißler, Max/Fischer, Manfred/Weinzierl, Kerstin/Engelmann, Stefanie, »Aufgedeckt: Diese 124 Banken und Sparkassen erheben Negativzinsen«, biallo.de, 09.09.2019, unter: https://www.biallo.de/geldanlage/ratgeber/so-vermeiden-sie-negativzinsen/#sixpack.

Bittner, Jochen/Hildebrandt, Tina, »Was heißt Sozialismus für Sie, Kevin Kühnert?«, Zeit Online, 01.05.2019, unter: https://www.zeit.de/politik/deutschland/2019-05/kevin-kuehnert-spd-jugendorganisation-sozialismus.

Blechner, Notker, »Europas Banken überstehen den ›Stresstest‹«, börse.ard.de, 02.11.2018, unter: https://boerse.ard.de/anlagestrategie/branchen/europas-banken-uerbestehen-den-stresstest100.html.

Blistein, Jon, »Howard Stern: Donald Trump ›Did Not Want to be President‹«, Rollingstone Online, 09.05.2019, unter: https://www.rollingstone.com/culture/culture-news/howard-stern-donald-trump-president-interview-833343/.

Bloed, Peter, »Die Wahrheit über den Euro-Crash«, Focus Online, 20.06.2012, unter: https://www.focus.de/finanzen/news/staatsverschuldung/tid-26216/fuenf-experten-reden-klartext-die-wahrheit-ueber-den-euro-crash-kommt-es-zum-buergerkrieg_aid_769490.html.

Böcking, David/Hesse, Martin, »Warum Merz nicht zur Mittelschicht gehört«, Spiegel Online, 15.11.2018, unter: https://www.spiegel.de/wirtschaft/soziales/friedrich-merz-warum-er-nicht-zur-mittelschicht-gehoert-a-1238635.html.

Böglein & Dr. Axmann Rechtsanwälte, »Droht Medienfonds der Untergang? Millionenverluste für Medienfonds-Anleger«, unter: https://boegelein-axmann.com/droht-medienfonds-der-untergang-millionenverluste-fuer-medienfonds-anleger.

Bolzen, S./Eder, F./Hassel, F., »Für die Rettung des Euro war kein Preis zu hoch«, Welt Online, 15.05.2010, unter: https://www.welt.de/wirtschaft/article7643273/Fuer-die-Rettung-des-Euro-war-kein-Preis-zu-hoch.html.

Bönisch, Georg/Dohmen, Frank/Steingart, Gabor, »Wurde Mannesmann-Chef Esser bestochen?«, Spiegel Online, 06.05.2011, unter: https://www.spiegel.de/wirtschaft/affaeren-wurde-mannesmann-chef-esser-bestochen-a-132209.html.

Brauns, Bastian, »Die Schwachstelle der EU«, cicero.de, 29.04.2019, unter: https://www.cicero.de/wirtschaft/lobbyismus-eu-rat-nationalstaaten-lobbycontrol-europawahl-2019.

Brück, Mario/Schumacher, Harald, »Der skurrile Gegenspieler des Kartellamts«, WirtschaftsWoche, 24.03.2015, unter: https://www.wiwo.de/unternehmen/mittelstand/european-trust-institute-der-skurrile-gegenspieler-des-kartellamts/11532092.html.

Brunnstrom, David, »EU says it has solved the Kissinger question«, Reuters.com, 12.12.2009, unter: https://www.reuters.com/article/us-eu-president-kissinger/eu-says-it-has-solved-the-kissinger-question-idUSTRE5AJ00B20091120.

Buchsteiner, Jochen, »Ein bitterer Abschied«, faz.net, 24.05.2019, unter: https://www.faz.net/aktuell/brexit/brexit-das-politische-erbe-theresa-mays-16204862.html.

Buchter, Heike, »Besser als Panama«, Zeit Online, 14.04.2016, unter: https://www.zeit.de/2016/17/steueroasen-usa-panama-papers-briefkastenfirma.

Literaturverzeichnis

Büschemann, Karl-Heinz, »Opfer der eigenen Strategie«, SZ Online, 19.05.2010, unter: https://www.sueddeutsche.de/wirtschaft/ex-konzern-hoechst-opfer-der-eigenen-strategie-1.903999.

Chabris, Christopher/Simons, Daniel Simons, »The invisible Gorilla«, unter: http://www.theinvisiblegorilla.com/gorilla_experiment.html.

Chamley, Christophe/Kotlikoff, Laurence J./Polemarchakis, Herakles, »Financial Reform – What's Really Needed? – Limited-Purpose Banking – Moving from ›Trust Me‹ to ›Show Me‹ Banking«, researchgate.net, Januar 2012, unter: https://www.researchgate.net/publication/270639036_Limited-Purpose_Banking-Moving_from_Trust_Me_to_Show_Me_Banking.

Chan, Minnie/Rui, Guo, »China will build 4 nuclear aircraft carriers in drive to catch US Navy, experts say«, scmp.com, 06.02.2019, unter: https://www.scmp.com/news/china/military/article/2185081/china-will-build-4-nuclear-aircraft-carriers-drive-catch-us-navy.

Chantrill, Christopher, »US National Debt as percent of GDP«, usgovermentspending.com, 10.09.2019, unter: https://www.usgovernmentspending.com/us_national_debt_chart.html.

Churchill, Winston, Rede an der Universität Zürich am 19.09.1946, unter: https://archive.is/20130218054245/http://assembly.coe.int/Main.asp?link=/AboutUs/zurich_e.htm.

Conte, Giuseppe, »Wir brauchen endlich ein europäisches Volk«, Die Welt, 21.03.2019, unter: https://www.welt.de/debatte/kommentare/plus190573551/Giuseppe-Conte-Wir-brauchen-endlich-ein-europaeisches-Volk.html.

Cummings, Williams, »Trump bashes CIA, dismisses Russian hacking report«, USA Today, 10.12.2016, unter: https://eu.usatoday.com/story/news/politics/onpolitics/2016/12/09/washington-post-cia-report-russia-intervened-election/95230596.

Dalio, Ray, »Why and How Capitalism needs to be reformed«, linkedin.com, 05.04.2019, unter: https://www.linkedin.com/pulse/why-how-capitalism-needs-reformed-parts-1-2-ray-dalio/.

Dambeck, Holger, »Schimpanse und Mensch fast identisch«, Spiegel Online, 31.08.2015, unter: https://www.spiegel.de/wissenschaft/natur/genvergleich-schimpanse-und-mensch-fast-identisch-a-372341.html.

dapb, »Studenten erhalten zu gute Noten«, Zeit Online, 10.11.2012, unter: https://www.zeit.de/studium/hochschule/2012-11/hochschule-bewertung-note.

Deuber, Lea, »Schaut auf dieses Land«, SZ Online, 08.07.2019, unter: https://www.sueddeutsche.de/leben/china-europa-verhaeltnis-1.4509728?utm_source=pocket-newtab&reduced=true.

Deutsches Institut für Wirtschaft, »Weltwirtschaftliche Expansion nur leicht gedämpft – Rezession nicht wahrscheinlich«, 2007, in: Wochenbericht 74/42, unter: https://ideas.repec.org/a/diw/diwwob/74-42-42.html.

Dickinson, Steve, »China SOE Bankruptcies, Foreign Buyers and Product that Never Arrives«, 15.01.2019, unter: https://www.chinalawblog.com/2019/01/china-soe-bankruptcies-foreign-buyers-and-product-that-never-arrives.html.

Diekmann, Florian, »Den Millionären gehört die Hälfte der Welt«, Spiegel Online, 20.06.2019, unter: https://www.spiegel.de/wirtschaft/soziales/vermoegen-den-millionaeren-gehoert-die-haelfte-der-welt-a-1273185.html#ref=rss.

Dobbert, Steffan, »Im Empörungswahn«, Zeit Online, 21.04.2016, unter: https://www.zeit.de/wirtschaft/2016-04/ttip-usa-eu-antiamerikanismus-freihandelszone-compact.

Doll, Nikolaus/Wüpper, Gesche, »Was hier läuft, ist ein Wirtschaftskrieg«, Welt Online, 15.01.2017, unter: https://www.welt.de/wirtschaft/article161161849/Was-hier-laeuft-ist-ein-Wirtschaftskrieg.html.

Dörner, Astrid, »Bridgewater-Chef warnt: ›Die Lage erinnert mich an die 30er-Jahre‹«, handelsblatt.com, 20.02.2019, unter: https://www.handelsblatt.com/finanzen/anlagestrategie/fonds-etf/ray-dalio-im-interview-bridgewater-chef-warnt-die-lage-erinnert-mich-an-die-30er-jahre/24016430.html?ticket=ST-3630570-hJRLZcefjX0YAzIGqmz9-ap6.

Dörner, Astrid, »Die ungewisse Zukunft der Bitcoin-Futures«, handelsblatt.com, 10.01.2018, unter: https://www.handelsblatt.com/finanzen/maerkte/devisen-rohstoffe/kryptowaehrungen-die-ungewisse-zukunft-der-bitcoin-futures/20831450.html?ticket=ST-2583405-6BdWPOxiI9xuHGdRnMoO-ap5.

Literaturverzeichnis

Dörner, Astrid, »Die ungewisse Zukunft der Bitcoin-Futures«, wiwo.de, 10.01.2018, unter: https://www.wiwo.de/finanzen/boerse/kryptowaehrungen-die-ungewisse-zukunft-der-bitcoin-futures/20832146.html.

Dörner, Astrid, »Ein radikaler Vorschlag von Ocasio-Cortez sorgt für Aufregung«, handelsblatt.com, 26.03.2019, unter: https://www.handelsblatt.com/finanzen/geldpolitik/geldpolitik-ein-radikaler-vorschlag-von-ocasio-cortez-sorgt-fuer-aufregung/24145560.html?ticket=ST-2624827-kd57vRM1Pm1um6vSyYXJ-ap4.

Dörner, Astrid/Scheuer, Stefan, »US-Justizministerium erlaubt Fusion von T-Mobile US und Sprint«, Handelsblatt, 26.07.2019, unter: https://www.handelsblatt.com/technik/it-internet/telekombranche-us-justizministerium-erlaubt-die-fusion-von-t-mobile-us-und-sprint-/24700094.html?ticket=ST-1720001-SGFagbb90ycsjH1DudSV-ap5.

Douglas, Holger, »Tichys Einblick fand die Herkunft des Chemnitz-Videos heraus«, Tichys Einblick, 16.11.2018, unter: https://www.tichyseinblick.de/meinungen/tichys-einblick-fand-die-herkunft-des-chemnitz-videos-heraus/.

dpa, »Merkel reagiert skeptisch auf Putin-Vorschlag«, Zeit Online, 25.11.2010, unter: https://www.zeit.de/wirtschaft/2010-11/merkel-putin-freihandelszone.

dpa, »Wie EU und USA Abgas-Grenzwerte setzen«, SZ Online, 06.01.2017, unter: https://www.sueddeutsche.de/news/wirtschaft/auto-wie-eu-und-usa-abgas-grenzwerte-setzen-dpa.urn-newsml-dpa-com-20090101-170106-99-774648; https://de.wikipedia.org/wiki/Abgasnorm.

Dreier, Hans, »Die Preise für Acker- und Grünland sind kräftig gestiegen«, agrarheute.com, 16.10.2018, unter: https://www.agrarheute.com/wochenblatt/feld-stall/betriebsfuehrung/preise-fuer-acker-gruenland-kraeftig-gestiegen-548751.

Dubin, Brent, »Bureaucratic politics approach«, Encyclopaedia Britannica, 07.01.2013, unter: https://www.britannica.com/topic/bureaucratic-politics-approach.

Dummer, Niklas, »Es gibt kaum etwas Stabileres als Großvermögen«, wiwo.de, 18.08.2018, unter: https://www.wiwo.de/politik/deutschland/elitenforscher-es-gibt-kaum-etwas-stabileres-als-grossvermoegen/22919746.html.

Durden, Tyler, »Boeing, Obama, A Gold Watch, And 346 Dead«, zerohedge.com, 06.09.2019, unter: https://www.zerohedge.com/news/2019-06-09/boeing-obama-gold-watch-and-346-dead.

Durden, Tyler, »Father Who Paid $450,000 Bribe Is Last Of 14 Parents To Plead Guilty in Admission Scandal«, zerohedge.com, 21.06.2019, unter: https://www.zerohedge.com/news/2019-06-21/father-who-paid-450000-bribe-last-14-parents-plead-guilty-admission-scandal.

Durden, Tyler, »Loan Market Is Freezing: Banks Fail To Sell $1.6 Billion in Loans«, zerohedge.com, 22.12.2018, unter: https://www.zerohedge.com/news/2018-12-22/loan-market-freezing-bank-fail-sell-16-billion-loans.

Durden, Tyler, »Gold's Surge Is A Message: Central Banks Are Out Of Control, Not Inflation«, Zero Hedge, 08.08.2019, unter: https://www.zerohedge.com/news/2019-08-08/golds-surge-message-central-banks-are-out-control-not-inflation.

Durden, Tyler, »The American Public Is Over-Leveraged: Bankruptcies Are Up 5%«, Zero Hedge, 07.08.2019, unter: https://www.zerohedge.com/news/2019-08-07/american-public-over-leveraged-bankruptcies-are-5.

Eder, Florian, »4365 EU-Beamte verdienen mehr als die Kanzlerin«, welt.de, 03.02.2013, unter: https://www.welt.de/wirtschaft/article113330591/4365-EU-Beamte-verdienen-mehr-als-die-Kanzlerin.html.

Edinger, Hannah/Labuschagne, Jean-Pierre, »If you want to prosper, consider building roads«, Deloitte Insights, 22.03.2019, unter: https://www2.deloitte.com/us/en/insights/industry/public-sector/china-investment-africa-infrastructure-development.html.

Ehrhardt, Amira, »‚Sollten manche Dörfer schließen‹: Ökonom macht radikalen Vorschlag für Ostdeutschland«, Business Insider, 05.10.2018, unter: https://www.businessinsider.de/oekonom-macht-radikalen-vorschlag-fuer-ostdeutschland-2018-10.

Ehrhardt, Jens, »Analyse zur Euro-Einführung«, Die Finanzwoche, Februar 1998, unter: https://www.finanzwoche.de/sites/default/files/eurostudie.pdf.

Literaturverzeichnis

Erdmann, Elen/Gatze, Marcus/Stahnke, Julian/Tröger, Julius, »Wer ist Mittelschicht?«, Zeit Online, 06.12.2018, unter: https://www.zeit.de/wirtschaft/2018-12/mittelschicht-einkommen-deutschland.

Ertl, Andrea, »Porsche auf ›eiserner Seidenstraße‹ – Mit Hellmann per Bahn nach China«, eurotransport.de, 02.04.2019, unter: https://www.eurotransport.de/artikel/porsche-nutzt-neue-seidenstrasse-nach-china-bahntransport-statt-schiffspassage-10741006.html.

Fairbrother, Benjamin, »Europäische Handelspolitik von Rom bis Lissabon«, kas.de, Dezember 2009, unter: https://www.kas.de/c/document_library/get_file?uuid=f98bb14d-2a2c-3b1f-6d19-6d53b8b5100d&groupId=252038.

Falcus, Matt/Wong, Maggie Hiufu, »Beijing is building hundreds of airports as millions of chinese take to the skies«, cnn.com, 26.05.2019, unter: https://edition.cnn.com/travel/article/china-new-airports/index.html.

Faller, Heike, »Rette sich, wer kann«, Zeit Online, 24.02.2011, unter: https://www.zeit.de/2011/09/Aussteiger-Endzeitstimmung/komplettansicht.

Feigl, Georg, »Eurozone: Lohnwettbewerb nach unten Priorität«, Arbeit & Wirtschaft blog, 11.09.2015, unter: https://awblog.at/eurozone-lohnwettbewerb.

Floyd, David, »Explaining the Trump Tax Reform Plan«, Investopia, 02.08.2019, unter: https://www.investopedia.com/taxes/trumps-tax-reform-plan-explained.

France-Presse, Agence, »White House's Peter Navarro: Trade deficits are a threat to national security«. Rawstory, 07.03.2017, unter: https://www.rawstory.com/2017/03/white-houses-peter-navarro-trade-deficits-are-a-threat-to-national-security.

Franck, Thomas, »US trade deficit widens to $50 billion in March«, CNBC, 09.05.2019, unter: https://www.cnbc.com/2019/05/09/us-trade-deficit-widens-to-50-billion-in-march.html.

Freytag, Andreas, »Ist die neue Seidenstraße eine Bedrohung für Europa?«, wiwo.de, 29.03.2019, unter: https://www.wiwo.de/politik/ausland/freytags-frage-ist-die-neue-seidenstrasse-eine-bedrohung-fuer-europa/24156646.html.

Friese, Ulrich/Neuscheler, Tillmann/Wieduwilt, Hendrik, »Beraterscharen bringen von der Leyen in die Bredouille«,faz.net, 24.11.2018, unter: https://www.faz.net/aktuell/wirtschaft/beraterscharen-bringen-von-der-leyen-in-die-bredouille-15906186.html,

Fritz, Oliver/Christen, Elisabeth, »Russland-Sanktionen kosteten die EU-Länder 30 Milliarden Euro«, Presseinfo des Österreichischen Instituts für Wirtschaftsforschung, 06.10.2017, unter: https://www.wifo.ac.at/jart/prj3/wifo/resources/person_dokument/person_dokument.jart?publikationsid=60666&mime_type=application/pdf.

Funk, Albert, »Maximal belastet«, tagesspiegel.de, 11.04.2017, unter: https://www.tagesspiegel.de/politik/steuern-und-abgaben-maximal-belastet/19660206.html.

Gabbatt, Adam, »Trump's 2020 campaign launch: the key takeaways«, The Guardian, 19.06.2019, unter: https://www.theguardian.com/us-news/2019/jun/18/trump-2020-campaign-highlights-key-takeaways-what-you-need-to-know-re-election-launch.

Gabriel, Sigmar, »Dem Westen fehlt eine Strategie, die sich mit der chinesischen messen kann«, Handelsblatt, 16.09.2018, unter: https://www.handelsblatt.com/meinung/gastbeitraege/gastkommentar-dem-westen-fehlt-eine-strategie-die-sich-mit-der-chinesischen-messen-kann/23073212.html.

Garton Ash, Timothy, »Germany's Choice«, Foreign Affairs, Juli/August 1994, unter: https://www.foreignaffairs.com/articles/europe/994-07-01/germanys-choice.

Gebauer, Matthias, »Strafanzeige gegen Ursula von der Leyen«, Spiegel Online, 18.10.2018, unter: https://www.spiegel.de/politik/deutschland/berater-affaere-bei-der-bundeswehr-strafanzeige-gegen-ursula-von-der-leyen-a-1233811.html.

Geis, Matthias, »Der linke Krieg«, Die Zeit, 13/2009, unter: https://www.zeit.de/2009/13/10-Jahre-Kosovo/seite-2.

Geltzer, Joshua A./Coasta, Christopher P., »The Dangers of Calling ›Mission Accomplished‹ in Syria«, The New York Times, 19.12.2018, unter: https://www.nytimes.com/2018/12/19/opinion/trump-syria-islamic-state.html.

Gerbert, Philipp, »Dienstleistungsschwemme aus Indien«, handelsblatt.com, 01.08.2002, unter: https://www.handelsblatt.com/archiv/call-center-der-anrufpartner-sitzt-immer-oefter-am-anderen-ende-der-welt-dienstleistungsschwemme-aus-indien/2187006.html.

Germis, Carsten/Jung, Marcus, »Worauf können geschädigte Diesel-Fahrer hoffen?«, faz.net, 15.05.2018, unter: https://www.faz.net/aktuell/wirtschaft/unternehmen/die-unterschiede-der-amerikanischen-und-deutschen-vw-kunden-15589892.html.

Gersemann, Olaf/Zschäpitz, Holger, »Vor den Eliten diktiert Angela Merkel ihr Erbe«, welt.de, 23.01.2019, unter: https://www.welt.de/wirtschaft/article187589278/Davos-2019-Wie-Angela-Merkel-an-ihrem-Erbe-bastelt.html.

Gibbons, Fiachra, »US ›is an empire in denial‹«, The Guardian, 02.06.2003, unter: https://www.theguardian.com/uk/2003/jun/02/highereducation.books.

Gode, S./Zillekens, J., »Kalter Krieg 2.0«, Focus Online, 01.06.2019, unter: https://www.focus.de/finanzen/boerse/wirtschaft-kalter-krieg-2-0_id_10756362.html.

Goh, Brenda, »China plans 6,800 km of new rail track in 2019 amid infrastructure push«, Reuters, 02.01.2019, unter: https://www.reuters.com/article/us-china-railway/china-plans-6800-km-of-new-rail-track-in-2019-amid-infrastructure-push-idUSKCN1OW08J.

Goldenberg, Sally/Rubinstein, Dana, »With Amazon Deal dashed, New York's vast tax breaks called into question«, politico.com, 19.02.2019, unter: https://www.politico.com/states/new-york/albany/story/2019/02/18/with-amazon-deal-dashed-new-yorks-vast-tax-breaks-called-into-question-858517.

Gottfried, Paul, »No, America Isn't in Danger of Becoming a Socialist Nation«, theamericanconservative.com, 13.06.2019, unter: https://www.theamericanconservative.com/articles/no-america-isnt-in-danger-of-becoming-a-socialist-nation/.

Grantham, Jeremy/Gerster, Lou, »Hard Choices«, hbs.edu, 01.12.2018, unter: https://www.alumni.hbs.edu/stories/Pages/story-bulletin.aspx?num=6818.

Grefe, Christiane, »Soll man ihm glauben?«, Zeit Online, 19.03.2015, unter: https://www.zeit.de/2015/12/monsanto-agrarwirtschaft-gentechnik-nachhaltigkeit.

Guhlich, Anne, »Maschinenbauer plädieren für Zellfertigung«, Stuttgarter Nachrichten, 15.06.2017, unter: https://www.stuttgarter-nachrichten.de/inhalt.wandel-in-autoindustrie-maschinenbauer-plaedieren-fuer-zellfertigung.86aeb67f-3be2-48c1-8253-193c578e4a2f.html.

Haas, Christine, »Unter 30-Jährigen gelingt immer seltener ein Aufstieg in die Mittelschicht«, welt.de, 10.04.2019, unter: https://www.welt.de/wirtschaft/article191724187/OECD-Studie-Die-Mittelschicht-hat-es-heute-immer-schwerer.html.

Hagen, Kevin, »Protest, Rebellion, Chaos«, Spiegel Online, 10.09.2019, unter: https://www.spiegel.de/politik/ausland/kunduz-afghanisches-militaer-draengt-taliban-zurueck-a-1284687.html.

Hamann, Florian, »Allein 643 Millionäre. Wie hoch Gehälter und Boni bei der Deutschen Bank ausfallen«, efinancialcareers.com, 22.03.2019, unter: https://news.efinancialcareers.com/de-de/310786/was-ist-die-deutsche-bank-fur-ihre-mitarbeiter-springen-lasst.

Hanke, Thomas, »155 Professoren fordern die Verschiebung der Währungsunion«, Zeit Online, 12.01.1998, unter: https://www.zeit.de/1998/08/professor.txt.19980212.xml.

Häring, Norbert, »Der Antisemit Norbert Häring: Dekonstruktion eines versuchten Rufmordes«, norberthaering.de, 17.05.2016, unter: http://norberthaering.de/de/27-german/news/617-antisemit.

Häring, Norbert, »Warum Migration gut fürs Geschäft ist: Das Weltwirtschaftsforum und die Willkommenskultur«, 05.03.2018, unter: http://norberthaering.de/de/27-german/news/958-wef-migration?&format=pdf.

Häring, Norbert, »›Verlorenes Jahrzehnt für Arbeitnehmer‹ – Woher kommt die globale Lohnstagnation?«, handelsblatt.com, 01.12.2018, unter: https://www.handelsblatt.com/politik/deutschland/wirtschaftswissenschaften-verlorenes-jahrzehnt-fuer-arbeitnehmer-woher-kommt-die-globale-lohnstagnation/23702400.html?ticket=ST-2370134-34FaehwoaXWcPsE71sEQ-ap5.

Häring, Norbert, »Der IWF will dem Bargeld an den Kragen«, norberthäring.de, 21.07.2019, unter: http://norberthaering.de/de/27-german/news/1159-iwf-bargeld-abwerten-2.

Literaturverzeichnis

Hartung, Manuel J., »Im Leerzimmer«, Zeit Online, 22.08.2018, unter: https://www.zeit.de/2018/35/schulen-lehrer-mangel-bildung-probleme.

Hässig, Lukas, »USA bringen Schweizer Bankgeheimnis ins Wanken«, Spiegel Online, 20.06.2018, unter: https://www.spiegel.de/wirtschaft/ubs-skandal-usa-bringen-schweizer-bankgeheimnis-ins-wanken-a-561045.html.

Hatmaker, Taylor, »Mueller report details the evolution of Russia's troll farm as it began targeting US politics«, TechCrunch, 18.04.2019, unter: https://techcrunch.com/2019/04/18/mueller-report-ira-internet-research-agency/?guccounter=1&guce_referrer_us=aHR0cHM6Ly93d3cuZ29vZ2xlLmRlLw&guce_referrer_cs=r34ofCULTwaBudOgJ7MAxg.

Heckendorf, Katharina, »Grundeinkommen nur eine Utopie?«, Zeit Online, 12.08.2019, unter: https://www.zeit.de/thema/grundeinkommen.

Hendrickson, David C., »Is America an Empire?«, National Interest, 17.10.2017, unter: https://nationalinterest.org/feature/america-empire-22768.

Henney, Megan, »Mueller investigation by the numbers: 675 days, 500 witnesses«, FOX Business, 17.04.2019, unter: https://www.foxbusiness.com/politics/mueller-investigation-numbers-days-witnesses.

Hermann, Hansgeorg, »Polizeigewalt in Frankreich«, Junge Welt, 08.03.2019, unter: https://www.jungewelt.de/artikel/350572.frankreich-und-die-gelbwesten-polizeigewalt-in-frankreich.html.

Hesse, Martin, »UniCredit droht Millionenforderung«, Spiegel Online, 08.03.2017, unter: https://www.spiegel.de/wirtschaft/unternehmen/unicredit-italiens-grossbank-drohen-neue-lasten-in-millionenhoehe-a-1137818.html.

Heuser, Uwe Jean, »Erst mal wird gefeiert«, Zeit Online, 05.01.2017, unter: https://www.zeit.de/2017/02/boerse-weltwirtschaft-demokratie-schaden-terrorismus/seite-3.

Heyden, Ulrich, »Immer erdrückendere Beweise zu Maidan-Scharfschützen-Einsatz im Februar 2014«, heise online, 15.02.2018, unter: https://www.heise.de/tp/features/Immer-erdrueckendere-Beweise-zu-Maidan-Scharfschuetzen-Einsatz-im-Februar-2014-3970907.html?seite=all.

Hildebrand, Jan\Koch, Moritz, »USA starten Kampagne gegen Chinas Seidenstraße«, Handelsblatt, 11.04.2019, unter: https://www.handelsblatt.com/politik/international/konflikt-im-iwf-usa-starten-kampagne-gegen-chinas-seidenstrasse/24207382.html.

Hildebrandt, Antje, »Leistung ist egal«, Interview mit Michael Rudolph, Cicero, 30.08.2018, unter: https://www.cicero.de/innenpolitik/brennpunktschulen-berlin-bildung-disziplin-schulinspektion-leistung-neukoelln-.

Hillmann, Margit, »Über 30 Journalisten erstatten Anzeige«, Deutschlandfunk, 01.05.2019, unter: https://www.deutschlandfunk.de/polizeigewalt-in-frankreich-ueber-30-journalisten-erstatten.2907.de.html?dram:article_id=447619.

Höhler, Gerd, »Der unglaubliche Aufstieg griechischer Aktien«, handelsblatt.com, 14.04.2019, unter: https://www.handelsblatt.com/finanzen/maerkte/marktberichte/boerse-athen-der-unglaubliche-aufstieg-griechischer-aktien/24214056.html?ticket=ST-502974-T7ucsQSgSqfPqfZQ5EeU-ap3.

Honecker, Erich, Festansprache zum 40. Jahrestag der DDR am 7. Oktober 1989, unter: http://www.glasnost.de/db/DokZeit/89honecker.html.

Höpner, Axel/Rexer, Andrea, »Linde war schon lange kein wirklich deutsches Unternehmen mehr«, Interview mit Wolfgang Reitzle und Steve Angel, Handelsblatt, 02.03.2019, unter: https://www.handelsblatt.com/unternehmen/industrie/wolfgang-reitzle-und-steve-angel-im-interview-linde-war-schon-lange-kein-wirklich-deutsches-unternehmen-mehr/24052430.html?ticket=ST-3527216-xyVJnkpEdyqwkhhal7Xv-ap1.

Höpner, Martin/Spielau, Alexander, »Besser als der Euro? Das Europäische Währungssystem, 1979–1988«, Berliner Journal für Soziologie, 18.10.2016, unter: http://www.mpifg.de/people/mh/paper/Martin%20Hoepner,%20Alexander%20Spielau%20(2016)%20Besser%20als%20der%20Euro%20Das%20Europaeische%20Waehrungssystem%20(EWS),%201979-1998.pdf.

Hosenball, Mark, »Ex-British spy paid $165,000 for Trump dossier, U.S. firm discloses«, Reuters, 01.11.2017, unter: https://www.reuters.com/article/us-usa-trump-russia-dossier/ex-british-spy-paid-168000-for-trump-dossier-u-s-firm-discloses-idUSKBN1D15XH.

Literaturverzeichnis

Huber, Daniel/Senn, Lea, »Diese 7 Grafiken zeigen, wie wichtig China in Afrika geworden ist«, watson.ch, 23.05.2018, unter: https://www.watson.ch/international/wirtschaft/791335639-diese-7-grafiken-zeigen-wie-wichtig-china-in-afrika-ist.

Hughes, Krista, »IMF rule change keeps Ukraine support; Russia complains«, Reuters, 08.12.2015, unter: https://www.reuters.com/article/us-ukraine-crisis-imf-idUSKBN0TR28Q20151208.

Isidore, Chris, »Boeing desperately needs to get the 737 Max back in the air. Getting it approved will be hard«, cnn.com, 13.05.2019, unter: https://edition.cnn.com/2019/05/13/business/boeing-737-max-global-approval/index.html.

Isidore, Chris, »Buffett says he's still paying lower tax rate than his secretary«, cnn.com, 04.03.2013, unter: https://money.cnn.com/2013/03/04/news/economy/buffett-secretary-taxes/index.html.

Jakobs, H.-J./Ahlemeier, M./Gregorian, K., »Ungerecht lebt es sich besser«, Interview mit Hans-Werner Sinn, SZ Online, 11.05.2010, unter: https://www.sueddeutsche.de/wirtschaft/aquariumsgespraech-mit-ifo-chef-sinn-ungerecht-lebt-es-sich-besser-1.320678.

Jacobsen, Nils, »Mark Zuckerberg in Brüssel: EU blamiert sich mit absurdem Fragenmarathon, den der Facebook-Chef widerwillig in 15 Minuten beantwortet«, Meedia, 22.05.2018, unter: https://meedia.de/2018/05/22/mark-zuckerberg-in-bruessel-eu-blamiert-sich-mit-absurdem-fragenmarathon-den-der-facebook-chef-widerwillig-in-15-minuten-beantwortet.

Jalonick, Mary Clare, »Senate breaks with Trump on Afghanistan, Syria withdrawal«, MilitaryTimes, 04.02.2019, unter: https://www.militarytimes.com/news/pentagon-congress/2019/02/04/senate-warns-trump-on-afghanistan-syria-withdrawal/.

Janssen, »Die eigenen vier Wände in der Region Hannover: 25- bis 40-Jährige sind ›Verlierer Generation‹«, pestel-institut.de, 12.05.2017, unter: https://www.pestel-institut.de/blog/2017/05/12/wohnen-im-eigentum-quote-39-prozent/.

Jehle, Christoph, »Was wurde aus TTIP, Ceta und den anderen Freihandelsabkommen?«, heise online, 13.01.2018, unter: https://www.heise.de/tp/features/Was-wurde-aus-TTIP-Ceta-und-den-anderen-Freihandelsabkommen-3935971.html.

Jiangtao, Shi/Churchill, Owen, »US competets with China's ›Belt and Road initiative‹ with US$ 113 million Asian investment programme«, South China Morning Post, 30. 07.2018, unter: https://www.scmp.com/news/china/economy/article/2157381/us-competes-chinas-belt-and-road-initiative-new-asian-investment .

Jilch, Nikolaus, »Bargeld ist so beliebt wie nie«, Die Presse, 24.10.2018, unter: https://diepresse.com/home/wirtschaft/boerse/5518937/Bargeld-ist-so-beliebt-wie-nie.

Joe, Rick, »Predicting The Chinese Navy of 2030«, The Diplomat, 15. 02.2019, unter: https://thediplomat.com/2019/02/predicting-the-chinese-navy-of-2030/.

Joffe, Josef, »Glaube und Glück«, Zeit Online, 27.09.2019, unter: https://www.zeit.de/2019/10/religiositaet-glaube-gluecksgefuehle-wohlbefinden-hilfsbereitschaft-herzlichkeit.

Johnson, Simon, »The Quiet Coup«, theatlantic.com, Mai 2009, unter: https://www.theatlantic.com/magazine/archive/2009/05/the-quiet-coup/307364/.

Johnsson, Julie/McCormick, John, »Obama spoke at Boeing retreat after firm gave millions to library Fund«, bloomberg.com, 28.01.2019, unter: https://www.bloomberg.com/news/articles/2019-01-28/boeing-gets-obama-pep-talk-after-giving-millions-to-library-fund.

Jolly, Jasper, »Trump criticises Fed chairman Powell for trying to be ›tough‹«, The Guardian, 26.06.2019, unter: https://www.theguardian.com/business/2019/jun/26/trump-criticises-fed-chairman-powell-for-trying-to-be-tough.

Jones, Owen, »The TTIP deal hands British sovereignty to multinationals«, The Guardian, 14.09.2014, unter: https://www.theguardian.com/commentisfree/2014/sep/14/ttip-deal-british-sovereignity-cameron-ukip-treaty.

Jost, Sebastian, »Deutsche belegen beim Vermögen den letzten Platz«, welt.de, 09.04.2013, unter: https://www.welt.de/wirtschaft/article115143342/Deutsche-belegen-beim-Vermoegen-den-letzten-Platz.html.

Justice, Tristan, »State Department Finds 30 Security Incidents in Clinton Email Investigation«, The Federalist, 18.06.2019, unter: https://thefederalist.com/2019/06/18/state-department-finds-30-security-incidents-in-clinton-email-investigation.

Kacher, Georg, »Der Elektro-Volkswagen hat das Zeug zum Massenstromer«, SZ Online, 15.07.2019, unter: https://www.sueddeutsche.de/auto/test-vw-id-elektroauto-1.4518978?utm_source=pocket-newtab.

Kaiser, Tobias, »Star-Ökonom für Minuszinsen von bis zu sechs Prozent«, welt.de, 18.06.2016, unter: https://www.welt.de/wirtschaft/article158217156/Star-Oekonom-fuer-Minuszinsen-von-bis-zu-sechs-Prozent.html.

Kampa, Nele/Leucht, Michael/Köller, Olaf, »Mathematische Kompetenzen in Profiloberstufen«, Universität Kiel, 2013, unter: https://www.ipn.uni-kiel.de/de/das-ipn/archiv/20140930_zfe_ms.pdf.

Kapstein, Ethan B./Shapiro, Jacob N., »Catching China by the Belt (and Road)«, Foreign Policy, 20.04. 2019, unter: https://foreignpolicy.com/2019/04/20/catching-china-by-the-belt-and-road-international-development-finance-corp-beijing-united-states/.

Kar-Gupta, Sudip/White, Sarah, »LVMH shares hit record high as China demand boosts luxury group«, reuters.com, 11.04.019, unter: https://www.reuters.com/article/us-lvmh-results/lvmh-shares-hit-record-high-as-china-demand-boosts-luxury-group-idUSKCN1RN0LD.

Keim, Karl, »Bauen in Berlin. Läuft nicht so gut, wie wir wissen. Doch nicht immer ist das Land schuld. Meist hängt auch der Bund mit drin«, BZ, 13.07.2019, unter: https://www.bz-berlin.de/berlin/fast-jeder-zweite-bundesbau-in-berlin-geht-in-die-hose.

Keynes, John Maynard, »National Self-Sufficiency«, mtholyoke.edu, 04.06.1933, unter: https://www.panarchy.org/keynes/national.1933.html.

Kienzl, Sebastian/Dank, Anika/Sommavilla, Fabian, »Sieben Grafiken zeigen Chinas gigantische Übermacht«, derstandart.at, 31.08.2019, unter: https://www.derstandard.at/story/2000107420452/sieben-grafiken-zeigen-chinas-gigantische-uebermacht.

King, Ariana, »US answers Belt and Road with own Indio-Pacific investment plan«, Nikkei Asian Review, 31.07.2018, unter: https://asia.nikkei.com/Politics/International-relations/US-answers-Belt-and-Road-with-own-Indo-Pacific-investment-plan.

Kirchner, Christian/Langenberg, Britta, »22 Mythen und Fakten über ihr Vermögen«, capital.de, 18.11.2015, unter: https://www.capital.de/geld-versicherungen/id-22-mythen-und-fakten-ueber-ihr-vermoegen.

Kissinger, Henry A., »How the Enlightenment Ends«, henryakissinger.com, 01.06.2018, unter: https://www.henryakissinger.com/articles/how-the-enlightenment-ends.

Kissinger, Henry A., »How the Ukraine Crisis Ends«, The Washington Post, 06.03.2014, unter: https://www.henryakissinger.com/articles/how-the-ukraine-crisis-ends/.

Knauß, Ferdinand, »Die schulischen Kenntnisse haben sich verschlechtert«, WirtschaftsWoche, 16.05.2019, unter: https://www.wiwo.de/politik/deutschland/mittelstand-ueber-bewerber-die-schulischen-kenntnisse-haben-sich-verschlechtert/24350090.html.

Knospe, Heiko, »Mathematik-Vorkenntnisse von Studienanfängern der Ingenieurwissenschaften«, docplayer.org 18.09.2008, unter: http://docplayer.org/32180351-Mathematik-vorkenntnisse-von-studienanfaengern-der-ingenieurwissenschaften.html.

Kolb, Matthias, »Das Fundament der EU ist bedroht«, SZ Online, 09.04.2019, unter: https://www.sueddeutsche.de/politik/eu-ungarn-polen-1.4400889.

Kompa, Markus, »Realsatiriker Josef Joffe und Jochen Bittner scheitern auch am BGH«, heise.de, 10.01.2017, unter: https://www.heise.de/tp/news/Realsatiriker-Josef-Joffe-und-Jochen-Bittner-scheitern-auch-am-BGH-3592877.html.

Kramper, Gernot, »Seemacht ist Weltmacht – darum feiert China den Raketenzerstörer vom Typ 055«, Stern, 01.05.2019, unter: https://www.stern.de/digital/technik/typ-055--dieser-raketenzerstoerer-soll-china-zur-weltmacht-machen-8689410.html.

Kraul, Torsten, »Auch Stegner sollte mit dem Twitter aufhören«, welt.de, 17.01.2019, unter: https://www.welt.de/debatte/kommentare/article187258176/Ralf-Stegner-sollte-mit-dem-Twittern-aufhoeren.html.

Literaturverzeichnis

Kräussl, Roman, »China, der heißeste Kunstmarkt der Welt«, Manager Magazin, 17.04.2019, unter: https://www.manager-magazin.de/premium/mm-kunstindex-die-50-wichtigsten-kuenstler-der-gegenwart-a-00000000-0002-0001-0000-000163470783.

Krauthammer, Charles, »The Neoconservative Convergence«, Commentary Magazine, Juli 2005, unter: https://www.commentarymagazine.com/articles/the-neoconservative-convergence/.

Krauthammer, Charles, »The Unipolar Moment Revisited«, The National Interest, Winter 2002/03, unter: https://www.belfercenter.org/sites/default/files/files/publication/krauthammer.pdf.

Krauthammer, Charles, »The Unipolar Moment«, Foreign Affairs, 02.01.1991, unter: https://www.foreignaffairs.com/articles/1991-02-01/unipolar-moment.

Krempl, Stefan, »TTIP 2.0: Grünes Licht für EU-Gespräche über Handelsabkommen mit den USA«, heise online, 16.04.2019, unter: https://www.heise.de/newsticker/meldung/TTIP-2-0-Gruenes-Licht-fuer-EU-Gespraeche-ueber-Handelsabkommen-mit-den-USA-4400288.html.

Kröger, Michael, »Daimler und Co. rüsten zum Kampf gegen Google«, Spiegel Online, 04.01.2017, unter: https://www.spiegel.de/wirtschaft/unternehmen/here-daimler-bmw-und-audi-blasen-zum-kampf-gegen-google-a-1128577.html.

Krogstad, Jens Manuel/Passel, Jeffrey/Cohn, D'Vera, »5 facts about illegal immigration in the U.S.«, Pew Research Center, 12.06.2019, unter: https://www.pewresearch.org/fact-tank/2019/06/12/5-facts-about-illegal-immigration-in-the-u-s/.

Kuchenbecker, Tanja, »Deshalb nimmt Swift die iranischen Banken vom Netz«, Handelsblatt, 09.11.2018, unter: https://www.handelsblatt.com/finanzen/banken-versicherungen/us-sanktionen-deshalb-nimmt-swift-die-iranischen-banken-vom-netz/23616358.html?ticket=ST-18112936-dwkvIyIT3g9ntZ7LAtSd-ap3.

Kuhn, Johannes, »Treffen sich Clinton und Trump zu einem lustigen Abendessen ...«, SZ Online, 21.10.2016, unter: https://www.sueddeutsche.de/politik/al-smith-dinner-treffen-sich-clinton-und-trump-zu-einem-lustigen-abendessen-1.3215744.

Kummerfeld, Claudio, »TTIP: Die Detroit-Brücke als warnendes Beispiel für Europa«, finanzmarktwelt.de, 04.05.2015, unter: https://finanzmarktwelt.de/ttip-die-detroit-bruecke-als-warnendes-beispiel-fuer-europa-11847/.

Kurp, Matthias, »Medienfonds als Stupid German Money«, medienmärkte.de, 05.02.2004, unter: http://www.medienmaerkte.de/artikel/kino/040502_filmfonds.html.

Lau, Mariam, »Eiskalter Technokrat«, Zeit Online, 09.08.2012, unter: https://www.zeit.de/2012/33/Maassen/seite-2.

Lehmann, Michael/Govedarcia, Srdjan/Nützel, Nikolaus, »An Chinas Macht teilhaben«, Deutschlandfunk Kultur, 09.07.2019, unter: https://www.deutschlandfunkkultur.de/seidenstrasse-fuer-europa-an-chinas-macht-teilhaben.979.de.html?dram:article_id=453293.

Leukefeld, Karin, »Kein Öl für Syrien: USA sabotieren Wiederaufbau des zerstörten Landes«, Russia Today Deutschland, 23.04.2019, unter: https://deutsch.rt.com/der-nahe-osten/87312-kein-ol-fur-syrien-usa/.

Lüdke, Steffen, »Die Brexit-Klatsche«, Spiegel Online, 27.05.2019, unter: https://www.spiegel.de/politik/ausland/europawahl-in-grossbritannien-die-brexit-klatsche-a-1269421.html.

Macron, Emmanuel, Rede zur »Initiative für Europa« in Paris, 26.09.2017, unter: https://de.ambafrance.org/Staatsprasident-Macron-Initiative-fur-Europa.

Malisch, Ralph, »Die Eurokrise ist nicht vorbei«, hanswernersinn.de, 01.11.2017, unter: http://www.hanswernersinn.de/de/Kommentar_SmartInvestor_01112017.

Marschall, Christoph von, »Rückblick in die Konflikte der Zukunft«, Deutschlandfunk, 03.08.2015, unter: https://www.deutschlandfunk.de/zbigniew-brzezinski-rueckblick-in-die-konflikte-der-zukunft.1310.de.html?dram:article_id=327297.

Marschall, Jonathan, »Dreams of ›Winning‹Krogstad, Jens Manuel/ Nuclear War on Russia«, Consortium News, 10.03.2017, unter: https://consortiumnews.com/2017/03/10/dreams-of-winning-nuclear-war-on-russia/.

Literaturverzeichnis

Mayer, Thomas, »Weil sonst alles zusammenbricht: Es droht die staatlich organisierte Geldentwertung«, Spiegel Online, 20.07.2019, unter: https://www.focus.de/finanzen/boerse/experten/gefaehrlicher-abschung-weil-sonst-alles-zusammenbricht-es-droht-die-staatlich-organisierte-geldentwertung_id_10941252.html.

McDowell, Hayley, »Exchange-traded derivatives hit record in 2018«, thetradenwes.com, 25.01.2019, unter: https://www.thetradenews.com/exchange-traded-derivatives-hit-record-2018/.

Meiritz, Annett, »Das sind die Haken an Trumps und Junckers Handelspakt«, handelsblatt.com, 26.07.2018, unter: https://www.handelsblatt.com/politik/international/treffen-in-washington-das-sind-die-haken-an-trumps-und-junckers-handelspakt/22844918.html?ticket=ST-5702980-SivIwJKgmxgfbGypgGtM-ap5.

Merle, Renae, »A guide to the financial crisis – 10 years later«, Washington Post,10.09.2018, unter: https://www.washingtonpost.com/business/economy/a-guide-to-the-financial-crisis--10-years-later/2018/09/10/114b76ba-af10-11e8-a20b-5f4f84429666_story.html.

Meyer, Liz, »Alan Greenspan has a new warning for Investors: ›Run for cover‹«, cnbc.com, 18.12.2018, unter: https://www.cnbc.com/2018/12/18/alan-greenspan-has-a-new-warning-for-investors-when-markets-turn-run-for-cover.html.

Meyers, Steven Lee, »With Ships and Missiles, China Is Ready To Challenge The U.S. Navy In The Pacific«, nytimes.com, 29.08.2018, unter: https://www.nytimes.com/2018/08/29/world/asia/china-navy-aircraft-carrier-pacific.html.

Michael Fabricius, »Immobilienpreise durchbrechen eine Schallgrenze«, welt.de, 23.07.2017, unter: https://www.welt.de/finanzen/immobilien/article166928578/Immobilienpreise-durchbrechen-eine-Schallgrenze.html.

Michler, Inga, »Warum großen Firmenfusionen immer wieder scheitern«, Welt Online, 21.04.2011, unter: https://www.welt.de/wirtschaft/karriere/leadership/article12878747/Warum-grosse-Firmenfusionen-immer-wieder-scheitern.html.

Minter, Adam, »Boeing should thank Beijing for grounding the 737 Max«, bloomberg.com, 14.03.2019, unter: https://www.bloomberg.com/opinion/articles/2019-03-14/boeing-should-thank-china-for-grounding-737-max-planes.

Möhle, Holger, »Ende des Bildungsschocks für Deutschland«, RP Online, 11.09.2018, unter: https://rp-online.de/politik/deutschland/oecd-bericht-das-ende-des-bildungsschocks_aid-32875013.

Müller, Dirk, »VW-Skandal ist überzogen«, N-TV, 24.09.2015, unter: https://www.n-tv.de/wirtschaft/Mr-Dax-VW-Skandal-ist-ueberzogen-article16002516.html.

Müller, Henrik, »Warum das Weltwirtschaftssystem weiter zerfallen wird«, Spiegel Online, 14.07.2019, unter: https://www.spiegel.de/wirtschaft/soziales/handelskrieg-warum-das-weltwirtschaftssystem-weiter-zerfallen-wird-a-1277238.html.

Müller, Matthias, »Die Schweiz bekennt sich zur Belt-and-Road-Initiative«, nzz.ch, 29.04.2019, unter: https://www.nzz.ch/schweiz/die-schweiz-bekennt-sich-zur-belt-and-road-initiative-ld.1478283 .

Müller, Ute, »Chinesisch wird zur Modesprache in Spanien«, nzz.ch, 06.06.2019, unter: https://www.nzz.ch/international/chinesisch-wird-zur-modesprache-in-spanien-ld.1487153.

Müller, Werner, »Noteninflation – Ist ein Studium für die Katz?«, noteninflation.de, 01.11.2018, unter: https://www.noteninflation.de/.

Neckel, Sighard, »Refeudalisierung der Ökonomie. Zum Strukturwandel kapitalistischer Wirtschaft«, researchgate.net, 30.08.2018, Köln, MPIfG Working Paper 10/6, unter: https://www.researchgate.net/publication/47871991_Refeudalisierung_der_Okonomie_Zum_Strukturwandel_kapitalistischer_Wirtschaft.

Neuerer, Dietmar, »Irland-Hilfe verstößt gegen Maastricht-Vertrag«, handelsblatt.com, 23.11.2010, unter: https://www.handelsblatt.com/politik/konjunktur/krisen-oekonom-max-otte-irland-hilfe-verstoesst-gegen-maastricht-vertrag/3646142.html.

Neuhaus, Carla, »Wir sagen den Sparerinnen und Sparern, dass ihre Einlagen sicher sind«, Der Tagesspiegel, 05.10.2018, unter: https://www.tagesspiegel.de/wirtschaft/schwarzer-oktober-2008-wir-sagen-den-sparerinnen-und-sparern-dass-ihre-einlagen-sicher-sind-/23130906.html.

Literaturverzeichnis

Neuhaus, Carla, »1600 Banken gibt es in Deutschland – bald sind es vielleicht nur noch 150«, Der Tagesspiegel, 12.07.2019, unter: https://www.tagesspiegel.de/wirtschaft/angezaehlt-1600-banken-gibt-es-in-deutschland-bald-sind-es-vielleicht-nur-noch-150/24588604.html.

Neuhaus, Carla/Obertreis, Rolf, »Deutsche Konzerne verlieren den Anschluss«, Der Tagesspiegel, 05.07.2019, unter: https://www.tagesspiegel.de/wirtschaft/sorgen-um-die-wirtschaft-deutsche-konzerne-verlieren-den-anschluss/24531374.html.

Nova, Annie, »A $1000 emergency would push many americans into debt«, cnbc.com, 23.01.2019, unter: https://www.cnbc.com/2019/01/23/most-americans-dont-have-the-savings-to-cover-a-1000-emergency.html.

Nye, Joseph S., »Get Smart: Combining Hard and Soft Power«, Foreign Affairs, Juli/August 2009, unter: https://www.foreignaffairs.com/articles/2009-07-01/get-smart.

Nye, Joseph S., »The Decline of America's Soft Power«, Foreign Affairs, Mai/Juni 2004, unter: https://www.foreignaffairs.com/articles/2004-05-01/decline-americas-soft-power.

Obstfeld, Maurice, »Does The Current Account Still Matter«, aeaweb.org, 03.05.2012, unter: http://dx.doi.org/10.1257/aer.102.3.1.

Oguh, Chibuike/Tanzi, Alexandre, »Global debt of $244 Trillion nears record despite faster growth«, bloomberg.com, 15.01.2019, unter: https://www.bloomberg.com/news/articles/2019-01-15/global-debt-of-244-trillion-nears-record-despite-faster-growth.

Ott, Klaus, »Staatsanwaltschaft vermutet hohen Schaden für VW-Kunden«, SZ Online, 16.04.2019, unter: https://www.sueddeutsche.de/wirtschaft/volkswagen-anklage-schaden-78-milliarden-1.4413036.

Otte, Max, »Max Otte: Ohne Bargeld droht uns eine ›DDR 2.0‹«, focus.de, 11.05.2016, unter: https://www.focus.de/finanzen/recht/ende-des-bargelds-optimierter-ueberwachungsstaat-ohne-bargeld-droht-uns-eine-ddr-2-0_id_5520554.html.

Otte, Max, »Ich bin kein Crash-Prophet«, in: Börse Online, 14/2009, 26.03. – 02.04.2009.

Otte, Max, »Die hemmungslose Herrschaft des Finanzkapitals – Von der Leistungsgesellschaft zurück zur Klassengesellschaft – die Demokratie gerät in Gefahr. Dabei wäre Abhilfe gar nicht so schwierig«, Berliner Republik, 04/2011, unter: http://www.b-republik.de/archiv/die-hemmungslose-herrschaft-des-finanzkapitals.

Otte, Max, »Die hemmungslose Herrschaft des Finanzkapitals«, b-republik.de, unter: http://www.b-republik.de/archiv/die-hemmungslose-herrschaft-des-finanzkapitals.

Picardo, Elvis, »10 Countries with the Biggest Forex Reserves«, Investopedia, 06.02.2019, unter: https://www.investopedia.com/articles/investing/033115/10-countries-biggest-forex-reserves.asp.

Piller, Tobias, »Die Hoffnung ist verloren«, faz.net, 15.06.2015, unter: https://www.faz.net/aktuell/feuilleton/medien/tv-kritik/tv-kritik-guenther-jauch-die-hoffnung-ist-verloren-13647418.html.

Polenz, Ruprecht, »Maaßen übernimmt rechte Thesen – und entwickelt sich zum Sarrazin der CDU«, focus.de, 17.07.2019, unter: https://www.focus.de/politik/experten/gastbeitrag-von-ruprecht-polenz-maassen-uebernimmt-rechtspopulistische-thesen-und-entwickelt-sich-zum-sarrazin-der-cdu_id_10933926.html.

Pressemitteilung, »Das teure Geschäft mit dem Tod – Friedhofsgebühren steigen um bis zu 216 %«, bestattungen.de, 26.02.2015, unter: https://www.bestattungen.de/ueber-uns/presse/pressemitteilungen/das-teure-geschaeft-mit-dem-tod-friedhofsgebuehren-steigen-um-bis-zu-216.html.

Pressemitteilung, »Kosten steigen teilweise um 1000 Prozent«, Rundfunk Berlin-Brandenburg, 16.10.2018, unter: https://www.rbb24.de/studiocottbus/beitraege/2018/10/preisanstieg-muellentsorgung-spree-neisse.html.

Pressemitteilung, NEOPresse, 20.06.2019, unter: https://www.neopresse.com/politik/macron-vor-internationalem-strafgerichtshof-angeklagt-deutsche-medien-schweigen.

Randelhoff, Martin, »Die neue Seidenstraße: Von China nach Europa mit der Eisenbahn«, zukunftmobilität.net, 05.01.2011, unter: https://www.zukunft-mobilitaet.net/2403/zukunft/eisenbahn-china-europa-hochgeschwingigkeitszug-trasse-planung/.

Rapp, Nicolas/Heimer, Matthew, »The shrinking middle class«, fortune.com, 20.12.2018, unter: http://fortune.com/longform/shrinking-middle-class/.

Literaturverzeichnis

Reuter, Markus, »Der enthemmte Maaßen zeigt, wie gefährlich der Verfassungsschutz ist«, netzpolitik.org, 15.07.2019, unter: https://netzpolitik.org/2019/der-enthemmte-maassen-zeigt-wie-gefaehrlich-der-verfassungsschutz-ist/.

Riedel, Donata, »Arbeitnehmer fürchten die Globalisierung«, Handelsblatt, 13.06.2017, unter: https://www.handelsblatt.com/politik/deutschland/oecd-daten-arbeitnehmer-fuerchten-die-globalisierung/19926466.html.

Ritter, Johannes, »Nur noch kurz die Schweiz retten«, faz.net, 12.05.2018, unter: https://www.faz.net/aktuell/finanzen/abstimmung-in-der-schweiz-ueber-die-vollgeldinitiative-15583857.html.

Rohwetter, Markus, »Ein Netz für Europa«, Zeit Online, 11.12.2014, unter: https://www.zeit.de/2014/49/telekommunikation-netz-europa-claudia-nemat.

Rossman, Sean, »Nearly 500 witnesses, 675 days: The Mueller investigation by the numbers«, usa.today.com, 24.03.2019, unter: https://eu.usatoday.com/story/news/politics/2019/03/24/mueller-report-trump-campaign-investigation-numbers/3263353002/.

Roth, Stefan, »Deutschland ist digitales Entwicklungsland«, roth-soft.de, 04.02.2018, unter: https://roth-soft.de/digitalisierung/deutschland-ist-digitales-entwicklungsland.

Rötzer, Florian, »Der Internationale Gerichtshof fügt sich den Drohungen aus Washington«, heise online, 13.04.2019, unter: https://www.heise.de/tp/features/Der-Internationale-Gerichtshof-fuegt-sich-den-Drohungen-aus-Washington-4399024.html.

Sabin, Sam, »How Regulations Threatens Not Just Tech Giants' Business but Their Popularity Too«,morningconsult.com, 03.04.2019, unter: https://morningconsult.com/2019/04/03/how-regulation-threatens-not-just-tech-giants-business-but-their-popularity-too/.

Sastrial, Sascha, »Es gibt nichts Würdeloseres und Unehrlicheres«, Spiegel Online, 14.02.2018, unter: https://www.spiegel.de/panorama/gesellschaft/oxfam-gibt-nach-sexskandal-katastrophales-bild-a-1193496.html.

Scheuer, Stefan, »Die Telekom hat ihren Vorteil beim 5G verspielt«, Handelsblatt, 17.07.2019, unter: https://www.handelsblatt.com/meinung/kommentare/kommentar-die-telekom-hat-ihren-vorteil-beim-thema-5g-verspielt/24595432.html.

Schmoll, Heike, »Wie an Universitäten Meinungen unterdrückt werden«, faz.net, 06.05.2019, unter: https://www.faz.net/aktuell/politik/inland/wie-an-universitaeten-meinungen-unterdrueckt-werden-16167677.html.

Schmoll, Heike, »Totgeschwiegener Lehrermangel«, faz.net, 20.07.2018, unter: https://www.faz.net/aktuell/politik/kommentar-zur-bildungsmisere-totgeschwiegener-lehrermangel-15700896.html.

Schmoll-Trautmann, Anja, »Huawei: US Präsident Trump kündigt Ende des Embargos an«, silicon.de, 01.07.2019, unter: https://www.silicon.de/41673321/huawei-us-praesident-trump-kuendigt-ende-des-embargos-an.

Schneidmann, Witney/Wiegert, Joel, »Competing in Africa: China the European Union, and the United States«, Brookings, 16.04.2018, unter: https://www.brookings.edu/blog/africa-in-focus/2018/04/16/competing-in-africa-china-the-european-union-and-the-united-states/.

Schöneker, Dieter, »Der Schutz der Freiheit«, schweizermonat.ch, März 2019, unter: https://schweizermonat.ch/der-schutz-der-freiheit/.

Schreyer, Paul, »Twitter und die Meinungsfreiheit«, heise.de, 09.05.2019, unter: https://www.heise.de/tp/features/Twitter-und-die-Meinungsfreiheit-4413723.html.

Schultz, Marisa, »Inside Hillary's $675K worth of Goldman speaking fees«, New York Post, 05.02.2016, unter: https://nypost.com/2016/02/05/inside-hillarys-675k-worth-of-goldman-speaking-fees.

Schulz, Sandra, »Bayer in Bedrängnis«, Interview mit Klemens Kindermann, Deutschlandfunk, 14.05.2019, unter: https://www.deutschlandfunk.de/klagewelle-bei-monsanto-bayer-in-bedraengnis.3309.de.html?dram:article_id=448715.

Shapiro, Ian, »Trump delays full release of some JFK assassination files until 2021, bowing to national security concerns«, Washington Post, 26.04.2018, unter: https://www.washingtonpost.com/news/retropolis/wp/2018/04/26/trump-delays-release-of-some-jfk-files-until-2021-bowing-to-national-security-concerns/?utm_term=.8b319e42a480.

Literaturverzeichnis

Sharman, Jon, »China threatens to further fortify its man-made islands in disputed region as tensions with US escalate«, The Independent, 09.01.2019, unter:https://www.independent.co.uk/news/world/asia/south-china-sea-us-military-bases-islands-spratly-paracel-us-tension-defence-a8719556.html.

Shepardson, David, »Former U.S. deputy attorney general tob e named Volkswagen monitor«, Reuters, 19.04.2017, unter: https://www.reuters.com/article/us-volkswagen-emissions/former-u-s-deputy-attorney-general-to-be-named-volkswagen-monitor-source-idUSKBN17L2MT.

Shinn, David H., »China's Economic Impact on Africa«, Oxford Research Encyclopedia of Politics, März 2019, unter: https://oxfordre.com/politics/abstract/10.1093/acrefore/9780190228637.001.0001/acrefore-9780190228637-e-831?rskey=jgnN6T&result=6.

Siebelt, Frank\Koranyi, Balazs, »Draghi zündet Kursfeuerwerk – und verärgert Trump«, Manager Magazin, 19.06.2019, unter: https://www.manager-magazin.de/lifestyle/artikel/mario-draghi-chef-der-europaeischen-zentralbank-verspricht-lockere-geldpolitik-a-1272981.html.

Siedenbiedel, Christian, »Deutsche horten so viel Gold wie nie«, 16.04.2019, unter: https://www.faz.net/aktuell/finanzen/meine-finanzen/sparen-und-geld-anlegen/edelmetalle-warum-deutsche-so-viel-gold-wie-nie-horten-16142337.html.

Siedenbiedel, Christian, »Italien hat zehn Jahre nicht für Wettbewerbsfähigkeit getan«, faz.net, 21.05.2018, unter: https://www.faz.net/aktuell/wirtschaft/eurokrise/sinn-italien-hat-zehn-jahre-wettbewerbsfaehigkeit-vernachlaessigt-15597078.html.

Siewert, Martin, »Jeder zweite Arbeitsplatz ist gefährdet«, Interview mit Nicole Hoffmeister-Kraut, WirtschaftsWoche, 30.06.2019, unter: https://www.wiwo.de/politik/deutschland/autoindustrie-in-baden-wuerttemberg-jeder-zweite-arbeitsplatz-ist-gefaehrdet-/24500720.html.

Silvia Stöber, »Georgische Sniper auf dem Maidan?«, tagesschau.de, 01.12.2017, unter: https://www.tagesschau.de/faktenfinder/ausland/proteste-maidan-101.html.

Smith, Lamar, »President Trump's ›zero tolerance‹ policy isn't anti-immigrant«, USA Today, 20.06.2019, unter: https://eu.usatoday.com/story/opinion/2019/06/20/president-trump-zero-tolerance-immigration-policy-is-not-anti-immigrant-column/1434667001/.

Sommer, Ulf, »Wem gehört der Dax?«, handelsblatt.com, 26.06.2019, unter: https://www.handelsblatt.com/finanzen/maerkte/aktien/aktionaersstruktur-wem-gehoert-der-dax-/24494776.html.

Sonal, Desai, »Extreme Wirtschaftspolitische Vorschläge werden salonfähig«, private-banking-magazin.de, 12.04.2019, unter: https://www.private-banking-magazin.de/modern-monetary-theory-extreme-wirtschaftspolitische-vorschlaege-werden-salonfaehig/.

Soo, Zen, »How US went from telecoms leader to 5G also – ran without challenger to China's Huawei«, SCMP, 02.04.2019, unter: https://www.scmp.com/tech/enterprises/article/3004325/how-us-went-telecoms-leader-5g-also-ran-without-challenger-chinas.

Soo, Zen, »US semiconductor industry calls on Washington to provide billions for research to keep ahead of China«, South China Morning Post, 05.04.2019, unter: https://www.scmp.com/tech/venture-capital/article/3004720/us-semiconductor-industry-calls-washington-provide-billions.

Springstein, Hans, »5 Milliarden Dollar für den Staatsstreich«, Der Freitag, 22.04.2014, unter: https://www.freitag.de/autoren/hans-springstein/5-milliarden-dollar-fuer-den-staatsstreich.

Starr, Barbara/Brown, Ryan/Lendon, Brad, »Chinese warship in ›unsafe‹ encounter with US destroyer, amid rising US–China tensions«, cnn.com, 02.10.2018, unter: https://edition.cnn.com/2018/10/01/politics/china-us-warship-unsafe-encounter/index.html.

Steingart, Gabor, »Guten Morgen Markus Hemmelrath«, gaborsteingart.com, 11.09.2019, unter: http://morning-briefing.gaborsteingart.com/go/mutk5ylbfennmewkackkou5n4gdtk1o8xzig4kos84x9/12.

Steinmetz, Vanessa, »Was China in Dschibuti vorhat«, Spiegel Online, 21.07.2017, unter: https://www.spiegel.de/politik/ausland/china-eroeffnet-militaerbasis-in-dschibuti-welche-ziele-verfolgt-peking-a-1158755.html.

Stelter, Daniel, »Die Rechnung«, Cicero, 08.08.2018, unter: https://www.cicero.de/wirtschaft/angela-merkel-finanzpolitik-eurorettung-migration-sahara-sommer-energiewende-klimawandel-atomausstieg/plus.

Literaturverzeichnis

Stelter, Daniel, »Rückschlag im globalen Wirtschaftskrieg«, Manager Magazin, 24.09.2015, unter: https://www.manager-magazin.de/politik/deutschland/vw-krise-als-ein-rueckschlag-im-globalen-wirtschaftskrieg-a-1054481.html.

Stelter, Daniel, »Zehn Gründe, warum wir die Verlierer des Euro sind«, Manager Magazin, 04.03.2015, unter: https://www.manager-magazin.de/finanzen/artikel/deutschland-hat-durch-den-euro-nachteile-a-1021698.html.

Stephan, Sabine, »Mehr Wachstum durch TTIP ist ein Märchen«, Zeit Online, 12.11.2014, unter: https://www.zeit.de/wirtschaft/2014-11/ttip-freihandelsabkommen-arbeitsplaetze.

Stephens, Thomas/Ammann, Kathrin, »Why Switzerland and China are courting each other«, swissinfo.ch, 23.04.2019, unter: https://www.swissinfo.ch/eng/chinese-visit_what-does-the-chinese-government-see-in-switzerland-/44914870.

Stettner, Andrea, »Wie hoch ist das Einkommen der Deutschen im Durchschnitt?«, merkur.de, 10.09.2019, unter: https://www.merkur.de/leben/karriere/durchschnittseinkommen-deutschland-zr-10493938.html.

Stöber, Silvia, »Das Schweigen über die Verletzungen«, tagesschau.de, 09.02.2019, unter: https://faktenfinder.tagesschau.de/ausland/frankreich-gelbwesten-gewalt-103.html.

Stöber, Silvia, »Zwei-Prozent-Ziel – wer hat's erfunden?«, tagesschau.de, 03.04.2019, unter: https://www.tagesschau.de/inland/verteidigungsausgaben-103.html.

Stöber, Silvia, »Das Schweigen über die Verletzungen«, tagesschau.de, 09.02.2019, unter: https://www.tagesschau.de/faktenfinder/ausland/frankreich-gelbwesten-gewalt-103.html.

Stocker, Frank, »So finden sie den Reichmacher-Fonds«, welt.de, 19.03.2019, unter: https://www.welt.de/finanzen/plus190537531/Mehr-Rendite-Auf-der-Suche-nach-den-Reichmacher-Fonds.html.

Stocker, Frank, »Türken missachten Erdoğans Appell«, welt.de, 23.02.2019, unter: https://www.welt.de/finanzen/article189272023/Lira-Tuerken-fluechten-aus-ihrer-leichtgewichtigen-Waehrung.html.

Stocker, Frank, »Deutsche besitzen 6,2 Billionen Euro – und haben ein Problem«, Welt Online, 02.01.2019, unter: https://www.welt.de/finanzen/article186446060/Geldvermoegen-Deutsche-besitzen-6-2-Billionen-Euro.html.

Stocker, Frank, »Geld, das aus dem Nichts kommt«, Welt Online, 14.04.2019, unter: https://www.welt.de/finanzen/article191901579/Staatsschulden-USA-zahlen-900-Millionen-Dollar-Zinsen-pro-Tag.html.

Stupples, Benjamin/Pendelton, Devon, »The World Now Has Three People Worth $100 Billion Each«, bloomberg.com, 18.06.2019, unter: https://www.bloomberg.com/news/articles/2019-06-18/arnault-joins-bezos-gates-in-most-exclusive-billionaires-club.

Sunkara, Bhaskar, »Socialism's Future May Be Its Past«, nytimes.de, 26.06.2017, unter: https://www.nytimes.com/2017/06/26/opinion/finland-station-communism-socialism.html.

Sydow, Christoph, »Algerien probt den Aufstand«, Spiegel Online, 04.03.2019, unter: https://www.spiegel.de/politik/ausland/protest-gegen-abdelaziz-bouteflika-algerien-probt-den-aufstand-a-1256131.html.

Thewes, Frank/Moritz, Hans-Jürgen/van Randenborgh, Katrin/Kistenfeger, Hartmut, »Nein! Wir zahlen nicht«, Focus Online, 09.05.2011, unter: https://www.focus.de/politik/deutschland/titel-nein-wir-zahlen-nicht_aid_625028.html.

Thorwarth, Katja, »Sommermärchen bereitete der AfD den Boden«, Interview mit Clemens Heini, Frankfurter Rundschau, 29.08.2019, unter: https://www.fr.de/kultur/sommermaerchen-bereitete-boden-11002689.html.

Thumann, Michael, »Das Triumphgeheul des Recep Tayyip Erdoğan«, Zeit Online, 14.07.2017, unter: https://www.zeit.de/politik/ausland/2017-07/putschversuch-tuerkei-2016-erinnerungen-5vor8/seite-2.

Tiges, Claus, »Der Magier wird entzaubert«, faz.net, 21.04.2008, unter: https://www.faz.net/aktuell/wirtschaft/wirtschaftswissen/alan-greenspan-der-magier-wird-entzaubert-1541017.html.

Toller, Andreas, »Unser Geld könnte sich in Luft auflösen«, Interview mit Max Otte, WirtschaftsWoche, 29.12.2015, unter: https://www.wiwo.de/finanzen/geldanlage/max-otte-unser-geld-koennte-sich-in-luft-aufloesen/12771448.html.

Toller, Andreas, »Das sind Deutschlands heimliche Boom-Städte«, wiwo.de, 20.03.2019, unter: https://www.wiwo.de/finanzen/immobilien/immobilienpreise-das-sind-deutschlands-heimliche-boom-staedte/24109990.html.

Literaturverzeichnis

Trefgarne, George, »How the first multinational was hijacked by greed«, The Spectator, 25.10.2006, unter: https://www.spectator.co.uk/2006/10/how-the-first-multinational-was-hijacked-by-greed.

Tully, Shawn, »The Promise and Peril of the Trump Economy«, Fortune Magazine, 16.02.2017, unter: http://fortune.com/2017/02/16/president-donald-trump-economy-executive-orders-policy.

Tully, Shawn/Ryan, Oliver, »Is the Housing Boom Over? Home prices have gone up for so long that people think they'll never come down. But the fundamentals tell a different Story – a scary one«, CNN, 20.09.2004, unter: https://money.cnn.com/magazines/fortune/fortune_archive/2004/09/20/381175/index.htm.

Useem, Jerry, »Have They No Shame? Their Performance stank last year, yet most CEO's got paid more than ever. Here's how They're getting away with it«, fortune.com, 28.04.2003, unter: https://archive.fortune.com/magazines/fortune/fortune_archive/2003/04/28/341716/index.htm.

Valenti, Denise, »Robert George Giplin Jr., expert on international political economy, dies at 87«. princeton.edu, 13.07.2018, unter: https://www.princeton.edu/news/2018/07/13/robert-george-gilpin-jr-expert-international-political-economy-dies-87.

Vine, David, »Where in the World is he U.S. Military?«, Politico Magazine, Juli/August 2015, unter: https://www.politico.com/magazine/story/2015/06/us-military-bases-around-the-world-119321; overseabases.net, 17.06.2018, unter: https://www.overseasbases.net/uploads/5/7/1/7/57170837/fact_sheet_on_overseas_bases_2018_09_17.pdf.

Vogler, Fabian, »Facebook knackt Ihre Psyche: So viel verraten Ihre Likes über Sie«, chip.de, 05.12.2016, unter: https://www.chip.de/news/Gratis-Tool-kennt-Sie-besser-als-Ihre-Mutter-Wissenschaftler-entwickeln-beeindruckenden-Persoenlichkeitstest_104782850.html.

Vormweg, Christoph, »Über die Gefährdung der Freiheit in der Demokratie«, deutschlandfunkkultur.de, 27.07.2005, unter: https://www.deutschlandfunkkultur.de/ueber-die-gefaehrdung-der-freiheit-in-der-demokratie.984.de.html?dram:article_id=153281.

Wagner, Wieland, »Japans großer Irrtum«, Spiegel Online, 22.02.2016, unter: http://www.spiegel.de/wirtschaft/japan-shinzo-abe-ist-mit-abenomics-gescheitert-a-1077793.html.

Wendt, Rainer, »Es gibt keine Hemmungen mehr«, Bayernkurier, 17.02.2019, unter: https://www.bayernkurier.de/inland/36813-es-gibt-keine-hemmungen-mehr.

Wilkens, Andreas, »Debatte für Fördermittel für Nokia entbrannt«, heise.de, 17.01.2008, unter: https://www.heise.de/newsticker/meldung/Debatte-um-Foerdermittel-fuer-Nokia-entbrannt-179398.html.

Wolff, Peter, »Zu viel Wirbel um Chinas neue Bank«, Zeit Online, 24.03.2015, unter: https://www.zeit.de/wirtschaft/2015-03/entwicklungsfinanzierung-china-infrastrukturbank.

Wulfsohn, Joseph A., »MSNBC analyst: Trump is putting ›lives at stake‹ if 2016 intel is disclosed«, Fox News, 29.05.2019, unter: https://www.foxnews.com/entertainment/msnbc-analyst-trump-is-putting-lives-at-stake-if-2016-intel-is-disclosed.

Yoon, Robert, »$153 million in Bill and Hillary Clinton speaking fees, documented«, CNN, 06.02.2016, unter: https://edition.cnn.com/2016/02/05/politics/hillary-clinton-bill-clinton-paid-speeches/index.html.

Zacharakis, Zacharias, »Man kann nicht nicht wohnen«, Zeit Online, 18.06.2019, unter: https://www.zeit.de/wirtschaft/2019-06/mietendeckel-berlin-landesregierung-wohnungsmarkt.

Zerche, Anika, »Viele Deutsche haben keinen Notgroschen«, dia-vorsorge.de, unter: https://www.dia-vorsorge.de/sparverhalten/viele-deutsche-haben-keinen-notgroschen/.

Zschäpitz, Holger, »Dieser Vorbote bringt uns der Rezession ganz nah«, Welt Online, 07.08.2019, unter: https://www.welt.de/wirtschaft/article198135003/Konjunktur-Dieser-Vorbote-bringt-uns-der-Rezession-ganz-nah.html?wtmc=socialmedia.twitter.shared.web.

Zumach, Andres, »Völkerrecht gebrochen«, taz online, 23.02.09, unter: http://www.taz.de/!5165840/.

Literaturverzeichnis

Internetvideos

ABC News (Australia), 21.10.2011, YouTube, unter: https://www.youtube.com/watch?v=tfWLqR3l_TY.

AFD Kompakt TV: Alexander Gauland in Lindheim, YouTube, 05.09.2018, unter: https://www.youtube.com/watch?v=Pht5yupox5I.

ARD: EU-Parlamentarier kassieren hohe Aufwandsentschädigungen, Report Mainz, Das Erste, 01.06.2017, YouTube, unter: https://www.youtube.com/watch?v=PrntpaIUhX0.

BBC: Trump in the Iran deal: »Worst, horrible, laughable«, 26.04.2018, bbc.com, unter: https://www.bbc.com/news/av/world-us-canada-41587428/trump-on-the-iran-deal-worst-horrible-laughable.

Carlo Dupuis: BlackRock – Die Schattenregierung der USA, mächtigste Firma der Welt, 25.05.2016, YouTube, unter: https://www.youtube.com/watch?v=KJqECdt3FEM.

Cashkurs.com: Keiner zerstört die eigene Wirtschaft so wie Deutschland – wir müssen dringend umdenken!, 09.04.2019, YouTube, unter: https://www.youtube.com/watch?v=UIwjrAf3q9A&t=74s.

CBS Evening News: Trump: Money raised by Clinton campaign is »blood money«, 21.06.2016, YouTube, unter: https://www.youtube.com/watch?v=uTmXhIt1Ta0.

CBS This Morning: Donald Trump on N.H. victory, North Korea threat, 10.02.2016, YouTube, unter: https://www.youtube.com/watch?v=ZNG-KxSm7js&t=613s.

CNBC Television: Steve Bannon on the US-China trade war, 15.05.2019, YouTube, unter: https://www.youtube.com/watch?v=oYraLI04WiU.

CNN: Video shows Iron shooting down US drone, 20.06.2019, YouTube, unter: https://www.youtube.com/watch?v=wqze_TVtQbA.

eingeSCHENKt.tv: Max Otte: Deutschland im Spannungsfeld der Globalisierung und Geopolitik, 05.11.2018, YouTube, unter: https://www.youtube.com/watch?v=5UtlRPsoPTs.

For Freedom: Clashes between Antifa and Yellow Vests in Paris – 02.02.2019, 02.02.2019, YouTube, unter: https://www.youtube.com/watch?v=SPJSHSHn4dE.

Fox News: Tucker: Trump criticized for not being war-hungry, 24.06.2019, YouTube, unter: https://www.youtube.com/watch?v=FhWDaGQcoag.

Fraktion DIE LINKE. im Bundestag: Gregor Gysi: »Man kann einen Kontinent nicht über Geld einen«, 01.07.2015, YouTube, unter: https://www.youtube.com/watch?v=x1ef0BBtuYA.

Gunter Gabriel mit »Lasst die Fahnen auf dem Dach«, unter: https://www.youtube.com/watch?v=0cWNlencfkQ&list=RD0cWNlencfkQ&start_radio=1.

Investment Punk Academy by Gerald Hörhan: Finanzirrtum #1 – Eigenheim auf Pump in der Pampa, 13.06.2016, YouTube, unter: https://www.youtube.com/watch?v=WVHNUWkK7a0.

jerepah: 1. Gen. Wesley Clark, Democracy Now! Interview, 2007, 27.06.2013, YouTube, unter: https://www.youtube.com/watch?v=bSL3JqorkdU.

John Miller: Clip #1: Trump Calls Mexican's Rapists, 04.07.2016, YouTube, unter: https://www.youtube.com/watch?v=TML2cApMueU.

Klagemauer TV – English: Stratfor speech: »100 years US attack on German-Russion alliance«, 19.03.2016, YouTube, unter: https://www.youtube.com/watch?v=vYnUzB-vX8o.

National Geographic: General Clark on the Iraq Invasion | American War Generals, 12.09.2014, YouTube, unter: https://www.youtube.com/watch?v=UcWs4TFSjrY.

Nicolas Seifert: Experiment Umwandlung von D zur multiethnischen Gesellschaft, 10.06.2018, YouTube, unter: https://www.youtube.com/watch?v=_t_dapm4Kro.

NTA: Gerhard Schröder gibt schwere Straftat zu: Völkerrechtsbruch!, 16.06.2015, YouTube, unter: https://www.youtube.com/watch?v=1WCxYNZZJbA.

Privatinvestor Politik Spezial: Alexander Unzicker: Denken im Postfaktischen Zeitalter, 08.07.2019, YouTube, unter: https://www.youtube.com/watch?v=RVJMyN6V4dE&t=860s.

Privatinvestor Politik Spezial: Der Euro wird die kommende Krise nicht überleben, 03.07.2019, YouTube, unter: https://www.youtube.com/watch?v=m8YFoHMMDnA&t=10s.

Literaturverzeichnis

Privatinvestor Politik Spezial: Markus Krall: »Wäre Hambach heute ein Bundesland, würde es wohl Sachsen heißen.«, 13.06.2019, YouTube, unter: https://www.youtube.com/watch?v=JpsKvn0lvtE&t=181s.

Privatinvestor Politik Spezial: Neues Hambacher Fest 2019: Eröffnungsrede von Max Otte, 18.09.2019, YouTube, unter: https://www.youtube.com/watch?v=0KpjtcTQWGU&t=1343s.

Privatinvestor TV: »Die Deutschen werden zur Minderheit im eigenen Land!« Max Otte im Gespräch mit Jost Bauch, 09.10.2018, YouTube, unter: https://www.youtube.com/watch?v=7Ekktbx10eY.

Privatinvestor TV: »Bleiben Sie stark, liebe Patrioten!« Max Otte zu den Geschehnissen in Chemnitz, 03.09.2018, YouTube, unter: https://www.youtube.com/watch?v=tAesXO0JseQ&t=555s.

Privatinvestor TV: Dr. Markus Krall: Die Bilanzen von Deutsche Bank und Commerzbank sind ein Desaster, 02.04.2019, YouTube, unter: https://www.youtube.com/watch?v=9HCqbQr2v0M&t=1555s.

Privatinvestor TV: Max Otte auf dem Fondskongress 2018: »Ich schalte jetzt auf Defensive«, Börse und Aktien in 2018, 23.02.2018, YouTube, unter: https://www.youtube.com/watch?v=hLZomAMYMto&t=569s.

Privatinvestor TV: Max Otte: »Finger weg von Bitcoin!« Warum der 3-fache Börsianer des Jahres Kryptowährungen meidet«, 06.11.2017, YouTube, unter: https://www.youtube.com/watch?v=SZd0GCqh_Dk&t=38s.

Privatinvestor TV: Max Otte: Bitcoin ist keine Lösung, aber Indikator des Systemverfalls. Blockchain Teil des Wandels., 18.01.2018, unter: https://www.youtube.com/watch?v=hWzKIaV_-9U.

Privatinvestor TV: Russell Napier: Why Equity Bear Markets Happen And Why One Is Likely Now, 13.12.2017, YouTube, unter: https://www.youtube.com/watch?v=1KOWORwIsCY.

rene stonecold: Rache oder Recht: Der Saddam Hussein Prozess Doku Deutsch, 22.05.2013, YouTube, unter: https://www.youtube.com/watch?v=uExaKiLrx7I.

RT Deutsch: Gebrechlich oder Volltrunken? Torkelnder EU-Präsident Juncker sorgt erneut für Diskussionsstoff, 13.07.2018, YouTube, unter: https://www.youtube.com/watch?v=Ia-GaZjbNaM.

Ruptly, USA: Obama forced EU states to impose sanctions on Russia – VP Biden, 03.10.2014, YouTube, unter: https://www.youtube.com/watch?v=ZDRBzk0lTVY.

TheAnonymouse01: Wesley Clark (US 4 Star General) US will attack 7 countries in 5 years, 28.08.2012, YouTube, unter: https://www.youtube.com/watch?v=S2u-zUephyc.

Tim Tanne: Jede Regierung lügt – Wahrheit, Manipulation und der Geist des I F Stone, 23.01.2017, YouTube, unter: https://www.youtube.com/watch?v=Zi_qafpuNjE.

Washington Post: Trump on Barr declassify authority: »Let's see what he find's«, 24.05.2019, YouTube, unter: https://www.youtube.com/watch?v=OqTdwruOJJo.

WawamuStats: Top 10 Country GDP Ranking History (1960–2017), 06.09.2018, YouTube, unter: https://www.youtube.com/watch?v=wykaDgXoajc.

WawamuStats: Top 20 Country GDP (PPP) Ranking History (1980-2023), 26.10.2018, YouTube, unter: https://www.youtube.com/watch?v=O1WC2Sl2jgg.

Sonstige Internetquellen

50 Jahre Aktien-Renditen, Deutsches Aktieninstitut, 31.12.2018, unter: https://www.dai.de/files/dai_usercontent/dokumente/renditedreieck/181231%20DAX-Rendite-Dreieck%2050%20Jahre%20Web.pdf.

»Abenomics«, Wikipedia.org, 16.04.2019, unter: https://de.wikipedia.org/wiki/Abenomics#cite_note-8.

»Abwicklungsrichtlinie«, unter: https://de.wikipedia.org/wiki/Abwicklungsrichtlinie.

»Asiatische Infrastrukturinvestmentbank«, unter: https://de.wikipedia.org/wiki/Asiatische_Infrastrukturinvestmentbank.

»Atlantik Charta«, 14.08.1941, Übersetzung abgerufen unter: https://de.wikipedia.org/wiki/Atlantik-Charta#Wortlaut_(deutsche_Übersetzung).

»Ausbildung zum Mechatroniker/in«, unter: https://www.ausbildung.de/berufe/mechatroniker/gehalt/.

Literaturverzeichnis

»Bankenunion«, unter: https://en.wikipedia.org/wiki/Banking_union.
»Bernard Willms«, unter: https://de.wikipedia.org/wiki/Bernard_Willms.
»Bestätigungsfehler«, unter: https://de.wikipedia.org/wiki/Bestätigungsfehler.
»Brutkastenlüge«, unter: https://de.wikipedia.org/wiki/Brutkastenlüge.
»Bruttoinlandsprodukte (real)«, unter: https://en.wikipedia.org/wiki/List_of_countries_by_GDP_(PPP)_per_capita.
Bund der Versicherten, Broschüre »Gut und günstig versichert«, 09.10.2015, unter: https://www.bundderversicherten.de/presse-und-oeffentlichkeitsarbeit/pressemitteilungen/gut-und-guenstig-versichert.
Bundesamt für Bevölkerungsschutz und Katastrophenhilfe, »Vorsorge für den Katastrophenfall«, unter: https://www.bbk.bund.de/DE/Ratgeber/VorsorgefuerdenKat-fall/VorsorgefuerdenKat-fall_Einstieg.html.
Bureau of Economic Analysis, unter: https://apps.bea.gov/international/bp_web/tb_download_type_modern.cfm?list=5&RowID=143.
»Bürgerkrieg in Libyen 2011«, unter: https://de.wikipedia.org/wiki/B%C3%BCrgerkrieg_in_Libyen_2011#Europ%C3%A4ische_Union.
Bush, George H. W., Rede vor dem Kongress am 11.09.1990, unter: https://en.wikisource.org/wiki/Address_Before_a_Joint_Session_of_the_Congress_on_the_Persian_Gulf_Crisis_and_the_Federal_Budget_Deficit.
Bush, George H. W., Fernsehansprache, 16.01.1991, The History Place, unter: http://www.historyplace.com/speeches/bush-war.htm.
Central Bank of Iceland, »Principal payment instruments in use in Iceland«, unter: http://wayback.vefsafn.is/wayback/20081117105652/www.sedlabanki.is/?PageID=890.
»China-United States trade war«, unter: https://en.wikipedia.org/wiki/China%E2%80%93United_States_trade_war.
Collum, David B., Twitter, https://twitter.com/DavidBCollum/status/1152008798522839040.
»Dauer des Medizinstudiums und Abschnitte im Überblick«, unter: https://www.praktischarzt.de/blog/medizinstudium-dauer/.
»Der Nordatlantikvertrag«, 04.04.1949, unter: https://www.nato.int/cps/en/natohq/official_texts_17120.htm?selectedLocale=de.
Deutsche Bundesbank, Monatsbericht März 2016, unter: https://www.bundesbank.de/resource/blob/693344/ca0dd481b75f678f179448ea0114b35f/mL/2016-03-schwaeche-welthandel-data.pdf.
Deutsche Bundesbank, Monatsbericht, Juli 2013, unter: https://www.bundesbank.de/resource/blob/663492/13ba0b9153b6d3bf02c868f7e2370012/mL/2013-07-monatsbericht-data.pdf.
»Deutsche Mark«, unter: https://de.wikipedia.org/wiki/Deutsche_Mark.
Deutscher Bundestag, Textarchiv 2010, unter: https://www.bundestag.de/dokumente/textarchiv/2010/29826227_kw20_de_stabilisierungsmechanismus-201760.
Deutscher Bauernverband, »Jahrhundertvergleich«, Situationsbericht 2012/2013, unter: https://www.bauernverband.de/12-jahrhundertvergleich.
»Direkte und indirekte Steuer«, unter: https://de.wikipedia.org/wiki/Direkte_und_indirekte_Steuer.
»Eine unbequeme Wahrheit«, unter: https://de.wikipedia.org/wiki/Eine_unbequeme_Wahrheit.
»Entwicklung der ›Federal Funds Rate‹«, unter: https://fred.stlouisfed.org/series/FEDFUNDS.
»Entwicklung der Studienanfängerquote in Deutschland von 2001 bis 2018«, Statista, 04.09.2019, unter: https://de.statista.com/statistik/daten/studie/72005/umfrage/entwicklung-der-studienanfaengerquote.
EU Commission Pension Adequacy Report 2015.
»Euro-Krise«, unter: https://www.wikiwand.com/de/Eurokrise.
»European Central Bank«, unter: https://www.ecb.europa.eu/mopo/implement/omt/html/index.en.html.
»False Flag«, unter: https://www.gegenfrage.com/false-flag.
Fondskongress 2016, unter: https://www.fondsprofessionell.at/kongress/kongress-news/headline/im-rueckblick-fonds-professionell-kongress-2016-mit-fotogalerien-123728/.

Literaturverzeichnis

»Framing Gutachten ARD«, unter: https://cdn.netzpolitik.org/wp-upload/2019/02/framing_gutachten_ard.pdf.
»Friedman doctrine«, unter: https://en.wikipedia.org/wiki/Friedman_doctrine.
»Friedrich List«, unter: https://fls-ks.eu/Friedrich_List.
»Geschätzte Anzahl der im Mittelmeer ertrunkenen Flüchtlinge in den Jahren 2014 bis 2019«, Statista, 02.08.2019, unter: https://de.statista.com/statistik/daten/studie/892249/umfrage/im-mittelmeer-ertrunkenen-fluechtlinge.
»Great Wall of Sand«, unter: https://en.wikipedia.org/wiki/Great_Wall_of_Sand.
»Göttinger Sieben«, unter: https://de.wikipedia.org/wiki/G%C3%B6ttinger_Sieben.
»Griechenland«, unter: https://www.tagesschau.de/wirtschaft/griechenland-banken-133.html.
»Griechische Staatsschuldenkrise«, unter: https://de.wikipedia.org/wiki/Griechische_Staatsschuldenkrise.
»Hartz-Konzept«, unter: https://de.wikipedia.org/wiki/Hartz-Konzept.
»Hauspreise in München«, unter: https://www.immowelt.de/immobilienpreise/landkreis-muenchen/hauspreise.
Henry-Huthmacher, Christine/Hoffmann, Elisabeth (Hrsg.), »Ausbildungsreife und Studierfähigkeit«, Konrad-Adenauer Stiftung e.V., 2016, unter: https://www.kas.de/c/document_library/get_file?uuid=ec1762cf-4191-596a-5163-3357c553d3ff&groupId=252038.
»High-frequency-trading«, unter: https://en.wikipedia.org/wiki/High-frequency_trading#Flash_trading.
»High-net-worth individual«, unter: https://en.wikipedia.org/wiki/High-net-worth_individual.
»Höchstgrenzen Bargeldzahlung«, Europäisches Verbraucherzentrum, Januar 2018, unter: https://www.evz.de/de/verbraucherthemen/geld-kredite/im-ausland-bezahlen/hoechstgrenzen-bargeldzahlung.
»Immigration in die Vereinigten Staaten«, unter: https://en.wikipedia.org/wiki/Immigration_to_the_United_States.
»Indirect Rule«, unter: https://de.wikipedia.org/wiki/Indirect_rule.
Inflationsrechner, Fxtop.com, unter: https://fxtop.com/de/inflationsrechner.php?A=850&C1=USD&INDICE=USCPI31011913&DD1=31&MM1=01&YYYY1=1980&D-D2=18&MM2=08&YYYY2=2019&btnOK=%C3%84quivalent+berechnen.
»Innateness Hypothesis«, unter: https://en.wikipedia.org/wiki/Innateness_hypothesis.
Institut der deutschen Wirtschaft: »Einkommen und Vermögen in Deutschland und wie der Staat sie umverteilt«, unter: http://www.arm-und-reich.de/verteilung/vermoegen.html.
Institut für neuzeitliche Pädagogik, unter: http://www.kathpedia.com/index.php?title=Institut_f%C3%BCr_neuzeitliche_P%C3%A4dagogik.
»Irland«, unter: https://de.wikipedia.org/wiki/Irland#Wirtschaft.
IWF, »Jahresbericht 2007 Die Vorteile der Weltwirtschaft für alle sichern«, 2007, unter: https://www.imf.org/en/Publications/AREB/Issues/2016/12/31/Annual-Report-of-the-Executive-Board-for-the-Financial-Year-Ended-April-30-2007.
»Japan Self Defense Forces«, unter: https://en.wikipedia.org/wiki/Japan_Self-Defense_Forces.
»Karl-Marx-Statue (Trier)«, unter: https://www.trier.de/kultur-freizeit/karl-marx/karl-marx-statue/.
Konsolidierter Jahresabschluss der Genossenschaftlichen FinanzGruppe für das Jahr 2017, unter: https://www.bvr.de/p.nsf/0/A91C6E438B944D46C12582CD004526F0/$file/BVR_PK_Juli_2018_FINAL_Presse.pdf.
»Krankenschwester Gehalt – Was verdient eine Krankenschwester?«, praktischarzt.de, unter: https://www.praktischarzt.de/blog/krankenschwester-gehalt/.
»List of countries by the number of billionaires«, unter: https://en.wikipedia.org/wiki/List_of_countries_by_the_number_of_billionaires.
»Liste der Länder nach Vermögensverteilung«, unter: https://de.wikipedia.org/wiki/Liste_der_L%C3%A4nder_nach_Verm%C3%B6gensverteilung.
»Liste von Kriegen«, unter: https://de.wikipedia.org/wiki/Liste_von_Kriegen.

Literaturverzeichnis

»Lobbyismus in der EU«, lobbycontrol.de, unter: https://www.lobbycontrol.de/schwerpunkt/lobbyismus-in-der-eu/.

»Lobbyismus in der EU«, unter: https://lobbypedia.de/wiki/Lobbyismus_in_der_EU#Zugang_. C3.BCber_Expertengruppen.

Lucas, Robert, Ansprache des Präsidenten an die American Economic Association, 2003.

Maaßen, Hans-Georg, Twitter, unter: https://twitter.com/HGMaassen/status/1148654208398319622.

Macron, Emmanuel, Rede zur »Initiative für Europa« in Paris, 26.09.2017, unter: https://de.ambafrance.org/Staatsprasident-Macron-Initiative-fur-Europa.

»Transatlantischer Handel«, unter: https://en.wikipedia.org/wiki/Transatlantic_Trade_and_Investment_Partnership.

»Unintended acceleration«, unter: https://en.wikipedia.org/wiki/Sudden_unintended_acceleration; unter: https://link.springer.com/content/pdf/bbm%3A978-1-137-27648-3%2F1.pdf.

»Migrationstreck von Zentralamerika in die USA«, unter: https://de.wikipedia.org/wiki/Migrationstreck_von_Zentralamerika_bis_zur_Grenze_zwischen_Mexiko_und_den_Vereinigten_Staaten.

»Mittleres Einkommen«, unter: https://de.wikipedia.org/wiki/Mittleres_Einkommen.

»Monetäre Basis«, unter: https://de.wikipedia.org/wiki/Monetäre_Basis.

»New World Order (conspiracy theory)«, unter: https://en.wikipedia.org/wiki/New_World_Order_(conspiracy_theory).

»Opioidkrise«, unter: https://de.wikipedia.org/wiki/Opioidkrise.

»Outright Monetary Transactions«, unter: https://en.wikipedia.org/wiki/Outright_Monetary_Transactions.

Peter G. Peterson Foundation, »U.S. Defense spending compared to other countries«, pgpf.org, 03.05.2019, unter: https://www.pgpf.org/chart-archive/0053_defense-comparison.

»Peter Schiff (Ökonom)«, wikipedia.org, 21.07.2019, unter: https://de.wikipedia.org/wiki/Peter_Schiff_(Ökonom).

»Podesta Emails«, unter: https://en.wikipedia.org/wiki/Podesta_emails.

Powell, Colin, Rede vor dem Sicherheitsrat der Vereinten Nationen, The Guardian, am 05.02.2003, unter: https://www.theguardian.com/world/2003/feb/05/iraq.usa.

Preisentwicklung für Trinkwasser, Deutscher Verein des Gas- und Wasserfaches, 11.05.2018, unter: https://www.dvgw.de/medien/dvgw/verein/aktuelles/presse/presseinformation-trinkwasserpreise.pdf; https://www.n-tv.de/wirtschaft/Wasser-koennte-deutlich-teurer-werden-article19971316.html.

Presidential Approval Ratings – Donald Trump, unter: https://news.gallup.com/poll/203198/presidential-approval-ratings-donald-trump.aspx.

Pressemitteilung des Weißen Hauses, »President Trump's Bold Immigration Plan for the 21st Century«, 21.05.2019, unter: https://www.whitehouse.gov/articles/president-trumps-bold-immigration-plan-21st-century.

Pressemitteilung, »Siemens-Finanzvorstand: ›Hätte schwarze Kassen niemals geduldet‹«, heise online, 16.06.2008, unter: https://www.heise.de/newsticker/meldung/Siemens-Finanzvorstand-Haette-schwarze-Kassen-niemals-geduldet-214521.html.

Pressemitteilung, tagesschau.de, 11.06.2019, unter: https://www.tagesschau.de/wirtschaft/studie-deutsche-konzerne-101.html.

»Quantitative easing«, wikipedia.org, 08.09.2019, unter: https://en.wikipedia.org/wiki/Quantitative_easing.

»Quantitative Lockerung«, unter: https://de.wikipedia.org/wiki/Quantitative_Lockerung.

»Repräsentativitätsheuristik«, unter: https://de.wikipedia.org/wiki/Repräsentativitätsheuristik.

»Rheinischer Kapitalismus«, unter: https://de.wikipedia.org/wiki/Rheinischer_Kapitalismus.

»Richtlinie (EU) 2019/790 (Urheberrecht im digitalen Binnenmarkt)«, unter: https://de.wikipedia.org/wiki/Richtlinie_(EU)_2019/790_(Urheberrecht_im_digitalen_Binnenmarkt)#Artikel-13.

»Robert Giplin«, unter: https://de.wikipedia.org/wiki/Robert_Gilpin.

»Seifert, Werner«, unter: https://de.wikipedia.org/wiki/Werner_Seifert_(Manager).

»Soldatenhandel«, unter: https://de.wikipedia.org/wiki/Soldatenhandel.

»South Stream«, unter: https://de.wikipedia.org/wiki/South_Stream.
»Standardrente«, unter: https://de.wikipedia.org/wiki/Standardrente.
Statistic Bureau of Japan, unter: https://www.stat.go.jp/english/data/kokusei/index.html.
Swiss Propaganda Research, unter: https://swprs.org.
»Team Viewer« https://de.wikipedia.org/wiki/TeamViewer_GmbH.
»Tequila-Krise«, unter: https://de.wikipedia.org/wiki/Tequila-Krise.
»The Giving Pledge«, unter: https://de.wikipedia.org/wiki/The_Giving_Pledge.
»The Pentagon's New Map«, unter: https://en.wikipedia.org/wiki/The_Pentagon%27s_New_Map.
»The World Bank«, unter: https://data.worldbank.org/indicator/NY.GDP.MKTP.PP.CD?locations=CN-US-DE-JP-1W.
»Tracking U.S. Naval Power«, unter: https://worldview.stratfor.com/topic/tracking-us-naval-power.
»Trading Economics«, unter: https://tradingeconomics.com/united-states/balance-of-trade.
»Transatlantisches Handelsabkommen«, unter: https://de.wikipedia.org/wiki/Transatlantisches_Freihandelsabkommen#cite_note-zeit-2014-11-12-43.
Trump, Donald, Antrittsrede zu seiner Vereidigung am 20.01.2017, unter: https://www.whitehouse.gov/briefings-statements/the-inaugural-address.
Trump, Donald, Rede zu seiner Präsidentschaftskandidatur am 16.06.2015, Time Magazine, unter: https://time.com/3923128/donald-trump-announcement-speech/.
Universität Duisburg Essen, »Armutsrisikoquoten«, 09.2019, unter: www.sozialpolitik-aktuell.de.
Verband der Automobilindustrie, »Der Deutsche Oldtimer Index«, unter: https://www.vda.de/de/themen/automobilindustrie-und-maerkte/historische-fahrzeuge/der-deutsche-oldtimer-index.html.
»Vereinigte Staaten von Europa«, unter: https://de.wikipedia.org/wiki/Vereinigte_Staaten_von_Europa.
»Verfassungskreislauf«, unter: https://de.wikipedia.org/wiki/Verfassungskreislauf.
»Verschwörungstheorien«, unter: https://de.wikipedia.org/wiki/Verschw%C3%B6rungstheorie.
Von Brunn Media, »Drehgenehmigung – USA«, unter: http://www.vonbrunnmedia.com/de/beantragen-einer-drehgenehmigung-in-usa.
»Wehling, Elisabeth«, unter: https://de.wikipedia.org/wiki/Elisabeth_Wehling#Framing-Manual_f%C3%BCr_die_ARD.
Wiese, Thorsten, »Sichere Banken?«, Statista, 18.05.2017, unter: https://de.statista.com/infografik/9462/zahl-banken-deutschland.
Wissenschaftlicher Beirat beim Bundesministerium der Finanzen, »Reform der internationalen Kapitaleinkommensbesteuerung«, unter: https://www.bundesfinanzministerium.de/Content/DE/Standardartikel/Ministerium/Geschaeftsbereich/Wissenschaftlicher_Beirat/Gutachten_und_Stellungnahmen/Ausgewaehlte_Texte/3469_0.pdf?__blob=publicationFile&v=3.
»Wohneigentumsquote in ausgewählten europäischen Ländern im Jahr 2017«, Statista, 09.08.2019, unter: https://de.statista.com/statistik/daten/studie/155734/umfrage/wohneigentumsquoten-in-europa.
World Economic Forum, »The Business Case for Migration«, 30.09.2013, unter: https://www.weforum.org/reports/business-case-migration.
World Trade Organization unter: https://www.wto.org/english/thewto_e/whatis_e/tif_e/org6_e.htm.
»Wutbürger«, unter: https://de.wikipedia.org/wiki/Wutb%C3%BCrger.
»Zwischenfälle der Bundeswehr in Afghanistan«, unter: https://de.wikipedia.org/wiki/Zwischenfälle_der_Bundeswehr_in_Afghanistan.

Sonstiges

Persönliches Gespräch des Verfassers mit Roberto Alayza in Peru, 4. August 2019.
Persönliches Gespräch des Verfassers mit Privatdozent Dr. Jörg Schierholz, 6. August 2019.

ANMERKUNGEN

Vorwort

1. Daniel Stelter, *Die Finanzmärkte und die ökonomische Selbstbehauptung Europas*, 1. Auflage, Wiesbaden, Springer Gabler, 2019, S. V.
2. Stefan Riße, *Die Inflation kommt*, 5. Auflage, München, FinanzBuch Verlag, 2010.
3. Michael Grandt, *Der Staatsbankrott kommt*, 4. Auflage, Rottenburg, Kopp Verlag, 2010.
4. Markus Zschaber, *Der Aufschwung kommt*, 1. Auflage, Frankfurt/Main, Campus Verlag, 2010.
5. Günter Hannich, *Megacrash*, 1. Auflage, Rottenburg, Kopp Verlag, 2018.

Einleitung

1. Susanne Beyer, »Ich denke, also irre ich«, Der Spiegel 14/2012, S. 122-126.
2. Mein Doktorandenstudium an der Princeton University schloss ich mit einer Arbeit zur neueren deutschen Außenpolitik in der Tradition der realistischen Schule ab. Max Otte, *A Rising Middle Power? German Foreign Policy in Transformation, 1988–1998*, New York, 2000.
3. Alexander Unzicker, *Wenn man weiß, wo der Verstand sitzt: Anleitung zum Selberdenken in verrückten Zeiten*, 1. Auflage, Frankfurt/M., Westend, 2019. Zur kognitiven Dissonanz bzw. Verzerrung siehe auch: Rainer Mausfeld, *Warum schweigen die Lämmer? Wie Elitendemokratie und Neoliberalismus unsere Gesellschaft und unsere Lebensgrundlagen zerstören*, 1. Auflage, Frankfurt/M., Westend, 2018. Die diversen YouTube-Videos von Mausfeld zum Thema sind ebenfalls interessant, z. B.: https://www.youtube.com/watch?v=QlMsEmpdC0E oder: https://www.youtube.com/watch?v=-hItt4cE0Pk.
4. Graham Allison, *Destined for War – Can the U.S. and China avoid Thukydides Trap?*, London, Scribe UK, 2017.
5. Michael Lüders, *Wer den Wind sät. Was westliche Politik im Orient anrichtet*, 9. Auflage, München, C. H. Beck, 2015; *Die den Sturm ernten: Wie der Westen Syrien ins Chaos stürzte*, 1. Auflage, München, C. H. Beck, 2017; Daniele Ganser, *Illegale Kriege: Wie die NATO-Länder die UNO sabotieren. Eine Chronik von Kuba bis Syrien*, 2. Auflage, Zürich, Orell Füssli Verlag, 2016.
6. Gustave le Bon, *Psychologie der Massen*, Deutsche Übersetzung, Stuttgart, Alfred Kröner Verlag, 1973, S. 10.
7. Le Bon, 1973, S. 14.
8. Steven Mithen, *The Prehistory of the Mind: A Search for the Origins or Art Religion and Science*, 1. Auflage, London, Thames and Husdon, 1996.
9. Josef H. Reichholf, *Warum die Menschen sesshaft wurden. Das große Rätsel unserer Geschichte*, 2. Auflage, Frankfurt am Main, Fischer Verlag, 2008.
10. Der Psychologe Jordan Peterson betont in der Einleitung zu seinem Bestseller *12 Rules for Life* ebenfalls die Bedeutung von Hierarchien für unser Selbstbild und unser Denken. Jordan B. Peterson, *12 Rules for Life*, 1. Auflage, Toronto, Random House Canada, 2018.
11. Oswald Spengler, *Der Mensch und die Technik – Beitrag zu einer Philosophie des Lebens*, 1. Auflage, Paderborn, Voltmedia.
12. S. B. Most, D. J. Simons, B. J. Scholl, R. Jimenez, E. Clifford, C. F. Chabris.: »How not to be seen: the contribution of similarity and selective ignoring to sustained inattentional blindness«, Psychological Science 12 (1) 2001, S. 9–17
13. Christofer Chabris und Daniel Simons, »The invisible Gorilla«, unter: http://www.theinvisiblegorilla.com/gorilla_experiment.html.

Anmerkungen

14 Uwe Krueger, *Mainstream*, 2. Auflage, München, C. H. Beck, 2016.
15 Markus Gärtner, *Lügenpresse*, 1. Auflage, Rottenburg, Kopp Verlag, 2015.
16 Anonym, »Bestätigungsfehler«, Wikipedia, Juli 2015, unter: https://de.wikipedia.org/wiki/Bestätigungsfehler.
17 http://www.unwortdesjahres.net/
18 Henning Beck, »Wer sein eigenes Unwissen kennt, weiß mehr«, Wirtschaftswoche, 12.05.2019, unter: https://www.wiwo.de/erfolg/beruf/entzauberte-mythen-wer-sein-eigenes-unwissen-kennt-weiss-mehr/24320020.html?utm_source=pocket-newtab.
19 Keith Payne, *The broken ladder*, 1. Auflage, London, Weidenfeld & Nicolson, 2017, S. 91–92.

Kapitel 1: Die Welt vor dem Systemcrash

1 »Das Leben ist, tatsächlich, ein Kampf. Das Böse ist unverschämt und stark; Schönheit bezaubernd, aber rar; Güte neigt zur Schwäche; Grausamkeit setzt sich durch; Schwachsinnige befinden sich in hohen Positionen, Menschen mit Verstand in niederen, und die Menschheit ist überwiegend unglücklich. Aber die Welt, wie sie ist, ist keine beschränkte Illusion, keine Phantasterei, kein böser Alptraum; wir wachen immer wieder in ihr auf; und wir können sie weder vergessen, noch leugnen, noch abschaffen.« Henry James, *Theory of Fiction*, Lincoln, Nebraska 1971.
2 Denise, Valenti, »Robert George Giplin Jr., expert on international political economy, dies at 87«, www.princeton.edu, 13.07.2018, unter: https://www.princeton.edu/news/2018/07/13/robert-george-gilpin-jr-expert-international-political-economy-dies-87. Wolfgang Danspeckgruber, Gründungsdirektor des Liechtenstein Instituts für Selbstbestimmung an der Princeton University, pflichtet bei: »Er war ein brillanter, ernsthafter Forscher, ein großartiger Mentor und Lehrer und ein echter Mensch. Er war eher still, aber wenn er etwas sagte, dann stoppte die Unterhaltung.«
3 «The world is coming apart and they are worrying about Nicaragua.« Robert Gilpin zum Verfasser, Frühjahr 1990.
4 Anonym, »Robert Giplin«, wikipedia.org, 01.07.2018, unter: https://de.wikipedia.org/wiki/Robert_Gilpin.
5 Samuel Huntington, *Kampf der Kulturen: Die Neugestaltung der Weltpolitik im 21. Jahrhundert* (engl.: *The Clash of Civilizations and the Remaking of World Order*), 1. Auflage, München, Europa-Verlag, 1996.
6 Robert D. Kaplan, *The Return of Marco Polo's World – War, Strategy, and American Interests in the Twenty-First Century*, 1. Auflage, New York, Random House Verlag, 06.03.2018; *The Jungle Grows Back – America and Our Imperiled World*, 1. Auflage, New York, Knopf Verlag, 2018.
7 Gabor Steingart, *Weltbeben – Leben im Zeitalter der Überforderung*, 1. Auflage, München, Penguin Verlag, 2017.
8 Dirk Müller, *Machtbeben – Die Welt vor der größten Wirtschaftskrise aller Zeiten – Hintergründe, Risiken, Chancen*, 1. Auflage, München, Heyne Verlag, 2018.
9 Donata Riedel, »Arbeitnehmer fürchten die Globalisierung«, Handelsblatt, 13.06.2017, unter: https://www.handelsblatt.com/politik/deutschland/oecd-daten-arbeitnehmer-fuerchten-die-globalisierung/19926466.html.
10 Hans-Peter Martin und Harald Schumann, *Die Globalisierungsfalle – der Angriff auf Demokratie und Wohlstand*, 15. Auflage, Hamburg, Rowohlt Taschenbuch Verlag, 1996.
11 Dani Rodrik, *Das Globalisierungs-Paradox: Die Demokratie und die Zukunft der Weltwirtschaft*, 1. Auflage, München, C.H. Beck, 2011.
12 John Gray, *Raubtier Mensch*, 1. Auflage, London, Klett- Cotta, 2015, S. 81.
13 Eine schöne Animation der Größe der Volkswirtschaften nach Kaufkraftparität findet sich hier: Wawamustats: Top 20 Country GDP (PPP) Ranking History (1980–2023), 26.10.2018, unter: https://www.youtube.com/watch?v=O1WC2Sl2jgg; Anonym, 2 List of Countries GDP (PPP)«, wikipedia.org, 09.09.2019, unter: https://en.wikipedia.org/wiki/List_of_countries_by_GDP_(PPP).
14 Max Otte, *Rettet unser Bargeld*, 3. Auflage, Berlin, Ullstein Buchverlage, 2016.

Anmerkungen

15 Anonym, »Schnelleres Aus für Bargeld als erwartet«, orf.at, 30.08.2019, unter: https://orf.at/stories/3135486/?utm_source=pocket-newtab.
16 Friedrich August von Hayek, *Der Weg zur Knechtschaft*, 1. Neuauflage, München, Lau-Verlag & Handel KG, 2014.
17 Max Otte, 2016.
18 Selbst für das tendenziöse Onlinemedium Wikipedia, das sonst meistens sehr unkritisch gegenüber den USA ist, ist die Brutkastenlüge ein Fakt. Anonym, »Brutkastenlüge«, in: wikipedia.org, 02.07.2019, unter: https://de.wikipedia.org/wiki/Brutkastenlüge.
19 Rede von George H.W. Bush vor dem Kongress, wikisource, am 11.09.1990, unter: https://en.wikisource.org/wiki/Address_Before_a_Joint_Session_of_the_Congress_on_the_Persian_Gulf_Crisis_and_the_Federal_Budget_Deficit.
20 NTA: Gerhard Schröder gibt schwere Straftat zu: Völkerrechtsbruch!, 16.06.2015, YouTube, unter: https://www.youtube.com/watch?v=1WCxYNZZJbA; https://www.zeit.de/2009/13/10-Jahre-Kosovo/seite-2; http://www.taz.de/!5165840/.
21 Hans-Peter Kriemann, *Der Kosovokrieg 1999*, 1. Auflage, Ditzingen, Reclam Verlag, 2019.
22 Ulrich Teusch, *Der Krieg vor dem Krieg*, 1. Auflage, Frankfurt, Westend Verlag, 2019, S. 76.
23 Tim Tanne: Jede Regierung lügt – Wahrheit, Manipulation und der Geist des I F Stone, 23.01.2017, YouTube, unter: https://www.youtube.com/watch?v=Zi_qafpuNjE. Der Hammer-Nagel-Satz stammt ursprünglich von dem amerikanischen Psychologen Abraham H. Maslow.
24 Stand 17. September 2012. Anonym, »Zwischenfälle der Bundeswehr in Afghanistan«, wikipedia.org, 09.09.2019, unter: https://de.wikipedia.org/wiki/Zwischenfälle_der_Bundeswehr_in_Afghanistan.
25 Kevin Hagen, »Protest, Rebellion, Chaos«, Spiegel Online, 10.09.2019, unter: https://www.spiegel.de/politik/ausland/kunduz-afghanisches-militaer-draengt-taliban-zurueck-a-1284687.html.
26 Anonym, »Loja Dschirga fordert Dialog mit Taliban«, tagesschau.de, 03.05.2019, unter: https://www.tagesschau.de/ausland/afghanistan-ratsversammlung-ende-101.html.
27 Anonym, »Kriegskosten 3,2 Billionen Dollar«, www.tagesspiegel.de, unter: https://www.tagesspiegel.de/politik/kriegskosten-3-2-billionen-dollar/4339124.html.
28 Rede von Colin Powell vor dem Sicherheitsrat der Vereinten Nationen, The Guardian, 05.02.2003, unter: https://www.theguardian.com/world/2003/feb/05/iraq.usa.
29 Eine gute Dokumentation lief auf dem zdf-Infokanal: rene stonecold: Rache oder Recht: Der Saddam Hussein Prozess Doku Deutsch, 22.05.2013, YouTube, unter: https://www.youtube.com/watch?v=uExaKiLrx7I.
30 Anonym, »Liste von Kriegen«, wikipedia.org, 03.08.2019, unter: https://de.wikipedia.org/wiki/Liste_von_Kriegen.
31 Michael Lüders
32 ABC News (Australia), 21.10.2011, YouTube, unter: https://www.youtube.com/watch?v=tfWLqR3l_TY.
33 Tomas Avenarius, »General Haftar steht kurz vor Tripolis«, Süddeutsche Zeitung, 08.04.2019, unter: https://www.sueddeutsche.de/politik/libyen-buergerkrieg-khalifa-haftar-1.4400895.
34 Dirk Müller, *Machtbeben*, 2018.
35 Gespräch des Verfassers mit Roberto Alayza in Peru, 4. August 2019.
36 Ruptly, USA: Obama forced EU states to impose sanctions on Russia – VP Biden, 03.10.2014, YouTube, unter: https://www.youtube.com/watch?v=ZDRBzk0lTVY.
37 Anonym, »Russland Sanktionen kosten die EU-Länder 30 Milliarden Euro«, wifo.ac.at, unter: https://www.wifo.ac.at/jart/prj3/wifo/resources/person_dokument/person_dokument.jart?publikationsid=60666&mime_type=application/pdf.
38 Knees van der Pijl, *Der Abschuss: Flug MH17, die Ukraine und der neue Kalte Krieg*, 1. Auflage, Köln, Papy Rossa Verlag, 2018.
39 Silvia Stöber, »Zwei-Prozent-Ziel wer hat's erfunden?«, tagesschau.de, 03.04.2019, unter: https://www.tagesschau.de/inland/verteidigungsausgaben-103.html.

Anmerkungen

40 Anonym, »Ukraine schreibt Beitritt in die EU und Nato als Ziel in die Verfassung«, Handelsblatt, 07.02.2019, unter: https://www.handelsblatt.com/politik/international/russland-konflikt-ukraine-schreibt-beitritt-zur-eu-und-nato-als-ziel-in-die-verfassung/23960650.html.
41 Anonym, »Odessa governor Saakashvili receives his salary from the U.S.«, edaily.com, 25.06.2015, unter: https://eadaily.com/en/news/2015/06/25/odessa-governor-saakashvili-receives-his-salary-from-us.
42 Anonym, »Wladimir Putin beendet per Dekret offiziell INF Abrüstungsvertrag«, Spiegel Online, 04.03.2019, unter: http://www.spiegel.de/politik/ausland/wladimir-putin-beendet-per-dekret-offiziell-inf-vertrag-a-1256208.html.
43 Ehemaliger Bundesaußenminister Sigmar Gabriel, »Dem Westen fehlt eine Strategie, die sich mit der chinesischen messen kann«, Handelsblatt, 16.09.2018, unter: https://www.handelsblatt.com/meinung/gastbeitraege/gastkommentar-dem-westen-fehlt-eine-strategie-die-sich-mit-der-chinesischen-messen-kann/23073212.html.
44 Anonym, »China will again triple dredging and will have over 50 fortified islands by 2030 in South China Sea«, next big future, 22.01.2018, unter: https://www.nextbigfuture.com/2018/01/china-will-again-triple-dredging-and-will-have-over-50-fortified-islands-by-2030-in-south-china-sea.html; https://www.independent.co.uk/news/world/asia/south-china-sea-us-military-bases-islands-spratly-paracel-us-tension-defence-a8719556.html.
45 Anonym, »Great Wall of Sand«, wikipedia.org, 06.08.2018, unter: https://en.wikipedia.org/wiki/Great_Wall_of_Sand.
46 Anonym, »Pentagon says China will return the US underwater drone it seized«, cnbc.com, 17.12.2016, unter: https://www.cnbc.com/2016/12/17/china-captures-us-underwater-drone.html.
47 Barbara Starr, Ryan Brown, Brad Lendon, »Chinese warship in ›unsafe‹ encounter with US destroyer, amid rising US–China tensions«, cnn.com, 02.10.2018, unter: https://edition.cnn.com/2018/10/01/politics/china-us-warship-unsafe-encounter/index.html.
48 Anonym, »Japan Self Defense Forces«, wikipedia.org, 07.09.2019, unter: https://en.wikipedia.org/wiki/Japan_Self-Defense_Forces.
49 Sean Rossman, »Nearly 500 witnesses, 675 days: The Mueller investigation by the numbers«, usa.today.com, 24.03.2019, unter: https://eu.usatoday.com/story/news/politics/2019/03/24/mueller-report-trump-campaign-investigation-numbers/3263353002/.
50 Anonym, »Pentagon weist Weißes Haus zurecht«, orf.at, 03.06.2019, unter: https://orf.at/stories/3125450/.
51 Markus Beckedahl, Leonhard Dobusch, »Wir veröffentlichen das Framing-Gutachten der ARD«, netzpolitik.org, 17.02.2019, unter: https://netzpolitik.org/2019/wir-veroeffentlichen-das-framing-gutachten-der-ard/.
52 Anonym, »Framing-Manual Unser gemeinsamer, freier Rundfunk ARD«, cdn.netzpolitik.org, unter: https://cdn.netzpolitik.org/wp-upload/2019/02/framing_gutachten_ard.pdf.
53 Anonym, »Gesamterträge der ARD«, ard.de, unter: http://www.ard.de/home/die-ard/fakten/Gesamtertraege_der_ARD/1015672/index.html.
54 George Lakoff, Elisabeth Wehling, *Auf leisen Sohlen ins Gehirn: Politische Sprache und ihre heimliche Macht*, 4. Auflage, Heidelberg, Carl-Auer Verlag, 2016.
55 http://www.unwortdesjahres.net/
56 Anonym, »Unwort des Jahres 2016«, unwortdesjahres.net, unter: http://www.unwortdesjahres.net/index.php?id=112.
57 Anonym, »Streit um Asyl-Rhetorik ›Sprachpolizei‹ Seehofer empört über Voßkuhle«, zdf.de, 26.07.2018, unter: https://www.zdf.de/nachrichten/heute/verrohung-sprache-in-asylfragen-seehofer-reagiert-scharf-auf-vosskuhle-100.html.
58 Silvia Stöber, »Das Schweigen über die Verletzungen«, tagesschau.de, 09.02.2019, unter: https://faktenfinder.tagesschau.de/ausland/frankreich-gelbwesten-gewalt-103.html.
59 Anonym, »Frankreich zieht eine gemischte Bilanz von Macrons ›großer Debatte‹«, derstandard.de, 09.04.2019, unter: https://apps.derstandard.de/privacywall/story/2000101045691/frankreich-zieht-eine-gemischte-bilanz-zu-macrons-grosser-debatte.

Anmerkungen

60 Anonym, »Merkel warnt vor erneuter Bankenkrise«, tagesschau.de, 23.01.2019, unter: https://www.tagesschau.de/wirtschaft/merkel-davos-115.html.
61 Chibuike Oguh, Alexandre Tanzi, »Global debt of $244 Trillion nears record despite faster growth«, bloomberg.com, 15.01.2019, unter: https://www.bloomberg.com/news/articles/2019-01-15/global-debt-of-244-trillion-nears-record-despite-faster-growth.
62 Anonym, »Als Mario Draghi der Euro-Krise den Schrecken nahm«, Managermagazin.de, 24.07.2013, unter: https://www.manager-magazin.de/finanzen/artikel/als-mario-draghi-der-euro-krise-in-london-den-schrecken-nahm-a-912785.html.
63 Anonym, »Target 2-Saldo«, bundesbank.de, unter: https://www.bundesbank.de/de/aufgaben/unbarer-zahlungsverkehr/target2/target2-saldo/target2-saldo-603478.
64 Gerd Höhler, »Der unglaubliche Aufstieg griechischer Aktien«, handelsblatt.com, 14.04.2019, unter: https://www.handelsblatt.com/finanzen/maerkte/marktberichte/boerse-athen-der-unglaubliche-aufstieg-griechischer-aktien/24214056.html?ticket=ST-502974-T7ucsQSgSqfPqfZQ5EeU-ap3.
65 Christian Siedenbiedel, »Italien hat zehn Jahre nicht für Wettbewerbsfähigkeit getan«, frankfurterallgemeine.net, 21.05.2018, unter: https://www.faz.net/aktuell/wirtschaft/eurokrise/sinn-italien-hat-zehn-jahre-wettbewerbsfaehigkeit-vernachlaessigt-15597078.html.
66 Desai Sonal, »Extreme Wirtschaftspolitische Vorschläge werden salonfähig«, private-banking-magazin.de, 12.04.2019, unter: https://www.private-banking-magazin.de/modern-monetary-theory-extreme-wirtschaftspolitische-vorschlaege-werden-salonfaehig/.

Kapitel 2: Die Vereinigten Staaten von Amerika und das langsame Ende der Nachkriegsordnung

1 Edward Hallett Carr, *The Twenty Years' Crisis 1919–1939*, 2. Auflage, London, Harper Torchbooks, 1939.
2 In der ARD-Talkshow Anne Will.
3 Max Otte, *Der Crash kommt*, 7. Auflage, Berlin, Ullstein Buchverlage, 2006, S. 51.
4 John Maynard Keynes, *Die ökonomischen Folgen des Friedensvertrages*, 1919. Zur Person John Maynard Keynes und seinem großen Gegenspieler, Friedrich August von Hayek, schreibe ich in einem späteren Kapitel noch ausführlicher.
5 Peter J. Katzenstein, *Between Power and Plenty, Foreign Economic Policies of Advanced Industrial States*, Madison, Wi., The University of Wisconsin Press, 1977.
6 Sein Werk *Der Peloponnesische Krieg*, wird uns […] zum Krieg aller Kriege, weil Thukydides die inneren Zusammenhänge aufdeckt und die Vorgänge durchdringt, verallgemeinert, vergeistigt, bis das Zufällige zurück- und das Typische vortritt«, schreibt Georg Peter Landmann in seiner Einleitung zum Werk. Georg Peter Landmann, Thukydides, *Der Peloponnesische Krieg*, 1. Auflage, München, Artemis & Winkler, 1993.
7 Zitiert in: Graham Allison, 2017.
8 Graham Allison, 2017.
9 Graham Allison, 2017.
10 Robert Gilpin, *War and Change in World Politics*, Cambridge, Cambridge University Press, 1981.
11 Robert Gilpin. 1981, S. 168 ff.
12 Max Otte, 2016, S. 53.
13 Robert Gilpin, 1981, S. 3.
14 Robert Gilpin, 1981, S. 7.
15 Ray Dalio, *Principles for Navigating Big Debt Crises*, Westport, Ct., Greenleaf Book Group, 2018, S. 10.
16 Carl von Clausewitz: *Vom Kriege*, 11. Auflage, Hamburg, Nikol Verlag, 2008.
17 Zbigniew Brzeziński, *Die einzige Weltmacht – Amerikas Strategie der Vorherrschaft*, 3. Auflage, Rottenburg, Kopp Verlag, 2015.

Anmerkungen

18 Peter G. Peterson Foundation, »U.S. Defense spending comparedtoother countries«, pgpf.org, 03.05.2019, unter: https://www.pgpf.org/chart-archive/0053_defense-comparison.
19 David Vine, »Where in the World is he U.S. Military?«, Politico Magazine, July/August 2015, unter: https://www.politico.com/magazine/story/2015/06/us-military-bases-around-the-world-119321 und overseabases.net, 17.06.2018, unter: https://www.overseasbases.net/uploads/5/7/1/7/57170837/fact_sheet_on_overseas_bases_2018_09_17.pdf.
20 Vanessa Steinmetz, »Was China in Dschibuti vorhat«, Spiegel Online, 21.07.2017, unter: https://www.spiegel.de/politik/ausland/china-eroeffnet-militaerbasis-in-dschibuti-welche-ziele-verfolgt-peking-a-1158755.html.
21 Konrad Lorenz, *Die acht Todsünden der zivilisierten Menschheit*, 34. Auflage, München, Piper Taschenbuch, 1973.
22 Malte Henk und Britta Stuff, »Die helle Seite der Macht«, Die Zeit, 26/2019, S. 1 sowie S. 13–15.
23 Die Zeit, 26/2019, S. 14.
24 Holger Dambeck, »Schimpanse und Mensch fast identisch«, Spiegel Online, 31.08.2015, unter: https://www.spiegel.de/wissenschaft/natur/genvergleich-schimpanse-und-mensch-fast-identisch-a-372341.html.
25 Die Zeit, 26/2019, S. 13.
26 Jordan B. Peterson, 2018.
27 In seinem Buch *The Broken Ladder* hat der Psychologe und Neurowissenschaftler Keith Payne viele Beispiele aus der Jetztzeit zusammengetragen, wo das der Fall ist, Keith Payne, 2017.
28 Atlantik Charta, 14.08.1941, Übersetzung abgerufen unter: https://de.wikipedia.org/wiki/Atlantik-Charta#Wortlaut_(deutsche_Übersetzung).
29 Daniele Ganser, 2016.
30 Bruno Bandulet, »Land ohne Kompass«, Teil I, ef-magazin, 20.06.2019, S. 8–11, hier S. 9f.
31 Der Nordatlantikvertrag, 04.04.1949, unter: https://www.nato.int/cps/en/natohq/official_texts_17120.htm?selectedLocale=de.
32 Jonathan Marschall, »Dreaming of ›Winning‹ Nuclear War on Russia«, Consortium News, 10.03.2017, unter: https://consortiumnews.com/2017/03/10/dreams-of-winning-nuclear-war-on-russia/.
33 Anonym, »USA drohen Richtern in Den Haag mit Sanktionen«, Zeit Online, 10.09.2018, unter: https://www.zeit.de/politik/ausland/2018-09/internationaler-strafgerichtshof-bolton-john-usa-sicherheitsberater-drohung.
34 Florian Rötzer, »Der Internationale Gerichtshof fügt sich den Drohungen aus Washington«, heise online, 13.04.2019, unter: https://www.heise.de/tp/features/Der-Internationale-Gerichtshof-fuegt-sich-den-Drohungen-aus-Washington-4399024.html.
35 Besser kann man es eigentlich nicht erklären als in diesem modernen Märchen, das viele Archetypen menschlicher Existenz anspricht. Kein Wunder, denn Lucas wurde für *Star Wars* vom großen Mythenforscher Joseph Campbell beraten, der seinerseits ein Fan des Universalphilosophen Oswald Spengler ist (siehe David Engels, Max Otte und Michael Thöndl, »Einhundert Jahre *Untergang des Abendlandes* (1918–2018)« in dies., *Der lange Schatten Oswald Spenglers – Einhundert Jahre Untergang des Abendlandes*, 1. Auflage, Lüdinghausen und Berlin, Manuskriptum Verlagsbuchhandlung, 2018, S. 11).
36 Joseph S. Nye, »Soft Power«, Foreign Policy, (1990), 80 (3), 153–171und *Bound to Lead: The Changing Nature of American Power*. Basic Books, New York, 1990.
37 https://foreignpolicy.com/2018/08/20/the-rise-and-fall-of-soft-power/ Hanns Maull ist Professor Emeritus an der Universität Trier und ehemaliger Co-Vorsitzender des Forschungsinstituts der Deutschen Gesellschaft für Auswärtige Politik. Maull, der meine Dissertation zur Außenpolitik des Vereinigten Deutschland an der Princeton University mit betreute, entwickelte darauf aufbauend das Konzept der »Zivilmächte«, die vor allem Soft Power einsetzen. Er meinte damit vor allem Deutschland und Japan. Hanns W. Maull, »Germany and Japan: The New Civilian Powers«, Foreign Affairs, Vol. 69, No. 5 (Winter, 1990), pp. 91-106.
38 Joseph S. Nye, Jr., »The Decline of America's Soft Power«, Foreign Affairs, May/June 2004, unter: https://www.foreignaffairs.com/articles/2004-05-01/decline-americas-soft-power.

Anmerkungen

39 Joseph S. Nye, Jr, »Get Smart: Combining Hard and Soft Power«, Foreign Affairs, Juli/August 2009, Issue, unter: https://www.foreignaffairs.com/articles/2009-07-01/get-smart.
40 Neokonservative sind nicht mit Neorealisten zu verwechseln, obwohl es natürlich viele Anknüpfungspunkte gibt. Die Neokonservativen stehen für den Machtanspruch und praktische Politik, während die Neorealisten Beobachter und Theoretiker des Systems sind.
41 In seiner Dissertation hatte er sich mit dem Wiener Kongress und der Restauration der europäischen Ordnung sowie den Interessenkonflikten zwischen dem englischen Chefdiplomaten Lord Castlereagh und seinem österreichischen Gegenpart Fürst Metternich befasst. Henry A. Kissinger, *Grossmacht Diplomatie – Von der Staatskunst Castlereaghs und Metternichs*, 1. Auflage, Düsseldorf, Econ Verlag, 1962.
42 George Bush, Fernsehansprache am 16.01.1991, The History Place, unter: http://www.historyplace.com/speeches/bush-war.htm.
43 Anonym, »New World Order (conspiracytheory)«, Wikipedia, unter: https://en.wikipedia.org/wiki/New_World_Order_(conspiracy_theory).
44 Andrew J. Bacevich, *American Empire – The Realities and Consequences of U.S. Diplomacy*, Cambridge, Harvard University Press, 2002, S. 241.
45 Charles Krauthammer, »The Unipolar Moment«, Foreign Affairs, 02.01.1991, unter: https://www.foreignaffairs.com/articles/1991-02-01/unipolar-moment. Etwas mehr als zehn Jahre später schrieb Krauthammer im Winter 2002, dass sich die amerikanische Dominanz seitdem nicht verringert, sondern dramatisch vergrößert habe, dass aber die Kriegsgefahren ebenfalls – wie vorhergesagt – massiv gestiegen seien. Charles Krauthammer, »The Unipolar Moment Revisited«, The National Interest, Winter 2002/03, unter: https://www.belfercenter.org/sites/default/files/files/publication/krauthammer.pdf.
46 Original: Charles Krauthammer, »The Neoconservative Convergence«, Commentary Magazine, Juli 2005, unter: https://www.commentarymagazine.com/articles/the-neoconservative-convergence/.
47 In meiner von Prof. Aaron Friedberg beaufsichtigten Dissertation, die später bei St. Martin's Press in New York erschienen ist, untersuche ich die Schlüsseljahre von 1989 bis 1999 anhand von drei Fallstudien: der Vertiefung der Europäischen Union, der NATO-Osterweiterung und der deutschen Militäreinsätze im Ausland. Max Otte, *A Rising Middle Power, German Foreign Policy in Transformation, 1989 – 1999*, New York, 2000.
48 jerepah: 1. Gen. Wesley Clark, Democracy Now! Interview, 2007, 27.06.2013, YouTube, unter: https://www.youtube.com/watch?v=bSL3JqorkdU.
49 Brzeziński, 2015. Der amerikanische Titel ist bezeichnend: *The Grand Chessboard* – Das große Schachspiel. Die Welt wird als ein Ringen der Großmächte auf einem großen Schachbrett dargestellt.
50 Christoph von Marschall, »Rückblick in die Konflikte der Zukunft«, Deutschlandfunk, 03.08.2015, unter: https://www.deutschlandfunk.de/zbigniew-brzezinski-rueckblick-in-die-konflikte-der-zukunft.1310.de.html?dram:article_id=327497.
51 Anonym, »Die Vereinbarung von Kiew«, tagesschau.de, 21.02.2014, unter: https://www.tagesschau.de/ausland/ukraine-vereinbarung100.html.
52 Ebd.
53 Hans Springstein, »5 Milliarden Dollar für den Staatsstreich«, Der Freitag, 22.04.2014, unter: https://www.freitag.de/autoren/hans-springstein/5-milliarden-dollar-fuer-den-staatsstreich.
54 Eine alternative Sicht bietet der vom bekannten amerikanischen Regisseur Oliver Stone (*Platoon, Nixon, JFK*) herausgegebene Dokumentarfilm *Ukraine on Fire*, der in Europa schwer erhältlich ist.
55 Eine nicht verifizierte Liste solcher möglichen Operationen finden Sie hier: https://www.gegenfrage.com/false-flag.
56 Ulrich Teusch, *Der Krieg vor dem Krieg*, 1. Auflage, Frankurt/Main, Westend Verlag, 2018.
57 Ulrich Teusch, 2019, S. 135.
58 CBS This Morning: Donald Trump on N.H. victory, North Korea threat, 10.02.2016, ab Minute 10, YouTube, unter: https://www.youtube.com/watch?v=ZNG-KxSm7js&t=613s.
59 Michael Maier, Auszug aus *Das Ende der Behaglichkeit. Wie die modernen Kriege Deutschland und Europa verändern*, München, FinanzBuch Verlag, 2015, unter: https://deutsche-wirtschafts-nachrichten.de/2016/07/21/russland-soll-erdogan-in-letzter-sekunde-vor-putsch-gewarnt-haben.

Anmerkungen

60 Michael Thumann, »Das Triumphgeheul des Recep Tayyip Erdoğan«, Zeit Online, 14.07.2017, unter: https://www.zeit.de/politik/ausland/2017-07/putschversuch-tuerkei-2016-erinnerungen-5vor8/seite-2.
61 Anonym, »Russische Raketenabwehr in Türkei eingetroffen«, Spiegel Online, 12.07.2019, unter: https://www.spiegel.de/politik/ausland/russische-luftabwehr-raketen-in-tuerkei-eingetroffen-a-1277016.html.
62 Anonym, »Türkei droht im Fall von US-Sanktionen wegen S-400 mit Gegenmaßnahmen«, Der Tagesspiegel, 22.07.2019, unter: https://www.tagesspiegel.de/politik/streit-um-russisches-waffensystem-tuerkei-droht-im-fall-von-us-sanktionen-wegen-s-400-mit-gegenmassnahmen/24687062.html.
63 Bruno Bandulet, »Land ohne Kompass«, S. 10. Vgl. John J. Mearsheimer, »Why the West is to blame for the Ukraine Crisis«, Foreign Affairs, September/Oktober 2014, unter: https://www.foreignaffairs.com/articles/russia-fsu/2014-08-18/why-ukraine-crisis-west-s-fault; Daniel Treisman, »Why Putin took Crimea«, Foreign Affairs, Mai/Juni 2016, unter: https://www.foreignaffairs.com/articles/ukraine/2016-04-18/why-russian-president-putin-took-crimea-from-ukraine.
64 Ulrich Heyden, »Immer erdrückendere Beweise zu Maidan-Scharfschützen-Einsatz im Februar 2014«, heise online, 15.02.2018, unter: https://www.heise.de/tp/features/Immer-erdrueckendere-Beweise-zu-Maidan-Scharfschuetzen-Einsatz-im-Februar-2014-3970907.html?seite=all.
65 Silvia Stöber, »Georgische Sniper auf dem Maidan?«, tagesschau.de, 01.12.2017, unter: https://www.tagesschau.de/faktenfinder/ausland/proteste-maidan-101.html.
66 Henry A. Kissinger, »How the Ukraine Crisis Ends«, The Washington Post, 06.03.2014, unter: https://www.henryakissinger.com/articles/how-the-ukraine-crisis-ends/.
67 Zbigniew Brzeziński, »Toward a Global Realignment«, The American Interest, 11(6), 17.04.2016, unter: https://www.the-american-interest.com/2016/04/17/toward-a-global-realignment/.
68 Robert D. Kaplan, *Warrior Politics: Why Leadership needs a Pagan Ethos*, New York, Random House, 2001.
69 Thomas P.M. Barnett, *The Pentagon's New Map*, 1. Auflage, New York, Putnam Publishing Group, 2004, und *Blueprint for Action*, 1. Auflage, New York, Putnam Publishing Group, 2005.
70 Anonym, »The Pentagon's New Map«, Wikipedia, unter: https://en.wikipedia.org/wiki/The_Pentagon%27s_New_Map.
71 Halford Mackinder, *The Geographical Pivot of History*, The Geographical Journal, No. 4, April 1904, Vol. XXIII.
72 Klagemauer TV – English: Stratfor speech: »100 years US attack on German-Russionalliance«, 19.03.2016, YouTube, unter: https://www.youtube.com/watch?v=vYnUzB-vX8o.
73 Kelly M. Greenhill, *Massenmigration als Waffe: Vertreibung, Erpressung und Außenpolitik*, 1. Auflage, Rottenburg, Kopp Verlag, 2018, amerikanische Ausgabe: *Weapons of Mass Migration, Forced Displacement, Coercion and Foreign Policy*, Ithaca, NY 2016.
74 Das ukrainische Parlament machte ihm einen Strich durch die Rechnung und begrenzte das Kriegsrecht auf 30 Tage.
75 Karin Leukefeld, »Kein Öl für Syrien: USA sabotieren Wiederaufbau des zerstörten Landes«, Russia Today Deutschland, 23.04.2019, unter: https://deutsch.rt.com/der-nahe-osten/87312-kein-ol-fur-syrien-usa/.
76 https://de.wikipedia.org/wiki/Liste_von_Kriegen.
77 Anonym, »Weiter Gefechte um Tripolis – Tausende auf der Flucht«, Spiegel Online, 21.04.2019, unter: https://www.spiegel.de/politik/ausland/buergerkrieg-in-libyen-gefechte-um-tripolis-halten-an-explosionen-a-1263817.html.
78 Christoph Sydow, »Algerien probt den Aufstand«, Spiegel Online, 04.03.2019, unter: https://www.spiegel.de/politik/ausland/protest-gegen-abdelaziz-bouteflika-algerien-probt-den-aufstand-a-1256131.html.
79 Anonym, »Saudi general ›may have been tortured to death‹ during Ritz-Carlton crackdown«, The Telegraph, 12.03.2018, unter: https://www.telegraph.co.uk/news/2018/03/12/saudi-general-may-have-tortured-death-ritz-carlton-crackdown.

80 Von den USA kamen widersprüchliche Signale, der damalige Pressesprecher des Weißen Hauses, Sean Spicer, teilte mit, dass die USA diese Vorgänge als »Familienangelegenheit« betrachten würden, die diese Länder unter sich ausmachen sollten, unter: https://de.wikipedia.org/wiki/Katar-Krise_seit_2017.
81 Andrew J. Bachevich, *American Empire – The Realities and Consequences of U.S. Diplomacy*, 5. Auflage, Cambridge, Harvard University Press, 2001, S. 239.
82 Andrew J. Bacevich, 2002.
83 Fiachra Gibbons, »US ›is an empire in denial‹«, The Guardian, 02.06.2003, unter: https://www.theguardian.com/uk/2003/jun/02/highereducation.books und Herfried Münkler, *Imperien, Die Logik der Weltherrschaft – vom Alten Rom bis zu den Vereinigten Staaten*, 3. Auflage, Berlin, Berlin Verlag, 2005.
84 Michael Gehler und Robert Rollinger, *Imperien und Reiche in der Weltgeschichte – Epochenübergreifende und globalgeschichtliche Vergleiche*, Band I und II, 1. Auflagen, Wiesbaden, Harrassowitz Verlag, 2014.
85 Ulrich Teusch, 2019, S. 128.
86 https://watson.brown.edu/costsofwar/
87 Ulrich Teusch, 2019, S. 130.
88 Das gilt zumindest für die ursprünglichen Teile IV–VI; die anderen verlieren sich in Zitaten, technischer Selbstverliebtheit und pseudowissenschaftlichen Reduzierungen des Mythos.
89 Anonym, »Indirect Rule«, Wikipedia, Juli 2015, unter: https://de.wikipedia.org/wiki/Indirect_rule.
90 Charles C. Mann, *Amerika vor Kolumbus – die Geschichte eines unentdeckten Kontinents*, 1. Auflage, Hamburg, Rowohlt Verlag, 2016, S, 119.
91 Als Indien 1947 unabhängig wurde, gab es noch 565 Fürstenstaaten.
92 Uwe Krüger, 2014.
93 Charles C. Mann, 2016, S.120.
94 Robert W. Merry, »The United States as the Last Nation of the West«, in: Sebastian Fink und Robert Rollinger, *Oswald Spenglers Kulturmorphologie – eine multiperspektivische Annäherung*, 1. Auflage, Wiesbaden, Springer VS, 2018, S. 345 – 357.
95 Robert W. Merry, »Spenglers Geist und Amerikas Zukunft«, in: David Engels, Max Otte und Michael Thöndl, *Der lange Schatten Oswald Spenglers – Einhundert Jahre Untergang des Abendlandes*, 1. Auflage, Lüdinghausen, Berlin, Manuskriptum, 2018, S. 49–63.
96 David C. Hendrickson, »Is America an Empire«, National Interest, 17.10.2017, unter: https://nationalinterest.org/feature/america-empire-22768.

Kapitel 3: Der Aufstieg Chinas

1 Max Otte, 2006, S. 51 und 52.
2 Graham Allison, *Destined for War*, 1. Auflage, London, Scribe UK Verlag, 2017.
3 National Geographic: General Clark on the Iraq Invasion | American War Generals, 12.09.2014, YouTube, unter: https://www.youtube.com/watch?v=UcWs4TFSjrY.
4 Graham Allison, 2018
5 Max Otte, 2006, Kapitel 2, Das wandernde Zentrum.
6 Max Otte, 2006, S. 72.
7 Max Otte, 2006, S. 73.
8 The World Bank, unter: https://data.worldbank.org/indicator/NY.GDP.MKTP.PP.CD?locations=CN-US-DE-JP-1W.
9 Ezra F. Vogel, *Japan as No. 1 – Lessons for America*, 1. Auflage, Cambridge, Harvard University Press, 1979.
10 S. Kapitel 2.
11 Anonym, »Half of iPhones manufactured in central China's Zhengzhou city«, chinadaily.com, 19.09.2017, unter: http://www.chinadaily.com.cn/business/tech/2017-09/19/content_32191283.htm.

Anmerkungen

12 Anonym, »Chinas Holzhunger löst Streit mit Moskau aus«, orf.at, 08.06.2019, unter: https://orf.at/stories/3119860/?utm_source=pocket-newtab
13 Allison, 2017, 13.
14 Matt Falcus und Maggie Hiufu Wong, »Beijing is building hundreds of airports as millions of chinese take to the skies«, CNN.com, 26.05.2019, unter: https://edition.cnn.com/travel/article/china-new-airports/index.html
15 Sudip Kar-Gupta, Sarah White, »LVMH shares hit record high as China demand boosts luxury group«, .reuters.com, 11.04.019, unter: https://www.reuters.com/article/us-lvmh-results/lvmh-shares-hit-record-high-as-china-demand-boosts-luxury-group-idUSKCN1RN0LD.
16 Anonym, »Porsche nutzt »Seidenstraße für China-Exporte«, autogazette.de, 04.05.2019, unter: https://www.autogazette.de/porsche/china/unternehmen/porsche-nutzt-seidenstrasse-fuer-china-exporte-989394847.html.
17 Anonym, »Porsche erzielt neuen Verkaufsrekord in China«, handelsblatt.com, 10.01.2019, unter: https://www.handelsblatt.com/unternehmen/industrie/sportwagenbauer-porsche-erzielt-neuen-verkaufsrekord-in-china/23849214.html?ticket=ST-1579854-ah53alzw6JspfUcPdDiD-ap4.
18 Ute Müller, »Chinesisch wird zur Modesprache in Spanien«, nzz.ch, 06.06.2019, unter: https://www.nzz.ch/international/chinesisch-wird-zur-modesprache-in-spanien-ld.1487153.
19 Privatinvestor TV: Max Otte: »Finger weg von Bitcoin!« Warum der 3-fache Börsianer des Jahres Kryptowährungen meidet«, 06.11.2017, YouTube, unter: https://www.youtube.com/watch?v=SZd0GCqh_Dk&t=38s; Privatinvestor TV: Max Otte: Bitcoin ist keine Lösung, aber Indikator des Systemverfalls. Blockchain Teil des Wandels., 18.01.2018, unter: https://www.youtube.com/watch?v=hWzKIaV_-9U.
20 Anonym, »Bitcoin: Schürfer verbrauchen mehr Strom als ganz Dänemark«, Spiegel Online, 06.11.2018, unter: https://www.spiegel.de/wirtschaft/unternehmen/bitcoin-schuerfer-verbrauchen-mehr-strom-als-ganz-daenemark-a-1236988.html.
21 Anonym, »Mega Börse aus China stoppt Handel mit Bitcoin«, Spiegel Online, 14.09.2017, unter: https://www.spiegel.de/netzwelt/web/bitcoin-mega-boerse-btc-china-stoppt-handel-mit-digitalwaehrung-a-1167715.html.
22 Anonym, »China verbietet Krypro-Handel: Ist Bitcoin am Ende?«, auxmoney.com, 05.02.2018, unter: https://www.auxmoney.com/de/finanzpilot/china-krypto-bitcoin-am-ende/.
23 Astrid Dörner, »Die ungewisse Zukunft der Bitcoin-Futures, wiwo.de, 10.01.2018, unter: https://www.wiwo.de/finanzen/boerse/kryptowaehrungen-die-ungewisse-zukunft-der-bitcoin-futures/20832146.html.
24 Anonym, »China will Herstellung von Kryptowährungen verbieten«, Spiegel Online, 09.04.2019, unter: https://www.spiegel.de/wirtschaft/soziales/bitcoin-china-will-herstellung-von-kryptowaehrungen-verbieten-a-1261987.html.
25 Chris Isidore, »Boeing desperately needs to get the 737 Max back in the air. Getting it approved will be hard«, cnn.com, 13.05.2019, unter: https://edition.cnn.com/2019/05/13/business/boeing-73.7-max-global-approval/index.html.
26 Adam Minter, »Boeing should thank Beijing for grounding the 737 Max«, bloomberg.com, 14.03.2019, unter: https://www.bloomberg.com/opinion/articles/2019-03-14/boeing-should-thank-china-for-grounding-737-max-planes.
27 Anonym, »13 chinesische Fluggesellschaften fordern Schadensersatz von Boeing nach Grounding der 737-Max-Modelle«, china.org, 27.05.2019, unter: http://german.china.org.cn/txt/2019-05/27/content_74827675.htm.
28 Siehe Kapitel 3.
29 Julie Johnsson und John McCormick, »Oama spoke at Boeing retreat after firm gave millions to library Fund«, Bloomberg.com, 28.01.2019, unter https://www.bloomberg.com/news/articles/2019-01-28/boeing-gets-obama-pep-talk-after-giving-millions-to-library-fund; Tyler Durdan, »Boeing, Obama A Gold Watch And 346 Dead«, zerohedge.com, 06.09.2019, unter: https://www.zerohedge.com/news/2019-06-09/boeing-obama-gold-watch-and-346-dead.

Anmerkungen

30 Anonym, »Asiatische Infrastrukturinvestmentbank«, Wikipedia.org, 05.09.2019, unter: https://de.wikipedia.org/wiki/Asiatische_Infrastrukturinvestmentbank.
31 Anonym, »Was China mit der neuen Seidenstraße wirklich will«, iwd.de, 21.10.2016, unter: https://www.iwd.de/artikel/was-china-mit-der-neuen-seidenstrasse-wirklich-will-306326/; Anonym, »Streitkräfte und Strategien, ndr.de, 07.09.2017, unter: https://www.ndr.de/info/sendungen/streitkraefte_und_strategien/Neue-Weltordnung-durch-Seidenstrassen-Projekt,streitkraefte502.html; Anonym, »China im Fokus – Neue Seidenstraße«, gtai.de, 26.02.2018, unter: https://www.gtai.de/GTAI/Content/DE/Trade/Fachdaten/PUB/2018/01/pub201801308001_20959_china-im-fokus---neue-seidenstrasse.pdf?v=1.
32 Martin Randelhoff, »Die neue Seidenstraße: Von China nach Europa mit der Eisenbahn«, zukunftmobilität.net, 05.01.2011, unter: https://www.zukunft-mobilitaet.net/2403/zukunft/eisenbahn-china-europa-hochgeschwingigkeitszug-trasse-planung/; Sebastian Kienzl, Anika Dang, Fabian Sommavilla, »Sieben Grafiken zeigen Chinas gigantische Übermacht«, derstandart.at, 31.08.2019, unter: https://www.derstandard.at/story/2000107420452/sieben-grafiken-zeigen-chinas-gigantische-uebermacht.
33 Wolfgang Effenberger, *Europas Verhängnis – Die Herren des Geldes greifen zur Weltmacht*, 2. Auflage, Höhr-Grenzhausen, Zeitgeist Print & Online, 2018.
34 Anonym, »Malaysia gibt China einen Korb«, faz.net, 21.08.2018, unter: https://www.faz.net/aktuell/wirtschaft/malaysia-sagt-projekte-fuer-chinas-neue-seidenstrasse-ab-15748656.html.
35 Andreas Freytag, »Ist die neue Seidenstraße eine Bedrohung für Europa?«, wiwo.de, 29.03.2019, unter: https://www.wiwo.de/politik/ausland/freytags-frage-ist-die-neue-seidenstrasse-eine-bedrohung-fuer-europa/24156646.html.
36 Ertl: Porsche auf »eiserner Seidenstraße« Mit Hellmann per Bahn nach China, 02.04.2019
37 Sahra Wagenknecht, *Reichtum ohne Gier*, Frankfurt, 2016.
38 Matthias Müller, »Die Schweiz bekennt sich zur Belt-and-Road-Initiative«, nzz.ch, 29. April 2019, unter: https://www.nzz.ch/schweiz/die-schweiz-bekennt-sich-zur-belt-and-road-initiative-ld.1478283 .
39 Thomas Stephens, Kathrin Ammann, »Why Switzerland and China are courting each other«, swissinfo.ch, 23. April 2019, unter: https://www.swissinfo.ch/eng/chinese-visit_what-does-the-chinese-government-see-in-switzerland-/44914870 .
40 Giuseppe Conte, »Wir brauchen endlich ein europäisches Volk«, Die Welt, 21.03.2019, unter: https://www.welt.de/debatte/kommentare/plus190573551/Giuseppe-Conte-Wir-brauchen-endlich-ein-europaeisches-Volk.html.
41 Michael Lehmann, Srdjan Govedarcia, Nikolaus Nützel, »An Chinas Macht teilhaben«, deutschlandfunkkultur.de, 09.07.2019, unter: https://www.deutschlandfunkkultur.de/seidenstrasse-fuer-europa-an-chinas-macht-teilhaben.979.de.html?dram:article_id=453293.
42 Anonym, »Chinese Money pours into Brazil as US trade war bites, with US$ 54 billion across 100 projects«, scmp.com, 24.07.2018, unter: https://www.scmp.com/news/china/economy/article/2156536/china-turns-brazil-amid-trade-battle.
43 Anonym, »Panama the new flashpoint in China's growing presence in Latin America«, The Guardian, 29.11.2018, unter: https://www.theguardian.com/world/2018/nov/28/panama-china-us-latin-america-canal.
44 Daniel Huber, Lea Senn, »Diese 7 Grafiken zeigen, wie wichtig China in Afrika geworden ist«, watson.ch, 23.05.2018, unter: https://www.watson.ch/international/wirtschaft/791335639-diese-7-grafiken-zeigen-wie-wichtig-china-in-afrika-ist.
45 Hannah Edinger, Jean-Pierre Labuschagne, »If you want to prosper, consider building roads«, Deloitte Insights, 22.03.2019, unter https://www2.deloitte.com/us/en/insights/industry/public-sector/china-investment-africa-infrastructure-development.html .
46 Daniel Huber, Lea Senn: Diese 7 Grafiken zeigen, wie wichtig China in Afrika ist, 23.05.2018, unter: https://www.watson.ch/international/wirtschaft/791335639-diese-7-grafiken-zeigen-wie-wichtig-china-in-afrika-ist.

Anmerkungen

47 Daniel Huber, Lea Senn: Diese 7 Grafiken zeigen, wie wichtig China in Afrika ist, 23.05.2018, unter: https://www.watson.ch/international/wirtschaft/791335639-diese-7-grafiken-zeigen-wie-wichtig-china-in-afrika-ist.
48 David H. Shinn, »China's Economic Impact on Africa«, Oxford Research Encyclopedia of Politics, März 2019, unter: https://oxfordre.com/politics/abstract/10.1093/acrefore/9780190228637.001.0001/acrefore-9780190228637-e-831?rskey=jgnN6T&result=6.
49 Witney Schneidman, Joel Wiegert, »Competing in Africa: China the European Union, and the United States«, Brookings, 16. April 2018, unter: https://www.brookings.edu/blog/africa-in-focus/2018/04/16/competing-in-africa-china-the-european-union-and-the-united-states/.
50 Siehe Anmerkung 5.
51 Ethan B. Kapstein, Jacob N. Shapiro, »Catching China by the Belt (and Road)«, Foreign Policy, 20.04.2019, unter: https://foreignpolicy.com/2019/04/20/catching-china-by-the-belt-and-road-international-development-finance-corp-beijing-united-states/.
52 Ethan B. Kapstein, Jacob N. Shapir, »Catching China by the Belt (and Road)«, 21. Mai 2019.
53 Siehe Anmerkung 8.
54 Ariana King, »US answers Belt and Road with own Indio-Pacific investment plan, Nikkei asian review«, 31.07.2018, unter: https://asia.nikkei.com/Politics/International-relations/US-answers-Belt-and-Road-with-own-Indo-Pacific-investment-plan.
55 Shi Jiangtao, Owen Churchill, »US competes with China's ›Belt and Road initiative‹ with US$ 113 million Asian investment programme«, South China Morning Post, 30.07.2018, unter: https://www.scmp.com/news/china/economy/article/2157381/us-competes-chinas-belt-and-road-initiative-new-asian-investment.
56 Anonym, »China als Wettbewerber für Deutsche Firmen auf Drittmärkten«, DIHK, Germany Trade & Invest 2016, unter: https://www.google.com/url?sa=t&rct=j&q=&esrc=s&source=web&cd=1&ved=2ahUKEwiduMuR8MbkAhWhPOwKHf81BXsQFjAAegQIAxAC&url=https%3A%2F%2Fwww.dihk.de%2Fressourcen%2Fdownloads%2Fdihk-gtai-studie-chinawettbewerb-drittmaerkte.pdf&usg=AOvVaw1_Tvaf1HGuqra3rh0aq2nT.
57 Zen Soo, »US semiconductor industry calls on Washington to provide billions for research to keep ahead of China«, South China Morning Post, 05.05.2019, unter: https://www.scmp.com/tech/venture-capital/article/3004720/us-semiconductor-industry-calls-washington-provide-billions.
58 Zen Soo, »How US went from telecoms leader to 5G also- ran without challenger to China's Huawei«, SCMP, 2.04.2019, unter: https://www.scmp.com/tech/enterprises/article/3004325/how-us-went-telecoms-leader-5g-also-ran-without-challenger-chinas.
59 John Gray, 2013, S. 71.
60 CNBC Television: Steve Bannon on the US-China trade war, 15.05.2019, YouTube, unter: https://www.youtube.com/watch?v=oYraLI04WiU.
61 Anonym, »China-United States trade war«, wikipedia.org, 09.09.2019, unter: https://en.wikipedia.org/wiki/China%E2%80%93United_States_trade_war.
62 Anja Schmoll-Trautmann, »Huawei: US President Trump kündigt Ende des Embargos an«, Silicon.de, 01.07.2019, unter: https://www.silicon.de/41673321/huawei-us-praesident-trump-kuendigt-ende-des-embargos-an.
63 Anonym, »Eskalation im Handelskrieg der USA mit China Strafzölle in Kraft«, t3n.de, 05.09.2019, unter https://t3n.de/news/eskalation-handelskrieg-usa-kraft-1193668/
64 https://worldview.stratfor.com/topic/tracking-us-naval-power.
65 Siehe Kapitel 10.
66 Anonym, »U.S. Navy Orders Two More Ford-Class Aircraft Carriers, Maritime-executive.com, 31.01.2019, unter: https://www.maritime-executive.com/article/u-s-navy-orders-two-more-ford-class-aircraft-carriers.
67 Minnie Chan, Guo Rui, »China will build 4 nuclear aircraft carriers, in drive to catch, US Navy, experts say, Scmp.com, 06.02.2019, unter: https://www.scmp.com/news/china/military/article/2185081/china-will-build-4-nuclear-aircraft-carriers-drive-catch-us-navy; Steven Lee Meyers, »With Ships and Missiles,

China Is Ready To Challenge The U.S. Navy In The Pacific«, bytimes.com, 29.08.2018, unter: https://www.nytimes.com/2018/08/29/world/asia/china-navy-aircraft-carrier-pacific.html; https://worldview.stratfor.com/topic/tracking-us-naval-power; Anonym, »An Interactive Look On the U.S.-China Military Scorecard, Rand.org, unter: https://www.rand.org/paf/projects/us-china-scorecard.html.

68 Rick Joe, »Predicitng The Chinese Navy of 2030«, The Diplomat, 15. Februar 2019, https://thediplomat.com/2019/02/predicting-the-chinese-navy-of-2030/.
69 Gernot Kramper, »Seemacht ist Weltmacht – darum feiert China den Raketenzerstörer vom Typ 055«, Stern, 1.05.2019, unter: https://www.stern.de/digital/technik/typ-055--dieser-raketenzerstoerer-soll-china-zur-weltmacht-machen-8689410.html.
70 Im Jahr 1913 überholte Deutschland Großbritannien und stieg zur zweitgrößten Wirtschaftsnation hinter den USA auf. In den achtzehn Jahren zuvor war die deutsche Industrieproduktion um 150 Prozent gestiegen, und Deutschland produzierte und verbrauchte 20 Prozent mehr Elektrizität als Großbritannien, Frankreich und Italien zusammen.
71 Christopher Clark, *The Sleepwalker*, 2. Auflage, London, Penguin Books, 2013.
72 Wolfgang Effenberger, Jim Macgregor, *Sie wollten den Krieg – wie eine kleine britische Elite den ersten Weltkrieg vorbereitete*, 1. Auflage, Rottenburg, Kopp Verlag, 2016 und Wolfgang Effenberger, 2018.
73 Graham Allison, »The Thucydides Trap: Are the U.S. and China Headed for War?«, The Atlantic«, 24.09, 2015, unter: https://www.theatlantic.com/international/archive/2015/09/united-states-china-war-thucydides-trap/406756/.
74 Max Otte, 2006, S. 34.

Kapitel 4: Der langsame Abschied von Bretton Woods

1 Henrik Müller, *Wirtschaftsfaktor Patriotismus*, 1. Auflage, Frankfurt am Main, Eichborn, 2006, S. 16.
2 Charles P. Kindleberger, *The World in Depression 1929 – 1939*, überarbeitete und erweiterte Edition, Berkeley, Los Angeles, University of California Press, 1973.
3 Hans-Peter Martin und Harald Schumann, *Die Globalisierungsfalle. Der Angriff auf Demokratie und Wohlstand*, 15. Auflage, Reinbek, Rowohlt Taschenbuch Verlag, 1998.
4 Nicht zu verwechseln mit Milton Friedman, dem amerikanischen Ökonomen, Nobelpreisträger und Begründer des Monetarismus. Beide sind sie aber auf ihre Art Ideologen der neuen Globalisierung: Milton Friedman, indem er den Laissez-faire-Kapitalismus in den 1960er-Jahren langsam wieder salonfähig machte, Thomas Friedman, indem er die gegenwärtigen Phänomene der Globalisierung mit vielen Bildern und Metaphern, aber nur wenigen tiefergehenden Einsichten zu erklären versucht.
5 Thomas Friedman, The World is Flat, 1. Auflage, New York, Farrar, Straus and Giruoux, 2005, S. 10.
6 Paul Krugman, Pop Internationalsim, 7. Auflage, Cambridge, Massachusetts Institute of Technology, 1996.
7 John Gray, Raubtier Mensch, 1. Auflage, Stuttgart, Klett- Cotta, 2015, S. 70.
8 Nach heutigen Verhältnissen wären das etwa 2,15 Euro pro Dollar und nur 0,83 europäische Cents! In den letzten sechzig Jahren hat der Dollar also gegenüber der Deutschen Mark und dem Euro zwei Drittel an Wert verloren.
9 Vgl.: https://de.wikipedia.org/wiki/Deutsche_Mark.
10 Dennis L. Meadows, 1. Auflage, Hamburg, Reinbek, 1973.
11 Dietmar H. Lamparter, »Das Fünf-Prozent-Mißverständnis«, in: Die Zeit 06/1996.
12 Hierzu mehr in Kapitel 7.
13 Siehe Kapitel 10.
14 In den Jahren 1980 und 1981 überschritten die Zinsen, die Banken ihren erstklassigen Schuldnern berechneten, mehrmals die 20-Prozent-Marke. Siehe auch: www.federalreserve.gov/releases/H15/data/Monthly/H15_PRIME_NA.txt.

Anmerkungen

15 Max Otte, Der Crash kommt, 7. Auflage, Berlin, Ullstein Buchverlage, 2006, S. 21. Siehe dazu auch: Kimberly Amadeo, »US Inflation Rate by Year from 1929 to 2020«, The Balance, 31.07.2019, unter: https://www.thebalance.com/u-s-inflation-rate-history-by-year-and-forecast-3306093.

16 James Rickards, Nach dem Kollaps, 1. Auflage, München, FinanzBuch Verlag, 2019, S. 24.

17 Max Otte, »Die hemmungslose Herrschaft des Finanzkapitals -Von der Leistungsgesellschaft zurück zur Klassengesellschaft – die Demokratie gerät in Gefahr. Dabei wäre Abhilfe gar nicht so schwierig«, Berliner Republik, 04/2011, unter: http://www.b-republik.de/archiv/die-hemmungslose-herrschaft-des-finanzkapitals.

18 https://www.bundesfinanzministerium.de/Content/DE/Standardartikel/Ministerium/Geschaeftsbereich/Wissenschaftlicher_Beirat/Gutachten_und_Stellungnahmen/Ausgewaehlte_Texte/3469_0.pdf?_blob=publicationFile&v=3

19 Vor vielen Jahren habe ich hierzu meine Diplomarbeit bei meinem verehrten und geschätzten Lehrer Prof. Dr. Karl Kaiser geschrieben. Max Otte, *The United States, Japan, West Germany and Europe in the International Economy, 1977–1987: Between Conflict and Coordination*. Idstein 1989; siehe auch: Yoichi Funabashi, *Managing the Dollar: From the Plaza tot he Louvre*, 1. Auflage, Washingtin, D.C., Institute for International Economics, 1988, S. 9ff.

20 Trading Economics, unter: https://tradingeconomics.com/united-states/balance-of-trade.

21 Bureau of Economic Analysis, unter: https://apps.bea.gov/international/bp_web/tb_download_type_modern.cfm?list=5&RowID=143.

22 Dies werde ich im Kapital »Weltkrieg um Wohlstand und die Plünderung Deutschlands« noch einmal beschreiben. Siehe auch Kapitel 12 »Der Weltkrieg um Wohlstand und die Plünderung Deutschlands«

23 Andere Mitglieder im Club sind Dollar, Euro japanischen Yen und das britische Pfund.

24 Siehe Kapitel »Der Euro-Crash«

25 Elvis Picardo, »10 Countries with the Biggest Forex Reserves«, Investopedia, 06.02.2019, unter: https://www.investopedia.com/articles/investing/033115/10-countries-biggest-forex-reserves.asp.

26 Peter Wolff, »Zu viel Wirbel um Chinas neue Bank«, Zeit Online, 24.03.2015, unter: https://www.zeit.de/wirtschaft/2015-03/entwicklungsfinanzierung-china-infrastrukturbank.

27 Krista Hughes, IMF rule chang, »keeps Ukraine support; Russia complains«, Reuters, 08.12.2015, unter: https://www.reuters.com/article/us-ukraine-crisis-imf-idUSKBN0TR28Q20151208.

28 Jan Hildebrand und Moritz Koch, »USA starten Kampagne gegen Chinas Seidenstraße«, Handelsblatt, 11.04.2019, unter: https://www.handelsblatt.com/politik/international/konflikt-im-iwf-usa-starten-kampagne-gegen-chinas-seidenstrasse/24207382.html.

29 Deutsche Bundesbank, Monatsbericht März 2016, unter: https://www.bundesbank.de/resource/blob/693344/ca0dd481b75f678f179448ea0114b35f/mL/2016-03-schwaeche-welthandel-data.pdf. Siehe auch: Uwe Jean Heuser, »Erst mal wird gefeiert«, Zeit Online, 05.01.2017, unter: https://www.zeit.de/2017/02/boerse-weltwirtschaft-demokratie-schaden-terrorismus/seite-3.

30 Aus der Sicht des deutschen Patrioten und späteren amerikanischen Staatsbürgers Friedrich List begünstigt der Freihandel die führende Wirtschaftsnation: Hier ist das Wissen fortgeschritten und so viel Kapital investiert, dass die bestehenden Unternehmen das Aufkommen von neuen Industrien in anderen Staaten durch Preiskampf verhindern können. List schrieb dies in der ersten Hälfte des 19. Jahrhunderts – damals war Deutschland das Entwicklungsland. Vgl.: Erwin V. Beckerath, Karl Goeser, Friedrich Lenz, William Notz, Edgar Salin und Artur Sommer, *Friedrich List: Schriften. Reden. Briefe*, Berlin, Verlag von Reimar Hobbing, 1930.

31 Joan Spero und Jeffrey Hart, *The Politics of International Economic Relations*, 5. Auflage, New York, St. Martin's Press, 1997, S.49ff.

32 World Trade Organization, unter: https://www.wto.org/english/thewto_e/whatis_e/tif_e/org6_e.htm.

33 Jean-Jacques Servan-Schreiber, *Die amerikanische Herausforderung*, 4. Auflage, Hamburg, Hoffmann u. Campe, 1968.

34 Robert Gilpin, *War & Change in World Politics*, 8. Auflage, Cambridge, Cambridge University Press, 1981, S. 156ff.

35 Joseph Stiglitz, *The Roaring Nineties*, New York, W. W. Norton & Company, 2005, S. 210ff.

36 World Trade Organization: unter: www.wto.org/english/docs_e/legal_e/final_e.htm.
37 Joseph Stiglitz, 2003.
38 Vgl. dazu: https://de.wikipedia.org/wiki/Tequila-Krise.
39 Zu Finanzderivaten mehr in Kapitel 4.
40 Jürgen Dahlkampf und Georg Mascolo, »Millionen aus dem Jackpot«, Der Spiegel, 1.08.2005.
41 Ebd.
42 Gegen dieses »Beutesystem« hat sich der große deutsche Demokrat, amerikanische Bürgerkriegsgeneral und spätere amerikanische Innenminister Carl Schurz schon im späten 19. Jahrhundert vergeblich gewandt. Carl Schurz, *Unter dem Sternenbanner. Lebenserinnerungen 1852–1869*, 1. Auflage, Berlin, Verlag der Nationen, 1973.
43 I. M. Destler, *American Trade Politics. System Under Stress*,1. Auflage, New York, Institute for International Economics, U.S., 1986, S. 9ff.
44 Gary Clyde Hufbauer und Jeffrey J. Schott, *Economic Sanctions Reconsidered – History and Current Policy*, 1. Auflage, Washington, D.C., Institute for International Economics, 1985, S. 43.
45 Hufbauer und Schott, 1985, 91 ff.
46 Vgl. Kapitel 1.
47 Oliver Fritz und Elisabeth Christen, »Russland-Sanktionen kosteten die EU-Länder 30 Milliarden Euro«, Presseinfo des Österreichischen Instituts für Wirtschaftsforschung, 06.10.2017, unter: https://www.wifo.ac.at/jart/prj3/wifo/resources/person_dokument/person_dokument.jart?publikationsid=60666&mime_type=application/pdf.
48 Tanja Kuchenbecker, »Deshalb nimmt Swift die iranischen Banken vom Netz«, Handelsblatt, 09.11.2018, unter: https://www.handelsblatt.com/finanzen/banken-versicherungen/us-sanktionen-deshalb-nimmt-swift-die-iranischen-banken-vom-netz/23616358.html?ticket=ST-18112936-dwkvIyIT3g9ntZ7LAtSd-ap3.
49 Anonym, »Richter lässt Klagen gegen Saudi-Arabien wegen 9/11 zu«, Zeit Online, 29.03.2018, unter: https://www.zeit.de/politik/ausland/2018-03/bundesgericht-klage-zulassung-saudi-arabien-terroranschlaege-11-september.
50 Anonym, »Wandel durch Handel«, Zeit Online, 05.05.1995, unter: https://www.zeit.de/1995/19/Wandel_durch_Handel.
51 Ähnlich ist es bei der Strafjustiz: Während wir in Deutschland mehr auf Prävention setzen und vergleichsweise milde Strafen verhängen, ist Prävention in den USA klein geschrieben, dafür sind die Stafen oft sehr hart.
52 Mehr Informationen zur »unintended acceleration« unter: https://en.wikipedia.org/wiki/Sudden_unintended_acceleration sowie unter: https://link.springer.com/content/pdf/bbm%3A978-1-137-27648-3%2F1.pdf.
53 Harro Albrecht, »Desaster ohne Nebenwirkungen«, Zeit Online, 01.08.2002, unter: https://www.zeit.de/2002/32/200232_kasten_lipobay_xml.
54 Sandra Schulz, »Bayer in Bedrängnis«, Interview mit Klemens Kindermann, Deutschlandfunk, 14.05.2019, unter: https://www.deutschlandfunk.de/klagewelle-bei-monsanto-bayer-in-bedraengnis.3669.de.html?dram:article_id=448705.
55 Klaus Ott, »Staatsanwaltschaft vermutet hohen Schaden für VW-Kunden«, SZ Online, 16.04.2019, unter: https://www.sueddeutsche.de/wirtschaft/volkswagen-anklage-schaden-78-milliarden-1.4413036.
56 Lukas Hässig, »USA bringen Schweizer Bankgeheimnis ins Wanken«, Spiegel Online, 20.06.2018, unter: https://www.spiegel.de/wirtschaft/ubs-skandal-usa-bringen-schweizer-bankgeheimnis-ins-wanken-a-561045.html.
57 Heike Buchter, »Besser als Panama«, Zeit Online, 14.04.2016, unter: https://www.zeit.de/2016/17/steueroasen-usa-panama-papers-briefkastenfirma.
58 https://de.wikipedia.org/wiki/South_Steam

Anmerkungen

59 Anonym, »US-Botschafter Grenell droht deutschen Firmen erneut mit Sanktionen«, Der Tagesspiegel, 03.05.2019, unter: https://www.tagesspiegel.de/politik/beteiligung-an-nord-stream-2-us-botschafter-grenell-droht-deutschen-firmen-erneut-mit-sanktionen/24282890.html.

60 Reacting to the arrest, US Senator Ben Sasse told Associated Press that China was aggressively engaged in undermining US national security interests, often »using private sector entities«.

61 S. Gode und J. Zillekens, »Kalter Krieg 2.0«, Focus Online, 01.06.2019, unter: https://www.focus.de/finanzen/boerse/wirtschaft-kalter-krieg-2-0_id_10756362.html.

62 Anonym, »Huawei row: UK to let Chinese firm help build 5G network«, BBC Online, 24.04.2019, unter: https://www.bbc.com/news/uk-48032286.

63 On Monday, French finance minister Bruno Le Maire came out in support of the kinds of ideas Mr. Maas wrote about. »I want Europe to be a sovereign continent, not a vassal, and that means having totally independent financing instruments that do not exist today,« Mr. Le Maire told journalists.

64 Mehr Informationen zum transatlantischen Handel unter: https://en.wikipedia.org/wiki/Transatlantic_Trade_and_Investment_Partnership.

65 Owen Jones, »The TTIP deal hands British sovereignty to multinationals«, The Guardian, 14.09.2014, unter: https://www.theguardian.com/commentisfree/2014/sep/14/ttip-deal-british-sovereignty-cameron-ukip-treaty.

66 Anonym, »So viele kamen noch nie«, Spiegel Online, 10.10.2015, unter: https://www.spiegel.de/wirtschaft/unternehmen/ttip-demonstration-in-berlin-stellt-teilnehmerrekord-auf-a-1057187.html.

67 Christoph Jehle, »Was wurde aus TTIP, Ceta und den anderen Freihandelsabkommen?«, heise online, 13.01.2018, unter: https://www.heise.de/tp/features/Was-wurde-aus-TTIP-Ceta-und-den-anderen-Freihandelsabkommen-3935971.html.

68 Stefan Krempl, »TTIP 2.0: Grünes Licht für EU-Gespräche über Handelsabkommen mit den USA«, heise online, 16.04.2019, unter: https://www.heise.de/newsticker/meldung/TTIP-2-0-Gruenes-Licht-fuer-EU-Gespraeche-ueber-Handelsabkommen-mit-den-USA-4400288.html.

Kapitel 5: Die unbewältigte Finanzkrise

1 Rüdiger Dornbusch, »This expansion will run forever«, New York Times, 30.07.1998. Der gebürtige Krefelder (1942–2002) war ein hervorragender Lehrmeister für seine Studenten. Aus seiner Schule sind viele berühmte Ökonomen hervorgegangen. Mit seinen Prognosen lag er allerdings oft daneben. Zudem litt er an einem Immigrantenkomplex: In Amerika war alles gut, in Europa hoffnungslos rückständig.

2 Anonym, »Nomination of Alan Greenspan«, Fraser, 21.07.1987, unter: https://fraser.stlouisfed.org/title/279.

3 Bill Bonner, *AddisonWiggin*, 1. Auflage, 2006, Agora Verlag, S. 164.

4 Alan Greenspan: »Gold and economic freedom«. Neu abgedruckt in: Ayn Rand: *Capitalism. The Unknown Ideal*. New York, Signet Verlag, 1986.

5 Claus Tiges, »Der Magier wird entzaubert«, faz.net, 21.04.2008, unter: https://www.faz.net/aktuell/wirtschaft/wirtschaftswissen/alan-greenspan-der-magier-wird-entzaubert-1541017.html.

6 William Greider, *Secrets of the Federal Temple. How the Federal Reserve runs the Country*, 1. Auflage, New York, Touchstone Verlag, 1989.

7 Bob Woodward: *Greenspan. Dirigent der Wirtschaft*, 1. Auflage, Hamburg, Europa Verlag, 2001.

8 Carla Neuhaus, »Wir sagen den Sparerinnen und Sparern, dass ihre Einlagen sicher sind«, Der Tagesspiegel, 05.10.2018, unter: https://www.tagesspiegel.de/wirtschaft/schwarzer-oktober-2008-wir-sagen-den-sparerinnen-und-sparern-dass-ihre-einlagen-sicher-sind-/23130906.html.

9 James Rickards, *Nach dem Kollaps*, München, FinanzBuch Verlag, 2019, S. 16.

10 Max Otte, »Die Finanzkrise, der Crashprophet und die Wissenschaft von der modernen Ökonomie«, in: Max Otte, *Die Finanzmärkte und die ökonomische Selbstbehauptung Europas – Gedanken zu Finanzkrisen, Marktwirtschaft und Unternehmertum*, Wiesbaden, Springer Gabler Verlag, 2019, S. 19– 47, hier 19.

11 Vgl. zu einer Diskussion der Folgen des QE Rickards 2019, S. 17 ff.

Anmerkungen

12 Anonym, »Quantitative Lockerung«, wikipedia.org, 17.05.2019, unter: https://de.wikipedia.org/wiki/Quantitative_Lockerung; Anonym, »Outright Monetary Transactions«, wikipedia.org, 14.01.2015, unter: https://en.wikipedia.org/wiki/Outright_Monetary_Transactions; Anonym, »Asset purchase programmes«, European Central Bank, unter: https://www.ecb.europa.eu/mopo/implement/omt/html/index.en.html.
13 Anonym, »Quanitative easing«, Wikipedia.org, 08.09.2019, unter: https://en.wikipedia.org/wiki/Quantitative_easing.
14 Anonym, »Taking Stock of the Eurosystems asset purchase programme after the end of net asset purchases«, European Central Bank, 18.03.2019, unter: https://www.ecb.europa.eu/pub/economic-bulletin/articles/2019/html/ecb.ebart201902_01~3049319b8d.en.html#toc4.
15 Siehe Kapitel 10.
16 Max Otte, 2011.
17 Anonym, »Alle reden über MMT. Worüber? Ein Überblick zur Modern Monetary Theorie«, oxiblog.de, 21.03.2019, unter: https://oxiblog.de/alle-reden-ueber-mmt-worueber-ein-ueberblick-zur-modern-monetary-theory/.
18 Georg Friedrich Knapp, *Staatliche Theorie des Geldes*, 1. Auflage, Leipzig, Dogma Verlag,1905.
19 Matthias Weik und Marc Friedrich, *Kapitalfehler – wie unser Wohlstand vernichtet wurde und warum wir ein neues Wirtschaftsdenken brauchen*, 1. Auflage, Köln, Eichborn Verlag, 2016.
20 Weik und Friedrich, 2016, S. 237.
21 Max Otte, 2007.
22 Veranstaltung am 2. November 2006 in der Urania in Berlin.
23 Astrid Dörner, »Ein radikaler Vorschlag von Ocasio-Cortez sorgt für Aufregung«, handelsblatt.com, 26.03.2019, unter: https://www.handelsblatt.com/finanzen/geldpolitik/geldpolitik-ein-radikaler-vorschlag-von-ocasio-cortez-sorgt-fuer-aufregung/24145560.html?ticket=ST-2624827-kd57vRM1Pm1um6vSyYXJ-ap4.
24 Olaf Gersemann, Holger Zschäpitz, »Vor den Eliten diktiert Angela Merkel ihr Erbe«, welt.de, 23.01.2019, unter: https://www.welt.de/wirtschaft/article187589278/Davos-2019-Wie-Angela-Merkel-an-ihrem-Erbe-bastelt.html.
25 Max Otte, 2007.
26 Chibuike Oguh, Alexandre Tanzi: »Global Debt of $244 Trillion Nears Record Despite Faster Growth«, 15.01.2019.
27 Hayley McDowell, »Exchange-traded derivatives hit record in 2018«, thetradenwes.com, 25.01.2019, unter: https://www.thetradenews.com/exchange-traded-derivatives-hit-record-2018/.
28 Wer die vorangehenden Seiten aufmerksam gelesen hat und *Der Crash kommt* kennt, wird bemerkt haben, dass ich die vorangehenden beiden Seiten fast unverändert aus *Der Crash kommt* übernommen habe. Wir haben keinen der grundlegenden Fehler unseres Wirtschaftssystems behoben, es ist alles noch schlimmer geworden. Erschreckenderweise sind meine Sätze heute genauso richtig, wie sie es vor dreizehn Jahren waren.
29 Carmen Reinhart und Kenneth Rogoff: »Growth in a Time of Debt«, in: *American Economic Review, Papers and Proceedings* (100), S. 537–538. Wer noch tiefer in die Materie einsteigen will, dem sei von Reinhart/Rogoff das Buch *This Time is Different – Eight Centuries of Financial Folly* (2009; dt. Ausg.: *Dieses Mal ist alles anders – Acht Jahrhunderte Finanzkrisen*) empfohlen. Hier haben die Autoren Daten aus 66 Ländern und, wie der Titel sagt, acht Jahrhunderten ausgewertet.
30 Christopher Chantrill, »US National Debt as percent of GDP«, usgovermentspending.com, 10.09.2019, unter: https://www.usgovernmentspending.com/us_national_debt_chart.html.
31 Florian Homm, Markus Krall, Florian Hessel, *Der Crash ist da*, 3. Auflage, München, FinanzBuch Verlag, 2019, S. 20ff.
32 Warren Buffett, 2003.
33 Anonym, »Bad loans remain a concern in Italy and across Soutern Europe«, economist.com, 26.05.2018, unter: https://www.economist.com/finance-and-economics/2018/05/26/bad-loans-remain-a-concern-in-italy-and-across-southern-europe.

Anmerkungen

34 Mehr Informationen zur Entwicklung in Griechenland finden Sie unter: https://www.tagesschau.de/wirtschaft/griechenland-banken-133.html; Notker Blechner, »Europas Banken überstehen den ›Stresstest‹«, börse.ard.de, 02.11.2018, unter: https://boerse.ard.de/anlagestrategie/branchen/europas-banken-uerbestehen-den-stresstest100.html.
35 Siehe auch Max Otte, 2007, S. 156 ff.
36 Clyde Prestowitz, *Trading Places: How we Allowed Japan to Take the Lead*, 8. Auflage, New York, Basic Books, 1989.
37 Ezra Vogel, *Japan as Number 1 – Lessons for America*, 1. Auflage, Cambridge, Universe Verlag, 1979.
38 Max Otte, 2007, 161 ff.
39 Informationen und Statistiken finden Sie unter Statistic Bureau of Japan, unter: https://www.stat.go.jp/english/data/kokusei/index.html.
40 Anonym, »Japan Central Bank Balance Sheet«, traidingeconomics.com, unter: https://tradingeconomics.com/japan/central-bank-balance-sheet.
41 Anonym, »Abenomics«, wikipedia.org, 16.04.2019, unter: https://de.wikipedia.org/wiki/Abenomics#cite_note-8.
42 Anonym, »Japans Notenbank hält an ultralockerer Geldpolitik fest – Inflationsziel rückt in weite Ferne«, handelsblatt.com, 23.01.2019, unter: https://www.handelsblatt.com/finanzen/geldpolitik/weltwirtschaft-japans-notenbank-haelt-an-ultralockerer-geldpolitik-fest-inflationsziel-rueckt-in-weite-ferne/23898626.html?ticket=ST-843657-w9ZFZZqehIxvBpVXuND6-ap6.
43 Wieland Wagner, »Japans großer Irrtum«, Spiegel Online, 22.02.2016, unter: http://www.spiegel.de/wirtschaft/japan-shinzo-abe-ist-mit-abenomics-gescheitert-a-1077793.html.
44 Vgl. Stadt Trier, unter: https://www.trier.de/kultur-freizeit/karl-marx/karl-marx-statue/.
45 Die Berechnungen der *Financial Times* decken sich recht gut mit den im ersten Kapitel zitierten Berechnungen von McKinsey und Bloomberg, die aktuell von einem Schuldenstand von ungefähr 318 Prozent der Wirtschaftsleistung ausgehen. Wenn die Industrienationen an 400 Prozent kratzen, China um die 300 Prozent liegt und die anderen Entwicklungsländer um die 150 Prozent, kommen die 318 Prozent in etwa hin.
46 Anonym, »China Sees Bankruptcies Surge; Bondholders May Get Less Back«, bloomberg.com, 18.12.2018, unter: https://www.bloomberg.com/news/articles/2018-12-16/china-sees-bankruptcies-surge-with-call-to-resolve-zombies.
47 Steve Dickinson, »China SOE Bankruptcies, Foreign Buyers and Product that Never Arrives«, 15.01.2019, unter: https://www.chinalawblog.com/2019/01/china-soe-bankruptcies-foreign-buyers-and-product-that-never-arrives.html.
48 Anonym, »Zentralbank erhöht den Leitzins auf 60 Prozent«, süddeutsche.de, 31.08.2018, unter: https://www.sueddeutsche.de/wirtschaft/finanzkrise-in-argentinien-zentralbank-erhoeht-leitzins-auf-prozent-1.4111668.
49 Anonym, »Brasilien starrt auf den Leitzins«, n-tv.de, 20.09.2018, unter: https://www.n-tv.de/wirtschaft/Brasilien-starrt-auf-den-Leitzins-article20632524.html.
50 Frank Stocker, »Türken missachten Erdoğans Appell«, welt.de, 23.02.2019, unter: https://www.welt.de/finanzen/article189272023/Lira-Tuerken-fluechten-aus-ihrer-leichtgewichtigen-Waehrung.html.
51 Anonym, »Erdoğan will Inflation verbieten«, tagesspiegel.de, 11.10.2018, unter: https://www.tagesspiegel.de/wirtschaft/wirtschaftskrise-in-der-tuerkei-erdogan-will-inflation-verbieten/23176050.html.
52 Max Otte, 2019, S. 83–99, ebd. 101–104.
53 Siehe auch Kapitel zur Eurozone und der EU.
54 Max Otte, 2019, S. 105–108.
55 Max Otte, »Die hemmungslose Herrschaft des Finanzkapitals«, b-republik.de, unter: http://www.b-republik.de/archiv/die-hemmungslose-herrschaft-des-finanzkapitals; Max Otte, *Stoppt das Euro-Desaster*, 4. Auflage, Berlin, Ullstein Verlag, 2011.
56 Louis Brandeis, *Das Geld der anderen*, neu herausgegeben von Max Otte, 1. Auflage, München, FinanzBuch Verlag, 2012.

57 Ronald Stöferle, Rahim Taghizadegan und Gregor Hochreiter, *Die Nullzinsfalle – wie die Wirtschaft zombifiziert und die Gesellschaft gespalten wird*, 1. Auflage, München, FinanzBuch Verlag, 2019.
58 Siehe auch Kapitel 3.
59 Christophe Chamley, Laurence J. Kotlikoff, Herakles Polemarchakis, »Financial Reform – What's Really Needed?– Limited-Purpose Banking – Moving from ›Trust Me‹ to ›Show Me‹ Banking«, researchgate. net, 2012, unter: https://www.researchgate.net/publication/270639036_Limited-Purpose_Banking-Moving_from_Trust_Me_to_Show_Me_Banking; Anonym, »American Economic Review: Papers & Proceedings«, aeaweb.org, 2012, Ausgabe 102(3): 1–10, unter: https://www.aeaweb.org/issues/247; Maurice Obstfeld, »Does The Current Account Still Matter«, aeaweb.org, 03.05.2012, unter: http://dx.doi.org/10.1257/aer.102.3.1.
60 Ernest Liu, Atif Mian, Amir Sufi, »Low Interest Rates, Market Power, and Productivity Growth«, 22. Januar 2019.
61 Ronald Stöferle, Rahim Taghizadegan und Gregor Hochreiter, 2019.
62 Tobias Kaiser, »Star-Ökonom für Minuszinsen von bis zu sechs Prozent«, welt.de, 18.06.2016, unter: https://www.welt.de/wirtschaft/article158217156/Star-Oekonom-fuer-Minuszinsen-von-bis-zu-sechs-Prozent.html.
63 Max Otte, 2016.
64 Max Otte, »Max Otte: Ohne Bargeld droht uns eine ›DDR 2.0‹«, focus.de, 11.05.2016, unter: https://www.focus.de/finanzen/recht/ende-des-bargelds-optimierter-ueberwachungsstaat-ohne-bargeld-droht-uns-eine-ddr-2-0_id_5520554.html.
65 Max Otte, »Ich bin kein Crash -Prophet«, Börse Online, 14/2009, vom 26.03.–02.04.2009, S. 61–64, hier S. 61.
66 Privatinvestor TV: Max Otte auf dem Fondskongress 2018: »Ich schalte jetzt auf Defensive«, Börse und Aktien in 2018, 23.02.2018, YouTube, unter: https://www.youtube.com/watch?v=hLZomAMYMto&t=569s.
67 Mit seinem Buch *Anatomy of the Bear* (dt. Ausg.: *Anatomie der Bärenmärkte*), erschienen im Sommer 2007, bewies Russell Napier ein hervorragendes Timing. Russell Napier: »Why equity bear markets happen and why one is likely now«, Vortrag, gehalten am 8. November 2017 bei der Deutschen Vereinigung für Finanzanalyse e.V. in Frankfurt, Privatinvestor TV: Russell Napier: Why Equity Bear Markets Happen And Why One Is Likely Now, 13.12.2017, YouTube, unter: https://www.youtube.com/watch?v=1KOWORwIsCY.
68 Chris Anstey, »Goldman Warns That Market Valuations Are at Their Highest since 1900«, bloomberg.com, 29.11.2017, unter: https://www.bloomberg.com/news/articles/2017-11-29/goldman-warns-highest-valuations-since-1900-mean-pain-is-coming.
69 Anonym, »Peter Schiff (Ökonom)«, wikipedia.org, 21.07.2019, unter: https://de.wikipedia.org/wiki/Peter_Schiff_(Ökonom).
70 Astrid Dörner, »Bridgewater-Chef warnt: ›Die Lage erinnert mich an die 30er-Jahre‹«, handelsblatt.com, 20.02.2019, unter: https://www.handelsblatt.com/finanzen/anlagestrategie/fonds-etf/ray-dalio-im-interview-bridgewater-chef-warnt-die-lage-erinnert-mich-an-die-30er-jahre/24016430.html?ticket=ST-3630570-hJRLZcefjX0YAzIGqmz9-ap6.
71 Liz Meyer, »Alan Greenspan has a new warning for Investors: ›Run for cover‹«, cnbc.com, 18.12.2018, unter: https://www.cnbc.com/2018/12/18/alan-greenspan-has-a-new-warning-for-investors-when-markets-turn-run-for-cover.html.
72 Tyler Durdan, »Loan Market Is Freezing: Banks Fail To Sell $1.6 Billion in Loans«, zerohedge.com, 22.12.2018, unter: https://www.zerohedge.com/news/2018-12-22/loan-market-freezing-bank-fail-sell-16-billion-loans.

Kapitel 6: Der Abstieg der Mittelschicht

1 Ray Dalio, »Why and How Capitalism needs to be reformed«, linkedin.com, 05.04.2019, unter: https://www.linkedin.com/pulse/why-how-capitalism-needs-reformed-parts-1-2-ray-dalio/.

Anmerkungen

2   Louis Brandeis, *Das Geld der anderen* (1912), neu herausgegeben von Max Otte, 1. Auflage, München, FinanzBuch Verlag, 2012.
3   Ray Dalio, »Why and How Capitalism needs to be reformed«, linkedin.com, 05.04.2019.
4   »The upshot: an economic order in which the capital-owning class enjoys great advantages – and the costs of admission to and exclusion from that class grow ever higher.« Anonym, »The shrinking middle class«, fortune.com, 20.12.2018, unter: http://fortune.com/longform/shrinking-middle-class/.
5   Anonym, »Average Cost of College in America: 2019 Report«, valuepenguin.com, unter: https://www.valuepenguin.com/student-loans/average-cost-of-college.
6   Tyler Durdan, »Father Who Paid $450,000 Bribe ist Last Of 14 Parents To Plead Guilty in Admission Scandal«, zerohedge.com, 21.06.2019, unter: https://www.zerohedge.com/news/2019-06-21/father-who-paid-450000-bribe-last-14-parents-plead-guilty-admission-scandal.
7   »If class warfare is being waged in America, my class clearly winning.« – Jahresbrief an die Investoren seines Fonds »Berkshire Hathaway«, berkshirehathaway.com, 2003, S. 7.
8   Anonym, »The Giving Pledge«, wikipedia.org, 12.08.2019, unter: https://de.wikipedia.org/wiki/The_Giving_Pledge.
9   Chris Isidore, »Buffett says he's still paying lower tax rate than his secretary«, cnn.com, 04.03.2013, unter: https://money.cnn.com/2013/03/04/news/economy/buffett-secretary-taxes/index.html.
10 Jeremy Grantham, Lou Gerster, »Hard Choices«, hbs.edu, 01.12.2018, unter: https://www.alumni.hbs.edu/stories/Pages/story-bulletin.aspx?num=6818.
11 Catherine E. de Vries, Isabell Hoffmann: *The Power of the Past. How Nostalgia Shapes European Public Opinion*, elektronische Ausgabe, Gütersloh, Bertelsmann Stiftung, 2018.
12 Daniel Goffart, *Das Ende der Mittelschicht – Abschied von einem deutschen Erfolgsmodell*, 2. Auflage, München, Berlin Verlag, 2019.
13 Christine Haas, »Unter 30-Jährigen gelingt immer seltener ein Aufstieg in die Mittelschicht«, welt.de, 10.04.2019, unter: https://www.welt.de/wirtschaft/article191724187/OECD-Studie-Die-Mittelschicht-hat-es-heute-immer-schwerer.html.
14 James Rickards, *Nach dem Kollaps – Die sieben Geheimnisse des Vermögenserhalts im kommenden Chaos*, 1. Auflage, München, FinanzBuch Verlag, 2019, S. 9.
15 Daniel Goffart, 2019.
16 Anonym, »Deutsche können von Lohnsteigerungen nur träumen«, focus.de, 09.11.2011, unter: https://www.focus.de/finanzen/news/stagnierende-einkommen-deutsche-koennen-von-lohnsteigerungen-nur-traeumen_aid_682687.html; Anonym, »Mittleres Einkommen«, wikipedia.org, 25.04.2019, unter: https://de.wikipedia.org/wiki/Mittleres_Einkommen.
17 Daniel Goffart, 2019, S. 33ff.
18 Norbert Häring, »›Verlorenes Jahrzehnt für Arbeitnehmer‹ – Woher kommt die globale Lohnstagnation?«, handelsblatt.com, 01.12.2018, unter: https://www.handelsblatt.com/politik/deutschland/wirtschaftswissenschaften-verlorenes-jahrzehnt-fuer-arbeitnehmer-woher-kommt-die-globale-lohnstagnation/23702400.html?ticket=ST-2370134-34FaehwoaXWcPsE71sEQ-ap5.
19 Andrea Stettner, »Wie hoch ist das Einkommen der Deutschen im Durchschnitt?«, merkur.de, 10.09.2019, unter: https://www.merkur.de/leben/karriere/durchschnittseinkommen-deutschland-zr-10493938.html. Hier können Sie herausfinden, ob Sie statistisch zur Mittelschicht gehören: Elen Erdmann, Marcus Gatze, Julian Stahnke, Julius Tröger, »Wer ist Mittelschicht?«, zeit.de, 06.12.2018, unter: https://www.zeit.de/wirtschaft/2018-12/mittelschicht-einkommen-deutschland.
20 Im Umland sieht es mit 8,88 Euro je Quadratmeter etwas besser aus. Anonym, »Mietspiegel Köln 2019«, wohnungsbörse.net, unter: https://www.wohnungsboerse.net/mietspiegel-Koeln/5333.
21 Anonym, »Krankenschwester Gehalt – Was verdient eine Krankenschwester?«, praktischarzt.de, unter: https://www.praktischarzt.de/blog/krankenschwester-gehalt/.
22 Anonym, »Ausbildung zum Mechatroniker/in«, ausbildung.de, unter: https://www.ausbildung.de/berufe/mechatroniker/gehalt/.

23 Anonym, »Dauer des Medizinstudiums und Abschnitte im Überblick«, praktischarzt.de, unter: https://www.praktischarzt.de/blog/medizinstudium-dauer/.
24 Anonym, »Mit diesem Einkommen gehört ihr in eurem Bundesland zu den oberen 50 Prozent«, finanzen100.de, 18.09.2017, unter: https://www.finanzen100.de/finanznachrichten/wirtschaft/lohnunterschiede-mit-diesem-einkommen-gehoert-ihr-in-eurem-bundesland-zu-den-oberen-50-prozent_H54665573_476378/.
25 Albert Funk, »Maximal belastet«, tagesspieggel.de, 11.04.2017, unter: https://www.tagesspiegel.de/politik/steuern-und-abgaben-maximal-belastet/19660206.html.
26 Vgl. Christine Haas: »Unter 30-Jährigen gelingt immer seltener ein Aufstieg in die Mittelschicht«, welt.de vom 10.04.2019.
27 Anonym, »The shrinking middle class«, fortune.com, 20.12.2018.
28 Vgl. Daniel Goffart, 2019, S. 18.
29 Harald Schumann und Hans-Peter Martin, 1998.
30 Anonym, »Clinton: Half of Trump supporters ›basket of deplorables‹«, bbc.com, 10.09.2016, unter: https://www.bbc.com/news/av/election-us-2016-37329812/clinton-half-of-trump-supporters-basket-of-deplorables.
31 AFD Kompakt TV: Alexander Gauland in Lindheim, YouTube, 05.09.2018, unter: https://www.youtube.com/watch?v=Pht5yupox5I.
32 Philipp Gerbert, »Dienstleistungsschwemme aus Indien«, handelsblatt.com, 01.08.2002, unter: https://www.handelsblatt.com/archiv/call-center-der-anrufpartner-sitzt-immer-oefter-am-anderen-ende-der-welt-dienstleistungsschwemme-aus-indien/2187006.html.
33 Andreas Wilkens, »Debatte um Fördermittel für Nokia entbrannt«, heise.de, 17.01.2008, unter: https://www.heise.de/newsticker/meldung/Debatte-um-Foerdermittel-fuer-Nokia-entbrannt-179398.html.
34 Nokia bringt 20 Millionen Euro sowie die Erlöse aus dem Verkauf des Betriebsgeländes in das Programm ein.
35 Anonym, »Irland«, wikipedia.org, 09.09.2019, unter: https://de.wikipedia.org/wiki/Irland#Wirtschaft.
36 Anonym, »Wie funktioniert die Irland-Rettung?«, tagesschau.de, 22.10.2015, unter: https://www.tagesschau.de/wirtschaft/irland-rettungspaket100.html.
37 Dietmar Neuerer, »Irland-Hilfe verstößt gegen Maastricht-Vertrag«, handelsblatt.com, 23.11.2010, unter: https://www.handelsblatt.com/politik/konjunktur/krisen-oekonom-max-otte-irland-hilfe-verstoesst-gegen-maastricht-vertrag/3646142.html.
38 https://www.n-tv.de/politik/Gruene-belasten-Juncker-wegen-Steueroase-article19865198.html
39 Sally Goldenberg, Dana Rubinstein, »With Amazon Deal dashed, New York's vast tax breaks called into question«, politico.com, 19.02.2019, unter: https://www.politico.com/states/new-york/albany/story/2019/02/18/with-amazon-deal-dashed-new-yorks-vast-tax-breaks-called-into-question-858517.
40 Ronald Stöferle, Rahim Taghizadegan und Gregor Hochreiter, *Die Nullzinsfalle – wie die Wirtschaft zombifiziert und die Gesellschaft gespalten wird*, 1. Auflage, München, FinanzBuch Verlag, 2019, S. 39.
41 Michael Fabricius, »Immobilienpreise durchbrechen eine Schallgrenze«, welt.de, 23.07.2017, unter: https://www.welt.de/finanzen/immobilien/article166928578/Immobilienpreise-durchbrechen-eine-Schallgrenze.html.
42 Michael Fabricius, »Immobilienpreise durchbrechen eine Schallgrenze«, 23.07.2017.
43 Anonym, »Hauspreise in München«, immowelt.de, unter: https://www.immowelt.de/immobilienpreise/landkreis-muenchen/hauspreise.
44 Andreas Toller, »Das sind Deutschlands heimliche Boom-Städte«, wiwo.de, 20.03.2019, unter: https://www.wiwo.de/finanzen/immobilien/immobilienpreise-das-sind-deutschlands-heimliche-boom-staedte/24109990.html.
45 »Miet-Monopoly Deutschland – Der große Streit über Enteignung und Preisbremse«, Focus 17/2019, 20.04.2019, S. 5, 50–61, hier S. 5.

46 Anonym, »Warum die Berliner kaum mehr verdienen als vor 20 Jahren«, tagesspiegel.de, 24.04.2019, unter: https://www.tagesspiegel.de/berlin/stagnierende-einkommen-trotz-boom-warum-die-berliner-kaum-mehr-verdienen-als-vor-20-jahren/24250144.html?utm_source=pocket-newtab.
47 Zacharias Zacharakis, »Man kann nicht nicht wohnen«, zeit.de, 18.06.2019, unter: https://www.zeit.de/wirtschaft/2019-06/mietendeckel-berlin-landesregierung-wohnungsmarkt.
48 Anonym, »Das verdeckte Imperium«, tagesspiegel.de, unter: https://interaktiv.tagesspiegel.de/lab/das-verdeckte-imperium/.
49 Vgl. Max Otte, *Investieren statt Sparen – Anlegen in Zeiten von Niedrigzinsen, Bargeldverbot und Brexit*, 2. Auflage, Berlin, Econ Verlag, 2017, 6, S. 7 ff.
50 2202,96 Punkte am 12.03.2003.
51 Max Otte, 2017, S. 9.
52 Max Otte, *Der Crash kommt*, 7. aktualisierte und erweiterte Auflage, Berlin, Ullstein Buchverlage, 2007 S. 85 ff.
53 Max Otte, 2007.
54 Analog zu IPOs (Initial Public Offerings oder Börsengänge).
55 Anonym, »Investor alert: Watch Out For Fraudulent Digital Asset and ›Crypto‹ Trading Websites«, sec. gov, 24.04.2019, unter: https://www.sec.gov/oiea/investor-alerts-and-bulletins/ia_fraudulentdigitalasset.
56 Siehe Kapitel 3.
57 Astrid Dörner, »Die ungewisse Zukunft der Bitcoin-Futures«, handelsblatt.com, 10.01.2018, unter: https://www.handelsblatt.com/finanzen/maerkte/devisen-rohstoffe/kryptowaehrungen-die-ungewisse-zukunft-der-bitcoin-futures/20831450.html?ticket=ST-2583405-6BdWPOxiI9xuHGdRnMoO-ap5.
58 Anonym, »Ohne Zins und Verstand«, Der Spiegel, 8/2016, S. 15.
59 Anonym, »Standardrente«, wikipedia.org, 26.08.2019, unter: https://de.wikipedia.org/wiki/Standardrente.
60 OECD, Pensions at a Glance 2017: OECD and G20 Indicators, Paris, OECD Publishing, 2017.
61 Janssen, »Die eigenen vier Wände in der Region Hannover: 25- bis 40-Jährige sind ›Verlierer Generation‹«, pestel-institut.de, 12.05.2017, unter: https://www.pestel-institut.de/blog/2017/05/12/wohnen-im-eigentum-quote-39-prozent/.
62 Nähere Informationen unter: www.eurostat.com.
63 Universität Duisburg Essen, Armutsrisikoquoten, 09.2019, unter: www.sozialpolitik-aktuell.de
64 EU Commission Pension Adequacy Report 2015.
65 Stefan Schubert, *No-Go-Areas – wie der Staat vor der Ausländerkriminalität kapituliert*, 1. Auflage, Rottenburg, Kopp Verlag, 2016.
66 Anonym, »Manuela Schwesig schickt ihr Kind auf Privatschule«, Spiegel Online, 05.09.2017, unter: https://www.spiegel.de/lebenundlernen/schule/manuela-schwesig-schickt-ihr-kind-auf-privatschule-a-1166267.html.
67 Axel Gloger, *Betriebswirtschaftslehre*, 2. Auflage, Frankfurt, Frankfurter Allgemeine Buchverlag, 2019.
68 Anonym, »Studium wird überbewertet: Warum viele Nicht-Akademiker im Job zufriedener sind«, stern.de, 07.08.2018, unter: https://www.stern.de/wirtschaft/job/berufswahl--warum-viele-nicht-akademiker-im-job-zufriedener-sind-8201786.html.
69 Vgl. Paul Collier, *Sozialer Kapitalismus! Mein Manifest gegen den Zerfall unserer Gesellschaft*, 1. Auflage, München, Random House Verlag, 2019. S. 30.
70 Anonym, »Regelrecht ausgeblutet im Osten leben so wenige Menschen wie zuletzt 1905«, fokus.de, 12.06.2019, unter: https://www.focus.de/immobilien/wohnen/auf-stand-von-1905-einwohnerzahlen-im-osten-laut-ifo-studie-stark-gesunken_id_10819686.html.
71 Amira Ehrhardt, »›Sollten manche Dörfer schließen‹: Ökonom macht radikalen Vorschlag für Ostdeutschland«, Business Insider Deutschland, 05.10.2018, unter: https://www.businessinsider.de/oekonom-macht-radikalen-vorschlag-fuer-ostdeutschland-2018-10.
72 Katharina Heckendorf, »Grundeinkommen nur eine Utopie?«, zeit.de, 12.08.2019, unter: https://www.zeit.de/thema/grundeinkommen.

73 Jochen Bittner, Tina Hildebrandt, zeit.de, 01.05.2019, unter: https://www.zeit.de/politik/deutschland/2019-05/kevin-kuehnert-spd-jugendorganisation-sozialismus.
74 Bhaskar Sunkara, »Socialism's Future May Be Its Past«, nytimes.de, 26.06.2017, unter: https://www.nytimes.com/2017/06/26/opinion/finland-station-communism-socialism.html.
75 Sam Sabin, »How Regulations Threatens Not Just Tech Giants' Business but Their Popularitty Too«, morningconsult.com, 03.04.2019, unter: https://morningconsult.com/2019/04/03/how-regulation-threatens-not-just-tech-giants-business-but-their-popularity-too/.
76 Paul Gottfried, »No, America Isn't in Danger of Becoming a Socialist Nation«, theamericanconservative.com, 13.06.2019, unter: https://www.theamericanconservative.com/articles/no-america-isnt-in-danger-of-becoming-a-socialist-nation/.
77 Ray Dalio, *Principles for Navigating Big Debt Crises*, 1. Auflage, Westport, Greenleaf Book Group, 2018.

Kapitel 7: Beutewirtschaft, Finanzkapitalismus und die Herrschaft der Superreichen

1 Sebastian Jost, »Deutsche belegen beim Vermögen den letzten Platz«, welt.de, 09.04.2013, unter: https://www.welt.de/wirtschaft/article115143342/Deutsche-belegen-beim-Vermoegen-den-letzten-Platz.html. Ausführlicher zum Haushaltsvermögen der Eurozone in Kapitel 10.
2 Anonym, »High-net-worth individual«, wikipedia,org, 13.06.2019, unter: https://en.wikipedia.org/wiki/High-net-worth_individual.
3 Anonym, »High-net-worth individual«, 13.06.2019.
4 Annie Nova, »A $1000 emergency would push many americans into debt«, cnbc.com, 23.01.2019, unter: https://www.cnbc.com/2019/01/23/most-americans-dont-have-the-savings-to-cover-a-1000-emergency.html.
5 Anika Zerche, »Viele Deutsche haben keinen Notgroschen«, dia-vorsorge.de, unter: https://www.dia-vorsorge.de/sparverhalten/viele-deutsche-haben-keinen-notgroschen/.
6 Anonym, »Grüne fordern Bürgerfonds für die Altersvorsorge«, faz.net, 23.08.2019, unter: https://www.faz.net/aktuell/finanzen/gruene-fordern-buergerfonds-fuer-die-altersvorsorge-16347439.html.
7 Anonym, »So viel verdient ein Politiker im Bundestag«, handelsblatt.com, 29.09.2017, unter: https://orange.handelsblatt.com/artikel/34490.
8 Anonym, »Working for the few political capture and economic inequality«, Oxfam, 20.01.2014, unter: https://www-cdn.oxfam.org/s3fs-public/file_attachments/bp-working-for-few-political-capture-economic-inequality-200114-en_3.pdf.
9 Florian Diekmann, »Den Millionären gehört die Hälfte der Welt«, Spiegel Online, 20.06.2019, unter: https://www.spiegel.de/wirtschaft/soziales/vermoegen-den-millionaeren-gehoert-die-haelfte-der-welt-a-1273185.html#ref=rss.
10 Paul Fussell, *Class – A Guide to the Hidden American Status System*, 1. Auflage, New York, Touchstone Verlag, 1992.
11 Ulrike Hermann, *Hurra, wir dürfen zahlen – der Selbstbetrug der Mittelschicht*, 1. Auflage, Frankfurt/M., Westend Verlag, 2010.
12 David Böcking, Martin Hesse, »Warum Merz nicht zur Mittelschicht gehört«, Spiegel Online, 15.11.2018, unter: https://www.spiegel.de/wirtschaft/soziales/friedrich-merz-warum-er-nicht-zur-mittelschicht-gehoert-a-1238635.html.
13 Anonym, »How Much Money Do The Top Income Earners Make?«, Financial Samurai, unter: https://www.financialsamurai.com/how-much-money-do-the-top-income-earners-make-percent/.
14 Anonym, »How Much Money Do The Top Income Earners Make?«, Financial Samurai.
15 Anonym, »List of countries by the number of billionaires«, wikipedia.org, 08.08.2019, unter: https://en.wikipedia.org/wiki/List_of_countries_by_the_number_of_billionaires.

Anmerkungen

16 Anonym, »Vermögen der Milliardäre weltweit auf Rekordniveau«, zeit.de, 26.10.2018, unter: https://www.zeit.de/news/2018-10/26/vermoegen-der-milliardaere-weltweit-auf-rekordn iveau-181026-99-534601.

17 Benjamin Stupples, Devon Pendelton, »The World Now Has Three People Worth $100 Billion Each«, bloomberg.com, 18.06.2019, unter: https://www.bloomberg.com/news/articles/2019-06-18/arnault-joins-bezos-gates-in-most-exclusive-billionaires-club.

18 Anonym, »Liste der Länder nach Vermögensverteilung«, wikipedia.org, 21.06.2019, unter: https://de.wikipedia.org/wiki/Liste_der_L%C3%A4nder_nach_Verm%C3%B6gensverteilung.

19 Vgl. Institut der deutschen Wirtschaft: »Einkommen und Vermögen in Deutschland und wie der Staat sie umverteilt«, unter: http://www.arm-und-reich.de/verteilung/vermoegen.html.

20 Anonym, »Global Wealth Report 2018: Die USA und China an der Spitze«, credit-swiss.com, 18.10.2018, unter: https://www.credit-suisse.com/corporate/de/articles/news-and-expertise/global-wealth-report-2018-us-and-china-in-the-lead-201810.html.

21 Hans Jürgen Krysmanski, *0,1% – Das Imperium der Milliardäre*, komplett überarbeitete Neuausgabe, Frankfurt/M., Westend Verlag, 2015; Chrystia Freeland, *Die Superreichen – Aufstieg und Herrschaft einer neuen globalen Geldelite*, 1. Auflage, Frankfurt/M., Westend Verlag, 2013.

22 Anonym, »147 Finanzkonzerne regieren die Welt«, schweizamwochenende.ch, 22.10.2011, unter: https://www.schweizamwochenende.ch/aktuell/147-finanzkonzerne-regieren-die-welt-131039903.

23 Hans Jürgen Jakobs, *Wem gehört die Welt – die Machtverhältnisse im globalen Kapitalismus*, 2. Auflage, München, Random House Verlag, 2016.

24 Sahra Wagenknecht, *Reichtum ohne Gier. Wie wir uns vor dem Kapitalismus retten*, aktualisierte Neuauflage, Frankfurt/M., Campus Verlag, 2018.

25 Sighard Neckel, »Refeudalisierung der Ökonomie, Zum Strukturwandel kapitalistischer Wirtschaft«, researchgate.net, 30.08.2018, Köln, MPIfG Working Paper 10/6, unter: https://www.researchgate.net/publication/47871991_Refeudalisierung_der_Okonomie_Zum_Strukturwandel_kapitalistischer_Wirtschaft.

26 Bernt Engelmann, *Meine Freunde die Millionäre. Ein Beitrag zur Soziologie der Wohlstandsgesellschaft nach eigenen Erlebnissen*, 9. Auflage, Darmstadt, Deutscher Taschenbuch Verlag, 1963.

27 Bernt Engelmann, *Das ABC des großen Geldes. Macht und Reichtum in der Bundesrepublik – und was man in Bonn dafür kaufen kann*, 1. Auflage, Berlin, Verlag der Nation, 1986.

28 Michael Hartmann, *Die Abgehobenen – wie die Eliten die Demokratie gefährden*, 1. Auflage, Frankfurt/M., Campus Verlag, 2018. Niklas Dummer, »Es gibt kaum etwas Stabileres als Großvermögen«, wiwo.de, 18.08.2018, unter: https://www.wiwo.de/politik/deutschland/elitenforscher-es-gibt-kaum-etwas-stabileres-als-grossvermoegen/22919746.html.

29 Simon Johnson, »The Quiet Coup«, theatlantic.com, Mai 2009, unter: https://www.theatlantic.com/magazine/archive/2009/05/the-quiet-coup/307364/.

30 Hans-Jürgen Leersch, »Wie alles begann – Banken I: Die Bankenkrise fing in Deutschland klein an«, Das Parlament, Nr. 41–42, 2012, unter https://www.das-parlament.de/2012/41_42/Themenausgabe/40909148-320132.

31 Anonym, »Wird das ›große schwarze Loch‹ verstaatlicht?«, tagesschau.de, 13.02.2009, unter: https://www.tagesschau.de/wirtschaft/hyporealestate198.html.

32 Anonym, »Ackermann will wieder 25 Prozent Rendite«, managermagazin.de, 15.03.2009, unter: https://www.manager-magazin.de/finanzen/artikel/a-613412.html.

33 Anonym, »Deutsche Bank: Kommt jetzt die nächste Kapitalerhöhung?«, deraktionär.de, 10.05.2009, unter: http://www.deraktionaer.de/aktie/deutsche-bank--kommt-jetzt-die-naechste-kapitalerhoehung--478690.htm.

34 Florian Hamann, »Allein 643 Millionäre: Wie hoch Gehälter und Boni bei der Deutschen Bank ausfallen«, efinancialcareers.com, 22.03.2019, unter: https://news.efinancialcareers.com/de-de/310786/was-die-deutsche-bank-fur-ihre-mitarbeiter-springen-lasst.

35 Anonym, »General Electric-Niedergang einer Ikone«, managermagazin.de, 02.10.2018, unter: https://www.manager-magazin.de/premium/general-electric-auf-john-flannery-folgt-lawrence-culp-und-die-ikone-wankt-a-00000000-0002-0001-0000-000157382313.

Anmerkungen

36 Jerry Useem, »Have They No Shame? Their performance stank last year, yet most CEO's got paid more than ever. Here's how they're getting away with it«, fortune.com, 28.04.2003, unter: https://archive.fortune.com/magazines/fortune/fortune_archive/2003/04/28/341716/index.htm.
37 Ebd.
38 Max Otte, 2019, S. 83–100, 101–104 und S. 105–107.
39 Siehe auch Kapitel zum Euro.
40 Charles Kindleberger, *Manien, Paniken, Crashs – die Geschichte der Finanzkrisen der Welt*, 1. Auflage, Kulmbach, Börsenmedien AG, 2001.
41 Martina Bahl, »Die verwirrende Inflation der Börsenindizes«, wiwo.de, 27.06.2017, unter: https://www.wiwo.de/finanzen/boerse/verkehrte-finanzwelt-die-verwirrende-inflation-der-boersenindizes/19979908.html.
42 Ulrich Horstmann, *Die geheime Macht der Ratingagenturen*, 1. Auflage, München, FinanzBuch Verlag, 2013.
43 Johannes Ritter, »Nur noch kurz die Schweiz retten«, faz.net, 12.05.2018, unter: https://www.faz.net/aktuell/finanzen/abstimmung-in-der-schweiz-ueber-die-vollgeldinitiative-15583857.html.
44 Der frühere Investmentbanker und Wirtschaftsjournalist Michael Lewis hat ein faszinierendes Buch über den Hochfrequenzhandel geschrieben. Michael Lewis, *Flash Boys. Revolte an der Wall Street*, 1. Auflage, Frankfurt/M., Campus Verlag, 2014.
45 Anonym, »High-frequency-trading«, wikipedia.org, 01.09.2019, unter: https://en.wikipedia.org/wiki/High-frequency_trading#Flash_trading.
46 Anonym, »Finanztransaktionssteuer eine gute Idee?«, Finanztransaktionssteuer.de, 22.08.2019, unter: https://www.finanztransaktionssteuer.de/.
47 Max Otte, 2019, S. 105–107.
48 Ruth Berschens, Martin Greive, »Finaler Todesstoß durch Macron«, handelsblatt.com, 01.11.2017, unter: https://app.handelsblatt.com/politik/international/finanztransaktionssteuer-finaler-todesstoss-durch-macron/20521018.html.
49 RWI – Leibniz-Institut für Wirtschaftsforschung, Steuer- und Abgabenlast in Deutschland – Eine Analyse auf Makro- und Mikroebene, Essen 2017. S. 25, Schaubild 6.
50 Anonym, »Direkte und indirekte Steuer«, wikipedia.org, 13.05.2019, unter: https://de.wikipedia.org/wiki/Direkte_und_indirekte_Steuer.
51 John Prebble, *The Highland Clearances*, Neuauflage, London, Penguin Books, 1963.
52 Alexander Mackenzie, *History of the Highland Clearances*, 1. Auflage, Inverness 1883, Melven Press Perth 1979, S. 1f.
53 Brett Christophers, *The New Enclosure – The Appropriation of Public Land in Neoliberal*, 1. Auflage, London, Verso Books, 2018, S. 85.
54 Anonym, »Friedman doctrine«, wikipedia.org, 25.07.2019, unter: https://en.wikipedia.org/wiki/Friedman_doctrine.
55 Max Otte, »Oswald Spengler und der moderne Finanzkapitalismus«, 2019.
56 Ulrich Horstmann, *Zurück zur sozialen Marktwirtschaft! Warum sich Ludwig Erhard im Grabe umdrehen würde*, 1. Auflage, München, FinanzBuch Verlag, 2014.
57 Daniel Kahnemann, *Schnelles Denken, langsames Denken*, 13. Auflage, München, Penguin Books, 2012.
58 Keith Payne, 2017.
59 Keith Payne, 2017, S. 12.
60 Anonym, »Innateness_hypothesis«, wikipedia.org, 16.09.2019, unter: https://en.wikipedia.org/wiki/Innateness_hypothesis.
61 Jordan B. Peterson, *Maps of Meaning – the Architecture of Belief*, London, Routledge, 1999.
62 Keith Payne, 2017, S. 43.
63 Keith Payne, 2017, S. 45.
64 Hans-Peter Martin, *Game Over*, 1. Auflage, München, Penguin Books, 2018, S. 341.

Anmerkungen

Kapitel 8: Donald Trump, der Populismus und das System

1. Teile dieses Kapitels erschienen zuerst in einer abgewandelten Form als »Donald Trump – eine Zwischenbilanz«, Die Gazette 50, 4/2018, S. 26–34.
2. CBS This Morning: Donald Trump on N.H. victory, North Korea threat, 10.02.2016, ab Minute 10, YouTube, unter: https://www.youtube.com/watch?v=ZNG-KxSm7js&t=613s.
3. Siehe Kapitel 2.
4. Mehr Informationen zum Fondskongress 2016 unter: https://www.fondsprofessionell.at/kongress/kongress-news/headline/im-rueckblick-fonds-professionell-kongress-2016-mit-fotogalerien-123728/.
5. Robert Merry, 2018.
6. Donald Trump, Antrittsrede zu seiner Vereidigung am 20.01.2017, unter: https://www.whitehouse.gov/briefings-statements/the-inaugural-address.
7. Jon Blistein, »Howard Stern: Donald Trump ›Did Not Want to be President‹«, Rollingstone Online, 09.05.2019, unter: https://www.rollingstone.com/culture/culture-news/howard-stern-donald-trump-president-interview-833343/.
8. Donald Trump, Rede zu seiner Präsidentschaftskandidatur am 16.06.2015, Time Magazine, unter: https://time.com/3923128/donald-trump-announcement-speech/.
9. Michael Wolff, *Feuer und Zorn – im Weißen Haus von Donald Trump*, 5. Auflage, Hamburg, Rowohlt Buchverlag, 2014.
10. Michael Beckel, »Elite ›Bundlers‹ raise more than $113 Million for Hillary Clinton«, The Center for Public Integrity, 23.09.2016, unter: https://publicintegrity.org/federal-politics/elite-bundlers-raise-more-than-113-million-for-hillary-clinton/.
11. Mehr Informationen zur Opioidkrise unter: https://de.wikipedia.org/wiki/Opioidkrise.
12. Peter Schweizer, *Clinton Cash: The Untold Story of How and Why Foreign Governments and Businesses Helped Make Bill and Hillary Rich*, 1. Auflage, New York, HarperCollins Publishers, 2015.
13. Johannes Kuhn, »Treffen sich Clinton und Trump zu einem lustigen Abendessen …«, SZ Online, 21.10.2016, unter: https://www.sueddeutsche.de/politik/al-smith-dinner-treffen-sich-clinton-und-trump-zu-einem-lustigen-abendessen-1.3215744.
14. CBS Evening News: »Trump: Money raised by Clinton campaign is ›blood money‹«, 21.06.2016, YouTube, unter: https://www.youtube.com/watch?v=uTmXhIt1Ta0.
15. Anonym, »Saudis spenden 100 Millionen an Ivanka Trumps Hilfsfonds«, Welt Online, 22.05.2017, unter: https://www.welt.de/politik/ausland/article164790452/Saudis-spenden-100-Millionen-an-Ivanka-Trumps-Hilfsfonds.html.
16. John Miller: Clip #1: Trump Calls Mexican's Rapists, 04.07.2016, YouTube, unter: https://www.youtube.com/watch?v=TML2cApMueU.
17. Jens Manuel Krogstad, Jeffrey S. Passel und D'Vera Cohn, »5 facts about illegal immigration in the U.S.«, Pew Research Center, 12.06.2019, unter: https://www.pewresearch.org/fact-tank/2019/06/12/5-facts-about-illegal-immigration-in-the-u-s/.
18. Mehr Informationen zur Immigration in die Vereinigten Staaten unter: https://en.wikipedia.org/wiki/Immigration_to_the_United_States.
19. World Economic Forum, »The Business Case for Migration«, 30.09.2013, unter: https://www.weforum.org/reports/business-case-migration; Norbert Haering, »Warum Migration gut fürs Geschäft ist: Das Weltwirtschaftsforum und die Willkommenskultur«, 05.03.2018, unter: http://norberthaering.de/de/27-german/news/958-wef-migration?&format=pdf.
20. Mehr Informationen zum Migrationstreck von Zentralamerika in die USA unter: https://de.wikipedia.org/wiki/Migrationstreck_von_Zentralamerika_bis_zur_Grenze_zwischen_Mexiko_und_den_Vereinigten_Staaten.
21. Siehe Kapitel 2.
22. CBS This Morning: Donald Trump on N.H. victory, North Korea threat, 10.02.2016.
23. Ebd.

24 Siehe Kapitel 2.
25 Anonym, »Falsche Versprechungen an Russland?«, FAZ Online, 11.02.2017, unter: https://www.faz.net/aktuell/politik/trumps-praesidentschaft/trump-berater-flynn-falsche-versprechungen-an-russland-14872671.html.
26 Kenneth N. Waltz, *Man, the State, and War – a theoretical Analysis*, 1. Auflage, New York, Columbia University Press, 1959.
27 TheAnonymouse01: Wesley Clark (US 4 Star General) US will attack 7 countries in 5 years, 28.08.2012, YouTube, unter: https://www.youtube.com/watch?v=S2u-zUephyc.
28 Der Spiegel 35/1998, S.116-123, unter: https://www.spiegel.de/spiegel/print/d-7969048.html.
29 Mehr Informationen zum Film unter: https://de.wikipedia.org/wiki/Wag_the_Dog_%E2%80%93_Wenn_der_Schwanz_mit_dem_Hund_wedelt.
30 Hans-Peter Martin, 2018, S. 303.
31 Kylie Atwood, »Kim Jong Un's ›beautiful‹ letter to Trump contained no details on way forward, source say«, CNN Online, 13.06.2019, unter: https://edition.cnn.com/2019/06/12/politics/kim-trump-letter-lacked-details/index.html.
32 Mary Clare Jalonick, «Senate breaks with Trump on Afghanistan, Syria withdrawal«, MilitaryTimes, 04.02.2019, unter: https://www.militarytimes.com/news/pentagon-congress/2019/02/04/senate-warns-trump-on-afghanistan-syria-withdrawal/.
33 Joshua A. Geltzer und Christopher P. Costa, »The Dangers of Calling ›Mission Accomplished‹ in Syria«, The New York Times, 19.12.2018, unter: https://www.nytimes.com/2018/12/19/opinion/trump-syria-islamic-state.html.
34 Anonym, »US-Luftwaffe vereitelt Öl-Geschäft zwischen Kurden und Assad«, Deutsche Wirtschaftsnachrichten, 03.06.2019, unter: https://deutsche-wirtschafts-nachrichten.de/2019/06/03/us-luftwaffe-vereitelt-oel-deal-zwischen-kurden-und-assad/.
35 BBC: »Trump in the Iran deal: ›Worst, horrible, laughable‹«, 26.04.2018, BBC.com, unter: https://www.bbc.com/news/av/world-us-canada-41587428/trump-on-the-iran-deal-worst-horrible-laughable.
36 Anonym, »US deploys carrier group in ›message‹ to Iran«, Deutsche Welle, 06.05.2019, unter: https://www.dw.com/en/us-deploys-carrier-group-in-message-to-iran/a-48612127.
37 CNN: »Video shows Iron shooting down US drone«, 20.06.2019, YouTube, unter: https://www.youtube.com/watch?v=wqze_TVtQbA.
38 Fox News: »Tucker: Trump criticized for not being war-hungry«, 24.06.2019, YouTube, unter: https://www.youtube.com/watch?v=FhWDaGQcoag.
39 https://twitter.com/realDonaldTrump/status/1171452880055746560
40 Roland Nelles, »Was hinter dem Abgang von John Bolton steckt«, Spiegel Online, 11.09.2019, unter: https://www.spiegel.de/politik/ausland/donald-trump-was-hinter-dem-abgang-von-john-bolton-steckt-a-1286189.html.
41 Roland Nelles, »Was hinter dem Abgang von John Bolton steckt«, Spiegel Online, 11.09.2019.
42 Lamar Smith, »President Trump's ›zero tolerance‹ policy isn't anti-immigrant«, USA Today, 20.06.2019, unter: https://eu.usatoday.com/story/opinion/2019/06/20/president-trump-zero-tolerance-immigration-policy-is-not-anti-immigrant-column/1434667001/. Siehe auch: Pressemitteilung des Weißen Hauses,»President Trump's Bold Immigration Plan for the 21st Century«, 21.05.2019, unter: https://www.whitehouse.gov/articles/president-trumps-bold-immigration-plan-21st-century.
43 Anonym, Tax Policy Center, unter: https://www.taxpolicycenter.org/briefing-book/what-tcja-repatriation-tax-and-how-does-it-work.
44 David Floyd, »Explaining the Trump Tax Reform Plan«, Investopia, 02.08.2019, unter: https://www.investopedia.com/taxes/trumps-tax-reform-plan-explained.
45 Frank Stocker, »Geld, das aus dem Nichts kommt«, Welt Online, 14.04.2019, unter: https://www.welt.de/finanzen/article191901579/Staatsschulden-USA-zahlen-900-Millionen-Dollar-Zinsen-pro-Tag.html.

Anmerkungen

46 Anonym, »US-Präsident Trump unterschreibt Lockerung der Bankenregulierung«, Handelsblatt, 24.05.2018, unter: https://www.handelsblatt.com/finanzen/banken-versicherungen/dodd-frank-us-praesident-trump-unterschreibt-lockerung-der-bankenregulierung/22602260.html?ticket=ST-656112-RmXEQA3osfn3NJkbfuXm-ap1.

47 Mehr Informationen zur Entwicklung der »Federal Funds Rate« unter: https://fred.stlouisfed.org/series/FEDFUNDS.

48 Jasper Jolly, »Trump criticises Fed chariman Powell for trying to be ›tough‹«, The Guardian, 26.06.2019, unter: https://www.theguardian.com/business/2019/jun/26/trump-criticises-fed-chairman-powell-for-trying-to-be-tough.

49 Shawn Tully, »The Promise and Peril of the Trump Economy«, Fortune Magazine, 16.02.2017, unter: http://fortune.com/2017/02/16/president-donald-trump-economy-executive-orders-policy.

50 Williams Cummings, »Trump bashes CIA, dismisses Russian hacking report«, USA Today, 10.12.2016, unter: https://eu.usatoday.com/story/news/politics/onpolitics/2016/12/09/washington-post-cia-report-russia-intervened-election/95230696.

51 Brent Dubin, »Bureaucratic politics approach«, Encyclopaedia Britannica, 07.01.2013, unter: https://www.britannica.com/topic/bureaucratic-politics-approach.

52 Mehr zur Theorie von Verschwörungstheorien unter: https://de.wikipedia.org/wiki/Verschw%C3%B6rungstheorie.

53 Ian Shapiro, »Trump delays full release of some JFK assassination files until 2021, bowing to national security concerns«, The Washington Post, 26.04.2018, unter: https://www.washingtonpost.com/news/retropolis/wp/2018/04/26/trump-delays-release-of-some-jfk-files-until-2021-bowing-to-national-security-concerns/?utm_term=.8b319e42a480.

54 Robert Yoon, »$153 million in Bill and Hillary Clinton speaking fees, documented«, CNN, 06.02.2016, unter: https://edition.cnn.com/2016/02/05/politics/hillary-clinton-bill-clinton-paid-speeches/index.html.

55 Marisa Schultz, »Inside Hillary's $675K worth of Goldman speaking fees«, New York Post, 05.02.2016, unter: https://nypost.com/2016/02/05/inside-hillarys-675k-worth-of-goldman-speaking-fees.

56 Mehr Informationen zu dieser Thematik unter: https://en.wikipedia.org/wiki/Podesta_emails.

57 Tristan Justice, »State Department Finds 30 Security Incidents in Clinton Email Investigation«, The Federalist, 18.06.2019, unter: https://thefederalist.com/2019/06/18/state-department-finds-30-security-incidents-in-clinton-email-investigation.

58 Anonym, »IMF approves $4.2bn loan for Ecuador«, eNCA, 12.03.2019, unter: https://www.enca.com/business/imf-approves-42bn-loan-ecuador.

59 Anonym, »Assange in London festgenommen – ihm drohen fünf Jahre Haft«, Welt Online, 11.04.2019, unter: https://www.welt.de/politik/ausland/article191738013/Julian-Assange-festgenommen-Wikileaks-Gruender-drohen-fuenf-Jahre-Haft.html.

60 Anonym, »The Shaving Kit – Manufacturing The Julian Assange Witch-Hunt«, Medialens, 20.06.2019, unter: http://medialens.org/index.php/alerts/alert-archive/2019/908-the-shaving-kit-manufacturing-the-julian-assange-witch-hunt.html.

61 Anonym, »Andauernd psychischer Folter ausgesetzt‹ – John Pilger über Assanges Haftbedingungen«, Russia Today Deutschland, 30.08.2019, unter: https://deutsch.rt.com/europa/91728-andauernd-psychischer-folter-ausgesetzt-john-pilger-ueber-assanges-haftbedingungen.

62 Mark Hosenball, »Ex-British spy paid $165,000 for Trump dossier, U.S. firm discloses«, Reuters, 01.11.2017, unter: https://www.reuters.com/article/us-usa-trump-russia-dossier/ex-british-spy-paid-168000-for-trump-dossier-u-s-firm-discloses-idUSKBN1D15XH.

63 Der Spiegel, 6/2017 vom 4.2.2017.

64 Megan Henney, »Mueller investigation by the numbers: 675 days, 500 witnesses«, FOX Business, 17.04.2019, unter: https://www.foxbusiness.com/politics/mueller-investigation-numbers-days-witnesses.

65 Taylor Hatmaker, »Mueller report details the evolution of Russia's troll farm as it began targeting US politics«, TechCrunch, 18.04.2019, unter: https://techcrunch.

com/2019/04/18/mueller-report-ira-internet-research-agency/?guccounter=1&guce_referrer_us=aHR0cHM6Ly93d3cuZ29vZ2xlLmRlLw&guce_referrer_cs=r34ofCULTwaBudOgJ7MAxg.
66 Megan Henney, »Mueller investigation by the numbers: 675 days, 500 witnesses«, FOX Business, 17.04.2019.
67 Joseph A. Wulfsohn, »MSNBC analyst: Trump is putting ›lives at stake‹ if 2016 intel is disclosed«, Fox News, 29.05.2019, unter: https://www.foxnews.com/entertainment/msnbc-analyst-trump-is-putting-lives-at-stake-if-2016-intel-is-disclosed.
68 Washington Post: »Trump on Barr declassify authority: ›Let's see what he find's‹«, 24.05.2019, YouTube, unter: https://www.youtube.com/watch?v=OqTdwruOJJo.
69 Gallup, »Presidential Approval Ratings – Donald Trump«, unter: https://news.gallup.com/poll/203198/presidential-approval-ratings-donald-trump.aspx.
70 Adam Gabbatt, »Trump's 2020 campaign launch: the key takeaways«, The Guardian, 19.06.2019, unter: https://www.theguardian.com/us-news/2019/jun/18/trump-2020-campaign-highlights-key-takeaways-what-you-need-to-know-re-election-launch.

Kapitel 9: Die Europäische Union: auf dem Weg in die EUdSSR

1 Frank Thewes, Hans-Jürgen Moritz, Katrin van Randenborgh, Hartmut Kistenfeger, »Nein! Wir zahlen nicht«, Focus Online, 09.05.2011, 19/2011, unter: https://www.focus.de/politik/deutschland/titel-nein-wir-zahlen-nicht_aid_625028.html.
2 Heute Frederick S. Pardee School of Global Studies.
3 Thomas Hanke, »155 Professoren fordern die Verschiebung der Währungsunion«, Zeit.de, 12.01.1998, unter: https://www.zeit.de/1998/08/professor.txt.19980212.xml.
4 Jens Ehrhardt, »Analyse zur Euro Einführung«, Die Finanzwoche, Februar 1998, unter: https://www.finanzwoche.de/sites/default/files/eurostudie.pdf.
5 Max Otte, 2019.
6 Das wurde in Kapitel 2 ausführlich dargelegt.
7 Siehe Anhang.
8 Anonym, »US Producer Prices Unexpectedly Rise«, trading economics.com, unter: www.tradingeconomics.com.
9 Max Otte, *Stoppt das Euro Desaster*, 11. Auflage, Berlin Ullstein Verlag, 2011.
10 Anonym, «US Producer Prices Unexpectedly Rise«.
11 Max Otte, 2011.
12 Anonym, »Von der Leyen verwechselt EU-Institutionen«, 15.07.2019, unter: https://www.spiegel.de/politik/ausland/von-der-leyen-verwechselt-europaeischer-rat-mit-rat-der-eu-a-1277450.html.
13 Rede von Sir Winston Churchill an der Universität Zürich am 19.09.1946, unter: https://archive.is/20130218054245/http://assembly.coe.int/Main.asp?link=/AboutUs/zurich_e.htm.
14 Anonym, »Vereinigte Staaten von Europa«, wikipedia.org, 21.07.2019, unter: https://de.wikipedia.org/wiki/Vereinigte_Staaten_von_Europa.
15 Friedrich von Kleinwächter, *Die Kartelle – ein Beitrag zur Organisation der Wirtschaft*, 1. Auflage, Paderborn, Innsbruck Verlag,1883; Christian Böse, *Kartellpolitik im Kaiserreich – das Kohlensyndikat und die Absatzorganisation im Ruhrbergbau*, 1. Auflage, Berlin, Boston, De Gruyter Oldenbourg Verlag, 2018.
16 Florian Eder, »4365 EU-Beamte verdienen mehr als die Kanzlerin«, welt.de, 03.02.2013, unter: https://www.welt.de/wirtschaft/article113330591/4365-EU-Beamte-verdienen-mehr-als-die-Kanzlerin.html.
17 Maximilian Amos, »Deutschland hat eine lange Tradition, Europarecht falsch umzusetzen«, lto.de, unter: https://www.lto.de/recht/hintergruende/h/eu-parlament-abstimmung-urheberrecht-richtlinie-upload-filter-youtube-nationale-umsetzung/.

Anmerkungen

18 Anonym, »Parlamentspräsident erhielt 365 Tage pro Jahr Tagesgelder des EU-Parlaments«, swr.de, 29.04.2014, unter: https://www.swr.de/report/presse/eu-tagegeld/-/id=1197424/did=13302262/nid=1197424/gc8skf/index.html; ARD, »EU-Parlamentarier kassieren hohe Aufwandsentschädigungen«, Report Mainz, 01.06.2017, YouTube, unter: https://www.youtube.com/watch?v=PrntpaIUhX0.
19 Privatinvestor Politik Spezial: Markus Krall: »Wäre Hambach heute ein Bundesland, würde es wohl Sachsen heißen«, 13.06.2019, YouTube, unter: https://www.youtube.com/watch?v=JpsKvn0lvtE&t=181s.
20 Anonym, »Wie Brüssel im Hinterzimmer die Demokratie aushöhlt«, tagesspiegel.de, 21.05.2015, unter: https://www.tagesspiegel.de/themen/agenda/eu-trilog-wie-bruessel-im-hinterzimmer-die-demokratie-aushoehlt/11793136.html.
21 Bastian Brauns, »Die Schwachstelle der EU«, cicero.de, 29.04.2019, unter, https://www.cicero.de/wirtschaft/lobbyismus-eu-rat-nationalstaaten-lobbycontrol-europawahl-2019.
22 Anonym, »Lobbyismus in der EU«, lobbypedia.de, unter: https://lobbypedia.de/wiki/Lobbyismus_in_der_EU#Zugang_.C3.BCber_Expertengruppen.
23 Bastian Brauns, »Die Schwachstelle der EU«, cicero.de, 29.04.2019.
24 Anonym, »Lobbyismus in der EU«, Lobbycontrol.de, unter: https://www.lobbycontrol.de/schwerpunkt/lobbyismus-in-der-eu/.
25 Hans-Olaf Henkel, *Die Euro-Lügner – unsinnige Rettungspakete, vertuschte Risiken, so werden wir getäuscht*, 1. Auflage, München, Heyne Verlag 2013.
26 Anonym, »Handschriftliche Notiz: Geheim-Papier belastet von der Leyen in Berater-Affäre«, focus.de, 07.04.2019, unter: https://www.focus.de/politik/deutschland/medienbericht-handschriftliche-notiz-geheim-papier-belastet-von-der-leyen-in-berater-affaere_id_10558837.html.
Ulrich Friese, Tillmann Neuscheler und Hendrik Wieduwilt, »Beraterscharen bringen von der Leyen in die Bredouille«, faz.net, 24.11.2018, unter: https://www.faz.net/aktuell/wirtschaft/beraterscharen-bringen-von-der-leyen-in-die-bredouille-15906186.html.
Matthias Gebauer, »Strafanzeige gegen Ursula von der Leyen«, Spiegel Online, 18.10.2018, unter: https://www.spiegel.de/politik/deutschland/berater-affaere-bei-der-bundeswehr-strafanzeige-gegen-ursula-von-der-leyen-a-1233811.html.
27 Markus Becker, »Panzer sollen schneller durch Europa rollen«, Spiegel Online, 28.03.2018, unter: https://www.spiegel.de/politik/ausland/eu-kommission-panzer-sollen-schneller-durch-europa-rollen-a-1200366.html.
28 Gabor Steingart, »Guten Morgen Markus Hemmelrath«, gaborsteingart.com, 11.09.2019, unter: http://morning-briefing.gaborsteingart.com/go/mutk5ylbfennmewkackkou5n4gdtk1o8xzig4kos84x9/12.
29 Anonym, »Kissinger never wanted to dial Europe«, ft.com, unter: https://www.ft.com/content/c4c1e0cd-f34a-3b49-985f-e708b247eb55.
30 David Brunnstrom, »EU says it has solved the Kissinger question«, reuters.com, 12.12.2009, unter: https://www.reuters.com/article/us-eu-president-kissinger/eu-says-it-has-solved-the-kissinger-question-idUSTRE5AJ00B20091120.
31 Benjamin Fairbrother, »Europäische Handelspolitik von Rom bis Lissabon«, kas.de, Dezember 2009, unter: https://www.kas.de/c/document_library/get_file?uuid=f98bb14d-2a2c-3b1f-6d19-6d53b8b5100d&groupId=252038.
32 Anonym, »Die Handelspolitik der EU«, europa.eu, unter: https://ec.europa.eu/germany/handelspolitik_der_eu_de.
33 Annett Meiritz, »Das sind die Haken an Trumps und Junckers Handelspakt«, handelsblatt.com, 26.07.2018, unter: https://www.handelsblatt.com/politik/international/treffen-in-washington-das-sind-die-haken-an-trumps-und-junckers-handelspakt/22844918.html?ticket=ST-5702980-SivIwJKgmxgfbGypgGtM-ap5.
34 Anonym, »Juncker droht mit Gegenmaßnahmen im Fall von US-Autozöllen«, tagesspiegel.de, 18.02.2019, unter: https://www.tagesspiegel.de/wirtschaft/eu-kommissionspraesident-juncker-droht-mit-gegenmassnahmen-im-fall-von-us-autozoellen/24008550.html.

Anmerkungen

35 Reuters und dpa, »Merkel reagiert skeptisch auf Putin-Vorschlag«, zeit.de, 25.11.2010, unter: https://www.zeit.de/wirtschaft/2010-11/merkel-putin-freihandelszone.
36 Claudio Kummerfeld, »TTIP: Die Detroit-Brücke als warnendes Beispiel für Europa«, finanzmarktwelt.de, 04.05.2015, unter: https://finanzmarktwelt.de/ttip-die-detroit-bruecke-als-warnendes-beispiel-fuer-europa-11847/.
37 Vgl. Kapitel 30.
38 Anonym, »Unser Geld könnte sich in Luft auflösen«, wiwo.de, 29.12.2015, unter: https://www.wiwo.de/finanzen/geldanlage/max-otte-konserven-fuer-den-ernstfall/12771448-2.html.
39 Anonym, »Die transatlantische Handels- und Investitionspartnerschaft«, archive.org, September 2013, unter: https://web.archive.org/web/20160212062421/http://trade.ec.europa.eu/doclib/docs/2013/november/tradoc_151904.pdf.
40 Sabine Stephan, »Mehr Wachstum durch TTIP ist ein Märchen«, zeit.de, 12.11.2014, unter: https://www.zeit.de/wirtschaft/2014-11/ttip-freihandelsabkommen-arbeitsplaetze.
41 Anonym, »Unser Geld könnte sich in Luft auflösen«, 29.12.2015.
42 Anonym, »Transatlantisches Handelsabkommen«, wikipedia.org, 19.08.2019, unter: https://de.wikipedia.org/wiki/Transatlantisches_Freihandelsabkommen#cite_note-zeit-2014-11-12-43.
43 Anonym, »Gabriel erklärt TTIP für ›de facto gescheitert‹«, Spiegel Online, 29.08.2016, unter: https://www.spiegel.de/wirtschaft/soziales/ttip-sigmar-gabriel-erklaert-verhandlungen-fuer-gescheitert-a-1109807.html.
44 Steffan Dobbert, »Im Empörungswahn«, zeit.de, 21.04.2016, unter: https://www.zeit.de/wirtschaft/2016-04/ttip-usa-eu-antiamerikanismus-freihandelszone-campact.
45 Uwe Krüger, *Mainstream*, 2. Auflage, München, C.H. Beck Verlag, 2014.
46 Anonym, »Chronik: EU-Kommission gegen Microsoft«, dw.com, 11.07.2006, unter: https://www.dw.com/de/chronik-eu-kommission-gegen-microsoft/a-2085949.
47 Anonym, »Das Microsoft-Dilemma – Europa als Softwarekolonie« (ARD, 19.02.2018), yousubtitles.com, 19.02.2018, unter: https://www.yousubtitles.com/Das-Microsoft-Dilemma-Europa-als-Softwarekolonie-ARD-19-02-2018-id-1635823.
48 Anonym, »Europas Internet-Steuer bleibt umstritten«, welt.de, 08.09.2018, unter: https://www.welt.de/newsticker/news1/article181468042/Steuern-Europas-Internet-Steuer-bleibt-umstritten.html.
49 Anonym, »Deswegen lehnt die deutsche Wirtschaft die Internetsteuer ab«, faz.net, 16.04.2018, unter: https://www.faz.net/aktuell/wirtschaft/deutsche-wirtschaft-lehnt-internetsteuer-ab-15545186.html.
50 Anonym, »Frankreich bringt Digitalsteuer auf den Markt«, tagesspiegel.de, 06.03.2019, unter: https://www.tagesspiegel.de/wirtschaft/drei-prozent-abgabe-frankreich-bringt-digitalsteuer-auf-den-weg/24072850.html.
51 Anonym, »Obama to Merkel: Don't worry about spying«, thelocal.de, 19.01.2014, unter: https://www.thelocal.de/20140119/obama-merkel-doesnt-need-to-worry-about-spying; Anonym, »Wer wusste wann was?«, Spiegel Online, 28.12.2013, unter: https://www.spiegel.de/politik/deutschland/handy-der-kanzlerin-die-wichtigsten-fakten-der-abhoeraffaere-a-930411.html.
52 Anonym, »Angela Merkel soll NSA-Überwachung als PR-Problem gesehen haben«, zeit.de, 15.02.2019, unter: https://www.zeit.de/politik/deutschland/2019-02/abhoeraffaere-angela-merkel-nsa-us-geheimdienst.
53 Markus Rohwetter, »Ein Netz für Europa«, zeit.de, 11.12.2014, unter: https://www.zeit.de/2014/49/telekommunikation-netz-europa-claudia-nemat.
54 Markus Beckedahl, »Drei Internetminister reden über die Digitale Agenda, oder: Die Angst, eine Datenkolonie der Asiaten zu werden«, netzpolitik.org, 06.09.2016, unter: https://netzpolitik.org/2016/digitale-agenda-die-angst-eine-datenkolonie-der-asiaten-zu-werden/#spendenleiste.
55 Anonym, »Der lange Arm der USA – Neues Cloud-Gesetz tritt in Kraft«, cloudcomputing-insider.de, 16.04.2018, unter: https://www.cloudcomputing-insider.de/der-lange-arm-der-usa-neues-cloud-gesetz-in-kraft-a-704793/.
56 Anonym, »Neues Urheberrecht endgültig beschlossen«, tagesschau.de, 15.04.2019, unter: https://www.tagesschau.de/ausland/urheberrecht-eu-101.html.

Anmerkungen

57 Anonym, »So schön kann der Status quo sein«, zeit.de, 05.07.2018, unter: https://www.zeit.de/digital/2018-07/eu-urheberrechtsreform-eu-parlament-uploadfilter-leistungsschutzrecht/seite-2.
58 Anonym, »Biden says US embarrassed' EU into sanctioning Russia over Ukraine«, rt.com, 03.12.2014, unter: https://www.rt.com/usa/193044-us-embarrass-eu-sanctions/.
59 Vgl. Kapitel 1.
60 Anonym, »Bürgerkrieg in Libyen 2011«, wikipedia.org, 11.09.2019, unter: https://de.wikipedia.org/wiki/B%C3%BCrgerkrieg_in_Libyen_2011#Europ%C3%A4ische_Union.

Kapitel 10: Der Euro-Crash

1 Vgl. Pressemitteilung des Deutschen Bundestages, Textarchiv 2010, unter: https://www.bundestag.de/dokumente/textarchiv/2010/29826227_kw20_de_stabilisierungsmechanismus-201760.
2 Erich Honecker, Festansprache zum 40. Jahrestag der DDR am 7. Oktober 1989, unter: http://www.glasnost.de/db/DokZeit/89honecker.html.
3 Vgl. Kapitel 4.
4 Martin Höpner und Alexander Spielau, »Besser als der Euro? Das Europäische Währungssystem, 1979–1988«, Berliner Journal für Soziologie, 2016, unter: http://www.mpifg.de/people/mh/paper/Martin%20Hoepner,%20Alexander%20Spielau%20(2016)%20Besser%20als%20der%20Euro%20Das%20Europaeische%20Waehrungssystem%20(EWS),%201979-1998.pdf.
5 Mein Kuratoriumskollege Bruno Bandulet hat in *Dexit – Warum der Ausstieg Deutschlands aus dem Euro zwar schwierig, aber dennoch machbar und notwendig ist*, 1. Auflage, Rottenburg, Kopp Verlag, 2018, die faszinierende und auch etwas deprimierende Geschichte der Entstehung des Euro nachgezeichnet und Auswege aus dem Euro-Desaster aufgezeigt.
6 Theo Waigel, *Ehrlichkeit ist eine Währung – Erinnerungen*, 1. Auflage, Berlin, Econ Verlag, 2019.
7 Fraktion DIE LINKE. im Bundestag: Gregor Gysi: »Man kann einen Kontinent nicht über Geld einen«, 01.07.2015, YouTube, unter: https://www.youtube.com/watch?v=x1ef0BBtuYA.
8 In meinem Vortrag zum 2. Hambacher Fest am 8. Juni 2019 führte ich dies aus. Privatinvestor Politik Spezial: Neues Hambacher Fest 2019: Eröffnungsrede von Max Otte, Minute 22, 18.09.2019, YouTube, unter: https://www.youtube.com/watch?v=0KpjtcTQWGU&t=1343s.
9 Katja Thorwarth, »Sommermärchen bereitete der AfD den Boden«, Interview mit Clemens Heini, Frankfurter Rundschau, 29.08.2019, unter: https://www.fr.de/kultur/sommermaerchen-bereitete-boden-11002689.html.
10 Gunter Gabriel mit »Lasst die Fahnen auf dem Dach«, unter: https://www.youtube.com/watch?v=0cWNlencfkQ&list=RD0cWNlencfkQ&start_radio=1.
11 Bruno Bandulet, 2018, S. 35.
12 Georg Feigl, »Eurozone: Lohnwettbewerb nach unten Priorität«, Arbeit & Wirtschaft Blog, 11.09.2015, unter: https://awblog.at/eurozone-lohnwettbewerb.
13 Mehr Informationen zum Hartz-Konzept unter: https://de.wikipedia.org/wiki/Hartz-Konzept.
14 Mehr Informationen zur Euro-Krise unter: https://www.wikiwand.com/de/Eurokrise.
15 Frankfurter Allgemeine Zeitung, Nr. 268 vom 16.11.2004, S. 11, unter: https://www.faz.net/aktuell/wirtschaft/konjunktur/griechenland-erschwindelte-euro-beitritt-1189739.html.
16 S. Bolzen, F. Eder und F. Hassel, »Für die Rettung des Euro war kein Preis zu hoch«, Welt Online, 15.05.2010, unter: https://www.welt.de/wirtschaft/article7643273/Fuer-die-Rettung-des-Euro-war-kein-Preis-zu-hoch.html.
17 Markus Krall, *Der Draghi-Crash*, 5. Auflage, München, FinanzBuch Verlag, 2017, S. 13.
18 Max Otte, 2011, S. 10.
19 Ralph Malisch, »Die Eurokrise ist nicht vorbei«, hanswernersinn.de, 01.11.2017, unter: http://www.hanswernersinn.de/de/Kommentar_SmartInvestor_01112017.
20 Tobias Piller, »Die Hoffnung ist verloren«, FAZ Online, 15.06.2015, unter: https://www.faz.net/aktuell/feuilleton/medien/tv-kritik/tv-kritik-guenther-jauch-die-hoffnung-ist-verloren-13647418.html.

Anmerkungen

21 Mehr Informationen zur Schuldenkrise in Griechenland und ihrem Verlauf unter: https://de.wikipedia.org/wiki/Griechische_Staatsschuldenkrise.
22 Anonym, »Griechenland wagt Rückkehr an den Kapitalmarkt«, Spiegel Online, 24.07.2017, unter: https://www.spiegel.de/wirtschaft/soziales/griechenland-kehrt-an-kapitalmarkt-zurueck-a-1159454.html.
23 Ebd.
24 Vgl. Abbildung zur Zinsentwicklung europäischer Staatsanleihen.
25 Ronald Stöferle, Rahim Taghizadegan und Gregor Hochreiter, 2019.
26 Anonym, »EZB-Negativzinsen kosten Banken viel Geld«, FAZ Online, 06.06.2019, unter: https://www.faz.net/aktuell/finanzen/ezb-negativzinsen-kostet-banken-viel-geld-16224112.html.
27 Horst Biallo, Sebastian Schick, Kevin Schwarzinger, Max Geißler, Manfred Fischer, Kerstin Weinzierl und Stefanie Engelmann, »Aufgedeckt: Diese 124 Banken und Sparkassen erheben Negativzinsen«, biallo.de, 09.09.2019, unter: https://www.biallo.de/geldanlage/ratgeber/so-vermeiden-sie-negativzinsen/#sixpack.
28 Frank Siebelt und Balazs Koranyi, »Draghi zündet Kursfeuerwerk – und verärgert Trump«, Manager Magazin, 19.06.2019, unter: https://www.manager-magazin.de/lifestyle/artikel/mario-draghi-chef-der-europaeischen-zentralbank-verspricht-lockere-geldpolitik-a-1272981.html.
29 Max Otte, 2016.
30 Central Bank of Iceland, »Principal payment instruments in use in Iceland«, unter: http://wayback.vefsafn.is/wayback/20081117105652/www.sedlabanki.is/?PageID=890.
31 Privatinvestor Politik Spezial: Der Euro wird die kommende Krise nicht überleben, 03.07.2019, YouTube, unter: https://www.youtube.com/watch?v=m8YFoHMMDnA&t=10s.
32 Tobias Armbrüster, »Ökonom Otte fordert erneut europäische Ratingagentur«, Interview mit Max Otte, Deutschlandfunk, 16.11.2011, unter: https://www.deutschlandfunk.de/oekonom-otte-fordert-erneut-europaeische-ratingagentur.694.de.html?dram:article_id=70826.
33 Markus Krall, 2017.
34 Privatinvestor TV: Dr. Markus Krall: Die Bilanzen von Deutsche Bank und Commerzbank sind ein Desaster, Minute 25, 02.04.2019, YouTube, unter: https://www.youtube.com/watch?v=9HCqbQr2v0M&t=1555s.
35 Mehr Informationen zur Bankenunion unter: https://en.wikipedia.org/wiki/Banking_union.
36 Emmanuel Macron, Rede zur »Initiative für Europa« in Paris, 26.09.2017, unter: https://de.ambafrance.org/Staatsprasident-Macron-Initiative-fur-Europa.
37 Bundesbank, Monatsbericht, Juli 2013, S. 34, unter: https://www.bundesbank.de/resource/blob/663492/13ba0b9153b6d3bf02c868f7e2370012/mL/2013-07-monatsbericht-data.pdf.
38 Vgl. Roland Vaubel, »Proposals for Reforming the Eurozone: A Critique«, in: Juan Castaneda, Alessandro Roselli und Geoffrey Wood (Hg.), *The Economics of Monetary Unions. Past Experiences and the Eurozone*, 1. Auflage, London, 2019.
39 Ebd.
40 Emmanuel Macron, Rede zur »Initiative für Europa« in Paris, 26.09.2017, unter: https://de.ambafrance.org/Staatsprasident-Macron-Initiative-fur-Europa.
41 Erich Honecker zitierte diesen Spruch als »in der Gründerzeit der DDR geprägte Losung« in der Festansprache zum 40. Jahrestag der DDR, 7. Oktober 1989.
42 Jochen Buchsteiner, »Ein bitterer Abschied«, FAZ Online, 24.05.2019, unter: https://www.faz.net/aktuell/brexit/brexit-das-politische-erbe-theresa-mays-16204862.html.
43 Steffen Lüdke, »Die Brexit-Klatsche«, Spiegel Online, 27.05.2019, unter: https://www.spiegel.de/politik/ausland/europawahl-in-grossbritannien-die-brexit-klatsche-a-1269421.html.
44 Max Otte, 2019.
45 a.a.O.
46 Michaela Wiegel, »Jupiter ist vom Olymp herabgestiegen«, FAZ Online, 04.04.2019, unter: https://www.faz.net/aktuell/politik/ausland/was-bleibt-von-emmanuel-macrons-buergerdialog-16122950.html.

Anmerkungen

47 For Freedom: Clashes between Antifa and Yellow Vests in Paris – 02.02.2019, 02.02.2019, YouTube, unter: https://www.youtube.com/watch?v=SPJSHSHn4dE.
48 Silvia Stöber, »Das Schweigen über die Verletzungen«, tagesschau.de, 09.02.2019, unter: https://www.tagesschau.de/faktenfinder/ausland/frankreich-gelbwesten-gewalt-103.html.
49 Hansgeorg Hermann, »Polizeigewalt in Frankreich«, Junge Welt, 08.03.2019, unter: https://www.jungewelt.de/artikel/350572.frankreich-und-die-gelbwesten-polizeigewalt-in-frankreich.html.
50 Anonym, »Frankreich soll Polizeigewalt gegen Gelbwesten untersuchen«, Welt Online, 06.03.2019, unter: https://www.welt.de/politik/article189856881/Frankreich-muss-uebermaessige-Polizeigewalt-gegen-Gelbwesten-untersuchen.html.
51 Margit Hillmann, »Über 30 Journalisten erstatten Anzeige«, Deutschlandfunk, 01.05.2019, unter: https://www.deutschlandfunk.de/polizeigewalt-in-frankreich-ueber-30-journalisten-erstatten.2907.de.html?dram:article_id=447619.
52 Pressemitteilung, NEOPresse, 20.06.2019, unter: https://www.neopresse.com/politik/macron-vor-internationalem-strafgerichtshof-angeklagt-deutsche-medien-schweigen.
53 Anonym, »Europäische Politiker kritisieren Polizeigewalt«, Spiegel Online, 01.10.2017, unter: https://www.spiegel.de/politik/ausland/referendum-in-katalonien-38-menschen-verletzt-zwei-davon-schwer-a-1170827.html.
54 Matthias Kolb, »Das Fundament der EU ist bedroht«, SZ Online, 09.04.2019, unter: https://www.sueddeutsche.de/politik/eu-ungarn-polen-1.4400889.
55 Geschätzte Anzahl der im Mittelmeer ertrunkenen Flüchtlinge in den Jahren 2014 bis 2019, Statista, 02.08.2019, unter: https://de.statista.com/statistik/daten/studie/892249/umfrage/im-mittelmeer-ertrunkenen-fluechtlinge.
56 Timothy Garton Ash, »Germany's Choice«, Foreign Affairs, Juli/August 1994, unter: https://www.foreignaffairs.com/articles/europe/994-07-01/germanys-choice.

Kapitel 11: Deutschlands Abstieg

1 Wilhelm Röpke, »Betrachtungen eines Nationalökonomen über das Deutschlandproblem« (1945), in ders., *Marktwirtschaft ist nicht genug, gesammelte Aufsätze*, Waltrop, Leipzig 2009, S. 129–153, hier S. 129f.
2 Gabor Steingart, *Deutschland – Abstieg eines Superstars*, 4. Auflage, München, Piper Taschenbuch Verlag, 2004.
3 Bruno Bandulet, *Beuteland – die systematische Plünderung Deutschlands seit 1945*, 1. Auflage, Rottenburg, Kopp Verlag, 2016.
4 Vgl. Kapitel 6 und 7.
5 Hans-Werner Sinn, *Die Basarökonomie*, 1. Auflage, Berlin, Econ, 2005.
6 Adam Ferguson, *Das Ende des Geldes*, 2. Auflage, München, FinanzBuch Verlag, 2011.
7 Andreas Kosserth, *Kalte Heimat*, 3. Auflage, München, Siedler Verlag, 2008.
8 Stefan Schubert, *No-Go Areas*, 1. Auflage, Rottenburg, Kopp Verlag, 2016.
9 Vgl. Kapitel 7.
10 Deutscher Bauernverband, »Jahrhundertvergleich«, Situationsbericht 2012/2013, unter: https://www.bauernverband.de/12-jahrhundertvergleich.
11 Udo Ulfkotte, *Vorsicht Bürgerkrieg! Was lange gärt, wird endlich Wut*, 9. Auflage, Rottenburg, Kopp Verlag, 2015.
12 Nicolas Seifert: Experiment Umwandlung von D zur multiethnischen Gesellschaft, 10.06.2018, YouTube, unter: https://www.youtube.com/watch?v=_t_dapm4Kro.
13 Privatinvestor TV: »Bleiben Sie stark, liebe Patrioten!« Max Otte zu den Geschehnissen in Chemnitz, Minute 9, 03.09.2018, YouTube, unter: https://www.youtube.com/watch?v=tAesXO0JseQ&t=555s.

Anmerkungen

14 Peter Bloed, »Die Wahrheit über den Euro-Crash«, Focus Online, 20.06.2012, S. 4, unter: https://www.focus.de/finanzen/news/staatsverschuldung/tid-26216/fuenf-experten-reden-klartext-die-wahrheit-ueber-den-euro-crash-kommt-es-zum-buergerkrieg_aid_769490.html.
15 Martin J. Wiener, *English Culture and the Decline of the Industrial Spirit, 1850–1980*, 2. Auflage, Cambridge, New York, Cambridge University Press, 1981.
16 Ivan Behrend, *An Economic History of Nineteenth-Century Europe. Diversity and Industrialization*, 1. Auflage, New York, Oxford University Press, 2013, S. 225.
17 Bernard Wasserstein, *Barbarism and Civilization: A History of Europe in our Time*, Oxford, New York, Cambridge University Press, 2007.
18 Henri Hauser, *Les méthodes allemandes d'expansion économique*, 1. Auflage, Paris, Armand Colin, 1915 (engl. Ausgabe: *Germany's Commercial Grip on the World – Her Business Methods Explained*, 1. Auflage, New York, C. Schribner's Sons, 1918).
19 Ehrhardt Bödecker, *Preußen – eine humane Bilanz*, 1. Auflage, München, OLZOG Verlag, 2010.
20 Michel Albert, *Capitalism vs. Capitalism: How America's Obsession with Individual Achievement and Short-Term Profit has Led It to the Brink of Collapse*, 1. Auflage, New York, Basis Books, 1993.
21 Ebd.
22 George Trefgarne, »How the first multinational was hijacked by greed«, the Spectator, 25.10.2006, unter: https://www.spectator.co.uk/2006/10/how-the-first-multinational-was-hijacked-by-greed.
23 Ausführlich zu den »Highland Clearances« und den »Enclosures« siehe Kapitel 7.
24 Siehe Kapitel 7.
25 Max Otte, »Oswald Spengler und der moderne Finanzkapitalismus«, 2018, S. 28.
26 Im Anhang »Das deutsche Wirtschaftsmodell« werden in einer Übersicht die wesentlichen Unterschiede zwischen den beiden Wirtschaftskulturen in einer Tabelle zusammengefasst.
27 Alfred D. Chandler, *Scale and Scope – the Dynamics of Industrial Capitalism*, 7. Auflage, Cambridge (Mass.), First Harvard Press, 1994.
28 Geert Hofstede, *Cultures and Organizations – Software of the Mind*, 3. Auflage, New York, MacGraw-Hill Education, 2010.
29 Gemessen an der Kaufkraftparität war das bereits 1994 der Fall. WawamuStats: Top 10 Country GDP Ranking History (1960–2017), 06.09.2018, YouTube, unter: https://www.youtube.com/watch?v=wykaDgXoajc sowie Top 20 Country GDP (PPP) Ranking History (1980–2023), 26.10.2018, YouTube, unter: https://www.youtube.com/watch?v=O1WC2Sl2jgg.
30 Eine Liste der realen Bruttoinlandsprodukte finden Sie hier: https://en.wikipedia.org/wiki/List_of_countries_by_GDP_(PPP)_per_capita.
31 Graham Allison, 2017, S. 13.
32 Ebd.
33 Anonym, »ICE-Neubaustrecke Berlin-München übertrifft Erwartungen«, mdr Thüringen, 01.12.2018, unter: https://www.mdr.de/thueringen/mitte-west-thueringen/erfurt/ice-strecke-berlin-muenchen-uebertrifft-erwartungen-100.html.
34 Brenda Goh, »China plans 6,800 km of new rail track in 2019 amid infrastructure push«, Reuters, 02.01.2019, unter: https://www.reuters.com/article/us-china-railway/china-plans-6800-km-of-new-rail-track-in-2019-amid-infrastructure-push-idUSKCN1OW08J.
35 Matt Falcus und Maggie Hiufu Wong, »Beijing is building hundreds of airports as millions of Chinese take to the skies«, CNN, 26.05.2019, unter: https://edition.cnn.com/travel/article/china-new-airports/index.html
36 Der Spiegel 20 / 11.05.2019, S. 14.
37 Stefan Roth, »Deutschland ist digitales Entwicklungsland«, roth-soft.de, 04.02.2018, unter: https://roth-soft.de/digitalisierung/deutschland-ist-digitales-entwicklungsland.
38 Vgl. https://de.wikipedia.org/wiki/TeamViewer_GmbH

Anmerkungen

39 Carla Neuhaus und Rolf Obertreis, »Deutsche Konzerne verlieren den Anschluss«, Der Tagesspiegel, 05.07.2019, unter: https://www.tagesspiegel.de/wirtschaft/sorgen-um-die-wirtschaft-deutsche-konzerne-verlieren-den-anschluss/24531374.html.
40 Pressemitteilung, tagesschau.de, 11.06.2019, unter: https://www.tagesschau.de/wirtschaft/studie-deutsche-konzerne-101.html.
41 Patrick Bernau, »Es gibt wieder Entlassungen«, FAZ Online, 01.07.2019, unter: https://www.faz.net/aktuell/wirtschaft/konjunktur/arbeitslosigkeit-durch-massiven-stellenabbau-deutscher-konzerne-16260651.html?utm_source=pocket-newtab.
42 Daniel Stelter, »Zehn Gründe, warum wie die Verlierer des Euro sind«, Manager Magazin, 04.03.2015, unter: https://www.manager-magazin.de/finanzen/artikel/deutschland-hat-durch-den-euro-nachteile-a-1021698.html.
43 Matthias Kurp, »Medienfonds als Stupid German Money«, medienmärkte.de, 05.02.2004, unter: http://www.medienmaerkte.de/artikel/kino/040502_filmfonds.html.
44 Wohneigentumsquote in ausgewählten europäischen Ländern im Jahr 2017, Statista, 09.08.2019, unter: https://de.statista.com/statistik/daten/studie/155734/umfrage/wohneigentumsquoten-in-europa.
45 Sie auch nächstes Kapitel.
46 Frank Stocker, »Deutsche besitzen 6,2 Billionen Euro – und haben ein Problem«, Welt Online, 02.01.2019, unter: https://www.welt.de/finanzen/article186446060/Geldvermoegen-Deutsche-besitzen-6-2-Billionen-Euro.html.
47 Max Otte, 2016.
48 Daniel Stelter, *Das Märchen vom reichen Deutschland – wie die Politik uns ruiniert*, 7. Auflage, München, FinanzBuch Verlag, 2018.
49 Anonym, »Die Lust auf Aktien könnte den Deutschen bald vergehen«, FAZ Online, 30.08.2018, unter: https://www.faz.net/aktuell/finanzen/finanzmarkt/rendite-verluste-koennten-den-deutschen-die-lust-auf-aktien-nehmen-15763425.html.
50 Mario Brück und Harald Schumacher, »Der skurrile Gegenspieler des Kartellamts«, WirtschaftsWoche, 24.03.2015, unter: https://www.wiwo.de/unternehmen/mittelstand/european-trust-institute-der-skurrile-gegenspieler-des-kartellamts/11532092.html.
51 Friedrich von Kleinwächter, *Die Kartelle – Ein Beitrag zur Frage der Organisation der Volkswirtschaft*, 1. Auflage, Paderborn, Salzwasser Verlag, 2013.
52 Anonym, »Dax-Unternehmen nur noch zu einem Drittel in deutscher Hand«, Deutsche Wirtschaftsnachrichten, 30.06.2019, unter: https://deutsche-wirtschafts-nachrichten.de/2019/06/30/dax-unternehmen-nur-noch-zu-einem-drittel-deutscher-hand.
53 Carlo Dupuis: »BlackRock – Die Schattenregierung der USA, mächtigste Firma der Welt«, 25.05.2016, YouTube, unter: https://www.youtube.com/watch?v=KJqECdt3FEM.
54 Heike Buchter, *BlackRock – eine heimliche Weltmacht greift nach unserem Geld*, 1. Auflage, Frankfurt/M., Campus Verlag, 2015.
55 Hermann Simon, *Die heimlichen Gewinner (Hidden Champions) – Die Erfolgsstrategien unbekannter Weltmarktführer*, 5. Auflage, Frankfurt/M., Campus Verlag, 1996.
56 Vgl. auch Kapitel 10.
57 Carl Schmitt, *Politische Theologie – Vier Kapitel zur Lehre von der Souveränität*, 10. Auflage, Berlin, Duncker & Humblot, 1922, S. 9.
58 Robin Alexander, *Die Getriebenen: Merkel und die Flüchtlingspolitik, Report aus dem Innern der Macht*, 2. Auflage, München, Penguin Verlag, 2017.
59 Daniel Stelter, »Die Rechnung«, Cicero, 08.08.2018, unter: https://www.cicero.de/wirtschaft/angela-merkel-finanzpolitik-eurorettung-migration-sahara-sommer-energiewende-klimawandel-atomausstieg/plus.
60 Nadine Ahr, Moritz Aisslinger, Jana Gioia Baurmann, Mariam Lau, Daniel Müller, Heinrich Wefing und Stefan Willeke, »Innere Unsicherheit«, 02.02.2017, unter: https://www.zeit.de/2017/06/berliner-polizei-sparprogramme-personalmangel-ueberforderung/seite-3.

Anmerkungen

61 Rainer Wendt, »Es gibt keine Hemmungen mehr«, Bayernkurier, 17.02.2019, unter: https://www.bayernkurier.de/inland/36813-es-gibt-keine-hemmungen-mehr.
62 Stelter, 2018, S. 183.
63 Cashkurs.com: Keiner zerstört die eigene Wirtschaft so wie Deutschland – wir müssen dringend umdenken!, 09.04.2019, YouTube, unter: https://www.youtube.com/watch?v=UIwjrAf3q9A&t=74s.
64 Holger Möhle, »Ende des Bildungsschocks für Deutschland«, RP Online, 11.09.2018, unter: https://rp-online.de/politik/deutschland/oecd-bericht-das-ende-des-bildungsschocks_aid-32875013.
65 Heike Schmoll, »Totgeschwiegener Lehrermangel«, FAZ Online, 20.07.2018, unter: https://www.faz.net/aktuell/politik/kommentar-zur-bildungsmisere-totgeschwiegener-lehrermangel-15700896.html.
66 Manuel J. Hartung, »Im Leerzimmer«, Zeit Online, 22.08.2018, unter: https://www.zeit.de/2018/35/schulen-lehrer-mangel-bildung-probleme.
67 Studie von Christine Henry-Huthmacher und Elisabeth Hoffmann (Hrsg.), *Ausbildungsreife und Studierfähigkeit*, Konrad-Adenauer Stiftung e.V., 2016, unter: https://www.kas.de/c/document_library/get_file?uuid=ec1762cf-4191-596a-5163-3357c553d3ff&groupId=252038.
68 Studie von Nele Kampa, Michael Leucht und Olaf Köller, *Mathematische Kompetenzen in Profiloberstufen*, Universität Kiel, 2013, unter: https://www.ipn.uni-kiel.de/de/das-ipn/archiv/20140930_zfe_ms.pdf.
69 Studie von Heiko Knospe, *Mathematik-Vorkenntnisse von Studienanfängern der Ingenieurwissenschaften*, Erlangen, 18.09.2008, unter: http://docplayer.org/32180351-Mathematik-vorkenntnisse-von-studienanfaengern-der-ingenieurwissenschaften.html.
70 Anonym, »Debatte um Mathe-Prüfung: Diese Aufgaben fanden Abiturienten zu schwer«, Focus Online, 08.05.2019, unter: https://www.focus.de/wissen/mensch/koennen-sie-sie-loesen-debatte-um-mathe-pruefung-diese-aufgaben-fanden-abiturienten-zu-schwer_id_10679410.html.
71 Ferdinand Knauß, »Die schulischen Kenntnisse haben sich verschlechtert«, WirtschaftsWoche, 16.05.2019, unter: https://www.wiwo.de/politik/deutschland/mittelstand-ueber-bewerber-die-schulischen-kenntnisse-haben-sich-verschlechtert/24350090.html.
72 Antje Hildebrandt, »Leistung ist egal«, Interview mit Michael Rudolph, Cicero, 30.08.2018, unter: https://www.cicero.de/innenpolitik/brennpunktschulen-berlin-bildung-disziplin-schulinspektion-leistung-neukoelln-.
73 Mehr Informationen zum Institut für neuzeitliche Pädagogik unter: http://www.kathpedia.com/index.php?title=Institut_f%C3%BCr_neuzeitliche_P%C3%A4dagogik.
74 Entwicklung der Studienanfängerquote in Deutschland von 2001 bis 2018, Statista, 04.09.2019, unter: https://de.statista.com/statistik/daten/studie/72005/umfrage/entwicklung-der-studienanfaengerquote.
75 dapb, »Studenten erhalten zu gute Noten«, Zeit Online, 10.11.2012, unter: https://www.zeit.de/studium/hochschule/2012-11/hochschule-bewertung-note.
76 Werner Müller, »Noteninflation – Ist ein Studium für die Katz?«, Noteninflation.de, 01.11.2018, unter: https://www.noteninflation.de/.
77 Lea Deuber, »Schaut auf dieses Land«, SZ Online, 08.07.2019, unter: https://www.sueddeutsche.de/leben/china-europa-verhaeltnis-1.4509728?utm_source=pocket-newtab&reduced=true.

Kapitel 12: Deutschland im Weltkrieg um Wohlstand

1 If you're playing a poker game and you look around the table and can't tell who the sucker is, it's you. Lee Robert Schreiber, *Poker as Life: 101 Lessons from the World's Greatest Game*, Reprint, New York, Hearst Books, 2005.
2 Siehe voriges Kapitel.
3 Gabor Steingart, *Weltkrieg um Wohlstand – wie Macht und Reichtum neu verteilt werden*, 5. Auflage, München, Piper, 2006.
4 Ebd., S. 320.
5 Ebd., S. 236.

Anmerkungen

6   Henrik Müller, 2006, S. 16.
7   »Habitual conflation of German and international interests.« Timothy Garton Ash, »Germany's Choice«, Foreign Affairs, Juli/August 1994, unter: https://www.foreignaffairs.com/articles/europe/1994-07-01/germanys-choice.
8   »Through exploitation of its influence over global financial affairs, the United States has been able to cover the costs of its hegemonic position, preserve a false domestic prosperity, and mask the consequences of its relative political and economic decline.« Robert Gilpin, *The Political Economy of International Relations*, 1. Auflage, Princeton, Princeton University Press, 1987, S. 308.
9   Mariana Mazzucato, *The Entrepreneurial State – Debunking Public vs. Private SectorMyths*, 1. Auflage, New York, Public Affairs, 2013 (dt. Ausg.: *Das Kapital des Staates – eine andere Geschichte von Innovation und Wachstum*, 1. Auflage, München, Antje Kunstmann, 2014).
10 »The dreams of ›leaving it up to the market‹ or of returning to a politically neutral gold standard cannot succeed because the nature of the monetary system has a profound impact on the interests of powerful groups and states. Affected groups and states will always try to intervene in the operation of the system to make it serve their interests.« Robert Gilpin, 1987.
11 »A market is not politically neutral; its existence creates economic power which one actor can use against another.« Ebd., S. 2.
12 Anonym, »EU hebt Schutzzölle auf chinesische Solarzellen und Solarmodule an«, Handelsblatt, 31.08.2018, unter: https://www.handelsblatt.com/politik/international/wettbewerb-eu-hebt-schutzzoelle-auf-chinesische-solarzellen-und-solarmodule-auf/22983690.html?ticket=ST-3147983-epDUjdvKMk55lYJaffwB-ap2.
13 Siehe Kapitel 7.
14 Vgl. Kapitel 10.
15 Ausschnitt aus der von Friedrich List formulierten Bittschrift des Allgemeinen Deutschen Handels- und Gewerbevereins vom 14. April 1819 an die Bundesversammlung.
16 Mehr Informationen zu Friedrich List unter: https://fls-ks.eu/Friedrich_List.
17 Michael E. Porter, *Nationale Wettbewerbsvorteile: Erfolgreich konkurrieren auf dem Weltmarkt*, 1. Auflage, München, Droemer Knaur, 1991 (Originalausgabe: *The Competitive Advantage of Nations*, 1. Auflage, New York, Free Press, 1990).
18 Ebd., S. 635–754.
19 Antonio García Martínez, *Chaos Monkeys – Obscene Fortune and Random Failure in Silicon Valley*, 1. Auflage, New York, HarperCollins Publishers, 2016.
20 Anonym, »Facebook-Chef verspricht Kampf gegen Hassparolen«, Spiegel Online, 26.09.2015, unter: https://www.spiegel.de/netzwelt/netzpolitik/facebook-mark-zuckerberg-verspricht-angela-merkel-kampf-gegen-hasskommentare-a-1054930.html.
21 Nils Jacobsen, »Mark Zuckerberg in Brüssel: EU blamiert sich mit absurdem Fragenmarathon, den der Facebook-Chef widerwillig in 15 Minuten beantwortet«, Meedia, 22.05.2018, unter: https://meedia.de/2018/05/22/mark-zuckerberg-in-bruessel-eu-blamiert-sich-mit-absurdem-fragenmarathon-den-der-facebook-chef-widerwillig-in-15-minuten-beantwortet.
22 Von Brunn Media, »Drehgenehmigung – USA«, unter: http://www.vonbrunnmedia.com/de/beantragen-einer-drehgenehmigung-in-usa.
23 »The clustering of technological innovation in time and space helps explain both the uneven growth among nations and the rise and decline of hegemonic powers.« Robert Gilpin, 1987, S. 109.
24 Henrik Müller, 2006.
25 Siehe Kapitel 11.
26 Anonym, »Angreifen. Kaufen. Scheitern?«, Handelsblatt, 16.09.2016, unter: https://www.handelsblatt.com/unternehmen/management/mega-uebernahmen-von-happy-end-bis-debakel-daimler-chrysler-die-grosse-vision-scheitert-klaeglich/14553398-4.html.
27 Werner Seifert erfuhr am eigenen Leib den Einfluss von Minderheitsaktionären. Vgl. https://de.wikipedia.org/wiki/Werner_Seifert_(Manager).

28 Martin Hesse, »UniCredit droht Millionenforderung«, Spiegel Online, 08.032017, unter: https://www.spiegel.de/wirtschaft/unternehmen/unicredit-italiens-grossbank-drohen-neue-lasten-in-millionenhoehe-a-1137818.html.
29 Anonym, »Das ist der Hammer«, Spiegel Online, 11.05.1998, unter: https://www.spiegel.de/spiegel/print/d-7891698.html.
30 Inga Michler, »Warum großen Firmenfusionen immer wieder scheitern«, Welt Online, 21.04.2011, unter: https://www.welt.de/wirtschaft/karriere/leadership/article12878747/Warum-grosse-Firmenfusionen-immer-wieder-scheitern.html.
31 Karl-Heinz Büschemann, »Opfer der eigenen Strategie«, SZ Online, 19.05.2010, unter: https://www.sueddeutsche.de/wirtschaft/ex-konzern-hoechst-opfer-der-eigenen-strategie-1.903999.
32 Persönliches Gespräch mit Privatdozent Dr. Jörg Schierholz, 6. August 2019.
33 Georg Bönisch, Frank Dohmen und Gabor Steingart, »Wurde Mannesmann-Chef Esser bestochen?«, Spiegel Online, 06.05.2011, unter: https://www.spiegel.de/wirtschaft/affaeren-wurde-mannesmann-chef-esser-bestochen-a-132209.html.
34 Stefan Scheuer, »Die Telekom hat ihren Vorteil beim 5G verspielt«, Handelsblatt, 17.07.2019, unter: https://www.handelsblatt.com/meinung/kommentare/kommentar-die-telekom-hat-ihren-vorteil-beim-thema-5g-verspielt/24595432.html.
35 Astrid Dörner und Stefan Scheuer, »US-Justizministerium erlaubt Fusion von T-Mobile US und Sprint«, Handelsblatt, 26.07.2019, unter: https://www.handelsblatt.com/technik/it-internet/telekombranche-us-justizministerium-erlaubt-die-fusion-von-t-mobile-us-und-sprint-/24700094.html?ticket=ST-1720001-SGFagbb90ycsjH1DudSV-ap5.
36 Christiane Grefe, »Soll man ihm glauben?«, Zeit Online, 19.03.2015, unter: https://www.zeit.de/2015/12/monsanto-agrarwirtschaft-gentechnik-nachhaltigkeit.
37 Anonym, »Das Monsanto-Debakel geht weiter: heftige Ohrfeige für Bayer-Boss«, Focus Online, 27.04.2019, unter: https://www.focus.de/finanzen/boerse/55-5-prozent-stimmen-gegen-entlastung-heftige-ohrfeige-fuer-konzernspitze_id_10640372.html.
38 Jörg Schierholz, »Stupid German Money – Nach der Monsanto-Übernahme droht dem Traditionskonzern Bayer die Aufspaltung / Wiederholt sich der Fall Hoechst?«, Junge Freiheit 2/19, 4. Januar 2019, S. 11.
39 Axel Höpner und Andrea Rexer, »Linde war schon lange kein wirklich deutsches Unternehmen mehr«, Interview mit Wolfgang Reitzle und Steve Angel, Handelsblatt, 02.03.2019, unter: https://www.handelsblatt.com/unternehmen/industrie/wolfgang-reitzle-und-steve-angel-im-interview-linde-war-schon-lange-kein-wirklich-deutsches-unternehmen-mehr/24052430.html?ticket=ST-3527216-xyVJnkpEdyqwkhhal7Xv-ap1.
40 Alexander Gerschenkron, *Economic Backwardness in Historical Perspective, A Book of Essays*, Cambridge, Harvard University Press, 1964.
41 Das deutsche Bankwesen in Max Otte, 2019.
42 Siehe ausführlich dazu das vorige Kapitel.
43 Helge Peukert, *Die große Finanzmarkt- und Staatsschuldenkrise: Eine kritisch-heterodoxe Untersuchung*, Weimar bei Marburg, 1. Auflage, Weimar, Metropolis, 2010. Das Buch ist mittlerweile in fünf Auflagen erschienen. Leider musste das Kapitel mittlerweile anderen Inhalten weichen.
44 Max Otte, 2011.
45 Norbert Häring, *Die Abschaffung des Bargelds und die Folgen – der Weg in die totale Kontrolle*, 1. Auflage, Köln, Bastei Lübbe, 2016.
46 Norbert Häring, »Der Antisemit Norbert Häring: Dekonstruktion eines versuchten Rufmordes«, norberthaering.de, 17.05.2016, unter: http://norberthaering.de/de/27-german/news/617-antisemit.
47 Russell Napier, *Anatomie der Bärenmärkte*, 1. Auflage, München, FinanzBuch Verlag, 2008.
48 Scott Sandage, *Born Losers – A History of Failure in America*, 1. Auflage, Cambridge, First Harvard Press, 2006.
49 Erhard H. Arent und Max Otte, »Ethik und Marktordnung im Finanzwesen«, in: Max Otte, 2019, S. 109–121, hier S. 120.

Anmerkungen

50 Ulrich Horstmann, *Die geheime Macht der Ratingagenturen. Die Spielmacher des Weltfinanzsystems*, 1. Auflage, München, FinanzBuch Verlag, 2013, S. 65.
51 Henri Hauser, 1918, und Max Otte, 2019.
52 Anonym, »Die ›Schnapsidee‹ des Alfred Herrhausen«, Spiegel Online, 03.10.1988, unter: https://www.spiegel.de/spiegel/print/d-13529883.html.
53 Max Otte, 2019, S. 79ff.
54 Anonym, »Commerzbank fliegt aus Dax«, Spiegel Online, 05.09.2018, unter: https://www.spiegel.de/wirtschaft/unternehmen/commerzbank-fliegt-aus-dem-dax-a-1226728.html.
55 Max Otte, 2019.
56 Konsolidierter Jahresabschluss der Genossenschaftlichen FinanzGruppe für das Jahr 2017, unter: https://www.bvr.de/p.nsf/0/A91C6E438B944D46C12582CD004526F0/$file/BVR_PK_Juli_2018_FINAL_Presse.pdf.
57 Hannes Rehm, »Das deutsche Bankensystem – Befund – Probleme – Perspektiven«, 1. und 2. Teil, in: Kredit und Kapital, 41 Jg. (2008), Teil 1: S. 135–159, Teil 2: S. 305–331.
58 Carla Neuhaus, »1600 Banken gibt es in Deutschland – bald sind es vielleicht nur noch 150«, Der Tagesspiegel, 12.07.2019, unter: https://www.tagesspiegel.de/wirtschaft/angezaehlt-1600-banken-gibt-es-in-deutschland-bald-sind-es-vielleicht-nur-noch-150/24588604.html.
59 Thorsten Wiese, »Sichere Banken?«, Statista, 18.05.2017, unter: https://de.statista.com/infografik/9462/zahl-banken-deutschland.
60 Pressemitteilung, »Siemens-Finanzvorstand: ›Hätte schwarze Kassen niemals geduldet‹«, heise online, 16.06.2008, unter: https://www.heise.de/newsticker/meldung/Siemens-Finanzvorstand-Haette-schwarze-Kassen-niemals-geduldet-214521.html.
61 Anne Guhlich, »Maschinenbauer plädieren für Zellfertigung«, Stuttgarter Nachrichten, 15.06.2017, unter: https://www.stuttgarter-nachrichten.de/inhalt.wandel-in-autoindustrie-maschinenbauer-plaedieren-fuer-zellfertigung.86aeb67f-3be2-48c1-8253-193c578e4a2f.html.
62 Martin Siewert, »Jeder zweite Arbeitsplatz ist gefährdet«, Interview mit Nicole Hoffmeister-Kraut, WirtschaftsWoche, 30.06.2019, unter: https://www.wiwo.de/politik/deutschland/autoindustrie-in-baden-wuerttemberg-jeder-zweite-arbeitsplatz-ist-gefaehrdet-/24500720.html.
63 Thomas Franck, »US trade deficit widens to $50 billion in March«, CNBC, 09.05.2019, unter: https://www.cnbc.com/2019/05/09/us-trade-deficit-widens-to-50-billion-in-march.html.
64 Ebd.
65 Anonym, »US-Zölle könnten deutsche Autoexporte fast halbieren«, Zeit Online, 16.02.2019, unter: https://www.zeit.de/wirtschaft/2019-02/handelsstreit-autoexporte-deutschland-usa-entscheidung.
66 Nikolaus Doll und Gesche Wüpper, »Was hier läuft, ist ein Wirtschaftskrieg«, Welt Online, 15.01.2017, unter: https://www.welt.de/wirtschaft/article161161849/Was-hier-laeuft-ist-ein-Wirtschaftskrieg.html.
67 Dirk Müller, »VW-Skandal ist überzogen«, N-TV, 24.09.2015, unter: https://www.n-tv.de/wirtschaft/Mr-Dax-VW-Skandal-ist-ueberzogen-article16002516.html.
68 Carsten Germis und Marcus Jung, »Worauf können geschädigte Diesel-Fahrer hoffen?«, FAZ Online, 15.05.2018, unter: https://www.faz.net/aktuell/wirtschaft/unternehmen/die-unterschiede-der-amerikanischen-und-deutschen-vw-kunden-15589892.html.
69 David Shepardson, »Former U.S. deputy attorney general to be named Volkswagen monitor«, Reuters, 19.04.2017, unter: https://www.reuters.com/article/us-volkswagen-emissions/former-u-s-deputy-attorney-general-to-be-named-volkswagen-monitor-source-idUSKBN17L2MT.
70 Anonym, »US-Aufseher hält Druck auf VW aufrecht«, Spiegel Online, 04.09.2019, unter: https://www.spiegel.de/wirtschaft/unternehmen/us-aufseher-larry-thompson-haelt-druck-auf-vw-aufrecht-a-1285231.html.
71 dpa, »Wie EU und USA Abgas-Grenzwerte setzen«, SZ Online, 06.01.2017, unter: https://www.sueddeutsche.de/news/wirtschaft/auto-wie-euund-usa-abgas-grenzwerte-setzen-dpa.urn-newsml-dpa-com-20090101-170106-99-774648: https://de.wikipedia.org/wiki/Abgasnorm.

72 Daniel Stelter, »Rückschlag im globalen Wirtschaftskrieg«, Manager Magazin, 24.09.2015, unter: https://www.manager-magazin.de/politik/deutschland/vw-krise-als-ein-rueckschlag-im-globalen-wirtschaftskrieg-a-1054481.html.
73 Michael Kröger, »Daimler und Co. rüsten zum Kampf gegen Google«, Spiegel Online, 04.01.2017, unter: https://www.spiegel.de/wirtschaft/unternehmen/here-daimler-bmw-und-audi-blasen-zum-kampf-gegen-google-a-1128577.html.
74 Georg Kacher, »Der Elektro-Volkswagen hat das Zeug zum Massenstromer«, SZ Online, 15.07.2019, unter: https://www.sueddeutsche.de/auto/test-vw-id-elektroauto-1.4518978?utm_source=pocket-newtab.
75 Dinah Deckstein, Simon Hage, Alexander Jung, Michael Sauga, Thomas Schulz, Gerald Traufetter und Bernhard Zand, »Die fetten Jahre sind vorbei – warum dem deutschen Wirtschaftswunder ein jähes Ende droht«, Der Spiegel 20/2019, 11.05.2019, S. 10–21, hier S. 10.

Kapitel 13: Fake News, Überwachungsstaat, Repression und die Geburt einer neuen Weltordnung

1 Oswald Spengler, *Jahre der Entscheidung*, 1. Auflage, München, C.H. Beck, 1933, S. 10–11.
2 Friedrich August von Hayek, *Der Weg zur Knechtschaft*, 1. Neuauflage, Reinbek, München, Lau Verlag, 2014, S. 194.
3 Auch die Gastgeberin und Heiko Maas konnten nichts mit der Idee einer neuen Weltordnung anfangen, als ich das Thema am 5. Februar 2017 in der Talkshow *Anne Will* anschnitt; vgl. Kapitel 2.
4 Oswald Spengler, 1933. 11
5 Ebenda.
6 Vgl. Kapitel 6.
7 Anonym, »Verfassungskreislauf«, wikipedia.org, 08.09.2019, unter: https://de.wikipedia.org/wiki/Verfassungskreislauf.
8 David Engels, Max Otte, Michael Thöndl, 2018, S. 79–203, hier S. 80–32.
9 Henrik Müller, »Warum das Weltwirtschaftssystem weiter zerfallen wird«, Spiegel Online, 14.07.2019, unter: https://www.spiegel.de/wirtschaft/soziales/handelskrieg-warum-das-weltwirtschaftssystem-weiter-zerfallen-wird-a-1277238.html.
10 Anonym, »Nächster Schritt in die Eiszeit: der Währungskrieg«, thinkbeyondtheobvious.com, 15.07.2019, unter: https://think-beyondtheobvious.com/stelters-lektuere/naechster-schritt-in-die-eiszeit-der-waehrungskrieg/.
11 Graham Allison, 2018, S. 161.
12 Graham Allison, 2018, S. 184.
13 Walter Scheidel, *Nach dem Krieg sind alle gleich – Eine Geschichte der Ungleichheit*, 1. Auflage, Darmstadt, wbg Theiss, 2018.
14 Walter Scheidel, *The Great Leveler – Violence and the History of Inequality*, 1. Auflage, Princeton, Oxford, Princeton University Press, 2017.
15 Carl Schmitt, *Der Nomos der Erde*, 4. Auflage, Berlin, Duncker & Humblot, 1950.
16 Samuel P. Huntington, 1996. Alexander Dugin, *Konflikte der Zukunft. Die Rückkehr der Geopolitik*, 1. Auflage, Kiel, BONUS Verlag, 2014.
17 John Maynard Keynes, »National Self-Sufficiency«, mtholyoke.edu, 04.06.1933, unter: https://www.panarchy.org/keynes/national.1933.html.
18 Ulrich Teusch, 2019, a.a.O.
19 Anonym, »Washington will Afghanen mit Flugblättern und Rundfunk ködern«, faz.net, 18.10.2001, unter: https://www.faz.net/aktuell/politik/afghanistan-washington-will-afghanen-mit-flugblaettern-und-rundfunk-koedern-138149.html.

Anmerkungen

20 Henry A. Kissinger, »How the Enlightenment Ends«, henryakissinger.com, 01.06.2018, unter: https://www.henryakissinger.com/articles/how-the-enlightenment-ends. Bereits als Student hatte Kissinger eine Neigung zu geschichtsphilosophischen Themen und legte 1950 eine 383 Seiten umfassende Bachelorarbeit über *Die Bedeutung der Geschichte: Reflektionen über Spengler, Toynbee und Kant* vor. Die Länge der Arbeit veranlasste Harvard, eine Obergrenze für den Umfang von Bachelorarbeiten festzusetzen. Die Arbeit liegt in der Harvard University in Cambridge, Massachusetts unter Verschluss, kann aber auf Antrag eingesehen werden. Notizen sind erlaubt, Kopien nicht. Vor einigen Jahren bin ich nach Cambridge gefahren und habe die Arbeit eingesehen. Der Ehrgeiz, »große Themen« anzupacken, sollte Kissinger ganz nach oben bringen.
21 Henry A. Kissinger, *Weltordnung*, 1. Auflage, München, C. Bertelsmann Verlag, 2014.
22 Eli Pariser, *Filter Bubble – wie wir im Internet entmündigt werden*, 1. Auflage, München, Carl Hanser Verlag, 2017.
23 Al Gore, *Der Angriff auf die Vernunft*, 1. Auflage, München, Goldmann Verlag, 2009, S. 327.
24 Al Gore, 2009, S. 331.
25 Anonym, »Eine unbequeme Wahrheit«, wikipedia.org, 22.04.2019, unter: https://de.wikipedia.org/wiki/Eine_unbequeme_Wahrheit.
26 Anonym, »Umfrage: Unzufriedenheit über Funktionieren der Demokratie gewachsen«, web.de/magazin, 30.04.2019, unter: https://web.de/magazine/politik/umfrage-unzufriedenheit-funktionieren-demokratie-gewachsen-33680172.
27 Ebd.
28 *Lügen in Zeiten des Krieges* ist ein beeindruckender Roman des amerikanischen Schriftstellers und Rechtsanwalts Louis Begley. Begley wurde 1933 in Stryj (heute Ukraine, damals Polen) geboren und überlebte den Krieg mit seiner Mutter mit Hilfe falscher Ausweispapiere, die ihre jüdische Herkunft verschleierten und sie als Katholiken auswiesen. 1954 schloss er das Harvard College mit *summa cum laude* ab. Nach einem kurzen Militärdienst begann er ein Studium der Rechtswissenschaften in New York, das er 1959 abschloss. Er wurde ein sehr erfolgreicher Rechtsanwalt in New York, wo er viele Jahre die internationale Abteilung der Anwaltskanzlei Debevoise & Plimpton leitete. Louis Begley, *Lügen in Zeiten des Krieges*,12. Auflage, Berlin, Suhrkamp, 1996.
29 Stefan Hartwig: *Konflikt und Kommunikation. Berichterstattung, Medienarbeit und Propaganda in internationalen Konflikten vom Krimkrieg bis zum Kosovo*, 1. Auflage, Münster, Hamburg, London, LitVerlag, 1999, S. 4.
30 Uwe Krüger, *Mainstream*, 2. Auflage, München, C.H. Beck, 2014.
31 Siehe auch Kapitel 9.
32 Markus Kompa, »Realsatiriker Josef Joffe und Jochen Bittner scheitern auch am BGH«, heise.de, 10.01.2017, unter: https://www.heise.de/tp/news/Realsatiriker-Josef-Joffe-und-Jochen-Bittner-scheitern-auch-am-BGH-3592877.html.
33 Mehr Informationen unter, https://swprs.org/.
34 Anonym, »White Helmets making films of ›chemical attacks‹ with orphans in Idlib – Russian military«, rt.com, 12.09.2018, unter: https://www.rt.com/438282-white-helmets-film-chemical-attacks/.
35 Anonym, »BBC Producer says Syria Douma Chemical Attack Footage ›Was Staged‹«, mintpressnews.com, 15.02.2019, unter: https://www.mintpressnews.com/bbc-producer-says-syria-douma-chemical-attack-footage-was-staged/255152/.
36 Anonym, »Eine Chronologie der Ereignisse in Chemnitz«, mdr.de, 09.09.2018, unter: https://www.mdr.de/sachsen/chemnitz/chemnitz-stollberg/chemnitz-ausschreitungen-chronologie-demonstrationen-100.html.
37 Anonym, »›Hetzjagd‹-Video aus Chemnitz«, zdf.de, 11.09.2018, unter: https://www.zdf.de/politik/frontal-21/pressemitteilung-hetzjagdvideo-chemnitz-100.html.
38 Holger Douglas, »Tichys Einblick fand die Herkunft des Chemnitz-Videos heraus«, Tichys Einblick, 16.11.2018, unter: https://www.tichyseinblick.de/meinungen/tichys-einblick-fand-die-herkunft-des-chemnitz-videos-heraus/.

Anmerkungen

39 Anonym, »War Chemnitz und die Hetzjagd eine Notlüge?«, Tichyseinblick.de, 05.06.2019, unter: https://www.tichyseinblick.de/daili-es-sentials/war-chemnitz-und-die-hetzjagd-eine-notluege/.
40 Anonym, »Dramatische Verluste für Union, SPD auf Rekordtief, AfD dritte Kraft«, welt.de, 25.09.2017, unter: https://www.welt.de/politik/deutschland/article168979596/Dramatische-Verluste-fuer-Union-SPD-auf-Rekordtief-AfD-dritte-Kraft.html.
41 Mariam Lau, »Eiskalter Technokrat«, zeit.de, 09.08.2012, unter: https://www.zeit.de/2012/33/Maassen/seite-2.
42 Twitter-Account von Hans-Georg Maaßen, twitter.com, unter: https://twitter.com/HGMaassen/status/1148654208398319622.
43 Twitter-Account der NZZ, unter: https://twitter.com/NZZ/status/1148854839897677824.
44 Anonym, »Das Gespenst«, Spiegel Online, 19.07.2019, unter: https://www.spiegel.de/plus/hans-georg-maassen-und-seine-seltsame-kampagne-das-gespenst-a-00000000-0002-0001-0000-000164983187.
45 Ruprecht Polenz, »Maaßen übernimmt rechte Thesen – und entwickelt sich zum Sarrazin der CDU«, Focus.de, 17.07.2019, unter: https://www.focus.de/politik/experten/gastbeitrag-von-ruprecht-polenz-maassen-uebernimmt-rechtspopulistische-thesen-und-entwickelt-sich-zum-sarrazin-der-cdu_id_10933926.html.
46 Markus Reuter, »Der enthemmte Maaßen zeigt, wie gefährlich der Verfassungsschutz ist«, netzpolitik.org, 15.07.2019, unter: https://netzpolitik.org/2019/der-enthemmte-maassen-zeigt-wie-gefaehrlich-der-verfassungsschutz-ist/.
47 Torsten Kraul, »Auch Stegner sollte mit dem Twittern aufhören«, welt.de, 17.01.2019, unter: https://www.welt.de/debatte/kommentare/article187258176/Ralf-Stegner-sollte-mit-dem-Twittern-aufhoeren.html.
48 Anonym, »AfD scheitert vor Menschenrechtsgerichtshof«, tagesschau.de, 04.07.2019, unter: https://www.tagesschau.de/inland/afd-prueffall-gerichtshof-101.html.
49 Markus Krall, *Der Weg aus der Knechtschaft*, unveröffentlichtes Manuskript, München, 2019.
50 Norbert Häring, »Der IWF will dem Bargeld an den Kragen«, Norberthäring.de, 21.07.2019, unter: http://norberthaering.de/de/27-german/news/1159-iwf-bargeld-abwerten-2.
51 Friedrich August von Hayek, 2014.
52 Anonym, »China auf dem Weg in die IT-Diktatur«, deutschlandfunk.de, 09.09.2017, unter: https://www.deutschlandfunk.de/sozialkredit-system-china-auf-dem-weg-in-die-it-diktatur.724.de.html?dram:article_id=395440.
53 Harald Welzer, *Die smarte Diktatur – der Angriff auf unsere Freiheit*, 2. Auflage, Frankfurt, Fischer Taschenbuch Verlag, 2016.
54 Yvonne Hofstetter, *Das Ende der Demokratie – wie die künstliche Intelligenz die Politik übernimmt und uns entmündigt*, 1. Auflage, München, C. Bertelsmann Verlag, 2016.
55 Anonym, »Die Zeit der iTAN ist vorbei«, Spiegel Online, 16.07.2019, unter: https://www.spiegel.de/netzwelt/netzpolitik/ende-von-itan-listen-das-aendert-sich-beim-online-banking-a-1277429.html.
56 Yvonne Hofstetter, 2016, S. 79.
57 Eric Schmidt und Jared Cohen, *Die Vernetzung der Welt: ein Blick in unsere Zukunft*, 1. Auflage, Hamburg, Rowohlt Buchverlag, 2013.
58 Vgl. Kapitel 8.
59 »I am a ›conspiracy theorist‹. I believe men and women of wealth and power conspire. If you don't think so, then you are what is called ›an idiot‹. If you believe stuff but fear the label, you are what is called ›a coward‹.« David B. Collum, unter: https://twitter.com/DavidBCollum/status/1152008798522839040.
60 John Emerich Edward Dalberg-Acton, *Historical Essays and Studies*, London 1907, S. 504. Der Satz bezieht sich auf den Papst und findet sich in einem Brief Actons an den Historiker und späteren anglikanischen Bischof von London, Mandell Creighton, vom 5. April 1887.
61 George Orwell, *1984*, 40. Auflage, Berlin, Ullstein Taschenbuch, 2004.
62 Alexis de Tocqueville, *Über die Demokratie in Amerika*, 1. Auflage, Frankfurt/M., Fischer Bücherei, 1956.

Anmerkungen

63 Christoph Vormweg, »Über die Gefährdung der Freiheit in der Demokratie«, Deutschlandfunk Kultur, 27.07.2005, unter: https://www.deutschlandfunkkultur.de/ueber-die-gefaehrdung-der-freiheit-in-der-demokratie.984.de.html?dram:article_id=153281.
64 Anonym, »Mehrheit der Deutschen äußert sich in der Öffentlichkeit nur vorsichtig«, welt.de, 22.05.2019, unter: https://www.welt.de/politik/article193977845/Deutsche-sehen-Meinungsfreiheit-in-der-Oeffentlichkeit-eingeschraenkt.html.
65 Anonym, »Maaßen: ›Viele haben Angst, ihre Meinung frei zu äußern‹, tonline.de, unter: https://www.t-online.de/nachrichten/deutschland/id_85264436/hans-georg-maassen-viele-haben-angst-ihre-meinung-frei-zu-aeussern-.html.
66 Hamed Abdel Samad, *Mohammed – eine Abrechnung*, 1. Auflage, München, Droemer Verlag, 2017.
67 Paul Schreyer, »Twitter und die Meinungsfreiheit«, heise.de, 09.05.2019, unter: https://www.heise.de/tp/features/Twitter-und-die-Meinungsfreiheit-4413723.html.
68 Anonym, »Twitter sperrt Account des Konservativen Schauspielers James Woods«, rt.com, unter: https://deutsch.rt.com/nordamerika/76690-twitter-sperrt-account-konservativen-schauspielers/.
69 Anonym, »Trump ergreift Partei für ultrarechte Aktivisten«, tagesspiegel.de, 05.05.2019, unter: https://www.tagesspiegel.de/politik/nach-bann-bei-facebook-trump-ergreift-partei-fuer-ultrarechte-aktivisten/24305662.html.
70 Scott A. Sandage, *2006*.
71 Anonym, »Richtlinie (EU) 2019/790 (Urheberrecht im digitalen Binnenmarkt)«, wikipedia.org, 11.09.2019, unter: https://de.wikipedia.org/wiki/Richtlinie_(EU)_2019/790_(Urheberrecht_im_digitalen_Binnenmarkt)#Artikel-13.
72 Friedrich A. von Hayek, 2017, S. 201.
73 Anonym, »Bernard Willms«, wikipedia.org, 06.09.2019, unter: https://de.wikipedia.org/wiki/Bernard_Willms.
74 eingeSCHENKt.tv: Max Otte: Deutschland im Spannungsfeld der Globalisierung und Geopolitik, 05.11.2018, YouTube, unter: https://www.youtube.com/watch?v=5UtlRPsoPTs.
75 Ebd.
76 Anonym, »Göttinger Sieben«, wikipedia.org, 21.04.2019, unter: https://de.wikipedia.org/wiki/G%C3%B6ttinger_Sieben.
77 Dieter Schöneker, »Der Schutz der Freiheit«, schweizermonat.ch, März 2019, unter: https://schweizermonat.ch/der-schutz-der-freiheit/.
78 Heike Schmoll, »Wie an Universitäten Meinungen unterdrückt werden«, faz.net, 06.05.2019, unter: https://www.faz.net/aktuell/politik/inland/wie-an-universitaeten-meinungen-unterdrueckt-werden-16167677.html.
79 Anonym, »The vindictive campaign against Chelsea Manning, America's Political Prisoner«, wsws.org, 18.07.2019, unter: https://www.wsws.org/en/articles/2019/07/18/pers-j18.html.
80 Friedrich A. von Hayek, 2017, S. 205.
81 Friedrich A. von Hayek, 2017, S. 205.

Kapitel 14: Einen klaren Kopf bewahren

1 William Golding, *Herr der Fliegen*, 3. Auflage, Frankfurt, Fischer Taschenbuch Verlag, 2017.
2 Ebd.
3 John Gray, *Von Menschen und anderen Tieren: Abschied vom Humanismus*, 1. Auflage, Stuttgart, Klett-Cotta Verlag, 2010 (engl. Ausg.: *Straw Dogs – thoughts on Humans and other Animals*, New York, 2002).
4 John Gray, 2015.
5 John Gray, 2010, S. 12.
6 Wilhelm Röpke, *Maß und Mitte*, 2. Auflage, Bern, Haupt Verlag, 1950.

7 Edmund Burke, *Über die Französische Revolution. Betrachtungen und Abhandlungen*, Norderstedt, Hansebooks Verlag, 2017 (engl. Ausg.: *Reflections on the Revolution in France*, 1790).
8 George Orwell, *Farm der Tiere*, 43. Auflage, Zürich, Diogenes Verlag, 2011.
9 The pretended rights of these theorists are all extremes, and as much as they are metaphysically true, they are morally and politically false. Human rights are in sort of a middle, unable to be defined, yet possible to be discerned. Edmund Burke, *Reflections on the Revolution in France*, London 1982, S. 153.
10 Marc Aurel, *Selbstbetrachtungen*, 5. Auflage, Wiesbaden, Matrix Verlag, 2012.
11 Robert H. Bork, *Slouching towards Gomorrah – Modern Liberalism and American Decline*, New York, Harper Perennial Verlag, 1996, S. 247.
12 Alexander Unzicker, *Wenn man weiß, wo der Verstand sitzt, hat der Tag Struktur*, 1. Auflage, Frankfurt/M., Westend Verlag, 2019. Privatinvestor Politik Spezial: Alexander Unzicker: Denken im Postfaktischen Zeitalter, 08.07.2019, YouTube, unter: https://www.youtube.com/watch?v=RVJMyN6V4dE&t=860s.
13 Jordan B. Peterson, *12 Rules for Life*, 1. Auflage, München, Goldmann Verlag, 2018.
14 Anonym, »Robert Habeck bezeichnet sich als säkularer Christ«, evangelisch.de, 18.06.2019, unter: https://www.evangelisch.de/inhalte/156747/18-06-2019/robert-habeck-bezeichnet-sich-als-saekularer-christ.
15 Privatinvestor TV: »Die Deutschen werden zur Minderheit im eigenen Land!« Max Otte im Gespräch mit Jost Bauch«, 09.10.2018, YouTube, unter: https://www.youtube.com/watch?v=7Ekktbx10eY.
16 Dr. Markus Krall, 2019.
17 Josef Joffe, »Glaube und Glück«, zeit.de, 27.09.2019, unter: https://www.zeit.de/2019/10/religiositaet-glaube-gluecksgefuehle-wohlbefinden-hilfsbereitschaft-herzlichkeit.
18 Eckart Voland, *Soziobiologie*, 4. Auflage, Heidelberg, Springer Spektrum Verlag, 2013.
19 Max Otte, Neues Hambacher Fest 2019, Köln 2019.
20 Elizabeth Kolbert, *Das sechste Sterben – wie der Mensch Naturgeschichte schreibt*, 2. Auflage, Frankfurt/M., Suhrkamp Verlag, 2016.
21 Reinhold Niebuhr, *Moral Man and Immoral Society: A Study of Ethics and Politics*, 1. Auflage, New York, Wipf & Stock Publishers, 1932.

Kapitel 15: Wie Sie sich auf die Krise vorbereiten

1 Holger Zschäpitz, »Dieser Vorbote bringt uns der Rezession ganz nah«, Welt Online, 07.08.2019, unter: https://www.welt.de/wirtschaft/article198135003/Konjunktur-Dieser-Vorbote-bringt-uns-der-Rezession-ganz-nah.html?wtmc=socialmedia.twitter.shared.web.
2 Tyler Durden, »The American Public Is Over-Leveraged: Bankruptcies Are Up 5%«, Zero Hedge, 07.08.2019, unter: https://www.zerohedge.com/news/2019-08-07/american-public-over-leveraged-bankruptcies-are-5.
3 Tyler Durden, »Gold's Surge Is A Message: Central Banks Are Out Of Control, Not Inflation«, Zero Hedge, 08.08.2019, unter: https://www.zerohedge.com/news/2019-08-08/golds-surge-message-central-banks-are-out-control-not-inflation.
4 Thomas Mayer, »Weil sonst alles zusammenbricht: Es droht die staatlich organisierte Geldentwertung«, Spiegel Online, 20.07.2019, unter: https://www.focus.de/finanzen/boerse/experten/gefaehrlicher-abschung-weil-sonst-alles-zusammenbricht-es-droht-die-staatlich-organisierte-geldentwertung_id_10941252.html.
5 So baute Gerhard Spannbauer ein florierendes Geschäft mit Produkten zur Krisenvorsorge auf. Manche davon sind sicher nötig, andere unnötig, mehr unter: www.krisenvorsorge.com.
6 Siehe Kapitel 7.
7 Max Otte, 2017.
8 Stelter, 2018, S. 63 ff.

Anmerkungen

9   Pressemitteilung, »Das teure Geschäft mit dem Tod – Friedhofsgebühren steigen um bis zu 216 %«, bestattungen.de, 26.02.2015, unter: https://www.bestattungen.de/ueber-uns/presse/pressemitteilungen/das-teure-geschaeft-mit-dem-tod-friedhofsgebuehren-steigen-um-bis-zu-216.html.
10 Pressemitteilung, »Preisentwicklung für Trinkwasser«, Deutscher Verein des Gas- und Wasserfaches, 11.05.2018, unter: https://www.dvgw.de/medien/dvgw/verein/aktuelles/presse/presseinformation-trinkwasserpreise.pdf; https://www.n-tv.de/wirtschaft/Wasser-koennte-deutlich-teurer-werden-article19971316.html.
11 Pressemitteilung, »Kosten steigen teilweise um 1000 Prozent«, Rundfunk Berlin-Brandenburg, 16.10.2018, unter: https://www.rbb24.de/studiocottbus/beitraege/2018/10/preisanstieg-muellentsorgung-spree-neisse.html
12 Mehr Informationen zum »Wutbürger« unter: https://de.wikipedia.org/wiki/Wutb%C3%BCrger.
13 Fabian Vogler, »Facebook knackt Ihre Psyche: So viel verraten Ihre Likes über Sie«, chip.de, 05.12.2016, unter: https://www.chip.de/news/Gratis-Tool-kennt-Sie-besser-als-Ihre-Mutter-Wissenschaftler-entwickeln-beeindruckenden-Persoenlichkeitstest_104782850.html.
14 Siehe Kapitel 13.
15 Hans-Peter Martin, 2018, S. 299.
16 Ebd., S. 19.
17 Ebd., S. 20.
18 Ebd., S. 1.
19 Persönliches Gespräch am 20. Juli 2019.
20 Bundesamt für Bevölkerungsschutz und Katastrophenhilfe, »Vorsorge für den Katastrophenfall«, unter: https://www.bbk.bund.de/DE/Ratgeber/VorsorgefuerdenKat-fall/VorsorgefuerdenKat-fall_Einstieg.html.
21 Heike Faller, »Rette sich, wer kann«, Zeit Online, 24.02.2011, unter: https://www.zeit.de/2011/09/Aussteiger-Endzeitstimmung/komplettansicht.
22 Ebd.
23 Andreas Toller, »Unser Geld könnte sich in Luft auflösen«, Interview mit Max Otte, WirtschaftsWoche, 29.12.2015, unter: https://www.wiwo.de/finanzen/geldanlage/max-otte-unser-geld-koennte-sich-in-luft-aufloesen/12771448.html.
24 Dieter Bohlen, *Nichts als die Wahrheit*, 6. Auflage, München, Heyne, 2002.
25 28 Alle Geschichten sind wahr, da es sich bei sämtlichen Personen um Privatkunden aus meiner Geldpraxis handelt.
26 Zum Nachlesen empfehle ich: Günter Ogger, *Der Börsenschwindel – wie Aktionäre und Anleger abkassiert werden*, 1. Auflage, München, Random House, 2001.
27 S. Kapitel 3.
28 Nikolaus Jilch, »Bargeld ist so beliebt«, Die Presse, 24.10.2018, unter: https://diepresse.com/home/wirtschaft/boerse/5518937/Bargeld-ist-so-beliebt-wie-nie.
29 Max Otte, 2016.
30 Mehr Informationen zur Abwicklungsrichtlinie unter: https://de.wikipedia.org/wiki/Abwicklungsrichtlinie.
31 Vgl. Kapitel 11.
32 Robert R. Prechter, Jr., *Conquer the Crash – You Can survice and prosper in a Deflation Depression*, erweiterte und aktualisierte Auflage, Chichester, John Wiley & Sons, 2003, S. 145.
33 Siehe Kapitel 4.
34 Deutsches Aktieninstitut, »50 Jahre Aktien-Renditen«, 31.12.2018, unter: https://www.dai.de/files/dai_usercontent/dokumente/renditedreieck/181231%20DAX-Rendite-Dreieck%2050%20Jahre%20Web.pdf.
35 Investment Punk Academy by Gerald Hörhan: Finanzirrtum #1 – Eigenheim auf Pump in der Pampa, 13.06.2019, YouTube, unter: https://www.youtube.com/watch?v=WVHNUWkK7a0.
36 Robert R., Prechter, 2003, S. 153.

Anmerkungen

37 Max Otte, 2016.
38 Böglein & Dr. Axmann Rechtsanwälte, »Droht Medienfonds der Untergang? Millionenverluste für Medienfonds-Anleger«, unter: https://boegelein-axmann.com/droht-medienfonds-der-untergang-millionenverluste-fuer-medienfonds-anleger.
39 Verband der Automobilindustrie, »Der Deutsche Oldtimer Index«, unter: https://www.vda.de/de/themen/automobilindustrie-und-maerkte/historische-fahrzeuge/der-deutsche-oldtimer-index.html; Roman Kräussl, »China, der heißeste Kunstmarkt der Welkt«, Manager Magazin, 17.04.2019, unter: https://www.manager-magazin.de/premium/mm-kunstindex-die-50-wichtigsten-kuenstler-der-gegenwart-a-00000000-0002-0001-0000-000163470783.
40 Marc Friedrich und Matthias Weik, *Der Crash ist die Lösung – warum der finale Kollaps kommt und wie Sie Ihr Vermögen retten* 1. Auflage, Köln, Bastei Lübbe, 2015.
41 Bund der Versicherten, Broschüre »Gut und günstig versichert«, 09.10.2015, unter: https://www.bundderversicherten.de/presse-und-oeffentlichkeitsarbeit/pressemitteilungen/gut-und-guenstig-versichert.
42 Vgl. Kapitel 4.
43 Höchstgrenzen Bargeldzahlung, Europäisches Verbraucherzentrum, Januar 2018, unter: https://www.evz.de/de/verbraucherthemen/geld-kredite/im-ausland-bezahlen/hoechstgrenzen-bargeldzahlung.
44 Friedrich A. von Hayek, *Der Weg zur Knechtschaft*, 1. Neuauflage, Reinbek, München, Lau Verlag, 2014.
45 Anonym, »USA haben sich zur größten Steuer-Oase der Welt entwickelt«, Deutsche Wirtschaftsnachrichten, 29.12.2017, unter: https://deutsche-wirtschafts-nachrichten.de/2017/12/29/usa-steigen-zur-weltgroessten-steuer-oase-auf.
46 Max Otte, 2019.
47 Florian Homm, Markus Krall und Florian Hesse, 2016, S. 126.
48 Diese Anleihen haben ein relativ hohes Insolvenzrisiko, deswegen zahlen die Gläubiger auch höhere Zinsen, um die Käufer den Anleihen angemessen für das Risiko zu kompensieren.
49 Vgl. Kapitel 7.
50 Diese Mechanismen habe ich in Kapitel. 4 ausführlich beschrieben.
51 Wilhelm Röpke, *Die Lehre von der Wirtschaft*, Bern, 1937; *Die Gesellschaftskrisis der Gegenwart*, Zürich, 1942, und *Civitas Humana, Grundfragen der Gesellschafts- und Wirtschaftsreform*, Zürich, 1944.

Kapitel 16: Kapitalanlagen für die Krise

1 Anonym, »Was Sie über das Gold der Deutschen wissen sollten«, Manager Magazin, 16.04.2019, unter: https://www.manager-magazin.de/fotostrecke/zahlen-und-fakten-zum-deutschen-goldbesitz-fotostrecke-168126-4.html; Christian Siedenbiedel, »Deutsche horten so viel Gold wie nie«, FAZ Online, 16.04.2019, unter: https://www.faz.net/aktuell/finanzen/meine-finanzen/sparen-und-geld-anlegen/edelmetalle-warum-deutsche-so-viel-gold-wie-nie-horten-16142337.html.
2 Hans Dreier, »Die Preise für Acker- und Grünland sind kräftig gestiegen«, agrarheute.com, 16.10.2018, unter: https://www.agrarheute.com/wochenblatt/feld-stall/betriebsfuehrung/preise-fuer-acker-gruenland-kraeftig-gestiegen-548751.
3 Max Otte, 2016.
4 Ulf Sommer, »Wem gehört der Dax?«, handelsblatt.com, 26.06.2019, unter: https://www.handelsblatt.com/finanzen/maerkte/aktien/aktionaersstruktur-wem-gehoert-der-dax-/24494776.html.
5 Tyler Durdan, »Gold's Surge is A Message: Central Banks Are Out Of Control, Not Inflation«, zerohedge.com, 08.08.2019, unter: https://www.zerohedge.com/news/2019-08-08/golds-surge-message-central-banks-are-out-control-not-inflation.
6 Inflationsrechner, fxtop.com, unter: https://fxtop.com/de/inflationsrechner.php?A=850&C1=US-D&INDICE=USCPI310111913&DD1=31&MM1=01&YYYY1=1980&D-D2=18&MM2=08&YYYY2=2019&btnOK=%C3%84quivalent+berechnen.
7 Siehe Kapitel 5.

Anmerkungen

8   Für eine viel grundlegendere Sicht verweise ich auf die Ökonomen der österreichischen Schule, insbesondere Ludwig von Mises' *Theorie des Geldes und der Umlaufsmittel*, 1. Auflage, München, Duncker & Humblot Verlag, 1912 sowie *Human Action*, 4. Auflage, Auburn, Liberty Fund, 2007. Siehe auch unter: https://mises.org/.
9   Anonym, »Regierungsplan: Deutsche sollen Gold nur noch bis 2000 Euro anonym bekommen«, focus.de, 12.07.2019, unter: https://www.focus.de/finanzen/boerse/gold/reicht-nicht-mal-fuer-50-gramm-schon-ab-januar-deutsche-sollen-gold-nur-noch-bis-2000-euro-anonym-bekommen_id_10916613.html.
10 Anonym, »Deutsche horten so viel Gold wie nie«, Spiegel Online, 16.04.2019, unter: https://www.spiegel.de/wirtschaft/unternehmen/gold-deutsche-horten-so-viel-des-edelmetalls-wie-nie-und-der-goldpreis-steigt-a-1262877.html.
11 Max Otte, 2006, S. 243.
12 Christian Kirchner, Britta Langenberg, »22 Mythen und Fakten über ihr Vermögen«, Capital, 18.11.2015, unter: https://www.capital.de/geld-versicherungen/id-22-mythen-und-fakten-ueber-ihr-vermoegen.
13 Renae Merle, »A guide to the financial crisis – 10 years later«, 10.09.2018, unter: https://www.washingtonpost.com/business/economy/a-guide-to-the-financial-crisis--10-years-later/2018/09/10/114b76ba-af10-11e8-a20b-5f4f84429666_story.html.
14 Max Otte, 2016.
15 Anonym, »Die Daimler-Aktie. Attraktive Perspektiven in der Autobranche«, daimler.com, unter: https://www.daimler.com/investoren/aktie/.
16 Siehe Kapitel 1.
17 Simon, 1996, S. 16.
18 Stefan Kotkamp und Max Otte: »Die lange Performance von DAX-Dividendenstrategien«, Kredit und Kapital, 34. Jahrgang 2001/Heft 3, S. 393–417.
19 Frank Stocker, »So finden sie den Reichmacher-Fonds«, welt.de, 19.03.2019, unter: https://www.welt.de/finanzen/plus190537531/Mehr-Rendite-Auf-der-Suche-nach-den-Reichmacher-Fonds.html; https://www.zeit.de/2011/25/GS-Fondsrankings/seite-2.
20 Siehe zum Beispiel Kapitel 4.
21 Siehe Kapitel 1.

Anhänge

1   Max Otte, 2007, S. 22.
2   Ebd., 43–45.
3   Carmen M. Reinhart und Kenneth S. Rogoff, *Dieses Mal ist alles anders – Acht Jahrhunderte Finanzkrisen*, 1. Auflage, FinanzBuch Verlag, München, 2010.
4   Ray Dalio, 2018.
5   Ray Dalio, 2018.
6   Ebd., S. 10 und 14.
7   Richard Bookstaber, *A Demon of our own Design*, 1. Auflage, New Yersey, John Wiley & Sons, 2007.
8   Hanno Beck, *Behavioral Economics*, 1. Auflage, Wiesbaden, Springer Gabler Verlag, 2014.
9   Anonym, »Repräsentativitätsheuristik«, wikipedia.org, 09.07.2019, unter: https://de.wikipedia.org/wiki/Repräsentativitätsheuristik.
10 Anonym, »Ich denke, also irre ich. Hirnforscher, Psychologen und Historiker stellen das Menschenbild der Aufklärung in Frage: dass es uns bessergehe, wenn wir unseren Verstand benutzen«, Der Spiegel, 02.04.2012, Ausgabe 14/2012, S. 122–126.
11 Daniel Kahneman, *Schnelles Denken, langsames Denken*, 13. Auflage, München, Penguin Verlag, 2012; vgl. auch Max Otte, 2007, S. 41ff. Einen von Kahnemans Versuchen beschreibe ich in der Einleitung.

12 Charles Mackay, *Extraordinary Popular Delusions and the Madness of Crowds*, 15. Auflage, New York, 1967, S. 47ff. Ich habe das Werk 2010 neu herausgegeben: *Gier und Wahnsinn – Warum der Crash immer wieder kommt*, 1. Auflage, München, FinanzBuch Verlag, 2010.
13 Charles P. Kindleberger, *Manias, Panics, and Crashes*, 3. Auflage, New York, Palgrave Macmillan,1996, S. 28.
14 Ebd.
15 Hyman P. Minsky, *Stabilizing an Unstable Economy*, 1. Auflage, New York, McGraw Hill Education Verlag, 1986.
16 Ray Dalio, 2018, S. 14.
17 Ray Dalio, 2018 sowie Kapitel 3.
18 Charles P. Kindleberger, 1996, S. 61f.
19 Ray Dalio, 2018, S. 14.
20 Ansprache des Präsidenten an die American Economic Association, Robert Lucas 2003.
21 Bob Woodward, *Dirigent der Weltwirtschaft*, 1. Auflage, Hamburg, Europa Verlag, 2001.
22 Shawn Tully, Oliver Ryan, »Is the Housing Boom Over? Home prices have gone up for so long that people think they'll never come down. But the fundamentals tell a different Story – a scary one«, CNN, 20.09.2004, unter: https://money.cnn.com/magazines/fortune/fortune_archive/2004/09/20/381175/index.htm.
23 IWF, »Jahresbericht 2007: Die Vorteile der Weltwirtschaft für alle sichern«, 2007, unter: https://www.imf.org/en/Publications/AREB/Issues/2016/12/31/Annual-Report-of-the-Executive-Board-for-the-Financial-Year-Ended-April-30-2007.
24 Anonym, »Weltwirtschaftliche Expansion nur leicht gedämpft. Rezession nicht wahrscheinlich«, Deutsches Institut für Wirtschaft, 2007, in: Wochenbericht 74/42, unter: https://ideas.repec.org/a/diw/diwwob/74-42-42.html.
25 H.-J. Jakobs, M. Ahlemeier, K. Gregorian, »Ungerecht lebt es sich besser«, Interview mit Hans-Werner Sinn, SZ Online, 11.05.2010, unter: https://www.sueddeutsche.de/wirtschaft/aquariumsgespraech-mit-ifo-chef-sinn-ungerecht-lebt-es-sich-besser-1.320678.
26 Max Otte, 2019, S. 19–47.
27 Max Otte, 2019; David Engels, Max Otte, Michael Thöndl, 2018, S. 25–49.
28 Max Otte, 2019.
29 Max Otte, 2018, S. 243–255.
30 Alfred D. Chandler, *Scale and Scope – the Dynamics of Industrial Capitalism*, 1. Auflage, Cambridge; Massachusetts, Harvard University Press Verlag, 1994; Geert Hofstede, Gert Jan Hofstede, Michael Minkov, *Cultures and Organizations – Software of the Mind*, 3. Auflage, New York, McGraw-Hill Education, 2010.
31 Vgl. Oswald Spengler, *Preußentum und Sozialismus*, 1. Auflage, München, C.H. Beck, 1919, S. 46–49.
32 Arthur Ponsonby, *Falsehood in Wartime. Propaganda Lies of the First World War*, London, George Allen and Unwin, 1928, unter: http://www.vlib.us/wwi/resources/archives/texts/t050824i/ponsonby.html.
33 Anne Morelli, *Die Prinzipien der Kriegspropaganda*, 2. Auflage, Springe, Klampen Verlag, 2004.

STICHWORTVERZEICHNIS

1984 (Roman) 42, 128, 223, 415, 537, 613
9/11 71, 101, 107, 546, 585
737 Max 79, 541, 556, 559, 580

A

ABC 210, 239, 534, 565, 573, 594
Abdel Samad, Hamed 417, 538, 614
Abe, Shinzō 160, 564, 588
Abenomics 160, 564, 566, 588
Ackerland 448, 482
Ackermann, Josef 211, 213, 382f., 541, 594
Acton, Lord 415, 533
Adel 72, 209, 222ff., 392, 415
Adidas 347f., 377
AfD, Alternative für Deutschland 25, 39, 184, 233, 240, 298, 321, 403, 406, 408f., 420, 451, 544, 563, 565, 591, 602, 613
Afghanistan 30ff., 36, 51, 62, 129, 249, 394, 399, 545, 548, 556, 570, 573, 597, 611
Afrika 17, 24, 36, 50, 80, 82, 85, 87f., 244, 291, 394, 397, 427, 556, 581
Afrika, Schwarzafrika 33
Afrikanische Entwicklungsbank 87
Agrarprodukte 122
Agrochemie 373, 376
Akademiker 197, 266, 541, 592
Akteur/e 47, 49, 61, 63, 121, 128, 136, 145, 164f., 167f., 191, 214ff., 256, 283, 285f., 288f., 358, 360, 393, 521
Aktie/n 77, 116, 152f., 157, 163, 167–170, 186ff., 191f., 216ff., 230, 302f., 326, 342–348, 370ff., 374, 378, 433, 441f., 448, 451ff., 455f., 460ff., 470, 473f., 476f., 479f., 482f., 485, 488ff., 492ff., 499–513, 520f., 528f., 543, 555, 562, 566, 575, 589, 594, 606, 616, 618
Aktienfonds 451, 457, 461, 482f., 502, 513
Aktienkurse 43, 212, 372, 375, 417, 463, 485, 493f., 499ff., 506f., 509f.
Aktienmarkt, Aktienmärkte 28, 159, 171f., 192, 341, 344f., 508, 521
Aktienoptionen 213
Aktionär 59, 93, 153, 211f., 346, 371f., 374ff., 380, 441, 461, 500, 506f., 529, 537, 543, 594, 608, 616

Al Jazeera 68, 131
Albert, Michel 329, 533, 605
Al-Gaddafi, Muammar 32, 235, 291
Algorithmen 192, 216, 218, 359, 399ff., 413, 519
Allgemeines Zoll- und Handelsabkommen, GATT 55, 104f., 122, 125, 127, 270, 278
Allison, Graham 47, 76, 99f., 256, 390, 395f., 533, 541, 571, 575, 579, 583, 605, 611
Alpha-Journalist/en 72, 287, 404
alternative Fakten 42
Altersversicherung, Altersversorgung 545, 593
Amazon 134, 186, 200, 209, 288f., 309, 335, 367, 445, 452, 554, 591
America First 39, 111, 128, 237, 240, 385
American Dream 239f.
Amtsenthebung/sverfahren 249
Anarchie, anarchisch 48f., 105, 414, 557, 611
Anarchist/en 319
Angst 98, 107, 168, 170, 197, 228, 280, 318, 371, 402, 415f., 426, 439, 444, 481, 500, 508, 545, 549, 601, 614
Anlagefonds 531
Anleihenindizes 187
Anleihen 28, 71, 116, 118, 144f., 147, 152, 154, 160, 162, 170, 173, 187f., 301, 303, 305, 307, 311, 345, 358, 388, 395, 411, 451, 453, 455ff., 459f., 470, 472f., 474, 479f., 483, 492, 494f., 502, 528, 603, 617
Annexion 34, 63, 242, 248, 290
Anschläge vom 11. September 2001 30f., 62, 69, 76, 131
Anthropologie/Anthropologe/n 14, 52, 432, 523
Anti-Abschiebe-Industrie 42
Antifa-Zeckenbiss 406
Aragorn 399
Arbeitnehmer 179f., 182, 184f., 202, 302, 554, 561, 572, 590
Arbeitnehmerrechte 286
Arbeitsmarkt 26, 176
Arbeitsmarktreform 337, 366
ARD 41, 46, 96, 288, 346, 409, 530, 543f., 549f., 565, 568, 570, 574f., 587, 600f.
Argentinien 51, 86, 163, 453, 549, 588
Aristokratie 392
Armitage, Richard 89

Arnault, Bernard 209, 563, 593
Arroganz 74, 136
ASEAN 123
Ashton, Catherine 284
Asienkrise 126, 489
Assad, Hafez-al 33, 65, 68, 246, 250f., 291, 405, 548, 597
Assange, Julian 258f., 421, 541f., 547, 598
Asset Purchase Programme 145, 307, 547, 586f.
Assyrer 67
Asylindustrie 244
Asyltourismus 42
Atatürk, Mustafa Kemal 164
Atheisten 26, 45f., 236
Athen/Athener 47, 73, 81, 301, 555, 575
Atlantik-Charta 55, 566, 576
Atomprogramm 252
Atomwaffen 56f.
Atomwaffensperrvertrag 55f.
Atoss Software 502, 506
Attali, Jacques 296
Attentat 64, 81, 257
Aufklärung 70, 167, 218, 254, 353, 399ff., 432, 520, 540, 618
Aufstand, Aufstände 30, 64, 265, 392, 563, 578
Aurel, Mark 430, 435, 536, 615
Ausgaben/plan 50, 114, 118, 143, 146f., 149, 152, 204, 255, 261, 276, 298, 337ff., 352ff., 359, 405, 440, 442, 455, 474ff., 521, 563, 573
Ausgrenzung 15
Ausnahmezustand 351
Außenhandel 45, 95, 104, 110f., 116f., 119f., 126, 152, 241, 388, 442
Außenminister 15, 31f., 37, 61, 69, 89f., 135, 180, 209, 245, 247, 258, 283, 296, 346, 399, 574
Australien 38, 51, 231, 351, 427

B

Babyboom/er 183
Babylon, Babylonier 67
Bacevich, Andrew 61, 69, 533, 577f.
Bachelor 378, 612
Baethe, Oliver 213
Bahamas 51, 360, 468
Balance of Power 61
Banca Monte dei Paschi 156
Banco Popolare 156
Bandulet, Bruno 295, 297f., 324, 533, 602, 604
Bank of England 144, 146
Bankenkrise 301, 546, 575
Bankensystem/e 43, 302, 310, 312, 325, 378, 383, 540, 610

Bankenunion 312, 316, 567, 603
Bannon, Stephen 76, 94, 118, 239, 246, 251, 565, 582
Bärenmarkt, Bärenmärkte 170, 172, 380, 499f., 537, 589, 609
Bargeld 28, 149, 169, 297, 299, 309f., 342, 379, 411, 444, 446, 451, 456–459, 461, 466, 473f., 480, 483, 488f., 494f., 535, 537, 547, 554, 556, 560, 568, 572f., 589, 592, 609, 613, 616f.
Barnett, Thomas 60, 66f., 533, 578
Barrel 112
Barrick Gold 493f.
Barroso, Jose Manuel 219, 284f.
Basel II / III 164f., 347, 463
BASF 82, 347f., 373, 377
Batterieproduktion 388
Bauch, Jost 432, 566, 615
Baupost Group 175, 178
Bayer AG 119, 128, 133, 347f., 373, 375f., 384, 540, 543, 561, 585, 609
Beamter 205, 223, 280, 361
Behavioral Finance 16
Belgien 51, 55, 131, 204, 220, 231, 269, 277, 295
Benko, René 447
Berlin 126, 136, 148, 190, 222, 305, 333, 350, 352–355, 362, 366, 545, 547f., 555, 557, 564, 586f., 591f., 605ff.
Berlin Brandenburg (BER) 78
Bernanke, Ben 140, 142, 144
Bertelsmann-Stiftung 178, 540, 590
Bevölkerungswachstum 45f., 236
Biden, Joe 34, 262, 290, 542, 566, 573, 602
Bieńkowska, Elżbieta 279
Big Data 309, 412, 445
Bilanz 31, 116, 119f., 144f., 153, 163, 168, 172, 189, 191, 212, 215f., 255, 283f., 305f., 310ff., 319, 326, 329, 340, 349, 381ff., 386, 440, 442, 459, 470–474, 480, 505, 533, 539, 544, 566, 574, 596, 603, 605
Bilmes, Linda 70
bin Laden, Osama 31
Binnengrenzen 270
Biotechnologie 92, 133
BIP, Bruttoinlandsprodukt 77, 146, 150f., 156, 158, 162, 185, 267, 270f., 304, 315, 332f., 336, 346, 352, 354, 381, 442f., 509f., 567, 605
Birk, Dietrich 385
Bismarck, Otto von 15, 223, 341
Bitcoin 78f., 192f., 453f., 508, 542, 545, 551f., 566, 580, 592
Bittner, Jochen 404f., 550, 557, 592, 612
Blair, Tony 115, 350

Blase 18, 27, 77f., 103, 106, 154, 157–160, 170f., 187f., 191ff., 345f., 400, 402, 453f., 464, 482, 485f., 488, 497f., 504, 506, 508, 517f., 520, 522f., 558, 611
Blodget, Henry 452
Bloomberg 43, 79, 117, 150f., 159, 171f., 344, 347f., 384–387, 494, 499, 507f., 529, 542, 549, 556, 559f., 563, 575, 580, 588f., 593
blühende Landschaften 349
Blüm, Norbert 465
BMW 78, 83, 200, 347f., 373, 386, 388, 482, 558, 611
Bödecker, Ehrhardt 329, 533, 605
Bodentruppen 237, 246, 250
Boehringer Ingelheim 222
Boeing 79f., 541, 552, 556, 559, 580
Bohlen, Dieter 449, 533, 616
Bonaparte, Napoleon 427, 437
Bonus, Boni 212, 446, 554, 594
Bonus-Zertifikate 451, 457, 460
Boom 78, 159, 161, 162, 183, 190, 192f., 198, 217, 255, 299, 337f., 346, 372, 378, 461, 464, 472, 482, 493, 508, 522, 548, 563f., 591, 619
Börse/n 79, 108, 115, 140, 150, 153, 159f., 163, 166, 169, 171ff., 185, 191, 193, 216ff., 220, 255, 330, 335, 337, 344, 347f., 360, 371f., 376, 378f., 395, 438, 452f., 459f., 493, 499, 502, 504, 509, 517–520, 526, 528f., 536f., 545f., 549f., 560, 566, 580, 587, 589f., 592, 595, 616
Boston 239
Boston Consulting Group 205, 524
Boston University 35, 61, 249, 266f., 298, 318
Brandeis, Louis 165, 176, 380, 533, 588f.
Brasilien 32, 86, 92, 163, 332, 542, 588
Bressler, E. R. 432
Bretton Woods 54, 56, 103ff., 109, 111, 113, 116, 583
Bretton-Woods-System 104, 109, 113, 116
Brexit 26, 39, 316, 318, 321, 360, 409, 508, 537, 550, 558, 592, 603
Brexit-Party 26, 318
BRICS 85
Bridgewater 175f., 551, 589
Brown University 71
Brutkastenlüge 15, 29, 567, 573
Brzeziński, Zbigniew 60, 62f., 66, 533, 558, 575, 577
Buffett, Warren 150, 153f., 170, 178, 203, 219, 470, 485, 500, 502f., 509f., 523, 529f., 540, 556, 587, 590
Bullenmarkt 499, 513
Bund Freier Bürger, BFB 297

Bundesbank 43, 146, 166, 189, 191, 295, 297f., 307, 313, 337f., 342, 457, 524, 526, 547, 567, 575, 584, 603
Bundesregierung 31, 133ff., 262, 356, 386, 407, 490
Bundesrepublik Deutschland 80, 113, 210, 269, 274, 297f., 334, 351, 444
Bundestag 39, 165, 205, 219, 269, 275, 282, 297, 351, 371, 407, 420, 547, 565, 567, 593, 602
Burda, Michael 148
Bureaucratic Politics 256, 552, 598
Bürger, Bürgertum, bürgerlich 25, 28, 30, 41, 43, 70, 72, 149, 153f., 159, 169, 176, 178f., 184, 199, 238, 259, 272, 276ff., 287f., 297, 301f., 309, 319, 326, 337f., 340, 342, 362, 388, 398, 402, 406f., 409, 411, 413, 416, 421, 432ff., 441, 443f., 447, 449f., 458, 468f., 489, 545, 570, 584, 593,'616
Bürgerkrieg/e 32f., 63, 68, 250f., 404, 428, 539, 567, 585, 602, 604
Burke, Edmund, 330, 428f., 533, 615
Bush, George 60, 62, 69f., 116f., 171, 229, 240, 249, 359, 577
Bush, George H. W. 29, 61, 229, 240, 249, 261, 427, 567, 573
Business School 178, 364, 511f., 523, 525
BWL-Fakultät, BWL 325, 364
Byrd, Robert 126

C

Call-Center 185, 554, 591
Calvin 217
Campact 287, 551, 601
Carnegie, Andrew 200
Carr, Edward Hallett 45, 533, 575
Carter, Jimmy 62, 113f., 229, 294
Carville, James 240
Cayman Inseln 360, 468
CBS 235, 239, 245f., 565, 577, 596
CEO, Chief Executive Officer 213, 331, 371, 374, 414, 506, 564, 594f.
CETA 106, 556, 586
Chabris, Christopher 18, 540, 551, 571
Chandler, Alfred D. 330f., 525, 526, 534, 605, 619
Chemieunternehmen 328, 366, 368, 373
Chemnitz 327, 406f., 541, 544, 548, 552, 566, 604, 612f.
China 25, 27, 32f., 36ff., 46f., 50, 56f., 61, 75–98, 100f., 105, 118–121, 126, 132, 140, 144, 147, 157f., 161ff., 173, 176, 193, 201, 240ff., 250, 252, 271, 288, 315, 325, 329, 332ff., 356, 359, 361, 370, 386, 388, 391, 393–398, 411f., 438, 448, 508, 533, 541f., 544ff., 548,

551–565, 567, 571, 574, 576, 579–585, 588, 594, 605, 607, 613, 617
Chinesischer Panda 490
Chipproduktion 368
Chomeini 113
Christentum 428, 432, 546, 615
Christie's 160
Chruschtschow, Nikita 34
Chrysler 372, 542, 608
Churchill, Winston S. 55, 268f., 282, 551, 556, 582, 599
CIA, Central Intelligence Agengy 32, 115, 256f., 327, 439, 551, 598
City of London 360, 370
Clark, Andrew 230
Clark, Christopher 99f., 534, 583
Clark, Wesley 30, 62, 76, 249, 565f., 577, 579, 597
Clausewitz, Carl von 49, 534, 575
Clinton, Bill 60, 115f., 118, 123f., 129, 229, 239f., 242, 249, 350, 359, 402, 538, 564
Clinton, Hillary 184, 237, 239, 242, 258, 260, 543, 549, 557f., 564f., 591, 596, 598
CNN 239, 549, 553, 556, 558, 562, 564f., 574, 579f., 590, 597f., 605, 619
Cognizant 185
College 73, 177, 267, 430, 542, 590, 612
Collier, Paul 198, 534, 592
Collum, Dave 415, 567, 613
Columbia University 142, 539, 597
Comey, James 260
Commonwealth of Nations 269
Computerindustrie 366, 368
Confirmation Bias 19
Conspiracy Theory 257, 569, 577
Containerschiffe 464
Conte, Giuseppe 84, 280, 320, 551, 581
Coudenhove-Calergi, Richard Nikolaus 268
Council on Foreign Relations 54, 89, 399
Coupon 460
Crash/s 11f., 23, 27, 46, 75f., 101, 103, 137, 140, 147, 153, 160, 169ff., 217f., 267, 293, 310, 378, 421, 436–440, 446f., 454, 459, 482f., 485, 490, 499f., 504, 517f., 521, 523f., 534–537, 540, 550, 560, 571f., 575, 584, 586f., 589, 592, 595, 602, 605, 616f., 619
Crichton, Michael 158
Cruise Missiles 249, 251
CTS Eventim 504, 506
Cui Bono 431
Cyberattacke 252
Cyberkrieg(er) 394, 395,

D

Daimler 347f., 372f., 376, 386, 388, 499, 507, 542f., 558, 608, 611, 618
Dalio, Ray 49, 171, 175f., 178, 201f., 234, 391, 517, 521, 534, 551, 575, 589, 593, 618f.
Das Boot 367
Datenkolonie 289, 549, 601
Datenkrake 93, 134, 288, 309, 400
Davos 139, 149, 546, 554, 575, 587
DDR, Deutsche Demokratische Republik 27, 41, 169, 316, 326, 340, 349f., 433, 555, 560, 589, 602f.
De Niro, Robert 249
de Tocqueville, Alexis 415, 539, 613
Defizite 44, 104, 110f., 114, 116f., 119, 144, 147, 152, 160, 185, 246, 285, 301, 305, 368, 380f., 386, 411
Defizitländer 145
Deflation 142f., 160, 460, 494f., 517, 537, 616
Deglobalisierung 397
Deloitte 87, 552, 581
Delors, Jacques 270
Demandt, Alexander 222
Democracy Now 31, 62, 565, 577
Demokraten 30f., 232, 237, 253, 260, 262, 282, 350, 399, 434
Demokratie 26, 39, 61, 73, 179, 210, 221, 245, 249, 272, 278f., 281, 285f., 288, 298, 316, 327, 390, 392, 402f., 412, 415, 433f., 525, 535f., 538f., 547, 549, 555, 560, 564, 571f., 583f., 594, 600, 612ff.
Den Haag 57, 548, 576
Denken 14–19, 38, 41, 103, 148, 192, 226, 229, 389, 399ff., 419, 430f., 519, 523, 531, 535, 539, 565, 571, 587, 595, 607, 615, 618
Denunziation 418, 526, 539
Depression 27, 53, 160, 192, 228, 267, 300, 438, 522, 536f., 583, 616
Der Crash kommt 11f., 23, 27, 46, 75f., 101, 103, 147, 404, 437ff., 447, 485, 490, 500, 504, 517, 523, 537, 575, 587, 592
Derby, Earl of 225
Derivate 126, 150, 167, 185, 214, 216, 218f., 301, 452, 457, 460, 470, 559, 584, 587
Destabilisierung 24, 62, 64, 67, 130, 237
Deuber, Lea 356, 551, 607
Deutsche Bank 119, 211f., 214, 326, 347f., 369ff., 382f., 462, 509, 543, 554, 566, 594, 603
Deutsche Lufthansa AG 347f., 377
Deutschland 11, 15, 25, 31–34, 39f., 44, 46, 51, 54, 61, 77f., 80, 82f., 92, 95, 98f., 113, 115, 118, 129, 131ff., 135, 157, 159, 163f., 167, 178ff., 182, 190ff., 194–199, 201f., 204, 206, 208–211, 216, 220ff., 224, 231f., 240, 243f.,

252, 257, 267, 269, 274, 276ff., 282f., 286f., 290f., 294f., 297–302, 305f., 308, 312–316, 318, 320f., 323–341, 345ff., 349–354, 356ff., 361, 363, 365–370, 372, 374, 377ff., 384, 386ff., 394, 397, 399, 403, 418ff., 431, 433f., 438f., 441f., 444, 447–450, 453, 459, 461, 464f., 467f., 470, 472, 474, 476f., 482, 490, 497, 501, 503, 518, 524ff., 533, 536, 538f., 541f., 544f., 548ff., 552–555, 557–565, 567f., 570, 572, 576ff., 581, 583ff., 590ff., 594f., 598–607, 610f., 613f.
Deutschland AG 325, 345f.
Devisen 110, 112, 120, 163, 218, 451, 456, 459ff., 468, 480, 483, 494, 551, 592
Devisenreserven 104, 119f.
Dibelius, Alexander 372
Dickens, Charles 223
Dienstleistungen 73, 84, 122, 125, 166, 185, 266, 273, 276, 294f., 325, 352, 365f., 371, 413, 470, 477, 504f., 554, 591
Diesel-Skandal 366, 369, 386f.
Digitalisierung 366, 384, 412f., 429, 561, 605
Diktatur 249, 310, 367, 412, 441, 539, 542, 613
Diplomatie 29, 38, 61, 67, 69, 85f., 269, 283, 295, 314, 318, 362, 399, 533, 536, 577f.
Direktinvestitionen 85, 125, 338
Discount-Zertifikate 451, 457, 460
Diskriminierung 416
D-Mark 109, 111, 113, 295ff., 299, 312, 326, 336, 350
Dobrindt, Alexander 289
Dollar 16, 27, 31, 34f., 37, 43f., 63, 70f., 77f., 80–83, 85–88, 90, 93ff., 98, 104, 109–112, 116–120, 125f., 131, 133, 143ff., 147, 150, 152ff., 159, 163, 171f., 176ff., 186, 193, 204f., 207ff., 213, 239, 242, 254, 258–261, 266, 271, 286, 288, 294, 304, 307, 315, 336, 346, 372ff, 376, 286, 395, 421, 447, 452, 454, 456, 461, 481, 484ff., 489, 492f., 498, 509f., 534, 545, 562f., 573, 577, 583f., 597
Dominanz 61, 74, 80, 91, 98, 135, 288f., 394, 577
Dormann, Jürgen 213, 373
Dornbusch, Rüdiger 139, 540, 586
Dot-Com-Blase 188
Dow-Jones-Index 499
Drake, Sir Francis 330
Dreißigjähriger Krieg 98, 390, 397, 399, 428
Drogenepidemie 240
Drohne 253f., 395f., 412
Drohnen, Unterwasserdrohnen 38
Dschibuti 50f., 562, 576
Dugin, Alexander 397, 534, 611
Dunkirk, Dünkirchen 367f.

Durchschnittseinkommen 59, 182, 194, 207, 231, 497, 563, 590
Dystopie 415

E

E-Auto 385
e-Commerce 444, 458
Economist 93, 359, 542, 587
Ecuador 86, 258f., 545, 598
Edelmetalle 188, 441f., 449, 451, 456f., 462, 469, 474, 480f., 484, 487f., 490, 493, 529, 543, 562, 617f.
Eichel, Hans 468
Eigenheim 462, 474, 476, 565, 616
Eigenkapital 43, 142, 153, 156ff., 164f., 211, 214ff., 218f., 310ff., 339, 347, 459, 470, 473f., 477, 498, 505
Eigenkapitalhilfe/n 143
Eigenkapitalrendite 215, 383f.
Eigentum, geistiges 127f., 395
Einheitliche Europäische Akte 270
Einkommen 59, 93, 127f., 148, 177, 179ff., 182f., 187–190, 194, 196, 199f., 206–210, 220f., 227f., 230–233, 244, 254, 337, 441, 454f., 456, 472f., 476f., 494f., 497, 499, 521, 543, 546, 548, 553, 555, 563, 568ff., 590ff., 594
Einkommensteuer 182f., 220, 319
Einlagensicherung/ssystem 313f., 458f.
Einnahmen/plan 219, 255, 440, 470, 474ff.
Einwanderung 26, 237, 243f., 253f., 262, 416
Eisenbahnkilometer 329
El Salvador 51, 85f.
Eliten 26, 39f., 43, 68ff., 72, 106, 179, 209f., 214, 221ff., 225, 239, 244ff., 247f., 257, 262, 268, 278f., 281, 316, 318f., 329f., 380, 392, 397, 399, 403ff., 443, 446, 534f., 549, 552, 554, 571, 583, 587, 594, 596
Ellis, Charles 511f.
Embargo 95, 112, 129, 291, 561, 582
Empire 48, 67, 69ff., 104, 129, 533, 554f., 577ff.
Emser Depesche 15
Enclosures, Enclosure Movement 224f., 330, 534, 595, 605
Engelmann, Bernt 210, 534, 550, 594, 603
Engels, David 392, 534, 576, 579, 611, 619
England 48, 61, 72, 99, 104, 129, 155, 201, 222–225, 316, 327–331, 465
Entwicklungszusammenarbeit 120
e-Pay-Unternehmen 309, 444
Erdogan, Recep Tayyip 65, 163f., 544, 563, 577f., 588
Erhard, Ludwig 193, 225, 535, 595
Erkenntnistheorie, evolutionäre 14

Erster Weltkrieg 37, 54, 61, 81, 98ff., 129, 176, 240, 326, 328f., 346, 382, 428, 527, 534, 583
Esser, Klaus 374, 550, 609
ETH Zürich 210
EU, Europäische Union 34, 39, 50, 63, 77, 87, 123, 130f., 134, 136, 149, 186, 216, 219f., 252, 265f., 267f., 270f., 273–279., 284f., 288, 290f., 304, 312, 316ff., 320, 360f., 367, 393, 409, 419, 459, 469, 577, 599
EU-Kommission 135, 186, 195, 268, 273, 276, 279ff., 283, 285, 287ff., 361, 374, 376, 542, 545, 550, 600f.
EU-Parlament 128, 276, 278, 282, 446, 541, 546f., 565, 599ff., 602
Euphorie 119, 192, 346, 508
Eurasien 36, 67, 80f., 88
Euro 43, 59, 113, 116, 119, 133, 144, 146, 156, 165, 170, 180–183, 185f., 190f., 194, 202, 204ff., 211f., 216, 219f., 265–267, 276, 279, 280f., 284, 288, 293ff., 297–305, 307–313, 316, 319, 325, 336–340, 343f., 349, 351ff., 358, 371–374, 376, 379, 383, 385, 387, 409, 442f., 447, 449, 451, 453, 455, 459–462, 468, 472, 474, 482f., 486f., 490, 493, 498, 502f., 528, 533, 535, 537, 541, 546, 550, 552f., 555, 563, 565, 583ff., 588, 590f., 595, 599f., 602f., 605f., 618
Eurodollar 112
Europäische Finanzstabilisierungsfazilität (EFSF) 303
Europäische Freihandelsassoziation (EFTA) 270, 273f.
Europäische Gemeinschaft für Kohle und Stahl, (EGKS) 269
Europäische Verteidigungsgemeinschaft 269, 282
Europäische Wirtschaftsgemeinschaft, EWG 269f., 274, 284, 317
Europäischer Rat 268, 273, 276, 285, 299
Europäischer Stabilitätsmechanismus, ESM 278, 303, 314
Europäisches Währungssystem 113, 270f., 278, 294, 394, 555, 602
Europarat 268, 272f.
Europawahl 275, 550, 558, 600, 603
EuroStoxx 172, 217, 326, 383
Evolution 14–17, 52
Expanded Asset-Purchase Program, EAPP 307
Export/e 67, 93, 95, 110, 112, 120, 122, 129, 154, 298, 300, 324ff., 335, 337–340, 346, 350, 354, 372, 379, 385f., 546, 548, 580, 610
Exportnation 340
ExxonMobil 247
Exzeptionalismus 70

F

Facebook 40, 134, 200, 261, 288, 309, 335, 366f., 413f., 417, 419, 445ff., 544, 547, 556, 564, 608, 614, 616
Fake News 39f., 262, 389, 407, 611
False Flag Operations 64, 567, 577
Familienverband 182
Family Office/s 191, 209
FDP 233, 297
Federal Bureau of Investigation, FBI 260f.
Ferguson, Niall 70
Filmindustrie 60, 128, 366f., 385
Filterblase 400, 402
Financial Engineering 152
Financial Times 162, 359, 588
Finanzanalyst/en 115, 143, 169, 171 179, 295, 343, 351, 387, 408
Finanzbranche 79, 165, 192, 215, 217ff., 254, 343, 345, 350, 366, 379, 451ff., 462, 480, 491, 503, 513
Finanzderivate 126, 150, 214, 452, 457, 460, 470, 584
finanzielle Gesundheit 440
Finanzkrise 11, 27ff., 41, 43f., 82, 101, 107, 117, 119, 121, 133f., 139f., 143ff., 149–153, 155, 165, 168f., 180, 185, 187, 192, 201, 205, 208, 211, 214, 216–219, 255, 263, 299ff., 310, 314, 345, 379ff., 383, 387, 438f., 441, 458, 462f., 467f., 470, 482, 489, 493, 503f., 506, 508, 510, 517f., 520, 523ff., 533, 536, 538, 540, 549, 586ff., 595, 618
Finanzlobby 164f., 210, 219, 254, 491f.
Finanzmarktakteur 145, 165, 214
Finanzmarktaufsicht 59, 134, 216
Finanzminister 84, 89f., 116, 126, 135, 142, 214, 219, 280f., 297, 301, 314, 339, 350, 379, 468, 570, 584
Finanzoligarchie 165, 176, 211, 216, 218, 220, 268, 379f.
Finanzrepression, Financial Repression 152, 342
Finanzreserven 204
Finanzsystem 109, 141f., 149f., 157, 164, 169f., 214–217, 276, 324, 377f., 395, 470, 526, 610
Finanztransaktionssteuer 165, 214, 218ff., 289, 361, 544, 550, 595
Finanzwoche 266, 552, 599
FinTec 309
Fiskalunion 316
Flotte/n 37, 45, 51, 59, 79, 95–98
Flüchtlingskrise 33, 40, 405
Flugabwehr, Flugabwehrsystem/e 65
Flugzeugträger 82, 96ff., 252, 368
Flüssiggas 285

Flynn, Michael 247, 260f., 544, 597
Fonds 54, 56, 80, 88, 104f., 119ff., 151, 163, 166f., 169f., 176, 210, 212, 219, 236, 259, 281, 283, 301ff., 312ff., 339f., 342, 344, 370f., 375f., 382f., 403, 441f., 451f., 456, 459–464, 470, 480, 482f., 492, 495, 502f., 510f., 513, 517, 522f., 528f., 531, 540, 545, 547, 550f., 559, 563, 567, 590, 593, 596, 606, 617f.
Fondskongress 267, 566f., 589, 596
Fondsmanager 49, 208, 236, 266, 503, 510, 517, 519f.
Ford, Gerald 229
Ford, Henry 331, 398
Foreign Intelligence Surveillance Act (FISA) 259
Fortschritt 14, 26f., 93, 106ff., 151, 159, 226, 272, 316, 336, 392, 426
Fox News 239, 252, 564f., 597, 599
FPÖ, Freiheitliche Partei Österreichs 25
Framing 40f., 408, 492, 544, 549, 568, 570, 574
Frankreich 25f., 32, 39, 43, 50, 55ff., 72, 81, 92, 157, 178, 197, 201, 216, 220, 222, 231, 252, 269f., 276ff., 281ff., 289, 291, 295f., 299f., 306, 312, 314f., 318–321, 327, 340f., 359, 361f., 370, 398, 439, 468, 544, 555, 563, 574, 583, 601, 604
Franzke, Reinhard 355
Freeland, Chystia 209, 534, 594
Freiheit 14, 28, 46, 52, 73f., 108, 149, 196, 224, 246, 273, 298, 319, 325, 411f., 415ff., 418, 420f., 428, 430, 434, 468, 488, 526, 539f., 546, 561, 564, 609, 613f.
Friedberg, Aaron 24, 577
Friedman, George 67, 394
Friedman, Milton 225, 583
Friedman, Thomas L. 106f., 534, 485
Friedrich, Marc 146, 465, 587, 617
Führungsmacht 50, 124, 236, 397
Fukuyama, Francis 24f., 29
Funktionär/e 212f.
Furcht 47, 89, 91, 451, 508, 511, 518
Fürsorgepflicht 223
Fußball-WM 298
Fussell, Paul 205, 534, 593
Future 79, 193, 460, 551f., 580, 592
Futures, Terminkontrakte 150

G

G-7 84, 116
G-8 116
Gabriel, Gunter 564, 602
Gabriel, Sigmar 37, 69, 136, 287, 298, 375, 544, 553, 575, 601
Gaido, Juan 33

Gandalf 399
Ganser, Daniele 15, 56, 534, 571, 576
Garcia Martinez, Antonio 367, 608
Gärtner, Markus 18, 96, 530, 534, 572
Gated Communities 196, 221, 526
Gates, Bill 178, 209, 563, 593
GATT, Allgemeines Zoll- und Handelsabkommen 55, 104f., 122, 125, 127, 177, 270, 278
Gauß'sche Normalverteilung 206
Geheimdienst/e 30, 32f., 36, 40, 49, 64f., 81, 130, 247, 249, 256f., 260, 280, 288f., 328, 394, 411, 414, 417, 445, 542, 601
Geheimdienstaffäre 280
Gehirn 14ff., 18f., 41, 226f., 230, 519f., 527, 574
Gehirnforschung 14
Gehler, Michael 534, 579
Gekko, Gordon 115
Gelbwesten 39, 43, 318f., 439, 544, 563, 574, 604
Geld 16, 28, 41, 45, 65, 73, 78, 104, 125, 142ff., 146–149, 156, 160, 166, 168f., 177, 185, 187, 193, 209ff., 226, 230, 235, 237, 239, 242, 276, 281, 290, 297, 299, 301, 309ff., 321, 331, 335, 338f., 342, 345f., 357, 379, 388, 411, 419, 438, 441, 443, 444, 446, 449, 451ff., 454, 456–466, 468ff., 472ff., 477, 480–483, 488f., 491, 493ff., 500, 508, 511f., 517, 520, 522f., 533–537, 541, 544, 546f., 554, 556f., 559–563, 565, 568, 572f., 581, 587f., 592, 594f., 597, 600–604, 606, 609, 613, 616ff.
Geldanlage 16, 338f., 342, 378, 440, 451, 453, 466, 485, 511, 513, 550, 563, 617
Gelddrucken 44, 144, 161, 202
Geldmenge 107, 114
Geldpolitik 109f., 140, 145–149, 160, 202, 255, 295, 397, 521, 545, 552, 587f., 603
Geldvermögen 152, 342, 455f., 459, 461, 606
Geldvermögensbesitzer 152
Gemeinschaftswährung 336
Gemeinwesen 179, 221, 428, 525
General Electric, GE 212, 544, 594
General Motors 27
Generika 128
Genscher, Hans-Dietrich 296
Gent, Chris 374
Georgien 35, 64f., 248
Gerschenkron, Alexander 377, 534, 609
Gesamtkapitalrendite 215
Geschäftsmodell 133, 165, 185, 191, 218f., 288, 385, 445, 470, 504f.
Geschlossene Fonds 339, 457, 461, 463f.
Gesinnungsethik 42
Getreideembargo 129
Gewerkschaften 11, 184, 279, 332, 375

Stichwortverzeichnis

Gewinn 116, 119, 153, 167, 192, 205, 212, 215, 218, 225, 254, 263, 325, 336, 346, 372f., 441, 460, 481, 485, 492, 504f., 513, 520
Giftgasangriff/e 246, 405f.
Gilpin, Robert 14, 23f., 46–49, 248, 359f., 368, 534, 564, 569, 572, 575, 584, 608
Gini-Index 233
Gipfel 34, 85, 89f., 250, 285
Giscard, D'Estaing, Valéry 113, 294
Glass-Steagall-Act 115, 164f.
Gläubiger 118, 202, 211, 268, 301f., 304f., 338, 379, 459, 480, 494, 617
Globales System 390
Globalisierung 26f., 67, 94, 106–109, 122f., 152, 179, 180, 184, 266, 366, 398, 419, 464, 536, 538, 561, 565, 572, 583, 614
Globalisierungsblase 27, 103, 464, 482
Globalismus 421
Globalist/en 54, 118, 179, 245, 247, 399
GMO 178
Goethe, Johann Wolfgang von 369, 425
Goffart, Daniel 179f., 183, 534, 590
Golan-Höhen 242
Gold 72, 110f., 141, 162, 177, 241, 396, 438, 441, 445, 448, 451, 456, 462, 464, 473, 479–494, 529, 543, 546, 548, 552, 562, 580, 586, 608, 615, 617f.
Gold Eagle 490
Goldbarren 490f.
Golding, William 426, 534, 614
Goldman Sachs 170, 187, 214, 258, 280, 294, 301, 370, 372, 379, 452, 549, 561, 589, 598
Goldminen 480, 488ff., 492
Goldmünzen 489ff.
Goldpreis 438, 481, 484ff., 492ff., 543, 618
Goldreserven 104, 109
Gold-Silber-Ratio 487
Goldstandard 141, 360, 367
Golf von Tonkin 15
Gore, Al 402f., 612
Gorilla, Gorillas 18, 551, 571
Gottfried, Paul 200, 554, 593
Goya, Francisco 427f.
Grantham, Jeremy 178, 523, 554, 590
Gray, John 27, 94, 107, 426, 535, 572, 582f., 614
Greenberg, Maurice 89
Greenhill, Kelly 68, 535, 578
Greenspan, Alan 140–143, 171, 488, 522, 539, 546, 559, 563, 586, 589
Greider, William 141, 535, 586
Griechenland 43, 82, 157, 194f., 204, 220, 231, 267f., 270, 277, 298–302, 304–307, 314ff., 338–341, 545, 568, 587, 602f.

Großbritannien 26, 32, 37ff., 50f., 55ff., 67, 80f., 96 98f., 104, 108, 113ff., 122, 135, 147, 156, 197, 215, 219, 222f., 231, 249, 252, 269–272, 291, 318, 321, 326, 328ff., 332, 340, 350, 360, 370, 378, 384, 390f., 467, 469, 497, 583
Große Depression 27, 123, 142, 171, 460, 518
Großmacht 60f., 81, 99f., 123, 249, 269, 536, 577
Großmachtstreben 74
Großraumordnung 393, 397f.
Großvermögen 210, 268, 380, 552, 594
Grundeinkommen 182, 200, 555, 592
Grundsteuer 254, 497
Grüne 186, 233, 282, 349f., 432, 525, 545, 558, 593
Gruppendenken 15, 17
Gruppenkonsens 14, 17
Guantanamo Naval Base 50
Guardia Civil 320
Guardian 83, 87, 136, 421, 546, 553f., 556, 569, 573, 579, 581, 586, 598f.
Guatemala 86
Güterverkehr 125
Gutverdiener 182, 220f.
Gymnasium 197, 355
Gysi, Gregor 167, 286, 297, 565, 602

H

Habeck, Robert 432, 546, 615
Habermas, Jürgen 221
Haftar, Khalifa 32, 549, 573
Haftungsunion 316
Hambacher Fest 40, 277, 298, 310, 361, 433f., 566, 602, 615
Hamilton, Alexander 362
Handel 25, 27, 45, 55, 79, 82f., 85–88, 90, 94, 104ff., 108, 112, 116, 120–133, 135, 147, 158, 166, 193, 217f., 241f., 267, 270, 272f., 274, 284f., 287, 290f., 306, 326, 336ff., 365, 370, 382, 385, 388, 393, 395, 435, 442, 491, 508, 545, 548, 556, 558f., 563, 567, 569f., 573, 580, 584f., 586, 588–593, 595, 600, 610
Handelsblatt 25, 37, 96, 171, 179f., 185, 210, 220, 295, 324, 374, 377, 530, 541f., 544f., 547f., 550–555, 558f., 561f., 572, 574f., 580, 584f., 588–593, 595, 598, 600, 608f., 617
Handelsdefizit 110f., 116f., 119, 152, 305, 385f.
Handelskrieg 76, 94f., 101, 387, 393, 395, 399, 438, 544, 582, 611
Handelspolitik 83, 94, 126f., 240, 242, 284f., 359, 387, 543, 553, 600
Handelsroute 48
Handwerker 72, 197, 473, 496
Hans-Böckler-Stiftung 287

Häring, Norbert 379, 535, 554, 590, 609
Hartmann, Michael 210, 535, 594
Hass, Hassparolen, Hassrede 40, 236, 367, 416, 418, 544
Häuserpreise 189f., 522
Haushaltseinkommen 182
Haushaltsdisziplin 297
Hayek, Friedrich August von 28, 389, 411, 419, 421, 436, 468, 535, 573, 575, 611, 613f., 617
Hegemon 47f., 71, 105, 295, 359, 608
Hegemonialmacht 48, 368
Heiliges Römisches Reich deutscher Nation 222f.
Heinrich III. 329
Hendrickson, David C. 73, 555, 579
Henkel, Hans-Olaf 280, 535, 600
Herrhausen, Alfred 370, 382, 543, 610
Herrschaft des Unrechts 42
herrschaftsfreier Diskurs 221
Herrschaftsstruktur 71f., 210, 221
Herrscher 32, 68, 71, 222, 331, 428
Hetzjagd, Hetzjagden 406f., 541, 548, 612f.
Heuss, Theodor 364
Hidden Champions 325, 500f., 504, 507, 538, 606
Hierachie, hierarchisch 50, 52f., 56, 105, 226, 229, 331, 571
Hiesinger, Heinrich 375
High Yield 187
Highland Clearances 223f., 330, 536f., 595, 605
Hilfskredite 302ff.
Hilfspaket/e 185, 303ff.
Historiker 98f., 147, 200, 217, 222, 331, 354, 377, 392, 415, 426, 527, 540, 613, 618
Hobbes 217
Hobbes, Thomas 47, 67
Hochfrequenzhandel 218, 595
Hochgeschwindigkeitszug 80
Hochschule 177, 196, 281, 319, 328, 354–357, 378, 551, 607
Hochschule Worms 148, 439
Hochtief 375
Hoechst 128, 373, 376, 540, 551, 568, 609, 617
Höfer, Frank 417
Hoffman, Dustin 249
Hoffmann, Florian 345f.
Hoffmann, Reid 447
Hoffmeister-Kraut, Nicole 385, 562, 610
Hofstede, Geert 330f., 525f., 535, 605, 619
Hofstetter, Yvonne 412f., 445, 535, 613
Hohn, Christopher 371
Hollywood 60, 160, 290, 366, 379, 464
Home Depot 213
Homm, Florian 153, 471, 535, 587, 617

Honduras 51, 86
Honecker, Erich 27, 293, 555, 602f.
Horstmann, Ulrich 381f., 535, 595, 610
Huawei 59, 86, 91f., 95, 135, 545, 561f., 582, 585
Hufbauer, Gary Clyde 129, 535, 585
Humanist 420, 428
Humankapital 42
Humboldt-Universität 148
Hume, David 330, 420
Huntington, Samuel 25, 256, 397, 535, 572, 611
Hype 78f., 192f., 453f., 509
Hyperdrive 62, 140, 160
Hyperinflation 163, 326, 346, 448, 518
Hyperkapitalismus 200
Hypo Real Estate 211
Hypothek 27, 145, 177, 380, 455, 473ff., 483f., 497f.
Hypothekendarlehen 185

I

IG Farben 373
Ideologie 62, 70, 73, 124, 401, 426
Idlib 33, 251, 405, 549, 612
ifo (Institut für Wirtschaftsforschung) 164, 198f., 302, 386, 522, 541, 546, 553, 556, 573, 585, 592, 619
illiquide 254, 457
Immelt, Jeffrey 213
Immobilien 27f., 39, 94, 116, 143, 157, 167f., 170, 186, 188, 190f., 200, 204, 238, 241, 299, 333, 338, 340, 441f., 450, 455ff., 461ff., 465, 469, 474, 476, 479, 481ff., 488, 492, 494, 496ff., 541, 559, 563, 591f.
Immobilienboom 162, 198
Immobilienpreise 159, 189, 198, 442, 463, 481, 568, 591
Immunität 45, 278, 303, 362
Imperialmacht 54, 63, 73
Import/e 78, 87, 92, 94f., 110f., 119f., 129, 132, 284, 336ff., 379, 385f.
Indien 32, 38, 57, 71, 91, 100, 140, 185, 332, 394, 398, 554, 579, 591
Individuum, Individuen 53, 107, 204, 209, 400, 402, 518, 523
Inflation 12, 110, 112ff., 141ff., 146f., 152, 160, 163f., 167, 168, 183, 202, 267, 309, 326, 341ff., 346, 356, 438, 441f., 448, 484f., 500, 518, 538, 541, 544f., 549, 552, 559, 568, 571, 583, 588, 595, 607, 615, 617
Infrastruktur 37, 73, 80ff., 84f., 87ff., 105, 152, 163, 184, 196, 198, 200, 202, 218, 237, 255, 287, 302, 326, 333ff., 339, 352f., 362ff., 447, 526, 564, 566, 580, 584
INF-Vertrag 549

Inka 67, 72f., 82, 400
Innovation 91, 98, 152, 168, 217, 307, 326, 347, 349, 359, 368, 521, 537, 608
Innovationsdynamik 368
Insiderinformationen 115
Insolvenz 27, 142, 162, 177, 202, 211, 213, 302, 312, 380, 382, 438, 459, 463, 465, 472, 483, 493, 617
Instabilität 48, 53, 61, 76, 124, 358
Institut für Demoskopie Allensbach 415
Interessen, nationale 291, 358f.
International Intellectual Property Alliance (IIPA) 128
Internationale Beziehungen 14, 24f., 35, 47, 49, 58, 61, 248f., 266
Internationaler Gerichtshof 54, 57f., 561, 576
Internationaler Währungsfonds, IWF 54, 84, 88–91, 104f., 116, 119, 121, 124, 259, 301, 309, 385, 522, 554f., 568f., 584, 613, 619
Internationales System, Weltsystem 25, 47f., 52, 61, 67, 100, 176, 399, 436, 438ff.
Intervention/en 28, 31ff., 40, 49, 61f., 66ff., 70f., 73, 86, 129, 145, 169, 245, 247f., 306, 373, 375, 394, 397
Investmentrisiken 216
Investor, Investoren 14, 18f., 82f., 87, 150, 153, 156, 166f., 170, 172, 178, 193, 198, 219, 234, 286, 302, 307, 337, 340, 346ff., 370f., 375, 377, 382, 388, 417, 438, 447, 454, 457, 462, 464f., 470, 480, 482, 492f., 500f., 508f., 521, 528–531, 540, 543, 545, 558f., 565f., 580, 589f., 592, 600, 602ff., 615, 618
iPhone 78, 446, 541, 579
Irak 15, 29, 31f., 51, 68, 70, 76, 81, 245, 251, 256
Irakkrieg 15, 29, 31, 61f., 70f., 115, 261, 291
Iran 33, 36, 64, 69, 101, 113, 129ff., 135, 245, 251ff., 394, 548, 558, 565, 585, 597
Irland 51, 108, 144, 157, 185f., 194, 220, 231, 277, 299, 301, 549, 559, 568, 591
Islam, islamisch 39f., 129, 164, 246, 397, 416f., 420, 553, 597
Islamischer Staat, ISIS 32, 251, 258
islamistisch/Islamisten 33, 64f., 131, 240, 242, 245, 251
Isolationismus 54
Israel 16, 57, 64, 67, 242, 252, 519
Istanbul 68, 81
Italien 25, 39, 43, 51, 55, 66, 82–85, 156f., 178, 194f., 204, 214, 221, 231, 267ff., 277, 280, 291, 294, 298–301, 304–308, 314f., 320f., 324, 339ff., 365, 384, 468, 555, 562, 575, 583, 609

J

Jackson, Andrew 362
Jackson, Jesse 431
Jakobs, Hans-Jürgen 210, 535
Japan 38, 40, 48, 51, 77, 80, 91, 94f., 101, 113, 118, 126, 133, 144, 147, 155, 157–163, 180, 187, 195, 209, 231f., 241, 315, 324f., 332, 359, 365f., 370, 375, 377, 388, 396f., 537, 539f., 545, 564, 568, 570, 574, 576, 579, 584, 588
Jemen 33, 36, 51, 68, 131
Jinping, Xi 37, 83, 85f.
Joffe, Josef 287, 404f., 556f., 612, 615
Johnson, Hiram 404
Johnson, Lyndon B. 257
Johnson, Simon 165, 210, 556, 594
Jones, Alex 417f.
Jongen, Marc 420
Jugendarbeitslosigkeit 43, 268, 300, 304, 315
Jugoslawien 30, 251
Justizministerium 58f., 259, 421, 552, 609

K

Kaeser, Joe 213
Kagan, Robert 25, 60, 535
Kahnemann, Daniel 16, 226, 519f., 535, 595, 618
Kahrs, Johannes 204f.
Kaiserreich 48, 197, 222, 329, 345, 364, 533, 599
Kaldemorgen, Klaus 236
Kalter Krieg 24, 34, 62ff., 67, 74, 100, 115, 190, 393f., 398, 539, 554, 573, 585
Kanada 51, 55, 62, 80, 135, 201, 231, 286, 351, 447, 467
Kanalinseln 360, 468
Kant, Immanuel 420, 430, 612
Kaperbrief 329
Kapital 43, 84, 87, 96, 108f., 116–120, 126, 142, 152f., 156f., 164f., 176f., 184, 189, 199, 211–216, 218ff., 266, 295, 298ff., 305–308, 310ff., 316, 338f., 341, 344, 346ff., 364, 377f., 383f., 394, 421, 433, 441, 447, 450ff., 457, 459, 463, 465f., 468, 470, 473, 475ff., 480, 493, 498, 510, 537, 540, 543, 560, 570, 584, 588, 610, 618
Kapitalanlage/n 56, 166, 187, 440, 447, 451f., 454f., 462, 464–467, 474, 479f., 485, 492, 501f., 505, 507, 509, 512f., 528, 531, 617
Kapitalismus 42, 94, 108, 115, 123, 156, 161, 176, 178, 200f., 203, 209f., 212, 214, 225, 234, 325, 329f., 348, 366, 375, 382, 393, 523, 525, 534f., 559, 569, 583, 592–595, 605
Kapitallebensversicherung/en 451, 457, 465, 466

Kapitalmarkt, Kapitalmärkte 108, 124, 159, 168, 192, 211, 303f., 309, 339, 353, 378, 382, 456, 508, 518, 526, 545, 603
Kapitalverkehr 108ff., 273, 294, 468f.
Kapitalzuflüsse 116
Kaplan, Robert 60, 66, 535, 572, 578
Karibik 85f., 244
Karim, Imad 40, 417, 434
Kartell/e 112, 214, 269, 345f., 379, 381, 533, 536, 550, 599, 606
Katalonien 320f., 544, 604
Katar 68f., 131, 258, 578
Katastrophe 26, 30, 33, 44, 81, 107, 150, 390, 392, 438, 446–449, 524, 567, 616
Katastrophenschutz 439f., 446, 449f.
Katholiken 182, 612
Kaufkraftparität 44, 46, 77, 132, 161, 332, 572, 605
Keller, Suzanne 222
Kennedy, John F. (JFK) 47, 99, 253, 257f., 561, 577, 598
Kenobi, Obi-Wan 58
Kernkraft 129
Keynes, John Maynard 45f., 76, 104, 108, 112f., 115, 236, 536, 557, 575, 611
Khashoggi, Jamal 68
Kindleberger, Charles 105, 217, 521, 536, 583, 595, 619
Kirch, Leo 211, 349
Kisljak, Sergeij 247
Kissinger, Henry 14, 60f., 66, 68, 89, 180, 283f., 399ff., 536, 545, 550, 557, 577f., 600, 612
Kiyosaki, Robert 473
KKR 115
Klarman, Seth 175, 178
Kleinsparer 165, 204, 219, 325
Klimaschutz/politik 286, 403
Kmart 213
Knapp, Friedrich 146, 536, 587
Knechtschaft 28, 289, 411, 419, 421, 535f., 573, 611, 613, 617
Koalition 29, 31f., 44, 54, 84, 252, 290, 327
Koalitionspartner 282
kognitive Dissonanz 15, 18, 390, 571
Kognitive Psychologie / Kognitive Psychologe/n
Kolbert, Elizabeth 434, 536, 615
Kolonialmacht/-mächte 72, 100, 330
Kolonialreich 222, 330, 390
Kolonien 71f., 222, 224, 228, 288f., 328, 330, 520, 526, 543, 549, 601
Kolumbien 15, 51
Kommissionspräsident/in 135, 268, 270, 281–285
kommunistische Partei 92f.

Kongress, U.S. 29, 64, 126f., 149, 158, 170, 200, 214, 221, 233, 267, 566f., 573, 589, 596
Königsaktien 503
Königsanalyse 505, 507f.
Konjunkturpolitik 109
Konjunkturzyklus 158, 517
Konjunkturprogramm/e 27f., 140, 160
Konsum(ausgaben) 93, 118, 132, 168, 182, 208, 298, 500
Konsument/en 184, 336, 385, 473f., 518
Konsumentenkredit/e 473f.
Kontoguthaben 169, 187, 204, 309, 327, 457–459, 469f., 474, 480f., 498
Konvertibilität 111
Kooptierung 72
Korruption 36, 242, 414
Kosinski, Michael 445
Kosovo 30, 51, 535f., 553, 573, 612
Kotkamp, Stefan 501, 540, 618
Krall, Markus 277, 310ff., 382, 408ff., 432, 434, 535f., 566, 587, 600, 602f., 613, 615, 617
Krankenversicherung, Krankenversicherungsschutz 176, 181, 223, 255, 263, 341, 442, 475f.
Krauthammer, Charles 60, 62, 558, 577
Kredit, Kredite 43, 86–90, 93, 104f., 110, 112, 121, 142, 145, 148, 150, 156f., 159–163, 166, 168, 170, 172f., 177, 185f., 211, 215, 219, 259, 298, 301–305, 312, 325, 338f., 341, 347, 371, 378, 380, 382f., 385, 394, 412, 442, 463, 470, 473f., 488, 517f., 521ff., 526, 540, 542 568, 610, 613, 617f.
Kreditgeber 87, 89, 153, 459, 521
Krieg/e 11f., 14f., 23–26, 28–35, 37–40, 43, 45–50, 53–71, 73f., 76, 81ff., 91, 94, 97–101, 104ff., 108–112, 114f., 122, 127, 129, 135, 151, 164, 176, 178, 180, 188, 190, 203, 205, 210, 223, 240, 245, 249–253, 256, 259, 261ff., 285, 290f., 295, 298, 305, 309, 324ff., 328f., 332, 346, 357f., 360, 368f., 377, 382, 386ff., 390, 393–399, 403f., 409, 414, 426–431, 435, 438, 448, 468, 476, 499, 527, 533–536, 538f., 544, 546, 549ff., 553f., 559, 562, 567f., 571, 573, 575, 577f., 582–585, 602, 604f., 607, 610ff.
Kriegsführung, verdeckte 64
Kriegsgefahr 46, 62, 395, 527, 577
Kriegskosten 70, 545, 573
Kriegspropaganda, Kriegslügen 261, 414, 527, 537, 619
Kriegsschiff/e 38, 97f., 101, 396
Kriegstote 31, 64
Krim, Krimkrise 34f., 63, 237, 248, 260, 290, 404, 535, 612

Stichwortverzeichnis

Kriminalität 56, 200, 226, 231, 237, 240, 309, 538, 592
Krisenland/Krisenländer 336ff.
Krisenphänomen/e 46, 234
Krüger, Uwe 18, 72, 287, 404f., 536, 579, 601, 612
Krügerrand 490
Krugman, Paul 107, 136, 536, 583
Kryptowährung/en 78f., 192f., 309, 394, 453f., 452, 566, 580
Krysmanski, Jürgen 209, 536, 594
Kuba 50ff., 129, 201, 256, 394, 396, 534, 571
Kubrick, Stanley 104
Kühnert, Kevin 200, 550
Kultur 25, 42, 123, 147, 213, 330f., 345, 349, 369f., 373, 397, 400, 418, 430, 525f., 535, 539f., 554, 558, 563f., 568, 572, 579, 588, 596, 602, 605
Kunst 160, 204, 295, 316, 369, 427, 436, 465, 536, 558, 577, 617
künstliche Intelligenz (KI) 400f., 412, 535, 613
Kurbjuweit, Dirk 444
Kurz, Sebastian 447
Kuwait 29, 51, 61

L

Laffer, Arthur 114
Lafontaine, Oskar 350
Lagarde, Christine 90, 279, 281, 301f.
Lamers, Karl 314
Landverbindung 37, 81
Lateinamerika 85–88, 112, 126, 149, 244, 397
Le Bon, Gustave 15f., 430, 519, 536, 571
Legitimität 48, 266
Lehman Brothers 27, 142
Lehrer 65, 142, 177, 197, 341, 354f., 443, 449, 555, 561, 572, 584, 607
Lehrerstellen 354
Leitwährung 109, 266
Leitzinsen 114, 168
Lengsfeld, Vera 434
Lenovo 91
Leveraged Buyout 115, 348
Leviathan 67
Lewinsky-Affäre 249
Liberalisierung 122–125
Liberalismus 14, 25
LIBOR 211
Libyen 31ff., 68, 76, 237, 245, 251, 291, 549, 573, 578, 602
Libyenkrieg 32
Liechtenstein 202, 216, 272, 467–470, 503, 572
Linde 347f., 376f., 555, 609

Lipobay 133, 384, 541, 585
Liquide 456ff., 460, 464, 472, 481, 489
Liquidität 29, 140–145, 149, 162ff., 216, 474, 481, 494, 521f.
Liquiditätsschwemme 162f.
Lira 163, 336, 563, 588
Lissabon 270, 284f., 301ff., 316f., 553, 600
List, Friedrich 361–364, 536, 568, 584, 608
Lobbycontrol 279, 550, 569, 600
Lobbyist 80, 186, 206, 235, 260, 278f., 285, 370, 379, 492
Lohnerhöhung/en 298, 302
Lohnzurückhaltung 180, 337
Lokomotivtheorie 113
Lomé 123
London 27, 45, 79, 83, 98, 104, 108, 222f., 225, 258, 272, 291, 307, 316, 360, 366, 370f., 439, 497, 520, 575, 598
Lorenz, Konrad 52, 536, 576
Lückenpresse 404f.
Lüders, Michael 15, 536, 571, 573
Ludwig-Erhard-Stiftung 164
Luft- und Raumfahrt 92, 359, 368
Luftschlag 251, 396
Lügenmedien 40
Lügenpresse 19, 42, 236, 404f., 410, 534, 572
Lundberg, Ferdinand 221
Lütkestratkötter, Herbert 375
LVMH 78, 209, 557, 580

M

Maas, Heiko 135, 586, 611
Maaßen, Hans-Georg 406ff., 416, 543, 545, 558, 560f., 569, 613f.
Maastricht 185, 270, 317, 325, 330, 559, 591
Machiavelli, Niccolo 47
Macht 25, 32, 37, 40, 43, 45–50, 52–63, 66–67, 69, 71–74, 76ff., 80f., 95f., 98ff., 104f., 120f., 123ff., 129, 132, 135f., 140f., 146, 157, 165, 185f., 200, 203, 210f., 217, 221, 236f., 245f., 249, 252f., 255f., 259f., 267, 269f., 274, 282, 288, 290, 296, 309, 312, 329f., 346, 350, 358, 360, 366ff., 379ff., 386, 391f., 395, 397ff., 402, 405, 409f., 412–415, 419, 435, 472, 533ff., 537, 539f., 557f., 573f., 576, 581, 583, 594f., 606f.
Mackinder, Halford 14, 47, 67, 80, 540, 578
Macron, Emmanuel 39, 43, 200, 220, 313f., 318f., 544, 550, 558, 560, 569, 574, 595, 603f.
Maduro, Nicolas 33, 394
Mafia 134, 469
Mahan, Alfred Thayer 47, 98
Maidan, Euromaidan 34, 63–66, 555, 562, 578

Mainstream 18, 26, 40, 43, 72, 148, 287, 404f., 444, 536, 572, 601, 612
Mainstreammedien 18, 26, 42, 49, 88, 256, 320, 406, 409, 415, 418, 530
Make America Great Again 237
Makroökonomik, makroökonomisch 255
Malta 55, 277f., 340
Manafort, Paul 260
Management 133, 152, 156, 213, 310, 331, 347, 372, 375f., 379, 381, 403, 417, 452, 502–505, 507, 510, 542, 608
manager magazin 96, 213, 393, 541, 544, 548, 558, 562f., 575, 594, 603, 606, 611, 617
Manien 217, 523, 536, 595
Manipulation 19, 28, 41, 141, 400, 405, 408, 411, 426, 464f., 488, 494, 566, 573
Mann, Charles C. 73, 579
Mannesmann 374, 550, 608f.
Mannheim 83, 170, 267, 313
Manning, Chelsea 418ff., 547, 614
Marineoffizier 98, 222
Marktideologie 124
Marktmacht 165
Marshallplan 54, 89, 324
Martin, Hans-Peter 26, 106, 184, 233, 249, 572, 583, 591, 595, 616
Marx, Karl 161, 176, 568, 588
Maslow, Abraham 139, 573
Massenmedien 399ff.
Massenmigration 68, 244, 354, 535, 578
Master 35, 92, 247, 267, 378
Matrix 13–15, 18f., 66, 403, 536, 615
Mauer, 34, 224, 235, 243, 253, 270, 295, 353, 565, 578,
Maurer, Ueli 83
Max Otte Multiple Opportunities Funds 492, 528
Max Otte Vermögensbildungsfonds 492ff., 502f., 528
May, Theresa 318, 550, 603
Mazzucato, Mariana 359, 537, 608
McCain, John 40, 134
McFarlane, Toby 177
McKinley, William 54
McKinsey 68, 149, 151, 291, 588
Medianeinkommen 177, 182, 206f.
Medien 15ff., 26, 30ff., 39–43, 49, 66, 72, 88, 136, 212ff., 236ff., 244, 250ff., 256f., 259–262, 280, 287, 305, 319f., 339, 349, 355, 366, 399–410, 413ff., 418, 421, 430, 445ff., 464, 492, 527, 530, 535f., 545, 550, 558ff., 569, 595, 600, 602ff., 606, 612, 616f.,
Mehrwertsteuer 182f., 220f.,
Wanzhou, Meng 135

Menschenrechte 319
Menschlichkeit 319, 531
Merchandise Marks Act 328
Merck 377,
Mercosur 123
Merkel, Angela 33, 43, 139, 142, 149, 282f., 289, 293, 305, 314, 324ff., 349ff., 367, 375, 406f., 447, 533, 542ff., 546, 552ff., 562, 575, 587, 601, 606ff.,
Merry, Robert 74, 237, 596
Merz, Friedrich 206, 346, 370, 379, 550, 593
Meuthen, Jörg 434
Mexiko 86, 235, 242ff., 545, 569, 596,
Microsoft 134, 178, 209, 288f., 309, 335, 367, 542f., 601
Miele 355
Mieten 154, 189f., 198, 340, 442, 463, 498, 564, 592,
MiFIR-Richtlinie 216
Migrant / Migranten 40, 243ff., 324, 353, 406f., 545
Migration 12, 26, 33, 39, 68, 76, 86, 195, 340, 242ff., 253, 262f., 299, 316, 351,
Mikrotrading 219, 595
Militär 32, 46, 49ff., 56–60,
Militärausgaben 50, 114, 118
Militarisierung 394
Mills, C. Wright 222
Milošević, Slobodan 58
Mithen, Steven 17, 537
Mitteleuropa 36, 197, 270, 286, 329, 331f., 525,
Mittelmeer 33, 59, 320, 427, 431, 568
Mittelschicht 14, 26, 94, 108, 174–191, 197, 199, 202, 205f., 209f., 220f., 233, 239, 246, 316, 320, 326, 391, 439, 441–443, 466
Mittelstädte 190, 481, 498
Mittelstand 501f.
Mittelstreckenwaffen, Mittelstreckenraketen 36, 253,
Mitterrand, Francois 108f., 295f.,
MMT (Modern Monetary Theory) 44, 146, 148,
Modell Deutschland 325f., 328ff., 370, 388, 461
Mogherini, Federica 284
Monopol 127, 147, 200, 225, 285, 288, 345, 526, 539
Monsanto 119, 133, 376,
Monti, Mario 214, 280
Moore, Michael 221
Mord, politischer 64,
Morelli, Anne 527
Morgenthau, Hans 47
Morpheus 13
Moskau 66, 80f., 121, 247, 256, 260,

Stichwortverzeichnis

Mounk, Yasha 327
Mueller, Robert 261, 409
Müller, Dirk 25, 353, 386
Müller, Henrik 105, 358, 393
multikulturell 179, 327, 421,
multilateral 87, 358f.,
München 190, 248, 333, 348, 366, 385,
Münkler, Herfried 70
Müntefering, Franz 371
Mythos 18, 27, 71, 107, 141, 147, 239

N

Nachkriegsordnung 45, 53, 56
Naher Osten 15, 31f., 36, 63, 68, 76, 81, 237, 245, 250f., 291,
Nanotrading 219
Napier, Russell 170, 380,
Nardelli, Bob 213,
Narrativ 40f., 74, 260f., 404
NASA 360
Nation Building 32, 67f.
Nationalismus, nationalistisch 118, 179
Nationalstaat 26, 73f., 105, 108, 291, 358, 361, 369, 390f., 398
NATO, North Atlantic Treaty Organization 30, 34f., 55–58, 62, 64f., 73, 76, 237, 245, 248, 282, 284, 329, 405
Navarro, Peter 386
Nayirah 29
NBC 239
Neckel, Sighart 210, 594, 559
Negativzinsen 28, 118, 169, 186, 307, 309, 343, 458f., 472,
Neo 13, 19
Neokonservativ/e 25, 61ff., 67, 71, 245, 248, 399
Neoliberalismus 114, 202, 225, 280, 318, 329
Neue Seidenstraße 36, 80–92, 121
Neue Weltordnung 389f., 399, 427,
Neue Zürcher Zeitung 78, 408
Neurowissenschaft, Neurowissenschaftler/in 14, 19, 226, 230,
New Deal 201, 391
New Economy 267, 346, 452f., 493, 504, 506, 520
New Hampshire 54, 104, 231,
New York Times 94, 106f., 239, 241, 251, 257, 421
Newton, Isaac 430, 520
Niebuhr, Reinhold 435f.,
Niederlande 25, 36, 48, 51, 55, 131, 157, 194f., 231, 269f., 277, 295, 299, 301, 306, 332, 341,
Niger 51, 65
Nippon Telegraph and Telephone (NTT) 159

Nixon, Richard 111, 116, 294, 399
Nixon-Schock 105, 109f.,
Noah 438
Nobelpreis/e 16, 52, 98, 124, 136, 218, 295, 328, 468, 522,
No-Go-Area 196, 327,
Nokia 185, 446,
Non-Government Organization, NGO 279, 410, 431
Nordkorea 57, 101, 129ff., 250,
Nord Stream II 134
Notenbanken 28, 139, 140, 143, 145f., 149, 156f., 168f., 186, 305ff., 383, 411, 484, 488f., 494, 523, 526
Nuklearwaffen 59, 252, 312
Nunn, Sam 89
NuoViso 417
Nye, Joseph 60, 537, 540, 560, 576f.

O

Obama, Barack 31, 80, 116, 118, 123, 171, 229, 239f., 247, 249, 254, 259, 262f., 285, 289, 316, 318, 359
Obereder, Andreas 506
Ocasio-Cortez, Alexandria 149, 201
Ochlokratie 392
Ochner, Kurt 452
Odessa 35
OECD (Organisation for Economic Co-operation and Development) 26, 158, 179, 194, 354,
Oettinger, Günther 274
öffentliche Güter 195, 196, 200, 526
Ökonom 14, 16, 24, 26, 45, 71, 105, 107, 114, 124, 146–149, 151, 154, 158, 167ff., 197, 199, 202, 2018, 221, 225, 230, 236, 269, 298f., 303, 307, 309, 326, 329, 361f., 379, 381, 383, 397, 428, 488, 517f., 521–524
Ökonomie 16, 24, 107, 147, 149, 167, 172, 184, 267, 326, 361ff., 397, 517f., 522–525
Öl, Erdöl 33, 35, 112, 129, 135, 251, 254, 259, 325
Oldtimer 188, 446, 465
Oligarchie 203, 210, 392
Oligopol, oligopolistisch 217, 290, 472,
Oliver Wyman (Unternehmensberatung) 384
Oman 51, 88,
One Belt One Road 36, 80
OPEC 112
Optionen, Options 150, 460
Orbán, Viktor 320
Ordnung, internationale 56, 391
Orwell, George 415, 537
Osmanisches Reich 81

Österreich 25f., 34, 81, 131, 194, 231, 270, 277, 295, 301, 332, 362, 380, 433, 447, 467, 481, 490,
Österreichischer Rundfunk, ÖRF 236
Osteuropa 85, 243f.
Oswald, Andrew 230
Overseas Private Investment Corporation (OPIC) 91,
Oxfam 205

P

Palladium 488
Panama 15, 85ff., 394, 469
Panik 27, 169, 192, 217, 327, 449, 498, 508, 510f., 523,
Paraguay 447, 482
Pareto, Vilfredo 221
Patentschutz 127f.
Payne, Keith 19, 206, 226ff., 230f., 537
Pearson 190
Peking 80, 83f., 86–90, 93, 95f., 530,
Pence, Mike 89, 248,
Pensionskassen 187f., 326, 370
Perle, Richard 61
Permanent War Complex 65
Peso 126, 163,
Peters, Tom 331
Petersen, Wolfgang 367
Peterson, Jordan 53, 229, 431, 537
Peukert, Helge 379
Pew Research Center 232, 432
Pflanzenfresser 17
Pharmafirmen, Pharmakonzerne, -unternehmen 127f., 368, 373, 376
PI Global Value Funds 170, 462, 492
Pickett, Kate 230
Planwirtschaft (Planification) 278
Platin 462, 464, 484, 487f., 490,
Platon 14, 203, 392
Polarisierung 132, 232f., 402, 443
Polen 35f., 51, 63, 66, 92, 178, 194, 271, 277, 320f.,
Politik Spezial 96, 417, 530
Politikeliten 26, 39, 70, 214, 329, 392, 403
Politikwissenschaft/ler 14, 23f., 47, 48, 50, 68, 70, 76, 100, 233, 248, 256, 327, 359, 369, 397, 419,
Polizei 56, 317, 319, 320, 328, 352f., 355, 388, 406f., 420, 443
Polybios 392
Ponsonby, Arthur 527, 537, 619
Populismus 14, 26, 39, 42,46, 176, 179, 199, 235, 391, 403

Poroschenko, Petro 35, 68,
Porsche 78, 82, 347, 472, 513
Portugal 51, 55, 157, 194, 231, 270, 277, 298f., 301f., 306, 314f., 329f.
Powell, Colin 15,31,
Powell, Jerome 173, 255
Prädestinationslehre 225
Preisstabilität 297
Prestige 47, 49
Prestowitz, Clyde 158, 538
Preußen 329, 364,
Primaten(forscher) 52f.
Princeton University 24, 77, 14, 142, 158, 222
Private Equity 115, 172, 186ff., 217f., 346ff., 442, 451, 461
Privateigentum 200
Privathaushalte 189, 191f.
Privatinvestor 18, 166, 417, 454, 501, 528, 530f.,
Privatisierung 114, 122, 224f., 280, 302, 309, 330
Privilegien 48, 82f., 268, 392
Prodi, Romano 214, 280
Produktionsprozess/e 331
Produkt-TÜV 167, 214, 217, 526
Profumo, Allesandro 371
Psychologie 15, 52, 226, 229, 430, 519
Puritanismus 225
Pussyhat 238
Putin, Wladimir 36, 67, 236, 247, 260, 285, 393

Q

Qin Shihuangdi 429
Quantitative Easing (QE) 144f., 186

R

RAF 325
Ragnitz, Joachim 199
Raketen 37, 97, 129
Rassist 408f.
Ratingagentur 214, 217, 310, 382,
Rationalismus 428f.,
Reagan, Ronald 114f., 116f., 140, 152, 154, 229, 239, 255, 401
Realist 61, 431
realistische Schule der Politikwissenschaft 14
Realvermögen, real assets 187, 456f., 461, 483
Rechtsordnung 146f.
Rechtspopulistisch 408
Rechtsradikal 408, 444,
Regierende 294, 297, 305, 330, 402, 406, 414
Regierte 222, 330, 402

Stichwortverzeichnis

Regierungen 31, 64, 68, 887, 111, 113, 115, 140, 142, 149, 184, 211, 301, 306, 389, 410, 488f., 491, 523
»Regime Change« 32, 64
Regulation Q 115
Rehm, Hannes 383f.
Rehn, Olli 149
Reiche 70, 108, 168, 177f., 182, 186, 188f., 191,196, 198, 203, 205f., 208–211, 227f., 231, 233, 246, 275, 287, 302, 319, 327, 352, 391, 403, 415, 441f., 445ff., 464f., 468f., 512
Re-Ideologisierung 401
Reinhart, Carmen 151, 517
Reinheitsgebot 492
Reitzle, Wolfgang 376f.
Relotius, Claas 406, 408
Rendite 16, 152, 170, 187f., 204, 211, 215, 217, 342, 345, 383f., 451f., 455, 457, 459–463, 465f., 480f., 490ff., 495, 499–502, 505f., 513, 520, 529
Renminbi 89, 119,
Rente 194f., 443, 453, 453, 465, 472, 475f.
Rentensystem 352
Repression 67, 152, 342, 389, 411, 419, 421, 426, 444
Republikaner 114, 154, 232, 239f., 249, 262
Reservestandard 110
Rettungsschirm 304
Revolution 27, 129, 251, 326, 361, 390, 399, 427ff., 433f.
Rezession 27, 43f., 112, 114, 116, 139, 150, 152, 211, 300, 304, 337, 372, 438, 494, 522
Richemont 78
Rickards, James 115, 143, 179
Risikoanleihen 188
Rivale(n) 48, 52, 61, 373, 375
RJR Nabisco 115
Roche 128
Rockefeller 54, 160, 512
Rodrik, Dani 26, 538, 572
Rogoff, Kenneth 151, 168, 309, 517
Rohstoffe 68, 78, 85, 87, 90, 122, 188, 223, 269, 328, 331, 364, 394, 462, 482, 488, 500f.
Rollinger, Robert 534, 540, 579
Rolls Royce 373f.
Römer 435
Roosevelt, Franklin Delano 55, 391
Roosevelt, Theodore 54
Röpke, Wilhelm 225, 234, 323, 428, 476, 538
Rotationsprinzip 278
Rufin, Jean-Christophe 415
Rumsfeld, Donald 61, 71

Russland 24, 29, 32–36, 38, 50, 56ff., 63ff., 67f., 80f., 121, 130f., 134f., 236f., 243ff., 247f., 250, 252ff., 256, 259ff., 262, 272, 282, 288, 290f., 331f., 360, 380f., 393f., 396, 398, 421, 467, 469
Rustbelt 240
Rüstow, Alexander 225, 234
Rüstungsausgaben 48
RWI Leibnitz-Institut für Wirtschaftsforschung 220, 538

S

S&P 500 172, 187, 213, 255, 380f., 462, 471f., 487, 500
Saakaschwili, Michail 35, 36
Sachvermögen 456
Sachwert/e 119, 187, 343, 456f., 462, 496. 499, Salvini, Matteo 280, 320
Sammlerobjekte 456, 464f.
Sanders, Bernie 176, 200, 263
Sanofi 128, 373
SAP 335, 347, 348
Sarajevo 81
Sarrazin, Thilo 408, 420, 434
Saudi Arabien 33, 51, 69, 131, 242, 252, 258, 405
Schadenersatz 79, 133, 167, 286
Schäuble, Wolfgang 301, 314
Scheck 141, 142, 204, 378
Scheidel, Walter 396
Schengener Abkommen 270
Schiedsgericht 136, 286
Schierholz, Jörg 373, 376
Schiff, Peter 171
Schiller, Friedrich 369, 430
Schily, Otto 408
Schimpansen 52, 53
Schließfach 469, 480
Schmidt, Eric 414
Schmidt, Helmut 113, 294, 325, 432
Schmidt, Oliver 133
Schmitt, Carl 14, 47, 351, 397
Schmuck 456f., 464, 465, 473, 481, 487
Schönecker, Dieter 420
Schott, Jeffrey 129f.
Schottland 72, 223, 225, 330
Schrempp, Jürgen 213, 372f., 376
Schreyer, Paul 417
Schröder, Gerhard 30, 31, 115, 299, 350, 432
Schröter, Susanne 420
Schrumpfungsregion 198
Schuldenfalle 89, 202
Schuldengrenze 160

Schuldenrestrukturierung 202
Schuldner 90, 142, 155, 302f., 460, 521
Schulz, Martin 276
Schutzzoll, Schutzzölle 126, 127, 361f., 363
Schwarzenegger, Arnold 17
Schweden 19, 28, 231f., 258, 270-272, 277, 332
Schweiz 59, 83-85, 131, 133f., 202, 209, 217
231, 270, 272, 275, 287, 332, 336, 350, 362, 365, 367, 379, 433, 447, 449, 457, 461, 467, 468f., 476, 481, 490f.
Schwellenland, Schwellenländer 89, 147, 332
Seehofer, Horst 42
Seemacht 68, 73, 98
Seibert, Steffen 406
Seifert, Werner 360, 371, 376
Selbstständige/r 197, 473, 476f.
Selbstversorgung 327
Servan-Schreiber, Jacques 123
Sherman Antitrust Act 200
Sicherheit 31, 45, 62, 78 90, 117, 131f., 135, 140, 176, 179, 196, 258, 290, 311, 327f., 353, 386, 395, 443, 447, 450, 452f., 460f. 465-467, 480, 496, 526
Sicherheitspolitik 273, 276, 284, 290
Sicherheitsrat der Vereinten Nationen 54, 56, 58, 84, 129, 252, 269, 282, 312, 398
Sicherungssystem 159, 302, 312f., 383, 456
Siemens 335, 347f., 368f., 375, 377, 384f.
Silber 73, 141, 456, 462, 464, 484, 486ff., 490, 529
Silberpreis 486
Silicon Valley 82, 290, 366f., 379, 447
Simons, Daniel 18
Singapur 51, 250
Sixt 507
Skatbank 307
Sloterdijk, Peter 420
Slowenien 30, 35, 277
Smith, Adam 225, 330, 363f.
Smithsonian Agreement 111, 112
Smoot-Hawley 127
Snowden, Edward 64, 289, 411, 418, 421
Social Media 402, 445
Soft Power 60, 368
Software 79, 127, 185, 366, 368, 386, 395, 502, 506
Solana, Javier 284
Solarpaneelen 91
Söldner 33, 65
Solidarität 94, 186, 223, 283, 328, 330, 332, 418, 526
Sommer, Ron 213, 374
Sommermärchen 298, 369

Sonderzoll/zölle 386
Sosis, Richard 432
Sotheby's 160
South China Morning Post 93
South Stream 134
Souveränität 57, 59, 131, 136, 282, 286, 297, 312, 316, 362, 402
Sowjetunion, UdSSR 24, 48, 54-57, 61-63, 70, 76, 115, 129, 269, 278, 368, 476
Sozialabgaben 182, 220
soziale Intelligenz 52
soziales Konstrukt 179
Sozialismus 14, 24, 156, 200 262, 311, 325
sozialistisch 24, 50, 176, 179, 201, 216, 232, 263, 436
Sozialkapital 184, 341, 378, 433, 450
Sozialscoring 93
Sozialstaat 141, 353, 369
Soziobiologie 14
Soziologie 209f., 221, 227, 412, 432, 523
Spaltung 25, 39, 72, 93, 184, 402, 444
Spanien 25, 43, 48, 51, 78, 157, 178, 194f., 204, 231, 267f., 277, 298-302, 306, 308, 314ff., 336f., 340f., 384
Spareinlagen 115, 342, 383, 459
Sparer 142, 154, 165, 193, 204, 219, 325, 338f., 341, 378, 442, 459, 492
Sparguthaben 28, 459
Sparkassen 167, 313, 325, 341, 377f., 382f., 470
Spartanburg 386
Sparvermögen 205
SPD 36, 165, 200, 204, 219, 232, 240, 268, 282, 287, 325, 371, 375, 408, 420
Spekulation 115, 159, 165, 192, 219, 239, 250, 271, 330, 378, 379, 460, 486, 520, 522
Spengler, Oswald 17, 389, 390
Sprachlenkung, Sprachsteuerung 19, 40, 42, 415
Struck, Peter 31
St. John's College 430
St. Petersburg 261
Staatsbürger 36, 72, 259, 362, 406, 447, 449, 450,
Staatseinnahmen 152
Staatsvermögen 280, 302
Stagflation 112f., 325
Standard Oli Company 200, 269
Star Wars 59, 71f.
Starbatty, Joachim 28
Steele, Christopher 260
Steinbrück, Peer 142, 468
Steingart, Gabor 25, 283, 324
Stellvertreterkrieg 33, 65, 291, 394, 398, 431
Stelter, Daniel 169, 336, 343, 351, 352f., 387f., 393, 524

Stichwortverzeichnis

Sternberger, Dolf 369
Steuersatz 115, 178, 182, 186, 219f., 221
Steuerbiotop 186
Steueroase 280, 360, 467ff.
Steuerreform 154, 254f., 497
Steuersenkung 114, 152, 254, 263
Steuersystem 182, 220f.
Steuerzahler 156, 211, 215, 339
Stickoxid 387
Stiglitz, Joseph 71, 124f., 136,
Stiftung 54, 164, 178, 242, 287, 347, 354, 375, 470
Stone, Oliver 115
Strache, Hans-Christian 26
Strafzinsen 28, 494
Straßburg 223, 272, 373
Stratfor 68, 95, 394
strukturelle Macht 58f., 132f.
Strukturreform 41, 146, 280, 305, 314
Studium 221, 257, 281 355f., 361, 396, 430
Stuttgart 21 369, 444
Subprime 27, 167, 188, 192, 218, 497f., 521f.
südchinesisches Meer 37
Suder, Katrin 281
Südkorea 38, 51, 101, 250
Superreiche 168, 177f., 198, 203f., 593
SWIFT 131, 135
Swiss Propaganda Research 287, 405
Syrien 32f., 65, 68, 76, 101, 130f., 164, 237, 246, 250f., 291, 405, 431
System, ökonomisches 29
System, politisches 105
Systemcrash 23f., 446f.
Systemrisiko 304
Skywalker, Luke 59

T

Tagesspiegel 278, 418
T-Aktie 191, 344
Tansania 88
Target-II-Salden 43, 145, 163, 305f., 316,
Tauschwirtschaft 448
Tax Justice Network 186
Technologie 47f, 68, 91ff., 95, 106, 123, 127, 132, 152, 185, 359f., 386, 388, 394, 40f., 413, 430, 445, 493, 521
Technologieblase 344, 346, 488, 504, 508, 517f.
Technologiekonzerne, Technologiegiganten 40, 59, 92, 133, 135, 334f., 385, 507
Telekommunikation 95, 125, 159, 352
Termingeld/er 342, 451, 456, 458f., 480f.
Terror 12, 69, 71, 131, 251, 258, 420, 427

Terror, Krieg gegen den 64, 399
Terroranschläge 31
Terrorismus 30ff., 69, 240, 242, 245f., 325
Teusch, Ulrich 30, 71, 399
Thatcher, Margret 114, 225, 295, 318, 370
The Shining 104
Thiel, Peter 447
Think Tank 35, 54, 68, 89, 95, 201
Thompson, Larry 387
Thukydides 11, 14, 45, 47, 49, 73, 390, 395, 430, 448
ThyssenKrupp 348, 375, 377
Tillerson, Rex 247
Timken Company 126
Timmermans, Frans 282
Tobin, James 218, 361
totalitär 389, 398, 411, 415, 421, 428, 468
Totalitarismus 412, 436
Totalüberwachung 216
Tote 30f., 43, 65, 71, 252, 320, 324, 427, 442
Toyota 132
Transaktion/en 53, 145, 166f., 172, 216, 218ff., 309, 370, 445, 453, 529
Transnational 49, 209, 278
Transparenz 84, 89, 347, 505
Transrapid 92, 369
Tribut 48, 73, 147
Trier 161
Trigema 355
Trollfabrik 261
Trump, Donald 26, 36, 38ff., 44, 65, 69, 76, 90, 94f., 98, 107, 111, 113, 118, 120f., 129, 131, 135, 152, 154f., 170f., 173, 200, 229, 235ff., 285, 359, 361, 386, 402, 405, 408f., 417f., 438, 447
Trump, Fred 241
Tschechien 35, 320
TTIP (Transatlantic Trade and Investment Partnership) 106, 135ff., 285ff., 391, 393
TU Dortmund 393
Türkei 33, 51, 65f., 69, 131, 163f., 272, 450
Turkmenistan 35
Tweet 250, 261, 409, 418
Twitter 40, 252, 256, 258, 261, 288, 366, 402, 408, 415, 417f., 446
Tyrann 52, 415
Tyrannis 392

U

Überschüsse 104, 113, 120, 163, 335, 337, 339, 388, 442
Überschussländer 302

Überwachung 40, 93, 166, 215f., 260, 289, 365, 389, 411ff., 419, 421, 444, 466
UBS 134, 209, 467, 471
Ukraine 34f., 57, 63f., 66, 67f., 96, 121, 134, 248, 394, 404, 431
Ukraine-Krise 18, 24, 35, 63, 130
Ulfkotte, Udo 327f.
Umsatzsteuer/satz 220f.
Umwälzung/en 24f., 46
Underwater 498
Ungarn 35, 51, 81, 194, 277, 320f., 467
Ungleichheit 53, 168, 205f., 226f., 396
United Internet 507
Universität 268, 290, 313, 328, 330, 354f., 361, 401, 419f., 425, 430, 501, 511, 523
Un, Kim Jong 250f., 253, 549, 597
UNO 15, 50, 105
Unsicherheit 53, 117, 358, 399, 426, 488f.
UN-Sicherheitsrat 58, 252, 282, 312
Unternehmenskultur 213, 331
Unwort (des Jahres) 19, 42
Unze 109, 111, 481, 484f., 486f., 489, 492f., 494
Unzicker, Alexander 18, 431
Urheberrecht 128, 290, 419
Urheberrechtsreform 128, 275, 289
Urinstinkt/e 52
Uruguay 447
Uruguay-Runde 125, 127
USA 70f., 123f.
Usbekistan 35
Uthoff, Max 404

V

van Rompuy, Herman 285
Vasall/en 48, 72, 131, 135
Vaubel, Roland 313f.
Veblen, Thorstein 221
Venezuela 33, 86, 101, 130f., 163, 201, 394
Venture Kapital 152
Verantwortungsethik 42
Verein für Socialpolitik 148
Vereinigte Staaten 365
Vereinigte Staaten von Europa 570, 599
Vereinte Nationen 244
Vergemeinschaftung 44, 156, 269, 312
Vermögensbilanz 189, 191, 440, 472f., 474f.
Vermögensverwalter 12, 166, 209, 216, 370, 452, 480
Verschwörungstheorie, Verschwörungstheoretiker 256, 257f., 287, 403, 414f.
Vertrag von Lissabon 270, 284, 301, 316
Vertrag von Maastricht 270, 325

Vetorecht 56
Vodafone 374
Vogel, Ezra 77
Voicestream 374
Volcker, Paul 114
Volks- und Raiffeisenbanken 313, 325, 341, 377, 380, 382f., 470
Volksrepublik 37f., 75f., 120, 271, 325, 332, 334, 579
Volkswagen 59, 133, 347f., 388
Vollzeitbeschäftigung, Vollzeitbeschäftigungsverhältnis 180
von Braun, Wernher 360
von der Leyen, Ursula 268, 279f.
von Fallersleben, Hoffmann 323
von Hayek, Friedrich August 389, 411, 421, 436, 468
von Marschall, Christoph 64
von Wagner, Claus 404
von Weizsäcker, Richard 222
Vormärz 298, 361, 434
Vorsorgeprinzip 132, 167, 283, 526
Voßkuhle, Andreas 42

W

Waffenlieferung/en 291
Wagenknecht, Sahra 82, 443
Wagner, Wieland 161
Wahrnehmung 15, 17f., 40
Währungskorb 119f., 294
Währungsordnung 54, 104f., 121
Währungspolitik 113, 116f., 284
Währungsreserven 111, 119
Waigel, Theo 297, 385
Wald 372, 395, 427, 435, 448
Wall Street 79, 115, 125, 167, 172, 214, 379f., 512
Waltz, Kenneth 248
Warlord 32
Waterman, Robert 331
Weber, Manfred 135, 281f.
Weberbank 329
Wechselkurs/e 104, 109f., 117, 191, 294, 337
Weik, Matthias 146, 465
Weimarer Republik 160, 298, 329
Weißrussland 134
Welch, Jack 212f.
Weltbank 54, 56, 80, 86, 90, 104f., 116, 120f., 283, 285
Welthandel 27, 83, 94, 106, 112, 121f.
Weltherrschaft 70, 390
Weltkonzerne 184

Weltkrieg 21f., 61f., 81, 91, 95, 98f., 100f., 357f., 607
Weltmacht 98, 124f., 346
Weltordnung 25, 29f., 53f., 389f., 611
Weltsozialprodukt 106, 143, 145, 150
Weltsystem 12, 47f., 62, 67, 100
Weltwirtschaftsforum 139, 149, 244
Weltwirtschaftskrise 27, 44, 127, 145, 304, 326, 346, 376, 477, 518
Weltwirtschaftsordnung 55, 106, 393
Wendt, Rainer 353
Werner, Götz 182
Wertpapier/e 144f., 166f., 215, 218, 311, 376, 459, 469, 472, 480, 503
Westerwelle, Guido 32
WestLB 211
westlicher Liberalismus 25
Wettbewerb 26, 43, 49, 52, 90, 92, 107, 125, 168, 190, 210, 220, 230, 300, 345, 364f., 382, 384, 388, 398, 505
Wettbewerbspolitik 284, 288
White, Harry Dexter 104
Wiener Philharmoniker 490
Wikipedia 80, 195, 271f., 316, 317, 430
Wilders, Geert 25
Wilhelm II. 98, 222
Wilkinson, Richard 230
Wilson, Woodrow 24, 62
Wirtschaftsboykott 69
Wirtschaftskraft 48, 245, 278
Wirtschaftskrieg 49, 91, 94, 129f., 135, 386
Wirtschaftspolitik 48, 108, 113f., 116, 124f., 253f., 349, 358, 385
Wirtschaftssanktionen 34, 121, 129, 130f., 394
Wirtschaftssystem 29, 46, 94, 105, 108f., 170, 176, 286, 378, 439, 466f.
Wirtschaftsverband 279, 524
Wirtschaftswachstum 26, 108, 115, 123, 143, 147, 151, 160, 202, 305, 350
Wirtschaftswissenschaft/ler 108, 124, 147, 295, 359, 523
Wirtschaftswoche 355, 385, 448, 530
Wissenschaft 361, 369, 388, 401, 430, 436, 443, 523, 526

Wohlstand 23, 26, 47, 70, 101, 105, 107, 180, 324, 326, 336, 353, 357f., 607
Wolf, Armin 236
Wolff, Michael 239, 246
Wolfowitz, Paul 61, 76
Womens Right's March Against Trump 238
Woodrow Wilson School 24
Woods, James 418
Woodward, Bob 141
World Trade Organization, WTO 122
Wulff, Christian 281
Württemberg 222f., 274, 351, 362, 385
Wutbürger 444

XY

Xiaoping, Deng 100, 161
YouTube 40, 53, 170, 229, 366f., 406, 416f., 445, 528, 530

Z

Zahlungsunfähigkeit 301, 304, 460, 466
ZDF 41, 136, 404, 409
Zehn Gebote 432
Zentralamerika 243f.
Zentralbanken 155f., 295, 438, 488
Zentralstaat 222, 278, 316, 320
zerohedge.com 484, 530
Zinsen 28, 43f., 88f., 110, 114f., 143f., 152, 155, 163, 164f., 186, 188f., 193, 215, 298f., 307, 309, 337f., 343, 383f., 441f., 455, 458f., 472, 481, 492, 494f., 486f., 496f., 521f.
Zinskonvergenz 298f.
Zinsniveau 298, 337
Zivilisation 23, 72, 101, 426, 430
Zoll/Zölle 55, 86, 94f., 104f., 122, 126f., 270, 284f.,361f.
Zollverein 361f.
Zuckerberg, Mark 134, 367
Zweitwohnsitz 450
Zyklen 47f., 517f.
Zypern 157, 220, 277f., 340f.

Sicher durch stürmische Zeiten – mit **Prof. Dr. Max Otte**

Persönlich:
Vermögensberatung
individuelle Beratung in
DACH und Liechtenstein
nach der Strategie
von Max Otte
Value Investing gemäß dem
Reinheitsgebot der
Kapitalanlage

Anlagefonds:
Max Otte
Vermögensbildungsfonds
4 Sterne von Morningstar
+9,6% im 1. Quartal 2019
große Indizes outperformt
besser als viele Konkurrenzfonds
ohne Ausgabeaufschlag auf
fondsdiscount.de/lp/max-otte

**Für
Selber-Anleger:
Börsenbrief**
Der Privatinvestor
der-privatinvestor.de
Königsaktien von Max Otte
täglich aktuelle Datenbank
jeden Freitag neue Analysen
Frage-Antwort-Ecke

Magazin PI Politik Spezial:
*Meinungen, die Sie im
Mainstream nicht mehr finden*
politik.der-privatinvestor.de

**Youtube-Kanäle:
Privatinvestor-TV
Privatinvestor Politik Spezial**
privatinvestor.tv

+++ WIR BERATEN SIE GERNE +++
Herr Philipp Schäferhoff steht Ihnen zur Verfügung
unter Telefonnummer 0221 - 99 80 19 12
oder per E-Mail an **schaeferhoff@privatinvestor.de**